# Suisse
# Schweiz
# Svizzera
## 2006

# Sommaire

## Inhaltsverzeichnis
## Sommario
## Contents

# Engagements

*« Ce guide est né avec le siècle et il durera autant que lui. »*

Cet avant-propos de la première édition du Guide MICHELIN 1900 est devenu célèbre au fil des années et s'est révélé prémonitoire. Si le Guide est aujourd'hui autant lu à travers le monde, c'est notamment grâce à la constance de son engagement vis-à-vis de ses lecteurs.
Nous voulons ici le réaffirmer.

## Les engagements du Guide Michelin :

**La visite anonyme :** les inspecteurs testent de façon anonyme et régulière les tables et les chambres afin d'apprécier le niveau des prestations offertes à tout client. Ils paient leurs additions et peuvent se présenter pour obtenir des renseignements supplémentaires sur les établissements. Le courrier des lecteurs nous fournit par ailleurs une information précieuse pour orienter nos visites.

**L'indépendance :** la sélection des établissements s'effectue en toute indépendance, dans le seul intérêt du lecteur. Les décisions sont discutées collégialement par les inspecteurs et le rédacteur en chef. Les plus hautes distinctions sont décidées à un niveau européen. L'inscription des établissements dans le guide est totalement gratuite.

**La sélection :** le Guide offre une sélection des meilleurs hôtels et restaurants dans toutes les catégories de confort et de prix. Celle-ci résulte de l'application rigoureuse d'une même méthode par tous les inspecteurs.

**La mise à jour annuelle :** chaque année toutes les informations pratiques, les classements et les distinctions sont revus et mis à jour afin d'offrir l'information la plus fiable.

**L'homogénéité de la sélection :** les critères de classification sont identiques pour tous les pays couverts par le Guide Michelin.

*… et un seul objectif : tout mettre en œuvre pour aider le lecteur à faire de chaque sortie un moment de plaisir, conformément à la mission que s'est donnée Michelin : contribuer à une meilleure mobilité.*

## Cher lecteur,

Nous avons le plaisir de vous proposer notre 13ᵉ édition du Guide Michelin Suisse. Cette sélection des meilleurs hôtels et restaurants dans chaque catégorie de prix est effectuée par une équipe d'inspecteurs professionnels, de formation hôtelière. Tous les ans, ils sillonnent le pays pour visiter de nouveaux établissements et vérifier le niveau des prestations de ceux déjà cités dans le Guide. Au sein de la sélection, nous reconnaissons également chaque année les meilleures tables en leur décernant de ❀ à ❀❀❀. Les étoiles distinguent les établissements qui proposent la meilleure qualité de cuisine, dans tous les styles, en tenant compte du choix des produits, de la créativité, de la maîtrise des cuissons et des saveurs, du rapport qualité/prix ainsi que de la régularité. Cette année encore, de nombreuses tables ont été remarquées pour l'évolution de leur cuisine. Un « **N** » accompagne les nouveaux promus de ce millésime 2006, annonçant leur arrivée parmi les établissements ayant une, deux ou trois étoiles.

De plus, nous souhaitons indiquer les établissements *« espoirs »* pour la catégorie supérieure. Ces établissements, mentionnés en rouge dans notre liste, sont les meilleurs de leur catégorie. Ils pourront accéder à la distinction supérieure dès lors que la régularité de leurs prestations, dans le temps et sur l'ensemble de la carte, aura progressé. Par cette mention spéciale, nous entendons vous faire connaître les tables qui constituent, à nos yeux, les espoirs de la gastronomie de demain.

Votre avis nous intéresse, en particulier sur ces *« espoirs »* ; n'hésitez pas à nous écrire. Votre participation est importante pour orienter nos visites et améliorer sans cesse votre Guide.

Merci encore de votre fidélité. Nous vous souhaitons de bons voyages avec le Guide Michelin 2006.

*Consultez le Guide Michelin sur*
**www.ViaMichelin.com**
*et écrivez-nous à :*
**leguidemichelin-suisse@ch.michelin.com**

# Classement & distinctions

Le Guide Michelin retient dans sa sélection les meilleures adresses dans chaque catégorie de confort et de prix. Les établissements sélectionnés sont classés selon leur confort et cités par ordre de préférence dans chaque catégorie.

| | | |
|---|---|---|
| 🏨🏨🏨 | XXXXX | **Grand luxe et tradition** |
| 🏨🏨 | XXXX | **Grand confort** |
| 🏨🏨 | XXX | **Très confortable** |
| 🏨 | XX | **De bon confort** |
| 🏠 | X | **Assez confortable** |
| 🏡 | | **Simple mais convenable** |
| sans rest<br>garni, senza rist | | **L'hôtel n'a pas de restaurant** |
| avec ch<br>mit Zim, con cam | | **Le restaurant possède des chambres** |

## LES DISTINCTIONS

Pour vous aider à faire le meilleur choix, certaines adresses particulièrement remarquables ont reçu une distinction : étoiles ou Bib Gourmand. Elles sont repérables dans la marge par 🕸 ou 🕮 et dans le texte par Rest.

### LES ÉTOILES : LES MEILLEURES TABLES

Les étoiles distinguent les établissements, tous styles de cuisine confondus, qui proposent la meilleure qualité de cuisine. Les critères retenus sont : le choix des produits, la créativité, la maîtrise des cuissons et des saveurs, le rapport qualité/prix ainsi que la régularité.

🕸🕸🕸     **Cuisine remarquable, cette table vaut le voyage**
On y mange toujours très bien, parfois merveilleusement.

🕸🕸     **Cuisine excellente, cette table mérite un détour**

🕸     **Une très bonne cuisine dans sa catégorie**

### LES BIB : LES MEILLEURES ADRESSES À PETIT PRIX

🕮     **Bib Gourmand**
Établissement proposant une cuisine de qualité à moins de 55 CHF (prix d'un repas hors boisson).

🛏     **Bib Hôtel**
Établissement offrant une prestation de qualité avec une majorité de chambres à moins de 180 CHF (prix pour 2 personnes, petit-déjeuner compris).

## LES ADRESSES LES PLUS AGRÉABLES

Le rouge signale les établissements particulièrement agréables. Cela peut tenir au caractère de l'édifice, à l'originalité du décor, au site, à l'accueil ou aux services proposés.

🏠 à 🏨 **Hôtels agréables**

✗ à ✗✗✗✗✗ **Restaurants agréables**

## LES MENTIONS PARTICULIÈRES

En dehors des distinctions décernées aux établissements, les inspecteurs Michelin apprécient d'autres critères souvent importants dans le choix d'un établissement.

## SITUATION

Vous cherchez un établissement tranquille ou offrant une vue attractive ? Suivez les symboles suivants :

  🕊 **Hôtel tranquille**

  🕊 **Hôtel très tranquille**

  ≼ **Vue intéressante**

 ≼ lac **Vue exceptionnelle**

## CARTE DES VINS

Vous cherchez un restaurant dont la carte des vins offre un choix particulièrement intéressant ? Suivez le symbole suivant :

  🍇 **Carte des vins particulièrement attractive**

   Toutefois, ne comparez pas la carte présentée par le sommelier d'un grand restaurant avec celle d'une auberge dont le patron se passionne pour les vins de sa région.

# Équipements & services

| | |
|---|---|
| **30 ch**<br>**(Zim, cam)** | Nombre de chambres |
| | Ascenseur |
| | Air conditionné (dans tout ou partie de l'établissement) |
| vidéo | Vidéo dans la chambre |
| | Établissement en partie réservé aux non-fumeurs |
| | Connexion haut débit dans la chambre |
| | Établissement en partie accessible aux personnes à mobilité réduite |
| | Équipement d'accueil pour les enfants |
| | Repas servi au jardin ou en terrasse |
| | Wellness |
| | Balnéothérapie, cure thermale |
| | Salle de remise en forme, sauna |
| | Piscine : de plein air ou couverte |
| | Jardin de repos – parc |
| | Plage aménagée |
| | Court de tennis – Golf et nombre de trous |
| | Ponton d'amarrage |
| 15/150 | Salles de conférences : capacité des salles |
| 4/40 | Salons pour repas privés : capacité minimale et maximale |
| | Garage dans l'hôtel (généralement payant) |
| P | Parking réservé à la clientèle |
| P | Parking clos réservé à la clientèle |
| | Accès interdit aux chiens<br>(dans tout ou partie de l'établissement) |
| *Mai-oct. Mai-Okt*<br>*Maggio-ottobre* | Période d'ouverture, communiquée par l'hôtelier |
| *Saison* | Ouverture probable en saison mais dates non précisées |
| *Nur Saison*<br>*Stagionale* | En l'absence de mention, l'établissement est ouvert toute l'année. |

# Prix

Les prix indiqués dans ce guide ont été établis à l'automne 2005. Ils sont susceptibles de modifications, notamment en cas de variation des prix des biens et des services. Ils s'entendent taxes et service compris. Aucune majoration ne doit figurer sur votre note sauf éventuellement la taxe de séjour.

Les hôteliers et restaurateurs se sont engagés, sous leur propre responsabilité, à appliquer ces prix aux clients.

À l'occasion de certaines manifestations : congrès, foires, salons, festivals, événements sportifs…, les prix demandés par les hôteliers peuvent être sensiblement majorés.

Par ailleurs, renseignez-vous pour connaître les éventuelles conditions avantageuses accordées par les hôteliers.

## RÉSERVATION ET ARRHES

Certains hôteliers demandent le versement d'arrhes. Il s'agit d'un dépôt-garantie qui engage l'hôtelier comme le client. Bien demander à l'hôtelier de vous fournir dans sa lettre d'accord toutes précisions utiles sur la réservation et les conditions de séjour.

## CARTES DE PAIEMENT

**AE ⊙**  Cartes de crédit acceptées :
**⊙ VISA**  American Express – Diners Club – Mastercard (Eurocard) – Visa

## CHAMBRES

**29 ch (Zim, cam)**  Nombre de chambres

⌾ 🕴 100/150  Prix minimum 100 CHF et /maximum 150 CHF pour une chambre d'une personne, petit-déjeuner compris.

⌾ 🕴🕴 200/350  Prix minimum 200 CHF et /maximum 350 CHF pour une chambre de deux personnes, petit-déjeuner compris.

⌾ 20  Prix du petit-déjeuner
(Suites et junior suites : se renseigner auprès de l'hôtelier.)

## DEMI-PENSION

½ suppl. 30  Ce supplément par personne et par jour s'ajoute au
(Zuschl. – sup.)  prix de la chambre pour obtenir le prix de ½ pension. La plupart des hôtels saisonniers pratiquent également sur demande la pension complète.

# RESTAURANT

    Restaurant proposant un plat du jour **à moins de 20 CHF**

**Plat du jour :**

**Rest** (18.50)
**(Rest – Rist)**
Prix moyen du plat du jour généralement servi au repas de midi, en semaine, au café ou à la brasserie.

**Menu à prix fixe :**

Prix d'un repas composé d'un plat principal, d'une **entrée et d'un dessert,** non servi le weekend et les jours fériés.

**Rest** 36/80
**(Rest – Rist)**
**Prix du menu :** minimum 36/maximum 80

**Repas à la carte :**

**Rest**
à la carte 50/95
**(Rest – Rist)**
Le premier prix correspond à un repas simple comprenant une entrée, plat garni et dessert / Le 2$^e$ prix concerne un repas plus complet (avec spécialité) comprenant une entrée, un plat principal, fromage et dessert.

# Villes

## GÉNÉRALITÉS

| | |
|---|---|
| 🛡 | Armoiries du canton<br>indiquées au chef-lieu du canton |
| (BIENNE) | Traduction usuelle du nom de la localité |
| *3000* | Numéro de code postal de la localité |
| ✉ *3123 Belp* | Numéro de code postal et nom de la commune de destination |
| Ⓒ - Ⓚ | Chef-lieu de canton |
| *Bern (BE)* | Canton auquel appartient la localité |
| **551** I6 | Numéro de la carte Michelin et coordonnées permettant de se repérer sur la carte |
| *1 057 h. (Ew. – ab.)* | Nombre d'habitants |
| *Alt. (Höhe) 1 500* | Altitude de la localité |
| *Kurort*<br>*Stazione termale* | Station thermale |
| *Wintersport*<br>*Sport invernali* | Sports d'hiver |
| *1 200/1 900* | Altitude de la station minimum et altitude maximum atteinte par les remontées mécaniques |
| *2* 🚡 | Nombre de téléphériques ou télécabines |
| *14* 🎿 | Nombre de remonte-pentes et télésièges |
| 🎿 | Ski de fond |
| ⛐ | Localité interdite à la circulation |
| BY b | Lettres repérant un emplacement sur le plan de ville |
| 🚩₁₈ | Golf et nombre de trous |
| ☀ ≼ | Panorama, point de vue |
| ✈ | Aéroport |
| 🚗 | Localité desservie par train-auto<br>Renseignements au numéro de téléphone indiqué |
| 🛈 | Information touristique |
| ⊕ | Touring Club Suisse (T.C.S.) |
| ⊕ | Automobile Club de Suisse (A.C.S.) |

# INFORMATIONS TOURISTIQUES

## INTÉRÊT TOURISTIQUE

| | |
|---|---|
| ★★★ | Vaut le voyage |
| ★★ | Mérite un détour |
| ★ | Intéressant |
| | Les musées sont généralement fermés le lundi |

## SITUATION DU SITE

| | |
|---|---|
| Voir<br>*Sehenswert*<br>Vedere | A voir dans la ville |
| Environs<br>*Ausflugsziel*<br>Dintorni | A voir aux environs de la ville |
| | La curiosité est située : |
| *Nord, Sud, Süd,* | au Nord, au Sud |
| *Est, Ost,* | à l'Est |
| *Ouest, West, Ovest* | à l'Ouest |
| ② ④ | On s'y rend par la sortie ② ou ④ repérée par le même signe sur le plan du Guide et sur la carte Michelin |
| *2 km* | Distance en kilomètres |

## MANIFESTATIONS LOCALES

Sélection des principales manifestations culturelles, folkloriques ou sportives locales.

# Plans

- Hôtels
- Restaurants

## CURIOSITÉS

Bâtiment intéressant

Édifice religieux intéressant : Catholique – Protestant

## VOIRIE

Autoroute

Double chaussée de type autoroutier

Grande voie de circulation

Voie en escalier – Allée piétonnière - Sentier

Rue piétonne – Rue réglementée ou impraticable

Sens unique – Tramway

Dunant Rue commerçante – Parking – Parking Relais

Porte – Passage sous voûte – Tunnel

Gare et voie ferrée

Funiculaire, voie à crémaillère

Téléphérique, télécabine

## SIGNES DIVERS

Information touristique

Mosquée – Synagogue

Tour – Ruines

Jardin, parc, bois – Cimetière

Stade – Golf – Hippodrome – Patinoire

Piscine de plein air, couverte – Port de plaisance

Vue – Panorama – Table d'orientation

Monument – Fontaine – Usine – Centre commercial

Aéroport – Station de métro – Gare routière

Transport par bateau :

- passagers et voitures, passagers seulement

(3) Repère commun aux plans
et aux cartes Michelin détaillées

Bureau principal de poste restante

Hôpital – Marché couvert

Bâtiment public repéré par une lettre :

G H - Police cantonale (Gendarmerie) – Hôtel de ville

J M - Palais de justice - Musée

P T U - Préfecture – Théâtre - Université, grande école

POL. - Police municipale

(18) Passage bas (inf. à 4 m 50) – Charge limitée (inf. à 19 t)

Touring Club Suisse (T.C.S.)

Automobile Club de Suisse (A.C.S.)

13

# Cartes
# de voisinage

## AVEZ-VOUS PENSÉ À LES CONSULTER ?

Vous souhaitez trouver une bonne adresse,
par exemple, aux environs de BERNE?

Consultez la carte qui accompagne
les ressources de la ville.

La « carte de voisinage » (ci-contre) attire
votre attention sur toutes les localités citées au Guide
autour de la ville choisie, et particulièrement
celles qui sont accessibles en automobile
en moins de 20 minutes (limite de couleur).

Les cartes de voisinage vous permettent ainsi
le repérage rapide de toutes les ressources proposées
par le Guide autour des métropoles régionales.

## NOTA :
Lorsqu'une localité est présente
sur une carte de voisinage,
sa métropole de rattachement est imprimée en BLEU
sur la ligne des distances de ville à ville.

## EXEMPLE :

Vous trouverez
Langnau im
Emmental
sur la carte
de voisinage
de BERN.

**LANGNAU IM EMMENTAL** *3550 Bern (BE)*
**551** *L07 – 8833 Ew. – Höhe 673.*
Sehenswert : *Dürsrütiwald★.*
🛈 *Pro Emmental, Scholssstr. 3,* ✆ *0344 024 252,*
*info@emmental.ch, Fax 0344 025 667.*
*Bern 31 - Interlaken 63 - Luzern 63 - Solothurn 45.*

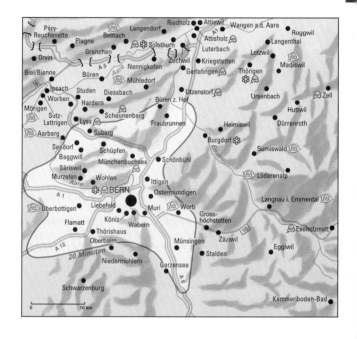

*Tableau d'assemblage
des cartes de voisinage*

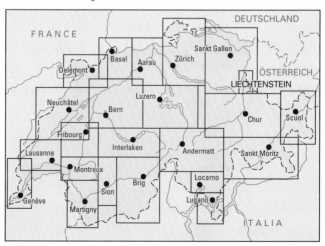

# Grundsätze

*„Dieses Werk hat zugleich mit dem Jahrhundert
das Licht der Welt erblickt, und es wird ihm ein ebenso
langes Leben beschieden sein."*

Das Vorwort der ersten Ausgabe des MICHELIN-Führers von 1900 wurde im Laufe der Jahre berühmt und hat sich inzwischen durch den Erfolg dieses Ratgebers bestätigt. Der MICHELIN-Führer wird heute auf der ganzen Welt gelesen. Den Erfolg verdankt er seiner konstanten Qualität, die einzig den Lesern verpflichtet ist und auf festen Grundsätzen beruht.

## Die Grundsätze des Michelin-Führers:

**Anonymer Besuch:** Die Inspektoren testen regelmässig und anonym die Restaurants und Hotels, um deren Leistungsniveau zu beurteilen. Sie bezahlen alle in Anspruch genommenen Leistungen und geben sich nur zu erkennen, um ergänzende Auskünfte zu den Häusern zu erhalten. Für die Reiseplanung der Inspektoren sind die Briefe der Leser im Übrigen eine wertvolle Hilfe.

**Unabhängigkeit:** Die Auswahl der Häuser erfolgt völlig unabhängig und ist einzig am Nutzen für den Leser orientiert. Die Entscheidungen werden von den Inspektoren und dem Chefredakteur gemeinsam getroffen. Über die höchsten Auszeichnungen wird sogar auf europäischer Ebene entschieden. Die Empfehlung der Häuser im Michelin-Führer ist völlig kostenlos.

**Objektivität der Auswahl:** Der Michelin-Führer bietet eine Auswahl der besten Hotels und Restaurants in allen Komfort- und Preiskategorien. Diese Auswahl erfolgt unter strikter Anwendung eines an objektiven Massstäben ausgerichteten Bewertungssystems durch alle Inspektoren.

**Einheitlichkeit der Auswahl:** Die Klassifizierungskriterien sind für alle vom Michelin-Führer abgedeckten Länder identisch.

**Jährliche Aktualisierung:** Jedes Jahr werden alle praktischen Hinweise, Klassifizierungen und Auszeichnungen überprüft und aktualisiert, um ein Höchstmass an Zuverlässigkeit zu gewährleisten.

*... und sein einziges Ziel – dem Leser bestmöglich behilflich zu sein, damit jede Reise und jeder Restaurantbesuch zu einem Vergnügen werden, entsprechend der Aufgabe, die sich Michelin gesetzt hat: die Mobilität in den Vordergrund zu stellen.*

# Lieber Leser

Wir freuen uns, Ihnen die 13. Ausgabe des Michelin-Führers Schweiz vorstellen zu dürfen. Diese Auswahl der besten Hotels und Restaurants in allen Preiskategorien wird von einem Team von Inspektoren mit Ausbildung in der Hotellerie und Gastronomie erstellt. Sie bereisen das ganze Jahr hindurch das Land. Ihre Aufgabe ist es, die Qualität und Leistung der bereits empfohlenen und der neu hinzu kommenden Hotels und Restaurants kritisch zu prüfen. In unserer Auswahl weisen wir jedes Jahr auf die besten Restaurants hin, die wir mit ✿ bis ✿✿✿ kennzeichnen. Die Sterne zeichnen die Häuser mit der besten Küche aus, wobei unterschiedliche Küchenstilrichtungen vertreten sind. Als Kriterien dienen die Wahl der Produkte, die fachgerechte Zubereitung, der Geschmack der Gerichte, die Kreativität und das Preis-Leistungs-Verhältnis, sowie die Beständigkeit der Küchenleistung. Dieses Jahr werden ferner zahlreiche Restaurants für die Weiterentwicklung ihrer Küche hervorgehoben. Um die neu hinzugekommenen Häuser des Jahrgangs 2006 mit einem, zwei oder drei Sternen zu präsentieren, haben wir diese mit einem „N" gekennzeichnet.

Außerdem möchten wir die *"Hoffnungsträger"* für die nächsthöheren Kategorien hervorheben. Diese Häuser, die in der Sterne-Liste in rot aufgeführt sind, sind die besten ihrer Kategorie und könnten in Zukunft aufsteigen, wenn sich die Qualität ihrer Leistungen dauerhaft und auf die gesamte Karte bezogen bestätigt hat. Mit dieser besonderen Kennzeichnung möchten wir Ihnen die Restaurants aufzeigen, die in unseren Augen die Hoffnung für die Gastronomie von morgen sind. Ihre Meinung interessiert uns! Bitte teilen Sie uns diese mit, insbesondere hinsichtlich dieser *"Hoffnungsträger"*. Ihre Mitarbeit ist für die Planung unserer Besuche und für die ständige Verbesserung des Michelin-Führers von grosser Bedeutung.

Wir danken Ihnen für Ihre Treue und wünschen Ihnen angenehme Reisen mit dem Michelin-Führer 2006.

*Den Michelin- Führer finden Sie auch im Internet unter*
www.ViaMichelin.com
*oder schreiben Sie uns eine E-mail:*
leguidemichelin-suisse@ch.michelin.com

# Kategorien
# & Auszeichnungen

## KOMFORTKATEGORIEN

Der Michelin-Führer bietet in seiner Auswahl die besten Adressen jeder Komfort- und Preiskategorie. Die ausgewählten Häuser sind nach dem gebotenen Komfort geordnet; die Reihenfolge innerhalb jeder Kategorie drückt eine weitere Rangordnung aus.

| | | |
|---|---|---|
| 🏰🏰🏰🏰 | XXXXX | **Großer Luxus und Tradition** |
| 🏰🏰🏰 | XXXX | **Großer Komfort** |
| 🏰🏰 | XXX | **Sehr komfortabel** |
| 🏰 | XX | **Mit gutem Komfort** |
| 🏠 | X | **Mit Standard-Komfort** |
| 🏡 | | **Einfach aber korrekt** |
| Sans Rest garni Senza rist | | **Hotel ohne Restaurant** |
| avec ch mit Zim con cam | | **Restaurant vermietet auch Zimmer** |

## AUSZEICHNUNGEN

Um ihnen behilflich zu sein, die bestmögliche Wahl zu treffen, haben einige besonders bemerkenswerte Adressen dieses Jahr eine Auszeichnung erhalten. Die Sterne bzw. „Bib Gourmand" sind durch das entsprechende Symbol ✿ bzw. 🍜 und Rest gekennzeichnet.

### DIE STERNE : DIE BESTEN RESTAURANTS

Die Häuser, die eine überdurchschnittlich gute Küche bieten, wobei alle Stilrichtungen vertreten sind, wurden mit einem Stern ausgezeichnet. Die Kriterien sind: die Wahl der Produkte, die Kreativität, die fachgerechte Zubereitung und der Geschmack, sowie das Preis-Leistungs-Verhältnis und die immer gleich bleibende Qualität.

| | |
|---|---|
| ✿✿✿ | **Eine der besten Küchen: eine Reise wert** |
| | Man isst hier immer sehr gut, öfters auch exzellent. |
| ✿✿ | **Eine hervorragende Küche: verdient einen Umweg** |
| ✿ | **Ein sehr gutes Restaurant in seiner Kategorie** |

### DIE BIBS : DIE BESTEN PREISWERTEN HÄUSER

 **Bib Gourmand**
Häuser, die eine gute Küche für weniger als 55 CHF bieten
(Preis für eine dreigängige Mahlzeit ohne Getränke).

**Bib Hotel**
Häuser, die eine Mehrzahl ihrer komfortablen Zimmer für
weniger als 180 CHF anbieten (Preis für 2 Personen mit
Frühstück).

### DIE ANGENEHMSTEN ADRESSEN

Die rote Kennzeichnung weist auf besonders angenehme Häuser hin. Dies
bezieht sich auf den besonderen Charakter des Gebäudes, die nicht alltägliche
Einrichtung, die Lage, den Empfang oder den gebotenen Service.

🏛 bis 🏛🏛🏛🏛 **Angenehme Hotels**

✗ bis ✗✗✗✗✗ **Angenehme Restaurants**

## BESONDERE ANGABEN

Neben den Auszeichnungen, die den Häusern verliehen werden, legen die
Michelin-Inspektoren auch Wert auf andere Kriterien, die bei der Wahl einer
Adresse oft von Bedeutung sind.

### LAGE

Wenn Sie eine ruhige Adresse oder ein Haus mit einer schönen Aussicht
suchen, achten Sie auf diese Symbole:

🕊 **Ruhiges Hotel**

🕊 **Sehr ruhiges Hotel**

< **Interessante Sicht**

< Berge **Besonders schöne Aussicht**

### WEINKARTE

Wenn Sie ein Restaurant mit einer besonders interessanten Weinauswahl
suchen, achten Sie auf dieses Symbol:

 **Weinkarte mit besonders attraktivem Angebot**
Aber vergleichen Sie bitte nicht die Weinkarte, die Ihnen
vom Sommelier eines großen Hauses präsentiert wird, mit
der Auswahl eines Gasthauses, dessen Besitzer die Weine
der Region mit Sorgfalt zusammenstellt.

# Einrichtung & Service

| | |
|---|---|
| **30 Zim** (ch, cam) | Anzahl der Zimmer |
| ⃗ | Fahrstuhl |
| ▤ | Klimaanlage (im ganzen Haus bzw. in den Zimmern oder im Restaurant) |
| vidéo | Videorecorder im Zimmer |
| ⃗ | Räumlichkeiten für Nichtraucher vorhanden |
| ☏ | Highspeed-Internetzugang in den Zimmern |
| ⚕ | Einrichtung für Körperbehinderte vorhanden |
| ⛹ | Spezielle Angebote für Kinder |
| ☂ | Garten bzw. Terrasse mit Speiseservice |
| ⚘ | Wellnessbereich |
| ⚓ | Badeabteilung, Thermalkur |
| 🏋 ≋s | Fitnessraum, Sauna |
| 🏊 ⊠ | Freibad oder Hallenbad |
| ⛩ 🌳 | Liegewiese, Garten – Park |
| ⛺ | Strandbad |
| ⚒ 18 | Tennisplatz – Golfplatz und Lochzahl |
| ⚓ | Bootssteg |
| ♟ 15/150 | Konferenzraum mit Kapazität |
| ⌗ 4/40 | Veranstaltungsraum mit Kapazität |
| 🚗 | Hotelgarage (wird gewöhnlich berechnet) |
| ⒫ | Parkplatz reserviert für Gäste |
| 🅿 | Gesicherter Parkplatz für Gäste |
| 🐕 | Hunde sind unerwünscht (im ganzen Haus bzw. in den Zimmern oder im Restaurant) |
| *Mai-Okt. - mai-oct. maggio-ottobre* | Öffnungszeit, vom Hotelier mitgeteilt |
| *nur Saison Saison - stagionale* | In Saison geöffnet, genaue Daten aber noch unbestimmt. Häuser ohne Angabe von Schliessungszeiten sind ganzjährig geöffnet |

Die in diesem Führer genannten Preise wurden uns im Herbst 2005 angegeben. Änderungen sind vorbehalten, vor allem bei Preisschwankungen von Waren und Dienstleistungen. Bedienung und MWSt sind enthalten. Es sind Inklusivpreise, die sich nur noch durch die evtl. zu zahlende Kurtaxe erhöhen können.

Die Häuser haben sich verpflichtet, die von den Hoteliers selbst angegebenen Preise den Kunden zu berechnen.

Anlässlich grösserer Veranstaltungen, Messen und Ausstellungen werden von den Hotels in manchen Städten und deren Umgebung erhöhte Preise verlangt.

Erkundigen Sie sich bei den Hoteliers und Restaurateuren nach eventuellen Sonderbedingungen.

## RESERVIERUNG UND ANZAHLUNG

Einige Hoteliers verlangen zur Bestätigung der Reservierung eine Anzahlung oder die Nennung der Kreditkartennummer. Dies ist als Garantie sowohl für den Hotelier als auch für den Gast anzusehen. Bitten Sie den Hotelier, dass er Ihnen in seinem Bestätigungsschreiben alle seine Bedingungen mitteilt.

## KREDITKARTEN

Akzeptierte Kreditkarten:

**AE ◑** American Express – Diners Club – Mastercard (Eurocard),
**◉ VISA** – Visa

## ZIMMER

**29 Zim (ch, cam)** Anzahl der Zimmer

⊟ ♟ 100/150 Mindespreis 100 CHF und Höchstpreis 150 CHF für ein Einzelzimmer inkl. Frühstück

⊟ ♟♟ 200/350 Mindestpreis 200 CHF und Höchstpreis 350 CHF für ein Doppelzimmer inkl. Frühstück

⊟ 20 Preis des Frühstücks
(Suiten und Junior Suiten: sich erkundigen)

## HALBPENSION

½ P Zuschl. 30 Aufschlag zum Zimmerpreis für Halbpension pro Person
(suppl. - sup.) und Tag. In den meisten Hotels können Sie auf Anfrage auch Vollpension erhalten.

# RESTAURANT

| | |
|---|---|
| ఈం | Restaurant, das einen Tagesteller **unter 20 CHF** anbietet |
| | **Tagesteller:** |
| **Rest** (18, 50) | Mittlere Preislage des Tagestellers im allgemeinen mittags |
| **(Repas - Pasto)** | während der Woche in der Gaststube oder im Café serviert |
| | **Feste Menupreise:** |
| | Preis einer Mahlzeit aus Vorspeise, Hauptgericht und Dessert |
| **Rest** 36/80 | **Menupreise:** mindestens 36 CHF/höchstens 80 CHF |
| **(Repas - Pasto)** | |
| | **Mahlzeiten „à la carte":** |
| **Rest** à la carte | Der erste Preis entspricht einer einfachen Mahlzeit mit |
| 50/95 | Vorspeise, Hauptgericht mit Beilage und Dessert. |
| **(Rest-Rist)** | Der zweite Preis entspricht einer reichlicheren Mahlzeit (mit Spezialität) aus Vorspeise, Hauptgang, Käse und Dessert. |

# Städte

## ALLGEMEINES

|  |  |
|---|---|
| (Wappen) | Wappen des Kantons am Hauptort des Kantons angegeben |
| (BIENNE) | Gebräuchliche Übersetzung des Ortsnamens |
| *3000* | Postleitzahl |
| ⊠ *3123 BELP* | Postleitzahl und Name des Verteilerpostamtes |
| Ⓒ - Ⓚ | Kantonshauptstadt |
| *(Bern) (BE)* | Kanton, in dem der Ort liegt |
| **551** I6 | Nummer der Michelin-Karte mit Koordinaten |
| *1 057 h. (Ew. – ab.)* | Einwohnerzahl |
| *Alt. (Höhe) 1 500* | Höhe |
| *Station thermale – Stazione termale* | Kurort |
| *Sports d'hiver – Sport invernali* | Wintersport |
| *1 200/1 900* | Minimal-Höhe der Station des Wintersportortes/ Maximal-Höhe, die mit Kabinenbahn oder Lift erreicht werden kann |
| *2* 🎿 | Anzahl der Luftseil-und Gondelbahnen |
| *14* 🎿 | Anzahl der Schlepp- und Sessellifte |
| 🎿 | Langlaufloipen |
| 🚫 | Für den Autoverkehr gesperrte Ortschaft |
| BY b | Markierung auf dem Stadtplan |
| 📓 | Golfplatz mit Lochzahl |
| ☀ ⪪ | Rundblick, Aussichtspunkt |
| ✈ | Flughafen |
| 🚗 | Ladestelle für Autoreisezüge. Nähere Auskünfte unter der angegebenen Telefonnummer |
| 🄸 | Touristeninformation |
| ⊛ | Touring Club der Schweiz (T.C.S.) |
| ◉ | Automobil Club der Schweiz (A.C.S.) |

23

# SEHENSWÜRDIGKEITEN

## BEWERTUNG

| | |
|---|---|
| ★★★ | Eine Reise wert |
| ★★ | Verdient einen Umweg |
| ★ | Sehenswert |
| | Museen sind im allgemeinen montags geschlossen |

## LAGE

| | |
|---|---|
| Sehenswert | |
| Voir | In der Stadt |
| Vedere | |
| Ausflugsziel | |
| Environs | In der Umgebung der Stadt |
| Dintorni | |
| | Die Sehenswürdigkeit befindet sich : |
| Nord, Süd, Sud, | Im Norden, Süden der Stadt |
| Ost, Est | Osten der Stadt |
| West, Ouest, Ovest | Westen der Stadt |
| ② ④ | Zu erreichen über die Ausfallstrasse ② bzw. ④, die auf dem Stadtplan und der Michelin-Karte identisch gekennzeichnet sind |
| 2 km | Entfernung in Kilometern |

## LOKALE VERANSTALTUNGEN

Auswahl der wichtigsten kulturellen, folkloristischen und sportlichen lokalen Veranstaltungen

# Stadtpläne

- Hotels
- Restaurants

## SEHENSWÜRDIGKEITEN

Sehenswertes Gebäude

Sehenswerte katholische bzw. evangelische Kirche

## STRASSEN

Autobahn

Schnellstrasse

Hauptverkehrsstrasse

Treppenstrasse – Fussweg – Weg, Pfad

Fussgängerzone – Gesperrte Strasse oder Strasse mit Verkehrsbeschränkungen

Einbahnstrasse – Strassenbahn

Dunant   P   Einkaufsstrasse – Parkplatz, Parkhaus – Park-and-Ride-Plätze

Tor – Passage – Tunnel

Bahnhof und Bahnlinie

Standseilbahn, Zahnradbahn

Seilbahn, Kabinenbahn

## SONSTIGE ZEICHEN

Touristeninformation

Moschee – Synagoge

Turm – Ruine

Garten, Park, Wäldchen – Friedhof

Stadion – Golfplatz – Pferderennbahn – Eisbahn

Freibad – Hallenbad – Jachthafen

Aussicht – Rundblick – Orientierungstafel

Denkmal – Brunnen – Fabrik –Einkaufszentrum

Flughafen – U-Bahnstation – Autobusbahnhof

Schiffsverbindungen: Autofähre – Personenfähre

(3) Strassenkennzeichnung (identisch auf Michelin-Stadtplänen und -Abschnittskarten)

Hauptpostamt (postlagernde Sendungen)

Krankenhaus – Markthalle

Öffentliches Gebäude, durch einen Buchstaben gekennzeichnet:

G   H   – Kantonspolizei – Rathaus

J   M   – Gerichtsgebäude – Museum

P   T   U   – Präfektur – Theater – Universität, Hochschule

POL.   – Stadtpolizei

(18) Unterführung (Höhe bis 4,50 m) – Höchstbelastung (unter 19 t)

Touring Club der Schweiz (T.C.S.) –

Automobil Club der Schweiz (A.C.S.)

25

# Umgebungskarten

DENKEN SIE DARAN SIE ZU BENUTZEN

Wenn Sie beispielsweise in der Nähe von BERN eine gute Adresse suchen, hilft Ihnen dabei unsere Umgebungskarte.

Diese Karte (siehe rechts) ermöglicht Ihnen einen Überblick über alle im Michelin erwähnten Orte, die in der Nähe von Bern liegen.

Die innerhalb der blau markierten Grenze liegenden Orte sind in weniger als 20 Autominuten erreichbar.

## ANMERKUNG :

Auf der Linie der Entfernungen zu anderen Orten erscheint im Ortstext die jeweils nächste Stadt mit Umgebungskarte in BLAU.

## BEISPIEL :

*Sie finden Langnau im Emmental auf der Umgebungskarte von BERN.*

**LANGNAU IM EMMENTAL** *3550 Bern (BE)*
**551** *L07 – 8833 Ew. – Höhe 673.*
Sehenswert : *Dürsrütiwald★.*
🛈 *Pro Emmental, Scholssstr. 3, 𝄐 0344 024 252, info@emmental.ch, Fax 0344 025 667.*
*Bern 31 - Interlaken 63 - Luzern 63 - Solothurn 45.*

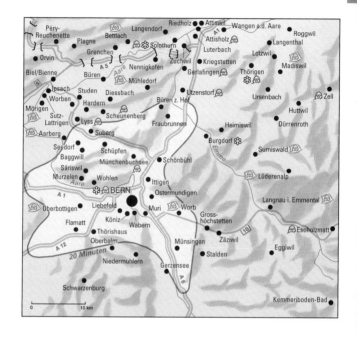

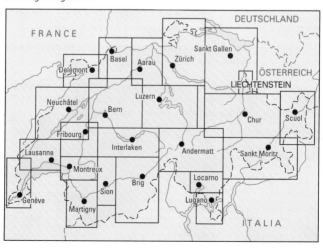

*Übersicht*
*der Umgebungskarten*

# Principi

*« Quest'opera nasce col secolo e durerà quanto esso. »*

La prefazione della prima edizione della Guida MICHELIN 1900, divenuta famosa nel corso degli anni, si è rivelata profetica. Se la Guida viene oggi consultata in tutto il mondo è grazie al suo costante impegno nei confronti dei lettori.

Desideriamo qui ribadirlo.

## I principi della Guida Michelin:

**La visita anonima:** per poter apprezzare il livello delle prestazioni offerte ad ogni cliente, gli ispettori verificano regolarmente ristoranti ed alberghi mantenendo l'anonimato. Questi pagano il conto e possono presentarsi per ottenere ulteriori informazioni sugli esercizi. La posta dei lettori fornisce peraltro preziosi suggerimenti che permettono di orientare le nostre visite.

**L'indipendenza:** la selezione degli esercizi viene effettuata in totale indipendenza, nel solo interesse del lettore. Gli ispettori e il caporedattore discutono collegialmente le scelte. Le massime decisioni vengono prese a livello europeo. La segnalazione degli esercizi all'interno della Guida è interamente gratuita.

**La selezione:** la Guida offre una selezione dei migliori alberghi e ristoranti per ogni categoria di confort e di prezzo. Tale selezione è il frutto di uno stesso metodo, applicato con rigorosità da tutti gli ispettori.

**L'aggiornamento annuale:** ogni anno viene riveduto e aggiornato l'insieme dei consigli pratici, delle classifiche e della simbologia al fine di garantire le informazioni più attendibili.

**L'omogeneità della selezione:** i criteri di valutazione sono gli stessi per tutti i paesi presi in considerazione dalla Guida Michelin.

*… e un unico obiettivo: prodigarsi per aiutare il lettore a fare di ogni spostamento e di ogni uscita un momento di piacere, conformemente alla missione che la Michelin si è prefissata: contribuire ad una miglior mobilità.*

# Editoriale

**Caro lettore,**

Abbiamo il piacere di presentarle la nostra 13a edizione della Guida Michelin Svizzera.

Questa selezione, che comprende i migliori alberghi e ristoranti per ogni categoria di prezzo, viene effettuata da un'équipe di ispettori professionisti di formazione alberghiera. Ogni anno, percorrono l'intero paese per visitare nuovi esercizi e verificare il livello delle prestazioni di quelli già inseriti nella Guida.

All'interno della selezione, vengono inoltre assegnate ogni anno da ✿ a ✿✿✿ alle migliori tavole. Le stelle contraddistinguono gli esercizi che propongono la miglior cucina, in tutti gli stili, tenendo conto della scelta dei prodotti, della creatività, dell'abilità nel raggiungimento della giusta cottura e nell'abbinamento dei sapori, del rapporto qualità/prezzo, nonché della costanza.

Anche quest'anno, numerose tavole sono state notate per l'evoluzione della loro cucina. Una « **N** » accanto ad ogni esercizio prescelto dell'annata 2006, ne indica l'inserimento fra gli esercizi con una, due o tre stelle.

Desideriamo inoltre segnalare le *« promesse »* per la categoria superiore. Questi esercizi, evidenziati in rosso nella nostra lista, sono i migliori della loro categoria e potranno accedere alla categoria superiore non appena le loro prestazioni avranno raggiunto un livello costante nel tempo, e nelle proposte della carta. Con questa segnalazione speciale, è nostra intenzione farvi conoscere le tavole che costituiscono, dal nostro punto di vista, le principali promesse della gastronomia di domani.

Il vostro parere ci interessa, specialmente riguardo a queste *« promesse »*. Non esitate quindi a scriverci, la vostra partecipazione è importante per orientare le nostre visite e migliorare costantemente la vostra Guida. Grazie ancora per la vostra fedeltà e vi auguriamo buon viaggio con la Guida Michelin 2006.

Consultate la Guida Michelin su
**www.ViaMichelin.com**
e scriveteci a :
**Leguidemichelin-suisse@ch.michelin.com**

# Categorie
# e simboli distintivi

## LE CATEGORIE DI CONFORT

Nella selezione della Guida Michelin vengono segnalati i migliori indirizzi per ogni categoria di confort e di prezzo. Gli escercizi selezionati sono classificati in base al confort che offrono e vengono citati in ordine di preferenza per ogni categoria.

| | | |
|---|---|---|
| 🏨🏨🏨 | XXXXX | Gran lusso e tradizione |
| 🏨🏨🏨 | XXXX | Gran confort |
| 🏨🏨 | XXX | Molto confortevole |
| 🏨🏨 | XX | Di buon confort |
| 🏨 | X | Abbastanza confortevole |
| 🏠 | | Semplice, ma conveniente |
| Senza Rist garni, sans rest | | L'albergo non ha ristorante |
| con cam mit Zim, avec ch | | Il ristorante dispone di camere |

## I SIMBOLI DISTINTIVI

Per aiutarvi ad effettuare la scelta migliore, segnaliamo gli esercizi che si distinguono in modo particolare. Questi ristoranti sono evidenziati nel testo con ✿ o 🍴 e Rest.

### LE STELLE : LE MIGLIORI TAVOLE

Le stelle distinguono gli esercizi che propongono la miglior qualità in campo gastronomico, indipendentemente dagli stili di cucina. I criteri presi in considerazione sono: la scelta dei prodotti, l'abilità nel raggiungimento della giusta cottura e nell'abbinamento dei sapori, il rapporto qualità/prezzo nonché la costanza.

| | |
|---|---|
| ✿✿✿ | **Una delle migliori cucine, questa tavola vale il viaggio** Vi si mangia sempre molto bene, a volte meravigliosamente. |
| ✿✿ | **Cucina eccellente, questa tavola merita una deviazione** |
| ✿ | **Un'ottima cucina nella sua categoria** |

### BIB : I MIGLIORI ESERCIZI A PREZZI CONTENUTI

| | |
|---|---|
| 🍴 | **Bib Gourmand** Esercizio che offre una cucina di qualità a meno di 55 CHF. Prezzo di un pasto, bevanda esclusa. |
| 🏨 | **Bib Hotel** Esercizio che offre un soggiorno di qualità a meno di 180 CHF per la maggior parte delle camere. Prezzi per 2 persone, compresa la prima colazione. |

## GLI ESERCIZI AMENI

Il rosso indica gli esercizi particolarmente ameni. Questo per le caratteristiche dell'edificio, le decorazioni non comuni, la sua posizione ed il servizio offerto.

🏠 a 🏘️🏘️ **Alberghi ameni**

✕ a ✕✕✕✕✕ **Ristoranti ameni**

## LE SEGNALAZIONI PARTICOLARI

Oltre alle distinzioni conferite agli esercizi, gli ispettori Michelin apprezzano altri criteri spesso importanti nella scelta di un esercizio.

### POSIZIONE

Cercate un esercizio tranquillo o che offre una vista piacevole?

Seguite i simboli seguenti :

　　　🐿️　　　**Albergo tranquillo**

　　　🐿️　　　**Albergo molto tranquillo**

　　　≤　　　**Vista interessante**

　　≤ Rhein　**Vista eccezionale**

### CARTA DEI VINI

Cercate un ristorante la cui carta dei vini offra una scelta particolarmente interessante? Seguite il simbolo seguente:

　　🍇　　　**Carta dei vini particolarmente interessante**

Attenzione a non confrontare la carta presentata da un sommelier in un grande ristorante con quella di una trattoria dove il proprietario ha una grande passione per i vini della regione.

# Installazioni e servizi

| | |
|---|---|
| **30 cam**<br>**(ch, Zim)** | Numero di camere |
| ⇕ | Ascensore |
| ▤ | Aria condizionata (in tutto o in parte dell'esercizio) |
| video | Videoregistratore in camera |
| ⇥✕ | Esercizio riservato in parte ai non fumatori |
| ☎ | Connessione Internet ad alta velocità in camera |
| ♿ | Esercizio accessibile in parte alle persone<br>con difficoltà motorie |
| 🏃 | Attrezzatura per accoglienza e ricreazione dei bambini |
| ⛱ | Pasti serviti in giardino o in terrazza |
| ⓦ | Wellness |
| ✚ | Cura termale, Idroterapia |
| 🏋, ≋s | Palestra, sauna |
| 🏊 🏊 | Piscina: all'aperto, coperta |
| 🌿 ♨ | Giardino – Parco |
| 🏖 | Spiaggia attrezzata |
| ✂ ⓘ18 | Campo di tennis – Golf e numero di buche |
| ⚓ | Pontile d'ormeggio |
| 👥 15/150 | Sale per conferenze: capienza delle sale |
| ⬒ 4/40 | Saloni privati nei ristoranti: capienza dei saloni |
| 🚗 | Garage nell'albergo (generalmente a pagamento) |
| P | Parcheggio riservato alla clientela |
| **P** | Parcheggio chiuso riservato alla clientela |
| 🐕✕ | Accesso vietato ai cani (in tutto o in parte dell'esercizio) |
| *maggio-ottobre*<br>*mai-oct. – Mai-Okt.* | Periodo di apertura (o chiusura), comunicato dal<br>proprietario |
| *stagionale*<br>*saison*<br>*nur Saison* | Probabile apertura in stagione, ma periodo non precisato.<br>Gli esercizi senza tali menzioni sono aperti tutto l'anno. |

# I prezzi

I prezzi che indichiamo in questa guida sono stati stabiliti nell'autunno 2005; potranno subire delle variazioni in relazione ai cambiamenti dei prezzi di beni e servizi. Essi s'intendono comprensivi di tasse e servizio. Sul conto da pagare non deve figurare alcuna maggiorazione, ad eccezione dell'eventuale tassa di soggiorno.

Gli albergatori e i ristoratori si sono impegnati, sotto la propria responsabilità, a praticare questi prezzi ai clienti.

In occasione di alcune manifestazioni (congressi, fiere, saloni, festival, eventi sportivi…) i prezzi richiesti dagli albergatori potrebbero subire un sensibile aumento.

Chiedete informazioni sulle eventuali promozioni offerte dagli albergatori.

## LA CAPARRA

Alcuni albergatori chiedono il versamento di una caparra. Si tratta di un deposito-garanzia che impegna sia l'albergatore che il cliente. Vi consigliamo di farvi precisare le norme riguardanti la reciproca garanzia di tale caparra.

## CARTE DI CREDITO

Carte di credito accettate:

**AE ◍** American Express – Diners Club – MasterCard (Eurocard)
**◍ VISA** – Visa

## CAMERE

**25 cam (Zim, ch)** Numero di camere

⌂ 🕈 100/150 Prezzo minimo e massimo per una camera singola compresa la prima colazione

⌂ 🕈🕈 200/350 Prezzo minimo e massimo per una camera doppia compresa la prima colazione

⌂ 10 Prezzo della prima colazione

(Suite e junior suite: informarsi presso l'albergatore)

## MEZZA PENSIONE

½ P. sup. 30 Questo supplemento per persona al giorno va aggiunto al
(suppl. - Zuschl) prezzo della camera per ottenere quello della ½ pensione. La maggior parte degli alberghi pratica anche, su richiesta, la pensione completa.

## RISTORANTE

| | |
|---|---|
| ᴃᴆ | Esercizio che offre un **pasto semplice per meno di 20 CHF** |
| | **Piatto del giorno** |
| **Rist** (18.50) (Rest) | Prezzo medio del piatto del giorno generalmente servito a pranzo nei giorni settimanali alla «brasserie». |
| | **Menu a prezzo fisso** |
| **Rist** 36/80 (Rest) | Prezzo di un pasto composto dal piatto, **da un primo ed un dessert** |
| | **Pasto alla carta** |
| **Rist** alla carta 50/95 (Rest) | Il primo prezzo corrisponde ad un pasto semplice comprendente: primo, piatto e dessert. Il secondo prezzo corrisponde ad un pasto più completo (con specialità) comprendente: primo, un piatto, formaggio e dessert. |

# Le città

## GENERALITÀ

 Stemma del cantone e capoluogo cantonale

| | |
|---|---|
| (BIENNE) | Traduzione in uso dei nomi di comuni |
| 3000 | Codice di avviamento postale |
| ✉ 3123 BELP | Numero di codice e sede dell'ufficio postale |
| Ⓒ - Ⓚ | Capoluogo cantonale |
| (Bern) (BE) | Cantone a cui la località appartiene |
| 🔢 l6 | Numero della carta Michelin e del riquadro |
| 1 057 h. (h. – Ew.) | Popolazione residente |
| Alt. (Höhe) 1 500 | Altitudine |
| Station thermale Kurort | Stazione termale |
| Sports d'hiver – Wintersport | Sport invernali |
| 1 200/1 900 | Altitudine minima della stazione e massima raggiungibile con gli impianti di risalita |
| 2 🚠 | Numero di funivie o cabinovie |
| 14 🎿 | Numero di sciovie e seggiovie |
| 🎿 | Sci di fondo |
| 🚫 | Località chiusa al traffico |
| BY b | Lettere indicanti l'ubicazione sulla pianta |
| ⛳18 | Golf e numero di buche |
| ☀ ⋲ | Panorama, vista |
| ✈ | Aeroporto |
| 🚗 | Località con servizio auto su treno Informarsi al numero di telefono indicato |
| ⓘ | Ufficio informazioni turistiche |
| ⊛ | Touring Club Svizzero (T.C.S.) |
| ⊛ | Club Svizzero dell'Automobile (A.C.S.) |

## INFORMAZIONI TURISTICHE

### INTERESSE TURISTICO

| | |
|---|---|
| ★★★ | Vale il viaggio |
| ★★ | Merita una deviazione |
| ★ | Interessante |
| | I musei sono generalmente chiusi il lunedì |

### UBICAZIONE

| | |
|---|---|
| Vedere | |
| Voir | Nella città |
| Sehenswert | |
| Dintorni | |
| Environs | Nei dintorni della città |
| Ausflugsziel | |
| | Il luogo si trova : |
| Nord, Sud, Süd, | a Nord, a Sud della città |
| Est | a Est della città |
| Ouest, Ovest | a Ovest della città |
| ② ④ | Ci si va dall'uscita ② o ④ indicata con lo stesso segno sulla pianta e sulla carta stradale Michelin |
| 2 km | Distanza chilometrica |

### MANIFESTAZIONI LOCALI

Selezione delle principali manifestazioni culturali, folcloristice e sportive locali.

36

# Le carte

- Alberghi
- Ristoranti

## CURIOSITÀ

Edificio interessante

Costruzione religiosa interessante : Cattolica – Protestante

## VIABILITÀ

Autostrada

Strada a carreggiate separate

Grande via di circolazione

Via a scalini – Passeggiata – Sentiero

Via pedonale – Via regolamentata o impraticabile

Senso unico – Tranvia

Dunant  Via commerciale – Parcheggio – Parcheggio Ristoro

Porta – Sottopassaggio – Galleria

Stazione e ferrovia

Funicolare, ferrovia a cremagliera

Funivia, cabinovia

## SIMBOLI VARI

Ufficio informazioni turistiche

Moschea – Sinagoga

Torre – Ruderi

Giardino, parco, bosco – Cimitero

Stadio – Golf – Ippodromo – Pista di pattinaggio

Piscina: all'aperto, coperta – Porto turistico

Vista – Panorama – Tavola d'orientamento

Monumento – Fontana – Fabbrica – Centro commerciale

Aeroporto – Stazione della metropolitana – Autostazione

Trasporto con traghetto:

passeggeri ed autovetture, solo passeggeri

③ Simbolo di riferimento comune alle piante ed alle carte Michelin particolareggiate

Ufficio centrale di fermo posta

Ospedale – Mercato coperto

Edificio pubblico indicato con lettera:

G    H   – Polizia cantonale (Gendarmeria) – Municipio

J    M   – Palazzo di Giustizia – Museo

P   T   U   – Prefettura – Teatro – Università, Scuola superiore

POL. – Polizia

⑱ Sottopassaggio (altezza inferiore a m 4,50) – Portata limitata (inf. a 19 t)

Touring Club Svizzero (T.C.S.)

Club Svizzero dell'Automobile (A.C.S.)

# Carte dei dintorni

## SAPETE COME USARLE ?

Se desiderate, per esempio, trovare un buon
indirizzo nei dintorni di BERNA,
la « carta dei dintorni » (qui accanto) richiama
la vostra attenzione su tutte le località citate
nella Guida che si trovino nei dintorni della città
prescelta, e in particolare su quelle raggiungibili in
automobile in meno di 20 minuti (limite di colore).

Le carta dei dintorni permettono
la localizzazione rapida di tutte le risorse proposte
dalla Guida nei dintorni delle metropoli regionali.

## NOTA :

Quando una località è presente su una carta
dei dintorni, la città a cui ci si riferisce è scritta
in BLU nella linea delle distanze da città a città.

## ESEMPIO :

*Troverete*
*Langnau*
*im Emmental*
*sulla*
*carta dei dintorni*
*di BERNA.*

**LANGNAU IM EMMENTAL** *3550 Bern (BE)*
**551** *L07 – 8833 Ew. – Höhe 673.*
Sehenswert : *Dürsrütiwald★*.
🏢 *Pro Emmental, Scholssstr. 3,* 📞*0344 024 252,*
*info@emmental.ch, Fax 0344 025 667.*
*Bern 31 - Interlaken 63 - Luzern 63 - Solothurn 45.*

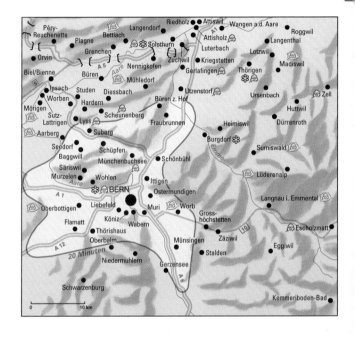

*Quadro d'insieme delle carte dei dintorni*

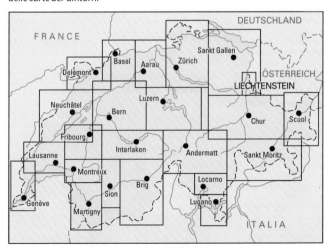

# Commitments

*"This volume was created at the turn of the century and will last at least as long".*

This foreword to the very first edition of the MICHELIN Guide, written in 1900, has become famous over the years and the Guide has lived up to the prediction. It is read across the world and the key to its popularity is the consistency of its commitment to its readers, which is based on the following promises.

## The MICHELIN Guide's commitments:

**Anonymous inspections:** our inspectors make regular and anonymous visits to hotels and restaurants to gauge the quality of products and services offered to an ordinary customer. They settle their own bill and may then introduce themselves and ask for more information about the establishment. Our readers' comments are also a valuable source of information, which we can then follow up with another visit of our own.

**Independence:** Our choice of establishments is a completely independent one, made for the benefit of our readers alone. The decisions to be taken are discussed around the table by the inspectors and the editor. The most important awards are decided at a European level. Inclusion in the Guide is completely free of charge.

**Selection and choice:** The Guide offers a selection of the best hotels and restaurants in every category of comfort and price. This is only possible because all the inspectors rigorously apply the same methods.

**Annual updates:** All the practical information, the classifications and awards are revised and updated every single year to give the most reliable information possible.

**Consistency:** The criteria for the classifications are the same in every country covered by the Michelin Guide.

*… and our aim: to do everything possible to make travel, holidays and eating out a pleasure, as part of Michelin's ongoing commitment to improving travel and mobility.*

# Dear reader

**Dear Reader,**

We are delighted to introduce the 13th edition of The Michelin Guide Suisse.

This selection of the best hotels and restaurants in every price category is chosen by a team of full-time inspectors with a professional background in the industry. They cover every corner of the country, visiting new establishments and testing the quality and consistency of the hotels and restaurants already listed in the Guide.

Every year we pick out the best restaurants by awarding them from ✿ to ✿✿✿. Stars are awarded for cuisine of the highest standards and reflect the quality of the ingredients, the skill in their preparation, the combination of flavours, the levels of creativity and value for money, and the ability to combine all these qualities not just once, but time and time again. This year sees two important additions.

One highlights those restaurants which, over the last year, have raised the quality of their cooking to a new level. Whether they have gained a first star, risen from one to two stars, or moved from two to three, these newly promoted restaurants are marked with an '**N**' next to their entry to signal their new status in 2006.

We have also picked out a selection of *"Rising Stars"*. These establishments, listed in red, are the best in their present category. They have the potential to rise further, and already have an element of superior quality; as soon as they produce this quality consistently, and in all aspects of their cuisine, they will be hot tips for a higher award. We've highlighted these promising restaurants so you can try them for yourselves; we think they offer a foretaste of the gastronomy of the future.

We're very interested to hear what you think of our selection, particularly the *"Rising Stars"*, so please continue to send us your comments. Your opinions and suggestions help to shape your Guide, and help us to keep improving it, year after year. Thank you for your support. We hope you enjoy travelling with the Michelin Guide 2006.

Consult the Michelin Guide at
**www.ViaMichelin.com**
*and write to us at:*
**leguidemichelin-suisse@ch.michelin.com**

# Classification & awards

## CATEGORIES OF COMFORT

The Michelin Guide selection lists the best hotels and restaurants in each category of comfort and price. The establishments we choose are classified according to their levels of comfort and, within each category, are listed in order of preference.

| | | |
|---|---|---|
| 🏨 | XXXXX | **Luxury in the traditional style** |
| 🏨 | XXXX | **Top class comfort** |
| 🏨 | XXX | **Very comfortable** |
| 🏨 | XX | **Comfortable** |
| 🏨 | X | **Quite comfortable** |
| 🏡 | | **Simple comfort** |
| sans rest garni, senza rist | | **This hotel has no restaurant** |
| avec ch mit Zim, con cam | | **This restaurant also offers accommodation** |

## THE AWARDS

To help you make the best choice, some exceptional establishments have been given an award in this year's Guide. They are marked ✿ or 😊 and Rest .

## THE STARS : THE BEST CUISINE

Michelin stars are awarded to establishments serving cuisine, of whatever style, which is of the highest quality. The cuisine is judged on the quality of ingredients, the skill in their preparation, the combination of flavours, the levels of creativity, the value for money and the consistency of culinary standards.

| | |
|---|---|
| ✿✿✿ | **Exceptional cuisine, worth a special journey** <br> One always eats extremely well here, sometimes superbly. |
| ✿✿ | **Excellent cooking, worth a detour** |
| ✿ | **A very good restaurant in its category** |

## GOOD FOOD AND ACCOMMODATION AT MODERATE PRICES

**Bib Gourmand**

Establishment offering good quality cuisine for under 55 CHF (price of a meal not including drinks).

**Bib Hotel**

Establishment offering good levels of comfort and service, with most rooms priced at under 180CHF (price of a room for 2 people, including breakfast).

## PLEASANT HOTELS AND RESTAURANTS

Symbols shown in red indicate particularly pleasant or restful establishments: the character of the building, its decor, the setting, the welcome and services offered may all contribute to this special appeal.

to    **Pleasant hotels**

to    **Pleasant restaurants**

## OTHER SPECIAL FEATURES

As well as the categories and awards given to the establishment, Michelin inspectors also make special note of other criteria which can be important when choosing an establishment.

## LOCATION

If you are looking for a particularly restful establishment, or one with a special view, look out for the following symbols:

**Quiet hotel**

**Very quiet hotel**

**Interesting view**

lac    **Exceptional view**

## WINE LIST

If you are looking for an establishment with a particularly interesting wine list, look out for the following symbol:

**Particularly interesting wine list**

This symbol might cover the list presented by a sommelier in a luxury restaurant or that of a simple inn where the owner has a passion for wine. The two lists will offer something exceptional but very different, so beware of comparing them by each other's standards.

# Facilities & services

| | |
|---|---|
| **30 ch (Zim, cam)** | Number of rooms |
| | Lift (elevator) |
| | Air conditioning (in all or part of the establishment) |
| vidéo | Video recorder in the bedroom |
| | Establishment with areas reserved for non-smokers. |
| | Highspeed-Internet access in bedrooms |
| | Establishment at least partly accessible to those of restricted mobility |
| | Special facilities for children |
| | Meals served in garden or on terrace |
| | Wellness |
| | Hydrotherapy and Spa |
| | Exercise room, sauna |
| | Swimming pool: outdoor or indoor |
| | Garden – Park |
| | Beach with bathing facilities |
| | Tennis court – Golf course and number of holes |
| | Landing stage |
| 15/150 | Equipped conference room: minimum and maximum capacity |
| 4/40 | Private dining rooms: minimum and maximum capacity |
| | Hotel garage (additional charge in most cases) |
| **P** | Car park for customers only |
| **P** | Enclosed car park for customers only |
| | No dogs allowed (in all or part of the establishment) |
| *Mai-oct. Mai-Okt. Maggio-ottobre* | Dates when open, as indicated by the hotelier. |
| *Saison Nur Saison Stagionale* | Probably open for the season – precise dates not available. When no date or season is shown, establishments are open all year round. |

# Prices

Prices quoted in this Guide supplied in autumn 2005. They are subject to alteration if goods and service costs are revised. The rates include tax and service and no extra charge should appear on your bill with the possible exception of visitor's tax.

By supplying the information, hotels and restaurants have undertaken to maintain these rates for our readers.

In some towns, when commercial, cultural or sporting events are taking place the hotel rates are likely to be considerably higher.

Certain establishments offer special rates. Ask when booking.

## RESERVATION AND DEPOSITS

Some hotels will require a deposit which confirms the commitment of both the customer and the hotelier.

Ask the hotelier to provide you with all of the terms and conditions applicable to your reservation in their written confirmation.

## CREDIT CARDS

Credit cards accepted by the establishment:

AE ◐  American Express – Diners Club – MasterCard (Eurocard)
◑ VISA  - Visa

## ROOMS

**29 ch (Zim, cam)**  Number of rooms

▭ 👤 100/150  Lowest price 100CHF and highest price 150CHF for a comfortable single room, including breakfast

▭ 👥 200/350  Lowest price 200CHF and highest price 350CHF for a double or twin room for 2 people, including breakfast

▭ 20  Price of breakfast
(Suites and junior suites: ask the hotelier)

## HALF BOARD

½ suppl. 30  This supplement per person per day should be added to
(Zuschl. – sup.)  the cost of the room in order to obtain the half board price. Most hotels also offer full board terms on request.

## RESTAURANT

⌇      Restaurant serving a dish of the day **under 20CHF**

**Dish of the day**:

**Rest** (18.50)    Average price of midweek dish of the day, usually served
**(Rest – Rist)**    at lunch in the "café".

**Set meals:**

Price of a main meal with an entrée and a dessert.

**Rest** 36/80    **Price of the set meal:** lowest price 36CHF/ highest price
**(Rest – Rist)**    80CHF

**A la carte meals:**

**Rest**    The first figure is for a plain meal and includes entrée,
à la carte 50/95    main dish and dessert. The second figure is for a
**(Rest – Rist)**    fuller meal (with "spécialité") and includes entrée, main
course, cheese and dessert.

# Towns

## GENERAL INFORMATION

| | |
|---|---|
| | Coat of arms of "Canton" indicated on the capital of the "Canton" |
| (BIENNE) | Usual translation for the name of the town |
| *3000* | Local postal number |
| ✉ *3123 Belp* | Postal number and name of the postal area |
| **C** - **K** | Capital of the "Canton" |
| *Bern (BE)* | "Canton" in which a town is situated |
| 🆅🆅🆅I6 | Michelin map and co-ordinates or fold |
| *1 057 h. (Ew. – ab.)* | Population |
| *Alt. (Höhe) 1 500* | Altitude (in metres) |
| *Kurort*<br>*Stazione termale*<br>*Station thermale* | Spa |
| *Wintersport*<br>*Sport invernali*<br>*Sports d'hiver* | Winter sports |
| *1 200/1 900* | Lowest station and highest points reached by lifts |
| 2 🚠 | Number of cablecars |
| 14 🎿 | Number of ski and chairlifts |
| 🎿 | Cross-country skiing |
| | Traffic is forbidden in this town |
| BY b | Letters giving the location of a place on the town plan |
| ⛳18 | Golf course and number of holes |
| ☀ ≼ | Panoramic view, viewpoint |
| ✈ | Airport |
| 🚗 | Places with motorail pick-up point |
| | Further information from telephone number indicated |
| 🛈 | Tourist Information Centre |
| ✇ | Touring Club Suisse (T.C.S.) |
| 🅐 | Automobile Club der Schweiz (A.C.S.) |

## TOURIST INFORMATION

### STAR-RATING

| | |
|---|---|
| ★★★ | Highly recommended |
| ★★ | Recommended |
| ★ | Interesting |
| | Museums and art galleries are generally closed on Mondays |

### LOCATION

| | |
|---|---|
| Voir | |
| Sehenswert | Sights in town |
| Vedere | |
| Environs | |
| Ausflugsziel | On the outskirts |
| Dintorni | |
| | The sight lies: |
| *Nord, Sud, Süd,* | north, south of the town |
| *Est, Ost,* | east of the town |
| *Ouest, West, Ovest* | west of the town |
| ② ④ | Sign on town plan and on the Michelin road map indicating the road leading to a place of interest |
| *2 km* | Distance in kilometres |

### LOCAL EVENTS

Selection of the main cultural, traditional and sporting events

# Town plans

- Hotels
- Restaurants

## SIGHTS

Place of interest

Interesting place of worship: Catholic-Protestant

## ROADS

Motorway

Dual carriageway with motorway characteristics

Main traffic artery

Stepped street – Footpath – Path

Pedestrian street – Unsuitable for traffic; street subject to restrictions

One-way street – Tramway

Dunant  Shopping street – Car park – Park and Ride

Gateway – Street passing under arch – Tunnel

Station and railway

Funicular – Rack railway

Cable car, cable way

## VARIOUS SIGNS

Tourist Information Centre

Mosque – Synagogue

Tower or mast – Ruins

Garden, park, wood – Cemetery

Stadium – Golf course – Racecourse – Skating rink

Outdoor or indoor swimming pool – Pleasure boat harbour

View – Panorama – Viewing table

Monument – Fountain – Factory – Shopping centre

Airport – Underground station – Coach station

Ferry services:

passengers and cars, passengers only

③ Reference number common to town plans and Michelin maps

Main post office with poste restante

Hospital – Covered market

Public buildings located by letter:

G   H   - Local Police Station – Town Hall

J   M   - Law Courts – Museum

P   T   U   - Offices of Cantonal Authorities – Theatre – University, College

POL. - Police

⑱ Low headroom (4m50 - 15ft max) – Load limit (under 19 t)

Touring Club Suisse (T.C.S.)

Automobile Club der Schweiz (A.C.S.)

49

# Local maps

## MAY WE SUGGEST THAT YOU CONSULT THEM

Sould you be looking for a hotel or restaurant not too far from BERN, for example, you can consult the map along with the selection.

The local map (opposite) draws your attention to all places around the town or city selected, provided they are mentioned in the Guide.
Places located within a 20 minutes drive are clearly identified by the use of the different coloured background.

The various facilities recommended near the different regional capitals can be located quickly and easily.

## NOTE :

Entries in the Guide provide information on distances to nearby towns. Whenever a place appears on one of the local maps, the name of the town or city to which it is attached is printed in BLUE.

## EXAMPLE :

*Langnau im Emmental is to be found on the local map BERN*

**LANGNAU IM EMMENTAL** *3550 Bern (BE)*
551 L07 – *8833 Ew. – Höhe 673.*
Sehenswert : *Dürsrütiwald★.*
ℹ *Pro Emmental, Scholssstr. 3, ☎ 0344 024 252, info@emmental.ch, Fax 0344 025 667.*
*Bern 31 - Interlaken 63 - Luzern 63 - Solothurn 45.*

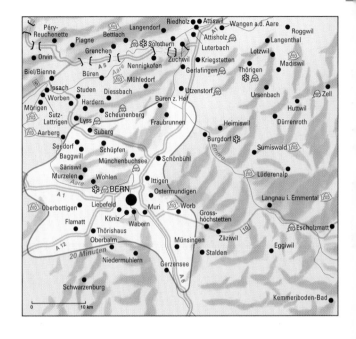

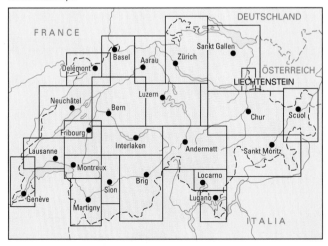

*Layout diagram of the local maps*

51

# Distinctions 2006

Auszeichnungen 2006
Distinzioni 2006
Awards 2006

# Les tables étoilées

Die Stern-Restaurants
Gli esercizi con stelle
Starred establishments

| | |
|---|---|
| **Crissier (VD)** | *Philippe Rochat* |
| **Montreux/Brent (VD)** | *Le Pont de Brent* |

| | |
|---|---|
| **Cossonay (VD)** | *Le Cerf* |
| **Ftan (GR)** | *Haus Paradies* |
| **Genève (GE)** | *Parc des Eaux-Vives* |
| **Hägendorf (SO)** | *Lampart's Art of Dining* |
| **Klosters (GR)** | *Walserhof* |
| **Küsnacht (ZH)** | *Petermann's Kunststuben* |
| **Le Noirmont (JU)** | *Georges Wenger* |
| **La Punt-Chamues-Ch. (GR)** | *Chesa Pirani* |
| **Sankt Moritz/Champfèr (GR)** | *Jöhri's Talvo* |
| **Satigny/Peney-Dessus (GE)** | *Domaine de Châteauvieux* |
| **Uetikon am See (ZH)** | *Wirtschaft zum Wiesengrund* |
| **Vevey (VD)** | *Denis Martin* |
| **Vufflens-le-Château (VD)** | *L'Ermitage* |

**En rouge** *les espoirs 2006 pour* ❀❀
➜ **In roter** *Schrift die Hoffnungsträger für* ❀❀
➜ **In rosso** *le promesse 2006 per* ❀❀                    ➜ **In red** *the 2006 Rising Stars for* ❀❀

| | | | | |
|---|---|---|---|---|
| **Altnau (TG)** | *Urs Wilhelm's Restaurant* | **Basel (BS)** | *Rest. Der Teufelhof* |
| **Anières (GE)** | *Auberge de Floris* | **Bellinzona (TI)** | *Orico* |
| **Aran (VD)** | *Le Guillaume Tell* | **Bern (BE)** | *Wein & Sein* |
| **Ascona/Losone (TI)** | | **Bulle/** | |
| | *Osteria Dell'Enoteca* | **La Tour-de-Trême (FR)** | *De la Tour* |
| **Bäch (SZ)** | *Zur Faktorei* | **Burg im Leimental (BL)** | *Bad-Burg* |
| **Baden/Dättwil (AG)** | *Pinte* | **Burgdorf (BE)** | *Emmenhof* |
| **Bad Ragaz (SG)** | *KUЯIGEЯ'S Paradies* | **Crans-Montana (VS)** | |
| **Basel (BS)** | *Bruderholz* | | *Hostellerie du Pas de l'Ours* |
| **Basel (BS)** | *Les Quatre Saisons* | **Cully (VD)** | *Le Raisin* |

**N** *Nouveau*
➜ *Neu* ➜ *Nuovo* ➜ *New*

| | |
|---|---|
| **Davos-Wolfgang/ Laret (GR)** | *Hubli's Landhaus* |
| **Dielsdorf (ZH)** | *Zur Sonne* |
| **Euthal (SZ)** | *Bürgi's Burehof* |
| **Flüh (SO)** | *Martin* |
| **Flüh (SO)** | *Zur Säge* |
| **Fribourg (FR)** | *Le Pérolles/P.-A. Ayer* |
| **Fribourg/ Bourguillon (FR)** | *Des Trois Tours* |
| **Fürstenau (GR)** | |
| | *Schauenstein-Schloss Restaurant Hotel* |
| **Gattikon (ZH)** | *Sihlhalden* |
| **Genève (GE)** | |
| | *Buffet de la Gare des Eaux-Vives* |
| **Genève (GE)** | *Le Neptune* |
| **Genève/Cology (GE)** | |
| | *Auberge du Lion D'Or* |
| **Genève/Lully (GE)** | *La Colombière* |
| **Genève/Petit-Lancy (GE)** | |
| | *Hostellerie de la Vendée* |
| **Genève/Thônex (GE)** | *Le Cigalon* |
| **Genève/Troinex (GE)** | *La Chaumière* |
| **Gstaad (BE)** | *Chesery* |
| **Hurden (SZ)** | *Markus Gass zum Adler* |
| **Laax/Sagogn (GR)** | |
| | *Da Veraguth Carnetg* |
| **Lausanne (VD)** | *A la Pomme de Pin* |
| **Lausanne (VD)** | *La Rotonde* |
| **Lausanne (VD)** | *La Table d'Edgar* |
| **Locarno (TI)** | *Centenario* |
| **Lömmenschwil (SG)** | *Thuri's Blumenau* |
| **Lugano/Sorengo (TI)** | *Santabbondio* |
| **Martigny (VS)** | *Le Gourmet* |
| **Mels (SG)** | *Schlüssel* |
| **Menzingen (ZG)** | *Löwen* |
| **Le Mont-Pèlerin (VD)** | *Le Trianon* |
| **Montreux (VD)** | *Le Jaan* |
| **Montreux/Clarens (VD)** | *L'Ermitage* |
| **Nebikon (LU)** | *Adler* **N** |
| **Neuchâtel/ Saint-Blaise (NE)** | *Au Boccalino* |
| **Olten/Trimbach (SO)** | *Traube* |
| **Orsières (VS)** | *Les Alpes* |
| **Rehetobel (AR)** | *Zum Gupf* |
| **Saas-Fee (VS)** | *Waldhotel Fletschhorn* |
| **Sankt Gallen (SG)** | *Rest. Jägerhof* |
| **Santa Maria i.M. (GR)** | *Piz Umbrail* |
| **Schaffhausen (SH)** | |
| | *Rheinhotel Fischerzunft* |
| **Schwyz/Steinen (SZ)** | *Adelboden* |
| **Sierre (VS)** | *Didier de Courten* **N** |
| **Sion/Vex (VS)** | *L'Argilly* |
| **Solothurn (SO)** | *Zum Alten Stephan* |
| **Sonceboz (BE)** | *Du Cerf* |
| **Sugnens (VD)** | *Auberge de Sugnens* |
| **Taverne (TI)** | *Motto del Gallo* |
| **Thörigen (BE)** | *Löwen* |
| **Triesen (FL)** | *Schatzmann* |
| **Vacallo (TI)** | *Conca Bella* |
| **Verbier (VS)** | *Roland Pierroz* |
| **Vevey/ Saint-Légier (VD)** | |
| | *Auberge de la Veveyse* **N** |
| **Vouvry (VS)** | *Auberge de Vouvry* |
| **Walchwil (ZG)** | *Sternen* |
| **Weesen (SG)** | *Fischerstube* |
| **Weite (SG)** | *Heuwiese* |
| **Wetzikon (ZH)** | *Il Casale* |
| **Wigoltingen (TG)** | *Taverne zum Schäfli* |
| **Yvorne (VD)** | *La Roseraie* **N** |
| **Zürich (ZH)** | *Rigiblick* **N** |

## LES ESPOIRS 2006 POUR 🍀

Die Hoffnungsträger 2006 für 🍀

Gli Speranzi 2006 per 🍀

The 2006 Rising Stars for 🍀

| | |
|---|---|
| **Cagiallo (TI)** | *San Matteo* |
| **Wengen** | *Caprice* |

---

**N** *Nouveau*
→ *Neu* → *Nuovo* → *New*

# Bib Gourmand

## Repas soignés à prix modérés
## Sorgfältig zubereitete, preiswerte Mahlzeiten
## Pasti accuarti a prezzi contenuti
## Good food at moderate prices

| | |
|---|---|
| **Aeschi b. Spiez/Aeschiried (BE)** | |
| *Panorama (im Gourmet)* | |
| **Altdorf (UR)** | *Goldener Schlüssel* |
| **Altdorf/Bürglen (UR)** | *Schützenhaus* **N** |
| **Anières (GE)** | |
| *Auberge de Floris (au Bistrot)* | |
| **Apples (VD)** | |
| *Auberge de la Couronne (au Café)* | |
| **Arbon (TG)** | *Frohsinn* **N** |
| **Bad Ragaz (SG)** | *KUЯIGEЯ'S Paradies* |
| *(in der Paradies Stube )* | |
| **Basel (BS)** | *Au Violon* |
| **Basel/Bottmingen (BL)** | *Basilicum* |
| **Bellinzona (TI)** | *Castelgrande* |
| *(al Grottino San Michele)* | |
| **Bern (BE)** | *Kirchenfeld* |
| **Birmenstorf (AG)** | *Zum Bären* |
| *(in der Gaststube)* | |
| **Brissago (TI)** | *Osteria al Giardinetto* **N** |
| **Bülach (ZH)** | *Zum Goldenen Kopf* |
| **Bulle/La Tour-de-Trême (FR)** | |
| *Rest. de la Tour (à la Brasserie)* | |
| **Cadro (TI)** | *La Torre del Mangia* |
| **Courgenay (JU)** | *Boeuf* |
| **Crans-Montana (VS)** | *Hostellerie* |
| *du Pas de l'Ours (au Bistrot des Ours)* | |
| **Diessenhofen (TG)** | *Krone* |
| **Ebnat-Kappel (SG)** | *Post* |
| **Escholzmatt (LU)** | |
| *Rössli (im Chrüter Gänterli)* | |

| | |
|---|---|
| **Flims-Waldhaus (GR)** | *Las Caglias* |
| **Fribourg (FR)** | |
| *Auberge de Zähringen (à la Brasserie)* | |
| **Fribourg (FR)** | *La Grotta* |
| **Genève (GE)** | *Bistrot du Boeuf Rouge* |
| **Gerlafingen (SO)** | *Frohsinn* |
| **Grächen (VS)** | *Bärgji-Alp* |
| **Grindelwald (BE)** | *Fiescherblick* |
| **Hägendorf (SO)** | |
| *Lampart's Art of Dining (im Bistro)* | |
| **Interlaken (BE)** | *Stocker's Degusta* |
| **Interlaken/Wilderswil (BE)** | |
| *Rest. Alpenblick (in der Dorfstube)* **N** | |
| **Intragna (TI)** | *Stazione «Da Agnese»* |
| **Intragna (TI)** | *Centrale* **N** |
| **Kilchberg (ZH)** | *Oberer Mönchhof* |
| **Laax/Salums (GR)** | *Straussennest* |
| **Lausanne (VD)** | |
| *A la Pomme de Pin (au Café)* | |
| **Lugano/Massagno (TI)** | |
| *Grotto della Salute* | |
| **Lugano-Paradiso (TI)** | *Calprino* |
| **Lyss (BE)** | *Schwanen* **N** |
| **Mammern (TG)** | *Adler* |
| **Mammern (TG)** | *Schiff* |
| **Martigny (VS)** | |
| *Forum (à la Brasserie L'Olivier)* | |
| **Martigny/Chemin (VS)** | *Le Belvédère* |
| **Meiringen (BE)** | *Victoria* |

**N** *Nouveau*
→ *Neu* → *Nuovo* → *New*

| | |
|---|---|
| **Mels (SG)** | *Waldheim* |
| **Mendrisio/ Salorino (TI)** | *Grotto Baldovana* |
| **Mézières (VD)** | *Du Jorat* |
| **Münchenbuchsee (BE)** | |
| | *Moospinte (in der Gaststube)* |
| **Netstal (GL)** | *Schwert (im Glarnerstübli)* |
| **Ollon (VD)** | *Hôtel de Ville* |
| **Orsières (VS)** | *Les Alpes (à la Brasserie)* |
| **Ottenbach (ZH)** | *Reussbrücke (im Bistro)* |
| **La Plaine (GE)** | *Les Platanes* |
| **Pleujouse (JU)** | *Château de Pleujouse* |
| **Poschiavo (GR)** | *Suisse* |
| **Reichenbach (BE)** | *Bären* |
| **Riedholz/Attisholz (SO)** | |
| | *Attisholz (in der Gaststube)* |
| **Ried - Muotathal (SZ)** | *Adler* |
| **Sankt Gallen (SG)** | |
| | *Nett's Schützengarten* |
| **Sankt Niklausen (OW)** | *Alpenblick* |
| **Sarnen/Kägiswil (OW)** | |
| | *Adler (in der Gaststube)* |
| **Sax (SG)** | *Schlössli (im Bierstübli)* |
| **Schaffhausen (SH)** | |
| | *Rheinhotel Fischerzunft (im VinOpium)* |
| **Schaffhausen (SH)** | |
| | *Theaterrestaurant (im Bistro)* |
| **Scheunenberg (BE)** | *Sonne (im Bistro)* |
| **Scuol/Sent (GR)** | *Rezia* |
| **Sedrun (GR)** | *La Cruna* |
| **Sils Maria (GR)** | *Alpenrose (in der Stüvetta)* **N** |

| | |
|---|---|
| **Sion/Saint-Léonard (VS)** | |
| | *Buffet de la Gare* **N** |
| **Solothurn (SO)** | |
| | *Zum Alten Stephan (in der Stadtbeiz)* |
| **Sonceboz (BE)** | *Du Cerf (à la Brasserie)* |
| **Stans (NW)** | |
| | *Zur Linde (im Feldschlösschen)* |
| **Stans (NW)** | *Zur Rosenburg* |
| **Sullens (VD)** | *Auberge Communale* |
| **Thörigen (BE)** | *Nik's Wystube* |
| **Thun/Steffisburg (BE)** | |
| | *Panorama (in der Gaststube)* |
| **Ulmiz (FR)** | *Jäger* |
| **Urnäsch (AR)** | *Sonne* |
| **Utzenstorf (BE)** | *Bären* |
| **Verbier (VS)** | *Le Sonalon* |
| **Vevey/Chardonne (VD)** | *A la Montagne* |
| **Villarepos (FR)** | |
| | *De la Croix-Blanche (au Café)* **N** |
| **Vouvry (VS)** | |
| | *Auberge de Vouvry (au Bistrot)* |
| **Wattwil (SG)** | *Krone (im Bistro)* |
| **Wil (SG)** | *Hof zu Wil* |
| **Zell (LU)** | |
| | *Lindengarten (in der Cantina Arcade)* |
| **Zermatt (VS)** | *Zum See* |
| **Zug (ZG)** | *Rathauskeller (im Bistro)* |
| **Zürich (ZH)** | *Josef* |
| **Zürich (ZH)** | *Rosaly's* |
| **Zürich (ZH)** | *Vorderer Sternen* |

# Bib Hôtel

Bonnes nuits à petits prix

Hier übernachten Sie gut und preiswert

Un buon riposo a prezzi contenuti

Good accomodation at moderate prices

| | | | | |
|---|---|---|---|---|
| **Aarberg (BE)** | *Krone* | | **Delémont (JU)** | *La Tour Rouge* |
| **Aeschi b. Spiez (BE)** | *Aeschi Park* | | **Diessenhofen (TG)** | *Unterhof* |
| **Airolo (TI)** | *Forni* | | **Disentis/Muster (GR)** | *Montana* |
| **Arbon (TG)** | *Frohsinn* | | **Egnach (TG)** | *Seelust* |
| **Arbon (TG)** | *Römerhof* | | **Entlebuch (LU)** | *Drei Könige* |
| **Arbon (TG)** | *Seegarten* | | **Eschikofen (TG)** | *Thurtal* |
| **Arnegg (SG)** | *Arnegg* | | **Felben-Wellhausen (TG)** | *Schwanen* |
| **Arolla (VS)** | *Du Pigne* | | **Fiesch/Fiescheralp (VS)** | *Eggishorn* |
| **Bad Ragaz (SG)** | *Ochsen* | | **Fiesch/Fiescheltal (VS)** | *Alpenblick* |
| **Bad Ragaz (SG)** | *Rössli* | | **Fuldera (GR)** | *Staila* |
| **Beinwil am See (AG)** | *Seehotel Hallwil* | | **Genève (GE)** | *Bel'Espérance* |
| **Bellwald (VS)** | *Bellwald* | | **Golino (TI)** | *Cà Vegia* |
| **Bergün (GR)** | *Bellaval* | | **Grächen (VS)** | *Hannigalp* |
| **Bern/Oberbottigen (BE)** | *Bären* | | **Grächen (VS)** | *Walliserhof* |
| **Bettlach (SO)** | *Urs + Viktor* | | **Grüsch (GR)** | *Krone* |
| **Bischofszell (TG)** | *Le Lion* | | **Guarda (GR)** | *Val Tuoi* |
| **Blatten b. Naters (VS)** | *Blattnerhof* | | **Guggisberg (BE)** | *Sternen* |
| **Bosco Gurin (TI)** | *Walser* | | **Guttannen (BE)** | *Handeck* |
| **Breil/Brigels (GR)** | *Alpina* | | **Güttingen (TG)** | *Seemöwe* |
| **Bremgarten (AG)** | *Sonne* | | **Iseltwald (BE)** | *Chalet du Lac* |
| **Brig/Naters (VS)** | *Alex* | | **Kreuzlingen/Tägerwilen (TG)** | |
| **Buriet-Thal (SG)** | *Schiff* | | | *Trompeterschlössle* |
| **Champex (VS)** | *Belvédère* | | **Langnau im Emmental (BE)** | *Hirschen* |
| **Charmey (FR)** | *L'Etoile* | | **Le Locle (NE)** | *Trois Rois* |
| **Coinsins (VD)** | *Auberge de la Réunion* | | **Lodano (TI)** | *Ca'Serafina* |
| **Courgenay (JU)** | *De la Gare* | | **Madiswil (BE)** | *Bären* |
| **Curaglia/Mutschnengia (GR)** | *Cuntera* | | **Martigny/Ravoire (VS)** | *Ravoire* |
| **Degersheim (SG)** | *Wolfensberg* | | **Meiringen (BE)** | *Victoria* |

---

**N** *Nouveau*

→ *Neu* → *Nuovo* → *New*

| | | | |
|---|---|---|---|
| **Menzberg (LU)** | *Menzberg* | **Sax (SG)** | *Schlössli* |
| **Montreux/Veytaux (VD)** | *Masson* | **Schmerikon (SG)** | *Strandhotel* |
| **Mörigen (BE)** | *Seeblick* | **Sedrun (GR)** | *Soliva* |
| **Mühledorf (SO)** | *Kreuz* | **Sempach-Station (LU)** | *Sempacherhof* |
| **Muri (AG)** | *Ochsen* | **Sion (VS)** | *Rhône* |
| **Neftenbach (ZH)** | *Löwen* | **Sion/Granois (VS)** | *Château de la Soie* |
| **Oberbipp (BE)** | *Eintracht* | **Suhr (AG)** | *Zum Kreuz* |
| **Oberentfelden (AG)** | *Aarau-West* | **Sumiswald (BE)** | *Bären* |
| **Orbe (VD)** | *Des Mosaïques* **N** | **Sumiswald/** | |
| **Porrentruy (JU)** | *Bellevue* | **Lüderenalp (BE)** | *Lüderenalp* |
| **Poschiavo (GR)** | *Suisse* | **Susten-Leuk (VS)** | *Relais Bayard* |
| **Regensdorf (ZH)** | *Hirschen* | **Thyon-les-Collons/** | |
| **Romanel-sur-Lausanne (VD)** | | **Les Collons (VS)** | *La Cambuse* |
| | *A la Chotte* **N** | **Triesenberg (FL)** | *Kulm* |
| **Rorschach/** | | **Unterbäch (VS)** | *Alpenhof* |
| **Rorschacherberg (SG)** | *Rebstock* | **Unterwasser (SG)** | *Iltios* |
| **Rougemont (VD)** | *Hôtel de Commune* | **Visp/Visperterminen (VS)** | *Rothorn* |
| **Santa Maria i.M. (GR)** | *Alpina* | **Vissoie (VS)** | *Anniviers* |

**N** *Nouveau*

→ *Neu* → *Nuovo* → *New*

# Hôtels agréables

Angenehme Hotels
Alberghi ameni
Particularly pleasant hotels

| | |
|---|---|
| **Bad Ragaz (SG)** | *Grand Hotel Quellenhof* |
| **Interlaken (BE)** | *Victoria-Jungfrau* |
| **Lausanne/ Ouchy (VD)** | *Beau-Rivage Palace* |
| **Montreux (VD)** | *Raffles Le Montreux Palace* |
| **Sankt Moritz (GR)** | *Kulm* |

| | |
|---|---|
| **Ascona (TI)** | *Castello del Sole* |
| **Ascona (TI)** | *Eden Roc* |
| **Ascona (TI)** | *Giardino* |
| **Ascona (TI)** | *Parkhotel Delta* |
| **Bad Ragaz (SG)** | *Grand Hotel Hof Ragaz* |
| **Bürgenstock (NW)** | *Park Hotel* |
| **Crans-Montana (VS)** | *Royal* |
| **Genève (GE)** | *Beau-Rivage* |
| **Genève/Bellevue (GE)** | *La Réserve* |
| **Gstaad (BE)** | *Grand Hotel Bellevue* |
| **Kandersteg (BE)** | *Royal Park Hotel* |
| **Lugano (TI)** | *Grand Hotel Villa Castagnola* |
| **Lugano (TI)** | *Principe Leopoldo e Residence* |
| **Le Mont-Pèlerin (VD)** | *Le Mirador Kempinski* |
| **Vitznau (LU)** | *Park Hotel Vitznau* |
| **Weggis (LU)** | *Park Hotel Weggis* |
| **Zermatt (VS)** | *Grand Hotel Zermatterhof* |
| **Zermatt (VS)** | *Mont Cervin Palace* |
| **Zermatt (VS)** | *Riffelalp Resort* |
| **Zürich (ZH)** | *Widder* |

| | |
|---|---|
| **Adelboden (BE)** | *Parkhotel Bellevue* |
| **Appenzell/Weissbad (AI)** | *Hof Weissbad* |
| **Arosa (GR)** | *Waldhotel National* |
| **Ascona/Losone (TI)** | *Losone* |
| **Brienz/ Giessbach (BE)** | *Grandhotel Giessbach* |
| **Ftan (GR)** | *Haus Paradies* |
| **Grindelwald (BE)** | *Romantik Hotel Schweizerhof* |
| **Gstaad (BE)** | *Le Grand Chalet* |
| **Gstaad/Schönried (BE)** | *Ermitage-Golf* |
| **Klosters (GR)** | *Vereina* |
| **Lenk im Simmental (BE)** | *Lenkerhof* |
| **Lenzerheide/Sporz (GR)** | *Guarda Val* |
| **Leukerbad (VS)** | *Les Sources des Alpes* |
| **Locarno/Orselina (TI)** | *Orselina* |
| **Merligen (BE)** | *Beatus* |
| **Montreux/Glion (VD)** | *Victoria* |
| **Murten/ Meyriez (FR)** | *Vieux Manoir au Lac* |
| **Neuchâtel/Monruz (NE)** | *Palafitte* |
| **Pontresina (GR)** | *Walther* |
| **Rapperswil (SG)** | *Schwanen* |
| **Sils Maria (GR)** | *Waldhaus* |
| **Verbier (VS)** | *Rosalp* |
| **Verbier (VS)** | *Le Chalet d'Adrien* |
| **Zermatt (VS)** | *Alex* |
| **Zermatt (VS)** | *Alpenhof* |
| **Zürich (ZH)** | *Alden Hotel Splügenschloss* |
| **Vaduz (FL)** | *Park-Hotel Sonnenhof* |

**Arosa (GR)** *BelArosa*

**Château-d'Oex (VD)**
*Hostellerie Bon Accueil*

**Gstaad/Schönried (BE)** *Alpenrose*

**Kandersteg (BE)**
*Waldhotel Doldenhorn*

**Ronco Sopra Ascona (TI)** *La Rocca*

**Saas-Fee (VS)** *Chalet Cairn*

**Saint-Luc (VS)** *Bella Tola*

**Scuol/Tarasp (GR)** *Schlosshotel Chastè*

**Wengen/Wengernalp (BE)** *Jungfrau*

**Zermatt (VS)** *Julen*

**Zuoz (GR)** *Castell*

**Zürich (ZH)** *Florhof*

**Ascona (TI)** *Riposo*

**Bever (GR)** *Chesa Salis*

**Kandersteg/
Blausee-Mitholz (BE)** *Blausee*

**Lodano (TI)** *Ca'Serafina*

**Sementina (TI)** *Fattoria l'Amorosa*

**Sils-Maria/Fex-Crasta (GR)** *Sonne*

**Soazza (GR)**
*Romantik Hotel Al Cacciatore*

**Thyon-les-Collons/
Les Collons (VS)** *La Cambuse*

**Zermatt (VS)** *Bella Vista*

**Champex (VS)** *Le Belvédère*

# Restaurants agréables

Angenehme Restaurants

Ristoranti ameni

Particularly pleasant Restaurants

| | |
|---|---|
| **Genève (GE)** | *Parc des Eaux-Vives* |
| **Genève/Cology (GE)** | *Auberge du Lion d'Or* |
| **Lausanne/Ouchy (VD)** | *La Rotonde (au Beau-Rivage Palace)* |
| **Satigny/Peney-Dessus (GE)** | *Domaine de Châteauvieux* |
| **Vufflens-Le-Château (VD)** | *L'Ermitage* |

| | |
|---|---|
| **Arosa (GR)** | *Kachelofa-Stübli (im Waldhotel National)* |
| **Basel (BS)** | *Bruderholz* |
| **Basel/Binningen (BL)** | *Schloss Binningen* |
| **Basel/Bottmingen (BL)** | *Weiherschloss* |
| **Hägendorf (SO)** | *Lampart's Art of Dining* |
| **Klosters (GR)** | *Walserhof* |
| **Lugano (TI)** | *Rist. Principe Leopoldo (al Principe Leopoldo e Residence)* |
| **Le Mont-Pélerin (VD)** | *Le Trianon (au Mirador Kempinsky)* |
| **Montreux/Clarens (VD)** | *L'Ermitage* |
| **Le Noirmont (JU)** | *Georges Wenger* |
| **La Punt-Chamues-Ch. (GR)** | *Chesa Pirani* |
| **Rehetobel (AR)** | *Zum Gupf* |
| **Saas-Fee (VS)** | *Waldhotel Fletschhorn* |
| **Sankt Moritz/Champfèr (GR)** | *Jöhri's Talvo* |
| **Schaffhausen (SH)** | *Rheinhotel Fischerzunft* |
| **Taverne (TI)** | *Motto del Gallo* |

| | |
|---|---|
| **Altnau (TG)** | *Urs Wilhelm's Restaurant* |
| **Arbon (TG)** | *Römerhof* |
| **Birmenstorf (AG)** | *Zum Bären* |
| **Breil/Brigels (GR)** | *Casa Fausta Capaul* |
| **Burg im Leimental (BL)** | *Bad-Burg* |
| **Fürstenau (GR)** | *Schauenstein-Schloss Restaurant Hotel* |
| **Genève (GE)** | *Brasserie (au Parc des Eaux-Vives)* |
| **Goldach (SG)** | *Villa am See* |
| **Hurden (SZ)** | *Markus Gass zum Adler* |
| **Intragna (TI)** | *Stazione «Da Agnese»* |
| **Laax/Sagogn (GR)** | *Da Veraguth Carnetg* |
| **Lenzerheide/Sporz (GR)** | *Rest.Guarda Val (im Guarda Val)* |
| **Ponte Brolla (TI)** | *Rist. da Enzo* |
| **Sankt Pelagiberg (TG)** | *St. Pelagius* |
| **Santa Maria i.M. (GR)** | *Piz Umbrail* |
| **Scheunenberg (BE)** | *Sonne* |
| **Thun (BE)** | *Arts Schloss Schadau* |
| **Wädenswil (ZH)** | *Eichmühle* |

| | |
|---|---|
| **Hägendorf (SO)** | *Bistro (im Lampart's Art of Dining)* |
| **Kandersteg (BE)** | *Ruedihus* |
| **Laax/Muschetg (GR)** | *Tegia Larnags* |
| **Weggis (LU)** | *Bühlegg* |
| **Zermatt (VS)** | *Zum See* |

*Dénicher la meilleure table ?*
*Trouver l'hôtel le plus proche ?*
→ *Vous repérer sur les plans et les cartes ?*
*Décoder les symboles utilisés dans le guide...*

## ᕲ Suivez les Bibs rouges !

*Die besten Restaurants entdecken ?*
*Das nächst gelegene Hotel finden ?*
→ *Ein Haus auf den Karten suchen ?*
*Unsere Symbole verstehen...*

## Folgen Sie dem roten Bib ! ᕲ

*Scoprire la migliore tavola ?*
*Trovare l'albergo più vicino ?*
→ *Orientarsi sulle piante e le carte ?*
*Interpretare i simboli utilizzati nella guida...*

## ᕲ Seguite i Bib rossi !

→ Les conseils du
Bib Groom pour vous
aider à l'hôtel.

→ Der Rat des Pagen-Bib
zu unseren
Hotelempfehlungen.

→ I consigli del Bib Groom
per aiutarvi in albergo.

→ Les conseils du Bib Chef
pour vous aider au
restaurant.

→ Der Rat des Koch-Bib
zu unseren
Restaurantempfehlungen.

→ I consigli del Bib Chef
per aiutarvi al ristorante.

→ Les « bons tuyaux » et les informations du Bib Astuce
pour vous repérer dans le guide... et sur la route.

→ Die Informationen und kleinen Tips des
augenzwinkernden der clevere Bib
– und unterwegs – zurechtzufinden.

→ I suggerimenti e le informazioni del
Bib Ammiccante per orientarsi dentro la guida...
e in strada.

## Les étoiles
Die Sterne
Le stele
The stars

## Bib Gourmand

Rest
Rist
→ Repas soignés à prix modérés
→ Sorgfältig zubereitete, preiswerte Mahlzeiten
→ Pasti accurati a prezzi contenuti
→ Good food at moderate prices

## Bib Hôtel - Bib Hotel

Ch
Zim
Cam
→ Bonnes nuits à petits prix
→ Hier übernachten Sie gut und preiswert
→ Un buon riposo a prezzi contenuti
→ Good accomodation at moderate prices

## Agrément et tranquillité
Annehmlichkeit
Amenità e tranquillità
Peaceful atmosphere and setting

## Carte de voisinage : voir à la ville choisie
Stadt mit Umgebungskarte
Città con carta dei dintorni
Town with a local map

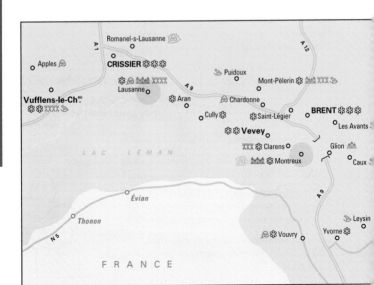

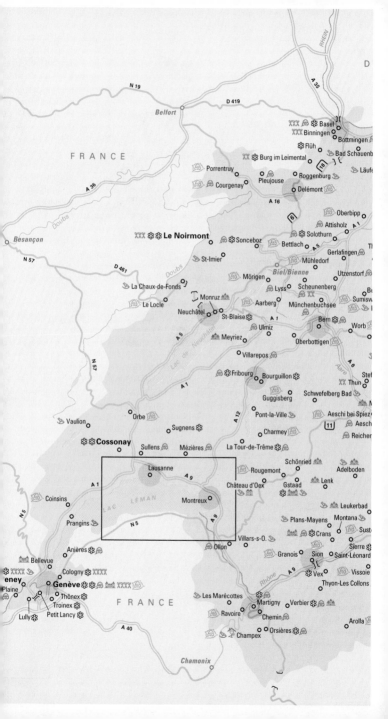

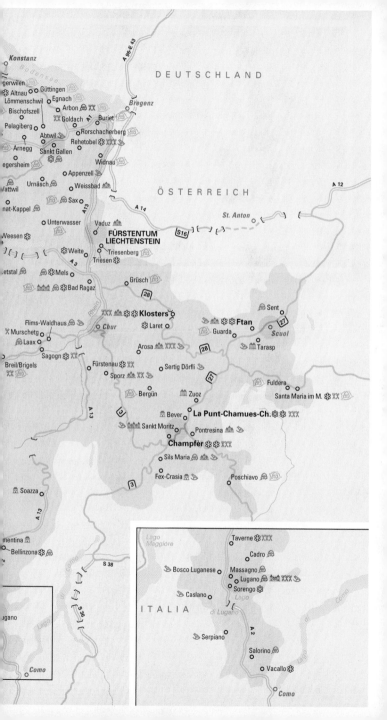

a. ✕✕ *Restaurant de bon confort*

b. ✿ *Une très bonne table dans sa catégorie*

c. 😊 *Repas soignés à prix modérés*

**Vous ne savez pas quelle case cocher ?**
**Alors plongez-vous dans Le Guide Michelin !**

- une collection de 13 destinations

- 20 000 restaurants sélectionnés en Europe

- 1 600 plans de ville

- les meilleures adresses à tous les prix

Guides Michelin, le plaisir du voyage.

# Pour en savoir plus

Gut zu wissen
Per saperne di piú
Further information

# Wellness – 𝕨

## Bel espace de bien-être et de relaxation
### Schöner Bereich zum Wohlfühlen
## Centro attrezzato
## per il benessere ed il relax
## An extensive facility for relaxation

| | |
|---|---|
| **Adelboden (AI)** | *Parkhotel Bellevue* |
| **Appenzell, Weissbad (AI)** | *Hof Weissbad* |
| **Arosa (GR)** | *Arosa Kulm* |
| **Arosa (GR)** | *Sunstar Parkhotel* |
| **Arosa (GR)** | *Tschuggen Grand Hotel* |
| **Arosa (GR)** | *Waldhotel National* |
| **Ascona (TI)** | *Castello del Sole* |
| **Ascona (TI)** | *Eden Roc* |
| **Ascona (TI)** | *Giardino* |
| **Ascona (TI)** | *Parkhotel Delta* |
| **Bad Ragaz (SG)** | *GH Quellenhof* |
| **Bad Ragaz (SG)** | *Grand Hotel Hof Ragaz* |
| **Bad Ragaz (SG)** | *Schloss Ragaz* |
| **Celerina (GR)** | *Cresta Palace* |
| **Crans-Montana (VS)** | *Alpina et Savoy* |
| **Crans-Montana (VS)** | *Royal* |
| **Davos Dorf (GR)** | *Arabellasheraton Seehof* |
| **Davos Dorf (GR)** | *Fluela* |
| **Davos Platz (GR)** | *Steigenberger Belvédère* |
| **Emmetten (NW)** | *Seeblick* |
| **Engelberg (OW)** | *Waldegg* |
| **Feusisberg (SZ)** | *Panorama Resort & SPA* |
| **Flims-Waldhaus (GR)** | *Adula* |
| **Flims-Waldhaus (GR)** | *Park Hotel Waldhaus* |
| **Flims-Waldhaus (GR)** | *Sunstar Surselva* |
| **Genève, Bellevue (GE)** | *La Réserve* |
| **Genève (GE)** | *Crowne Plaza* |
| **Genève (GE)** | *Noga Hilton* |
| **Grindelwald (BE)** | *Grand Regina Alpin Wellfit* |
| **Grindelwald (BE)** | *Sunstar* |
| **Gstaad (BE)** | *Grand Hotel Bellevue* |
| **Gstaad (BE)** | *Grand Hotel Park* |
| **Gstaad (BE)** | *Palace* |
| **Gstaad, Saanenmöser (BE)** | *Golfhotel Les Hauts de Gstaad* |
| **Gstaad, Schönried (BE)** | *Ermitage-Golf* |
| **Interlaken (BE)** | *Lindner GH Beau Rivage* |
| **Interlaken (BE)** | *Victoria-Jungfrau* |
| **Klosters (GR)** | *Silvretta* |
| **Klosters (GR)** | *Vereina* |
| **Laax-Murschetg (GR)** | *Signina* |
| **Lausanne (VD)** | *Lausanne Palace* |
| **Lausanne, Ouchy (VD)** | *Beau-Rivage Palace* |
| **Lavey-Village (VD)** | *Grand Hotel des Bains* |
| **Lenk (BE)** | *Lenkerhof* |
| **Lenk (BE)** | *Simmenhof* |
| **Leukerbad (VS)** | *Bristol* |
| **Leukerbad (VS)** | *Les Sources des Alpes* |
| **Locarno, Minusio (TI)** | *Esplanade* |
| **Locarno, Orselina (TI)** | *Orselina* |
| **Lugano (TI)** | *GD H. Villa Castagnola* |
| **Lugano (TI)** | *Grand Hotel Eden* |
| **Lugano, Massagno (TI)** | *Villa Sassa* |
| **Luzern, Kastanienbaum (LU)** | *Seehotel* |
| **Merligen (BE)** | *Beatus* |
| **Le Mont-Pélerin (VD)** | *Le Mirador Kempinski* |
| **Montreux (VD)** | *Raffles Le Montreux Palace* |
| **Morcote, Vico (TI)** | *Swiss Diamond Hotel* |
| **Pontresina (GR)** | *Albris* |
| **Pontresina (GR)** | *Rosatsch und Residence* |
| **Pontresina (GR)** | *Walther* |
| **Saas Almagell (VS)** | *Pirmin Zurbriggen* |
| **Saas-Fee (VS)** | *Beau-Site* |

| | | | |
|---|---|---|---|
| **Saas-Fee (VS)** | Ferienart Resort & SPA | **Wengen (BE)** | Beausite Park Hotel |
| **Saas-Fee (VS)** | Schweizerhof | **Zermatt (VS)** | Albana Real |
| **Saillon (VS)** | Bains de Saillon | **Zermatt (VS)** | Alex |
| **Samnaun (GR)** | Chasa Montana | **Zermatt (VS)** | Alpen Resort Hotel |
| **Serpiano (TI)** | Serpiano | **Zermatt (VS)** | Alpenhof |
| **Sigriswil (BE)** | Solbadhotel | **Zermatt (VS)** | Berghof |
| **St. Moritz (GR)** | Badrutt's Palace Hotel | **Zermatt (VS)** | Cœur des Alpes |
| **St. Moritz (GR)** | Carlton | **Zermatt (VS)** | Eden |
| **St. Moritz (GR)** | Kempinski GH des Bains | **Zermatt (VS)** | Grand Hotel Zermatterhof |
| **St. Moritz (GR)** | Kulm | **Zermatt (VS)** | Julen |
| **St. Moritz (GR)** | Monopol | **Zermatt (VS)** | Metropol |
| **St. Moritz (GR)** | Suvretta House | **Zermatt (VS)** | Mirabeau |
| **St. Moritz, Champfèr (GR)** | Chesa Guardalej | **Zermatt (VS)** | Mont Cervin Palace |
| **Vevey (VD)** | Trois Couronnes | **Zermatt (VS)** | National |
| **Vitznau (LU)** | Park Hotel Vitznau | **Zermatt (VS)** | Nicoletta |
| **Weggis (LU)** | Alexander | **Zermatt (VS)** | Parkhotel Beau-Site |
| **Weggis (LU)** | Gerbi | **Zermatt (VS)** | Riffelalp-Resort |
| **Weggis (LU)** | Park Hotel Weggis | **Zermatt (VS)** | Sonne |

## Charas lecturas, chars lecturs

No'ns allegrain da Tils pudair preschantar la 13. 'ediziun da la „Guida Michelin Svizzra". Quista selecziun dals meglders hotels e restorants in tuot las categorias da predschs, vegn realisada d'ün'equipa dad inspecturs scolats ill'hoteleria. Dürant tuot on sun els in viadi tras nos pajais. Lur incumbenza es, da controllar criticamaing la qualità e la praistaziun dals hotels e restorants fingià propuonüts e da quels chi vegnan nouv laprò. Nossa tscherna muossa via minch'on sün ils meglders hotels e restorants, quels vegnan marcats cun ☆ fin ☆☆☆ stailas. Las stailas premieschan la megldra cuschina. Da la partida sun differents möds da cuschina. Sco criteris stan a disposiziun la selecziun dals prodots, la preparaziun professiunala, il gust dals pasts, la creatività e la praistaziun in congual cul predsch, sco eir la praistaziun permanenta da la cuschina. Quist on vegnan nomnats specialmaing eir blers restorants per lur svilup illa cuschina. Per pudair preschantar cun üna, duos o trais stailas quellas chasas chi sun gnüdas prò nouv 'il on 2006, vaina marcà quellas cun ün "**N**". Inoltra vulaina accentuar quellas chasas chi sun sün buna via da rivar in üna categoria plü ota. Quellas chasas sun scrittas 'illa glista cun cotschen e sun las megldras in lur categoria. Ellas han bunas schanzas da far ün pass inavant illa prossma categoria, scha lur qualità e praistaziun es da dürada e s'ha verifichada sün tuot la carta. L'accentuaziun dess muossar ils restorants chi sun in noss ögls las sprazas da daman illa gastronomia. Lur opiniun ans interessa! No Tils rovain d'ans dar part Lur opiniun, impustüt schi's tratta da las chasas, illas qualas no mettain spranzas per l'avegnir. Vossa collavuraziun es da grond'importanza per la planisaziun da nossas visitas ed eir per pudair amegldrar continuantamaing la "Guida Michelin".

No Tils ingrazchain per lur fidelta e Tils giavüschain agreabels viadis culla "Guida Michelin 2006".

La "Guida Michelin" es da chatter eir aint il internet suot **www.ViaMichelin.com** o ans scrivai ün e-mail: **leguidemichelin-suisse@ch.michelin.com**

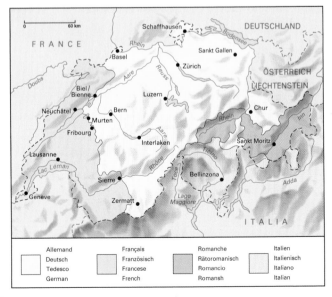

# Les langues parlées

Outre le « Schwyzerdütsch », dialecte d'origine germanique, quatre langues sont utilisées dans le pays : l'allemand, le français, l'italien et le romanche, cette dernière se localisant dans la partie ouest, centre et sud-est des Grisons. L'allemand, le français et l'italien sont considérés comme langues officielles administratives et généralement pratiqués dans les hôtels et restaurants.

## Die Sprachen

Neben dem "Schwyzerdütsch", einem Dialekt deutschen Ursprungs, wird Deutsch, Französisch, Italienisch und Rätoromanisch gesprochen, wobei Rätoromanisch im westlichen, mittleren und südöstlichen Teil von Graubünden beheimatet ist. Deutsch, Französisch und Italienisch sind Amtssprachen ; man beherrscht sie in den meisten Hotels und Restaurants.

## Le lingue parlate

Oltre allo "Schwyzerdütsch", dialetto di origine germanica, nel paese si parlano quattro lingue : il tedesco, il francese, l'italiano ed il romancio ; quest'ultimo nella parte ovest, centrale e sud-est dei Grigioni. Il tedesco, il francese e l'italiano sono considerate le lingue amministrative ufficiali e generalmente praticate negli alberghi e ristoranti.

## Spoken languages

Apart from "Schwyzerdütsch", a dialect of German origin, four languages are spoken in the country: German, French, Italian and Romansh, the latter being standard to the West, Centre and South-East of Grisons. German, French and Italian are recognised as the official administrative languages and generally spoken in hotels and restaurants.

## Ils lingvatgs

Ultra il "Schwyzerdütsch", in conglomerat da dialects d'origin german, vegnan quatter linguas utilisadas : il tudestg, il franzos, il talian ed il rumantsch che è derasà en la part vest, sid-ost e la part centrala dal Grischun. Il tudestg, il franzos ed il talian èn renconuschids sco lingvatgs uffizials ed en general san ins discurrer quels en hotels ed ustarias.

# Les cantons suisses

La Confédération Helvétique regroupe 23 cantons dont 3 se divisent en demi-cantons. Le « chef-lieu » est la ville principale où siègent les autorités cantonales. Berne, centre politique et administratif du pays, est le siège des autorités fédérales (voir Le Guide Vert Suisse). Le 1er août, jour de la Fête Nationale, les festivités sont nombreuses et variées dans tous les cantons.

APPENZELL (AR/AI)

AARGAU (AG)

BASEL-LAND (BL)

BASEL-STADT (BS)

BERN (BE)

 FRIBOURG (FR)

GENÈVE (GE)

GLARUS (GL)

GRAUBÜNDEN (GR)

 JURA (JU)

 LUZERN (LU)

 NEUCHÂTE

# Die Schweizer Kantone

Die Schweizer Eidgenossenschaft umfasst 23 Kantone, wobei 3 Kantone in je zwei Halbkantone geteilt sind. Im Hauptort befindet sich jeweils der Sitz der Kantonsbehörden. Bern ist verwaltungsmässig und politisch das Zentrum der Schweiz und Sitz der Bundesbehörden (siehe Der Grüne Führer Schweiz). Der 1. August ist Nationalfeiertag und wird in allen Kantonen festlich begangen.

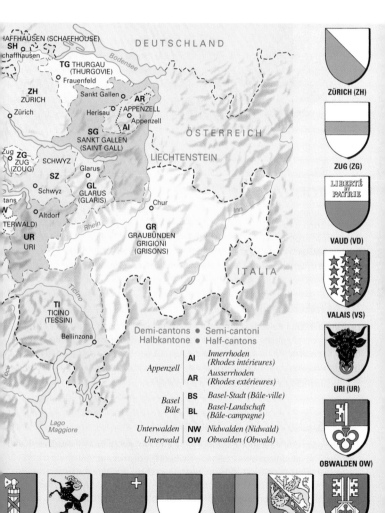

SCHAFFHAUSEN (SCHAFFHOUSE)
Schaffhausen

DEUTSCHLAND

Bodensee

TG THURGAU (THURGOVIE)
Frauenfeld

ZH ZÜRICH
Zürich

Sankt Gallen

AR APPENZELL

Herisau

AI Appenzell

SG SANKT GALLEN (SAINT GALL)

ÖSTERREICH

LIECHTENSTEIN

Zug ZG ZUG (ZOUG)

SCHWYZ

Glarus

SZ Schwyz

GL GLARUS (GLARIS)

Chur

tans

Altdorf

TERWALDEN)

Rhein

Inn

UR URI

GR GRAUBÜNDEN GRIGIONI (GRISONS)

ITALIA

Ticino

TI TICINO (TESSIN)

Bellinzona

Lago Maggiore

| | Demi-cantons ● Semi-cantoni Halbkantone ● Half-cantons | |
| --- | --- | --- |
| Appenzell | AI | Innerrhoden (Rhodes intérieures) |
| | AR | Ausserrhoden (Rhodes extérieures) |
| Basel Bâle | BS | Basel-Stadt (Bâle-ville) |
| | BL | Basel-Landschaft (Bâle-campagne) |
| Unterwalden Unterwald | NW | Nidwalden (Nidwald) |
| | OW | Obwalden (Obwald) |

ZÜRICH (ZH)

ZUG (ZG)

LIBERTÉ ET PATRIE
VAUD (VD)

VALAIS (VS)

URI (UR)

OBWALDEN OW)

ALLEN (SG)  SCHAFFHAUSEN (SH)  SCHWYZ (SZ)  SOLOTHURN (SO)  TICINO (TI)  THURGAU (TG)  NIDWALDEN (NW)

# I cantoni svizzeri

La Confederazione Elvetica raggruppa 23 cantoni, dei quali 3 si dividono in semi-cantoni. Il «capoluogo» è la città principale dove risiedono le autorità cantonali.
Berna, centro politico ed amministrativo del paese, è sede delle autorità federali (vedere La Guida Verde Svizzera in francese, inglese, tedesco). Il 1° Agosto è la festa Nazionale e numerosi sono i festeggiamenti in tutti i cantoni.

## Ils chatuns svizzers

La Confederaziun Helvetica cumpiglia 23 chantuns dals quals 3 èn dividids en mezs chantuns. La «chapitala» è la citad nua che las autoritads civilas sa chattan.
Berna, il center politic ed administrativ dal pajais, è la sedia da las autoritads federalas (vesair Guid Verd Svizra). Il prim d'avust, il di da la festa naziunala, dat i en tut ils chantuns numerasas festivitads da different gener.

## Swiss Districts (Cantons)

The Helvetica Confederation comprises 23 cantons of which 3 are divided into half-cantons. The «chef-lieu» is the main town where the district authorities are based.
Bern, the country's political and administrative centre, is where the Federal authorities are based (see The Green Guide to Switzerland). On 1st August, the Swiss National Holiday, lots of different festivities take place in all the cantons.Le fromage en Suisse

# Le fromage en Suisse

La Suisse est un pays de fromages, sa fabrication absorbe la moitié du lait fourni par les paysans. Les fromageries, souvent artisanales, font partie intégrante des villages helvétiques, on en compte environ 1100. La plupart de ces fromages sont élaborés à partir de lait cru frais qui confère aux pâtes traditionnelles leur plénitude d'arôme et favorise leur conservation prolongée.

## Der Käse in der Schweiz

Die Schweiz ist ein Land des Käses, die Hälfte der Milch, welche die Bauern abliefern, wird zu Käse verarbeitet. Die ca. 1100, häufig noch handwerklich arbeitenden Käsereien, sind Teil des schweizerischen Dorfbilds. Die meisten dieser Käse werden aus frischer Rohmilch hergestellt, sie verleiht ihnen volles Aroma und eine längere Haltbarkeit.

## Il formaggio in Svizzera

La Svizzera è un paese di formaggi, la metà del latte consegnato dai contadini viene trasformato in formaggio. I caseifici, spesso artigianali, sono parte integrante dei villaggi svizzeri, se ne contano circa 1100. La maggior parte de questi formaggi sono fabricadi con latte crudo fresco che conferisce un aroma particolar-mente pieno e favorisce una conservazione prolongata.

## The cheese in Switzerland

Switzerland is a land of cheeses. In all there are around 1100 cheese dairies, most of whom use local traditional methods, and which together account for half of the national milk production. The majority of their cheeses are made from fresch raw milk, which gives them their strong flavours and helps preserve them longer.

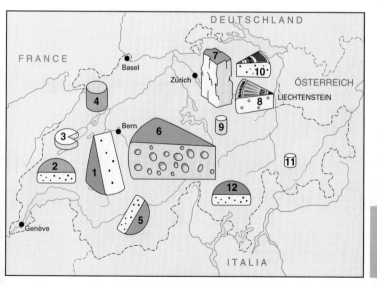

# Principaux fromages Suisses
## Wichtigste Schweizerkäse
## Principali formaggi Swizzeri
## Main Swiss cheese

| → Leur numéro fait référence à la carte<br>→ Ihre Nummer bezieht sich auf die Karte<br>→ Il numero fa riferimento alla carta<br>→ Number refers to the map | PÂTE<br>TEIG<br>PASTA<br>TEXTURE | GOÛT<br>GESCHMACK<br>GUSTO<br>TASTE | MATURATION<br>REIFEZEIT<br>STAGIONATURA<br>PERIOD OF MATURING |
|---|---|---|---|
| **LA ROMANDIE**<br>**1 - GRUYERE**<br>Peu ou pas de trous, doux ou salé | dure | **fin, corsé, racé** | 4 à 12 mois et plus |
| *Wenige oder keine Löcher, mild oder rezent* | *hart* | **fein, kräftig, würzig** | *4 bis 12 Monate und mehr* |
| Con pochi o senza buchi, dolce o salato | dura | **fine, saporito** | 4 a 12 mesi e più |
| *Few or no holes, sweet or salted* | *hard* | **full-bodied** | *4-12 months and more* |
| **2 - VACHERIN FRIBOURGEOIS** | mi-dure | **doux, crémeux puis corsé et un peu acide** | 2 à 4 mois |
| | *halb-hart* | **mild, cremig bis kräftiger, leicht säuerlich** | *2 bis 4 Monate* |
| | semidura | **dolce, cremoso poi saporito, acidulo** | 2 a 4 mesi |
| | *semi-hard* | **sweet, creamy then strong and with a slightly acid aftertaste** | *2-4 months* |
| **3 - VACHERIN MONT-D'OR**<br>Entouré d'une écorce d'épicéa qui contribue à l'arôme | molle | **légèrement doux puis plus relevé voire fort** | 2 à 4 semaines |
| *mit Tannenrinde die das Aroma prägt eingebunden* | *weich* | **leicht süsslich später bis sehr kräftig** | *2 bis 4 Wochen* |
| avvolto in corteccia di abete che contibusce all'aroma. | molle | **leggermente dolce poi più saporito** | 2 a 4 settimane |
| *wrapped in pine bark to enhance the flavour* | *soft* | **slightly sweet then with a strong, spicy aftertaste** | *2-4 weeks* |
| **4 - TÊTE DE MOINE**<br>Râclé à la girolle | mi-dure | **doux à relevé, aromatique** | 3 à 6 mois |
| *Mit der Girolle geschabt* | *halb-hart* | **mild bis pikant, aromatisch** | *3 bis 6 Monate* |
| Raschiato con la girolle | semidura | **da morbido a piccante, aromatico** | 3 a 6 mesi |
| *Scraped with the girolle* | *semi-hard* | **sweet, fragrant and full bodied** | *3-6 months* |
| **LE VALAIS (WALLIS)**<br>**5.** Anniviers, Bagnes, Conthey, Gomser, Heida, Savièse... les noms sont gravés sur le talon. Les fromages d'alpage, souvent de raclette, sont les seuls à base de lait entier non pasteurisé. | mi-dure | **doux puis corsé** | à la coupe 12 sem.<br>à raclette 16-18 sem.<br>à rebibes 32 sem |
| *...die Namen sind am Rand eingraviert. Die Alpkäse, meistens für Raclette, sind die einzigen die aus Rohmilch und nicht pasteu risierter Milch hergestellt werden.* | *halb-hart* | **mild später pikant und kräftig** | *für Schnittkäse 12 Wochen*<br>*für Raclette 16-18 Wochen*<br>*für Hobbelkäse 32 Wochen.* |

| | | | |
|---|---|---|---|
| ...i nomi sono marchiati sul tallone. I formaggi di alpeggio, speso da raclette, sono i soli a base di latte intero non pastorizzato | semidura | **morbido poi saporito** | al taglio 12 settimane da raclette 16-18 settimane, in trucioli 32 settimane |
| *...the names are stamped into the rind. These mountain cheeses, often used for raclette, are the only cheeses made with fresh raw milk and not pasteurized milk* | *semi-hard* | *sweet then full-flavoured* | *eating 12 weeks raclette 16-18 weeks in shaving 32 weeks* |

## BERN

### 6 - EMMENTAL

| | | | |
|---|---|---|---|
| Nombreux trous de 1 à 3 cm | dure | **doux, saveur de noisettes puis corsé** | le jeune 4 ou 5 mois le mûr 7 à 10 mois, l'extra dur jusqu'à 17 mois |
| *zahlreiche Löcher von 1 bis 3 cm* | *hart* | *milder, nussig später kräftig, würzig* | *jung 4 bis 5 Monate reif 7 bis 10 Monate extra-hart bis 17 Monate* |
| numerosi buchi da 1 a 3 cm. | dura | **dolce, gusto di noce poi robusto** | il giovane 4 o 5 mesi il maturo 7 a 10 mesi, il extra duro fino a 17 mesi |
| *Many holes, 1-3 cm.* | *hard* | *sweet, nutty then full-flavoured* | *young 4 or 5 months mature 7-10 months extra-mature 17 months* |

## ZENTRAL SCHWEIZ (SUISSE CENTRALE)

### 7 - SBRINZ

| | | | |
|---|---|---|---|
| Fromages à ribebes, à casser ou à râper | extra dure | **racé, aromatique, évoque la noix** | 1 à 2 ans ou plus |
| *Hobel oder Reibkäse* | *extra hart* | *rassig, aromatisch, nussig* | *1 bis 2 Jahre und mehr* |
| Da spezzare o grattugiare | extradura | **saporito, aromatico, gusto di noce** | 1 a 2 anni o più |
| *sraped, crumbled or grated* | *extra hard* | *fruity and fragrant, slightly nuttyo* | *1-2 years and more* |

## OST SCHWEIZ (SUISSE ORIENTALE)

### 8 - APPENZELL

| | | | |
|---|---|---|---|
| Passage dans une saumure aux herbes | mi-dure | **épicé, aromatique, fruité, doux puis très corsé** | 6 à 8 mois pour l'extra. |
| *mit einer gewürzten Lake behandelt* | *halb-hart* | *Rässkäse aromatisch, würzig mild später kräftig* | *6 bis 8 Monate für den Extra* |
| passato in una marinata a base di erbe | semidura | **speziato, aromatico, fruttato, dolce poi molto robusto** | 6 a 8 mesi per il extra |
| *washed in a pickle with herbs* | *semi-hard* | *spiced and fragrant, fruity, sweet then with a strong aftertaste* | *6-8 months for extra* |

### 9 - SCHABZIGER

| | | | |
|---|---|---|---|
| Fromage compact écrémé, mélangé au beurre à tartiner, ou sec et râpé en saupoudreur pour l'assaisonnement. | aux herbes | **corsé, piquant, inimitable** | 4 à 12 semaines |
| *Kompakter Magermilchkäse als Aufstrich mit Butter vermischt sowie getrocknet und gerieben in Streudose zum würzen* | *mit Kräutern* | *kräftig, pikant, unnachahmlich* | *4 bis 12 Wochen* |
| Formaggio compatto scremato, mescolato con burro da spal-mare, o secco e grattugiato per condimento | alle erbe | **robusto, piccante, inimitabile** | 4 a 12 settimane |

| | | | |
|---|---|---|---|
| Compact skimmed cheese, for spreading herbed or dried and grated for sprinkling/seasoning | with herbs | *an unmistakable, full-bodied, piquant flavour* | 4-12 weeks |
| **10 - TILSIT SUISSE** Trous ronds *runde Löcher* | mi-dure *halb-hart* | un peu acide, doux à corsé *leicht säuerlich, mild bis sehr kräftig* | |
| buchi rotondi *round holes* | semidura *semi-hard* | acidulo, da dolce a saporito *slightly acid, sweet to full-bodied* | |
| a. étiquette rouge *rote Etikette* etichetta rossa *red label* | | | a. lait cru 3-5 mois *Rohmilch 3-5 Monate* latte crudo 3-5 mesi *raw milk 3-5 months* |
| b. étiquette verte *grüne Etikette* etichetta verde *green label* | | | b. lait pasteurisé 1-2 mois *pasteurisierter Milch 1 bis 2 Monate* latte pastorizzato 1-2 mesi *pasteurized milk 1-2 months* |
| c. étiquette jaune *gelbe Etikette* etichetta gialla *yellow label* | | | c. à la crème 1-2 mois *cremig 1-2 Monate* alla panna 1-2 mesi *creamy 1-2 months* |

## GRAUBÜNDEN (GRISONS / GRIGIONI)

| | | | |
|---|---|---|---|
| **11. Fromages d'alpage :** Andeer, Brigels, Bivio, Ftan, Mustaïr... Au lait de vache ou de chèvre *Alpkäse, aus Kuh oder Ziegenmilch* | mi-dure *halb-hart* | **corsé** *sehr kräftig* | 4 à 8 semaines *4 bis 8 Wochen* |
| Formaggi di alpeggio, di latte di mucca o Capra | semidura | **robusto** | 4 a 8 settimane |
| *Mountain cheeses, cow or goats milk* | *semi-hard* | *full-flavoured* | 4-8 weeks |

| | | | |
|---|---|---|---|
| **TICINO (TESSIN)** Formaggini : petits fromages, quelquefois aux herbes et à l'huile d'olive, lait de chèvre ou de vache, cru ou pasteurisé | fromage frais | plus ou moins prononcé ou aromatique | de quelques jours à un mois |
| *...kleine Käse, manchmal mit Olivenoel und Kräutern eingelegt, Ziege oder Kuhmilch, roh oder pasteurisiert* | *Frischkäse* | *mehr oder weniger kräftig oder aromatisch* | *einige Tage bis 1 Monat* |
| ...A volte alle erbe e all'olio d'oliva, latte di capra o mucca, crudo o pastorizzato | formaggio fresco | più o meno pronunciato o aromatico | da qualche giorno a un mese |
| *...Small cheeses, some with herbs and olive oil, goats or cows milk, raw or pasteurized* | *fromage frais* | *characteristic, aromatic flavours* | *from a few days up to 1 month* |
| **12. VALMAGGIA :** dans le Locar-nese, Campo la Torba, Zania... constitué avec 1/3 lait de chèvre, 2/3 lait de vache. | mi-dure | corsé à piquant | 3 à 4 mois |
| *... im Locarnese, hergestellt aus 1/3 Ziegenmilch und 2/3 Kuhmilch.* | *halb-hart* | *sehr kräftig bis pikant* | *3 bis 4 Monate* |
| ... nel Locarnese, 1/3 latte di capra, 2/3 latte di mucca. | semidura | da saporito a piccante | 3 a 4 mesi |
| *... from Locarnese, made with 1/3 goats milk, 2/3 cows milk.* | *semi-hard* | *full-bodied, piquant* | *3-4 months* |

# Le vignoble suisse

La production vinicole suisse, est estimée à 1,2 million d'hectolitres, moitié en vins blancs, moitié en vins rouges. Le relief tourmenté du pays rend difficile l'exploitation du vignoble, mais assure une grande variété de climats et de terroirs (voir page 83). Cépage blanc typique de Suisse romande et peu cultivé ailleurs, le Chasselas est sensible à toute nuance de terroir et de vinification, d'où une grande variété de caractères selon les régions. Pinot, Gamay et Merlot sont les principaux cépages rouges cultivés dans le pays. La réglementation d'« Appellation d'Origine Contrôlée », dans le cadre des ordonnances fédérales sur la viticulture et sur les denrées alimentaires, est de la compétence des cantons. Elle existe déjà dans les cantons d'Argovie, Fribourg, Genève, Neuchâtel, Schaffhouse, Tessin, Vaud, Valais et la région du lac de Bienne. 2003 est le meilleur des millésimes récents.

## Das Schweizer Weinanbaugebiet

Die Weinproduktion in der Schweiz wird auf 1,2 Millionen Hektoliter, je zu 50 % Weisswein und Rotwein geschätzt. Die Topographie der Schweiz macht den Weinanbau zwar schwierig, sorgt jedoch für eine grosse Vielfalt verschiedener Klimazonen und Böden (Siehe Seite 83). Der Chasselas, eine typische weisse Rebsorte aus der Westschweiz, die woanders kaum angebaut wird, reagiert sehr unterschiedlich auf den Boden und die Verarbeitung des Weins. Daher variert der Charakter dieses Weins sehr stark je nach Region, in der er angebaut wird. Blauburgunder, Gamay und Merlot sind die wichtigsten roten Rebsorten. Die Regelung zur kontrollierten Ursprungsbezeichnung, im Rahmen der Wein- und Lebensmittelverordnung, wurde vom Bund an die Kantone übertragen und existiert schon für die Kantone Aargau, Freiburg, Genf, Neuenburg, Schaffhausen, Tessin, Waadt, Wallis und die Region Bielersee. 2003 ist der Beste der letzten Jahrgänge.

## La Svizzera vinicola

La produzione vinicola svizzera è stimata a 1,2 milioni d'ettolitri, la metà dei quali di vino bianco e l'altra metà di vino rosso. Il rilievo accidentato del paese rende difficoltosa l'attività vitivinicola, ma assicura una grande varietà di climi e terreni (Vedere pagina 83). Vitigno bianco tipico della Svizzera romanda e poco coltivato altrove, lo Chasselas è sensibile a tutte le sfumature del terreno e della vinificazione ; da ciò deriva una grande varietà di caratteristiche. Pinot, Gamay e Merlot sono i principali vitigni rossi coltivati nel paese. La normativa sulla «Denominazione d'Origine Controllata», nell'ambito delle disposizioni federali sulla viticoltura e sui generi alimentari, è di competenza dei cantoni, ma già esiste, nei cantoni di Argovia, Friburgo, Ginevra, Neuchâtel, Sciaffusa, Ticino, Vaud, Vallese e nella regione del lago di Bienne. 2003 è il migliore dei millesimi recenti.

# Swiss Wine

Swiss wine production is estimated at 1.2 million hectolitres per year, half white wine and half red wine. The tortuous relief of the country makes cultivation of vineyards difficult but ensures a great variation in climate and soil (See page 83). The Chasselas, a typical white Swiss grape little grown elsewhere, is sensitive to the slightest variation in soil or fermentation; hence its noticeable change in character according to the region in which it is grown. Pinot, Gamay and Merlot are the main red grapes grown in the country Under federal regulation for viticulture and foodstuffs, each district is responsible for the administration of the «Appellation d'Origine Contrôlée». It already exists in the districts of Aargau, Friburg, Geneva, Neuchâtel, Schaffhausen, Ticino, Valais, Vaud and the region of Bienne.

2003 is the best of the recent vintages.

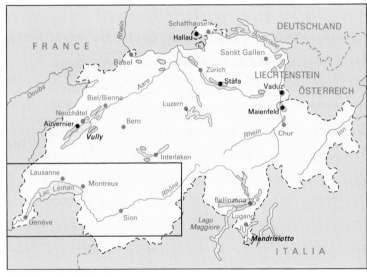

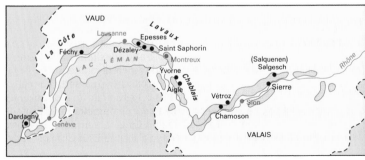

# Principaux vins et spécialités régionales

## Wichtigste Weine und regionale Spezialitäten

## Principali vini e specialità regionali

## Main wines and regional specialities

| → Principaux cépages<br>→ Wichtigste Rebsorten<br>→ Principali vitigni<br>→ Main grape stock<br>(*) | Caractéristiques<br>Charakteristiken<br>Caratterische<br>Chatacteristics | Mets et principales spécialités culinaires régionales<br>Gerichte und wichtigste regionale kulinarische Spezialitäten<br>Vivande e principali specialità culinarie regionali<br>Food and main regional culinary specialities |
|---|---|---|
| **GENEVE (Genf) (GE)**<br>Chasselas (b) | fruité, léger, frais<br>*fruchtig, leicht*<br>*mundig frisch* | **Poissons du lac (omble chevalier),<br>Fondue, Gratin genevois**<br>*Süsswasserfische (Saibling),<br>Käse-Fondue, Genfer Auflauf* |
| Gamay (r) | frais, souple, fruité<br>*mundig frisch,<br>zart, fruchtig* | **Viandes blanches, Ragoût de porc (fricassée)<br>Longeole au marc (saucisse fumée)**<br>*helles Fleisch, Schweinsragout (Frikassee),<br>« Longeole » (geräucherte Wurst)* |
| **GRAUBÜNDEN<br>(Grisons) (Grisoni)<br>(GR)**<br>*Blauburgunder*<br>(Pinot noir) (r) | velouté<br>*körperreich,<br>samtig* | **Bœuf en daube - Bündner Beckribraten,<br>Viande de bœuf séchée des Grisons -<br>Bündnerfleisch** |
| **NEUCHÂTEL<br>(NEUENBURG) (NE)**<br>**Chasselas,<br>Chasselas sur lie (b)<br>Pinot noir (r)**<br>*(Blauburgunder)*<br>**Oeil de Perdrix** (rosé<br>de Pinot noir) *Rosé von<br>Blauburgunder* | nerveux<br>*feine Säure*<br>bouqueté, racé<br>*blumig, rassig*<br>vif<br>*anregend-frisch* | **Palée : Féra du lac de Neuchâtel**<br>*Felchen aus dem Neuenburgersee*<br>**Viandes rouges**<br>*dunkles Fleisch*<br>**Tripes à la Neuchâteloise**<br>*Kutteln nach Neuenburger Art* |
| **TICINO (Tessin) (TI)**<br>Merlot bianco (b) | fruité, frais, léger<br>*fruchtig, frisch, leicht*<br>*fruttato, fresco,<br>leggero* | **Poissons d'eau douce**<br>*Süsswasserfische* |
| Merlot (r) | corsé, équilibré<br>*kräftig,<br>ausgeglichen*<br>robusto,<br>equilibrato | **Viandes rouges, Gibier à plumes, fromages,<br>Polpettone (viandes hachées aromatisées)**<br>*dunkles Fleisch, Wildgeflügel, Käse,<br>« Polpettone » (gewürztes Hackfleisch)* |

(*)(b)(w) : *blanc, weiss, bianco, white*                    (r) : *rouge, rot, rosso, red*

| → Principaux cépages<br>→ Wichtigste Rebsorten<br>→ Principali vitigni<br>→ Main grape stock<br>(*) | Caractéristiques<br>Charakteristiken<br>Caratterische<br>Chatacteristics | Mets et principales spécialités culinaires régionales<br>Gerichte und wichtigste regionale kulinarische Spezialitäten<br>Vivande e principali specialità culinarie regionali<br>Food and main regional culinary specialities |
|---|---|---|
| **TICINO (Tessin) (TI)** | | |
| **Merlot rosato (rosé)** | fruité, frais<br>*fruchtig, mundig frisch*<br>*fruttato, fresco* | **Poissons d'eau douce,**<br>**Pesci in carpione (Fera en marinade)**<br>*Süsswasserfische, Pesci in carpione, Felchen in einer Marinade* |
| **VALAIS (Wallis) (VS)** | | |
| **Fendant<br>(Chasselas) (b)** | rond, équilibré, fruité, parfois perlant<br>*füllig, ausgeglichen, fruchtig, gelegentlich perlend* | **Poissons, Raclette, Filets de truite**<br>*Fische, Raclette, Forellenfilets* |
| **Petite Arvine (b)** | certains secs, d'autres doux<br>*einige trocken, andere mild* | **Vins secs : Poissons, fromages de chèvre**<br>*Trockene Weine : Fische, Ziegenkäse* |
| **Amigne (b)** | corsé, sapide, parfois sec, très souvent doux<br>*kräftig, harmonisch, voll, manchmal trocken, oft mild* | **Vins doux : Foie gras, desserts**<br>*Milde Weine :*<br>*Ente-, Gänseleber, Desserts* |
| **Johannisberg (b)**<br>(Sylvaner) | sec ou doux<br>*trocken oder mild* | |
| **Malvoisie flétrie**<br>(Pinot gris vendanges tardives,<br>*Grauburgunder Beerenauslese*) **(b)** | moelleux, riche<br>*weich, rund gehaltvoll* | **Vin d'apéritif et de dessert,** *Aperitif- und Dessert-Wein*<br>**Foie Gras**<br>*Ente-, Gänseleber* |
| **Dôle** (assemblage de Pinot noir et de Gamay) *(Mischung aus Blauburgunder und Gamay)* **(r)** | robuste, ferme, bouqueté<br>*robust, verschlossen, bukettreich* | **Assiette valaisanne (viande séchée, jambon et fromage)** *Walliserteller (Trockenfleisch, Schinken, Hobel-, und Bergkäse)* |
| **Cornalin (r)** | corsé, tanique<br>*kräftig, gerbstoffhaltig* | **Gibiers : cerf, chevreuil, sanglier**<br>*Wild : Hirsch, Reh, Wildschwein*<br>**Fromages - Käse** |
| **Humagne rouge** | charnu, généreux<br>*kernig, edel* | |
| **VAUD (Waadt) (VD)** | | |
| **Chasselas (b)** | équilibré, fruité<br>*ausgeglichen fruchtig* | **Truite, brochet, perche ; Fondue (vacheron et gruyère)**<br>*Forelle, Hecht, Egli, Käse-Fondue (Vacherin und Greyerzer)* |
| **Salvagnin (r)**<br>*(assemblage de Pinot noir et de Gamay)*<br>*(Mischung aus Blauburgunder und Gamay)* | harmonieux, velouté<br>*harmonisch, samtig* | **Viandes blanches, Papet vaudois (poireaux, p. de terre, saucissons)**<br>*helles Fleisch, Waadtländer Papet (Lauch, Kartoffeln, Würste)* |

(*)(b)(w) : *blanc, weiss, bianco, white*      (r) : *rouge, rot, rosso, red*

| → Principaux cépages<br>→ Wichtigste Rebsorten<br>→ Principali vitigni<br>→ Main grape stock<br>(*) | Caractéristiques<br>Charakteristiken<br>Caratterische<br>Chatacteristics | Mets et principales spécialités<br>culinaires régionales<br><br>Gerichte und wichtigste regionale<br>kulinarische Spezialitäten<br><br>Vivande e principali specialità<br>culinarie regionali<br><br>Food and main regional<br>culinary specialities |
|---|---|---|
| **ZÜRICH (ZH)**<br><br>**SCHAFFHAUSEN<br>(Schaffhouse) (SH)**<br><br>**THURGAU<br>(Thurgovie) (TG)**<br><br>**SANKT-GALLEN<br>(Saint-Gall) (SG)**<br><br>**AARGAU (Argovie)<br>(AG)**<br><br>*Riesling-Sylvaner* (w)<br><br><br><br>*Blauburgunder*<br>*(Pinot noir)* (r) | <br><br><br><br><br><br><br><br><br><br><br><br>parfum délicat,<br>léger, sec<br>*feines Aroma,*<br>*leicht, trocken*<br>léger, aromatique<br>*leicht,*<br>*aromatisch* | <br><br><br><br><br><br><br><br><br><br><br><br>**Zürich- und Bodenseefische**<br>*Poissons des lacs de Zurich et Constance*<br><br><br>**Cochonailles. Deftige Wurstwaren**<br>**Emincé de veau**<br>*Geschnetzeltes Kalbfleisch*<br>Potée aux choux, *Zürcher Topf*<br>*(verschiedene Fleischsorten mit Kohl)*<br>Assiette bernoise (viandes diverses,<br>choucroute, choux, haricots, pommes de terre)<br>*Berner Platte (verschiedene Fleischsorten*<br>*Sauerkraut, Kohl, Bohnen, Kartoffeln)* |

(*)(b)(w) : *blanc, weiss, bianco, white*          *(r) : rouge, rot, rosso,* **red**

# Automobile clubs

Les principales organisations de secours automobile dans le pays sont :
**Touring Club Suisse (T.C.S.)**
*Siège social : 4 ch. de Blandonnet*
*1214 VERNIER*
*Tél : 0224 172 030*
*Fax : 0224 172 042*
**Automobile Club de Suisse (A.C.S.)**
*Siège social : Wasserwerkgasse 39*
*3000 BERN 13*
*Tél : 0313 283 111*
*Fax : 0313 110 310*
*Dépannage routier 24/24 h. Tél. : 140*

# Automobilclubs

Die wichtigsten Automobilclubs des Landes sind :
**Touring Club der Schweiz (T.C.S.)**
*Zentralverwaltung : 4 ch. de Blandonnet*
*1214 VERNIER*
*Tél : 0224 172 030*
*Fax : 0224 172 042*
**Automobil Club der Schweiz (A.C.S.)**
*Zentralverwaltung : Wasserwerkgasse 39*
*3000 BERN 13*
*Tél : 0313 283 111*
*Fax : 0313 110 310*
*24 Stunden Pannenhilfe. Tél. : 140*

# Automobile clubs

Le principali organizzazioni di soccorso automobilistico sono :
**Touring Club Svizzero (T.C.S.)**
*Sede sociale : 4 ch. de Blandonnet*
*1214 VERNIER*
*Tél : 0224 172 030*
*Fax : 0224 172 042*
**Club Svizzeri dell'Automobile (A.C.S.)**
*Sede sociale : Wasserwerkgasse 39*
*3000 BERN 13*
*Tél : 0313 283 111*
*Fax : 0313 110 310*
*Servizio Assistenza 24/24 o. Tel. : 140*

# Motoring organisations

The major motoring organisations in Switzerland are
**Touring Club Suisse (T.C.S.)**
*4 ch. de Blandonnet*
*1214 VERNIER*
*Tél : 0224 172 030*
*Fax : 0224 172 042*
**Automobil Club der Schweiz (A.C.S.)**
*Wasserwerkgasse 39*
*3000 BERN 13*
*Tél : 0313 283 111*
*Fax : 0313 110 310*
*24 h. rescue service. Tél. : 140*

# Villes
## de A à Z
*Les renseignements sont exprimés
dans la langue principale parlée sur place*

# Städte
## von A bis Z
*Die Informationen sind in der lokalen Sprache angegeben*

# Città
## de A a Z
*Le informazioni sono indicati nella lingua
che si parla in prelavenza sul posto*

# Towns
## from A to Z
*Information is given in the local language*

**AARAU** *5000* K *Aargau (AG)* 551 *N4 – 15 240 Ew. – Höhe 383.*

Ausflugsziel : *Schloss Hallwil*★ *über* ③ *: 18 km.*

◉ *Entfelden in Oberentfelden,* ✉ *5036,* ℘ *0627 238 984, Fax 0627 238 436, über* ④ *: 4 km ;* ◉ *Heidental in Stüsslingen,* ✉ *4655 (März - Nov.)* ℘ *0622 858 090, Fax 0622 858 091, Süd-West : 9 km über Erlinsbach-Stüsslingen.*

**Lokale Veranstaltungen**

*07.07 : "Aarauer Maienzug", alter Brauch.*

*22.09 : "Bachfischet", alter Brauch und Volksfest.*

🛈 *aarau info Verkehrsbüro, Graben 42,* ℘ *0628 247 624,* mail @ aarauinfo.ch, *Fax 0628 247 750* A.

✺ *Rathausgasse 2,* ℘ *0628 382 100, Fax 0628 382 109* A.

🜨 *Tellistr. 55,* ℘ *0628 360 404, Fax 0628 360 405* B.

*Bern 78* ④ *– Basel 56* ① *– Luzern 47* ④ *– Zürich 47* ②

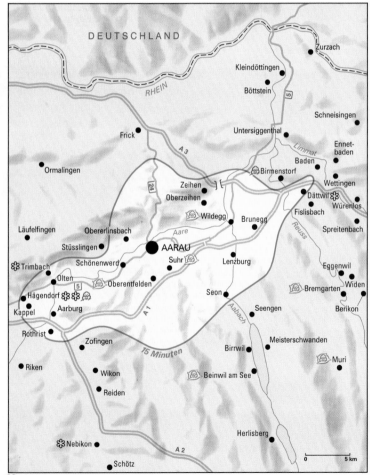

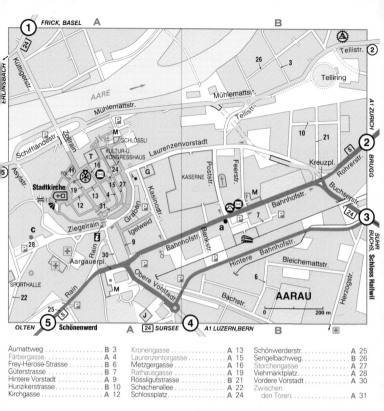

**Aarauerhof**, Bahnhofstr. 68, ℰ 0628 378 300, *info@aarauerhof.ch*, Fax 0628 378 400, ⇔ – |🛗|, ⇔ Zim, ℰ 🅿 – 🔬 15/60. 🆎 ⓞ 🌐 𝘝𝘐𝘚𝘈    B a
**Rest** 40 (mittags)/70 und à la carte 35/93 – **81 Zim** ⇩ ♥145/185 ♥♥200/250 – ½ P Zuschl. 35.

♦ In dem Geschäftshotel gegenüber dem Bahnhof bietet man Ihnen gepflegte Zimmer, die in Einrichtung und technischer Ausstattung den Bedürfnissen von heute angepasst sind. Im Hotelrestaurant reicht man eine Karte mit traditionellen Gerichten.

**Mürset**, Schachen 18, ℰ 0628 221 372, *restaurant@muerset.ch*, Fax 0628 242 988, ⇔ – ⇔ 40. 🆎 ⓞ 🌐 𝘝𝘐𝘚𝘈    A c
**Alte Stube** : Rest (34) 48 (mittags)/90 und à la carte 53/100 – **Brasserie** : Rest (19.50) und à la carte 46/94 – **Weinstube** : Rest (19.50) 65 (abends) und à la carte 53/90 ⌗.

♦ Die Alte Stube ist ein vollständig in Holz gehaltener, schöner Speiseraum mit origineller, leicht rustikaler Dekoration. Klassisch-französisches Angebot. Brasserie in typischer Gestaltung. Bruchsteinmauern und Weinflaschen prägen das Ambiente in der Weinstube.

Wie entscheidet man sich zwischen zwei gleichwertigen Adressen?
In jeder Kategorie sind die Häuser nach unseren Vorlieben geordnet,
die besten Adressen stehen an erster Stelle.

**AARBERG** *3270 Bern (BE)* 🔲🔲🔲 *I6 – 3 946 Ew. – Höhe 449.*

Sehenswert : *Stadtplatz★.*

**Lokale Veranstaltung**

*01.12 - 03.12 : Chlousermarkt.*

🛈 *Tourismus Aarberg, Stadtplatz 22,* 📞 *0323 926 060,* vva@mein-partner.ch, *Fax 0323 919 965.*

*Bern 19 – Biel 15 – Fribourg 36 – Neuchâtel 35 – Solothurn 31.*

🏨 **Krone,** Stadtplatz 29, 📞 0323 919 966, info@krone-aarberg.ch, Fax 0323 919 965, ☂ – 📶 ⅙ Rest, 🅿 – 🔼 15/150. **Rest** (17) 42 (mittags)/92 und à la carte 56/95 – **25 Zim** ☒ ✦115/140 ✦✦160/190 – ½ P Zuschl. 30.

◆ Der historische Gasthof a. d. 14. Jh. befindet sich im Herzen des mittelalterlichen Städtchens. Die Zimmer sind meist neuzeitlich gestaltet, im 3. Stock einige Deluxe-Zimmer. Einfache Gaststube und das Restaurant Fischer- und Jägerstube.

🍽🍽 **Commerce,** Stadtplatz 20, 📞 0323 924 545, commerce@gmx.ch, Fax 0323 924 520, ☂ – ⇔ 30. 🅰🅴 ① ⓶⓪ 𝖵𝖨𝖲𝖠. ✎ geschl. 1. Juni - 2. Juli, 24. Sept. - 1. Okt., Sonntag und Montag – **Rest** (nur Menu) (Tischbestellung erforderlich) 52/98 – ***Restaurant-Bar* : Rest** (17.50) und à la carte 34/75.

◆ Hübsch liegt dieses Restaurant am Altstadtplatz. In einer kleinen, hellen Stube - mit modernen Bildern geschmückt - offeriert man dem Gast mündlich zwei saisonale Menüs. Überwiegend Tagesteller bietet das einfache Restaurant-Bar.

🍽🍽 **Bahnhof,** Bahnhofstr. 5, 📞 0323 924 888, Fax 0323 924 704, ☂ – 🅿 ⇔ 15. 🅰🅴 ① ⓶⓪ 𝖵𝖨𝖲𝖠 geschl. 2 Wochen im Frühling, 17. Sept. - 9. Okt., Sonntag und Montag – **Rest** (nur Menu) (Tischbestellung erforderlich) (18) 65/120.

◆ Der heimelige Gastraum wird je nach Saison dekoriert. Wechselnde Ausstellungen und mit viel Liebe zubereitete Speisen und Themenmenüs machen diese Adresse aus.

**AARBURG** *4663 Aargau (AG)* 🔲🔲🔲 *M5 – 6 204 Ew. – Höhe 412.*

*Bern 65 – Aarau 18 – Basel 53 – Luzern 48 – Solothurn 34.*

🏨 **Krone,** Bahnhofstr. 52, 📞 0627 915 252, info@krone-aarburg.ch, Fax 0627 913 105, ☂ – ✦ Zim, ☎ 🕭 🅿 – 🔼 15/80. 🅰🅴 ① ⓶⓪ 𝖵𝖨𝖲𝖠 geschl. 8. - 20. Feb. und 15. Juli - 6. Aug. – **Rest** (geschl. Montag) (18) 42 (mittags)/75 und à la carte 61/97 – **25 Zim** ☒ ✦152 ✦✦205 – ½ P Zuschl. 44.

◆ Das Haus gegenüber dem Bahnhof befindet sich seit vielen Jahren in Familienbesitz. Die Zimmer sind wohnlich gestaltet - einige neue im Dachgeschoss. Gediegen eingerichtetes Restaurant.

**L'ABBAYE** *Vaud* 🔲🔲 *C9 – voir à Joux (Vallée de).*

**ABTWIL** *9030 Sankt Gallen (SG)* 🔲🔲🔲 *O6 – 697 Ew. – Höhe 658.*

*Bern 196 – Sankt Gallen 6 – Bregenz 45 – Frauenfeld 47 – Konstanz 36.*

🏨 **Säntispark,** Wiesenbachstr. 5, 📞 0713 131 111, hotel@saentispark.ch, Fax 0713 131 113, ☂ – 📶, ✦ Zim, ⅙ 🕭 🅿 – 🔼 15/80. 🅰🅴 ① ⓶⓪ 𝖵𝖨𝖲𝖠. ✎ Rest ***Parkrestaurant* : Rest** (18.50) 78 und à la carte 39/92 – **72 Zim** ☒ ✦185 ✦✦270.

◆ Das Hotel liegt neben dem grössten Freizeitpark der Schweiz. Der Eintritt ist im Arrangement inbegriffen. Die hellen Zimmer bieten dem Gast viel Platz. Parkrestaurant mit Wintergarten und zeitgemässer Küche.

**Nord :** *3 km –* ✉ *9030 Abtwil :*

🏨 **Panoramahotel Säntisblick** 🦢, Grimm 27, 📞 0713 132 525, info@saentis blick.ch, Fax 0713 132 526, ≤ Säntis und Glarner Alpen, ☂ – ✦ Zim, 🅿 – 🔼 15. 🅰🅴 ① ⓶⓪ 𝖵𝖨𝖲𝖠 geschl. Feb. – **Rest** (geschl. Montag) (19.50) 39/65 und à la carte 50/85 ⊛ – **13 Zim** ☒ ✦120/160 ✦✦190/220.

◆ Der Name verspricht nicht zu viel ! In herrlicher Lage mit weitem Ausblick thront dieser Landgasthof über dem Ort. Mit frischer Note zeigen sich die Zimmer. Restaurant mit Glasfront und Panoramaterrasse.

**ADELBODEN** 3715 Bern (BE) 📶 J10 – 3644 Ew. – Höhe 1356 – Wintersport : 1 353/2 400 m ✫3 ✫17 ✫.

Sehenswert : Engstligenfälle★★★ – Lage★★.

🛈 Adelboden Tourismus, Dorfstr. 23, ℰ 0336 738 080, info@adelboden.ch, Fax 0336 738 092.

Bern 70 – Interlaken 49 – Fribourg 104 – Gstaad 81.

**Parkhotel Bellevue** ॐ, Bellevuestr. 15, ℰ 0336 738 000, info@parkhotel-bellevue.ch, Fax 0336 738 001, ≤ Berge, 綪, ☻, ₤ₔ, ⓢ ⌿ (Solebad), 🔲, 🛲, ⚄ – 🛗 ⇖ ✔ 🅿. 🆎 ⓪ 🆎 🆚🆂🅰. ℅ Rest
geschl. 24. April - 24. Mai – Rest (abends nur Menu) 58/68 und à la carte 40/66 ⚄ – 45 Zim (nur ½ Pens.) ✝200/245 ✝✝320/440, 5 Suiten.
♦ Hier überzeugen die ruhige Lage am Wald, geschmackvolle, zeitlos-elegante Zimmer - z. T. mit rustikaler Note - sowie ein attraktiver Wellnessbereich. Schöne Gartenanlage. Das Restaurant ist in klassischem Stil gehalten. Grosser begehbarer Weinkeller.

**Ramada-Treff Hotel Regina** ॐ, Dorfstr. 7, ℰ 0336 738 383, regina-adelboden@ramada-treff.ch, Fax 0336 738 380, ≤, 綪, ⇖, 🛲 – 🛗 ⇖ Zim, ℅ ⇖ 🅿. 🆎 ⓪ 🆎 🆚🆂🅰. ℅ Rest
17. Dez. - 17. April und 4. Juni - 15. Okt. – **La Tosca** - italienische Küche - (geschl. Mittwoch und Donnerstag im Sommer) (nur Abendessen) Rest 35 und à la carte 47/90 – 91 Zim ⌷ ✝105/170 ✝✝200/390 – ½ P Zuschl. 35.
♦ Komfortables Hotel, das über solide und funktionell möblierte Gästezimmer verfügt. Besonders wohnlich sind die Deluxe-Zimmer und die Juniorsuiten. La Tosca gefällt mit südlichem Flair und ebensolcher Küche.

**Sporthotel Adler,** Dorfstr. 19, ℰ 0336 734 141, adler.adelboden@bluewin.ch, Fax 0336 734 239, ≤, 綪, ₤ₔ, ⇖, 🔲 – 🛗 ⇖ Zim. 🆎 🆎 🆚🆂🅰
geschl. 24. April - 2. Juni und 30. Okt. - 10. Nov. – Rest (18.50) 48/68 und à la carte 36/81 – 43 Zim ⌷ ✝105/160 ✝✝170/300 – ½ P Zuschl. 38.
♦ Das schöne regionstypische Chalethotel liegt im Ortszentrum. Die Einrichtung der Zimmer ist modern-rustikal und in Arvenholz gehalten. Im traditionellen Stil zeigt sich das Restaurant.

**Bristol** ॐ, Obere Dorfstr. 6, ℰ 0336 731 481, bristol@bluewin.ch, Fax 0336 731 650, ≤, 綪, ⇖, 🛲 – 🛗 ⇖ Zim, video ℅ 🅿. 🆎 🆎 🆚🆂🅰 ℅ Rest
geschl. 15. April - 15. Mai und 22. Okt. - 10. Dez. – Rest (25) 46 und à la carte 53/77 – 31 Zim ⌷ ✝100/180 ✝✝170/340 – ½ P Zuschl. 40.
♦ In ruhiger Lage oberhalb der Kirche befindet sich dieses Haus mit seinen solide und freundlich im rustikalen Stil eingerichteten Zimmern und einem hübschen Freizeitbereich. Im Sommer ergänzt eine Terrasse zum Garten das neuzeitlich gestaltete Restaurant.

**Beau-Site,** Dorfstr. 5, ℰ 0336 732 222, hotelbeausite@bluewin.ch, Fax 0336 733 333, ≤, 綪, ₤ₔ, ⇖ – 🛗 ⇖ Zim, ⇖ 🅿 🆎 ⓪ 🆎 🆚🆂🅰. ℅
16. Dez. - 16. April und 1. Juni - 20. Okt. – Rest (geschl. Dienstag) (20) 26 (mittags)/52 und à la carte 42/85 – 38 Zim ⌷ ✝80/150 ✝✝160/330 – ½ P Zuschl. 35.
♦ Die Zimmer des am Dorfrand gelegenen Ferienhotels sind meist mit hellen Holzmöbeln funktionell ausgestattet und alle mit Balkon versehen. Besonders geräumig : die Südzimmer. Das Restaurant : teils recht elegant mit schönem Panoramablick, teils rustikaler.

**Bären,** Dorfstr. 22, ℰ 0336 732 151, hotel@baeren-adelboden.ch, Fax 0336 732 190, ≤, 綪, ⇖ – 🛗 ⇖ 🆎 ⓪ 🆎 🆚🆂🅰
22. Dez. - 16. Mai und 9. Juni - 12. Nov. – Rest (geschl. Donnerstag in der Zwischensaison) (22) 44 und à la carte 34/91 – 14 Zim ⌷ ✝75/145 ✝✝140/290 – ½ P Zuschl. 32.
♦ 1569 wurde der Bären als erster Gasthof Adelbodens erbaut. Heute finden Besucher in den mit hellem Holz eingerichteten Zimmern ein sympathisches Heim auf Zeit. Im Parterre befindet sich die rustikale Gaststube des Hauses : Bären-Stübli.

**Waldhaus-Huldi,** Dorfstr. 77, ℰ 0336 731 531, info@waldhaushuldi.ch, Fax 0336 732 843, ≤ Berge, 綪, 🛲 – 🛗 ℅ 🅿. 🆎 🆎 🆚🆂🅰. ℅ Rest
17. Dez. - 8. April und 4. Juni - 7. Okt. – Rest (nur ½ Pens. für Hotelgäste) – 45 Zim ⌷ ✝75/105 ✝✝196/310 – ½ P Zuschl. 35.
♦ Ein herrlicher Bergblick macht die beiden schön am Ende des Dorfes gelegenen Chalets aus. Im Waldhaus sind die Zimmer mit massiven Holzmöbeln zeitgemäss eingerichtet.

XX **Alpenblick,** Dorfstr. 9, ℰ 0336 732 773, Fax 0336 732 598, ≤, 佘 – P. AE MO VISA. 錯
geschl. 12. Juni - 10. Juli, 20. Nov. - 6. Dez., Dienstag in der Zwischensaison und Montag
– **Rest** (17) 82 und à la carte 39/92.
♦ Parkett und moderne Polsterstühle unterstreichen das leicht elegante Ambiente
des Restaurants. Der vordere Bereich im Stil einer Gaststube. Schöne Aussicht auf
die Umgebung.

---

**ADLIGENSWIL** 6043 Luzern (LU) 551 O7 – 5 209 Ew. – Höhe 540.
Bern 117 – Luzern 6 – Aarau 53 – Schwyz 33 – Zug 30.

XX **Rössli,** Dorfstr. 1, ℰ 0413 701 030, info@roessli-adligenswil.ch,
Fax 0413 706 814, 佘 – P. AE O MO VISA
geschl. 20. Feb. - 5. März, 10. - 30. Juli, Mittwochabend und Donnerstag – **Rest** (17.50)
42 (mittags)/83 und à la carte 41/92.
♦ Das schöne Dorfgasthaus liegt im Ortskern. Durch die rustikale Gaststube erreicht
man das gehobene Restaurant im ländlichen Stil mit Cheminée und Sommerterrasse.

---

**ADLISWIL** 8134 Zürich (ZH) 551 P5 – 15 821 Ew. – Höhe 451.
Bern 130 – Zürich 9 – Aarau 52 – Luzern 51 – Rapperswil 32 – Schwyz 48.

🏠 **Ibis,** 1 km Richtung Zürich, Zürichstr. 105, ℰ 017 118 585, welcome@ibiszurich.ch,
Fax 017 118 586, 佘 – 🍴 Zim, 🗏 Rest, ✆ & Zim, P. AE O MO VISA
**Rest** (17.50) und à la carte 31/75 – ⇆ 17 – **73 Zim** ♦125 ♦♦125.
♦ Der moderne Flachbau liegt etwas ausserhalb des Ortes in der Nähe der Autobahn
Zürich - Chur. Die Zimmer von einheitlicher Grösse sind mit hellem Ibis-Mobiliar ein-
gerichtet.

XX **Krone,** Zürichstr. 4, ℰ 0447 712 205, krone.adliswil@bluewin.ch,
Fax 0447 712 206, 佘 – P. ⇔ 35. AE O MO VISA
geschl. 23. Juli - 13. Aug., Sonntag und Montag – **Rest** (29) 89 (abends) und à la carte
66/133.
♦ Hinter seiner schönen Fachwerkfassade überrascht dieses Restaurant im Ortszentrum mit modern gestaltetem Interieur und trendiger Bar/Lounge.

---

**AESCH** 4147 Basel-Landschaft (BL) 551 K4 – 9 883 Ew. – Höhe 318.
Bern 102 – Basel 10 – Delémont 28 – Liestal 22.

🏠 **Mühle,** Hauptstr. 61, ℰ 0617 561 010, mail@muehle-aesch.ch, Fax 0617 561 000,
佘 – 🍴 & ⇆ – 🔒 15/80. AE O MO VISA
geschl. 23. - 31. Dez. – **Rest** (18.50) und à la carte 47/91 – **18 Zim** ⇆ ♦110
♦♦160/170.
♦ Das moderne Hotel im Zentrum des Ortes bietet seinen Gästen praktische Zimmer,
einheitlich mit hellem Holz eingerichtet. Auch für Tagungen stehen die passenden
Räume bereit. Bistroähnlich gestaltetes Restaurant - mit Terrasse hinterm Haus.

XX **Klus,** Klusstr. 178, West : 2 km, ℰ 0617 517 733, info@landgasthofklus.ch,
Fax 0617 517 734, 佘 – P. AE MO VISA
geschl. Montag, von Nov. - April auch Samstagmittag und Sonntagabend – **Rest** (16)
43 und à la carte 38/75.
♦ Dieses Haus überzeugt mit seiner schönen Lage in der Aescher Klus, inmitten von
Weinbergen, sowie einer auf Bio-Produkten basierenden Küche.

---

**AESCHI BEI SPIEZ** 3703 Bern (BE) 551 K9 – 1 918 Ew. – Höhe 859.
Bern 45 – Interlaken 23 – Brienz 42 – Spiez 5 – Thun 15.

🏨 **Aeschi Park** ≫, Dorfstrasse, ℰ 0336 559 191, info@aeschipark.ch,
Fax 0336 559 192, ≤ Thunerseeregion, 佘, ≦s – 🍴, ⇆ Rest, & Rest, ⟸ –
🔒 15/40. AE O MO VISA. 錯 Rest
**Rest** (19) 49/65 und à la carte 39/79 – **46 Zim** ⇆ ♦125/150 ♦♦170/190, 6 Suiten
– ½ P Zuschl. 35.
♦ Vom Hotel aus hat man eine wundervolle Aussicht auf den Thunersee und die
Berge. Die Zimmer sind in hellem Massivholz möbliert und verfügen meist über einen
Balkon. Gepflegtes Restaurant mit schönem Ausblick.

**in Aeschiried** *Süd-Ost : 3 km – 1 Ew. – Höhe 1 000 –* ✉ *3703 Aeschi bei Spiez :*

**Panorama,** Scheidmatte, ✆ 0336 542 973, info@restaurantpanorama.ch, Fax 0336 542 940, ≼ Berge, 🍽 – **P.** 🆎 ⓪ ⓜⓢ 𝗩𝗜𝗦𝗔

geschl. 23. März - 11. April, 26. Juni - 12. Juli, 30. Okt. - 9. Nov., Montag und Dienstag
– **Gourmet :** Rest 58/87 und à la carte 49/104 – **Restaurant** - Pastaspezialitäten -
**Rest** à la carte 43/90 .

◆ Auf einem Plateau gelegenes Haus mit Sommerterrasse und schöner Bergsicht.
Eine moderne Ausstattung kennzeichnet die Einrichtung des Gourmet-Restaurants.
Im Restaurant werden unter anderem hausgemachte Pastagerichte zubereitet.

---

**AESCHIRIED** Bern 🞵🞵🞵 K9 – *siehe Aeschi bei Spiez.*

---

**AGARN** *3951 Wallis (VS)* 🞵🞵🞵 *K11 – 804 Ew. – Höhe 650.*
Bern 179 – *Brig 27* – Aosta 125 – Montreux 95 – Sion 26.

**Central,** Dorfstrasse, ✆ 0274 731 495, info@central-wallis.ch, Fax 0274 734 494,
🍽 – |🛗| ⴵ Zim, **P.** 🆎 ⓜⓢ 𝗩𝗜𝗦𝗔, 🞖 Rest
**Rest** (19) 39 und à la carte 38/88 – **15 Zim** ⯐ ✝95/120 ✝✝140/150 – ½ P Zuschl.
25.

◆ Das Hotel mit den schönen Holzbalkonen findet man mitten im kleinen Dorf. Die
Zimmer von unterschiedlicher Grösse sind einheitlich mit dunklem Eichenholzmobiliar
eingerichtet. Im Parterre befindet sich die rustikale Gaststube, dahinter der kleine
Speisesaal.

---

**AGARONE** *6597 Ticino (TI)* 🞵🞵🞵 *R12 – alt. 350.*
Bern 257 – *Locarno 14* – Bellinzona 11 – Lugano 39.

**Grotto Romitaggio,** ✆ 0918 591 577, info@romitaggio.ch, Fax 0918 591 600,
🍽 – 🆎 ⓜⓢ 𝗩𝗜𝗦𝗔
chiuso gennaio e febbraio, lunedì (salvo la sera in alta stagione) e martedì a mezzogiorno – **Rist** (prenotare) (18) 40/69 ed alla carta 41/71.

◆ Grotto ticinese dall'ambiente ospitale grazie ai tavoli in legno massiccio ed al crepitio
del fuoco nel camino. Cucina tradizionale e, in estate, grigliate all'aperto.

---

**AGIEZ** *Vaud* 🞵🞵🞵 *D8 – rattaché à Orbe.*

---

**AIGLE** *1860 Vaud (VD)* 🞵🞵🞵 *G11 – 7 719 h. – alt. 404.*
🞵🞵 Montreux, ✆ 0244 664 616, Fax 0244 666 047.
Bern 100 – *Montreux 16* – Evian-les-Bains 37 – Lausanne 42 – Martigny 32.

**Du Nord** sans rest, 2 r. Colomb, ✆ 0244 681 055, info@hoteldunord.ch,
Fax 0244 681 056 – |🛗| 🆎 ⓪ ⓜⓢ 𝗩𝗜𝗦𝗔
**19 ch** ⯐ ✝115/145 ✝✝140/220.

◆ Un café, à l'entrée de l'hôtel, tient lieu de réception. Vue sur le vignoble et les toits
du village aux étages supérieurs. Cinq chambres refaites. Plus de quiétude côté cour.

---

**AIROLO** *6780 Ticino (TI)* 🞵🞵🞵 *P10 – 1 650 ab. – alt. 1 142 – Sport invernali : 1 175/2 250 m*
*≼2 ≼4 ⚡.*
Dintorni : *Strada*★★ *del passo della Novena Ovest – Strada*★ *del San Gottardo Nord*
*verso Andermatt e Sud-Est verso Giornico – Museo nazionale del San Gottardo*★ *–*
*Val Piora*★ *: Est 10 km.*
🇧 Leventina Turismo, via Stazione, ✆ 0918 691 533, info@leventinaturismo.ch,
Fax 0918 692 642.
Bern 188 – *Andermatt 26* – Bellinzona 60 – Brig 73.

**Forni,** via Stazione, ✆ 0918 691 270, info@forni.ch, Fax 0918 691 523, ≼ – |🛗|,
⭐ cam, **P.** – 🏛 25. 🆎 ⓪ ⓜⓢ 𝗩𝗜𝗦𝗔
chiuso dal 6 novembre al 7 dicembre – **Rist** (chiuso il mercoledì da gennaio ad aprile)
(20) 35/78 ed alla carta 52/95 🞖 – **20 cam** ⯐ ✝85/120 ✝✝150/180 – ½ P sup.
30.

◆ Ubicato nella parte bassa del paese, di fronte alla stazione, offre camere tutte
diverse per dimensioni, arredate con mobili chiari e funzionali. Moderna sala da
pranzo, menù vario e modificato periodicamente.

**sul Passo di Gottardo** *Nord-Ovest : 14 km* – ✉ *6780 Airolo*

🏛 **Claustra** ⦶, 1 km in direzione Andermatt (vecchia strada del passo), ✆ 0918 805 055, *info@ claustra.ch*, Fax 0918 805 056 – ⟷ ⦿ ⟐ rist, **P** – 🏛 15/70. ᴀᴇ ⓿ ⓿ 𝘝𝘐𝘚𝘈
*maggio - ottobre* – **Rist** (solo per clienti alloggiati) – ⊆ 30 – **15 cam** ★150 ★★220.
♦ Nato per iniziativa di un artista, la Claustra è uno luogo assolutamente originale sorto dalla ristrutturazione del Forte di San Carlo. Hotel, centro studi e centro wellness.

---

**ALBINEN** *Wallis* 🔢🔢 *K11* – *siehe Leukerbad.*

---

**ALDESAGO** *Ticino* 🔢🔢 *R13* – *vedere Lugano.*

---

**ALLSCHWIL** *4123 Basel-Landschaft (BL)* 🔢🔢 *K3* – *18 218 Ew.* – *Höhe 287.*
*Bern 106* – *Basel 6* – *Belfort 62* – *Delémont 48* – *Liestal 26* – *Olten 52.*

🏛 **Rössli,** Dorfplatz 1, ✆ 0614 869 696, *hotel@ roessli-allschwil.ch*, Fax 0614 818 545, ⟐ – ⟷ Zim, **P** – 🏛 15/80. **Rest** (19) 48 (mittags)/78 und à la carte 51/90 – **24 Zim** ⊆ ★110/140 ★★170/220.
♦ Das Haus steht im Zentrum eines Vorortes von Basel nicht weit von Wäldern und Weihern. Es warten zweckmässige Zimmer mit funktionellem Holzmobiliar auf den Gast. Hell eingerichtetes Restaurant mit Sommerterrasse zur Strasse.

✕✕ **Mühle,** Mühlebachweg 41, ✆ 0614 813 370, *muehle_allschwil@ hotmail.com*, Fax 0614 838 395, ⟐ – **P** ⇆ 20/50. ᴀᴇ ⓿ ⓿ 𝘝𝘐𝘚𝘈
*geschl. 12. Feb. - 6. März, 23. Juli - 7. Aug., Sonntag und Montag* – **Rest** (26) 56 (mittags)/97 und à la carte 46/122.
♦ Das Fachwerkhaus mit der historischen Hostienmühle a. d. 17. Jh. hat sich seine urtümliche Gemütlichkeit bewahrt. Müllerstube und Buurestube verbreiten rustikale Atmosphäre.

---

**ALPNACH** *6055 Obwalden (OW)* 🔢🔢 *O7* – *5 061 Ew.* – *Höhe 452.*
*Bern 97* – *Luzern 14* – *Altdorf 38* – *Brienz 40.*

✕ **Küchler,** Brünigstr. 25, ✆ 0416 701 712, *casagrande@ restaurantkuechler.ch*, Fax 0416 701 713, ⟐ – **P**. ᴀᴇ ⓿ 𝘝𝘐𝘚𝘈
*geschl. 9. - 15. Jan., 10. - 23. Juli, Sonntag und Montag* – **Rest** (18) 65 und à la carte 50/96.
♦ Massive Holztische und mit Schnitzereien verzierte Stühle machen die Stube gemütlich-rustikal. Die Küche ist zeitgemäss ausgerichtet.

---

**ALTDORF** *6460* 🄺 *Uri (UR)* 🔢🔢 *Q8* – *8 648 Ew.* – *Höhe 447.*

**Sehenswert :** *Telldenkmal und Museum.*

🛈 *Tourist Info Uri, Schützengasse 11,* ✆ *0418 720 450, mail@ i-uri.ch, Fax 0418 720 451.*

⊛ *Bahnhofstr. 1,* ✆ *0418 704 741, Fax 0418 707 393.*

*Bern 152* – *Luzern 42* – *Andermatt 34* – *Chur 133* – *Interlaken 92* – *Zürich 74.*

🏛 **Höfli,** Hellgasse 20, ✆ 0418 750 275, *info@ hotel-hoefli.ch*, Fax 0418 750 295, ⟐ – ▐, ⟷ Zim, ⦿ ⟐ **P** – 🏛 15/50. ⓿ 𝘝𝘐𝘚𝘈
**Rest** (geschl. 6. März) (18.50) und à la carte 38/86 – **32 Zim** ⊆ ★95/130 ★★150/185 – ½ P Zuschl. 35.
♦ Das gut geführte Hotel bietet seinen Gästen Zimmer verschiedener Kategorien - von schlicht-rustikal im Haupthaus bis modern-komfortabel im neueren Gästehaus. Der gastronomische Bereich teilt sich in ein bürgerliches Restaurant und eine Pizzeria.

✕✕ **Goldener Schlüssel** mit Zim, Schützengasse 9, ✆ 0418 712 002, *info@ hotels chluessel.ch*, Fax 0418 701 167 – ▐ **P** ⇆ 150. ⓿ 𝘝𝘐𝘚𝘈
*Hotel : geschl. 23. Dez. - 5. Jan.* – **Rest** (geschl. 2. - 5. Jan., 9. - 17. Juli, Sonntag und Montag) (18.50) 40 (mittags)/87 und à la carte 52/100 – **21 Zim** ⊆ ★80/100 ★★150/180 – ½ P Zuschl. 35.
♦ Parkett, Holzmobiliar und Kachelofen geben dem Restaurant im 1. Stock des a. d. 18. Jh. stammenden Hauses einen rustikal-eleganten Touch. Praktische, sehr einfache Zimmer.

✗ **Lehnhof,** Lehnplatz 18, ℘ 0418 701 229, info@lehnhof.ch, Fax 0418 711 810,
⊖⊖ 🏠 – ✿ 40. 🆎 ⓞ ⓜⓒ 𝘝𝘐𝘚𝘈
**Rest** *(geschl. Sonntag und Montag)* (19.50) und à la carte 42/86.
♦ Auf vorherige Reservierung werden im "Primero" im 1. Stock Menüs nach Absprache serviert. Im Ergeschoss bewirtet man den Gast im schlichten Bistro mit euroasiatischer Küche.

**in Bürglen** *Ost : 1 km Richtung Klausenpass – 3 979 Ew. – Höhe 552 –* ✉ *6463 Bürglen :*

✗ **Schützenhaus,** Klausenstr. 150, ℘ 0418 701 210, Fax 0418 711 910, 🏠 – 🄿.
🍴 ⓜⓒ 𝘝𝘐𝘚𝘈
*geschl. 21. Feb. - 3. März, Mitte Juni und Mitte Okt. jeweils 2 Wochen, Dienstag und Mittwoch –* **Rest** (20) 48 und à la carte 39/85.
♦ Ein nettes rustikales Chalet mit einfacher, sorgfältig zubereiteter traditioneller Küche. Mit vielen Pflanzen hat man die unter Weinlauben angelegte Terrasse hübsch gestaltet.

---

**ALTENDORF** *8852 Schwyz (SZ)* 🗺🗺 *R6 – 4 372 Ew. – Höhe 412.*
*Bern 164 – Zürich 39 – Glarus 35 – Rapperswil 7 – Schwyz 34.*

✗ **Steinegg,** Steineggstr. 52, ℘ 0554 421 318, Fax 0554 421 318, 🏠 – 🄿 ✿ 10/25.
ⓜⓒ 𝘝𝘐𝘚𝘈
*geschl. 27. Dez. - 10. Jan., 22. Mai - 7. Juni, 25. Sept. - 10. Okt., Montag und Dienstag –* **Rest** (35) 85 (abends) und à la carte 56/114.
♦ Im ehemaligen Bauernhaus aus dem 18. Jh. speisen Sie in den mit Liebe eingerichteten Stuben mit ihren typischen, niedrigen Decken. Ländliches, modern ausgelegtes Angebot.

---

**ALTNAU** *8595 Thurgau (TG)* 🗺🗺 *T3 – 1810 Ew. – Höhe 409.*
*Bern 204 – Sankt Gallen 31 – Arbon 18 – Bregenz 49 – Frauenfeld 37 – Konstanz 12 – Winterthur 54.*

✗✗ **Urs Wilhelm's Restaurant** mit Zim, im Schäfli, neben der Kirche, Kaffeegasse 1,
ⓔ ℘ 0716 951 847, Fax 0716 953 105, 🏠 – 🄿. 🆎 ⓞ ⓜⓒ 𝘝𝘐𝘚𝘈
*geschl. 22. Feb. - 9. März, 1. - 16. Nov., Mittwoch und Donnerstag –* **Rest** (abends Tischbestellung ratsam) (38) 59 (mittags)/125 und à la carte 62/134 – ⌐ 30 – **4 Zim** ✦95/145 ✦✦180/220.
**Spez.** Urs Wilhelm's besonderer Salat mit vielen Kräutern und Kalbsmilken oder Scampis "fritti" (März - Nov.). Kalbshaxe à l'ancienne mit kräftiger Sauce. Wiener Tafelspitz.
**Weine** Iselisberger, Diessenhofener
♦ In dem gemütlichen, mit vielen Bildern dekorierten Lokal herrscht eine heimelige Atmosphäre. Raffiniert bereitet Ihnen der Chef feine, klassisch inspirierte Speisen zu.

Gute und preiswerte Häuser kennzeichnet der Bib: der rote „Bib Gourmand" 🄐 bei der Küche, der blaue „Bib Hotel" 🄐 bei den Zimmern.

---

**ALT SANKT JOHANN** *9656 Sankt Gallen (SG)* 🗺🗺 *U6 – 1437 Ew. – Höhe 894 – Wintersport : 900/1 730 m ✦4 ✦.*
**Lokale Veranstaltungen**
*18.02 : Hornschlitten-Rennen*
*25.05 - 05.06 : Klangfestival.*
*23.07 oder 30.07 : Selamatter Aelplerfest.*
🛈 *Tourist-Info, Hauptstr.413, ℘ 0719 991 888, altstjohann@toggenburg.org, Fax 0719 992 085.*
*Bern 215 – Sankt Gallen 53 – Bregenz 57 – Chur 63 – Zürich 83.*

🏠 **Schweizerhof,** Dorf, ℘ 0719 991 121, info@hotelschweizerhof.ch,
Fax 0719 999 028, 🏠, 🌳 – 🛗 🄿 – 🄐 40. ⓜⓒ 𝘝𝘐𝘚𝘈
*22. Dez. - 9. April und 13. Mai - 22. Okt. –* **Rest** (28) 38 und à la carte 49/89 – **25 Zim** ⌐ ✦75/85 ✦✦150/170 – ½ P Zuschl. 30.
♦ Das Haus abseits der Durchgangsstrasse verfügt im Hauptgebäude über Zimmer mit einfachem Holzmobiliar. In der Dépendance sind die Räume etwas anspruchsvoller und geräumiger. Im vorderen Teil der Stube wird nicht eingedeckt, hinten lockt ein schönes Couvert.

🏯 **Rössli**, Dorf, 🍴 0719 992 460, *hotel@roessli-toggenburg.ch*, Fax 0719 992 240,
🍽️ – 🅿️ 🆎 ⓞ ⓜⓔ *VISA*, 🍷 Zim
*geschl. 4. - 20. Dez., 20. Juni - 11. Juli und Mittwoch* – **Rest** (24) und à la carte 39/93
– **16 Zim** 🛏️ 🕯️80/100 🕯️🕯️140/180 – ½ P Zuschl. 30.
♦ Von aussen ist das Hotel mit Schindeln verkleidet. Im Inneren bietet man seinen
Gästen zum Teil mit Holz getäferte, saubere und mit Standardmobiliar eingerichtete
Zimmer. Die Restauration ist in verschiedene Bereiche unterteilt, im Sommer mit
Gartenterrasse.

🏯 **Hirschen**, 🍴 0719 991 271, Fax 0719 993 834, 🍽️ – 🅿️ 🆎 ⓞ ⓜⓔ *VISA*
🍴 *geschl. 30. Mai - 20. Juni, 14. - 28. Nov., Montag und Dienstag in der Zwischensaison* –
**Rest** (17.50) und à la carte 32/61 – **11 Zim** 🛏️ 🕯️65/75 🕯️🕯️130/150 – ½ P Zuschl. 25.
♦ Einige der Zimmer des familiär geführten Hauses im Zentrum des Toggenburger
Ortes sind mit bemalten Bauernmöbeln nett und wohnlich eingerichtet, die übrigen
recht einfach. Der Gastraum ist mit viel Holz gestaltet, das Buurestübli hat eine
schöne Holzdecke.

---

**ALTSTÄTTEN** *9450 Sankt Gallen (SG)* 🔢🔢🔢 V5 – *10 264 Ew. – Höhe 430.*
🅱️ *Tourismusbüro, Bahnhof AB Stadt,* 🍴 *0717 500 023,* sg-rheintal@bluewin.ch,
*Fax 0717 500 024.*
*Bern 234 – Sankt Gallen 25 – Bregenz 26 – Feldkirch 20 – Konstanz 61.*

🍴 **Frauenhof**, Marktgasse 56, 🍴 0717 551 637, *frauenhof@bluewin.ch*,
🍴 Fax 0717 551 737, 🍽️ – 🆎 ⓜⓔ *VISA*
*geschl. 25. Dez. - 3. Jan., 15. Juli - 2. Aug., Sonntag und Montag* – **Rest** (19) 27 (mittags)
und à la carte 40/91.
♦ Im Parterre des Steinhauses aus dem Jahre 1450 befindet sich eine gemütliche
rustikale Stube, in der man eine zeitgemässe Küche serviert.

---

**AMDEN** *8873 Sankt Gallen (SG)* 🔢🔢🔢 T6 – *1 566 Ew. – Höhe 908 – Wintersport : 950/1 650 m*
🎿7 🎿.
🅱️ *Tourismus Amden-Weesen, Dorfstr. 22,* 🍴 *0556 111 413,* tourismus@amden.ch,
*Fax 0556 111 706.*
*Bern 192 – Sankt Gallen 66 – Chur 69 – Feldkirch 70 – Luzern 93 – Zürich 67.*

**in Arvenbüel** *Ost : 3 km – Höhe 1 259 –* ✉️ *8873 Amden :*

🏨 **Arvenbüel** 🍴, Arvenbüelstr. 47, 🍴 0556 116 010, *info@arvenbuel.ch*,
Fax 0556 112 101, ≤, 🍽️, 🛋️ – 📶 🚿 Rest, 🚗, 🆎 ⓞ ⓜⓔ *VISA*, 🍷 Zim
*geschl. April, 15. Nov. - 20. Dez. und Montag (ausser 9. Jan. - 13. März)* – **Rest** (26)
und à la carte 37/72 – **21 Zim** 🛏️ 🕯️95/120 🕯️🕯️180/220 – ½ P Zuschl. 38.
♦ Das Haus liegt idyllisch am Rand des Bergdorfes im Grünen. Die Zimmer sind mit
dunklem Eichenmobiliar bestückt und unterscheiden sich in Lage und Grösse. Meist
mit Balkon. Das Ausflugsrestaurant bietet von seiner Terrasse einen schönen Blick
auf die Berge.

---

**ANDEER** *7440 Graubünden (GR)* 🔢🔢🔢 U10 – *716 Ew. – Höhe 983.*
*Bern 276 – St. Moritz 73 – Chur 38 – Andermatt 154.*

🏨 **Fravi**, veia Granda 1, 🍴 0816 600 101, *info@fravi-hotel.ch*, Fax 0816 600 102,
🍴 🍽️, 🌊 – 📶 🚿 🛁 🅿️ – 🛎️ 40. 🆎 ⓞ ⓜⓔ *VISA*, 🍷 Rest
*geschl. Nov. - 20. Dez. –* **Rest** *(geschl. Montag)* (17) und à la carte 41/80 – **46 Zim**
🛏️ 🕯️119 🕯️🕯️218 – ½ P Zuschl. 35.
♦ In dem Haus a. d. J. 1828 erwarten Sie meist hell und modern eingerichtete, teils
auch etwas ältere, aber gut gepflegte Gästezimmer. Neuzeitlich gestaltetes Restaurant und schöner Jugendstil-Speisesaal für Hotelgäste.

---

**ANDERMATT** *6490 Uri (UR)* 🔢🔢🔢 P9 – *1 327 Ew. – Höhe 1 438 – Wintersport :*
*1 444/3 000 m* 🎿2 🎿7 🎿.
**Sehenswert :** *Lage*★.
**Ausflugsziel :** *Göscheneralpsee*★★ *Nord : 15 km – Schöllenen*★★ *Nord : 3 km.*
🚡 *Gotthard Realp in Realp,* ✉️ *6491 (Juni-Okt.)* 🍴 *0418 870 162,*
*Fax 0418 870 188, Süd-West : 9 km Richtung Furka.*
🚂 *Andermatt - Sedrun, Information* 🍴 *0418 887 511.*
🅱️ *Andermatt Gotthard Tourismus, Gotthardstr.2,* 🍴 *0418 871 454,* info@ander-
matt.ch, *Fax 0418 870 185.*
*Bern 173 – Altdorf 24 – Bellinzona 84 – Chur 89 – Interlaken 91.*

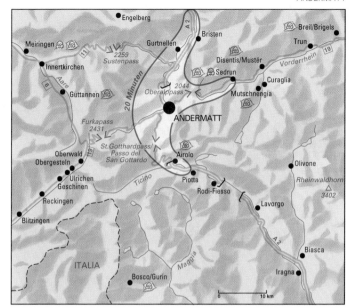

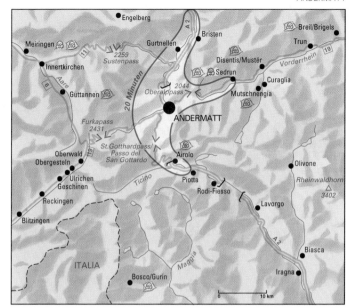**3 Könige und Post**, Gotthardstr. 69, ℰ 0418 870 001, *hotel@3koenige.ch*, Fax 0418 871 666, 斎, ⮤s – ⮤Zim, ℙ, 昼 ⓪ ⓶ ⓿ *VISA* Rest
18. Dez. - 17. April und 3. Juni - 16. Okt. – **Rest** (18.50) und à la carte 38/101 – **22 Zim** ⚏ ♦75/180 ♦♦170/260 – ½ P Zuschl. 40.
• Das Haus liegt mitten im Dorf an der historischen Reussbrücke, dem ehemaligen Knotenpunkt für Postkutschen bei Alpenüberquerungen. Zimmer mit rustikalem Mobiliar. Einfacher Gastraum und komfortable Stube.

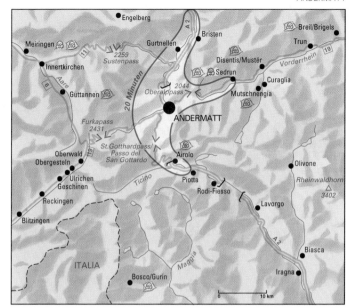**Monopol-Metropol**, Gotthardstr. 43, ℰ 0418 871 575, *info@monopol-anderm att.ch*, Fax 0418 871 923, 斎, ⬚ – ⧉, ⮤Zim, ℙ, 昼 ⓪ ⓿ *VISA*
10. Dez. - 1. April und 6. Mai - 14. Okt. – **Rest** (19.50) und à la carte 45/93 – **35 Zim** ⚏ ♦75/150 ♦♦160/230 – ½ P Zuschl. 40.
• Die Gästezimmer in diesem Haus sind überwiegend etwas älter und zweckmässig ausgestattet, die renovierten Zimmer heller und freundlicher in rustikalem Stil. Einfaches Restaurant mit traditioneller Karte.

**Sonne**, Gotthardstr. 76, ℰ 0418 871 226, *info@hotelsonneandermatt.ch*, Fax 0418 870 626, 斎, ⮤s – ⧉ ℙ, 昼 ⓿ *VISA*
15. Dez. - 24. April und 26. Mai - 1. Nov. – **Rest** (18.50) und à la carte 39/67 – **20 Zim** ⚏ ♦♦140/190 – ½ P Zuschl. 40.
• Das alte Holzhaus mit schöner Fassade liegt an der Durchgangsstrasse im Ortskern. Die Zimmer von ordentlicher Grösse sind mit Naturholz rustikal und wohnlich ausgestattet. Zwei ländlich gestaltete Stuben erwarten die hungrigen Gäste.

---

**ANIÈRES** 1247 Genève (GE) 552 B11 – 2 124 h. – alt. 410.
Bern 168 – Genève 12 – Annecy 55 – Thonon-les-Bains 25.

**Auberge de Floris** (Legras), 287 rte d'Hermance, ℰ 0227 512 020, *contact@ auberge-de-floris.com*, Fax 0227 512 250, ≤ lac, 斎 – ℙ, 昼 ⓿ *VISA*
fermé 24 déc. au 2 janv., 2 au 11 sept., dim. et lundi – Rest 60 (midi)/148 et à la carte 105/175 – **Rest.** (voir aussi **Le Bistrot** ci-après).
**Spéc.** La trilogie de poissons marinés. Le loup de Noirmoutier en croûte d'argile. Bouillabaisse façon Claude Legras (sur commande). **Vins** Anières
• Élégante table au goût du jour procurant vue splendide sur le lac. Salle à manger panoramique au décor frais et actuel ; confortable restaurant d'été perché tel un belvédère.

**Le Bistrot** - *Auberge de Floris*, 287 rte d'Hermance, ✆ 0227 512 020, *contact @ auberge-de-floris.com*, Fax 0227 512 250, ≼, 斧 – **P**, **AE** **MO** **VISA**
*fermé 24 déc. au 2 janv., 2 au 11 sept., dim. et lundi –* **Rest** (prévenir) (20) 50 et à la carte 52/102.

♦ Une appétissante carte actuelle rythmée par les saisons s'emploie à calmer votre faim au bistrot de l'auberge de Floris. Agréable décoration intérieure rustique-moderne.

---

 Grand luxe ou sans prétention ? Les 𝕏 et les 🏠 notent le confort.

---

**APPENZELL** 9050 **K** *Appenzell Innerrhoden (AI)* **551** U5 – *5535 Ew. – Höhe 789.*

Sehenswert : *Hauptgasse★.*
Ausflugsziel : *Hoher Kasten★★ : Panorama★★ Süd-Ost : 7 km und Luftseilbahn – Ebenalp★★ : Seealpsee★★ Süd : 7 km und Luftseilbahn.*

🇬 *in Gonten,* ✉ *9108 (April - Okt.)* ✆ *0717 954 060, Fax 0717 954 061, West : 4 km.*

**Lokale Veranstaltung**
*30.04 : Landsgemeinde.*

🅱 *Appenzellerland Tourismus, Hauptgasse 4,* ✆ *0717 889 691,* info.ai @ appen-zell.ch, *Fax 0717 889 649.*

*Bern 218 – Sankt Gallen 20 – Bregenz 41 – Feldkirch 35 – Konstanz 57.*

**Säntis,** Landsgemeindeplatz 3, ✆ 0717 881 111, *info@ saentis-appenzell.ch,* Fax 0717 881 110, 斧, ⭐ – |𝄥|, ⅍ Zim, ✆ & **P** – 🔺 15/60. **MO** **VISA**
*geschl. Feb. –* **Rest** (1. Etage) (27) 49/110 und à la carte 51/108 – ***Landsgemein-destube :*** Rest à la carte 38/89 – **37 Zim** ⊆ ✝120/180 ✝✝220/300 – ½ P Zuschl. 40.

♦ Am Landsgemeindeplatz fällt das Hotel mit der schön bemalten Appenzeller Holz-fassade auf. Geboten werden : moderne Junior Suiten, Romantik- oder Standard-zimmer. Das Restaurant ist in regionstypischem Stil eingerichtet. Gutbürgerliches in der Landsgemeindestube.

**Appenzell,** Hauptgasse 37, am Landsgemeindeplatz, ✆ 0717 881 515, *info@ ho tel-appenzell.ch,* Fax 0717 881 551, 斧 – |𝄥|, ⅍ Zim, ✆ & Rest, **P**, **AE** **①** **MO** **VISA**
*geschl. 7. - 27. Nov. –* **Rest** *(geschl. Dienstagmittag)* (23) und à la carte 35/68 – **16 Zim** ⊆ ✝113/125 ✝✝186/210 – ½ P Zuschl. 30.

♦ Das Hotel im Appenzeller Stil steht am zentralen Dorfplatz. Die Zimmer sind gerä-umig, mit rustikalem Massivholz eingerichtet und haben meist eine Sitzecke mit Bis-trotisch. Im Restaurant spürt man gediegenes Kaffeehausflair.

**Freudenberg** ⌂, Riedstr. 57, ✆ 0717 871 240, *info@ hotel-freudenberg.ch,* Fax 0717 878 642, ≼ Appenzell, 斧 – |𝄥|, ⅍ Zim, ✆ & Zim, **P** – 🔺 15. **AE** **MO** **VISA**
*geschl. Nov. und Mittwoch –* **Rest** (24) und à la carte 32/72 – **12 Zim** ⊆ ✝80/90 ✝✝140/160 – ½ P Zuschl. 25.

♦ Sehr ruhig, umgeben von Wiesen, liegt das kleine Hotel oberhalb des Ortes. Man verfügt über moderne Gästezimmer mit handbemalten Bauernmöbeln, teils mit Bal-kon. Traditionelles Restaurant mit Panoramaterrasse.

**Adler** garni, Adlerplatz, ✆ 0717 871 389, *info@ adlerhotel.ch,* Fax 0717 871 365 – |𝄥| ⅍ ✆ **P**, **AE** **①** **MO** **VISA**
*geschl. Februar –* **21 Zim** ⊆ ✝90/110 ✝✝170/190.

♦ Das Haus mit eigener Bäckerei/Konfisserie bietet Zimmer, die mit dunklem Mas-sivholz eingerichtet sind. Die Appenzeller Zimmer strahlen den ortstypischen Charme aus.

**in Schlatt bei Appenzell** *Nord : 5 km Richtung Haslen – Höhe 921 –* ✉ *9050 Appenzell :*

**Bären** ⌂ mit Zim, ✆ 0717 871 413, *info@ baeren-schlatt.ch,* Fax 0717 874 933, ≼ Appenzell und Alpsteinmassiv, 斧 – ✆ & Rest, **P** ↻ 60. **①** **MO** **VISA**. ⅍ Zim
*geschl. 13. Feb. - 3. März, 10. - 28. Juli, Dienstag und Mittwoch –* **Rest** 59 und à la carte 42/73 – **4 Zim** ⊆ ✝90 ✝✝160 – ½ P Zuschl. 35.

♦ In dem Landgasthof am Dorfrand bietet man in zwei netten Stuben eine traditio-nelle Küche. Von der Terrasse aus hat man einen sehr schönen Blick auf das Alp-steinmassiv.

**in Weissbad** *Süd-Ost : 4 km – Höhe 820 –* ⊠ *9057 Weissbad :*

🏠 **Hof Weissbad** ♨, Im Park, ℰ 0717 988 080, *hotel@ hofweissbad.ch*, Fax 0717 988 090, ≤, 🏠, 🅿, Ⅰ♨, ≘s, ⊿, 🕄, 🍴, 🎇 – 🛎 🎇 📞 🕭 ➾ 🅿 – 🕍 25. 🆎 ⑩ ⓜ 🖼 🎇 Rest
**Schotte-Sepp Stube / Flickflauder :** Rest (Tischbestellung ratsam) 52 (abends) und à la carte 58/94 ♨ – **84 Zim** �⊐ ♥200/220 ♥♥360/400 – ½ P Zuschl. 50.
♦ Idyllisch gelegenes Hotel mit einem schönen Garten. Zimmer in modernem Stil, ein grosser Wellness-Bereich und eine aufmerksame Gästebetreuung überzeugen. Rustikal-elegant : die Schotte-Sepp-Stube. Lichtdurchflutet und in klaren Linien gehalten : Flickflauder.

**Süd-West :** *4 km –* ⊠ *9050 Appenzell :*

⚓ **Kaubad** ♨, ℰ 0717 874 844, *info@ kaubad.ch*, Fax 0717 871 553, ≤, 🏠, ≘s, 🕄, 🍴 – 📞 🅿 – 🕍 20. 🆎 ⑩ ⓜ 🖼
*geschl. 27. Nov. – 29. Dez. und Montag (ausser Mai bis Okt.) –* **Rest** (25) 35 und à la carte 35/73 – **15 Zim** ⊐ ♥80/100 ♥♥140/150 – ½ P Zuschl. 35.
♦ Abseits von Verkehr und Lärm stösst man inmitten von Wiesen auf das Hotel mit schönem Ausblick. Ruhige Zimmer mit solidem Mobiliar und Sitzecke. Das Hotelrestaurant besticht mit schöner Aussicht. Terrasse.

---

**APPLES** *1143 Vaud (VD)* 🔢 *D9 – 1 159 h. – alt. 642.*
*Bern 128 – Lausanne 24 – Genève 50 – Pontarlier 64 – Yverdon-les-Bains 48.*

🍴🍴🍴 **Auberge de la Couronne** avec ch, ℰ 0218 003 167, *info@ couronne-apples.ch*, Fax 0218 005 328, 🏠 – 🅿 ⇆ 12. 🆎 ⓜ 🖼
*fermé 24 déc. au 13 janv., 23 juil. au 15 août, dim. et lundi –* **Rest** 50 (midi)/160 et à la carte 119/167 ♨ – **Café :** Rest (18) et à la carte 55/92 – **5 ch** ⊐ ♥100/120 ♥♥160/200.
♦ Le patron a converti l'ex-maison communale en plaisante auberge. Salles contemporaines, assorties au tempérament de la goûteuse cuisine. Chambres au diapason. Dans la partie ancienne du bâtiment, café misant sur un choix de spécialités suisses à prix sages.

---

**ARAN** *1603 Vaud (VD)* 🔢 *E10 – alt. 468.*
*Bern 98 – Lausanne 5 – Montreux 18 – Yverdon-les-Bains 42.*

🍴🍴 **Le Guillaume Tell** (Velen), 5 rte de la Petite Corniche, ℰ 0217 991 184, *guillaume.tell@ bluewin.ch*, Fax 0217 993 498, 🏠 – 🍴 ⓜ 🖼
*fermé Noël, 1er au 15 janv., Pâques, fin juil. à mi-août, dim. et lundi –* **Rest** (prévenir) (38) 58 (midi)/119 et à la carte 76/122.
**Spéc.** Carpaccio de veau au céleri vert et huile de truffe blanche. Coeur de caille en choux de blette et foie gras (automne). Rhubarbe en chaud froid de girofle sur ses coulis et glace pain d'épices. **Vins** Villette, Dézaley.
♦ Pimpante maison rose à dénicher au coeur d'un petit village de vignerons. Cuisine innovante servie dans une salle à manger simple et coquette.

---

**ARBON** *9320 Thurgau (TG)* 🔢 *V4 – 12 912 Ew. – Höhe 399.*
**Lokale Veranstaltung**
*16.06 - 18.06 : Seenachtsfest mit Feuerwerk.*
🚩 *Info Center Verkehrsverein, Schmiedgasse 6,* ℰ *0714 401 380,* info@ infocenter-arbon.ch, Fax 0714 401 381.
*Bern 212 – Sankt Gallen 14 – Bregenz 32 – Frauenfeld 45 – Konstanz 27.*

🏠 **Metropol,** Bahnhofstr. 49, ℰ 0714 478 282, *hotel@ metropol-arbon.ch*, Fax 0714 478 280, ≤ Bodensee, 🏠, ≘s, 🕄, 🍴, ⊞ – 🛎, 🎇 Zim, 📞 🅿 – 🕍 15/60. 🆎 ⑩ ⓜ 🖼
*geschl. 19. Dez. - 9. Jan. –* **Gourmet :** Rest (35) und à la carte 54/99 – **Bistro :** **Rest** (25) und à la carte 36/86 – **42 Zim** ⊐ ♥140/160 ♥♥220/260 – ½ P Zuschl. 35.
♦ Das Haus liegt in der Arboner Bucht direkt am Ufer. Die mit dunklen Möbeln funktionell eingerichteten Zimmer auf der Seeseite bieten eine sehr schöne Aussicht. Restaurant mit edlem Ambiente und schönem Blick zum See.

**Seegarten** 🦢, Seestr. 66, ✆ 0714 475 757, info@hotelseegarten.ch, Fax 0714 475 758, 🍴, ⚓ – 🛗 ⇔ 🅿 – 🏧 15/60. 🆎 ⓞ ⓜ⑧ 𝑉𝐼𝑆𝐴
geschl. 24. Dez. - 8. Jan. – **Rest** (15) 69 und à la carte 39/76 – **42 Zim** ⚏ ✝100
✝✝165/195 – ½ P Zuschl. 35.
   ✦ Das Haus liegt ruhig, etwas ausserhalb des Ortes, umgeben von Wiesen und Bäumen. Die zweckmässigen Zimmer sind einheitlich mit braunem Standardholzmobiliar eingerichtet. Das Restaurant zeigt sich freundlich und modern.

**Römerhof** mit Zim, Freiheitsgasse 3, ✆ 0714 473 030, info@gasthausroemerhof.ch, Fax 0714 473 031, 🍴 – 🅿. 🆎 ⓞ ⓜ⑧ 𝑉𝐼𝑆𝐴. ❊
geschl. 29. Jan. - 7. Feb. und 23. Juli - 14. Aug. – **Rest** (geschl. Sonntag und Montag)
(36) 54 (mittags)/120 und à la carte 76/107 – **10 Zim** ⚏ ✝100/130 ✝✝170/180.
   ✦ Neben geschmackvollen Gerichten empfiehlt sich das modern eingerichtete Riegelhaus aus dem 16. Jh. durch einen erfrischend freundlichen und aufmerksamen Service.

**Frohsinn** mit Zim, Romanshornerstr. 15, ✆ 0714 478 484, info@frohsinn-arbon.ch, Fax 0714 464 142, 🍴 – 🅿. 🆎 ⓞ ⓜ⑧ 𝑉𝐼𝑆𝐴
Rest (geschl. Sonntagabend und Montag) 75 und à la carte 46/95 – **Braukeller :**
Rest (15.50) und à la carte 41/86 – **13 Zim** ⚏ ✝105/125 ✝✝160/175.
   ✦ Neben modernen Gästezimmern und einer kleinen Brauerei beherbergt das Frohsinn das elegante Gourmetrestaurant mit dem Schwerpunkt Bodensee-Fischküche. Eine legere Alternative ist das freundlich gestaltete Bistro.

---

**ARDON** 1957 Valais (VS) 552 H12 – 2 315 h. – alt. 488.
Bern 160 – Martigny 21 – Montreux 59 – Sion 9.

**à Vétroz** Nord-Est : 3 km – alt. 487 – ✉ 1963 Vétroz :

**Relais du Valais,** 35 rte de l'Abbaye, ✆ 0273 460 303, info@relaisvalais.ch, Fax 0273 460 304 – 🅿 ⇔ 10/40. 🆎 ⓞ ⓜ⑧ 𝑉𝐼𝑆𝐴
fermé 24 au 26 déc., 1er au 3 janv., mardi sauf mi-sept. à fin nov. et dim. soir – **La Treille :** Rest (18) 42 (midi)/93 et à la carte 47/86 🌳 – **Le Cornalin :** Rest à la carte 36/63.
   ✦ Une famille vigneronne tient cet établissement tirant fièrement parti d'une ancienne abbaye et mettant logiquement le vin à l'honneur. Repas classique dans un cadre actuel soigné à La Treille. Cuisine régionale simple et généreuse dans le caveau voûté du Cornalin.

**Le Coq en Pâte,** 291 rte Cantonale, ✆ 0273 462 233, Fax 0273 462 122, 🍴 –
⚏ ⓜ⑧ 𝑉𝐼𝑆𝐴
fermé 24 déc. au 10 janv., 1er au 15 août, dim. et lundi – **Rest** (15) 55 et à la carte 43/78 🌳.
   ✦ Aux portes d'Ardon, restaurant où l'on se sent en effet un peu comme un "coq en pâte", tant l'accueil et le service sont avenants. Choix traditionnel. Terrasse sous tonnelle.

---

**ARLESHEIM** 4144 Basel-Landschaft (BL) 551 K4 – 8 943 Ew. – Höhe 330.
Sehenswert : Stiftskirche★.
Bern 103 – Basel 7 – Baden 68 – Liestal 23 – Olten 49 – Solothurn 72.

**Zum Ochsen,** Ermitagestr. 16, ✆ 0617 065 200, gasthof@ochsen.ch, Fax 0617 065 254 – 🛗 ⇔ Zim, 🎧 ⚓ – 🏧 15/30. 🆎 𝑉𝐼𝑆𝐴
Rest (geschl. 16. Juli - 6. Aug.) (26) 56 (mittags)/98 und à la carte 69/118 – **30 Zim**
⚏ ✝144/195 ✝✝215/320 – ½ P Zuschl. 45.
   ✦ Das moderne Gasthaus liegt an einem ruhigen Platz im Zentrum des Dorfes. Die Zimmer unterschiedlicher Grösse sind alle mit hellen, massiven Einbaumöbeln ausgestattet. Das Restaurant wirkt rustikal mit heimischem Ulmentäfer und Holzdecke.

---

**ARNEGG** 9212 Sankt-Gallen (SG) 551 U4 – Höhe 621.
Bern 196 – Sankt Gallen 16 – Bregenz 54 – Frauenfeld 37 – Konstanz 30.

**Arnegg** garni, Bischofszellerstr. 332, ✆ 0713 887 676, info@hotel-arnegg.ch, Fax 0713 887 677 – 🛗 🎧 🅿 🆎 ⓞ ⓜ⑧ 𝑉𝐼𝑆𝐴
**14 Zim** ⚏ ✝105 ✝✝160/170.
   ✦ Ein Wohnhaus beherbergt die in der Grösse unterschiedlichen Zimmer, die mit hellem Einbaumobiliar funktionell eingerichtet sind. Eine zeitgemässe und preiswerte Unterkunft.

ᐅᐅᐅ **Ilge,** Bischofszellerstr. 336, ☎ 0713 885 900, *info@ilge.ch, Fax 0713 885 951,* 🍴
– 🅿 🅰🅴 ⑩ ⓶ 🆅🆂🅰
**Rest** *(geschl. Montag ausser Juli - Aug.)* (27) 110 und à la carte 52/120.
♦ Ein schönes Schindelhaus mit zwei Restaurants : Das Elsersäli mit grün getäferten
Wänden, runden Tischen und gediegenem Ambiente sowie die einfachere Arnegg-
stube.

---

**AROLLA** *1986 Valais (VS)* 🔢🔢 *J13 – alt. 2 003 – Sports d'hiver : 2 003/2 980 m ≰6 ⵂ.*
*Bern 192 – Sion 39 – Brig 90 – Martigny 69 – Montreux 108.*

🏠 **Du Pigne,** ☎ 0272 837 100, *hotel.pigne@bluewin.ch, Fax 0272 837 105, ≤,* 🍴
⬛ – 🄰 ch, 🅿 🅰🅴 ⑩ ⓶ 🆅🆂🅰
*fermé 8 au 22 mai, 3 nov. au 15 déc. et mardi hors saison –* **Rest** (16) 49 et à la
carte 34/78 – **12 ch** 🛏 ♦87/104 ♦♦134/188 – ½ P suppl. 33.
♦ Chalet jouxtant une petite galerie marchande, au coeur d'un village fréquenté par
les amateurs d'air pur. Toutes les chambres ont retrouvé l'éclat du neuf. Ample
restaurant complété d'un carnotset. Cuisine traditionnelle, avec un penchant pour
le Valais.

---

**AROSA** *7050 Graubünden (GR)* 🔢🔢 *W9 – 2342 Ew. – Höhe 1739 – Wintersport :
1 800/2 653 m ≰3 ≰13 ⵂ.*
**Sehenswert :** *Lage*★★★ – *Weisshorn*★★ *mit Seilbahn.*
**Ausflugsziel :** *Strasse von Arosa nach Chur*★ *über* ① *- Strasse durch das Schanfigg*★
*über* ①.

🏌 *(Juni - Mitte Okt.)* ☎ 0813 774 242, *Fax 0813 774 677* BY.
**Lokale Veranstaltungen**
*09.12 - 18.12.05 : Humor-Festival*
*13.07 - 16.07 : Aroser Jazztage.*

🅱 *Arosa Tourismus, Poststrasse,* ☎ 0813 787 020, arosa@arosa.ch,
*Fax 0813 787 021* BZ.
*Bern 278* ① *– Chur 31* ① *– Davos 102* ① *– St. Moritz 119* ①

*Stadtplan siehe nächste Seite*

🏨🏨 **Tschuggen Grand Hotel** 🦱, Sonnenbergstrasse, ☎ 0813 789 999, *tschugg*
*en@arosa.ch, Fax 0813 789 990, ≤ Arosa und Berge,* 🍴, ⓩ, 🛁, ⓢ, 🔲 – 🛗,
↔ Zim, 📞 🏋 🚗 🅿 – 🄰 15/25. 🅰🅴 ⑩ ⓶ 🆅🆂🅰. 🍽 Rest            AZ a
*10. Dez. - 2. April –* **La Vetta** *(geschl. Dienstag in Jan. und März) (nur Abendessen)*
**Rest** 64/88 und à la carte 64/88 – **La Provence** *(nur Mittagessen)* **Rest** à la carte
47/111 – **Bündnerstube** *(geschl. Montag in Jan. und März) (nur Abendessen)* **Rest**
à la carte 46/98 – **129 Zim** 🛏 ♦335/395 ♦♦720/760, 4 Suiten – ½ P Zuschl. 40.
♦ Das moderne Haus in schöner, ruhiger Lage mit Blick auf Arosa und die Berge bietet
neuzeitliche Zimmer zur Erholung an - viele mit Südbalkon. Im gediegenen La Vetta
serviert man abends mediterrane Gerichte.

🏨🏨 **Arosa Kulm,** Poststrasse, ☎ 0813 788 888, *info@arosakulm.ch,*
*Fax 0813 788 889, ≤ Berge,* 🍴, 🛁, ⓢ, 🔲, 🌿, ✂ – 🛗, ↔ Zim, 📞 🏋 🅿
– 🄰 15/60. 🅰🅴 ⑩ ⓶ 🆅🆂🅰. 🍽 Rest            AZ b
*9. Dez. - 16. April und 17. Juni - 9. Sept. –* **Ahaan Thaï** *- thailändische Küche - (geöff-*
*net 15. Dez. - 9. April und geschl. Sonntag) (nur Abendessen)* **Rest** à la carte 55/107
– **Taverne** *(nur Abendessen)* **Rest** 58 und à la carte 40/96 – **Muntanella** *(nur*
*Mittagessen)* **Rest** (23) und à la carte 41/77 – **123 Zim** 🛏 ♦210/395 ♦♦370/710,
14 Suiten – ½ P Zuschl. 20.
♦ Am Ende der Skipisten befindet sich das Kulm Hotel, das einen schönen Blick auf
die Berge bietet. Überzeugend : die modernen Zimmer mit gediegenem Ambiente
und Granit-Bädern. Authentisch dekoriert zeigt sich das Ahaan Thai. Rustikal : die
Taverne.

🏠 **Waldhotel National** 🦱, ☎ 0813 785 555, *info@waldhotel.ch,*
*Fax 0813 785 599, ≤ Arosa und Berge,* ⓩ, ⓢ, 🔲 – 🛗, ↔ Zim, 📞 🅿 – 🄰 15/100.
🅰🅴 ⑩ ⓶ 🆅🆂🅰. 🍽 Rest            BY d
*2. Dez. - 17. April und 16. Juni - 17. Sept. –* **Rest** (siehe auch **Kachelofa-Stübli**) –
**Stivetta** - Fondue und Käsespezialitäten - *(geschl. im Sommer) (nur Abendessen)*
**Rest** à la carte zirka 54 – **94 Zim** 🛏 ♦160/245 ♦♦230/480 – ½ P Zuschl. 35.
♦ Das Haus liegt etwas oberhalb, mit schönem Blick über die Bergwelt und bietet
wohnliche Gästezimmer mit Balkon und Arvenholzmobiliar. Schweizer Käsespezialitäten serviert man im Stivetta.

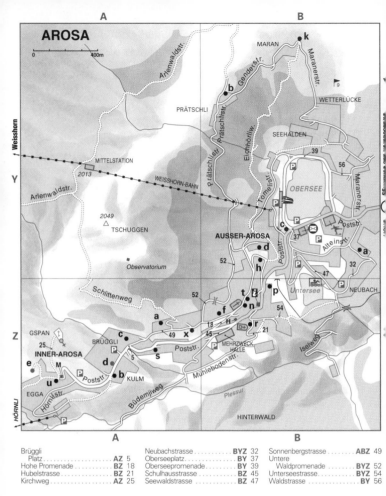

AROSA

**BelArosa** ⌂ garni, Prätschlistrasse, ☎ 0813 788 999, hotel@belarosa.ch, Fax 0813 788 989, ≤ Berge, ▨, ≦s – ▯ ✆ ➾ ℙ – 🔬 15. ℿℰ ⓞ ⓜⓞ 𝘝𝘐𝘚𝘈 ❀

BY **h**

4. Dez. - 24. April und 19. Juni - 21. Okt. – **6 Zim** ⚏ ✝115/350 ✝✝280/400, 16 Suiten.

♦ Eine gelungene Kombination von Moderne und rustikalem Charme. Sehr ansprechend : die hellen, freundlichen Räume, der schöne Freizeitbereich und die beeindruckende Sicht.

**Excelsior** ⌂, Sonnenbergstrasse, ☎ 0813 771 661, info@hotel-excelsior.ch, Fax 0813 771 664, ≤ Berge und Arosa, ≦s, ▨ – ▯ ℙ – 🔬 20. ℿℰ ⓞ ⓜⓞ 𝘝𝘐𝘚𝘈 ❀ Rest

BZ **f**

9. Dez. - 17. April – **Rest** (nur Abendessen) 85 und à la carte 54/93 – **73 Zim** ⚏ ✝140/285 ✝✝280/460 – ½ P Zuschl. 30.

♦ Das ruhig gelegene Haus bietet eine schöne Aussicht in die Umgebung. Ein Teil der Zimmer ist renoviert und mit modernem Mobiliar bestückt, der andere älter mit dunklen Möbeln. Im Speisesaal mit Panoramafenstern erklingt zum Diner zweimal wöchentlich das Piano.

🏨 **Hof Maran** ⌖, in Maran, Nord : 2 km, ✆ 0813 785 151, *hofmaran@arosa.ch*, *Fax 0813 785 100*, ⇐ Berge, ☂, ♨, ⇌s, ✗ – ⬒ ✦ P – ⬥ 30. ⬛ ⓞ ⓜⓞ 𝘃𝗜𝗦𝗔. ✗ Rest
*BY* **k**
*16. Dez. - 2. April und 10. Juni - 10. Sept. –* **Rest** à la carte 54/120 – **52 Zim** ⌇ ✦80/220 ✦✦160/490 – ½ P Zuschl. 30.
♦ In erhöhter Lage am Golfplatz bietet das Haus absolute Erholung. Die mehr oder weniger rustikalen Zimmer unterscheiden sich hauptsächlich in Grösse und Zuschnitt. Essen Sie gemütlich im Fonduestübli, in der Stüva oder auf der rustikalen Veranda.

🏨 **Arve Central** ⌖, Hubelstr. 252, ✆ 0813 785 252, *info@arve-central.ch*, *Fax 0813 785 250*, ⇐, ☂, ⇌s – ⬒ ⇌ – ⬥ 30. ⬛ ⓞ ⓜⓞ 𝘃𝗜𝗦𝗔. ✗ Rest
*BZ* **r**
*geschl. 16. April - 23. Mai –* **Rest** *(geschl. Montag und Dienstag von Okt. - Nov.)* (21) 54 und à la carte 51/112 – **48 Zim** ⌇ ✦109/191 ✦✦180/322 – ½ P Zuschl. 31.
♦ Das Haus bietet Zimmer, die ortstypisch mit Arvenholz möbliert sind und teilweise über einen Balkon verfügen. Die Lage unterhalb der Promenade ist günstig. In gemütliche Nischen ist die Arvenstube unterteilt.

🏨 **Sporthotel Valsana,** ✆ 0813 786 363, *info@valsana.ch*, Fax 0813 786 364, ⇐, ☂, ♨, ⇌s, ▣, ≈, ✗, ⬩ – ⇌ Zim, – ⬥ 15/50. ⬛ ⓞ ⓜⓞ 𝘃𝗜𝗦𝗔. ✗ Rest
*BY* **e**
*3. Dez. - 16. April und 25. Juni - Anfang Okt. –* **Rest** (mittags nur Snack-Karte) à la carte 42/91 – **65 Zim** *(nur ½ Pens.)* ✦153/260 ✦✦296/480, 8 Suiten.
♦ Die Zimmer dieses Ferienhotels sind neuzeitlich-funktionell ausgestattet oder mit Arvenholz wohnlich gestaltet - z. T. mit Bergblick. Volleyball, Putting Green, Beautybereich. Das Restaurant : teils klassisch, teils modern. Chesalina im Bündner Stil.

🏨 **Cristallo,** Poststrasse, ✆ 0813 786 868, *cristalloarosa@swissonline.ch*, ⊜ *Fax 0813 786 869*, ⇐ Untersee und Berge, ⇌s – ⬒ ✆. ⬛ ⓞ ⓜⓞ 𝘃𝗜𝗦𝗔
*BZ* **p**
*9. Dez. - 17. April und 17. Juni - 8. Okt. –* **Le Bistro** : Rest (18.50) 77/99 und à la carte 52/102 – **36 Zim** ⌇ ✦170/250 ✦✦260/400 – ½ P Zuschl. 45.
♦ Das Hotel ist unweit des Untersees gelegen und offeriert Ihnen Zimmer, die mit unterschiedlichem Mobiliar nett eingerichtet sind. Hübsch : die Südzimmer mit Balkon. Französisches Flair geniesst der Gast im Le Bistro.

🏨 **Sunstar Parkhotel** ⌖, Seewaldweg, ✆ 0813 787 777, *arosa@sunstar.ch*, Fax 0813 787 778, ⇐, ▨, ♨, ⇌s, ▣, ✗ – ⬒ ⇌ ✆ ⇌. ⬛ ⓞ ⓜⓞ 𝘃𝗜𝗦𝗔. ✗ Rest
*BY* **c**
*geschl. 18. April - 14. Juni und 16. Okt. - 4. Dez. –* **Rest** *(nur ½ Pens. für Hotelgäste)* – **94 Zim** ⌇ ✦158/256 ✦✦172/452, 3 Suiten – ½ P Zuschl. 36.
♦ Die schöne, ruhige Lage am Waldrand sowie überwiegend hell und neuzeitlich möblierte, wohnliche Gästezimmer sprechen für dieses Hotel.

🏨 **Hohenfels** ⌖, Hohe Promenade, ✆ 0813 785 656, *info@hohenfels.ch*, *Fax 0813 785 657*, ⇐ Arosa und Berge, ⇌s – ⬒, ⇌ Zim, P. ⬛ ⓞ ⓜⓞ 𝘃𝗜𝗦𝗔. ✗ Rest
*BZ* **n**
*3. Dez. - 16. April und 25. Juni - 9. Sept. –* **Rest** *(nur Abendessen)* (Tischbestellung ratsam) 42 – **49 Zim** ⌇ ✦80/178 ✦✦150/336 – ½ P Zuschl. 35.
♦ Die ruhige Hanglage sowie neuzeitliche, funktionelle Gästezimmer, teils mit Terrasse, machen dieses im Bauhausstil errichtete Hotel aus. Kleines Restaurant mit traditioneller Karte und Blick in die Küche.

🏨 **Hohe Promenade** ⌖, Hohe Promenade, ✆ 0813 787 700, *info@hoproaros a.ch*, Fax 0813 787 707, ⇐ Arosa und Berge, ⇌s – ⬒, ⇌ Rest, ✆ P. ⓜⓞ 𝘃𝗜𝗦𝗔. ✗ Rest
*BZ* **t**
*11. Dez. - 16. April und 25. Juni - 2. Sept. –* **Rest** (nur ½ Pens. für Hotelgäste) – **30 Zim** ⌇ ✦100/160 ✦✦200/340 – ½ P Zuschl. 25.
♦ Das Haus befindet sich am oberen Ortsrand und bietet eine schöne Aussicht auf die Gipfel. Die modern eingerichteten Zimmer verfügen teilweise über einen Balkon.

🏨 **Alpensonne** ⌖, Poststrasse, ✆ 0813 771 547, *alpensonne@swissonline.ch*, *Fax 0813 773 470*, ⇐ Berge, ☂, ⇌s – ⬒ ✆ ⇌ P – ⬥ 20. ⬛ ⓞ ⓜⓞ 𝘃𝗜𝗦𝗔
*AZ* **s**
*geschl. 18. April - 1. Juli und 15. Okt. - 1. Dez. –* **Rest** (23) 39 (abends) und à la carte 45/84 – **33 Zim** ⌇ ✦78/158 ✦✦160/316 – ½ P Zuschl. 30.
♦ Das Haus an der Ortsdurchfahrt hat Zimmer, die mit unterschiedlichen Möbeln praktisch und nett ausgestattet sind - einige verfügen auch über einen Balkon. Rustikal gibt sich das Restaurant mit Bar und Sonnenterrasse.

🏠 **Belri** 🦢, Schwelliseestrasse, 𝒫 0813 787 280, *belri@bluewin.ch*, *Fax 0813 787 290*, ⩽ Berge, 🍴 – 🚗 **P**. **MO** **VISA**. 🍽 Rest　　　　AZ **u**
*4. Dez. - 17. April und 1. Juli - 30. Sept.* – **Rest** (im Winter ½ Pens. für Hotelgäste)
– **18 Zim** ⌸ **†**115/155 **††**230/280 – ½ P Zuschl. 25.
♦ Rustikal mit Arvenholz eingerichtete Zimmer beziehen Sie in diesem Haus, das ruhig in Inner-Arosa, unweit der Skilifte liegt. Hübscher Blick auf den "Hausberg" Tschuggen.

🏠 **Arlenwald** 🦢, in Prätschli, Nord : 3 km, 𝒫 0813 771 838, *arlenwald@bluewin.ch*, 🚗 *Fax 0813 774 550*, ⩽ Berge, 🈴 – 🕯 🚗 **P**. **AE** **①** **MO** **VISA**　　　BY **b**
*geschl. 17. April - 26. Juni* – **Rest** (geschl. Donnerstag von Sept. - Nov.) (18.50) und à la carte 36/103 – **8 Zim** ⌸ **†**120/162 **††**200/260 – ½ P Zuschl. 30.
♦ Schön liegt das familiengeführte kleine Hotel oberhalb des Ortes. Die Gästezimmer sind teils hell und wohnlich-rustikal gestaltet, teils etwas schlichter. Neuzeitliche Sauna. Gemütliche Restaurantstuben - sehr nett : das Burestübli - und ein Wintergarten.

🏠 **Gspan** 🦢, 𝒫 0813 771 494, *gspan@bluewin.ch*, Fax 0813 773 608, ⩽ Arosa und 🚗 Berge, 🍴 – 🚗 **P**. **MO** **VISA**　　　　AZ **e**
*10. Dez. - 17. April und 15. Juli - 23. Okt.* – **Rest** (geschl. Montagabend und Dienstag im Sommer) (18) 61 (abends) und à la carte 41/88 – **15 Zim** ⌸ **†**95/140 **††**170/250.
♦ Im Jahre 1621 wurde das Gspan im typischen Schweizer Chaletstil erbaut. Heute kann man seinen Gästen gemütliche, individuelle Zimmer mitten im Skigebiet anbieten. Einfaches Restaurant und Grillhütte neben der Skipiste.

🏠 **Panarosa** 🦢, Sonnenbergstrasse, 𝒫 0813 787 575, *panarosa@arosa.ch*, *Fax 0813 787 570*, ⩽ Berge, 🍴 – 🔗 & Zim, 🚗 **P**. **AE** **①** **MO** **VISA**. 🍽 Rest　　　　AZ **x**
*9. Dez. - 17. April und 21. Juni - 23. Sept.* – **Rest** (nur ½ Pens. für Hotelgäste) – **31 Zim** ⌸ **†**90/221 **††**130/348 – ½ P Zuschl. 30.
♦ Viele Spazier- und Wanderwege nehmen in unmittelbarer Nähe dieses Hauses ihren Anfang. Die Gästezimmer sind mit hellem Holzmobiliar solide eingerichtet.

🏠 **Sonnenhalde** 🦢 garni, Sonnenbergstrasse, 𝒫 0813 784 444, *hotelsonnenhald* 🚗 *e@bluewin.ch*, Fax 0813 784 455, ⩽ Berge, 🍴 – **P**. **AE** **①** **MO** **VISA**. 🍽 Rest AZ **c**
*geschl. 24. Juni - 1. Dez.* – **21 Zim** ⌸ **†**80/120 **††**160/244.
♦ Das Chalethaus weiss mit hell möblierten Zimmern in ausreichender Grösse zu gefallen. Die ruhige Lage oberhalb des Ortes spricht für sich.

🏠 **Allegra Isla** 🦢, Neubachstr. 30, 𝒫 0813 771 213, *isla@arosa.ch*, *Fax 0813 774 442*, ⩽ Arosa und Berge – 🔗 ✢🚗 **P**. **①** **MO** **VISA**. 🍽 Rest　　　BY **a**
*7. Dez. - 9. April* – **Rest** (nur Abendessen) (nur Menu) 49 – **45 Zim** ⌸ **†**100/155 **††**260/310 – ½ P Zuschl. 30.
♦ An einem sonnenverwöhnten Hang zwischen Ober- und Untersee gelegenes Haus, das über gepflegte Zimmer mit lackiertem Arvenholzmobiliar verfügt. Die kleine, schön getäferte Stube ist typisch für diese Alpenregion.

👑👑👑 **Kachelofa-Stübli** - *Waldhotel National*, 𝒫 0813 785 555, *info@waldhotel.ch*, *Fax 0813 785 599*, 🍴 – **P**. **AE** **①** **MO** **VISA**　　　　BY **d**
*2. Dez. - 17. April und 16. Juni - 17. Sept.* – **Rest** (geschl. abends im Sommer) (mittags nur kleine Karte) (25) 115 (abends) und à la carte 80/127.
♦ Im mittleren Hausbereich befindet sich ein elegant-rustikales Restaurant. Mittags werden Gerichte mit regionalem Charakter angeboten, abends liegt die klassische Karte nur.

👑👑 **Stüva Cuolm - Trattoria Toscana**, 𝒫 0813 788 888, *info@arosakulm.ch*, 🚗 *Fax 0813 788 889*, 🍴 – **AE** **①** **MO** **VISA**. 🍽　　　　AZ **d**
*17. Dez. - 9. April und geschl. Montagabend* – **Rest** - italienische Küche - (mittags einfaches Angebot) (Tischbestellung ratsam) (17.50) und à la carte 46/113.
♦ Schon fast auf der Skipiste, 200 m vom Hotel Kulm entfernt, stossen Sie auf das schön gestaltete Restaurant mit rustikaler Einrichtung und italienisch ausgelegtem Angebot.

---

**ARVENBÜEL** *Sankt Gallen* 🔢🔢 T6 – *siehe Amden.*

**Auch Hotels und Restaurants können sich ändern.**
**Kaufen Sie deshalb jedes Jahr den neuen Michelin-Führer!**

**ASCONA** 6612 Ticino (TI) 🆘🆘🆘 Q12 – 5 201 ab. – alt. 210.

Dintorni : Circuito di Ronco★★ per strada di Losone X – Isole de Brissago★ Z.

🏌₁₈ 𝒫 0917 912 132, Fax 0917 910 706, Est : 1,5 km Y 🏌₁₈ Gerre Losone ad Losone, ✉ 6616, 𝒫 0917 851 090, Fax 0917 851 091, Nord-Ovest : 5 km per Losone e strada Centovalli.

**Manifestazioni locali**
23.06 - 02.07 : JazzAscona, New Orleans e Classics
29.08 - 16.10 : Settimane musicali.

🛈 Ente turistico Lago Maggiore, Call Center, via Collegio 8, 𝒫 0917 910 091, buongiorno@ maggiore.ch, Fax 0917 851 941 Z.

Bern 269② – Locarno 3② – Bellinzona 23② – Domodossola 51① – Lugano 43②

Pianta pagina a lato

🏨 **Castello del Sole** ⑤, est : 1 km, via Muraccio 142, 𝒫 0917 910 202, info@ c astellodelsole.ch, Fax 0917 921 118, 🏤, 𝕠, 𝕗δ, ⇌, 🔲, 🔳, 🛥, ✕, 🔊 – 🛗 🔳 🍴 🕭 🕭 𝖯, 🄰🄴 ⓞ ⓜⓞ 𝘝𝘐𝘚𝘈. ✻ rist
24 marzo - 21 ottobre – **Locanda Barbarossa : Rist** (30) 50 (mezzogiorno)/110 ed alla carta 71/117 – **78 cam** ⇌ ✝370/700 ✝✝540/700, 4 suites – ½ P sup. 25.
♦ Casa di fine Ottocento, raffinata e ricca di charme, ubicata in riva al lago all'interno di un grande parco con vigneto. Camere da mille e una notte. Ristorante elegante, nei mesi estivi si cena anche all'aperto.

🏨 **Eden Roc** ⑤, via Albarelle 16, 𝒫 0917 857 171, info@ edenroc.ch, Fax 0917 857 143, ⩽ lago, 🏤, 𝕠, ⇌, 🔲, 🔳, 🛥, 🌳, 🔊, – 🛗 🍴 🕭 🕭 🖧 ⟜ 𝖯 – 🛗 15/70. 🄰🄴 ⓞ ⓜⓞ 𝘝𝘐𝘚𝘈. ✻ rist Y r
**Rist** (chiuso martedì e mercoledì da novembre a marzo) 58 (mezzogiorno)/82 ed alla carta 66/123 – **La Brezza** (chiuso il 2 gennaio al 6 febbraio, domenica e lunedì da novembre a marzo) (chiuso a mezzogiorno) **Rist** 68/110 ed alla carta 68/82 – **48 cam** ⇌ ✝260/680 ✝✝330/830, 34 suites – ½ P sup. 60.
♦ Ad accogliervi, l'elegante e luminosa hall in marmo chiaro. Tre piscine e l'incantevole terrazza sul lago completano le offerte. Cucina classica francese e sinfonie di sapori da gustare nell'ambiente chic dell'Eden Roc.

🏨 **Giardino** ⑤, via Segnale 10, Est : 1,5 km per via Muraccio, 𝒫 0917 858 888, welcome@ giardino.ch, Fax 0917 858 899, 🏤, 𝕠, 𝕗δ, ⇌, 🔲, 🔳, 🌳 – 🛗 ✼, ⊟ cam, 🕭 🕭 ⟜ 𝖯 – 🛗 40. 🄰🄴 ⓞ ⓜⓞ 𝘝𝘐𝘚𝘈. ✻ rist
17 marzo - inizio novembre – **Aphrodite : Rist** 68 (mezzogiorno)/140 ed alla carta 52/110 – **Osteria Giardino** (chiuso a mezzogiorno, martedì e mercoledì) **Rist** (33) 65/75 ed alla carta 62/75 – **56 cam** ⇌ ✝395/525 ✝✝545/730, 21 suites – ½ P sup. 50.
♦ Dimenticate la realtà ed apprezzate la vera "vie en rose" ! Lasciatevi viziare e non preoccupatevi più di nulla nella splendida cornice del giardino mediterraneo. Sublime giardino d'inverno all'Osteria Giardino. Ambiente elegante al ristorante Aphrodite.

🏨 **Parkhotel Delta** ⑤, via Delta 137, 𝒫 0917 857 785, info@ parkhoteldelta.ch, Fax 0917 857 735, ⩽, 🏤, 𝕠, 𝕗δ, ⇌, 🔲, 🔳, ✕, 🔊 – 🛗, ✼ cam, ⊟ 🕭 ⟜ cam, 🕭 𝖯 – 🛗 60. 🄰🄴 ⓞ ⓜⓞ 𝘝𝘐𝘚𝘈. ✻ rist X a
**Rist** (chiuso dal 31 ottobre al 17 marzo) 55 (mezzogiorno)/98 ed alla carta 60/112 – **43 cam** ⇌ ✝317/426 ✝✝515/630, 8 suites – ½ P sup.
♦ Albergo di lusso, particolarmente apprezzato dalle famiglie per l'atmosfera informale. Camere eleganti. L'elegante ristorante, affacciato sul meraviglioso parco, promette specialità mediterranee.

🏨 **Castello-Seeschloss**, piazza G. Motta, 𝒫 0917 910 161, castello-seeschloss@ blue win.ch, Fax 0917 911 804, ⩽, 🏤, 🔲, 🌳 – 🛗, ⊟ cam, 🕭 ⟜ 𝖯, 🄰🄴 ⓞ ⓜⓞ 𝘝𝘐𝘚𝘈
2 marzo - 5 novembre – **De Ghiriglioni : Rist** (26) 78 ed alla carta 55/95 – **45 cam** ⇌ ✝154/304 ✝✝268/568 – ½ P sup. 38.
♦ A ricordare il castello del 1250 restano le torri, in parte d'origine. Qui le camere, quasi tutte affrescate, hanno un'atmosfera particolare ma...nessun fantasma ! Grazioso e classico il ristorante. A pranzo, servizio in terrazza. Z r

🏨 **Ascolago**, via Albarelle 6, 𝒫 0917 858 200, hotel@ ascolago.ch, Fax 0917 914 226, ⩽, 🏤, ⇌, 🔲, 🔳, 🌳, 🔊 – 🛗 ⊟ rist, ⟜ 𝖯 🄰🄴 ⓞ ⓜⓞ 𝘝𝘐𝘚𝘈 Y s
albergo : chiuso dal 14 novembre al 23 dicembre – **Rist** (chiuso dal 6 novembre all'inizio marzo e lunedì da marzo a maggio) 54 (mezzogiorno)/94 ed alla carta 64/112 – **18 cam** ⇌ ✝180/280 ✝✝280/360, 5 suites – ½ P sup. 45.
♦ Se non vi bastassero le acque del lago approfittate della piscina semi coperta. Molte camere hanno il balcone che dà sull'incantevole giardino digradante fino al lago. D'estate si mangia sulla tranquilla terrazza ove si assapora una cucina fantasiosa.

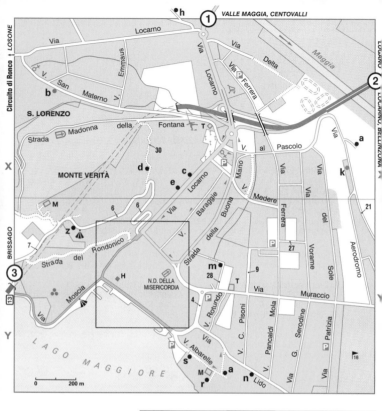

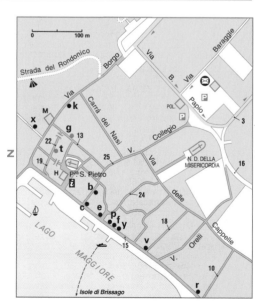

# ASCONA

**Ascona** ⚛, via Collina, ✆ 0917 851 515, *booking@hotel-ascona.ch*, Fax 0917 851 530, ⩽ Ascona e lago, ☆, ⑯, ⇌s, ⬓, ⌸ – ▮, ⇌× cam, ✆ ♿, ⌂ ▣ – ▲ 15/100. ⚎ ⓪ ⓶ 𝗩𝗜𝗦𝗔. ✗ rist                                      X d
*chiuso dal 2 gennaio al 28 febbraio* – **Al Grotto :** Rist (21) 25 (mezzogiorno)/42 ed alla carta 49/83 – **67 cam** ⇌ ✚135/220 ✚✚310/450 – ½ P sup. 42.
♦ Sopraelevato sulla città, dispone di un magnifico giardino con piscina da cui godere di un'ottima vista sul lago. Camere tutte diverse per stile e dimensioni. Al ristorante la cucina riporta sapori e profumi del Mediterraneo.

**Ascovilla** ⚛, via Albarelle 15, ✆ 0917 854 141, *reservation@ ascovilla.ch*, Fax 0917 854 400, ☆, ⇌s, ⬓, ⌸ – ▮ ⌂ ▣ – ▲ 25. ⚎ ⓪ ⓶ 𝗩𝗜𝗦𝗔. ✗ rist                                      Y a
*18 marzo - 5 novembre* – **Rist** 48 ed alla carta 56/96 – **50 cam** ⇌ ✚170/195 ✚✚280/330, 6 suites – ½ P sup. 38.
♦ In zona tranquilla l'hotel si affaccia su due giardini ognuno con piscina. Dalla hall abbellita da marmi si accede alle camere, calde ed accoglienti. Godibile area wellness. Ristorante di tono elegante, intimo e confortevole.

**Sasso Boretto,** via Locarno 45, ✆ 0917 869 999, *info@sasso-boretto.com*, Fax 0917 869 900, ☆, ⑯, ⇌s, ⬓, ⌸ – ▮ ✆ ♿ cam, ⌂ – ▲ 35. ⚎ ⓪ ⓶ 𝗩𝗜𝗦𝗔. ✗ rist                                      X c
*chiuso gennaio e febbraio* – **Rist** (25) 50 (sera) ed alla carta 48/96 – **44 cam** ⇌ ✚140/220 ✚✚220/360 – ½ P sup. 40.
♦ Lungo la strada che conduce al centro, hotel di taglio tradizionale che dispone di ampie camere, chiare e luminose dai diversi colori ! L'offerta culinaria è piuttosto tradizionale ma si differenzia da quella standard, per turisti.

**Mulino** ⚛, via delle Scuole 17, ✆ 0917 913 692, *welcome@hotel-mulino.ch*, Fax 0917 910 671, ☆, ⇌s, ⬓, ⌸ – ▮, ⇌× cam, ▣ – ▲ 60. ⚎ ⓶ 𝗩𝗜𝗦𝗔. ✗ rist                                      Y m
*16 marzo - 30 ottobre* – **Rist** (32) 39/46 ed alla carta 47/93 – **32 cam** ⇌ ✚120/180 ✚✚190/280 – ½ P sup. 32.
♦ Hotel sito in un quartiere residenziale vicino al centro. La maggior parte delle camere è spaziosa con un arredamento semplice e pratico. Giardino con pergolato e piscina. La sala da pranzo in estate si apre sulla gradevole terrazza.

**Tamaro,** piazza G. Motta 35, ✆ 0917 854 848, *ascona@hotel-tamaro.ch*, Fax 0917 912 928, ⩽, ☆ – ▮ ⇌× – ▲ 20. ⚎ ⓪ ⓶ 𝗩𝗜𝗦𝗔                                      Z v
*2 marzo - mezzo novembre* – **Rist** (19) ed alla carta 42/84 – **51 cam** ⇌ ✚95/145 ✚✚230/290 – ½ P sup. 33.
♦ Varcate la soglia ed ammirate le bellezze fiorite della corte interna ! Le camere, recentemente ristrutturate, offrono un confort di buon livello. Una vetrata ha reso la corte interna dell'hotel un giardino d'inverno adibito a ristorante colmo di fiori.

**Carcani Mövenpick,** piazza G. Motta, ✆ 0917 851 717, *hotel.carcani@moeve npick.com*, Fax 0917 851 718, ⩽, ☆ – ▮, ⇌× cam, ▣. ⚎ ⓪ ⓶ 𝗩𝗜𝗦𝗔                                      Z c
**Rist** alla carta 43/76 – **30 cam** ⇌ ✚90/240 ✚✚140/240.
♦ Direttamente sulla passeggiata, rilassatevi e godetevi la vista dalla terrazza adiacente. Camere funzionali e moderne. Chiedete quelle con vista lago : più grandi ! La carta del ristorante propone la classica offerta arricchita di sapori locali.

**Al Porto,** piazza G. Motta, ✆ 0917 858 585, *info@alporto-hotel.ch*, Fax 0917 858 586, ⩽, ☆, ⌸ – ▮ ⚎ ⓪ ⓶ 𝗩𝗜𝗦𝗔                                      Z p
**Rist** *(chiuso dal 8 gennaio al 12 febbraio e mercedì da novembre a febbraio)* 59/69 ed alla carta 48/96 – **36 cam** ⇌ ✚115/195 ✚✚205/300 – ½ P sup. 36.
♦ Insieme di quattro antiche case ticinesi, la principale sulla passeggiata. La maggior parte delle camere dà sulla corte interna o sul giardino. Dal piccolo balcone al primo piano del ristorante, vista sublime sulla piazza. Specialità locali rivisitate.

**Schiff - Battello,** piazza G. Motta 21, ✆ 0917 912 533, *mail@hotel-schiff-ascona.ch*, Fax 0917 921 315, ⩽, ☆ – ▮, ⇌× cam, ⌂. ⚎ ⓪ ⓶ 𝗩𝗜𝗦𝗔                                      Z e
*chiuso dal 5 gennaio al 15 febbraio* – **Rist** *(chiuso domenica sera e lunedì dal 5 novembre al 1° marzo esclusi i giorni festivi)* (19.50) 59 ed alla carta 44/95 – **15 cam** ⇌ ✚75/170 ✚✚155/275 – ½ P sup. 32.
♦ Edificio che sorge proprio sul lungolago. Dalla reception si accede alle funzionali camere, in parte più moderne ed ammobiliate in legno chiaro, in parte più rustiche. Il ristorante propone piatti di stampo tradizionale e locale, secondo l'offerta stagionale.

🏠 **Piazza,** piazza G. Motta 29, ☎ 0917 911 181, *welcome@hotel-piazza-ascona.ch*,
Fax 0917 912 757, ≤, ㊂ – ▮♦▮, ✸ cam, ▥ ⓪ ◍ 𝖵𝖨𝖲𝖠 Z f
**Rist** alla carta 41/94 – **31 cam** ☲ ✸90/168 ✸✸140/226 – ½ P sup. 32.
* Sul lungolago, una risorsa con camere di differenti tipologie, ma tutte rinnovate
di recente. Alcune, dotate di piccoli balconi, godono della vista sulla passeggiata.
Ristorante con veranda lungo la passeggiata a lago.

🏠 **Riposo,** scalinata della Ruga 4, ☎ 0917 913 164, *info@hotel-riposo.ch*,
Fax 0917 914 663, ㊂, ☄ – ▮♦▮, ✸ cam, ⌧ ▣. ◍ 𝖵𝖨𝖲𝖠. ✁ rist Z x
*25 marzo - 21 ottobre* – **Arlecchino** *(chiuso mercoledì)* Rist (28) 40 (mezzogiorno)
ed alla carta 50/88 – **32 cam** ☲ ✸100/155 ✸✸220/290 – ½ P sup. 30.
* Vecchia costruzione ricca di fascino. Camere personalizzate rendono l'atmosfera
davvero speciale. Sublime vista su Ascona dal roof garden e piscina...sul tetto! Nella
corte interna, sotto i fiori del vecchio glicine, per apprezzare una cucina locale.

🏠 **Michelangelo** ⍾, via Collina 51, ☎ 0917 918 042, *michelangelo@ticino.com*,
Fax 0917 916 732, ≤, ☄ – ▮♦▮, ✸ cam, ⌧ ▥ ⓪ ◍ 𝖵𝖨𝖲𝖠 Y z
*chiuso dal 10 novembre al 15 febbraio* – Rist *(chiuso dal 30 ottobre al 15 marzo,*
*mercoledì ed a mezzogiorno)* (29) 42 ed alla carta 53/81 – **17 cam** ☲ ✸120/180
✸✸200/300 – ½ P sup. 35.
* Piccolo hotel molto personalizzato ; camere con mobilio in stile o più attuale. La
piscina può esser usata anche d'inverno, grazie ad una copertura mobile. Il patio del
ristorante è la cornice ideale per assaporare una cucina mediterranea con proposte
di pesce.

🏠 **Mirador** garni, via al Lido 28, ☎ 0917 911 666, *info@mirador-golfhotel.ch*,
Fax 0917 912 062, ㊂ – ✸ ▤ ▣. ◍ 𝖵𝖨𝖲𝖠 Y n
**22 cam** ☲ ✸135/210 ✸✸220/340.
* A poca distanza dal lago, in zona residenziale e tranquilla, un hotel funzionale,
completamente rinnovato che presenta camere di differenti dimensioni.

🏠 **Al Faro,** piazza G. Motta 27, ☎ 0917 918 515, *info@hotel-al-faro.ch*,
Fax 0917 916 577, ≤, ㊂ – ✸ ▥ ◍ 𝖵𝖨𝖲𝖠 Z y
*16 febbraio - 30 ottobre* – Rist *(chiuso martedì in marzo ed aprile)* 28 ed alla carta
52/87 – **10 cam** ☲ ✸120/150 ✸✸170/240 – ½ P sup. 28.
* Lungo la passeggiata, in zona pedonale. Possibile l'accesso con l'auto per chi alloggerà
in una delle 9 camere, piccole, accoglienti e ben arredate. L'ambiente rustico
del ristorante è l'ideale per una pizza dal forno a legna o le proposte di cucina italiana.

🏠 **Golf** senza rist, vicolo Sacchetti 2, ☎ 0917 910 035, *info@garni-golf.ch*,
Fax 0917 910 055, ⇱ – ▮♦▮ ✸ ▤ ✆ ⓺. ▥ ⓪ ◍ 𝖵𝖨𝖲𝖠 Z b
*marzo - dicembre* – **23 cam** ☲ ✸90/125 ✸✸140/240.
* Albergo situato nel centro storico in una strada laterale, pedonale. Interni "freschi"
perché completamente rinnovati recentemente, mobilio in stile rustico.

🏠 **Antica Posta,** via Borgo, ☎ 0917 910 426, *antica.posta@bluewin.ch*,
Fax 0917 922 522, ㊂ – ✸ cam. ▥ ⓪ ◍ 𝖵𝖨𝖲𝖠 Z k
*chiuso dal 1º novembre al 15 marzo* – Rist *(chiuso febbraio e mercoledì ) (chiuso a*
*mezzogiorno)* alla carta 46/71 – **8 cam** ☲ ✸80/110 ✸✸160/220.
* Nel cuore del centro storico, una storica e pittoresca casa del XVI sec. accoglie
questa caratteristica locanda. Camere di differenti metrature, tutte rinnovate. Il ristorante
dispone di un gradevole dehors con pergolato.

🏠 **Sport** senza rist, via Locarno 25, ☎ 0917 910 031, *garnisport@hotmail.com*,
Fax 0917 910 074 – ▮♦▮ ⌧. ▥ ◍ 𝖵𝖨𝖲𝖠 X e
*16 marzo - 30 ottobre* – **19 cam** ☲ ✸80/100 ✸✸150/190.
* Un albergo mignon per dimensioni, gusti e prezzi! In prossimità del centro città,
troverete reception e sala colazione al secondo piano. Tutte le camere dispongono
di balcone.

✕✕ **Della Carrà,** Carrà dei Nasi 11, ☎ 0917 914 452, *alcormano8@bluemail.ch*,
Fax 0917 916 093, ㊂ – ✸ ▥ ◍ 𝖵𝖨𝖲𝖠. ✁ Z g
*chiuso a Natale* – Rist (18.50) 25 (mezzogiorno) ed alla carta 51/100.
* Grazioso ristorante rustico, nella parte vecchia della città, con bella terrazza per
sorseggiare un drink dopocena. Cucina legata alla tradizione, con specialità alla griglia.

✕✕ **Hostaria San Pietro,** Passaggio San Pietro 6, ☎ 0917 913 976,
Fax 0917 922 105, ㊂ – ▤. ▥ ⓪ ◍ 𝖵𝖨𝖲𝖠 Z t
*chiuso dal 6 gennaio al 6 febbraio e lunedì esclusi i giorni festivi* – **Rist** (22) ed alla
carta 46/78 ㊟.
* Piccola e raffinata osteria, situata nella parte vecchia della città, in una stradina
laterale. La cucina è tradizionale con offerte regionali a prezzi favorevoli.

✗ **Aerodromo,** via Aerodromo 3, ✆ 0917 911 373, Fax 0917 911 373, 🍴 – 🅿 ⇄
15/25. 🆎 ⓜⓞ 𝗩𝗜𝗦𝗔                                                                              ✗ k
*chiuso dal 20 gennaio al 4 febbraio e dal 20 novembre al 14 dicembre* – **Rist** *(chiuso mercoledì senza la sera del giugno all'ottobre e giovedì a mezzogiorno)* alla carta 48/99.
   ◆ Presso l'ex campo di volo, raccolto ristorante suddiviso in due sale di tono rustico e aperto nel verde sulla bella veranda estiva. Imperdibili le specialità alla griglia.

**a Losone** *Nord-Ovest : 2 km per ① ✗ – alt. 240 –* ⌧ *6616 Losone :*

🏨 **Losone** ⬩, via dei Pioppi 14, ✆ 0917 857 000, info@albergolosone.ch, Fax 0917 857 007, 🍴, 🐚, ⇌s, 🏊, 🌳, 🎾 – 🛗 ▤ ℅ ♿ cam, 🧺 🅿 – 🔏 30. 🆎 ⓞⓜ 𝗩𝗜𝗦𝗔                                                                      ✗ h
*21 marzo - 31 ottobre* – **Rist** 69 (sera) ed alla carta 53/98 – **77 cam** ⌑ ⭒235/464 ⭒⭒420/580 – ½ P sup. 54.
   ◆ Nel verde dei campi, un po' fuori Losone, struttura ideale per tutta la famiglia con immenso giardino, piscina e zoo. Ampie camere di stile mediterraneo. Al ristorante ambiente solare, dalle forti tinte ; bella terrazza e proposte classiche.

🏠 **Elena** ⬩ senza rist, via Gaggioli 25, ✆ 0917 916 326, Fax 0917 922 922, 🏊, 🌳 – 🅿
*aprile - ottobre* – **20 cam** ⌑ ⭒110/150 ⭒⭒140/190.
   ◆ Costruzione che sorge in una tranquilla zona residenziale. Godetevi le calde serate estive sotto le arcate, di fronte alla piscina ed al giardino con le palme.

✗✗ **Osteria dell'Enoteca,** contrada Maggiore 24, ✆ 0917 917 817, enoteca@nik ꙮ ko.ch, Fax 0917 917 817, 🍴 – 🅿 🆎 ⓞ ⓜⓞ 𝗩𝗜𝗦𝗔. 🦋
*chiuso dal 1º gennaio al 3 marzo, lunedì e martedì* – **Rist** *(solo menu) (coperti limitati - prenotare)* 56 (mezzogiorno)/110.
**Spec.** Strudel di nespole e ciliege. Filetto di coniglio in camicia di melanzane. Crema alla vaniglia con fritto di bosco. **Vini** Merlot del Ticino
   ◆ Nel cuore del centro storico, casa colonica dall'ambiente rustico-signorile il cui fresco pergolato vi accoglie in estate. Cucina mediterranea, personalizzata.

✗ **Grotto Broggini,** via S. Materno 18, ✆ 0917 911 567, grotto-broggini@ffgast ro.ch, Fax 0917 910 337, 🍴 – 🅿 🆎 ⓜⓞ 𝗩𝗜𝗦𝗔                                           ✗ b
*chiuso dal 10 gennaio al 15 febbraio* – **Rist** alla carta 45/90 ☙.
   ◆ Un vecchio grotto ridisegnato in chiave moderna, tra il wine-bar e il ristorante. Polli allo spiedo e risotti tra le specialità, accompagnati da una buona selezione di vini.

✗ **Centrale,** via Locarno 2, ✆ 0917 921 201, Fax 0917 921 400, 🍴 – 🍴 🅿 ⇄ 15. ꙮ 🆎 ⓜⓞ 𝗩𝗜𝗦𝗔
*chiuso dal 30 dicembre al 14 gennaio, dal 7 al 27 agosto, sabato e giorni festivi a mezzogiorno e domenica* – **Rist** (17) ed alla carta 48/82.
   ◆ Voglia di sfuggire al turismo e di assaporare la proverbiale accoglienza ticinese ? Questo ristorante fa al caso vostro. Ottima cucina casalinga a prezzi accessibilissimi.

**sulla strada Panoramica di Ronco** *Ovest : 3 km :*

🏨 **Casa Berno** ⬩, Via Gottardo Madonna 15, ⌧ 6612 Ascona, ✆ 0917 913 232, hotel@casaberno.ch, Fax 0917 921 114, ≤ Lago Maggiore e monti, 🍴, ⇌s, 🏊, 🌳 – 🛗, 🥢 rist, 🅿 – 🔏 35. 🆎 ⓞ ⓜⓞ 𝗩𝗜𝗦𝗔. 🦋 rist
*aprile - ottobre* – **Rist** 58 (sera) ed alla carta 46/112 – **62 cam** ⌑ ⭒220/245 ⭒⭒395/470 – ½ P sup. 20.
   ◆ Beneficiate della posizione privilegiata delle colline sopra al lago per ammirare i dintorni. Le camere hanno un buon livello di confort, in stile moderno o tradizionale. Il ristorante panoramico offre una ricca cucina e gustosa.

---

Hotel e ristoranti cambiano ogni anno. Per questo, ogni anno,
c'è una nuova guida Michelin !

---

**ASUEL** *2954 Jura (JU)* 🟦🟦🟦 14 – *238 h. – alt. 573.*
*Bern 87 – Délémont 19 – Basel 46 – Belfort 49 – Montbéliard 46.*

✗ **Au Cheval Blanc,** ✆ 0324 622 441, Fax 0324 623 253, 🍴 – 🅿 ⓜⓞ 𝗩𝗜𝗦𝗔. 🦋 ꙮ **Rest** *(fermé lundi et mardi)* (16.50) 75 et à la carte 56/84.
   ◆ Dans un petit village, restaurant champêtre réchauffé par un âtre. De la terrasse, vous pourrez même garder un oeil sur vos enfants jouant sur la place. Carte traditionnelle.

**à la Caquerelle** *Sud : 5 km par route de La Chaux-de-Fonds – ⊠ 2954 Asuel :*

⌂ **La Caquerelle,** ℘ 0324 266 656, *Fax 0324 267 317,* ⌂, ⌂ – 🅿 – 🅰 20. ⬤⬤ *VISA*
*fermé 1ᵉʳ fév. au 2 mars –* **Rest** *(fermé jeudi d'oct. à avril et merc.)* (16) et à la carte 35/59 – **10 ch** ⌂ ♦55/68 ♦♦88/110 – ½ P suppl. 20.
♦ Cette maison alanguie dans la campagne est idéale pour se reposer en famille : pré aménagé en terrain de "swing golf" et espace ludique dédié aux enfants. Chambres fraîches. Restaurant de mise simple mais convivial. Choix de recettes traditionnelles.

Hôtels et restaurants bougent chaque année.
Chaque année, changez de guide Michelin !

---

**ATTISHOLZ** *Solothurn* 🄵🄵🄵 K5 – *siehe Riedholz.*

---

**AU** *9358 Sankt Gallen (SG)* 🄵🄵🄵 W5 – *6 521 Ew. – Höhe 405.*
*Bern 232 – Sankt Gallen 28 – Altstätten 12 – Bregenz 15 – Dornbirn 11 – Feldkirch 28 – Konstanz 51.*

X **Isebähnli** mit Zim, Rheinstr. 3, ℘ 0717 475 888, *coq-d-or@bluewin.ch,* *Fax 0717 475 889,* ⌂ – 🅿 ⇔ 40. 🅰🄴 ⓪ ⬤⬤ *VISA*
*geschl. 6. - 26. März, Sonntagabend und Montag –* **Coq d'Or :** Rest 49/75 und à la carte 47/100 – **6 Zim** ⌂ ♦75/85 ♦♦140 – ½ P Zuschl. 30.
♦ Das Coq d'Or liegt an einer Bahnlinie. Im hellen, durch Holzrundbögen unterteilten Lokal kann man Speisen von einer traditionellen Karte bestellen.

---

**AUBONNE** *1170 Vaud (VD)* 🄵🄵🄵 C10 – *2 662 h. – alt. 502.*
*Bern 129 – Lausanne 25 – Genève 40 – Montreux 56 – Yverdon-les-Bains 48.*

XX **L'Esplanade,** 42 r. du Chêne, ℘ 0218 085 250, *info@restaurant-esplanade.ch,* *Fax 0218 087 109,* ≤ lac, ⌂ – 🅰🄴 ⓪ ⬤⬤ *VISA*
*fermé 24 au 28 déc., 1ᵉʳ au 11 janv., dim. soir, mardi soir et merc. –* **Rest** (18.50) 48/58 et à la carte 50/84.
♦ Pavillon du 17ᵉ s. agrémenté d'une terrasse et d'une véranda d'où vous embrasserez du regard le lac Léman. Répertoire culinaire classique français.

---

**AUGIO** *6547 Grigioni (GR)* 🄵🄵🄵 S11 – *alt. 1 034.*
*Bern 279 – Sankt Moritz 160 – Bellinzona 32 – Chur 122 – San Bernardino 49.*

⌂ **La Cascata** ⌂, ℘ 0918 281 312, *albergoristorante@lacascata.ch,* ≤, ⌂ – 🅰🄴 ⬤⬤ *VISA*, ⌂
*2 aprile - 6 novembre –* **Rist** *(chiuso martedi)* 30 ed alla carta 33/69 – **10 cam** ⌂ ♦65/75 ♦♦130/ 150 – ½ P sup. 30.
♦ Alberghetto che sorge in un piccolo e idilliaco villaggio di montagna, nei pressi di una cascata. Camere dal confort semplice con un certo charme. Ristorante rustico che ben si integra nella realtà locale.

---

**AUSSERBERG** *3938 Wallis (VS)* 🄵🄵🄵 L11 – *Höhe 1 008.*
*Bern 184 – Brig 17 – Andermatt 107 – Saas Fee 33 – Sion 52.*

🏠 **Sonnenhalde** ⌂, ℘ 0279 462 583, *info@sonnenhalde-ausserberg.ch,* ≤, ⌂ – 🅿 🅰🄴 ⬤⬤ *VISA*, ⌂ Rest
*geschl. 30. Jan. - 3. März –* **Rest** *(geschl. Mittwoch und Donnerstag von Nov. - Jan.)* (24) und à la carte 50/90 – **15 Zim** ⌂ ♦80/86 ♦♦142/148 – ½ P Zuschl. 40.
♦ Das Haus liegt am oberen Dorfrand und bietet von der Sonnenterrasse Ausblick auf die Walliser Alpen. Die modernen Zimmer sind mit hellem Mobiliar funktionell eingerichtet. Im rustikalen Restaurant kümmert man sich um das leibliche Wohl der Gäste.

---

**AUVERNIER** *Neuchâtel* 🄵🄵🄵 G7 – *rattaché à Neuchâtel.*

---

**Les AVANTS** *Vaud* 🄵🄵🄵 G10 – *rattaché à Montreux.*

**AVENCHES** *1580 Vaud (VD)* 🄵🄵🄶 *G7* – *2 522 h.* – *alt. 475.*

Voir : *Musée romain*★.

Environs : *Musée romain de Vallon : mosaïques*★★.

**Manifestations locales**

*07.07 - 22.07 :  Festival d'opéra aux arènes d'Avenches : Le Trouvère*

*01.09 - 02.09 : Aventicum Musical Parade, fanfares militaires internationales.*

🄱 *Avenches Tourisme, 3 pl. de l'Église, ℰ 0266 769 922, info@avenches.ch, Fax 0266 753 393.*

*Bern 40 – Neuchâtel 37 – Fribourg 18 – Lausanne 58.*

🏨 **Couronne,** 20 r. Centrale, ℰ 0266 755 414, couronneavenches@vtx.ch,
⊜ Fax 0266 755 422, 🌤 – 🛗, ⇴ rest, ⇄ – 🅰 15/80. 🄰🄴 ⓪ ⓦⓔ 𝘝𝘐𝘚𝘈
*fermé 22 déc. au 22 janv.* – **Rest** *(fermé dim. soir et jeudi soir sauf juin - août)*
(18) 45 (midi)/89 et à la carte 46/86 – **12 ch** ⌣ ✸110/140 ✸✸160/210 – ½ P
suppl. 35.
♦ Maison de caractère nichée au coeur de la cité historique. Teintes pastel et toiles contemporaines président au décor des chambres. Restaurant traditionnel au cadre moderne et chaleureux. Dégustations de vins dans la cave voûtée.

🍴🍴 **Des Bains,** 1 rte de Berne, ℰ 0266 753 660, zurcher@restaurantdesbains.ch,
⊜ Fax 0266 751 537, 🌤 – 🅿 ⇄ 30. 🄰🄴 ⓪ ⓦⓔ 𝘝𝘐𝘚𝘈
*fermé 17 avril au 3 mai, 4 au 20 sept., dim. soir et lundi* – **Rest** (18) 55/90 et à la carte 62/110.
♦ Si la visite des proches arènes romaines vous a donné les crocs, venez donc vous attabler dans cette salle néo-rustique dont le nom évoque les anciens thermes d'Aventicum.

---

**BÄCH** *8806 Schwyz (SZ)* 🄵🄵🄹 *Q6* – *Höhe 411.*

*Bern 157 – Zürich 32 – Glarus 42 – Rapperswil 9 – Schwyz 32.*

🍴🍴 **Zur Faktorei** (Frau Büeler), Seestr. 41, ℰ 0447 840 316, Fax 0447 861 849, 🌤
❀ – 🅿, 🄰🄴 ⓪ ⓦⓔ 𝘝𝘐𝘚𝘈. ⊗ Rest
*geschl. 24. Dez. - 3. Jan., 23. Juli - 15. Aug., 1. - 17. Okt., Sonntag, Montag und Dienstag*
– **Rest** - Fischspezialitäten - (Tischbestellung ratsam) à la carte 61/110.
**Spez.** Langustinen mit frischen, hausgemachten Nudeln. Fischgratin im Kartoffel-pureekranz. Steinbuttfilet grilliert auf einem Rahm-Lauchbett. **Weine** Leutschner (Eigenbau), Räuschling
♦ Die ehemalige Salzfaktorei mit rustikaler Einrichtung diente früher der Salzver-teilung Richtung Schwyz. Heute werden hier gekonnt zubereitete Fischspezialitäten geboten.

🍴🍴 **Seeli,** Seestr. 189, ℰ 0447 840 307, info@see.li, 🌤 – 🅿. 🄰🄴 ⓪ ⓦⓔ 𝘝𝘐𝘚𝘈
*geschl. 24. Dez. - 2. Jan., Sonntag und Montag* – **Rest** - Fischspezialitäten - (Tisch-bestellung ratsam) 63/94 und à la carte 55/110.
♦ Das typische Zürcher Riegelhaus liegt direkt am See. Die vier historischen Stuben mit gehobenem Komfort sind über eine Aussentreppe zu erreichen. Klassische Karte mit Fisch.

---

> **Comment choisir entre deux adresses équivalentes ?**
> **Dans chaque catégorie, les établissements sont classés**
> **par ordre de préférence : nos coups de cœur d'abord.**

---

**BADEN** *5400 Aargau (AG)* 🄵🄵🄹 *O4* – *15 984 Ew.* – *Höhe 396* – *Kurort.*

Sehenswert : *Lage*★ – *Altstadt*★ : *Blick*★ *von der Hochbrücke* Z.

Museum : *Stiftung "Langmatt" Sydney und Jenny Brown*★ Y.

⛳ *in Schinznach Bad, ✉ 5116 (April - Okt.) ℰ 0564 431 226, Fax 0564 433 483, über ④ : 14 km.*

🄱 *Info Baden, Bahnhofplatz 1, ℰ 0562 109 191, welcome@baden.ch, Fax 0562 109 100 Y.*

⊛ *Theaterplatz 3, ℰ 0562 037 979, Fax 0562 037 980 Z.*

*Bern 105 ③ – Aarau 27 ③ – Basel 65 ④ – Luzern 66 ③ – Zürich 24 ②*

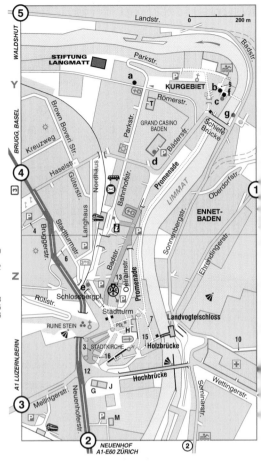

# BADEN

---

**fifthfiff** **Du Parc,** Römerstr. 24, ✆ 0562 031 515, office@duparc.ch, Fax 0562 220 793,
🍴 – |🛗|, ✦⇚ Zim, ✦ ♿ Zim, 🚗 – 🔏 15/60. 🆀 ① 🅾🅾 _VISA_          Y  a
geschl. 25. Dez. - 2. Jan. – **Grill : Rest** (23) 45 (mittags)/75 und à la carte 46/99 –
**106 Zim** ⚏ ✦195/215 ✦✦280 – ½ P Zuschl. 35.
• Am Rand des Zentrums finden Sie das rote Gebäude. Neben grosszügigen Studios,
die mit dunklem Holz gestaltet sind, gibt es etwas ältere und einfachere Standard-
zimmer. Gediegenes Ambiente umgibt Sie im Grill.

**fifith** **Limmathof** ⚏, garni, Limmatpromenade 28, ✆ 0562 001 717, info@limmatho
f.ch, Fax 0562 001 718 – ✦ – 🔏 55. 🆀 🅾🅾 _VISA_. ⚘          Y  f
**10 Zim** ⚏ ✦220 ✦✦290.
• Zimmer in trendigem Design - 2 Junior Suiten befinden sich unter dem Dach - sowie
ein moderner öffentlicher Spa-Bereich machen das im 19. Jh. erbaute Hotel im Lim-
matbogen aus.

**fifi** **Atrium-Hotel Blume** ⚏, Kurplatz 4, ✆ 0562 000 200, info@blume-baden.ch,
Fax 0562 000 250, 🍴 – |🛗| ✦ – 🔏 15/60. 🆀 ① 🅾🅾 _VISA_          Y  b
geschl. 23. Dez. - 8. Jan. – **Rest** (22) 35 und à la carte 47/80 – **34 Zim** ⚏ ✦145/170
✦✦240 – ½ P Zuschl. 35.
• Das Hotel hat einen atriumähnlichen Innenhof und eine Einrichtung im Stil der
Jahrhundertwende. Schöne moderne Zimmer, aber auch etwas ältere, zeitgemässe
stehen zur Auswahl. Um das Atrium herum wurde das Restaurant angelegt.

XX **Goldener Schlüssel,** Limmatpromenade 29, ☎ 0562 109 290, info@goldener
schluessel.ch, Fax 0562 109 291, ✿ – ✿ 15. AE Ⓞ ⓌⓈⒶ                    Y c
**Rest** (geschl. 24. - 27. Dez., 13. - 18. Feb., Samstagmittag, Sonntag und Montag) 98
(abends) und à la carte 56/108.
♦ Viel dunkles Holz und ein rustikaler Charakter kennzeichnen dieses nette Restaurant. Schön im Sommer : die direkt über der Limmat gelegene Terrasse.

X **Grand Casino,** Haselstr. 2, ☎ 0562 040 808, restaurant@grandcasinobaden.ch,
Fax 0562 040 807, ✿ – ▤ ✿ ✿ 60. AE Ⓞ ⓌⓈⒶ                         Y d
**Rest** (21) 60/90 und à la carte 42/99.
♦ Modernes, halbrund gebautes Restaurant mit grosser Fensterfront und Terrasse
zum Park. Man serviert Gerichte der klassischen und mediterranen Küche.

X **Isebähnli,** Bahnhofstr. 10, ☎ 0562 225 758, ✿ – AE Ⓞ ⓌⓈⒶ          Z e
**Rest** (geschl. Sonntag und Montag) à la carte 50/95.
♦ Mittags wird im Gastraum mit typischer Brasserie-Einrichtung nur ein reduziertes
Angebot serviert. Am Abend erweiterte Bistrokarte. Im Innenhof liegt ein Garten-
restaurant.

**in Ennetbaden** Nord-Ost : 1 km – Höhe 359 – ✉ 5408 Ennetbaden :

XX **Hertenstein,** Richtung Freienwil, Hertensteinstr. 80, ☎ 0562 211 020, info@he
rtenstein.ch, Fax 0562 211 029, ⩽ Baden, ✿ – ℙ. AE Ⓞ ⓌⓈⒶ
**Rest** (geschl. Sonntag und Montag) (34) 58/73 und à la carte 64/116 ✿.
♦ Hell und freundlich wirkt das Restaurant mit seinen Panoramafenstern und den
saisonal wechselnden Dekorationen. Terrasse mit schönem Ausblick.

XX **Sonne,** Badstr. 3, ☎ 0562 212 424, Fax 0562 212 424, ✿ – AE Ⓞ ⓌⓈ
ⓌⓈⒶ                                                               Y g
geschl. 16. - 23. April, 16. Juli - 6. Aug., Samstagmittag, Sonntagmittag und Montag
– **Rest** (19.50) 30 (mittags) und à la carte 49/107.
♦ Neben einer Bar und einem traditionellen Restaurantbereich beherbergt das fami-
liär geführte Haus einen modernen Wintergarten. Sehr nett : die Terrasse über der
Limmat.

**in Dättwil** Süd-West über ③ : 3,5 km – Höhe 432 – ✉ 5405 Dättwil 5 :

XXX **Pinte** (Bühlmann), Sommerhaldenstr. 20, ☎ 0564 932 030, mail@pinte.ch,
✿ Fax 0564 931 466, ✿ – ℙ. AE Ⓞ ⓌⓈ ⓌⓈⒶ
geschl. 24. Dez - 2. Jan., 8. - 23. April, 30. Sept. - 15. Okt., Samstag, Sonn- und Feiertage
– **Bacchusstube** : Rest 59 (mittags)/140 und à la carte 80/144 – **Pinte** : Rest (22)
und à la carte 55/104.
**Spez.** Saiblingsfiletrolle mit jungem Lauch auf Trüffelrondellen, Chardonnay-Sabayon.
Hausgeräucherte Muotathaler Kalbshaxe mit frischen Morcheln und neuen Kartoffeln
(Frühling). Rehhackbraten mit wildem Thymian und Apfelspätzli. **Weine** Klingnauer,
Ennetbaden
♦ In der Scheune des stattlichen Bauernhauses befindet sich die Bacchusstube. In
elegant-stilvollem Rahmen geniessen Sie klassische, zeitgemäss interpretierte
Gerichte. Lebendig präsentiert sich die rustikale Pinte - mit schattigem Garten.

---

**BAD RAGAZ** 7310 Sankt Gallen (SG) 🄑🄑🄑 V7 – 4 936 Ew. – Höhe 502 – Kurort.
**Ausflugsziel :** Taminaschlucht★★ Süd-West.
🇮₈ (März - Nov.) ☎ 0813 033 717, Fax 0813 033 727
🇮₉ Heidiland (März-Nov.) ☎ 0813 033 700, Fax 0813 033 701.
**Lokale Veranstaltungen**
07.05 : Maibär, alter Brauch
20.05 - 29.10 : Triennale der Skulptur Bad RagARTz, Künstler aus verschiedenen Län-
dern stellen im Freien aus.
🄱 Bad Ragaz Tourismus, Am Platz 1, ☎ 0813 004 020, info@spavillage.ch,
Fax 0813 004 021.
Bern 227 – Chur 24 – Sankt Gallen 76 – Vaduz 24.

🏛 **Grand Hotel Quellenhof** ✿, ☎ 0813 033 030, reservation@resortragaz.ch,
Fax 0813 033 033, ⩽, ✿, ⌖, 🇮₈, Ⅰ₆, ⩘, ⤱, ▤, ❊, ⚲, ⚮ – ▮| ⇆ Zim, ▤ Rest,
✆ ⅖ Zim, ✿ – ⚠ 15/100. AE Ⓞ ⓌⓈ ⓌⓈⒶ ✂ Rest
**Bel-Air** : Rest à la carte 79/144 – **97 Zim** ▱ ✚500 ✚✚740, 9 Suiten – ½ P Zuschl. 75.
♦ Ein Haus, das mit klassischem Luxus beeindruckt. Ein elegantes Thermalbad im
römischen Stil mit modernem Health- und Beauty-Center sowie komfortable Junior
Suiten und Suiten. Das Restaurant ist ein edler Speiseraum in unaufdringlichen
Rottönen.

**Grand Hotel Hof Ragaz** 🐾, 𝒸 0813 033 030, *reservation@resortragaz.ch*, Fax 0813 033 033, ≤, 🍴, ②, 🛁, ⅙, ☎, 🏊, 🏊, ✕, ⊹, 🐾 – ⋈, ▭ Rest, 📞 ⅘ Zim, 🚗 – 🛎 15/150. 🆎 ① ⓂⓄ 𝘝𝘐𝘚𝘈 ⅗
**Rest** (siehe auch Rest. **Aebtestube**) – **Olives** - italienische Küche - **Rest** à la carte 50/94 – **Zollstube** - schweizer Küche - *(geschl. Juni 3 Wochen, Dienstag und Mittwoch)* **Rest** à la carte 43/95 – **124 Zim** ⌚ ✝290/345 ✝✝525/585, 7 Suiten.
♦ Die schönen Zimmer des Hauses verteilen sich auf das stimmungsvolle Palais und den Neubau mit Superior-Ausstattung. Elegantes Thermalbad mit Wellnessbereich. Trendig mediterran und edel im Design : das Olives. Urchige Atmosphäre in der rustikalen Zollstube.

**Tamina,** Am Platz 3, 𝒸 0813 028 151, *info@hotel-tamina.ch*, Fax 0813 022 308, 🍴, 🚐 – ⋈ 📞 🐾 – 🛎 30. 🆎 ① ⓂⓄ 𝘝𝘐𝘚𝘈
**Locanda :** **Rest** 30/60 (abends) und à la carte 47/104 – **Brasserie :** **Rest** (16.50) und à la carte 31/79 – **37 Zim** ⌚ ✝140/170 ✝✝230/260, 7 Suiten – ½ P Zuschl. 40.
♦ Das klassische Hotelgebäude am Dorfplatz verfügt über Zimmer, die teils im Jugendstil mit weissem Holzmobiliar, teils aber auch in rustikalem Naturholz eingerichtet sind. Ein Bijou aus der Belle Epoque : die Locanda mit gemütlicher Gartenterrasse.

**Schloss Ragaz** 🐾, Süd-Ost : 1,5 km Richtung Landquart, 𝒸 0813 037 777, *inf o@hotelschlossragaz.ch*, Fax 0813 037 778, 🍴, ②, ☎, 🏊, 🔌 – ⋈ ⅘ 🐾 Zim, 🅿. 🆎 ① ⓂⓄ 𝘝𝘐𝘚𝘈. ⅗ Rest
*geschl. 18. Nov. - 22. Dez.* – **Rest** (25) 39 (mittags)/70 und à la carte 40/79 – **56 Zim** ⌚ ✝111/155 ✝✝202/302 – ½ P Zuschl. 39.
♦ Das Hotel liegt ruhig im schönen Park mit Freibad und Wellnesspavillon. Die Zimmer im Schloss sind mit Möbeln im klassischen Stil, die in den Pavillons teils modern gestaltet. Ein schöner saalartiger Raum fungiert als Restaurant.

**Sandi,** Bahnhofstr. 47, 𝒸 0813 034 500, *info@hotelsandi.ch*, Fax 0813 034 501, 🍴, 🚐 – ⋈ 🐾 Rest, 🚗 – 🛎 15/50. 🆎 ① ⓂⓄ 𝘝𝘐𝘚𝘈. ⅗ Rest
*geschl. 1. Dez. - 10. Jan.* – **Rest** (18.50) und à la carte 30/77 – **64 Zim** ⌚ ✝90/135 ✝✝190/250 – ½ P Zuschl. 30.
♦ Ein grosser Teil der Zimmer dieses in der Nähe des Bahnhofs gelegenen Hauses wurde mit braunem Mobiliar wohnlich ausgestattet. Ein Plus : der grosse Garten. Speisesaal und rustikale Gaststube mit Terrasse.

**Ochsen,** Bartholoméplatz 4, 𝒸 0813 307 920, *ochsen@spin.ch*, Fax 0813 307 921, 🍴, 🚐 – ⋈ 🐾 Zim, 🅿. 🆎 ① ⓂⓄ 𝘝𝘐𝘚𝘈
**Rest** *(geschl. 1. - 16. Nov., Dienstag und Mittwoch)* (15.50) und à la carte 41/71 **10 Zim** ⌚ ✝90/110 ✝✝160/180 – ½ P Zuschl. 29.
♦ Hinter der roten Fassade dieses zentral gelegenen Hotels stehen modern ausgestattete Gästezimmer in dezenten Farben zur Verfügung.

**Rössli,** Freihofweg 3, 𝒸 0813 023 232, *info@roessliragaz.ch*, Fax 0813 004 284, 🍴 – ⋈ 🐾 Zim, 🅿. ① ⓂⓄ 𝘝𝘐𝘚𝘈. ⅗ Rest
*geschl. 24. Dez. - 15. Jan. und 9. - 31. Juli* – **Rest** *(geschl. Sonntag und Montag)* (17) 47 (mittags)/82 und à la carte 51/94 ⅖ – **11 Zim** ⌚ ✝75 ✝✝150/170 – ½ P Zuschl. 25.
♦ Das Hotel im Zentrum beherbergt helle, in Pastellgelb gehaltene, zeitgemässe Zimmer - z. T. dienen grosse Landschaftsgemälde als Dekor. Im Restaurant : klare Linien, ein auf das Wesentliche reduziertes Design und moderne Küche.

**Torkelbündte** 🐾 garni, Fläscherstr. 21 a, 𝒸 0813 004 466, *info@torkelbuen dte.ch*, Fax 0813 004 479 – 🅿. 🆎 ① ⓂⓄ 𝘝𝘐𝘚𝘈
*geschl. 17. - 26. Dez.* – **12 Zim** ⌚ ✝79/86 ✝✝148/162.
♦ Das kleine Haus in ruhiger Lage, umgeben von viel Grün, hat Zimmer, die mit dunklem Standardholzmobiliar einfach ausgestattet sind und über Balkon oder Terrasse verfügen.

XXX **Aebtestube** - *Grand Hotel Hof Ragaz*, 𝒸 0813 033 030, *reservation@resortrag az.ch*, Fax 0813 033 033 – 🚗. 🆎 ① ⓂⓄ 𝘝𝘐𝘚𝘈 ⅗
*geschl. Juli - Aug. 4 Wochen, Sonntag und Montag* – **Rest** *(nur Abendessen)* (Tischbestellung ratsam) à la carte 91/151.
♦ Das gehobene Restaurant im ehemaligen Palast der Stadthalterei aus dem 18. Jh. bietet mit viel Holz eine beinahe intime Atmosphäre. Klassische, mediterran geprägte Küche.

XX **KURIGER'S Paradies,** Süd-Ost : 2 km Richtung Landquart, Fluppestr. 28,
⊗ ℘ 0813 022 424, *info@kurigers.ch, Fax 0813 025 230,* 🍽 – ⬥ Rest, 🅿 🄰🄴 ⓞ ⓦⓒ
🆅🅸🆂🅰
*geschl. 10. Jan. - 1. Feb., 10. - 20. Juli, Dienstag und Mittwoch* – **Rest** (siehe auch
Rest. **Paradies Stube**) – **Wintergarten : Rest** 90/127 und à la carte 69/121.
**Spez.** Fläscher Spargeln (Frühling). Sarganserländer Kalbskopf mit Süssweinsabayon
und Artischocken. Sarganser Rehrückenfilet mit seinen Herbstspezialitäten (Sept. -
Okt.). **Weine** Fläscher, Jeninser
♦ In dem modernen Restaurant Wintergarten - hell und ganz in Weiss gehalten -
offeriert man drei feine zeitgemässe Menüs. Schöne, schattige Sommerterrasse.

XX **Löwen,** Löwenstr. 5, ℘ 0813 021 306, *gasth.loewen@bluewin.ch,*
*Fax 0813 307 201,* 🍽 – ⬦ 20/30. 🄰🄴 ⓞ ⓦⓒ 🆅🅸🆂🅰
*geschl. 27. März - 17. April, 23. Okt. - 13. Nov., Sonntag und Montag* – **Rest** (22) 86
(abends) und à la carte 46/113 ⯎.
♦ Hinter der gemütlichen Gaststube befindet sich im Haus, das hübsch an der Tamina
liegt, das gehobene neo-rustikale Restaurant mit schöner Holzdecke.

X **Paradies Stube** - *KURIGER'S Paradies,* Süd-Ost : 2 km Richtung Landquart, Flup-
⊛ pestr. 28, ℘ 0813 022 424, *info@kurigers.ch, Fax 0813 025 230,* 🍽 – ⬥ Rest, 🅿
🄰🄴 ⓞ ⓦⓒ 🆅🅸🆂🅰
*geschl. 10. Jan. - 1. Feb., 10. - 20. Juli, Dienstag und Mittwoch* – **Rest** (23) 50 und
à la carte 44/85.
♦ Modern und rustikal gibt sich das Restaurant Paradies Stube mit einer kleinen,
preiswerten Auswahl an sorgfältig zubereiteten zeitgemässen Gerichten.

---

**BAD SCHAUENBURG** *Basel-Landschaft* 🄵🄵🄸 *K4 – siehe Liestal.*

---

**BAGGWIL** *Bern* 🄵🄵🄸 *I7 – siehe Seedorf.*

---

**BÂLE** *Basel-Stadt* 🄵🄵🄸 *K3 – voir à Basel.*

---

**BALLWIL** *6275 Luzern (LU)* 🄵🄵🄸 *O6 – 2 284 Ew. – Höhe 515.*
*Bern 110 – Luzern 15 – Aarau 39 – Baden 48 – Cham 17 – Zürich 56.*

X **Zur Sonne,** Dorfstr. 13, ℘ 0414 481 318, *zur.sonne@swiss-window.ch,*
⊛ *Fax 0414 482 118,* 🍽 – 🅿 ⬦ 20. 🄰🄴 ⓦⓒ 🆅🅸🆂🅰
*geschl. 30. Juli - 21. Aug., Sonntag und Montag* – **Rest** (17) 48 (mittags)/88 und à
la carte 50/131.
♦ Das Wirtshaus liegt im Zentrum des Dorfes. Im Gastraum wie im kleinen Stübli
werden Gerichte von der klassischen Karte mit Rohprodukten vom benachbarten
Bauern serviert.

---

**BALSTHAL** *4710 Solothurn (SO)* 🄵🄵🄸 *K5 – 5 631 Ew. – Höhe 499.*
**Ausflugsziel :** *Passwanggipfel : Panorama★★ Nord : 14 km.*
*Bern 53 – Basel 48 – Solothurn 22 – Zürich 80.*

🏛 **Kreuz,** Falkensteinerstr. 1, ℘ 0623 868 888, *kreuz@seminarhotelkreuz.ch,*
*Fax 0623 868 889,* 🍽 – 🛗, 🔄 Zim, ⬥ 🅿 – 🔏 15/300. 🄰🄴 ⓞ ⓦⓒ 🆅🅸🆂🅰
*geschl. 26. Dez. - 9. Jan.* – **Rest** *(geschl. Sonntag)* (24) 32 (mittags)/58 und à la carte
45/106 – **79 Zim** ⌛ ✦105/140 ✦✦160/180.
♦ Das Hotel besteht aus vier einzelnen Gebäuden. Die Zimmer im Rössli sind ländlich,
die des Motels modern mit dunklem Furnier, die im Kornhaus mit hellem Holz eingerichtet. Verschiedene Restaurants und eine Terrasse erwarten den Gast.

---

**BANCO-NEROCCO** *Ticino* 🄵🄵🄳 *R13 – vedere Bedigliora.*

R. Mattes/EXPLORER

Das Rathaus
116

# BASEL (BÂLE)

*4000* **K** *Basel-Stadt (BS)* **551** K3 – *164 802 Ew. – Höhe 277*

*Bern 100* ⑤ *– Aarau 56* ⑤ *– Belfort 79* ⑦ *– Freiburg im Breisgau 72* ① *– Schaffhausen 99* ⑤.

**∄** *Tourist Info Barfüsserplatz, Steinenberg 14* BY, *Tourist Info Bahnhof, im Bahnhof* BZ, 📞 *0612 686 868, info@ baseltourismus.ch, Fax 0612 686 870.*

✆ *Steinentorstr. 13,* 📞 *0612 059 999, Fax 0612 059 970* BZ.

✆ *Birsigstr. 4,* 📞 *0612 723 933, Fax 0612 813 657* BZ.

✈ *EuroAirport,* 📞 *0613 253 111, Basel (Schweiz) über zollfreie Strasse 8 km und in Saint-Louis (Frankreich)* T.

**Fluggesellschaften**

Swiss International Air Lines Ltd., 📞 *0848 852 000.*
British Airways *EuroAirport* 📞 *0848 845 845, Fax 0848 845 849.*

**Lokale Veranstaltungen**

*20.01 : Vogel Gryff, alter Brauch.*
*06.03 – 08.03 : Fasnacht, "Morgenstraich".*

**⌊₁₈** *in Hagenthal-le-Bas (Frankreich),* ✉ *F-68220 (April-Okt.)* 📞 *(0033) 389 68 50 91, Fax (0033) 389 68 55 66, Süd-West : 10 km.*

**⌊₁₈** *Markgräferland in Kandern (Deutschland),* ✉ *D-79400 (März-Nov.)* 📞 *(0049) 7626 97 79 90, Fax (0049) 7626 97 79 922, Nord : 23 km.*

**Sehenswert** : *Zoologischer Garten*★★★ AZ *– Altstadt*★★ : *Münster*★★ CY, *Blick*★ *von der Pfalz, Fischmarktbrunnen*★ BY, *Alte Strassen*★ BY *– Hafen* T : *Blick*★ *von der Aussichtsterrasse auf dem Siloturm der Schweizerischen Reederei* AX **G** *– Rathaus*★ BY **H**.

**Museen** : *Kunstmuseum*★★★ CY *– Museum der Kulturen*★ BY **M¹** *– Historisches Museum*★★ BY *– Antikenmuseum und Sammlung Ludwig*★★ CY *– Basler Papiermühle*★ DY **M⁶** *– Haus zum Kirschgarten*★ BZ *– Museum Jean Tinguely*★ T **M⁸**.

**Ausflugsziele** : *Römische Ruinen in Augst*★★ *Süd-Ost : 11 km – St.-Chrischona-Kapelle*★ : *8 km über* ② *– Wasserturm Bruderholz*★ U *– Riehen 6 km über* ② : *Fondation Beyeler*★★, *Spielzeugmuseum*★.

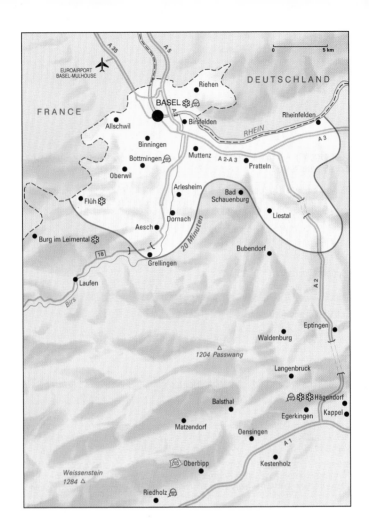

**Wie entscheidet man sich zwischen zwei gleichwertigen Adressen?**
In jeder Kategorie sind die Häuser nach unseren Vorlieben geordnet,
die besten Adressen stehen an erster Stelle.

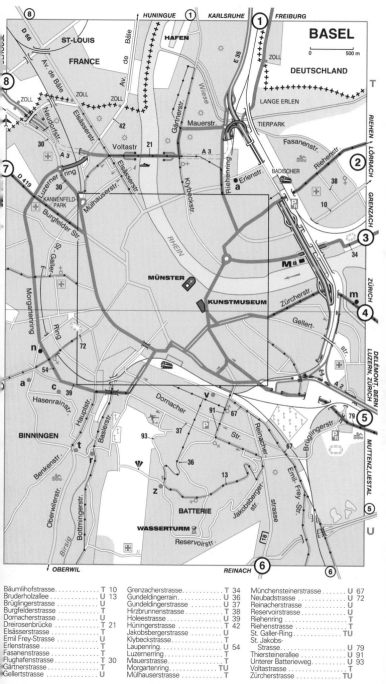

# BASEL

0 — 500 m

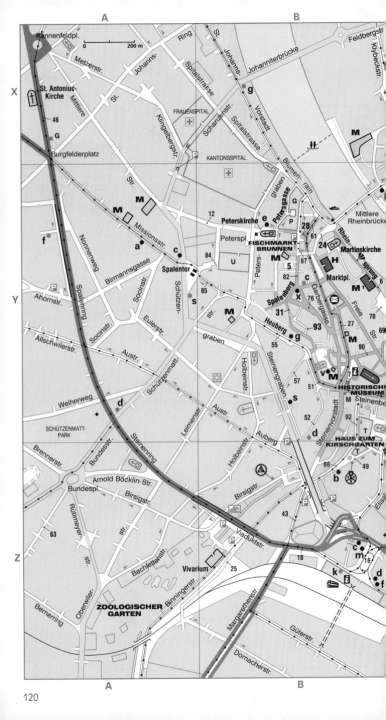

# BASEL

**Swissôtel Le Plaza Basel,** Messeplatz 25, ⊠ 4005, ✆ 0615 553 333, *ask-us .basel@swissotel.com, Fax 0615 553 970,* 🍽, ⅃ℴ, 🛏, ⃢ – |⧉|, ⭾ Zim, 🖥 Zim, 🍴 ✦ Zim, 🚗 – 🏛 15/35. 🆎 ⊙ 🐄 𝘝𝘐𝘚𝘈
DX r
**Rest** *(geschl. Sonntagmittag)* (17.50) 24 (mittags) und à la carte 53/87 – ⌛ 30 – **238 Zim** ✦216/520 ✦✦216/590 – ½ P Zuschl. 35.
♦ Das weitläufige Gebäude - direkt am Messegelände gelegen - bietet dem Geschäfts-reisenden speziell in den frisch renovierten Deluxezimmern modernsten Komfort. Das Restaurant gibt sich modern im Bistrostil.

**Radisson SAS,** Steinentorstr. 25, ⊠ 4001, ✆ 0612 272 727, *info.basel@radiss on.com, Fax 0612 272 828,* ⅃ℴ, 🛏, ⃢ – |⧉|, ⭾ Zim, 🖥 🍴 ♿ 🚗 – 🏛 15/150. 🆎 ⊙ 🐄 𝘝𝘐𝘚𝘈
BZ b
**Steinenpick** (Brasserie) **Rest** (30) 30/45 und à la carte 47/107 – ⌛ 29 – **205 Zim** ✦259/610 ✦✦259/690.
♦ Sie wohnen in modern und praktisch gestalteten Zimmern mit Kirsche- oder Buchemobiliar. Die nach innen gelegenen Räume sind ruhig, die strassenseitigen gut isoliert. Das Steinenpick ist ein Café-Restaurant mit traditionellem Speisenan-gebot.

**Hilton,** Aeschengraben 31, ⊠ 4002, ✆ 0612 756 600, *info.basel@hilton.com, Fax 0612 756 650,* ⃢, ⃢ – |⧉|, ⭾ Zim, 🖥 🍴 ♿ 🚗 – 🏛 15/300. 🆎 ⊙ 🐄 𝘝𝘐𝘚𝘈
CZ d
**Wettstein :** **Rest** (29) 39 (mittags) und à la carte 55/119 – ⌛ 30 – **204 Zim** ✦280/420 ✦✦380/660, 10 Suiten.
♦ Unweit des Bahnhofs finden Sie den stilistisch mit den benachbarten Häu-sern harmonierenden Zweckbau. Moderne Zimmer, an den Bedürfnissen des Geschäftsreisenden orientiert. Das Wettstein ist ein im englischen Stil gehaltenes Lokal im Untergeschoss.

**Mercure Hotel Europe,** Clarastr. 43, ⊠ 4005, ✆ 0616 908 080, *hotel-europ e@balehotels.ch, Fax 0616 908 880,* |⧉|, ⭾ Zim, 🖥 🍴 ♿ Rest, 🚗 – 🏛 15/150. 🆎 ⊙ 🐄 𝘝𝘐𝘚𝘈
CX k
**Rest** (siehe auch Rest. **Les Quatre Saisons**) – **Bajazzo** (Brasserie) – **Rest** (19) 38 (abends) und à la carte 49/79 ⌛ 25 – **158 Zim** ✦150/360 ✦✦185/460.
♦ Das Geschäftshotel beim Messeplatz hat klimatisierte, funktionell gestaltete Zim-mer mit modernem Mobiliar und bietet auch für Tagungen ausreichend Platz. Die Brasserie Bajazzo erfreut durch ihr frisches, modernes Dekor.

**Victoria,** Centralbahnplatz 3, ⊠ 4002, ✆ 0612 707 070, *hotel-victoria@baleho tels.ch, Fax 0612 707 077,* 🍽, ⅃ℴ – |⧉|, ⭾ Zim, 🖥 🍴 ♿ Rest, 🚗 – 🏛 15/80. 🆎 ⊙ 🐄 𝘝𝘐𝘚𝘈
BZ d
**Le Train Bleu :** **Rest** (19.50) 45 (mittags)/75 und à la carte 53/89 – ⌛ 25 – **107 Zim** ✦150/340 ✦✦185/470.
♦ Mit einer grosszügien offen angelegten Halle empfängt Sie dieses schöne Hotel direkt am Bahnhof. Die Zimmer überzeugen mit modernstem Komfort und geschmackvoller Einrichtung. Modern-elegant, mit dekorativen Kunstobjekten : Le Train Bleu.

**Ramada Plaza Basel,** Messeplatz 12, ⊠ 4058, ✆ 0615 604 000, *basel.plaza@ ramada-treff.ch, Fax 0615 605 555,* ⩽, ⃢ – |⧉|, ⭾ Zim, 🖥 🍴 ♿ Zim –, 🏛 15/500. 🆎 ⊙ 🐄 𝘝𝘐𝘚𝘈, ⊁ Rest
DX h
**Filou** (3. Etage) **Rest** (25) 30 (mittags)/98 und à la carte 43/102 – ⌛ 29 – **224 Zim** ✦270/300 ✦✦270/300.
♦ Businesshotel im Messeturm. Modernes Design, viel Glas und interessante Licht-Ef-fekte begleiten Sie vom Empfang bis in die funktionellen, in warmen Farben gehaltenen Zimmer. Das Filou : ein gläserner Vorbau über dem Messeplatz mit elegantem Ambiente.

**Euler und Central,** Centralbahnplatz 14, ⊠ 4051, ✆ 0612 758 000, *direktion @hoteleuler.ch, Fax 0612 758 050,* 🍽 – |⧉|, ⭾ Zim, 🍴 🚗 – 🏛 15/45. 🆎 ⊙ 🐄 𝘝𝘐𝘚𝘈
BZ m
**Le Jardin :** **Rest** (32) 45 (mittags) und à la carte 59/110 – ⌛ 28 – **66 Zim** ✦230/375 ✦✦290/490 – ½ P Zuschl. 30.
♦ In direkter Nähe zum Bahnhof liegt dieses Stadthaus, das schon seit 135 Jahren für traditionelle Hotelkultur steht. Sie beziehen geschmackvolle Zimmer und stilvolle Suiten. Eine schöne Wandmalerei ziert das elegante Restaurant Le Jardin.

**Central** 🏠, Küchengasse 7, ⊠ 4051, ✆ 0612 758 000, *direction@hoteleuler.ch* Fax 0612 758 050 – 🍴, 🆎 ⊙ 🐄 𝘝𝘐𝘚𝘈
BZ c
⌛ 28 – **23 Zim** ✦117/156 ✦✦185/247 – ½ P Zuschl. 30.
♦ Als Alternative zum Hotel Euler bietet das Hotel Central seinen Gästen etwas schlichtere, funktionell eingerichtete Gästezimmer.

🏨 **Basel,** Münzgasse 12, Am Spalenberg, ⊠ 4001, 𝒫 0612 646 800, *reception@h*
⊜ *otel-basel.ch, Fax 0612 646 811,* 🍴 – |🛗|, ✚ Zim, 🍽 Zim, 🅿 – 🛋 25. 🆎 🐠
**VISA**                                                                          BY x
**Rest** (19) 52 und à la carte 39/86 – � 19 – **72 Zim** ✦225/440 ✦✦310/540 –
½ P Zuschl. 47.
♦ In der Fussgängerzone der Altstadt ruhig gelegenes Hotel mit Parkservice und
eleganten, modernen Zimmern. Für geschäftlich und privat Reisende geeignet.

🏨 **Palazzo** garni, Grenzacherstr. 6, ⊠ 4058, 𝒫 0616 906 464, *mail@hotel-palazzo*
*.ch, Fax 0616 906 410,* 🛋 – |🛗| ✚ 🍽 ⊜. 🆎 🅞 🐠 **VISA**                    DY e
**36 Zim** ⊐ ✦200/280 ✦✦250/420.
♦ Das moderne Hotel besticht durch seine verkehrsgünstige Lage. Zur Strasse hin
klimatisierte Zimmer. Nach hinten - zum kleinen Garten hin gelegen - der Wintergarten.

🏨 **Merian,** Rheingasse 2, ⊠ 4005, 𝒫 0616 851 111, *kontakt@hotel-merian.ch,*
⊜ *Fax 0616 851 101,* ≼, 🍴 – |🛗| ✚ Zim, ✆ & Zim, ⊜ – 🛋 15/80. 🆎 🅞 🐠 **VISA**
**Café Spitz :** Rest (18.50) 45 (mittags) und à la carte 46/106 – **63 Zim** ⊐ ✦165/320
✦✦195/400 – ½ P Zuschl. 45.
♦ Traditionsreiches Haus direkt am Rheinufer. Die flussseitigen, ruhiger gelegenen
Zimmer gewähren einen schönen Ausblick auf das Grossbasler Ufer und das Bas-
ler Münster. Das Café Spitz : bekannt für Fischgerichte und die sonnige
Rheinterrasse.                                                                     BY b

🏨 **St. Gotthard** garni, Centralbahnstr. 13, ⊠ 4002, 𝒫 0612 251 313, *reception*
*@st-gotthard.ch, Fax 0612 251 314* – |🛗| ✚ 🍽 ✆ & – 🛋 25. 🆎 🅞 🐠
**VISA**                                                                          BZ f
**95 Zim** ⊐ ✦195/300 ✦✦260/320.
♦ Beim Bahnhof wurde aus zwei Hotels eines. Nach erfolgten Umbauten bietet man
Zimmer an, die zeitlos in hellem Holz eingerichtet sind und über gute Schallisolierung
verfügen.

🏨 **Der Teufelhof,** Leonhardsgraben 49, ⊠ 4051, 𝒫 0612 611 010, *info@teuf*
*elhof.com, Fax 0612 611 004,* 🍴 – |🛗|, ✚ Rest, ✆ – 🛋 15/20. 🆎 🅞 🐠
**VISA**                                                                          BY g
geschl. Weihnachten – **Rest** (siehe auch Rest. *Der Teufelhof*) – **Weinstube :** Rest
(25) 55/92 und à la carte 61/99 ⨏ – **29 Zim** ⊐ ✦200/300 ✦✦335/350,
4 Suiten.
♦ Hier erwarten Sie nicht nur Kunst- und Galeriezimmer mit heller Atmosphäre
und geradlinigem modernen Ambiente sondern auch ein anspruchsvolles
Kulturprogramm. Die Weinstube : sympathisch-rustikal mit gemütlichem
Innenhof.

🏨 **Novotel,** Schönaustr. 10, ⊠ 4058, 𝒫 0616 957 000, *H5336@accor.com,*
⊜ *Fax 0616 957 100* – |🛗|, ✚ Zim, 🍽 ✆ & ⊜ – 🛋 15/80. 🆎 🅞 🐠 **VISA**
✄ Rest                                                                            T a
**Côté Jardin :** Rest (15.50) 48 (abends) und à la carte 43/83 – ⊐ 24 – **171 Zim**
✦178/262 ✦✦218/284.
♦ Die modernen, funktionellen Zimmer mit grossen Schreibflächen und guter Technik
sowie die Nähe zu Messe und Kongresszentrum machen das Hotel für Geschäftsreisende interessant.

🏨 **bildungszentrum 21,** Missionsstr. 21, ⊠ 4055, 𝒫 0612 602 121, *info@bildu*
*ngszentrum-21.ch, Fax 0612 602 122,* 🍴, 🏓 – |🛗| ✚ ✆ & 🅿 – 🛋 15/80. 🆎 🅞
🐠 **VISA** ✄ Rest                                                                 AY a
**Rest** (nur für Hotelgäste) 28 – **69 Zim** ⊐ ✦135/275 ✦✦195/360.
♦ Dieses Domizil am Rande der Innenstadt - ein altes, renoviertes Missionshaus - liegt
in einer grossen Grünanlage. Hier beziehen Sie moderne, funktionelle Gästezimmer.

🏨 **Metropol** garni, Elisabethenanlage 5, ⊠ 4002, 𝒫 0612 067 676, *hotel@metro*
*pol-basel.ch, Fax 0612 067 677* – |🛗| ✚ 🍽 ✆ 🆎 🅞 🐠 **VISA**                 BZ a
geschl. 23. Dez. - 2. Jan. – **46 Zim** ⊐ ✦215/250 ✦✦275/320.
♦ Nicht weit von Bahnhof und Stadtzentrum gelegen, bietet das Hotel moderne,
solide Zimmer und im 8. Stock einen Frühstücksraum mit schöner Panoramasicht über
Basel.

🏨 **Spalentor** garni, Schönbeinstr. 1, ⊠ 4056, 𝒫 0612 622 626, *info@hotelspalen*
*tor.ch, Fax 0612 622 629* – |🛗| ✚ video ✆ & 🆎 🅞 🐠 **VISA**                 AY c
**40 Zim** ⊐ ✦175 ✦✦220.
♦ Ein modernes Stadthotel in zentraler Lage nahe dem namengebenden Spalentor.
Saubere und neuzeitlich ausgestattete Gästezimmer mit Laminatfussboden stehen
zum Einzug bereit.

123

🏠 **Wettstein** garni, Grenzacherstr. 8, ✉ 4058, ℰ 0616 906 969, *mail@hotel-wet tstein.ch, Fax 0616 910 545* – 🛗 🗚 🖭 ⊙ ◑ *VISA* DY q
**40 Zim** ☑ **★160/240 ★★210/350.**
* Zeitgemässes Hotel mit funktionell eingerichteten Zimmern und hellem Frühstücksraum. Hübscher Hofgarten. In den umliegenden Gebäuden Appartements für Dauermieter.

🏠 **Rochat,** Petersgraben 23, ✉ 4051, ℰ 0612 618 140, *info@hotelrochat.ch,*
🍴 *Fax 0612 616 492,* 🏠 – 🛗, 🗚 Zim, – 🔒 15/75. 🖭 ⊙ ◑ *VISA* BY e
**Rest** (alkoholfrei) *(geschl. Samstag) (nur Mittagessen)* (15) 20 und à la carte 31/59 – **50 Zim** ☑ **★115/155 ★★175/210** – ½ P Zuschl. 25.
* Im Namen des Genfer Pfarrers Rochat, Gründer des Blauen Kreuzes, werden Hotel und Restaurant heute wie vor 100 Jahren alkoholfrei geführt. Zimmer mit zeitgemässem Komfort. Nettes Restaurant mit Gartensitzplatz.

🏠 **Münchnerhof,** Riehenring 75, ✉ 4058, ℰ 0616 917 780, *info@muenchnerho*
🍴 *f.ch, Fax 0616 911 490,* 🏠 – 🛗, 🗚 Zim, ﴾ Zim, 🅿 🖭 ⊙ ◑
*VISA* CX u
**Rest** *(geschl. 11. - 31. Dez.)* (17) und à la carte 35/85 – ☑ 10 – **32 Zim ★144/264 ★★187/367.**
* Ein Stadthaus am Messegelände, dessen Zimmer ausreichend gross, frisch renoviert und mit hellem Holzmobiliar praktisch ausgestattet sind. Moderne Badezimmer. Im unterteilten Hotelrestaurant werden bürgerliche Speisen angeboten.

🏠 **Bâlegra,** Reiterstr. 1, ✉ 4054, ℰ 0613 067 676, *info@balegra.ch,*
🍴 *Fax 0613 067 677,* 🏠 – 🛗, 🗚 Zim, video 🅿 – 🔒 15. 🖭 ⊙ ◑ *VISA* U n
**Rest** *(geschl. Weihnachten)* (15) 30 (mittags) und à la carte 42/79 – **26 Zim** ☑
**★95/200 ★★160/240** – ½ P Zuschl. 25.
* Das gut erreichbare Hotel mit funktionell möblierten Zimmern liegt an der Ringstrasse, 10 Minuten vom Stadtzentrum entfernt. In der Nähe : grosszügige Grünanlagen.

🏠 **Steinenschanze** garni, Steinengraben 69, ✉ 4051, ℰ 0612 725 353, *info@s teinenschanze.ch, Fax 0612 724 573,* 🌇 – 🛗 ﴾. 🖭 ⊙ ◑ *VISA* BY s
*geschl. 24. Dez. - 2. Jan.* – **54 Zim** ☑ **★125/210 ★★190/290.**
* Nicht weit von der Innenstadt bietet Ihnen diese Adresse schlichte, praktisch eingerichtete Zimmer. An warmen Sommertagen geniesst man das Frühstück auf der Gartenterrasse.

🏠 **Au Violon,** im Lohnhof 4, ✉ 4051, ℰ 0612 698 711, *auviolon@iprolink.ch,*
🍴 *Fax 0612 698 712,* 🏠 – 🛗. 🖭 ◑ *VISA* BY v
*geschl. 22. Dez - 10. Jan.* – **Rest** *(geschl. 22. Dez. - 10. Jan., 2. - 14. Juli, Montag, Sonnund Feiertage)* (22) und à la carte 46/86 – ☑ 14 – **20 Zim ★110/130 ★★150/190.**
* Ehemaliges Untersuchungsgefängnis der Stadt. Lift vom Barfüsserplatz direkt zur Reception. Eine ebenso spezielle wie auch günstige Unterkunft im Herzen von Basel. An Stelle eines Blechnapfes erwarten Sie ein nettes Gedeck und gut zubereitetes Essen.

🍴🍴🍴 **Bruderholz,** Bruderholzallee 42, ✉ 4059, ℰ 0613 618 222, *bruderholz@bluew*
🌸 *in.ch, Fax 0613 618 203,* 🏠, 🌇 – 🅿 ⇄ 20/50. 🖭 ◑ ◑ *VISA* U z
*geschl. 22. Feb. - 6. März, Sonntag und Montag (ausser grosse Messen)* – **Rest** 68 (mittags)/188 und à la carte 151/237 🎨.
**Spez.** Oeuf surprise aux truffes noires du Périgord (hiver). Frito Misto de queues de langoustines aux fruits à coque, sauce légère au safran (été). Cochon de lait croustillant laqué aux épices, choucroute et boudin aux pommes (automne)
* Ein imposantes Herrenhaus oberhalb Basels, klassisch-komfortabel eingerichtet und mit schönem Blumengarten, empfiehlt sich mit kreativen Menüs für den wahren Geniesser.

🍴🍴🍴 **Les Quatre Saisons** - *Mercure Hotel Europe,* Clarastr. 43, ✉ 4005,
🌸 ℰ 0616 908 720, *hotel-europe@balehotels.ch, Fax 0616 908 883* – 🍽. 🖭 ⊙ ◑
*VISA* CX k
*geschl. 18. Juli - 8. Aug. und Sonntag (ausser grosse Messen)* – **Rest** (1. Etage) 63 (mittags)/135 und à la carte 95/155.
**Spez.** Kartoffelüberraschung mit pochiertem Ei und weisser Trüffel. Seeteufel in der Cotriade mit Zitrusfruchtöl. Warme Apfel-Banane mit Limone und Bitterschokoladensorbet
* Im angenehm hellen Restaurant im 1. Stock des Mercure Hotel Europe kann der Gast eine kreative, internationale Küche geniessen. Freundliches und geschultes Servicepersonal.

XXX ✿ **Rest. Der Teufelhof** - *Hotel Der Teufelhof*, Leonhardsgraben 49, ✉ 4051, ✆ 0612 611 010, *info@ teufelhof.com*, Fax 0612 611 004, 🍽 – ✦. ⒜Ⓔ ⓞ
**M⊘** **VISA** BY g
**Bel Etage** *(geschl. Weihnachten, 1. - 6. Jan., Samstagmittag, Sonntag und Montag ausser grosse Messen)* Rest 77 (mittags)/185 und à la carte 87/146.
**Spez.** Langustinen-Raviolo mit Ingwernage. Walliser Berglamm-Artischocken Crépi-nette mit Salbeijus und Zitronenrisotto. Aprikosentarte mit Schokoladensabayon und Akazienblütensorbet
♦ Klassische Einrichtung, eine ausgezeichnete kreative Küche sowie Weine aus der eigenen Vinothek zwischen alten Stadtmauerfundamenten erwarten Sie.

XXX **Zum Schützenhaus,** Schützenmattstr. 56, ✉ 4051, ✆ 0612 726 760, *restaurant@ schuetzenhaus-basel.ch*, Fax 0612 726 586, 🍽 – 🄿 ↔ 20/40. ⒜Ⓔ ⓞ **M⊘** **VISA**
**Rest** (23) 84 und à la carte 81/135.
♦ Das historische Zunfthaus beherbergt den mit Holzvertäfelung und nettem Dekor klassikal-rustikal gestalteten Gartensaal sowie eine schlichtere Brasserie - beide mit Terrasse. AY d

XX **Chez Donati,** St. Johanns-Vorstadt 48, ✉ 4056, ✆ 0613 220 919, *chezdonati @ lestroisrois.com*, Fax 0613 220 981, 🍽 – ⒜Ⓔ ⓞ **M⊘** **VISA** BX g
*geschl. 5. - 13. März, 16. Juli - 14. Aug., Sonntag und Montag* – **Rest** - italienische Küche - à la carte 72/129.
♦ Das Innere des alten Hauses zeigt sich im klassischen Stil des ausgehenden 19. Jahrhunderts. Kronleuchter, Bilder, Stuck und viel Holz verleihen dem Raum eine ele-gante Note.

XX **Zum Goldenen Sternen,** St. Alban-Rheinweg 70, ✉ 4052, ✆ 0612 721 666, *info@ sternen-basel.ch*, Fax 0612 721 667, 🍽 – ↔ 10/100. ⒜Ⓔ ⓞ **M⊘**
**VISA** DY b
*geschl. 20. - 28. Feb.* – **Rest** (31) 74/98 und à la carte 64/116.
♦ Inmitten alter Fachwerkhäuser liegt das Bürgerhaus am Rhein. Die Speise-räume haben teilweise wunderschöne Holzdecken. Hübsch : die Terrassen vor und hin-ter dem Haus.

XX **Charon,** Schützengraben 62, ✉ 4051, ✆ 0612 619 980, Fax 0612 619 909 – 🍴
↔ 15. ⓞ **M⊘** **VISA** AY s
*geschl. 16. Juli - 13. Aug., Samstag von Mai - Sept., Montag von Okt. - April, Sonn-und Feiertage* – **Rest** (30) 50/120 und à la carte 67/120.
♦ Ein kleines sympathisches Altstadtrestaurant am Spalentor. Schwerpunkt der geschmackvollen, saisonalen Küche sind ausgewählte Frischeprodukte.

XX **Zur Schuhmachernzunft,** Hutgasse 6, ✉ 4051, ✆ 0612 612 091, *mschneit er@ digi-com.ch*, Fax 0612 612 591 – ⒜Ⓔ ⓞ **M⊘** **VISA** BY c
*geschl. 24. - 30. Dez., 1. Juli - 20. Aug., Samstag (ausser Nov. - Dez.) und Sonntag (ausser grosse Messen und Fasnacht)* – **Rest** (1. Etage) (Tischbestellung ratsam) 88 und à la carte 69/117.
♦ Im 1. Stock eines alten Stadthauses finden Sie dieses freundich geführte Restau-rant. Die alte Holztäfelung, viele Bilder, ein Flügel und ein gutes Couvert prägen das Ambiente.

XX **St. Alban-Stübli,** St. Alban-Vorstadt 74, ✉ 4052, ✆ 0612 725 415, Fax 0612 740 488, 🍽 – ↔ 10. ⒜Ⓔ ⓞ **M⊘** **VISA** DY a
*geschl. 23. Dez. - 9. Jan., 29. Juli - 6. Aug., Samstag (ausser abends von Sept. - Juni) und Sonntag* – **Rest** (mittags nur kleine Karte) (Tischbestellung ratsam) (30) 48 (mittags)/78 und à la carte 60/112.
♦ Im gemütlichen ortstypischen Stübli oder im Garten geniesst man traditionelle gutbürgerliche Gerichte. Danach führt der Weg die Treppe hinauf ins kleine Zigar-renzimmer.

X **Balthazar,** Steinenbachgässlein 34, ✉ 4051, ✆ 0612 818 151, *balthazar@ syga ma.ch*, Fax 0612 815 588, 🍽 – ⒜Ⓔ ⓞ **M⊘** **VISA** BY d
*geschl. Samstagmittag, Sonn- und Feiertage* – **Rest** (23) 65/96 und à la carte 56/107.
♦ Modernes geradliniges Design und eine mediterran geprägte zeitgemässe Küche erwarten den Gast in dieser etwas versteckt gelegenen Trendadresse. Hübsche Alt-stadtterrasse.

X ⊜ **Am Hübeli,** Hegenheimerstr. 35, ✉ 4055, ✆ 0613 811 422, *info@ am-huebeli.ch*, Fax 0613 811 420, 🍽 – ⒜Ⓔ ⓞ **M⊘** **VISA** AY f
**Rest** - euro-asiatische Küche - *(geschl. Sonntag und Montag)* (19.50) 85 und à la carte 62/98.
♦ Rustikales Restaurant, in dem ein internationales Speiseangebot zur kulinarischen Weltreise einlädt. Bei schönem Wetter lockt die Gartenterrasse.

125

X **Gundeldingerhof,** Hochstr. 56, ⊠ 4053, ✆ 0613 616 909, *dominic@ gundeld ingerhof.ch, Fax 0613 618 399,* 🍴 – 🕭 ⓐ ⓜ ⓥⓢⓐ                                    U v
*geschl. 24. Dez. - 3. Jan., 27. Feb. - 3. März, Samstagmittag, Sonntagmittag und Mon-tag* – **Rest** (mittags nur kleine Karte)(Tischbestellung ratsam) (29) 52 (mittags)/99 und à la carte 54/104 🏵.
   ◆ In dem in hohen Räumen eingerichteten, angenehm hell gestalteten Quartier-restaurant serviert man eine zeitgemässe Küche sowie ausgesuchte Weine.

X **Sakura,** Centralbahnstr. 14, ⊠ 4051, ✆ 0612 720 505, *info@ bahnhofrestaura
🐵 nts.ch, Fax 0612 953 988* – 🗐. 🕭 ⓐ ⓞ ⓜ ⓥⓢⓐ                               BZ k
*geschl. 3. Juli - 13. Aug., Samstagmittag, Sonn- und Feiertage* – **Rest** - japanische Küche - ***Teppanyaki :*** Rest 55/85 und à la carte 40/106 – ***Sushi-Kappoh :*** Rest (16) 45 und à la carte 51/88.
   ◆ Das Restaurant im Bahnhofsgebäude steht im Zeichen der aufgehenden Sonne - es lädt mit japanischer Höflichkeit zu fernöstlichen Genüssen ein. Vor Ihren Augen werden im Teppanyaki die Speisen von flinken Köchen kunstvoll zubereitet.

**in Riehen** *über ② : 5 km – Höhe 288* – ⊠ *4125 Riehen :*

X **Wiesengarten-Musetti,** Weilstr. 51 (in Riehen Richtung Weil am Rhein),
✆ *0616 412 642, Fax 0616 412 643,* 🍴 – 🅿. 🕭 ⓐ ⓞ ⓜ ⓥⓢⓐ
**Rest** - italienische Küche - *(geschl. Montag und Dienstag)* 70 und à la carte 49/108.
   ◆ In einfachem rustikalem Ambiente hält man ein typisch italienisches Angebot mit vielen hausgemachten Teigwaren bereit. Ergänzt wird es durch mündliche Tages-empfehlungen.

**in Birsfelden** *Ost über ④ : 3 km – Höhe 260* – ⊠ *4127 Birsfelden :*

🏨 **Alfa,** Hauptstr. 15, ✆ 0613 156 262, *info@ alfa-hotel-birsfelden.ch,
Fax 0613 156 263* – |🛗| 📞 🅿. – 🏊 15/80. 🕭 ⓞ ⓜ ⓥⓢⓐ                        T m
**Rest** 28 (mittags)/90 und à la carte 38/102 – **51 Zim** ⊆ ✝110/145 ✝✝180/210.
   ◆ In 15 Minuten erreichen Sie von hier aus das Zentrum mit der Strassenbahn. Die funktionellen Zimmer des Hauses bieten eine günstige Alternative zu den Stadthotels.

XX **Waldhaus** 🦢 mit Zim, Ost : 2 km Richtung Rheinfelden, in der Hard,
✆ 0613 130 011, *info@ waldhaus-basel.ch, Fax 0613 789 720,* 🍴 – 🅿 ↻ 60 –
🏊 15/20. 🕭 ⓞ ⓜ ⓥⓢⓐ. 🦢 Zim
*geschl. 23. Dez. - 4. Jan.* – **Rest** (20) 66 und à la carte 35/102 🏵 – **8 Zim** ⊆ ✝126/176 ✝✝192.
   ◆ Idyllisch ist die Lage dieses schönen Fachwerkhauses in einer Parkanlage am Rhein-ufer. Für Kinder ist ein Spielplatz vorhanden, Spaziergänge in der nahen Hard bieten sich an.

**in Muttenz** *über ⑤ : 4,5 km – Höhe 271* – ⊠ *4132 Muttenz :*

🏨 **Baslertor,** St. Jakob-Str. 1, ✆ 0614 655 555, *hotel-baslertor@ balehotels.ch,
Fax 0614 655 550,* 🍴, 🏋 – |🛗|, ⇆ Zim, 📞 🕭, Rest, 🛋 – 🏊 15/20. 🕭 ⓞ ⓜ
ⓥⓢⓐ
**Rest** *(geschl. Mitte Juli - Mitte Aug., Freitag, Samstag und Sonntag) (nur Abendessen)* à la carte zirka 47 – ⊆ 15 – **43 Zim** ✝120/190 ✝✝170/270, 4 Suiten.
   ◆ Im grossen Gebäudekomplex mit Einkaufszentrum stehen moderne Zimmer mit grosszügigem Platzangebot wie auch Appartements mit vollständig eingerichteter Küche zur Verfügung.

**in Binningen** *2 km U – Höhe 284* – ⊠ *4102 Binningen :*

XXX **Schloss Binningen,** Schlossgasse 5, ✆ 0614 212 055, *wdammann@ schloss-bi
nningen.ch, Fax 0614 210 635,* 🍴, 🍸 – 🅿 ↻ 10/20. 🕭 ⓞ ⓜ ⓥⓢⓐ          U r
*geschl. 25. Feb. - 13. März, Sonntag und Montag (ausser Messen und Feiertage)* –
**Rest** (34) 52 (mittags)/98 und à la carte 68/130.
   ◆ Dinieren im Empire Salon, ein trautes tête-à-tête in der Schlossstube und vieles mehr ist in dem alten, stilvoll eingerichteten Rittergut in einer Parkanlage möglich.

XXX **The Castle,** Hasenrainstr. 59, ✆ 0614 212 430, *welcome@ thecastle.ch,* ≼, 🍴 –
🅿 ↻ 60. 🕭 ⓞ ⓜ ⓥⓢⓐ                                                          U c
*geschl. 26. - 30. Dez., 1. - 9. Jan., Samstagmittag, Sonntag und Montag* – **Rest** (32) 55 (mittags)/138 und à la carte 85/130.
   ◆ Dank Hanglage und Panoramafenster geniesst man hier einen herrlichen Ausblick - ausserdem : das elegante Ambiente, den schönen Garten und nicht zuletzt die klassische Küche.

XX **Gasthof Neubad** mit Zim, Neubadrain 4, ℰ 0613 020 705, *gasthof.neubad@d atacomm.ch*, Fax 0613 028 116, 斎 – 余 Zim, 🅿 ⇄ 80. 🆎 🆗 𝗩𝗜𝗦𝗔     U a
*geschl. 24. Feb. - 12. März* – **Rest** *(geschl. Mittwoch)* (22) und à la carte 45/122 –
6 Zim � 🛏125/145 🛏🛏210/240.
• 1742 begann die Geschichte dieses schönen Hauses als Bade- und Gasthof. Heute
speist man hier gutbürgerlich, auch im hübschen Gartenrestaurant.

XX **Krone,** Hauptstr. 127, ℰ 0614 212 042, *mail@kittipon-thai-restaurant.ch*,
Fax 0614 215 995, 斎 – 🅿. 🆎 ⓞ 🆗 𝗩𝗜𝗦𝗔. ✽     U t
*geschl. 26. Dez. - 30. Dez., 6. - 8. März, 15. Juli - 7. Aug., Samstagmittag, Sonntag
und Montag* – **Rest** - thailändische küche - (21) 85 (abends) und à la carte 47/93.
• Die Tramlinie 2 hat direkt hier ihre Endstation. In stimmigem Rahmen wird "Royal
Thai Küche" angeboten, die sich durch geringere Schärfe von der sonstigen Lan-
desküche abhebt.

**in Bottmingen** *4 km* U *– Höhe 292 –* ⊠ *4103 Bottmingen :*

XXX **Weiherschloss,** Schlossgasse 9, ℰ 0614 211 515, *gischig@schlossbottmingen
.ch*, Fax 0614 211 915, 斎, 🍸 – 🅿 ⇄ 15/120. 🆎 ⓞ 🆗 𝗩𝗜𝗦𝗔
*geschl. 23. Dez. - 3. Jan., 26. Feb. - 8. März, 14. - 18. April, 16. Juli - 1. Aug., Sonntag
und Montag* – **Rest** 58 (mittags)/118 und à la carte 89/139 ⚬.
• Die im Barockstil renovierte Wasserburg ist der Mittelpunkt einer schönen Parkanlage. Im schlicht-eleganten Restaurant im Stil Louis XVI wird eine klassische Karte
aufgelegt.

XX **Basilicum,** Margarethenstr. 1, ℰ 0614 217 070, Fax 0614 238 777, 斎 – 🅿. ⓞ
🆗 𝗩𝗜𝗦𝗔
*geschl. 24. Dez. - 3. Jan., 1. - 16. Juli, Montagabend, Samstagmittag, Sonn- und Fei-
ertage* – **Rest** (21) 75 (abends) und à la carte 51/76.
• Das helle, freundliche Restaurant liegt direkt an der Hauptstrasse, eine Tramstation
vor der Tür. Die zeitgemässe Karte reicht von regional bis mediterran.

---

**BASSECOURT** *2854 Jura (JU)* 🗼🗼🗼 *I5 – 3 444 h. – alt. 478.*
*Bern 76 – Delémont 11 – Basel 56 – Biel 41 – Montbéliard 57.*

XX **Croix Blanche** avec ch, 51 r. Colonel Hoffmeyer, ℰ 0324 267 189, *office@cb-
jobin.ch*, Fax 0324 266 049, 斎 – 🅿 – 🔒 50. 🆎 🆗 𝗩𝗜𝗦𝗔
*fermé 23 juil. au 13 août* – **Rest** *(fermé sam. midi et dim.)* (16.50) 58/92 et à la carte
40/99 – **9 ch** � 🛏150 – ½ P suppl. 20.
• Sur la traversée du bourg, grande maison de pays offrant le choix entre un repas
simple dans la grande salle rustique ou plus raffiné dans la salle agrémentée d'une
mezzanine.

---

**BAUEN** *6466 Uri (UR)* 🗼🗼🗼 *P7 – 209 Ew. – Höhe 440.*
**Sehenswert :** *Lage★.*
*Bern 164 – Luzern 50 – Altdorf 11.*

XX **Zwyssighaus,** ℰ 0418 781 177, *zemp@zwyssighaus.ch*, Fax 0418 781 077,
≤ See und Berge, 斎 – ⇄ 18. 🆎 ⓞ 🆗 𝗩𝗜𝗦𝗔
*geschl. 20. Feb. - 7. März, 1. Nov. - 14. Dez., Montag und Dienstag* – **Rest** (Tischbestellung ratsam) 78/98 und à la carte 51/97.
• Gleich bei der Kirche dieses hübschen Dorfes steht das Geburtshaus des Kom-
ponisten der Schweizer Nationalhymne, Alberik Zwyssig. Klassische Küche in heimeliger Atmosphäre.

---

**BAUMA** *8494 Zürich (ZH)* 🗼🗼🗼 *R5 – 4 200 Ew. – Höhe 639.*
*Bern 163 – Zürich 40 – Frauenfeld 38 – Rapperswil 22 – Winterthur 25.*

🏠 **Heimat,** Seewadel, Richtung Rapperswil : 1 km, Tösstalstr. 190, ℰ 0523 861 166,
Fax 0523 862 560, 斎 – 🅿. 🆎 ⓞ 🆗 𝗩𝗜𝗦𝗔
*geschl. 10. Jan. - 15. Feb.* – **Rest** *(geschl. Montag) (nur Abendessen ausser Samstag
und Sonntag)* 78 und à la carte 35/85 – **14 Zim** � 🛏75/80 🛏🛏140/150 – ½ P
Zuschl. 28.
• Der Landgasthof befindet sich ausserhalb des Ortes - ein gut geführtes kleines
Hotel mit gepflegten und solide möblierten Gästezimmern. Bürgerlich-rustikales
Restaurant mit traditioneller Küche.

**BEATENBERG** 3803 Bern (BE) 🔢🔢🔢 L9 – 1187 Ew. – Höhe 1150.

Sehenswert : *Niederhorn*★★.

**Lokale Veranstaltung**

*22.09 : "Chästeilet", Volksfest.*

🄱 *Besatenberg Tourismus*, 𝒫 0338 411 818, info@beatenberg.ch, *Fax 0338 411 808.*

*Bern 66 – Interlaken 10 – Brienz 28.*

🏨 **Mercure Beatenberg-Interlaken** ⤴, 𝒫 0338 414 111, h5339@accor.com, *Fax 0338 414 144*, ≤ Thunersee und Berneralpen, ⛵, ◻, 🖼, – 🛗 📞 🏃 🚗 🅿 – 🛁 15/120. 🅰🅴 ⓞ ◍ 𝗩𝗜𝗦𝗔, 🍴 Rest

**Rest** (19) 32 (mittags)/42 und à la carte 42/79 – **30 Zim** ⊇ ✦104/136 ✦✦159/245, 100 Suiten – ½ P Zuschl. 38.

♦ Ruhig ist die Lage dieses Hotels, schön der Blick auf den Thunersee und die Alpen. Besonders gut ist das Platzangebot in den Maisonnetten und Appartements. Restaurant in ländlichem Stil.

🏨 **Gloria** ⤴, Lindenweidli 115, 𝒫 0338 410 000, info@hotel-gloria.ch, *Fax 0338 410 001*, ≤ Jungfraugebiet und Thunersee, 🏡 – 🛗, ⭇ Zim, 🅿 🅰🅴 ⓞ ◍ 𝗩𝗜𝗦𝗔, 🍴 Rest

*geschl. 28. Nov. - 14. Dez., April 2 Wochen, Montag und Dienstag vom 17. Okt. - 30. April* – **Rest** (19.50) und à la carte 40/74 – **16 Zim** ⊇ ✦75/95 ✦✦140/160 – ½ P Zuschl. 25.

♦ Ein kleines Hotel in herrlicher Aussichtslage. Die Gästezimmer sind praktisch in rustikalem Stil eingerichtet und sehr gepflegt. Ländliches Restaurant mit Terrasse.

**in Waldegg** *Ost : 1 km – Höhe 1200 –* ✉ *3802 Waldegg :*

🏔 **Eiger** ⤴ garni, 𝒫 0338 411 212, hotel-eiger@bluewin.ch, Fax 0338 411 756, ≤ Jungfraugebiet, ⛵, 🌳 – ⭇ Zim, 🅿

*geschl. 1. - 22. Dez., 13. März - 7. April, 6. Nov. - 22. Dez.* – **6 Zim** ⊇ ✦70 ✦✦130/140.

♦ Ein regionstypisches, holzverkleidetes kleines Chalet, das mit seiner familiären, privaten Atmosphäre gefällt. Von den Zimmern hat man eine schöne Sicht.

🏔 **Beausite** ⤴, 𝒫 0338 411 941, ferien@hotel-beausite.ch, Fax 0338 411 943, ≤ Jungfraugebiet, 🏡 – ⭇ Zim, 🅿 🅰🅴 ◍ 𝗩𝗜𝗦𝗔, 🍴 Rest

*geschl. 15. Nov. - 18. Dez.* – **Rest** *(geschl. 1. Nov. - 18. Dez. und Mittwoch)* (kleine Karte) (18) und à la carte 33/57 – **11 Zim** ⊇ ✦57/85 ✦✦112/134 – ½ P Zuschl. 26.

♦ Die Zimmer in diesem Haus sind mit bemalten Bauernmöbeln in rustikalem Stil eingerichtet. Sehr nett ist die Lage mit tollem Blick auf das Jungfraugebiet. Restaurant mit ländlichem Charakter. Terrasse.

---

**BECKENRIED** 6375 Nidwalden (NW) 🔢🔢🔢 P7 – 2893 Ew. – Höhe 435 – Wintersport : 1600/2001 m ✦1 ✦8.

**Lokale Veranstaltung**

*03.12 : "Samichlaus Märcht und Umzug".*

🄱 *Tourismusbüro, Seestr. 1/Schiffstation*, 𝒫 0416 203 170, info@tourismus-beckenried.ch, *Fax 0416 203 205.*

*Bern 135 – Luzern 22 – Andermatt 39 – Brienz 57 – Schwyz 34 – Stans 12.*

🏨 **Sternen**, Buochserstr. 54, 𝒫 0416 245 555, seehotel-sternen@bluewin.ch, *Fax 0416 245 556*, ≤ Vierwaldstättersee, 🏡, 🚤, 🌳 – 🛗, ⭇ Zim, ♿ Rest, 🅿 ⓞ ◍ 𝗩𝗜𝗦𝗔

**Rest** (18.50) und à la carte 50/93 – **41 Zim** ⊇ ✦100/140 ✦✦160/200 – ½ P Zuschl. 45.

♦ Ein schön gelegenes Seehotel, dessen Zimmer mit hellem Naturholz ausgestattet sind und teils einen Ausblick auf Wasser und Berge bieten. Sie speisen in verschiedenen rustikalen Stuben oder auf der Terrasse.

---

**BEDIGLIORA** 6981 Ticino (TI) 🔢🔢🔢 R13 – 488 ab. – alt. 615.

*Bern 290 – Lugano 14 – Bellinzona 37 – Locarno 50 – Varese 26.*

**a Banco-Nerocco** *Nord : 2 km – alt. 582 –* ✉ *6981 Banco :*

🍴 **Osteria la Palma**, a Nerocco, 𝒫 0916 081 118, 🏡 – 🅿 🅰🅴 ◍ 𝗩𝗜𝗦𝗔, 🍴

*chiuso dal 24 dicembre al 4 gennaio, dal 1° febbraio al 1° marzo, martedì sera (salvo luglio ed agosto) e mercoledì* – **Rist** (18) ed alla carta 41/67.

♦ Costruzione di campagna con due sale di cui una per il servizio estivo all'aperto, sotto un fiorito pergolato in legno. Piatti genuini, la specialità sono i risotti.

**BEGNINS** *1268 Vaud (VD)* 552 *B10 – 1340 h. - alt. 541.*
*Bern 129 – Lausanne 34 – Champagnole 61 – Genève 29.*

　XX　**Auberge de l'Ecu Vaudois** avec ch, 1 rte de Saint-Cergue, ℰ 0223 664 975,
　　*auberge@ecuvaudois.ch, Fax 0223 664 963,* 🏠 – 📺 ᕁ 🅿 ⇔ 15 – 🔥 15/100. 🖭
　　❶ ⓶ 𝘝𝘐𝘚𝘈
*fermé 24 déc. au 3 janv. – Rest (fermé dim. sauf le midi d'oct. au 14 mai et lundi)*
48 (midi)/108 et à la carte 64/101 – **Café : Rest** (15) et à la carte 45/91 – **5 ch**
☲ ★85/130 ★★160/225.
◆ Ancienne auberge communale rénovée abritant quelques chambres modernes et
une salle à manger contemporaine où l'on vient faire des repas soignés, dans le tempo
actuel. Brasserie présentant une carte traditionnelle. Caveaux et "Carnotzet des Vignerons".

**BELALP** *Wallis* 552 *M11 – siehe Blatten bei Naters.*

**BEINWIL AM SEE** *5712 Aargau (AG)* 551 *N5 – 2572 Ew. – Höhe 519.*
*Bern 100 – Aarau 22 – Luzern 31 – Olten 36 – Zürich 53.*

　🏠　**Seehotel Hallwil** 🕭, Seestr. 79, ℰ 0627 658 030, *hotel@seehotel-hallwil.ch,*
　　*Fax 0627 658 040,* ≤, 🏠 – ⟷ 🅿 – 🔥 60. 🖭 ❶ ⓶ 𝘝𝘐𝘚𝘈. 🕸
*geschl. 24. Dez. – 7. Jan. – Rest (nur Abendessen)* 45 (mittags)/85 à la carte 42/95
– **12 Zim** ☲ ★105 ★★175 – ½ P Zuschl. 45.
◆ In den beiden ruhig am See gelegenen Hotelgebäuden finden Sie moderne Zimmer.
Einfach-rustikal präsentieren sich die Restaurantstuben. Im Sommer : grosse Terrasse
am Seeufer.

**BELLEVUE** *Genève* 552 *B11 – rattaché à Genève.*

> Come scegliere fra due strutture equivalenti? In ogni categoria,
> hotel e ristoranti sono organizzati per ordine di preferenza:
> ai primi posti, le scelte Michelin.

**BELLINZONA** *6500* © *Ticino (TI)* 553 *S12 – 16693 ab. – alt. 240.*
　Vedere : *Castelli★ : castello di Montebello★, ≤★ dal castello di Sasso Corbaro.*
　**Manifestazioni locali**
　*23.02 - 28.02 : "Rabadan" corteo mascherato ed animazione carnevalesca*
　*24.04 - 31.05 : Pianoforte, festival pianistico.*
　🛈 *Ente turistico di Bellinzona e dintorni, Palazzo Civico, piazza Nosetto 5,*
　ℰ *0918 252 131, info@bellinzonaturismo.ch, Fax 0918 214 120.*
　🅑 *viale Stazione 8A,* ℰ *0918 216 160, Fax 0918 216 150.*
　*Bern 247 – Locarno 20 – Andermatt 84 – Chur 115 – Lugano 28.*

　🏠　**Unione,** via Generale Guisan 1, ℰ 0918 255 577, *info@hotel-unione.ch,*
　　*Fax 0918 259 460,* 🏠 – 📺, ⟷ cam, 🍽 rist, – 🔥 15/300. 🖭 ❶ ⓶ 𝘝𝘐𝘚𝘈. 🕸 rist
*chiuso dal 21 dicembre al 15 gennaio – Da Marco (chiuso domenica e giorni festivi)*
**Rist** (32) 39 ed alla carta 52/79 – **33 cam** ☲ ★145/170 ★★210/240 – ½ P sup.
30.
◆ Ubicato lungo la strada principale, comodo hotel indicato anche per una cli-
entela d'uomini d'affari. Camere funzionali e dal confort attuale. Il ristorante propone una carta tradizionale con orientamento internazionale, in un ambiente classico.

　XXX　**Castelgrande,** Salita al Castello, ℰ 0918 262 353, *info@castelgrande.ch,*
　　*Fax 0918 262 365,* 🏠 – 🍽 ⇔ 150. 🖭 ❶ ⓶ 𝘝𝘐𝘚𝘈
**Rist** *(chiuso lunedì)* 39 (mezzogiorno)/108 ed alla carta 76/134 – **Grottino San
Michele :** *(chiuso lunedì e la sera dal fine ottobre al 3 aprile)* **Rist** (18) 25 ed alla carta
32/54.
◆ Lasciatevi sorprendere dal moderno ed elegante ristorante nel contesto medievale
del castello. Cucina raffinata e ampia scelta di vini. Una bella alternativa al Ristorante
Castelgrande il grottino San Michele propone una cucina tradizionale. Terrazza pa-
noramica.

XX **Orico** (Albrici), via Orico 13, ℰ 0918 251 518, *info@locandaorico.ch*,
Fax 0918 251 519 – ⨯ ▤, ◭ ⓪ ◍ ⟦VISA⟧, ⨯
*chiuso dal 12 al 16 febbraio, dal 16 luglio al 15 agosto, domenica e lunedì –* Rist (30)
40 (mezzogiorno)/99 ed alla carta 84/120.
**Spec.** Involtini di tonno rosa alla mousse di asparagi selvatici, vinaigrette all'extra
vergine di Lenno (primavera). Suprema di fagiano brasata al forno, intingolo alle len-
ticchie profumato al rosmarino (autunno). Spalla di agnello dei Pirenei candita allo
scalogno, dadolata di vendurine e patate al timo selvatico (inverno). **Vini** Merlot del
Ligornetto e Sementina
♦ Un locale attraente, piccolino, con due sale curate ed eleganti dove lasciarsi stupire
da una cucina italiana ricercata e ricca d'inventiva.

X **Osteria Sasso Corbaro,** Salita al Castello Sasso Corbaro, Est : 4 km,
ℰ 0918 255 532, *athosluzzi@bluewin.ch*, ⩲ – ▣ ⇔ 35. ◭ ⓪ ◍ ⟦VISA⟧. ⨯
*chiuso dal 10 gennaio al 13 febbraio, domenica sera e lunedì –* Rist (prenotare) 50
ed alla carta 55/80.
♦ Dimenticate il presente nell'amena cornice medievale del più alto dei tre castelli :
in estate mangiate nella stupenda corte interna. Sale rinnovate, buona cucina locale.

X **Pedemonte,** via Pedemonte 12, ℰ 0918 253 333, Fax 0918 253 333, ⩲ – ⨯
⇔ 10. ◍ ⟦VISA⟧
*chiuso una settimana in febbraio, dal 9 luglio al 22 agosto, sabato mezzogiorno e
lunedì –* Rist (prenotare) (15) 40/80 (sera) ed alla carta 54/81 ⸖.
♦ Ambiente intimo per cenette "tête-à-tête". Scoprite i nuovi sapori della lista letta
a voce, creati con prodotti locali, rispettando il susseguirsi delle stagioni.

X **Osteria Malakoff,** Carrale Bacilieri 10, Ravecchia, presso dell'ospedale,
ℰ 0918 254 940, Fax 0918 263 714, ⩲ – ⇔ 12. ◍ ⟦VISA⟧
*chiuso dal 1° al 15 gennaio, domenica e giorni festivi –* Rist (18) 35 (mezzogiorno)/68
ed alla carta 54/87.
♦ A pranzo menù fisso ma la sera apprezzate le numerose proposte alla carta, più
elaborate, in questo simpatico locale a conduzione familiare.

**sull'autostrada N2 (direzione Nord)** *Sud-Ovest : 2 km :*

🏨 **Mövenpick Benjaminn** senza rist, Area di servizio Bellinzona Sud,
✉ 6513 Monte Carasso, ℰ 0918 570 171, *hotel.benjaminn@moevenpick.com*,
Fax 0918 577 635 – ⧈ ⨯ ℰ ﹠ ▣ – 🛎 20. ◭ ⓪ ◍ ⟦VISA⟧
⌕ 16 – **55 cam** ✶110/140 ✶✶160/190.
♦ Tappa ideale per chi viaggia in direzione del Gottardo : vi si accede unicamente
dall'area di servizio Bellinzona sud. Camere tutte identiche, funzionali e ben isolate.

> La guida vive con voi: parlateci delle vostre esperienze.
> Comunicateci le vostre scoperte più piacevoli e le vostre delusioni.
> Buone o cattive sorprese? Scriveteci!

---

**BELLWALD** *3997 Wallis (VS)* 🔢🔢🔢 *N11 – 462 Ew. – Höhe 1 560.*
*Bern 157 – Brig 26 – Domodossola 89 – Interlaken 103 – Sion 79.*

🏠 **Zur alten Gasse,** ℰ 0279 712 141, *alte-gasse@rhone.ch*, Fax 0279 711 204, ≤,
⩲, ⩱ – ⧈ ▣ ◭ ⓪ ◍ ⟦VISA⟧
*16. Dez. - 16. April und 31. Mai - 19. Okt. –* Rest (26) 37 (mittags)/74 und à la carte
39/95 – **15 Zim** ⌕ ✶93/113 ✶✶156/196 – ½ P Zuschl. 35.
♦ Das kleine Hotel in erhöhter Lage bei der Sesselbahnstation verfügt über helle,
modern eingerichtete Gästezimmer, die meisten mit Balkon. Nettes rustikales Restaurant mit sorgfältig zubereiteter zeitgemässer Küche.

🏠 **Bellwald** ⸖, ℰ 0279 701 283, *info@hotel-bellwald.ch*, Fax 0279 701 284,
≤ Berge und Rhonetal, ⩲ – ﹠ Zim, ▣ ◭ ⓪ ◍ ⟦VISA⟧. ⨯
*18. Dez. - 17. April und 21. Mai - Ende Okt. –* Rest (geschl. Montag in Juni und Sept.)
(26) 56 und à la carte 39/86 – **16 Zim** ⌕ ✶90/120 ✶✶140/170 – ½ P Zuschl. 30.
♦ Von den Balkonen der hell und neuzeitlich gestalteten Südzimmer der ruhig gelegenen Chalets bietet sich ein schöner Ausblick auf Rhonetal und Berge. In den rustikalen Gaststuben und im modernen Wintergarten serviert man traditionelle
Gerichte.

**BERGÜN** (BRAVUOGN) *7482 Graubünden (GR)* **563** *W10 – 507 Ew. – Höhe 1372.*
*Bern 291 – Sankt Moritz 32 – Chur 54 – Davos 39.*

🏠 **Bellaval** 🐾 garni, 𝄞 0814 071 209, *bellaval@berguen.ch, Fax 0814 072 164,* ≼,
🚃 – ⇆ **P**. **AE** **MO** **VISA**. ⚘
*geschl. 12. März - 30. April und 30. Nov. - 11. Dez.* – **7 Zim** ⊇ ✦60/75 ✦✦130/150.
♦ Dieses nette kleine Hotel beherbergt Sie in geräumigen Zimmern, die mit hellem
Naturholz und Laminatboden modern und funktionell eingerichtet sind - mit Balkon
oder Terrasse.

---

**BERIKON** *8965 Aargau (AG)* **551** *O5 – 4393 Ew. – Höhe 550.*
*Bern 114 – Aarau 36 – Baden 17 – Dietikon 14 – Wohlen 12 – Zürich 18.*

🍴 **Stalden** mit Zim, Friedlisbergstr. 9, 𝄞 0566 331 135, *info@stalden.com,*
🕾 *Fax 0566 337 188,* 🕮 – **P** ⇔ 20/80. **AE** **①** **MO** **VISA**
*geschl. 30. Jan. - 12. Feb., 10. Juli - 6. Aug., Montag und Dienstag* – **Rest** (17.50) 29
(mittags)/72 und à la carte 41/80 – **8 Zim** ⊇ ✦80 ✦✦110.
♦ Der Gasthof liegt versteckt am Ende des Ortes. Im netten, gemütlichen Restaurant
oder auf der Terrasse serviert man Ihnen zeitgemässe Gerichte. Einfache, gepflegte
Zimmer.

---

**BERLINGEN** *8267 Thurgau (TG)* **551** *S3 – 749 Ew. – Höhe 403.*
*Bern 184 – Sankt Gallen 67 – Frauenfeld 20 – Konstanz 16 – Schaffhausen 34 –
Singen 23.*

🏨 **Seehotel Kronenhof,** Seestr. 101, 𝄞 0527 625 400, *info@seehotel-kronenh
of.ch, Fax 0527 625 481,* ≼ Bodensee, 🕮, 🕮ᴳₛ, 🛁, – |🛗|, ⇆ Zim, 🅺 ᵹ **P** –
🛗 15/80. **AE** **①** **MO** **VISA**
*geschl. 19. Dez. - 8. Jan.* – **Rest** 80/90 (abends) und à la carte 46/96 – **47 Zim** ⊇
✦160/240 ✦✦240/270 – ½ P Zuschl. 38.
♦ Direkt am Ufer befindet sich das renovierte Hotel. Die Zimmer mit schönem Blick
auf den Untersee sind im gleichen Stil mit neuzeitlich-zweckmässigen Möbeln eingerichtet. Modernes Restaurant mit schöner Terrasse am Seeufer.

Blick auf Bern

# BERN (BERNE)

3000 Ⓚ Bern (BE) 551 J7 – 122 299 Ew. – Höhe 548

Biel 35 ① – Fribourg 34 ③ – Interlaken 59 ② – Luzern 111 ② – Zürich 125 ①.

🛈 Bern Tourismus, Bahnhofplatz 10 A DY. Bern Tourismus, Am Bärengraben FZ, ℘ 0313 281 212, info@berninfo.com, Fax 0313 281 277.

🕸 Thunstr. 63, ℘ 0313 563 434, Fax 0313 563 435 FZ.

🎭 Theaterplatz 13, ℘ 0313 113 813, Fax 0313 112 637 EZ.

✈ Bern-Belp, ℘ 0319 602 111 BX.

## Fluggesellschaft

Swiss International Air Lines Ltd., ℘ 0848 852 000.

## Lokale Veranstaltung

*27.11 : Zwiebelmarkt.*

🏌 Bern/Moossee in Münchenbuchsee, ✉ 3053, ℘ 0318 685 050, Fax 0318 685 049, Nord : 11 km Richtung Münchenbuchsee-Schönbühl.

🏌 Blumisberg in Wünnewil ✉ 3184 (Mitte März-Mitte Nov.) ℘ 0264 963 438, Fax 0264 963 523. Süd-West : 18 km über ③.

🏌 in Oberburg ✉ 3414 (März-Nov.) ℘ 0344 241 030, Fax 0344 241 034, Nord-Ost : 20 km Richtung Burgdorf.

🏌 Aaretal in Kiesen, ✉ 3629, ℘ 0317 820 000, Süd : 22 km Richtung Thun.

**Sehenswert** : *Alt-Bern*★★ : *Marktgasse*★ DZ, *Zeitglockenturm*★ EZ **C**, *Kramgasse*★ EZ, *Ausblicke*★ *von der Nydeggbrücke* FY, *Bärengraben*★ FZ, *Münster St. Vinzenz*★ EZ : *Bogenfeld*★★, *Rundblick*★★ *vom Turm* EZ – *Rosengarten* FY : *Blick*★ *auf die Altstadt* – *Botanischer Garten*★ DY – *Tierpark im Dählhölzli*★ BX – *Bruder-Klausenkirche*★ BX **B**.

**Museen** : *Kunstmuseum*★★ DY – *Zentrum Paul Klee* BX – *Naturhistorisches Museum*★★ EZ – *Bernisches Historisches Museum*★★ EZ – *Schweizerisches Alpines Museum*★★ EZ – *Museum für Kommunikation*★ EZ.

**Ausflugsziele** : *Gurten*★★ AX.

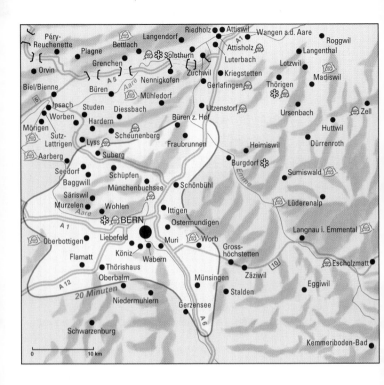

🏨🏨🏨 **Bellevue Palace,** Kochergasse 3, ⊠ 3001, ℰ 0313 204 545, *direktion@bellev ue-palace.ch*, Fax 0313 114 743, ≤, 🍴 – 🔄, 🗄 Zim, ✆ 🚫 – 🏋 15/350. 🆎 ⓪ 🅜🅒
🆅🅸🆂🅰 . ✂ Rest
EZ p
*Bellevue Grill / Bellevue Terrasse (Grill : geschl. mittags und im Sommer ; Ter-rasse : geschl. abends im Winter)* Rest 68 (mittags)/125 und à la carte 84/151 –
**115 Zim** ⊇ ✦350/430 ✦✦460/540, 15 Suiten.
♦ Ein Hauch Noblesse durchzieht das nach einem Umbau wieder eröffnete Luxus-hotel. Die Kombination von Moderne und Klassik macht es zu einer exklusiven Residenz. Von der Terrasse des Restaurants geniessen Sie einen wunderschönen Blick auf die Aare.

🏨🏨 **Allegro,** Kornhausstr. 3, ⊠ 3013, ℰ 0313 395 500, *info@kursaal-bern.ch*,
☎ Fax 0313 395 510, ≤, 🍴, 🔽, 🗫 – 🔄, 🗫 Zim, 🗄 Zim, ✆ 🚫 🄿 – 🏋 15/350. 🆎
ⓘ ⓜ🅒 🆅🅸🆂🅰
EY a
Rest (siehe auch Rest. **Meridiano**) – **Allegretto :** Rest (19.50) 38 (mittags)/65 und
à la carte 57/93 – ⊇ 25 – **171 Zim** ✦220/255 ✦✦300/450.
♦ Ein trendiges Hotel, das mit seiner topmodernen und funktionellen Ausstattung besonders auf den Businessgast ausgelegt ist. Im Haus befindet sich auch ein Kasino. Freundliches Ambiente und zeitgemässe Küche im Allegretto.

🏨🏨 **Innere Enge** 🦢, Engestr. 54, ⊠ 3012, ℰ 0313 096 111, *info@zghotels.ch*,
Fax 0313 096 112, 🍴 – 🔄, 🗫 Zim, ✆ 🚫 🄿 – 🏋 20. 🆎 ⓘ
ⓜ🅒 🆅🅸🆂🅰
AX n
Rest (22) 50 (mittags)/75 und à la carte 50/103 – **26 Zim** ⊇ ✦220/260
✦✦270/290.
♦ Ein ruhiges Haus fast im Grünen. Die Zimmer mit elegantem Mobiliar und pro-venzalischer Farbgebung. Sie frühstücken im historischen Pavillon. Stadtbekannter Jazzkeller. Einladend : Café und Restaurant im Bistro-Brasseriestil.

# STRASSENVERZEICHNIS BERN

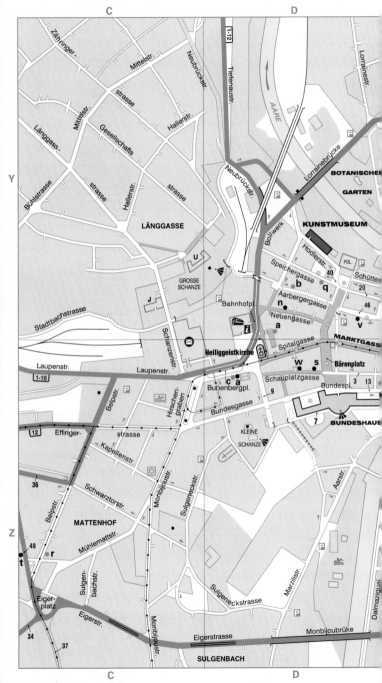

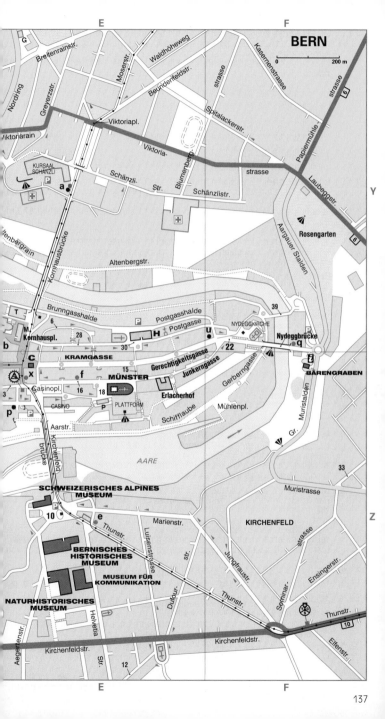

**HOTELBERN,** Zeughausgasse 9, ⊠ 3011, ✆ 0313 292 222, hotelbern@hotelbe rn.ch, Fax 0313 292 299, ⌂ – |‡|, ⇔ Zim, ✦ ७ – 🛋 15/120. ஊ ⓞ ⓞ VISA EY b
*Kurierstube (geschl. Juli und Sonntag)* **Rest** (27) 33 (mittags)/68 und à la carte 52/111 – *7 Stube :* **Rest** (17) und à la carte 40/98 – **100 Zim** ⊇ ✦205/240 ✦✦250/310.
• Im Zentrum situiert und stolz den Namen der Stadt und des Kantons tragend, bietet das Altstadthaus neben farbenfrohen modernen Zimmern auch gute Seminarmöglichkeiten. Die Kurierstube ist klassisch-elegant eingerichtet. Rustikal die 7-Stube.

**Savoy** garni, Neuengasse 26, ⊠ 3011, ✆ 0313 114 405, info@zghotels.ch, Fax 0313 121 978 – |‡| ⇔ ▤ ✦ ஊ ⓞ ⓞ VISA DY n
**56 Zim** ⊇ ✦205/225 ✦✦270/290.
• Das Berner Altstadthaus befindet sich in der Fussgängerzone. Die Zimmer sind von guter Grösse, frisch, geschmackvoll und mit moderner Technik eingerichtet.

**Belle Epoque,** Gerechtigkeitsgasse 18, ⊠ 3011, ✆ 0313 114 336, info@belle-epoque.ch, Fax 0313 113 936, ⌂ – |‡|, ⇔ Zim, ✦ ७ Zim. ஊ ⓞ ⓞ VISA FY u
**Rest** (mittags nur Snacks) (18) 65 (abends) und à la carte 51/95 – ⊇ 19 – **17 Zim** ✦245 ✦✦340 – ½ P Zuschl. 68.
• Jugendstilelemente begleiten Sie von der schönen Rezeption bis in die geschmackvoll gestalteten Zimmer dieser charmanten Adresse inmitten des UNESCO-Weltkulturerbes. Im Restaurant serviert man mittags Snacks und abends als Spezialität Bratenstück vom Wagen.

**Bristol** garni, Schauplatzgasse 10, ⊠ 3011, ✆ 0313 110 101, reception@bristo lbern.ch, Fax 0313 119 479, ⇌ – |‡| ⇔ ✦ ஊ ⓞ ⓞ VISA ⊗ Rest
**92 Zim** ⊇ ✦195/215 ✦✦255/310. DZ w
• Das alte renovierte Stadthaus beherbergt Sie in modernen Zimmern mit hellem Massivholzmobiliar. Die kleine Sauna teilt man sich mit dem Hotel Bern.

**Bären** garni, Schauplatzgasse 4, ⊠ 3011, ✆ 0313 113 367, reception@baeren bern.ch, Fax 0313 116 983, ⇌ – |‡| ⇔ ✦ ஊ ⓞ ⓞ VISA DZ s
**57 Zim** ⊇ ✦195/215 ✦✦255/310.
• Nur einen Steinwurf vom Bundesplatz entfernt gelegenes Hotel mit modern eingerichteten Zimmern und guter, kompletter Ausstattung für Geschäftsreisende.

**Ambassador,** Seftigenstr. 99, ⊠ 3007, ✆ 0313 709 999, ambassador@fhotel s.ch, Fax 0313 714 117, ≤, ₭₰, ⇌, ▨ – |‡|, ⇔ Zim, ▤ ✦ ⇌ 🅿 – 🛋 15/180. ஊ ⓞ ⓞ VISA AX v
*Teppan Taishi* - japanische Küche - *(geschl. Anfang Juli - Mitte Aug., Sonntag und Montag) (nur Menu)* **Rest** (19) 30 (mittags)/115 – *Pavillon :* **Rest** (17.50) 30 und à la carte 44/92 – ⊇ 18 – **97 Zim** ✦170/195 ✦✦210/235.
• Dieses am Stadtrand gelegene Geschäftshotel bietet seinen Gästen topmoderne praktische Zimmer mit dunkelbraunem Furnierholzmobiliar. Japanisch kocht man im Teppan Taishi. Zeitgemäss ist die Karte im hellen Pavillon ausgerichtet.

**Novotel,** Am Guisanplatz 2, ⊠ 3014, ✆ 0313 390 909, H5009@accor.com, Fax 0313 390 910 – |‡|, ⇔ Zim, ▤ ✦ ७ Zim, ⇌ – 🛋 15/120. ஊ ⓞ ⓞ VISA BX b
**Rest** (23) und à la carte 44/84 – ⊇ 25 – **112 Zim** ✦175/220 ✦✦195/240.
• Direkt beim Berner Expo-Gelände und nicht weit vom neuen Wankdorf-Stadion gelegenes Hotel mit modernen, technisch gut ausgestatteten Zimmern. Neuzeitliches, helles Restaurant. In der stilgerechten Bar huldigt man den WM-Helden von 1954.

**Kreuz,** Zeughausgasse 41, ⊠ 3011, ✆ 0313 299 595, info@hotelkreuz-bern.ch, Fax 0313 299 596, ⌂, ₭₰ – |‡|, ⇔ Zim, ✦ ७ Rest – 🛋 15/120. ஊ ⓞ ⓞ VISA DY v
**Rest** (1. Etage) *(geschl. 1. Juli - 7. Aug., Samstag und Sonntag)* (18.50) und à la carte 31/63 – **100 Zim** ⊇ ✦150/155 ✦✦210.
• Das Kongresshotel Kreuz bietet funktionelle, mit grauem Einbaumobiliar ausgestattete Zimmer. Es stehen auch verschiedene Seminarräume zur Verfügung.

**CITY** garni, Bahnhofplatz, ⊠ 3011, ✆ 0313 115 377, city@fhotels.ch, Fax 0313 110 636 – |‡| ஊ ⓞ ⓞ VISA DZ a
⊇ 18 – **58 Zim** ✦135/170 ✦✦175/210.
• Das Hotel liegt in unmittelbarer Nähe des Bahnhofs. Die modernen Zimmer sind mit schlichten, zeitlosen Möbeln ausgestattet und haben durchweg Parkettboden.

**Astoria**, Zieglerstr. 66, ✉ 3007, ℰ 0313 786 666, info@astoria-bern.ch, Fax 0313 786 600, 🌫 – 📳, ✛⊷ Zim, 🛎 🖐, Rest, 🄿 – 🏊 15/50. 🄰🄴 ⑩ 🅌🄾 𝗩𝗜𝗦𝗔 🕳 Rest

CZ t

Rest (geschl. 23. Dez. - 9. Jan., Samstagmittag, Sonn- und Feiertage) (18.50) und à la carte 35/66 – **62 Zim** ⊆ ✚140/150 ✚✚180/195.

♦ Nicht weit vom Stadtzentrum findet der Gast hier helle praktische Zimmer mit dunklem Einbaumobiliar vor. Netter Frühstücksraum mit bequemen Korbstühlen und kleiner Terrasse. Restaurant im Bistrostil mit traditionellen und griechischen Gerichten.

**Jardin,** Militärstr. 38, ✉ 3014, ℰ 0313 330 117, info@hotel-jardin.ch, Fax 0313 330 943, 🌫 – 📳 🛎 🄿 – 🏊 15/80. 🄰🄴 ⑩ 🅌🄾 𝗩𝗜𝗦𝗔

BX w

Rest (geschl. 10. Juli - 7. Aug., Samstagabend und Sonntag) (16.50) und à la carte 31/74 – **18 Zim** ⊆ ✚110/130 ✚✚155 – ½ P Zuschl. 25.

♦ Das familiär geführte Haus liegt in einem Wohnquartier am Rande des Kasernenareals. Die Zimmer sind schlicht, gepflegt und mit neuzeitlicher Technik ausgestattet.

**Ibis** garni, Guisanplatz 4, ✉ 3014, ℰ 0313 351 200, H5007@accor.com, Fax 0313 351 210 – 📳 🖿 🛎 🚗. 🄰🄴 ⑩ 🅌🄾 𝗩𝗜𝗦𝗔

BX b

⊆ 14 – **96 Zim** ✚112/129 ✚✚112/129.

♦ Eine einfache, praktische und preiswerte Übernachtungsadresse mit hell möblierten, sauberen Zimmern. An der Bar bietet man 24 Stunden Snacks.

**Meridiano** - Hotel Allegro, Kornhausstr. 3, ✉ 3013, ℰ 0313 395 245, info@kursaal-bern.ch, Fax 0313 395 510, ≼ Bern und Berge, 🌫 – 🖿 🄿. 🄰🄴 ⑩ 🅌🄾 𝗩𝗜𝗦𝗔

EY a

geschl. Mitte Juli - Mitte Aug., Samstagmittag, Sonntag und Montag – **Rest** 54 (mittags)/155 und à la carte 88/153.

♦ Die moderne mediterrane Küche und die einzigartige Panoramaterrasse machen den besonderen Reiz des in der 5. Etage des Hotels Allegro angesiedelten Restaurants aus.

**Jack's Brasserie,** Bahnhofplatz 11, ✉ 3011, ℰ 0313 268 080, jacks@schweizerhof-bern.ch, Fax 0313 268 090 – 🖿. 🄰🄴 ⑩ 🅌🄾 𝗩𝗜𝗦𝗔

DY e

Rest (35) 52 (mittags)/80 und à la carte 65/111.

♦ Das im Stil einer gehobenen Brasserie gehaltene, mit Polsterbänken eingerichtete Lokal bietet eine zeitgemäss ausgerichtete Küche.

**Schöngrün,** Monument im Fruchtland 1, beim Zentrum Paul Klee, ✉ 3006, ℰ 0313 590 290, info@restaurants-schoengruen.ch, Fax 0313 590 291, 🌫 – ✛⊷ 🖿 ⇔ 15/25. 🄰🄴 ⑩ 🅌🄾 𝗩𝗜𝗦𝗔

BX d

Rest (geschl. Montag) (Tischbestellung ratsam) 54 (mittags)/145 und à la carte 64/119.

♦ So modern wie das Design des Wintergartens ist auch der Küchenstil dieses trendigen Restaurants. Aufwändig werden die schmackhaften Speisen präsentiert.

**Mille Sens,** Bubenbergplatz 9, in der Markthalle, ✉ 3011, ℰ 0313 292 929, info@millesens.ch, Fax 0313 292 991 – 🄰🄴 ⑩ 🅌🄾 𝗩𝗜𝗦𝗔

DZ a

geschl. Sonn- und Feiertage ; in Juni - Aug. auch Samstagmittag – **Rest** (geschl. auch abends von Juni - Aug.) (mittags nur Menu) 59 (mittags)/98 und à la carte 73/111 🐾 – **Marktplatz :** Rest (23) und à la carte 52/95.

♦ Ein Zentrum mit zahlreichen Geschäften beherbergt dieses moderne Restaurant mit schwarzen Lederstühlen, weiss gedeckten Tischen, Parkettboden und Lüftungsrohren an der Decke. Das einfache Bistro Marktplatz mit kleiner, günstiger Karte.

**Scala,** Schweizerhofpassage 7, ✉ 3011, ℰ 0313 264 545, info@ristorante-scala.ch, Fax 0313 264 546, 🌫 – 🄰🄴 ⑩ 🅌🄾 𝗩𝗜𝗦𝗔

DY a

geschl. 15. Juli - 15. Aug., Samstag (ausser in Nov. - Dez.) und Sonntag – **Rest** (1. Etage) - italienische Küche - à la carte 56/95.

♦ Hell und modern im italienisch-eleganten Stil präsentiert sich das im ersten Stock einer Geschäftspassage gelegene Restaurant - Parkettboden unterstreicht das nette Ambiente.

**La Tavola Pronta,** Laupenstr. 57, ✉ 3008, ℰ 0313 826 633, Fax 0313 815 693, 🌫 – 🄰🄴 ⑩ 🅌🄾 𝗩𝗜𝗦𝗔

AX b

geschl. Samstagmittag und Sonntag – **Rest** - italienische Küche - (Tischbestellung ratsam) (23) 40 (mittags)/74 und à la carte 58/90.

♦ Sehr nett ist die Atmosphäre in diesem kleinen Kellerrestaurant, einer gemütlichen Stube mit Kamin. Die typisch piemontesischen Speisen sind auf einem Spiegel angeschrieben.

**Kirchenfeld,** Thunstr. 5, ✉ 3005, ℰ 0313 510 278, restaurant@kirchenfeld.ch, Fax 0313 518 416, 🍴 – ⇔ 30. 🅰🅴 ⓘ ⓜ🅲 𝘝𝘐𝘚𝘈    EZ e
geschl. Sonntag und Montag – Rest (18) 55 (mittags)/62 und à la carte 50/92.
♦ Stuck und Antiquitäten verleihen dem Rahmen eine stilvolle Note. Die Küche deckt eine schmackhafte Spannbreite von traditionell bis zeitgemäss ab.

**La Fayette,** Aarbergergasse 50, ✉ 3011, ℰ 0313 114 886, Fax 0313 114 820, 🍴 – 🅰🅴 ⓜ🅲 𝘝𝘐𝘚𝘈. ⁂    DY b
Rest - italienische Küche- (geschl. Sonntag) (19.50) und à la carte 44/95 ⃰.
♦ Sehr hell und freundlich hat man dieses Restaurant gestaltet. Das italienische Angebot wird durch Traditionelles ergänzt. Grosse Auswahl an glasweise ausgeschenkten Weinen.

**Wein & Sein** (Blum), Münstergasse 50, ✉ 3011, ℰ 0313 119 844, blum@weinundsein.ch - ⓜ🅲 𝘝𝘐𝘚𝘈. ⁂    EZ f
geschl. 24. Dez. - 4. Jan., 16. Juli - 14. Aug., Sonntag und Montag – Rest (nur Abendessen) (nur Menu) (Tischbestellung erforderlich) 88.
Spez. Berner Trüffel (Herbst). Sommerwild (Juni - Juli). Gebackene Desserts (Winter)
♦ Restaurant in einem hübschen, für Bern so typischen Gewölbekeller. Die Küche bietet ein täglich wechselndes zeitgemässes Menü - eine Tafel ersetzt die Karte. Mit Weinbar.

**Lorenzini,** Theaterplatz 5, ✉ 3011, ℰ 0313 117 850, info@lorenzini.ch, Fax 0313 123 038, 🍴 – ⇔ 25/35. 🅰🅴 ⓘ ⓜ🅲 𝘝𝘐𝘚𝘈    EZ x
Rest - italienische Küche - (geschl. Sonn- und Feiertage) (15.50) 26 (mittags) und à la carte 46/92.
♦ Nicht weit vom Bundeshaus entfernt liegt das im Bistro-Brasseriestil eingerichtete italienische Restaurant mit eleganten "Salotti" und schöner Innenhofterrasse.

**Felsenau,** Fährstr. 2, über Tiefenaustrasse, ✉ 3004, ℰ 0313 012 254, felsenau@bluewin.ch, Fax 0313 052 258, 🍴 – 🄿 ⇔ 20/40. 🅰🅴 ⓜ🅲 𝘝𝘐𝘚𝘈    AX a
geschl. 24. Dez. - 2. Jan., Sonntag und Montag – Rest (16.50) 59 und à la carte 44/86.
♦ In dem unter Denkmalschutz stehenden Berner Gasthaus etwas ausserhalb des Zentrums serviert man zeitgemässe Speisen. Nette Gartenterrasse.

**Gourmanderie Moléson,** Aarbergergasse 24 / Speichergasse 21, ✉ 3011, ℰ 0313 114 463, info@moleson-bern.ch, Fax 0313 120 145, 🍴 – ⤞ ⇔ 30. ⓜ🅲 𝘝𝘐𝘚𝘈    DY q
Rest (geschl. Samstagmittag, Sonn- und Feiertage) (26) 66/77 und à la carte 48/105.
♦ "Tafeln wie zu Grossmutters Zeiten" ist das Motto des gemütlichen Altstadtrestaurants. Spezialitäten sind traditionelle Berner Gerichte und elsässische Flammkuchen.

**Brasserie Bärengraben,** Grosser Muristalden 1, ✉ 3006, ℰ 0313 314 218, edy_juillerat@hotmail.com, Fax 0313 312 560, 🍴 – 🅰🅴 ⓜ🅲 𝘝𝘐𝘚𝘈    FY q
Rest (Tischbestellung ratsam) (18.50) 65 und à la carte 35/94.
♦ Eine der beliebtesten und typischsten Brasserien der Stadt ist im historischen Zollhäuschen auf der Nydeggbrücke beim Bärengraben untergebracht.

**Frohegg,** Belpstr. 51, ✉ 3007, ℰ 0313 822 524, frohegg@freesurf.ch, Fax 0313 822 527, 🍴 – ⇔ 20. 🅰🅴 ⓘ ⓜ🅲 𝘝𝘐𝘚𝘈    CZ r
Rest (geschl. Sonntag) (Tischbestellung ratsam) (17.50) 49 (mittags)/62 und à la carte 47/95.
♦ Das traditionsreiche Restaurant unterteilt sich in den rustikalen Gastraum und den Wintergarten mit einer hübschen intimen Terrasse unter Lauben. Kleine, günstige Saisonkarte.

**Kabuki,** Bubenbergplatz 9, in der Markthalle, ✉ 3011, ℰ 0313 292 919, kabuki@kabuki.ch, Fax 0313 292 917 - ⤞ ▤ 🅰🅴 ⓜ🅲 𝘝𝘐𝘚𝘈. ⁂    DZ c
geschl. 24. Juli - 6. Aug. Sonn- und Feiertage – Rest - japanische Küche- (21) 82 (abends) und à la carte 41/99.
♦ Ein schlicht-moderner Stil und eine lange Sushi-Bar bestimmen das Ambiente in diesem Restaurant im Untergeschoss der Markthalle.

**in Ittigen** Nord-Ost : 6 km – Höhe 529 – ✉ 3063 Ittigen :

**Arcadia,** Talgut-Zentrum 34, ℰ 0319 216 030, arcadia@arcadia-ittigen.ch, Fax 0319 247 112, 🍴 – ▤ 120. 🅰🅴 ⓘ ⓜ🅲 𝘝𝘐𝘚𝘈
Rest - italienische Küche - (geschl. Sonntag) (17) und à la carte 44/78.
♦ Das Restaurant ist in ein Einkaufszentrum integriert. Steinfussboden, Fensterfront und farbenfrohe Gemälde lassen den Raum hell und modern wirken. Italienische Küche.

**an der Autobahn A1** *Nord-Ost : 8 km – Höhe 529 –* ⊠ *3063 Ittigen :*

🏨 **Grauholz** garni, ☏ 0319 151 212, *info@hotel-grauholz.ch, Fax 0319 151 213,* 🚗
– 🛗 ⇆ 🐾 🅿 – 🔬 25. 🖭 ⓞ 🚗 *VISA*
**62 Zim** ⛶ ✦130 ✦✦180.
◆ Der moderne, ausserhalb gelegene Rundbau ist nur von der Autobahn A1 aus zu erreichen. Die Zimmer sind zeitgemäss und mit hellem, funktionellem Holzmobiliar eingerichtet.

**in Ostermundigen** *Ost : 5 km - BX – Höhe 558 –* ⊠ *3072 Ostermundigen :*

🏨 **Bären,** Bernstr. 25, ☏ 0319 391 010, *welcome@baeren-ostermundigen.ch,*
*Fax 0319 391 020,* � – ⇆, 🍽 Rest, 🐾 🅿 – 🔬 15/80. 🖭 ⓞ 🚗 *VISA*
BX **k**
**Rest** (25) und à la carte 40/81 – **26 Zim** ⛶ ✦110 ✦✦185.
◆ Der verkehrsgünstig am Ortsrand gelegene Landgasthof empfängt Sie mit funktionell gestalteten Zimmern - im Obergeschoss kürzlich renoviert. Der Wintergarten mit traditioneller Karte ist modern gestaltet.Typisches Ambiente im Grotto mit italienischer Küche.

**in Muri** *Süd-Ost : 3,5 km - BX – Höhe 560 –* ⊠ *3074 Muri bei Bern :*

🏨 **Sternen,** Thunstr. 80, ☏ 0319 507 111, *info@sternenmuri.ch, Fax 0319 507 100,*
� – 🛗 ⇆ 🐾 🖧 🚗 🅿 – 🔬 15/120. 🖭 ⓞ 🚗 *VISA*
BX **a**
**Rest** (15.50) 37 (mittags) und à la carte 45/90 – **44 Zim** ⛶ ✦160/170
✦✦220/235.
◆ Der traditionelle Berner Gasthof verfügt über zeitgemäss und funktionell ausgestattete Zimmer, die sich auf Haupthaus und Anbau verteilen. Läubli und Gaststube bieten eine zeitgemässe Küche.

**in Wabern** *Süd : 5 km Richtung Belp - BX – Höhe 560 –* ⊠ *3084 Wabern :*

✗✗ **Maygut,** Seftigenstr. 370, ☏ 0319 613 981, *info@maygut.ch, Fax 0319 610 098,*
� – ⇆ 🅿 ⇔ 40. 🖭 🚗 *VISA*
BX **u**
***Kreidolfstube :* Rest** (38) 49 (mittags)/89 und à la carte 59/100 – *Gaststube :*
**Rest** (17.50) und à la carte 38/88.
◆ Den Eingang zur rustikal-eleganten Kreidolfstube finden Sie hinter der Konfiserietheke des typischen Berner Gutshauses. Sie wählen aus einem zeitgemässen Speisenangebot. Eine einfachere Alternative : die Gaststube.

**in Liebefeld** *Süd-West : 3 km Richtung Schwarzenburg - AX – Höhe 563 –* ⊠ *3097 Liebefeld :*

✗✗ **Landhaus,** Schwarzenburgstr. 134, ☏ 0319 710 758, *info@landhaus-liebefeld.ch,*
*Fax 0319 720 249,* � – 🅿 ⇔ 80. 🖭 ⓞ 🚗 *VISA*
AX **s**
**Rest** *(geschl. Sonntag)* (Tischbestellung ratsam) (17.50) 56 (mittags)/90 und à la carte 58/94.
◆ Das Restaurant in der ehemaligen Landvogtei wurde durch einen Brand zerstört. Auch in dem neu aufgebauten Haus bietet man die geschätzte zeitgemässe Küche. Gästezimmer.

✗ **Haberbüni,** Könizstr. 175, ☏ 0319 725 655, *info@haberbueni.ch,*
� *Fax 0319 725 745,* � – 🅿 🖭 ⓞ 🚗 *VISA*
AX **e**
**Rest** *(geschl. Samstagmittag, Sonn- und Feiertage)* (mittags nur kleine Karte) (Tischbestellung ratsam) (19.50) 51 (mittags)/77 und à la carte 51/93 🍴.
◆ Im renovierten Dachstock (Bühni) des Bauernhauses lässt es sich gut "habere"(essen). Nehmen Sie an der Bar in modern-rustikalem Rahmen den Apéro aus dem guten Weinangebot.

**in Köniz** *Süd-West : 4 km Richtung Schwarzenburg - AX – Höhe 572 –* ⊠ *3098 Köniz :*

🏨 **Sternen,** Schwarzenburgstr. 279, ☏ 0319 710 218, *sternenkoeniz@risto.ch,*
� *Fax 0319 718 684,* � – ⇆ Rest, 🐾 🖧 Rest. 🖭 ⓞ 🚗 *VISA*
AX **c**
**Rest** - italienische Küche - (16.50) und à la carte 33/65 – **20 Zim** ⛶ ✦115
✦✦184.
◆ Zeitgemässes Hotel unweit des Vorortbahnhofs. Im Haupthaus renovierte, wohnliche Zimmer mit frischen Farben und modernem Mobiliar, die Standardzimmer sind eher zweckmässig. Das Restaurant gefällt mit neuzeitlicher Einrichtung.

**in Oberbottigen** *West : 9 km über Bern-Bümpliz oder über Autobahn Fribourg Ausfahrt Bern-Bethlehem –* ⊠ *3019 Bern :*

🏠 **Bären** ॐ, Matzenriedstr. 35, ℰ 0319 261 424, hotel@baeren-oberbottigen.ch, Fax 0319 261 425, 🏭 – 📺, ↔ Zim, ♿ Zim, 🅿 ⓞ 🚾 🆚
geschl. 24. Dez. - 12. Jan. – **Rest** (geschl. Sonntag und Montag) (18) 47 (mittags)/65 und à la carte 44/85 – **12 Zim** ⊊ ♦117 ♦♦174.
♦ Ein typischer renovierter Berner Landgasthof in ruhiger Lage. Die Gäste wohnen in Zimmern, die mit hellen Naturholzmöbeln modern und zugleich rustikal eingerichtet sind. Man speist in der getäferten Gaststube oder im rustikalen Restaurant.

---

**BERNECK** *9442 Sankt Gallen (SG)* 🔢 *W5 – 3 343 Ew. – Höhe 427.*
*Bern 246 – Sankt Gallen 36 – Altstätten 11 – Bregenz 21 – Dornbirn 14 – Feldkirch 28.*

🍴🍴 **Ochsen,** Neugasse 8, ℰ 0717 474 721, info@ochsen-berneck.ch, Fax 0717 474 725, 🏭 – ⇔ 30/200. 🖭 ⓞ 🚾 🆚. ⌖
geschl. Ende Juli - Anfang Aug. und Donnerstag – **Zunftstube** (1. Etage) **Rest** (30) 80 und à la carte 47/104 – **Dorfstübli : Rest** (20) und à la carte 34/85.
♦ Die Zunftstube über der hauseigenen Metzgerei ist ein heller Raum mit schönen dunklen Deckenbalken und solidem Mobiliar. Die Tische werden hübsch in Weiss gedeckt. Das Dorfstübli ist weithin bekannt für seine Kutteln-Gerichte.

---

**BERNEX** *Genève* 🔢 *A11 – rattaché à Genève.*

---

**BETTLACH** *2544 Solothurn (SO)* 🔢 *J6 – 4 751 Ew. – Höhe 441.*
*Bern 35 – Delémont 60 – Basel 82 – Biel 14 – Solothurn 9.*

🏨 **Urs und Viktor,** Solothurnstr. 35, ℰ 0326 451 212, walker@ursundviktor.ch, Fax 0326 451 893, 🏭 – 📺 ↔ ♿ Zim, 🅿 – 🔒 15/170. 🖭 🚾 🆚. ⌖ Zim
**Rest** (16.50) 36 (mittags) und à la carte 31/84 – **75 Zim** ⊊ ♦95/125 ♦♦150/180 – ½ P Zuschl. 30.
♦ Der alte Landgasthof mit Tavernenrecht seit 1542 hat einen neueren Anbau und beherbergt in funktionellen Zimmern Reisende zu günstigen Konditionen. Gemütliches Restaurant.

---

**BETTMERALP** *3992 Wallis (VS)* 🔢 *M11 – Höhe 1 950 –* 🎿 *– Wintersport : 1 900/2 643 m* 🚡4 🚠9 🎿.
🛈 *Bettmeralp Tourismus,* ℰ 0279 286 060, info@bettmeralp.ch, Fax 0279 286 061.
*Bern 160 – Brig 14 – Andermatt 83 – Domodossola 80 – Sion 67.*
mit Luftseilbahn ab Betten FO erreichbar

🏨 **La Cabane** ॐ garni, ℰ 0279 274 227, lacabane@bettmeralp.ch, Fax 0279 274 440, ≤, 🛋 – 📺 ↔ ☎ 🖭 ⓞ 🚾 🆚. ⌖
3. Dez. - 22. April und 23. Juni - 14. Okt. – **12 Zim** ⊊ ♦110/195 ♦♦190/260.
♦ Das moderne Hotel liegt ruhig am Ende des Dorfes und überzeugt mit einer geschmackvollen rustikalen Einrichtung. Die grossen Zimmer mit Parkettboden bieten wohnlichen Komfort.

🏠 **Bettmerhof** ॐ, ℰ 0279 286 210, hotel@bettmerhof.ch, Fax 0279 286 215, ≤ Berge, 🏭 – 🚾 🆚 Zim
17. Dez. - 21. April und 18. Juni - 13. Okt. – **AlpuTräff : Rest** (20) 35 und à la carte 46/84 – **Picco Bello** (Pizzeria) (geschl. Sonntag) (im Sommer nur Abendessen) **Rest** à la carte 44/82 – **21 Zim** ⊊ ♦80/130 ♦♦160/280 – ½ P Zuschl. 35.
♦ Sie finden das Haus am Rande des Dorfes, am Ende der Skipisten. Die Zimmer sind wohnlich eingerichtet und verfügen teils über Balkone mit Sicht auf Berge. Heimelige Atmosphäre umgibt Sie im AlpuTräff. Im Picco Bello gibt's Pizza aus dem Holzofen.

🏠 **Alpfrieden,** ℰ 0279 272 232, mail@alpfrieden.ch, Fax 0279 271 011, ≤ Berge, 🏭 – ☎ 🖭 ⓞ 🚾 🆚. ⌖
16. Dez. - 23. April und 25. Juni - 18. Okt. – **Rest** (18.50) 26 (mittags)/55 und à la carte 49/94 – **22 Zim** ⊊ ♦90/120 ♦♦170/300 – ½ P Zuschl. 35.
♦ Das Hotel ist im traditionellen Chaletstil gebaut und liegt im Dorfzentrum. Die hell getäferten Zimmer sind mit Massivholzmobiliar rustikal eingerichtet. Das Restaurant hat eine schöne Terrasse.

**Waldhaus**, 0279 272 717, *waldhaus@bettmeralp.ch, Fax 0279 273 338,* ← Berge, – Rest
*16. Dez. - 15. April und 19. Juni - 2. Okt.* – **Rest** (28) 52 (abends) und à la carte 50/91 – **19 Zim** ✶96/170 ✶✶188/320 – ½ P Zuschl. 35.
◆ Direkt am Waldrand liegt dieses Hotel in traumhafter Ruhe. Frisch und gemütlich gestaltete Zimmer ermöglichen dem Gast einen Aufenthalt in heimeliger Atmosphäre. Im Restaurant speisen Sie in rustikalem Rahmen.

---

## BEVER *7502 Graubünden (GR) 553 X10 – 626 Ew. – Höhe 1 714 – Wintersport :*

*Tourismusverein, staziun, 0818 524 945,* info@bevertourismus.ch, *Fax 0818 524 917.*

*Bern 339 – Sankt Moritz 11 – Chur 76 – Davos 63.*

**Chesa Salis,** bügls suot 2, 0818 511 616, *reception@chesa-salis.ch, Fax 0818 511 600,* – Rest
*16. Dez. - 17. April und 16. Juni - 22. Okt.* – **Rest** 64/82 (abends) und à la carte 49/114 – **18 Zim** ✶120/280 ✶✶190/320 – ½ P Zuschl. 54.
◆ Das Engadiner Patrizierhaus aus dem 16. Jh. liegt am Dorfrand und hat eine schöne rustikale Einrichtung. Die Zimmer sind liebevoll mit Originalmöbeln ausgestattet. Gemütliches Restaurant mit zeitgemässer Küche und Grilladen.

---

## BEX *1880 Vaud (VD) 552 G11 – 5 611 h. – alt. 411.*

**Voir** : *Mine de sel*★.

*Bern 112 – Martigny 20 – Évian-les-Bains 37 – Lausanne 49 – Sion 46 – Thonon-les-Bains 56.*

**Le Cèdre,** 24 av. de la Gare, 0244 630 111, *cedre@hotel-cedre.ch, Fax 0244 634 288,* – ch, – 15/45.
**Rest** *(fermé sam., dim. et fériés)* (18) et à la carte 49/81 – **36 ch** ✶150/170 ✶✶170/200, 5 suites – ½ P suppl. 38.
◆ Immeuble hôtelier construit autour d'un cèdre centenaire venu du Liban. Installations répondant à vos attentes de bien-être. Chambres contemporaines d'un bon gabarit. Plaisante salle de restaurant entretenant une atmosphère feutrée.

---

## BIASCA *6710 Ticino (TI) 553 S11 – 5 947 ab. – alt. 304.*

**Dintorni** : *Malvaglia : campanile*★ *della chiesa Nord : 6 km.*

*Ente Turistico Biasca e Riviera, Contrada Cavalier Pellanda 4, 0918 623 327,* info@*biascaturismo.ch, Fax 0918 624 269.*

*Bern 227 – Andermatt 64 – Bellinzona 24 – Brig 111 – Chur 131.*

**Al Giardinetto,** via A. Pini 21, 0918 621 771, *info@algiardinetto.ch, Fax 0918 622 359,* – cam, rist, – 15.
**Rist** (15) 22 (mezzogiorno) ed alla carta 41/75 – **23 cam** ✶90/135 ✶✶150/185 – ½ P sup. 30.
◆ Direttamente in centro, lungo un asse trafficato. Camere di buona ampiezza, arredate con mobilio funzionale.

**Gran lusso o stile informale? I X e i indicano il livello di comfort.**

---

## BIEL (BIENNE) *2500 Bern (BE) 551 I6 – 48 524 Ew. – Höhe 437.*

**Sehenswert** : *Altstadt*★ BY.

**Museum** : *Schwab*★ AY **M**¹.

**Ausflugsziel** : *St. Petersinsel*★★ *Süd-West – Taubenlochschlucht*★ *über ② : 3 km.*

**Lokale Veranstaltung**

*31.07 : Bielerfest mit Feuerwerk.*

*Tourismus Biel Seeland, Bahnhofplatz 12, 0323 298 484,* outlet@*tbsinfo.ch, Fax 0323 298 481* AZ.

*Aarbergstr. 95, 0323 287 050, Fax 0323 287 059* AZ.

*Hugi Str. 2, 0323 231 525, Fax 0323 237 169* BZ.

*Bern 35 ③ – Basel 91 ① – La Chaux-de-Fonds 44 ① – Montbéliard 96 ① – Neuchâtel 35 ④ – Solothurn 22 ②*

# BIEL/BIENNE

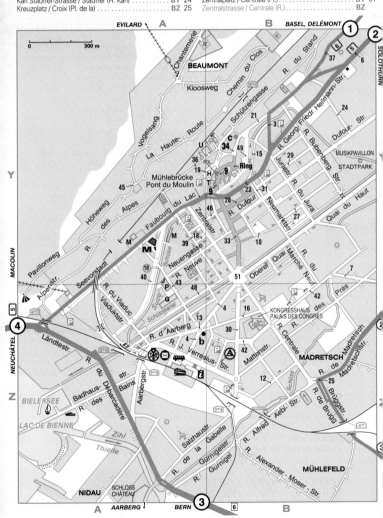

**Elite,** Bahnhofstr. 14, ⊠ 2501, ℰ 0323 287 777, *mail@hotelelite.ch*, *Fax 0323 287 770* – 🛗, ⇆ Zim, 🐾 – 🛌 15/150. 🖭 ⑩ ⓦⓢ 🚾    ABZ **b**
**Rest** (siehe auch Rest. **Le Citron**) – 68 Zim ⊇ ✦190/200 ✦✦280, 3 Suiten.
♦ Das zentral gelegene Haus ist ein Art déco-Hotel, dessen Zimmer mit modernem, hellem Holzmobiliar funktionell und wohnlich ausgestattet sind.

**Le Citron** - *Hotel Elite*, Bahnhofstr. 14, ⊠ 2501, ℰ 0323 287 777, *mail@hotel elite.ch, Fax 0323 287 770*, 🍴 – ⇔ 30. 🖭 ⑩ ⓦⓢ 🚾    ABZ **b**
*geschl. 10. Juli - 6. Aug., Samstagmittag und Sonntag* – **Rest** 42 (mittags) und à la carte 53/105.
♦ Hell und freundlich präsentiert sich dieses moderne, leicht elegant angehauchte Restaurant. Serviert wird eine mediterrane Küche.

**De la Tour,** Obergasse 33a, ⊠ 2502, ℰ 0323 220 064, *mail@delatour.ch, Fax 0323 231 031*, 🍴 – 🖭 ⓦⓢ 🚾    BY **c**
*geschl. Juli-Aug. 4 Wochen, Samstagmittag, Sonntag und Montag* – **Rest** 49 (mittags)/65 und à la carte 65/89 – **Bistro Rest** (20) und à la carte 36/58.
♦ Schönes Restaurant in einem 400 Jahre alten, geschmackvoll restaurierten Wehrturm - markante Gemälde zieren die Wände. Geboten wird eine zeitgemässe Küche. Schlichtes Bistro mit günstigem kleinem Angebot.

**Opera Prima,** Jakob-Stämpflistr. 2, ⊠ 2502, ℰ 0323 420 201, *info@laserra.ch, Fax 0323 420 533*, 🍴 – 🖭 ⑩ ⓦⓢ 🚾
*geschl. 1. - 8. Jan., Samstag und Sonntag* – **Rest** - italienische Küche - 30 (mittags)/75 und à la carte 50/85.
♦ In einem Geschäftshaus am Ende des Stadtparks befindet sich dieses moderne Restaurant mit grossen Fenstern und verglaster Küche. Nett : die lockere Atmosphäre.

**Süd-West** *Richtung Neuchâtel über ④ : 2 km :*

**Gottstatterhaus,** Neuenburgstr. 18, ⊠ 2505 Biel, ℰ 0323 224 052, *info@go ttstatterhaus.ch, Fax 0323 226 046*, ≤ Bielersee, 🍴, 🛶 – 🅿 ⇔ 20. 🖭 ⑩ ⓦⓢ 🚾
*geschl. 27. Dez. - 16. Jan., Donnerstag (ausser Mai - Sept.) und Mittwoch* – **Rest** (29) 35 (mittags) und à la carte 47/99.
♦ Gaststube mit ländlichem Charakter und eine schöne Terrasse mit wundervoller Aussicht. Die Küche ist traditionell ausgelegt und bietet viel Fisch aus dem Bielersee.

---

**BIENNE** *Bern* 551 I6 – *voir Biel.*

---

**BINII** *Valais* 552 I11 – *rattaché à Sion.*

---

**BINNINGEN** *Basel-Landschaft* 553 K4 – *siehe Basel.*

---

**BIOGGIO** *6934 Ticino (TI)* 553 R13 – *1535 ab. - alt. 292.*
*Bern 272 – Lugano 7 – Bellinzona 28 – Locarno 40 – Varese 28.*

**Grotto Antico,** via Cantonale 10, ℰ 0916 051 239, *Fax 0916 051 239*, 🍴 – 🅿. 🖭 ⑩ ⓦⓢ 🚾
*chiuso Natale* – **Rist** (prenotare) alla carta 48/90.
♦ Caseggiato rustico ed allo stesso tempo signorile, risalente al 1800. Immerso nel verde propone un servizio estivo in terrazza. Piatti di stagione, cucina d'impronta francese.

---

**Les BIOUX** *Vaud* 552 C9 – *voir à Joux (Vallée de).*

---

**BIRMENSTORF** *5413 Aargau (AG)* 551 O4 – *2 280 Ew. - Höhe 384.*
*Bern 95 – Aarau 22 – Baden 6 – Zürich 27 – Luzern 54.*

**Zum Bären** mit Zim, Kirchstr. 7, ℰ 0562 014 400, *zumbaeren@smile.ch, Fax 0562 014 401*, 🍴, 🌳 – 🛗 ⇆ 🐾 ⇐ 🅿 – 🛌 30. 🖭 ⑩ ⓦⓢ 🚾 ⇆ Zim
**Orangerie** (geschl. Weihnachten, Juli - Aug. 2 Wochen, Samstagmittag und Montag)
**Rest** 82 und à la carte 62/103 👤 – **Gaststube** (geschl. Weihnachten, Juli - Aug. 2 Wochen, Samstagmittag und Montag) **Rest** (17.50) und à la carte 49/97 – **7 Zim** ⊇ ✦135 ✦✦190 – ½ P Zuschl. 55.
♦ Im Winter knistert ein Feuer im Kamin der Orangerie, im Sommer geniesst man die frische Luft unter einem schützenden Dach - fast so schön wie draussen ! Nostalgisches Ambiente in der urigen Gaststube. Mit viel Liebe geschmackvoll eingerichtete Gästezimmer.

**BIRRWIL** 5708 Aargau (AG) 551 N5 – 941 Ew. – Höhe 521.
*Bern 97 – Aarau 21 – Baden 29 – Zürich 50 – Luzern 34.*

　　ⵝ　**Seebrise,** Seetalstr. 13, ☎ 0627 721 116, kontakt@seebrise.ch,
Fax 0627 721 613, ⩽ Hallwilersee, 🍽 – ⭢⭠ 🅿 ⇔ 15/30. 🆎 ⓞ ⓜⓢ 𝚅𝙸𝚂𝙰
geschl. 3. - 22. Jan., Montag und Dienstag – **Rest** (27) 36 (mittags)/84 und à la carte
48/92.
　◆ Das Restaurant teilt sich in einen traditionellen und einen modernen, in hellen
Farben gehaltenen Bereich - die sehr schöne Sicht auf den See haben beide
gemein.

---

**BIRSFELDEN** Basel-Landschaft 551 K4 – siehe Basel.

---

**BISCHOFSZELL** 9220 Thurgau (TG), Sankt Gallen (SG) 551 U4 – 5 518 Ew. – Höhe 506.
　　🚂 in Waldkirch, ✉ 9205, ☎ 0714 346 767, Fax 0714 346 768, Richtung Gossau :
9 km.
*Bern 199 – Sankt Gallen 22 – Frauenfeld 35 – Konstanz 24 – Romanshorn 18.*

　　🏨　**Le Lion** garni, Grubplatz 2, ☎ 0714 246 000, info@hotel-lelion.ch,
Fax 0714 246 001 – 📶 ⭢⭠ 📞 ᵬ. 🆎 ⓞ ⓜⓢ 𝚅𝙸𝚂𝙰
**17 Zim** ⚏ ✦120/190 ✦✦160/210.
　◆ In der Altstadt wurde dieses tradtionsreiche Hotel revitalisiert. Moderne Zimmer
mit Parkett und funktionellem Ulmenholzmobiliar sowie sehr guter technischer Ausstattung.

---

**BISSONE** 6816 Ticino (TI) 553 R14 – 769 ab. – alt. 274.
*Bern 282 – Lugano 9 – Bellinzona 38 – Locarno 50 – Varese 30.*

　　🏨🏨　**Campione,** Nord : 1,5 km, via Campione 62, ☎ 0916 401 616, info@hotel-cam
pione.ch, Fax 0916 401 600, ⩽ lago e monti, 🍽, 🛋, – 📶 🛏 🅿 – 🔼 35. 🆎 ⓞ
ⓜⓢ 𝚅𝙸𝚂𝙰
chiuso dal 26 novembre al 25 dicembre – **All'Arco** (chiuso in inverno dal lunedi al
venerdi a mezzogiorno e domenica dal 7 novembre a fine marzo) **Rist** 40 ed alla carta
35/75 – **34 cam** ⚏ ✦92/172 ✦✦164/244, 5 suites – ½ P sup. 39.
　◆ Dal bordo della bella piscina e dalle ampie camere classiche, arredate con gusto,
godrete di un'imperdibile vista sul lago e i monti. Rinnovato di recente, ristorante
moderno e luminoso con servizio estivo sulla terrazza panoramica.

　　ⵝⵝ　**Ticino** con cam, piazza Borromini 21, ☎ 0916 495 150, Fax 0916 495 150, 🍽 –
⇔ 30. 🆎 ⓞ ⓜⓢ 𝚅𝙸𝚂𝙰
chiuso mercoledi, lunedi e giovedi a mezzogiorno – **Rist** - specialità di mare - (32) 104
(sera) ed alla carta 69/114 – ⚏ 13 – **6 cam** ✦55/70 ✦✦100/120.
　◆ Nella casa natale di Francesco Borromini, propone una carta a base di pesce di lago
e di mare, servito nella bella sala. Sei camere moderne e luminose a disposizione !

---

**BIVIO** 7457 Graubünden (GR) 553 W11 – 232 Ew. – Höhe 1 799.
*Bern 305 – Sankt Moritz 22 – Chiavenna 59 – Chur 65 – Davos 87.*

　　🏨🏨　**Post,** Julierroute, ☎ 0816 591 000, mail@hotelpost-bivio.ch, Fax 0816 591 001,
🚠 – 📶 🅿. 🆎 ⓞ ⓜⓢ 𝚅𝙸𝚂𝙰. ⅍ Rest
3. Dez. - 1. Mai und 9. Juni - 21. Okt. – **Rest** (25) 48 (abends) und à la carte 57/91
– **44 Zim** ⚏ ✦87/140 ✦✦176/250 – ½ P Zuschl. 38.
　◆ Der historische Gasthof an der Julierpassstrasse bietet helle, modern-rustikale Zim-
mer im Haupthaus und einfachere, aber charmante, getäferte Arvenholzzimmer im
Gästehaus. Schlichte Gaststube und gehobener Speiseraum mit gut gedeckten
Tischen.

---

**BLATTEN IM LÖTSCHENTAL** 3919 Wallis (VS) 552 L10-11 – 323 Ew. – Höhe 1 540.
*Bern 208 – Brig 38 – Domodossola 55 – Sierre 34 – Sion 49.*

　　🏨　**Edelweiss** ⌂, ☎ 0279 391 363, hoteledelweiss@rhone.ch, Fax 0279 391 053,
⩽ Tal und Langgletscher, 🍽 – 📶 ᵬ. 🅿. 🆎 ⓜⓢ 𝚅𝙸𝚂𝙰. ⅍ Rest
geschl. 17. April - 22. Mai und 10. Nov. - 15. Dez. – **Rest** 44 (abends) und à la carte
37/72 – **22 Zim** ⚏ ✦90/125 ✦✦150/210 – ½ P Zuschl. 35.
　◆ Das Chalet befindet sich in ruhiger Lage im hinteren Dorfteil. Alle Zimmer, ausser
den älteren Familienzimmern, sind mit hellem, rustikalem Mobiliar eingerichtet. Eine
einfache nette Gaststube mit Terrasse erwartet Sie zum Essen.

**BLATTEN BEI MALTERS** *Luzern (LU)* 551 N7 – ✉ *6102 Malters.*
*Bern 115 – Luzern 7 – Aarau 55 – Altdorf 45 – Interlaken 66.*

XX **Krone,** ✆ *0414 980 707, info@krone-blatten.ch, Fax 0414 980 701,* 🏠 – P. AE
ⓤ ⓜⓞ VISA
*geschl. 19. Feb. - 6. März, 23. Juli - 7. Aug., Sonntagabend und Montag –* **Rest** 47
(mittags)/99 und à la carte 66/109 ⊛ – **Gaststube :** Rest (19.50) und à la carte
43/80.
♦ Das Restaurant im völlig erneuerten Gasthof ist von schlichter Eleganz. Der Gast hat
die Möglichkeit im Lokal oder auf der Terrasse von einer zeitgemässen Karte zu
wählen. Ungezwungene Atmosphäre herrscht in der Gaststube.

---

**BLATTEN BEI NATERS** *3914 Wallis (VS)* 552 M11 – Höhe 1 322 – Wintersport :
*1 322/3 100 m ⚶1 ⚶10 ⚹.*
**Lokale Veranstaltungen**
*Juli : Gletscherzirkus*
*26.08 - 27.08 : Schäferwochenende, Brauchtum.*
🅱 *Brig Belalp Tourismus,* ✆ *0279 216 040, info@belalp.ch, Fax 0279 216 041.*
*Bern 172 – Brig 10 – Andermatt 85 – Domodossola 70 – Sion 64.*

🏨 **Blattnerhof,** ✆ *0279 238 676, blattnerhof@belalp.ch, Fax 0279 230 254,* ≤,
🏠, ☞ – ⇄ Zim, 🅰 Rest, P. ⓜⓞ
*geschl. 18. April - 20. Mai und 22. Okt. - Mitte Dez. –* **Rest** (17.50) 58 und à la carte
40/82 – **21 Zim** ☲ ✦75/95 ✦✦130/170 – ½ P Zuschl. 30.
♦ Das renovierte Haus stammt aus der Pionierzeit und bietet neben seiner zentralen
Lage in unmittelbarer Nähe der Luftseilbahn modern ausgestattete Gästezimmer.
Eine Gartenterrasse mit Grilladen und ein Kinderspielplatz ergänzen das Restaurant.

**auf der Belalp** *mit Luftseilbahn und 30 Min. Spaziergang erreichbar :*

🏠 **Hamilton Lodge** ⌗, ✆ *0279 232 043, info@hamiltonlodge.ch,*
*Fax 0279 244 545,* ≤ Berge, 🏠 – ⇄ Zim, ✆. AE ⓜⓞ VISA. ⌗ Rest
*18. Dez. - 22. April und 26. Mai - 7. Okt. –* **Rest** (18.50) 28 (mittags)/38 und à la carte
48/82 – **12 Zim** ☲ ✦90/110 ✦✦140/180 – ½ P Zuschl. 33.
♦ Schön liegt das kleine Haus auf einer Bergalm. Man verfügt über nette und gut
unterhaltene Gästezimmer mit Täferung, teils auch mit Balkon. Rustikales Restaurant
mit hübscher Panoramaterrasse.

🏠 **Belalp** ⌗, ✆ *0279 242 422, info@hotelbelalp.ch, Fax 0279 242 363,* ≤ Berge und
Aletschgletscher, 🏠 – ♨ 25
*22. Dez. - 17. April und 16. Juni - 16. Okt. –* **Rest** à la carte 43/76 – **21 Zim** ☲ ✦90
✦✦160 – ½ P Zuschl. 33.
♦ Das sehr ruhig gelegene Berghotel mit sensationellem Blick auf die Walliser Alpen
und den nahegelegenen Aletschgletscher bietet funktionelle Zimmer mit einfachem
Komfort. Restaurant mit Panoramaterrasse.

---

**BLAUSEE-MITHOLZ** *Bern* 551 K10 – *siehe Kandersteg.*

---

**BLITZINGEN** *3981 Wallis (VS)* 552 N10 – 104 Ew. – Höhe 1 296.
*Bern 141 – Andermatt 51 – Brig 24 – Interlaken 87 – Sion 77.*

🏨 **Castle** ⌗, *Nord : 2,5 km,* ✆ *0279 701 700, info@hotel-castle.ch,*
*Fax 0279 701 770,* ≤ Rhonetal und Berge, 🏠, ⇐s, 🔲 – ▯, ⇄ Zim, ⇐ P. AE
ⓤ ⓜⓞ VISA. ⌗ Rest
*18. Dez. - 16. April und 3. Juni - 21. Okt. –* **Schlossrestaurant :** Rest 58/105 und
à la carte 57/93 – **10 Zim** ☲ ✦105/145 ✦✦180/230, 31 Suiten – ½ P Zuschl. 30.
♦ Eine sehr ruhige Übernachtungsmöglichkeit finden Sie in diesem hoch über dem
Dorf gelegenen Hotel. Studios und Appartements bieten Platz und Komfort.
Schlossrestaurant mit eleganter Einrichtung, zeitgemässer Küche und schöner
Terrasse.

---

**BLONAY** *Vaud* 552 F10 – *rattaché à Vevey.*

---

**BLUCHE** *Valais* 552 J11 – *rattaché à Crans-Montana.*

147

**BOGIS-BOSSEY** 1279 Vaud (VD) 552 B10 – 910 h. – alt. 470.

Bern 144 – Genève 19 – Lausanne 49 – Montreux 79.

XX **Auberge Communale**, 1 r. de la Pinte, ℰ 0227 766 326, omartin@ auberge-
⌂ bogis-bossey.ch, Fax 0227 766 327, 佘 – ይ rest, ℙ, 堩 ⓪ ⓴ 𝘝𝘐𝘚𝘈
fermé 24 déc. au 10 janv., 30 juil. au 10 août, lundi et mardi – **Rest** 62 (midi)/135
et à la carte 65/137 – **Le Café** : **Rest** (18) et à la carte 49/108.
♦ Devant la mairie, engageante maison de 1750 abritant une salle à manger élégante
et chaleureuse, où l'on vient savourer une cuisine innovante bien tournée. Repas dans
une ambiance décontractée au Café, dont certains plats sont les mêmes qu'au
restaurant.

**Les BOIS** 2336 Jura (JU) 551 G6 – 1007 h. – alt. 1029.

Bern 81 – Delémont 49 – Biel/Bienne 46 – La Chaux-de-Fonds 13 – Montbéliard 73.

X **Auberge de l'Ours**, 18 Milieu du Village, ℰ 0329 611 445, Fax 0329 611 471 –
⌂ ℙ, 堩 𝘝𝘐𝘚𝘈
fermé Noël, Nouvel An, 2 sem. en été, mardi midi, dim. soir et lundi – **Rest** (16) 58
et à la carte 46/82.
♦ Tout respire la campagne dans ce petit restaurant jurassien, qu'il s'agisse de la
coquette salle à manger ou de la cuisine, d'orientation classique, composée selon le
marché.

**BONADUZ** 7402 Graubünden (GR) 553 U8 – 2444 Ew. – Höhe 659.

Bern 255 – Chur 14 – Andermatt 80 – Davos 59 – Vaduz 51.

X **Alte Post** mit Zim, Versamerstr. 1, ℰ 0816 411 218, info@ altepost-bonaduz.ch,
⌂ Fax 0816 412 932, 佘 – ℙ ⌖ 80 – 🚗 50. 堩 ⓪ ⓴ 𝘝𝘐𝘚𝘈
geschl. Jan. – **Rest** (geschl. Dienstag und Mittwoch) (19.50) und à la carte 37/83 –
**11 Zim** ⌸ ✹90/100 ✹✹160/200 – ½ P Zuschl. 25.
♦ Nicht weit vom Ort, wo sich Hinter- und Vorderrhein zum Strom vereinen, trifft
man auf das Restaurant, das in Gaststube und à la carte-Bereich unterteilt ist.

**BÖNIGEN** Bern 551 L9 – siehe Interlaken.

**BOSCO GURIN** 6685 Ticino (TI) 553 P11 – 74 ab. – alt. 1506 – Sport invernali :
1 506/2 400 m ⟡5 ⟡.

Bern 267 – Andermatt 140 – Brig 190 – Bellinzona 60 – Locarno 41.

🏚 **Walser**, ℰ 0917 590 202, grossalp@ bluewin.ch, Fax 0917 590 203, ≤, 佘, ⓷
⌂ – 📱 ይ rist. 堩 ⓪ ⓴ 𝘝𝘐𝘚𝘈. ❀ chiuso
chiuso dal 2 al 30 aprile – **Rist** alla carta 39/86 – **12 cam** ⌸ ✹100 ✹✹140 – ½ P sup. 24.
♦ Nel comune più alto del cantone, a 1506 m.s.m., vi accoglie questo hotel con le
sue 13 confortevoli camere. A fine giornata, approfittate di sauna e fitness. Il grande
ristorante dell'albergo propone, accanto alla cucina regionale, anche pizze.

**BOSCO LUGANESE** 6935 Ticino (TI) 553 R13 – 338 ab. – alt. 443.

Bern 275 – Lugano 10 – Bellinzona 31 – Locarno 43.

🏨 **Villa Margherita** ⊗, ℰ 0916 115 111, margherita.ch@ bluewin.ch,
⌂ Fax 0916 115 110, ≤ Lago Maggiore, di Lugano e monti, 佘, ⓷, ⩩, ⬒, 🐎, ⚘
– ⊗ ℙ – 🚗 40. 堩 ⓪ ⓴ 𝘝𝘐𝘚𝘈. ❀ rist
13 aprile - 14 ottobre – **Rist** 78 (sera) ed alla carta 67/128 – **30 cam** ⌸ ✹152/246
✹✹368/484 – ½ P sup. 62.
♦ Signorile dimora immersa nella cornice del parco, gode della sublime vista su lago
e dintorni. Le camere, eleganti e discrete, sono state in parte rinnovate. Allo
stile classico della sala da pranzo preferite, d'estate, il parco illuminato all'esterno.

**BOTTMINGEN** Basel-Landschaft 551 K4 – siehe Basel.

**BÖTTSTEIN** 5315 Aargau (AG) 551 O4 – 3688 Ew. – Höhe 360.

Bern 111 – Aarau 31 – Baden 20 – Basel 59 – Schaffhausen 49.

🏨 **Schloss Böttstein** ⊗, Schlossweg 20, ℰ 0562 691 616, info@ schlossboettst
⌂ ein.ch, Fax 0562 691 666, 佘 – video ❤ ℙ – 🚗 15/100. 堩 ⓪ ⓴ 𝘝𝘐𝘚𝘈. ❀ video
**Rest** (18.50) 37 (mittags)/95 und à la carte 51/97 – **32 Zim** ⌸ ✹95/135
✹✹190/235 – ½ P Zuschl. 45.
♦ Im schlossartigen Patrizierhaus aus dem Jahre 1615 mit Barockkapelle werden die
Gäste heute im Annexe in modernen Zimmern mit hellem Holzmobiliar untergebracht.
Elegante Leuchter und ein schöner Kachelofen zieren das Restaurant.

**BOUDEVILLIERS** *2043 Neuchâtel (NE)* 552 G6 – *654 h. – alt. 756.*
*Bern 58 – Neuchâtel 7 – Biel/Bienne 44 – La Chaux-de-Fonds 15.*

**La Croisée,** à Malvilliers, Nord : 2 km, ☎ 0328 581 717, *croisee@vtx.ch, Fax 0328 581 700,* ←, – 15/120. AE MC VISA
**Rest** *(fermé 11 au 24 juil. et lundi soir)* (15) 24/50 et à la carte 30/76 – **26 ch** ☕ ★85 ★★110 – ½ P suppl. 20.
◆ Sur la route menant à la "Vue des Alpes", bâtisse moderne alliant bois naturel, béton et baies vitrées. Chambres à prix assez sages. Équipements modernes. Vaste restaurant traditionnel offrant une perspective sur le Val de Ruz. Grand choix de menus.

**BOURGUILLON** *Fribourg* 552 H8 – *rattaché à Fribourg.*

**Le BRASSUS** *Vaud* 552 B9 – *voir à Joux (Vallée de).*

**BRAUNWALD** *8784 Glarus (GL)* 551 S8 – *453 Ew. – Höhe 1 280 –* – *Wintersport : 1 300/2 000 m* 6 2 .

**Lokale Veranstaltungen**
*12.02 : Hornschlittenrennen*
*08.07 - 14.07 : Musikwoche.*

*Braunwald - Klausenpass Tourismus,* ☎ *0556 536 565,* info@*braunwald.ch, Fax 0556 536 566.*

*Bern 215 – Chur 95 – Altdorf 51 – Glarus 20 – Vaduz 82 – Zürich 90.*

mit Standseilbahn ab Linthal erreichbar

**Märchenhotel Bellevue** , ☎ 0556 537 171, *info@maerchenhotel.ch, Fax 0556 431 000,* ← Berge, , , , , – , Rest, . MC VISA. Rest
*17. Dez. - 25. März und 1. Juni - 24. Okt.* – **Rest** *(Abendessen nur für Hotelgäste)* (14) 75 und à la carte 37/85 – **54 Zim** *(nur ½ Pens.)* ★165/265 ★★330/530.
◆ Das ideale Hotel für Familien mit Kindern : Neben zeitgemässen, freundlichen Zimmern überzeugt eine ganztägige Kinderbetreuung - jeden Abend erzählt der Chef ein Märchen.

**Rubschen** , in Rubschen über Wanderweg (30 min), ☎ 0556 431 534, *rubschen@bluewin.ch, Fax 0556 431 535,* ← Tal und Berge, , – MC VISA. Zim
*21. Dez. - 19. März und 2. Juni - 19. Okt.* – **Rest** (23) und à la carte 40/75 – **11 Zim** ☕ ★65/95 ★★130/190 – ½ P Zuschl. 45.
◆ In einer autofreien Gegend können Sie hier ungestörte Urlaubstage verleben. Die Gäste werden in teils neuzeitlich möblierten Zimmern mit schöner Aussicht untergebracht. Grosse Gaststube und kleiner, gemütlicher à la carte-Raum mit rustikalem Dekor.

**BREIL** (BRIGELS) *7165 Graubünden (GR)* 553 S9 – *1 289 Ew. – Höhe 1 289 – Wintersport : 1 257/2 418 m* 7 .

**Lokale Veranstaltung**
*04.03 : "trer schibettas" alter Brauch.*

*Center Turistic, casa quader,* ☎ *0819 411 331,* info@*brigels.ch, Fax 0819 412 444.*

*Bern 225 – Andermatt 52 – Chur 50 – Bellinzona 112.*

**La Val** , ☎ 0819 292 626, *hotel@laval.ch, Fax 0819 292 627,* ←, , , – , Zim, . AE MC VISA
*17. Dez. - 17. April, 14. Mai - 29. Okt.* – **Rest** 48 und à la carte 36/84 – **33 Zim** ☕ ★112/149 ★★184/235 – ½ P Zuschl. 32.
◆ Die beiden unterirdisch miteinander verbundenen, ruhig gelegenen Häuser bieten den Gästen im Annexe grosse Zimmer mit Sitzecke, Balkon und kleiner Kochzeile. Neo-rustikale Stuben bilden das Restaurant.

**Alpina** , ☎ 0819 411 413, *info@alpina-brigels.ch, Fax 0819 413 144,* – . AE MC VISA
**Rest** (16.50) 32 (abends) und à la carte 28/67 – **10 Zim** ☕ ★56/84 ★★112/148 – ½ P Zuschl. 25.
◆ Das mit Holz verkleidete ältere Haus steht im Ortskern am Kirchplatz. Die acht renovierten Zimmer in der ersten Etage sind mit gutem Mobiliar modern ausgestattet. An die Gaststube schliesst sich das holzgetäferte Restaurant an.

🏠 **Crestas** ⌂, 🕾 0819 411 131, hotel@crestas.ch, Fax 0819 412 171, ≤, 😳, 🖙, 🖙 – 📶 🖙. AE ⓞ ⓜ VISA. ⅍ Rest
22. Dez. - 16. April und 28. Mai - 20. Okt. – **Rest** (20) 38 und à la carte 42/82 – **21 Zim** ⌂ ✦71/109 ✦✦132/202 – ½ P Zuschl. 24.
♦ Das Haus im Chaletstil empfängt seine Gäste an einer rustikalen Reception mit offenem Kamin und Sitzecke. Die verschieden geschnittenen Zimmer sind mit dunklem Holz möbliert. In der Arvenstube kann der Gast Speisen von einer traditionellen Karte wählen.

🍴 **Casa Fausta Capaul** mit Zim, cadruvi 32, 🕾 0819 411 358, info@faustacapaul.ch, Fax 0819 411 636, 😳 – ⇔ 20. AE ⓞ ⓜ VISA
geschl. 18. April - 11. Mai, 2. Nov. - 1. Dez. und Dienstag - Mittwoch ausser von Mitte Dez. - Mitte März – **Rest** (28) 62 (mittags)/98 und à la carte 57/115 – **6 Zim** ⌂ ✦58/65 ✦✦116/130.
♦ Die alten Stuben des a. d. 18. Jh. stammenden Engadiner Hauses gefallen mit hübschem rustikalem Ambiente. Die Gästezimmer sind einfach, aber mit viel Holz gemütlich gestaltet.

---

**BREMGARTEN** 5620 Aargau (AG) 🔲🔲🔲 O5 – 5 177 Ew. – Höhe 386.
Bern 108 – Aarau 30 – Baden 20 – Luzern 50 – Zürich 21.

🏠 **Sonne** ⌂, Marktgasse 1, 🕾 0566 488 040, hotel@sonne-bremgarten.ch, Fax 0566 488 041, ≤, 😳 – 📶 📞 🕭 Rest, 🖙 – 🖙 15/50. AE ⓞ ⓜ VISA
geschl. 24. Dez. - 8. Jan. und Sonntagabend – **Rest** (19.50) 34 (mittags)/75 und à la carte 44/109 – **15 Zim** ⌂ ✦140/185 ✦✦185.
♦ Das Altstadthaus liegt ruhig in der Fussgängerzone und bietet mit solidem Nussbaummobiliar im Stil der 80er Jahre ausgestattete Gästezimmer. Im Restaurant bietet man eine zeitgemäss ausgerichtete Küche.

---

**Les BRENETS** 2416 Neuchâtel (NE) 🔲🔲🔲 F6 – 1 137 h. – alt. 876.
Bern 85 – Neuchâtel 34 – Besançon 79 – La Chaux-de-Fonds 16 – Yverdon les Bains 67.

🏠 **Les Rives du Doubs** ⌂, 26 Pré du Lac, 🕾 0329 339 999, rives-du-doubs@bluewin.ch, Fax 0329 339 998, ≤, 😳, 🖙 – 🅿 ⇔ 40 – 🖙 40. AE ⓜ VISA. ⅍ rest
**Rest** (fermé 22 janv. au 8 fév., lundi, mardi et merc. de nov. à mars) (16) 48 et à la carte 38/83 – **15 ch** ⌂ ✦100/140 ✦✦120/168 – ½ P suppl. 30.
♦ Ce gros chalet élevé au bord du lac des Brenets renferme des chambres fonctionnelles sans reproche. Ponton où vous pourrez amarrer votre bateau. Restaurant panoramique concoctant quelques recettes malgaches en "guest star" et des tartes affriolantes.

---

**BRENT** Vaud 🔲🔲🔲 F10 – rattaché à Montreux.

---

**BRIENZ** 3855 Bern (BE) 🔲🔲🔲 M8 – 2 921 Ew. – Höhe 566.
Sehenswert : Brienzer Rothorn★★★ – Giessbachfälle★★ – Ballenberg★★, Schweizerisches Freilichtmuseum – Brienzer See★, Nordufer★ – Oltschibachfall★.
🛈 alpenregion.ch, Hauptstr. 148, 🕾 0339 528 080, info@alpenregion.ch.
Bern 77 – Interlaken 18 – Luzern 52 – Meiringen 15.

🏠 **Lindenhof** ⌂, Lindenhofweg 15, 🕾 0339 522 030, info@hotel-lindenhof.ch, Fax 0339 522 040, ≤ Berge und See, 😳, 🖙, 🖾, 🖙 – 📶 🅿 – 🖙 15/40. AE ⓞ ⓜ VISA
geschl. 2. Jan. - 10. März – **Rest** 65 und à la carte 44/80 – **40 Zim** ⌂ ✦130/170 ✦✦170/230 – ½ P Zuschl. 45.
♦ Die Zimmer des ruhig oberhalb des Ortes gelegenen Hotels verteilen sich auf fünf Gebäude. Individuelle Themenzimmer, teils mit schönem Ausblick und/oder Terrasse zum See. Zum Speisen stehen zur Wahl : das Alpstübli, der Wintergarten oder die Terrasse.

🏠 **Brienzerburli-Löwen,** Hauptstr. 11, 🕾 0339 511 241, hotel@brienzerburli.ch, Fax 0339 513 841, ≤, 😳 – 📶 ⅍≈ 🕭 Rest, 🅿 AE ⓞ ⓜ VISA
geschl. 27. Nov. - 26. Dez. – **Rest** (18) und à la carte 38/80 – **32 Zim** ⌂ ✦85/140 ✦✦160/220, 3 Suiten – ½ P Zuschl. 28.
♦ Am Ortseingang liegt das aus 2 Häusern bestehende Hotel mit Zugang zur Promenade. Die Zimmer sind rustikal eingerichtet - im Löwen direkt am See stehen Appartements bereit. Eine schöne Seeterrasse ergänzt das Restaurant.

**in Giessbach** *Süd-West : 6 km – Höhe 573 –* ⊠ *3855 Brienz :*

🏨 **Grandhotel Giessbach** ♨, ℰ 0339 522 525, *grandhotel@giessbach.ch*,
*Fax 0339 522 530,* ⪡ See und Giessbachfälle, 🏤, ⤵, ⅏, 🐦 – 📶, ⤇ Rest, ⅍ 🅿
– 🔏 15/70. 🖭 Ⓞⅅ ⓄⓈ 𝖵𝖨𝖲𝖠
*22. April - 21. Okt. –* ***Chez Florent*** *(geschl. Montag ausser Juli - Aug.)* **Rest** 47 (mittags) 145 und à la carte 73/135 – ***Parkrestaurant :*** **Rest** (23) 34 (mittags)/78 und
à la carte 63/109 – **70 Zim** ⊇ ✝150/190 ✝✝320/410 – ½ P Zuschl. 70.
♦ Herrlich liegt das nostalgisch im Stil der Jahrhundertwende eingerichtete Haus an
den Giessbachfällen. Besonders hübsch : die Zimmer nach vorne, etwas dunkler die
Waldzimmer. Elegant gibt sich das Chez Florent, mit schöner Terrasse.

---

**BRIG** *3900 Wallis (VS)* 𝟻𝟻𝟸 *M11 – 11 882 Ew. – Höhe 678.*

**Sehenswert :** *Stockalperschloss : Hof*★ Z.

**Ausflugsziel :** *Simplonpass*★★ *über* ② *: 23 km.*

🛈 *Brig Belalp Tourismus, Bahnhofplatz 1,* ℰ *0279 216 030,* info@brig-belalp.ch,
*Fax 0279 216 031* Y.

🏦 *Bahnhofplatz 1,* ℰ *0279 242 300, Fax 0279 216 031* Y.

*Bern 167*① *– Andermatt 90*① *– Domodossola 66*② *– Interlaken 110*③ *– Sion 53*③

🏨 **Stadthotel Simplon,** *Sebastiansplatz 6,* ℰ *0279 222 600,* simplon@wallis.ch,
*Fax 0279 222 605,* 🏤 – 📶, 🍴 Rest, ⅍ Rest –, 🔏 15/50. 🖭 Ⓞⅅ ⓄⓈ 𝖵𝖨𝖲𝖠 ⁣ Z m
*geschl. 23. Okt. - 20. Nov. –* ***Rest. de Ville :*** **Rest** (30) 50 (mittags)/115 und à la carte
60/103 – ***Bistro :*** **Rest** (20) 55 und à la carte 47/93 – **32 Zim** ⊇ ✝125/150
✝✝160/220 – ½ P Zuschl. 30.
♦ Das Haus steht im Ortskern, einige Schritte von einem Parkhaus entfernt. Die
Zimmer des Geschäftshotels sind mit anthrazitfarbenen Möbeln zeitgemäss eingerichtet. Das Rest. de Ville im 1. Stock ist ein schlicht-eleganter Raum mit edlem
Holzdekor.

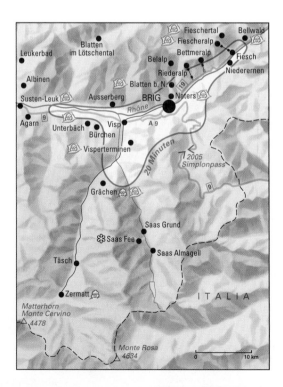

# BRIG

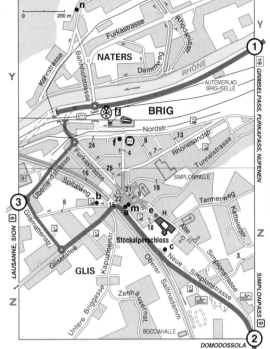

🏠 **Du Pont,** Neue Simplonstr. 1, ℰ 0279 231 502, dupont.brig@datacomm.ch, Fax 0279 239 572, ☆ – ⧫ ⅙ Zim. ⌷ ⑩ ⓜⓞ 𝖵𝖨𝖲𝖠        Z a
geschl. 24. Dez. - 20. Jan. – **Rest** (25) 51 (mittags) und à la carte zirka 60 – **17 Zim** ⌷ ✚95/120 ✚✚150/250 – ½ P Zuschl. 30.
  ◆ Das Gebäude liegt beim Marktplatz. Die mit massivem Nussbaummobiliar ausgestatteten Zimmer unterscheiden sich lediglich in der Grösse und sind funktionell eingerichtet. Getäferte Wände machen das Restaurant gemütlich.

🏠 **Good Night Inn,** Englischgruss-Str. 6, ℰ 0279 212 100, gni@brig-wallis.ch, Fax 0279 212 199, ☆ – ⧫, ⧅ Zim, ▤ ⅙ ℙ. ⌷ ⑩ ⓜⓞ 𝖵𝖨𝖲𝖠      Z b
**Rest** (geschl. Sonntag) (15) und à la carte 31/77 – **100 Zim** ⌷ ✚79 ✚✚99 – ½ P Zuschl. 15.
  ◆ Das moderne Hotel ist in einem Einkaufzentrum situiert. Die Zimmer von durchschnittlicher Grösse sind zeitgemäss mit hellem Buchenholzmobiliar ausgestattet.

🏠 **Schlosshotel Art Furrer** garni, am Schlosspark, ℰ 0279 229 595, info@schlosshotel.ch, Fax 0279 229 596, ☞ – ⧫ ℙ. ⌷ ⓜⓞ 𝖵𝖨𝖲𝖠       Z c
geschl. Nov. - Mitte Dez. – **27 Zim** ⌷ ✚85/98 ✚✚130/160.
  ◆ Das Hotel liegt beim Stockalperpalast neben dem schönen Schlosspark. Der Gast schläft in funktionellen, mit solidem Nussbaumholz-Mobiliar eingerichteten Zimmern.

🏠 **Victoria,** Bahnhofstr. 2, ℰ 0279 231 503, hotel_victoria@swissonline.ch, Fax 0279 242 169, ☆ – ⧫, ⧅ Zim, ⌷ ⑩ ⓜⓞ 𝖵𝖨𝖲𝖠        Y f
geschl. 29. März - 14. April und 10. Nov. - 18. Dez. – **Rest** (17) und à la carte 36/83 – **37 Zim** ⌷ ✚110/130 ✚✚170/200 – ½ P Zuschl. 35.
  ◆ Die Zimmer dieses Hauses, das so verkehrsgünstig gegenüber dem Bahnhof liegt, sind einheitlich mit dunklem Holzmobiliar funktionell eingerichtet. Das moderne, frisch gestaltete Speiserestaurant hat einen Wintergarten.

XX **Schlosskeller,** Alte Simplonstr. 26, ℰ 0279 233 352, *Fax 0279 236 975,* 斎 – ◪
⊜ ◍ ◍◍ *VISA*                                                                    Z e
*geschl. 3. - 17. Juli, Sonntagabend und Montag –* **Rest** *(19) 36 (mittags)/100 und à
la carte 48/89.*
♦ Der Schlosskeller liegt in einem Seitentrakt des Schlosses. Hier befinden sich eine Gaststube mit Zugang zur Terrasse und ein gehobenes Restaurant mit alter Holzdecke.

**in Naters** *Nord : 1 km – Höhe 673 –* ⊠ *3904 Naters :*

🏠 **Alex,** Furkastr. 88, ℰ 0279 224 488, *info@hotelalex.ch, Fax 0279 242 544,* 斎 –
⟨🏊⟩ ⃦, ⇖ Zim, ✆ ﬞ, ⟵ ℙ – ♨ 60. ◪ ◍ ◍◍ *VISA*. ⅍ Rest
*geschl. Mitte Okt. - Ende Nov. –* **Rest** *(geschl. Sonntag) (nur Abendessen)* 35 und à
la carte zirka 45 – **35 Zim** � ♦85/94 ♦♦148/158 – ½ P Zuschl. 30.
♦ Das Hochhaus-Hotel bietet seinen Gästen modern ausgestattete Zimmer mit
gutem Platzangebot und verfügt über ein Putting Green auf 1500 qm. Das Restaurant befindet sich in der 7. Etage.

🏠 **Bellevue,** Bahnhofstr. 27, ℰ 0279 244 446, *mail@bellevue-naters.ch,*
⊜ *Fax 0279 242 557 –* ⃦ ℙ. ◪ ◍ ◍◍ *VISA*                                         Y n
*geschl. 23. Dez. - 8. Jan. und Sonntag –* **Rest** *(18) 45/68 und à la carte 47/91 –* **9 Zim**
� ♦80/90 ♦♦120/140 – ½ P Zuschl. 30.
♦ Das Hotel liegt im Zentrum des Ortes und hat mit hellem Holzmobiliar funktionell
eingerichtete Doppelzimmer, die sich lediglich in der Grösse unterscheiden. Einfaches
Tagesrestaurant und moderner à la carte-Bereich mit gutem Gedeck.

---

**BRIGELS** *Graubünden* 🔢🔢🔢 S9 – *siehe Breil.*

---

**BRIGNON** *Valais* 🔢🔢🔢 I12 – *rattaché à Veysonnaz.*

---

**BRISSAGO** *6614 Ticino (TI)* 🔢🔢🔢 Q12 – *1 781 ab. – alt. 210.*
🄴 *Ente Turistico Lago Maggiore, via Leoncavallo 25,* ℰ *0917 910 091,* buongior-
no@maggiore.ch, *Fax 0917 851 941.*
*Bern 275 – Locarno 10 – Bellinzona 30 – Domodossola 62 – Lugano 49 – Verbania 28.*

🏨 **Villa Caesar** ⚘, *via Gabbietta 3,* ℰ 0917 932 766, *brissago@privilegehotels.ch,*
*Fax 0917 933 104,* ≤, 斎, ⏠, 🏊, 🏊, 🌿 – ⃦, ⇖ cam, ⟵ ℙ. ◪ ◍ ◍◍ *VISA*.
⅍ rist
*3 marzo - fine novembre –* **Rist** *(chiuso mercoledì sera ed a mezzogiorno)* (solo menu)
28/58 – � 15 – **24 cam** ♦120/296 ♦♦184/348, 8 suites.
♦ Immaginate una residenza di villeggiatura di epoca romana, trasportatela sulle rive
del Verbano ed ecco a voi l'hotel. Il confort è al passo coi tempi, le camere spaziose.
Ristorante con terrazza e vista verso la bella piscina.

🏨 **Mirto al Lago,** viale Lungolago 2, ℰ 0917 931 328, *info@hotel-mirto.ch,*
*Fax 0917 931 333,* ≤, 斎, 🏊 – ⃦, ⇖ rist, ▤ ✆ ℙ. ◍◍ *VISA*. ⅍
*21 marzo - 24 ottobre –* **Rist** *(28) 38 (mezzogiorno)/55 ed alla carta 42/86 –* **24 cam**
� ♦150/167 ♦♦210/280 – ½ P sup. 30.
♦ Ubicato direttamente sulla passeggiata, di fronte al lago. Le camere si differenziano
tra loro per ampiezza ed arredamento : moderno e dai colori diversi. Ristorante semplice, proposte culinarie tradizionali e pizza.

🏠 **Rivabella** senza rist, via R. Leoncavallo 43, ℰ 0917 931 137, *Fax 0917 932 537,*
≤, 斎, 🏖, 🌿 – ⃦ ℙ. ◍◍ *VISA*. ⅍
*22 marzo - 30 ottobre –* **18 cam** � ♦75/105 ♦♦130/150.
♦ Sito in riva al lago, oltre alla bella terrazza-giardino offre una spiaggia privata.
Camere d'aspetto semplice ed abbastanza confortevoli, ritinteggiate di recente.

XX **Osteria al Giardinetto,** Muro degli Ottevi 10, ℰ 0917 933 121, *osteria@al-g*
⊜ *iardinetto.ch, Fax 0917 809 005,* 斎 – ⟡ 15. ◪ ◍ ◍◍ *VISA*
**Rist** *(chiuso a mezzogiorno e mercoledì)* 64 ed alla carta 49/78.
♦ Antico edificio nel centro del paese con un'intima sala con camino o servizio estivo
sotto il grazioso patio. Menù mediterraneo, secondo le stagioni. Apertura solo serale.

**a Piodina** *Sud-Ovest : 3 km – alt. 360 –* ⊠ *6614 Brissago :*

X **Osteria Borei,** via Ghiridone 77, Ovest : 3 km, alt. 850, ℰ 0917 930 195, ≤ lago
e monti, 斎 – ℙ ⟡ 10. ◍◍ *VISA*. ⅍
*aperto dal 18 marzo al 28 ottobre, chiuso giovedì –* **Rist** *(prenotare) alla carta 37/76.*
♦ Grotto di ambiente familiare, da cui godrete della vista di tutto il lago in un solo
colpo d'occhio ! Offerta semplice, tipica e cucina rigorosamente casalinga.

**BRISTEN** *6475 Uri (UR)* 551 Q9 – *Höhe 797.*
*Bern 167 – Andermatt 24 – Altdorf 22 – Chur 113.*

🕈 **Alpenblick,,** *ℰ 0418 831 240, alpenblick.bristen@bluewin.ch, Fax 0418 831 242,*
斎 – 🍴 Zim, 🅿
*geschl. 24. Dez. - 6. Jan. und 24. - 30. April, Montag und Dienstagabend von Okt. -*
*Juni* – **Rest** (20) 27 und à la carte 34/68 – **9 Zim** ⊃ ✚65/75 ✚✚110/130 – ½ P
Zuschl. 20.
✦ Im schönen Hochtal gelegenes kleines Gasthaus mit recht schlichten, mit hellen,
rustikalen Tannenholzmöbeln eingerichteten Zimmern. Gaststube in traditionellem
Stil mit bürgerlicher Karte.

---

**BRONSCHHOFEN** *Sankt Gallen* 551 S4 – *siehe Wil.*

---

**BRUNEGG** *5505 Aargau (AG)* 551 N4 – *435 Ew. – Höhe 434.*
⚜ *Unterm Schloss, ℰ 0564 644 848, Fax 0564 644 850.*
*Bern 93 – Aarau 15 – Luzern 61 – Olten 28.*

🏨 **Zu den drei Sternen,** Hauptstr. 3, *ℰ 0628 872 727, info@hotel3sternen.ch,*
⊂⊃ *Fax 0628 872 728,* 斎, 🌿 – 🍴 Zim, 🍽 Rest, 📞 ⇔ 🅿 – 🔏 15/60. 🆀 ⓞ ⓪ⓞ
𝐕𝐈𝐒𝐀
*geschl. 10. - 23. April* – **Gourmet :** Rest 44 (mittags)/78 und à la carte 51/99 ⬧
– **Schlosskeller** - Fonduespezialitäten - *(nur im Winter) (geschl. Sonntag) (nur*
*Abendessen)* **Rest** à la carte zirka 42 – **Gaststube :** Rest (17.50) und à la carte 40/85
– **23 Zim** ⊃ ✚120 ✚✚198.
✦ Der schön renovierte Gasthof aus dem 16. Jh. beherbergt in ländlich-rustikalem
Stil geschmackvoll eingerichtete Zimmer. Suite mit Kamin. Angenehmes Ambiente im
Gourmet. Der Schlosskeller bietet u. a. Fonduespezialitäten. Traditionelle Küche in der
Gaststube.

---

**BRUNNEN** *6440 Schwyz (SZ)* 551 Q7 – *Höhe 439.*
*Sehenswert : Lage★★ – Die Seeufer★★.*
🛈 *Brunnen Tourismus, Bahnhofstr. 15, ℰ 0418 250 040, info@brunnentouris*
*mus.ch, Fax 0418 250 049.*
⚜ *Waldstätterquai 2, ℰ 0418 220 607, Fax 0418 220 609.*
*Bern 156 – Luzern 40 – Altdorf 13 – Schwyz 7.*

🏨 **Seehotel Waldstätterhof** 🌊, Waldstätterquai 6, *ℰ 0418 250 606, info@w*
*aldstaetterhof.ch, Fax 0418 250 600,* ≤ Vierwaldstättersee, 斎, 𝑓ふ, 🛳, 🐾, 🌿,
🎾, 🔲 – 🛗, 🍴 Zim, 📞 🅿 🅿 – 🔏 15/150. 🆀 ⓞ ⓪ⓞ 𝐕𝐈𝐒𝐀
**Rôtisserie :** Rest 76 und à la carte 59/106 – **Sust-Stube :** Rest (25) und à la carte
44/100 – **105 Zim** ⊃ ✚160/260 ✚✚270/430 – ½ P Zuschl. 50.
✦ In schöner Lage wurde dieses Hotel Ende des 19. Jahrhunderts am See erbaut.
Einige Zimmer sind mit grauem, funktionellem, der Grossteil aber mit hellem Mobiliar
ausgestattet. Die Rôtisserie ist das gehobene Restaurant an der Seeseite des Hauses.

🏠 **Schmid und Alfa,** Axenstr. 5, *ℰ 0418 201 882, mail@schmidalfa.ch,*
*Fax 0418 201 131,* ≤, 斎 – 🛗 🆀 ⓞ ⓪ⓞ 𝐕𝐈𝐒𝐀
*März - Okt.* – **Rest** *(geschl. Dienstag und Mittwoch von März - 16. April)* 25 und à
la carte 33/59 – **28 Zim** ⊃ ✚60/110 ✚✚110/180 – ½ P Zuschl. 30.
✦ Die zwei Gebäude befinden sich im Zentrum des Ortes. Die Zimmer im Hotel Schmid
sind mit einfachem weissem Mobiliar ausgestattet, die des Alfa moderner, ebenfalls
in Weiss. Das schlichte, bürgerliche Restaurant befindet sich im Haus Schmid.

---

**BRUSINO ARSIZIO** *6827 Ticino (TI)* 553 R14 – *444 ab. – alt. 276.*
*Bern 257 – Lugano 21 – Bellinzona 49 – Milano 99.*

🍴🍴 **Chalet San Giorgio** con cam, via Cantonale, *ℰ 0919 962 155, Fax 0919 962 155,*
≤, 斎, 🌿, 🔲 – 🅿 ⓪ⓞ 𝐕𝐈𝐒𝐀
*chiuso dal 20 dicembre al 20 febbraio e lunedì (salvo la sera in estate)* – **Rist** (29)
98 (sera) ed alla carta 53/89 – **3 cam** ⊃ ✚80 ✚✚150.
✦ Costruzione rustica le cui due sale da pranzo sono accoglienti e curate ; d'estate
servizio in riva al lago. Cucina di stampo italiano con proposte classiche e pizza.

**BUBENDORF** *4416 Basel-Landschaft (BL)* 551 L4 – *4 307 Ew. – Höhe 360.*
*Bern 78 – Basel 25 – Aarau 44 – Liestal 5 – Olten 31.*

**Bad Bubendorf,** Kantonsstr. 3, ✆ 0619 355 555, *info@badbubendorf.ch, Fax 0619 355 566,* – Zim, Rest, P – 15/120. AE MC VISA
***Wintergarten*** **: Rest** 45 (mittags)/70 und à la carte 48/102 – ***Zum Bott*** **: Rest** (18) und à la carte 45/81 – **29 Zim** ☕ ★135 ★★190.
◆ 1641 wurde die Heilquelle zum ersten Mal amtlich erwähnt und hundert Jahre später das erste Badhaus errichtet. Heute schläft man hier in modernen, wohnlichen Zimmern. Das Restaurant : grosser Wintergarten im Stil der Belle Epoque. Zum Bott : mit Kreuzgewölbe.

**Murenberg,** Krummackerstr. 4, ✆ 0619 311 454, *murenberg@bluewin.ch, Fax 0619 311 846,* – P. AE MC VISA
*geschl. 6. - 24. März, 2. - 19. Okt., Mittwoch und Donnerstag* – **Rest** - Fischspezialitäten - (39) 62/117 und à la carte 51/115.
◆ Das Haus liegt leicht erhöht und zurückversetzt am Dorfeingang. In einem hellen, freundlichen Speisesaal kann der Gast Gerichte von einer monatlich wechselnden Karte wählen.

**BUBIKON** *8608 Zürich (ZH)* 551 R5 – *5 377 Ew. – Höhe 509.*
*Bern 156 – Zürich 27 – Rapperswil 7 – Uster 17 – Winterthur 42.*

**Gasthof Löwen** mit Zim, Wolfhauserstr. 2, ✆ 0552 431 716, *loewen.bubikon@bluewin.ch, Fax 0552 433 716,* – P – 20. AE MC VISA. Rest
*geschl. 20. Feb. - 6. März, 15. Juli - 7. Aug., Sonntag und Montag* – ***Apriori*** **: Rest** (nur Menu) 58/118 – ***Gaststube*** **: Rest** (22) und à la carte 45/98 – **8 Zim** ☕ ★110/125 ★★160/175.
◆ Hell und grosszügig wirkt das Restaurant Apriori mit zeitgemässer Einrichtung. Schön gedeckte Tische und ein modernes Speisenangebot erwarten Sie. In der getäferten Gaststube bietet man eine regionale Küche.

**BUCH BEI FRAUENFELD** *8524 Thurgau (TG)* 551 R3 – *Höhe 468.*
*Bern 166 – Zürich 49 – Frauenfeld 9 – Konstanz 35 – Schaffhausen 23.*

**in Horben** *Süd-Ost : 2 km Richtung Warth – Höhe 490 – ✉ 8524 Buch bei Frauenfeld :*

**Schäfli,** ✆ 0527 461 158, *schaefli-horben@bluewin.ch, Fax 0527 461 113,* – P 30. AE MC VISA
**Rest** *(geschl. Montag und Dienstag ausser Feiertage)* (24) 39 (mittags)/98 und à la carte 50/101.
◆ Einsam liegt dieses gemütliche Restaurant am Waldrand. In verschiedenen komfortablen, aber durchwegs rustikal gehaltenen Räumen serviert man Traditionelles.

**BUCHBERG** *8454 Schaffhausen (SH)* 551 Q4 – *801 Ew. – Höhe 489.*
*Bern 145 – Zürich 37 – Baden 37 – Schaffhausen 20 – Winterthur 21.*

**Engel,** Dorfstr. 6, ✆ 0448 671 919, *team@engelbuchberg.ch, Fax 0448 671 944,* – P 15. AE MC VISA
**Rest** *(geschl. Dienstag und Mittwoch)* (17.50) 43 (mittags)/65 und à la carte 40/86.
◆ Das Restaurant liegt in einem ruhigen Dorf. In der Gaststube und im gehobenen Teil mit ländlicher Einrichtung werden Speisen von einer saisonal variierenden Karte serviert.

**BUCHS** *9470 Sankt Gallen (SG)* 551 V6 – *10 255 Ew. – Höhe 447.*
*Tourist Info Werdenberg, Bahnhofplatz 2, ✆ 0817 400 540,* touristinfo@*werdenberg.ch, Fax 0817 400 728.*
*Bern 237 – Sankt Gallen 52 – Bregenz 47 – Chur 46 – Vaduz 6.*

**Buchserhof,** Grünaustr. 2, ✆ 0817 557 070, *info@buchserhof.ch, Fax 0817 557 071,* – Zim, P – 15/40. MC VISA
**Rest** (16.50) 35 und à la carte 31/70 – **55 Zim** ☕ ★80/118 ★★146/186, 4 Suiten – ½ P Zuschl. 25.
◆ Unweit des Bahnhofs liegt diese praktische Unterkunft. Es stehen mit älterem Standardmobiliar zweckmässig ausgestattete Zimmer und grosse Appartements zur Verfügung. Zum Speisen dient das unterteilte Restaurant.

🏠 **City** garni, Bahnhofstr. 43, ✆ 0817 505 710, *info@hotelgarnicitybuchs.ch*, Fax 0817 505 730 – 📱 ⟨× ⟨ – ⚙ 15. 🗚 ⓞ 🚾 *VISA*
geschl. Sonntagabend – ⊑ 15 – **25 Zim** ✦85/100 ✦✦120/140.
♦ Das Hotel befindet sich in einem Einkaufszentrum. Die Zimmer sind mit hellem, funktionellem Mobiliar modern eingerichtet. Gutes Preis-Leistungs-Verhältnis.

XX **Schneggen,** Fallengässli 6, ✆ 0817 561 122, *rest.schneggen@bluewin.ch*, Fax 0817 563 296, ⟨, 🍴 – 🄿. 🗚 🚾 *VISA*
geschl. Weihnachten, 1. - 3. Jan., 2. - 15. Oktober, Mittwoch, Samstagmittag, Sonn und Feiertage abends – **Rest** (32) 55 (mittags)/120 et à la carte 43/124.
♦ Mitten im Wald liegt das rustikale Lokal auf der Anhöhe oberhalb von Buchs und bietet von der Terrasse Ausblick auf das Rheintal. Viel Fisch und Grilladen, gute Weinauswahl.

---

**BUCHS** 8107 Zürich (ZH) 🄸🄸🄸 P4 – 4 213 Ew. – Höhe 424.
Bern 115 – Zürich 21 – Baden 13 – Schaffhausen 56 – Winterthur 34.

X **Weinberg,** Weinbergstr. 1, ✆ 0448 440 660, *weinberg@info.ch*, Fax 0448 444 819, 🍴 ⬦ – 🗚 🚾 *VISA*
**Rest** (geschl. Samstagmittag, Sonn- und Feiertage) 95 (abends) und à la carte 47/117.
♦ Das Gasthaus liegt versteckt oberhalb der Kirche. Über eine Treppe erreicht man den getäferten und leicht unterteilten Raum. Auch auf der Terrasse bürgerliche Karte.

---

**BÜLACH** 8180 Zürich (ZH) 🄸🄸🄸 Q4 – 13 777 Ew. – Höhe 428.
Bern 128 – Zürich 21 – Baden 27 – Schaffhausen 28 – Winterthur 19.

🏠🏠 **Zum Goldenen Kopf,** Marktgasse 9, ✆ 0448 724 646, *mail@zum-goldenen-k opf.ch*, Fax 0448 724 600, 🍴 – 📱 ⟨ 🕭 Zim, 🄿 – ⚙ 15/80. 🗚 ⓞ 🚾 *VISA*
**Rest** (geschl. Weihnachten) (20) 54 (mittags)/125 und à la carte 41/111 – **34 Zim** ⊑ ✦130/190 ✦✦180/230.
♦ Der sehr schöne, renovierte Riegelbau mit Erker und Türmchen birgt in seinem modernisierten Inneren Zimmer mit hellen Schleiflackmöbeln oder funktionellem Mobiliar. Eine interessante Karte reicht man Ihnen im heimeligen Restaurant und im Stübli.

---

**BULLE** 1630 Fribourg (FR) 🄸🄸🄸 G9 – 11 419 h. – alt. 771.
Voir : Musée Gruérien★★.

🏌 Gruyère à Pont-la-Ville, ✉ 1649 (mars - déc.) ✆ 0264 149 460, Fax 0264 149 461, Nord-Est : 15 km par route de Fribourg - Echarlens.
**Manifestations locales**
17.05 - 21.05 : Salon des Goûts et Terroirs de Suisse Romande
23.05 - 27.05 : Francomanias, concerts chansons françaises.
🄳 Office du Tourisme, 4 av. de la Gare, ✆ 0269 128 022, tourisme@info-bulle.ch, Fax 0269 128 883.
🛞 3 place de la Gare, ✆ 0269 130 515, Fax 0269 130 513.
Bern 60 – Fribourg 30 – Gstaad 42 – Montreux 35 – Yverdon-les-Bains 80.

🏠 **Les Alpes,** 3 r. Nicolas-Glasson, ✆ 0269 129 292, *hotel@alpesgruyere.ch*, Fax 0269 129 992, 🍴 – 📱 ⟨× 🗚 ⓞ 🚾 *VISA*
**Rest** (16) et à la carte 36/68 – ⊑ 10 – **35 ch** ✦95/150 ✦✦160/210 – ½ P suppl. 25.
♦ Pas loin de la gare, hôtel rafraîchi et bien pratique pour les utilisateurs du rail. Les chambres, de mise simple, sont dotées d'une bonne isolation phonique. Salle de restaurant à l'ambiance "chalet gruérien". Choix de "panini", "tapas", "plancha", etc.

🏠 **Le Rallye,** 16 rte de Riaz, ✆ 0269 198 040, *lerallye@hotelrestaurant.ch*, Fax 0269 198 044, 🍴 – 📱 ⟨ 🄿. 🗚 ⓞ 🚾 *VISA*
**Rest** (fermé dim.) (16) 27 et à la carte 41/78 – ⊑ 14 – **22 ch** ✦99 ✦✦136/176 – ½ P suppl. 30.
♦ Rien ne sert de "speeder" au Rallye : il offre détente au salon-véranda et repos dans ses chambres confortables. Le soir, un tour de piste au dancing s'impose. Table dont le décor, sémillant et moderne, met en appétit. Terrasse ajoutant une touche romantique.

**De L'Ecu,** 5 r. Saint-Denis, ℰ 0269 129 318, Fax 0269 129 306 – 🔥 rest. ⓞ ⓒⓞ *VISA*

*fermé 10 au 25 avril, 24 juil. au 16 août, lundi et mardi* – **Rest** (17) 26 (midi)/62 et à la carte 50/114.

♦ Affaire familiale au cadre néo-rustique oeuvrant de longue date dans la rue principale de Bulle. Un grand café devance la salle à manger où l'on fait des repas classiques.

**à Morlon** *Nord-Est : 2 km – alt. 751 – ✉ 1638 Morlon :*

**Le Gruyérien** 🦢, 2 Clos d'Amont, ℰ 0269 127 158, legruyerien@bluewin.ch, Fax 0269 121 684, 🏥 – 📞 📱 – 🚿 20. ⒶⒺ ⓒⓞ *VISA*

*fermé 8 au 26 janv., dim. soir de nov. à avril et mardi* – **Rest** (17) 56 et à la carte 46/91 – **13 ch** ☲ ♦95/120 ♦♦150/180 – ½ P suppl. 35.

♦ Vous vous sentirez un peu comme à la maison dans ce chalet en harmonie avec la verte Gruyère environnante. Chambres vastes, lambrissées et dotées de balcons. À table, répertoire traditionnel faisant la part belle au gibier en saison de chasse.

**à La Tour-de-Trême** *Sud-Est : 2 km – alt. 746 – ✉ 1635 La Tour-de-Trême :*

**De la Tour** (Thürler) avec ch., 57 r. Ancien-Comté, ℰ 0269 127 470, *thurler-lat our@bluewin.ch,* Fax 0269 125 998 – 📱, ⒶⒺ ⓞ ⓒⓞ *VISA*

*fermé 25 déc. au 9 janv., 10 juil. au 1er août, dim. soir, lundi et mardi* – **Rest** 65 (midi)/125 et à la carte 93/139 – **Rest.** (voir aussi *Brasserie* ci-après) – **5 ch** ☲ ♦100/130 ♦♦130/160.

**Spéc.** Tatin de sandre du Lac de la Gruyère. Mille-feuille de foie gras aux chanterelles et vieux balsamique. Lièvre à la royale (hiver)

♦ Cet établissement sobrement décoré, situé au centre du lieu-dit, vous régale d'une cuisine au goût du jour parfaitement maîtrisée. Quelques chambres à l'étage.

**Brasserie** - **Rest. De la Tour,** 57 r. Ancien-Comté, ℰ 0269 127 470, *thurler-lato ur@bluewin.ch,* Fax 0269 125 998 – 📱, ⒶⒺ ⓞ ⓒⓞ *VISA*

*fermé 25 déc. au 9 janv., 10 juil. au 1er août, dim. soir, lundi et mardi* – **Rest** (midi seul. petite carte) (19.50) 28 (midi)/58 et à la carte 45/102.

♦ L'autre formule de la Tour permet d'apprécier, dans un cadre rustique, des recettes plus traditionnelles que celles du restaurant gastronomique, à découvrir sans se ruiner.

---

**BUOCHS** 6374 *Nidwalden (NW)* 🮲🮵🮰 07-J6 – 5 034 Ew. – Höhe 435.

🖬 *Tourismusbüro, Beckenriederstr. 7,* ℰ *0416 220 055, info@tourismus -buochs.ch, Fax 0416 205 856.*

*Bern 130 – Luzern 19 – Altdorf 24 – Cham 41 – Engelberg 23 – Stans 5.*

**Rigiblick am See** 🦢, Seeplatz 3, ℰ 0416 244 850, *info@rigiblickamsee.ch,* Fax 0416 206 874, < Vierwaldstättersee, 🏥 – 📳 📱 – 🚿 15/70. ⓞ ⓒⓞ *VISA*

*geschl. Jan.* – **Rest** (geschl. Montag ausser Juli - Aug. und Dienstag von Okt. - April) (18.50) 42 (mittags)/75 und à la carte 43/102 – **19 Zim** ☲ ♦135/185 ♦♦195/290 – ½ P Zuschl. 57.

♦ In schöner, ruhiger Lage direkt am See findet man diesen klassischen Hotelbau. Die grossen Zimmer bieten zeitgemässen Komfort. Gediegen zeigt sich das Restaurant, in dem klassische Küche kredenzt wird.

**Krone** (mit Gästehaus), Dorfplatz 7, ℰ 0416 200 820, *info@kronebuochs.ch,* Fax 0416 201 729, 🏥, ⇐s – 📳, ✍ Zim, 📱 – 🚿 15/40. ⒶⒺ ⓞ ⓒⓞ *VISA*

**Rest** (16.50) und à la carte 35/75 – **27 Zim** ☲ ♦100 ♦♦160.

♦ Zentral liegt dieses Haus an einer Kreuzung der Hauptstrasse. Im Anbau finden Sie moderne, hell möblierte Zimmer mit gutem Platzangebot vor. Im Stammhaus rustikale Gaststube mit traditionellem Speiseangebot.

---

**BUONAS** 6343 *Zug (ZG)* 🮲🮵🮱 P6 – Höhe 417.

*Bern 130 – Luzern 22 – Zug 12 – Zürich 43.*

**Wildenmann,** St. Germanstr. 1, ℰ 0417 903 060, *info@wildenmann-buonas.ch,* Fax 0417 905 141, < Zugersee, 🏥 – 📱 ⇄ 15/35. ⒶⒺ ⓞ ⓒⓞ *VISA*

*geschl. 5. Feb. - 5. März, Anfang Okt.1 Woche, Sonntag und Montag* – **Rest** à la carte 55/94.

♦ Ein typisches altes Zuger Haus beherbergt mehrere gemütliche Stuben, in denen man eine klassische Speisekarte reicht, die durch zahlreiche Fischgerichte bereichert wird.

**BÜRCHEN** 3935 Wallis (VS) 552 L11 – 680 Ew. – Höhe 1340.
*Bern 185 – Brig 18 – Sierre 37 – Sion 50 – Zermatt 38.*

**Bürchnerhof** 🏠, in Zenhäusern, Ronalpstr. 86, ☎ 0279 342 434, info@buerc hnerhof.ch, Fax 0279 343 417, ≤, 🏤, 🚗, ⊠, 🌲 – ⛰ 🔥 Zim, 🅿 – 🎲 40. 🖭 ⑩ ⓦ 𝘝𝘐𝘚𝘈. 🛇 Rest
22. Dez. - 18. März und 2. Juni - 21. Okt. – **Rest** (geschl. Montag und Dienstagmittag) 30 (mittags)/75 und à la carte 53/84 – **20 Zim** � ✦119/130 ✦✦188/210 – ½ P Zuschl. 38.
♦ Das Haus liegt ruhig oberhalb des Ortes, von der Strasse zurückversetzt, und bietet einen schönen Ausblick auf das Tal. Sie beziehen freundlich und wohnlich gestaltete Zimmer. Das Restaurant ist gemütlich und mit viel Liebe zum Detail eingerichtet.

Luxuriös oder eher schlicht? Die Symbole 🍴 und 🏠 kennzeichnen den Komfort.

**BÜREN AN DER AARE** 3294 Bern (BE) 551 I6 – 3052 Ew. – Höhe 443.
*Bern 26 – Biel 14 – Burgdorf 33 – Neuchâtel 50 – Solothurn 15.*

**Zum Baselstab**, Aareweg 1, an der historischen Holzbrücke, ☎ 0323 511 236, Fax 0323 515 883, ≤, 🏤 – 🔥 Rest, 🅿 ⑩ ⓦ 𝘝𝘐𝘚𝘈
geschl. 1. - 14. Feb., 25. Sept. - 16. Okt., Donnerstag und Freitag – **Rest** (16.50) 75 und à la carte 39/86.
♦ Das Haus liegt an der Aare, direkt neben der alten Holzbrücke - Terrasse und Wintergarten bieten eine schöne Sicht. Rustikal : Gaststube und Restaurant. Traditionelle Küche.

**BÜREN ZUM HOF** 3313 Bern (BE) 551 J6 – 396 Ew. – Höhe 506.
*Bern 21 – Biel 30 – Burgdorf 12 – Solothurn 16.*

**Rössli**, Dorfstr. 14, ☎ 0317 678 296, herzog@vino-thek.ch, Fax 0317 679 665, 🏤 – 🅿 🖭 ⑩ ⓦ 𝘝𝘐𝘚𝘈
geschl. 24. - 31. Juli, 20. Sept. - 12. Okt., Mittwoch und Donnerstag – **Rest** (15.50) und à la carte 36/102 ⚮.
♦ Das typische Berner Dorfgasthaus mit Fachwerk beherbergt eine einfache Gaststube sowie ein ländlich gestaltetes Restaurant. Die Küche bietet Traditionelles.

**BURG IM LEIMENTAL** 4117 Basel-Landschaft (BL) 551 J4 – 234 Ew. – Höhe 480.
*Bern 96 – Basel 22 – Delémont 30 – Liestal 37 – Reinach 88.*

**Bad-Burg** (Gianora), Badweg 24, ☎ 0617 312 131, gasthaus@bad-burg.ch, Fax 0617 314 446, 🏤 – 🅿 🖭 ⑩ ⓦ 𝘝𝘐𝘚𝘈
geschl. 1. Jan. - 28. März und Montag – **Rest** 85/120 und à la carte 89/135 ⚮.
**Spez.** Kalbskutteln Napolitaine oder nach Zürcher Art. Steinbutt oder Südafrikanische Scampi vom Grill. Hausgemachter Gugelhopf.
♦ Dieser detailverliebt eingerichtete Familienbetrieb wie aus dem Bilderbuch glänzt mit seiner ausgezeichneten klassischen Küche und einer hervorragenden Bordeaux-Auswahl.

**BURGDORF** 3400 Bern (BE) 551 K7 – 14743 Ew. – Höhe 533.
**Ausflugsziel** : *Aussichtspunkt Lueg★ Nord-Ost : 8,5 km.*
🏌 in Oberburg, ⊠ 3414 (März - Nov.) ☎ 0344 241 030, Fax 0344 241 034, Süd : 3,5 km Richtung Langnau.
🚉 Tourist Office, Bahnhofstr. 44, ☎ 0344 245 065, touristoffice.burgdorf@rm-rail.ch, Fax 0344 245 046.
*Bern 23 – Aarau 63 – Basel 85 – Biel/Bienne 41 – Brienz 98 – Luzern 67.*

**Stadthaus** 🏠, Kirchbühl 2, ☎ 0344 288 000, info@stadthaus-group.ch, Fax 0344 288 008, 🏤 – ⛰ 🔥 Zim, ⟟ Zim, 🅿 – 🎲 15/60. 🖭 ⑩ ⓦ 𝘝𝘐𝘚𝘈. 🛇 Rest
**La Pendule** (geschl. Sonntagabend) **Rest** 62/79 und à la carte 73/105 – **Stadtcafé : Rest** (16.50) und à la carte 44/76 – **18 Zim** ⊑ ✦210 ✦✦340 – ½ P Zuschl. 45.
♦ Geschmackvoll hat man das sorgsam renovierte Stadthaus eingerichtet, stilvolle Möbel schmücken die Zimmer. Der schöne Lichthof dient als Lounge. Park-Service. Elegant gibt sich das angenehm hell gehaltene La Pendule.

🏨 **Berchtold,** Bahnhofstr. 90, ☎ 0344 288 428, *info@stadthaus-group.ch*,
🍴 Fax *0344 288 484*, ⌗ – 📶, ⌧ Zim, ✆ & Zim, ⟷ 🖨 15/20. 🖭 🛈 ⓜⓞ 𝖵𝖨𝖲𝖠
**Rest** *(geschl. Sonntag)* (17.50) 36 und à la carte 40/77 – **36 Zim** ⌑ ✦145/205
✦✦195/250 – ½ P Zuschl. 35.
♦ Das aus zwei miteinander verbundenen Häusern bestehende Hotel liegt unweit des
Bahnhofs. Die Zimmer sind recht geräumig und in modernem Stil eingerichtet.

✿✿✿ **Emmenhof** (Schürch), Kirchbergstr. 70, ☎ 0344 222 275, *emmenhofburgdorf@*
ℬ *bluewin.ch*, Fax *0344 234 629* – 🅿. 🖭 🛈 ⓜⓞ 𝖵𝖨𝖲𝖠. ⌘
*geschl. 16. Juli - 16. Aug., Montag und Dienstag* – **Rest** 70 (mittags)/160 und à la
carte 85/137 – *Gaststube :* **Rest** (18) und à la carte 44/77.
**Spez.** Chamois, Chevreuil (automne). Agneau de l'Emmental. Jarret de veau glacé
♦ Recht modern hat man das à la carte-Restaurant des Emmenhofs gestaltet. Gebo-
ten wird eine ausgezeichnete klassische wie auch regionale Küche. Rustikaler ist die
Gaststube gehalten, mit wechselnder Tageskarte.

**in Heimiswil** *Ost : 3 km – Höhe 618 –* ✉ *3412 Heimiswil :*

✿✿ **Löwen,** Dorfstr. 2, ☎ 0344 223 206, *daniel.luedi@loewen-heimiswil.ch*,
🍴 Fax *0344 222 635*, ⌗ – 🅿 ⇔ 10/100. 🛈 ⓜⓞ 𝖵𝖨𝖲𝖠
*geschl. 30. Jan. - 15. Feb., 17. Juli - 8. Aug., Montag und Dienstag* – **Rest** (16.50) 76
und à la carte 43/92.
♦ Ein Bijou für Nostalgiker : Ein historischer Berner Landgasthof, in dem man in
diversen authentisch eingerichteten Stuben traditionelle Küche serviert.

---

**BÜRGENSTOCK** *6363 Nidwalden (NW)* 🯵🯵🯱 O7 *– Höhe 874.*
🛐 *(Mai - Okt.)* ☎ 0416 122 434.
*Bern 135 – Luzern 23 – Beckenried 11 – Stans 10.*

🏰 **Park Hotel** ⌘, ☎ 0416 129 010, *information@buergenstock-hotels.ch*,
Fax *0416 129 901*, ⩽ Luzern und Vierwaldstättersee, ⌗, 🛐, Ⅰ𝟼, ⌁, ⌤, ⌧, ⌨,
⌘, ⌬ – 📶, ⌧ Zim, ✆ 🅿 – 🏊 15/100. 🖭 🛈 ⓜⓞ 𝖵𝖨𝖲𝖠. ⌘ Rest
*4. März - 29. Okt.* – **Rest** (siehe auch *Le Club*) – *da Tintoretto* - italienische Küche -
**Rest** 55 (abends)/79 und à la carte 54/112 – **58 Zim** ⌑ ✦250/510 ✦✦320/660
– ½ P Zuschl. 65.
♦ Der aus mehreren Gebäuden bestehende weitläufige Hotelkomplex beeindruckt mit
Eleganz und Luxus, einem attraktiven Freizeitbereich und einzigartigem Ausblick.
Mediterran gibt sich das Tintoretto.

🏨 **Waldhotel** ⌘, ☎ 0416 110 383, *info@waldhotel-buergenstock.ch*,
Fax *0416 106 466*, ⩽ Bergpanorama, ⌗, Ⅰ𝟼, ⌁, ⌤, ⌨ – 📶 ⌧ & 🅿 – 🏊 15/80.
ⓜⓞ 𝖵𝖨𝖲𝖠
**Rest** (35) 46 (mittags)/94 und à la carte 50/107 – **55 Zim** ⌑ ✦112/140
✦✦224/280 – ½ P Zuschl. 35.
♦ Das moderne Hotel liegt sehr ruhig inmitten der Natur und bietet einen exzellenten
Panoramablick. Die Zimmer sind teils wohnlich-nobel, teils modern, manche auch ein-
facher. Frische, kräftige Farben verschönern das grosse Restaurant.

✿✿✿✿ **Le Club** - *Park Hotel*, ☎ 0416 129 010, *information@buergenstock-hotels.ch*,
Fax *0416 129 901*, ⌗ – 🅿. 🖭 🛈 ⓜⓞ 𝖵𝖨𝖲𝖠. ⌘
*29. April - 21. Okt. ; geschl. Montag - Dienstag (ausser 17. Juli - 20. August)* – **Rest**
*(nur Abendessen)* 98 und à la carte 69/141.
♦ Klassisch-stilvoll und gediegen wirkt das zum Park Hotel gehörende Restaurant, in
dem eine gute zeitgemässe Küche überzeugt. Am Abend mit Livemusik.

---

**BÜRGLEN** *Uri* 🯵🯵🯳 Q8 *– siehe Altdorf.*

---

**BURIET-THAL** *Sankt Gallen (SG)* 🯵🯵🯱 V4 *– 5 960 Ew. – Höhe 423 –* ✉ *9425 Thal.*
*Bern 228 – Sankt Gallen 21 – Bregenz 15 – Dornbirn 20 – Vaduz 47.*

🏠 **Schiff,** Burietstr. 1, ☎ 0718 884 777, *hotel@schiff-buriet-rorschach.ch*,
ℬ Fax *0718 881 246*, ⌗, Ⅰ𝟼, ⌁ – ⌧ Zim, ✆ 🅿 – 🏊 20. 🖭 🛈 ⓜⓞ 𝖵𝖨𝖲𝖠. ⌘ Rest
🍴 *Rôtisserie Torggel :* **Rest** 50/99 und à la carte 55/102 – *Fischer-Bistro :* **Rest**
(19.80) 59 und à la carte 47/90 – **36 Zim** ⌑ ✦95/120 ✦✦160/190 – ½ P Zuschl.
35.
♦ Ein traditioneller Landgasthof im Rebbauerndorf. Sie können im chaletähnlichen
Anbau komfortable Zimmer mit hellbraunem Holzmobiliar beziehen, im Haupthaus
einfachere Zimmer. Klassisches Ambiente in der Rôtisserie. Das Fischer-Bistro mit
Schiffsdekoration.

**BURSINEL** *1195 Vaud (VD)* 552 C10 – *335 h. – alt. 434.*
*Bern 132 – Lausanne 28 – Champagnole 76 – Genève 35.*

XX **A la Clef d'Or** avec ch, ℰ *0218 241 106, cledor.bursinel@bluewin.ch,*
*Fax 0218 241 759,* ≤ lac et vignoble, ☆ – ✦ – 🛁 10. AE ① ⓦ VISA
*fermé janv., dim. soir et lundi* – **Rest** (28) 72 et à la carte 51/92 **8 ch** 🔁 ✦115/150
✦✦170/220.
♦ Auberge communale officiant dans une région viticole, en surplomb du lac. Salle
de restaurant moderne où l'on goûte une cuisine actuelle ; agréable terrasse et belle
vue.

**BURSINS** *Vaud* 552 C10 – *rattaché à Rolle.*

**BUSSIGNY-PRÈS-LAUSANNE** *1030 Vaud (VD)* 552 D9 – *7 355 h. – alt. 407.*
*Bern 112 – Lausanne 11 – Pontarlier 63 – Yverdon-les-Bains 31.*

🏨 **Novotel,** 35 rte de Condémine, ℰ *0217 035 959, h0530@accor.com,*
*Fax 0217 022 902,* ☆, ⚊, ⚊ – 🛗, ✦ ch, ▤ rest, 🅿 – 🛁 15/200. AE ① ⓦ
VISA
**Rest** (19.50) 36 (midi) et à la carte 44/81 – 🔁 22 – **98 ch** ✦158 ✦✦188.
♦ Établissement de chaîne hôtelier situé à proximité de l'autoroute. Chambres actu-
elles et bonnes installations pour décompresser, se divertir et entretenir sa forme.

**CADEMARIO** *6936 Ticino (TI)* 553 R13 – *579 ab. – alt. 770.*
**Dintorni :** *Monte Lema★ :* ※★★ *per seggiovia da Miglieglia.*
*Bern 278 – Lugano 13 – Bellinzona 34 – Locarno 46 – Varese 34.*

🏨 **Cacciatori** ⚊, Nord-Est : 1,5 km, ℰ *0916 052 236, info@hotelcacciatori.ch,*
*Fax 0916 045 837,* ☆, ⚊, ⚊ – 🛁 60. AE ① ⓦ VISA
*aprile - ottobre* – **Rist** (20) ed alla carta 48/89 – **30 cam** 🔁 ✦95/150 ✦✦210/260
– ½ P sup. 38.
♦ Due edifici moderni, con due tipi di camere : alcune contemporanee, altre più
rustiche. Tutte sono spaziose e confortevoli. Bel giardino ombreggiato. Due sale da
pranzo ; una ha una grande vetrata che dà sul giardino. Oltre all'offerta tradizionale,
pizzeria.

**CADRO** *6965 Ticino (TI)* 553 S13 – *1626 ab. – alt. 456.*
*Bern 287 – Lugano 10 – Bellinzona 35 – Locarno 48 – Como 39.*

X **La Torre del Mangia,** via Margherita, ℰ *0919 433 835,* ☆ – 🅿. ⓦ VISA
*chiuso dal 21 febbraio al 7 marzo, dal 18 luglio al 15 agosto, domenica da giugno
ad agosto e martedì* – **Rist** (coperti limitati - prenotare) 32 (mezzogiorno)/60 ed alla
carta 56/77.
♦ Locale nella zona residenziale. Sala da pranzo quasi circolare, dominata da una
struttura fatta di travi, arredata in stile contemporaneo. Cucina tradizionale anche
di pesce.

**CAGIALLO** *6955 Ticino (TI)* 553 R13 – *542 ab. – alt. 535.*
*Bern 266 – Lugano 10 – Bellinzona 24 – Locarno 34.*

XX **Osteria San Matteo,** ℰ *0919 435 197, sanmatteo@tiscalinet.ch,*
*Fax 0919 300 541,* ☆ – ⚊ 15. AE ⓦ VISA
*chiuso gennaio, agosto, domenica sera e lunedì* – **Rist** (chiuso a mezzogiorno salvo
domenica) (coperti limitati - prenotare) 108 ed alla carta 85/118.
♦ Una piacevole sorpresa quest'accogliente osteria dall'ambiente rustico-signorile,
racchiusa in un edificio settecentesco nel piccolo borgo. Carta regionale che varia
spesso.

**CAMORINO** *6528 Ticino (TI)* 553 S12 – *2377 ab. – alt. 258.*
*Bern 212 – Locarno 21 – Andermatt 85 – Chur 118 – Lugano 26.*

X **La Bolla,** a Comelina, Sud-Ovest : 1 km, ℰ *0918 576 595, labolla@ticino.com,*
*Fax 0918 582 202* – ✦ 🅿 ⇔ 100. AE ⓦ VISA. ⚊
*chiuso dal 1° al 10 gennaio, dal 1° al 16 agosto, sabato a mezzogiorno e domenica*
– **Rist** (20) 30 (mezzogiorno)/75 ed alla carta 58/93 ⚊.
♦ In aggiunta alle proposte di una cucina decisamente d'impronta italiana classica,
provate le specialità sarde, da assaporare in un ambiente familiare.

**CAPOLAGO** 6825 Ticino (TI) 553 R14 – 695 ab. – alt. 274.
Bern 288 – Lugano 15 – Bellinzona 43 – Como 16 – Varese 24.

🏠 **Svizzero,** via Scacchi, 𝓟 0916 481 975, info@bordognaweb.com, Fax 0916 481 753, 🍴 – ⒶⒺ ⓪ ⓌⓈ 𝑽𝑰𝑺𝑨. 🍴
**Rist** - pizzeria e specialità fondues - alla carta 41/102 – **23 cam** ☐ ★79 ★★140 – ½ P sup. 25.
◆ Albergo a conduzione familiare che dispone di camere piuttosto piccole, ma arredate in uno stile semplice e funzionale. Accanto alle proposte tradizionali ed alle pizze, una salettina separata farà la gioia degli amanti della fondue !

---

**CARNAGO** Ticino 553 R13 – vedere Origlio.

---

**CARONA** 6914 Ticino (TI) 553 R14 – 700 ab. – alt. 602.
Bern 291 – Lugano 7 – Bellinzona 39 – Locarno 51 – Varese 30.

🏠 **Villa Carona** 🌿 senza rist, piazza Noseed, 𝓟 0916 497 055, info@villacarona.ch, Fax 0916 495 860, ≤, 🍴 – ℗ ⒶⒺ ⓪ ⓌⓈ 𝑽𝑰𝑺𝑨
15 gennaio - 30 novembre – **18 cam** ☐ ★115/195 ★★150/220.
◆ Nel bellissimo villaggio ricco d'opere d'arte sorge questa villa patrizia a gestione familiare, costruita 200 anni fa. Ampie camere eleganti o più rustiche, alcune affrescate.

✕ **Grotto Pan Perdü** 🌿 con cam, 𝓟 0916 499 192, 🍴 – ℗ ⓌⓈ 𝑽𝑰𝑺𝑨. 🍴
chiuso dal 8 gennaio al 15 febbraio, lunedì e giorni festivi – **Rist** alla carta 40/86 – **4 cam** ☐ ★130 ★★130.
◆ Caratteristico grotto con alloggio dall'ambiente accogliente, riscaldato da un grande camino. Atmosfera informale, servizio estivo sotto il pergolato, cucina del territorio.

---

**CAROUGE** Genève 552 B11 – rattaché à Genève.

---

**CASLANO** 6987 Ticino (TI) 553 R13 – 3 439 ab. – alt. 289.
🔢 Lugano ad Magliaso, ✉ 6983, 𝓟 0916 061 557, Fax 0916 066 558.
Bern 288 – Lugano 10 – Bellinzona 33 – Locarno 45.

🏠 **Gardenia** 🌿 senza rist, via Valle 20, 𝓟 0916 118 211, albergo-gardenia@bluewin.ch, Fax 0916 118 210, ⊥, 🍴 – 📶 ℗ ⒶⒺ ⓪ ⓌⓈ 𝑽𝑰𝑺𝑨
inizio aprile - inizio novembre – **24 cam** ☐ ★150/160 ★★270/340.
◆ Edificio del 1800, squisita fusione di antico e moderno, immerso nel verde giardino con piscina in pietra viva. Camere non sempre spaziose, ma confortevoli.

Cerchiamo costantemente di indicarvi i prezzi più aggiornati ...
ma tuto cambia così in fretta! Al momento della prenotazione,
non dimenticate di chiedere conferma delle tariffe.

---

**CASTAGNOLA** Ticino 553 S13 – vedere Lugano.

---

**CAUX** Vaud 552 G10 – rattaché à Montreux.

---

**CELERINA** (SCHLARIGNA) 7505 Graubünden (GR) 553 X10 – 1 214 Ew. – Höhe 1 730 – Wintersport : 1 730/3 057 m ≤5 ≤17 🎿.
**Lokale Veranstaltungen**
01.03 : "chalandamarz" alter Frühlingsbrauch und Kinderfest
25.08 - 27.08 : New Orleans Jazz Festival.
🅱 Celerina Tourismus, 𝓟 0818 375 353, info@celerina.ch, Fax 0818 375 359.
Bern 332 – Sankt Moritz 3 – Chur 90 – Davos 68 – Scuol 60.

🏨 **Cresta Palace,** via maistra 91, ☎ 0818 365 656, *mail@crestapalace.ch*, *Fax 0818 365 657*, ≤, 霜, ⊘, ☎, 🔲, 🚗, 🍽 – 🛗, ⇔ Zim, 🛗, 🚗 🅿 – 🛁 35. 🆎 ⑩ ⑯ 𝘝𝘐𝘚𝘈. ⅍ Rest
*2. Dez. - 17. April und 18. Juni - 15. Okt.* – **Classico** *(geschl. Donnerstagabend)* **Rest** 40 *(mittags)*/120 und à la carte 58/105 – **97 Zim** ☲ ✝135/340 ✝✝253/560, 3 Suiten – ½ P Zuschl. 50.
♦ Durch den Garten gelangt man in den freistehenden klassischen Bau im Dorfzentrum. Die Zimmer sind komfortabel eingerichtet - einige wurden kürzlich renoviert. Ein mediterran ausgerichtetes Angebot wartet im eleganten Classico.

🏨 **Chesa Rosatsch** ⌘, via san gian 7, ☎ 0818 370 101, *hotel@rosatsch.ch*, 🚗 *Fax 0818 370 100*, ≤, 霜, ☎, 🚗 – 🛗, ⇔ Zim, 🦯 🚗 🅿 🆎 ⑩ ⑯ 𝘝𝘐𝘚𝘈
*geschl. 18. April - 2. Juni* – ⌕ **Stüvas** *(nur Abendessen)* **Rest** 98 und à la carte 71/114 – **La Cuort :** Rest (18.50) und à la carte 40/89 – **36 Zim** ☲ ✝130/210 ✝✝210/420 – ½ P Zuschl. 68.
♦ Das schöne Engadiner Haus mit modern-rustikaler Einrichtung liegt ruhig im Dorf an einer Seitengasse am Inn. Die Zimmer sind mit hellem Arvenholz angenehm ausgestattet. Hübsch, mit Holz vertäfert : die Stüvas. La Cuort : freundliches Innenhof-Restaurant.

🏨 **Misani,** via maistra 70, ☎ 0818 333 314, *info@hotelmisani.ch*, *Fax 0818 330 937* 🚗 – 🛗, ⇔ Zim, 🚗 🆎 ⑩ ⑯ 𝘝𝘐𝘚𝘈
*3. Dez. - 16. April und 23. Juni - 5. Okt.* – **Voyage** *(nur Abendessen)* **Rest** 65/78 und à la carte 62/106 – **Ustaria :** Rest (16) und à la carte 51/90 – **Bodega** - spanische Küche - *(3. Dez. - 16. April)* **Rest** 48/66 und à la carte 48/90 – **39 Zim** ☲ ✝80/160 ✝✝230/320 – ½ P Zuschl. 50.
♦ Ein Hotel mit einem ungewöhnlichen Konzept : Zimmer in drei verschiedenen Grundausstattungen können aus einem Fundus mit Möbeln und Accessoires selbst eingerichtet werden. In warmen Farben gestaltet : das Voyage. Das Ustaria ist mit altem Arvenholz getäfert.

🏨 **Saluver,** via maistra 128, ☎ 0818 331 314, *info@saluver.ch*, *Fax 0818 330 681*, 🚗 ≤, 霜, ☎, 🚗 – 🛗 🚗 🅿 🆎 ⑩ ⑯ 𝘝𝘐𝘚𝘈
**Rest** (16.50) 45/60 und à la carte 44/110 – **26 Zim** ☲ ✝105/180 ✝✝210/240 – ½ P Zuschl. 45.
♦ Das Haus im typischen Engadiner Stil liegt am Rande des Dorfes. Ein Grossteil der einfachen, mit Arve ausgestatteten Zimmer hat Südlage und dank der Balkone viel Licht. Gemütliches regionales Restaurant.

---

**CÉLIGNY** *1298 Genève (GE)* 🔢 *B10 – 644 h. – alt. 391.*
*Bern 148 – Genève 18 – Saint-Claude 56 – Thonon-les-Bains 53.*

🏨 **La Coudre** sans rest, ☎ 0229 608 360, *vivimar@deckpoint.ch*, *Fax 0229 608 361*, 🚗 🍽 🔑 🅿 – 🛁 20. 🆎 ⑩ ⑯ 𝘝𝘐𝘚𝘈. ⅍
**8 ch** ☲ ✝170/230 ✝✝200/260.
♦ Cette belle maison de notable à dénicher dans la campagne boisée a des allures de petit manoir. Communs parsemés d'objets anciens et grandes chambres personnalisées.

🍴 **Buffet de la Gare,** 25 rte de Founex, ☎ 0227 762 770, *info@buffet-gare-ce* 🚗 *ligny.ch, Fax 0227 767 054*, 霜, 🚗 – 🅿 🆎 ⑩ ⑯ 𝘝𝘐𝘚𝘈
*fermé 5 au 27 fév., 3 au 16 sept., dim. et lundi* – **Rest** (16.50) 41 *(midi)* et à la carte 61/96.
♦ Les nostalgiques du Charleston seront transportés au temps des années folles dans ce restaurant façon "bistrot rétro", décoré d'objets d'époque. Repas traditionnel.

---

**CERTOUX** *Genève* 🔢 *B12 – rattaché à Genève.*

---

**CHAMBÉSY** *Genève* 🔢 *B11 – rattaché à Genève.*

---

**CHAMPÉRY** *1874 Valais (VS)* 🔢 *F12 – 1130 h. – alt. 1053 – Sports d'hiver : 1 050/2 300 m ⛷1 ⛷4 ⛷.*
**Voir :** *Site★.*
🛈 *Champéry Tourisme, Résidence Opaline, ☎ 0244 792 020,* info@champery.ch, *Fax 0244 792 021.*
*Bern 121 – Martigny 35 – Aigle 26 – Évian-les-Bains 50 – Montreux 37 – Sion 60.*

🏨 **Suisse,** 55 Grand Rue, ℰ 0244 790 707, *hotelsuisse@netplus.com*,
Fax 0244 790 709, ≤, 🍴 – 🛗, ⇄ rest, 🚗 P – 🏛 25. 🖭 ⓄⓇ VISA. ⚡ rest
*fermé 23 avril au 20 mai et 15 oct. au 1er déc.* – **Rest** (½ pens. seul.) – **40 ch** 🛏
🛏130/185 🛏🛏150/270 – ½ P suppl. 37.
• Ce chalet bâti au centre de la station abrite d'accueillantes chambres à touches champêtres. Jolie vue sur les montagnes depuis le grand salon situé à
l'arrière.

🏨 **National,** Grand Rue, ℰ 0244 791 130, *reception@lenational.ch*,
Fax 0244 793 155, ≤, 🍴 – 🛗 P – 🏛 25. 🖭 VISA
*fermé avril 3 sem. et 5 au 26 nov.* – **Rest** *(fermé merc. hors-saison)* (18) et à la carte
40/76 – **24 ch** 🛏 🛏85/145 🛏🛏140/235 – ½ P suppl. 35.
• Hôtel du 19e s. où vous serez hébergés dans des chambres claires et actuelles,
égayées de peintures murales. Celles du dernier étage sont mansardées. Restaurant
lambrissé doté d'un mobilier rustique. Plats traditionnels et italiens.

🏨 **Beau-Séjour** sans rest, 114 r. du Village, ℰ 0244 795 858, *info@bo-sejour.com*,
Fax 0244 795 859, ≤, – 🛗 📞 ⇄ P. 🖭 🖭 Ⓞ ⓄⓇ VISA
*10 déc. au 20 avril et 1er juin au 30 sept.* – **18 ch** 🛏 🛏70/200 🛏🛏150/255.
• Avenant chalet établi en plein village. Vastes chambres dotées de meubles rusti-
ques. Dans la salle des petits-déjeuners, vous pourrez aussi croquer des yeux les
Dents du Midi.

🍴 **Vieux Chalet,** ℰ 0244 791 974, Fax 0244 791 980, 🍴 – ⓄⓇ VISA
**Rest** *(fermé jeudi hors saison)* (18) 58 et à la carte 43/78.
• Traditionnel, chaleureux et agreste à souhait, ce ''Vieux Chalet'' compte parmi
les valeurs sûres de Champéry lorsqu'il s'agit de passer à table. Gentil accueil
familial.

🍴 **Mitchell's,** 17 rte d'Entrevayes, ℰ 0244 792 010, *mitchells_champery@hotmai
l.com*, Fax 0244 792 016, ≤, 🍴 – P. 🖭 ⓄⓇ VISA
*fermé 24 avril au 16 juin, 18 sept. au 1er déc. et lundi - mardi en été* – **Rest** - cuisine
suédoise - (17) et à la carte 38/88.
• Bar-restaurant en vue installé dans la partie basse du village. Plaisant décor intérieur
façon bistrot ''trendy'' et carte dans le tempo actuel, parsemée d'influences sué-
doises.

---

**CHAMPEX** *1938 Valais (VS)* 552 H13 – *alt. 1472.*

**Environs :** *La Breya*★★ *Sud-Ouest par téléphérique.*

🛈 *Office du Tourisme Au Pays du Saint-Bernard,* ℰ 0277 831 227, *info@cham-
pex.ch*, Fax 0277 833 527.

*Bern 144 – Martigny 17 – Aosta 62 – Chamonix-Mont-Blanc 54 – Sion 47.*

🏨 **Glacier,** ℰ 0277 826 151, *info@hotelglacier.ch*, Fax 0277 826 150, ≤, 🍴, ⇌s,
🍴, 🍴 – 🛗 📞 P. 🖭 Ⓞ ⓄⓇ VISA
*16 déc. au 12 mars et 15 avril au 4 nov.* – **Rest** *(fermé hors saison : dim. soir, jeudi
midi et lundi)* (18) 36 (midi)/59 et à la carte 43/72 – **29 ch** 🛏 🛏88/118 🛏🛏126/176
– ½ P suppl. 30.
• On ressent le professionnalisme de la quatrième génération d'hôtes dans cette
bâtisse surveillant le lac. Chambres néo-rustiques et espaces communs d'une belle
ampleur. Restaurant misant sur une carte traditionnelle et brasserie servant des
repas simples.

🍴 **Le Belvédère** 🍴, ℰ 0277 831 114, *belvedere@dransnet.ch*, Fax 0277 832 576,
≤ vallée et montagnes, 🍴, 🍴 – P. ⓄⓇ VISA. ⚡ rest
*fermé nov. au 20 déc., 20 mai au 3 juin, merc. en basse saison et dim. soir* –
**Rest** (18) et à la carte 40/87 – **9 ch** 🛏 🛏85/95 🛏🛏150/170 – ½ P
suppl. 18.
• Chalet de 1920 apprécié pour sa tranquillité, son authenticité et son ambiance cent
pour cent montagnarde. Attachante décoration intérieure rustique d'époque. Salle
à manger offrant les plaisirs d'un paysage grandiose et d'un repas traditionnel axé
''terroir''.

---

**CHAMPFÈR** *Graubünden* 553 W10 – *siehe Sankt Moritz.*

---

**CHARDONNE** *Vaud* 552 F10 – *rattaché à Vevey.*

**CHARMEY** *1637 Fribourg (FR)* 552 *H9 – 1584 h. – alt. 891 – Sports d'hiver : 900/1 630 m* ≮1 ⫶6 ⫶.

### Manifestations locales
*02.06 - -05.06 : Fête internationale des cirques, une dizaine de troupes et multiples animations*

*30.09 : Rindyà, désalpe et marché artisanal.*

*14.10 - 15.10 : Bénichon de la montagne, célèbres courses de charrettes à foin.*

🖪 *Charmey Tourisme, Les Charrières 1,* ℘ *0269 275 580, office.tourisme@char mey.ch, Fax 0269 275 588.*

*Bern 72 – Fribourg 31 – Bulle 12 – Gstaad 48 – Montreux 47 – Thun 58.*

🏨 **Cailler** ⏃, *28 Gros Plan,* ℘ *0269 276 262, direction@hotel-cailler.ch, Fax 0269 276 263,* ≼, 🔓, ⊑ѕ, ✗ – 🛗 ✆ 🔥 ch, 🅿. – 🛆 *15/140.* 🆎 ⑩ ⑯ 𝑉𝐼𝑆𝐴
**Le Mignon :** *Rest 78/145 –* **Bistro :** *Rest (20) 28 (midi) et à la carte 45/95 –* **50 ch** 🖙 ✦170/190 ✦✦220/240, *9 suites – ½ P suppl. 40.*
◆ Hôtel rénové offrant la garantie d'un séjour reposant dans ses chambres chaleureuses et modernes. Solide breakfast gruérien avec la montagne pour toile de fond. Répertoire classique français et menus bien ficelés au Mignon. Cuisine traditionnelle au Bistro.

🏨 **Le Sapin,** *25 r. du Centre,* ℘ *0269 272 323, office@charmey-le-sapin.ch, Fax 0269 271 244,* 🛋 – 🛗 ✆ 🅿. – 🛆 *15/60.* 🆎 ⑩ ⑯ 𝑉𝐼𝑆𝐴
**Rest** *(16) 20 (midi)/65 et à la carte 43/74 –* **15 ch** 🖙 ✦89 ✦✦158 – ½ P suppl. 30.
◆ Hôtel oeuvrant au centre du village. Chambres fonctionnelles dotées, conformément à la coutume, de meubles en bois clair de style montagnard. Terrasse ombragée. Restaurant au registre culinaire traditionnel pimenté de quelques fantaisies exotiques.

✗ **L'Etoile** *avec ch, 21 le Centre,* ℘ *0269 275 050, marie-claude@etoile.ch, Fax 0269 275 055,* 🛋 – 🛗 🅿. ⇆ *20.* 🆎 ⑩ ⑯ 𝑉𝐼𝑆𝐴
*fermé lundi –* **Rest** *(16.50) 40 (midi)/98 et à la carte 37/87 –* **8 ch** 🖙 ✦90 ✦✦150 – ½ P suppl. 33.
◆ Bâtisse du 18ᵉ s. rénovée. Perchés sur la coquette galerie, vous goûterez une appétissante cuisine française du marché. Belles chambres de style néo-rustique.

**CHÂTEAU-D'OEX** *1660 Vaud (VD)* 552 *H10 – 3 036 h. – alt. 968 – Sports d'hiver : 985/1 654 m* ≮1 ⫶7 ⫶.

**Voir :** *Site*★.

**Musée :** *Art populaire du Vieux Pays d'Enhaut*★.

### Manifestation locale
*21.01 - 29.01 : Semaine internationale de ballons à air chaud.*

🖪 *Château d'Oex Tourisme, La Place,* ℘ *0269 242 525, info@chateau-doex.ch, Fax 0269 242 526.*

*Bern 87 – Montreux 49 – Bulle 27 – Gstaad 15 – Lausanne 75 – Thun 67.*

🏨 **Hostellerie Bon Accueil** ⏃, *La Frasse,* ℘ *0269 246 320, host-bon-accueil@bluewin.ch, Fax 0269 245 126,* ≼, 🛋, 🌲 – ✦ rest, 🚗 🅿. 🆎 ⑩ ⑯ 𝑉𝐼𝑆𝐴
*fermé 2 au 29 avril et 22 oct. au 22 déc. –* **Rest** *(fermé merc. hors saison et mardi, 38 (midi)/58 et à la carte 58/96 –* **17 ch** 🖙 ✦105/155 ✦✦165/225 – ½ P suppl. 49.*
◆ Vieux chalet profitant d'un site paisible sur les hauteurs du village. Ses chambres lambrissées, blotties sous les charpentes, sont garnies de meubles de style Bon petit-déj. Restaurant de caractère où l'on vient faire des repas classiques élaborés.

🏨 **Ermitage,** *Le Petit-Pré,* ℘ *0269 246 003, piazza.ermitage@bluewin.ch Fax 0269 245 076,* ≼, 🛋 – 🛗 🅿. 🆎 ⑩ ⑯ 𝑉𝐼𝑆𝐴
**Rest** *(mi-déc. à mars, juin à fin oct. et fermé lundi) 65/115 et à la carte 66/115 –* **Bistrot** *(mi-déc. à mars, juin à fin oct. et fermé lundi)* **Rest** *à la carte 43/81 –* **19 ch** 🖙 ✦100/120 ✦✦160/200 – ½ P suppl. 50.
◆ En paix avec la nature environnante, chalet renfermant de confortables chambres pourvues d'un mobilier rustique et d'un balcon. Restaurant complété d'une terrasse panoramique. Mets classiques. Bistrot déclinant un éventail de spécialités du "Pays d'Enhaut".

**La CHAUX-DE-FONDS** 2300 Neuchâtel (NE) 552 F6 – 36 936 h. – alt. 994.

Musées : *International d'horlogerie*★★ C – *Beaux-Arts*★ B.

Environs : *Route de la Vue des Alpes*★★ par ③ – *Tête de Ran*★★ par ② : 7 km – *Vue des Alpes*★ par ② : 10 km.

🎄 Les Bois, ⊠ 2336 (avril - nov.) ℰ 0329 611 003, Fax 0329 611 017, par ② route de Saignelégier : 12 km.

🚹 *Tourisme neuchâtelois - Montagnes*, Espacité 1, ℰ 0328 896 895, info.cdf@ne.ch, Fax 0328 896 297 B.

🏢 33 av. Léopold-Robert, ℰ 0329 118 080, Fax 0329 118 081 B.

*Bern 74 ② – Neuchâtel 25 ③ – Biel 45 ② – Martigny 163 ② – Montbéliard 67 ① – Pontarlier 54 ④*

Plan page suivante

🏨 **Grand Hôtel Les Endroits** ⬙, par r. du Succès : 2,5 km, 94 bd des Endroits, ℰ 0329 250 250, contact@hotel-les-endroits.ch, Fax 0329 250 350, ≤, ⇗, ≋s, 🍴 – ▯, ✳ ch, ℰ & 🅿 – 🔏 15/120. 🆎 ⓪ 🐧 𝚅𝙸𝚂𝙰
**Rest** (18) 40 (midi)/100 et à la carte 39/92 – **38 ch** ⊡ ✶153/165 ✶✶240/260, 4 suites – ½ P suppl. 35.
♦ Dans la quiétude des champs, hôtel récent convenant aussi bien aux familles qu'à la clientèle d'affaires. Chambres modernes, à l'image de l'établissement. Spécialités régionales et cuisine classique sont au menu du restaurant. Terrasse et jeux pour enfants.

🏨 **Athmos Hôtel Centre,** 45 av. Léopold-Robert, ℰ 0329 102 222, athmoshotelcentre@swissonline.ch, Fax 0329 102 225 – ▯ ℰ & ch –, 🔏 20. 🆎 ⓪ 🐧 𝚅𝙸𝚂𝙰
B a
**Pékin** (fermé dim. midi) **Rest** (16) 45/79 et à la carte 48/85 – **Brasserie La Suisse** (fermé dim. et fériés) **Rest** (16.50) et à la carte 44/76 – **44 ch** ⊡ ✶147 ✶✶224 – ½ P suppl. 30.
♦ En centre ville, imposante bâtisse d'angle où vous logerez dans de bonnes chambres convenablement agencées, dotées de salles de bains garnies de marbre. Cuisine de l'Empire du Milieu au Pékin. Plats traditionnels à la Brasserie La Suisse.

🏨 **du 1er Mars,** 7 r. du 1er Mars, ℰ 0329 682 832, info@hotel1ermars.ch, Fax 0329 689 022, ⇗ – 🆎 🐧 𝚅𝙸𝚂𝙰, ✳ rest
C f
**Rest** (fermé dim. soir) (14) 29/49 et à la carte 33/74 – **12 ch** ⊡ ✶95/110 ✶✶140/180.
♦ Curieusement agrégé à une boucherie-charcuterie sous la même gérance, cet estimable petit hôtel familial vous héberge dans des chambres fraîches et nettes. Brasserie rénovée donnant sur un chaleureux restaurant traditionnel.

🍴🍴 **L'Orologio,** 1 r. A.-M. Piaget, ℰ 0329 681 900, orologio@swissonline.ch, Fax 0329 681 916, ⇗ – 🔏 120. 🆎 ⓪ 🐧 𝚅𝙸𝚂𝙰
A r
fermé 23 au 28 déc. et dim. – **La Toquante** : **Rest** 64/95 et à la carte 52/81 – **Brasserie** : **Rest** (17.50) 36 (midi) et à la carte 34/77.
♦ Avec ses vitrines d'horlogerie en guise de tables, ce restaurant honore l'activité la plus prestigieuse de la Chaux. Deux formules de repas. Préparations classiques à La Toquante. Brasserie au registre culinaire plus traditionnel.

🍴🍴 **Épicure,** 7 r. de l'Hôtel-de-Ville, ℰ 0329 641 671, stephanecalcada@bluewin.ch, Fax 0329 641 672 – 🐧 𝚅𝙸𝚂𝙰
C n
fermé Noël, 23 juil. au 8 août, lundi soir de mai à août, sam. midi et dim. – **Rest** (16) 55 (midi)/110 et à la carte 72/108.
♦ Les épicuriens portés sur la cuisine d'aujourd'hui trouveront probablement de quoi nourrir leur philosophie du plaisir dans ce restaurant au cadre moderne chaleureux.

🍴 **La Parenthèse,** 114 r. de l'Hôtel-de-Ville, ℰ 0329 680 389, info@la-parenthese.ch, Fax 0329 680 089 – 🅿, 🆎 🐧 𝚅𝙸𝚂𝙰, ✳
A v
fermé 15 juil. au 7 août, dim., lundi et fériés – **Rest** (18) 29 (midi) et à la carte 65/93.
♦ Offrez-vous une parenthèse gourmande dans ce petit coin de Provence au coeur de La Chaux-de-Fonds. Cuisine actuelle aux accents méridionaux, décoration intérieure de même.

🍴 **Le P'tit Paris,** 4 r. du Progrès, ℰ 0329 686 533, reto@petit-paris.ch, Fax 0329 686 655, ⇗ – 🆎 ⓪ 🐧 𝚅𝙸𝚂𝙰
A z
fermé 10 juil. au 5 août, dim. et fériés – **Rest** (nombre de couverts limité - prévenir) (16) 56 (soir) et à la carte 46/79.
♦ Le plus vieux bistrot de la ville, datant de 1760, vous convie à déguster, dans sa salle à manger ''in'', des recettes classiques variant avec les saisons. Sous-sol voûté.

# La CHAUX DE FONDS

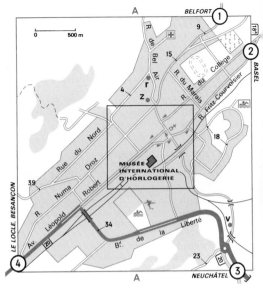

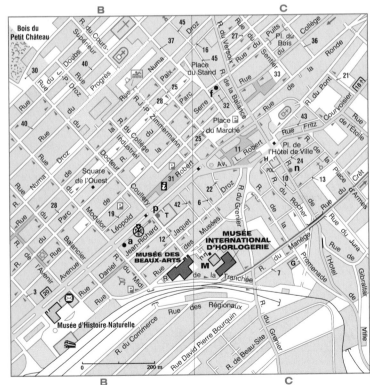

Ⓧ **L'heure bleue,** 27 av. Léopold-Robert, 𝒞 0329 134 435, *brasseriehbleu@bluew*
㊋ *in.ch*, Fax 0329 134 437 – ᴬᴱ ⓞ ⓜⓞ 𝘝𝘐𝘚𝘈 B p
**Rest** *(fermé dim.)* (17) et à la carte 48/74.
◆ Brasserie conviviale implantée au rez-de-chaussée du théâtre municipal (1837). Éléments décoratifs d'époque en salle ; carte traditionnelle appétissante et variée.

**au Mont-Cornu** *Sud-Est : 3,5 km par r. de l'Hôtel-de-Ville et route secondaire*

Ⓧ **Auberge de Mont-Cornu,** 116 Mont-Cornu, 𝒞 0329 687 600, *aubergedecor*
㊋ *nu@bluewin.ch*, Fax 0329 685 412, 🏠, 🌳 – 🅿, ᴬᴱ ⓜⓞ 𝘝𝘐𝘚𝘈
*fermé déc. au 1er mars, lundi et mardi* – **Rest** 48 et à la carte 39/90.
◆ Dans une ferme typique jouxtant un centre équestre, restaurant d'altitude au cadre rustique approprié à la dégustation de plats du terroir et de fondues. Terrasse panoramique.

---

**CHAVANNES-DE-BOGIS** *1279 Vaud (VD)* 552 *B11 – 1 127 h. – alt. 483.*
*Bern 142 – Genève 19 – Saint-Claude 54 – Thonon-les-Bains 53.*

🏨 **Chavannes-de-Bogis,** Les Champs-Blancs, 𝒞 0229 608 181, *contact@hotel-c*
㊋ *havannes.ch*, Fax 0229 608 182, 🏠, ⓢ, 🔲, 🌳, ⓧ – 🕸, ⓧ ch, 🛏 rest, 🕻 🅿 –
🔏 15/120. ᴬᴱ ⓞ ⓜⓞ 𝘝𝘐𝘚𝘈
**Brasserie des Arts :** **Rest** (19.50) et à la carte 39/88 – **180 ch** ⊇ ✦120/230
✦✦160/250.
◆ Établissement proche de la nature, mais aussi d'une sortie d'autoroute. Beau jardin panoramique avec piscine. Chambres fraîches, certaines climatisées. Banquets et séminaires. Brasserie agrémentée d'une terrasse d'où vous balayerez du regard lac et montagnes.

---

**CHEMIN** *Valais* 552 *G12 – rattaché à Martigny.*

---

**CHÉSEREX** *1275 Vaud (VD)* 552 *B10 – 1056 h. – alt. 529.*
🏌 *Bonmont,* 𝒞 0223 699 900, Fax 0223 699 909.
*Bern 150 – Genève 28 – Divonne-les-Bains 13 – Lausanne 43 – Nyon 9.*

🏛 **Château de Bonmont,** 𝒞 0223 699 960, *golfhotel@bonmont.com*,
㊋ Fax 0223 699 969, ≼ vallée, lac, 🏠, 🔲, ⓧ, ♨ – 🕸 🕻 🛏 rest, 🅿 – 🔏 20. ᴬᴱ ⓜⓞ
𝘝𝘐𝘚𝘈 ⓧ
*fermé 19 déc. au 19 fév.* – **Rest** *(fermé dim. soir et lundi)* (19) 55 (midi)/110 et à la carte 65/104 – **8 ch** ⊇ ✦240/305 ✦✦290/405.
◆ Demeure fastueuse perchée sur les hauts du Léman, au milieu d'un parc où des monuments cisterciens côtoient un parcours de golf. Junior suites grand luxe. Ambiance Clubhouse.

ⓧⓧⓧ **Auberge Les Platanes,** 𝒞 0223 691 722, *lesplatanes@freesurf.ch*,
Fax 0223 693 033, 🏠 – 🅿, ᴬᴱ ⓞ ⓜⓞ 𝘝𝘐𝘚𝘈
*fermé 24 déc. au 9 janv., 14 au 17 avril, 24 juil. au 7 août, dim. et lundi* – **Rest** 49/95 et à la carte 59/100 – **Bistrot :** **Rest** (21) et à la carte 48/96.
◆ On mesure toute l'élégance de cette maison patricienne du 17e s. dans ses salons bourgeois meublés de style Régence. Cuisine classique sensible au rythme des saisons. Sympathique petit café proposant une carte brève et les suggestions du jour.

---

**CHEXBRES** *1071 Vaud (VD)* 552 *F10 – 2 040 h. – alt. 580.*
*Bern 90 – Lausanne 13 – Montreux 13 – Fribourg 60 – Yverdon-les-Bains 47.*

🏨 **Préalpina** 🦢, 35 rte de Chardonne, 𝒞 0219 460 909, *info@prealpina.ch*,
㊋ Fax 0219 460 950, ≼ lac et vignobles, 🏠, ⓢ – 🕸, 🛏 rest, 🕻 🛏 ch, 🚗 🅿 –
🔏 15/65. ᴬᴱ ⓜⓞ 𝘝𝘐𝘚𝘈
*fermé 10 déc. au 29 janv.* – **Rest** *(fermé dim. soir)* (19) 25 (midi)/55 et à la carte 44/76 – **54 ch** ⊇ ✦110/150 ✦✦185/360.
◆ Rendez-vous d'affaires dans les agréables salles de séminaire ou vacances-détente dans des chambres à la vue enchanteresse sur lac et vignoble ! Restaurant présentant une carte classique française et des menus quelquefois épicés de séquences exotiques.

✕ **Du Nord** avec ch, 4 pl. du Nord, 𝒫 0219 461 026, *Fax 0219 461 026*, 🍴 – AE ①
🐾 ② VISA

*fermé 15 janv. au 15 fév. et lundi* – **Rest** 48 (midi)/95 et à la carte 88/118 – *Le*
*Café :* **Rest** (16.50) et à la carte 39/93 – **3 ch** ⌂ ✱70 ✱✱100.

♦ Intime salle à manger de style Louis XVI, en harmonie avec l'orientation classique
de la table. Chambres proprettes à l'étage. Café servant des repas transalpins dans
un décor approprié : peintures murales montrant la baie de Naples et l'habitat des
Pouilles.

---

**CHIASSO** *6830 Ticino (TI)* 🮮🮮🮮 *S14 – 8016 ab. – alt. 238.*

*Bern 298 – Lugano 26 – Bellinzona 54 – Como 6 – Varese 26.*

🏨 **Mövenpick Hotel Touring,** piazza Indipendenza 1, 𝒫 0916 825 331, *hotel.to*
*uring@moevenpick.com, Fax 0916 825 661,* 🍴 – 📱, ✱✕ cam, 📺 video 📞
♿ rist – , 🏛 30. AE ① ② VISA

*Gabbiano d'Oro :* **Rist** (22) ed alla carta 50/96 – ⌂ 15 – **60 cam** ✱110/130
✱✱130/160.

♦ Albergo con ampie arcate all'esterno, situato nei pressi della stazione, in posizione
centrale. Dispone di camere spaziose e funzionali. Al ristorante una grande sala da
pranzo con soffitto intarsiato e servizio estivo in piazza.

---

**CHIÈTRES** *Fribourg* 🮮🮮 ⑤ – *voir à Kerzers.*

---

**CHOËX** *Valais* 🮮🮮 *G11 – rattaché à Monthey.*

# CHUR (COIRE)

*7000* **K** *Graubünden (GR)* **558** *V8 – 32 227 Ew. – Höhe 585*
*Wintersport : 585/2 176 m 🚡 2*

*Bern 247 ① – Andermatt 89 ③ – Davos 71 ① – St Moritz 88 ③ – Vaduz 43 ①.*

**🛈** *Chur-Tourismus, Grabenstr. 5, ℘ 0812 521 818, info@churtourismus.ch, Fax 0812 529 076* **Y**.

**✺** *Grabenstr. 34, ℘ 0812 587 373, Fax 0812 587 374* **Z**.

**Manifestation locale**
*17.06 – 18.06 : Bündner Kantonales Sängerfest.*

**🏕** *in Domat/Ems, ✉ 7013 (März-Nov.) ℘ 0816 503 500, Fax 0816 503 501, über ③ : 6 km.*

**Sehenswert** : *Arosastrasse : Blick★ auf die Stadt* **Z** *– Schnitzaltar★ der Kathedrale* **Z**.

**Ausflugsziele** : *Parpaner Rothorn★★ : Blick★★, über ③ : 16 km und Luftseilbahn – Strasse von Chur nach Arosa★ : Strasse durch das Schanfigg★ – Soliser Brücken★, über ③ : 32 km.*

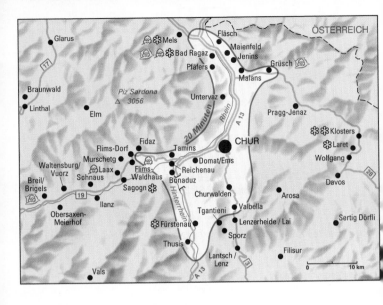

# CHUR

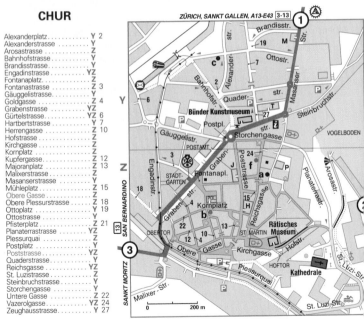

🏨 **ABC** garni, Bahnhofplatz / Ottostr. 8, ✆ 0812 526 033, *abc@hotelabc.ch*,
*Fax 0812 525 524* – 📶 🕱 🕽 🅿 – 🏔 15/35. 🖭 ⓞ 🐠 𝒱𝐼𝑆𝐴                    Y c
**37 Zim** ☞ ♦125/140 ♦♦190/210.
♦ Der vollständig mit Spiegelscheiben verglaste Bau am Bahnhof hat moderne Zimmer, die einheitlich mit Buchenholz schlicht und funktionell ausgestattet sind.

🏨 **Freieck** garni, Reichsgasse 44, ✆ 0812 551 515, *hotel@freieck.ch*,
*Fax 0812 551 516* – 📶 🕽 🖭 ⓞ 🐠 𝒱𝐼𝑆𝐴                              Z a
**37 Zim** ☞ ♦90/130 ♦♦150/200.
♦ Die zentrale Lage in der Altstadt sowie mit rustikalem Mobiliar und Parkett praktisch und zeitgemäss eingerichtete Zimmer sprechen für dieses Haus.

🏨 **Ibis** garni, über ③ : 1 km, Richtstr. 19, ✆ 0812 526 060, *h1720@accor.com*,
*Fax 0812 535 022* – 📶 🕾 🕽 🕭 🅿 🖭 ⓞ 🐠 𝒱𝐼𝑆𝐴
☞ 14 – **56 Zim** ♦88/118 ♦♦118.
♦ Der moderne Zweckbau in Pyramidenform liegt nahe der Autobahnausfahrt Chur-Süd. Die Zimmer sind einheitlich mit hellem Einbaumobiliar im typischen Ibis-Stil eingerichtet.

🏩 **Duc de Rohan** (*Villa Zambail*), über ① , Masanserstr. 44, ✆ 0812 521 022, *info@ducderohan.ch*, *Fax 0812 524 537*, 🏝 – 🅿 🖭 ⓞ 🐠 𝒱𝐼𝑆𝐴
*geschl. Sonntag* – **Rest** 40 (mittags)/94 und à la carte 54/108 – **Pinot Noir :** Rest (20) und à la carte 46/99.
♦ Die klassizistischen Mauern der Villa Zambail beherbergen das Pinot Noir und das Duc de Rohan, dem der französische Diplomat und Feldherr des 17. Jh. seinen Namen gab. Modernes Flair im Pinot Noir, man offeriert eine italienisch geprägte mediterrane Karte.

🏩 **Basilic,** über Malixerstrasse Z Richtung Lenzerheide : 1 km, Susenbühlstr. 43,
✆ 0812 523 505, *trepp@basilic.ch*, *Fax 0812 521 651*, ≤ Chur, 🏝 – 🅿 🅿 🖭 ⓞ 🐠 𝒱𝐼𝑆𝐴
*geschl. 9. - 16. April, 2. - 16. Juli, Sonntag und Montagmittag* – **Rest** (29) 39 (mittags)/119 und à la carte 79/144.
♦ Oberhalb von Chur finden Sie dieses angenehm hell gestaltete Lokal. Neben einem schönen Blick auf die Stadt überzeugt man mit einer schmackhaften, zeitgemässen Küche.

🍴 **Obelisco,** Vazerolgasse 12, ✆ 0812 525 858, *obelisco@gmx.ch*, 🏝 – ⇔ 30. 🖭
🕭 ⓞ 🐠 𝒱𝐼𝑆𝐴                                                          Z f
*geschl. 20. Juli - 20. Aug.* – **Rest** - italienische Küche - (17.50) 30 (mittags)/59 und à la carte 43/89.
♦ Die drei offen ineinander übergehenden hellen Räume mit viel Grün haben einen zentralen Grill als Blickfang. Die Karte wie auch die Einrichtung sind typisch italienisch.

🍴 **Zum Kornplatz,** Kornplatz 1, ✆ 0812 522 759, *kornplatz@bluewin.ch*,
*Fax 0812 522 766*, 🏝 – 🖭 ⓞ 🐠 𝒱𝐼𝑆𝐴                              Z b
*geschl. 24. Feb. - 4. März, 4. - 26. Juni, Sonntag und Montag* – **Rest** (22) 56/68 und à la carte 47/93.
♦ Ein sehr gepflegtes, familiär geführtes Restaurant in der Churer Altstadt mit modernem Rahmen und einem traditionellen Speisenangebot.

**Süd :** *4 km Richtung Lenzerheide* – ✉ *7074 Malix :*

🍴 **Belvédère** mit Zim, Hauptstr. 4, ✆ 0812 523 378, *Fax 0812 535 214*, 🏝 – 🅿 ⓞ
🐠 𝒱𝐼𝑆𝐴
*geschl. Montag, Dienstag und mittags (ausser Sonntag)* – **Rest** - Grillspezialitäten - 34/89 und à la carte 49/117 – **8 Zim** ☞ ♦65/75 ♦♦120/140 – ½ P Zuschl. 22.
♦ Das schön gelegene Haus zwischen Chur und Malix mit zentralem Cheminéegrill ist voller heimeliger Atmosphäre. Entsprechend der Ausstattung gibt es Grilladen und Regionales.

---

**CHURWALDEN** 7075 Graubünden (GR) 🔢🔢🔢 V9 – 1 257 Ew. – Höhe 1 230.
*Bern 251 – Chur 12 – Andermatt 98 – Davos 48 – Sankt Moritz 67.*

🏩 **Posthotel,** Hauptstr. 99, ✆ 0813 820 282, *info@posthotel-churwalden.ch*,
*Fax 0813 820 281* – 🅿 🖭 🐠 𝒱𝐼𝑆𝐴. ⛷ Rest
*geschl. 18. April - 1. Juni und Nov. : Mitte Dez.* – **Rest** - italienische Küche - (geschl. Dienstag im Sommer) à la carte zirka 70 – **15 Zim** ☞ ♦80/115 ♦♦160/240 – ½P Zuschl. 39.
♦ Das ehemalige Patrizierhaus - an der Ortsdurchfahrt gelegen - bietet seinen Gästen Zimmer, die mit zeitgemässem Komfort und heller Naturholzmöblierung überzeugen. Diverse rustikale Räume mit Deckengewölbe bilden den Restaurantbereich.

**CLARENS** *Vaud* 552 F10 – *voir à Montreux.*

---

**Les CLÉES** *1356 Vaud (VD)* 552 D8 – *154 h. – alt. 610.*
Bern 93 – *Lausanne 29* – Neuchâtel 55 – Pontarlier 32 – Yverdon-les-Bains 23.

X **Croix-Blanche,** ℰ 0244 419 171, Fax 0244 419 201, 🍽 – P ✿ 20. ⓒⓞ VISA
fermé 19 au 28 mars, 18 au 27 juin, 13 au 27 août, dim. soir, lundi et dernier mard
du mois – **Rest** (17) 34 (midi)/85 et à la carte 66/86.
♦ Les Clées ouvrent-elles les portes du château couronnant le rocher ? Une chose
est sûre, elles donnent accès à une sympathique table dont la carte classique inspire
confiance.

---

**COINSINS** *1267 Vaud (VD)* 552 B10 – *360 h. – alt. 475.*
Bern 139 – *Genève 28* – Neuchâtel 98 – Lausanne 35 – Nyon 8 – Saint-Cergue 17

🏠 **Auberge de la Réunion,** route du Cordex, ℰ 0223 642 301, info@ auberge
coinsins.ch, Fax 0223 646 690, 🍽 – 📶 ✆ & rest, P. AE ① ⓒⓞ VISA. ❄ rest
**Rest** *(fermé 26 déc. au 18 janv., dim. soir et lundi d'oct. à avril)* 68/72 et à la carte
50/95 – **Brasserie : Rest** (18) 28 (midi)/62 et à la carte 44/74 – **15 ch** ⌂ ✦110/120
✦✦150/170 – ½ P suppl. 30.
♦ Cette ancienne ferme vaudoise de 1804 a été entièrement rénovée et offre désor-
mais un confort tout à fait valable. Chambres fonctionnelles d'ampleur très satis-
faisante. Salle de restaurant précédée d'un café. Repas traditionnels semés d'accents
régionaux.

---

**COINTRIN** *Genève* 552 B11 – *rattaché à Genève.*

---

**COIRE** *Graubünden* 553 V8 – *voir à Chur.*

---

**COLLA** *6951 Ticino (TI)* 553 S13 – *alt. 1057.*
Bern 246 – *Lugano 18* – Bellinzona 34 – Locarno 48 – Varese 59.

X **Cacciatori,** ℰ 0919 441 768, giovanni@ ristorantino.ch, Fax 0919 441 707, 🍽 – ❄
chiuso dal 9 gennaio al 28 marzo, lunedì e martedì – **Rist** (coperti limitati - prenotare)
46/63 ed alla carta 46/91.
♦ Piccolo ritrovo familiare in una bella casetta di montagna dagli interni rustici, in
posizione panoramica. Cucina tradizionale con specialità ticinesi e della vicina Italia

---

**COLLOMBEY-LE-GRAND** *Valais* 552 F11 – *rattaché à Monthey.*

---

**COLLONGE-BELLERIVE** *Genève* 552 B11 – *rattaché à Genève.*

---

**Les COLLONS** *Valais* 552 I12 – *rattaché à Thyon - Les Collons.*

---

**COLOGNY** *Genève* 552 B11 – *rattaché à Genève.*

---

**COLOMBIER** *2013 Neuchâtel (NE)* 552 F7 – *4 962 h. – alt. 490.*
Bern 55 – *Neuchâtel 7* – Biel 42 – La Chaux-de-Fonds 32 – Lausanne 69 – Morteau 52

X **Le Lacustre,** 3 allée du Port, ℰ 0328 413 441, s.brigand@ bluewin.ch
Fax 0328 414 732, 🍽 – P. AE ① ⓒⓞ VISA. ❄
fermé 24 déc. au 1er janv., dim. et fériés – **Rest** (15.50) 49/68 et à la carte 41/92
♦ Appréciable restaurant où l'on vient faire des repas classico-traditionnels avec la
certitude de ne pas devoir froisser une trop grosse coupure au moment de régler
l'addition.

---

**COMANO** *6949 Ticino (TI)* 553 R13 – *1 633 ab. – alt. 511.*
Bern 226 – *Lugano 5* – Bellinzona 30 – Como 36 – Locarno 42.

🏠 **La Comanella** ≫, via al Ballo 9/10, ℰ 0919 416 571, Fax 0919 426 513, 🍽, ◲
🍽 – P. – & 60. AE ⓒⓞ VISA. ❄ cam
**Rist** (32) 36 ed alla carta 44/77 – **17 cam** ⌂ ✦85/135 ✦✦150/210 – ½ P sup. 36.
♦ In posizione collinare, tranquilla sorge quest'accogliente albergo con giardino e pis-
cina. Camere ampie e ben arredate, così come gli spazi comuni. D'estate apprezzeret
gustose grigliate sotto la tettoia del ristorante che presenta una carta semplice.

**CONCHES** *Genève* 552 *B11 – rattaché à Genève.*

**CONFIGNON** *Genève* 552 *A12 – rattaché à Genève.*

**CONTHEY** *Valais* 552 *H12 – rattaché à Sion.*

**CONTRA** *6646 Ticino (TI)* 553 *R12 – alt. 452.*
*Bern 271 – Locarno 6 – Bellinzona 21 – Lugano 41 – Domodossola 54.*

※ **Ticinella,** via Contra 440, ℘ 0917 454 585, *laticinella@bluewin.ch,*
Fax 0917 309 392, 佘 – ⇔ 10. ◍ 𝐕𝐈𝐒𝐀
*chiuso dal 15 febbraio al 31 marzo, mercoledì (salvo la sera da luglio a novembre)
e martedì –* **Rist** *alla carta 50/85.*
♦ Piccolo grotto familiare con camino e bella terrazza-giardino provvista di pergolato.
La cucina propone i piatti della tradizione, secondo i prodotti di stagione.

**COPPET** *1296 Vaud (VD)* 552 *B11 – 2 366 h. – alt. 394.*
Voir : *Château*★.
*Bern 153 – Genève 13 – Lausanne 49 – Saint-Claude 61 – Thonon-les-Bains 48.*

🏨 **Du Lac,** 51 Grand-Rue, ℘ 0227 761 521, *info@hoteldulac.ch,* Fax 0227 765 346,
≤, 佘, ㊙ – 🛗 ✆ ⇔ – 🖄 25. ◍ ◑ ◍ 𝐕𝐈𝐒𝐀
**La Rôtisserie** *(fermé janv. et dim. - lundi midi d'oct. à mars)* **Rest** 55 (midi)/95 et
à la carte 73/134 – ☲ 25 – **12 ch** ✿200/250 ✿✿255/315, 6 suites – ½ P
suppl. 55.
♦ Sur la traversée du village, au bord de l'eau, relais du 17e s. préservant son cachet
ancien. Spacieuses chambres pourvues d'un mobilier de style ou rustique. Rôtisserie
dotée d'une cheminée d'époque où sont saisies les grillades. Belle terrasse à l'ombre.

**CORCELLES-PRÈS-PAYERNE** *1562 Vaud (VD)* 552 *G8 – 1 803 h. – alt. 450.*
*Bern 48 – Neuchâtel 44 – Biel 56 – Fribourg 23 – Lausanne 64.*

※※ **Auberge de la Couronne** avec ch, 16 rte de Bitternaz, ℘ 0266 624 100, *cl.*
⊝ *leuthold@bluewin.ch,* Fax 0266 624 105, 佘 – 🅿 – 🖄 15/300. ◍ ◑ ◍ 𝐕𝐈𝐒𝐀.
✻ rest
*fermé 24 déc. au 9 janv. –* **Rest** *(fermé 24 déc. au 9 janv., 23 juin au 7 août, dim.
sauf le midi de sept. à mai et lundi)* 59 (midi)/78 et à la carte 58/93 – **Café** *(fermé
24 déc. au 9 janv., 23 juin au 7 août, dim. (sauf le midi de sept. à mai) et lundi)* **Rest**
(17) 28 (midi) et à la carte 45/89 – **4 ch** ☲ ✿70 ✿✿120.
♦ Vous trouverez le gîte et le couvert dans cette auberge blottie au coeur d'un village
agricole à vocation vigneronne. Restaurant moderne présentant une carte actualisée.
Choix traditionnel et plat du jour servi à l'heure du déjeuner au café.

**CORSEAUX** *Vaud* 552 *F10 – rattaché à Vevey.*

**CORSIER** *Vaud* 552 *F10 – rattaché à Vevey.*

**CORTAILLOD** *2016 Neuchâtel (NE)* 552 *F7 – 4 407 h. – alt. 482.*
*Bern 58 – Neuchâtel 9 – Biel 44 – La Chaux-de-Fonds 34 – Lausanne 65.*

🏨 **Le Vaisseau,** à Petit Cortaillod, ℘ 0328 434 477, *admin@hotel-le-vaisseau.ch,*
⊝ Fax 0328 434 475, ≤, 佘 – 🛗, ✻ ch, 🕭, ch – 🖄 15/60. ◍ ◑ ◍ 𝐕𝐈𝐒𝐀
*fermé 18 déc. au 8 janv. –* **Rest** *(fermé sam. - dim. d'oct. à mars)* (16) 49/63 et à
la carte 51/87 – **22 ch** ☲ ✿110/130 ✿✿180/230 – ½ P suppl. 40.
♦ Au plus près de la nature, entre lac et vignobles, deux catégories de chambres
gaiement colorées, pour des nuitées sans remous. Le restaurant vogue entre recettes classiques et spécialités du lac. Cuvée maison provenant de ses vignes.

🏨 **Le Chalet** ✺, 15 r. Chanélaz, ℘ 0328 434 242, *info@lechalet.ch,*
⊝ Fax 0328 434 243, 佘 – 🅿 ⇔ 50. – 🖄 15/80. ◍ ◑ ◍ 𝐕𝐈𝐒𝐀 ✻
*fermé 22 déc. au 8 janv. et dim. –* **Rest** (17) 49/89 et à la carte 40/84 – **20 ch** ☲
✿75/100 ✿✿160/190 – ½ P suppl. 36.
♦ Hôtellerie familiale établie dans un quartier résidentiel, donc exempt de chahut.
Ses deux chalets renferment d'amples chambres à touches campagnardes. Restaurant apprécié pour son confort et pour le soin apporté à ses préparations.

X
☺☺ **Le Buffet d'un Tram,** 3 av. François-Borel, ☎ 0328 422 992, pgirardier@net
2000.ch, Fax 0328 450 414, 🏠 – **P**, **AE** **①** **MⓈ** **VISA**
**Rest** *(fermé Noël et Nouvel An)* (17) et à la carte 43/87.
♦ Table entièrement rénovée, dont l'orientation culinaire ne manque pas
d'éclectisme : perches, homards, fruits de mer et produits terrestres. Terrasse d'été
invitante.

---

**COSSONAY** 1304 Vaud (VD) 👼👼 D9 – 2 487 h. – alt. 565.
Bern 107 – Lausanne 16 – Fribourg 78 – Genève 62 – Yverdon-les-Bains 28.

XXX
❀❀ **Le Cerf** (Crisci), 10 r. du Temple, ☎ 0218 612 608, lecerf@swissonline.ch,
Fax 0218 612 627 – 🍽 rest. **AE** **①** **MⓈ** **VISA**
*fermé 24 déc. au 5 janv., 9 juil. au 3 août, mardi midi, dim. et lundi* – **Rest** 80 (midi)/240
et à la carte 128/208 – ***La Fleur de Sel*** : **Rest** (20) 55/95 et à la carte 58/109.
**Spéc.** Rose de crevettes (printemps). Croustillant de foie gras. Mille-feuille de boeuf
des Monts. **Vins** Morges, Féchy
♦ Maison du 16e s. mariant harmonieusement décor ancien - salle rythmée de piliers
et garnie de sièges Louis XIII - et cuisine innovante. Du plaisir pour les yeux et le palais.
Recettes régionales et ambiance bistrotière agréable à la Fleur de Sel.

---

**COURGENAY** 2950 Jura (JU) 👼👼 H4 – 2 099 h. – alt. 488.
Bern 92 – Delémont 24 – Basel 54 – Biel 57 – Montbéliard 38.

🏠
☺☺ **De la Gare,** 2 r. de la Petite-Gilberte, ☎ 0324 712 222, petitegilberte@bluewin.ch,
Fax 0324 712 212, 🏠 – **P**, **AE** **①** **MⓈ** **VISA**
*fermé 1er au 16 janv.* – ***La Petite Gilberte*** *(fermé dim. et lundi)* **Rest** (15.50) 44
et à la carte 33/72 – **6 ch** ⊑ ✦85 ✦✦150 – ½ P suppl. 25.
♦ Face à la gare, établissement aux chambres personnalisées, quelquefois dotées de
meubles anciens. Pour plus d'agrément, réservez celle de Gilberte. Cette ancienne chanteuse du pays prête aussi son nom à la brasserie de l'hôtel. Belle terrasse
arrière au calme.

X
☺ **Boeuf** avec ch, 7 r. de l'Eglise, ☎ 0324 711 121, hotel_boeuf@bluewin.ch,
Fax 0324 711 289, 🏠 – **P**, **AE** **①** **MⓈ** **VISA**
*fermé 7 au 22 fév., mardi et merc.* – **Rest** 46 (midi)/76 et à la carte 44/85 – **10 ch**
⊑ ✦50/65 ✦✦110/120.
♦ Elle fait un ''effet boeuf'', l'enseigne de cette affaire familiale dont la façade rose
se dresse au milieu du village. Préparations au goût du jour ; menus soignés.

---

**COURROUX** 2822 Jura (JU) 👼👼 J5 – 2 846 h. – alt. 421.
Bern 71 – Delémont 2 – Basel 38 – Olten 58 – Solothurn 32.

🏠
☺☺ **Hôtel de l'Ours,** 38 r. du 23 juin, ☎ 0324 221 365, ours@websuper.org,
Fax 0324 221 964, 🏠, 🌳 – ✦ ch, ⟵ **P**, **AE** **MⓈ** **VISA**
**Rest** *(fermé 2 sem. début sept., merc. soir et dim. sauf fériés)* (17) 35/48 et à la
carte 43/76 – **8 ch** ⊑ ✦90/120 ✦✦120/150 – ½ P suppl. 17.
♦ Au centre du bourg, maison récemment rénovée où vous serez logés dans de
belles chambres revêtues de teintes pastel et dotées de tout le confort moderne.
Charmant restaurant interprétant un répertoire culinaire traditionnel.

---

**COURTEMAÎCHE** 2923 Jura (JU) 👼👼 H4 – 646 h. – alt. 398.
Bern 103 – Delémont 35 – Basel 57 – Belfort 31 – Montbéliard 28.

XX
☺☺ **Chez L'Cabri,** 23 rte Cantonale, ☎ 0324 661 993, xaviergoffiner@rwb.ch,
Fax 0324 665 371 – **P**, **MⓈ** **VISA**
*fermé 2 sem. en janv., 2 sem. en juil. - août, mardi soir et merc.* – **Rest** (17.50) 35/53
et à la carte 42/78.
♦ Bondirez-vous d'enthousiasme à la vue de la salle, agrémentée de poutres et pierres apparentes, ou du choix de recettes classiques ? Pour sûr, Chez L'Cabri, faut qu'ça
saute !

**Les bonnes adresses à petit prix ? Suivez les Bibs : Bib Gourmand rouge** 🍽
**pour les tables, et Bib Hôtel bleu** 🏠 **pour les chambres.**

**COUVET** 2108 Neuchâtel (NE) 552 E7 – 2801 h. – alt. 734.

Bern 79 – *Neuchâtel 31* – La Chaux-de-Fonds 36 – Morteau 32 – Pontarlier 29 – *Yverdon-les-Bains* 39.

🏠 **L'Aigle,** 27 Grand-Rue, 𝒫 0328 649 050, info@gout-region.ch, Fax 0328 632 189,
🛏 🛋, 🍴 – 🌙 P. – 🚪 30. AE ① ⓜ VISA
**Rest** *(fermé dim. soir)* (15) 35 et à la carte 39/76 – **19 ch** ⬜ ♦115 ♦♦175 – ½ P suppl. 35.
♦ À mi-chemin de Neuchâtel et de la frontière française, maison ancienne disposant de chambres standard d'ampleur très respectable. Terrasse ensoleillée. Élégante table traditionnelle avoisinant prés et forêt. Le souci de faire bon et bien anime les fourneaux.

---

**CRANS-MONTANA** 3963 Valais (VS) 552 J11 – 6000 h. – alt. 1500 – Sports d'hiver : 1 500/3 000 m ⛷6 ⛷30 ⛷.

Voir : *Site*★★.

Environs : *Bella Lui*★★★ *par télécabine* AY.

⛷6 *(mai - oct.)* 𝒫 0274 859 797, Fax 0274 859 798 - AZ.

**Manifestation locale**
04.02 - 06.02 : Festival international de montgolfières.

🚃 *Crans-Montana Tourisme, Immeuble Scandia, 𝒫 0274 850 404, information@ crans-montana.ch, Fax 0274 850 461 AZ – Crans-Montana Tourisme, avenue de la Gare, 𝒫 0274 850 404, information@crans-montana.ch, Fax 0274 850 460 BY.*

Bern 182 ② – *Sion 29* ② – Brig 52 ① – Martigny 59 ② – Sierre 14 ①

**Royal** 🐾, ℘ 0274 859 595, info@hotel-royal.ch, Fax 0274 859 585, ≤, 🍴, ⚅, ☐, ⬛, 📺, 🔲, �───, – 📶, ▭ ch, ♿, rest, ⇔ �P – 🅰 15/60. 🆎 ⓞ ⓜⓞ 𝐕𝐈𝐒𝐀 ❀ rest
*17 déc. au 26 avril et 11 juin au 29 sept. –* **Rest** 60/90 et à la carte 77/147 – **50 ch**
☐ ✦235/280 ✦✦330/530, 4 suites – ½ P suppl. 60.
AZ z
♦ Dans un magnifique site valaisan, palace dont l'intérieur conjugue charme et raffinement. Salons feutrés. Chambres cossues garnies de meubles de style. Beau restaurant confortablement installé. Savoureux répertoire culinaire classique.

**Grand Hôtel du Golf** 🐾, allée Elysée Bonvin, ℘ 0274 854 242, info@grand-hotel-du-golf.ch, Fax 0274 854 243, ≤, 🍴, 🔲, 🔲, ☐, �───, – 📶 video 📞 �P ⇔ 300 – 🅰 15/100. 🆎 ⓞ ⓜⓞ 𝐕𝐈𝐒𝐀
AZ a
*2 déc. au 14 avril et 2 juin au 14 oct. –* **Rest** 45 (midi)/70 et à la carte 68/134 –
**72 ch** ☐ ✦225/405 ✦✦370/680, 8 suites – ½ P suppl. 60.
♦ Cet établissement oeuvrant en lisière du golf est l'un des plus anciens fleurons de l'hôtellerie locale. Chambres refaites, superbes salons et bar feutré. Vaste salle de restaurant aux tables soigneusement dressées. Carte classique offrant un choix important.

**Aïda Castel** 🐾, ℘ 0274 854 111, info@aida-castel.ch, Fax 0274 817 062, ≤, 🍴, 🔲, 🔲, ☐, �───, – 📶 📞 ⇔ – 🅰 15/100. 🆎 ⓞ ⓜⓞ 𝐕𝐈𝐒𝐀
BZ b
**Rest** 55 et à la carte 54/119 – **61 ch** ☐ ✦100/280 ✦✦180/400 – ½ P suppl. 40.
♦ La convivialité valaisanne vous accompagnera dans ce typique double chalet aux chambres modernes ou montagnardes. Piscine extérieure chauffée. Fondues, spécialités locales ou recettes classiques ? Les trois salles de l'Aïda Castel satisferont vos envies.

**Lindner Golfhotel Rhodania** 🐾, rue du Rhodania, ℘ 0274 869 292, info.rhodania@lindnerhotels.ch, Fax 0274 869 293, 🍴, �───, – 📶 video 📞 �P – 🅰 15/60. 🆎 ⓞ ⓜⓞ 𝐕𝐈𝐒𝐀. ❀ rest
AZ b
*20 déc. au 25 mars et 22 juin au 16 sept. –* **Rest** (22) 65/130 et à la carte 57/102 – **42 ch** ☐ ✦155/195 ✦✦190/450 – ½ P suppl. 50.
♦ Agencement intérieur de style Art déco dans cet hôtel disposant de chambres personnalisées et très bien équipées. Le soir, offrez-vous un moment de détente au piano-bar. Deux salles de restaurant : l'une d'esprit rustique et l'autre plus classique.

**Alpina et Savoy**, 15 rte de Rawyl, ℘ 0274 850 900, info@alpinasavoy.ch, Fax 0274 850 999, ≤, 🍴, ⚅, 🔲, 🔲, ☐, �───, – 📶 �P. 🆎 ⓞ 𝐕𝐈𝐒𝐀. ❀ rest
AY c
*17 déc. au 16 avril et 20 juin au 10 sept. –* **Rest** (32) 48/68 et à la carte 56/88 – **46 ch** ☐ ✦145/205 ✦✦290/510 – ½ P suppl. 45.
♦ Cet hôtel s'agrémentant d'un jardin arboré vous héberge dans de pimpantes chambres pourvues de meubles en bois clair. Belle piscine et installations de remise en forme. Chaleureuses salles à manger se partageant deux étages. Repas traditionnel.

**Alpha** 🐾, route du Pont du Diable, ℘ 0274 842 400, hotelalpha@ bluewin.ch, Fax 0274 842 410, ≤, 🍴, 🔲, 🔲, ☐, �───, – 📶 📞 ⇔ �P – 🅰 25. 🆎 ⓜⓞ 𝐕𝐈𝐒𝐀. ❀ rest
AZ d
*16 déc. au 15 avril et 27 juin au 30 sept. –* **Rest** (20) 40 et à la carte 46/86 – **25 ch** ☐ ✦110/160 ✦✦150/250 – ½ P suppl. 40.
♦ Bâtiment moderne niché parmi les sapins. Chambres lambrissées, de tailles très convenables, et studios avec cuisinette. Sauna, espace fitness et jardin de repos. Restaurant habillé de boiseries à la mode montagnarde. Carte traditionnelle.

**Grand Hôtel du Parc** 🐾, ℘ 0274 814 101, hotel.parc@ bluewin.ch, Fax 0274 815 301, ≤ montagnes, 🍴, 🔲, 🔲, 🔲, ⚖, – 📶 ⇔ 📞 ⇔ 50 – 🅰 15/40. 🆎 ⓞ ⓜⓞ 𝐕𝐈𝐒𝐀. ❀ rest
BY c
*fermé nov. –* **Rest** (20) et à la carte 37/97 – **71 ch** ☐ ✦110/165 ✦✦180/290 – ½ P suppl. 45.
♦ Ce havre de paix, bâti au coeur d'un grand parc, surplombe le plateau de Montana : vue inoubliable ! Grandes chambres en constante évolution. Restaurant composé de deux salles à manger : l'une bourgeoise, assez vaste, l'autre rustique, plus chaleureuse.

**Excelsior** 🐾, 20 rte des Zirès, ℘ 0274 862 100, excelsiorcrans@ netplus.ch, Fax 0274 862 200, ≤ montagnes, 🍴, 🔲, 🔲, – 📶 📞 🆎 ⓞ ⓜⓞ 𝐕𝐈𝐒𝐀 ❀ rest
AZ c
*2 déc. au 14 avril et 16 juin au 30 sept. –* **Rest** (23) 45 et à la carte 55/108 – **60 ch** ☐ ✦110/256 ✦✦210/397 – ½ P suppl. 40.
♦ Un ascenseur panoramique dessert les chambres de cet hôtel de bon séjour. Infrastructure assez complète pour se divertir et prendre soin de soi. Salle de restaurant procurant une vue apaisante sur les Alpes valaisannes. Cuisine classique.

**L'Etrier,** rue du Pas de l'Ours, ℰ 0274 854 400, *hotel.etrier@bluewin.ch*, *Fax 0274 817 610*, ≤, 🍴, ≘s, 🏊, 🌿 – 🛗 🛁 🚗 **P** – ⚒ 60. 🆎 ⓪ 🐱 𝗩𝗜𝗦𝗔, 🍴 rest
AZ u
*fermé avril à juin et oct. à déc.* – **Rest** à la carte 48/95 – **51 ch** ⊇ ✝120/190 ✝✝180/380 – ½ P suppl. 30.
♦ Deux pimpants chalets communicants composent cet hôtel établi à proximité du palais des Congrès. Grandes chambres au décor montagnard, avec balcon côté Sud. Belle piscine. Restaurant lambrissé, bar-salon panoramique et carnotzet avec spécialités fromagères.

**Le Mont-Paisible** ﹩, par ① et route d'Aminona : 2 km, ℰ 0274 802 161, *info @montpaisible.ch, Fax 0274 817 792*, ≤ vallée et montagnes, 🍴, ≘s, 🏊, 🌿, 🍽 – 🛗 📞 **P** ⇔ 30 – ⚒ 40. 🆎 ⓪ 🐱 𝗩𝗜𝗦𝗔
**Rest** *(fermé dim. soir, lundi et mardi du 23 avril au 30 mai et du 1er oct. au 12 déc.)* (19) 29 (midi)/45 et à la carte 60/96 – **40 ch** ⊇ ✝100/150 ✝✝160/242 – ½ P suppl. 45.
♦ L'enseigne n'est assurément pas usurpée ! Spacieuses et paisibles chambres garnies de meubles centenaires et invitant à admirer un paysage grandiose. À table, cuisine au goût du jour et vue imprenable sur la vallée et les reliefs.

**Helvetia Intergolf,** 8 rte de la Moubra, ℰ 0274 858 888, *info@helvetia-intergolf.ch, Fax 0274 858 899*, ≤, 🍴, 🏊 – 🛗 🚗 **P**. 🆎 ⓪ 🐱 𝗩𝗜𝗦𝗔. 🍴
BY u
*18 déc. au 21 avril et 17 juin au 13 oct.* – **Rest** *(fermé dim. hors saison) (dîner seul.)* à la carte 48/96 – **17 ch** ⊇ ✝110/260 ✝✝190/420, 37 suites – ½ P suppl. 40.
♦ Hôtel établi à proximité du centre et exposé plein Sud. Deux types d'hébergement : chambres de belle ampleur ou appartements-suites rénovés et dotés d'une cuisinette. Lumineuse salle de restaurant avec les montagnes pour toile de fond. Carte traditionnelle.

**Elite** ﹩, 22 rte des Zirès, ℰ 0274 814 301, *info@elite-hotel.com, Fax 0274 812 421*, ≤ montagnes, 🍴, 🏊, 🌿 – 🛗 **P**. 🆎 ⓪ 🐱 𝗩𝗜𝗦𝗔. 🍴 rest
AZ e
*19 déc. au 17 avril et 20 juin au 16 sept.* – **Rest** (résidents seul.) – **25 ch** ⊇ ✝140 ✝✝220 – ½ P suppl. 30.
♦ Au bord du golf, face aux montagnes, affaire familiale offrant une vue exceptionnelle depuis les balcons de ses amples et sobres chambres. Piscine dans le jardin.

**St. George** ﹩, 5 r. du Temple, ℰ 0274 812 414, *info@hotel-st-george.ch, Fax 0274 811 670*, ≤, 🍴, 🛁, ≘s, 🏊, 🌿 – 🛗 **P**. ⚒ 15. 🆎 ⓪ 🐱 𝗩𝗜𝗦𝗔. 🍴 rest
BY n
*18 déc. au 17 avril et 9 juin au 30 sept.* – **Rest** (25) 38 (midi)/50 et à la carte 39/113 – **36 ch** ⊇ ✝90/150 ✝✝180/290 – ½ P suppl. 40.
♦ Dans un site tranquille d'où vous apercevrez les sommets des Alpes, hôtel abritant des chambres meublées en bois cérusé, un piano-bar et plusieurs salons cossus. Restaurant dont les grandes baies ouvrent sur la piscine et une sapinière. Repas traditionnel.

**Des Alpes** ﹩, route des Zirès, ℰ 0274 854 040, *info@hotel-des-alpes.ch, Fax 0274 854 041*, ≤, 🍴, 🛁, 🌿 – 🛗 📞 **P**. 🆎 ⓪ 🐱 𝗩𝗜𝗦𝗔. 🍴 rest
AZ k
*Hôtel : 18 déc. au 18 avril et 25 juin au 9 sept.* – **Rest** *(18 déc. au 29 mars et 25 juin au 2 sept.)* (résidents seul.) (20) 38 (soir) – **26 ch** ⊇ ✝80/150 ✝✝150/220 – ½ P suppl. 30.
♦ Hôtel dont les chambres avec balcon donnent à contempler, selon la saison, les glissades des skieurs ou les golfeurs évoluant sur le "green". Cabinet de thérapie naturelle. Salle de restaurant classiquement aménagée et orientée au Sud. Carte traditionnelle.

**Eldorado** ﹩, 15 rte de Fleurs des Champs, ℰ 0274 811 333, *info@hoteleldorado.ch, Fax 0274 819 522*, ≤, 🍴, 🛁, ≘s, 🌿 – 🛗 📞 🛗 **P**. 🆎 ⓪ 🐱 𝗩𝗜𝗦𝗔. 🍴 rest
AZ v
*16 déc. au 14 avril et 2 juin au 30 sept.* – **Rest** (25) 45/55 et à la carte 44/74 – **35 ch** ⊇ ✝65/115 ✝✝160/300 – ½ P suppl. 32.
♦ Accueil et service très soignés dans ce chalet familial bâti hors de l'agitation. Chambres diversement agencées, soins relaxants et jeux d'enfants. Salle à manger montagnarde et terrasse refaites à neuf. Choix traditionnel selon le marché. Vue panoramique.

🏠 **La Prairie** ⚭, 34 rte de la Prairie, ☎ 0274 854 141, *prairie@bluewin.ch*, 
☞ Fax 0274 854 142, ≤, 🍴, 🏊, 🌳 – 🛗 🚗 🅿 – 🔬 15/40. 🆎 ⓪ 🕦
**VISA**
BZ t
Rest (15) 30 (midi)/52 et à la carte 37/81 – **30 ch** ⊴ ★65/148 ★★130/246 –
½ P suppl. 30.
◆ Pas loin du lac Moubra, dans un site tranquille, point de chute estimable pour séjourner à l'écart de l'agitation crans-montanaise. Amples chambres. Piscine au jardin. Ambiance musicale et recettes traditionnelles dans une salle ; beau panorama dans l'autre.

🏠 **Splendide** ⚭, ☎ 0274 812 056, *mail@hotel-splendide.com*, Fax 0274 812 008, 
☞ ≤, 🌳 – 🛗, ✂ rest, 📞 🅿 🆎 ⓪ 🕦 **VISA**. ✂ rest
AZ q
*15 déc. au 21 avril et 25 juin au 29 sept.* – Rest (18) 28 (midi)/35 et à la carte 30/67
– **29 ch** ⊴ ★80/140 ★★150/260 – ½ P suppl. 35.
◆ Établissement de tradition où vous trouverez le sommeil du juste dans de calmes chambres refaites à neuf. Salon ménageant une belle échappée alpine. Restaurant idéal pour reprendre des forces autour d'un bon repas après une journée de glisse.

🍴🍴🍴 **Hostellerie du Pas de l'Ours** avec ch, 41 r. du Pas de l'Ours, ☎ 0274 859 333, 
🎍 *pasdelours@bluewin.ch*, Fax 0274 859 334, ≤, 🍴 – 🛗 📞 🅿 🆎 ⓪ 🕦
**VISA**
AZ u
*fermé mai et mi-oct. à début déc.* – Rest *(fermé dim. soir, mardi midi et lundi)* 65
(midi)/165 et à la carte 106/168 – **Rest.** (voir aussi *Le Bistrot des Ours* ci-après)
– **9 ch** ⊴ ★380/500 ★★380/690.
**Spéc.** Filets de rouget Barbet et calamaretti aux portes de l'Orient (hiver). Gigotin de cabri aux aromates, tagliolini aux artichauts et roquette (printemps). Nougat feuilles et tartare de fraises à la crème de Gruyère, sorbet tomates confites à l'huile d'olive extravierge (été). **Vins** Petite Arvine, Humagne Rouge
◆ Vénérable chalet valaisan dont la façade en bois contraste avec le décor intérieur, d'une élégance contemporaine. Cuisine actuelle personnalisée. Chambres avec cheminée.

🍴🍴 **La Nouvelle Rôtisserie,** 6 r. Centrale, ☎ 0274 811 885, *info@nouvellerotisserie.ch*, Fax 0274 813 022, 🍴 – 🆎 🕦 **VISA**
AZ m
*fermé 24 avril au 10 mai, 16 au 25 oct., lundi et mardi hors saison* – Rest (22) 58/96
et à la carte 58/119.
◆ À l'entrée du golf Jack Nicklaus, restaurant au cadre contemporain estimé pour sa cuisine traditionnelle à composantes méridionales. Mise en place soignée sur les tables.

🍴🍴 **La Diligence,** 56 rte de la Combaz, ☎ 0274 859 985, *info@ladiligence.ch*, 
☞ Fax 0274 859 988, ≤, 🍴 – 🅿 🆎 ⓪ 🕦 **VISA**
BY
Rest - cuisine libanaise - (18) et à la carte 39/95.
◆ Les amateurs de gastronomie libanaise trouveront probablement leur bonheur dans ce vieux chalet implanté à l'entrée de la station. Décor intérieur plus montagnard qu'oriental.

🍴 **Le Bistrot des Ours** - Hostellerie du Pas de l'Ours, ☎ 0274 859 333, *pasdelours@bluewin.ch*, Fax 0274 859 334, 🍴 – 🅿 🆎 ⓪ 🕦 **VISA**
AZ u
*fermé mai, mi-oct. à début déc., mardi soir, jeudi midi et merc.* – Rest à la carte 49/94.
◆ Salles de restaurant au cadre rustico-montagnard s'étageant sur deux niveaux. Soigneuses préparations traditionnelles d'orientation bistrotière inscrites sur des ardoises.

🍴 **Au Gréni,** route des Sommets de Crans, ☎ 0274 812 443, *greni@netplus.ch*, 🍴
– 🆎 🕦 **VISA**
BY x
*fermé 16 mai au 16 juin, 8 nov. au 10 déc. et merc. hors saison* – Rest (22) et à la carte 47/97.
◆ Le feu ronflant dans l'âtre de cette salle à manger au décor alpin est particulièrement réconfortant lorsque le lac Grenon d'en face se recouvre de glace. Spécialités du pays.

**à Plans Mayens** Nord : 4 km - AY – ⌧ 3963 Crans-Montana :

🍴 **La Dent Blanche** ⚭, ☎ 0274 811 179, Fax 0274 816 698, 🍴 – 💱 🅿 ♻ 15.
☞ 🆎 ⓪ 🕦 **VISA**
AY t
*3 déc. au 22 avril et 19 juin au 30 sept.* – Rest *(fermé lundi hors saison)* (16) et à la carte 53/95.
◆ Vous n'aurez pas ''les crocs'' en sortant de ce plaisant restaurant, bénéficiant d'une situation privilégiée en pleine nature ! Plats régionaux et traditionnels.

**à Vermala** *Nord-Est : 1,5 km* - BY *– alt. 1 680 –* ⊠ *3963 Crans-Montana :*

XX **Cervin,** ℰ 0274 812 180, charly.cottini@tvs2net.ch, Fax 0274 801 064, 🌳 – 🄿. 🄰🄴 ⓪ 🄼🄾 𝗩𝗜𝗦𝗔
**Rest** *(fermé lundi - mardi hors saison)* (30) 120 et à la carte 61/118.
♦ Restaurant d'altitude au cadre rustique surmontant une bergerie où l'on mange plus simplement. Un buffet et un barbecue colonisent la terrasse quand perce le soleil dominical.

**à Bluche** *Est : 3 km par* ① *– alt. 1 263 –* ⊠ *3975 Randogne :*

X **Petit Paradis** ॐ avec ch, ℰ 0274 812 148, info@petit-paradis.com, Fax 0274 810 232, ≤ Alpes valaisannes, 🌳 – 🛗 ℰ 🄿. 🄰🄴 ⓪ 🄼🄾 𝗩𝗜𝗦𝗔
*fermé 1 sem. début mai –* **Rest** (15.50) et à la carte 40/72 – **12 ch** ⊇ ✝75 ✝✝130.
♦ Ce chalet à l'ambiance familiale scrutant les cimes enneigées comblera vos attentes en matière de restauration et d'hébergement montagnards. Café populaire et table rustique.

---

**CRASSIER** *1263 Vaud (VD)* 🟦🟦🟦 *B10 – 831 h. – alt. 470.*
Bern 141 – *Genève 21 – Lausanne 46 – Lons-le-Saunier 90 – Thonon-les-Bains 54.*

X **Auberge de Crassier,** route de la Rippe, ℰ 0223 671 201, Fax 0223 671 024, 🌳 – ⇔ 30. 🄰🄴 ⓪ 🄼🄾 𝗩𝗜𝗦𝗔
*fermé 24 déc. au 3 janv., dim. et lundi –* **Rest** (17) 42 (midi)/73 et à la carte 46/97 – *Café :* **Rest** (17) 42 (midi)/73 et à la carte 41/94.
♦ Auberge rustique de 1808 où officient un chef breton et son épouse suisse. Choix traditionnel volontiers actualisé et assez poissonneux. Café ancien et terrasse ombragée vous convient à goûter le menu ou le plat du jour.

---

**CRISSIER** *1023 Vaud (VD)* 🟦🟦🟦 *E9 – 6 302 h. – alt. 470.*
Bern 106 – *Lausanne 5 – Montreux 28 – Nyon 45 – Pontarlier 64.*

XXXX **Philippe Rochat,** 1 r. d'Yverdon, ℰ 0216 340 505, restaurant.p.rochat@bluew in.ch, Fax 0216 342 464 – 🄰🄴 ⓪ 🄼🄾 𝗩𝗜𝗦𝗔
❀❀❀ *fermé 24 déc. au 9 janv., 23 juil. au 14 août, dim. et lundi –* **Rest** 160 (midi)/295 et à la carte 142/265 🍴.
**Spéc.** Salammbô de foie gras de canard et truffes noires aux pointes d'asperges du Lubéron (printemps). Cubisme de morilles des Monts d'Auvergne, émulsion de champignons sauvages (printemps). Grosses langoustines de La Rochelle poêlées, tempura de tétragone à l'huile de Bazkari (été). **Vins** Lutry, Saint Saphorin
♦ Derrière une façade ancienne, salles à manger au décor typique des années 1980, offrant les plaisirs d'une cuisine classique raffinée et d'une excellente cave francosuisse.

---

**LA CROIX-DE-ROZON** *1257 Genève (GE)* 🟦🟦🟦 *A12 – alt. 483.*
Bern 174 – *Genève 8 – Gex 31 – St-Julien-en-Genevois 6.*

**à Landecy** *Ouest : 3 km – alt. 490 –* ⊠ *1257 La Croix-de-Rozon :*

XX **Auberge de Landecy,** 37 rte du Prieur, ℰ 0227 714 141, info@auberge-de-landecy.ch, Fax 0227 714 145, 🌳 – ⇔ 20. 🄰🄴 ⓪ 🄼🄾 𝗩𝗜𝗦𝗔
*fermé Noël, 31 déc. au 8 janv., sam. midi, lundi midi et dim. –* **Rest** (19) 39 (midi)/55 et à la carte 50/93.
♦ Au centre d'un village mignon, dans une jolie maison de 1737, table actuelle au cadre sobre et élégant façon bistrot chic. Terrasse, salon et caveau où l'on sert l'apéritif.

---

**CROY** *1322 Vaud (VD)* 🟦🟦🟦 *D8 – 272 h. – alt. 642.*
Bern 99 – *Lausanne 31 – Pontarlier 41 – Yverdon-les-Bains 20.*

XX **Rôtisserie au Gaulois,** route Cantonale, ℰ 0244 531 489, au-gaulois@bluewi n.ch, Fax 0244 531 227, 🌳 – 🍽 🄿 ⇔ 30. 🄰🄴 ⓪ 🄼🄾 𝗩𝗜𝗦𝗔
*fermé 9 au 22 janv., 31 juil. au 20 août, lundi et mardi –* **Rest** - grillades - (18) 54 (midi)/120 et à la carte 60/110.
♦ L'âtre en pierre agrémenté cette salle rustique n'est pas seulement décoratif : le chef y grille les viandes sous vos yeux. La carte propose également des plats de poisson.

**CULLY** *1096 Vaud (VD)* 552 *E10 – 1 797 h. – alt. 391.*
*Bern 93 – Lausanne 8 – Montreux 15 – Pontarlier 77 – Yverdon-les-Bains 45.*

XXX **Le Raisin** (Blokbergen) avec ch, 1 pl. de l'Hôtel-de-Ville, ✆ 0217 992 131, *auber
geduraisin@bluewin.ch, Fax 0217 992 501,* ☃ – 🔌, 🍴 rest, 🌭 Æ ① 🅾 VISA
**Rest** 89 (midi)/198 et à la carte 97/181 – *La Pinte :* **Rest** 50/89 et à la carte 73/122
– **9 ch** ☑ ✝280 ✝✝350 – ½ P suppl. 90.
**Spéc.** Mille-feuille de foie gras aux mangues. Saint-Jacques tièdes au caviar (hiver).
Mignon de veau poché au gingembre (printemps-été). **Vins** Villette
◆ Maison de caractère abritant deux salles à manger - rustique et contemporaine
- où l'on vient goûter des mets classiques aux accents du terroir. Chambres per-
sonnalisées. Bon repas traditionnel sans effets de manches à La Pinte.

X **La Gare,** 2 pl. de la Gare, ✆ 0217 992 124, *info@lagarecully.ch, Fax 0217 992 104,*
☃ – Æ ① 🅾 VISA
*fermé 26 août au 21 sept., sam. midi et dim.* – **Rest** (16) 69/99 et à la carte 57/105.
◆ Enseigne trompeuse : vous n'êtes pas dans une salle des pas perdus, mais bien
dans une salle à manger ! Cuisine française généreuse, mitonnée dans le respect de
la tradition.

---

**CURAGLIA** *7184 Graubünden (GR)* 553 *R9 – Höhe 1 332.*
*Bern 215 – Andermatt 35 – Altdorf 68 – Bellinzona 78 – Chur 66.*

**in Mutschnengia** *West : 2 km –* ⊠ *7184 Curaglia :*

🏠 **Cuntera** ♨, ✆ 0819 476 343, *info@hotel-cuntera.ch, Fax 0819 475 707,* ≤ *Tal
und Berge,* ☃ – ↦✕ Zim, 🅿, Æ 🅾 VISA, ✖ Rest
**Rest** *(geschl. 13. Nov. - 2. Dez. und Dienstag)* (16) 39 und à la carte 34/62 – **8** Zim
☑ ✝68 ✝✝108 – ½ P Zuschl. 25.
◆ Sehr ruhig liegt das Haus in einem kleinen Bergweiler am Steilhang oberhalb des
Talgrundes. Die Zimmer sind mit solidem Mobiliar freundlich und wohnlich eingerichtet. Einfaches, neo-rustikales Restaurant mit netter Panoramaterrasse.

---

**La CURE** *1265 Vaud (VD)* 552 *A-B10 – alt. 1 155.*
*Bern 160 – Genève 41 – Lausanne 56 – Nyon 21 – Les Rousses 4.*

XX **Arbez Franco-Suisse** avec ch, route de France, ✆ 0223 601 396, *hotel.arbez
@netgdi.com, Fax (0033) 384 60 08 59,* ☃ – ↦✕ ch, 🅿, Æ 🅾 VISA, ✖ rest
*fermé 2 nov. au 1er déc.* – **Rest** *(fermé lundi et mardi)* 39/49 et à la carte 54/89
– *Brasserie (fermé lundi et mardi)* **Rest** (19.50) 24 et à la carte 29/56 – ☑ 10 –
**10 ch** ✝71/74 ✝✝83/89 – ½ P suppl. 33.
◆ Agréable restaurant familial où l'on vient faire des repas traditionnels. Dans certaines chambres, on dort la tête en Suisse et les pieds en France ! Cuisine bourgeoise
et additions sans rondeurs à La Brasserie, dont l'entrée se trouve en terri-
toire helvète.

---

**DALLENWIL** *6383 Nidwalden (NW)* 551 *07 – 1 723 Ew. – Höhe 486.*
*Bern 128 – Luzern 18 – Zürich 74 – Chur 160.*

XX **Zum Kreuz** mit Zim, Städtlistr. 3, ✆ 0416 282 020, *Fax 0416 282 021,* ☃ –
↦✕ Rest, 🅿 ✿ 80. Æ ① 🅾 VISA
*geschl. 27. Feb. - 9. März, Montag und Dienstag* – **Rest** (19.50) 59 (mittags)/119 und
à la carte 46/92 – **6 Zim** ☑ ✝80 ✝✝100.
◆ In diesem netten Landgasthof mit seinen gemütlich-rustikalen Stuben bereiten
Vater und Sohn zeitgemässe klassische Gerichte. Einfache, aber saubere und günstige
Zimmer.

---

**DÄTTWIL** *Aargau* 551 *04 – siehe Baden.*

---

**DAVESCO-SORAGNO** *6964 Ticino (TI)* 553 *R13 – 1 312 ab. – alt. 393.*
*Bern 283 – Lugano 6 – Bellinzona 31 – Locarno 44.*

X **Osteria Gallo d'Oro,** via Cantonale 3a, ✆ 0919 411 943, *info@osteriagallodor
o.ch, Fax 0919 410 045,* ☃ – 🍴 🅿, Æ ① 🅾 VISA
*chiuso dal 22 dicembre al 9 gennaio, dal 18 giugno al 3 luglio, domenica e lunedi* –
**Rist** alla carta 48/88.
◆ Sfuggite all'afa estiva e concedetevi un pranzo sotto il fresco pergolato in
legno che lascia trasparire i fiori di glicine. Proposte del giorno secondo il mercato.

**DAVOS** 7270 Graubünden (GR) 🗺️ X8 – 11 219 Ew. – Wintersport : 1 560/2 844 m ✦10 ✦21 🎿.

**Sehenswert** : Lage★★★ – Weissfluhgipfel★★ mit Standseilbahn AY – Schatzalp★ AY – Hohe Promenade★ ABY.

**Ausflugsziel** : Die Zügenschlucht über ③ und die Flüela★★ über ②.

🐟 in Alvaneu Bad, ✉ 7473 (April - Nov.) ☎ 0814 041 007, Fax 0814 042 382, Süd West : 29 km Richtung Tiefencastel. 🐟 (Mai - Okt.) ☎ 0814 165 634, Fax 0814 162 555 - BZ.

🐟 Klosters, ✉ 7250 (Mai-Okt.) ☎ 0814 221 133, Fax 0814 222 772, Nord : 11 km an der Selfrangastr. 44.

**Lokale Veranstaltungen**

*25.01 - 29.01 : Weltwirtschaft Forum - WEF*

*29.07 - 12.08 : Davos Festival, junge Artisten aus aller Welt.*

*Bern 282 ① – Chur 71 ① – Sankt Moritz 71 ③ – Vaduz 78 ①*

Stadtplan siehe nächste Seite

**Davos Dorf** – *Höhe 1 560 – ✉ 7260 Davos Dorf.*

🛈 *Davos Tourismus, Bahnhofstr. 7,* ☎ *0814 152 121,* info@davos.ch, *Fax 0814 152 100* BY.

🏨 **ArabellaSheraton Hotel Seehof,** Promenade 159, ☎ 0814 179 444, seeho f.davos@arabellasheraton.com, Fax 0814 179 445, ≤, 🌳, 🏊, Ⅰ₆, ≘s – 🛗, 💺 Zim, 🍴 🚗. 🐴 15/90. 🕮 ① 🐾 𝘝𝘐𝘚𝘈. 🛠 Rest                                                           BY a
*geschl. 8. Okt. - 1. Dez.* – **Stübli** *(Dez. - März)(nur Abendessen)* Rest à la carte 60/98 – **Paulaner's** *(geschl. 8. Okt. - 1. Dez.)* Rest (18.50) und à la carte 36/82 – **114 Zim** *(nur ½ Pens.)* ✦180/454 ✦✦300/650, 4 Suiten.

♦ Hillary Clinton, Shimon Peres und andere VIPs fühlten sich im Seehof mit seiner stilvollen Einrichtung wohl. Zeitlos-elegant eingerichtete Zimmer, grösstenteils mit Balkonen. Ein schönes Täfer aus Arvenholz ziert das edel wirkende Stübli - mit Wintergarten.

🏨 **Zauberberg** (Suitenhotel) 🏖️ garni, Salzgäbastr. 5, ☎ 0814 171 717, zauberbe rg@bluewin.ch, Fax 0814 171 799, ≤, Ⅰ₆, ≘s – 🛗 video 🍴 🚗. 🕮 ① 🐾 𝘝𝘐𝘚𝘈. 🛠                                                         BY n
*25. Nov. - 9. April* – **13 Suiten** ⌑ ✦500/610 ✦✦670/860.

♦ Klein aber fein ist diese sehr gepflegte Adresse, benannt nach dem Roman von Thomas Mann. Luxuriöse und moderne Suiten mit Komfort, meist auch mit cheminée, erwarten den Gast.

🏨 **Flüela,** Bahnhofstr. 5, ☎ 0814 101 717, hotel@fluela.ch, Fax 0814 101 718, ≤, 🌳, Ⅰ₆, ≘s, 🏊 – 🛗 🍴 P – 🐴 15/40. 🕮 ① 🐾 𝘝𝘐𝘚𝘈                                BY v
*26. Nov. - 16. April* – **Rest** (28) 42 (mittags)/118 und à la carte 81/120 – **65 Zim** ⌑ ✦240/360 ✦✦420/720, 7 Suiten – ½ P Zuschl. 45.

♦ In dem Haus mit traditionell-familiärem Charakter bietet man seinen Gästen komfortable Zimmer, die teils renoviert wurden und modern eingerichtet sind. Im 1. Stock des Flüela befindet sich das gediegen-rustikale Restaurant mit Terrasse.

🏨 **Meierhof,** Promenade 135, ☎ 0814 168 285, info@meierhof.ch, Fax 0814 163 982, 🌳, ≘s, 🏊 – 🛗, 💺 Rest, 🚗 P. 🕮 ① 🐾 𝘝𝘐𝘚𝘈. 🛠 Rest                                                                                    BY c
*26. Nov. - 17. April und 25. Mai - 14. Okt.* – **Rest** *(geschl. Montag im Sommer)* (24) 38 (mittags)/79 und à la carte 50/109 🍴 – **67 Zim** ⌑ ✦130/330 ✦✦230/480, 9 Suiten – ½ P Zuschl. 30.

♦ In Nähe des Dorfzentrums stösst der Feriengast auf den Meierhof, ein modern-rustikales Haus mit freundlichen, hellen Zimmern, Freizeitbereich und charmantem Garten. Rustikal und zugleich modern zeigt sich auch der gastronomische Bereich.

🏨 **Turmhotel Victoria,** Alte Flüelastr. 2, ☎ 0814 175 300, hotel@victoria-davos .ch, Fax 0814 175 380, ≤, 🌳, Ⅰ₆, ≘s, 🏊 – 🛗, 💺 Zim, 🍴 & Zim, 🚗 P –
🐴 15/70. 🕮 ① 🐾 𝘝𝘐𝘚𝘈                                                                                     BY d
*geschl. 18. April - 16. Mai und 8. Okt. - 25. Nov.* – **La Terrasse** (1. Etage) Rest (19) 34 (mittags)/96 und à la carte 46/99 – **76 Zim** ⌑ ✦120/235 ✦✦200/430, 6 Suiten – ½ P Zuschl. 35.

♦ Die nicht alltägliche Architektur des Turmhotels verbirgt im Inneren Zimmer, die mit edlem, in unterschiedlichen Farben gehaltenem Mobiliar nett eingerichtet sind. La Terrasse - als Wintergarten angelegt - verbindet die beiden Hotelgebäude.

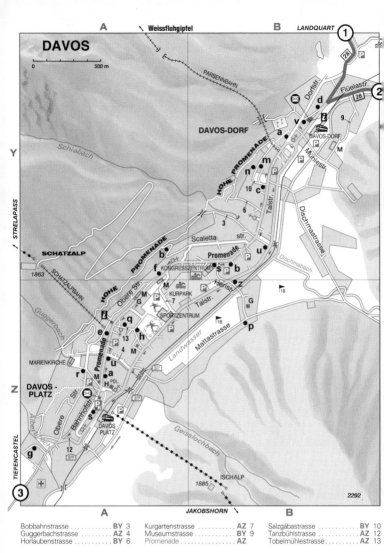

# DAVOS

Weissfluhgipfel

LANDQUART

0 — 500 m

PARSENNBAHN

DAVOS-DORF

Schiabach

Y

STRELAPASS

Dorfstr.

Flüelastr.

DAVOS-DORF

Mühlestr.

SCHATZALP

SCHATZALPBAHN

1863

Schiabach

Dischmastrasse

HOHE PROMENADE

Scaletta str.

Promenade

Dischmabach

PROMENADE

Guggerbach

KONGRESSZENTRUM

Obere Str.

KURPARK

Herisl

HOHE

Talstr.

SPORTZENTRUM

Landwasser

Mattastrasse

MARIENKIRCHE

Promenade

POL.

Z

DAVOS-
PLATZ

Obere Str.

Bahnhofstr.

DAVOS-
PLATZ

TIEFENCASTEL

Albertabach

Geisslochbach

3

ISCHALP

1885

2292

JAKOBSHORN

A                                    B

**Davos Platz** – Höhe 1540 – ⊠ 7270 Davos Platz.

🛈 Davos Tourismus, Promenade 67, ☎ 0814 152 121, info@davos.ch, Fax 0814 152 100 AZ.

**Steigenberger Belvédère,** Promenade 89, ☎ 0814 156 000, davos@steige nberger.ch, Fax 0814 156 001, ≤, 🎋, 🕲, Ⅰ🕉, ≘s, 🔲, 🐎 – 🛗, 🐄 Zim, 🕻 🖭 –
🛎 15/90. 🖭 ⓘ 🐠 🐠 ⅧⅤ 💱 Rest AY f
geschl. 4. April - 30. Juni – **Romeo und Julia / Trattoria** - italienische Küche - (geschl. Montag) (nur Abendessen) **Rest** à la carte 37/72 – **Bistro Voilà : Rest** (24) und à la carte 38/68 – **131 Zim** ⊇ ✝154/281 ✝✝308/562, 8 Suiten – ½ P Zuschl. 25.
   ◆ Ein langgezogener, imposanter Bau stellt Ihre Residenz dar. Neben meist elegant gestalteten Zimmern zählt auch die schöne Aussicht zu den Annehmlichkeiten des Hauses. Auf einer Galerie liegt das Romeo und Julia mit rustikal-gediegener Atmosphäre.

🏨🏨 **ArabellaSheraton Hotel Waldhuus** 🦢, Mattastr. 58, 𝒫 0814 179 333, *waldhuus.davos@arabellasheraton.com, Fax 0814 179 334*, 😤, 🛌, 😑, 🔲, 🎇 – 📱, 🔆 Zim, ♨ ⛫ ♣︎ 🚗 – 🏛 15/90. 🝋 🎇 Rest     BZ **p**
*geschl. 2. April - 19. Mai* – **Rest** (25) 35/85 und à la carte 58/109 – **88 Zim** ⌂
✦285/420 ✦✦470/790, 6 Suiten.
♦ Eine grosszügige Lobby und komfortable, modern-rustikale Zimmer in hellem Naturholz und frischen Farben zeichnen dieses attraktive Hotel aus. Etwas gehobener : der Neubau. Gemütlich gestaltetes Restaurant.

🏨🏨 **Waldhotel Bellevue** 🦢, Buolstr. 3, 𝒫 0814 153 747, *info@waldhotel-bellevue.ch, Fax 0814 153 799*, ⪻ Davos und Berge, 😑 🔲 (Solebad), 🎇 – 📱 ⛫ 📺 🝋 ⓞ
🐵 𝚅𝙸𝚂𝙰. 🎇     AY **b**
*18. Dez. - 8. April* – **Rest** *(Neues Restaurantkonzept, bis Redaktionsschluss noch nicht bekannt) (geschl. Mittwoch)* – **50 Zim** ⌂ ✦195/240 ✦✦350/440 – ½ P Zuschl. 35.
♦ Das Hotel liegt ruhig oberhalb des Dorfes und bietet einen schönen Blick auf Davos und die Berge. Die Zimmer sind durchweg modern und mit solidem Buchenmobiliar ausgestattet.

🏨🏨 **Morosani Posthotel**, Promenade 42, 𝒫 0814 154 500, *posthotel@morosani.ch, Fax 0814 154 501*, 😤, 😑, 🔲 – 📱 ⛫ 🚗 📺 – 🏛 40. 🝋 ⓞ 🐵 𝚅𝙸𝚂𝙰.
🎇 Rest     AZ **a**
*geschl. Mitte April - Ende Mai und Mitte Okt. - Ende Nov.* – **Rest** 75 und à la carte 60/132 – **90 Zim** ⌂ ✦130/210 ✦✦260/540 – ½ P Zuschl. 30.
♦ Wo einst Kutschenpferde gewechselt wurden, beherbergt man heute die Gäste in grösstenteils renovierten, wohnlichen Zimmern - meist mit kleinem Wohnbereich. Eine schöne Holzdecke und bündnerischer Charakter prägen die Atmosphäre im Restaurant.

🏨🏨 **Morosani Schweizerhof**, Promenade 50, 𝒫 0814 155 500, *schweizerhof@morosani.ch, Fax 0814 155 501*, 😤, 😑, 🔲 – 📱 ⛫ 📺 – 🏛 25. 🝋 ⓞ 🐵 𝚅𝙸𝚂𝙰.
🎇 Rest     AZ **u**
*2. Dez. - 16. April und 25. Mai - 2. Okt.* – **Rest** 65/75 und à la carte 55/110 – **81 Zim** ⌂ ✦130/245 ✦✦260/480, 8 Suiten – ½ P Zuschl. 30.
♦ Der würfelförmige Hotelbau im Herzen von Davos verfügt über Gästezimmer in unterschiedlicher Grösse, die meist mit Arvenholzmöbeln zweckmässig eingerichtet sind. Gut eingedeckte Tische im klassisch-gediegenen Jugendstil-Speisesaal.

🏨 **Kongress Hotel Davos**, Promenade 94, 𝒫 0814 171 122, *info@hotelkongress.ch, Fax 0814 171 123*, ⪻, 😤, 😑, 🎇 – 📱, 🔆 Zim, ♨ ♣︎ Zim, 🚗 📺 🝋 ⓞ 🐵 𝚅𝙸𝚂𝙰. 🎇 Rest     BY **s**
*geschl. 24. - 29. Jan. und 15. April - 1. Juni* – **Rest** à la carte 39/89 – **80 Zim** ⌂
✦150/225 ✦✦265/410 – ½ P Zuschl. 30.
♦ Das Hotel befindet sich neben dem Kongresszentrum : Hier kann man in komfortabel und modern eingerichteten Zimmern übernachten. Mit Internetcorner in der Lobby. Hell und elegant präsentiert sich das Hotelrestaurant.

🏨 **Central Sporthotel**, Tobelmühlestr. 1, 𝒫 0814 158 200, *reservation@central-davos.ch, Fax 0814 158 300*, 🛌, 😑, 🔲 – 📱, 🔆 Zim, ⛫ 📺 – 🏛 40. 🝋 ⓞ 🐵 𝚅𝙸𝚂𝙰. 🎇 Rest     AZ **q**
*27. Nov. - 5. April und 21. Mai - 14. Okt.* – **Rest** *(im Sommer nur Abendessen)* à la carte 55/100 – **97 Zim** ⌂ ✦158/280 ✦✦266/520 – ½ P Zuschl. 30.
♦ Ein neuzeitlicher Betonbau in zentraler Lage beherbergt dieses Hotel. Die Zimmer sind mit Arve in rustikalem Stil eingerichtet - alle verfügen über einen Balkon. Restaurant Bünderstübli mit rustikalem Ambiente.

🏨 **Europe**, Promenade 63, 𝒫 0814 154 141, *europe@bluewin.ch, Fax 0814 154 111*, 😤, 😑, 🎇 – 📱 🚗 – 🏛 30. 🝋 ⓞ 🐵 𝚅𝙸𝚂𝙰     AZ **e**
**Zauberberg** - chinesische Küche - *(geschl. Mai und Montag - Dienstag von Juni - Dez.) (nur Abendessen)* **Rest** 45/55 und à la carte 41/83 – **Scala :** **Rest** (18.50) und à la carte 35/79 – **64 Zim** ⌂ ✦125/220 ✦✦210/400.
♦ Nahe der Talstation der Schatzalpbahn liegt eines der ältesten Häuser des Ortes. Die Zimmer sind wohnlich eingerichtet, teils mit schöner Loggia. Das Zauberberg : ein chinesisches Restaurant im 1. Stock. Das Scala ist im Brasserie-Stil gehalten.

🏨 **National**, Obere Strasse 31, 𝒫 0814 151 010, *national-davos@bluewin.ch, Fax 0814 151 000*, 😤, 🛌, 🎇 – 📱 📺 🝋 ⓞ 🐵 𝚅𝙸𝚂𝙰. 🎇 Rest     AZ **r**
*geschl. 8. April - 3. Juni und 7. Okt. - 25. Nov.* – **Mignon :** **Rest** à la carte 41/98 – **65 Zim** ⌂ ✦89/160 ✦✦178/360 – ½ P Zuschl. 15.
♦ Die Zimmer eines traditionellen Hauses sind unterschiedlich, stets wohnlich eingerichtet. Die Balkone auf der Südseite fallen gross aus. Das Mignon ist ein nettes, kleines Restaurant mit gediegener Atmosphäre.

🏨 **Cresta Sun,** Talstr. 52, ℰ 0814 171 616, *info@cresta-hotels.ch,* *Fax 0814 171 685,* 🍴, 🛎, 🔲, 🌭 – 🛗, 🔄 Zim, 🅿, 🆎 ⓞ ⓜⓞ 𝘝𝘐𝘚𝘈. 🚫 Rest                                                                      BYZ z
**Rest** à la carte 36/78 – **45 Zim** ⚏ ✦135/250 ✦✦170/490 – ½ P Zuschl. 35.
♦ Das am Ortsrand nahe dem Golfplatz gelegene Haus verfügt über Zimmer von guter Grösse, die mit hellem, zweckmässigem Einbaumobiliar ausgestattet sind - meist mit Balkon. Helles Restaurant im Wintergarten.

🏨 **Terminus,** Talstr. 3, ℰ 0814 149 797, *hotel@bahnhof-terminus.ch,* 🐾 *Fax 0814 149 798,* 🍴, 🛎 – 🛗, 🔄 Zim, 🍴 ᶑ, Zim, 🅿 🅿 – 🛁 15/80. 🆎 ⓞ ⓜⓞ 𝘝𝘐𝘚𝘈                                                                      AZ s
geschl. 24. April - 24. Mai - **Zum Goldenen Drachen** - chinesische Küche - **Rest** (19.50) 44/58 und à la carte 45/94 - **Veltlinerstube :** Rest (18.50) und à la carte 46/88 - **53 Zim** ⚏ ✦90/180 ✦✦160/320 – ½ P Zuschl. 25.
♦ Das Haus liegt direkt gegenüber dem Bahnhof. Die in der Grösse unterschiedlichen Zimmer sind mit solidem Eichenholzfurnier eingerichtet und verfügen teilweise über Balkone. Der Goldene Drachen zeigt sich typisch chinesisch. Heimelig : die Veltlinerstube.

🏨 **Larix** 🐾 Obere Albertistr. 9, ℰ 0814 131 188, *hotel-larix@bluewin.ch,* *Fax 0814 133 349,* ⬉, 🛎, 🌭 – ✦✦ Zim, 🍴 🅿, 🆎 ⓞ ⓜⓞ 𝘝𝘐𝘚𝘈           AZ g
Anfang Dez. - 20. April und 8. Juli - 7. Okt. – **Rest** (geschl. Dienstag im Sommer und Mittwoch) (nur Abendessen) 52/88 (abends) und à la carte 45/97 – **22 Zim** ⚏ ✦110/150 ✦✦180/260 – ½ P Zuschl. 30.
♦ In ruhiger und erhöhter Lage am Ortsausgang finden Sie dieses Chalet-Hotel. Die Zimmer sind unterschiedlich, mit Liebe zum Detail eingerichtet - die Hälfte mit Balkon. Das Restaurant ist nett als Wintergarten angelegt.

🏨 **Crystal,** Eisbahnstr. 2, ℰ 0814 140 101, *hotelcrystal@bluewin.ch,* 🐾 *Fax 0814 140 100,* 🍴, 🛎, 🌭 – 🛗 ✦✦ Zim. 🚫 Rest                    AZ h
Hotel : geschl. 15. April - 15. Juni – **Rest** (geschl. 15. April - 1. Juli) (im Winter nur Abendessen) (18) 68 (abends) und à la carte 52/99 – **27 Zim** ⚏ ✦90/156 ✦✦160/272 – ½ P Zuschl. 30.
♦ Ein gut geführter Familienbetrieb mit wohnlich-rustikal gestalteten Gästezimmern in Arvenholz. Zur neuzeitlichen Ausstattung gehören auch Fax-, Modem- und PC-Anschluss. Viel helles Holz lässt das Restaurant freundlich wirken.

🏨 **Casanna,** Alteinstr. 6, ℰ 0814 170 404, *info@casanna.ch, Fax 0814 170 400,* ⬉, 🌭 – 🛗 🅿 🆎 ⓞ ⓜⓞ 𝘝𝘐𝘚𝘈. 🚫 Rest                                BY b
28. Nov. - 20. April und 18. Juni - 5. Okt. – **Rest** (nur ½ Pens. für Hotelgäste) – **26 Zim** ⚏ ✦101/139 ✦✦152/248 – ½ P Zuschl. 25.
♦ Ein zentral gelegenes Hotel mit individuell eingerichteten, überwiegend hell und frisch wirkenden Gästezimmern. Schön : die 3 Zimmer im 4. Stock mit toller Aussicht.

🏨 **Cresta,** Talstr. 57, ℰ 0814 171 616, *info@cresta-hotels.ch, Fax 0814 171 685,* 🛎, 🔲 – 🛗 ✦✦ 🅿 🆎 ⓞ ⓜⓞ 𝘝𝘐𝘚𝘈. 🚫 Rest                    BY u
**Rest** (nur ½ Pens. für Hotelgäste) – **40 Zim** ⚏ ✦110/200 ✦✦150/390.
♦ Nicht weit von Bahnlinie und Durchgangsstrasse findet der Gast ein gepflegtes Hotel mit hellen, modern eingerichteten Zimmern, viele mit Südbalkon.

**auf dem Weissfluhgipfel :** *mit Standseilbahn bis Weissfluhjoch und Gondelbahn erreichbar –* ✉ *7260 Davos Dorf :*

🍴 **Bruhin's Weissfluhgipfel** (Höhe 2844), ✉ 7260 Davos Dorf, ℰ 0814 176 644, *info@gourmetdavos.ch, Fax 0814 176 640,* ⬉ Bündner Alpen – 🆎 ⓞ ⓜⓞ 𝘝𝘐𝘚𝘈
26. Nov. - 17. April – **Rest** (nur Mittagessen) à la carte 54/99.
♦ Lohn für die lange Anfahrt ist die einmalige Aussicht vom Wintergarten - reservieren Sie einen Fensterplatz ! Auch die Küche des Gipfelrestaurants ist überdurchschnittlich.

**in Wolfgang** *über ① : 4 km – Höhe 1 629 –* ✉ *7265 Davos-Wolfgang :*

🏨 **Kulm,** ℰ 0814 170 707, *info@kessler-kulm.ch, Fax 0814 170 799,* ⬉, 🍴, 🛎 – 🛗 🅿 🆎 ⓞ ⓜⓞ 𝘝𝘐𝘚𝘈
**Rest** 48 (abends) und à la carte 40/78 – **36 Zim** ⚏ ✦71/113 ✦✦172/246 – ½ P Zuschl. 25.
♦ Am Ende der Parsenn Skiregion trifft der Wintersportler auf das Hotel Kulm. Hier stehen mit Landhausmobiliar eingerichtete Gästezimmer zum Ausruhen bereit. Im Restaurant wie auch auf der Terrasse stärken Sie sich mit bürgerlichen Speisen.

**in Laret** *über ① : 6 km –* ✉ *7265 Davos-Wolfgang :*

🏨 **Hubli's Landhaus,** Prättigauerstr. 37, ✆ 0814 171 010, *info@hublis.ch*,
  Fax 0814 171 011, 🛁, 🖃, – 🗜 – 🕭 20. – 🗓 **Rest** *(geschl. Dienstagmittag und Montag)*
*9. Dez. - 17. April und 17. Juni - 20. Okt.* – **Rest** *(geschl. Dienstagmittag und Montag)*
*(im Winter nur Abendessen)* (mittags auch einfache Karte) (27) 50 (mittags)/160 und
à la carte 71/141 – **20 Zim** 🛏 ✦74/165 ✦✦152/290 – ½ P Zuschl. 30.
**Spez.** Mousse de foie gras à la gelée de sauterne. Filet de turbot sauté au beurre à la
vinaigrette de sherry et porto. Carré d'agneau de Davos rôti rosé aux herbes fraîches
♦ Das schöne Landhaus liegt ausserhalb des Dorfes an der Kantonsstrasse. Die Zimmer im Annexe sind dem Stil des Hauses angepasst und mit dunklem Eichenholz
möbliert. Das elegant-rustikale Restaurant mit schöner Decke steht für ausgezeichnete klassische Küche.

**in Sertig Dörfli** *Süd-Ost über ③ : 9 km –* ✉ *7272 Davos Clavadel :*

🏨 **Walserhuus** 🛁, ✆ 0814 106 030, *walserhuus@swissonline.ch*,
  Fax 0814 106 035, ⩽ Berge, 🌳 – 🕭 Rest, 🅿 🗚 ⓪ 🆚 – 🗓 Zim
**Rest** (21) 69 und à la carte 47/98 – **10 Zim** 🛏 ✦90/125 ✦✦130/210 – ½ P Zuschl. 30.
♦ Das am Ende eines Hochtales gelegene kleine Hotel besticht mit seiner netten,
modern-rustikalen Einrichtung und einer traumhaften Sicht auf die umgebenden
Berge. Das komplett getäferte Arvenstübchen und die Gartenterrasse ergänzen das
rustikale Restaurant.

---

**DEGERSHEIM** *9113 Sankt Gallen (SG)* 🔠🔠 *T5 – 3 904 Ew. – Höhe 799.*
  *Bern 211 – Sankt Gallen 18 – Konstanz 50 – Winterthur 62.*

🏨 **Wolfensberg** 🛁, ✆ 0713 700 202, *info@wolfensberg.ch*, Fax 0713 700 204,
  ⩽, 🌳, 🖃, 🌳 – 🕭 🅿 – 🕭 15/40. 🆚 🆚
**Rest** (16) 43 (mittags) und à la carte 45/87 – **28 Zim** 🛏 ✦105/115 ✦✦158/178
– ½ P Zuschl. 35.
♦ Das Haus liegt ruhig auf einem Hügel am Ortsrand. Die Zimmer sind im Anbau mit
Kiefernholzmobiliar, im Haupthaus mit hellem funktionellem Einbaumobiliar ausgestattet. Eine einfache Gaststube und ein Speisesaal mit Terrasse bilden den gastronomischen Bereich.

---

**DELÉMONT** *2800* ⓒ *Jura (JU)* 🔠🔠 *I415 – 11 396 h. – alt. 413.*

  **Manifestation locale**
  *08.09 - 10.09 :* Fête du peuple jurassien.
  🟦 *Jura Tourisme, 9 pl. de la Gare,* ✆ *0324 204 771, delemont@juratourisme.ch,*
  *Fax 0324 204 781.*
  🌐 *1 r. de la Maltière,* ✆ *0324 226 686, Fax 0324 223 726.*
  🌐 *Case postale 13,* ✆ *0324 226 522.*
  *Bern 95 – Basel 46 – Montbéliard 62 – Solothurn 64.*

Plan page suivante

🏨 **La Bonne Auberge,** 32 r. du 23 Juin, accès piétonnier, ✆ 0324 221 758,
  Fax 0324 224 828, 🌳 – 🕭 rest. 🗚 ⓪ 🆚 🆚
*fermé 2 au 8 janv.* – **Rest** *(fermé aussi 16 au 21 oct., dim. soir et lundi)* (17) et à
la carte 50/89 – **7 ch** 🛏 ✦100/120 ✦✦150/170 – ½ P suppl. 28.
♦ Avenante maison séculaire, située dans une rue piétonne de la vieille ville. Les chambres, assez cossues, sont contemporaines et spacieuses. Cuisine traditionnelle servie
à l'étage. Au rez-de-chaussée, le café propose une restauration simple et rapide.

🏨 **La Tour Rouge,** 10 rte de Porrentruy, ✆ 0324 221 218, *tour_rouge@bluewin.ch*,
  Fax 0324 231 194, 🌳 – 🅿 🆚 🆚
**Rest** *(fermé 17 juil. au 7 août, sam. midi, dim. et fériés)* (16.50) et à la carte 37/85
– **12 ch** 🛏 ✦110/120 ✦✦150/160 – ½ P suppl. 25.
♦ Le nom de l'auberge est emprunté à une tour de défense de la ville, jadis peinte
en rouge. Elle met à votre disposition des chambres modernes bien équipées. Restau-
rant-rôtisserie courtisée des amateurs de grillades au feu de bois.

🏨 **City,** 38 rte de Bâle, ✆ 0324 228 328, *reservations@hotelcitydelemont.com*,
  Fax 0324 228 327, 🌳 – 🛗, ✻ ch, 🕭 🅿 🗚 ⓪ 🆚 🆚 🗓 ch
*fermé 25 au 27 déc. et 23 juil. au 1er août* – **Le Bambou** - cuisine chinoise - *(fermé
dim.)* **Rest** (16) 28/45 et à la carte 37/77 – **12 ch** 🛏 ✦95/105 ✦✦160/170.
♦ Hébergement fiable situé à proximité de la gare et du centre-ville. Chambres fonctionnelles bien calibrées. Terrasse couverte. Honorable restaurant chinois où assouvir
votre faim d'exotisme.

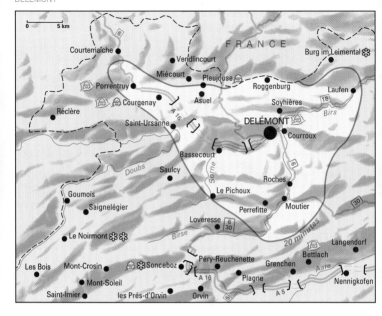

XX　**Du Midi** avec ch, 10 pl. de la Gare, $\mathscr{C}$ 0324 221 777, sedem94@bluewin.ch,
Fax 0324 231 989 – 🖻 rest, AE ① ⓜⓒ VISA
fermé 10 au 23 avril, mardi soir et merc. – **Salle à manger :** Rest 55/125 et à la
carte 57/111 – **Restaurant :** Rest (16) et à la carte 44/100 – **7 ch** ⌚ ✝95 ✝✝140
– ½ P suppl. 20.
&#9670; Deux formules de repas se côtoient au Midi. Salle à manger misant sur les classiques
culinaires français. Restaurant fidèle à la tradition des recettes bourgeoises, dont
le choix et la sagesse des prix ne laissent pas indifférent.

à **Soyhières** Nord-Est : 3 km par route de Bâle – alt. 405 – ⌧ 2805 Soyhières :

🏢　**Le Cavalier,** 1 r. du Vorbourg, $\mathscr{C}$ 0324 223 233, Fax 0324 223 243, ☞ – |🛗| 📞
&#9827; ch, &#9135; ℗, AE ① ⓜⓒ VISA
fermé 23 déc. au 6 janv. – Rest (17.50) et à la carte 46/94 – **15 ch** ⌚ ✝115/125
✝✝165/185 – ½ P suppl. 35.
&#9670; En bordure de route, hôtel actuel aux chambres sobres et modernes ; la n° 15 fait
exception avec ses meubles régionaux en bois peint. Plus de calme à l'arrière. Trois
salles à manger rustiques, dont une véranda donnant sur une terrasse et sa pièce
d'eau.

**Les DIABLERETS** 1865 Vaud (VD) 552 H11 – alt. 1 155 – Sports d'hiver : 1 200/3 000 m
‍🚠 4 🚡 20 🎿.
Voir : site★★.
Environs : Sex Rouge★★★ : panorama★★★ Est : 4 km et téléphérique – Glacier des
Diablerets★★ Est.
**Manifestations locales**
01.01 - 05.03 : Festival Musique et Neige
16.09 - 23.09 : Festival International du Film Alpin et de l'Environnement.
🅱 Diablerets Tourisme, Maison du Tourisme, $\mathscr{C}$ 0244 923 358, info@diablerets.ch,
Fax 0244 922 348.
Bern 122 – Montreux 38 – Aigle 22 – Gstaad 21 – Lausanne 66 – Martigny 54 – Sion 80.

**Eurotel Victoria** ⌖, chemin du Vernex, ℰ 0244 923 721, *lesdiablerets@eur otel-victoria.ch*, Fax 0244 922 371, ≤, ╬, ⌂, ▦ – |‡| ☏ ▣ – ⌂ 15/90. ⌶ ⓜⓞ
**VISA**
*21 déc. au 1er avril et 22 mai au 30 sept.* – Rest *(fermé le midi)* 49 et à la carte 54/84
– **101 ch** ⌷ ♦159/197 ♦♦254/362 – ½ P suppl. 20.
♦ Cette bâtisse moderne bien équipée pour les séminaires renferme de spacieuses chambres souvent dotées d'un balcon jouissant d'une typique vue alpine. Salle
de restaurant relookée dans l'esprit montagnard. Carte au goût de Monsieur Tout-
le-monde.

**Diablerets**, rue des Ormonts, ℰ 0244 920 909, *info@hoteldesdiablerets.ch*,
Fax 0244 922 391, ≤, ╬, ⌂, ▦, ☞ – |‡| ▣ – ⌂ 15/80. ⌶ ⓞ ⓜⓞ **VISA**, ⌖ rest
*15 déc. au 15. avril et début juin à fin sept.* – Rest 30 (midi)/40 et à la carte 49/85
– **59 ch** ⌷ ♦155/180 ♦♦260/310 – ½ P suppl. 35.
♦ Hôtel stratégiquement établi au coeur de la station, près de l'entrée des pistes.
Toutes les chambres ont retrouvé l'éclat du neuf. Le petit plus ? Sa grande piscine
couverte. Restaurant traditionnel complété d'un coin café. Les logeurs mangent à
part.

**Hostellerie Les Sources** ⌖, chemin du Vernex, ℰ 0244 920 100, *sleep@h otel-les-sources.ch*, Fax 0244 920 169, ≤, ╬ – |‡|, ⌖ ch, ☏ ⌖, ch, ▣ – ⌂ 15/30.
⌶ ⓞ ⓜⓞ **VISA** ⌖ rest
*21 nov. au 15 avril et 1er juin au 19 oct.* – Rest *(fermé midi sauf 15 juin - 30 sept.,
dim. soir et lundi sauf juil. à août)* (16) 25 (midi)/38 et à la carte 42/89 – **48 ch**
⌷ ♦94/123 ♦♦174/218 – ½ P suppl. 34.
♦ Un ruisseau frémissant longe ce chalet propice à une mise au vert. Nombreuses chambres familiales pourvues d'un mobilier en pin. Salons aux étages. Terrasse
d'été ensoleillée. Une petite carte traditionnelle est présentée au restaurant.

**Auberge de la Poste**, rue de la Gare, ℰ 0244 923 124, *fad@bluewin.ch*,
Fax 0244 921 268, ╬ – ⌖. ⌶ ⓞ ⓜⓞ **VISA**
*fermé 3 sem. en mai et lundi hors saison* – Rest (18) et à la carte 33/83.
♦ De Victor Hugo à David Bowie, on ne compte plus les célébrités conquises par ce
pittoresque chalet et sa superbe façade fleurie. Généreuse cuisine aux accents régionaux.

**à Vers-l'Eglise** *Ouest : 2 km par route de Leysin* – *alt. 1136* – ✉ *1864 Vers-l'Eglise :*

**Auberge de l'Ours** ⌖ avec ch, ℰ 0244 924 400, *info@aubergedelours.ch*,
Fax 0244 924 401, ╬ – ⌖. ⌶ ⓞ ⓜⓞ **VISA**, ⌖ ch
*15 déc. au 17 avril, 18 mai au 12 nov. ; fermé mardi (sauf midi en juil., sept.-oct.)
et merc.* – Rest (18) 45 et à la carte 37/94 – **6 ch** ⌷ ♦90 ♦♦160 – ½ P suppl.
30.
♦ Beau grand chalet dont l'intérieur a été totalement repensé. Cuisine "terroir" : plats
simples à midi et repas plus élaboré le soir. Partie carnotzet et chambres bien conçues.

**DIELSDORF** *8157 Zürich (ZH)* **551** *P4* – *4687 Ew.* – *Höhe 429.*
☞ *Lägern in Otelfingen,* ✉ *8112,* ℰ *0448 466 818, Fax 0448 445 333, Nord-Ost :
12 km.*
*Bern 122* – *Zürich 22* – *Baden 20* – *Schaffhausen 57* – *Winterthur 35.*

**Löwen** (Gästehaus : ▥), Hinterdorfstr. 21, ℰ 0448 556 161, *loewen.dielsdorf@ bluewin.ch*, Fax 0448 556 162, ╬ – |‡|, ⌖ Zim, ⌖, Zim, ▣ – ⌂ 40. ⌶ ⓜⓞ **VISA**
*geschl. 21. Juli - 7. Aug., Samstagmittag und Sonntag* – Rest (19) 47 (mittags)/58
und à la carte 43/99 – ⌷ 15 – **35 Zim** ♦110/150 ♦♦145/195.
♦ Der renovierte Gasthof aus dem 13.Jh. verfügt über gut gepflegte Quartiere -
fragen Sie nach den Zimmern mit hellem Parkettboden und mattblauem Holzmobiliar
im Anbau.

**Zur Sonne** (Gübeli), Bahnhofstr. 1, ℰ 0448 531 245, *gast@sonne-dielsdorf.ch*,
Fax 0448 532 955 – ▣ ⇄ 40. ⌶ ⓞ ⓜⓞ **VISA**
*geschl. 1. - 9. Jan., 14. - 17. April, 25. Juli - 14. Aug., Sonntag und Montag* – Rest
(Tischbestellung ratsam) (20) 59 (mittags)/110 und à la carte 74/117.
**Spez.** Sülze von der Rindszunge und Schweineschulter mit Marktsalat und Balsami-
codressing. Südafrikanische Scampi auf Ananascarpaccio mit Curryschaumsauce.
Französische Königstaube mit Honig-Ingwersauce und Linsen-Kartoffelgemüse.
**Weine** Regensberger, Thayinger.
♦ Das gepflegte Dorfgasthaus mit Fachwerkelementen liegt mitten im Zentrum. In
dem Restaurant mit Parkettboden und Sichtbalkenwand reicht man eine klassische
Karte.

XX **Bienengarten** mit Zim, Regensbergstr. 9, ✆ 0448 531 217, *info@bienengarte n-dielsdorf.ch*, Fax 0448 532 441, 斺, 🌳 – 📶 🅿 ↺ 30. 🖭 ⑩ 🐠 *VISA*
*geschl. über Weihnachten, Neujahr, Ostern und 6. - 22. Okt.* – Rest *(geschl. Samstagmittag)* (Tischbestellung ratsam) (24) 68/90 und à la carte 43/110 – **8 Zim** ☑ ✦145/155 ✦✦195/320.
♦ Ein alter Gasthof beherbergt dieses gehobene bürgerliche Restaurant mit nettem Dekor und traditioneller Küche. Zum Übernachten stehen auch einige gepflegte Zimmer bereit.

---

**DIESSBACH BEI BÜREN** *3264 Bern (BE)* 🖫🖫🖫 I6 – *835 Ew.* – *Höhe 457.*
*Bern 20 – Biel 10 – Burgdorf 34 – Neuchâtel 47 – Solothurn 18.*

XX **Storchen,** Schmiedgasse 1, ✆ 0323 511 315, *storchen@abcedv.ch*, ☜ Fax 0323 515 306, 斺 – ☇ 👶 Rest, 🅿 🖭 ⑩ 🐠 *VISA*
*geschl. 2. - 11. Jan., 24. Juli - 3. Aug., Montag und Dienstag* – Rest (16.50) 58/90 und à la carte 49/95.
♦ Neben einer einfachen Gaststube finden Sie hier zwei mit hellem, rustikalem Holzmobiliar nett gestaltete Stuben. Man serviert eine traditionelle, teils regionale Küche.

---

**DIESSENHOFEN** *8253 Thurgau (TG)* 🖫🖫🖫 R3 – *3 201 Ew.* – *Höhe 413.*
*Bern 169 – Zürich 57 – Baden 80 – Frauenfeld 22 – Schaffhausen 10.*

🏠 **Unterhof,** Schaffhauserstr. 8, ✆ 0526 463 811, *info@unterhof.ch*, 🖳 Fax 0526 463 838, 斺, ⌁⁵, ⛟, 🝙 – 📶, ☇ Zim, video 📞 👶 Zim, ⇔ 🅿 – 🛁 15/35. ☜ 🖭 ⑩ 🐠 *VISA*, 🗣 Rest
*geschl. 22. Dez. - 3. Jan.* – Rest (17) und à la carte 39/91 – **89 Zim** ☑ ✦145 ✦✦180.
♦ Die Burganlage aus dem 12. Jh. wird durch ein modernes Gebäude ergänzt, in dem die zweck- und zeitgemässen Zimmer untergebracht sind. Frühstück im alten Rittersaal. Restaurant mit Rheinterrasse und internationalem Angebot.

XX **Schupfen,** Ost : 3 km Richtung Stein am Rhein, Steinerstr. 501, ✆ 0526 571 042, Fax 0526 574 544, ≤, 斺 – 🅿 🖭 ⑩ 🐠 *VISA*
*geschl. 20. Jan. - 20. Feb., Dienstag und Mittwoch* – Rest à la carte 39/83.
♦ Eine schöne Aussicht auf den Rhein bietet dieses im 15. Jh. erbaute Riegelhaus. Im dreifach unterteilten Restaurant offeriert man ein klassisch ausgelegtes Speisenangebot.

XX **Krone** mit Zim, Rheinstr. 2, ✆ 0526 573 070, Fax 0526 573 087, ≤ – 📞 🅿 🖭 ⑩ 🝙 🐠 *VISA*
*geschl. 2. - 23. Januar und Juni - Juli 2 Wochen* – Rest *(geschl. Montag und Dienstag)* (28) 35 (mittags) und à la carte 42/88 – **6 Zim** ☑ ✦105/120 ✦✦150/180 – ½ P Zuschl. 50.
♦ Das alte Haus liegt direkt am Rhein, an der historischen Holzbrücke. Neben einer gemütlich-rustikalen Gaststube stehen auch einige gepflegte Zimmer bereit. Schöne Aussicht !

---

**DIETIKON** *8953 Zürich (ZH)* 🖫🖫🖫 O5 – *21 430 Ew.* – *Höhe 388.*
*Bern 113 – Zürich 13 – Aarau 34 – Baden 11 – Luzern 57 – Schaffhausen 60.*

🏠 **Conti,** Industriegebiet Nord, Richtung N1, Heimstr. 41, ✆ 0447 458 686, *info@c onti.ch*, Fax 0447 458 687, 斺 – 📶, ☇ Zim, 📞 🅿 – 🛁 15/60. 🖭 ⑩ 🐠 *VISA*, 🗣
Rest (Umkonzipierung der Restauration vorgesehen) – **68 Zim** ☑ ✦177/197 ✦✦224/244, 3 Suiten.
♦ Der moderne Backsteinbau steht im Industriegebiet. Die Zimmer sind zu einem grossen Teil neuzeitlich mit hellem Mobiliar eingerichtet, die anderen etwas älter.

🏠 **Sommerau Ticino,** Zürcherstr. 72, ✆ 0447 454 141, *info@sommerau-ticino.ch*, Fax 0447 454 488, 斺 – 📶, ☇ Zim, 📞 ⇔ 🅿 – 🛁 15/60. 🖭 ⑩ 🐠 *VISA*
Rest - italienische Küche - (17.50) 33 (mittags) und à la carte 43/102 – **83 Zim** ☑ ✦125/170 ✦✦180/230.
♦ Das Hotelgebäude liegt nicht weit vom Zentrum. Ein Teil der Zimmer ist ganz modern mit hellem Holzmobiliar eingerichtet, der Rest etwas älter, aber stets gepflegt. Zum Restaurant gehören die Trattoria Mercato und der Wintergarten Giardino Verde.

**DIETINGEN** *Thurgau (TG)* 🔲🔲🔲 R4 – Höhe 435 – ⊠ 8524 Uesslingen.
*Bern 170 – Zürich 50 – Frauenfeld 8 – Konstanz 38 – Sankt Gallen 53 – Schaff-hausen 23 – Winterthur 15.*

🍴🍴 **Traube,** Süd-West : 1 km, Schaffhauserstr. 30, ☏ 0527 461 150, *info@ traube-d*
🍴 *ietingen.ch*, Fax 0527 461 014, ≼, 🛋 – 🅿 ⇄ 60. 🆎 ⓪ ⓶ 𝓥𝓘𝓢𝓐
*geschl. 18. Jan. - 7. Feb., 19. - 29. Juli, Mittwoch und Donnerstag –* **Rest** (19.50) 83
und à la carte 51/95 ⅋.
♦ Rustikal-elegant ist die Einrichtung in diesem schönen Fachwerk-Gasthaus aus dem 19. Jh. Hübsch ist auch die Lage des Hauses inmitten der Weinberge. Gute Weine.

---

**DISENTIS/MUSTÉR** 7180 *Graubünden (GR)* 🔲🔲🔲 R9 – 2 209 Ew. – Höhe 1 130 – Win-tersport : *1 150/2 850 m ⚡1 ⚡9 ⚡.*
Sehenswert : *Klosterkirche St. Martin★.*
🅱 *Sedrun Disentis Tourismus, via alpsu 2, ☏ 0819 203 020, info@ disentis-sedrun.ch, Fax 0819 203 029.*
*Bern 198 – Andermatt 25 – Altdorf 49 – Bellinzona 85 – Chur 64.*

🏠 **Cucagna,** via alpsu 10, ☏ 0819 295 555, *info@ cucagna.ch*, Fax 0819 295 500, ≼,
🍴 🛋, ⌧ – 🅿 – 🏛 30. 🆎 ⓪ ⓶ 𝓥𝓘𝓢𝓐
**Rest** *(geschl. Nov.)* (16) und à la carte 39/79 – **33 Zim** ⌣ ★77/162 ★★154/264,
3 Suiten – ½ P Zuschl. 38.
♦ Die meist grossen Zimmer dieses Etagenhotels - im Erdgeschoss befindet sich ein Supermarkt - sind mit dunklen Holzmöbeln und Sitzgelegenheiten in frischen Farben gestaltet. Eine schöne Decke ziert jeden der drei Restauranträume.

🏠 **Montana** 🌿, gassa da cuoz 3, ☏ 0819 474 565, *info@ montana-disentis.ch*,
🐾 Fax 0819 474 277, ≼, 🛋, ⌧, 🍴 – ↪ Zim, 🅿. ⓶ 𝓥𝓘𝓢𝓐. 🌿 Rest
*geschl. 1. - 15. Mai und 1. - 25. Nov. –* **Rest** *(nur Abendessen für Hotelgäste) –* **12** Zim
⌣ ★75/95 ★★130/180 – ½ P Zuschl. 30.
♦ Das kleine Hotel im Chaletstil liegt von Rasen und Bäumen umgeben ruhig aus-serhalb des Ortes. Die Zimmer sind zeitgemäss hell möbliert, die Appartements gross, mit Cheminée.

🏠 **Alpsu,** via alpsu 4, ☏ 0819 475 117, *hotelalpsu@ bluewin.ch*, Fax 0819 474 366 –
🍴 ↪↪ Zim, 🅿
*geschl. 1. - 17. Dez., 29. April - 20. Mai und 1. - 30. Nov. –* **Rest** (19.50) 54 (abends)
und à la carte 42/78 – **13 Zim** ⌣ ★69/72 ★★112/136 – ½ P Zuschl. 26.
♦ Das Haus mit schöner Fassade liegt im Zentrum des Ortes. Man bietet moderne Gästezimmer, die mit hellem Tannenholz individuell und rustikal gestaltet sind. Sie speisen in einem neuzeitlich-rustikalen Gastraum mit Holzdecke oder dem modernen Restaurant.

🏠 **Sax** 🌿, via sax 1, ☏ 0819 203 150, *info@ hotelsax.ch*, Fax 0819 475 368,
🍴 ≼ Medelsgletscher, 🛋 – 📞 🅿. 🆎 ⓪ ⓶ 𝓥𝓘𝓢𝓐
*geschl. 1. Nov. - 1. Dez. –* **Rest** (16.50) 30 (abends) und à la carte 37/78 – **19 Zim**
⌣ ★78/88 ★★126/146 – ½ P Zuschl. 30.
♦ Im Sommer ist das Haus von Grün umgeben, im Winter endet hier eine Piste. Neben dem Ausblick auf den Medelsgletscher bietet man Zimmer mit weissem Furnier-holzmobiliar. Die einfache Gaststube, drei kleine Speisesäle und Terrasse bilden den Restaurantbereich.

---

**DOMAT/EMS** 7013 *Graubünden (GR)* 🔲🔲🔲 U8 – 6 537 Ew. – Höhe 581.
*Bern 250 – Chur 7 – Andermatt 82 – Davos 64 – Sankt Moritz 81.*

🏨 **Sternen,** via nova 102, ☏ 0816 332 727, *info@ gartenhotel-sternen.ch*,
🍴 Fax 0816 334 132, 🛋, 🍴 – 🛗 📞 ⅋ Rest, 🅿 – 🏛 15/40. 🆎 ⓪ ⓶ 𝓥𝓘𝓢𝓐. 🌿 Rest
*geschl. 1. - 21. Nov. –* **Rest** (18) 38/65 und à la carte 37/99 – **15 Zim** ⌣ ★95
★★150/170 – ½ P Zuschl. 30.
♦ Das kleine Hotel steht am Dorfrand Richtung Chur und bietet seinen Gästen zeit-gemäss und funktionell ausgestattete Zimmer. Rustikale, leicht gehobene Gaststube und A-la-carte-Restaurant.

---

Wie entscheidet man sich zwischen zwei gleichwertigen Adressen?
In jeder Kategorie sind die Häuser nach unseren Vorlieben geordnet,
die besten Adressen stehen an erster Stelle.

**DOMBRESSON** 2056 Neuchâtel (NE) 552 G6 – 1530 h. – alt. 743.
Bern 61 – Neuchâtel 14 – Biel 43 – La Chaux-de-Fonds 30 – Delémont 61.

X **Hôtel de Commune** avec ch, 24 Grand'Rue, 0328 532 401, info@hoteldom
bresson.ch, Fax 0328 536 008, – P, 80. AE O M0 VISA
fermé 3 au 18 janv., 24 juil. au 9 août, mardi et merc. – **Rest** (16) 85/120 et à la
carte 69/109 – **8 ch** ★70/90 ★★110/150 – ½ P suppl. 40.
♦ Dans cette maison, nichée au centre du village, vous goûterez une cuisine classique
de bon aloi et séjournerez dans des chambres modestes mais d'un prix très abordable.

**DORNACH** 4143 Solothurn (SO) 551 K4 – 5 955 Ew. – Höhe 294.
Bern 104 – Basel 14 – Delémont 33 – Liestal 24 – Olten 50 – Solothurn 73.

**Engel**, Hauptstr. 22, 0617 050 404, office@hotel-engel.ch, Fax 0617 050 405,
– Zim, – 15/100. AE O M0 VISA
**Rest** (geschl. Montag) à la carte 50/100 – **17 Zim** ★150 ★★240 – ½ P Zuschl. 35.
♦ Der Gasthof liegt im oberen Dorfteil. Die Zimmer sind hell und wohnlich gestaltet
-komfortabler und grosszügiger präsentiert sich die Suite. Um das leibliche Wohl der
Besucher kümmert man sich in verschieden gestalteten Stuben.

**DÜBENDORF** 8600 Zürich (ZH) 551 Q5 – 21 757 Ew. – Höhe 440.
Bern 125 – Zürich 5 – Baden 23 – Schaffhausen 45 – Winterthur 23.

XX **Waldmannsburg**, Schlossstr. 86, 0433 551 000, info@waldmannsburg.ch,
Fax 0433 551 001, Dübendorf und Zürich, – P 18/80. AE O M0 VISA
geschl. 6. - 26. Feb., Sonntagabend und Montag – **Rest** (27) 40 (mittags) und à la
carte 55/112.
♦ Eine restaurierte kleine Burg in schöner Lage oberhalb des Ortes. Die klassische
Einrichtung und ein gutes Couvert lassen das Restaurant leicht elegant wirken. 3 hübsche Säle.

**DÜDINGEN** 3186 Freiburg (FR) 552 H8 – 6 753 Ew. – Höhe 596.
Bern 28 – Neuchâtel 42 – Fribourg 6.

**Central**, Hauptstr. 25, 0264 931 348, central@rega-sense.ch,
Fax 0264 933 488 – Rest, P. M0 VISA
**Rest** (Pizzeria) (geschl. 30. Juli. - 13. Aug., Samstagmittag und Sonntagmittag) (17)
und à la carte 41/79 – **16 Zim** ★125/140 ★★193/208 – ½ P Zuschl. 38.
♦ An der Durchgangsstrasse ist dieses Haus aus der Jahrhundertwende gelegen, in
dem einheitlich gestaltete Zimmer mit solidem dunklem Mobiliar bereitstehen. Ein
imposanter Holzofen ziert das Restaurant. Man bietet Pizze und neu : ita-asiatische
Fusion-Küche.

**DUILLIER** Vaud 552 B10 – rattaché à Nyon.

**DÜRNTEN** 8635 Zürich (ZH) 551 R5 – 6 041 Ew. – Höhe 515.
Bern 157 – Zürich 29 – Rapperswil 8 – Uster 14 – Winterthur 33.

**Sonne**, Oberdürntnerstr. 1, 0552 408 576, hotel_sonne@bluewin.ch,
Fax 0552 408 722, – , Zim, Zim, video Zim, – 30. AE O
M0 VISA
geschl. 24. Dez. - 2. Jan. und Sonntag – **Rest** (18.50) 59/69 und à la carte 43/111
– **30 Zim** ★120/140 ★★180/200 – ½ P Zuschl. 48.
♦ Über eine Treppe gelangt man in das Hotel im Dorfzentrum. Die Gäste werden in
einheitlich mit hellem Holzmobiliar praktisch eingerichteten Zimmern beherbergt.
Eine nette Atmosphäre herrscht im gastronomischen Bereich des Hauses.

**DÜRRENROTH** 3465 Bern (BE) 551 L6 – 1070 Ew. – Höhe 669.
Bern 38 – Olten 37 – Luzern 49 – Thun 49.

**Gastro-Zentrum Dürrenroth**, Dorfstrasse, 0629 590 088, info@gastro-d
uerrenroth.ch, Fax 0629 590 122, – , , , – , Zim, Zim,
P – 15/120. AE O M0 VISA
**Rest** (geschl. Sonntagabend) (16.50) 47 (mittags) und à la carte 42/108 – **21 Zim**
★110/115 ★★190/220.
♦ Sehr geschmackvoll hat man in dem Emmentaler Gasthof a. d. 18. Jh. Designer-Stil
mit antikem Mobiliar kombiniert. Im Seminarhaus : moderne Technik hinter historischer
Fassade. Teil des Hotelrestaurants ist die gemütliche holzgetäferte Rotherstube.

190

**EBIKON** 6030 Luzern (LU) 551 O7 – 11 315 Ew. – Höhe 421.

🅐 Schachenweidstr. 46, ℘ 0414 203 333, Fax 0414 221 212.

Bern 116 – Luzern 5 – Aarau 52 – Schwyz 38 – Zürich 51.

🏠 **Löwen,** Dorfstr. 5, ℘ 0414 450 404, loewen.ebikon@bluewin.ch,
Fax 0414 450 440, 🍴 – 🛗 **P** – 🛎 15/80. AE ⓪ ⓜⓔ VISA. ⁒ Zim
geschl. 24. Dez. - 6. Jan. – **Rest** (geschl. Montag) (16.50) 40 (mittags) und à la carte
48/88 – **18 Zim** ⊑ ✸86 ✸✸142.

• Der langgezogene Gasthof mit Fachwerkelementen ist an der Durchgangsstrasse
gelegen. Die Zimmer sind mit massivem Eichenholz eingerichtet und bieten einfachen
Komfort. Das Restaurant zeigt sich in ländlichem Stil.

---

**EBNAT-KAPPEL** 9642 Sankt Gallen (SG) 551 T6 – 4 940 Ew. – Höhe 630 – Wintersport :
870/1 200 m ⋨1 ⋨.

🅱 Verkehrsbüro, Ebnaterstr. 4/Bahnhof, ℘ 0719 932 911, Fax 0713 756 869.

Bern 195 – Sankt Gallen 41 – Bregenz 78 – Vaduz 44 – Zürich 63.

🏠 **Kapplerhof,** Kapplerstr. 111, ℘ 0719 927 171, hotel@kapplerhof.ch,
Fax 0719 927 168, 🍴, ⬛, 🖼, 🌿 – 🛗 📞 ﻉ Rest, 🚗 **P** – 🛎 15/200. AE ⓜⓔ
VISA. ⁒ Rest
**Rest** (19.50) 30 (mittags)/85 und à la carte 51/87 – **52 Zim** ⊑ ✸95/110
✸✸140/180 – ½ P Zuschl. 40.

• Die Zimmer Ihrer Unterkunft, meist mit Balkon, sind zeitgemäss mit hellem, funktionellem Mobiliar ausgestattet. Hinter dem Hotel befindet sich ein gepflegter Gar-
tenbereich. Als Wintergarten angelegtes Restaurant mit mediterraner und traditioneller Küche.

✗✗ **Post,** Ebnaterstr. 6, ℘ 0719 931 772, Fax 0719 931 810, 🍴 – **P**. AE ⓪ ⓜⓔ VISA
geschl. 15. Juli - 15. Aug., Sonntag und Montag – Rest (29) 48 (mittags)/125 und
à la carte 53/128 ⌨.

• In der Gaststube serviert man günstige Speisen von einer kleinen Karte, im Stübli
bietet man Gerichte aus einer klassischen Auswahl - ergänzt durch mündliche Empfehlungen.

---

**ECHANDENS** 1026 Vaud (VD) 552 D9 – 2 052 h. – alt. 434.

Bern 111 – Lausanne 10 – Pontarlier 65 – Yverdon-les-Bains 34.

✗✗ **Auberge Communale,** 8 pl. du Saugey, ℘ 0217 023 070, Fax 0217 023 071,
🍴 – ⌷ 35. ⓜⓔ VISA
fermé 26 fév. au 8 mars, 1ᵉʳ au 16 août, mardi et merc. – **Rest** 60/105 et à la carte
57/90 – **Café :** Rest (17.50) 50 et à la carte 38/83.

• Restaurant à deux entrées donnant accès à deux espaces : le café où l'on sert le
plat du jour et la salle à manger contemporaine dévolue à la cuisine française.

---

**EFFRETIKON** 8307 Zürich (ZH) 551 Q5 – Höhe 511.

Bern 153 – Zürich 24 – Rapperswil 27 – Wil 32 – Winterthur 14.

✗ **QN-Restaurant,** Richtung Autobahn Winterthur, Ost : 1 km, Rikonerstr. 52,
℘ 0523 553 838, info@qn-world.ch, Fax 0523 553 836, 🍴 – **P**. AE ⓪ ⓜⓔ VISA
**Rest** - italienische Küche - (geschl. Samstagmittag und Sonntag) (18.50) 42 (mittags)
und à la carte 53/94.

• Unverkleidete Lüftungsrohre, Plastiken und neuzeitliche Bilder prägen das moderne
Ambiente dieser alten, aus dem 17. Jh. stammenden Mühle. Italienisch angehauchte
Karte.

---

**EGERKINGEN** 4622 Solothurn (SO) 551 L5 – 2 802 Ew. – Höhe 435.

Bern 58 – Basel 44 – Aarau 22 – Luzern 57 – Solothurn 27.

🏨 **Mövenpick,** Höhenstr. 12, ℘ 0623 891 919, hotel@movenpick-egerkingen.ch,
Fax 0623 891 929, ⟨, 🍴, 🌿 – 🛗, ⁒ Zim, video ﻉ **P** – 🛎 15/400. AE ⓪ ⓜⓔ
VISA
**Rest** à la carte 39/84 – ⊑ 24 – **138 Zim** ✸190/200 ✸✸235/250.

• Das Hotel liegt über der Autobahn am Ende einer gut beschilderten Privatstrasse.
Die Zimmer von guter Grösse sind mit zweckmässigem, hellem Holzmobiliar einge-
richtet. In verschiedene Bereiche unterteilt zeigen sich die meist modern gestalteten
Restauranträume.

XX **Kreuz** mit Zim, Oltnerstr. 11, ℰ 0623 980 333, *info@kreuz-egerkingen.ch*, Fax 0623 984 340, �& 🗇 🤏 Zim, ✅ ⅏ 🍴 P🖙40/80 – 🏛 15/60. 🆎 ◍ 🅜🅢 𝘝𝘐𝘚𝘈. ✹ geschl. 24. Dez. - 9. Jan., 9. - 17. April, 1. - 9. Okt. – *Cheminée (geschl. Sonntag und Montag)* **Rest** (28) 87/120 und à la carte 59/112 – *Luce (geschl. Sonntag und Montag)* **Rest** (20) und à la carte 41/104 – **8 Zim** 🖙 ✦130/165 ✦✦180/215.
♦ Das Cheminée im Parterre eines renovierten Gasthofs ist hübsch im Biedermeierstil eingerichtet - eine Gemäldeausstellung von Corpato ziert die Tiefgarage des Hauses. Das Luce ist eine rustikale Gaststube mit Wintergarten.

**EGGENWIL** 5445 Aargau (AG) 🅑🅑🅑 O5 – 661 Ew. – Höhe 396.
Bern 107 – *Aarau* 31 – Baden 14 – Dietikon 10 – Wohlen 11 – Zürich 24.

XX **Zum Sternen,** Oberdorfstr. 1, ℰ 0566 331 183, *mail@sternen-eggenwil.ch*,
🍴 Fax 0566 337 011, 🌤 – 🅟 🗇 15/50. 🆎 ◍ 🅜🅢 𝘝𝘐𝘚𝘈. ✹ geschl. Ende Februar 2 Wochen, Ende Juli 3 Wochen, Sonntag und Montag – **Rest** 94 und à la carte 57/114 – *Buurestube (geschl. Samstagmittag)* **Rest** (18.50) und à la carte 54/107.
♦ Geschmackvoll und gediegen präsentiert sich das Gourmet-Restaurant mit Stuckdecke, offenem Kamin und Stilmöbeln. Barockes Ambiente auch in den zwei Bankettsälen. Als Alternative : die rustikale Bauernstube mit traditionellem Angebot.

**EGGIWIL** 3537 Bern (BE) 🅑🅑🅑 L8 – 2 571 Ew. – Höhe 741.
Bern 35 – Burgdorf 35 – Interlaken 55 – Luzern 75.

🏠 **Zum Hirschen** 🦌, Heidbühl, ℰ 0344 911 091, *hotel@hirschenemmental.ch*,
🍴 Fax 0344 911 708, 🌤, 🐎 – 🛗, 🖙 Zim, ⅏ Zim, 🅟 – 🏛 15/80. 🆎 ◍ 🅜🅢 𝘝𝘐𝘚𝘈
**Rest** (16.50) und à la carte 35/89 – **33 Zim** 🖙 ✦98 ✦✦170 – ½ P Zuschl. 40.
♦ Schön liegt das Haus in einem ruhigen Seitental. Die Gästezimmer verteilen sich auf Haupthaus und Annexe und sind in ländlichem Stil eingerichtet. Holzdecke und schönes Täfer machen die schlichte Gaststube gemütlich. Mit Terrasse.

**EGNACH** 9322 Thurgau (TG) 🅑🅑🅑 U4 – 4 025 Ew. – Höhe 401.
Bern 209 – *Sankt Gallen* 20 – Bregenz 41 – Frauenfeld 45 – Konstanz 23.

🏠 **Seelust,** Wiedehorn, Süd-Ost : 1,5 km Richtung Arbon, ℰ 0714 747 575, *info@*
🌅 *seelust.ch*, Fax 0714 747 565, 🌤 – 🛗 ✅ ⅏ 🅟 – 🏛 15/70. 🆎 ◍ 🅜🅢 𝘝𝘐𝘚𝘈
🍴 **Rest** (16) 46/56 und à la carte 34/86 – **23 Zim** 🖙 ✦105 ✦✦165/180 – ½ P Zuschl. 35.
♦ 200 m vom Bodenseeufer entfernt liegt dieser Landgasthof zwischen Obstbäumen. Die Zimmer im Anbau sind mit hellem Naturholz eingerichtet, die des Neubaus mit modernen Möbeln. Im Restaurant und im Obstgarten bewirtet Sie ein freundliches Serviceteam.

**EICH** 6205 Luzern (LU) 🅑🅑🅑 N6 – 1 321 Ew. – Höhe 516.
Bern 100 – *Luzern* 19 – Olten 44 – Sursee 14.

**im Ortsteil Vogelsang** Nord : 2,5 km :

XX **Vogelsang** 🦌 mit Zim, Eichbergstrasse, ℰ 0414 626 666, *mail@vogelsang.ch*,
🍴 Fax 0414 626 665, ≼ Sempachersee und Berge, 🌤 – 🛗 🅟 🗇 40 – 🏛 15/80. 🆎 ◍ 🅜🅢 𝘝𝘐𝘚𝘈. ✹ Zim geschl. Fasnachtswoche im Februar – **Rest** (18) 48 (mittags)/87 und à la carte 50/125 – **13 Zim** 🖙 ✦100/130 ✦✦200.
♦ Der Wintergarten ist mit modernem Mobiliar, das Lokal rustikal ausgestattet. Von der Terrasse aus hat man eine schöne Aussicht auf den Sempachersee und die Berge.

**EINSIEDELN** 8840 Schwyz (SZ) 🅑🅑🅑 Q6 – 11 995 Ew. – Höhe 881.
Sehenswert : Lage★★ – Klosterkirche★★.
🏌 Ybrig in Studen, 🖂 8845 (Mai - Nov.) ℰ 0554 146 050, Fax 0554 146 052, Süd-Ost : 16 km über Euthal - Studen.
**Lokale Veranstaltung**
16.06 - 18.06 : Music Festival, Dixie-Jazz und Blues.
🚩 Einsiedeln Tourismus, Hauptstr. 85, ℰ 0554 184 488, *info@einsiedeln.ch*, Fax 0554 184 480.
Bern 166 – *Luzern* 51 – Glarus 53 – Schwyz 27.

# LOUIS ROEDERER
CHAMPAGNE

**☐ a.** €€ *Doppelzimmer bis maximal 70€*

**☐ b.** 😊 *Das große Plus, das Sie sich nicht entgehen lassen sollten*

## Was verbirgt sich hinter dem Bild?
## Die Antwort finden Sie im neuen Michelin-Führe Charme und Ambiente Deutschland!

- Eine Auswahl von Hotels und Gasthöfen mit Charme

Und um die Auswahl zu erleichtern:
- Zwei Fotos des Hauses
- Adressen für Gourmets
- Übersichtskarten zur besseren Orientierung
- Ausflugsziele in der Nähe

**Die Michelin-Führer – Freude am Reisen!**

✗ **Linde** mit Zim, Schmiedenstr. 28, ℰ 0554 184 848, hotel@linde-einsiedeln.ch, Fax 0554 184 849, 🍴 – ⬛ ⇔ 20/70. 𝔸𝔼 ⓞ ⓜⓔ 𝑉𝐼𝑆𝐴, ⚘
geschl. Nov. und Mittwoch – **Rest** (32) 42 (mittags)/105 und à la carte 58/113 –
**17 Zim** � 105/180 ♥♥170/220 – ½ P Zuschl. 40.
♦ Das Restaurant mit schönem Täfer und typisch ländlichem Dekor bietet dem Gast Sicht auf die Klosterkirche. Klassische Küche, mittags ein günstiges Angebot.

---

**ELM** 8767 Glarus (GL) 🗺 T8 – 767 Ew. – Höhe 962 – Wintersport : 1 000/2 105 m ⛷ 1 ⛷5 ⛷.
🛈 Elm-Sernftal Tourismus, ℰ 0556 425 252, Fax 0556 422 325.
Bern 216 – Chur 96 – Altdorf 74 – Andermatt 129 – Glarus 21.

🏨 **Sardona**, Obmoos, ℰ 0556 426 868, info@sardona.ch, Fax 0556 426 869, ≤, 🍴, ⓢ⊜, 🗔 – ⬛, ⇔ Zim, ✆ 🅿 – 🔬 15/80. 𝔸𝔼 ⓞ ⓜⓔ 𝑉𝐼𝑆𝐴
geschl. 26. Juni - 14. Juli – **Rest** (21) 47/69 und à la carte 39/75 – **66 Zim** ⊑ 130/175 ♥♥190/235 – ½ P Zuschl. 40.
♦ Das Hotel liegt wenige Meter von der Gondelbahnstation entfernt. Durch modernes Mobiliar wirken die renovierten Zimmer hell und frisch - einfacher dagegen die älteren Zimmer. Rustikales Restaurant mit traditionellem Angebot und Glarner Spezialitäten.

⛷ **Bergführer** 🍴, ℰ 0556 422 106, bergfuehrer@bluewin.ch, Fax 0556 422 106, ≤ – 🅿. 𝔸𝔼 ⓜⓔ 𝑉𝐼𝑆𝐴
geschl. 17. April - 12. Mai und 13. Nov. - 7. Dez. – **Rest** (nur im Winter ½ Pens. für Hotelgäste) – **8 Zim** ⊑ ♥70/77 ♥♥120/130 – ½ P Zuschl. 24.
♦ Ein geeigneter Ausgangspunkt für Bergtouren oder Wintersport stellt dieses Domizil dar. Sie beziehen ein Zimmer mit hellem Holzmobiliar und einfachem Komfort - mit Aussicht.

✗ **Camperdun,** Egg, ℰ 0556 421 688, Fax 0556 421 479, ≤, 🍴 – 🅿⇔35. ⓞ ⓜⓔ 𝑉𝐼𝑆𝐴
geschl. Ende Nov. - Anfang Dez., Ende Juni - Anfang Juli, Dienstagabend und Mittwoch (ausser Hochsaison im Winter) – **Rest** (21) 48 und à la carte 38/85.
♦ Im Inneren dieses Chalets gelangt man über eine Treppe in das sehr rustikale und äusserst gemütliche Lokal. Auch auf der Panoramaterrasse kann man zum Speisen Platz nehmen.

---

**EMMENBRÜCKE** Luzern 🗺 O7 – siehe Luzern.

---

**EMMETTEN** 6376 Nidwalden (NW) 🗺 P7 – 1 196 Ew. – Höhe 762.
Bern 140 – Luzern 31 – Andermatt 55 – Brienz 57 – Schwyz 27 – Stans 18.

🏨 **Seeblick** 🍴, Hugenstrasse, ℰ 0416 244 141, info@hotelseeblick.ch, Fax 0416 244 242, ≤ Vierwaldstättersee, 🍴, ⓥ, 🅵ô, 🗔, 🠫 – ⬛, ⇔ Zim, ✆ ♿ 🅿 – 🔬 15/180. 𝔸𝔼 ⓞ ⓜⓔ 𝑉𝐼𝑆𝐴, ⚘
geschl. 4. - 22. Dez. – **Rest** 33 (mittags)/35 und à la carte 55/89 – **100 Zim** ⊑ ♥91/136 ♥♥182/222 – ½ P Zuschl. 25.
♦ Das Hotel liegt ruhig auf einem Hügel über dem Vierwaldstättersee - mit schöner Aussicht auf die Berge. Die Zimmer im Haupthaus sind modern und hell, im Annexe etwas älter. Bistro, rustikales Restaurant und eine sehr schöne Terrasse mit Blick auf den See.

---

**ENGELBERG** 6390 Obwalden (OW) 🗺 O8 – 3 487 Ew. – Höhe 1 000 – Wintersport : 1 050/3 028 m ⛷ 12 ⛷16 ⛷.
Sehenswert : Jochpass★★ – Engstlensee★★ – Lage★.
Ausflugsziel : Titlis★★★ Süd mit Luftseilbahn – Schwand★ Nord : 4 km.
🏌 Engelberg Titlis (Mai - Okt.) ℰ 0416 380 808, Fax 0416 380 809.
🛈 Tourist Center, Klosterstr. 3, ℰ 0416 397 777, Fax 0416 397 766.
Bern 145 – Andermatt 77 – Luzern 32 – Altdorf 47 – Interlaken 83 – Sarnen 36.

🏨 **Ramada Hotel Regina Titlis,** Dorfstr. 33, ℰ 0416 395 858, sales.regina-titlis @ramada-treff.ch, Fax 0416 395 859, ≤, ⓢ⊜, 🗔 – ⬛, ⇔ Zim, ✆ ♿ 🦽 ⬟ – 🔬 15/120. 𝔸𝔼 ⓞ ⓜⓔ 𝑉𝐼𝑆𝐴
**La Strega** - italienische Küche – **Rest** 68 und à la carte 55/118 – **Titlis** (Sept. - April) **Rest** (12.50) und à la carte 46/105 – **96 Zim** ⊑ ♥160/240 ♥♥260/360, 32 Suiten – ½ P Zuschl. 50.
♦ Eine geräumige Halle mit moderner Bar empfängt Sie in diesem gepflegten Hotel im Zentrum. Die Zimmer sind komfortabel ausgestattet und verfügen alle über einen Balkon. Gediegen wirkendes Restaurant.

🏨 **Schweizerhof,** Dorfstr. 42, ☏ 0416 371 105, *info@schweizerhof-engelberg.ch*, Fax 0416 374 147, 🛗 – |🛗|, ↤ Zim, 🅿 – 🛎 20. 🆎 ① ⓜⓞ 𝗩𝗜𝗦𝗔 ✼ Rest
*geschl. Nov. – Rest (nur ½ Pens. für Hotelgäste) –* ***Fonduestube*** *(Dez. - April) (nur Abendessen)* **Rest** 35 und à la carte 33/62 – **32 Zim** ☑ ✚110/150 ✚✚180/260 – ½ P Zuschl. 35.
♦ Der klassische Hotelbau verfügt über grosszügige, modern eingerichtete Zimmer, die je nach Stockwerk unterschiedliche farbliche Gestaltungen aufweisen.

🏨 **Waldegg** ⌂, Schwandstr. 91, ☏ 0416 371 822, *info@waldegg-engelberg.ch*, Fax 0416 374 321, ≤ Engelberg und Titlis, 🍴, ⌂, 𝐋ₒ, 🛗 ◻ (Solebad), 🌳 – |🛗|, ↤ Zim, ✆ ♿ Zim, 🚗 – 🛎 15/60. 🆎 ① ⓜⓞ 𝗩𝗜𝗦𝗔
**Rest** 35/105 und à la carte 57/102 – **59 Zim** ☑ ✚170/225 ✚✚280/390 – ½ P Zuschl. 38.
♦ Hoch über dem Ort in prachtvoller Aussichtslage erwarten Sie gepflegte Zimmer, meist mit Südbalkon und ein in seiner Gestaltung überzeugender Wellnessbereich. Klassisches Restaurant mit Panoramafenstern und -terrasse. Modernes Speisenangebot.

🏨 **Terrace** ⌂, Terracestr. 33, ☏ 0416 396 666, *terrace@terrace.ch*, Fax 0416 396 699, ≤ Engelberg und Berge, 🛗 – |🛗|, ↤ Zim, 🏃 🅿 – 🛎 30. 🆎 ① ⓜⓞ 𝗩𝗜𝗦𝗔 ✼
*geschl. Nov. – Rest (nur ½ Pens. für Hotelgäste) –* **168 Zim** ☑ ✚115/145 ✚✚180/300 – ½ P Zuschl. 30.
♦ Das klassische, auch für Gruppenreisen beliebte Grand Hotel liegt ruhig oberhalb des Ortes. Die meisten Zimmer wurden renoviert und sind hell und funktionell ausgestattet.

🏨 **Spannort,** Dorfstr. 28, ☏ 0416 372 626, *info@spannort.ch*, Fax 0416 374 477, 🍴, 🛗 – |🛗| 🅿 – 🛎 25. 🆎 ① ⓜⓞ 𝗩𝗜𝗦𝗔
*geschl. 15. April - 31. Mai – Rest (geschl. Montag ausser Feiertage)* (37) 66/78 und à la carte 44/100 – **20 Zim** ☑ ✚95/160 ✚✚210/250 – ½ P Zuschl. 42.
♦ Das Haus am Rande der Fussgängerzone bietet seinen Gäste wohnliche Zimmer mit grosszügigem Platzangebot, guten Möbeln aus rustikalem Tannenholz und einer Sitzecke. Eine offene Gaststube mit blanken Tischen ergänzt das gemütlich-rustikale Restaurant.

🏨 **Sonnwendhof,** Gerschniweg 1, ☏ 0416 374 575, *sonnwendhof@treff-hotel s.ch*, Fax 0416 374 238, ≤, 𝐋ₒ, 🛗, 🌳 – |🛗|, ↤ Zim, ✆ 🚗 – 🛎 25. 🆎 ① ⓜⓞ 𝗩𝗜𝗦𝗔 ✼ Rest
**Rest** (nur ½ Pens. für Hotelgäste) – **28 Zim** ☑ ✚115/160 ✚✚170/260 – ½ P Zuschl. 35.
♦ Neben den netten, mit hellen Naturholzmöbeln im Landhausstil ausgestatteten Zimmern zählt auch die Aussicht auf die Berge zu den Annehmlichkeiten des Hauses.

🏠 **Engelberg,** Dorfstr. 14, ☏ 0416 397 979, *mail@hotel-engelberg.ch*, Fax 0416 397 969, 🍴 – |🛗|, ↤ Zim, – 🛎 15/40. 🆎 ① ⓜⓞ 𝗩𝗜𝗦𝗔
*geschl. Ende Okt. - Anfang Dez. – Rest (geschl. Donnerstag von Mai - Okt.)* (25) 73/105 und à la carte 39/95 – ***Dorfstübli*** *(1. Etage) (geschl. 18. April - Mitte Dez., Montag, Dienstag und Mittwoch) (nur Abendessen)* **Rest** 58 und à la carte 43/79 – **20 Zim** ☑ ✚90/110 ✚✚180/220 – ½ P Zuschl. 40.
♦ In der autofreien Zone, im Zentrum des Dorfes finden Sie diesen alten Gasthof. Die Zimmer sind hell, modern und wohnlich eingerichtet. Das Restaurant im Erdgeschoss ist ländlich gestaltet und gut eingedeckt - mit Strassencafé.

🏠 **Crystal,** Dorfstr. 45, ☏ 0416 372 122, *info@crystal-engelberg.ch*, Fax 0416 372 979, 🍴, 🛗 – |🛗| ↤ Zim, ✆ 🅿. 🆎 ① ⓜⓞ 𝗩𝗜𝗦𝗔
**Rest** - italienische Küche - *(geschl. Sonntag im Frühling und Montag in Frühling und Sommer)* à la carte 38/78 – **28 Zim** ☑ ✚80/135 ✚✚150/240 – ½ P Zuschl. 30.
♦ Der zeitgemässe Zweckbau liegt im Ortszentrum nahe dem Bahnhof. Den Gast erwarten rustikale, mit hellem Massivholzmobiliar eingerichtete Zimmer. Das Restaurant offeriert italienische Küche.

🏠 **Sunnmatt** garni, Alpenstr. 1, ☏ 0416 372 045, *sunnmatt-garni@tep.ch*, Fax 0416 371 533, ≤ – |🛗| ↤ 🅿. 🆎 ① ⓜⓞ 𝗩𝗜𝗦𝗔
*geschl. Anfang Juli 1 Woche und Nov. –* **16 Zim** ☑ ✚95/110 ✚✚150/180.
♦ Das Haus am Rande des Ortes verfügt über Zimmer von unterschiedlicher Grösse, die einheitlich mit hellem Tannenholzmobiliar eingerichtet sind. Vom Balkon Sicht auf die Berge.

XX **Axels Restaurant,** Dorfstr. 50, ℰ 0416 370 909, mail@axels-restaurant.ch,
Fax 0416 370 904, 🌸 – **P**, **AE** **MO** **VISA**
geschl. 1. - 24. Mai, 29. Okt. - 23. Nov., Montag - Dienstag ausser Feiertage und
Fasnachtswochen – **Rest** (29) 48 (mittags)/99 und à la carte 65/113 🌸.
♦ Hochstehende zeitgemässe Küche, ein gut bestückter begehbarer Weinkeller und
ein modern-elegantes Ambiente machen diese Adresse zum Gourmet-Restaurant
von Engelberg.

---

**ENGES** 2073 Neuchâtel (NE) 🔢🔢 G6 – 293 h. – alt. 820.
Bern 50 – Neuchâtel 11 – Biel 36 – La Chaux-de-Fonds 36.

XX **Chasseur** 🦌 avec ch, 1 ch. des Clos, ℰ 0327 571 803, info@hotel-du-chasseu
🍴 r.ch, Fax 0327 571 798, 🌸 – **P** – 🧖 40. **AE** **①** **MO** **VISA**
fermé 26 fév. au 14 mars – **Rest** (fermé dim. soir et lundi) (16) 57/78 et à la carte
41/85 – **6 ch** 🛏 ✦70/90 ✦✦120/140 – ½ P suppl. 30.
♦ À l'écart de la route, table estimée pour sa grande carte classique assortie de
spécialités de gibier en saison de chasse. Chambres où vous dormirez comme une
bûche.

---

**ENNETBADEN** Aargau 🔢🔢 O4 – siehe Baden.

---

**ENTLEBUCH** 6162 Luzern (LU) 🔢🔢 M7 – 3 386 Ew. – Höhe 684.
Bern 61 – Luzern 33 – Langnau im Emmental 28.

XX **Drei Könige** mit Zim, Hauptstrasse, ℰ 0414 801 227, landgasthof@bluewin.ch,
Fax 0414 802 827, 🌸 – ☎ **P** ➦ 60/150 – 🧖 15/150. **AE** **MO** **VISA**
🍴 **Biedermeier-Stube** (geschl. Mittwoch) **Rest** (35) 79 und à la carte 63/103 – **Entlebucher-Stube** (geschl. Mittwoch) **Rest** (16) und à la carte 37/81 – **13 Zim** 🛏 ✦80
✦✦140 – ½ P Zuschl. 28.
♦ Teil des familiengeführten Landgasthofs im Ortszentrum ist die im klassischen
Stil hell und elegant eingerichtete Biedermeier-Stube. Eine gemütlich-rustikale Alternative ist die Entlebucher-Stube. Auch praktische Gästezimmer stehen zur Verfügung.

---

**EPTINGEN** 4458 Basel-Landschaft (BL) 🔢🔢 L5 – 567 Ew. – Höhe 567.
Bern 66 – Basel 36 – Aarau 30 – Liestal 18 – Olten 17.

🏠 **Bad Eptingen,** Läufelfingerstr. 2, ℰ 0622 852 010, badeptingen@swissonline.ch,
🍴 Fax 0622 991 304, 🌸 – 🛗 🕭 Rest, **P** – 🧖 15/50. **AE** **①** **MO** **VISA**
**Rest** (16.50) 48 und à la carte 55/95 – **14 Zim** 🛏 ✦110 ✦✦160.
♦ Der um 1700 erbaute Landgasthof weiss mit liebevoll eingerichteten Zimmern,
stilvollen Speisesälen, einer heimeligen Stube und der hübschen Gartenterrasse zu
überzeugen..

---

**ERLACH** 3235 Bern (BE) 🔢🔢 H6 – 1 121 Ew. – Höhe 429.
Bern 37 – Neuchâtel 16 – Biel 22 – La Chaux-de-Fonds 35 – Murten 17.

X **Zülli,** Im Städtchen 2, ℰ 0323 381 122, oberli-lohse@bluewin.ch,
🍴 Fax 0323 381 123, 🌸 – **AE** **①** **MO** **VISA**
geschl. 14. - 21. Jan., 21. - 28. Okt., Montag (ausser Mai - Sept.) und Sonntag – **Rest**
(16.50) 56/95 und à la carte 56/115.
♦ Das familiengeführte Restaurant ist in eine Häuserzeile im Dorfzentrum integriert.
Helles Holz, Steinfussboden und moderne Bilder bestimmen das Ambiente. Zeitgemässe Küche.

---

**ERLEN** 8586 Thurgau (TG) 🔢🔢 T4 – 3 086 Ew. – Höhe 449.
🏕 (April - Nov.) ℰ 0716 482 930, Fax 0716 482 940.
Bern 196 – Sankt Gallen 25 – Bregenz 48 – Frauenfeld 29 – Konstanz 21.

XX **Aachbrüggli** mit Zim, Poststr. 8, ℰ 0716 482 626, Fax 0716 482 628, 🌸 – **P**
🍴 ➪ 20. **AE** **①** **MO** **VISA**
geschl. 24. Dez. - 31. Jan. und 23. Juli - 6. Aug. – **Rest** (geschl. Sonntag - Montag) (17.50)
50 (mittags)/88 und à la carte 53/115 – **7 Zim** 🛏 ✦98 ✦✦165.
♦ Mit Holztäfer und warmen Farben wurde der gastronomische Bereich des zweckmässig wirkenden weissen Gebäudes gestaltet. Gut unterhaltene Übernachtungs-
zimmer.

**ERLENBACH** 8703 Zürich (ZH) 🗺 Q5 – 4 316 Ew. – Höhe 419.

Bern 136 – Zürich 10 – Rapperswil 21 – Winterthur 50 – Zug 50.

XX **Sinfonia**, Bahnhofstr. 29, ✆ 0449 100 402, sinfonia@bluewin.ch,
Fax 0449 103 762, 🍴 – 🆎 ⓘ ⓦ 🆅🆂🅰
geschl. 24. Dez. - 1. Jan., 14. - 23. April, 30. Juli - 20. Aug., Sonntag und Montag –
**Rest** - italienische Küche - (29) 46 (mittags)/92 und à la carte 71/122 🍴.

◆ Gegenüber dem Bahnhof findet der Gast ein Restaurant, das aus zwei hellen, neuzeitlich eingerichteten Stuben mit gutem Couvert besteht. Man serviert italienische Gerichte.

XX **Schönau**, Schiffländestr. 1, ✆ 0449 143 080, info@schoenau.ch,
Fax 0449 143 099, ≤ Zürichsee, 🍴 – 🆎 ⓘ ⓦ 🆅🆂🅰
**Rest** à la carte 51/98.

◆ Modern und leicht elegant wirkt dieses im ersten Stock gelegene Restaurant, dessen Panoramafenster einen herrlichen Blick über den Zürichsee ermöglichen. Schöne Terrasse.

**ERMATINGEN** 8272 Thurgau (TG) 🗺 T3 – 2 392 Ew. – Höhe 402.

Bern 197 – Sankt Gallen 46 – Frauenfeld 30 – Konstanz 11 – Schaffhausen 39.

🏨 **Ermatingerhof** garni, Hauptstr. 82, ✆ 0716 632 020, info@ermatingerhof.ch,
Fax 0716 632 030 – 🛗 🙌 🄿 – 🔏 20. 🆎 🆅🆂🅰
geschl. 15. Dez. - 15. Jan. und 24. Juli - 6. Aug. – 🍽 15 – **16 Zim** ★145 ★★180.

◆ Das Haus mit der gelben Fassade liegt an der Durchgangsstrasse des Dorfes. Die geräumigen Gästezimmer sind mit weissem, elegantem Holzmobiliar eingerichtet.

XX **Adler** (Gästehaus : 🏨), Fruthwilerstr. 2, ✆ 0716 641 133, adlerermatingen@bluewin.ch, Fax 0716 643 011, 🍴, ≘, 🚗 – 🔏 🄿 ⇄ 10/100. ⓦ 🆅🆂🅰
geschl. Feb. – **Rest** (geschl. Montag - Dienstag) (22) und à la carte 43/104 – **10 Zim**
🍽 ★95/110 ★★190 – ½ P Zuschl. 45.

◆ Der Gasthof aus dem 16. Jh. beherbergte Persönlichkeiten wie Napoleon III. und Hermann Hesse. Heute kann man in drei schönen, holzgetäferten Stuben Traditionelles speisen.

**ERZENHOLZ** Thurgau 🗺 R4 – siehe Frauenfeld.

**ESCHIKOFEN** 8553 Thurgau (TG) 🗺 S4 – Höhe 414.

Bern 174 – Sankt Gallen 48 – Frauenfeld 10 – Konstanz 22 – Winterthur 29.

XX **Thurtal** mit Zim, Hauptstr. 19, ✆ 0527 631 754, info@thurtal.ch,
Fax 0527 631 604, 🍴 – 🄿 🆎 ⓘ ⓦ 🆅🆂🅰 🍴 Zim
geschl. 25. Jan. - 1. Feb., 17. Juli - 6. Aug., Mittwoch und Donnerstag – **Rest** (24) 96
und à la carte 70/107 – **7 Zim** 🍽 ★90/110 ★★160 – ½ P Zuschl. 45.

◆ Wände in warmen Orangetönen, wechselnde Bilderausstellungen und ein modernes Crossover-Angebot prägen diese Adresse. Hübsche, neuzeitliche Gästezimmer mit Parkett.

**ESCHOLZMATT** 6182 Luzern (LU) 🗺 M7 – 3 259 Ew. – Höhe 853.

Bern 43 – Langnau im Emmenthal 13 – Interlaken 53 – Luzern 46 – Thun 37.

X **Rössli**, Hauptstr. 111, ✆ 0414 861 241, info@gasthofroessli.ch,
Fax 0414 861 211, 🍴 – 🙌 ⓦ 🆅🆂🅰
geschl. Jan. und Juni jeweils 3 Wochen, Montag und Dienstag – **Jägerstübli** Rest
(Tischbestellung erforderlich) (nur Menu) 115 – **Chrüter Cänterli :** Rest (16) 48/56
und à la carte 41/87.

◆ Im Jägerstübli serviert man auf Vorbestellung ein kreatives Gourmetmenu. Man überrascht seine Gäste mit auf unorthodoxe Art zubereiteten Speisen, wie mit Strohfeuer Gekochtem.

**ESTAVAYER-LE-LAC** 1470 Fribourg (FR) 🗺 F8 – 4 326 h. – alt. 463.

Voir : Choeur★ de l'Église St-Laurent.

**Manifestations locales**

15.04 : Chant du Surrexit, cortège aux flambeaux, ancienne tradition
26.08 - 27.08 : Bénichon Staviacoise, ancienne coutume populaire.

🅸 Office du Tourisme, 16 r. de l'Hôtel de Ville, ✆ 0266 631 237, office.tourisme@estavayer-le-lac.ch, Fax 0266 634 207.

Bern 59 – Neuchâtel 49 – Fribourg 28 – Pontarlier 67 – Yverdon-les-Bains 20.

XX **La Gerbe d'Or,** 5 r. Camus, 𝄞 0266 631 181, *Fax 0266 633 935* – AE ① ⓥⓞ VISA.
⊜ ❀
*fermé 26 fév. au 6 mars, dim. et lundi, sauf dim. soir de juil. à août* – **Rest** (1er étage)
(15.50) 52 (midi)/89 et à la carte 44/94.
 ◆ Vous n'avez qu'un étage à grimper pour atteindre ce restaurant égayé de teintes
claires... La seule lecture de la carte traditionnelle récompensera votre effort !

**au Sud** *3 km par route de Payerne et direction Frasses* – ⊠ *1470 Lully :*

🏨 **Park Inn** sans rest, aire de la Rose de la Broye, A1, 𝄞 0266 648 686, *reservati
ons.lully@rezidorparkinn.com, Fax 0266 648 687,* 𝄜 – ▥ ⅏ 🖶 ⚒ & 🄿 –
🛦 15/55. AE ① ⓥⓞ VISA
▱ 8 – **80 ch** ✦135 ✦✦155.
 ◆ Cet établissement est l'un des premiers hôtels de la chaîne Mc Donald's. Bonne
insonorisation, décor moderne avec des touches "feng shui", équipement TV dernier
cri.

---

**EUTHAL** *8844 Schwyz (SZ)* 𝟻𝟻𝟷 *R7 – Höhe 893.*
 *Bern 173 – Luzern 58 – Einsiedeln 9 – Rapperswil 26 – Schwyz 34.*

XX **Bürgi's Burehof,** Euthalerstr. 29, 𝄞 0554 122 417, *info@buergis-burehof.ch,*
❀ *Fax 0554 125 332* – 🄿 ⇄ 15. AE ⓥⓞ VISA
*geschl. 20. - 26. März, 17. Juli - 6. Aug., Montag und Dienstag* – **Rest** (32) 68
(mittags)/128 und à la carte 83/124.
**Spez.** Ausgelöster Hummer in Kartoffelmousseline mit Beurre blanc. Lammrücken
unter der Kräuterkruste vom Holzofengrill. 5gängiges Spanferkelmenu (November)
 ◆ Das schindelgedeckte Bauernhaus aus dem Jahre 1860 beherbergt im 1. Etage
eine helle, rustikale Stube, in der man dem Gast Feines aus der klassischen Küche
auftischt.

---

**Les ÉVOUETTES** *1894 Valais (VS)* 𝟻𝟻𝟸 *F11 – alt. 375.*
 *Bern 101 – Montreux 14 – Aigle 18 – Lausanne 38 – Monthey 15 – Sion 63.*

X **Le Maguet "Aux 7 Nains",** 95 rte Cantonale, 𝄞 0244 812 604, 🏠, 🍴 – 🄿.
⊜ ⓥⓞ VISA
**Rest** *(fermé lundi soir et dim.)* (18) 50/80 et à la carte 52/94.
 ◆ Avec ou sans Blanche-Neige, tout baigne dans ce chalet tenu en famille. Cuisine
classique dans la salle à manger et café servant des repas plus simples. Terrasse côté
jardin.

---

**FAULENSEE** *Bern* 𝟻𝟻𝟷 *K9 – siehe Spiez.*

---

**FELBEN-WELLHAUSEN** *8552 Thurgau (TG)* 𝟻𝟻𝟷 *S4 – 2 132 Ew. – Höhe 399.*
 *Bern 169 – Sankt Gallen 51 – Konstanz 25 – Schaffhausen 33 – Winterthur 20 –
Zürich 51.*

🏨 **Schwanen** (mit Gästehaus), in Wellhausen, Weinfelderstr. 14, 𝄞 0527 660 222,
🖼 *info@landgasthof-schwanen.ch, Fax 0527 660 223,* 🏠 – ⅏ Zim, & 🄿 – 🛦 30.
AE ① ⓥⓞ VISA. ❀
**Rest** (23) 41 (mittags) und à la carte 34/70 – **24 Zim** ▱ ✦105 ✦✦160/200.
 ◆ Die Zimmer in dem Haus an der Strasse nach Weinfelden sind geräumig und z. T.
mit Stahlrohrmobiliar unterschiedlich, aber durchwegs modern ausgestattet. Ein
Beizli ergänzt das neo-rustikal eingerichtete Restaurant mit Terrasse.

---

**FEUSISBERG** *8835 Schwyz (SZ)* 𝟻𝟻𝟷 *R6 – 3 461 Ew. – Höhe 685.*
 *Bern 160 – Luzern 51 – Zürich 35 – Einsiedeln 12 – Schwyz 26.*

🏨 **Panorama Resort Spa,** Schönfelsstrasse, 𝄞 0447 860 000, *info@panoramar
esort.ch, Fax 0447 860 099,* ≤ Zürichsee, 🏠, ⓥ, 𝄜, ⅊, ▨, 🍴 – ▥, ⅏ Zim,
⚒ ⊜ 🄿 – 🛦 15/100. AE ① ⓥⓞ VISA. ❀ Zim
**Seasons : Rest** (29) 115 und à la carte 64/125 – **Akari Dine** (geschl. Juli und August)
(nur Abendessen) **Rest** 115 und à la carte 64/111 – **116 Zim** ▱ ✦270 ✦✦460 –
½ P Zuschl. 80.
 ◆ Das Hotel liegt oberhalb des Zürichsees. Die Zimmer, besonders die Juniorsuiten,
bieten viel Platz sowie modernste Ausstattung und Komfort. Grosse neuzeitliche
Wellnessanlage. Gehoben : das Seasons mit Blick auf den See. Akari Dine : modernes
Panoramarestaurant.

**FEX-CRASTA** *Graubünden* 🗺️ ⑮ – *siehe Sils Maria.*

**FIDAZ** *Graubünden* 🗺️ U8 – *siehe Flims Dorf.*

**FIESCH** *3984 Wallis (VS)* 🗺️ N11 – *1 002 Ew. – Höhe 1 062 – Wintersport : 1 049/2 926 m* 🚠*2* 🚡*7* 🎿*.*

Ausflugsziel : *Eggishorn*★★★ *Nord-West mit Luftseilbahn.*

🛈 *Eggishorn Tourismus,* ✆ *0279 706 070,* info@fiesch.ch*, Fax 0279 706 071.*
*Bern 150 – Brig 17 – Domodossola 83 – Interlaken 93 – Sion 70.*

🏨 **Christania** 🍴, ✆ 0279 701 010, hotel@christania.ch*, Fax 0279 701 015,* ≤, 🌳, ⛲ – 🛗, 🔄 Zim, 🅿️, 🆔 🆚🆘🅰️
*22. Dez. - 16. April und 14. Mai - 21. Okt. –* ***Zum Goldenen Fisch*** *(geschl. Dienstag und Mittwoch im Mai)* **Rest** *(28) und à la carte 40/108 –* **22 Zim** ⌛ ✝125/145 ✝✝174/214 – ½ P Zuschl. 37.
◆ Neben hellen und modern eingerichteten Zimmern zählt auch die ruhige Lage am Rande des Dorfes zu den Annehmlichkeiten dieser Unterkunft. Eine traditionelle Küche wird im Restaurant Zum Goldenen Fisch serviert.

🍴🍴 **Walliserkanne** mit Zim, am Bahnhof, ✆ 0279 701 240, info@walliserkanne-fie sch.ch*, Fax 0279 701 245,* 🌳 – 🔄 **Rest.** 🆚🆘 🆚🆘🅰️
*geschl. 20. - 30. April, Nov. und Mittwoch in Zwischensaison –* **Rest** *(nur Menu)* 30 (mittags)/132 – **Gaststube :** Rest (18) und à la carte 38/60 – **5 Zim** ⌛ ✝90 ✝✝140 – ½ P Zuschl. 30.
◆ Neo-rustikal ist das Ambiente in der kleinen Gourmetstube. Geboten wird eine zeitgemässe Küche, die in Form von Menus serviert wird. Helle moderne Zimmer. Gaststube mit einfacherem traditionellem Angebot.

**in Fieschertal** *Nord-Ost : 2 km – Höhe 1 043 –* ✉ *3984 Fiesch :*

🏨 **Alpenblick** 🍴, ✆ 0279 701 660, alpenblick@rhone.ch*, Fax 0279 701 665,* ≤, 🔄, 🖼️ – 🛗, 🔄 Zim, 🔄, 🚗 🅿️ – 🔄 25. 🆔 🆚🆘 🆚🆘🅰️ 🔄 Rest
*geschl. Nov. –* **Rest** *(18) 36 und à la carte 40/81 –* **37 Zim** ⌛ ✝70/90 ✝✝100/160 – ½ P Zuschl. 30.
◆ Ruhig am Ende des Tales gelegen, hält dieses Hotel sowohl im Stammhaus als auch im Montana funktionelle, mit hellem Holzmobiliar modern gestaltete Zimmer bereit. In dem schlichten Restaurant serviert man traditionelle Küche.

**in Niederernen** *Süd-Ost : 3 km Richtung Ernen –* ✉ *3995 Ernen :*

🍴🍴 **Gommer-Stuba** 🍴 mit Zim, ✆ 0279 712 971, gommerstuba@ewcom.ch*, Fax 0279 712 971,* ≤, 🌳 – 🅿️, 🆚🆘 🔄
*geschl. 15. April - 15. Mai, 15. Nov. - 15. Dez., Dienstag von Sept. - Juni und Montag* – **Rest** *58/95 und à la carte 61/102* 🍴 *–* **3 Zim** ⌛ ✝120/140 ✝✝120/140 – ½ P Zuschl. 60.
◆ Das ruhig gelegene Restaurant ist in hellen, frischen Farben gestaltet. Man bietet eine grosse Weinauswahl aus 50 Traubensorten des Wallis an, auch einige Raritäten.

**auf der Fiescheralp/Kühboden** *mit Luftseilbahn erreichbar – Höhe 2 214 –* ✉ *3984 Fiesch :*

🏨 **Eggishorn** 🍴, ✆ 0279 711 444, hotel-eggishorn@fiesch.ch*, Fax 0279 713 678,* ≤ Berge, 🌳, 🔄 – 🛗 🔄 🔄 🆚🆘 🆚🆘🅰️
*Mitte Dez. - Mitte April und Mitte Juni - Mitte Okt. –* **Rest** *(18) 28 (abends) und à la carte 34/79 –* **24 Zim** ⌛ ✝75/100 ✝✝160/180 – ½ P Zuschl. 28.
◆ Herrliche Ruhe und eine wunderbare Sicht auf die Berge - das schätzen die Gäste dieser Adresse. Die modernen Zimmer verteilen sich auf zwei Chalets. Skifahrer und Wanderer stärken sich im Restaurant oder auf der Terrasse mit Panoramasicht.

**FIESCHERALP / KÜHBODEN** *Wallis* 🗺️ N11 – *siehe Fiesch.*

**FIESCHERTAL** *Wallis* 🗺️ N11 – *siehe Fiesch.*

**Auch Hotels und Restaurants können sich ändern.**
**Kaufen Sie deshalb jedes Jahr den neuen Michelin-Führer!**

**FIGINO** 6918 Ticino (TI) 日日日 R14 – alt. 295.
Bern 248 – Lugano 11 – Bellinzona 38 – Como 36 – Varese 42.

**Ceresio**, via Cantonale 73, ℰ 0919 951 129, ceresio.figino@bluewin.ch, Fax 0919 951 393, ≤, 斎 – ⧈ **P**. **AE ① ⦵ VISA**
chiuso da novembre al 7 dicembre – **Rist** (chiuso mercoledì da dicembre a giugno) (16) 27/40 ed alla carta 39/70 – **15 cam** ☑ ✦90/100 ✦✦160/180 – ½ P sup. 30.
♦ Accogliente albergo a conduzione familiare in riva al lago Ceresio. Camere spaziose, curate ; arredamento dal gusto attuale. Alla sala da pranzo rustica del ristorante preferite l'ombra del pergolato di vigne, sull'ampia veranda esterna. Cucina classica.

---

**FILISUR** 7477 Graubünden (GR) 日日日 W9 – 487 Ew. – Höhe 1 084.
Bern 290 – Chur 49 – Davos 32 – Sankt Moritz 44.

**Rätia** ⑌, Bahnhofstr. 163, ℰ 0814 041 105, hotel.raetia@bluewin.ch, Fax 0814 042 353, ≤, 斎, ☒, 斎 – **P**. **AE ⦵ VISA**
geschl. 13. März - 7. April und 16. Okt. - 11. Nov. – **Rest** (geschl. Montag im Winter) (17.50) und à la carte 43/83 – **15 Zim** ☑ ✦65/75 ✦✦130/150 – ½ P Zuschl. 25.
♦ Die ruhige Lage oberhalb der Durchgangsstrasse wie auch die teils mit braunen Holzmöbeln, teils hell und modern ausgestatteten Zimmer sorgen für einen erholsamen Aufenthalt. Sie speisen in der heimeligen Gaststube oder im getäferten Restaurant - mit Terrasse.

---

**FILZBACH** 8757 Glarus (GL) 日日日 T6 – 532 Ew. – Höhe 707.
Bern 195 – Sankt Gallen 71 – Altdorf 86 – Glarus 16 – Luzern 96 – Vaduz 47 – Zürich 70.

**Römerturm** ⑌, Vordemwald, ℰ 0556 146 262, roemerturm@seminarhotel. com, Fax 0556 146 263, ≤ Walensee, 斎, ☎s – ⧈ ⦵ & Rest, **P** – 🕭 15/60. **AE ① ⦵ VISA**
geschl. 2. - 15. Jan. – **Rest** (15.50) und à la carte 53/103 – **33 Zim** ☑ ✦140/160 ✦✦220/250, 5 Suiten – ½ P Zuschl. 50.
♦ Das im Chaletstil erbaute Hotel liegt schön am Hang. Die unterschiedlich eingerichteten Zimmer sind mit einer Stereoanlage ausgestattet, die Badezimmer mit Whirlwannen. Eine Terrasse mit Postkartenaussicht auf den Walensee ergänzt das gepflegte Restaurant.

**Top of Sports** ⑌, Kerenzerbergstrasse, ℰ 0556 146 666, topofsports@szk.ch, Fax 0556 146 699, ≤ Churfirsten, 斎 – ⧈, ⦵ Zim, & **P** – 🕭 15/70. **AE ① ⦵ VISA**. ⦵ Rest
geschl. 2. Jan. - 2. April – **Rest** (geschl. Sonntagabend, Montag und Dienstag) (17.50) und à la carte 35/76 – ☑ 15 – **26 Zim** ✦95 ✦✦160 – ½ P Zuschl. 25.
♦ Das ruhig an einer kaum befahrenen Strasse gelegene Haus verfügt über funktionelle Zimmer mit dunklem Holzmobiliar - jedes hat einen Balkon mit Sicht auf die Churfirsten. Einfache Gaststube und Restaurant mit traditioneller Küche.

---

**FISLISBACH** 5442 Aargau (AG) 日日日 O4 – 4 981 Ew. – Höhe 429.
Bern 105 – Aarau 26 – Baden 6 – Luzern 61 – Zürich 28.

**Linde,** Niederrohrdorferstr. 1, ℰ 0564 931 280, info@linde-fislisbach.ch, Fax 0564 932 733, 斎, ☒, 斎 – ⦵ Zim, **P**. **AE ① ⦵ VISA**. ⦵ Zim
geschl. 5. - 19. Feb. und 9. Juli - 6. Aug. – **Rest** (geschl. Mittwoch) (18) 64 und à la carte 48/93 – **29 Zim** ☑ ✦120/150 ✦✦180/190.
♦ Das ehemalige Zehntenhaus des Klosters Wettingen liegt im Ortszentrum. Die rustikalen Zimmer im Haupthaus wurden aufgefrischt, im Anbau sind sie hell und modern gestaltet. Das Restaurant teilt sich in verschiedene rustikale Räume mit Holzdecke und Sichtbalken.

---

**FLAACH** 8416 Zürich (ZH) 日日日 O4 – 1 141 Ew. – Höhe 362.
Bern 161 – Zürich 40 – Baden 59 – Schaffhausen 22 – Winterthur 21.

**Sternen,** Hauptstr. 29, ℰ 0523 181 313, info@sternen-flaach.ch, Fax 0523 182 140, 斎 – **P**. **AE ① ⦵ VISA**
geschl. 23. Jan. - 23. Feb., 17. Juli - 2. Aug., Dienstag (ausser Mai - Juni) und Montag (ausser Feiertage) – **Rest** (30) 55 und à la carte 45/98.
♦ Das zentral gelegene Riegelhaus beherbergt zwei gemütliche Restaurationsräume, in denen man dem Gast eine saisonale traditionelle Speiseauswahl präsentiert.

**FLAMATT** *3175 Freiburg (FR)* 552 *I7 – Höhe 532.*
*Bern 18 – Biel 54 – Fribourg 20 – Neuchâtel 57 – Thun 48.*

X **Moléson** mit Zim, Bernstr. 1, ℰ *0317 410 240, info@moleson-flamatt.ch,*
Fax 0317 413 376, 🏡 – 📞 🅿 ⇔ 25/80. 🖭 ⓞ 🖭 *VISA*. ⅞ Rest
*geschl. Sonntagabend und Montag* – **Rest** (17) 50 (mittags)/90 und à la carte 45/96
– **13 Zim** ⊇ ✦90 ✦✦160 – ½ P Zuschl. 20.
♦ Im Erdgeschoss des Hauses befinden sich die heimelige Gaststube und ein stimmungsvoller Speisesaal. Der Gast wählt aus einem klassischen Speisenangebot.

**FLÄSCH** *7306 Graubünden (GR)* 553 *V7 – 569 Ew. – Höhe 516.*
*Bern 223 – Chur 39 – Sankt Gallen 73 – Bad Ragaz 15 – Davos 74.*

XX **Adler,** ℰ *0813 026 164, adler.flaesch@bluewin.ch, Fax 0813 027 329,* 🏡 – 🖭 ⓞ
🖭 *VISA*. ⅞
*geschl. Feb. 2 Wochen, Juli - Aug. 2 Wochen, Mittwoch und Donnerstag* – **Rest** 69
und à la carte 56/110.
♦ Die 1. Etage des alten Bündner Hauses beherbergt eine Gaststube und ein Stübli
- beide Räume sind mit Arventäfer rustikal gestaltet. Man serviert Traditionelles.

XX **Mühle,** Richtung Maienfeld : 1 km, ℰ *0813 307 770, hermis.muehle@bluewin.ch,*
Fax 0813 307 771, 🏡 – 🖭. 🖭 ⓞ 🖭 *VISA*
*geschl. Jan. 3 Wochen, Juli 2 Wochen, Sonntag und Montag* – **Rest** 38 (mittags)/84
und à la carte 48/94 ⌂.
♦ Der Landgasthof liegt schön im Grünen unterhalb der Weinberge. In rustikalem
Rahmen bietet man zeitgemässe Speisen und einen feinen Tropfen aus der
Region.

X **Landhaus,** Ausserdorf 39, ℰ *0813 021 436, Fax 0813 021 883,* 🏡 – 🖭 ⇔ 10.
🖭 🖭 *VISA*
*geschl. Anfang Feb. 1 Woche, Mitte Juni 2 Wochen, Montag und Dienstag* – **Rest** à
la carte 40/109.
♦ Diese nette kleine Adresse befindet sich im 1. Stock eines regionstypischen Hauses.
Das ländlich-rustikale Innenleben macht das Lokal gemütlich. Schöne Terrasse am
Weinberg !

**FLAWIL** *9230 Sankt Gallen (SG)* 551 *T5 – 9449 Ew. – Höhe 611.*
*Bern 194 – Sankt Gallen 16 – Bregenz 53 – Winterthur 45.*

🏠 **Toggenburg,** St. Gallerstr. 2, ℰ *0713 935 566, info@toggi.ch, Fax 0713 935 570*
– 📞 🖭 🖭 ⓞ 🖭 *VISA*
*geschl. 24. Dez. - 6. Jan. und 30. Juli - 13. Aug.* – **Rest** (18.50) 32 (mittags)/55 und
à la carte 37/85 – **27 Zim** ⊇ ✦95 ✦✦156 – ½ P Zuschl. 20.
♦ Das Haus ist zentral an der Durchgangsstrasse gelegen. Hier beziehen Sie praktische Gästezimmer, die einheitlich mit braunen Naturholzmöbeln ausgestattet
sind. Eine einfache Dorfbeiz ergänzt die gehobenere, traditionell gestaltete Flawilerstube.

**FLIMS** *Graubünden (GR)* 553 *T-U8 – 2493 Ew. – Wintersport : 1 100/3 018 m ⟨⟩ 11
⟨⟩ 18 ⟨⟩.*
*Sehenswert : Cassons Grat★★ – Crap Masegn★.*
**Lokale Veranstaltung**
*30.09 - 08.10 : Heissluftballonwoche.*
🔋 *Alpenarena.ch, Hauptstr. 62, ℰ 0819 209 200, tourismus@alpenarena.ch,
Fax 0819 209 201.*
*Bern 239 – Chur 22 – Andermatt 67 – Bellinzona 118.*

**Flims-Dorf** *7017 – Höhe 1070.*

🏠 **Curtgin,** 1 via sulom, ℰ *0819 113 566, info@hotelcurtgin.ch, Fax 0819 113 455,*
🏡s, 🌳 – 🛗 ⬅ 🖭 🖭 ⓞ 🖭 *VISA*. ⅞ Rest
*11. Dez. - 19. April und 11. Mai - 19. Okt.* – **Rest** (nur ½ Pens. für Hotelgäste) – **26 Zim**
⊇ ✦101/145 ✦✦184/282 – ½ P Zuschl. 30.
♦ Das Haus im ortstypischen Stil bietet seinen Gästen Zimmer mit ordentlichem Platzangebot und dunklem Arvenmobiliar. Die nach hinten liegenden Räume haben einen
Balkon.

✗ **Conn,** in Conn : über Wanderweg 40 min. oder mit Pferdekutschenfahrt ab Waldhaus Post erreichbar, ✆ 0819 111 231, *info@conn.ch*, Fax 0819 115 580, ≤ Berge,
🍴 – ⓪ ⓶ 𝘝𝘐𝘚𝘈
24. Dez. - 17. April und 26. Mai - 22. Okt. – **Rest** - einfache Gerichte - *(nur Mittagessen)*
à la carte 37/85.
♦ Über einen schönen Wanderweg gelangt man zu Fuss oder nach einer Kutschfahrt
in das idyllische Maiensäss oberhalb der Rheinschlucht. Man serviert einfache, regionale Gerichte.

**in Fidaz** Nord : 1 km – Höhe 1 151 – ✉ 7019 Fidaz :

✗ **FidazerHof** mit Zim, ✆ 0819 209 010, *info@fidazerhof.ch*, Fax 0819 209 019,
≤ Berge und Flimsertal, 🍴, ⬛s, ⬜ – ⬜ ✆ ⬛ P. Ⅿ ⓪ ⓶ 𝘝𝘐𝘚𝘈
**Rest** *(geschl. 24. April - 4. Mai, 6. - 16. Nov. und Dienstag im Frühling)*(29) 35 (mittags)/79
und à la carte 49/103 – **10 Zim** ⬜ ✦120/260 ✦✦160/320 – ½ P Zuschl. 45.
♦ Das Chalet in schöner Aussichtslage bietet einen Blick auf das Flimsertal und die
Berge. Im rustikalen Restaurant mit Holztischen serviert man Speisen der regionalen
Art.

**Flims-Waldhaus** 7018 – Höhe 1 103.

🏨 **Park Hotel Waldhaus** ⬥, via dil parc, ✆ 0819 284 848, *info@parkhotel-wa
ldhaus.ch*, Fax 0819 284 858, ≤, 🍴, ⬛, ʄ⬥, ⬛s, ⬜, ⬜, ⬜, ✗, ⬥ – ⬛, ⬜ Zim,
✆ ⬜ P – ⬛ 15/280. ✗ Rest
geschl. 17. April - 25. Mai – **La Cena** - italienische Küche - *(Mai - Nov. nur Abendessen)*
**Rest** 48/110 und à la carte 74/100 – **152 Zim** ⬜ ✦265/355 ✦✦520/690, 9 Suiten
– ½ P Zuschl. 40.
♦ Verschiedene, in einem hübschen Park gelegene Häuser bilden diese Hotelanlage
mit stilvollen Zimmern, eigenem Hotelmuseum und einem sehr schönen Wellnessbereich. Im ehemaligen Kasino des Hauses liegt das modern-elegante Restaurant La
Cena.

🏨 **Schweizerhof,** Rudi Dadens 1, ✆ 0819 281 010, *info@schweizerhof-flims.ch*,
Fax 0819 281 011, ≤, 🍴, ⬛s, ⬜, ✗, ✗ – ⬛ P. ⓪ ⓶ 𝘝𝘐𝘚𝘈. ✗ Rest
3. Dez. - 30. März und 10. Juni - 30. Sept. – **Rest** 35 (mittags)/78 und à la carte 55/104
– **45 Zim** ⬜ ✦150/200 ✦✦260/400, 3 Suiten – ½ P Zuschl. 40.
♦ Das schmucke, im viktorianischen Stil erbaute Hotel versprüht den Charme der Belle
Epoque. Sie beziehen komfortable Standard- oder Superior-Zimmer, teils mit Jugendstil-Dekor. Stuck, Leuchter und stilvolles Mobiliar prägen den schönen Speisesaal.

🏨 **Adula,** via sorts sut 3, ✆ 0819 282 828, *info@adula.ch*, Fax 0819 282 829, 🍴,
⬛, ʄ⬥, ⬛s, ⬜, ✗, ✗, ⅄ – ⬛, ⬜ Zim, ✆ ⬜ P – ⬛ 15/50. Ⅿ ⓪ ⓶ 𝘝𝘐𝘚𝘈.
✗ Rest
Hotel geschl. 18. April - Mitte Mai und Nov. – **Barga** *(geschl. Anfang April - Ende Juni,
Okt. - Nov., Montag - Dienstag im Winter und auch Mittwoch - Donnerstag im Sommer) (nur Abendessen)* **Rest** 115 und à la carte 88/119 – **La Clav** - italienische
Küche - *(geschl. 18. April - Mitte Mai und Nov.)* **Rest** (20) 28 (mittags)/55 und à la
carte 54/104 – **96 Zim** ⬜ ✦150/325 ✦✦300/600 – ½ P Zuschl. 35.
♦ Das Haus überzeugt mit komfortablen Zimmern, die teils im mediterranen Stil
gehalten sind, und einem modernen Wellnessbereich. Beeindruckend : eine Sammlung
antiker Truhen. Das Barga präsentiert sich gediegen-rustikal. Eine schlichtere Alternative : La Clav.

🏨 **Des Alpes,** promenada 45, ✆ 0819 282 525, *info@hoteldesalpes.ch*,
Fax 0819 282 500, ≤, 🍴, ʄ⬥, ⬛s, ⬜, ✗ – ⬛, ⬜ Zim, ✆ ⬜ P – ⬛ 15/50.
Ⅿ ⓪ ⓶ 𝘝𝘐𝘚𝘈
17. Dez. - 16. April und 17. Juni - 7. Okt. – **Rest** (Neues Restaurationskonzept vor-
gesehen) – **65 Zim** ⬜ ✦120/160 ✦✦250/380 – ½ P Zuschl. 35.
♦ Eine rustikale Halle empfängt den Gast dieses im Dorfkern gelegenen Hotels. Die
Zimmer sind zeitgemäss mit Arvenholz ausgestattet und verfügen über Sitzecke und
Kitchenette.

🏨 **Sunstar Surselva** ⬥, via Rudi Dado 8, ✆ 0819 281 800, *flims@sunstar.ch*,
Fax 0819 281 801, 🍴, ⬛, ʄ⬥, ⬛s, ✗ – ⬛ & Zim, ⬜ P. ⅯⓄ ⓪ ⓶ 𝘝𝘐𝘚𝘈 ✗ Rest
18. Dez. - 16. April und 4. Juni - 14. Okt. – **Rest** à la carte 45/81 – **81 Zim**
⬜ ✦111/172 ✦✦222/344 – ½ P Zuschl. 36.
♦ Der imposante, ruhig zwischen Bäumen gelegene Hotelbau aus der Jahrhundertwende bietet beinahe identische Zimmer, die durchweg mit Arvenholzmobiliar eingerichtet sind. Eine Rôtisserie mit schöner Holzdecke und Arventäferung ergänzt den
Speisesaal.

**Cresta** ⚜, via passadi 5, ✆ 0819 113 535, *cresta@kns.ch*, Fax *0819 113 534*,
⬳ Flimserstein, ⚘, ⬳s, ⬚, ⬱ – |⬧|, ⬱ Rest, ⬱ P, AE ◑ MO VISA. ⬱ Rest
*11. Dez. - 19. April und 11. Juni - 9. Okt.* – **Rest** *(nur ½ Pens. für Hotelgäste)* – **50 Zim**
⬱ ✦90/180 ✦✦200/280 – ½ P Zuschl. 25.
♦ Mehrere Gebäude bilden die in einem ruhigen Garten gelegene Hotelanlage - mit
Bade-Saunabereich. Unterschiedlich eingerichtete Zimmer, von Fichtenholz bis Stilmobiliar.

**Waldeck,** promenada 49, ✆ 0819 281 414, *info@waldeck.ch*, Fax *0819 281 415*,
⬱, ⬳s – |⬧| ⬱ ⬱ P – ⬱ 15/25. MO VISA. ⬱ Rest
*11. Dez. - 16. April und 28. Mai - 30. Sept.* – **Rest** à la carte 48/99 – **38 Zim**
⬱ ✦83/165 ✦✦166/330 – ½ P Zuschl. 25.
♦ Das im Bündner Stil gebaute Hotel liegt im Dorfzentrum nahe der Post. Die Zimmer
im Haupthaus mit rustikalem Arvenholzmobiliar, die im Neubau hell und modern. Das
Restaurant teilt sich in das Dorfbeizli mit Terrasse und das getäferte Arvenstübli.

**Little China,** Hauptstrasse, ✆ 0819 284 848, *info@parkhotel-waldhaus.ch* – AE
◑ MO VISA
*geschl. 18. April - 30. Mai und Dienstag* – **Rest** - chinesische Küche - *(nur Abendessen)*
58 und à la carte 41/77.
♦ Das Restaurant stimmt Sie mit leicht fernöstlichem Dekor auf chinesische Spezialitäten ein - eine Show-Küche ermöglicht interessante Einblicke.

**Las Caglias,** via las caglias 3, ✆ 0819 112 949, *info@lascaglias.ch*,
Fax *0819 115 580* – AE ◑ MO VISA
*26. Dez. - 17. April und 30. Juni - 21. Okt.* – Rest *(geschl. Montag, Dienstag und
Mittwoch) (nur Abendessen)* (Tischbestellung ratsam) à la carte 43/98.
♦ Ein Geheimtipp ist dieses ungewöhnliche kleine Restaurant, das versteckt im Unter-
dorf liegt. Serviert werden einfache, aber sorgfältig zubereitete regionale Gerichte.

Dieser Führer lebt von Ihren Anregungen, die uns stets willkommen sind.
Egal ob Sie uns eine besonders angenehme Überraschung oder eine
Enttäuschung mitteilen wollen – schreiben Sie uns!

**FLIMS-DORF-WALDHAUS** Graubünden 553 T-U8 – *siehe Flims.*

**FLÜELEN** 6454 Uri (UR) 551 Q8 – *1834 Ew. – Höhe 436.*
*Bern 152 – Luzern 39 – Altdorf 3 – Andermatt 25 – Schwyz 16.*

**Hostellerie Sternen,** Axenstr. 6, ✆ 0418 750 303, *info@bonetti.ch*,
Fax *0418 750 305*, ⬱ – |⬧|, ⬱ Zim, – ⬱ 40. AE ◑ MO VISA
*geschl. 13. Feb. - 13. März und Sonntag im Jan.* – **Rest** (29) 46 (mittags)/86 und à
la carte 56/106 – **19 Zim** ⬱ ✦115/140 ✦✦180/210 – ½ P Zuschl. 40.
♦ An der Durchgangsstrasse im Ortszentrum findet der Reisende dieses kleine Hotel,
das ihm saubere und sehr gepflegte, mit solidem Holzmobiliar eingerichtete Zimmer
bietet. Mit Hummer- und Fischspezialitäten lockt das gehobene Speisenrestaurant.

**Flüelerhof,** Axenstr. 38, ✆ 0418 711 471, *flueelerhof@bluewin.ch*,
Fax *0418 700 014*, ⬳, ⬱ – |⬧| P, AE ◑ MO VISA
*geschl. 20. Dez. - 31. Jan.* – **Rest** *(geschl. Mittwoch)* (19.80) und à la carte 33/88 –
**24 Zim** ⬱ ✦89/99 ✦✦150/160 – ½ P Zuschl. 45.
♦ Das Haus liegt an der Durchgangsstrasse in Richtung Brunnen. Die gepflegten Gästezimmer sind praktisch und zweckmässig eingerichtet. Im Parterre : Gaststube mit
Terrasse und kleiner à la carte-Bereich ; im 1. Stock : Pizzeria mit Holzofen.

**FLÜELI RANFT** 6073 Obwalden (OW) 551 O8 – *Höhe 748.*
*Bern 104 – Luzern 25 – Altdorf 50 – Brienz 33.*

**Paxmontana** ⚜, ✆ 0416 662 400, *info@paxmontana.ch*, Fax *0416 606 142*,
⬳ Tal und Berge, ⬱, ⬱ – |⬧| ⬱ Zim, ⬱ P, AE ◑ MO VISA
*14. April - 23. Okt.* – **Rest** (19.50) 26 (mittags)/49 und à la carte 40/80 – **100 Zim**
⬱ ✦115/125 ✦✦190/250 – ½ P Zuschl. 50.
♦ Ruhig liegt das schmucke Jugendstilhotel oberhalb des Tales. Durch einen
geschmackvollen Eingangsbereich mit diversen Salons gelangen Sie in funktionelle,
zeitgemässe Zimmer. Grosses Veranda-Restaurant mit sehr schöner Panoramasicht.

**FLÜH** *4112 Solothurn (SO) 551 J4 – Höhe 381.*

*Bern 114 – Basel 11 – Biel 87 – Delémont 36 – Mulhouse 41 – Olten 60 – Solothurn 63.*

**Martin,** Hauptstr. 94, 0617 311 002, *restaurant_martin@tiscalinet.ch, Fax 0617 311 103,* – P. AE VISA

*geschl. 27. Feb. - 11. März, 2. - 15. Okt., Sonntag und Montag* – **Rest** (Tischbestellung ratsam) 80/130 und à la carte 79/143.

**Spez.** Agneau de lait des Pyrénées à l'ail confit (printemps). Gibier de notre chasse (automne). Poularde de Bresse "pattes bleues" piquée aux truffes noires

◆ Nahe dem Zollhäuschen liegt das Restaurant mit den zwei schön eingerichteten Speisesälen. Ausgewählte Produkte werden sorgfältig zu klassischen Gerichten verarbeitet.

**Zur Säge** (Suter), Steinrain 5, 0617 311 577, *suter@saege-flueh.ch, Fax 0617 311 463,* – P 18. AE VISA

*geschl. Mitte April 2 Wochen, Mitte Juli - Mitte Aug., Samstagmittag, Montag und Dienstag* – **Rest** (28) 51 (mittags)/125 und à la carte 93/140.

**Spez.** Bodenseefelchen auf Artischocken, Oliven und Strohkartoffeln (Frühling). Entlebucher Freilandpoularde auf Kastanienrisotto (Herbst). Mariasteiner Kalbsrücken mit Quitten und Ingwer (Herbst/Winter)

◆ In der einfachen, aber gemütlich-rustikalen Stube des Dorfgasthauses ist Holz tonangebend. Alles andere als einfach ist jedoch die feine zeitgemässe Küche.

---

**FLÜHLI** *6173 Luzern (LU) 551 M8 – 1 774 Ew. – Höhe 893.*

*Flühli-Sörenberg (Mai - Okt.) 0414 880 118, Fax 0414 880 119, Süd : 2 km Richtung Sörenberg.*

*Bern 57 – Luzern 47 – Langnau im Emmental 29.*

**Kurhaus,** Dorfstr. 3, 0414 881 166, *info@kurhaus-fluehli.ch, Fax 0414 882 353,* – Zim, Rest, P – 15/200. VISA

*geschl. Dienstag* – **Rest** (16) 25 und à la carte 39/68 – **14 Zim** 85/95 150/170 – ½ P Zuschl. 35.

◆ Das im Dorfzentrum gelegene ehemalige Kurhaus aus dem 19. Jh. bietet Zimmer, die - wie das ganze Haus - mit hellem Naturholz im einfach-rustikalen Stil gestaltet sind. Sie speisen in gemütlichen, getäferten Stuben aus der Jahrhundertwende. Mit Gartenterrasse.

---

**FLUMSERBERG TANNENBODENALP** *8898 Sankt Gallen (SG) 551 U7 – Höhe 1 342 – Wintersport : 1 400/2 222 m 4 13*

*Touristikverein, 0817 201 818, info@flumserberg.com, Fax 0817 201 819.*

*Bern 207 – Sankt Gallen 83 – Chur 58 – Vaduz 44 – Zürich 82.*

**Tannenboden** garni, 0817 331 122, *info@tannenboden.ch, Fax 0817 332 458,* ≤ Churfirsten, – P. VISA

*geschl. 23. April - 4. Juni, 16. Okt. - 30. Nov. und Mittwoch im Sommer* – **20 Zim** 60/98 114/200.

◆ Neben dem schönem Ausblick auf die Churfirsten bietet das Haus renovierte, mit rustikalem Voglauermobiliar hell und wohnlich ausgestattete Gästezimmer.

**in Flumserberg Tannenheim** *Süd-Ost : 1,5 km – Höhe 1 215 – 8897 Flumserberg Tannenheim :*

**Cafrida** mit Zim, Cafridastrasse, 0817 331 193, *hotel@cafrida.ch, Fax 0817 331 555,* ≤ Churfirsten und Alvierkette, – P. AE VISA

*Mitte Nov. - 22. April und 23. Juni - 15. Okt.* – **Rest** *(geschl. Dienstag ausser Feb. - März und Montag in der Zwischensaison)* – ***Stübli :*** *(17. Dez. - 17. April)* **Rest** (Tischbestellung erforderlich) 130 und à la carte 61/120 – ***Tagesrestaurant :*** Rest (19) 72 und à la carte 42/90 – **10 Zim** 135/150 240/260 – ½ P Zuschl. 54.

◆ Ein offener Kamin und ein nettes Dekor unterstreichen den gediegenen Rahmen des Stüblis. Serviert werden Speisen von einer klassischen Karte. Von der Terrasse des Tagesrestaurants blickt man auf die Churfirsten und die Alvierkette.

**Gute und preiswerte Häuser kennzeichnet der Bib: der rote „Bib Gourmand" bei der Küche, der blaue „Bib Hotel" bei den Zimmern.**

**FORCH** 8127 Zürich (ZH) 🔢🔢 Q5 – Höhe 689.

*Bern 139 – Zürich 14 – Rapperswil 24 – Winterthur 42.*

🏨 **Wassberg** ⚐, Wassbergstr. 62, ℰ 0449 804 300, info@hotel-wassberg.ch,
Fax 0449 804 303, ≤ Greifensee, 🍽 – 📳 video **P** – ⚒ 25. **AE ① ⓪ VISA**
*Hotel : geschl. 16. Dez. - 29. Jan.* – **Rest** (21) 82 und à la carte 42/102 – **15 Zim**
☲ ★145/165 ★★218/254.

◆ Das Hotel liegt ruhig auf einem Hochplateau über dem Greifensee am Waldrand
und bietet ein schönes Alpenpanorama. Die Zimmer sind mit neuzeitlichem Holzmobiliar eingerichtet. Gemütliche Restauration mit schöner Sicht.

---

**La FOULY** 1944 Valais (VS) 🔢🔢 G13 – alt. 1 605.

*Bern 159 – Martigny 32 – Aosta 65 – Chamonix-Mont-Blanc 70 – Sion 60.*

🏨 **Edelweiss** ⚐, ℰ 0277 832 621, info@lafouly.ch, Fax 0277 832 820, ≤ glacier
de l'A Neuvaz, 🍽, 🔒s, 🌳, ❀ – 📳 ℭ **P** ⇄. **AE ① ⓪ VISA**. ❀ rest
*14 déc. au 1er avril et 31 mai au 30 sept. (fermé lundi en janvier et en mars)*
(16) et à la carte 37/66 – **20 ch** ☲ ★82/97 ★★134/154 – ½ P suppl. 23.

◆ L'hôtel, lové au creux de la charmante vallée, offre une vue sur les sommets.
Chambres de style chalet moderne et dortoir pour les randonneurs. Table procurant une superbe échappée sur le glacier de l'À Neuvaz. Gibier en période
de chasse.

---

**FRAUBRUNNEN** 3312 Bern (BE) 🔢🔢 J6 – 1 609 Ew. – Höhe 496.

*Bern 19 – Biel 37 – Burgdorf 20 – Olten 50 – Solothurn 16.*

🍴🍴 **Zum Brunnen,** Bernstr. 6, ℰ 0317 677 216, info@suuremocke.ch,
Fax 0317 678 240, 🍽 – **P** ⇄ 20. **AE ① ⓪ VISA**
*geschl. 4. - 22. Jan., 19. Juli - 6. Aug., Montag und Dienstag* – **Rest** - Schweizer Spezialitäten - (16) 73 und à la carte 57/107.

◆ Das nette ländliche Restaurant besteht aus einer einfachen Gaststube und dem
à la carte-Bereich. Hier werden aus frischen Produkten regionale Gerichte zubereitet.

---

**FRAUENFELD** 8500 🄺 Thurgau (TG) 🔢🔢 R4 – 22 016 Ew. – Höhe 405.

🔟 in Lippperswil, ✉ 8564, ℰ 0527 700 405, Fax 0527 700 406, über Kantonal-
strasse 1 Richtung Kreuzlingen : 16 km.

**Lokale Veranstaltung**

*30.09 - 07.10 : Generations, Jazzkonzerte mit internationalen Künstlern.*

🄱 *Tourist Service Regio Frauenfeld, Bahnhofplatz 75, ℰ 0527 213 128,
info@stadt-frauenfeld.ch, Fax 0527 221 064.*

*Bern 167 – Zürich 46 – Konstanz 30 – Sankt Gallen 47 – Schaffhausen 29 – Win-
terthur 17.*

🏨 **Domicil,** Ausfahrt Frauenfeld-Ost, Oststr. 51, ℰ 0527 235 353, info@domicil.ch,
Fax 0527 235 354, 🍽 – 📳, ⇄ Zim, ℭ ♿ Rest, **P** – ⚒ 15/50. **AE ① ⓪ VISA**
*geschl. 24. Dezember - 8. Jan.* – **Rest** (16.50) und à la carte 36/94 – **46 Zim** ☲ ★125
★★190 – ½ P Zuschl. 35.

◆ Ein nicht weit von der Autobahnausfahrt und neben der Pferderennbahn gelegenes Hotel, das moderne, einheitlich mit hellem Mobiliar ausgestattete Zimmer
bietet. Neuzeitlich die Gastwirtschaft und der Speisesaal, beide mit Ausgang zur
Terrasse.

🏨 **Hirt im Rhyhof,** Rheinstr. 11, ℰ 0527 289 300, info@hirt-im-rhyhof.ch,
Fax 0527 289 319, 🍽 – 📳 ℭ **P**. **AE ① ⓪ VISA**
**Rest** à la carte 35/67 – **14 Zim** ☲ ★125 ★★190.

◆ Kleines Hotel nahe dem Bahnhof mit modernen, geschmackvoll eingerichteten
Zimmern, die mit funktionellen Möbeln und guter Technik ausgestattet sind.
An die hauseigene Konditorei schliesst sich das traditionelle Café/Restaurant
an.

🍴🍴 **Zum Goldenen Kreuz** mit Zim, Zürcherstr. 134, ℰ 0527 250 110, beat.jost@
goldeneskreuz.ch, Fax 0527 250 120, 🍽 – 📳 ℭ ⇄ 8/100 – ⚒ 15/25. **AE ① ⓪**
**VISA**. ❀ Zim
**Rest** (19) 43 (mittags)/89 und à la carte 55/98 – **9 Zim** ☲ ★100/130 ★★170/190.

◆ Das Haus, in dem schon Goethe und Gottfried Keller weilten, erhält durch eine
guterhaltene, bemalte Holztäferung aus dem 17. Jh. seinen unverwechselbaren, rustikalen Charme.

**in Erzenholz** *West : 4 km Richtung Schaffhausen – Höhe 385 –* ⊠ *8500 Frauenfeld :*

XX **Zur Hoffnung,** Schaffhauserstr. 266, ℘ 0527 207 722, *hoffnungerzenholz@ bl uewin.ch, Fax 0527 207 749,* 🏠 *–* ✸ 🄿 🄰🄴 🕮 𝘝𝘐𝘚𝘈
*geschl. 1. - 17. Jan., 24. Juli - 8. Aug., Montag und Dienstag –* **Rest** (22) 95 *und à la carte 55/105.*
   ◆ Entweder geht der Gast nach links in die rustikale Stube oder er wendet sich nach rechts in das elegante Restaurant mit dem kleinen Wintergarten. Beide mit klassischer Karte.

---

**FREIBURG** *Freiburg* 🯵🯵🯲 H8 *– siehe Fribourg.*

---

**FREIENBACH** *8807 Schwyz (SZ)* 🯵🯵🯱 R6 *– 14 095 Ew. – Höhe 410.*
   *Bern 153 – Zürich 33 – Aarau 77 – Luzern 56 – Schwyz 31.*

X **Obstgarten,** Kantonsstr. 18, ℘ 0447840 308, *ch.seiler@ hispeed.ch, Fax 0447 862 902,* 🏠 *–* 🄿 🄰🄴 🕮 𝘝𝘐𝘚𝘈 ✸
*geschl. 22. Feb. - 10. März, 23. Aug. - 8. Sept., Mittwoch und Donnerstag –* **Rest** (21) 59 *und à la carte 43/90.*
   ◆ Das nett anzusehende Haus ist ein sympathisches Restaurant, in dem ein ortsansässiger Künstler schöne Gemälde ausstellt. Traditionelle Küche mit leicht mediterranem Einfluss.

L'hôtel de ville et la cathédrale

# FRIBOURG (FREIBURG)

*1700* [c] *Fribourg (FR)* [552] *H8 – 32 849 h. – alt. 640*

*Bern 34* ① *– Neuchâtel 44* ③ *– Biel 50* ① *– Lausanne 71* ④ *– Montreux 61* ④.

🏛 *Fribourg Tourisme, 1 av. de la Gare,* 📞 *0263 501 111, info@fribourg tourism.ch, Fax 0263 501 112* CY.

⚙ *21 r. de l'Hôpital,* 📞 *0263 503 939, Fax 0263 503 940* CY.

### Manifestations locales
*12.03 – 19.03 : Festival international de films de Fribourg*
*30.06 – 15.07 : Jazz Parade, Festival international de Jazz*
*22.08 – 27.08 : Rencontres de Folklore internationales*

📍 *Gruyère à Pont-la-Ville,* ✉ *1649 (mars-déc.)* 📞 *0264 149 460, Fax 0264 149 461, Sud : 17 km par rte de Bulle.*

📍 *à Wallenried,* ✉ *1784,* 📞 *0266 848 480, Fax 0266 848 490, Nord : 10 km par rte de Morat.*

**Voir** : *Site*★★ *– Vieille ville*★ *– Ville haute*★ *: Hôtel de Ville*★ CY **H***, cathédrale St-Nicolas*★ DY *: tympan*★★*, stalles*★*, église des Cordeliers* CY *: triptyque*★*, retable*★★*, stalles*★*.

**Musée** : *Art et Histoire*★ CY *: groupe de 14 statues*★*.

**Environs** : *Barrage de Rossens*★ *Sud : 15 km par* ③*.*

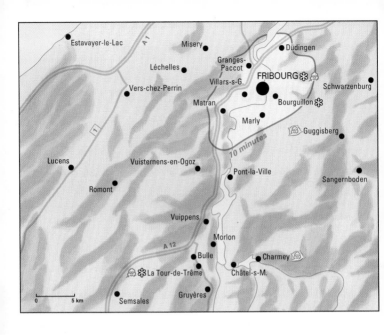

**Au Parc Hotel,** 37 rte de Villars, ☎ 0264 295 656, *info@auparc-hotel.ch*, Fax 0264 295 657, 🌦, ⌂ – |♦|, ↔ ch, ▤ rest, video ☎ ♿ rest, ⟺ 🅿 – 🏛 15/130. 🖭 ⓞ 🐵 𝗩𝗜𝗦𝗔
AX m
*La Coupole* - cuisine thaïlandaise - *(fermé dim. et lundi)* **Rest** (22) 30 (midi)/79 et à la carte 43/94 – *La Rôtisserie (fermé dim. soir)* **Rest** (21) 45 et à la carte 49/98 – **74 ch** ⊆ ♦130/185 ♦♦185/245 – ½ P suppl. 30.
♦ Aux avant-postes de Fribourg, hôtel offrant un bon niveau de confort. Chambres sans reproche et salles de séminaire dotées d'équipements complets. Estimable cuisine thaïlandaise à la Coupole. Carte classique, cadre intime et ambiance détendue à la Rôtisserie.

**NH Fribourg Hotel,** 14 Grand-Places, ☎ 0263 519 191, *nhfribourg@nh-hotels .ch*, Fax 0263 519 192, ≤, 🌦 – |♦|, ↔ ch, ☎ ⟺ – 🏛 15/400. 🖭 ⓞ 🐵 𝗩𝗜𝗦𝗔
CY e
*Mix* : **Rest** (16) et à la carte 46/80 – **122 ch** ⊆ ♦165/220 ♦♦240/495.
♦ Cet établissement implanté à proximité de la gare surveille un méandre de la Sarine. Nombreuses chambres "single", particulièrement adaptées à la clientèle d'affaires. Restaurant au goût du jour pratiquant une cuisine d'inspiration méditerranéenne.

**Au Sauvage,** 12 Planche-Supérieure, ☎ 0263 473 060, *hotel-sauvage@bluewin .ch*, Fax 0263 473 061, 🌦 – |♦| ♿. 🖭 ⓞ 🐵 𝗩𝗜𝗦𝗔
DY r
**Rest** *(fermé 2 sem. début janv., 2 sem. en juill., dim. et lundi)* (17) 52 (midi)/90 et à la carte 52/101 – **17 ch** ⊆ ♦198 ♦♦240 – ½ P suppl. 45.
♦ Maison de caractère nichée au coeur de la vieille cité. Un bel escalier design dessert les chambres personnalisées, dont le carrelage des salles de bains est décoré à la main. Menues salles à manger au cadre moderne soigné. Cuisine d'aujourd'hui.

**La Rose,** 1 r. de Morat, ☎ 0263 510 101, *info@hoteldelarose.ch*, Fax 0263 510 100 – |♦|, ↔ ch, video ☎ – 🏛 15/30. 🖭 ⓞ 🐵 𝗩𝗜𝗦𝗔
CY k
**Rest** - cuisine italienne - *(fermé 24 juil. au 6 août et lundi midi)* (17.50) 45 et à la carte 44/84 – **40 ch** ⊆ ♦110/170 ♦♦160/240 – ½ P suppl. 40.
♦ Vieille maison en pierre à dénicher dans le centre historique, pas loin de la cathédrale. Coin salon actuel et chambres assez spacieuses, garnies d'un mobilier standard. Restaurant aménagé sur deux niveaux, où la cuisine italienne est mise à l'honneur.

# FRIBOURG

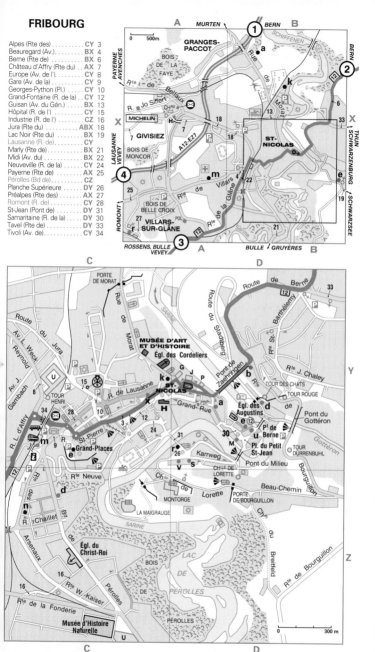

209

🏠 **Alpha** sans rest, 13. r. du Simplon (2e étage), 𝒫 0263 227 272, info@ alpha-hotel.ch, Fax 0263 231 000 – 📶 ✆ 🚗. 🄰🅴 🄾 🄼🅲 𝘝𝘐𝘚𝘈  CZ n
**27 ch** ⚏ ✝140 ✝✝180.

♦ Dans un quartier résidentiel, hôtel dont les chambres promettent des nuits sans histoire. Le cinéma occupant le même bâtiment tombera à point nommé pour les couche-tard.

🏠 **Auberge aux 4 Vents,** 124 rte de Grandfey, 𝒫 0263 473 600, Fax 0263 473 610, 🌤, 🏊, 🐾 – 🕭, rest, 🅿. 🄼🅲 𝘝𝘐𝘚𝘈  BX k
fermé 1er au 22 janv. – **Rest** (fermé merc. et le midi sauf sam. et dim.) 54 et à la carte 48/77 – **8 ch** ⚏ ✝120/170 ✝✝170/250.

♦ Site plaisant, accueil familial affable, décor gentiment "kitsch", chambres mignonnes et salon-bibliothèque. Un bon petit point de chute fribourgeois. Restaurant-véranda moderne où un choix de préparations dans le tempo actuel entend combler votre appétit.

🍴🍴🍴 **Le Pérolles / P.- A. Ayer,** 18a bd de Pérolles, 𝒫 0263 474 030, ayeramey@
⚙ leperolles.ch, Fax 0263 474 032, 🌤 – 📶 ▤ ⬅ rest, ⇄ 30. 🄰🅴 🄾 🄼🅲
𝘝𝘐𝘚𝘈  CZ d
fermé 24 au 26 déc., 1er au 10 janv., 14 au 18 avril, 25 au 29 mai, 23 juil. au 15 août, dim. et lundi – **Rest** 69 (midi)/138 et à la carte 90/152.
**Spéc.** Raviole de boudin noir aux reinettes, beurre au cidre de Normandie (hiver). Pressée de féra du Lac de Neuchâtel au fenouil et tomates confites, marinée d'omble chevalier aux herbes du jardin (été). Tartelette au vin cuit et sa crème glacée.
**Vins** Vully

♦ Bonne table au goût du jour où les fines bouches ont leur rond de serviette. Décoration intérieure élégante et résolument moderne. Agréable restaurant d'été enrobé de verdure.

🍴🍴 **La Fleur-de-Lys,** 18 r. des Forgerons, 𝒫 0263 214 940, fleur-de-lys@ bluemail.ch, Fax 0263 214 941, 🌤 – ⇄ 15. 🄰🅴 🄾 🄼🅲 𝘝𝘐𝘚𝘈  DY d
fermé 25 au 29 déc., 30 juil. au 9 août, sam. midi et dim. (sauf fériés) – **Rest** (22) 48 (midi)/89 et à la carte 67/111.

♦ Un peu cachée dans la ville basse, ancienne maison de notable où l'on se retrouve dans un cadre agréable et soigné, autour d'un repas classique bien tourné.

🍴🍴 **Auberge de La Cigogne,** 24 r. d'Or, 𝒫 0263 226 834, Fax 0263 226 841, 🌤
– 🄰🅴 🄼🅲 𝘝𝘐𝘚𝘈  DY u
fermé 24 au 26 déc., 1er au 2 janv., 26 fév. au 13 mars, 3 au 25 sept., dim. et lundi
– **Rest** (23) 55/105 et à la carte 49/111.

♦ Refuge gourmand établi en face du pont couvert de Berne, dans un quartier pittoresque du centre. Salle de restaurant au décor "tendance". Savoureuses préparations actuelles.

🍴🍴 **Auberge de Zaehringen,** 13 r. de Zaehringen, 𝒫 0263 224 236, office@ au
🍷 berge-de-zaehringen.ch, ⬅ – 🄼🅲 𝘝𝘐𝘚𝘈. 🌤  DY a
fermé dim. et lundi – **La Galerie : Rest** 50 (midi)/110 et à la carte 75/112 – **La Brasserie : Rest** 27 (midi)/60 et à la carte 45/81.

♦ Les gourmets du coin fréquentent assidûment cette maison de notable dominant la vieille ville. La Galerie, qui héberge des expositions, présente une carte actuelle étoffée. Une bonne cuisine traditionnelle à prix muselés apaisera votre faim à La Brasserie.

🍴🍴 **Grand Pont "La Tour Rouge",** 2 rte de Bourguillon, 𝒫 0264 813 248, gran
🍷 d-pont@ bluewin.ch, Fax 0264 815 444, ⬅ – 🌤 🄰🅴 🄾 🄼🅲 𝘝𝘐𝘚𝘈. 🌤  DY b
fermé 8 au 23 avril, 14 au 29 oct., dim. soir et merc. – **Rest** 60 (midi)/118 et à la carte 69/122 – **La Galerie** (brasserie) **Rest** (19) 57/79 et à la carte 49/109 .

♦ À l'entrée du pont de Zaehringen, cuisine classique servie dans une salle cossue ou sur une terrasse dominant la Sarine et ménageant une jolie perspective sur Fribourg. La Galerie, café de style néo-rustique, mise sur une carte traditionnelle à prix doux.

🍴🍴 **Schild,** 21 Planche-Supérieure, 𝒫 0263 224 225, schild.restaurant@ bluewin.ch,
🍷 Fax 0263 231 233, 🌤 – 🄰🅴 🄾 🄼🅲 𝘝𝘐𝘚𝘈. 🌤 rest  DY s
fermé 1er au 6 janv., 26 fév. au 2 mars, 1er au 21 août, merc. et jeudi –
**Rest** 53 (midi)/125 et à la carte 74/124 – **Brasserie : Rest** (16) et à la carte 52/99.

♦ Dans une bâtisse ancienne de la ville basse, restaurants récemment rajeunis, devancés d'une terrasse estivale et prolongés d'un caveau voûté. Carte et menus appétissants. Brasserie déclinant un choix de plats traditionnels.

✗ **La Grotta,** 5 r. d'Or, ✆ 0263 228 100, d.dula@grotta.ch, Fax 0263 410 701 – 🅐🅢
🅥🅘🅢🅐 ⊗
DY e
*fermé 24 fév. au 2 mars, juil. - août, dim. et lundi* – **Rest** - cuisine italienne - (dîner seul.) (prévenir) 47/85 et à la carte 42/66.
◆ Dans une coquette ruelle du centre, ancienne écurie d'auberge convertie en restaurant transalpin. Cuisine piémontaise à goûter dans un cadre rustique chaleureux.

✗ **L'Epée,** 39 Planche Supérieure, ✆ 0263 223 407, epee@vtx.ch, 🌢 –
🅜🅢 🅥🅘🅢🅐
DY v
*fermé 24 au 28 déc., 24 juil. au 24 août, lundi soir et dim.* – **Rest** (15) 55 et à la carte 48/85.
◆ L'établissement borde une grande place pavée du vieux Fribourg. Des expositions d'art contemporain égayent les salles à manger modernes. Cuisine traditionnelle à bon prix.

✗ **Auberge du Chasseur,** 10 r. de Lausanne, ✆ 0263 225 698, Fax 0263 225 764,
🌢 – ⇆ 50. 🅐🅔 🅞 🅜🅢 🅥🅘🅢🅐
CY x
*fermé 1er au 15 juin et lundi* – **Rest** - fondue et raclette - (14.50) et à la carte environ 40.
◆ En quête d'une table où tester la fameuse réputation du fromage suisse ? Vous vous mesurerez ici, dans une ambiance très couleur locale, à diverses raclettes et fondues.

**à Granges-Paccot** *Nord-Est : 1,5 km – alt. 630 –* ✉ *1763 Granges-Paccot :*

🏨 **Ibis** sans rest, 21 rte du Lac, ✆ 0264 697 900, h5324@accor.com,
Fax 0264 697 910 – 🔋 ⇆ 🔟 📞 ⅙ 🚗 🅿 🅐🅔 🅞 🅜🅢 🅥🅘🅢🅐
BX a
⊑ 14 – **82 ch** ✝99 ✝✝99.
◆ Cette nouvelle unité de la chaîne hôtelière Ibis est établie à proximité d'une bretelle d'autoroute et à quelques râteaux de croupier du casino. Chambres simples et pratiques.

**à Bourguillon** *Sud-Est : 2 km -* BX *– alt. 669 –* ✉ *1722 Bourguillon :*

✗✗✗ **Des Trois Tours** (Bächler), 15 rte de Bourguillon, ✆ 0263 223 069, a.baechler
🌸 @troistours.ch, Fax 0263 224 288, 🌢 – 🅿 ⇆ 20/80. 🅐🅔 🅞 🅜🅢 🅥🅘🅢🅐 ⊗ BX e
*fermé 24 déc. au 9 janv., 18 juil. au 6 août, dim. et lundi* – **Rest** (nombre de couverts limité - prévenir) 65 (midi)/130 et à la carte 87/133 – **Brasserie** *(fermé le soir)* **Rest** (19) 30 et à la carte 60/102.
**Spéc.** Variation de différents raviolis (mars - avril). Filet de veau poché au thon. Chevreuil d'été aux noix vertes confites (juin - juil.). **Vins** Vully
◆ Sur les hauts de Fribourg, maison abritant une vaste salle à manger mi-classique, mi-design, bien assortie au style "panaché" de la cuisine. Brasserie servant des mets traditionnels revisités à la mode d'aujourd'hui. Ambiance à la fois chic et décontractée.

**à Marly** *Sud : par route de Marly -* BX *: 4 km – alt. 622 –* ✉ *1723 Marly :*

🏨 **Grand-Pré** sans rest, 3 imp. du Nouveau-Marché, ✆ 0264 365 060, hotel-grand
pre@bluewin.ch, Fax 0264 362 150 – 🔋 🅐🅔 🅞 🅜🅢 🅥🅘🅢🅐
*fermé 24 déc. au 8 janv.* – **22 ch** ⊑ ✝120/140 ✝✝160/180.
◆ Immeuble hôtelier moderne mettant à votre disposition des chambres classiquement décorées et de tailles très convenables. Parties de billard disputées au coin salon.

✗✗ **Le Petit Marly,** 1 imp. du Nouveau Marché, ✆ 0264 300 330, petit-marly@blu
🅢🅢 ewin.ch, Fax 0264 300 331, 🌢 – 🅐🅔 🅞 🅜🅢 🅥🅘🅢🅐
*fermé 8 au 22 janv. et 23 juil. au 15 août* – **Rest** *(fermé dim. et lundi)* 54/85 et à la carte 63/99 – **Brasserie** *(fermé dim. soir et lundi soir)* **Rest** (17) 32/48 et à la carte 37/77.
◆ Restaurant entièrement refait à neuf, oeuvrant dans un centre commercial. Registre culinaire au goût du jour et terrasse invitante lorsque perce le soleil. Brasserie servant des plats traditionnels, dont un menu axé "terroir".

**à Villars-sur-Glâne** *Sud-Ouest : par route de Romont -* AX *: 4 km – alt. 689 –* ✉ *1752 Villars-sur-Glâne :*

✗✗ **Le Grondin,** 1 rte des Préalpes, gare, ✆ 0264 011 919, legrondin@bluewin.ch,
🅢🅢 Fax 0264 011 922, 🌢 – 🅿 🅐🅔 🅞 🅜🅢 🅥🅘🅢🅐
AX r
*fermé Pâques, 31 juil. au 21 août et dim.* – **Rest** (16) 46/85 et à la carte 50/93.
◆ Des boiseries sculptées ajoutent à l'atmosphère feutrée de cette salle de restaurant dans les tons pastel. Recettes en phase avec l'époque. Terrasse à l'ombre des platanes.

**Société Anonyme des Pneumatiques MICHELIN,** 36 rte Jo Siffert – ✉ 1762 Givisiez, ✆ 0264 677 111, Fax 0264 661 674 - AX

**FRICK** 5070 Argau (AG) 551 M4 – 3 805 Ew. – Höhe 360.
*Bern 92 – Aarau 16 – Baden 28 – Basel 38 – Schaffhausen 68.*

**Platanenhof,** Bahnhofstr. 21, ℰ 0628 657 171, info@platanenhof.ch,
Fax 0628 657 156, 😀 – 🛗, ✦ Zim, 📞 ⚙ Rest, 🚗 P – 🏋 15/25. AE ① ⓿ VISA
geschl. 27. - 31. Dez. und 22. Juli - 7. Aug. - **La Volière** (geschl. 27. - 31. Dez., 11.
- 26. Feb., 22. Juli - 7. Aug. und Sonntag) **Rest** (18) 48 (mittags)/113 und à la carte
58/113 – **20 Zim** 🍽 ✦140/180 ✦✦200/260.
♦ Das Haus liegt verkehrsgünstig nahe der Autobahnabfahrt und nicht weit vom
Bahnhof. Man bietet funktionell ausgestattete Zimmer und einen Hotel-Shuttle-Bus.
Hell und freundlich zeigt sich das La Volière.

**Engel,** Hauptstr. 101, ℰ 0628 650 000, mail@engel-frick.ch, Fax 0628 650 001,
😀 – ✦ Rest, P AE ① ⓿ VISA
**Rest** (geschl. 24. - 27. Dez.) (19.80) 34 (mittags)/98 und à la carte 42/87 – **20 Zim**
🍽 ✦88/128 ✦✦128/188 – ½ P Zuschl. 38.
♦ Im hinteren Teil dieses langgezogenen Hotelbaus stehen für Reisende zeitgemässe,
gepflegte und solide eingerichtete Gästezimmer bereit. Restaurant mit gediegenem
Ambiente.

---

**FRUTHWILEN** 8269 Thurgau (TG) 551 S3 – Höhe 513.
*Bern 199 – Sankt Gallen 48 – Frauenfeld 32 – Konstanz 13 – Schaffhausen 41 –
Winterthur 49.*

**Haldenhof** mit Zim, Hauptstr. 8, ℰ 0716 641 964, info@hotelhaldenhof.ch,
Fax 0716 641 944, ≤ Bodensee, 😀, 🌳 – ⚙ Rest, P ⇆ 50. AE ⓿ VISA
geschl. 10. - 31. Jan. und Dienstag – **Rest** 70/90 und à la carte 46/110 – **5 Zim** 🍽
✦80/100 ✦✦140/160.
♦ Das Restaurant im Landgasthaus bietet dank seiner grosszügigen Fensterfront
einen schönen Ausblick auf den Untersee und die Insel Reichenau. Gutbürgerliche
Gerichte.

---

**FRUTIGEN** 3714 Bern (BE) 551 K9 – 6 574 Ew. – Höhe 803 – Wintersport : 1 300/2 300 m
🎿1 ✦7 🎿.
🛈 Frutigen Tourismus, Dorfstr. 18, ℰ 0336 711 421, frutigen-tourismus@blue-
win.ch, Fax 0336 715 421.
*Bern 54 – Interlaken 33 – Adelboden 16 – Gstaad 65.*

**National,** Obere Bahnhofstr. 10, ℰ 0336 711 616, hotel@national-frutigen.ch,
Fax 0336 714 015, 😀 – ✦ Zim, P AE ① ⓿ VISA
geschl. 30. Okt. - 20. Nov. – **Rest** (geschl. Mittwoch) (16) und à la carte 30/67 – **18 Zim**
🍽 ✦80/110 ✦✦130/160 – ½ P Zuschl. 25.
♦ Das Hotel befindet sich in einer Häuserzeile im Zentrum und verfügt über tipptopp
gepflegte Gästezimmer, die in ländlichem Stil eingerichtet sind. Ein rustikaler Tea-
Room mit Confiserie ergänzt das à la carte-Restaurant.

---

**FTAN** 7551 Graubünden (GR) 553 Z9 – 482 Ew. – Höhe 1 648 – Wintersport : 1 684/2 390 m
✦3 🎿.
🛈 Ftan Turissem, ℰ 0818 640 557, info@ftan.ch, Fax 0818 640 537.
*Bern 332 – Scuol 8 – Chur 107 – Davos 50 – Sankt Moritz 63.*

**Paradies** (Hitzberger) 🦢, Süd-West : 1 km Richtung Ardez, ℰ 0818 610 808, info@
hotelhausparadies.ch, Fax 0818 610 809, ≤ Inntal und Lischanagruppe, 😀, ☎s, 🌳
– 🛗, ✦ Rest, 🚗 P AE ① ⓿ VISA. 🍴 Rest
4. Dez. - 17. April und 3. Juni - 22. Okt. – **La Bellezza** (geschl. Montag und Dienstag
(nur Abendessen) **Rest** (Tischbestellung ratsam) 170 und à la carte 112/184 – **Bellavista** (nur Abendessen) **Rest** 88 und à la carte 76/94 – **Stüva Paradis** : **Rest** 59
und à la carte 49/96 – **16 Zim** 🍽 ✦190/360 ✦✦380/460, 7 Suiten – ½ P
Zuschl. 88.
**Spez.** Kross gebratener Saibling auf Kaiserschoten und Fenchel. Carpaccio vom Hummer mit Mango-Chilli-Chutney. Knusprig gebratenes Spanferkel mit Spitzkohl und
Süsskartoffel
♦ Ihre Residenz überzeugt mit herrlicher Ruhe, komfortablen, modern-eleganten Zimmern und einem phantastischen Blick auf die Umgebung. Edel wirkt das La Bellezza
- hier offeriert man aufwändig zubereitete klassische Speisen. Frisch und elegant
das Bellavista.

**FULDERA** 7533 Graubünden (GR) 553 AA10 – 127 Ew. – Höhe 1641 – Wintersport : 🎿.

**Lokale Veranstaltung**
*01.03 : "chalandamarz" alter Frühlingsbrauch und Kinderfest.*

*Bern 344 – Scuol 60 – Chur 119 – Davos 62 – Merano 75 – Sankt Anton am Arlberg 118.*

🏠 **Staila,** Hauptstrasse, ✆ 0818 585 160, info@hotel-staila.ch, Fax 0818 585 021, ≤,
🏠 ⌂, ≈s, 🌳 – ⊁ Zim, 🅿, 🖭 ⑨ ⑩ 𝗩𝗜𝗦𝗔, ⅍ Rest
*geschl. 24. April - 24. Mai und 2. Nov. - 20. Dez.* – **Rest** *(geschl. Montag in Zwischensaison)* 48 (abends) und à la carte 42/86 – **17** Zim ⌕ ✦80/120 ✦✦160/180 – ½ P Zuschl. 34.
♦ Der zinnoberrote Landgasthof in diesem friedlichen Dörfchen im Val Müstair bietet seinen Gästen Zimmer, die einfach, aber wohnlich mit solidem Holzmobiliar eingerichtet sind. Arventäferdecke und -mobiliar geben dem Restaurant seinen rustikalen Charakter.

**FULLY** 1926 Valais (VS) 552 G12 – 5 756 h. – alt. 465.
*Bern 134 – Martigny 7 – Montreux 50 – Sion 26.*

🏠 **De Fully,** 16 r. de l'Eglise, ✆ 0277 463 060, hotel.fully@bluewin.ch,
Fax 0277 464 133 – 🖻, 🍴 rest, ⅙ ch, 🅿 – 🔬 15/20. 🖭 ⑨ ⑩ 𝗩𝗜𝗦𝗔
*fermé 23 déc. au 9 janv. et dim. soir* – **Rest** 48/73 et à la carte 56/76 – **Brasserie :**
**Rest** (16) et à la carte 36/76 – **18 ch** ⌕ ✦75 ✦✦130 – ½ P suppl. 25.
♦ Au coeur du village, vieille bâtisse rénovée renfermant des chambres spacieuses et modernes. Bon à savoir : c'est aussi le lieu de dégustation des vignerons-éleveurs de Fully. Nostalgique restaurant à la carte. Brasserie au style régional de bon goût.

**FÜRIGEN** Nidwalden 551 O7 – siehe Stansstad.

**FÜRSTENAU** 7414 Graubünden (GR) 553 U9 – 308 Ew. – Höhe 665.
*Bern 263 – Chur 24 – Andermatt 96 – Davos 48 – St. Moritz 64.*

🍴🍴 **Schauenstein_Schloss Restaurant Hotel** (Caminada) ⅍ mit Zim,
✆ 0816 321 080, kontakt@schauenstein.ch, Fax 0816 321 081, 🏠, ≈s, 🌳 – ⊁
🅿, 🖭 ⑩ 𝗩𝗜𝗦𝗔, ⅍ Rest
*geschl. 18. Mai, 20. - 24. Aug., 23. Okt. - 23. Nov., Montag, Dienstag und Mittwochmittag* – **Rest** (Tischbestellung ratsam) 78/139 und à la carte 72/128 –
⌕ 23 – **6 Zim** ✦175/240 ✦✦305/360 – ½ P Zuschl. 78.
**Spez.** Schweizer Charolais-Rinderrücken mit Schalotten-Pfefferjus und Ochsenschwanz (Herbst - Winter). Bündner Lämmchen mit Bärlauch, Zitrone und Gewürztomate (Frühling - Sommer). Knusprig gebratenes Spanferkel aus Graubünden mit Fenchel, Safran und Oliven. **Weine** Fläscher, Jeninser
♦ Sorgsam wurde das Schloss von 1742 umgebaut : ein schön getäfertes Restaurant mit zeitgemässer Küche sowie sehr geschmackvolle, individuelle und moderne Zimmer. Raucher-Lounge.

**GALS** 2076 Bern (BE) 552 H7 – 683 Ew. – Höhe 449.
*Bern 42 – Neuchâtel 14 – Biel 22 – La Chaux-de-Fonds 35 – Murten 21.*

🍴🍴 **Zum Kreuz,** Dorfstr. 8, ✆ 0323 382 414, info@kreuzgals.ch, Fax 0323 382 470,
🏠 – 🅿, 🖭 ⑨ ⑩ 𝗩𝗜𝗦𝗔
*geschl. 1. - 10. Jan., 17. Juli - 8. Aug., Montag und Dienstag* – **Rest** (16) 48/75 und à la carte 49/100.
♦ Der Landgasthof an der Dorfstrasse beherbergt ein rustikales Restaurant mit netter zum Garten liegender Terrasse. Modern-regionale Karte.

**GANDRIA** 6978 Ticino (TI) 553 S13 – 213 ab. – alt. 274.
*Bern 276 – Lugano 5 – Bellinzona 33 – Locarno 45 – Menaggio 23.*

🏠 **Moosmann** ⅍, ✆ 0919 717 261, hotel_moosmann@bluewin.ch,
Fax 0919 727 132, ≤, 🏠, 🌳 – 🖻 🖭 ⑨ ⑩ 𝗩𝗜𝗦𝗔
*9 aprile al 21 ottobre* – **Rist** (chiuso a mezzogiorno) 36 ed alla carta 39/79 – **29 cam**
⌕ ✦95/150 ✦✦150/220.
♦ Ai bordi del Ceresio, albergo di tono familiare con terrazza e giardino. Camere piuttosto spaziose e luminose : preferite quelle fronte lago. La simpatica sala da pranzo del ristorante è completata dalla terrazza sul lago. Cucina curata, con pesce di lago.

**GATTIKON** 8136 *Zürich (ZH)* 551 *P5 – Höhe 510.*
*Bern 136 – Zürich 11 – Luzern 47 – Zug 20.*

XX  **Sihlhalden** (Smolinsky), Sihlhaldenstr. 70, ☏ 0447 200 927, *rest.sihlhalde@ blue*
✿  *win.ch, Fax 0447 200 925,* 斎 – **P**, **AE** **MO** **VISA**
*geschl. 26. Dez. - 2. Jan., 24. Juli - 14. Aug., Sonntag und Montag – Rest* (Tischbestellung ratsam) (38) 118 (abends) und à la carte 70/125.
**Spez.** Meerwolf auf Olivenextrakt (Frühling - Sommer). Mieral Ente (Sommer). Reh-
rücken aus hiesiger Jagd (Herbst)
   ♦ Das Haus liegt versteckt am Ortsrand. In drei traditionellen, individuell eingerichteten Stuben schwelgt der Gast in Genüssen, die er von einer klassischen Karte wählt.

**GEMPENACH** 3215 *Freiburg (FR)* 552 *H7 – 288 Ew. – Höhe 508.*
*Bern 24 – Neuchâtel 30 – Biel 34 – Fribourg 24 – Murten 8.*

XX  **Zum Kantonsschild,** Hauptstr. 24, ☏ 0317 511 111, *info@ kantonsschild.ch*,
e⃝  *Fax 0317 512 308,* 斎 – **P** ⇄ 20/80. **AE** **①** **MO** **VISA**. 🛇
**Rest** *(geschl. 20. Feb. - 12. März, 17. Juli - 6. Aug., Montag und Dienstag)* (16.50) 46
(mittags)/97 und à la carte 62/112.
   ♦ Über eine Treppe gelangt man in die frische, einfache Gaststube. Linker Hand liegen
die zwei à la carte-Stuben mit neuzeitlich-rustikalem Interieur. Klassisches Angebot

# GENÈVE (GENF)

1200 🇨 Genève (GE) 552 B11 – 178 500 h. – alt. 375

Bern 164 ① – Annecy 45 ⑤ – Grenoble 148 ⑤ – Lausanne 60 ① – Lons-le-Saunier 111 ⑦ – Lyon 151 ⑤

🛈 Genève Tourisme, 18 r. du Mont-Blanc FY, Informations touristiques, Aéroport niveau Arrivées BT, Genève Tourisme, Arcade municipale, Pont-de-la-Machine FY, ℘ 0229 097 000, info@geneve-tourisme.ch, Fax 0229 097 011.

❀ 8, cours de Rive 1204 Genève, GZ, 4, ch. de Blandonnet 1214 Vernier ℘ 0224 172 030, Fax 0224 172 042 BU.

◉ 48, route des Acacias, ℘ 0223 422 233, Fax 0223 013 711 BV.

✈ de Genève, ℘ 0227 177 111 BT.

## Compagnies aériennes
Swiss International Air Lines Ltd., ℘ 0848 852 000.
Air France 15 rte de l'Aéroport, ℘ 0228 278 787, Fax 0228 278 781.
Alitalia Genève-Airport, ℘ 0227 982 080, Fax 0227 885 630.
British Airways 13 Chantepoulet, ℘ 0848 801 010, Fax 0229 061 223.
Lufthansa 29 rte de Prébois, Cointrin, ℘ 0229 295 151, Fax 0229 295 150.

## Manifestations locales
16.06 – 18.06 : Fête de la Musique, concerts en tous genres dans les rues de Genève.
03.08 – 13.08 : "Fêtes de Genève", fête populaire avec feux d'artifice.
décembre : Fête de l'Escalade, fête historique avec cortège.

🔟₈ à Cologny, ✉ 1223 (mars-déc.) ℘ 0227 074 800, Fax 0227 074 820 DU.

🔟₈ à Bossey (France), ✉ F-74160 (mars-déc.) ℘ (0033) 450 43 95 50, Fax (0033) 450 95 32 57, par rte de Troinex.

🔟₂₇ à Esery (France), ✉ F-74930 Reignier (mars-déc.) ℘ (0033) 450 36 58 70, Fax (0033) 450 36 57 62, Sud-Est : 15 km.

🔟₈ Maison Blanche à Echenevex-Gex (France), ✉ F-01170 (mars-mi déc.) ℘ (0033) 450 42 44 42, Fax (0033) 450 42 44 43, Nord-Ouest : 17 km.

**Voir** : Rade et les bords du lac★★ FGY : vues★★★ du quai du Mont-Blanc ; Parcs Mon Repos GX, Perle du Lac, Villa Barton★★ CTU – conservatoire et jardin botanique★ : jardin de rocaille★★ CT E – Parc de la Grange★ CU – Parc des Eaux-Vives★ CU – Palais des Nations★★ CT – Vieille ville★ : Monument de la Réformation★ FZ D, Cathédrale St-Pierre★ FZ : tour Nord (panorama★★), Site archéologique★★, Maison Tavel★ FZ, Collections Baur★ GZ – Eglise du Christ-Roi : intérieur★ BV N – Boiseries★ au musée des Suisses à l'étranger CT M⁴.

**Musées** : Ariana★★ CT M² – Art et Histoire★★ GZ – Histoire naturelle★★ GZ – International de la Croix-Rouge et du Croissant-Rouge★★ CT M³ – International de l'automobile★ BT M¹ – Petit Palais – Art Moderne★★ GZ.

**Excursions** : en bateau sur le lac. Renseignements Cie Gén. de Nav. Jardin Anglais, ℘ 0848 811 848 – Mouettes genevoises, 8 quai du Mont-Blanc, ℘ 0227 322 944 – Swissboat, 4 quai du Mont-Blanc, ℘ 0227 324 747.

Le jet d'eau
216

# RÉPERTOIRE DES RUES DE GENÈVE

COL DE LA FAUCILLE
GEX
DIVONNE-LES-BAIN
7

A
B

PRÉVESSIN

D 35
6

FERNEY-VOLTAIRE

FRANCE

D 35

DOUANE
Colovre

T

MATEGNIN

DOUANE

DOUANE

GEX
BOURG-EN-BRESSE
BELLEGARDE-SUR-VALSERINE

6
DOUANE
Route

Av. Louis - Rendu

Av. de Vaudagne

GRAND
SACONN

R te
de - Fer

ARENA
M¹
S
PALEXPO

CENTRE
EUROPÉEN DE
RECHERCHE NUCLÉAIRE

MEYRIN
de
Av. de Meyrin

H
b
Mategnin

GENÈVE

SACONNEX

t
COINTRIN
55

R te
du Mandement

Route
du

CASINO
99

z
d
v
Av.
L.
b
46
PETIT-
SACONNEX

R te
de
Satigny
R te de Montfleury

Nant-d'Avril
78
99
97
R te
de
Vernier

Route

Casai
15
73
Meyrin
70

CH au DES BOIS

Peney
H
CH au

VERNIER
67

13

Vernier

a
54
33
60
141
LA SERVET
f
de

de
19

13

LE LIGNON

6
69
CHÂTELAINE

d' Aire

18

51

RHÔNE

Route

LOËX
g

AIRE

Ch in des Sellières

114
POL

A1-E62

BASE DE
LOISIRS
LES EVAUX

117
M
ST-
GEORGES

Chancy
PETIT-
LANCY

Route
d'Aire - la - Ville

de

Loëx
Av. du
Bois - de - la
Chapelle
de

N
q
Pont-Butin
H
LANCY

100
CRESSY
22
Chancy
Route
du
Grand-Lancy

H
ONEX

n
b

BERNEX
n
Soral
H
H
CONFIGNON
GRAND - LANCY
Av. Curé
40

Route
de
Rue
de

L' AIRE
Base

de
Camp

PLAN-
LES-
OUATES

LULLY
b
Route

Aire
DE
de

PLAINE
CH au
34

SACONNEX
D'ARVE

R te de
Certoux
X
PERLY-
CERTOUX
Route
de
Mourlaz
Route
A1a

5
LYON
GRENOBLE

A
B
ST-JULIEN-EN-GENEVOIS
ANNECY

# GENÈVE

A 1-E 25-E 62
NYON, LAUSANNE

C NYON

D YVOIRE
HERMANCE

BELLEVUE

CH^AU DE
BELLERIVE

a

H

COLLONGE-
BELLERIVE

EVIAN-LES-BAINS
THONON-LES-BAINS

PREGNY-
HAMBÉSY

a

102

CH^AU
H

102
O.M.S.

Domaine
de Penthes

M⁴

LAC LÉMAN

Thonon

de

VÉSENAZ

LA BELOTTE

LA
CAPITE

PRESSY

C.I.C.R.
M³

M²

88

88

PALAIS
DES
NATIONS

E

VILLA BARTON

GATT

PERLE DU LAC

M

Av. de
France

n

66

08

on

c

b

ST-PIERRE

112
M

U

39

3

25

24

106

57

x

e

u

H

R^te

CAROUGE

130

k

R^te de Pinchat

R^te

96

R^te Antoine-
Martin

Chemin des Marais

m

TROINEX

ANNECY

ST-JULIEN-EN-G.
ANNECY

BELLEGARDE-
SUR-VALSERINE

MT SALÈVE

PARC
DES
EAUX-VIVES

PARC
DE LA
GRANGE

63

d

63

X

R^te

de

Chêne

7

36

CHÊNE-
BOUGERIES

Malagnou R^te

Ch^in du Vallon

H

110

CHÊNE-
BOURG

110

THÔNEX

H

DOUANE

DOUANE

AMBILLY

ANNEMASSE

MT-BLANC
CHAMONIX

A 411

H

GAILLARD

MEGÈVE

ANNEMASSE

c

Av. de Thônex

DOUANE

FRANCE

109

R^te du Pas

de l'Echelle

Veyrier

b

H

DOUANE

N 206

ARVE

PETIT SALÈVE
.897

MONNETIER

VEYRIER

A 40-E 21

VANDŒUVRES

c

H

R^te

de Choulex

CHOUGNY

R^te

de

Vandœuvres

COLOGNY

b

t

Seymaz

Ch^in de la Seymaz

BEL-IDÉE

Ch^in de la Montagne

Ch^in de la Gradelle

Av. de Bel-Air

Ch^in de la
Mousse

R^te

de

Jussy

f

Quai de Cologny

Route de Cologny

RUTH

Route de la Capite

Quai Gustave-Ador

Route de Chêne

CITÉ
UNIVERSITAIRE

Av. Louis-Aubert

91

27

27

132

Ch^in Rieu

de

Ch^in de Naville

Florissant

n

CONCHES

VESSY

135

R^te de Vessy

Av. de Vessy

129

e

Ch^in de Veyrier

R^te de Veyrier

de Pinchat

R^te de Marsillon

R^te de Troinex

Drize

R^te de Saconnex-d'Arve

0        1 km

219

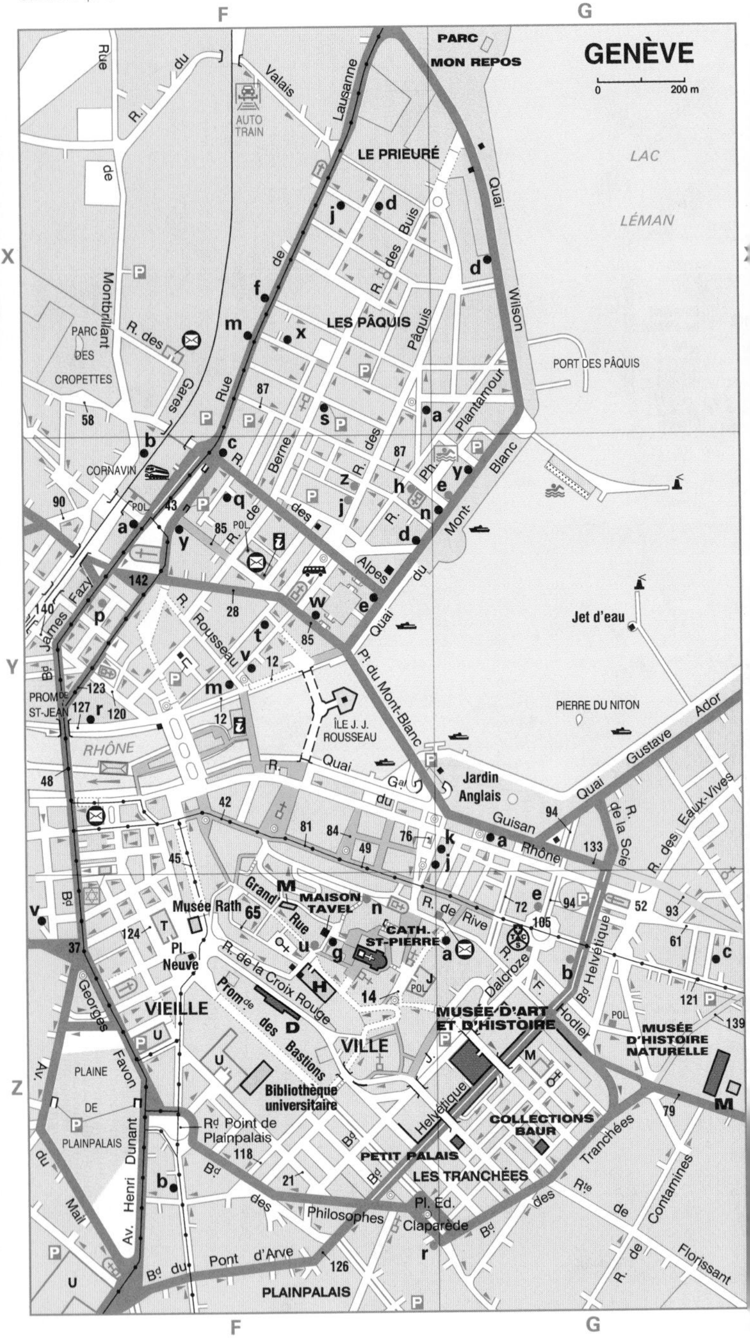

F
G
X
Y
Z
GENÈVE
0
200 m
PARC
MON REPOS
LAC
LÉMAN
LE PRIEURÉ
LES PÂQUIS
AUTO TRAIN
PARC DES CROPETTES
CORNAVIN
PORT DES PÂQUIS
Jet d'eau
PIERRE DU NITON
ÎLE J. J. ROUSSEAU
RHÔNE
Jardin Anglais
MAISON TAVEL
CATH. ST-PIERRE
Musée Rath
Pl. Neuve
VIEILLE
VILLE
MUSÉE D'ART ET D'HISTOIRE
MUSÉE D'HISTOIRE NATURELLE
Bibliothèque universitaire
COLLECTIONS BAUR
PETIT PALAIS
LES TRANCHÉES
PLAINE DE PLAINPALAIS
Rd Point de Plainpalais
Pl. Ed. Claparède
PLAINPALAIS
Rue de Lausanne
Quai Wilson
Quai du Mont-Blanc
Quai Gustave Ador
Quai Gal Guisan
Pt du Mont-Blanc
R. de la Croix Rouge
Promde des Bastions
Grand Rue
Bd James Fazy
Bd Georges Favon
Bd Helvétique
Bd des Philosophes
Bd du Pont d'Arve
Av. Henri Dunant
Av. du Mail
Rte de Florissant
R. de Contamines
R. des Eaux-Vives
R. de Rive
R. du Rhône
R. des Alpes
R. de Berne
R. de Montbrillant
R. des Gares
R. du Valais
R. des Pâquis
R. Plantamour
R. Rousseau
R. Dalcroze
R. de la Scie
R. F. Hodler
Prom de St-Jean
Tranchées

*Liste alphabétique des hôtels et restaurants*
*Alphabetisches Hotel- und Restaurantverzeichnis*
*Elenco alfabetico degli alberghi e ristoranti*
*Alphabetical list of hotels and restaurants*

11 Ambassador
9 Angleterre (D')
13 Armures (Les)
10 Auteuil

9 Beau-Rivage
13 Bel'Espérance
12 Bistrot du Bœuf Rouge
14 Brasserie de l'Hôtel de Ville
9 Bristol
14 Broche (La)
14 Buffet de la Gare des Eaux-Vives

17 Café de Certoux
17 Café des Négociants
16 Café de la Réunion
17 Chaumière (La)
17 Cheval Blanc (Auberge du) (Carouge)
16 Cheval-Blanc (Restaurant du) (Vandœuvres)
16 Cigalon (Le)
13 Cigogne (De la)
15 Closerie (La)
18 Colombière (La)
13 Comédie
18 Confignon (Auberge de)
11 Cornavin
19 Crowne Plaza

11 Edelweiss
11 Eden
13 Entrecôte Couronnée (L')
10 Epsom
18 Express by Holiday Inn

12 Green

12 Ibis
19 Ibis (Cointrin)
15 Intercontinental

11 Jade
12 Jacky (Chez)
18 Jeu de Loëx (Au)

11 Kipling

17 Lavandou (Au)
15 Lion d'Or (Auberge du)
13 Longemalle

9 Mandarin Oriental du Rhône
18 Marignac (Le)
11 Midi (Du)
11 Mon-Repos
10 Montbrillant (Le)
18 Mövenpick Genève

10 Nash Rex Hôtel
10 Nations (Les)
12 Neptune (Le)
19 NH Geneva Airport Hotel
9 Noga Hilton
10 Novotel

9 Paix (De la)
14 Parc des Eaux-Vives
14 Patio (Le)
12 Perle du Lac (La)
14 Perron (Le)
17 Pinchat (Auberge de)
9 Président Wilson

16 Ramada Encore
18 Ramada Park Hotel
15 Relais de Chambésy
15 Réserve (La)
14 Roberto
10 Royal

12 Sagano
13 Sagitta
16 Saladier (Le)
14 Sénat (Le)
10 Sofitel
12 Suisse
11 Strasbourg-Univers
19 Suitehotel
13 Swissôtel Genève Métropole

221

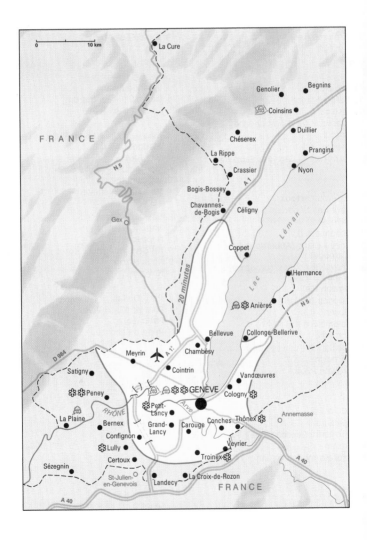

**Mandarin Oriental du Rhône**, 1 quai Turrettini, ⊠ 1201, ℰ 0229 090 000, mogva-reservation@mohg.com, Fax 0229 090 010, ≤, 龠, ⅃₆, ≘s – 🛗, ⅙⊷ ch, 🖳 📞 ♦ ch, ⇔ – 🏄 15/150. 🖭 ⓿ ⓿ 𝘝𝘐𝘚𝘈  p. 6 FY r
Rest (voir aussi rest. **Le Neptune** ci-après) – **Café Rafael** ℰ 0229 090 005 Rest (39) 61 (midi) et à la carte 71/113 – � 40 – **180 ch** ✝530/990 ✝✝750/1050, 12 suites.
♦ Établissement central oeuvrant sur la rive droite du Rhône. Somptueuses chambres au mobilier Art déco et pimpantes salles de bains en marbre. La carte du Café Rafael décline un choix de recettes traditionnelles se référant occasionnellement au terroir.

**Président Wilson**, 47 quai Wilson, ⊠ 1201, ℰ 0229 066 666, sales@hotelpwilson.com, Fax 0229 066 667, ≤, 龠, ⅃₆, ≘s, ⌿ – 🛗, ⅙⊷ ch, 🖳 ⇔ – 🏄 15/600. 🖭 ⓿ ⓿ 𝘝𝘐𝘚𝘈  p. 6 GX d
**Spice's** (fermé mi-juil. à mi-août, sam. midi et dim.) Rest 55 (midi)/128 et à la carte 101/147 – **L'Arabesque** - cuisine libanaise - Rest (30) 55 (midi)/95 et à la carte 52/90 – **Pool Garden** (fermé mai à sept.) Rest 47 (midi)/68 et à la carte 80/130 – ⊆ 40 – **219 ch** ✝580/750 ✝✝750/1100, 11 suites.
♦ Profusion de bois noble et de marbre dans cet hôtel dont les meilleures chambres ont vue sur le lac. "World cuisine" dans le tempo actuel au Spice's. Délicieuses spécialités libanaises à L'Arabesque. Repas estival autour de la piscine au Pool Garden.

**Noga Hilton**, 19 quai du Mont-Blanc, ⊠ 1201, ℰ 0229 089 081, reservations.geneva@hilton.com, Fax 0229 089 090, ≤, 龠, ⊘, ⅃₆, ⌿ – 🛗, ⅙⊷ ch, 🖳 📞 ♦ ch – 🏄 15/800. 🖭 ⓿ ⓿ 𝘝𝘐𝘚𝘈  p. 6 GY y
**Le Cygne** : (1er étage) ℰ 0229 089 085 (fermé 1er au 8 janv., 23 mars au 2 avril, 14 août au 4 Sept., sam. et dim.) Rest 88/115 et à la carte 90/161) – **La Grignotière** : Rest (27) et à la carte 53/108 – ⊆ 40 – **401 ch** ✝385/570 ✝✝605/790, 9 suites.
♦ Immeuble imposant bâti au bord du Léman. Vastes chambres déjà anciennes mais en attente d'une cure de jouvence. Gastronomie de notre temps au Cygne, avec la rade et le jet d'eau pour toile de fond. Cuisine de brasserie et terrasse panoramique à La Grignotière.

**D'Angleterre**, 17 quai du Mont-Blanc, ⊠ 1201, ℰ 0229 065 555, angleterre@rchmail.com, Fax 0229 065 556, ≤, ⅃₆, ≘s – 🛗, ⅙⊷ ch, 🖳 video ♦ ⇔ – 🏄 15/35. 🖭 ⓿ ⓿ 𝘝𝘐𝘚𝘈  p. 6FGY n
**Windows** : Rest (28) 38 (midi)/155 et à la carte 90/126 – ⊆ 42 – **45 ch** ✝530/820 ✝✝720/950.
♦ Cette demeure alanguie au bord du Léman ne manque assurément pas de cachet. Spacieuses chambres agréables à vivre, détente au Leopard Lounge et service aux petits soins. Restaurant-véranda "cosy" offrant une vue lacustre. Repas au goût du jour.

**Beau-Rivage**, 13 quai du Mont-Blanc, ⊠ 1201, ℰ 0227 166 666, info@beau-rivage.ch, Fax 0227 166 060, ≤, 龠, ⅃₆ – 🛗, ⅙⊷ ch, 🖳 📞 ⇔ – 🏄 15/120. 🖭 ⓿ ⓿ 𝘝𝘐𝘚𝘈  p. 6 FY d
**Le Chat Botté** : Rest 60 (midi)/185 et à la carte 102/172 ⌂ – **Le Patara** ℰ 0227 315 566 - cuisine thaïlandaise - (fermé 24 déc. au 8 janv., 14 au 17 avril, 3 au 5 juin, sam. midi et dim. midi) Rest (21) 34 (midi)/85 et à la carte 61/123 – ⊆ 39 – **86 ch** ✝790/1100 ✝✝890/1200, 7 suites.
♦ Face au lac, hôtel de caractère dirigé par la même famille depuis 1865. Élégantes chambres entretenant une atmosphère "rétro". Bel atrium à colonnades où bruisse une fontaine. Gastronomie d'aujourd'hui et cadre cossu au Chat Botté. Repas "siamois" au Patara.

**De la Paix**, 11 quai du Mont-Blanc, ⊠ 1201, ℰ 0229 096 000, reservation@hoteldelapaix.ch, Fax 0229 096 001, ≤ – 🛗, ⅙⊷ ch, 🖳 video ♦ – 🏄 15/50. 🖭 ⓿ ⓿ 𝘝𝘐𝘚𝘈 ⅙ rest  p. 6 FY e
Réouverture après travaux courant février. **Vertig'O** (fermé dim.) Rest (30) 49 (midi)/95 et à la carte 68/125 – ⊆ 40 – **80 ch** ✝360/750 ✝✝550/920, 4 suites.
♦ Ce palace élevé en 1865 sur la berge du Léman s'est offert une seconde jeunesse en 2005. Espaces communs soignés et diverses catégories de chambres au cadre classique-actuel. Bar-restaurant agencé à la façon d'une brasserie contemporaine. Repas traditionnel.

**Bristol**, 10 r. du Mont-Blanc, ⊠ 1201, ℰ 0227 165 700, reservations@bristol.ch, Fax 0227 389 039, ⅃₆, ≘s – 🛗, ⅙⊷ ch, 🖳 ♦ – 🏄 15/100. 🖭 ⓿ ⓿ 𝘝𝘐𝘚𝘈 ⅙
**Relais Bristol** : Rest (23) 49 (midi)/86 et à la carte 66/108 – ⊆ 33 – **95 ch** ✝330/590 ✝✝450/625, 5 suites – ½ P suppl. 49.  p. 6 FY w
♦ Un hall luxueux donne accès à la réception de cet hôtel officiant près des quais. Spacieuses chambres rénovées. Fitness, sauna et hammam. Collection de toiles anciennes. Repas au goût du jour dans une salle classique tirée à quatre épingles. Piano-bar.

🏨 **Epsom,** 18 r. de Richemont, ✉ 1202, ☎ 0225 446 666, *epsom@manotel.com*, Fax 0225 446 699, ⅃⅁ – ⅃⅁, ⅃⅁ ch, ▦ ✆ ⅃⅁ ch – , ⅃⅁ 15/60. ⅃⅁ ⓪ ⓪⓪ **VISA**
p. 6 FX d

**Portobello** (fermé 25 déc. au 2 janv.) Rest (19) 39 (midi) et à la carte 50/105 – **153 ch** ⅃⅁ 250/380 ⅃⅁250/410.

♦ Hôtel d'un genre très contemporain oeuvrant dans une rue calme du centre. Atmosphère reposante, chambres agréables à vivre et installations conférencières "high tech". Rôtisserie design coiffée d'une verrière.

🏨 **Royal,** 41 r. de Lausanne, ✉ 1201, ☎ 0229 061 414, *royal@manotel.com*, Fax 0229 061 499, ⅃⅁, ⅃⅁, ⅃⅁ – ⅃⅁, ⅃⅁ ch, ▦ ✆ ⅃⅁ ⅃⅁ – ⅃⅁ 15/30. ⅃⅁ ⓪ ⓪⓪ **VISA**
p. 6 FX i

fermé 6 mois en début d'année pour travaux - **Rive Droite :** Rest (19) 65 et à la carte 42/94 – ⅃⅁ 28 – **166 ch** ⅃⅁275/520 ⅃⅁320/530, 6 suites.

♦ Cet hôtel implanté entre la gare et le lac met à votre disposition d'élégantes chambres feutrées garnies de meubles classiques et plusieurs suites tout confort. Restaurant façon brasserie parisienne. Banc d'écailler et menu du marché noté sur ardoise.

🏨 **Warwick,** 14 r. de Lausanne, ✉ 1201, ☎ 0227 168 000, *res.geneva@warwickhotels.com*, Fax 0227 168 001 – ⅃⅁, ⅃⅁ ch, ▦ video ✆ – ⅃⅁ 15/150. ⅃⅁ ⓪ ⓪⓪ **VISA**
p. 6 FY c

**La Brasserie :** Rest (19) et à la carte 55/86 – ⅃⅁ 27 – **167 ch** ⅃⅁320/440 ⅃⅁350/520 – ½ P suppl. 39.

♦ Devant la gare, adresse idéale pour touristes ou congressistes anxieux de rater leur train. Chambres actuelles et pratiques. Restaurant entretenant une atmosphère de brasserie parisienne.

🏨 **Sofitel,** 18-20 r. du Cendrier, ✉ 1201, ☎ 0229 088 080, *h1322@accor-hotels.com*, Fax 0229 088 081, ⅃⅁ – ⅃⅁, ⅃⅁ ch, ▦ video ✆. ⅃⅁ ⓪ ⓪⓪ **VISA**
⅃⅁
p. 6 FY t

Rest (24) 49 et à la carte 65/108 – ⅃⅁ 35 – **95 ch** ⅃⅁410/470 ⅃⅁440/530.

♦ Hôtel central dont les chambres, rustiques ou de style Louis XVI, sont en attente d'une rénovation. Salon avec coin cheminée et pianiste le soir. Restaurant classique-traditionnel. L'été, possibilité de s'attabler en terrasse.

🏨 **Novotel,** 19 r. de Zurich, ✉ 1201, ☎ 0229 099 000, *H3133@accor.com*, Fax 0229 099 001 – ⅃⅁, ⅃⅁ ch, ▦ ✆ ⅃⅁ – ⅃⅁ 25. ⅃⅁ ⓪ ⓪⓪ **VISA**
p. 6 FX s

Rest (17) 29 (midi)/46 et à la carte 47/80 – ⅃⅁ 27 – **194 ch** ⅃⅁145/450 ⅃⅁145/450, 12 suites.

♦ Pas loin de la gare ni des berges du lac, hôtel de chaîne reconnaissable à sa façade "tout verre". Chambres progressivement rénovées, de bon gabarit et bien équipées. Restaurant au décor contemporain sur le thème des épices. Cuisine traditionnelle.

🏨 **Nash Rex Hotel** sans rest, 42-44 av. Wendt, ✉ 1203, ☎ 0225 447 474, *hotel.rex@nash-holding.com*, Fax 0225 447 499 – ⅃⅁ ⅃⅁ ✆. ⅃⅁ ⓪ ⓪⓪ **VISA** p. 4 BU f
⅃⅁ 25 – **70 ch** ⅃⅁195/295 ⅃⅁235/385.

♦ Hôtel inauguré en 2004 dans un quartier résidentiel. Espaces communs cossus et chambres de tailles variables, mais souvent amples et lumineuses, dotées d'un mobilier de style.

🏨 **Le Montbrillant,** 2 r. de Montbrillant, ✉ 1201, ☎ 0227 337 784, *contact@montbrillant.ch*, Fax 0227 332 511, ⅃⅁ – ⅃⅁, ⅃⅁ ch, ✆ ⅃⅁ – ⅃⅁ 15/40. ⅃⅁ ⓪ ⓪⓪ **VISA**
p. 6 FY b

Rest (18) et à la carte 45/80 – **82 ch** ⅃⅁ ⅃⅁150/195 ⅃⅁220/360 – ½ P suppl. 48

♦ Hébergement très valable pour qui ne souhaite pas s'éloigner de la gare. Espaces communs d'esprit montagnard, chambres à géométrie variable et studios avec kitchenette. Restaurant pratiquant un style culinaire traditionnel.

🏨 **Les Nations** sans rest, 62 r. du Grand-Pré, ✉ 1202, ☎ 0227 480 808, *info@hotel-les-nations.com*, Fax 0227 343 884 – ⅃⅁ ⅃⅁ video ✆. ⅃⅁ ⓪ ⓪⓪ **VISA**
**71 ch** ⅃⅁ ⅃⅁220/280 ⅃⅁280/350.
p. 4 BU c

♦ Établissement hôtelier entièrement refait de neuf, où la clientèle d'affaires et CEE a ses habitudes. Chambres un peu compactes mais aussi pimpantes que coquettes.

🏨 **Auteuil** sans rest, 33 r. de Lausanne, ✉ 1201, ☎ 0225 442 222, *auteuil@martotel.com*, Fax 0225 442 299 – ⅃⅁ ⅃⅁ ▦ video ✆ ⅃⅁ – ⅃⅁ 25. ⅃⅁ ⓪ ⓪⓪ **VISA**
p. 6 FX n

**104 ch** ⅃⅁ ⅃⅁280/310 ⅃⅁355/395.

♦ Hall contemporain égayé de portraits de stars "façon Andy Warhol", chambres modernes au mobilier en bois sombre, salles d'eau design et espace breakfast très "tendance".

🏠 **Cornavin** sans rest, Gare de Cornavin, ✉ 1201, ✆ 0227 161 212, *cornavin@ fhotels.ch*, *Fax 0227 161 200* – 🛗 ⇴ 🗏 ☎ – 🔺 60. 🗛 ⑩ 🐠
*VISA*
☎ 18 – **162 ch** ✝251/387 ✝✝301/437.
p. 6 FY a
◆ Cet hôtel où descendit Tintin (L'Affaire Tournesol) abrite la plus grande horloge du monde. Chambres modernes avec fauteuils Le Corbusier. Salle de breakfast panoramique.

🏠 **Kipling** sans rest, 27 r. de la Navigation, ✉ 1201, ✆ 0225 444 040, *kipling@ manotel.com*, *Fax 0225 444 099* – 🛗 ⇴ 🗏 ☎ 🅿 – 🔺 10. 🗛 ⑩
🐠 *VISA*. ✻
p. 6 FX x
**62 ch** ☎ ✝235/300 ✝✝275/320.
◆ Hommage à l'illustre auteur du "Livre de la Jungle" dans cet établissement sympathique ayant adopté un parti pris décoratif "colonial". Entrée parfumée d'effluves d'encens.

🏠 **Jade** sans rest, 55 r. Rothschild, ✉ 1202, ✆ 0225 443 838, *jade@manotel.com*, *Fax 0225 443 899* – 🛗 ⇴ 🗏 ☎ 🗛 ⑩ 🐠 *VISA*
p. 6 FX j
**47 ch** ☎ ✝234/258 ✝✝276/315.
◆ Immeuble hôtelier dont l'intérieur a été repensé selon les préceptes "ultra-tendance" du Feng Shui (philosophie chinoise). Harmonie et sérénité dans un cadre moderne épuré.

🏠 **Du Midi**, 4 pl. Chevelu, ✉ 1201, ✆ 0225 441 500, *info@hotel-du-midi.ch*, *Fax 0225 441 520*, 🍴 – 🛗 🗏 ☎ ⴲ ch. 🗛 ⑩ 🐠 *VISA*
p. 6 FY v
**Rest** *(fermé sam. et dim.)* (21) 35 (midi) et à la carte 54/88 – ☎ 25 – **87 ch** ✝250/350 ✝✝300/400.
◆ Cet hôtel où vous occuperez des chambres sans reproche se dresse sur une petite place baignée par le Rhône. Amples espaces communs. Le soir, pianiste d'ambiance au salon. Salle à manger actuelle confortablement installée. Terrasse d'été.

🏠 **Edelweiss**, 2 pl. de la Navigation, ✉ 1201, ✆ 0225 445 151, *edelweiss@manotel.com*, *Fax 0225 445 199* – 🛗, ⇴ ch, 🗏 ☎, 🗛 ⑩ 🐠 *VISA*
✻ rest
p. 6 FX a
**Rest** *(fermé 1er au 18 janv. et le midi)* à la carte 44/97 – **42 ch** ☎ ✝235/300 ✝✝275/320.
◆ Établissement dont la devanture donne une juste idée de l'aménagement intérieur : un véritable chalet suisse ! Chambres douillettes. Chaleureuse salle des repas avec mezzanine. Plats traditionnels, spécialités fromagères et ambiance musicale.

🏠 **Ambassador**, 21 quai des Bergues, ✉ 1201, ✆ 0229 080 530, *info@hotel-ambassador.ch*, *Fax 0227 389 080*, 🍴 – 🛗 🗏 video ☎ – 🔺 30. 🗛 ⑩
🐠 *VISA*
p. 6 FY m
**Rest** *(fermé dim. midi et sam.)* (19) 40 (midi)/60 et à la carte 53/98 – ☎ 24 – **81 ch** ✝300/450.
◆ Cet établissement est installé sur un quai du Rhône au trafic assez soutenu, mais l'excellente insonorisation des chambres vous fera probablement oublier ce petit détail. Repas traditionnel dans une salle revêtue de boiseries ou sur la terrasse d'été.

🏠 **Eden**, 135 r. de Lausanne, ✉ 1202, ✆ 0227 163 700, *eden@eden.ch*, *Fax 0227 315 260* – 🛗 🗏 video ☎ – 🔺 20. 🗛 ⑩ 🐠
*VISA*
p. 5 CU t
**Rest** *(fermé 23 déc. au 8 janv., 22 juil. au 13 août, sam. et dim.)* (19) 32/44 et à la carte 40/63 – **54 ch** ☎ ✝175/260 ✝✝235/310 – ½ P suppl. 31.
◆ Maison régulièrement améliorée, faisant face au Palais des Nations. Les chambres, classiquement agencées, sont claires et fonctionnelles. Restaurant traditionnel où la clientèle du quartier côtoie logeurs et gens de passage.

🏠 **Mon-Repos**, 131 r. de Lausanne, ✉ 1202, ✆ 0229 093 909, *reservations@hmrge.ch*, *Fax 0229 093 993*, 🍴 – 🛗 ⇴ ch, ☎. 🗛 ⑩ 🐠
p. 5 CU e
**Rest** *(fermé 16 déc. au 2 janv., sam., dim. et fériés)* (21) 39 et à la carte 49/83 – ☎ 18 – **85 ch** ✝205 ✝✝250 – ½ P suppl. 42.
◆ Établissement implanté juste en face du parc Mon-Repos. Plaisantes chambres où vous passerez des nuits sans histoire. Grande terrasse sur le devant. Intime salle de restaurant baignant dans une lumière tamisée. Repas traditionnel.

🏠 **Strasbourg - Univers** sans rest, 10 r. Pradier, ✉ 1201, ✆ 0229 065 800, *info@hotel-strasbourg-geneva.ch*, *Fax 0227 384 208* – 🛗 ⇴ ☎. 🗛 ⑩ 🐠
*VISA*. ✻
p. 6 FY q
**51 ch** ☎ ✝170/210 ✝✝220/290.
◆ À deux pas de la gare et du parking Cornavin, bâtisse rénovée dont les chambres sont peu spacieuses, mais fonctionnelles. Chaleureux hall habillé de boiseries.

🏠 **Suisse** sans rest, 10 pl. de Cornavin, ⊠ 1201, ✆ 0227 326 630, *reservation@hotel-suisse.ch, Fax 0227 326 239* – 📶 🖵 video ⚫ 🝔. ᴁᴇ ⓪ ⓜⓞ 𝗩𝗜𝗦𝗔 p. 6 FY y
62 ch ⌂ ♦185/250 ♦♦250/310.
◆ Point de chute utile pour les usagers du rail. Un ascenseur décoré en trompe-l'oeil conduit à la salle des petits-déjeuners et aux chambres récemment restaurées.

🏠 **Ibis** sans rest, 10 r. Voltaire, ⊠ 1201, ✆ 0223 382 020, *h2154@accor.com, Fax 0223 382 030* – 📶 ✀ 🖵 ⚫ ⓰. ᴁᴇ ⓪ ⓜⓞ 𝗩𝗜𝗦𝗔 p. 5 CU c
⌂ 14 – 65 ch ♦131 ♦♦131.
◆ Cet hôtel, entièrement rénové, est représentatif de la nouvelle génération Ibis. Confort moderne dans les chambres équipées d'un mobilier aux lignes épurées.

XXXX **Le Neptune** - *Hôtel Mandarin Oriental du Rhône*, 1 quai Turrettini, ⊠ 1201,
✿ ✆ 0229 090 006, *mogva-reservation@mohg.com, Fax 0229 090 010*, 🏠 – 🖵
🚗. ᴁᴇ ⓪ ⓜⓞ 𝗩𝗜𝗦𝗔. ✼ p. 6 FY r
fermé 24 au 30 déc., 29 juil. au 27 août, sam., dim. et fériés – Rest 98 (midi)/180 et à la carte 137/214.
**Spéc.** La langoustine de Guilvinec, les girolles Crête-de-coq et les fevettes. Le turbot de ligne, l'encornet du bassin méditerranéen et les les légumes de Provence. Tarte tout chocolat Guanaja. **Vins** Satigny
◆ Table de haute voltige culinaire partageant ses installations avec l'hôtel Mandarin Oriental du Rhône. Fresques neptuniennes en salle. Fine cuisine au goût du jour.

XXX **Tsé Yang,** 19 quai du Mont-Blanc, ⊠ 1201, ✆ 0227 325 081, Fax 0227 310 582,
✦ – 🖵 ⇔ 20. ᴁᴇ ⓪ ⓜⓞ 𝗩𝗜𝗦𝗔 p. 6 GY e
**Rest** (1er étage) - cuisine chinoise - 45 (midi)/139 et à la carte 67/165.
◆ Élégante salle à manger décorée à l'orientale et compartimentée par des cloisons en bois sculpté. Savourez des spécialités chinoises tout en profitant de la vue sur le Léman.

XXX **La Perle du Lac,** 128 r. de Lausanne, ⊠ 1202, ✆ 0229 091 020, *info@perledulac.ch, Fax 0229 091 030*, ✦ lac, 🏠, 🕭, 🍽 – 🖵 🄿 ⇔ 8/60. ᴁᴇ ⓪ ⓜⓞ 𝗩𝗜𝗦𝗔. ✼
fermé 24 déc. au 25 janv. et lundi – Rest 58 (midi)/115 et à la carte 88/131.
◆ Bordé d'une large terrasse panoramique, ce chalet centenaire jouit d'une situation privilégiée au milieu d'un parc face au lac. Tons vifs dans la plus moderne des deux salles. p. 5 CU f

XX **Green,** 5 r. Alfred Vincent, ⊠ 1201, ✆ 0227 311 313, Fax 0227 381 345 – ᴁᴇ ⓪
ⓜⓞ 𝗩𝗜𝗦𝗔. ✼ p. 6 FY h
fermé 24 déc. au 1er janv., 14 au 23 avril, 30 juil. au 26 août, sam. midi, lundi midi et dim. – Rest (28) 58 (midi) et à la carte 121/157.
◆ Derrière une façade couverte d'une parure végétale, table au goût du jour dont la salle à manger cossue, où domine la couleur mauve, est égayée de cadres agencés à l'anglaise.

X **Thai Phuket,** 33 av. de France, ⊠ 1202, ✆ 0227 344 100, Fax 0227 344 240
⊚ – 🖵. ᴁᴇ ⓜⓞ 𝗩𝗜𝗦𝗔 ✼ p. 5 CU u
**Rest** - cuisine thaïlandaise - *(fermé sam. midi)* (17) 35 (midi)/90 et à la carte 41/111 ⌕.
◆ Bonne table thaïlandaise où de prévenantes hôtesses en tenue de là-bas sont aux petits soins. Vieux millésimes et grands bordeaux. Superbe aquarium de poissons exotiques.

X **Chez Jacky,** 9 r. Necker, ⊠ 1201, ✆ 0227 328 680, *restaurant@chezjacky.ch, Fax 0227 311 297*, 🏠 – 🖵 ⇔ 15. ᴁᴇ ⓪ ⓜⓞ 𝗩𝗜𝗦𝗔 p. 6 FY p
fermé 24 déc. au 2 janv., 22 juil. au 13 août, sam. et dim. – Rest (20) 44 (midi)/89 et à la carte 64/92.
◆ Salle à manger bourgeoise dans les tons vert et blanc et terrasse sous stores, isolée du trottoir par des jardinières. Cuisine au goût du jour. Beaux chariots de desserts.

X **Bistrot du Boeuf Rouge,** 17 r. Alfred-Vincent, ⊠ 1201, ✆ 0227 327 537,
⊚ Fax 0227 314 684 – ᴁᴇ ⓪ ⓜⓞ 𝗩𝗜𝗦𝗔 p. 6 FY z
fermé 24 déc. au 2 janv., 3 sem. en juil. - août, sam. et dim. – Rest - cuisine lyonnaise -(18) 37 (midi)/54 et à la carte 54/92.
◆ Typique bistrot à la française, avec son zinc, ses banquettes, ses vieilles "réclames" et ses jeux de miroirs. Spécialités lyonnaises, plats locaux et suggestions gourmandes

X **Sagano,** 86 r. de Montbrillant, ⊠ 1202, ✆ 0227 331 150, Fax 0227 332 755, 🏠
– 🖵 ⇔ 80. ᴁᴇ ⓜⓞ 𝗩𝗜𝗦𝗔 p. 5 CU n
**Rest** - cuisine japonaise - *(fermé sam. midi et dim.)* 23 (midi)/90 et à la carte 46/113 ⌕
◆ Faim d'exotisme et envie de rester zen ? Ce restaurant nippon est alors l'adresse indiquée. Tatamis et tables basses en salle. Voyage culinaire dans l'Empire du Soleil levant.

X **L'Entrecôte Couronnée,** 5 r. des Pâquis, ✉ 1201, 𝒫 0227 328 445, *Fax 0227 328 446* – 🅰🄴 ⓪ 🄼🄾 *VISA* p. 6 FY j
*fermé 23 déc. au 3 janv., sam. midi et dim.* – **Rest** (25) 58 et à la carte 56/82.
♦ Ici flotte encore l'âme genevoise ! Pour peaufiner votre connaissance de la ville, admirez les toiles et lithographies exposées aux murs. Choix actuel et ambiance bistrotière.

**Rive gauche (Centre des affaires) :**

🏨 **Swissôtel Genève Métropole,** 34 quai Général-Guisan, ✉ 1204, 𝒫 0223 183 200, *reservations.geneva@swissotel.com, Fax 0223 183 300*, ≤, 😚, 𝕝♠ – |♦|, ⇔ ch, 🗏 video ☏ – 🔬 15/90. 🅰🄴 ⓪ 🄼🄾 *VISA* p. 6 GY a
*Le Grand Quai :* **Rest** (29) et à la carte 58/124 – ⊑ 37 – **118 ch** ♦355/580 ♦♦470/960, 9 suites.
♦ Hôtel de 1854 surveillant l'emblématique jet d'eau. Belles chambres classiques, souvent côté lac, nouvelles suites "king size", terrasse panoramique et espace fitness perché. Décoration picturale en trompe-l'oeil et cuisine française au Grand Quai.

🏨 **Les Armures** 😚, 1 r. du Puits-Saint-Pierre, ✉ 1204, 𝒫 0223 109 172, *armures@span.ch, Fax 0223 109 846*, 😚 – |♦| 🗏 video ☏. 🅰🄴 ⓪ 🄼🄾 *VISA* p. 6 FZ g
**Rest** *(fermé Noël, Nouvel An et Pâques)* (19) 55 et à la carte 49/91 – **32 ch** ⊑ ♦360/445 ♦♦520/545.
♦ Élégante demeure rustique du 17ᵉ s. nichée au coeur du vieux Genève. Meubles anciens et poutres apparentes président au joli décor des chambres. Choix de plats traditionnels dont on se repait bien dans un cadre rénové. Fondue servie au carnotzet.

🏨 **De la Cigogne,** 17 pl. Longemalle, ✉ 1204, 𝒫 0228 184 040, *cigogne@relaischateaux.com, Fax 0228 184 050* – |♦| 🗏 ☏. 🅰🄴 ⓪ 🄼🄾 *VISA*, ⇔ rest p. 6FGY j
**Rest** *(fermé sam. en juil. - août et dim. midi)* (38) 59 (midi)/105 et à la carte 72/121 – **46 ch** ⊑ ♦370 ♦♦465, 6 suites.
♦ Façade "1900" dominant une place passante. Installations élégantes, communs parsemés d'objets d'arts, chambres et suites personnalisées par du beau mobilier ancien. Repas traditionnel sous la verrière du restaurant à touche Art déco.

🏨 **Tiffany,** 1 r. des Marbriers, ✉ 1204, 𝒫 0227 081 616, *info@hotel-tiffany.ch, Fax 0227 081 617* – |♦| 🗏 ch, 🅰🄴 ⓪ 🄼🄾 *VISA* p. 6 FZ v
**Rest** *(fermé Noël, Nouvel An et Pâques)* (23) et à la carte 51/91 – ⊑ 18 – **46 ch** ♦240/290 ♦♦350/420 – ½ P suppl. 38.
♦ Hôtel aux installations modernes créé à partir d'un monument de la fin du 19ᵉ s. Réminiscences décoratives Belle Époque dans les chambres, salon et bar très "cosy". Salle à manger "rétro" assortie au style de la maison. Salades et plats minceur à la carte.

🏨 **Sagitta** 😚 sans rest, 6 r. de la Flèche, ✉ 1207, 𝒫 0227 863 361, *sagitta@span.ch, Fax 0228 498 110* – |♦| 🗏 ☏ 🄿. 🅰🄴 ⓪ 🄼🄾 *VISA* p. 6 GZ c
**42 ch** ⊑ ♦169/279 ♦♦209/279.
♦ Établissement situé dans un secteur commerçant et toutefois au calme. Chambres, studios, appartements et nombreuses kitchenettes. Façade tristounette mais équipements rénovés.

🏨 **Longemalle** sans rest, 13 pl. Longemalle, ✉ 1204, 𝒫 0228 186 262, *info@longemalle.ch, Fax 0228 186 261* – |♦| ☏ – 🔬 15/40. 🅰🄴 ⓪ 🄼🄾 *VISA* p. 6 GY k
**58 ch** ⊑ ♦220/275 ♦♦275/340.
♦ À deux pas du lac, hôtel mettant à profit une demeure remarquable au cachet ancien préservé. On y appréciera les services, les chambres neuves et le soin apporté aux décors.

🏨 **Bel'Espérance** sans rest, 1 r. de la Vallée, ✉ 1204, 𝒫 0228 183 737, *belesp@swi.salvationarmy.org, Fax 0228 183 773* – |♦| ⇔ 🅰🄴 ⓪ 🄼🄾 *VISA*. ⇔ p. 6 GZ a
*fermé 25 au 29 déc.* – **40 ch** ⊑ ♦100/120 ♦♦150/180.
♦ Engageante bâtisse entièrement rénovée, à débusquer dans une petite rue exempte de chahut. Chambres de tailles diverses et généreux buffet dressé au petit-déjeuner.

🏨 **Comédie** sans rest, 12 r. de Carouge, ✉ 1205, 𝒫 0223 222 324, *info@hotel-comedie.ch, Fax 0223 222 323* – ⇔ ☏. 🅰🄴 ⓪ 🄼🄾 *VISA* p. 6 FZ b
**28 ch** ⊑ ♦130/180 ♦♦180/250.
♦ Les chambres de ce petit hôtel situé dans une rue du centre desservie par le tram occupent les 5ᵉ, 6ᵉ et 7ᵉ étages d'un immeuble récent. Plus de calme côté cour.

XXXX
දුරු

**Parc des Eaux-Vives** 🏠 avec ch, 82 quai Gustave-Ador, ✉ 1207, 𝒫 0228 497 575, info@parcdeseauxvives.ch, Fax 0228 497 570, ≤, 🛋, 🏠 – 🏢, ▤ ch, 🍴, &, rest, 🅿️ ⇔ 30/40 – 🏠 15/80. 🔺 ◑ 🆖 𝘝𝘐𝘚𝘈, 🐾          p. 5 CU d
Rest (1er étage) (fermé 1er au 16 janv., dim. et lundi) 79 (midi)/275 et à la carte 161/219 – **Rest.** (voir aussi **Brasserie** ci-après) – ☕ 29 – **7 ch** ✦550/750 ✦✦650/850.
**Spéc.** L'omble chevalier du Lac Léman (mai - août). Le lièvre à la royale (sept. - déc.). Menu Caviar. **Vins** Dardagny, Satigny
♦ Pavillon fastueux bâti au 18e s. dans un parc public. Belle salle à manger de style Art déco revisité, succulente cuisine créative, restaurant d'été et chambres "High Tech".

XX
**Brasserie** - **Parc des Eaux-Vives**, 82 quai Gustave-Ador, ✉ 1207, 𝒫 0228 497 575, info@parcdeseauxvives.ch, Fax 0228 497 570, ≤, 🏠 – &, rest, 🅿️, 🔺 ◑ 🆖 𝘝𝘐𝘚𝘈          p. 5 CU d
Rest 49 (midi) et à la carte 62/114.
♦ Élégante brasserie moderne établie au rez-de-chaussée du pavillon du parc des Eaux-Vives. Cuisine au goût du jour, belle vue sur le lac et invitante terrasse en teck.

XX
**Roberto,** 10 r. Pierre-Fatio, ✉ 1204, 𝒫 0223 118 033, Fax 0223 118 466 – ▤ ⇔ 15. 🔺 🆖 𝘝𝘐𝘚𝘈          p. 6 GZ e
fermé 25 déc. au 1er janv., sam. soir dim. et fériés – **Rest** - cuisine italienne - à la carte 68/123.
♦ Ample salle de restaurant dont les miroirs muraux accentuent encore l'impression d'espace. Ambiance intime et carte de préparations italiennes à dominante milanaise.

XX
**Le Sénat,** 1 r. Emile-Yung, ✉ 1205, 𝒫 0223 465 810, franco.belloni@bluewin.ch, Fax 0223 475 476, 🏠 – ▤. 🔺 ◑ 🆖 𝘝𝘐𝘚𝘈          p. 6 FZ r
**Rest** (fermé sam. et dim.) (21) 52/65 et à la carte 62/99.
♦ Un peu à l'écart du centre, près d'une place animée, restaurant d'esprit "rétro" entretenant une atmosphère conviviale. Chaises bistrot, banquettes rouges et lambris en salle.

XX
**Le Patio,** 19 bd Helvétique, ✉ 1207, 𝒫 0227 366 675, lepatio.ch@freesurf.ch, Fax 0227 864 074 – 🔺 ◑ 🆖 𝘝𝘐𝘚𝘈          p. 6 GZ b
fermé 23 déc. au 3 janv., sam. et dim. – **Rest** (26) et à la carte 65/106.
♦ Deux salles de restaurant modernes, dont l'une est aménagée en jardin d'hiver. Choix de recettes dans l'air du temps, flirtant souvent avec les saveurs provençales.

X
දුරු

**Buffet de la Gare des Eaux-Vives** (Labrosse), 7 av. de la Gare des Eaux-Vives, ✉ 1207, 𝒫 0228 404 430, Fax 0228 404 431, 🏠 – 🔺 ◑ 🆖 𝘝𝘐𝘚𝘈          p. 5 CU x
fermé 23 déc. au 9 janv., sam. et dim. – **Rest** (26) 52 (midi)/135 et à la carte 86/129.
**Spéc.** Fraîcheur de homard à l'avocat et fine gelée d'herbes (printemps). Pavé de turbot rôti, sauté de fèves et patta negra (printemps). Côte de veau rôtie aux morilles, jus au vin jaune, ravioles de pommes (printemps). **Vins** Satigny, Peissy
♦ Un "buffet de la gare" qui sort du lot : sobre intérieur résolument contemporain, fresque évoquant le chemin de fer, terrasse estivale à quai et cuisine actuelle innovante.

X
🚭

**La Broche,** 36 r. du Stand, ✉ 1204, 𝒫 0223 212 260, labroche@bluewin.ch, Fax 0223 212 261, 🏠 – 🔺 ◑ 🆖 𝘝𝘐𝘚𝘈          p. 5 CU b
**Rest** (fermé sam. midi et dim.) (17) 28 (midi)/54 et à la carte 37/64.
♦ Rôtisserie aménagée dans les murs d'un édifice historique appelé l'Arquebuse. Salle à manger contemporaine agrémentée d'une verrière et terrasse d'été ombragée sur le côté.

X
🚭

**Brasserie de l'Hôtel de Ville,** 39 Grand-Rue, ✉ 1204, 𝒫 0223 117 030, glc su@bluewin.ch, Fax 0223 121 887, 🏠 – ⇔ 15. 🔺 ◑ 🆖 𝘝𝘐𝘚𝘈          p. 6 FZ u
fermé Noël – **Rest** (18) 59 et à la carte 50/99.
♦ Adresse très "couleur locale" proche des maisons natales de J.-J. Rousseau et de Michel Simon. Souvenirs du passage de célébrités en salle. Au menu : spécialités genevoises.

X
🚭

**Le Perron,** 5 r. du Perron, ✉ 1204, 𝒫 0223 113 108, leperron@leperron.com, Fax 0223 113 163, 🏠 – 🔺 ◑ 🆖 𝘝𝘐𝘚𝘈          p. 6 FZ r
**Rest** (fermé dim.) (19) 45 et à la carte 49/89.
♦ Établissement dont la terrasse d'été ombragée par la frondaison d'un arbre connaît une forte activité "café". Répertoire culinaire traditionnel à connotations transalpines.

**Environs**
**au Nord :**

**Palais des Nations** - CT :

🏨 **Intercontinental**, 7-9 ch. du Petit-Saconnex, ✉ 1209, 🖉 0229 193 939, *gen eva@interconti.com, Fax 0229 193 838*, ≤, 🍴, 🖧, ≦s, ⌁ – 📱 🔥 🔲 🍽 🖑 ♿ ch, 🚗 📱 📱 – 🚪 15/450. 🖭 🅞 🆖 🆅🆂🅰 🦋 rest    p. 4 BT d
**Woods** : Rest 59 (midi) et à la carte 63/125 – ⌷ 39 – **260 ch** ★480/525 ★★480/600, 67 suites.
♦ Tour des années 1960 avoisinant le Palais des Nations. Espaces communs relookés, infrastructure conférencière importante et chambres en attente d'une rénovation. Restaurant ample et confortable où l'on goûte de la cuisine actuelle dans un cadre moderne.

🍴 **Vieux-Bois**, (Ecole Hôtelière), 12 av. de la Paix, ✉ 1202, 🖉 0229 192 426, *rest aurant@vieux-bois.ch, Fax 0229 192 428*, 🍴 – 📱 🖭 🅞 🆖 🆅🆂🅰. 🦋p. 5 CT r
*fermé 21 déc. au 4 janv., 13 au 18 avril, 25 au 28 mai, 15 juil. au 13 août, 7 au 10 sept., sam. et dim.* – **Rest** *(fermé le soir)* (28) 49 et à la carte 56/87.
♦ Ce pavillon datant du 18e s. abrite aujourd'hui l'École Hôtelière de Genève. Les étudiants, encadrés par des professionnels, y préparent des recettes bien dans le coup.

**à Chambésy** *5 km* - CT – *alt. 389* – ✉ *1292 Chambésy* :

🍴 **Relais de Chambésy**, 8 pl. de Chambésy, 🖉 0227 581 105, *Fax 0227 580 230*, 🚗 🍴 – 📱 🖭 🅞 🆖 🆅🆂🅰    p. 5 CT a
*fermé 24 déc. au 9 janv., sam. et dim.* – **Rest** (23) 38 (midi)/90 et à la carte 62/116 – **Le Bistrot** : Rest (19.80) 34 et à la carte 41/79.
♦ Sur la place du village, authentique auberge campagnarde comprenant trois coquettes salles où sont servies des préparations classiques-bourgeoises de bon aloi. Jolie terrasse. Bistrot misant sur des plats traditionnels simples à prix plancher.

**à Bellevue** *par route de Lausanne : 6 km* - CT – *alt. 380* – ✉ *1293 Bellevue* :

🏨 **La Réserve** 🦋, 301 rte de Lausanne, 🖉 0229 595 959, *info@lareserve.ch, Fax 0229 595 960*, ≤, 🍴, ⌁, 🖧, ≦s, ⌁, 🔲, ⛺, 🦋, 🐾, 🖽 – 📱, 🔥 ch, 🔲 video 🖑 ♿ ch, 🚗 📱 🖭 🅞 🆖 🆅🆂🅰    p. 5 CT b
**Tsé-Fung** - cuisine chinoise - **Rest** 70/150 et à la carte 68/148 – **Le Loti** : Rest à la carte 64/139 – ⌷ 45 – **85 ch** ★400/730 ★★540/990, 17 suites.
♦ Palace dont les chambres et suites, modernes, se complètent souvent d'une terrasse donnant, pour la plupart, sur le parc et sa piscine. Splendide décor intérieur signé Garcia. Fine cuisine chinoise au Tsé Fung. Préparations d'aujourd'hui au Loti.

**à l'Est par route d'Evian :**

**à Cologny** *3,5 km* - DU – *alt. 432* – ✉ *1223 Cologny* :

🍴🍴 **Auberge du Lion d'Or** (Byrne/Dupont), 5 pl. Pierre-Gautier, 🖉 0227 364 432, ❀ *Fax 0227 867 462*, ≤, 🍴 – 📱 🖑 🖭 🅞 🆖 🆅🆂🅰    p. 5 DU b
*fermé 23 déc. au 9 janv.* – **Rest** *(fermé sam. midi, dim. et lundi)* 70 (midi)/170 et à la carte 118/172 🍴 – **Le Bistro de Cologny** *(fermé sam. et dim.)* Rest (24) 42 (midi) et à la carte 65/118.
**Spéc.** Croustillant de thon rouge de la Méditerranée, vinaigrette de légumes crus, huile aux saveurs de fruits et fleurs (été). Dos de cabillaud, minestrone de légumes, compotée de tomate, origan et peau d'orange (printemps). Noisettes de selle d'agneau de Sisteron marinées au safran, bois de canelle, fruits secs et épices douces. **Vins** Genève
♦ Vue superbe sur lac et montagnes depuis cette élégante salle à manger contemporaine d'esprit "zen". Jolie terrasse et beau bar moderne perchés, également panoramiques. Bistrot au goût du jour complété par un restaurant de plein air abondamment fleuri en été.

🍴 **La Closerie**, 14 pl. du Manoir, 🖉 0227 361 355, *lacloserie@bluewin.ch*, 🚗 *Fax 0227 364 356*, 🍴 – 🖭 🅞 🆖 🆅🆂🅰    p. 5 DU t
*fermé 15 juil. au 5 août, mardi midi et lundi* – **Rest** (19) 38 (midi)/90 et à la carte 65/109.
♦ L'auberge borde la petite place communale. Dans un décor moderne rehaussé de boiseries et de fresques, le chef vous propose une carte d'inspiration italienne. .

**à Vandoeuvres** *4,5 km – alt. 465 –* ✉ *1253 Vandoeuvres :*

XX **Restaurant du Cheval Blanc,** 1 rte de Meinier, ✆ 0227 501 401, *restcheva lblanc@bluewin.ch*, *Fax 0227 503 101*, 🌣 – 🔲 ✧ 20/40. ᴁᴱ ᴑᴑ **VISA**
p. 5 DU c
*fermé 24 déc. au 8 janv., 1er au 23 juil., dim. et lundi –* **Rest** *- cuisine italienne -* (18) 48 (midi)/150 et à la carte 64/120.

♦ Maison typée établie au centre du village. Terrasse avant, salle néo-rustique et carte panachant d'immuables classiques transalpins et des recettes actuelles selon le marché.

**à Collonge-Bellerive** *6 km – alt. 411 –* ✉ *1245 Collonge-Bellerive :*

X **Le Saladier,** 1 ch. du Château-de-Bellerive, ✆ 0227 524 704, *lesaladier@freesu rf.ch*, 🌣 – 🅿. ᴁᴱ ᴑ ᴑ **VISA**
p. 5 DT a
*fermé 26 déc. au 10 janv., dim. soir et lundi –* **Rest** (19.50) 58 (midi) et à la carte 66/129.

♦ Ce restaurant où l'on fait des repas classiques est établi au centre de Collonges-Bellerive, dans une maison ancienne voisine de l'église. Sa terrasse donne sur un petit parc.

### à l'Est par route d'Annemasse :

**à Thônex** *Sud-Est : 5 km - DU – alt. 414 –* ✉ *1226 Thônex :*

XXX **Le Cigalon** (Bessire), 39 rte d'Ambilly, à la douane de Pierre-à-Bochet, ✆ 0223 499 733, *jmbessire@le-cigalon.ch, Fax 0223 499 739*, 🌣 – 🅿. ᴁᴱ ᴑ ᴑᴑ
**VISA**
p. 5 DU f
*fermé 24 déc. au 3 janv., 23 juil. au 15 août, dim. et lundi –* **Rest** (23) 44 (midi)/98 et à la carte 77/125.
**Spéc.** Pistes de Méditerranée en risotto. Dégustation autour de la morille (avril - mai). Agneau des Adrets rôti aux épices. **Vins** Satigny, Peissy

♦ Amateurs de cuisine iodée, avant de traverser la frontière, offrez-vous une halte gastronomique à cette enseigne. Carte actuelle concise où le poisson est à l'honneur.

XX **De Villette** ⬙ avec ch, 55 rte de Villette, ✆ 0227 890 470, *Fax 0227 890 471*, 🌣 – 🔲 rest, video 📞, ᴁᴱ ᴑ ᴑᴑ **VISA** ✄ ch
p. 5 DV c
**Rest** *(fermé sam. midi et dim. soir)* 43 (midi)/89 et à la carte 58/103 – **10 ch** ⚏
✦165/220 ✦✦185/240.

♦ Ce restaurant traditionnel établi dans un hameau paisible dispose également de quelques appartements complètement rénovés et bien tenus. Gibier en saison de chasse.

### au Sud :

**à Conches** *Sud-Est : 5 km - DV – alt. 419 –* ✉ *1231 Conches :*

X **Le Vallon,** 182 rte de Florissant, ✆ 0223 471 104, *vallon@ chateauvieux.ch, Fax 0223 463 111*, 🌣 – 🅿. ᴁᴱ ᴑ ᴑᴑ **VISA**
*fermé 24 déc. au 2 janv., sam. et dim. –* **Rest** 48 (midi)/82 et à la carte 71/121.
♦ Cadre bistrotier mignon avec vue sur les cuisines où se conçoivent des plats assortis au décor. Sur les tables, des petits chevalets tiennent lieu de carte. Terrasse au calme.

**à Veyrier** *6 km - DV – alt. 422 –* ✉ *1255 Veyrier :*

XX **Café de la Réunion,** 2 ch. Sous-Balme, ✆ 0227 840 798, *info@restaurant-re union.ch, Fax 0227 843 859*, 🌣 – 🅿. ᴁᴱ ᴑ ᴑᴑ **VISA**
p. 5 DV b
*fermé 24 déc. au 8 janv., 8 au 23 avril, 21 au 29 oct., sam. et dim. –* **Rest** (prévenir) (21) 50 (midi)/95 et à la carte 82/107.

♦ Prenez place dans ce restaurant de style rustique avec poutres et pierres apparentes, pour goûter sa formule déjeuner ou penchez-vous le soir sur son répertoire plus élaboré.

**à Carouge** *3 km - CV – alt. 382 –* ✉ *1227 Carouge :*

🏨 **Ramada Encore,** 12 rte des Jeunes, ✆ 0223 095 000, *geneve.encore@ramad a-treff.ch, Fax 0223 095 005* – 📶, ↮ ch, 🔲 video 👌 ⇔ – 🕿 15/240. ᴁᴱ ᴑ
ᴑᴑ **VISA**
p. 4 BV n
**Rest** *(fermé vend. soir, sam., dim. midi et fériés)* (17) et à la carte 49/76 – ⚏ 20
– **130 ch** ✦135/180 ✦✦135/200.

♦ Immeuble moderne élevé à proximité d'une sortie d'autoroute, entre un stade et un complexe commercial. Centre de congrès, chambres sans reproche et breakfast de qualité. Repas sous forme de buffets ou petit choix international à la carte.

XX **Auberge de Pinchat** avec ch, 33 ch. de Pinchat, ☎ 0223 423 077, *Fax 0223 002 219*, 🛋 – 🅿 ⇄ 12. 🆎 ⓜⓞ 𝘝𝘐𝘚𝘈                              p. 5 CV **k**
*fermé 23 déc. au 4 janv., 9 au 17 avril et 31 juillet au 20 août* – **Rest** *(fermé dim. et lundi)* 45 (midi)/98 et à la carte 68/127 – **5 ch** ☑ ♦120 ♦♦145.
  ♦ Sobriété et tradition sont les maîtres-mots de cette auberge bourgeoise pourvue, à la belle saison, d'une agréable terrasse. Quelques chambres à disposition.

X **Auberge du Cheval Blanc**, 15 pl. d'Armes, ☎ 0223 436 161, *Fax 0223 436 021*, 🛋 – 🍽. 🆎 ⓞ ⓜⓞ 𝘝𝘐𝘚𝘈                              p. 5 CV **x**
*fermé 23 déc. au 10 janv., dim. et lundi* – **Rest** (bistrot) (22) 39 (midi) et à la carte 50/83.
  ♦ Vénérable auberge restaurée où l'on vient faire des repas traditionnels. Elle accueille régulièrement d'intéressantes et grivoises expositions picturales temporaires.

X **Au Lavandou,** 54 r. Jacques-Dalphin, ☎ 0223 436 822, *lionel.lavandou@wanad*
🍴 *oo.fr*, 🛋 – 🍽. 🆎 ⓞ ⓜⓞ 𝘝𝘐𝘚𝘈                              p. 5 CV **u**
*fermé 14 au 24 avril, 3 au 18 sept., dim. et lundi* – **Rest** (18) 48/75 et à la carte 64/110.
  ♦ Petit restaurant de la mer implanté au centre de Carouge. La salle avant est la plus sympathique, avec ses appliques en forme de crustacés faites de matériaux de récupération.

X **Café des Négociants,** 29 r. de la Filature, ☎ 0223 003 130, *info@negociant*
🍴 *s.ch, Fax 0223 003 105*, 🛋 – 🆎 ⓞ ⓜⓞ 𝘝𝘐𝘚𝘈                              p. 5 CV **e**
*fermé 24 déc. au 3 janv., 14 au 17 avril, 4 au 5 juin, sam. midi et dim. midi en été* – **Rest** (18) et à la carte 56/103 🌿.
  ♦ Cette table au cadre soigné façon "bistrot rétro" vous convie à dénicher votre vin dans un cellier riche de quelque 300 références. Sommeliers avertis. Cuisine actuelle.

**à Troinex** *5 km par route de Troinex – alt. 425 –* ✉ *1256 Troinex :*

XXX **La Chaumière** (Cressac), 16 ch. de la Fondelle, ☎ 0227 843 066, *info@lachau*
❀ *miere.ch, Fax 0227 846 048*, 🛋 – 🕭 🅿 ⇄ 10/15. 🆎 ⓞ ⓜⓞ 𝘝𝘐𝘚𝘈        p. 5 CV **m**
*fermé 23 déc. au 10 janv., 14 au 17 avril, dim. et lundi* – **Rest** 65 (midi)/165 et à la carte 82/144 – **Brasserie : Rest** (19) 38 (midi) et à la carte 46/82.
**Spéc.** Fleurs de courgettes de Troinex farcies (été). Omble chevalier ou féra du Lac Léman selon arrivage. Patte noire de Troinex rôtie au four et champignons des bois.
**Vins** Dardagny, Satigny
  ♦ Une confortable maison de bouche s'est substituée à cette auberge communale enrobée de verdure. Cuisine d'aujourd'hui à base de produits choisis ; restaurant d'été. Table de type brasserie installée dans une rotonde. Terrasse équipée d'un grill.

**à Certoux** *9 km - AV – alt. 425 –* ✉ *1258 Perly :*

XX **Café de Certoux,** 133 rte de Certoux, ☎ 0227 711 032, *b.livron@cafe-certo*
*ux.com, Fax 0227 712 843*, 🛋 – 🅿. 🆎 ⓜⓞ 𝘝𝘐𝘚𝘈                              p. 4 AV **x**
*fermé 23 déc. au 8 janv., 15 juil. au 8 août, dim. et lundi* – **Rest** (prévenir) (22) 48 (midi)/88 et à la carte 69/115.
  ♦ Auberge régionale en parfaite harmonie avec la campagne environnante. Derrière les fourneaux, le patron se concentre sur un répertoire au goût du jour, léger et varié.

**au Petit-Lancy** *3 km - BV – alt. 426 –* ✉ *1213 Petit-Lancy :*

🏠 **Hostellerie de la Vendée,** 28 ch. de la Vendée, ☎ 0227 920 411, *info@ven*
❀ *dee.ch, Fax 0227 920 546*, 🛋 – 🛎 🍽 ✆ 🚗 – 🛗 15/60. 🆎 ⓞ ⓜⓞ
𝘝𝘐𝘚𝘈                              p. 4 BV **q**
*fermé 24 déc. au 8 janv., 14 au 17 avril* – **Rest** *(fermé sam. midi, dim. et fériés)* 57 (midi)/157 et à la carte 77/152 – **Bistro** *(fermé sam. midi, dim. et fériés)* **Rest** (23) 44/59 et à la carte 58/102 – **34 ch** ☑ ♦195/350 ♦♦300/350.
**Spéc.** Terrine de foie gras de canard, réduction de Porto rouge et cake à la truffe noire (hiver). Filet de chevreuil rôti, sauce poivrade. Bolets au jus et aux gousses d'ail en chemise (automne). Superposé d'ananas au chocolat blanc et noix de coco, caramel aux griottes (hiver). **Vins** Peissy, Choully
  ♦ Dans un quartier calme, hôtel disposant de bonnes chambres où vous passerez des nuits sans histoire. Une véranda prolonge l'élégante salle du restaurant gastronomique. Mets classiques français goûtés des fines fourchettes. Bistrot présentant un choix actuel.

**au Grand-Lancy** 5 km -BV – alt. 401 – ⊠ 1212 Grand-Lancy :

XXX **Le Marignac,** 32 av. Eugène-Lance, ℘ 0228 849 215, Fax 0228 849 214, 余, ㎡
— 🅿 ⇔ 14/80. 🕰 ⓞ 🐠 𝘝𝘐𝘚𝘈. ⅍                           p. 4  BV  b
*fermé 24 déc. au 8 janv., 29 juil. au 13 août, sam. et dim.* – **Rest** (19) 38 (midi)/118
et à la carte 61/96.
♦ Cette maison entourée d'un jardin soigné offre les plaisirs d'une cuisine actuelle
bien faite dans un décor classique-moderne ou, dès les premiers beaux jours, en
terrasse.

**à Confignon** 7 km - AV – alt. 435 – ⊠ 1232 Confignon :

XX **Auberge de Confignon** ॐ avec ch, 6 pl.de l'Église, ℘ 0227 571 944, *info@*
*auberge-confignon.ch*, Fax 0227 571 889, ≤, 余 – 🕰 🐠 𝘝𝘐𝘚𝘈           p. 4  AV  n
*fermé 18 déc. au 2 janv. et 20 juil. au 4 août* – **Rest** *(fermé dim. soir et lundi)* (18)
49 (midi)/125 et à la carte 63/136 – **13 ch** ⊑ ✦140/160 ✦✦220/300.
♦ Cette auberge ménageant une perspective sur Genève occupe une aile de l'Hôtel
de Ville. Vaste salle à manger champêtre. Chambres modernes récemment rénovées.

**à Lully** 8 km - AV – alt. 430 – ⊠ 1233 Bernex :

XX **La Colombière** (Lonati), 122 rte de Soral, ℘ 0227 571 027, Fax 0227 576 549,
ॐ 余 – 🅿 🕰 ⓞ 🐠 𝘝𝘐𝘚𝘈                                   p. 4  AV  b
*fermé 23 déc. au 16 janv., 18 août au 11 sept., sam. et dim.* – **Rest** (nombre de
couverts limité - prévenir) 48 (midi)/120 et à la carte 74/121.
**Spéc.** Pressée de thon mariné aux herbes et sel gris. Gnocchi à la truffe noire, beurre
blanc et jus de légumes. Filet de canette de Challans rôti à la badiane et citron vert.
**Vins** Lully
♦ Le succès de ce restaurant implanté dans une vieille ferme pittoresque tient autant
à la qualité qu'à la créativité des mets proposés. Décor intérieur d'esprit campagnard.

à l'Ouest :

**à Bernex** 9 km – alt. 452 – ⊠ 1233 Bernex :

X **Au Jeu de Loëx,** 176 rte de Loëx, ℘ 0227 571 798, Fax 0227 571 798, ≤, 余
– ⅍ 🅿 ⇔ 10. 🐠 𝘝𝘐𝘚𝘈                                  p. 4  AU  g
*fermé 25 déc. au 10 janv., 17 au 25 avril, 15 au 24 oct., dim. soir, mardi midi et lundi*
– **Rest** (20) 35 (midi)/82 et à la carte 54/104.
♦ Restaurant non fumeur juché sur les hauts de Genève. Piano et maquettes de
voiliers en salle ; terrasse ombragée par un marronnier. Soirées musicales mensuelles
de mai à oct.

**à Cointrin** par rte de Meyrin : 4 km - BTU – alt. 428 – ⊠ 1216 Cointrin :

🏨 **Mövenpick Genève,** 20 rte de Pré-Bois, ℘ 0227 171 111, *hotel.geneva.airpor*
*t@moevenpick.com*, Fax 0227 171 122, 𝐋♠, ≘s – ᐧ⫯ᐧ, ⅍ ch, ▤ 👍 & ch, ⇔ –
🔼 15/400. 🕰 ⓞ 🐠 𝘝𝘐𝘚𝘈                                 p. 4  BU  z
**Rest** (20) et à la carte 48/104 – **Kamome** - cuisine japonaise - *(fermé sam. midi,*
*lundi midi et dim.)* **Rest** (25) 38 (midi)/110 et à la carte 59/117 – ⊑ 34 – **344 ch**
✦350/460 ✦✦420/560, 6 suites.
♦ Hôtel de chaîne proche de l'aéroport. Salons, bars, casino, salles de conférences,
centre d'affaires et nombreuses catégories de chambres. Restaurant servant de la
cuisine classique. Repas nippon au sushi bar ou autour des tables de cuisson (teppanyaki) du Kam

🏨 **Ramada Park Hotel,** 75 av. Louis-Casaï, ℘ 0227 103 000, *resa@ramadaparkh*
*otel.ch*, Fax 0227 103 100, 𝐋♠, ≘s – ᐧ⫯ᐧ, ⅍ ch, ▤ & ch, ⇔ – 🔼 15/550. 🕰
ⓞ 🐠 𝘝𝘐𝘚𝘈 ⅍ rest                                      p. 4  BT  v
**La Récolte :** **Rest** (19) 34 et à la carte 51/94 – ⊑ 33 – **302 ch** ✦195/440
✦✦270/440, 6 suites – ½ P suppl. 34.
♦ Cet établissement voisin des pistes d'envol propose toutes sortes de commodités :
kiosque, coiffeur, sauna, salles de fitness et de réunions, etc. Chambres modernes.
Salle de restaurant contemporaine où des semaines à thèmes culinaires sont orga-
nisées.

🏨 **Suitehotel,** 28 av. Louis Casaï, ℘ 0227 104 626, *H5654@accor.com*,
Fax 0227 104 600, 余 – ᐧ⫯ᐧ ⅍ ▤ 👍 & ch, ⇔. 🕰 ⓞ 🐠 𝘝𝘐𝘚𝘈   p. 4  BU  b
**Swiss Bistro :** **Rest** (16.50) et à la carte 33/77 – ⊑ 15 – **86 ch** ✦159 ✦✦159.
♦ Entre l'aéroport et le centre-ville, hôtel dont les chambres, de style contemporain, ont un bureau séparable par une cloison coulissante. Espaces communs
clairs et modernes. Brasserie au cadre actuel ; carte bistrotière à connotations helvétiques.

**Express by Holiday Inn** sans rest, 16 rte de Pré-Bois, ℰ 0229 393 939, *info @ expressgeneva.com*, Fax 0229 393 930 – |≣| ⁵¾ ≣ video ⦁ ఓ ⇔ – 🏋 15/25.
🆎 ⓪ ⓶ *VISA*
p. 4 BU d
**154 ch** ⌷ ✚150/230 ✚✚150/230.

• Conçu dans un esprit moderne et pratique, ce nouvel hôtel de chaîne est taillé sur mesure pour accueillir la clientèle d'affaires. Bonnes chambres munies du triple vitrage.

**Ibis**, 10 ch. de la Violette, ℰ 0227 109 500, *H3535@ accor.com*, Fax 0227 109 595, 🍴 – |≣|, ⁵¾ ch, ≣ ⦁ ఓ ⇔. 🆎 ⓪ ⓶ *VISA*
**Rest** *(dîner seul.)* (18) et à la carte environ 45 – ⌷ 14 – **109 ch** ✚131 ✚✚131.

• Retrouvez, dans le voisinage de l'autoroute et de l'aéroport genevois, l'éventail des prestations hôtelières de la chaîne Ibis. Chambres standard avec modules sanitaires. Restaurant présentant une carte un peu "globe-trotter". Confortable terrasse.

## à Meyrin par route de Meyrin : 5 km - AT – alt. 445 – ⊠ 1217 Meyrin :

**NH Geneva Airport Hotel**, 21 av. de Mategnin, ℰ 0229 899 000, *nhgeneva airport@ nh-hotels.ch*, Fax 0229 899 999 – |≣|, ⁵¾ ch, ≣ ⦁ ⇔ – 🏋 15/60. 🆎 ⓪ ⓶ *VISA*
p. 4 AT b
**Le Pavillon :** Rest (19) et à la carte 46/94 – ⌷ 27 – **190 ch** ✚155/360 ✚✚155/390.

• Architecture extérieure circulaire en briques rouges, révélatrice de la modernité intérieure. Hall et lobby d'esprit design, bar chaleureux et chambres nettes. Repas au goût du jour dans un décor contemporain sous la coupole du Pavillon.

## Palais des Expositions : 5 km - BT – alt. 452 – ⊠ 1218 Grand-Saconnex :

**Crowne Plaza**, 34 r. François-Peyrot, ℰ 0227 470 202, *sales@ cpgeneva.ch*, Fax 0227 470 303, 🍴, ⓶, 🕭, ⬚ – |≣|, ⁵¾ ch, ≣ ఓ ⇔ 🅿 – 🏋 15/180.
🆎 ⓪ ⓶ *VISA*
p. 4 BT s
**L'Olivo** *(fermé sam. et dim.)* Rest (39) et à la carte 57/113 – **496 ch** ⌷ ✚274/594 ✚✚348/638.

• Près de l'aéroport, hôtel à l'américaine disposant, entre autres, de salles de conférences, de chambres actuelles et d'un centre de remise en forme. Repas au goût du jour dans une salle de restaurant aux accents décoratifs méridionaux.

---

**GENF** *Genf* 🔢 B11 – siehe Genève.

---

**GENOLIER** *1272 Vaud (VD)* 🔢 B10 – *1537 h. – alt. 562.*
Bern 135 – Genève 29 – Neuchâtel 99 – Lausanne 39 – Nyon 9.

**Auberge des Trois Tilleuls**, place du Village, ℰ 0223 660 531, *info@ troistil leuls.ch*, Fax 0223 660 532, 🍴 ఓ rest. 🆎 ⓪ ⓶ *VISA*
fermé 23 déc. au 9 janv., dim. et lundi – **Rest** 55 (midi)/85 et à la carte 72/90 –
**Bistrot :** Rest (17) et à la carte 57/86.

• Au centre du village, charmante auberge rénovée où l'on fait des repas traditionnels sobrement actualisés. Salle élégante et feutrée ; service souriant et appliqué. Bistrot misant sur un plat du jour et des suggestions "canailles" annoncées sur des ardoises.

---

**GERLAFINGEN** *4563 Solothurn (SO)* 🔢 K6 – *4877 Ew. – Höhe 452.*
Bern 30 – Biel 29 – Solothurn 6 – Sursee 48.

**Frohsinn**, Oberglerlafingerstr. 5, ℰ 0326 754 477, *rest.frohsinn@ regio32.ch*, Fax 0326 754 482, 🍴 – ⁵¾ 🅿 ⓪ ⓶ *VISA*
**Rest** - österreichische Spezialitäten - *(geschl. Sonntag und Montag)* (15) 54 (mittags) und à la carte 45/81.

• Hier finden Sie österreichische Gastlichkeit und ein optimales Preis-Leistungsverhältnis. In der Küche wird Traditionelles aus dem östlichen Nachbarland sorgfältig zubereitet.

---

**GEROLDSWIL** 8954 Zürich (ZH) 📖📖 P4 – 4601 Ew. – Höhe 403.
*Bern 117 – Zürich 15 – Aarau 38 – Baden 11 – Dietikon 6 – Luzern 63.*

🏠 **Hostellerie Geroldswil,** Huebwiesenstr. 36, am Dorfplatz, ℰ 0447 478 787, *inf*
🐟 *o@hostellerie-geroldswil.ch, Fax 0447 478 888 –* 📶, ➤ *Zim,* 🐾 ➤ *–* 🔏 15/200.
🔤 ⑩ ⓪ 🆅🆂🅰
**Rest** - italienische Küche - ***Costa d'Oro*** *(geschl. 10. Juli - 13. Aug.)* **Rest** (32) 75 und
à la carte 51/94 – ***Osteria Barbarossa*** *(geschl. 10. Juli - 13. Aug.)* **Rest** (19.50) und
à la carte 41/96 – **72 Zim** ➤ ✦125/170 ✦✦180/230.
✦ Das Hotel beherbergt Gäste in Zimmern, von denen der grösste Teil renoviert und
mit hellem Mobiliar funktionell eingerichtet wurde. Das gehobenere Costa d'Oro ist
ein modernes Restaurant. In der Osteria Barbarossa geht es rustikal zu.

---

**GEROLFINGEN** Bern (BE) 📖📖 H-16 – Höhe 502 – ✉ 2575 Täuffelen.
*Bern 42 – Neuchâtel 29 – Biel 10 – Solothurn 31.*

🍴🍴 **Züttel,** Hauptstr. 30, ℰ 0323 961 115, *zuettel@evard.ch, Fax 0323 961 053,* 🌳
🐟 *–* 🅿 ⟳ 80. 🔤 ⑩ 🆅🆂🅰
*geschl. Feb. und Sept. jeweils 2 Wochen und Mittwoch - Donnerstag –* **Rest** (16.50)
42 (mittags)/89 und à la carte 42/97.
✦ Das Gasthaus neben der Regionalbahnstation empfängt Sie in verschiedenen
freundlichen Stuben. Das Speiseangebot ist vornehmlich traditionell ausgerichtet.

---

**GERRA GAMBAROGNO** 6576 Ticino (TI) 📖📖 Q13 – 283 ab. – alt. 222.
*Bern 271 – Locarno 38 – Bellinzona 22 – Lugano 43.*

**a Ronco** *Sud : 1 km - alt. 290 – ✉ 6576 Gerra Gambarogno :*

🍴 **Roccobello,** ℰ 0917 941 619, *info@roccobello.ch, Fax 0917 942 778,* ≤ lago e
monti, 🌳 *–* ⓪ 🆅🆂🅰
*chiuso gennaio a metà marzo, fine novembre a metà dicembre, il lunedì (escluso luglio
a metà ottobre), il mercoledì a mezzogiorno e il martedì –* **Rist** (coperti limitati -
prenotare per la sera) 68 ed alla carta 44/70.
✦ Caratteristico ristorantino dotato di terrazza panoramica con bella vista sul lago
e sulle montagne. Atmosfera familiare, cucina legata al territorio e alle tradizioni.

---

**GERSAU** 6442 Schwyz (SZ) 📖📖 P7 – 1972 Ew. – Höhe 435.
Sehenswert : Lage★★.
🛈 *Gersau Tourismus, Seestr. 27,* ℰ *0418 281 220, tourism@gersau.ch,
Fax 0418 282 230.*
*Bern 162 – Luzern 33 – Altdorf 20 – Einsiedeln 39 – Gersau 12.*

🏠 **Seehof - Du Lac,** Seestr. 1, Richtung Brunnen, ℰ 0418 298 300, *info@seehof-*
🐟 *gersau.ch, Fax 0418 298 384,* ≤ Vierwaldstättersee, 🌳, 🏖, 🍴 *–* 📶 🅿. 🔤 ⑩ ⓪
🆅🆂🅰 ✂
*Hotel geschl. 10. Okt. - 20. Nov. –* **Rest** *(geschl. 1. Okt. - 1. Mai)* à la carte 46/105
– **23 Zim** ➤ ✦108/228 ✦✦165/228.
✦ Die zwei Gebäude liegen an der Seestrasse. Die Zimmer im Haupthaus sind hell und
funktionell, im Nebenhaus gross und modern, jedoch alle zum See und viele mit Balkon.
Seitlich der Rezeption liegt das einfache Restaurant mit grossen Panoramafenstern.

🏡 **Tübli,** Dorfstr. 12, ℰ 0418 281 234, *info@tuebli-gersau.ch, Fax 0418 282 258,* 🌳
🐟 *–* 🅿. 🔤 ⑩ ⓪ 🆅🆂🅰
*geschl. 28. Feb. - 17. März, Dienstag und Mittwoch –* **Rest** (19) 25 (mittags) und à
la carte 36/75 – **8 Zim** ➤ ✦85/100 ✦✦110/130 – ½ P Zuschl. 26.
✦ Der Landgasthof, ein Bauernhaus mit schöner Holzfassade aus dem 18. Jh., liegt
in der Dorfmitte. Die Zimmer sind teilweise mit rustikalen, bemalten Bauernmöbeln
eingerichtet. Die Gaststube vermittelt dank der vielen ausgestellten Pokale ländliche
Atmosphäre.

**West :** *3 km Richtung Luzern – ✉ 6442 Gersau :*

🏠 **Paradies Hotel Rotschuo** 🍴, Seestr. 159, ℰ 0418 282 266, *rotschuo@blu*
🐟 *ewin.ch, Fax 0418 282 270,* ≤ Vierwaldstättersee, 🌳, 🏖, 🍴, 🏖, 🍴 *–* 📶,
➤ *Zim,* 🅿 *–* 🔏 15/100. 🔤 ⑩ ⓪ 🆅🆂🅰 ✂ Rest
*geschl. 15. Dez. - 15. Jan. –* **Fischerstube : Rest** (19.50) und à la carte 59/117 –
**61 Zim** ➤ ✦133/173 ✦✦226/256 – ½ P Zuschl. 48.
✦ Das Hotel steht ruhig in einem exotischen Park nicht weit vom Ufer. Die Zimmer
mit schönem Blick auf den See sind modern eingerichtet. Im vorderen Gebäude befindet sich die in drei helle, freundliche Stuben aufgeteilte Restauration.

**GERZENSEE** *3115 Bern (BE)* 📖📖 *J8 – 948 Ew. – Höhe 647.*
*Bern 23 – Fribourg 38 – Langnau im E. 27 – Thun 16.*

XX **Bären,** Dorfstr. 9, ℘ 0317 811 421, Fax 0317 814 235, ☞ – 🅿, 🆑 🆎 **VISA**
🍴 geschl. Mitte Feb. - Anfang März, Mitte Juli - Anfang Aug., Mittwoch und Donnerstag
– **Rest** (18.50) 49 (mittags)/65 und à la carte 50/88.
♦ Dieses Riegelhaus ist eine nette ländliche Adresse, die eine einfache Gaststube
sowie einen A-la-carte-Bereich in rustikalem Stil bietet.

---

**GESCHINEN** *3985 Wallis (VS)* 📖📖 *O10 – 64 Ew. – Höhe 1 340.*
*Bern 132 – Andermatt 56 – Brig 35 – Interlaken 76 – Sion 87.*

X **Baschi,** Furkastrasse, Nord-Ost : 1 km, ℘ 0279 732 000, Fax 0279 732 000, ☞
– 👍 Rest, 🅿 🆎 **VISA**
18. Dez. - 2. April, 24. Mai - 28. Okt. und Sonntag im Sommer – **Rest** (Grill) à la carte 36/69.
♦ Das Haus mit zentraler Terrasse liegt an der Durchgangsstrasse. In einem rustikalen
Raum stehen massive Holztische und der Grill, auf dem fast alle Speisen zubereitet
werden.

---

**GIESSBACH** *Bern* 📖📖 *M9 – siehe Brienz.*

---

**GIRENBAD BEI TURBENTHAL** *Zürich (ZH)* 📖📖 *R4 – Höhe 740 – ⊠ 8488 Turbenthal.*
*Bern 157 – Zürich 36 – Frauenfeld 27 – Rapperswil 35 – Winterthur 17.*

🏠 **Gyrenbad** ⌂, ℘ 0523 851 566, info@gyrenbad.ch, Fax 0523 852 457, ≤, ☞
🍴 – 🅿 – 👍 15/40
geschl. 13. Feb. - 7. März – **Rest** (geschl. Dienstag) (15.50) und à la carte 36/71 –
**7 Zim** ⌑ ✱80 ✱✱140 – ½ P Zuschl. 30.
♦ Umgeben von Wald und Wiesen findet man in diesem Landgasthof die Ruhe, die
man für einen erholsamen Schlaf braucht. Sämtliche Zimmer sind in hellem Holz eingerichtet. Besonders Ausflugsgäste schätzen das Lokal mit seiner Sonnenterrasse.

---

**GISWIL** *6074 Obwalden (OW)* 📖📖 *N8 – 3 479 Ew. – Höhe 485 – Wintersport : 1 350/1 850 ⛷4.*
🅸 *Giswil-Mörlialp Tourismus, Brünigstr. 49, ℘ 0416 751 760, giswil-tourism
us@ify.ch, Fax 0416 751 746.*
*Bern 96 – Luzern 29 – Altdorf 53 – Andermatt 73 – Interlaken 39 – Sarnen 11.*

XX **Bahnhof** mit Zim (mit Gästehaus), Brünigstr. 48, ℘ 0416 751 161, info@bahnhofgisw
🍴 il.ch, Fax 0416 752 457, ☞, ☞ – 👍 Zim, 🅿 ⇄ 50 – 👍 60. 🆎 🅾 🆑 **VISA**
geschl. 2. - 31. Jan. – **Landauer** (geschl. Montag und Dienstag) **Rest** 43 (mittags)/98
und à la carte 56/92 ⌂ – **Reblaube** (geschl. Montag und Dienstag) **Rest** (17) 43 und
à la carte 45/83 – **10 Zim** ⌑ ✱60/85 ✱✱150 – ½ P Zuschl. 29.
♦ Der Landauer ist ein rustikales, gemütliches Lokal mit massiven Deckenbalken und
Sichtmauern. Das einfachere Restaurant Reblaube ist im Stil eines gehobenen Cafés
eingerichtet.

**Süd :** *2 km :*

🏠 **Landhaus** ⌂, Brünigstrasse, ℘ 0416 766 677, hotel@owi-land.ch, Fax 0416
🍴 766 670, ≤, ☞, ☎, 🏊, ☞ – 🛗, ⇄ Zim, ☎ 🅿 – 👍 15/60. 🆎 🅾 🆑 **VISA**
geschl. Ende Jan. - Ende Feb. – **Rest** (18.50) 48/98 und à la carte 38/95 – **46 Zim**
⌑ ✱85/125 ✱✱160/195 – ½ P Zuschl. 40.
♦ Das Hotel liegt oberhalb des Ortes. Die Gästezimmer sind mit hellem, rustikalem
Holz möbliert und funktionell in der Ausstattung. Gemütliches Ambiente in den Restaurantstuben.

---

**GLARUS** *(GLARIS)* *8750* 🅺 *Glarus (GL)* 📖📖 *S7 – 5 713 Ew. – Höhe 472.*
Sehenswert : Lage★.
🅗 Hauptstr. 20, ℘ 0556 453 376, Fax 0556 453 370.
*Bern 195 – Chur 75 – Sankt Gallen 71 – Buchs 66 – Schwyz 68 – Zürich 70.*

XX **Sonnegg,** Asylstr. 32, beim Spital, ℘ 0556 401 192, rest.sonnegg@bluewin.ch,
Fax 0556 408 106, ☞ – 🅿 ⇄ 15. 🆎 🅾 🆑 **VISA**
geschl. 12. Juli - 3. Aug., Dienstag und Mittwoch – **Rest** (22) 52 (mittags)/88 und
à la carte 61/97.
♦ Eintretend in die Gaststube mit nur drei Tischen, gelangt man in einen angenehm
eingerichteten Raum mit davorliegender kleiner Terrasse. Klassisches Saisonangebot.

**GLATTBRUGG** Zürich 551 P4 – siehe Zürich.

**GLION** Vaud 552 F10 – rattaché à Montreux.

**GNOSCA** 6525 Ticino (TI) 553 S12 – 576 ab. – alt. 259.
Bern 242 – Locarno 25 – Andermatt 79 – Bellinzona 7 – Gordevio 35 – Lugano 35.

&#10100; **Lessy,** &#9742; 0918 291 941, &#128512; – &#128241;. &#8484;&#8484; &#9416; &#9416;&#9416; *VISA*. &#9988;
chiuso dal 27 febbraio al 6 marzo, dal 31 luglio al 21 agosto, domenica sera e lunedì
– **Rist** alla carta 32/63.
&#10022; Sita accanto alla chiesa romanica di S. Giovanni, osteria con bel dehors per l'estate.
Sala da pranzo semplice, ornata da un caminetto, dove apprezzare una cucina casalinga.

**GOLDACH** 9403 Sankt Gallen (SG) 551 V4 – 8 794 Ew. – Höhe 447.
Bern 217 – Sankt Gallen 13 – Bregenz 29 – Konstanz 35 – Vaduz 57.

&#10100;&#10100; **Villa am See,** Seestr. 64, &#9742; 0718 455 415, Fax 0718 455 416, &#8804; Rorschach und
See, &#128512; – &#128241;. &#8484;&#8484; &#9416; &#9416;&#9416; *VISA*
geschl. 1. - 17. Jan., 10. - 18. April, 18. Sept. - 10. Okt., Montag und Dienstag – **Rest**
58 (mittags)/89 und à la carte 53/108.
&#10022; In den schönen Räumen der schmucken Villa oder auf der romantischen Gartenterrasse am Seeufer mit traumhafter Sicht geniesst man klassisch-französische Küche.

**GOLDSWIL** Bern 551 L9 – siehe Interlaken.

**GOLINO** 6656 Ticino (TI) 553 Q12 – alt. 270.
Bern 277 – Locarno 12 – Bellinzona 32 – Lugano 51.

&#127976; **Al Ponte Antico** &#9906;, al Ponte, &#9742; 0917 856 161, info@alponteantico.ch,
Fax 0917 856 160, &#8804;, &#128512;, &#8986; – &#10134;&#8611; cam, &#128241;. &#8484;&#8484; &#9416;&#9416; *VISA*. &#9988; rist
20 marzo - 21 ottobre – **Rist** *(chiuso lunedì e martedì)* (mezzogiorno carta snack)
(prenotare) 35 (sera) – **12 cam** &#9180; &#10022;130/150 &#10022;&#10022;180/240.
&#10022; In riva alla Melezza sorge questo albergo dagli interni eleganti, in stile provenzale.
Camere personalizzate con mobili di buona fattura. Dopo un tuffo nel fiume, assaporate uno snack per pranzo o il menu serale.

&#127976; **Cà Vegia** &#9906; senza rist, &#9742; 0917 961 267, Fax 0917 962 407, &#8986; – &#128241;. &#9988;
16 marzo - 31 ottobre – **12 cam** &#9180; &#10022;81/96 &#10022;&#10022;144/162.
&#10022; Tipica casa patrizia ticinese ; la facciata è ornata da un bell'affresco e da una cornice
d'edera. Interni arredati con gusto e camere funzionali ; grazioso giardino.

**GONTEN** 9108 Appenzell Innerrhoden (AI) 551 U5 – 1 386 Ew. – Höhe 902.
&#128678; Appenzell (April - Okt.) &#9742; 0717 954 060, Fax 0717 954 061.
Bern 219 – Sankt Gallen 25 – Appenzell 6 – Bregenz 46 – Winterthur 69.

&#10100;&#10100; **Bären** mit Zim, Hauptstrasse, &#9742; 0717 954 010, info@hotel-baeren-gonten.ch,
Fax 0717 954 019, &#128512; – &#128241;. &#9883; 30. &#8484;&#8484; &#9416; &#9416;&#9416; *VISA*
geschl. 2 Wochen im Frühjahr, Sonntagabend und Montag – **Rest** 58 (mittags)/94
und à la carte 47/122 – **15 Zim** &#9180; &#10022;80/88 &#10022;&#10022;140/158 – ½ P Zuschl. 38.
&#10022; In dem netten Appenzellerhaus aus dem 17. Jh. bittet man seine Gäste in einer
unterteilten, für die Region typischen Stube zu Tisch. Gerne können Sie hier auch
übernachten.

**GOPPENSTEIN** 3915 Wallis (VS) 552 K11 – Höhe 1 217.
&#128666; Goppenstein - Kandersteg, Information &#9742; 0279 388 181.
Bern 193 – Brig 29 – Interlaken 139 – Sierre 25 – Sion 40.

**GOSSAU** 9200 Sankt Gallen (SG) 551 V4 – 16 941 Ew. – Höhe 638.
Bern 199 – Sankt Gallen 10 – Bregenz 47 – Konstanz 38 – Vaduz 78.

&#10100;&#10100;&#10100; **Ochsen,** St. Gallerstr. 31, &#9742; 0713 852 531, ochsen-gossau@bluewin.ch,
&#9866; Fax 0713 850 823 – &#10134;. &#128241;. &#8484;&#8484; &#9416; &#9416;&#9416; *VISA*
geschl. 28. Sept. - 15. Okt. und Donnerstag – **Rest** 49 (mittags)/75 und à la carte
48/93 – **Triangel :** **Rest** (19.50) und à la carte 40/75.
&#10022; In der ersten Etage finden sie eine Stube, in der die Gäste in elegantem Rahmen
auf schweren Polstermöbeln Platz nehmen können. Das Triangel im Erdgeschoss ist
ein gutbesuchtes Tagesrestaurant im Bistrostil.

**GOTTLIEBEN** *Thurgau* 551 T4 – *siehe Kreuzlingen.*

**GOUMOIS** *2354 Jura (JU)* 551 G5 – *114 h. – alt. 496.*

*Bern 80 – Delémont 45 – Biel 46 – La Chaux-de-Fonds 35 – Montbéliard 52.*

**Le Theusseret,** à l'Ouest : 2,5 km, ☎ 0329 511 451, *Fax 0329 511 451*, ≤, – ♿ rest, P. MC VISA
*fermé début déc. à fin fév. et merc.* – **Rest** à la carte 30/59.
◆ Du Doubs qui cascade en contrebas, les truites n'ont qu'un saut à faire pour s'allonger dans la poêle ! Ambiance rustique et terrasse bucolique à souhait. Plats régionaux.

**GRÄCHEN** *3925 Wallis (VS)* 552 L12 – *1412 Ew. – Höhe 1617 – Wintersport : 1 617/2 868 m* 2 11.

Grächen Tourismus, Dorfplatz, ☎ 0279 556 060, info@graechen.ch, *Fax 0279 556 066.*

*Bern 199 – Brig 33 – Sion 67.*

**Walliserhof,** Dorfplatz, ☎ 0279 561 122, *walliserhof@rhone.ch, Fax 0279 562 922*, ≤, – P. AE MC VISA. Rest
**Rest** à la carte 34/82 – **25 Zim** ★80/105 ★★140/190 – ½ P Zuschl. 35.
◆ Das schöne Walliser Haus am Dorfplatz bietet Zimmer von guter Grösse, die individuell, mit klassischem Holzmobiliar wohnlich eingerichtet sind. Das Restaurant im Erdgeschoss wirkt mit Holzdecke und typisch lokaler Dekoration gemütlich.

**Grächerhof** , ☎ 0279 562 515, *info@graecherhof.ch, Fax 0279 562 542*, ≤, – ♿ Zim. MC VISA. Rest
*18. Dez. - 21. April und 28. Mai - 20. Okt.* – **Rest** (19.50) 37 und à la carte 50/99 – **25 Zim** ★98/145 ★★156/330 – ½ P Zuschl. 39.
◆ Das Haus liegt in der verkehrsberuhigten Zone und beherbergt seine Gäste in Zimmern, die zum grössten Teil mit hellem Holzmobiliar zeitgemäss eingerichtet sind. Das Lokal ist unterteilt in einfaches Tagesrestaurant und die gediegene Rôtisserie.

**Hannigalp** , ☎ 0279 551 000, *info@hannigalp.ch, Fax 0279 551 005*, ≤, , , , – MC VISA
*23. Dez. - 21. April und 11. Juni - 13. Okt.* – **Rest** - italienische Küche - 39 (abends) und à la carte 37/77 – **21 Zim** ★90/115 ★★150/190 – ½ P Zuschl. 25.
◆ Das Hotel liegt etwas ausserhalb des Familienferienortes. Die teilweise getäferten Zimmer im Haupthaus wie im Chalet sind mit hellem, frischem Holzmobiliar ausgestattet. Hinter der Rezeption schliesst das kleine à la carte-Restaurant an.

**Elite** , ☎ 0279 561 612, *elite.graechen@reconline.ch, Fax 0279 561 682*, ≤, – P. AE MC VISA. Rest
*18. Dez. - 15. April und 12. Juni - 30. Sept.* – **Rest** *(nur Abendessen)* 35 und à la carte 35/95 – **24 Zim** ★85/95 ★★144/170 – ½ P Zuschl. 26.
◆ Das Ferienhotel in ruhiger Hanglage hat Zimmer von ausreichender Grösse, die mit dunklem Eichenholzmobiliar praktisch eingerichtet sind und über einen Balkon verfügen. Das Restaurant ist ein einfacher, rustikaler Raum mit freien Balken.

**Bärgji-Alp,** in Bärgji, Nord : 2,5 km über Bergstrasse erreichbar, ☎ 0279 561 577, *Fax 0279 562 995*, ≤ Berge, – MC VISA
*geschl. Nov. - 17. Dez. und 24. April - 10. Juni (ausser Samstagabend, Sonntagmittag und Feiertage)* – **Rest** 36 (mittags)/68 und à la carte 40/84.
◆ Über eine schmale Bergstrasse erreicht man, am besten zu Fuss, das rustikale Restaurant. Belohnt wird man mit dem schönen Blick und einer günstigen und guten regionalen Küche.

**GRAND-LANCY** *Genève* 552 B11-12 – *rattaché à Genève.*

**GRANDVAUX** *1091 Vaud (VD)* 552 E10 – *1928 h. – alt. 565.*

*Bern 93 – Lausanne 8 – Montreux 16 – Yverdon-les-Bains 46.*

**Relais de la Poste,** 10 rte de Crétaz, ☎ 0217 991 633, *Fax 0217 991 716*, ≤ lac et vignobles, – P. AE MC VISA
**Rest** (18) 34 (midi)/106 et à la carte 52/110.
◆ De la magie plein les yeux grâce à la vue exceptionnelle sur le vignoble et le Léman dont jouit ce restaurant à débusquer sur les hauts du village. Carte attrayante.

✗ **Le Pointu,** 10 Grand'Rue, ✆ 0217 994 333, *riesenp@bluewin.ch,*
Fax 0217 994 334 – AE ① ⓂⓈ VISA
*fermé 24 déc. au 9 janv., 22 juil. au 15 août, sam. et dim.* – **Rest** (nombre de couverts
limité - prévenir) (18) 54/92 et à la carte 54/94.
♦ Mieux vaut réserver si vous espérez vous attabler dans cette petite maison de
bouche bénéficiant d'une bonne réputation locale. Répertoire culinaire classique.

---

**GRANGES-PACCOT** *Fribourg* 552 H8 – *rattaché à Fribourg.*

---

**GRANOIS** *Valais* 552 I11 – *rattaché à Sion.*

---

**GRELLINGEN** *4203 Basel-Landschaft (BL)* 551 K4 – *1636 Ew. – Höhe 322.*
*Bern 102 – Basel 20 – Delémont 28 – Liestal 30.*

✗ **Zur Brücke,** Bahnhofstr. 4, ✆ 0617 411 236, *rest.bruecke@tiscali.ch,*
Fax 0617 411 082 – **P,** ⓂⓈ VISA
*geschl. 6. - 11. März, 22. Juli - 9. Aug., Sonntag und Montag* – **Rest** (28) 48
(mittags)/84 und à la carte 42/96.
♦ Das ältere Gebäude an der Brücke birgt in seinem Inneren eine sehr kleine Gaststube, daneben das Stübli und die schön gedeckte Laube. Traditionelle Karte mit viel
Fisch.

---

**GRENCHEN** *2540 Solothurn (SO)* 551 J6 – *16 035 Ew. – Höhe 440.*
**Lokale Veranstaltung**
*30.03 - 02.04 : Zauberkongress, Magischer Ring.*
🛈 *Grenchen Tourismus, Kirchstr. 10,* ✆ *0326 443 211,* info@grenchentouris-
mus.ch.
⊛ *Kirchstr. 10,* ✆ *0326 532 418, Fax 0326 532 419.*
*Bern 34 – Delémont 58 – Basel 80 – Biel 11 – Solothurn 11.*

✗✗ **Krebs** mit Zim, Bettlachstr. 29, ✆ 0326 522 952, *info@hotelkrebs.ch,*
Fax 0326 522 985, ☃ – ▮ AE ① ⓂⓈ
*geschl. 24. Dez. - 3. Jan., 30. Juli - 12. Aug.* – **Rest** *(geschl. Sonntag)* (16.50) 38
(mittags)/120 und à la carte 43/102 🍴 – **18 Zim** ⌥ ✦111 ✦✦162 – ½ P Zuschl.
20.
♦ Das Restaurant in einem Stadthotel im Zentrum überrascht mit klassischer Küche,
einem Weinangebot von ca. 1000 Positionen und einem riesigen Zigarrensortiment.

---

**GRENG** *3280 Fribourg (FR)* 551 H7 – *167 Ew. – Höhe 445.*
*Bern 35 – Neuchâtel 30 – Biel 43 – Fribourg 16.*

✗ **Schloss-Taverne,** De Castellaplatz 19, ✆ 0266 721 666, *schloss-taverne@sesa
mnet.ch, Fax 0266 700 328,* ☃ – **P,** AE ① ⓂⓈ VISA
*geschl. 13. Feb. - 5. März, 1. - 17. Sept., Samstagmittag, Montagabend und Dienstag*
– **Rest** (19.50) 53 und à la carte 49/84.
♦ Auf dem Areal des ehemaligen Schlosses befindet sich das nette moderne kleine
Bistro, in dem man eine traditionelle Karte bietet.

---

**GREPPEN** *6404 Luzern (LU)* 551 P7 – *826 Ew. – Höhe 460.*
*Bern 139 – Luzern 19 – Altdorf 42 – Cham 17 – Schwyz 28 – Zürich 50.*

✗ **St. Wendelin** mit Zim, Dorfstrasse, ✆ 0413 903 016, *st.wendelin@bluewin.ch,*
Fax 0413 903 916, ⟨ Vierwaldstättersee, ☃, ⛱, ⇗, ▯ – **P,** AE ① ⓂⓈ VISA
*geschl. 21. Dez. - 4. Jan. und 25. Jan. - 15. Feb.* – **Rest** *(geschl. Montag von Nov. -
März und Dienstag)* (18.50) 45 (mittags)/85 und à la carte 56/106 – **8 Zim** ⌥
✦75/90 ✦✦150/160.
♦ Der 400 Jahre alte Gasthof liegt ausserhalb des Ortes und bietet einen schönen
Blick auf den Vierwaldstättersee. Im rustikalen Lokal liegt eine klassische Karte mit
Fisch auf.

Der Hinweis „Rest" in Rot kennzeichnet das Restaurant mit Auszeichnung,
❀ (Stern) oder 🍴 (Bib Gourmand)

**GRIMENTZ** 3961 *Valais (VS)* 552 *J12 – 445 h. – alt. 1 570 – Sports d'hiver : 1 570/2 900 m* 🚡 1 🚠 11 🎿.

**Manifestation locale**
*18.06 : Inalpe et combats de reines.*

🛈 *Grimentz/St-Jean Tourisme,* ✆ *0274 751 493,* grimentz@sierre-anniviers.ch, *Fax 0274 752 891.*

*Bern 191 – Sion 38 – Brig 55.*

🏨 **Alpina** ⬙, ✆ *0274 761 616,* alpina@espaceinfo.ch, *Fax 0274 761 617,* ≤, �╤, 🍸 ⬙ – 📶 ⟺ **P.** ⓞ ⓜⓢ **VISA** ⬤ ch
*11 déc. au 25 avril et 11 juin au 14 oct.* – **Rest** (18) 40/72 et à la carte 50/90 –
**28 ch** ⴺ ✦89/129 ✦✦138/268, 4 suites – ½ P suppl. 20.
♦ Au pied des pistes de ski, hôtel composé de quatre chalets mitoyens. Accueil affable et chambres fonctionnelles progressivement refaites à neuf. Grande salle de restaurant panoramique donnant sur une terrasse. Cuisine traditionnelle et valaisanne.

---

**GRINDELWALD** 3818 *Bern (BE)* 551 *M9 – 3 807 Ew. – Höhe 1034 – Wintersport : 1 034/2 501 m* 🚡 2 🚠 16 🎿.

**Sehenswert :** *Lage★★.*

**Ausflugsziel :** *Jungfraujoch★★★ mit Zahnradbahn – Faulhorn★★★ - Männlichen★★★ – First★★ mit Sessellift – Bachsee★★ – Gletscherschlucht★★.*

**Lokale Veranstaltungen**
*16.01 - 21.01 : World Snow Festival (Schneeskulpturen-Wettbewerb)*
*Ende Juni : Landart Festival (Kunstwerke in wilder Natur-Wettbewerb).*

🛈 *Grindelwald Tourismus,* ✆ *0338 541 212,* touristcenter@grindelwald.ch, *Fax 0338 541 210.*

*Bern 77 – Interlaken 20 – Brienz 38 – Spiez 36.*

🏛 **Grand Regina Alpin Wellfit Hotel,** ✆ *0338 548 600,* info@grandregina.ch, *Fax 0338 548 688,* ≤ Eiger, �╤, ⓥ, 𝓕♂, 🍸, 🔟, 🔲, 🌬, 🍽 – 📶 ⟺ Zim, 🐾 ⟺ **P.** – 🏊 60. ⒶⒺ ⓞ ⓜⓢ **VISA** ⬤ Rest
*geschl. 8. Okt. - 18. Dez.* – **Pendule d'Or :** Rest 106 und à la carte 73/154 – *Jägerstube :* Rest 87 und à la carte 64/111 – ⴺ 35 – **91 Zim** ✦305/375 ✦✦450/510, 8 Suiten – ½ P Zuschl. 100.
♦ Das traditionsreiche Hotel gefällt mit modern und stilvoll eingerichteten Zimmern und Suiten. Eine Sammlung alter Pendeluhren ziert das Haus. Sehr schön : der Wellnessbereich. Elegant gibt sich das Pendule d'Or. Gemütliche Jägerstube.

🏛 **Romantik Hotel Schweizerhof,** ✆ *0338 545 858,* info@hotel-schweizerho f.com, *Fax 0338 545 859,* ≤ Eiger und Berge, 🌬, 𝓕♂, 🍸, 🔲, 🌬 – 📶 **P.** ⓞ ⓜⓢ **VISA** ⬤ Rest
*18. Dez. - 1. April und 26. Mai - 7. Okt.* – *Schmitte :* Rest (18) 48/90 und à la carte 56/88 – **41 Zim** ⴺ ✦190/255 ✦✦380/520, 9 Suiten – ½ P Zuschl. 20.
♦ Mit einem schönen Blick auf den Eiger, angenehmem aufmerksamem Service und einem wohnlichen Ambiente überzeugt dieses hübsche Chalet. Restaurant Schmitte : elegant, mit rustikalem Touch.

🏛 **Belvedere,** ✆ *0338 545 757,* belvedere@grindelwald.ch, *Fax 0338 535 323,* ≤ Eiger, 𝓕♂, 🍸, 🔲, 🌬 – 📶 ⟺, 🍽 Rest, **P.** – 🏊 60. ⓞ ⓜⓢ **VISA** ⬤ Rest
*geschl. 15. Okt. - 15. Dez.* – **Rest** *(geschl. auch 10. April - 14. Mai)* 65 (abends) und à la carte 53/89 – **57 Zim** ⴺ ✦215/360 ✦✦290/480 – ½ P Zuschl. 20.
♦ Ein auffälliger neuzeitlicher Hotelbau nicht weit vom Ortszentrum. Die meist sehr modernen Zimmer sind elegant eingerichtet - Executive-Etage im Obergeschoss. Zeitgemäss gestaltetes Restaurant.

🏨 **Kreuz und Post,** *Dorfstrasse,* ✆ *0338 545 492,* kreuz-post@bluewin.ch, *Fax 0338 545 499,* ≤ Eiger, 🌬, 🍸 – 📶, ⟺ Zim, 🐾 **P.** – 🏊 20. ⒶⒺ ⓞ ⓜⓢ **VISA** ⬤ Rest
*geschl. 3. April - 23. Mai* – **Rest** *(geschl. Montag)* (16.50) 46 (abends) und à la carte 39/98 – **42 Zim** ⴺ ✦90/230 ✦✦250/340 – ½ P Zuschl. 40.
♦ Die zentrale Lage nahe dem Bahnhof sowie wohnliche und zeitgemässe Zimmer sprechen für dieses Hotel. Alte Bilder und schöne Antiquitäten zieren das ganze Haus. Teil des Restaurants ist das hübsche original erhaltene Challistübli.

**Bodmi** ♨, Terrassenweg, ℘ 0338 531 220, hotel@bodmi.ch, Fax 0338 531 353, ≤ Eiger und Grindelwaldgletscher, ㊙ – 📶 ✚ ✆ ⚑ 🅿 AE ⑩ ⓶ VISA

16. Dez. - 16. April und 25. Mai - 14. Okt. – **Rest** (geschl. jeweils Mittwoch im Juni und Mitte Sept. - Mitte Sept.) 70 (abends) und à la carte 44/88 – **20 Zim** ⊴ ✚150/200 ✚✚210/288 – ½ P Zuschl. 38.

♦ Das Chalet liegt angenehm ruhig in wunderbarer Aussichtslage - im Winter unmittelbar an der Piste - und verfügt über neuzeitlich-rustikale Zimmer. Ländlich gehaltenes Restaurant.

**Kirchbühl** ♨, ℘ 0338 544 080, hotel@kirchbuehl.ch, Fax 0338 544 081, ≤ Eiger und Grindelwaldgletscher, ㊙, ⚙s, ✿ – 📶 ⅙ Zim, ⚑ 🅿 – 🄰 25. ⑩ ⓶ VISA ✲ Rest

16. Dez. - 17. April und 20. Mai - 15. Okt. – **La Marmite :** Rest 45/85 und à la carte 45/85 – **Hilty-Stübli :** Rest (19) und à la carte 39/78 – **49 Zim** ⊴ ✚145/215 ✚✚220/390, 10 Suiten – ½ P Zuschl. 45.

♦ Das gut geführte Haus überzeugt durch seine ruhige, leicht erhöhte Lage mit herrlichem Blick auf den Eiger. Die Zimmer im Chaletbau sind meist hell und rustikal möbliert. Das La Marmite verfügt über eine Panoramaterrasse. Rustikal gibt sich das Hilty-Stübli.

**Caprice** ♨, ℘ 0338 543 818, info@hotel-caprice.ch, Fax 0338 543 819, ≤ Eiger, ㊙, ⚙s, ✿ – ✚ Rest, ✆ 🅿 AE ⓶ VISA ✲ Rest

geschl. 23. April - 19. Mai und 15. Okt. - 15. Dez. – **Rest** (nur Abendessen) (nur ½ Pens. für Hotelgäste) – **23 Zim** ⊴ ✚130/160 ✚✚228/332 – ½ P Zuschl. 20.

♦ Ruhig liegt das familiär geführte Haus oberhalb des Ortes, schön ist die Sicht auf den Eiger. Ein nettes, gemütliches Ambiente und ein hübscher Freizeitbereich erwarten Sie.

**Sunstar,** Dorfstrasse, ℘ 0338 547 777, grindelwald@sunstar.ch, Fax 0338 547 770, ≤, ㊙, ☯, ⅙, ⚙s, ☒, ✿, ✕ – 📶, ⅙ Zim, ✆ & Rest, ⚛ – 🄰 15./150. AE ⓶ VISA ✲ Rest

**Adlerstube :** Rest (18) 25 (mittags) und à la carte 48/98 – **178 Zim** ⊴ ✚128/253 ✚✚256/406, 30 Suiten – ½ P Zuschl. 36.

♦ In diesem Hotel bietet man seinen Gästen gepflegte, mit rustikalem Pinienholzmobiliar wohnlich gestaltete Zimmer. Ansprechender Wellness-Bereich mit Panoramaterrasse. Die Adlerstube ist ein ländliches, geschmackvoll eingerichtetes Restaurant.

**Parkhotel Schoenegg** ♨, ℘ 0338 541 818, info@parkhotelschoenegg.ch, Fax 0338 541 819, ≤ Eiger und Berge, ㊙, ⅙, ⚙s, ☒ – 📶 ✚ ⚛ 🅿 🄰 VISA ✲ Rest

18. Dez. - 16. April und 10. Juni - 7. Okt. – **Rest** (nur ½ Pens.) – **49 Zim** ⊴ ✚165/220 ✚✚300/380 – ½ P Zuschl. 25.

♦ Die Zimmer in diesem schön gelegenen Hotel bieten z. T. einen herrlichen Blick auf den Eiger. Besonders wohnlich sind die Chaletzimmer gestaltet.

**Derby,** am Bahnhof, ℘ 0338 545 461, derby@grindelwald.ch, Fax 0338 532 426, ≤, ㊙, ✚ Zim, ⚛ 🅿 AE ⑩ ⓶ VISA

geschl. Ende Okt. - Mitte Dez. – **Rest** (19) und à la carte 50/85 – **68 Zim** ⊴ ✚108/138 ✚✚176/264 – ½ P Zuschl. 35.

♦ Seit mehr als 100 Jahren befindet sich das zentral im Ortskern gelegene Haus in Familienbesitz. Besonders hübsch und wohnlich sind einige neuere Gästezimmer. In mehrere rustikale Stuben unterteilte Restauration.

**Eiger,** Dorfstrasse, ℘ 0338 543 131, hotel@eiger-grindelwald.ch, Fax 0338 543 130, ≤ Eiger, ㊙, ⚙s – 📶 ✚ Zim, ⚛ 🅿 AE ⑩ ⓶ VISA

**Barry's** (geschl. Sonntag bis Mittwoch in Zwischensaison) **Rest** (16.50) und à la carte 39/89 – **48 Zim** ⊴ ✚130/185 ✚✚220/360 – ½ P Zuschl. 35.

♦ Das im Zentrum gelegene Hotel bietet einen schönen Blick auf den Eiger und verfügt über freundliche, in rustikalem Stil möblierte Gästezimmer. Das Barry's hat man einer gemütlichen Almhütte nachempfunden.

**Fiescherblick,** Dorfstrasse, ℘ 0338 545 353, hotel@fiescherblick.ch, Fax 0338 545 350, ≤, ㊙ – 📶 🅿 AE ⑩ ⓶ VISA

geschl. 18. April - 20. Mai und 20. Okt. - 19. Dez. – **Rest** (geschl. Dienstag in Nebensaison) (nur Abendessen) 42/82 und à la carte 45/105 – **25 Zim** ⊴ ✚125/145 ✚✚210/250 – ½ P Zuschl. 40.

♦ Die Zimmer im Stammhaus des Chalets sind mit hellem Holz rustikal und gemütlich gestaltet, im hinteren Hausteil etwas einfacher, doch alle mit Balkon. Skibusstation. Restaurant mit regionstypischem Charakter.

L'infini pluriel

Route du Fort-de-Brégançon - 83250 La Londe-les-Maures - Tél. 33 (0)4 94 01 53 53
Fax 33 (0)4 94 01 53 54 - domaines-ott.com - ott.particuliers@domaines-ott.com

J. Malburet / Michelin

**Alpenhof** ⌂, ℰ 0338 535 270, info@ alpenhof.ch, Fax 0338 531 915, ≤ Eiger, 🍴, ⛬ – 🛗 P AE ⓞⓞ VISA
geschl. Nov. – **Rest** (nur Abendessen) 38 und à la carte 45/89 – **12 Zim** ⚏ ✝105/185 ✝✝190/300, 5 Suiten – ½ P Zuschl. 32.
♦ Das stattliche Chalet oberhalb des Zentrums bietet einen schönen Blick auf den Eiger und ein behagliches Ambiente. Zum Haus gehört auch eine eigene Käserei. Kleine rustikale Gaststube.

**Chalet Hotel alte Post** ⌂, Dorfstrasse, ℰ 0338 534 242, altepost@ grindel wald.ch, Fax 0338 534 288, ≤, 🍴, 🎿, ⛬ – 🛗 ⇦ P AE ⓞ ⓞⓞ VISA
geschl. 20. Okt. - 20. Dez. – **Rest** (geschl. Mittwoch ausser Juli - Aug.) (17) und à la carte 48/97 – **18 Zim** ⚏ ✝95/130 ✝✝190/260.
♦ Dieser ruhig gelegene Familienbetrieb bietet Ihnen hinter seiner regionstypischen Fassade ländlich eingerichtete Zimmer mit wohnlicher Atmosphäre. Durch eine alte Postkutsche betreten Sie das rustikale Restaurant. Käse aus eigener Almwirtschaft.

**Gletschergarten**, Dorfstrasse, ℰ 0338 531 721, gletschergarten@ grindelwald .ch, Fax 0338 532 957, ≤ Fiescherhörner und Grindelwaldgletscher, ⛬ – 🛗, ↞≫ Rest, P AE ⓞ ⓞⓞ VISA ⇸ Rest
21. Dez. - Ende März und 25. Mai - Anfang Okt. – **Rest** (nur ½ Pens. für Hotelgäste) – **26 Zim** ⚏ ✝110/150 ✝✝200/280 – ½ P Zuschl. 38.
♦ Schon seit 1899 befindet sich dieses Haus im Besitz der Familie. Nett ist die heimelige Atmosphäre, sehr schön der Ausblick auf die Fiescherhörner und den Gletscher.

**Hirschen,** Dorfstrasse, ℰ 0338 548 484, info@ hirschen-grindelwald.ch, Fax 0338 548 480, ≤ – 🛗 P AE ⓞ ⓞⓞ VISA ⇸ Rest
geschl. 2. Nov. - 17. Dez. – **Rest** (geschl. auch 17. März - 13. Mai und Donnerstag in Zwischensaison) (19) 38 und à la carte 36/76 – **27 Zim** ⚏ ✝90/135 ✝✝150/260 – ½ P Zuschl. 30.
♦ In der vierten Generation wird das Haus bereits von der Familie geführt. Die Gästezimmer sind mit solidem Holzmobiliar zeitgemäss eingerichtet. In ländlichem Stil gehaltenes Restaurant.

**Alpina** ⌂, ℰ 0338 543 333, hotel@ alpina-grindelwald.ch, Fax 0338 543 345, ≤ Eiger, 🍴, 🚗 – 🛗 P AE ⓞ ⓞⓞ VISA ⇸ Zim
geschl. 27. März - 5. Mai – **Rest** (geschl. auch 6. - 30. Nov. und Dienstag) (17) 37 (abends) und à la carte 36/90 – **34 Zim** ⚏ ✝85/170 ✝✝160/250 – ½ P Zuschl. 30.
♦ Ruhig liegt das familiär geführte Haus etwas oberhalb des Ortes, aber dennoch zentral - schön der Blick auf den Eiger. Praktisch ausgestattete, zeitgemässe Zimmer. Ländlich gestalteter Restaurantbereich.

**Steinbock,** Dorfstrasse, ℰ 0338 538 989, steinbock@ grindelwald.ch, Fax 0338 538 998, 🍴, 🎿 Zim, P ⓞ ⓞⓞ VISA
*Pizzeria da Salvi* : **Rest** (19.50) und à la carte 36/84 – **20 Zim** ⚏ ✝95/125 ✝✝190/250.
♦ Das hübsche, teils mit Holz verkleidete Chalet liegt im Zentrum von Grindelwald und beherbergt sehr gepflegte, solide eingerichtete Gästezimmer. Neuzeitlich gestaltetes, mit Malereien dekoriertes Restaurant mit kleinem Wintergarten.

**Grindelwalderhof** garni, Dorfstrasse, ℰ 0338 544 010, info@ grindwalderhof .ch, Fax 0338 544 019, ≤ Eiger, ⛬ – 🛗 ⇦ ⓞ ⓞⓞ VISA
geschl. Mitte Nov. - Mitte Dez. – **16 Zim** ⚏ ✝95/160 ✝✝150/230, 3 Suiten.
♦ Das Hotel liegt im Zentrum des Dorfes, im Erdgeschoss einige Geschäfte. Die Zimmer, meist mit Balkon, sind mit hellen, rustikalen Massivholzmöbeln eingerichtet. Appartements.

**Blümlisalp** ⌂, Obere Gletscherstrasse (Ost : 3 km), ℰ 0338 536 360, bluemlis alp@ grindelwald.ch, Fax 0338 536 361, ≤ Schreckhorn und Oberer Gletscher, 🍴 – P AE ⓞ ⓞⓞ VISA
26. Dez. - 22. April, 21. Mai - 25. Nov. und geschl. Montag – **Rest** à la carte 38/65 – **15 Zim** ⚏ ✝65/90 ✝✝120/160 – ½ P Zuschl. 30.
♦ Die schöne Lage macht das familiär geführte kleine Hotel aus. Ein Grossteil der recht schlichten, hell möblierten Zimmer bietet einen tollen Blick. Skibusstation am Haus. Einfach-rustikale Gaststube mit netter Aussicht.

**Glacier** ⌂, Endweg 10, ℰ 0338 531 004, info@ glacierhotel.ch, Fax 0338 535 004, ≤ Eiger und Berge, 🍴 – 📞 P AE ⓞ ⓞⓞ VISA ⇸ Rest
geschl. 18. April - 13. Mai und Ende Nov. - 23. Dez. – **Rest** (geschl. Montag in der Zwischensaison) (16.50) und à la carte 36/81 – **17 Zim** ⚏ ✝85/115 ✝✝140/200 – ½ P Zuschl. 33.
♦ Ruhig am Ortsrand gelegenes Hotel im regionstypischen Chalet-Stil. Geräumiger sind die nach Süden gelegenen Gästezimmer mit Blick auf die Berge. Teil der Restauration ist eine rustikale Gaststube.

**GROSSHÖCHSTETTEN** 3506 Bern (BE) **551** K7 – 3 183 Ew. – Höhe 743.
Bern 18 – Burgdorf 22 – Luzern 76 – Thun 21.

in Zäziwil Ost : 2 km – Höhe 680 – ⊠ 3532 Zäziwil :

🏠 **Appenberg** ⤴, (Süd : 2 km in Richtung Oberhünigen), ℰ 0317 904 040, hote
⊜ l@appenberg.ch, Fax 0317 904 050, 佘, ☞ – 🛊, 〜 Zim, � Zim, 🄿 – 🔬 15/60.
🖭 ⑩ ⑩ 𝘝𝘐𝘚𝘈
geschl. 18. - 26. Dez. – Rest (geschl. Sonntagabend) (16) 24 (mittags)/29 und à la
carte 40/74 – **Spycher** - Grilladen - (geschl. 18. Dez. - 9. Jan., 9. Juli - 8. Aug., Sonntag
und Montag) (nur Abendessen) Rest à la carte 45/75 – **42 Zim** ⥁ ✦89 ✦✦156 –
½ P Zuschl. 29.
◆ Ein hübsch angelegtes kleines Dörfli aus überwiegend historischen Emmentaler
Bauernhäusern. Gut für Tagungen geeignet. Rustikale, zeitgemässe Gästezimmer. Der
Spycher : ein Höhlenrestaurant mit in den Fels geschlagenen Nischen. Gartenterrasse.

**GRUB** 9035 Appenzell Ausserrhoden (AR) **551** V5 – 1 029 Ew. – Höhe 813.
Bern 225 – Sankt Gallen 17 – Altstätten 27 – Bregenz 23 – Herisau 22.

XX **Bären** mit Zim, Richtung Eggersriet : 1 km, Halten 112, ℰ 0718 911 355, info@
⊜ baeren-grub.ch, Fax 0718 916 309, 佘 – 🄿 ⇄ 100. 🖭 ⑩ ⑩ 𝘝𝘐𝘚𝘈
geschl. 23. Juli - 7. Aug., Dienstag (ausser abends im Okt. - Juni) und Montag – Rest
(17.50) 39 (mittags)/90 und à la carte 49/68 – **6 Zim** ⥁ ✦65 ✦✦130 – ½ P Zuschl. 29.
◆ Neben der einfachen Gaststube, in welcher auch Tagesgerichte serviert werden,
gibt es ein kleines, ländlich-rustikales Stübli mit gutem Gedeck und zeitgemässer
Küche.

**GRUND BEI GSTAAD** Bern **551** H10 – siehe Gstaad.

**GRÜSCH** 7214 Graubünden (GR) **553** W7 – 1 230 Ew. – Höhe 630.
Bern 234 – Chur 23 – Bad Ragaz 14 – Davos 36.

XXX **Krone** mit Zim, Oberdorf 28, ℰ 0813 001 122, info@krone-gruesch.ch,
Fax 0813 001 123 – 🛊 〜 ⬗ 🄿 ⇄ 20/80 – 🔬 15/30. 🖭 ⑩ ⑩ 𝘝𝘐𝘚𝘈
geschl. 2. Juli - 9. Aug. – **Jenatschstube** (geschl. Montag und Dienstag) (nur Abendessen) Rest (nur Menu) 85/145 ☞ – **Prättigauerstube** (geschl. Montag und Dienstag) Rest 49 (mittags)/59 und à la carte 41/114 – **Chronastübli** (geschl. Montag
und Dienstag) (nur Mittagessen) Rest 49 und à la carte 51/95 – **15 Zim** ⥁ ✦90/100
✦✦160/190 – ½ P Zuschl. 60.
◆ In einem schönen Patrizierhaus a. d. J. 1537 hat man verschiedene Stuben eingerichtet. In der rustikal-eleganten Jenatschstube serviert man ein zeitgemässes
Auswahlmenü. Etwas gediegener : die Prättigauerstube mit z. T. regionalem Angebot.

**GRUYÈRES** 1663 Fribourg (FR) **552** G9 – 1 487 h. – alt. 830.
Voir : Château★★ : chapes★.
**Manifestation locale**
23.07 : Journée "Cors des alpes" à Moléson-Gruyères.
🗓 Office du Tourisme, ℰ 0269 211 030, tourisme@gruyeres.ch, Fax 0269 213 850.
Bern 65 – Fribourg 35 – Gstaad 38 – Lausanne 50 – Montreux 40 – Yverdon-les-
Bains 84.

🏠 **Hostellerie des Chevaliers** ⤴ sans rest, ruelle des Chevaliers,
ℰ 0269 211 933, chevaliers@gruyeres-hotels.ch, Fax 0269 212 552, ≤ – 🛊 🄿. 🖭
⑩ ⑩ 𝘝𝘐𝘚𝘈
fermé 6 janv. au 1er mars – **34 ch** ⥁ ✦100/150 ✦✦160/220.
◆ Hôtel tranquille environné de verdure, où les "chevaliers" en quête de repos pas-
seront un séjour revigorant. Seize chambres ont leurs fenêtres tournées vers la
vallée.

🏠 **Hôtel de Ville,** 29 r. du Bourg, ℰ 0269 212 424, info@hoteldeville.ch,
⊜ Fax 0269 213 628, 佘 – 🛊, 〜 ch, ⬗ – 🔬 20. 🖭 ⑩ ⑩ 𝘝𝘐𝘚𝘈 ⌘ ch
fermé merc. et jeudi (sauf jours à oct.) – **Rest** (17.50) 29/59 et à la carte 34/88
– **8 ch** ⥁ ✦130/180 ✦✦160/300 – ½ P suppl. 30.
◆ Auberge où vous serez hébergé dans de lumineuses chambres agréablement
agencées. Parmi les meilleures adresses de Gruyères pour passer la nuit. Bistrot
"sympa" misant sur de généreuses spécialités traditionnelles : quiches, croûtes,
raclettes, fondues, etc.

**La Fleur de Lys,** 14 r. du Bourg, ℰ 0269 218 282, *hotelfleurdelys@bluewin.ch*, Fax 0269 213 605, 🍽 – 📶 🆔 ⑩ 🆚🆂 🆅🅸🆂🅰
*fermé 30 janv. au 8 mars et lundi - mardi de nov. à avril* – **Rest** 34 et à la carte 35/91 – **11 ch** 🔲 †125 ††175 – ½ P suppl. 30.
♦ Bon petit point de chute tout simple pour découvrir cette belle région fromagère. Chambres rustiques ou plus actuelles, typique carnotzet et terrasses. À table, plats traditionnels de saison, dont la choucroute hivernale. Repas servi à l'extérieur en été.

**Hostellerie St. Georges** avec ch, ℰ 0269 218 300, *reservation@st-georges-gruyeres.ch*, Fax 0269 218 339, ≤, 🍽 – 🅰 🅼 100. 🆀🅴 ⑩ 🆚🆂 🍽
*fermé 2 au 15 janv.* – **Rest** *(fermé 2 janv. au 14 fév., juil. à sept., dim. soir, lundi et mardi)* (dîner seul.) (menu seul.) 59/120 – **Brasserie** *(fermé 2 janv. au 14 fév., mardi sauf le midi de juil. à sept., dim. soir et lundi)* **Rest** (18.50) 45/79 et à la carte 62/112 – **14 ch** 🔲 †130/160 ††180/280 – ½ P suppl. 45.
♦ Hostellerie vénérable et typée, blottie au coeur de la cité médiévale. Vue sur le village ou sur vallée et les Alpes Vaudoises depuis les chambres. Restaurant de bon confort pratiquant un style culinaire actuel. Brasserie servant de la cuisine au goût du jour.

---

**GSTAAD** 3780 Bern (BE) 🔢 I10 – Höhe 1 050 – Wintersport : 1 000/1 820 m ⛷2 ⛷4.
Sehenswert : *Lage*★★★.

🏌 Gstaad-Saanenland (Ende Mai - Ende Okt.) ℰ 0337 484 030, Fax 0337 484 038.
**Lokale Veranstaltungen**
01.07 - 09.07 : Allianz Suisse Tennis Open
15.07 - 04.09 : Menuhin Festival.

🅱 Gstaad Saanenland Tourismus, "Haus des Gastes", Promenade, ℰ 0337 488 181, *info@gstaad.ch*, Fax 0337 488 183.

Bern 88 – Interlaken 68 – Aigle 48 – Fribourg 73 – Lausanne 88 – Montreux 64 – Spiez 59.

**Grand Hotel Park** 🦢, Wispilenstrasse, ℰ 0337 489 800, *info@grandhotelpark.ch*, Fax 0337 489 808, ≤, 🍽, ⑳, 🛁, 🚿, 🔲 (Solebad), 🌹, 🍽 – 📶 video 🕻 ⬗ 🅿 – 🅰 15/120. 🆀🅴 ⑩ 🆚🆂 🍽 Rest
*Mitte Dez. - Mitte März und Mitte Juni - Mitte Sept.* – **Rest** 75 (mittags)/95 und à la carte 90/177 **Marco Polo** (nur Abendessen) **Rest** à la carte 77/177 🌶 – **91 Zim** 🔲 †340/580 ††480/1060, 8 Suiten – ½ P Zuschl. 55.
♦ Das traditionsreiche Haus steht für Gediegenheit und Exklusivität. Das wohnliche Ambiente und die schöne Lage mit Ausblick sprechen für sich. Aufwändig und elegant hat man das Restaurant Marco Polo gestaltet.

**Palace** 🦢, ℰ 0337 485 000, *info@palace.ch*, Fax 0337 485 001, ≤ Gstaad und Berge, 🍽, ⑳, 🛁, 🚿, 🔲, 🚿, 🌹, 🍽 – 📶 🕻 ⬗ 🅿 – 🅰 15/150. 🆀🅴 ⑩ 🆚🆂 🆅🅸🆂🅰 🍽 Rest
*Mitte Dez. - Mitte März und Mitte Juni - Mitte Sept.* – **Rest** 85 (mittags)/110 und à la carte 82/169 – **93 Zim** *(nur ½ Pens.)* †410/510 ††660/1660, 7 Suiten.
♦ Das schlossähnliche Gebäude mit schöner Terrasse thront über dem Ort. Äusserst wohnlich und mit eleganter Note hat man die Zimmer eingerichtet. Aufwändig gestaltet : die Suiten. Vornehm wirkt das Restaurant.

**Grand Hotel Bellevue,** Hauptstrasse, ℰ 0337 480 000, *info@bellevue-gstaad.ch*, Fax 0337 480 001, 🍽, ⑳, 🛁, 🚿, 🔲, 🚿 – 📶, 🖿 Rest, video 🕻 ⬗ 🅿. 🆀🅴 ⑩ 🆚🆂 🆅🅸🆂🅰 🍽 Rest
**Rest** (siehe auch Rest. **Prado**) – **Coehlo :** Rest 42 (mittags) und à la carte 66/110 🌶 – 🔲 29 – **57 Zim** †416/620 ††620/720.
♦ Moderne Eleganz zieht sich wie ein roter Faden durch dieses schmucke Haus. In den Zimmern : klares Design und neueste Technik mit Laptop und DVD. Wellness auf 2500 qm. Leuchter aus Muranoglas zieren das Coehlo.

**Le Grand Chalet** 🦢, Neueretstrasse, ℰ 0337 487 676, *hotel@grandchalet.ch*, Fax 0337 487 677, ≤ Saanenland und Berge, 🍽, 🛁, 🚿, 🔲, 🌹 – 📶 🕻 ⬗ 🅿. 🆀🅴 ⑩ 🆚🆂 🆅🅸🆂🅰
*16. Dez. - 19. März und 2. Juni - 8. Okt.* – **La Bagatelle :** Rest (Tischbestellung ratsam) (32) 45 (mittags)/129 und à la carte 70/137 🌶 – **21 Zim** 🔲 †160/440 ††260/530, 3 Suiten – ½ P Zuschl. 55.
♦ Schön liegt das grosse Chalet oberhalb des Ortes, beeindruckend ist die herrliche Bergkulisse. Mit viel Holz hat man die Zimmer rustikal und sehr wohnlich gestaltet. La Bagatelle ist ein gemütliches Restaurant mit Panoramaterrasse.

**Bernerhof**, Promenade, 🕿 0337 488 844, info@bernerhof-gstaad.ch, Fax 0337 488 840, 🏢, 🛋, ⊠ – 🛗 🅿, 🔐 ⓞ ⓜⓞ 🆅🅸🆂🅰
geschl. 1. - 10. Dez. – Rest (19.50) 31 (mittags)/65 und à la carte 43/116 – **Blun-Chi** - chinesische Küche - (geschl. 1. - 20. Dez., 20. März - 11. April, Montag und Dienstag in Nebensaison) **Rest** (Tischbestellung ratsam) (17) 45/72 und à la carte 50/97 – **34 Zim** ⊇ 🛉136/168 🛉🛉232/362, 11 Suiten – ½ P Zuschl. 35.
♦ Die zentrale Lage in der Fussgängerzone spricht für dieses Haus. Die Gästezimmer sind zeitgemäss ausgestattet und in ländlichem Stil möbliert. Betont rustikales Restaurant. Blun-Chi mit einsehbarer Küche.

**Arc-en-ciel**, 🕿 0337 484 343, info@arc-en-ciel.ch, Fax 0337 484 353, 🏢, 🛋, 🛋, 🖼, 🖼 – 🛗 🍴 🐾 ♿ Rest, 🚗 🅿 – 🏔 15/50. 🔐 ⓞ ⓜⓞ 🆅🅸🆂🅰
**Rest** (22) und à la carte 37/95 – **36 Zim** ⊇ 🛉105/256 🛉🛉231/412, 6 Suiten – ½ P Zuschl. 35.
♦ Am Ortsrand in Liftnähe gelegenes Familienhotel, das über mit hellem Holz zeitgemäss eingerichtete Gästezimmer sowie einen Kinder- und Jugendspielbereich verfügt. Restaurant mit grossem Nichtraucherteil und Wintergarten.

**Gstaaderhof**, Hauptstrasse, 🕿 0337 486 363, gstaaderhof@gstaad.ch, Fax 0337 486 360, ≤, 🏢, 🛋, 🖼 – 🛗, 🍴 Zim, 🚗 – 🏔 30. 🔐 ⓞ ⓜⓞ 🆅🅸🆂🅰
17. Dez. - 1. April und 13. Mai - 21. Okt. – **Müli : Rest** (19) 28 (mittags)/46 und à la carte 43/88 – **Saagi-Stübli** - Grill- und Fonduespezialitäten - (nur im Winter) (nur Abendessen) **Rest** à la carte zirka 50 – **64 Zim** ⊇ 🛉109/187 🛉🛉208/344 – ½ P Zuschl. 30.
♦ Das Hotel ist in ein Geschäftshaus am Rand des Zentrums integriert. Zeitgemäss eingerichtete Zimmer sowie Freizeitangebote gehören zu den Vorzügen. Das Müli befindet sich in der ehemaligen Mühlenkammer. Rustikal : das Saagi-Stübli mit Grill.

**Alphorn**, Gsteigstr. 62, 🕿 0337 484 545, office@gstaad-alphorn.ch, Fax 0337 484 546, ≤, 🏢, 🛋 – 🛗 🅿, 🔐 ⓞ ⓜⓞ 🆅🅸🆂🅰
**Rest** (14.50) 30/56 und à la carte 41/90 – **29 Zim** ⊇ 🛉99/126 🛉🛉178/276 – ½ P Zuschl. 30.
♦ Das im regionalen Stil gehaltene Chalet mit Ausblick bietet seinen Gästen solide Zimmer, die mit hellem, rustikalem Massivholzmobiliar wohnlich eingerichtet sind. Alpenländisches Restaurant.

**Posthotel Rössli**, Promenade, 🕿 0337 484 242, info@posthotelroessli.ch, Fax 0337 484 243, 🏢 – 🔐 ⓜⓞ 🆅🅸🆂🅰
geschl. 18. April - 25. Mai – **Rest** (geschl. Mittwoch - Donnerstag in der Zwischensaison) (18) 40 und à la carte 40/88 – **18 Zim** ⊇ 🛉105/165 🛉🛉196/340 – ½ P Zuschl. 36.
♦ Beim Dorfbrand von 1898 blieb dieses Gasthaus verschont und gilt daher als das älteste im Ort. Die Zimmer sind mit viel Holz rustikal eingerichtet. Stübli und Alti Poscht bilden das ländliche Restaurant.

**Chesery** (Speth), Lauenenstrasse, 🕿 0337 442 451, chesery@gstaad.ch, Fax 0337 448 947, 🏢 – 🅿. 🔐 ⓞ ⓜⓞ 🆅🅸🆂🅰
geöffnet 9. Dez. - 15. April und 10. Juni - 7. Okt. ; geschl. Dienstag in Nebensaison und Montag – **Rest** (Dienstag bis Donnerstag nur Abendessen) 64/159 und à la carte 105/184 🖪.
**Spez.** Le cabri du "Saanenland" rôti au four (printemps). Le carré de veau du "Saanenland" aux côpes de la région (été). Les crevettes Kuruma à la sauce tamarin (hiver)
♦ Eine hier ehemals existierende Käserei gab dem elegant-rustikalen Restaurant seinen Namen. Ein aufmerksamer, kompetenter Service und die klassische Küche überzeugen.

**Prado** - *Grand Hotel Bellevue*, Hauptstrasse, 🕿 0337 480 000, info@bellevue-gstaad.ch, Fax 0337 480 001 – ▤ ♿ Rest, 🚗 🅿. 🔐 ⓞ ⓜⓞ 🆅🅸🆂🅰. 🛥
**Rest** 90 (mittags)/140 und à la carte 85/128.
♦ Grosse zeitgenössische Gemälde zieren dieses edel wirkende Restaurant - benannt nach dem Kunstmuseum in Madrid. Serviert wird eine moderne Küche.

**Olden** mit Zim, Promenade, 🕿 0337 484 950, info@hotelolden.com, Fax 0337 484 959, 🏢, 🖼 – 🚗 🅿, 🔐 ⓞ ⓜⓞ 🆅🅸🆂🅰
geschl. 24. April - 31. Mai, 30. Okt. - 30. Nov., Dienstag und Mittwoch in Zwischensaison – **Rest** (36) 115 (abends) und à la carte 80/166 – **La Cave** (nur Abendessen) (18. Dez. - 9. März und geschl. Montag - Dienstag im Januar) **Rest** 65/98 🖪 – **16 Zim** ⊇ 🛉200/450 🛉🛉300/560 – ½ P Zuschl. 100.
♦ Hinter seiner aufwändig bemalten Fassade beherbergt das historische Haus ein schönes gediegenes Restaurant und gemütliche elegant-rustikale Gästezimmer. La Cave : behagliches Restaurant mit Bar, Zigarren-Lounge und Wein-Carnotzet.

**in Schönried** Nord : 7 km Richtung Zweisimmen – Höhe 1 231 – ⊠ 3778 Schönried :

**Ermitage-Golf,** Hauptstrasse, ℰ 0337 486 060, *ermitagegolf@gstaad.ch*, Fax 0337 486 067, ≤ Berge, 綜, ⑩, ₤₅, ⇌, ⌿ ◳ (Solebäder), 灬, ℁ – ⬧, ⤧ Rest, ✆ ⇦ **P P** ⁅ **①** **⓿** **VISA**. ℁ Rest
*Ermitage-Stube* : Rest à la carte 55/115 – **Fondue Spycher** - Käsespezialitäten - *(geöffnet Dez. - März ; geschl. Montag und Dienstag) (nur Abendessen)* **Rest** à la carte 45/99 – **72 Zim** ⊡ ⁑145/330 ⁑⁑290/590, 6 Suiten – ½ P Zuschl. 45.
♦ Dieses hübsch bemalte Chalet steht für engagierten Service und elegantes regionstypisches Ambiente. Ansprechend gestalteter Wellnessbereich. In der Ermitage-Stube bietet man euro-asiatische Küche.

**Alpenrose,** Saanenmöserstrasse, ℰ 0337 446 767, *info@hotelalpenrose.ch*, Fax 0337 446 712, ≤ Berge, 綜, ⇌ – ⬧ ✆ ⅊ Zim, ⇦ **P** ⁅ **①** **⓿** **VISA**
geschl. 20. Okt. - 15. Dez. – **Azalée** *(geschl. Montag und Dienstagmittag)* **Rest** 75 (mittags)/150 und à la carte 88/177 – **J. P.'s Churrascaria** *(geschl. Montag - Dienstagmittag im Sommer und Mittwoch im Winter)* **Rest** (18.50) 30 (mittags) und à la carte 54/113 – **19 Zim** ⊡ ⁑155/320 ⁑⁑340/490 – ½ P Zuschl. 50.
♦ Im traditionellen Stil erbautes, gemütlich-rustikales kleines Hotel mit recht geräumigen Zimmern, meist mit schöner Sicht. Kinderspielzimmer, Mini-Kasino für Jugendliche. Leicht elegant gibt sich das Azalée. Blickfang in J.P.'s Churrascaria : der offene Grill.

**in Saanenmöser** Nord : 9 km Richtung Zweisimmen – Höhe 1 269 – ⊠ 3777 Saanenmöser :

**Golfhotel Les Hauts de Gstaad,** ℰ 0337 486 868, *mail@golfhotel.ch*, Fax 0337 486 800, ≤ Berge, 綜, ⑩, ₤₅, ⇌, ⌿, 灬 – ⬧ ✆ ⇦ **P** – ⚕ 15/80. ⁅ **①** **⓿** **VISA**
geschl. 19. Nov. - 15. Dez. – **Belle Epoque** : Rest à la carte 55/135 – **Bärengraben** : **Rest** à la carte 59/121 – **57 Zim** ⊡ ⁑125/325 ⁑⁑200/730 – ½ P Zuschl. 25.
♦ Grosszügig angelegtes Chalet mit modernem Wellnessbereich auf 1000 qm. Besonders wohnlich : Die Zimmer im Haus Golfino, allergikerfreundlich mit Terrakottafliesen ausgestattet. Elegant : das Belle Epoque. Bärengraben : rustikal, mit Wandmalereien von 1922.

**Hornberg** ᗖ, ℰ 0337 486 688, *willkommen@hotel-hornberg.ch*, Fax 0337 486 689, ≤, 綜, ⇌, ⌿, ◳, 灬 – ⬧ ⇦ **P** – ⚕ 15/25. **①** **⓿** **VISA**
3. Dez. - 1. April und 14. Mai - 20. Okt. – **Rest** 40/85 (abends) und à la carte 46/84 – **37 Zim** ⊡ ⁑160/200 ⁑⁑360/460 – ½ P Zuschl. 30.
♦ Direkt am Ende der Piste liegt dieses Hotel. Die Zimmer sind nett eingerichtet, einige gemütlich mit Arvenholz möbliert. Sehr schön ist die grosszügige Gartenanlage. Mit viel hellem Holz hat man das Restaurant behaglich gestaltet.

**in Lauenen** Süd : 6,5 km – Höhe 1 250 – ⊠ 3782 Lauenen :

**Alpenland** ᗖ, Rohrbrücke, Süd : 1 km, ℰ 0337 659 134, *hotel@alpenland.ch*, Fax 0337 659 135, ≤ Berge, 綜 – ⬧ ⇦ **P** ⁅ **①** **⓿** **VISA**
geschl. 3. - 28. April, 30. Okt. - 1. Dez. und Mittwoch in Zwischensaison – **Rest** (18) 27 (mittags) und à la carte 41/93 – **20 Zim** ⊡ ⁑100/230 ⁑⁑170/295 – ½ P Zuschl. 35.
♦ Das ortstypische Chalet liegt ruhig ausserhalb des Ortes in der Nähe der Skilifte. Die Gästezimmer sind mit hellen Naturholzmöbeln wohnlich eingerichtet. Eine Terrasse mit schönem Bergblick ergänzt das Restaurant.

**in Saanen** Nord-West : 3 km – Höhe 1 010 – ⊠ 3792 Saanen :.
Sehenswert : Chalets★ – Wandmalereien★ in der Kirche

**Steigenberger,** Auf der Halten, Ost : 2 km, ℰ 0337 486 464, *gstaad@steigenberger.ch*, Fax 0337 486 466, ≤ Saanen und Gstaad, 綜, ₤₅, ⇌, ◳, 灬 – ⬧, ⤧ Zim, ✆ 獅 ⇦ **P** – ⚕ 15/100. ⁅ **①** **⓿** **VISA**. ℁ Rest
geschl. Mitte Okt. - Mitte Dez. – **Rest** à la carte 54/92 – **126 Zim** ⊡ ⁑145/240 ⁑⁑350/480, 7 Suiten – ½ P Zuschl. 62.
♦ Mit viel dunklem Holz wohnlich und komfortabel ausgestattete Gästezimmer sowie ein schöner Fitnessbereich stehen in diesem Haus zur Verfügung. Frischer, heller Speisesaal und rustikales à la carte-Restaurant.

**Alpine Lodge** ᗖ, Wyssmülleriweg, ℰ 0337 484 151, *info@alpinelodge.ch*, Fax 0337 484 152, ≤, 綜, ₤₅, ⇌, ◳, ⌿, 灬 – ⬧ ⇦ **P** – ⚕ 80. ⁅ **①** **⓿** **VISA**
**Rest** *(geschl. 1. - 15. Dez. und 15. April - 1. Juni)* (28) 35 (mittags)/39 und à la carte 39/61 – **25 Zim** ⊡ ⁑119/229 ⁑⁑158/378 – ½ P Zuschl. 10.
♦ Neben modernen und freundlichen Zimmern - alle mit Computer und freiem Internetzugang - bietet dieses Hotel auch viele Outdoor-Aktivitäten an. Einige Themenzimmer. Helles, neuzeitliches Restaurant.

🏠 **Saanerhof,** ℘ 0337 441 515, hotel@saanerhof.ch, Fax 0337 441 323, 🔭 – **P.**
🍽 geschl. 16. Nov. - 12. Dez. und 1. - 30. April – **Rest** (17) 37 und à la carte 37/104
– **22 Zim** ⊑ ✝90/140 ✝✝150/240 – ½ P Zuschl. 35.
♦ Der ältere Gasthof, nicht weit vom Bahnhof gelegen, bietet seinen Gästen Zimmer,
die mit viel hellem Holz rustikal und behaglich eingerichtet sind. Der Restaurantbereich teilt sich in das Beizli mit blanken Holztischen und die gemütlich-ländliche Stube.

🏠 **Landhaus,** Hauptstrasse, ℘ 0337 484 040, landhaus-saanen@bluewin.ch,
🍽 Fax 0337 484 049 – 🛗 **P.** – 🕍 15/270. **◎ VISA**
geschl. Mitte Mai - Mitte Juni und Montag ausser Hochsaison – **Rest** (18) und à
la carte 37/91 – **20 Zim** ⊑ ✝80/110 ✝✝160/220 – ½ P Zuschl. 30.
♦ Das kleine Hotel befindet sich im Zentrum des Ortes. Die Zimmer sind mit hellem
Naturholzmobiliar solide und praktisch ausgestattet. Restaurant mit Gaststuben-
charakter.

XX **Sonnenhof,** in Unterbord, Nord-Ost : 3 km, ℘ 0337 441 023, restaurant.sonne
nhof@bluewin.ch, Fax 0337 441 037, ⇐ Gstaad und Berge, 🔭 – **P. ◎ ◎ VISA**
geschl. 14. Mai - 16. Juni, 29. Okt. - 15. Dez., Dienstag in der Zwischensaison und Mittwoch – **Rest** (Tischbestellung ratsam) (28) 52 (mittags)/95 und à la carte 59/131.
♦ Oberhalb des Tales liegt dieses gemütlich-rustikale Restaurant. Von der schönen
Sonnenterrasse aus geniesst man den traumhaften Blick auf Gstaad und die Berge.

**in Grund bei Gstaad** Süd : 4,5 km Richtung Col du Pillon – Höhe 1 095 – ✉ 3783 Grund
bei Gstaad :

XX **Chlösterli,** Gsteigstr. 1, ℘ 0337 487 979, chlosterli@chlosterli.com,
Fax 0337 487 976, 🔭 – **P.** ⟳ 25. **AE ◎ ◎ VISA**
**Spoon des Neiges** (15. Dez. - 15. März und Montag - Dienstag ausser Hochsaison)
(nur Abendessen) **Rest** 105 und à la carte 102/147 ⌀ – **Alpen Bistro** (geschl. 1.
April - 30. Juni, 1. Okt. - 14. Dez. und Montag - Dienstag ausser Winter Hochsaison)
**Rest** à la carte 58/114.
♦ Chalet a. d. J. 1713. Das Spoon des Neiges kombiniert gelungen ursprüngliche und
ganz moderne Elemente. Kreative Küche. Bar aus dem original erhaltenen Holz ehe-
maliger Ställe. Gemütlich-rustikal : das Alpen Bistro.

---

**GUARDA** 7545 Graubünden (GR) 🔢🔢🔢 Z9 – 153 Ew. – Höhe 1653.
Bern 318 – Scuol 19 – Chur 94 – Davos 42 – Merano 122 – Sankt Anton am Arlberg 107 – Sankt Moritz 51.

🏨 **Meisser** 🌿, Dorfstr. 42, ℘ 0818 622 132, info@hotel-meisser.ch,
Fax 0818 622 480, ⇐, 🔭, 🌲 – **P. AE ◎ ◎ VISA**
16. Dez. - 31. März und 14. Mai - 4. Nov. – **Rest** (im Winter nur ½ Pens. für Hotelgäste)
68 (abends) und à la carte 56/94 – **19 Zim** ⊑ ✝115/175 ✝✝218/286, 4 Suiten –
½ P Zuschl. 40.
♦ Die ehemaligen Engadiner Bauernhäuser a. d. 17. Jh. liegen ruhig im alten Dorfkern
- mit schönem Blick vom Garten des Haupthauses. Rustikale Suiten und schlichtere
Zimmer. Sehenswert : Speisesaal mit Stuckdecke und Holztäfer, Panoramarestaurant
und Kellerbar.

🏠 **Piz Buin** 🌿, Dorfstr. 21, ℘ 0818 613 000, info@pizbuin.ch, Fax 0818 613 015,
⇐ "Unterengadiner Dolomiten", 🔭, ⇌, 🌲 – **P. ◎ ◎ VISA**. 🌿 Rest
geschl. 10. - 20. Jan., 15. April - 5. Juni und 25. Okt. - 20. Dez. – **Rest** (nur für Hotelgäste) 38 (abends) und à la carte 45/73 – **22 Zim** ⊑ ✝85/105 ✝✝130/220 –
½ P Zuschl. 20.
♦ Die wunderbare Sicht auf die Unterengadiner Dolomiten lässt das Bergsteiger-
herz höher schlagen. In Zimmern mit Arven- und Tannenholz wohnt man gemütlich.
Nach Ausflügen gibt es doch kaum etwas Schöneres als in typischem Umfeld regionale Gerichte zu kosten.

♨ **Val Tuoi,** chasa 56, ℘ 0818 622 470, contact@pensionvaltuoi.ch,
Fax 0818 622 407, ⇐ – **P. AE ◎ ◎ VISA**. 🌿 Rest
geschl. 1. - 18. Dez., 8. - 22. Jan. und 23. April - 21. Mai – **Rest** (nur Abendessen für
Hotelgäste) – **17 Zim** ⊑ ✝60/70 ✝✝130/140 – ½ P Zuschl. 25.
♦ Hinter einer schön bemalten Fassade finden Sie gemütlich eingerichtete Zimmer
mit Arven- und Fichtenholz. Im rustikalen Restaurant gibt es Abendessen für Pensionsgäste.

**Frühstück inklusive? Die Tasse ⊑ steht gleich hinter der Zimmeranzahl.**

**GUDO** *6515 Ticino (TI)* 553 R12 - *688 ab. - alt. 218.*
*Bern 265 - Locarno 13 - Bellinzona 7 - Lugano 32.*

X **Osteria Brack** con cam, via delle Vigne, ✆ 0918 591 254, *Fax 0918 592 098*, ←, – P. AE VISA. rist
*3 marzo - 10 dicembre* – **Rist** *(chiuso lunedì, martedì, mercoledì ed a mezzogiorno)* alla carta 35/69 – **7 cam** ☐ ✝110 ✝✝190.
• In zona collinare e verdeggiante è la meta ideale per gli amanti della pasta, rigorosamente fatta in casa ! Si consiglia di prenotare. Alcune camere dal confort soddisfacente.

**GUGGISBERG** *3158 Bern (BE)* 552 I8 - *1 671 Ew. - Höhe 1 118.*
*Bern 38 - Fribourg 27 - Interlaken 61 - Thun 35.*

**Sternen**, ✆ 0317 361 010, *info@sternen-guggisberg.ch*, *Fax 0317 361 019*, ← Freiburgerland, – P. VISA
**Rest** (18) 55/85 und à la carte 40/90 – **9 Zim** ☐ ✝90 ✝✝160 – ½ P Zuschl. 40.
• Ein neuerer, nach Südwesten ausgerichteter Hotelanbau ergänzt den traditionellen Gasthof. Die Zimmer sind modern, hell und rustikal mit Naturholzmöbeln eingerichtet. Neo-rustikales Restaurant mit traditionellem Angebot. Eigener Kinderspielplatz.

**GUNTEN** *3654 Bern (BE)* 551 K9 - *Höhe 560.*
*Bern 36 - Interlaken 15 - Brienz 35 - Spiez 19 - Thun 9.*

**Seehotel Hirschen,** Seestr. 147, ✆ 0332 529 292, *hotel@hirschen-thunersee.ch*, *Fax 0332 529 293*, ← Thunersee und Niesen, – P – 15/30. AE VISA
*April - Okt.* – ***Le Pavillon*** : **Rest** 54/74 und à la carte 44/102 – ***Brasserie Panorama*** : **Rest** (19) und à la carte 41/84 – **63 Zim** ☐ ✝55/170 ✝✝110/370 – ½ P Zuschl. 38.
• Von Terrasse und Garten des Hotels hat man einen wundervollen Ausblick über den Thunersee. Die Gäste wohnen in teils einfacheren, teils zeitgemässen Zimmern. Elegant gibt sich das Le Pavillon. Rustikal ist der Stil in der Brasserie Panorama.

**Parkhotel,** Seestr. 156, ✆ 0332 528 852, *info@parkhotel-gunten.ch*, *Fax 0332 528 888*, ← Thunersee und Niesen, – Rest, P – 35. AE VISA
*geschl. 3. Jan. - 31. März* – **Rest** *(geschl. Dienstag und Mittwoch in der Zwischensaison)* (21) 32 (abends) und à la carte 42/79 – **52 Zim** ☐ ✝90/135 ✝✝180/250 – ½ P Zuschl. 33.
• An der Seestrasse liegt dieses Hotel, das Sie in funktionell ausgestatteten Zimmern beherbergt. Hübsche Gartenalage, die sich bis zum Ufer erstreckt. Restaurant mit traditioneller Küche. Terrasse am Haus und direkt am See.

**GURTNELLEN** *6482 Uri (UR)* 551 Q9 - *652 Ew. - Höhe 738.*
*Bern 170 - Andermatt 16 - Altdorf 22 - Chur 104.*

X **Gotthard** mit Zim, ✆ 0418 851 110, *sichers@gotthardhotel.ch*, *Fax 0418 850 310*, – Zim, P 10. AE VISA
*geschl. 25. Dez. - 6. Jan., 27. Feb. - 31. März, Montag und Dienstag* – **Rest** (20) 36 (mittags)/48 und à la carte 44/85 – **11 Zim** ☐ ✝65/90 ✝✝100/140 – ½ P Zuschl. 40.
• Hinter einer teils holzverkleideten Fassade verbirgt sich ein in ländlichem Stil eingerichtetes Restaurant mit ausgeprägtem familiärem Charakter. Saubere einfache Gästezimmer.

**GUTTANNEN** *3864 Bern (BE)* 551 O9 - *352 Ew. - Höhe 1 060.*
*Bern 100 - Andermatt 67 - Brig 67 - Interlaken 43.*

**an der Grimselpass Strasse** *Süd : 6 km :*

**Handeck**, ✆ 0339 823 611, *info@grimselhotels.ch*, *Fax 0339 823 605*, ←, – Zim, Rest, P – 15/40. AE VISA Rest
*26. Mai - 15. Okt.* – ***Handeckstube*** **Rest** (Tischbestellung erforderlich) *(abends nur Menu)* 24 (mittags)/ 85 und à la carte 40/87 – ***Gelmerstube/Haslistube*** : **Rest** 24 (mittags) und à la carte 40/87 – **27 Zim** ☐ ✝100/170 ✝✝150/190 – ½ P Zuschl. 40.
• Eingebettet in einen grandiose Hochgebirgslandschaft bietet Ihnen dieses Hotel hübsche rustikale Zimmer und interessante Freizeitaktivitäten. Handeckstübli mit interessante Abendmenu, mittag geschmackalle regionale Küche.

**GÜTTINGEN** *8594 Thurgau (TG)* 🔲🔲🔲 *U3-4 – 1336 Ew. – Höhe 410.*
*Bern 12 – Sankt Gallen 29 – Bregenz 51 – Konstanz 12 – Winterthur 52.*

🏠 **Seemöwe,** Hauptstr. 54, 📞 0716 951 010, *info@seemoewe-guettingen.ch,*
*Fax 0716 952 874,* ≤, 🍴, 🚗 – ❄️ Zim, **P** – 🛁 40. 🏧 🟦🟧 *VISA*
**Rest** 16.50 (mittags)/43 und à la carte 38/99 – **13 Zim** ⊃ ✶80/110 ✶✶120/180
– ½ P Zuschl. 25.
◆ Diese am Ende des Ortes gelegene Unterkunft mit seinen wohnlichen, leicht rustikal
möblierten Zimmern ist ein idealer Ausgangspunkt für Wanderungen und Fahrrad-
touren. Von dem nett eingerichteten Restaurant aus hat man eine schöne Sicht auf
Wiesen und Felder.

---

**HÄGENDORF** *4614 Solothurn (SO)* 🔲🔲🔲 *L5 – 4340 Ew. – Höhe 428.*
*Bern 59 – Aarau 20 – Basel 46 – Luzern 62 – Solothurn 30.*

🏵🏵🏵 **Lampart's Art of Dining,** Oltnerstr. 19, 📞 0622 097 060, *info@lamparts.ch,*
🏵🏵 *Fax 0622 097 061,* 🍴 – **P** ⇔ 50. 🏧 🟦🟧 *VISA*
*geschl. 24. Dez. - 12. Jan., Juli - Aug. 3 Wochen, Sonntag (ausser Adventssonntage)*
*und Montag –* **Rest** (1. Etage) 56 (mittags)/128 und à la carte 100/162 – **Rest.** (siehe
auch *Bistro* ).
**Spez.** Schwartenmagen vom Kalb auf Salat-Kräuter Beet und Vinaigrette mit Meer-
rettich (Frühling - Sommer). Bretonischer Hummer auf Gemüse-Ratatouille nach Anti-
bes-Art, Kefirschaum und fritierter Estragon. Karamelisierte Cavaillon Melone mit
kalter Sabayon von Cream-Sherry und Tahiti Vanille (Sommer)
◆ Im eleganten Restaurant mit geschmackvoller Inneneinrichtung im modernen Landhausstil werden Speisen von einer guten, innovativen, zeitgemässen Karte gereicht.

🍴 **Bistro** - *Lampart's Art of Dining*, Oltnerstr. 19, 📞 0622 097 060, *info@lamparts.ch,*
🥐 *Fax 0622 097 061,* 🍴 – **P** ⇔ 25. 🏧 🟦 🟦🟧 *VISA*
*geschl. 24. Dez. - 12. Jan., Juli - Aug. 3 Wochen, Sonntag (ausser Adventssonntage)*
*und Montag –* **Rest** 56 (mittags) und à la carte 54/98.
◆ Im Erdgeschoss des Lampart's Art of Dining befindet sich dieses hell und modern
eingerichtete, leicht elegant wirkende Bistro. Sorfältig zubereitete zeitgemässe
Küche.

---

**HARDERN** *Bern* 🔲🔲🔲 *I6 – siehe Lyss.*

---

**HAUTE-NENDAZ** *1997 Valais (VS)* 🔲🔲 *I12 – 5389 h. – alt. 1255 – Sports d'hiver :*
*1400/3330 m* 🎿 *2* 🎿 *17* 🎿.
**Manifestation locale**
*22.07 - 23.07 : Festival international de Cors des Alpes.*
🅱 *Nendaz Tourisme,* 📞 0272 895 589, *info@nendaz.ch, Fax 0272 895 583.*
*Bern 169 – Sion 16 – Martigny 46 – Montreux 85.*

🏠 **Le Déserteur,** 📞 0272 882 455, *info@ledeserteur.ch, Fax 0272 883 814,* ≤, 🍴
🥐 – **P** – 🛁 15/30. 🏧 🟦 🟦🟧 *VISA*
*fermé mai et nov. –* **Rest** *(fermé jeudi soir en juin, sept. et oct.)* (15) 20/45 et à
la carte 45/90 – **25 ch** ⊃ ✶80/115 ✶✶130/200 – ½ P suppl. 30.
◆ Sur les hauts de la station, hôtel-chalet dont le nom se réfère à un peintre aux
origines inconnues, réfugié à Nendaz au 19e s. Chambres confortables. Salle de
restaurant campagnarde ouverte sur la vallée ; carnotzet pour les fondues.

🍴 **Le Grenier,** place de la Télécabine, 📞 0272 882 440, *Fax 0272 881 080,* 🍴 – 🏧
🥐 🟦🟧 *VISA*
*16 déc. au 17 avril et 19 juin au 14 oct. –* **Rest** *(fermé dim. en juin, sept. et oct.)*
(16) 50/65 et à la carte 35/84.
◆ La télécabine se trouve juste en face : la promenade digestive est toute trouvée !
Les hautes chaises baroques ajoutent au cachet de la salle à manger. Plats traditionnels.

🍴 **Osteria il Trullo,** 📞 0272 885 500, *osteriailtrullosarl@bluemail.ch,* 🍴 – 🏧 🟦
🟦🟧 *VISA*
*2 déc. au 22 avril, 24 juin au 4 nov. et fermé lundi (fermé lundi)–* **Rest** - cuisine
italienne - à la carte 51/90.
◆ Les couleurs de la salle à manger, le décor typique des Pouilles, le toit rond en
"trullo" du four à pizzas, la carte transalpine... Et pourquoi pas le soleil du Mezzogiorno
90

X **La Cabane,** Les Ecluses (en face du centre sportif), ℘ 0272 882 011, Fax 0272 882 011, 🍴 – 🆎 ⓪ ⓪⓪ 𝘝𝘐𝘚𝘈
*fermé 1ᵉʳ au 23 mai, 20 au 30 nov. ; merc. en juin, oct. et nov. –* **Rest** *- cuisine valaisanne -* 36/48 *et à la carte* 40/84.
♦ Dans la partie haute de la station, ancien chalet d'habitation transformé en un restaurant de spécialités valaisannes. Grande carte. Terrasses à l'avant ainsi qu'à l'arrière.

---

**HAUTERIVE** *Neuchâtel* 552 *G7 – rattaché à Neuchâtel.*

---

**HEIDEN** *9410 Appenzell Ausserrhoden (AR)* 551 *V5 – 4 061 Ew. – Höhe 794.*
🛈 *Appenzeller Tourismus, Bahnhofstr. 2,* ℘ *0718 983 300,* info.ar@appenzell.ch, *Fax 0718 983 309.*
*Bern 228 – Sankt Gallen 19 – Bregenz 21 – Herisau 25 – Konstanz 49.*

🏨 **Heiden,** Seeallee 8, ℘ 0718 981 515, info@hotelheiden.ch, Fax 0718 981 555, ≤, 🍴, 𝑓₆, ⇌, 🔲, ⌁ – 🛗, ⇆ Zim, 🚗 & 🅿 – 🕍 15/60. 🆎 ⓪ ⓪⓪ 𝘝𝘐𝘚𝘈
**Rest** (25) 34 (mittags) und à la carte 47/103 – **66 Zim** ⇌ ✝145/170 ✝✝250/320 – ½ P Zuschl. 38.
♦ Die Zimmer des Hauses sind mit freundlichem Mobiliar modern eingerichtet. Die nordseitigen haben Panoramafenster mit Blick auf den See, die anderen liegen zum Park. Hell und komfortabel gestaltetes Restaurant mit schöner Terrasse.

XX **Weid,** Weidstr. 43, ℘ 0718 912 874, Fax 0718 915 686, ≤, 🍴 – 🅿. ⓪ ⓪⓪ 𝘝𝘐𝘚𝘈
⊝ geschl. Anfang März 3 Wochen, Anfang Okt. 2 Wochen, Montag und Dienstag – **Rest** (19.50) 48 (mittags)/80 und à la carte 41/93.
♦ Das Restaurant im oberen Dorfteil hat eine schöne Aussichtslage. Die Speisekarte wird von Forellen aus eigener Zucht dominiert, weist aber auch Fleischgerichte auf.

---

**HEILIGKREUZ** *Sankt Gallen* 551 *U7 – siehe Mels.*

---

**HEIMISWIL** *Bern* 551 *K6 – siehe Burgdorf.*

---

**HERBLINGEN** *Schaffhausen* 551 *Q3 – siehe Schaffhausen.*

---

**HERGISWIL** *6052 Nidwalden (NW)* 551 *O7 – 5 244 Ew. – Höhe 449.*
🛈 *Tourist Office, Seestr. 24,* ℘ *0416 301 258,* hergiswil@inbox.ch.
*Bern 120 – Luzern 7 – Interlaken 63 – Stans 6.*

🏨 **Pilatus,** Seestr. 34, ℘ 0416 323 030, info@pilatushotel.ch, Fax 0416 323 031, ≤ Vierwaldstättersee, 🍴, 𝑓₆, ⇌, 🔲, 🐾, 🛖, 🛗 – 🛗 & Rest, 🅿 – 🕍 15/100. 🆎 ⓪ ⓪⓪ 𝘝𝘐𝘚𝘈. ⚘ Rest
**Rest** (22) 43 (midi) und à la carte 50/112 – **68 Zim** ⇌ ✝115/215 ✝✝195/265 – ½ P Zuschl. 28.
♦ Mit seiner guten Lage, dem herrlichen Blick auf den Vierwaldstättersee und der schönen Seeterrasse lockt das Hotel seine Gäste, die in Zimmern mit dunklen Holzmöbeln wohnen. Rustikales Restaurant mit traditioneller Küche.

🏨 **Brünig,** Seestr. 13, ℘ 0416 324 242, info@hotel-bruenig.ch, Fax 0416 324 241, ⊝ 🍴 – 🛗 & Rest, 🅿 – 🕍 15/60. 🆎 ⓪ ⓪⓪ 𝘝𝘐𝘚𝘈
**Rest** (18.50) und à la carte 42/89 – **19 Zim** ⇌ ✝95/110 ✝✝140/160, 3 Suiten – ½ P Zuschl. 45.
♦ Das Hotel liegt in der Nähe des Bahnhofs. Die Zimmer sind teils mit älteren Möbeln, teils mit hellem, funktionellem Holzmobiliar eingerichtet. Alle verfügen über einen Balkon. Hinter dem schlichten Restaurant liegt der Schlosskeller mit schönem Gewölbe.

---

**Die Gedecke X und die Sterne ✿ dürfen nicht verwechselt werden!**
**Die Gedecke stehen für eine Komfortkategorie, die Sterne zeichnen**
**Häuser aus, die in jeder dieser Kategorien die beste Küche bieten.**

**HERISAU** 9100  Appenzell Ausserrhoden (AR) 551 U5 – 15 786 Ew. – Höhe 771.
🏵 Am Obstmarkt 7, 🖉 0713 530 970, Fax 0713 530 975.
Bern 203 – *Sankt Gallen* 10 – Bregenz 47 – Konstanz 42 – Winterthur 54.

🏠 **Herisau,** Bahnhofstr. 14, 🖉 0713 548 383, *info@hotelherisau.ch,*
🍴 Fax 0713 548 380, 🏠, ℔, 🛏 – 📶, 🔄 Zim, 🅴 🔥 🚗 🅿 – 🔒 15/50. 🆎 ◑ 🚇
🆅🆂🆀
geschl. 22. Dez. - 8. Jan. – **Rest** *(geschl. Sonntag)* (16) 39 (mittags)/42 und à la carte
41/76 – 🍽 15 – **33 Zim** ⚹125 ⚹⚹200 – ½ P Zuschl. 28.
♦ Gut geeignet für Privat- und Geschäftsreisende : In diesem Haus im Appenzellerland
übernachtet man in geräumigen Zimmern mit gutem, modernem Mobiliar. Die Robert
Walser-Stube ist eine Art Wintergarten.

🍴 **Rüti,** Rütistr. 1683, 2 km Richtung Winkeln, 🖉 0713 523 280, *hj.seifried@ruetihe*
*risau.ch,* Fax 0713 523 252, ≤ Säntis und Unterland, 🏠 – 🔥 Rest, 🅿 🚇 🆅🆂🆀
geschl. 24. Juli - 6. Aug. und Montag – **Rest** 50 (mittags) und à la carte 38/99.
♦ Von dem wintergartenähnlichen, modern eingerichteten Restaurant auf dem
Hügelkamm bietet sich eine sehr schöne Sicht auf die Umgebung. Traditionell
geprägte Karte.

**HERLISBERG** 6028 Luzern (LU) 551 N6 – 229 Ew. – Höhe 737.
Bern 102 – *Aarau* 33 – Luzern 16 – Zürich 68.

🍴 **Zum Herlisberg,** 🖉 0419 301 280, *info@herlisberg.ch,* Fax 0419 303 665,
≤ See und Berge, 🏠 – 🅿 🆎 ◑ 🚇 🆅🆂🆀 ✂
**Rest** (25) 52 (mittags)/108 und à la carte 59/115 ⬙.
♦ Das ehemalige Bauernhaus aus dem 18. Jh. hat eine Terrasse mit wundervollem
Ausblick auf den See und die Berge. Das Lokal ist stilentsprechend eingerichtet.

**HERMANCE** 1248 Genève (GE) 552 B11 – 817 h. – alt. 381.
Bern 180 – *Genève* 16 – Annecy 59 – Saint-Claude 80 – Thonon-les-Bains 36.

🍴 **L'Auberge d'Hermance** 🍂 avec ch, 12 r. du Midi, 🖉 0227 511 368, *info@h*
🍴 *otel-hermance.ch,* Fax 0227 511 631, 🏠 – 🅴 🆎 ◑ 🚇 🆅🆂🆀
*fermé 22 déc. au 5 janv.* – **Rest** (19) 58 (midi)/76 et à la carte 63/136 – **7 ch**
🍽 ⚹170/240 ⚹⚹240.
♦ Au coeur de la cité médiévale. Côté "resto" : cuisine du moment, cadre rustique
et véranda où des viandes grillent à la braise du feu bois. Côté "dodo" : chambres
coquettes.

**HERRLIBERG** 8704 Zürich (ZH) 551 Q5 – 5 652 Ew. – Höhe 445.
Bern 132 – *Zürich* 12 – Rapperswil 19 – Winterthur 38 – Zug 36.

**Nord-Ost :** 1,5 km Richtung Forch :

🍴 **Buech,** Forchstr. 267, ✉ 8704 Herrliberg, 🖉 0449 151 010, *restaurantbuech@*
*bluewin.ch,* Fax 0449 152 049, ≤ See und Berge, 🏠 – 🆎 ◑ 🚇 🆅🆂🆀
geschl. 24. Dez. - 4. Jan., 30. Jan. - 19. Feb., 2. - 15. Okt., Montag und Dienstag – **Rest**
à la carte 52/92.
♦ Der Stadtmüde wird von der schönen Terrasse mit grandiosem Blick über den See
und die Berge angezogen. In rustikal-gemütlichen Stuben serviert man traditionelle
Gerichte.

**HERSCHMETTLEN** Zürich (ZH) 551 R5 – Höhe 540 – ✉ 8626 Ottikon.
Bern 152 – *Zürich* 30 – Rapperswil 8 – Uster 18 – Winterthur 32.

🍴 **Weinschenke,** Dürntnerstr. 43, 🖉 019 351 264, Fax 019 351 264, 🏠 – 🅿 🆎
🍴 ◑ 🚇 🆅🆂🆀
geschl. 24. Dez. - 3. Jan., 13. - 25. Feb., 24. - 31. Juli, Montag und Dienstag – **Rest**
(18) und à la carte 45/84.
♦ Das Restaurant im kleinen Landgasthof hat ein rustikales Interieur mit Sichtbalken.
In gemütlicher Atmosphäre serviert man Speisen von einer bürgerlichen Karte.

**HERTENSTEIN** Luzern 551 O7 – siehe Weggis.

**HILDISRIEDEN** 6024 Luzern (LU) 🔢🔢 N6 – 1720 Ew. – Höhe 687.

🔢 Sempachersee (März - Nov.) ℘ 0414 627 171, Fax 0414 627 172.

Bern 100 – Luzern 13 – Aarau 36 – Baden 48 – Cham 33 – Sursee 12.

🏠 **Zum Roten Löwen,** Luzernerstr. 3, ℘ 0414 603 366, info@hotel-roter-loewe
🍴 n.ch, Fax 0414 601 053, 🏡 – 📶 & Zim, 🅿 – 🔼 15/200. 🆎 ⓄⒸ 🆖🆖 VISA
geschl. 17. Juli - 7. Aug. – **Rest** (geschl. Sonntagabend und Mittwoch) (18) und à la
carte 38/75 – **17 Zim** 🔁 ✦90/120 ✦✦150/180 – ½ P Zuschl. 35.
♦ Die Zimmer unterscheiden sich in der Grösse und sind ansonsten durchgängig mit
lackiertem Kirschholzmobiliar funktionell eingerichtet. Die Restauration des alten
Gasthauses besteht aus einer gemütlichen Wirtschaft und der rustikal gestalteten
Götschi-Stube.

---

**HILTERFINGEN** Bern 🔢🔢 K8 – siehe Thun.

---

**HÖNGG** Zürich 🔢🔢 P5 – siehe Zürich.

---

**HORBEN** Thurgau 🔢🔢 R3 – siehe Buch bei Frauenfeld.

---

**HORGEN** 8810 Zürich (ZH) 🔢🔢 Q5 – 17523 Ew. – Höhe 409.

Bern 146 – Zürich 21 – Luzern 47 – Schwyz 41.

🏨 **Golden Tulip Seehotel Meierhof,** Bahnhofstr. 4, ℘ 0447 289 191, mail@s
eehotel-meierhof.ch, Fax 0447 289 292, ≤ – 📶, ✦✦ Zim, 🍴 ☎ 🅿, 🆎 Ⓞ ⒸⒸ VISA
**Cruise Café** (nur Abendessen) **Rest** à la carte 30/56 – **107 Zim** 🔁 ✦110/225
✦✦190/280.
♦ Business- und Ladiesrooms gehören zum Angebot des modernen Geschäftshotels.
Der Frühstücksraum im 5. Stock mit schöner Sicht auf den See wird auch als Guest
Lounge genutzt.

---

**HORN** 9326 Thurgau (TG) 🔢🔢 V4 – 2376 Ew. – Höhe 403.

Bern 220 – Sankt Gallen 12 – Bregenz 28 – Frauenfeld 50 – Konstanz 33 – Winterthur 71.

🏨 **Bad Horn,** Seestr. 36, ℘ 0718 415 511, info@badhorn.ch, Fax 0718 416 089,
≤ Bodensee, 🏡, 🍸, 🛥, 🛁 – 📶, 🍴 Rest, ☎ & Zim, ☎ 🅿 – 🔼 15/60. 🆎 Ⓞ
ⒸⒸ VISA 🍴
Rest. : geschl. 5. - 26. Feb. – **Emily's Wave** (geschl. Sonntag und Montag) **Rest**
99 und à la carte 71/113 – **Captains Grill** : **Rest** 40 (mittags)/98 und à la carte
57/107 – **Al Porto** : **Rest** (20) und à la carte 42/101 – **60 Zim** 🔁 ✦120/170
✦✦260/290.
♦ Über die Hälfte der Zimmer in diesem Haus besticht durch einen schönen Blick auf
den Bodensee - eingerichtet sind sie mit edlen Mahagonimöbeln. Gourmet-Restaurant
Emily's Wave. Captains Grill erinnert an einen alten Luxusliner. Al Porto : zum See hin
gelegen.

---

**HORW** Luzern 🔢🔢 O7 – siehe Luzern.

---

**HÜNENBERG** 6331 Zug (ZG) 🔢🔢 P6 – 7765 Ew. – Höhe 451.

Bern 124 – Luzern 23 – Aarau 47 – Zug 8 – Zürich 41.

🍴🍴 **Wart,** Nord : 1 km Richtung Wart - St. Wolfgang, ℘ 0417 801 243, info@wart.ch,
🍴 Fax 0417 809 288, 🏡 – ✦✦ 🅿 ⇧ 12/60. 🆎 ⒸⒸ VISA 🍴
geschl. 4. - 14. Feb., 22. Juli - 8. Aug., Montagabend, Dienstag und Feiertage – **Rest**
(Tischbestellung ratsam) (18.50) 59 (mittags)/80 und à la carte 58/118.
♦ Ein Haus mit bewegter Vergangenheit, das hinter seiner auffälligen, schön bemalten
Fassade a. d. J. 1703 eine gediegene getäfelte Stube mit gutbürgerlicher Küche
beherbergt.

---

**HÜNIBACH** Bern 🔢🔢 K8 – siehe Thun.

**HURDEN** Schwyz (SZ) 551 R6 – Höhe 411 – ⊠ 8640 Rapperswil.
*Bern 162 – Zürich 37 – Rapperswil 2 – Schwyz 32.*

🏠 **Rössli** ⤺, Hurdnerstr. 137, ℰ 0554 162 121, info@hotel-restaurant-roessli.ch,
Fax 0554 162 125, ≤, 😊 – 🛗 **P** **AE** **①** **③** **VISA**
**Rest** 36 (mittags)/95 und à la carte 45/108 – **23 Zim** ⇌ ✦115/130 ✦✦190.
♦ Die Gebäude liegen am Ufer und haben eine schöne Gartenterrasse mit ausgezeich-
netem Seeblick. Die Hälfte der Zimmer wurde frisch renoviert und wohnlich gestaltet.
Im Obergeschoss befindet sich die Restauration mit rustikal eingerichteten Stuben.

🍽 **Markus Gass zum Adler**, Hurdnerstr. 143, ℰ 0554 104 545, welcome@mg-
😊 adlerhurden.ch, Fax 0554 101 127, 😊 – ▤ **P** **AE** **①** **③** **VISA**
geschl. 16. Jan. - 7. Feb., Montag und Dienstag – **Rest** (Tischbestellung ratsam) (38)
65 (mittags)/145 und à la carte 85/160.
**Spez.** Foie gras en variation. Taleggio-Triangoli. Variation de coquille Saint-Jacques.
**Weine** Erlenbach, Rapperswil
♦ Das Restaurant ist sehr modern und ganz in Weiss gehalten - Bilder zieren die
Wände. Hier serviert man eine gute klassische Küche. Angenehme Terrasse am See.

**HUTTWIL** 4950 Bern (BE) 551 L6 – 4 742 Ew. – Höhe 638.
*Bern 48 – Luzern 42 – Olten 38 – Thun 63.*

🏠 **Mohren,** Marktgasse 5, ℰ 0629 622 010, info@mohren-huttwil.ch,
😊 Fax 0629 622 011, 😊 – 🛗 & Zim, **P** – 🛗 15/150. **AE** **①** **③** **VISA**
**Rest** (geschl. 16. Juli - 7. Aug. und Montag) (14.50) 25 (mittags) und à la carte 32/82
– **36 Zim** ⇌ ✦95 ✦✦160 – ½ P Zuschl. 25.
♦ Im Ortszentrum liegt das familiengeführte Hotel, das über praktische, solide möb-
lierte Gästezimmer verfügt - neuzeitlicher sind die Zimmer im Gästehaus eingerichtet.
Restaurant mit ländlichem Ambiente.

**ILANZ** 7130 Graubünden (GR) 553 T9 – 2 361 Ew. – Höhe 698.
*Bern 203 – Chur 34 – Bad Ragaz 53 – Disentis 32.*

🏡 **Casutt,** Glennerstr. 20, ℰ 0819 251 131, hotel@hotelcasutt.ch,
Fax 0819 254 147, 😊 – **P**. **③** **VISA**
geschl. 18. April - 24. Mai, 22. Okt. - 24. Dez. und Sonntag – **Rest** (nur Abendessen)
à la carte 34/74 – **16 Zim** ⇌ ✦70/90 ✦✦130/150 – ½ P Zuschl. 30.
♦ In dem traditionellen Gasthof schafen Sie in recht schlichten, aber gepflegten,
meist rustikal möblierten Zimmern. Sehenswert : die Sammlung alter Holztruhen. Einfache Gaststube mit lauschigem Garten.

**in Schnaus** Nord-West : 3 km – Höhe 713 – ⊠ 7130 Schnaus :

🍽 **Stiva Veglia,** ℰ 0819 254 121, info@stiva-veglia.ch, Fax 0819 254 133, 😊 – **P**.
**AE** **③** **VISA**
geschl. 30. Mai - 25. Juni, 5. - 15. Nov., Mittwoch (ausser abends im Winter) und
Donnerstag – **Rest** (25) 39/85 und à la carte 60/112.
♦ Geniessen Sie die gemütliche Atmosphäre in den zwei netten Gaststuben des holz-
verkleideten Bündnerhauses. Man bewirtet Sie mit Gerichten aus der Region Surselva.

**ILLNAU** 8308 Zürich (ZH) 551 Q5 – Höhe 517.
*Bern 145 – Zürich 24 – Rapperswil 26 – Wil 50 – Winterthur 14.*

🍽 **Rössli** mit Zim, Kempttalstr. 52, ℰ 0523 461 117, gasthof@roessli-illnau.ch,
😊 Fax 0523 461 307, 😊 – **P**. **AE** **①** **③** **VISA**
geschl. 24. Juli - 6. Aug. – **Rest** (17.50) 48 (mittags)/98 und à la carte 55/111 – **6 Zim**
⇌ ✦110 ✦✦180.
♦ Der Gasthof liegt im Dorfzentrum. Neben der einfachen Gaststube das Restaurant
mit lauschigem Garten, wo unter Bäumen ein Apéro getrunken werden kann.

**IMMENSEE** 6405 Schwyz (SZ) 551 P6 – Höhe 460.
*Bern 138 – Luzern 18 – Cham 16 – Einsiedeln 38 – Schwyz 22.*

🍽 **Zum Schlüssel,** Tiefatweg 2, ℰ 0418 504 814, weber@schluessel-immensee.ch,
😊 Fax 0418 507 414, ≤, 😊, 🍽 – **P**. **①** **③** **VISA**
geschl. Feb. 3 Wochen, Donnerstag (ausser Sommer) und Mittwoch – **Rest** (18) und
à la carte 51/97.
♦ In der Schlüsselstube mit herrlichem Blick über den Zugersee sitzen einkehrende
Gäste in gediegen-rustikalem Ambiente. Geniessen Sie das schöne Panorama.

**INNERTKIRCHEN** 3862 Bern (BE) 551 N9 – 958 Ew. – Höhe 630.
Bern 90 – Andermatt 56 – Brig 75 – Interlaken 36.

**auf der Engstlenalp** : Nord-Ost : 17 km über Privatstrasse (im Winter nur per mehr-
stündige Skiwanderung erreichbar) – Höhe 1 850 – ⊠ 3862 Innertkirchen :

**Engstlenalp** ⤢, 𝄞 0339 751 161, hotel@engstlenalp.ch, Fax 0339 751 361,
≤ Bergpanorama, ⌂ – ℙ. ⁓ Rest
**Rest** (im Winter Tischbestellung erforderlich) (18) und à la carte 32/76 – **30 Zim** �
★58/125 ★★116/160 – ½ P Zuschl. 25.
♦ Die idyllische Lage auf der Alp in völliger Ruhe schätzen besonders Bergsteiger und
Wanderer. Teils moderne, helle Zimmer, teils ältere, sehr einfache "Nostalgiezimmer".
Rustikale Gaststube mit fantastischer Aussichtsterrasse.

---

Gemütliche und preiswerte Zimmer kennzeichnet der „Bib Hôtel" 🏠 .

---

**INTERLAKEN** 3800 Bern (BE) 551 L9 – 5 191 Ew. – Höhe 564.
**Sehenswert** : Höheweg★★ : Aussicht★★★ ABY – Ansicht★★ der Kirche von Unterseen AY **B**.
**Ausflugsziel** : Jungfraujoch★★★ mit Bahn – Schynige Platte★★ über ② : 2,5 km und
Zahnradbahn – Harderkulm★★ mit Standseilbahn BY – Heimwehfluh★ AZ.
📷 in Interlaken-Unterseen (April - Okt.) 𝄞 0338 236 016, Fax 0338 234 203, West :
2 km Richtung Gonten über Seestrasse AY.
**Lokale Veranstaltungen**
14.06 - 02.09 : "Wilhelm Tell" Freilichtspiele (am Donnerstag und Samstag)
20.08 - 02.09 : Interlakner Musikfestwoche.
🛈 Tourismus Organisation Interlaken, Höheweg 37, 𝄞 0338 265 300, mail@inter
lakentourism.ch, Fax 0338 265 375 AY.
Bern 59 ③ – Luzern 68 ① – Montreux 149 ③ – Sion 163 ③

🏛🏛🏛 **Victoria-Jungfrau,** Höheweg 41, 𝄞 0338 282 828, interlaken@victoria-jungfr
au.ch, Fax 0338 282 880, ≤, ⌂, ⚗, ℔, ⊜ 💧 (Solebad), 🔲, ✻ – ㉧ ✆ ₷ ⊁
⟿ – 🖊 15/250. ⌷ ⓘ ⓜ 𝑽𝑰𝑺𝑨   AY **g**
**Rest** (siehe auch Rest. **La Terrasse und Jungfrau Brasserie**) – **La Pastateca**
- Pastaspezialitäten - **Rest** à la carte 50/80 – � 40 – **194 Zim** ★300/650
★★400/760, 28 Suiten – ½ P Zuschl. 115.
♦ Exklusivität begleitet Sie von den eleganten Zimmern bis in den imposanten Well-
nessbereich dieses noblen Grandhotels. Geschmackvolles, klares Design in den neuen
Juniorsuiten. Schwarz und Weiss sind die dominierenden Farben im modern gestylten
Pastateca.

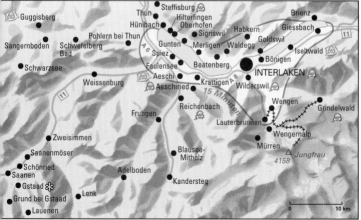

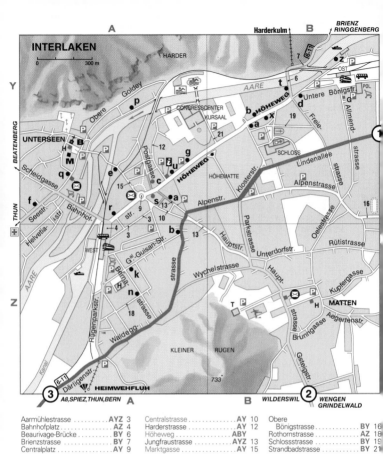

INTERLAKEN

Harderkulm

BRIENZ
RINGGENBERG

**Lindner Grand Hotel Beau Rivage,** Höheweg 211, ℘ 0338 267 007, info.interlaken@lindnerhotels.ch, Fax 0338 267 008, ≤, 😱, ☺, ₤♨, ⊆s, 🔲, 🔳 – 🛗 ⇆ 🔽 ⟆ & Rest, 🅿 – 🔏 15/200. 🆎 ⓪ 🐠 🆅🆂🅰. ⛽ Rest                    BY **t**
*L'Ambiance* (geschl. Sonntag und Montag von Nov. - April) **Rest** 95 und à la carte 69/130 – **101 Zim** ⊊ ✝185/255 ✝✝310/410 – ½ P Zuschl. 69.
♦ Schön liegt das traditionsreiche Grandhotel in einem Park. Elegante Hotelhalle, Zimmer in klassischem Stil, moderner Wellnessbereich und Seminarräume. Belle Epoque-Saal. Stilvolles Hotelrestaurant mit internationaler Küche.

**Metropole,** Höheweg 37, ℘ 0338 286 666, mail@metropole-interlaken.ch, Fax 0338 286 633, ≤ Jungfraumassiv, 😱, ⊆s, 🔲 – 🛗, ⇆ Zim, ⛽ – 🔏 15/80 🆎 ⓪ 🐠 🆅🆂🅰                                                                       AY **u**
*Bellini* (1. Etage) - schweizer Spezialitäten - **Rest** (22) und à la carte 53/104 – **Top o Met** (18. Etage) **Rest** à la carte 33/107 – ⊊ 25 – **95 Zim** ✝170/250 ✝✝250/360 – ½ P Zuschl. 55.
♦ Besonders wohnlich und elegant sind die Zimmer in den oberen Etagen dieses Hochhauses. Auch ältere und einfachere Gästezimmer sind vorhanden. Zeitlos und leicht elegant : das Bellini. Schweizer Spezialitäten. Top o Met : im 18. Stock mit Panoramablick.

🏨 **Royal - St. Georges,** Höheweg 139, ☎ 0338 227 575, info@royal-stgeorges.ch,
Fax 0338 233 075, ≤, ⇌s, ♨, – 🛗 🅿 🆀 🅾 ⓿ 𝗩𝗜𝗦𝗔. ⅗ Rest         BY b
geschl. Nov. - 15. Jan. – Rest (Juni - Aug. nur ½ Pens. für Hotelgäste) – **72 Zim** ⇌
✚140/190 ✚✚200/300, 3 Suiten – ½ P Zuschl. 40.
• Eine stuckverzierte Halle mit schönem Treppenaufgang empfängt Sie in diesem
klassischen Hotelbau a. d. J. 1907. Die Zimmer präsentieren sich teils im Jugendstil,
teils modern.

🏨 **Goldey** ⌣, Obere Goldey 85, ☎ 0338 264 445, info@goldey.ch,
Fax 0338 264 440, ≤, ♨ – 🛗 🅿 – 🆀 15/40. 🅰🅴 🅾 ⓿ 𝗩𝗜𝗦𝗔 ⅗ Rest    AY p
geschl. Dez. - Jan. – Rest (nur ½ Pens. für Hotelgäste von Mai - Okt.) – **42 Zim** ⇌
✚150/190 ✚✚200/280 – ½ P Zuschl. 28.
• Nicht weit vom Zentrum, ruhig oberhalb der Aare gelegenes Hotel mit
zeitgemässer, heller Einrichtung. Besonders komfortabel und modern : die "Love-
rooms".

🏨 **Interlaken,** Höheweg 74, ☎ 0338 266 868, interlakenhotel@bluewin.ch,
🛏 Fax 0338 266 869, ≤, �_____, ⇌s – 🛗, ⅗✕ Zim, ☎ ♿ Rest, 🅿 – 🆀 15/60. 🅰🅴 🅾 ⓿
𝗩𝗜𝗦𝗔                                                                 BY x
**il giardino** (geschl. Jan. - Feb. 4 Wochen) Rest (16.50) 35 und à la carte 42/84 –
**Lotus** - chinesische Küche - (geschl. Jan. - Feb. 4 Wochen, Dienstagmittag und Montag) Rest (16.50) 35/58 und à la carte 40/76 – **60 Zim** ⇌ ✚150/235 ✚✚240/320
– ½ P Zuschl. 45.
• Das älteste Hotel Interlakens liegt beim kleinen japanischen Garten. Die einstige
Klosterherberge verfügt über zeitgemäss ausgestattete Zimmer. Alte Gerichtsstube
im 1. Stock. Hell und rustikal : das il giardino. In Form eines Eisenbahn-Salonwagens :
das Lotus.

🏨 **Stella,** Waldeggstr. 10, ☎ 0338 228 871, info@stella-hotel.ch, Fax 0338 226 671,
�_____, 🔲 – 🛗 video 🅿 – 🆀 20. 🅰🅴 🅾 ⓿ 𝗩𝗜𝗦𝗔                      AZ b
geschl. 29. Jan. - 9. Feb. – **Stellambiente** : Rest 23 (mittags)/78 und à la carte
52/120 – **30 Zim** ⇌ ✚135/225 ✚✚200/370 – ½ P Zuschl. 48.
• Das am Rand des Zentrums gelegene Hotel bietet recht unterschiedlich
eingerichtete Zimmer, grösstenteils mit hellem Holzmobiliar modern gestaltet,
einige auch mit Video. Das Ambiente im Restaurant Stellambiente ist hell und
freundlich.

🏨 **Europe** garni, Höheweg 94, ☎ 0338 260 160, info@carltoneurope.ch,
Fax 0338 260 169, ♨ – 🛗 ⅗✕ ☎ 🅿 – 🆀 15/60. 🅾 ⓿ 𝗩𝗜𝗦𝗔          BY d
**41 Zim** ⇌ ✚115/200 ✚✚160/300.
• Schmuckes Jugendstilhaus mit grossem Garten. Besonders hübsch sind die Zimmer
im Laura Ashley-Stil. Das zum Haus gehörende Hotel Carlton wird in den nächsten
Jahren renoviert.

🏨 **Du Nord,** Höheweg 70, ☎ 0338 275 050, mail@hotel-dunord.ch,
Fax 0338 275 055, ≤, �_____ – 🛗 🅿 🅰🅴 ⓿ 𝗩𝗜𝗦𝗔                      BY a
**Im Gade** ☎ 0338 216 081 (geschl. Mittwoch ausser Mai - Sept.) Rest (Konzept bei
Redaktionsschluss noch nicht definiert) 🐾 – **46 Zim** ⇌ ✚155/235 ✚✚210/320 –
½ P Zuschl. 38.
• Das am Ende der Höhenmatte gelegene Hotel bietet seinen Gästen grosse Zimmer,
die hell, modern und komfortabel ausgestattet sind.

🏨 **Du Lac,** Höheweg 225, ☎ 0338 222 922, dulac@bluewin.ch, Fax 0338 222 915,
🛏 – 🛗 ⅗✕ Zim, 🅾 ⓿ ♿ Rest, 🐾 ⅗ Rest                              BY z
April - Okt. – Rest (15) 38/48 (abends) und à la carte 47/82 – **36 Zim** ⇌ ✚126/246
✚✚200/330 – ½ P Zuschl. 30.
• Das Haus liegt an der Aare direkt bei der Bootsanlegestelle. Die meisten Zimmer
sind einheitlich mit dunklem Furnier, andere mit Nussbaumholz oder rustikal eingerichtet. Zur Aare gelegenes, klassisches Restaurant.

🏨 **Bernerhof** garni, Bahnhofstr. 16, ☎ 0338 267 676, info@bernerhof.info,
Fax 0338 267 660 – 🛗 ⅗✕ 🅿 🅰🅴 🅾 ⓿ 𝗩𝗜𝗦𝗔                         AY r
**43 Zim** ⇌ ✚130/210 ✚✚180/280.
• In diesem Hotel nahe dem Bahnhof wohnen die Gäste in neuzeitlich und funktionell
eingerichteten Zimmern, die alle über einen Balkon verfügen.

🏨 **Bellevue** garni, Marktgasse 59, ☎ 0338 224 431, info@bellevue-interlaken.ch,
Fax 0338 229 250, ♨ – 🛗 ⅗✕ 🅿 🅰🅴 🅾 𝗩𝗜𝗦𝗔                        AY e
geschl. 3. Jan. - 27. Feb. – **38 Zim** ⇌ ✚110/180 ✚✚170/265.
• Das vom Jugendstil geprägte Hotel an der Aare überrascht in gediegenem Ambiente mit vielen reizvollen historischen Details und natürlich einer sehr schönen Aussicht.

🏠 **Beausite,** in Unterseen, Seestr. 16, ✆ 0338 267 575, *info@beausite.ch*,
🚗 *Fax 0338 267 585*, ≤, 🍴, 🚗 – 📶 🅿️ 🆔 ⓐⓔ ⓞⓦ *VISA*. ⚡ AY **b**
*geschl. 22. Okt. - 8. Dez.* – **Rest** (17.50) 21 (mittags)/65 und à la carte 46/91 – **50 Zim**
⊆ ✚90/180 ✚✚180/300 – ½ P Zuschl. 35.
♦ Seit einigen Jahrzehnten befindet sich dieses Haus im Besitz der Familie. Ein Teil
der Zimmer wirkt mit seiner neuzeitlichen Möblierung besonders frisch. Freundliches
Restaurant mit internationalem Speiseangebot.

🏠 **De la Paix,** Bernastr. 24, ✆ 0338 227 044, *info@hotel-de-la-paix.ch*,
*Fax 0338 228 728* – 📶 ✚ 🅿️ 🆔 ⓐⓔ ⓞ ⓦⓔ ⚡ Rest AZ **n**
*26. April - 31. Okt.* – **Rest** (nur für Hotelgäste) 30 – **21 Zim** ⊆ ✚90/150 ✚✚130/190
– ½ P Zuschl. 28.
♦ Hier sammelt man alte Uhren, die das ganze Haus schmücken. Zimmer in verschiedenen Kategorien von einfach über rustikal bis modern. Gutes Preis-Leistungs-
Verhältnis.

🏠 **Toscana,** Jungfraustr. 19, ✆ 0338 233 033, *toscana@hotel-toscana.ch*,
🚗 *Fax 0338 233 551*, 🍴 – 📶, ✚ Zim, ♿ Rest, 🅿️ 🆔 ⓐⓔ ⓞⓦ *VISA*. ⚡ Zim AY **a**
*geschl. 8. Jan. - 28. Feb. und Sonntag von Okt. - April* – **Rest** (16) und à la carte 31/72
– **23 Zim** ⊆ ✚105/150 ✚✚150/230 – ½ P Zuschl. 34.
♦ Das Hotel liegt in der kleinen Fussgängerzone des Ortes. Die Zimmer sind mit dunklem Holzmobiliar funktionell und zeitgemäss eingerichtet. Restaurant in rustikalem Stil
mit traditioneller und italienischer Küche.

🏠 **Lötschberg** garni, General-Guisanstr. 31, ✆ 0338 222 545, *hotel@lotschberg.ch*,
*Fax 0338 222 579* – 📶 ✚ 🅿️ 🆔 ⓞ ⓦⓔ *VISA* AZ **k**
*24. Dez. - 8. Jan. und 4. Feb. - 29. Okt.* – **19 Zim** ⊆ ✚95/115 ✚✚130/180.
♦ Das kleine Hotel liegt am Zentrumsrand in einem Wohngebiet. Die Zimmer sind
mit weissem Mobiliar modern und funktionell ausgestattet. Recht einfach und
günstig.

🏡 **Rössli,** in Unterseen, Hauptstr. 10, ✆ 0338 227 816, *roessli.hotels@bluewin.ch*,
*Fax 0338 229 616* – ✚ Zim, 🅿️ 🆔 *VISA* AY **q**
*geschl. 1. Nov. - 15. Dez.* – **Rest** (nur ½ Pens. für Hotelgäste) – **25 Zim** ⊆ ✚70/120
✚✚90/160 – ½ P Zuschl. 25.
♦ Die Zimmer des in Unterseen gelegenen Hauses sind mit funktionellem Einbaumobiliar praktisch ausgestattet, teilweise mit Balkon.

XXXX **La Terrasse** - *Hotel Victoria-Jungfrau*, Höheweg 41, ✆ 0338 282 828, *interlake*
*n@victoria-jungfrau.ch, Fax 0338 282 880* – ✚ ♿ Rest, ⟵ 🆔 ⓞ ⓦⓔ *VISA*.
⚡ AY **g**
**Rest** *(geschl. Sonntag - Montag ausser im Sommer) (nur Abendessen)* 105 und à la
carte 92/147 🌿.
♦ Kristalllüster und eleganter Marmorfussboden unterstreichen das vornehme Ambiente in diesem Restaurant. Kompetent serviert man Ihnen internationale, teils klassische Küche.

XX **Jungfrau Brasserie** - *Hotel Victoria-Jungfrau*, Höheweg 41, ✆ 0338 282 828,
*interlaken@victoria-jungfrau.ch, Fax 0338 282 880*, 🍴 – ♿ Rest, ⟵ 🆔 ⓞ ⓦⓔ
*VISA* AY **g**
**Rest** - schweizer Spezialitäten - *(geschl. Dienstag und Mittwoch ausser im Sommer)*,
à la carte 61/99.
♦ Ein einzigartiges Ambiente erwartet Sie in diesem Restaurant : Sehenswert sind
die bemalte Holzvertäfelung und Decke, die den wunderschönen Jugendstil-Saal zieren.

X **Stocker's Degusta,** Centralstr. 3, ✆ 0338 220 029, *stockers_degusta@bluew*
*in.ch, Fax 0338 212 425*, 🍴 – 🆔 ⓞ ⓦⓔ AY **s**
*geschl. abends ausser Freitag, Samstag, Sonntag und Montag (im Winter nur Freitag*
*und Samstag geöffnet)* – **Rest** (abends nur grosses Menu) (Tischbestellung erforderlich) 68 (Sommer)/90 (Winter) und à la carte 47/99.
♦ Dieses nette kleine Restaurant mit rustikaler Einrichtung findet man im ehemaligen Chäs-Dörfli. Heimelige Atmosphäre, sorgfältig zubereitete klassische
Gerichte.

X **Spice India,** Postgasse 6, ✆ 0338 210 091, *vaneesh@freesurf.ch*
*Fax 0338 210 092*, 🍴 – 🆔 ⓞ ⓦⓔ *VISA* AY **c**
*geschl. Ende Okt. - Mitte Dez. und Montag (ausser abends von Mai - Aug.)* – **Rest**
- indische Spezialitäten - à la carte 42/87.
♦ Ein Grossteil der Einrichtung dieses in der Fussgängerzone gelegenen Restaurants - u. a. der für viele Gerichte genutzte Tandoori-Ofen - wurde aus Indien
importiert.

**in Goldswil** *Nord-Ost : 2 km – Höhe 626 –* ⊠ *3805 Goldswil :*

🏛 **Schönegg,** Brienzstrasse, ℰ 0338 221 543, *info@gasthof-schoenegg.ch*,
Fax 0338 228 357, ≤, 斧 – **P**, **AE** **◑**, **VISA**
*geschl. 1. - 24. Dez. –* **Rest** *(geschl. Mittwoch von Okt. - Juni)* (15.50) und à la carte
38/73 – **15 Zim** ☲ ✦70/85 ✦✦120/140 – ½ P Zuschl. 25.
  ♦ Das Haus befindet sich in schöner Aussichtslage ausserhalb des Ortes. Die Gästezimmer sind recht schlicht mit hellem Kiefernholzmobiliar eingerichtet. Gaststube
in rustikalem Chaletstil.

**in Bönigen** *über ① : 2 km – Höhe 568 –* ⊠ *3806 Bönigen :*

🏨 **Seiler au Lac** ⌕, am Quai 3, ℰ 0338 289 090, *seileraulac@bluewin.ch*,
Fax 0338 223 001, ≤ Brienzersee, 斧, 幸 – **🛗**, ½✦ Zim, **⚙** **⚙** Zim, **P**, **AE** **◑**, **◐**
**VISA**, ⚙ Rest
*geschl. 10. Jan. - 1. März und 30. Okt. - 17. Dez. –* **Rest** *(geschl. Dienstag in März -
April und Montag)* (24) 60 und à la carte 45/90 – **42 Zim** ☲ ✦125/185 ✦✦270/350
– ½ P Zuschl. 35.
  ♦ Am Seeufer liegt dieses gut geführte Hotel mit herrlichem Panorama. Die Gästezimmer sind grosszügig geschnitten und verfügen fast alle über bequeme Sitzgruppen. Gediegener Speisesaal und helles, rustikales à la carte-Restaurant.

🏨 **Seehotel** ⌕, Seestr. 22, ℰ 0338 270 770, *info@seehotelterrasse.ch*,
Fax 0338 270 771, ≤, 斧 – **🛗**, ½✦ Zim, **⚙** **⚙** **P** ⚙ 40. **AE** **◑** **◐** **VISA**
*geschl. Jan. und Feb. –* **Rest** *(geschl. Donnerstag von Nov. bis April)* à la carte 43/97
– **40 Zim** ☲ ✦99/123 ✦✦182/234 – ½ P Zuschl. 33.
  ♦ Die schöne Lage zählt zu den Annehmlichkeiten diesse familiär geführten Hauses.
Die Zimmer sind mit unterschiedlichen Möbeln solide eingerichtet. Bürgerliches
Restaurant mit schöner Terrasse nicht weit vom See.

**in Wilderswil** *über ② : 4 km – Höhe 584 –* ⊠ *3812 Wilderswil :*

🏨 **Berghof** ⌕, Oberdorf, ℰ 0338 227 566, *info@hotel-berghof.ch*,
Fax 0338 228 968, ≤ Eiger, Mönch und Jungfrau, ⚘, 幸 – **🛗** **P**, **AE** **◑**, **VISA**
⚙ Rest
*geschl. 16. Okt. - 21. Dez. –* **Rest** *(nur ½ Pens. für Hotelgäste)* – **40 Zim** ☲ ✦80/125
✦✦160/250 – ½ P Zuschl. 35.
  ♦ Von einer herrlichen Bergkulisse umgebenes Haus mit familiärer Atmosphäre und
rustikal gestalteten Gästezimmern - geräumiger sind die Zimmer in Annex. Schöner
Garten mit Pool.

🏨 **Schlössli** ⌕, Unspunnenstr. 8, ℰ 0338 221 216, *info@hotel-schloessli.ch*,
Fax 0338 221 269, ≤ Jungfraumassiv, 斧, 幸 – **🛗** **P**, **AE** **◑**, **◐** **VISA**
*geschl. Montag von Nov. - März –* **Rest** (18) 45 und à la carte 39/90 – **21 Zim** ☲
✦65/110 ✦✦120/190 – ½ P Zuschl. 28.
  ♦ Die schöne, ruhige Lage macht dieses Hotel aus. Der Garten und ein Teil der Gästezimmer bieten eine tolle Aussicht auf das Jungfraumassiv. Ländliches Restaurant
mit herrlicher Panoramaterrasse.

🏨 **Bären,** Oberdorfstr. 1, ℰ 0338 283 151, *info@baeren.ch*, Fax 0338 283 152, 斧,
⚙s – **P**, **AE** **◑**, **◐** **VISA**
**Rest** (15) 24 (mittags)/48 und à la carte 37/73 – **50 Zim** ☲ ✦86/160 ✦✦146/220
– ½ P Zuschl. 30.
  ♦ Der über 300 Jahre alte traditionelle Berner Landgasthof liegt im oberen Teil des
Dorfzentrums und bietet Ihnen ganz unterschiedlich eingerichtete Zimmer. Helles,
rustikales A-la-carte-Stübli mit schönem Täfer.

🏨 **Alpenblick,** Oberdorfstr. 3, ℰ 0338 283 550, *info@hotel-alpenblick.ch*,
Fax 0338 283 551, 幸 – ½✦ Zim, ⚙ ⚙ 20. **AE** **◑** **◐** **VISA**
*geschl. 6. Nov. - 8. Dez* – **Rest** *(siehe auch Rest.* **Alpenblick***)* – **35 Zim** ☲ ✦108/208
✦✦148/240 – ½ P Zuschl. 45.
  ♦ Die auf mehrere Häuser verteilten Zimmer sind individuell, jedoch durchweg rustikal
eingerichtet - manche verfügen über einen Balkon. Bäuerliches Dekor ziert das Haus.

XX **Rest. Alpenblick** - *Hotel Alpenblick*, Oberdorfstr. 3, ℰ 0338 283 550, *info@ho
tel-alpenblick.ch*, Fax 0338 283 551, 斧 – **P**, **AE** **◑**, **◐** **VISA**, ⚙
**Gourmetstübli** *(geschl. 17. - 28. April, 6. Nov. - 8. Dez., Montag und Dienstag)* **Rest** 60
(mittags)/155 und à la carte 81/145 ⚙ – **Dorfstube** *(geschl. 6. Nov. - 8. Dez., Dienstag
in Nebensaison und Montag)* **Rest** (13.50) 25 (mittags)/50 und à la carte 39/95.
  ♦ Im Gourmetstübli serviert man an hübsch gedeckten Tischen eine gehobene internationale Küche. Die ländliche Dorfstube mit blanken Tischen bietet eine regionale
Karte.

**INTRAGNA** 6655 Ticino (TI) 553 Q12 – 909 ab. – alt. 342.
  Bern 276 – Locarno 10 – Bellinzona 30 – Domodossola 39 – Lugano 50 – Verbania 47.

🏠 **Antico e Intragna** ⏶, ☎ 0917 961 107, paris@nikko.ch, Fax 0917 963 115,
  🛋, ⏶s, ⏶, ☞ – ⏽, ⏸ rist, 🍴 cam, 🖭 ⏶ ⏶ 𝗩𝗜𝗦𝗔
  9 aprile - 22 ottobre – **Rist** 30 ed alla carta 34/73 – **38 cam** ☲ ✝85/110
  ✝✝120/200 – ½ P sup. 30.
  ◆ Hotel diviso in due : l'''Antico'' dotato di camere arredate con mobilio in quercia ;
  a 20 metri, l'''Intragna''con piscina, giardino e camere più spaziose. Gustate paste e
  risotti nella sala da pranzo o sulla terrazza di questa casa di quattrocento anni.

🍴🍴 **Stazione "Da Agnese"** con cam, piazzale Fart, ☎ 0917 961 212, da.agnese@
  bluewin.ch, Fax 0917 963 133, ⏴, 🛋, ⏶, ☞ – ⏽, ⏸ cam, 🅿, 🖭 ⏶ ⏶ 𝗩𝗜𝗦𝗔
  aperto marzo - novembre – **Rist** (27) 40 (mezzogiorno)/83 ed alla carta 55/96 –
  ☲ 17 – **12 cam** ✝120/150 ✝✝170/190.
  ◆ A 15 minuti da Locarno fate una tappa dall'Agnese, storico locale completamente
  rinnovato, un mix armonioso di tradizione e modernità. Camere chiare, in stile mediterraneo.

🍴 **Centrale,** Piazza Municipio, ☎ 0917 961 284, zangapaolo@hotmail.com, 🛋 – ⏶
  𝗩𝗜𝗦𝗔
  chiuso dal 1° gennaio al 2 marzo, dal 21 al 29 giugno, giovedì a mezzogiorno e mercoledì – **Rist** 25 (mezzogiorno)/68 ed alla carta 42/89.
  ◆ Nel centro di questa caratteristica località, affacciato sulla pittoresca piazzetta, un
  ristorantino ''Da'' propone una cucina al passo coi tempi e ispirata alla creatività.

---

**IPSACH** 2563 Bern (BE) 551 I6 – 3 287 Ew. – Höhe 435.
  Bern 37 – Basel 96 – La Chaux-de-Fonds 55 – Neuchâtel 35 – Solothurn 28.

🏠🏠 **Schlössli,** Ipsachstr. 13, ☎ 0323 322 626, info@schloessli-ipsach.ch
  Fax 0323 322 627, 🛋 – ⏽, ⏸ Zim, 🅆 ⏶ Rest, ⏶ 🅿 – ⏶ 15/40, 🖭 ⏶ ⏶ 𝗩𝗜𝗦𝗔
  **Rest** (16) 21 (mittags) und à la carte 44/79 – **45 Zim** ☲ ✝159 ✝✝230.
  ◆ In dem hübschen Haus am Ortseingang stehen mit hellem Mobiliar und frischen
  Farben modern gestaltete Gästezimmer zur Verfügung. Terrakottaboden und Korb-
  stühle geben dem neuzeitlichen Restaurant eine mediterrane Note.

---

**IRAGNA** 6707 Ticino (TI) 553 R11 – 530 ab. – alt. 305.
  Bern 230 – Andermatt 67 – Bellinzona 20 – Brig 108 – Lugano 53.

🍴 **Grotto Angela - Da Giacinto,** ☎ 0918 622 956, Fax 0918 624 598, 🛋, ☞
  – ⏶ 🅿 ⏶ 𝗩𝗜𝗦𝗔 ⏶
  chiuso dal 26 dicembre al 14 gennaio e martedì sera – **Rist** alla carta 38/69.
  ◆ Tipico grotto ai margini del paese in zona verdeggiante è la tappa ideale nelle
  giornate estive per godere del fresco sotto la pergola. Salumi e vino di produzione
  propria.

---

**ISELTWALD** 3807 Bern (BE) 551 M9 – 400 Ew. – Höhe 566.
  Bern 67 – Interlaken 11 – Brienz 15 – Luzern 59.

🏠 **Chalet du Lac** ⏶, ☎ 0338 458 458, abegglen@dulac-iseltwald.ch
  Fax 0338 458 459, ⏴ See und Berge, 🛋 – ⏸ Rest, ⏶ Rest, 🅿 – ⏶ 30, 🖭 ⏶
  ⏶ 𝗩𝗜𝗦𝗔
  1. März - 31. Okt. – **Rest** (geschl. Montag ausser Juli und Aug.) (16) und à la carte
  33/89 – **21 Zim** ☲ ✝90/120 ✝✝160/200 – ½ P Zuschl. 35.
  ◆ Wunderschön ist die Lage dieses regionstypischen Hauses am Brienzersee. Die
  wohnlichen Gästezimmer bieten alle einen herrlichen Blick auf See und Berge. Rustikal
  gestaltetes Restaurant mit grosser Terrasse zum See.

🍴🍴 **Kinners Bellevue** ⏶ mit Zim, ☎ 0338 451 110, geniessen@kinners.ch
  Fax 0338 451 277, ⏴ See und Berge, 🛋, ⏶ – 🅿, 🖭 ⏶ ⏶ 𝗩𝗜𝗦𝗔
  geschl. 3. Jan. - 28. Feb. – **Rest** - Fisch- und Grillspezialitäten - (geschl. Dienstag ausser
  15. Juni - 14. Sept., Mittwoch von März - April und 15. Okt. - 21. Dez.) (19.50) 68/9?
  und à la carte 55/123 – **11 Zim** ☲ ✝82/86 ✝✝164/172.
  ◆ Eine idyllische Adresse : Das Restaurant bietet dank grosser Panoramafenster
  und herrlicher Terrasse am Ufer eine tolle Aussicht auf den Brienzersee.

---

**ITTIGEN** Bern 551 J7 – siehe Bern.

**JENINS** *Graubünden* 553 V7 – *siehe Maienfeld.*

**JONA** *Sankt Gallen* 551 R6 – *siehe Rapperswil.*

**JONGNY** *Vaud* 552 F10 – *rattaché à Vevey.*

**JOUX (Vallée de)** *Vaud (VD)* – *Sports d'hiver : 1 004/1 445 m* ✠11 ☝.
    Voir : Dent de Vaulion★★★ – Route de Burtigny à Begnins : vues★★.
    🖪 *Vallée de Joux Tourisme, 8 r. de l'Orbe, 1347 Le Sentier,* 𝒫 *0218 451 777,*
*info@ valleedejoux.ch, Fax 0218 455 008.*

**Les Bioux** *1346 Vaud (VD)* 552 C9 – *alt. 1023.*
    *Bern 126 – Lausanne 45 – Les Rousses 22 – Vallorbe 15.*

🏠 **Des Trois Suisses,** 2 Chez Besson, 𝒫 0218 455 508, *lestroissuisses@ vtxnet.ch,*
⊜ *Fax 0218 456 031,* ≤, 🏤, 🌫 – 🅿. 🜰 🚇 𝗩𝗜𝗦𝗔. ✠
    *fermé 3 au 27 avril, lundi soir en hiver, mardi soir et merc. sauf en juil. - août* – **Rest**
(18) *et à la carte* 37/81 – **10 ch** ⊇ ✦90 ✦✦120 – ½ P suppl. 35.
    ♦ Hôtellerie simple et accueillante, exploitée en famille depuis sept générations. Vous
y trouverez des chambres proprettes, dont six s'offrent une vue lacustre. Restaurant
tourné vers le lac et présentant un choix traditionnel succinct. Service aimable.

**L'Abbaye** *1344 Vaud (VD)* 552 C9 – *alt. 1020.*
    *Bern 109 – Lausanne 43 – Les Rousses 27 – Vallorbe 11.*

🏠 **Hôtel de Ville,** 𝒫 0218 411 393, *hotelabbaye@ bluewin.ch, Fax 0218 411 686,* ≤,
⊜ 🏤 – 🛊 📞 🅿 – 🔏 50. 🜰 🚇 𝗩𝗜𝗦𝗔
    *fermé 13 au 28 déc.* – **Rest** *(fermé mardi sauf mi-juin à mi-sept.)* 39/80 *et à la carte*
39/84 – **Brasserie** *(fermé mardi sauf mi-juin à mi-sept.)* **Rest** (16) *et à la carte* 34/78
– **14 ch** ⊇ ✦85/95 ✦✦125/135 – ½ P suppl. 30.
    ♦ Cette bâtisse moderne des années 1970 établie sur la berge du lac constitue un
point de chute sympathique où vous passerez des nuits sans remous. Restaurant
feutré vous conviant à un repas traditionnel. Brasserie servant des plats dénués de
complication.

**Le Brassus** *1348 Vaud (VD)* 552 B9 – *alt. 1022.*
    *Bern 132 – Lausanne 52 – Les Rousses 16 – Vallorbe 21.*

🏛 **Des Horlogers,** 8 rte de France, 𝒫 0218 450 845, *info@ hotel-horlogers.com,*
⊜ *Fax 0218 450 846,* ≤ Vallée de Joux, 🏤, 𝗟𝟨 – 🛊, ✦ ch, video 📞 🔥 ch, 🅿. 🜰 ⓪
    🚇 𝗩𝗜𝗦𝗔
    **Rest** *(fermé lundi)* (19) 46 (midi)/63 *et à la carte* 55/85 – **27 ch** ⊇ ✦150/160
✦✦190/210 – ½ P suppl. 48.
    ♦ Gros chalet ménageant une jolie vue sur la vallée. Les chambres, confortables, sont
dotées de meubles en bois travaillé ; bon équipement de détente et de remise en
forme. Restaurant servant de la cuisine traditionnelle.

🏠 **De la Lande,** 3 pl. de la Lande, 𝒫 0218 454 441, *info@ hotellalande.com,*
⊜ *Fax 0218 454 540,* 🏤 – 🛊 📞 🅿 – 🔏 15/60. 🜰 ⓪ 🚇 𝗩𝗜𝗦𝗔
    *fermé 23 déc. au 4 janv.* – **Rest** *(fermé dim. soir)* 58 *et à la carte* 56/91 – **Brasserie**
*(fermé dim.)* **Rest** (15.50) 35 *et à la carte* 41/67 – **26 ch** ⊇ ✦105/115 ✦✦135/155
– ½ P suppl. 35.
    ♦ Au coeur d'une localité horlogère, ancien relais de poste de 1570 où vous
serez hébergés dans des chambres diversement agencées. Brasserie présentant une
grande carte de préparations simples. Restaurant gastronomique rénové dans un
esprit très "nature".

**Le Pont** *1342 Vaud (VD)* 552 B9 – *alt. 1008.*
    *Bern 119 – Lausanne 39 – Les Rousses 29 – Vallorbe 8.*

🏠 **La Truite,** 4 r. de la Poste, 𝒫 0218 411 771, *hoteltruite@ bluewin.ch,*
⊜ *Fax 0218 411 929,* 🏤 – 🔏 25. 🜰 🚇 𝗩𝗜𝗦𝗔
    *fermé déc., janv., dim. soir et lundi de nov. à avril* – **Rest** (19) 53 *et à la carte* 40/84
– **19 ch** ⊇ ✦70/100 ✦✦140/180 – ½ P suppl. 35.
    ♦ Bâtisse régionale postée en bout de lac. Chambres claires et confortables, habillées
de lambris et décorées dans la note montagnarde. Restaurant convivial où l'on présente un choix traditionnel. Café servant des plats simples dans un cadre rustique.

**LE SENTIER** *1347 Vaud (VD)* 552 B-C9 – *alt. 1 024.*
*Bern 118 – Lausanne 66 – Les Rousses 21 – Vallorbe 19.*

🏡 **Bellevue Le Rocheray** ⌂, *Le Rocheray (au lac)*, ℰ 0218 455 720, *info@rocheray.ch*, Fax 0218 454 720, ≤, 🍴, 🚗, 🛗 – 🕿 🅿 – 🔬 20. 🏧 ⓸ ⓸ 𝘝𝘐𝘚𝘈. ※
*fermé 24 déc. au 16 janv.* – **Rest** *(fermé lundi sauf juin - août - fériés et dim. soir)*
(17) 48 (midi)/72 et à la carte 44/93 – **14 ch** ☑ ✦85/110 ✦✦140/180.
♦ Cette bâtisse hôtelière alanguie sur une berge lacustre promet de douces nuitées
dans des chambres rénovées, majoritairement tournées vers l'eau. Repas traditionnel honorant le terroir, spécialité de brochet et salle panoramique, au même
titre que la terrasse.

**KÄGISWIL** *Obwalden* 551 N8 – *siehe Sarnen.*

**KANDERSTEG** *3718 Bern (BE)* 551 K10 – *1 153 Ew. – Höhe 1 176 – Wintersport :*
*1 250/1 950 m ✦1 ✦6 ✦.*
**Sehenswert :** *Lage★.*
**Ausflugsziel :** *Oeschinensee★★★ – Klus★★.*
**Lokale Veranstaltungen**
*21.01 - 22.01 : Internationale Schlittenhunderennen*
*30.07 : Schäferfest auf dem Gemmipass.*
🚠 *Kandersteg - Goppenstein, Information* ℰ 0336 758 384.
🅱 *Kandersteg Tourismus, Aeussere Hauptstrasse,* ℰ 0336 758 080, *info@kandersteg.ch,* Fax 0336 758 081
*Bern 66 – Interlaken 45 – Montreux 156 – Sion 219.*

🏨 **Royal Park Hotel,** ℰ 0336 758 888, *royal@rikli.com,* Fax 0336 758 880, ≤, 🍴
🛁, ☎, ⚗, 🏊, ♨, ※, 🎾 – 🛗 ⌂ Rest, 🕿 ☎ 🅿 – 🔬 20 – **24 Zim** ✦300/480 ✦✦360/700, 4 Suiten – ½ P Zuschl. 90.
♦ Exklusiv gibt sich dieses gewachsene alte Patrizierhaus mit seinen eleganten Zim-
mern und luxuriösen Suiten sowie dem stilvollen Salon Louis XV. Eigener Reitstall. Im
klassischen Restaurant herrscht eine vornehme Atmosphäre. Schön : der Blick in den
Garten.

🏨 **Waldhotel Doldenhorn** ⌂, *in Vielfalle : 1,5 km Süd,* ℰ 0336 758 181, *doldenhorn@compuserve.com,* Fax 0336 758 185, ≤, 🍴, ☎, 🚗 – 🛗, ⋈ Zim, 🕿 🛗
Zim, 🅿 – 🔬 20. 🏧 ⓸ ⓸ 𝘝𝘐𝘚𝘈
*geschl. 18. - 28. April und 29. Okt. - 8. Dez.* – **Au Gourmet** *(geschl. Dienstag)* **Rest**
*(am Wochenende Tischbestellung ratsam)* (30) 45 *(mittags)*/125 und à la carte
61/103 – **Burestube** *(geschl. Dienstag)* **Rest** à la carte zirka 52 – **29 Zim** ☑
✦110/195 ✦✦200/310, 5 Suiten – ½ P Zuschl. 45.
♦ Angenehm ruhig ist die Lage dieses schmucken kleinen Hauses, die Gästezimmer
bestechen mit ihrer hübschen, gemütlichen Einrichtung. Au Gourmet : gediegen-
elegant mit klassischer Karte. Viel Holz verleiht der Burestube Behaglichkeit. Die Küche
ist traditionell.

🏡 **Adler,** *Hauptstrasse,* ℰ 0336 758 010, *info@chalethotel.ch,* Fax 0336 758 011, ≤
🍴, ☎, 🛁 – 🛗 ⋈ Rest, 🅿 🏧 ⓸ ⓸ 𝘝𝘐𝘚𝘈
*geschl. 26. Nov. - 27. Dez.* – **Rest** (24) 32/55 und à la carte 42/98 – **24 Zim** ☑
✦105/160 ✦✦170/230 – ½ P Zuschl. 30.
♦ Ein mit Holz verkleidetes Chalet in der Ortsmitte : Man verfügt über solide, mit
viel Holz ausgestattete Zimmer - einige mit auf den Balkon ausfahrbarem Whirlpool
bzw. Kamin. Gaststube und Restaurant in ländlichem Stil, mit schöner Terrasse.

🏡 **Bernerhof,** *Hauptstrasse,* ℰ 0336 758 875, *hotel@bernerhof.ch,*
Fax 0336 758 877, ≤, 🍴, 🛁, ☎, 🚗 – 🛗 ⌂ 🅿 – 🔬 30. 🏧 ⓸ ⓸ 𝘝𝘐𝘚𝘈
*geschl. April* – **Rest** *(geschl. Donnerstag in der Zwischensaison)* 20 und à la carte
37/90 – **45 Zim** ☑ ✦95/125 ✦✦160/220 – ½ P Zuschl. 32.
♦ Am Dorfeingang steht der Chaletbau mit schönem Ausblick. Sie wohnen in unterschiedlich eingerichteten, funktionellen Zimmern. Nett : das Kaminzimmer. Bürgerlich-
rustikales Restaurant.

🏡 **Blümlisalp,** *Hauptstrasse,* ℰ 0336 751 844, *info@hotel-bluemlisalp.ch,*
Fax 0336 751 809, ≤, 🍴, ☎, 🚗 – 🛗 🛁 Rest, 🅿 ⓸ ⓸ 𝘝𝘐𝘚𝘈
*21. Dez. - 6. April und 16. Mai - 31. Okt.* – **Rest** *(geschl. Montag)* (25) 32/85 und à
la carte 38/78 – **24 Zim** ☑ ✦85/125 ✦✦150/230 – ½ P Zuschl. 32.
♦ Der Anbau dieses familiär geführten Hotels gefällt mit hübschen, modernen Gästezimmern - die im Haupthaus sind etwas schlichter gestaltet. Schön : der Ausblick.
Restaurant mit traditioneller Karte.

🏠 **Ermitage** ♨, bei der Oeschinensee Sesselbahn, ✆ 0336 758 020, *info@ermita ge-kandersteg.ch*, Fax 0336 758 021, ≤, 🏛, ⟵s – ⤞× ⅙, Rest, 🅿, AE ⓪
🐵 *VISA*
*17. Dez. - 26. März und 7. Mai - 29. Okt.* – **Rest** *(geschl. Montag ausser Juli - Aug.)* (25) 40 und à la carte 39/75 – **15 Zim** ⚲ ♥90/110 ♥♥150/160 – ½ P Zuschl. 25.
♦ An der Talstation der Oeschinseebahn übernachten Sie in diesem engagiert geführten Familienbetrieb in rustikalen Zimmern mit überwiegend hellem Naturholzmobiliar. Freundlich gestaltetes Restaurant mit traditionellem Speisenangebot.

🏔 **Oeschinensee** ♨, mit Sesselbahn und Spazierweg (20 min.) erreichbar, oder über Fussweg ab Kandersteg (60 min.), oder mit Pferdekutsche, ✆ 0336 751 119, *info @oeschinensee.ch*, Fax 0336 751 666, ≤ See und Berge, 🏛 – ⤞× Zim.
🐵 *VISA*
*Hotel geöffnet : Mai - Okt.* – **Rest** *(geschl. Ende Okt. - Mitte Dez. und Ende März - Anfang Mai)* (27) und à la carte 36/64 – **16 Zim** ⚲ ♥85/95 ♥♥140/160.
♦ Idyllisch am Seeufer liegt dieses sympathische Berghotel, das unter ökologischen Gesichtspunkten geführt wird. So sind z. B. die Möbel durchgehend aus unbehandeltem Holz. Im Restaurant regionale Karte mit Produkten vom eigenen Bio-Bauernhof. Grosse Terrasse.

✗ **Ruedihus** ♨ mit Zim, Vielfalle, Süd : 1,5 km, ✆ 0336 758 182, *doldenhorn@co mpuserve.com*, Fax 0336 758 185, ≤, 🏛 – 🅿 AE ⓪ 🐵 *VISA*
**Biedermeier Stuben** - Schweizer Spezialitäten - *(geschl. Mittwoch in Nebensaison)* Rest (am Wochenende Tischbestellung ratsam) 50 und à la carte 40/67 – **Chäs- und Wystube** *(geschl. Mittwoch in Nebensaison)* Rest à la carte 33/58 – **10 Zim** ⚲ ♥110/160 ♥♥220/300 – ½ P Zuschl. 45.
♦ A. d. J. 1753 stammt diese ehemalige Umspannstation für Postkutschen. In zwei sehenswerten Biedermeierstuben bietet man ausschliesslich Schweizer Spezialitäten. Rustikal : Chäs- und Wystube im EG des unter Denkmalschutz stehenden Holzhauses.

**in Blausee-Mitholz** *Nord : 4 km – Höhe 974 –* ✉ *3717 Blausee-Mitholz :*

🏠 **Blausee** ♨, im Naturpark Blausee, über Spazierweg (5 min.) erreichbar, ✆ 0336 723 333, *info@blausee.ch*, Fax 0336 723 339, ≤, 🏛, ⟵s, 🌳 – ⤞× ⅙, Rest, 🅿 – 🔬 15/40. AE ⓪ 🐵 *VISA*
*geschl. 4. - 20. Jan.* – **Rest** 49 (mittags)/82 und à la carte 49/103 – **18 Zim** ⚲ ♥134 ♥♥216 – ½ P Zuschl. 64.
♦ Romantisch liegt das kleine Hotel im Naturpark. Die Zimmer sind einfach, aber nett eingerichtet - kein Fernseher stört die Ruhe. Mit Bibliothek. Zeitgemässe Küche mit vielen Forellenspezialitäten aus eigener Zucht.

**KAPPEL** *4616 Solothurn (SO)* 🔢 *L5 – 2578 Ew. – Höhe 427.*
*Bern 58 – Aarau 20 – Basel 39 – Luzern 61 – Olten 6.*

✗✗ **Kreuz** mit Zim, Mittelgäustr. 20, ✆ 0622 160 316, *pweber@kreuz-kappel.ch*, ⟵s Fax 0622 160 013, 🏛, 🌳 – ✆ 🅿 AE ⓪ 🐵 *VISA*
**Rest** *(geschl. 24. Dez. - 4. Jan., 25. Juli - 9. Aug., Dienstag und Mittwoch)* (18) 48 (mittags) und à la carte 46/91 – **11 Zim** ⚲ ♥85/150 ♥♥120/170.
♦ Der alte Landgasthof birgt in seinem Inneren eine rustikale Gaststube sowie einen klassischen Speisesaal. Wählen Sie selbst, wo Sie lieber Ihr Essen einnehmen möchten.

**KASTANIENBAUM** *Luzern* 🔢 *O7 – siehe Luzern.*

**KEHLHOF** *Zürich* 🔢 *Q6 – siehe Stäfa.*

**KEMMERIBODEN-BAD** *Bern (BE)* 🔢 *L-M8 – siehe Schangnau.*

**KEMPRATEN** *Sankt Gallen* 🔢 *R6 – siehe Rapperswil.*

**KERNS** 6064 Obwalden (OW) 🄌 O8 – 5 265 Ew. – Höhe 569.
*Bern 104 – Luzern 21 – Altdorf 41 – Brienz 34.*

**in Sand** Nord-Ost : 2 km – Höhe 575 – ⊠ 6064 Kerns :

🏠 **Kernserhof** ⍋, Obermattli, 𝄋 0416 606 868, *idyllhotel@kernserhof.ch*,
Fax 0416 608 569, ≤, 🏤 – 🛗 🄋 – 🔏 30. 🄌 ⓞ 🄌 𝘝𝘐𝘚𝘈
*geschl. 30. Jan. - 3. März und Montag ausser Hotel in der Hochsaison* – **Rest** (22) 27
(mittags) und à la carte 38/84 – **30 Zim** ⍩ ✦80/130 ✦✦140/170 – ½ P Zuschl.
30.
• Das Haus steht in ruhiger Lage oberhalb von Kerns. Die Gäste werden in einfachen
Zimmern, die mit dunklem Holzmobiliar eingerichtet sind, beherbergt. Restaurant mit
Wintergarten, der mit Rattanmöbeln bestuhlt ist.

---

**KERZERS** (CHIÈTRES) 3210 Freiburg (FR) 🄌 H7 – 3 981 Ew. – Höhe 443.
*Bern 24 – Neuchâtel 25 – Biel 25 – Fribourg 26 – Solothurn 41.*

✗ **Bären,** Burgstatt 7, 𝄋 0317 555 118, *baeren.kerzers@bluewin.ch*,
🍴 Fax 0317 557 893, 🏤 – 🄋 ⇔ 70. 🄌 ⓞ 🄌 𝘝𝘐𝘚𝘈
*geschl. 9. - 31. Jan., 10. Juli - 2. Aug., Dienstag (ausser April - Mai) und Montag* – **Rest**
(19) und à la carte 42/91.
• Ein grosser alter Gasthof - im Stil eines Freiburger Landhauses. Man empfängt seine
Gäste in verschiedenen Räumen, die mit Jagdtrophäen dekoriert sind.

---

**KESSWIL** 8593 Thurgau (TG) 🄌 U4 – 909 Ew. – Höhe 405.
*Bern 199 – Sankt Gallen 27 – Bregenz 49 – Frauenfeld 39 – Konstanz 15.*

✗✗ **Schiff** ⍋ mit Zim, Hafenstr. 28, 𝄋 0714 631 855, *info@seegasthofschiff.ch*
Fax 0714 631 830, ≤, 🏤 – 📞 🄋 – 🔏 20. 🄌 ⓞ 🄌 𝘝𝘐𝘚𝘈
*geschl. 2. - 25. Okt., Montag und Dienstag* – **Rest** (30) 92 (abends) und à la carte
60/108 🍴 – **8 Zim** ⍩ ✦105 ✦✦175.
• Ein hübsches Restaurant am kleinen Hafen. Es teilt sich in eine Gaststube und ein
Restaurant mit Hussenstühlen, Dielenboden, Kristalllüstern und gemaltem Himmel an
der Decke.

---

**KESTENHOLZ** 4703 Solothurn (SO) 🄌 L5 – 1 620 Ew. – Höhe 453.
*Bern 55 – Basel 54 – Aarau 32 – Luzern 64 – Solothurn 24.*

✗✗ **Eintracht** mit Zim, Neue Strasse 6, 𝄋 0623 932 463, *eintracht@datacomm.ch*
🍴 Fax 0623 932 423, 🏤 – 🄋 ⇔ 70 – 🔏 15/25. 🄌 ⓞ 🄌 𝘝𝘐𝘚𝘈
*geschl. 5. - 19. Feb., Sonntagabend und Montag* – **St. Peter-Stube :** Rest 49
(mittags)/88 und à la carte 51/93 – **Gaststube :** Rest (17) und à la carte 40/87
– **5 Zim** ⍩ ✦70/80 ✦✦140.
• Der Landgasthof, seit 150 Jahren in Familienbesitz, liegt im Zentrum des Dorfes.
In der rustikalen St. Peter-Stube wählen Sie Gerichte einer zeitgemässen Küche. Die
einfachere Gaststube bietet eine günstigere Karte.

---

**KILCHBERG** 8802 Zürich (ZH) 🄌 P5 – 7 175 Ew. – Höhe 424.
*Bern 132 – Zürich 7 – Aarau 53 – Luzern 52 – Rapperswil 35.*

✗ **Oberer Mönchhof,** Alte Landstr. 98, 𝄋 0447 154 006, *guggisberg@moench*
🌺 *of.ch*, Fax 0447 151 657, ≤, 🏤 – 🄋 ⇔ 80. 🄌 𝘝𝘐𝘚𝘈
*geschl. 4. - 28. Feb., 8. - 22. Okt. und Mittwoch* – **Rest** (19.50) 48 (mittags) und à
la carte 52/95.
• Ein schönes altes Riegelhaus oberhalb des Sees beherbergt dieses Restaurant.
Neben dem leicht gehobenen, getäferten Stübli, bietet auch das Beizli einige nette
Plätze.

---

**KLEINDÖTTINGEN** 5314 Aargau (AG) 🄌 O4 – Höhe 323.
*Bern 112 – Aarau 32 – Basel 60 – Freiburg im Breisgau 85 – Luzern 76 – Zürich 40.*

✗ **Linde** mit Zim, Hauptstr. 27, 𝄋 0562 451 350, Fax 0562 451 228, 🏤 – 🄋
⇔ 40. 🄌 ⓞ 🄌 𝘝𝘐𝘚𝘈
*geschl. 23. Juli - 6. Aug. und Sonntag* – **Rest** (25) 45 (mittags)/88 und à la carte
37/106 – **15 Zim** ⍩ ✦66/76 ✦✦117/130.
• Zwei schöne Räume und eine einfache Gaststube bilden die Restauration dieses
Landgasthofes, in dem man Gerichte aus einem klassischen Angebot auswählen kann.

**KLOSTERS** *7250 Graubünden (GR)* 🔢🔢🔢 *X8 – 3 894 Ew. – Höhe 1 191 – Wintersport : 1 191/2 844 m ⬱3 ⬱14 🎿.*

Sehenswert : *Lage★★*.

🚠 *(Mai-Okt.) ℰ 0814 221 133, Fax 0814 221 772.*

🚗 *Klosters Selfranga - Susch Sagliains, Information ℰ 0812 883 737.*

🛈 *Klosters Tourismus, Alte Bahnhofstrasse 6, ℰ 0814 102 020,* info@klosters.ch, *Fax 0814 102 010.*

*Bern 268 – Chur 58 – Davos 14 – Vaduz 64.*

---

🏨 **Vereina,** Landstr. 179, ℰ 0814 102 727, klosters@vereinahotel.ch, *Fax 0814 102 728,* ≤, 🏞, ⊘, 🕭, �, 🔲, 🌲 – 🛗 🎖 🚗. 🌆 ⓞ 🆖 𝗩𝗜𝗦𝗔, 🍴 Rest *geschl. 18. April - 23. Juni –* **Rest** (19) 49 (mittags)/130 und à la carte 59/139 ❀ **– 11 Zim** ⊃ 🎯190/400 🎯🎯260/590, 14 Suiten – ½ P Zuschl. 64.
♦ Das moderne Hotel verfügt über einen sehr schönen Wellnessbereich. Die eleganten Zimmer, hauptsächlich Suiten, sind mit stilvollem Mobiliar eingerichtet. Durch die elegant-rustikalen Stuben gelangt man in einen Wintergarten mit mediterranem Flair.

🏨 **Alpina,** Bahnhofstr. 1, ℰ 0814 102 424, hotel@alpina-klosters.ch, *Fax 0814 102 425,* 🏞, 🕭, �, 🔲 – 🛗 🎖 🚗 – 🅰 25. 🌆 ⓞ 🆖 𝗩𝗜𝗦𝗔 *geschl. 18. April und 22. Okt. - 25. Nov. –* **Rest** *(geschl. Dienstagabend und Mittwochabend im Sommer)* (19) 31 (mittags)/118 und à la carte 67/139 – **35 Zim** ⊃ 🎯151/285 🎯🎯222/450, 10 Suiten – ½ P Zuschl. 62.
♦ Das Hotel im regionalen Stil liegt gegenüber dem Bahnhof, nahe der Talstation. Ein Teil der Zimmer ist ganz neuzeitlich : in hellen, warmen Farben gehalten, mit Holzfussboden. Im unterteilten Restaurant kommt der Geniesser vor allem am Abend auf seine Kosten.

🏨 **Pardenn** ⌂, Monbielerstr. 18, ℰ 0814 232 020, hotel@pardenn.ch, *Fax 0814 232 021,* ≤ Klosters und Berge, 🏞, 🕭, 🔲, 🌲 – 🛗 🚗 🅿 – 🅰 20. 🌆 ⓞ 🆖 𝗩𝗜𝗦𝗔, 🍴 Rest *geschl. 2. April - 15. Dez. –* **Grill-Room** *(nur Abendessen)* **Rest** 76 und à la carte 66/121 **– Taverna** - italienische Küche - *(nur Mittagessen)* **Rest** (30) und à la carte 41/85 **– 65 Zim** ⊃ 🎯151/231 🎯🎯222/392 – ½ P Zuschl. 30.
♦ Das oberhalb des Ortes gelegene Haus bietet einen sehr schönen Ausblick über Klosters und die Berge. Die Zimmer mit Schleiflackmobiliar haben meist einen Balkon. Rustikal gediegen gibt sich der Grill Room. Zum Mittagessen trifft man sich in der Taverna.

🏨 **Silvretta,** Landstr. 190, ℰ 0814 233 435, info@silvretta.ch, Fax 0814 233 450, ⊘, 🕭, �, 🔲 – 🛗, 🚿 Zim, 🎖 🚶 🚗 🅿 – 🅰 15/60. 🌆 ⓞ 🆖 𝗩𝗜𝗦𝗔. 🍴 Rest *10. Dez. - 21. Okt. –* **Rest** - italienische Küche - (14.50) 27 (mittags) und à la carte 45/85 **– 85 Zim** *(nur ½ Pens.)* 🎯170/250 🎯🎯280/440, 12 Suiten.
♦ Ein grosses Hotel im Chaletstil, das seinen Gästen rustikal gestaltete oder mit italienischen Möbeln eingerichtete Zimmer zur Verfügung stellt.

🏨 **Sport,** Landstr. 95, ℰ 0814 233 030, info@hotel-sport.ch, Fax 0814 233 040, ≤, 🏞, 🕭, �, 🔲, 🌲, 🍴 – 🛗 🚗 🅿 – 🅰 70. 🌆 ⓞ 🆖 𝗩𝗜𝗦𝗔. 🍴 *9. Dez. - 16. April und 11. Juni - 19. Okt. –* **Rest** - italienische Küche - à la carte 45/87 **– 47 Zim** ⊃ 🎯70/202 🎯🎯140/264 – ½ P Zuschl. 25.
♦ Die vier unterirdisch verbundenen Gebäude begrenzen ein ansprechendes Freizeitgelände mit Tennis, Streichelzoo und mehr. Einfache Zimmer von guter Grösse stehen zur Verfügung. Rustikales Restaurant und Bar mit ländlichem Charakter.

🏨 **Chesa Grischuna,** Bahnhofstr. 12, ℰ 0814 222 222, hotel@chesagrischuna.ch, *Fax 0814 222 225,* 🏞, � – 🅿, 🌆 ⓞ 🆖 𝗩𝗜𝗦𝗔 *16. Dez. - 16. April und 1. Juli - 21. Okt. –* **Rest** (19) 35 (mittags)/89 und à la carte 58/118 **– 25 Zim** ⊃ 🎯120/235 🎯🎯220/440 – ½ P Zuschl. 45.
♦ Die Fresken und Holzmalereien des Hotels im regionalen Stil wurden von einheimischen Künstlern wie Alois Carigiet geschaffen. Zimmer mit gemütlich-rustikaler Einrichtung. Auch das Restaurant wurde mit viel Liebe gestaltet.

🏨 **Cresta,** Landstr. 170, ℰ 0814 232 600, info@crestaklosters.ch, *Fax 0814 232 610,* 🏞, 🕭 – 🛗, 🌆 ⓞ 🆖 𝗩𝗜𝗦𝗔 **Rest** (13) 19 (mittags)/36 und à la carte 37/77 **– 34 Zim** ⊃ 🎯90/184 🎯🎯132/312 – ½ P Zuschl. 36.
♦ Das gut unterhaltene Hotel im Ortszentrum verfügt über hell und funktionell eingerichtete Gästezimmer wie auch ältere, rustikal möblierte. Im neuzeitlich-ländlichen Restaurant und auf der Terrasse serviert man traditionelle Gerichte.

XXX  **Walserhof** (Bolliger) mit Zim, Landstr. 141, ☎ 0814 102 929, *walserhof@ bluew*
❀❀  *in.ch*, Fax 0814 102 939, ≤, 🍴, ⇔, – 📶 ✆ ⇔ 🅿 🆎 ⑩ ⑯ 𝘝𝘐𝘚𝘈
2. Dez. - 16. April und 18. Juni - 21. Okt. – **Rest** *(geschl. Dienstag im Sommer)* (43)
69 (mittags)/178 und à la carte 84/171 – **11 Zim** ✚140/250 ✚✚280/410, 3 Suiten - ½ P Zuschl. 78 (nur im Sommer).
**Spez.** Terrine de gibier Sardasca aux airelles. Joue de veau au vin de Malans. Soufflé
de sureau et muffin aux myrtilles, glace de noix. **Weine** Malanser, Jeninser
♦ Zum Glück ist das schöne Haus nicht nur für Prinz Charles reserviert, sondern auch
Gäste mit weniger blauem Blut können die klassische Küche auf höchstem Niveau
geniessen.

---

**KLOTEN** Zürich 𝟻𝟻𝟷 Q4 – *siehe Zürich*.

---

**KÖNIZ** Bern 𝟻𝟻𝟷 J7 – *siehe Bern*.

---

**KONOLFINGEN** 3510 Bern (BE) 𝟻𝟻𝟷 K8 – *4 449 Ew. – Höhe 728*.
Bern 24 – Fribourg 57 – Langnau im Emmenthal 15 – Thun 19.

**in Stalden** Süd : 1 km – Höhe 654 – ✉ 3510 Konolfingen :

🏠  **Schloss Hünigen** ⌂, ☎ 0317 912 611, *hotel@ schlosshuenigen.com*,
⇔  Fax 0317 912 731, 🍴, ⇔, 🌳, 🏊 – 📶, ⇄ Zim, ✆ & Zim, 🅿 – 🔼 15/70.
🆎 ⑩ ⑯ 𝘝𝘐𝘚𝘈, ❀ Rest
geschl. 26. Dez. - 8. Jan. – **Rest** *(geschl. Sonntagabend und Montag)* (19) 32
(mittags)/75 und à la carte 47/97 🅱 – **54 Zim** ⇌ ✚135/163 ✚✚252 – ½ P Zuschl
35.
♦ Ruhig liegt das schmucke historische Gebäude in einem hübschen Park. Die Zimmer
sind modern gestaltet, einige mit schönen alten Kassettendecken. Wechselnde
Kunstausstellung. Hell und freundlich : das Restaurant Rosarium.

---

**KRATTIGEN** 3704 Bern (BE) 𝟻𝟻𝟷 K9 – *892 Ew. – Höhe 742*.
Bern 50 – *Interlaken 26* – Kandersteg 26 – Spiez 8 – Thun 19.

🏠  **Bellevue-Bären,** Dorfstr. 15, ☎ 0336 556 144, *bellevue-baeren@ bluewin.ch*
⇔  Fax 0336 546 177, ≤ Thunersee, 🍴 – 📶 🅿 – 🔼 50. 🆎 ⑩ ⑯ 𝘝𝘐𝘚𝘈
geschl. 3. - 22. Jan. – **Rest** *(geschl. Montag)* (16) 40 und à la carte 35/81 – **25 Zim**
⇌ ✚80 ✚✚140/160 – ½ P Zuschl. 25.
♦ Das Chalet bietet für seine Gäste neben einer herrlichen Sicht auf den Thunersee
ältere Zimmer mit brauner einfacher Holzmöblierung sowie etwas neuere mit hellem
Mobiliar. Das rustikale Restaurant besticht durch seine grosse Fensterfront.

---

**KREUZLINGEN** 8280 Thurgau (TG) 𝟻𝟻𝟷 T3 – *16 714 Ew. – Höhe 402*.
🏌 *in Lipperswil*, ✉ 8564, ☎ 0527 700 405, Fax 0527 700 406, über Kantonal
strasse 1 Richtung Frauenfeld : 14 km.
🅱 Touristik Information, Sonnenstr. 4, ☎ 0716 723 840.
🏵 Hauptstr. 39, ☎ 0716 774 949, Fax 0716 774 940.
🅰 Hauptstr. 1a, ☎ 0716 773 838, Fax 0716 773 835.
Bern 194 – *Sankt Gallen 38* – Bregenz 56 – Frauenfeld 27 – Konstanz 3.

XX  **Schlossrestaurant Brunnegg,** Girsbergstrasse, 1 km Richtung Tägerwilen
☎ 0716 723 636, *schloss@ brunnegg.ch*, 🍴 – 🅿 ⇄ 50. ⑯ 𝘝𝘐𝘚𝘈
geschl. Feb., 16. - 31. Okt., Montag und Dienstag – **Rest** (22) 42 (mittags)/120 und
à la carte 68/107.
♦ Das schön im Grünen gelegene Schlösschen lockt mit grosszügig eingerichteten
Räumen und einem hübschen Sommergarten. Die Küche bietet eine interessant
zeitgemässe Auswahl.

XX  **Seegarten,** Promenadenstr. 40, am Yachthafen, ☎ 0716 882 877, *restaurant@*
*seegarten.ch*, Fax 0716 882 944, 🍴 – 🅿 ⑩ ⑯ 𝘝𝘐𝘚𝘈
geschl. 24. Dez. - 1. Jan., 23. Jan. - 5. Feb., Dienstag von Sept. bis April und Monta
– **Salon Admiral :** Rest 85 und à la carte 69/127 🅱 – **Tagesrestaurant :** Res
(29) 75 und à la carte 45/126.
♦ Über einen versteckten Eingang gelangt man in den Salon Admiral. "Klein, aber fein
lautet die Devise in diesem eleganten und charmant geführten Restaurant. Sachlic
präsentiert sich das Tagesrestaurant.

XX **Schloss Seeburg,** Seeweg 5, ℰ 0716 884 775, info@restaurant-seeburg.ch, Fax 0716 884 763, ≤ Bodensee, 斎, ⚑ – ℙ ⇔ 15/60. ⓿ ⓬ 𝖵𝖨𝖲𝖠
geschl. 6. Feb. - 3. März, 9. - 13. Okt., Mittwoch von Sept. - Mai und Dienstag – **Rest**
(29) 59/82 und à la carte 49/94.
◆ Nach kurzem Spaziergang durch den Park stösst man auf das Seeschloss mit Terrasse, die einen schönen Blick auf den Bodensee bietet. Klassische Karte im gediegenen Restaurant.

XX **Jakobshöhe,** Bergstr. 46, ℰ 0716 700 888, jakobshoehe@bluewin.ch, Fax 0716 700 889, 斎 – ▤ ℙ ℀ ⓿ ⓬ 𝖵𝖨𝖲𝖠
geschl. Juli, Montag und Dienstag – **Rest** (28) 59/86 und à la carte 52/98.
◆ Im modernisierten Gasthof werden in zwei netten Stuben, die mit elegantem Holzmobiliar eingerichtet sind, klassische Gerichte serviert. Mit schöner Gartenterrasse im Sommer.

**in Tägerwilen** Nord-West : 4 km Richtung Schaffhausen – Höhe 420 – ⊠ 8274 Tägerwilen :

🏠 **Trompeterschlössle** ⌂, Konstanzerstr. 123, am Zoll, ℰ 0716 693 131, hotel@trompeterschloessle.ch, Fax 0716 693 133, 斎 – ↭ Zim, ℙ, ℀ ⓿ ⓬ 𝖵𝖨𝖲𝖠
geschl. 23. Dez. - 2. Feb. – **Rest** (geschl. Mittwoch und Donnerstag vom 11. Okt. - 14. April) (17.50) 35/63 und à la carte 39/83 – **17 Zim** ⌂ ✦105/120 ✦✦170 – ½ P Zuschl. 35.
◆ Direkt an der Grenze befindet sich das Trompeterschlössle. Modern eingerichtete, mit Nussbaumholzmobiliar ausgestattete Zimmer erwarten den Gast. Einfachere Gaststube und gehobeneres à la carte-Restaurant.

XX **Steinbock,** Hauptstr. 85, ℰ 0716 691 172, info@steinbock-taegerwilen.ch, Fax 0716 691 752, 斎 – ℙ ⇔ 25. ⓬ 𝖵𝖨𝖲𝖠
**Rest** (geschl. Samstagmittag und Sonntag) (21) und à la carte 44/89.
◆ Das hübsche Riegelhaus teilt sich in eine gemütlich-rustikale Gaststube und einen hellen, modernen Pavillon-Wintergarten. Serviert wird regionale Küche.

**in Gottlieben** Nord-West : 4 km Richtung Schaffhausen – Höhe 402 – ⊠ 8274 Tägerwilen :

🏰 **Drachenburg und Waaghaus** ⌂, Am Schlosspark 7, ℰ 0716 667 474, info@drachenburg.ch, Fax 0716 667 499, ≤, 斎, ⬚ – ▥ ℙ – 🔒 15/60. ℀ ⓿ ⓬ 𝖵𝖨𝖲𝖠. ⌖ Rest
geschl. 24. Dez. - 5. Jan. – **Rest** (28) 58/95 und à la carte 47/107 – **59 Zim** ⌂ ✦105/155 ✦✦170/300.
◆ Die schönen Fachwerkhäuser liegen direkt am Seeufer. In verschiedenen Gebäuden logiert man in individuell gestalteten Zimmern mit stilvoller Einrichtung. Wählen Sie zwischen dem gediegenen Restaurant im ersten Stock und der rustikaleren Drachenburg.

🏠 **Romantik-Hotel Krone** ⌂, Seestr. 11, ℰ 0716 668 060, krone@romantikhotel.ch, Fax 0716 668 069, ≤, 斎 – ▥ ℙ – 🔒 25. ℀ ⓿ ⓬ 𝖵𝖨𝖲𝖠
geschl. 7. Jan. - 14. Feb. – **Rest** (24) 48 (mittags)/95 und à la carte 65/112 – **25 Zim** ⌂ ✦100/150 ✦✦190/300 – ½ P Zuschl. 60.
◆ Das historische Gebäude befindet sich an der engsten Stelle des Bodensees in ruhiger Lage. Gäste wohnen in dem freundlichen Familienbetrieb in gepflegten Zimmern. Wählen Sie zwischen dem Restaurant oder der sonnigen Terrasse am Wasser.

**KRIEGSTETTEN** 4566 Solothurn (SO) 🗺 K6 – 1156 Ew. – Höhe 455.
Bern 31 – Biel 29 – Solothurn 5.

🏠 **Sternen,** Hauptstr. 61, ℰ 0326 756 111, info@sternen.ch, Fax 0326 756 025, 斎, 🌳 – ▥ ↭ ♨ ⅙ Zim, ℙ – 🔒 15/80. ℀ ⓿ ⓬ 𝖵𝖨𝖲𝖠
**Gartenzimmer** (geschl. 30. Jan. - 13. Feb.) **Rest** 59 (mittags)/115 und à la carte 47/91 – **Gaststube** (geschl. 30. Jan. - 13. Feb.) **Rest** (18.50) und à la carte 41/80 – **23 Zim** ⌂ ✦155/195 ✦✦250/300.
◆ Die Zimmer dieses Hotels unterscheiden in Zuschnitt, Lage und Ausstattung. Wählen Sie zwischen Räumen mit Biedermeiermobiliar oder rustikaler Einrichtung. Klassisch gibt sich das Restaurant Gartenzimmer. Rustikal : die gemütliche Gaststube.

**KRIENS** Luzern (LU) 🗺 O7 – siehe Luzern.

**KRONBÜHL** Sankt Gallen 🗺 U4 – siehe Sankt Gallen.

**KÜSNACHT** *8700 Zürich (ZH)* 551 Q5 – *12 177 Ew. – Höhe 415.*
*Bern 133 – Zürich 8 – Aarau 54 – Einsiedeln 43 – Luzern 64.*

**Sonne,** Seestr. 120, ☎ 0449 141 818, *home@sonne.ch, Fax 0449 141 800,* ≤, – – P – 15/80. AE VISA
**Sonnengalerie : Rest** (36) 54 (mittags)/94 und à la carte 68/119 – **Gaststube : Rest** (23) und à la carte 43/91 – **40 Zim** ★200/310 ★★230/340.
◆ Das Seehotel mit elegantem Interieur beherbergt Sie in geräumigen Zimmern, in denen die historische Bausubstanz gut mit moderner Einrichtung und Dekor harmoniert. Geschmackvoll und neuzeitlich : die Sonnengalerie. Gaststube mit schönem Täfer und Bildern.

**Petermann's Kunststuben,** Seestr. 160, ☎ 0449 100 715, *petermannskunststuben@bluewin.ch, Fax 0449 100 495,* – P. AE VISA
*geschl. 6. - 19. Feb., 20. Aug. - 10. Sept., Sonntag und Montag* – **Rest** (am Abend Tischbestellung ratsam) 78 (mittags)/195 und à la carte 130/224.
**Spez.** Le carpaccio de Saint-Pierre et la tourte aux avocats et tourteau au wasabi. Le mille-feuille de foie gras aux artichauts et truffes du Périgord confit aux échalottes. Le pigeon de Bresse sur chou frisé, sauce au foie gras de canard. **Weine** Freisamer
◆ Bei Petermann's in Küsnacht erleben Sie klassische Küche kreativ zelebriert in eleganten Räumen oder im kleinen schönen Gärtchen perfekt präsentiert.

**Zum Trauben,** Untere Wiltisgasse 20, ☎ 0449 104 855, – P. AE VISA
*geschl. 23. Dez. - 3. Jan., 23. Juli - 13. Aug., Sonntag und Montag* – **Rest** - italienische Küche - (35) und à la carte 56/103.
◆ Das im Ortskern gelegene kleine zweigeteilte Restaurant, im hinteren Teil etwas moderner gestaltet, bietet den Gästen einfache italienische Küche mit marktfrischen Produkten.

**Chez Crettol, Cave Valaisanne,** Florastr. 22, ☎ 0449 100 315 – 15. AE VISA
*geschl. 23. Dez. - 6. Jan. und 1. Juni - 1. Sept.* – **Rest** - Walliser Fondue und Raclettespezialitäten - *(nur Abendessen)* (Tischbestellung ratsam) à la carte 58/99.
◆ In der gemütlichen Stube liegt der Käse für den netten Raclette-Plausch am offenen Kamin schon parat. Neben der urtypischen Walliser Spezialität gibt es allerlei Käsefondues.

**KÜSSNACHT AM RIGI** *6403 Schwyz (SZ)* 551 P7 – *10 944 Ew. – Höhe 435.*
18 ☎ *0418 507 060, Fax 0418 507 041.*
*Bern 136 – Luzern 16 – Schwyz 25 – Zürich 47.*

**du Lac-Seehof,** Seeplatz 6, ☎ 0418 501 012, *jtrutmann@bluewin.ch Fax 0418 501 022,* ≤, , – Zim, P. AE VISA
*geschl. 30. Jan. - 13. Feb. und 13. Okt. - 29. Nov.* – **Rest** *(geschl. Dienstag und Mittwoch von Dez. - Mitte Mai)* (36) 62 und à la carte 43/74 – **12 Zim** ★110/130 ★★180/220 – ½ P Zuschl. 32.
◆ Das Hotel liegt neben der Schiffsanlegestelle direkt am See. Die Zimmer sind unterschiedlich möbliert - einige sind mit Stilmobiliar eingerichtet. Sie speisen in der hellen Seehof-Stube oder in der dunkler gehaltenen Veranda.

**Adler,** Hauptplatz 9, ☎ 0418 501 025, *Fax 0418 501 036* – 70. AE VISA
*geschl. 15. Juni - 1. Sept., Sonntag (ausser mittags von Mitte Sept. - Mitte Nov.) und Montag* – **Rest** (17.50) 60 und à la carte 46/84.
◆ Neben der einfachen Gaststube liegt der gemütlich rustikale Speisesaal mit originеller Dekoration. In heimeliger Atmosphäre reicht man eine traditionelle Karte.

**LAAX** *7031 Graubünden (GR)* 553 T8 – *1 162 Ew. – Höhe 1 023 – Wintersport 1 000/3 018 m* 11 18 .
Alpenarena.ch, ☎ *0819 208 181,* tourismus@alpenarena.ch, *Fax 0819 208 182*
*Bern 234 – Chur 27 – Andermatt 62.*

**Bellaval,** via falera 112, ☎ 0819 214 700, *info@hotelbellaval.ch Fax 0819 214 855,* ≤, , – P. VISA. Rest
*5. Dez. - 30. Sept.* – **Rest** (nur ½ Pens für Hotelgäste) – **27 Zim** ★79/139 ★★136/230 – ½ P Zuschl. 30.
◆ In Laax-Dorf liegt dieses Hotel neben einem schönen kleinen Badesee. Die wohnlichen Zimmer sind grösstenteils mit hellem Arvenholz in rustikalem Stil möbliert.

XX **Posta Veglia** mit Zim, via principala 54, ℰ 0819 214 466, info@poestlilaax.ch, Fax 0819 213 400, 🚗 – 🅿 ⇄ 12/20. 🆎 🅼🅲 𝘝𝘐𝘚𝘈
*geschl. 23. April - 3. Juni* – **Rest** *(geschl. Montag von Juni - Dez.)* (22) 68 (abends) und à la carte 48/84 – **7 Zim** ⌂ ✝125/155 ✝✝150/290 – ½ P Zuschl. 40.
♦ In der "Alten Post", einem a. d. J. 1880 stammenden Haus, speisen Sie in gemütlichen, rustikalen Stuben oder im hellen, modernen Wintergarten. Wohnliche Gästezimmer.

**in Laax-Murschetg** *Nord : 2 km* – ✉ 7031 Laax :

🏨 **Laaxerhof,** via mulania, ℰ 0819 208 200, info@laaxerhof.ch, Fax 0819 208 210,
⬡ ≼, 🏠, ⇌s, 🏊, 🌲, – 📶 🅲 🚗 🅿 – 🔬 15/80. 🆎 🅾 🅼🅲 𝘝𝘐𝘚𝘈
*geschl. Nov.* – **Rest** (16) 25 (mittags)/75 und à la carte 44/104 🏠 – **92 Zim** ⌂ ✝175/205 ✝✝290/410, 15 Suiten – ½ P Zuschl. 40.
♦ In dem imposanten Gebäude im Chaletstil übernachten die Gäste in Zimmern, Appartements und Suiten, die mit solidem Mobiliar wohnlich eingerichtet sind - meist mit Balkon. Die Restauration teilt sich in Gaststube und gehobeneren à la carte-Bereich.

🏨 **Signina,** ℰ 0819 279 000, signina@laax.com, Fax 0819 279 001, ≼, 🏠, ⊘, 🦶,
⬡ ⇌s, 🏊, 🌲, 🎾 – 📶 🚗 – 🔬 15/50. 🆎 🅾 🅼🅲 𝘝𝘐𝘚𝘈 Rest
*19. Nov. - 22. April und 19. Juni - 23. Sept.* – **Rest** (19) 59 und à la carte 45/90 –
**76 Zim** ⌂ ✝105/215 ✝✝200/360 – ½ P Zuschl. 45.
♦ Das Hotel liegt an den Bergbahnen und bietet mit Arvenmöbeln wohnlich eingerichtete Gästezimmer sowie einen modernen Sauna- und Badebereich. Mit Holz getäfeltes Restaurant und heller, gepflegter Speisesaal mit Terrasse.

X **Tegia Larnags,** mittags mit der Larnags Gondelbahn, abends über beleuchteten Wanderweg 15 min. erreichbar, ℰ 0819 279 910, marianne.bauer@laax.com, Fax 0819 279 911, 🚗 – 🆎 🅾 🅼🅲 𝘝𝘐𝘚𝘈
*geschl. 27. April - 24. Juni, 23. Okt. - 3. Dez., Sonntagabend und Montag im Sommer* – **Rest** (mittags nur einfacheres Angebot) (Tischbestellung ratsam) (30) 76 und à la carte 45/99.
♦ In dem gemütlichen Holzhaus direkt an der Skipiste vereinen sich Hütten-Atmosphäre und eine gute traditionelle wie auch regionale Küche. Après-Ski in der rustikalen Bar.

**in Salums** *Ost : 2 km* – ✉ 7031 Laax :

X **Straussennest,** via salums, ℰ 0819 215 971, info@straussennest.ch, Fax 0819 216 851, ≼ Signinakette, 🚗 – 🆎 🅾 🅼🅲 𝘝𝘐𝘚𝘈
*geschl. 24. April - 24. Mai, 6. Nov. - 14. Dez., Montag ausser Feiertage und Dienstag ausser Hochsaison* – **Rest** (29) 59 (abends) und à la carte 47/90.
♦ Das rustikale Lokal in schöner Lage am Waldrand offeriert eine traditionelle Küche in angenehmer Atmosphäre. Terrasse mit wundervollem Blick auf die Signinakette.

**in Sagogn** *Süd : 2 km – Höhe 779* – ✉ 7152 Sagogn :

XXX **Da Veraguth Carnetg** (Ziegler), ℰ 0819 216 464, Fax 0819 213 698, 🚗 – 🅿
😋 🆎 🅼🅲 𝘝𝘐𝘚𝘈
*geschl. Mitte April - Mitte Mai, Nov. - Anfang Dez., Montag und Dienstag* – **Rest** 99/140 und à la carte 66/144.
**Spez.** Sagogner Fleischtörtchen mit Echalottenkonfi an Salat. Capuns da Sagogn (Sommer). Lammrücken mit Nusskräuterkruste und Bizochels. **Weine** Malanser
♦ Das hübsch gelegene Bündner Haus mit schöner rustikal-eleganter Einrichtung offeriert dem Gast regionale und klassische Spezialitäten. Gartenterrasse !

**auf dem Crap Masegn** *mit Luftseilbahn erreichbar – Höhe 2 477* – ✉ 7031 Laax :

X **Das Elephant,** ℰ 0819 277 390, marianne.bauer@laax.com, ≼ Berge, 🚗 – 🆎
🅼🅲 𝘝𝘐𝘚𝘈
*18. Dez. - 27. April* – **Rest** *(nur Mittagessen)* (Tischbestellung ratsam) à la carte 50/97.
♦ Nur mit der Gondelbahn zu erreichen ist das in 2500 m Höhe gelegene Restaurant. Bei beeindruckendem Blick über die Berge reicht man eine kleine Karte mit Tagesempfehlungen.

**LAI** *Graubünden* 🟥🟥🟥 V9 *– siehe Lenzerheide.*

**LANDECY** *Genève* 🟥🟥🟥 A12 *– rattaché à La Croix-de-Rozon.*

**LANGENBRUCK** 4438 Basel-Landschaft (BL) 🗺️ L5 – 945 Ew. – Höhe 710.
*Bern 62 – Basel 39 – Liestal 20 – Luzern 69 – Olten 13.*

🏠 **Bären,** Hauptstr. 10, ☎ 0623 871 010, *info@baeren-langenbruck.ch*,
Fax 0623 901 971, ඖ – ⇔ Zim, 🅿 – 🍴 15/40. 🖭 ⓪ 🐾
*geschl. 23. - 24. Dez. und 20. Juli - 1. Aug.* – **Rest** (21) 49/90 und à la carte 46/109
– **23 Zim** 😐 ★75/115 ★★140/180.
♦ Der Landgasthof ist unterteilt in eine rustikal-einfache Gaststube und ein gehobeneres, elegantes Restaurant. Die Zimmer : teils rustikal, teils zeitgemäss.

---

**LANGENDORF** Solothurn 🗺️ J5 – siehe Solothurn.

---

**LANGENTHAL** 4900 Bern (BE) 🗺️ L6 – 14 241 Ew. – Höhe 472.
🏵️ Melchnaustr. 1, ☎ 0629 231 230, Fax 0629 220 987.
*Bern 46 – Aarau 36 – Burgdorf 24 – Luzern 65 – Olten 23 – Solothurn 24.*

🏠🏠 **Bären,** St. Urbanstr. 1, ☎ 0629 191 717, *info@baeren-langenthal.ch*,
Fax 0629 191 718, ඖ – 📶 ✆ 🔥 🅿 – 🍴 15/150. 🖭 ⓪ 🐾 🆚
*geschl. Feiertage* – **Rest** (21) und à la carte 49/81 – **36 Zim** 😐 ★140/165
★★230/280 – ½ P Zuschl. 40.
♦ Der Gasthof aus dem 17. Jh. hat einen beeindruckend schönen Barocksaal. Die
Zimmer sind in unterschiedlichen Pastelltönen gehalten und neuzeitlich eingerichtet.
Parkettboden und freundliches Interieur sorgen im Restaurant für Atmosphäre. Zeit-
gemässe Küche.

**in Roggwil** *Nord-Ost : 2 km über alte Zürcherstrasse – Höhe 456 – ✉ 4914 Roggwil :*

🍴 **Ochsen** mit Zim, Brennofenstr. 11, ☎ 0629 291 135, *alscha@gmx.ch*,
Fax 0629 297 064, ඖ – 🔥 Rest, 🅿 ⇔ 160. 🖭 ⓪ 🐾 🆚
*geschl. jeweils 2 Wochen Mitte Feb. und Ende Juli* – **Rest** *(geschl. Dienstagabend und*
*Mittwoch)* (17) 55 (mittags)/95 und à la carte 35/104 – **4 Zim** 😐 ★55/85
★★100/150.
♦ Neben dem netten kleinen Speisesaal verfügt dieses Restaurant mit traditioneller
Küche auch über eine rustikale Gaststube und einige einfache Zimmer.

---

**LANGNAU IM EMMENTAL** 3550 Bern (BE) 🗺️ L7 – 8 833 Ew. – Höhe 673.
Sehenswert : *Dürsrütiwald★.*
🅱 Pro Emmental, Schlossstr. 3, ☎ 0344 024 252, *info@emmental.ch*,
Fax 0344 025 667.
*Bern 31 – Interlaken 63 – Luzern 63 – Solothurn 45.*

🏠 **Hirschen,** Dorfstr. 17, ☎ 0344 021 517, *info@hirschen-langnau.ch*,
Fax 0344 025 623, ඖ, ඤ – 📶 🅿 – 🍴 15/200. 🖭 ⓪ 🐾 🆚
**Rest** *(geschl. Jan. und Montag)* (18.50) 77 und à la carte 40/80 ⭐ – **18 Zim** 😐
★105/110 ★★170/190 – ½ P Zuschl. 35.
♦ Die Zimmer in dem ansprechenden Gasthof sind sehr wohnlich mit massivem Kie-
fernholzmobiliar eingerichtet. Teilweise bieten Sie recht viel Platz und haben eine
Sitzecke. Gaststube und A-la-carte-Restaurant mit Täfer und gemütlichem Ambiente.

🍴🍴 **Zum Goldenen Löwen,** Güterstr. 9, Transitstrasse, ☎ 0344 026 555, *loewen*
*langnau@freesurf.ch*, Fax 0344 021 196, ඖ – ⇔ 🅿 ⇔ 60. 🐾 🆚
*geschl. 23. Juli - 13. Aug., Samstagmittag und Sonntag* – **Rest** (16) 49 (mittags)/79
und à la carte 43/82.
♦ Das Haus beherbergt ein freundliches Bistro sowie ein zeitlos gehaltenes, holzgetäfeltes A-la-carte-Restaurant. Die Küche : regional, traditionell und international.

---

**LANTSCH** (LENZ) 7083 Graubünden (GR) 🗺️ V9 – 509 Ew. – Höhe 1 294.
*Bern 268 – Chur 25 – Andermatt 111 – Davos 35 – Sankt Moritz 53.*

🍴 **La Tgoma,** Hauptstr. 75, ☎ 0816 811 278, *info@latgoma.ch*, Fax 0816 812 275,
🖭 ⓪ 🐾 🆚
*geschl. jeweils 3 Wochen in Mai - Juni, Nov. - Dez., Dienstag (ausser abends in Hoch*
*saison) und Montag* – **Rest** (15.50) 70 und à la carte 48/116 – **7 Zim** 😐 ★65
★★120/140 – ½ P Zuschl. 35.
♦ Das regionstypische alte Haus liegt an der Hauptstrasse des Ortes. Man bietet
seinen Gästen helle, funktionell gestaltete Zimmer - eine saubere und gepflegte
Adresse. Rustikale Gaststube und Restaurant mit traditioneller Karte.

**LARET** Graubünden 🔢🔢🔢 AA8 – *siehe Davos.*

---

**LAUENEN** *Bern* 🔢🔢🔢 I10 – *siehe Gstaad.*

---

**LAUERZ** *6424 Schwyz (SZ)* 🔢🔢🔢 P7 – *877 Ew. – Höhe 460.*
*Bern 145 – Luzern 29 – Altdorf 22 – Schwyz 7.*

XXX **Rigiblick,** Seestr. 9, ☎ 0418 115 466, *rigiblick@freesurf.ch*, Fax 0418 118 313,
≤ Lauerzersee, 🏠, 🔲 – 🅿, 🆎 ⓪ ⓜⓢ 𝑽𝑰𝑺𝑨
*geschl. 30. Jan. - 10. März. und Montag von Okt. - April* – **Rest** 38 (mittags)/115 und
à la carte 60/133 🍴.
♦ Teil dieses direkt am Ufer des Lauerzersees gelegenen Restaurants ist der elegant
gestaltete Pavillon - von der Terrasse geniesst man den schönen Seeblick. Klassische
Karte.

X **Rössli,** Seestr. 3, ☎ 0418 111 702, *roessli.lauerz@freesurf.ch*, Fax 0418 111 788
– 🆎 ⓪ ⓜⓢ 𝑽𝑰𝑺𝑨. 🍴
*geschl. 12. Juli - 10. Aug., Mittwoch und Donnerstag* – **Rest** à la carte 42/103.
♦ An die schlichte Gaststube schliesst sich der eingedeckte Restaurantbereich mit
einem gutbürgerlichen Angebot und einer grossen Fischkarte an.

---

**LÄUFELFINGEN** *4448 Basel-Landschaft (BL)* 🔢🔢🔢 L4 – *1243 Ew. – Höhe 559.*
*Bern 71 – Aarau 23 – Basel 36 – Liestal 18 – Luzern 65 – Olten 10.*

🏨🏨 **Bad Ramsach** 🍴, Nord-Ost : 2 km, ☎ 0622 851 515, *hotel@bad-ramsach.ch*,
Fax 0622 851 500, ≤ Tal, 🏠, 🎿, 🆘, 🔲 – 🛗, 🔌 Zim, 🔳 Zim, 🅿 – 🔺 15/30.
🆎 ⓪ ⓜⓢ 𝑽𝑰𝑺𝑨
*geschl. 19. Dez. - 16. Jan.* – **Rest** (26) 57/75 und à la carte 46/98 – **70 Zim** ⚏ ♦135
♦♦170/200 – ½ P Zuschl. 35.
♦ Die absolut ruhige Lage, eine schöne Aussicht auf das Tal und solide, mit Einbaumobiliar eingerichtete Zimmer mit Balkon sind Annehmlichkeiten dieser Adresse
mit Kurbetrieb. Saalartiges Restaurant mit zeitgemässer Küche.

X **Rosengarten,** Hauptstr. 16, ☎ 0622 991 121, *info@rosen-garten.ch*,
Fax 0622 995 131, 🏠 – 🔳 Rest, 🅿 ⇔ 65. ⓜⓢ 𝑽𝑰𝑺𝑨
*geschl. 27. Feb. - 19. März, Montag und Dienstag* – **Rest** (19.50) und à la carte 37/89.
♦ Thekenbereich und helle Stube gehören zu diesem Restaurant mit traditioneller
Küche. Im Winter steht z. T. auch der rustikale Grill im Obergeschoss zur Verfügung.

---

**LAUFEN** *4242 Basel-Landschaft (BL)* 🔢🔢🔢 J4 – *4911 Ew. – Höhe 355.*
*Bern 84 – Basel 28 – Delémont 18 – Liestal 37 – Olten 48 – Solothurn 50.*

🏨 **Central,** Röschenzstr. 3, ☎ 0617 616 103, *info@central-laufen.ch*,
Fax 0617 616 981, 🏠 – 🛗 📞 🅿 – 🔺 80. 🆎 ⓪ ⓜⓢ 𝑽𝑰𝑺𝑨
*geschl. 24. Dez. - 7. Jan.* – **Rest** (16.50) und à la carte 38/76 – **21 Zim** ⚏ ♦100
♦♦150.
♦ Im Neubau dieses am Rande der Altstadt gelegenen Hotels bietet man seinen Gästen Zimmer, die mit Parkettboden und hellem, gutem Holzmobiliar zeitgemäss eingerichtet sind. Gaststube im regionstypischen ländlichen Stil.

Vue sur Lausanne

# LAUSANNE

1000 ⓒ Vaud (VD) 552 E10 – 116 811 h. – alt. 455

Bern 101 ① – Fribourg 71 ② – Genève 60 ⑤ – Montreux 25 ③ – Sion 93 ② –
Yverdon-les-Bains 32 ⑦.

🛈 Lausanne Tourisme, 4 pl. de la Navigation DZ, 9 pl. de la Gare BY, ✆ 0216 137 373,
information@lausanne-tourisme.ch, Fax 0216 168 647.

✺ 3 Petit-Chêne, ✆ 0213 312 131, Fax 0213 312 141 BY.

⬤ 9 av. de Rumine, ✆ 0213 312 722, Fax 0213 312 729 CY.

**Compagnie aérienne**
*Swiss International Air Lines Ltd.,* ✆ 0848 852 000.

**Manifestations locales**
*mai-juin et déc. : Béjart Ballet Lausanne.*
*05.07 : Athletissima, meeting international d'athlétisme.*
*01.07 – 09.07 : Festival de la Cité, théâtre, musique, jazz, danse.*

🖪 au Chalet-à-Gobet, (mars-nov.) ✆ 0217 848 484, Fax 0217 848 480, Nord-Est :
6 km.

🖪 Domaine du Brésil à Goumoens-le-Jux, ✉ 1376 (mars-nov.) ✆ 0218 822 420,
Fax 0218 822 421, par ⑦ direction Echallens-Goumoens-la-Ville : 20 km.

**Voir** : Cathédrale★★ BCX : vue★ de la tour BCX – Le Signal : vue★★ U – Parc
de Montriond : vue★★ AY – Ouchy★★ DZ : vues★★ des quais et du sentier du
bord du lac – Collection de l'Art brut★ AX.

**Musée** : Olympique★★ DZ.

**Excursions** : en bateau sur le lac. Renseignements : Cie Gén. de Navigation,
17 av. de Rhodanie, ✆ 0848 811 848

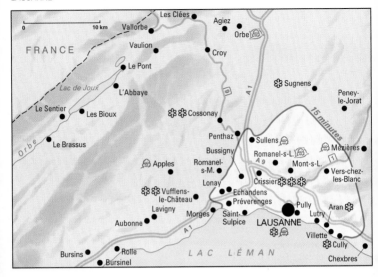

**Lausanne Palace**, 7 r. Grand-Chêne, ⊠ 1003, ℰ 0213 313 131, *reservation@ lausanne-palace.ch*, Fax 0213 232 571, ≤ lac, 龠, ⚉, ℓ₆, ≘s, ⬚ – 劇, ʰⁿ⊁ ch, ☷
🐾 ☎ P – 🏛 15/300. ⱯⱰ ⓪ ⓶ ⱽ𝐼𝐒𝐀
BY b
Rest (voir aussi *La Table d'Edgar* ci-après) – **Grand-Chêne** (brasserie) Rest (26) et à la carte 50/109 – *Côté Jardin :* Rest à la carte 66/108 – ⚏ 36 – **142 ch** 🕇350/590 🕇🕇450/690, 8 suites – ½ P suppl. 65.
• Palace de 1915 promettant un séjour d'exception : communs opulents, élégantes chambres, belle vue lacustre et excellentes installations pour se distraire ou se ressourcer. Ambiance "brasserie parisienne" au Grand-Chêne. Plats méditerranéens au Côté Jardin.

**De la Paix**, 5 av. Benjamin-Constant, ⊠ 1003, ℰ 0213 107 171, *info@ hotelde lapaix.net*, Fax 0213 107 172, ≤ – 劇, ʰⁿ⊁ ch, ☷ 🐾 ₺ ch, ☎ – 🏛 15/300. ⱯⱰ ⓪ ⓶ ⱽ𝐼𝐒𝐀
CY c
*La Paix Restaurant :* Rest (26) 46/80 et à la carte 63/99 – *Bistrot Benjamin :* Rest (19) et à la carte 44/78 – **104 ch** ⚏ 🕇290/410 🕇🕇390/510, 5 suites.
• Ce luxueux établissement bâti en 1910 dans la vieille ville met à votre disposition des chambres "King size" agencées avec raffinement. Restaurant confortablement installé, interprétant un répertoire culinaire bien dans le coup.

**Victoria** sans rest, 46 av. de la Gare, ⊠ 1003, ℰ 0213 420 202, *info@ hotelvic toria.ch*, Fax 0213 420 222, ℓ₆, ≘s – 劇, ʰⁿ⊁ ☷ 🐾 – 🏛 15/30. ⱯⱰ ⓪ ⓶ ⱽ𝐼𝐒𝐀
BY m
fermé 23 déc. au 2 janv. – **55 ch** ⚏ 🕇185/295 🕇🕇345/380.
• Hôtel dont les paliers en mezzanine, surplombant un patio à colonnades d'un assez bel effet, donnent accès à d'amples chambres climatisées, au mobilier varié mais choisi.

**Alpha-Palmiers**, 34 r. Petit-Chêne, ⊠ 1003, ℰ 0215 555 999, *alpha@ fassbin dhotels.com*, Fax 0215 555 998, ℓ₆, ≘s – 劇, ʰⁿ⊁ ch, ☷ 🐾 ₺ ch, ☎ – 🏛 15/250.
ⱯⱰ ⓪ ⓶ ⱽ𝐼𝐒𝐀
BY g
*Le Jardin Thaï* - cuisine thaïlandaise - *(fermé 16 juil. au 20 août et dim.)* Rest (19) et à la carte 44/98 – *La Palmeraie :* Rest (17) et à la carte 41/75 – ⚏ 22 – **187 ch** 🕇180/315 🕇🕇215/350.
• Hôtel très "trendy". Ses grandes chambres au "look zen" offrent une vue plongeante sur le jardin exotique aménagé au coeur du bâtiment ou sur le lac. Mets asiatiques servis dans un cadre moderne au Jardin Thaï. Cuisine française du moment à La Palmeraie.

**Mirabeau,** 31 av. de la Gare, ✉ 1003, ✆ 0213 414 243, *reservation@ mirabea u.ch*, Fax 0213 414 242, 😨 – 📱, ✁ ch, 🍴 ch – 🔬 15/60. 🖭 ⑩ 🅲 *VISA* CY y
**Rest** 49 et à la carte 47/83 – **74 ch** ☑ ✝180/250 ✝✝240/325.
♦ Près de la gare, élégante maison ancienne abritant des chambres bien tenues. La moitié ont un balcon et un tiers, une vue lacustre. Rénovation récente. Brasserie cossue donnant sur une terrasse estivale. Préparations traditionnelles et petite carte de la mer.

**Tulip Inn** sans rest, 8 ch. du Cerisier, ✉ 1004, ✆ 0216 461 625, *reception@ tu lipinnlausanne.ch*, Fax 0216 461 637 – 📱 ✁ ✆ ⬤ ➡ – 🔬 15. 🖭 ⑩ 🅲 *VISA* U a
**61 ch** ☑ ✝140/220 ✝✝185/250.
♦ Près du palais de Beaulieu, hôtel comprenant deux bâtiments reliés par une galerie. Chambres pratiques pourvues de meubles de série en bois sombre. Clientèle d'affaires.

**Élite** 🕭 sans rest, 1 av. Sainte-Luce, ✉ 1003, ✆ 0213 202 361, *info@ elite-lau sanne.ch*, Fax 0213 203 963, 😨 – 📱 ✁ ✆ 🅿. 🖭 ⑩ 🅲 *VISA*. 🛇 rest BY v
**33 ch** ☑ ✝135/165 ✝✝175/255.
♦ Ressource hôtelière très valable implantée au-dessus de la gare, dans un quartier exempt de chahut. Douces nuitées dans diverses catégories de chambres. Jardin de repos.

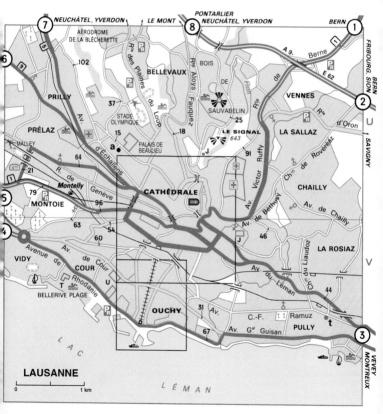

**LAUSANNE**

273

# LAUSANNE

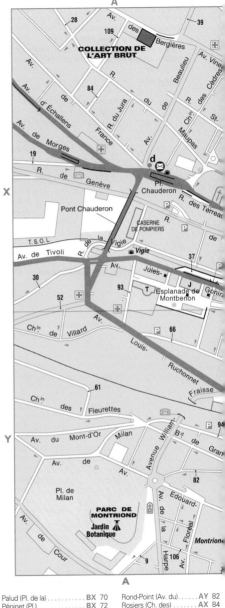

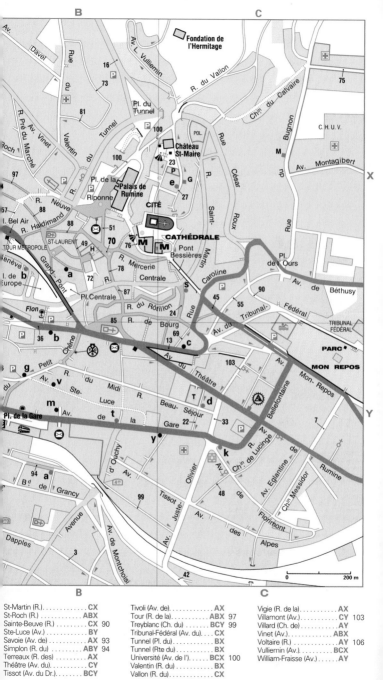

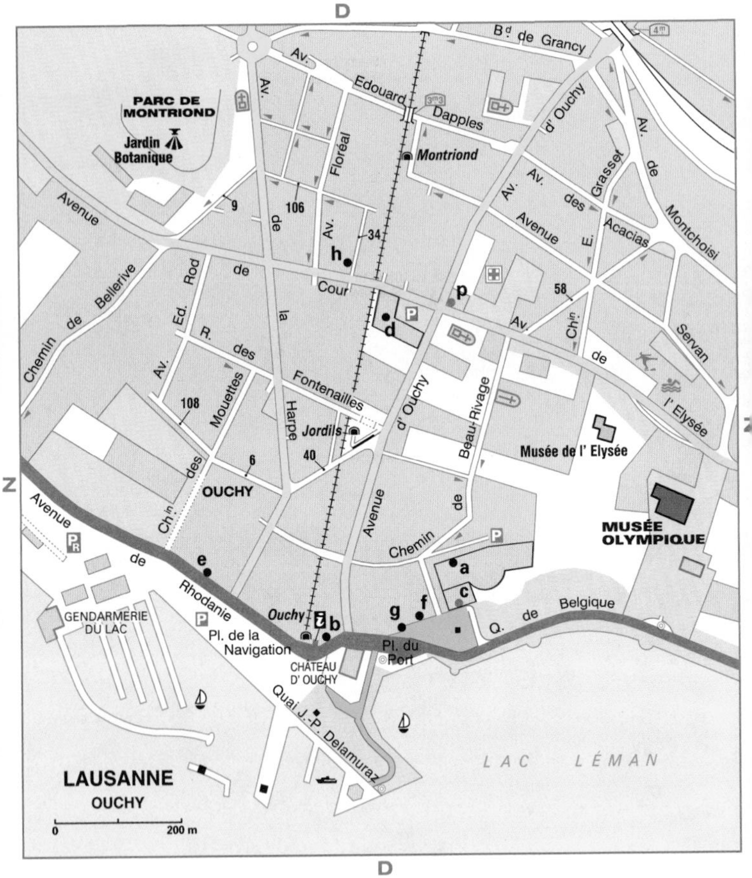

LAUSANNE
OUCHY

0 ____ 200 m

**Des Voyageurs** sans rest, 19 r. Grand St. Jean, ⊠ 1003, ℘ 0213 199 111, *hot el@ voyageurs.ch*, *Fax 0213 199 112* – 📶 ❄ 🐾 🝙 ⓞ ⓜ⦿ 𝘝𝘐𝘚𝘈    BX a
**33 ch** ⊇ ♦120/160 ♦♦165/195.

♦ En zone semi-piétonne, hôtel simple mais commode pour une courte étape à Lausanne. Chambres fraîches et bien tenues. Vaste salle des petits-déjeuners à l'étage.

**La Table d'Edgar** - *Lausanne Palace*, 7 r. Grand-Chêne, ⊠ 1003,
℘ 0213 313 131, *reservation@lausanne-palace.ch*, *Fax 0213 232 571*, ≼, 🕱 – 🖃
🚗 🅿 ⇄ 10. 🝙 ⓞ ⓜ⦿ 𝘝𝘐𝘚𝘈    BY b
*fermé juil. - août, dim. et lundi* – Rest 68 (midi)/160 et à la carte 74/133 🅐.
**Spéc.** "Stockfish" de homard façon niçoise. Poisson de la Méditerranée en pavé "Riviera" (été). Porcelet d'Ormalingen aux deux cuissons. **Vins** Dézaley, Saint Saphorin.
♦ Conforme à l'esprit du Lausanne Palace auquel elle appartient, cette salle à manger prolongée d'une véranda panoramique est dévolue à une cuisine inventive soignée.

XXX **Louis Atelier Gourmand,** 9 pl. de l'Europe, ✉ 1003, ℰ 0212 130 301, *ateli er@louis-on-line.com*, Fax 0212 130 308, 🍽 – 🗏 ዿ, rest. ◭ ⓸ ⓸⑧ 𝑉𝐼𝑆𝐴 BX b
**Rest** (1er étage) *(fermé Noël, 1er au 10 janv., 23 juil. au 23 août, sam. midi, dim. et lundi)* 65 (midi)/129 et à la carte 79/129 ⌗ – **Le Bistrot de Louis** *(fermé Noël, Nouvel An et dim. midi)* **Rest** (22) 60/80 (soir) et à la carte 45/92.
♦ Une table qui plaît pour son élégance contemporaine et sa sélection vineuse très plurielle. Bistrot cordial et "trendy" où Louis propose 40 crus au verre. Belle terrasse urbaine sur planches et boutique de vins et produits régionaux.

XXX **San Marino,** 20 av. de la Gare, ✉ 1003, ℰ 0213 129 369, *san-marino-lausann e@bluewin.ch*, Fax 0213 238 664, 🍽 – 🗏. ◭ ⓸ ⓸⑧ 𝑉𝐼𝑆𝐴 BY t
**Rest** *(fermé sam. midi et dim.)* (23) 58 (midi)/178 et à la carte 85/156.
♦ Parmi les bonnes tables italiennes de Lausanne. Carte à dominantes toscano-vénitiennes, grande cave franco-transalpine, meubles Louis-Philippe et lustres en verre de Murano.

XX **Au Canard Pékinois,** 16 pl. Chauderon, ✉ 1003, ℰ 0213 290 323, Fax 0213 290 328, 🍽 – ◭ ⓸ ⓸⑧ 𝑉𝐼𝑆𝐴 AX d
*fermé Noël et dim.* – **Rest** - cuisine chinoise - (18) 40 (midi)/90 et à la carte 49/118.
♦ Ample salle à manger égayée de boiseries chinoises, d'antiquités du pays et d'un grand aquarium. Cuisine plus cantonaise que pékinoise, quoi qu'en dise l'enseigne.

X **Café de la Presse,** 2 r. Bellefontaine, ✉ 1003, ℰ 0213 234 161, *restaurant @la-presse.ch*, Fax 0213 200 129, 🍽 – 🗏. ◭ ⓸ ⓸⑧ 𝑉𝐼𝑆𝐴 CY k
*fermé 23 déc. au 2 janv., 15 juil. au 13 août et dim.* – **Rest** (18) 54 et à la carte 44/96.
♦ Grande brasserie moderne et animée, prolongée par une salle un peu plus cossue. Double prestation culinaire : choix de recettes bistrotières et carte à thématique portugaise.

X **Au Chat Noir,** 27 r. Beau-Séjour, ✉ 1003, ℰ 0213 129 585, Fax 0213 129 554 – ⇔ 25. ◭ ⓸ ⓸⑧ 𝑉𝐼𝑆𝐴 CY d
*fermé 21 juil. au 14 août, sam. (sauf le soir de sept. à juin), dim. et fériés* – **Rest** (19) et à la carte 66/98.
♦ À côté de l'Opéra. Conviviale atmosphère de bistrot, plats du marché notés sur des ardoises et service prévenant. Les murs en témoignent : l'endroit est apprécié des vedettes.

X **A la Pomme de Pin** (Croset), 11 r. Cité-Derrière, ✉ 1005, ℰ 0213 234 656, Fax 0213 234 682 – ◭ ⓸ ⓸⑧ 𝑉𝐼𝑆𝐴 CX e
*fermé 24 juil. au 20 août, sam. (sauf le soir de sept. à mai), dim. et fériés* – **Rest** (le soir prévenir) (30) 55 (midi)/100 et à la carte 64/111 – **Rest.** (voir aussi **Café** ci-après).
**Spéc.** Poissons du Lac Léman. Asperges du Valais aux morilles fraîches et noix de coquilles Saint-Jacques. Gibier (saison). **Vins** Epesses, Grandvaux.
♦ Une cuisine actuelle raffinée s'emploie à assouvir votre appétit derrière cette façade proprette à débusquer dans une rue pavée reliant la cathédrale au château St-Maire.

X **Café - A la Pomme de Pin,** 11 r. Cité-Derrière, ✉ 1005, ℰ 0213 234 656, Fax 0213 234 682 – ◭ ⓸ ⓸⑧ 𝑉𝐼𝑆𝐴 CX e
*fermé 24 juil. au 20 août, sam. (sauf le soir de sept. à mai), dim. et fériés* – **Rest** (19) 40 et à la carte 47/80.
♦ Café animé partageant une partie de ses installations avec le restaurant La Pomme de Pin. Choix traditionnel, tables serrées, décor simple et bonne ambiance bistrotière.

X **Les Trois Rois,** 7 r. du Simplon, ℰ 0216 163 822, *les_trois_rois@yahoo.fr*, 🍽 – ◭ ⓸ ⓸⑧ 𝑉𝐼𝑆𝐴 BY a
**Rest** *(fermé sam. en juil., dim. et fériés)* (17.50) et à la carte 36/67.
♦ Brasserie "1900" installée dans un immeuble en briques et moulures. Souvenirs du métro parisien (banquettes et porte) en salle ; beau plafond en verre peint au-dessus du bar.

## à Ouchy

🏨🏨 **Beau-Rivage Palace** 🌳, 17 pl. du Port, ✉ 1006, ℰ 0216 133 333, *info@br p.ch*, Fax 0216 133 334, ≤ lac, ⍟, 𝑓ᵟ, ⇔s, 🏊, 🏊, 🎾, 🏇 – 🛗 🗏 🍽 ዿ, ch, ⇔ 🅿 – 🔬 15/600. ◭ ⓸ ⓸⑧ 𝑉𝐼𝑆𝐴 DZ a
**Rest** (voir aussi rest. **La Rotonde** et **Café Beau-Rivage** ci-après) – ⊃ 39 – **162 ch** ★410/510 ★★470/780, 7 suites.
♦ Face au lac, palace somptueux inauguré au 19e s., agrandi au 20e s. et brillamment rénové au 21e s. Grand parc, communs très stylés, chambres exquises et service "nickel" !

**Angleterre et Résidence,** 11 pl. du Port, ✉ 1006, ☎ 0216 133 434, *resi@brp.ch, Fax 0216 133 435*, ←, 🍴, ⛱, 🏖 – |♦|, ▤ ch, ☎ ♿ ch, 🚗 – 🅰 15/70. AE ① MC VISA DZ f
*fermé 23 déc. au 7 janv.* – ***L'Accadémia*** -cuisine italienne - **Rest** 48/65 et à la carte 66/100 – ☕ 27 – **75 ch** ✝265/300 ✝✝345/420.
◆ Ressource hôtelière moderne et très fiable, offrant le choix entre deux styles de chambres : classiques d'esprit "British" ou résolument actuelles et épurées. Préparations italiennes à goûter dans une salle contemporaine aux tons ocres. Mobilier design.

**Mövenpick,** 4 av. de Rhodanie, ✉ 1006, ☎ 0216 127 612, *hotel.lausanne@moevenpick.com, Fax 0216 127 611*, ←, 🍴, 🏋, ≘s – |♦|, ✂ ch, ☎ ♿ ch, 🚗 – 🅰 15/170. AE ① MC VISA DZ e
***La Pêcherie*** *(fermé sam. midi)* **Rest** (25) 55/66 et à la carte 53/90 – ***Brasserie :*** **Rest** (21) et à la carte 39/88 – ☕ 28 – **265 ch** ✝295/315 ✝✝315/420.
◆ Immeuble moderne bâti en face du port de plaisance. Aménagements intérieurs d'esprit contemporain, diverses catégories de chambres rénovées et espace breakfast radieux. Cuisine actuelle à dominante poissonneuse à la Pêcherie. Brasserie avec vue sur la marina.

**Royal-Savoy,** 40 av. d'Ouchy, ✉ 1006, ☎ 0216 148 888, *royal-savoy@cdmgroup.ch, Fax 0216 148 878*, ←, 🍴, 🏋, ≘s, ⛱, 🏖, ⚓ – |♦| ✂ ☎ ♿ ch, 🅿 – 🅰 15/150. AE ① MC VISA DZ d
***Le Jardin*** *(fermé 18 déc. au 16 janv.)* **Rest** (22) 42/89 et à la carte 47/95 – **100 ch** ☕ ✝210/375 ✝✝250/470, 10 suites – ½ P suppl. 42.
◆ La cour d'Espagne fit de ce palace entouré d'un beau jardin l'un de ses points de chute favoris. Bonnes chambres standard et suites personnalisées par du mobilier de style. Salle à manger résolument classique, à l'image des mets de la carte. Restaurant d'été.

**Nash Carlton,** 4 av. de Cour, ✉ 1007, ☎ 0216 130 708, *hotel.carlton@nash-holding.com, Fax 0216 130 710*, 🍴 – |♦|, ✂ ch, ▤ ☎ 🅿 – 🅰 15/60. AE MC VISA
***L'Ardoise*** **Rest** (Changement de concept prévu) – ☕ 24 – **38 ch** ✝170/240 ✝✝170/240, 6 suites. DZ h
◆ Près du parc de Montriond, fière demeure ancienne modernisée dans un souci d'esthétique et de confort. Communs fringants, chambres à l'identique et suites personnalisées. Cuisine franco-ibérique à L'Ardoise, dont la salle se complète d'un restaurant d'été.

**Port,** 5 pl. du Port, ✉ 1006, ☎ 0216 120 444, *leport@vtx.ch, Fax 0216 120 445*, 🍴 – |♦|, ✂ ch, – 🅰 15. AE ① MC VISA DZ g
*fermé 17 déc. au 26 janv.* – **Rest** 34 (midi)/72 et à la carte 41/100 – **22 ch** ☕ ✝160/190 ✝✝190/240.
◆ Estimable petit hôtel officiant au bord du Léman. Amples chambres au pimpant décor actuel. Nuitées plus calmes à l'arrière mais vue sur la place du Port et le lac à l'avant. À table, préparations classiques-traditionnelles de bon aloi. Terrasse en façade.

**Aulac,** 4 pl. de la Navigation, ✉ 1006, ☎ 0216 131 500, *aulac@cdmgroup.ch, Fax 0216 131 515*, 🍴 – |♦| – 🅰 15/125. AE ① MC VISA DZ b
***Le Pirate :*** **Rest** (17) et à la carte 35/71 – **84 ch** ☕ ✝140/175 ✝✝190/260 – ½ P suppl. 30.
◆ Établissement centenaire jouxtant le château d'Ouchy, à une encablure du port de plaisance. La moitié des chambres ont vue sur le lac et quelques-unes disposent d'un balcon. Brasserie décontractée au cadre nautique. Plats traditionnels sans effets de manche.

**La Rotonde** - ***Hôtel Beau-Rivage Palace***, 17 pl. du Port, ✉ 1006, ☎ 0216 133 339, *info@brp.ch, Fax 0216 133 334*, ←, 🍴 – ▤. AE ① MC VISA DZ a
*fermé 2 au 14 janv.* – **Rest** *(fermé sam. midi)* 58 (midi)/145 et à la carte 94/136.
**Spéc.** Bar de ligne grillé et flambé (été). Paupiette de lièvre à la Royale (automne). Ris de veau aux truffes noires (hiver)
◆ De la place du port, un ascenseur privé dessert ce restaurant gastronomique de l'hôtel Beau-Rivage. Fine cuisine dans le tempo actuel. Belle salle en rotonde dominant le lac.

**Café Beau-Rivage** - ***Hôtel Beau-Rivage Palace***, place Général-Guisan, ✉ 1006, ☎ 0216 133 330, *cafebar@brp.ch*, 🍴 – ✂ ▤. AE ① MC VISA DZ c
**Rest** (26) 48 (midi)/78 et à la carte 57/117.
◆ La luxueuse brasserie du Beau-Rivage s'abrite sous des arcades. Salle feutrée et moderne. En saison, laissez-vous tenter par le banc d'écailler. Cuisine d'aujourd'hui.

X **La Croix d'Ouchy,** 43 av. d'Ouchy, ℰ 0216 162 233, Fax 0216 178 613, 🏠 –
⊜ 𝔸𝔼 🐵 𝗩𝗜𝗦𝗔                                                                                            DZ p
*fermé Noël, Nouvel An, dim. de juil. à août et sam. midi* – **Rest** (17.50) 47 (midi)/83
et à la carte 59/96.
♦ Cuisine italo-suisse à apprécier dans une petite salle chaleureuse et rustique accessible par un bistrot typique proposant la même carte. Service gentil ; terrasse
en hauteur.

**à Pully** *Sud-Est : 3 km – alt. 422 –* ✉ *1009 Pully :*

XX **Le Prieuré,** 2A pl. du Prieuré, ℰ 0217 282 740, Fax 0217 287 811, 🏠 –
🔄 60/350. 𝔸𝔼 🐵 𝗩𝗜𝗦𝗔                                                                                  V t
*fermé 14 au 24 avril, 23 juil. au 22 août, dim. et lundi* – **Le Café :** Rest 68/88 et
à la carte 59/103 – **La Rôtisserie :** Rest à la carte 39/86.
♦ Au centre du village, bâtisse typée offrant trois possibilités pour passer à table.
Salle à manger claire et élégante où l'on présente une carte actuelle. Café rustique
où l'on mange simplement. Rôtisserie au décor léger partageant sa carte avec le
restaurant.

**au Mont-sur-Lausanne** *Nord, par route d'Yverdon : 5 km – alt. 702 –* ✉ *1052 Mont-
sur-Lausanne :*

XX **Auberge Communale,** place du Petit-Mont, ℰ 0216 532 231, info@auberge
⊜ -du-mont.ch, Fax 0216 532 233, 🏠 – 🔄 𝗣 🔄 12. 𝔸𝔼 🐵 𝗩𝗜𝗦𝗔
*fermé 1 sem. en fév., 21 au 29 mai, 23 juil. au 14 août, dim. et lundi* – **Rest** (18.50)
49/99 et à la carte 61/103.
♦ Au coeur du village, café-restaurant où l'on s'attablera plus confortablement à
l'arrière, dans la petite salle feutrée. Carte actuelle bien conçue mais un rien chi-
chiteuse.

**au Chalet-à-Gobet** *par rte de Bern ① et direction Epalinges : 6 km :*

XXX **Le Berceau des Sens,** (Ecole Hôtelière de Lausanne), ✉ 1000 Lausanne 25,
ℰ 0217 851 221, berceaudesens@ehl.ch, Fax 0217 851 121 – 𝗣. 𝔸𝔼 🐵
𝗩𝗜𝗦𝗔. 🍴
*fermé 2 déc. au 30 janv., 10 au 17 avril, 12 juin au 30 juil., 9 au 14 oct., lundi
soir, vend. soir, sam., dim. et fériés* – **Rest** (réservation obligatoire) 37 et à la
carte 56/83.
♦ Le futur "gratin" de la gastronomie suisse fait ses gammes à cette enseigne
dépendant de l'École hôtelière de Lausanne. Cuisine au goût du jour et cave
d'épicurien.

Ne confondez pas les couverts X et les étoiles ✿ ! Les couverts définissent
une catégorie de standing, l'étoile couronne les meilleures tables,
dans chacune de ces catégories.

---

**LAUTERBRUNNEN** *3822 Bern (BE)* 🔢 *L9 – 2 745 Ew. – Höhe 797.*
**Sehenswert :** *Staubbachfall*★★ *Nord.*
**Ausflugsziel :** *Lauterbrunnental*★★★ – *Trümmelbachfälle*★★★ *Süd.*
🅱 *Tourist Information, Bahnhofplatz,* ℰ *0338 568 568,* info@lauterbrunnen.ch,
*Fax 0338 568 569.*
*Bern 69 – Interlaken 12 – Brienz 30 – Kandersteg 55.*

🏨 **Silberhorn** 🌿, ℰ 0338 562 210, info@silberhorn.com, Fax 0338 554 213, ≤,
⊜ 🏠, 🍴 – 🔄 video 𝗣, 𝔸𝔼 🐵 𝗩𝗜𝗦𝗔. 🍴 Rest
*geschl. April und Nov. - 16. Dez.* – **Rest** (19.50) und à la carte 39/77 – **32 Zim** 🛏
★70/90 ★★140/190 – ½ P Zuschl. 28.
♦ Die ruhige Lage sowie zeitgemäss ausgestattete Gästezimmer - teils mit Balkon -
sprechen für dieses regionstypische Haus unter familiärer Leitung. Rustikales Restaurant mit Wintergarten.

**LAVEY-VILLAGE** *1892 Vaud (VD)* 🔢 *G12 – alt. 450 – Stat. thermale.*
*Bern 114 – Martigny 17 – Aigle 19 – Lausanne 51 – Montreux 30.*

🏨 **Grand Hôtel des Bains** ॐ, Sud : 2 km, ⊠ 1892 Lavey-les-Bains,
🖉 0244 861 515, grand.hotel@lavey-les-bains.ch, Fax 0244 861 517, 🍽, ②, 🔥,
⥂s, ♨ ▨ (thermales), ♣, ♨ – |釒|, ⥱ ch, 🖤 ♿ ch, 🎤 🅿 – 🅐 15/60. 🖭 ⓦ 𝚅𝙸𝚂𝙰.
※ rest
**Rest** (buffets seul.) 48 – **68 ch** ⊐ ✦150/175 ✦✦260/330 – ½ P suppl. 40.
♦ Ce confortable établissement cumulant les fonctions de centre thermal et d'hôtel
offre aux curistes la promesse d'un séjour revigorant. Ample salle à manger où l'on
dresse plusieurs buffets. Agréable restaurant d'été au bord du grand bassin extérieur.

---

**LAVIGNY** *1175 Vaud (VD)* 🔢 *B10 – 712 h. – alt. 522.*
*Bern 122 – Lausanne 26 – Genève 46 – Montreux 57 – Yverdon-les-Bains 51.*

XX **Auberge de la Croix Blanche** avec ch, 25 rte du Vignoble, 🖉 0218 088 654,
⥡ la-croix-blanche@bluewin.ch, Fax 0218 088 654, 🍽 – ♿ rest, 🅿. 🖭 ⓦ 𝚅𝙸𝚂𝙰
fermé 2 sem. à Noël et 2 sem. en août – **Rest** 49/94 et à la carte 53/97 – **Café :**
**Rest** (17) et à la carte 44/85 – ⊐ 12 – **3 ch** ✦70 ✦✦100.
♦ Auberge communale entièrement réaménagée. Salle de restaurant moderne à touche design, choix traditionnel annoncé de vive voix et hébergement douillet à bon
prix. Petite ardoise de préparations selon le marché au café.

---

**LAVORGO** *6746 Ticino (TI)* 🔢 *R11 – alt. 615.*
*Bern 220 – Andermatt 49 – Bellinzona 38 – Brig 94.*

X **Alla Stazione,** via Cantonale, 🖉 0918 651 408, Fax 0918 623 934 – ⥱ 🅿
⥡ ⇆ 8/15. 🖭 ⓞ ⓦ 𝚅𝙸𝚂𝙰
chiuso dal 1° al 9 gennaio, dal 25 giugno al 16 luglio, domenica sera e lunedì – **Rist**
(coperti limitati) (15) 28 (mezzogiorno)/68 ed alla carta 60/93.
♦ Simpatico indirizzo la cui cucina leggera è di stampo regionale con accenti medi-
terranei. Le piccole dimensioni della sala da pranzo impongono di riservare !

---

**LÉCHELLES** *1773 Fribourg (FR)* 🔢 *G8 – 539 h. – alt. 551.*
*Bern 47 – Fribourg 13 – Neuchâtel 45 – Lausanne 69.*

X **Auberge Communale,** 🖉 0266 602 494, Fax 0266 602 404, 🍽 – 🅿 ⇆ 150.
⥡ ⓞ ⓦ 𝚅𝙸𝚂𝙰
fermé 24 déc. au 1er janv., 9 juil. au 6 août, lundi en août, merc. sauf en août et
dim. – **Rest** (16.50) 46 (midi)/94 et à la carte 63/89.
♦ À côté de la gare, restaurant dont la cuisine au goût du jour s'apprécie en terrasse,
sur le devant, ou dans une salle fraîche et colorée, dotée d'un mobilier moderne.

---

**LENK IM SIMMENTAL** *3775 Bern (BE)* 🔢 *I10 – 2 439 Ew. – Höhe 1 068 – Wintersport :*
*1 068/2 138 m ⟨6 ⟨15 ⟨.*
Sehenswert : Iffigenfall★.
**Lokale Veranstaltungen**
*Februar : Internationale Schlittenhunderennen*
*14.07 - 23.07 : Lenker Jazz-Tage.*
*06.08 - 19.09 : Internationale musikalische Sommer-Akademie.*
🛈 Lenk-Simmental Tourismus, Rawylstr. 3, 🖉 0337 363 535, info@lenk
simmental.ch, Fax 0337 332 027.
*Bern 84 – Interlaken 66 – Montreux 88 – Spiez 55.*

🏨 **Lenkerhof** ॐ, 🖉 0337 363 636, welcome@lenkerhof.ch, Fax 0337 363 637, ⬱,
🍽, ②, 🔥, ⥂s, ▨ ▨, ♣, ♨ – |釒| ⥱ ♿ ♿ ♣♣ ⥎ 🅿 – 🅐 15/120. 🖭 ⓞ ⓦ
𝚅𝙸𝚂𝙰. ※ Rest
geschl. 23. April - 23. Juni – **Spettacolo** (nur Abendessen) **Rest** 80 und à la carte
68/107 ✿ – **Oh de Vie** (geschl. Montagabend und Dienstagabend) **Rest** 80 und à
la carte 72/98 – **78 Zim** ⊐ ✦340/410 ✦✦450/560, 4 Suiten – ½ P Zuschl. 40.
♦ Eine moderne Designereinrichtung begleitet Sie von der Hotelhalle bis in die grosszügig geschnittenen Zimmer. Sehr schön hat man den Wellnessbereich gestaltet.
Klare Linien bestimmen das Ambiente im Spettacolo. Begehbarer Weinkeller. Oh de
Vie mit Schauküche.

**Simmenhof,** Nord : 2 km, Lenkstr. 43, ✆ 0337 363 434, *simmenhof@ bluewin.ch*, Fax 0337 363 436, ≤, 🛋, ♨, ⅃₅, ⤢, ⅂, ⅂, 🌳 – 🛗 ⅃ Zim, 🚗 P. AE ⓄⒹ 🎫 **VISA**

*2. Dez. - 23. April und 19. Mai - 5. Nov.* – **Rest** (18.50) 36/89 und à la carte 52/92 – **40 Zim** ⊆ ♦125/165 ♦♦250/295 – ½ P Zuschl. 45.

♦ Die Zimmer dieses etwas ausserhalb des Ortes gelegenen Hotels sind mit hellem, massivem Holzmobiliar modern-rustikal gestaltet. Recht geräumig : die Juniorsuiten. Das Restaurant teilt sich in nach Schweizer Regionen benannte Stuben. Die Küche : traditionell.

**Sporthotel Betelberg,** Rawylstr. 23, ✆ 0337 363 333, *reception@ sporthote lbetelberg.ch*, Fax 0337 363 330, ≤, 🛋, ⅃₅, ⤢, ⅂, ⅂, 🌳 – 🛗 P. AE ⓄⒹ 🎫 **VISA** . 🍴 Rest

*geschl. 17. April - 13. Mai* – **Rest** 35 und à la carte 43/90 – **41 Zim** ⊆ ♦89/107 ♦♦178/214 – ½ P Zuschl. 35.

♦ Das Haus liegt inmitten eines schönen Gartens mit Schwimmbad, grossem Schachfeld und einem beleuchteten Beachvolleyballplatz. Praktisch eingerichtete Zimmer. Gemütliches Restaurant mit dunkler Holztäfelung und traditioneller Karte.

**Kreuz,** Aegertenstr. 1, ✆ 0337 331 387, *kreuz.lenk@ bluewin.ch*, Fax 0337 331 340, ≤, 🛋, ⤢, ⅂, – 🛗, ⤢ Zim, ⅃ Zim, P. – 🅰 40. AE ⓄⒹ 🎫 **VISA**

**Rest** (16) 21 (mittags)/42 und à la carte 34/85 – **78 Zim** ⊆ ♦119/155 ♦♦214/274 – ½ P Zuschl. 42.

♦ Die Zimmer dieses zentral gelegenen Hauses sind solide und praktisch möbliert - einige etwas rustikaler mit Kiefernholz eingerichtet - teils mit Balkon. Bürgerlich-rustikal : Restaurant Säumer, Buffet-Restaurant und Kreuz-Stube. Traditionelles Angebot.

**Wildstrubel,** Lenkstr. 8, ✆ 0337 363 111, *info@ wildstrubel.ch*, Fax 0337 333 151, ≤, 🛋, ⤢, ⅂, 🌳 – 🛗 P. 🎫 **VISA** . 🍴 Rest

*18. Dez. - 16. April und 4. Juni - 16. Okt.* – **Rest** (18) 28 (mittags)/52 und à la carte 40/82 – **46 Zim** ⊆ ♦77/154 ♦♦166/232 – ½ P Zuschl. 35.

♦ Das familiengeführte, im regionstypischen Chalet-Stil erbaute Haus beherbergt Sie in solide möblierten Gästezimmern - zur Südseite mit Holzbalkonen. Zeitlos gestaltetes Restaurant mit traditioneller Küche.

---

**LENZ** *Graubünden* 📇📇📇 V9 – *siehe Lantsch.*

---

**LENZBURG** *5600 Aargau (AG)* 📇📇📇 N5 – *7 361 Ew. – Höhe 406. Bern 93 – Aarau 12 – Baden 16 – Luzern 45 – Zürich 36.*

**Krone,** Kronenplatz 20, ✆ 0628 866 565, *mail@ krone-lenzburg.ch*, Fax 0628 866 500, 🛋, ⤢, ⅂, – 🛗, ⤢ Zim, ⅃ 🚗 – 🅰 15/150. AE ⓄⒹ 🎫 **VISA**

*geschl. 24. - 29. Dez.* – **Charly :** Rest (25) und à la carte 48/113 – **70 Zim** ⊆ ♦170/190 ♦♦220.

♦ Der aus 3 Gebäuden bestehende Gasthof liegt am Rand des Ortskerns. Die Zimmer wurden laufend renoviert und sind modern und funktionell mit hellem Holzmobiliar ausgestattet. Nischen, Erker und eine schöne Täferung machen das Charly gemütlich.

**Ochsen,** Burghaldenstr. 33, ✆ 0628 864 080, *info@ ochsen-lenzburg.ch*, Fax 0628 864 070, 🛋 – ⤢ ⅃ P – 🅰 15/80. AE ⓄⒹ 🎫 **VISA**

*geschl. 23. Dez. - 2. Jan. und Ostern* – **Ochsenstube** (*geschl. Sonntag und Montag*) **Rest** (19) und à la carte 54/106 – **21 Zim** ⊆ ♦125/145 ♦♦170/190.

♦ Alle Gästezimmer dieses familiengeführten Hotels sind renoviert und verfügen über helles und solides Mobiliar sowie über eine funktionelle Ausstattung. Die Ochsenstube zeigt sich teils rustikal, teils gediegen-gemütlich.

---

**Dieser Führer lebt von Ihren Anregungen, die uns stets willkommen sind. Egal ob Sie uns eine besonders angenehme Überraschung oder eine Enttäuschung mitteilen wollen – schreiben Sie uns!**

**LENZERHEIDE** (LAI) *7078 Graubünden (GR)* 553 V9 – *Höhe 1476 – Wintersport : 1 470/2 865 m* ✦3 ✦36 ✦.

Sehenswert : *Lage*★★.

🛏 *(Juni - Okt.)* ✆ *0813 851 313, Fax 0813 851 319, Süd : 2 km.*

🛈 *Tourismusverein Lenzerheide-Valbella, voa principala 68,* ✆ *0813 851 120, info@lenzerheide.ch, Fax 0813 851 121.*

*Bern 263 – Chur 19 – Andermatt 105 – Davos 41 – Sankt Moritz 59.*

🏨 **Schweizerhof,** *voa principala,* ✆ 0813 852 525, *info@schweizerhof-lenzerheid e.ch, Fax 0813 852 626,* 🍴, 🛋, �, ⌨, 🌳, ⚒ – 📶 ℆ 🚺 ⌫ 📵 – 🛗 15/80.
🅰🄴 🅾 🅾🄾 🆅🅸🆂🅰
**Allegra : Rest** (18.50) und à la carte 45/95 – **Boccalino** - italienische Küche - *(Mitte Dez. - April) (nur Abendessen)* **Rest** à la carte 43/96 – **32 Zim** 🛏 ✦150/210 ✦✦250/380 – ½ P Zuschl. 48.
♦ Ein grosser Gebäudekomplex bildet das moderne Hotel, das mit gut eingerichteten Zimmern überzeugt. Für die ganz Kleinen : ein eigener Kindergarten. Zum Allegra gehören die alte Bündnerstube und das gemütliche Stübli. Südländisch, im Bistrostil : das Boccalino.

🏨 **Spescha,** *voa principala 60,* ✆ 0813 851 424, *info@hotel-spescha.ch, Fax 0813 851 440,* 🍴, 🚺 ⌫ – 🛗 20
*geschl. Mai* – **Rest** (19) 42 (mittags)/55 und à la carte 37/83 – **11 Zim** 🛏 ✦75/185 ✦✦110/296, 4 Suiten – ½ P Zuschl. 35.
♦ Das familiär geführte kleine Haus liegt im Zentrum. Die mit Tannenholzmobiliar hell eingerichteten Zimmer mit wohnlicher Sitzecke sind zeitgemäss ausgestattet. Im Restaurant strahlen Kachelofen und Stabellen Gemütlichkeit aus.

🏨 **Lenzerhorn,** *voa principala 41,* ✆ 0813 858 687, *info@lenzerhorn.ch, Fax 0813 858 688,* ≤, 🍴 – 📶 ℆ 📵 🅰🄴 🅾 🅾🄾 🆅🅸🆂🅰
*geschl. Mai und Nov.* – **Rest** *(geschl. Montag in Zwischensaison)* (19.50) und à la carte 53/101 – **39 Zim** 🛏 ✦85/190 ✦✦170/380 – ½ P Zuschl. 45.
♦ Das zentral gelegene solide Hotel verfügt über funktionelle, mit hellem Holzmobiliar und moderner Technik ausgestattete Zimmer - grosse Fenster bieten eine schöne Aussicht. Hauptrestaurant mit traditioneller Küche - ergänzt durch das einfachere Giardino.

🏨 **Collina,** *voa val sporz 9,* ✆ 0813 841 817, *info@hotelcollina.ch, Fax 0813 846 209,* 🍴, 🚺 – 📶 ⌫ 📵 🅾🄾 🆅🅸🆂🅰
*15. Dez. - 9. April und 1. Juni - Ende Okt.* – **Rest** (18) 60 (abends) und à la carte 40/95 – **23 Zim** 🛏 ✦78/149 ✦✦136/298 – ½ P Zuschl. 35.
♦ Die Zimmer im Haupthaus sind mit hellem Naturholzmobiliar ausgestattet, dunkler gestaltet sind die Appartements in dem durch einen unterirdischen Gang verbundenen Annex. Eine schöne Holzdecke ziert das rustikale Restaurant in der 1. Etage.

🍴🍴 **La Riva,** *voa Davos lai 27,* ✆ 0813 842 600, *la-riva@bluewin.ch, Fax 0813 842 622,* 🍴 – ⌫ 📵 🅰🄴 🅾 🅾🄾 🆅🅸🆂🅰
*geschl. Mai, Nov. und Montag im Sommer* – **Rest** (28) 90 und à la carte 56/112.
♦ Hell und freundlich präsentiert sich dieses modern-rustikal eingerichtete Restaurant nicht weit vom Seeufer. Neben zeitgemässen Speisen bietet man auch Traditionelles.

**in Sporz** *Süd-West : 2,5 km –* ✉ *7078 Lenzerheide/Sporz :*

🏨 **Guarda Val** 🌿, ✆ 0813 858 585, *hotel@guardaval.ch, Fax 0813 858 595,* ≤, 🍴, 🚺, 🌳, ⚒ – video 📵 – 🛗 30. 🅾 🅾🄾 🆅🅸🆂🅰
*Hotel : geschl. 3. April - 2. Juni und 29. Okt. - 2. Dez.* – **Rest** *(siehe auch* **Rest. Guarda Val** *)* – **Crap Naros** *(geschl. 3. April - 16. Juni, 15. Okt. - 20. Dez. und Dienstag)* **Rest** à la carte 45/97 – **17 Zim** 🛏 ✦190/430 ✦✦290/480, 17 Suiten – ½ P Zuschl. 90.
♦ Das schöne ehemalige Maiensäss mit dazugehörenden Bauernhäusern und Ställen ist ein angenehmes und komfortables Domizil inmitten der ruhigen Bergwelt. Die urchige Atmosphäre eines Bünderbeizlis herrscht im Crap Naros.

🍴🍴 **Rest. Guarda Val** - *Hotel Guarda Val,* ✆ 0813 858 585, *hotel@guardaval.ch, Fax 0813 858 595,* ≤, 🍴 – 📵 🅾 🅾🄾 🆅🅸🆂🅰
*geschl. 3. April - 2. Juni, 29. Juni, 29. Okt. - 2. Dez., Sonntag (ausser mittags im Winter) und Montag* – **Rest** 149 (abends) und à la carte 88/139 ⌕.
♦ Das gemütliche Restaurant ist Teil einer aus alten regionstypischen Häusern bestehenden Hotelanlage. Dunkle Holzbalken unterstreichen den gediegen-rustikalen Charakter.

**in Tgantieni** *Süd-West : 3,5 km – Höhe 1 755 –* ✉ *7078 Lenzerheide :*

🏠 **Berghaus Tgantieni** ॐ, 𝒫 0813 841 286, *info@tgantieni.ch*,
Fax 0813 843 251, ≤ Tal und Berge, �){ – ✝✝ Rest, **P** ⇔ 80. 🕮 ⓞ ⓦⓒ 𝑽𝑰𝑺𝑨, ℅ Zim
*Mitte Dez. - Mitte April und Ende Juni - Mitte Okt. –* **Rest** *(nur im Winter)* (16) und
à la carte 45/76 – **16 Zim** ☲ ✝75/110 ✝✝120/190 – ½ P Zuschl. 30.
♦ Schön liegt das Berghaus über dem Tal, direkt neben der Skipiste. Die hellen, freundlichen Gästezimmer bieten zeitgemässen Komfort. Rustikales Restaurant mit traditionellem Angebot.

**in Valbella** *Nord : 3 km – Höhe 1 546 –* ✉ *7077 Valbella :*

🏠 **Valbella Inn** ॐ, voa selva 3, 𝒫 0813 843 636, *hotel@valbellainn.ch*,
Fax 0813 844 004, ≤, 🌿, 𝑭𝒐, ≘s, ◺, ⌀, ℅ – 🛗 ℄ ॷ Zim, 🛝 ⇔ **P** –
🅰 15/130. 🕮 ⓞ ⓦⓒ 𝑽𝑰𝑺𝑨, ℅ Rest
*4. Dez. - 17. April und 3. Juni - 22. Okt. –* **Rest** (16.50) 49 (abends) und à la carte
42/110 – **28 Zim** ☲ ✝85/162 ✝✝170/320, 23 Suiten.
♦ Das im Chaletstil gebaute Haus in ruhiger Lage - ein Kidshotel - verfügt über mit Lärchenholz eingerichtete Zimmer und Appartements, meist mit Balkon und kleiner Kitchenette. In hellen Farben gestaltetes Restaurant mit Aussichtsterrasse.

🏠 **Seehof** ॐ, voa davos lai 26, 𝒫 0813 843 535, *hotel@seehof-valbella.ch*,
Fax 0813 843 488, ≤, 🌿, ≘s – 🛗 ⇔ **P**, ⓦⓒ 𝑽𝑰𝑺𝑨
*19. Nov. - 17. April und 13. Juni - Ende Okt. –* **Rest** (24) 69/95 (abends) und à la carte
49/122 – **26 Zim** ☲ ✝120/166 ✝✝200/292 – ½ P Zuschl. 55.
♦ Ruhig an der Seeuferstrasse liegt dieses Haus. Hier beziehen Sie helle, wohnliche Zimmer mit massiven Arvenholzmöbeln - die Balkone bieten einen schönen Ausblick. Eine regionstypische Gaststube ergänzt das Restaurant.

---

**LEUKERBAD** (LOÈCHE-LES-BAINS) *3954 Wallis (VS)* 🔢🔢🔢 K11 *– 1 536 Ew. – Höhe 1 404
– Wintersport : 1 411/2 700 m* ⚡3 ⚡12 ⚡ *– Kurort.*
**Lokale Veranstaltung**
*30.07 : Schäferfest auf dem Gemmipass.*
🎫 Leukerbad Tourismus, 𝒫 0274 727 171, info@leukerbad.ch, Fax 0274 727 151.
Bern 192 – *Brig 44* – Interlaken 154 – Sierre 24 – Sion 39.

🏨 **Les Sources des Alpes** ॐ, Tuftstr. 17, 𝒫 0274 722 000, *hotel@sourcesdes
alpes.ch*, Fax 0274 722 001, ≤, 🌿, ⌀, 𝑭𝒐, ≘s, ◺, ⌀ (Thermalbäder), 🌬 – 🛗,
✝✝ Rest, ℄ ⇔. 🕮 ⓞ ⓦⓒ 𝑽𝑰𝑺𝑨, ℅ Rest
*geschl. 7. Nov. - 18. Dez. –* **La Malvoisie** : **Rest** 80/140 (abends) und à la carte 82/126
**– 26 Zim** ☲ ✝310/390 ✝✝450/570, 4 Suiten – ½ P Zuschl. 65.
♦ Neben grossen, geschmackvoll und komfortabel eingerichteten Zimmern zählt die absolut ruhige Lage mit schöner Aussicht zu den Vorzügen dieses Hotels. Hell und vornehm wirkt das Restaurant.

🏨 **Bristol** ॐ, Rathausstr. 51, 𝒫 0274 727 500, *bristolleuk@bluewin.ch*,
Fax 0274 727 552, ≤, 🌿, ⌀, 𝑭𝒐, ≘s, ◺, ⌀ (Thermalbäder), ♨, ⚡ – 🛗, ✝✝ Zim,
℄ ⇔ **P** – 🅰 45. 🕮 ⓞ ⓦⓒ 𝑽𝑰𝑺𝑨, ℅ Rest
**Rest** 68 (abends)/148 und à la carte 59/127 – **78 Zim** ☲ ✝150/200 ✝✝270/315
– ½ P Zuschl. 60.
♦ Die zwei Gebäude mit schönem grossem Garten-Poolbereich sind ruhig am Dorfrand gelegen. Die Zimmer des Haupthauses sind modern möbiliert, die im Annex hell ausgestattet.

🏨 **Lindner Hotels**, Dorfplatz, 𝒫 0274 721 000, *info@lindnerhotels.ch*,
Fax 0274 721 001, 🌿, ≘s, ◺, ⌀ (Thermalbad), 🌬, ℅ – 🛗 ✝✝ **P** – 🅰 15/80.
🕮 ⓞ ⓦⓒ 𝑽𝑰𝑺𝑨, ℅ Rest
*Sacré Bon (geschl. Montag in Nebensaison)* **Rest** 45 (abends) und à la carte 43/91
**– 135 Zim** ☲ ✝110/150 ✝✝220/410 – ½ P Zuschl. 50.
♦ Drei unterirdisch miteinander verbundene Häuser bilden diese Anlage - mit direktem Zugang zur Alpentherme. Die grosszügigen Zimmer sind mit elegantem Massivholz möbliert. Das Sacré Bon - mit Terrasse - teilt sich in Raucher- und Nichtraucherbereich.

🏨 **Grichting und Badner-Hof,** Kurparkstr. 13, 𝒫 0274 727 711, *info@grichting-h
otels.ch*, Fax 0274 702 269, ≤, 🌿, 𝑭𝒐, ≘s, ⌀ (Solbad) – 🛗, ✝✝ Rest, **P**, ⓦⓒ 𝑽𝑰𝑺𝑨
℅ Rest *– geschl. 26. Nov. - 23. Dez. –* **La Terrasse** : **Rest** (20) 24 (mittags)/59 und
à la carte 41/92 – **44 Zim** ☲ ✝100/135 ✝✝180/260, 4 Suiten – ½ P Zuschl. 38.
♦ Die beiden Chalets liegen einander gegenüber. Zahlreiche Zimmer sind renoviert worden. Sportbegeisterte erfreuen sich am gepflegten Fitnessbereich. Im La Terrasse verwöhnt man Sie beim Essen mit dezenter Livemusik.

🏨 **Waldhaus-Grichting** ⤴, Promenade 17, ☎ 0274 703 232, info@hotel-waldh
aus.ch, Fax 0274 704 525, ≤, ☆ – 🛗, ✻ Rest, ☎ 🅿. 🅫 VISA.
☆ Rest
**Rest** *(geschl. Mittwoch in Zwischensaison, Mitte April - Mitte Mai auch Dienstag)* (18)
50 *(abends)* und à la carte 41/92 ☆ – **16 Zim** ☞ ★★192/232 – ½ P Zuschl. 28.
♦ Das ruhig ausserhalb des Zentrums gelegene Chalet beherbergt seine Gäste in
Zimmern mit hellem rustikalem Massivholzmobiliar und behaglicher Atmosphäre.
Gemütlich-rustikales Restaurant mit bemerkenswerter Bordeaux-Weinkarte.

**in Albinen** *Süd : 6 km – Höhe 1 274 –* ✉ *3955 Albinen :*

🏔 **Rhodania** ⤴, ☎ 0274 731 589, info@rhodania-albinen.ch, Fax 0274 734 140,
≤ Rhonetal, ☆ – ✻ Zim, 🅿. 🅫 VISA
*geschl. 21. Juni - 14. Juli und 20. Nov. - 22. Dez. –* **Rest** *(geschl. Donnerstagmittag
von Jan. - Juni und Mittwoch)* (20) 31 und à la carte 33/74 – **12 Zim** ☞ ★69/89
★★137 – ½ P Zuschl. 28.
♦ Das Chalet befindet sich ausserhalb des Dorfes in absolut ruhiger Lage. Die Gästezimmer bieten einfachen Komfort und strahlen Gemütlichkeit aus. Das Restaurant hat eine schöne Panoramaterrasse mit Bick auf das Rhonetal.

---

**LEYSIN** *1854 Vaud (VD)* 552 G11 *– 2 755 h. – alt. 1 268 – Sports d'hiver : 1 300/2 205 m*
🚡 1 🚠 15 🎿.

Voir : *Site*★★

**Manifestation locale**
*21.07 - 23.07 : Leysin Music Panorama, festival de musique folklorique au sommet
de la Berneuse.*

🛈 *Leysin Tourisme, place Large,* ☎ *0244 942 244,* info@leysin.ch,
*Fax 0244 941 616.*

*Bern 117 – Montreux 33 – Aigle 17 – Genève 118 – Lausanne 59 – Martigny 49 –
Spiez 93.*

🏨 **Classic Hôtel,** ☎ 0244 930 606, reception@classic-hotel.ch, Fax 0244 930 693,
≤, ☆ – 🛗, ✻ ch, ☐ ch, ☜ 🅿 – 🔬 15/250. ᴀᴇ ⑩ 🅫 VISA.
☆ rest
*fermé 1er au 23 déc. –* **Rest** *(fermé avril, mai et nov. au 23 déc.)* (18) 30 (midi) et
à la carte 40/84 – **115 ch** ☞ ★135/180 ★★210/310 – ½ P suppl. 35.
♦ Hôtel fréquenté par la clientèle d'affaires, à son aise dans les chambres au confort
moderne et les salles de séminaire dotées d'équipements de pointe. La salle à manger
jouit d'une belle vue sur les cimes rocheuses et les bas versants boisés. Carte classique.

🏨 **Le Grand Chalet** ⤴, à Feydey, Ouest : 1 km, ☎ 0244 930 101, hotel.grand-c
halet@bluewin.ch, Fax 0244 941 614, ≤ Dents du Midi et Les Diablerets, ☆ – 🛗 ☎
🅿. 🔬 30. ᴀᴇ ⑩ 🅫 VISA
*mi-déc. à mi-avril et mi-mai à mi-oct. –* **Rest** (17) 29/47 et à la carte 45/82 – **30 ch**
☞ ★105/125 ★★140/200 – ½ P suppl. 25.
♦ Chalet à flanc de montagne scrutant les Dents du Midi et les fières murailles des
Diablerets. Chambres ensoleillées avec petit coin salon. Tranquillité assurée. Restaurant rustique, salle réservée aux fondues et terrasse panoramique.

---

**LEYTRON** *1912 Valais (VS)* 552 H12 *– 2 122 h. – alt. 497.*
*Bern 144 – Martigny 16 – Montreux 62 – Sion 16.*

🍴 **Les Vergers,** route de Saillon, ☎ 0273 063 062, vergersdelice@bluewin.ch,
*Fax 0273 068 047,* ☆ – 🅿. ᴀᴇ ⑩ 🅫 VISA. ☆
**Rest** *(fermé dim. soir et mardi)* 49/85 et à la carte 55/88 – **Café : Rest** (15) et à
la carte 41/78.
♦ Maison vénérable misant sur deux formules de restauration dans une ambiance
familiale. Salle classiquement agencée où l'on fait des repas assez élaborés. Café
servant des plats simples volontiers inspirés par le terroir.

---

**LIEBEFELD** *Bern* 551 J7 *– siehe Bern.*

---

**LIECHTENSTEIN** *(FÜRSTENTUM)* 551 V-W6-7 553 V-W6-7 *– siehe Seite 495.*

**LIESTAL** *4410* K *Basel-Landschaft (BL)* 551 *L4 – 12 695 Ew. – Höhe 327.*

Sehenswert : Altstadt★.

Ausflugsziel : Oltingen★ Süd-Ost : 20 km.

🛈 *Tourismus-Information, Rathausstr. 76, ℰ 0619 214 322,* hpmeyer@data comm.ch, *Fax 0619 215 857.*

*Bern 82 – Basel 20 – Aarau 41 – Baden 59 – Olten 28 – Solothurn 51.*

 **Engel,** Kasernenstr. 10, ℰ 0619 278 080, info@engel-liestal.ch, Fax 0619 278 081, 🍴 – 🛗, ✤ Zim, 🛏 Zim, ✔ & – 🏛 15/200. 🖭 ⓪ 🐵 🗺
**Raphael's :** Rest 45 (mittags)/50 und à la carte 42/96 – **Le Papillon / Taverne :** Rest (18) 39 und à la carte 36/76 – **50 Zim** 🖙 †180/200 ††250 – ½ P Zuschl. 40.

◆ Moderne und komfortable Zimmer mit hellem Buchenholzmobiliar bietet dieses Hotel im Stadtzentrum, das man über einen grosszügig gehaltenen Empfangsbereich betritt.. Elegant präsentiert sich das Raphael's, hell und freundlich Le Papillon, rustikal die Taverne.

**in Bad Schauenburg** *Nord-West : 4 km – Höhe 486 –* ✉ *4410 Liestal :*

 **Bad Schauenburg** ⌂, Schauenburgerstr. 76, ℰ 0619 062 727, hotel@badsc hauenburg.ch, Fax 0619 062 700, ≼, 🍴, 🏛 – 🛗 ✔ 🅿 – 🏛 15/30. 🖭 ⓪ 🐵 🗺 ✤
geschl. 20. Dez. - 15. Jan. – Rest (geschl. Sonntagabend) (39) 55 (mittags)/90 und à la carte 71/114 – **34 Zim** 🖙 †125/175 ††180/230 – ½ P Zuschl. 55.

◆ Das schöne klassische Gebäude in reizvoller, absolut ruhiger Lage mit hübschem Park bietet Gästezimmer, die mit hellem, solidem Holzmobiliar funktionell ausgestattet sind. Gediegen-rustikales Restaurant mit Veranda.

---

**LIGERZ** *2514 Bern (BE)* 552 *H6 – 532 Ew. – Höhe 434.*
*Bern 44 – Neuchâtel 26 – Biel 12 – La Chaux-de-Fonds 45 – Solothurn 33.*

🏠 **Kreuz,** Hauptstr. 17, ℰ 0323 151 115, kreuz-ligerz@bluewin.ch, Fax 0323 152 814, ≼ Bielersee, 🍴, 🛶, 🚲, 🔼 – 🛗 & 🅿. 🖭 ⓪ 🐵 🗺 ✤
geschl. 24. Dez. - 16. Jan. und Montag – Rest 21 und à la carte 43/78 – **15 Zim** 🖙 †140 ††185/220.

◆ Das familiär geführte Patrizierhaus a. d. 16. Jh. liegt in einem schönen Garten mit direktem Zugang zum See. Die gemütlichen Zimmer bieten meist Seeblick. Rustikales Restaurant und hübsche Terrasse am Ufer. Traditionelle Küche mit vielen Fischgerichten.

---

**LINDAU** *8315 Zürich (ZH)* 551 *Q4 – 3 874 Ew. – Höhe 530.*
*Bern 142 – Zürich 21 – Kloten 9 – Rapperswil 33 – Winterthur 11.*

XX **Rössli,** Neuhofstr. 3, ℰ 0523 451 151, roesslilindau@duebinet.ch, Fax 0523 451 126, 🍴 – ✤ 🅿. 🖭 ⓪ 🐵 🗺
geschl. 24. - 26. Dez., 6. - 18. Feb., 14. - 17. April, 5. - 19. Juni, Sonntag und Montag – Rest (28) 39 (mittags)/119 und à la carte 72/141.

◆ Im schönen Riegelhaus mit seinen 3 verschiedenen Stuben schätzt der Geniesser eine kreative mediterrane Küche sowie traditionelle Speisen aus der Region.

---

**LINTHAL** *8783 Glarus (GL)* 551 *S8 – 1 280 Ew. – Höhe 648.*
*Bern 212 – Chur 92 – Glarus 17 – Sankt Gallen 88 – Zürich 87.*

**West :** *3,5 km Richtung Klausenpass :*

X **Bergli** ⌂ mit Zim, an der Passstrasse, ℰ 0556 433 316, info@giorgio.ch, Fax 0556 433 344, ≼ Linthal und Berge, 🍴, 🚲 – 🅿
Mai - Okt. und Samstag - Sonntag von Nov. - April – Rest à la carte 45/80 – **4 Zim** 🖙 ††130 – ½ P Zuschl. 47.

◆ Das ruhig gelegene Gasthaus, von dessen Terrasse man nicht nur das Tal und die Berge sieht, sondern auch das Klausenrennen historischer Rennwagen, hat gemütliche Zimmer. Sie speisen im rustikalen Restaurant oder auf der Aussichtsterrasse.

**LOCARNO** *6600 Ticino (TI)* 🗾 *Q12 – 14 482 ab. – alt. 205 – Sport invernali : a Cardada :*
*1 340/1 671 m ⚡ 1 ⚡ 3.*

**Vedere** : *Lago Maggiore*★★★ *BZ –* ≤★★ *dall'Alpe di Cardada Nord per funivia – Monte*
*Cimetta*★★ : ☀★★ *Nord per seggiovia AY – Santuario della Madonna del Sasso*★ :
≤ *AY per via ai Monti della Trinità o per funicolare (6 km).*

**Dintorni** : *Circuito di Ronco*★★ : ≤★★ *sul lago dalla strada per Losone e Ronco –*
*Itinerario nella Vallemaggia*★★ *(Maggia : affreschi*★ *della chiesa di Santa Maria delle*
*Grazie) – Itinerario nella Val Verzasca*★ *(Corippo*★, *Brione : affreschi*★ *della chiesa)*
*– Itinerario nelle Centovalli*★.

🛬 *ad Ascona,* ✉ *6612,* ☎ *0917 912 132, Fax 0917 910 706, per ② : 6,5 km*
🛬 *Gerre Losone ad Losone,* ✉ *6616,* ☎ *0917 851 090, Fax 0917 851 091, ovest :*
*6 km per strada Centovalli.*

**Manifestazioni locali**
*29.03 - 02.04 : Festa delle Camelie*
*02.08 - 12.08 : Festival internazionale del Film.*

🛈 *Ente Turistico Lago Maggiore, via B. Luini 3,* ☎ *0917 910 091,* buongiorno@mag
giore.ch, *Fax 0917 566 160 BZ.*

⊛ *via Trevani 3/via Ciseri 6,* ☎ *0917 517 572, Fax 0917 519 557 AZ.*

Ⓐ *via Trevani 5,* ☎ *0917 514 671, Fax 0917 518 068 AZ.*

*Bern 266* ① *– Lugano 40* ① *– Andermatt 103* ① *– Bellinzona 20* ① *– Domodos-*
*sola 49* ③

🏨 **Belvedere** ⅃, *via ai Monti della Trinità 44,* ✉ *6601,* ☎ *0917 510 363, info@*
*belvedere-locarno.com, Fax 0917 515 239,* ≤ *Locarnese e monti,* 🍴, 🛵, ⎌, ⅃,
🔲, ⚿ – 📶, ⚿ cam, 🍽 rist, ✆ ⅃ ⟿ 🅿 – ⅄ 15/80. 🆎 ⑩ ⓶ 𝘝𝘐𝘚𝘈.
⚿ rist                                                                    AY z
**Rist** alla carta 41/80 – **76 cam** ⅃ ✝110/255 ✝✝270/356, 5 suites – ½ P sup. 40.
♦ Dimora storica dell'alto lago da cui è possibile scorgere la città dal giardino
fiorito con piscina. Camere ampie e moderne : preferite quelle con vista lago.
Diversi ambienti dedicati alla ristorazione, ma il menù di taglio tradizionale non
cambia.

🏨 **Ramada Hotel La Palma au Lac,** *viale Verbano 29,* ✉ *6600 Muralto,*
☎ *0917 353 636, palma@ramada-treff.ch, Fax 0917 353 616,* ≤, 🍴, ⎌ – 📶,
⚿ cam, 🍽 ✆ 🅿 – ⅄ 15/100. 🆎 ⑩ ⓶ 𝘝𝘐𝘚𝘈. ⚿ rist                BY v
*chiuso dal 8 al 15 gennaio e dal 26 novembre al 15 dicembre –* **Rist** (16.50) 48 ed
alla carta 45/92 – **68 cam** ⅃ ✝135/205 ✝✝250/380 – ½ P sup. 39.
♦ Situato di fronte al lago, albergo con camere di diverso stile alcune arredate
con mobili in cuoio, funzionali altre con mobili più classici, di legno intarsiato.
Dall'ampia hall si accede al ristorante, per il pranzo si può approfittare della zona
caffè.

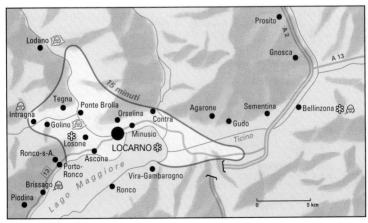

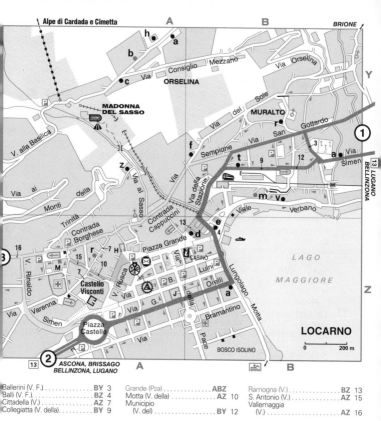

**Ramada Hotel Arcadia,** Lungolago Motta, ☏ 0917 561 818, *arcadia@ramada-treff.ch*, Fax 0917 561 828, ≤, ☞, ⚑, ≋, ⌱ – ◗, ✦ cam, ▤ cam, ⚹ ⌗.
**AE ① ⦿ VISA**. ❊ rist                                                                                        BZ a
*chiuso da novembre a marzo* – Rist 19 (mezzogiorno)/48 ed alla carta 44/90 –
**57 cam** ☷ ✦145/195 ✦✦260/340, 33 suites – ½ P sup. 38.
 ◆ Costruzione funzionale, in centro, di fronte al lago Maggiore. Le spaziose camere sono attuali, luminose, arredate con mobilio di legno chiaro. Ristorante totalmente rinnovato ed ambiente fresco, piacevole. Cucina tradizionale con forti accenti regionali.

**Du Lac** senza rist, via Ramogna 3, ☏ 0917 512 921, *info@du-lac-locarno.ch*,
Fax 0917 516 071, ≤ – ◗ ✦ **AE ⦿ VISA**                                                              BZ d
**31 cam** ☷ ✦90/155 ✦✦136/224.
 ◆ Proprio nel centro cittadino, hotel con camere diverse per dimensioni, dagli arredi moderni. Al primo piano, sala per la colazione da cui si accede ad una bella terrazza.

**Rio** senza rist, via Collegiata 1, ☒ 6600 Muralto, ☏ 0917 436 331, *info@hotel-rio.ch*, Fax 0917 436 333 – ◗ ✦ ▤ P. **AE ① ⦿ VISA**                                          BY t
*chiuso dal 4 dicembre al 29 gennaio* – **14 cam** ☷ ✦98/180 ✦✦168/218.
 ◆ Costruzione Liberty, nei pressi della stazione. Belle camere, spaziose e tutte di colori diversi, arredate con mobili di legno massiccio, allestite in maniera accogliente.

**Millennium** senza rist, via Dogana Nuova 2, ☒ 6600 Muralto, ☏ 0917 596 767,
*info@millennium-hotel.ch*, Fax 0917 596 768 – ◗ ✦ ▤. **AE ⦿ VISA**. ❊  BZ e
*chiuso febbraio* – **11 cam** ☷ ✦140/190 ✦✦190/270.
 ◆ Era una casa tanto carina...Di fronte all'imbarcadero, lasciatevi viziare in questa piccola bomboniera, familiare e personalizzata! Camere mignon, confortevoli e curate.

**Piccolo Hotel** senza rist, via Buetti 11, ⊠ 6600 Muralto, ℰ 0917 430 212, *inf
o@piccolo-hotel.ch*, Fax 0917 432 198 – 🛗 **P.** 🖭 ① 🐠 🗺 . ⅙ rist       BY r
17 marzo - 5 novembre – **21 cam** ⊇ ✱85/140 ✱✱160/190.
   ♦ Piccolo... indirizzo simpatico e familiare, situato in una stradina laterale non lontano
dal centro. Camerette arredate con mobilio bianco, di stile mediterraneo.

**Camelia,** via G.G. Nessi 9, ⊠ 6600 Muralto, ℰ 0917 430 021, *hotel@camelia.ch*,
Fax 0917 430 022, 🏤 – 🛗 ⅙, 🍴 rist ♥ ፌ cam, **P.** 🖭 ① 🐠 🗺 .
⅙ rist                                                                                  BY a
4 marzo - 3 ottobre – **Rist** (16) 33 (sera) ed alla carta 28/56 – **41 cam** ⊇ ✱94/108
✱✱168/196 – ½ P sup. 25.
   ♦ Lasciatevi avvolgere dall'atmosfera Liberty di questa vecchia villa ristrutturata negli
anni. Propone nuove camere, essenziali e ben arredate in stile moderno.

**Villa Palmiera,** via del Sole 1, ⊠ 6600 Muralto, ℰ 0917 431 441, *info@ticino
hotel.ch*, Fax 0917 430 320, 🏤 – 🛗 ⅙ rist. 🐠 🗺 . ⅙ rist              BY f
albergo : 25 marzo - ottobre – **Rist** *(chiuso dal 30 ottobre al 24 marzo, dal 25 giugno
al 25 luglio e mercoledì sera) (chiuso a mezzogiorno)* (solo per clienti alloggiati) 38
– **33 cam** ⊇ ✱80/98 ✱✱160/196 – ½ P sup. 35.
   ♦ Indirizzo simpatico, familiare, ha subito un lifting generale che si estende anche
all'esterno. Camere non molto ampie e con mobilio essenziale.

XXX **Centenario** (Perriard), lungolago Motta 17, ℰ 0917 438 222, 🏤 – 🖭 ①
ఔ        🐠 🗺                                                                     BY m
*chiuso dal 29 gennaio al 11 febbraio, dal 2 al 17 luglio, domenica e lunedì (esclusi
i giorni festivi)* – **Rist** (prenotare) 58/130 ed alla carta 88/138.
**Spec.** Salade tiède de langoustines aux mangues. Carré d'agneau rôti aux herbes.
Soufflé aux fruits de saison. **Vini** Mendrisiotto e Ligornetto.
   ♦ Costruzione discreta lungo la passeggiata. La carta è orientata verso la cucina
francese con un tocco di originalità che la distingue dall'offerta tradizionale.

XX **La Cittadella** con cam, via Cittadella 18, ℰ 0917 515 885, *info@cittadella.ch*,
ఔ    Fax 0917 517 759 – 🍴 rist. 🖭 ① 🐠 🗺 . ⅙ cam               AZ r
*chiuso domenica da giugno a luglio e lunedì escluso albergo* – **Rist** (1°piano) - specialità
di pesce - 76 ed alla carta 71/102 – **La Trattoria : Rist** (18) ed alla carta 47/93
– **10 cam** ⊇ ✱60/75 ✱✱120/150.
   ♦ Vecchia casa di stile rustico ed elegante, con travi a vista anche nelle poche camere
a disposizione. Offerta culinaria tradizionale. Un ambiente più tipico alla Trattoria del
Cittadella per una cucina di stampo italiano con l'immancabile pizza !

**ad Orselina** *Nord : 2 km ABY – alt. 406 –* ⊠ *6644 Orselina :*

🏨🏨 **Orselina** ⅖, via Santuario 10, ℰ 0917 357 350, *hotel@orselina.com*,
Fax 0917 357 351, ≤ Locarnese, 🏤, ⓩ, 🖘s, 🔟, 🔟, 🚗, 🎱 – 🛗 ⅙ rist, 🛋
**P.** 🐠 🗺 . ⅙                                                                AY c
26 febbraio - 31 ottobre – **Rist** (solo per clienti alloggiati) (26) 62 (sera) – **78 cam**
⊇ ✱186/238 ✱✱324/476 – ½ P sup. 25.
   ♦ Il giardino esotico a terrazze accoglie gli ospiti anticipando la piscina e la vista
panoramica. Interni riscaldati da legno e pietra, camere diverse per stile e dimensioni.

🏨 **Mirafiori,** via al Parco 25, ℰ 0917 431 877, *info@mirafiori.ch*, Fax 0917 437 739,
ఔ  ≤, 🏤, 🖘s, 🔟, 🚗 – 🛗 **P.** 🖭 ① 🐠 🗺 . ⅙ rist                      AY h
12 marzo - 21 ottobre – **Rist** 38 (sera) ed alla carta 44/92 – **25 cam** ⊇ ✱110/130
✱✱190/240 – ½ P sup. 26.
   ♦ Allungati attorno alla piscina, lasciatevi trasportare verso mete lontane dal profumo
intenso dei fiori esotici i cui colori ravvivano anche le camere. Giardino a terrazze
Dalla gradevole terrazza del ristorante si gode una vista imperdibile.

🏨 **Stella,** via al Parco 14, ℰ 0917 436 681, *info@hotelstella.ch*, Fax 0917 436 683,
ఔ  ≤ Locarnese, 🏤, 🔟, 🚗 – 🛗 ⅙, 🍴 rist, **P.** 🖭 🐠 🗺 . ⅙ rist        AY a
11 marzo - inizio novembre – **Rist** (19.50) 31 (sera) ed alla carta 33/61 – **34 cam**
⊇ ✱81/112 ✱✱148/204 – ½ P sup. 26.
   ♦ Situato nella parte superiore di Locarno, dispone di un bel giardino fiorito con
piscina. Camere e bagni totalmente rinnovati e arredati con mobilio moderno. Andate
fino alla terrazza e cenate cercando la vostra "Stella" ! Cucina tradizionale.

XX **Il Paradiso,** via al Parco 7, ℰ 0917 434 645, *ilparadiso@tiscali.ch*,
Fax 0917 438 758, 🏤 – 🖭 ① 🐠 🗺                                          AY b
*chiuso da inizio novembre a metà dicembre, martedì e mercoledì* – **Rist** 59 ed alla
carta 53/111.
   ♦ Un bel ristorantino molto ben curato sia per la cucina, di stampo tradizionale ed
elaborata, che per gli arredi, di stile classico-signorile. Bella anche la terrazza esterna

**RAMOS PINTO**

Est. 1880

E. Baret / Michelin – (06 - Roubion)

- ☐ **a.** *Départementale D17*
- ☐ **b.** *Nationale N202*
- ☐ **c.** *Départementale D30*

**Vous ne savez pas comment vous y rendre**
**Alors ouvrez vite une Carte Michelin !**

Les cartes NATIONAL, REGIONAL, LOC
ou ZOOM et les Atlas Michelin, par le
précision et leur clarté vous permette
de choisir votre itinéraire et de trouv
facilement votre chemin, en vous rep
rant à chaque instant.

**a Minusio** per ① : 2 km – alt. 246 – ✉ 6648 Minusio :

🏨🏨 **Esplanade** ⚬, via delle Vigne 149, ℘ 0917 358 585, reservations@ esplanade.ch, Fax 0917 358 586, ≤ Lago Maggiore e monti, ⚘, ⚫, ♨, ⇔s, ⚑, ⚒, 🔥 – 🛗 ⇆, ▤ cam, ⚡ ♿ 🅿 – 🔳 15/80. 🖭 🐼 𝘝𝘐𝘚𝘈. ⚒ rist
4 marzo - metà novembre – Rist (22) 35 (mezzogiorno)/55 ed alla carta 47/86 – **75 cam** ⚆ ✦155/230 ✦✦290/440 – ½ P sup. 42.
♦ Struttura del 1913 in stile Liberty, totalmente rinnovata. Oltre a moderne infrastrutture, offre un grande centro wellness e tutto per la vostra salute. La sala da pranzo classica e la terrazza dell'albergo vi faranno scoprire la saporita cucina.

🏨 **Alba** senza rist, via Simen 58, ℘ 0917 358 888, albahotel@ bluewin.ch, Fax 0917 358 899, ≤, ♨, ⚘ – 🛗 ▤ ♿ ⇔. 🖭 🐼 𝘝𝘐𝘚𝘈
15 marzo - 15 novembre **36 cam** ⚆ ✦70/130 ✦✦120/220.
♦ Albergo dalle linee architettoniche d'avanguardia che si prolungano nell'altrettanto moderna sala per le colazioni. Belle camere spaziose : preferite quelle a sud, con balcone.

🏨 **Remorino** ⚬ senza rist, via Verbano 29, ℘ 0917 431 033, albergo@ remorino.ch, Fax 0917 437 429, ≤, ♨, ⚘ – 🛗 ⇆ 🅿 🖭 🐼 𝘝𝘐𝘚𝘈. ⚒
11 marzo - 28 ottobre – **25 cam** ⚆ ✦85/295 ✦✦195/325.
♦ Hall signorile e aperta direttamente verso la terrazza e il rigoglioso giardino. Camere arredate con mobilio in legno scuro, alcune completamente rinnovate, tutte vista lago.

🏨 **Navegna**, via alla Riva 2, ℘ 0917 432 222, hotel@ navegna.ch, Fax 0917 433 150, ≤, ⚘, 🔲 – 🅿. 🐼 𝘝𝘐𝘚𝘈. ⚒ rist
2 aprile - 5 novembre – Rist (chiuso martedì salvo dal 22 giugno al 8 settembre) 64 (sera) ed alla carta 51/84 – **17 cam** ⚆ ✦90/180 ✦✦180/260 – ½ P sup. 28.
♦ Sito proprio in riva al lago. Camere non molto grandi arredate con mobili chiari e testate dei letti foderate con tessuto abbinato ai tendaggi. Col sole preferite la terrazza ombreggiata alla bella sala da pranzo. Proposte interessanti di cucina tradizionale.

🏨 **Minusio** senza rist, via Esplanade 6, ℘ 0917 431 913, info@ hotelminusio.ch, Fax 0917 437 704, ≤, ♨, – 🛗 ⇆ ♿ ⇔. 🐼 𝘝𝘐𝘚𝘈. ⚒
**24 cam** ⚆ ✦80/150 ✦✦150/210.
♦ Moderna costruzione con al pianoterra la piccola reception da cui si accede alla sala da pranzo. Camere funzionali di cui alcune rinnovate con grande attenzione al design.

---

**Le LOCLE** 2400 Neuchâtel (NE) 🔢🔢🔢 F6 – 10 346 h. – alt. 925.

Musée : Horlogerie★.

Environs : Saut du Doubs★★★ Nord.

🅱 Tourisme Neuchâtelois-Montagnes, Moulins souterrains du Col-des-Roches, Le Col 23, ℘ 0328 896 892, info.ll@ ne.ch, Fax 0328 896 302.

Bern 81 – Neuchâtel 32 – Besançon 76 – La Chaux-de-Fonds 9 – Yverdon-les-Bains 62.

🏨 **Trois Rois**, 29 r. du Temple, ℘ 0329 322 100, hoteldestroisrois@ bluewin.ch, Fax 0329 315 872, ⚘ – 🛗 ⇆ ch, ♿ – 🔳 80. 🖭 🐼 𝘝𝘐𝘚𝘈
fermé 23 déc. au 8 janv., 15 au 17 avril et 21 juil. au 6 août – Rest (fermé sam. et dim.) 26/62 et à la carte 60/87 – **40 ch** ⚆ ✦118 ✦✦175 – ½ P suppl. 21.
♦ En centre-ville, façade de verre abritant des chambres pratiques et actuelles, toutes rénovées. Au dernier étage, espace de réunion en rotonde, sous charpente apparente. Taverne-restaurant où un choix de plats traditionnels entend satisfaire votre appétit.

🍴🍴 **La Croisette**, 10 r. Marais, ℘ 0329 313 530, lacroisette@ bluewin.ch, Fax 0329 313 550 – 🅿. 🖭 🐼 ⚫ 𝘝𝘐𝘚𝘈
Rest (fermé 17 juil. au 13 août et dim.) 55 (midi)/140 et à la carte 67/118 – **Brasserie** (fermé Noël et dim.) Rest (16) et à la carte 53/92.
♦ L'enseigne annonce la couleur : il flotte une atmosphère méditerranéenne dans ce restaurant où l'on vient faire des repas bien en phase avec l'époque. Une carte plus traditionnelle vous sera soumise dans la spacieuse Brasserie au cadre contemporain.

🍴 **De la Gare - Chez Sandro**, 4 r. de la Gare, ℘ 0329 314 087, sandro@ chez-s andro.ch, Fax 0329 314 040 – 🖭 🐼 ⚫ 𝘝𝘐𝘚𝘈
fermé 24 déc. au 1er janv., 8 juil. au 6 août et dim. – Rest (16.50) 62/99 et à la carte 55/100.
♦ À un saut de la gare, petit restaurant italien classiquement agencé, estimé pour le soin apporté au contenu des assiettes et pour son souci du travail artisanal bien fait.

**LODANO** 6678 Ticino (TI) 553 Q12 – 191 ab. – alt. 341.
Bern 242 – Locarno 16 – Andermatt 115 – Bellinzona 35 – Lugano 54.

🏠 **Ca'Serafina** ⟨signs⟩, 𝒫 0917 565 060, info@caserafina.com, Fax 0917 565 069, 🍽️,
🛏️ 🚂 – video. ⓒⓢ 𝑽𝑰𝑺𝑨
**Rist** (la sera solo per clienti alloggiati)(coperti limitati - prenotare) 38 – **5 cam** ⌨ ✝120
✝✝180/210.
◆ Nel cuore del tranquillo paesino sorge questa tipica casa ticinese in sasso, completamente ristrutturata e graziosissima. Offre solo cinque camere ma molto belle e spaziose.

---

**LOÈCHE-LES-BAINS** Valais 552 K11 – voir à Leukerbad.

---

**LÖMMENSCHWIL** 9308 Sankt Gallen (SG) 551 U4 – Höhe 543.
Bern 210 – Sankt Gallen 11 – Bregenz 47 – Konstanz 30 – Winterthur 61.

✗✗✗ **Thuri's Blumenau** (Maag), Romanshornerstr. 2, 𝒫 0712 983 570, thuris-blume
❀ nau@bluewin.ch, Fax 0712 984 590, 🍽️ – **P** ⟨sign⟩ 8. 𝐀𝐄 ⓒⓢ 𝑽𝑰𝑺𝑨
**Rest** (geschl. Sonntag und Montag) 80 und à la carte 69/123 ⟨sign⟩.
**Spez.** Bodenseeforellencarpaccio mit kleinem Kräuter und Blütensalat (Frühling - Sommer). Fricassée von selbstgesuchten Waldpilzen (ausser Winter). Die besten Stücke vom heimischen Sommerreh in der Totentrompetenkruste auf Erbsenpurée (Frühling - Sommer). **Weine** Truttiker, Ottoberger
◆ Im gediegen-rustikalen Stübli mit dunklem Täfer und Aquarellen werden dem Geniesser meist regionale Gerichte aus marktfrischen Grundprodukten - kreativ zubereitet - kredenzt.

---

**LONAY** 1027 Vaud (VD) 552 D9 – 2 051 h. – alt. 416.
Bern 106 – Lausanne 10 – Genève 53 – Pontarlier 64 – Yverdon-les-Bains 35.

✗ **Du Mont-Blanc**, 4 rte des Pressoirs, 𝒫 0218 022 220, g.trouillot@bluewin.ch,
🛏️ Fax 0218 012 340 – 𝐀𝐄 ⓒⓢ 𝑽𝑰𝑺𝑨
fermé 24 déc. au 1er janv., 9 au 17 avril, 25 juil. au 7 août, dim. et lundi – **Rest** (17)
71/115 (soir) et à la carte 52/102.
◆ Ce petit bistrot établi au centre du village propose, à l'heure du déjeuner, quelques plats traditionnels inscrits sur des ardoises et, au dîner, une carte au goût du jour.

---

**LOSONE** Ticino 553 Q12 – vedere Ascona.

---

**LOTZWIL** 4932 Bern (BE) 551 L6 – 2 341 Ew. – Höhe 502.
Bern 50 – Aarau 40 – Burgdorf 24 – Luzern 65 – Olten 27 – Solothurn 28.

🏠 **Bad Gutenburg**, 1 km Süd Richtung Huttwil, Huttwilstr. 108, 𝒫 0629 168 040,
🛏️ info@bad-gutenburg.ch, Fax 0629 168 045, 🍽️ – |🛗|, 🔄 Zim, ⟨signs⟩ & **P** – 🏛 15/120.
𝐀𝐄 ⓞ ⓒⓢ 𝑽𝑰𝑺𝑨
geschl. 24. Juli - 27. Aug. – **Rest** (geschl. Sonntagabend und Montag) (17.50) 59 und
à la carte 44/66 – **19 Zim** ⌨ ✝95 ✝✝140 – ½ P Zuschl. 30.
◆ Das ehemalige Kurbad-Hotel verfügt über eine eigene Bahnstation. Die Zimmer des Hauses sind zeitgemäss und funktionell eingerichtet. Das Restaurant : behaglichgediegenes Turmstübli mit dunklem Täfer - ergänzt durch eine einfachere Gaststube.

---

**LOURTIER** 1948 Valais (VS) 552 H13 – alt. 1 080.
Environs : Barrage de Mauvoisin★★★ Sud-Est : 11,5 km.
Bern 150 – Martigny 23 – Orsières 17 – Sion 53 – Verbier 9.

⟨sign⟩ **La Vallée**, 𝒫 0277 781 175, info@vallee.ch, Fax 0277 781 604, 🍽️, 🚂 – 🔄 ch,
🛏️ ⟨signs⟩ **P** 𝐀𝐄 ⓞ ⓒⓢ 𝑽𝑰𝑺𝑨. ⟨sign⟩
fermé 21 juin au 12 juil. et 20 oct. au 2 nov. – **Rest** (fermé merc. hors saison) (17)
54 et à la carte 29/75 – **19 ch** ⌨ ✝70/85 ✝✝140/170 – ½ P suppl. 25.
◆ Chalet proposant divers types d'hébergements : appartements tout confort, accueillantes chambres et dortoirs pour randonneurs. Table d'esprit rustique. Carte traditionnelle assortie de spécialités fromagères.

**LOVERESSE** *2732 Berne (BE)* 🎯🎯🎯 *I5 – 321 h. – alt. 765.*

*Bern 55 – Delémont 32 – Basel 75 – Biel 21 – Saignelégier 21 – Solothurn 37.*

※※ **Du Cerf,** 22 Les Vies, *℘ 0324 812 232, Fax 0324 811 198,* 🍽 *– 🄿 ⇔ 20/80.* 🄰🄴
🕸 🄾 🄼🄲 *VISA*. ※
*fermé 23 déc. au 4 janv., 19 juil. au 9 août, mardi soir et merc.* – **Rest** *(prévenir)*
*(13.50) 30 (midi)/66 et à la carte 44/74.*
• Cette ancienne ferme réhabilitée vous reçoit dans une salle de restaurant au
décor champêtre soigné. Répertoire culinaire traditionnel. Ambiance familiale.

---

**LUCENS** *1522 Vaud (VD)* 🎯🎯🎯 *F8 – 2 120 h. – alt. 493.*

🎯 *à Vuissens,* ⊠ *1486, ℘ 0244 333 300, Fax 0244 333 304, Nord : 7 km par route
Combremont - Estavayer-le-Lac.*

*Bern 63 – Fribourg 33 – Lausanne 32 – Montreux 43 – Payerne 15 – Yverdon-les-
Bains 36.*

🏠 **La Couronne,** 1 Grand-Rue, *℘ 0219 069 515, Fax 0219 069 540,* 🍽 *– 🄿, 🄰🄴 🄾*
🕸 🄾🄲 *VISA*
**Rest** *(fermé sam. soir et dim.)* (17.50) 30 (midi)/49 et à la carte 46/80 – **9 ch** 🍽
⭐98/128 ⭐⭐138/168.
• Établissement bordant la place centrale du village. Chambres fonctionnelles dotées
de meubles en bois clair. Salle à manger intime et chaleureuse. Coup d'oeil sur le château depuis la terrasse dressée en été sur le devant.

※※ **Gare** avec ch, 13 av. de la Gare, *℘ 0219 061 250, hotelgare.suter@ praznet.ch,*
🕸 *Fax 0219 068 204,* 🍽 *– 🍽 rest,* 📞 🄿 *– 🄰 15/50.* 🄾🄲 *VISA*
*fermé 25 déc. au 9 janv. et 23 juil. au 14 août* – **Rest** *(fermé dim. et lundi)* (17) 41
(midi)/98 et à la carte 57/96 🕸 *– 7 ch* 🍽 ⭐95 ⭐⭐135.
• Adresse sans prétention où vous trouverez le gîte et, moins accessoirement, le
couvert. Salle de restaurant ornée de toiles modernes. Carte classique. Chambres de
mise simple.

---

**LUCERNE** *Luzern* 🎯🎯🎯 *O7 – voir à Luzern.*

---

**LÜDERENALP** *Bern* 🎯🎯🎯 *L7 – siehe Sumiswald.*

Lago di Lugano

# LUGANO

*6900 Ticino (TI)* 🔳🔳🔳 R13 *– 26 297 ab. – alt. 273*

*Bern 271* ① *– Bellinzona 28* ① *– Como 30* ④ *– Locarno 40* ① *– Milano 78* ④

🄱 *Lugano Turismo, Palazzo Civico, Piazza della Riforma,* 𝒫 *0919 133 232, info@lugano-tourism.ch, Fax 0919 227 653* Z.

🕸 *via S. Balestra 3,* 𝒫 *0919 116 565, Fax 0919 116 566* AV.

✈ *di Agno Sud-Ovest : 6 km* 𝒫 *0916 101 616, Fax 0916 101 620.*

**Compagnie aeree**
*Swiss International Air Lines Ltd.,* 𝒫 *0848 852 000, Fax 0916 104 701.*
*Alitalia Piazza Cioccaro 11,* 𝒫 *0848 848 017, Fax 0919 220 565.*

**Manifestazioni locali**
*aprile – giugno : Lugano Festival, concerti di musica classica.*
*06.07 – 08.07 : "Estival Jazz" festival internazionale.*
*31.08 – 03.09 : Lugano Blues to Bop Festival.*

🛳 *a Magliaso,* ✉ *6983,* 𝒫 *0916 061 557, Fax 0916 066 558, per* ⑤ *: 10 km.*

**Vedere** : *Lago*★★ BX *– Parco Civico*★★ ABX *– Affreschi*★★ *nella chiesa di Santa Maria degli Angioli* Z.

**Dintorni** : *Monte San Salvatore*★★★ *15 mn di funicolare* AX *– Monte Generoso*★★★ *15 km per* ③ *e treno – Monte Brè*★★ *Est : 10 km o 20 mn di funicolare* BV *– ⩽* ★★ *dalla strada per Morcote – Morcote*★★ *per* ③ *: Sud 8 km – Monte Tamaro ⩽* ★ *per* ④ *: Nord-Ovest 15 km e cabinovia da Rivera-Monte Lema*★ *per* ⑤ *Nord-Ovest 17 km e per cabinovia Carona Sud 4 km : affreschi*★ *della chiesa di San Giorgio – Melide Sud 7 km : Swissminiatur*★.

**Navigazione** : *Informazioni Società Navigazione Lago di Lugano, viale Castagnola 12,* 𝒫 *0919 715 223, Fax 0919 712 793.*

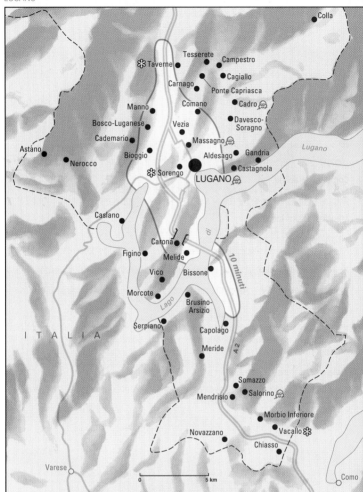

**🏨** **Grand Hotel Villa Castagnola** ⚜, viale Castagnola 31, ⌧ 6906 Lugano-Cassarate, ℰ 0919 732 555, *info@villa-castagnola.com*, *Fax 0919 732 550*, ⩽, ☂,
⨂, 𝐼ᴛ, ⩳ₛ, ⬚, ≋, ✖, ♨, ▦ – ▤, ❊ cam, ▤ cam, ✆ ⚏ ⻔ – ⚿ 15/60. ⅀
⑩ ⑯ **VISA**. ❊
BX n

Rist (vedere rist. **Arté** ) – **Le Relais** : Rist 56 (mezzogiorno)/98 ed alla carta 74/114 – **73 cam** ⊒ ✦280/400 ✦✦400/560, 20 suites – ½ P sup. 65.

♦ Ambiente vellutato per questo hotel sito in un giardino dalla flora subtropicale. Arredi di stile garantiscono un'amenità totale nelle lussuose camere. Assaporate una cucina creativa nella signorile sala da pranzo del Relais, come nella terrazza sul parco

**🏨** **Splendide Royal,** riva Caccia 7, ℰ 0919 857 711, *info@splendide.ch*
*Fax 0919 857 722*, ⩽ lago e monti, ⩳ₛ, ⬚ – ▤, ❊ cam, ▤ ✆ ⚏ ⻔ – ⚿ 15/80
⅀ ⑩ ⑯ **VISA**. ❊ rist
AX e

Rist (45) 78 ed alla carta 71/157 – **96 cam** ⊒ ✦320/420 ✦✦400/650, 3 suites – ½ P sup. 75.

♦ Antica villa adibita ad hotel da oltre 100 anni ; recente aggiunta di un'ala nuova ma la parte vecchia è più elegante e raffinata. Sublime vista sul lago. Il ristorante riprende il lussuoso stile dell'albergo e nell'arredamento e nella cucina di linea classica

🏨 **Villa Principe Leopoldo e Residence** ⊗, via Montalbano 5, 𝒫 0919 858 855, *info@leopoldohotel.com, Fax 0919 858 825*, ≤ lago e monti, 𝑖ℴ, ⊜s, ⊿, ☞, ☆ – 🛗 ▤ ☍ ⇔ 🅿 – 🏧 15/250. ㏂ ① ⓿ 𝚅𝙸𝚂𝙰　　　　　　　　　　　　　AX m
**Rist** (vedere rist. **Principe Leopoldo**) - **33 cam** ⊡ ⋆370/560 ⋆⋆470/685, 4 suites.
♦ Villa patrizia della fine del XIX sec. ubicata in zona verdeggiante, i cui interni sono impreziositi da un mobilio di classe. Ampie camere rivolte verso il golfo di Lugano.

**Residence** 🏨, ⊗, via Montalbano 5, 𝒫 0919 858 855, *info@leopoldohotel.com, Fax 0919 858 825*, ⇑, ⊜s, ⊿, ☞, ☆ – 🛗, ⇥ cam, ▤ cam, ☍ ⇔ 🅿 – 🏧 40. ㏂ ① ⓿ 𝚅𝙸𝚂𝙰. ☆ rist　　　　　　　　　　　　　　　　AX m
*aprile - settembre* – **Café Leopoldo** : **Rist** alla carta 66/104 – **32 cam** ⊡ ⋆390/500 ⋆⋆490/590, 6 suites.
♦ Immerso nel verde e non lontano dalla villa Principe Leopoldo. Camere spaziose, arredamento moderno e di buon gusto. Sala prima colazione ; le proposte della carta rappresentano però una simpatica alternativa al ristorante gastronomico del Principe Leopoldo.

🏨 **Grand Hotel Eden,** riva Paradiso 1, ✉ 6901 Lugano-Paradiso, 𝒫 0919 859 200, *welcome@edenlugano.ch, Fax 0919 859 250*, ≤ lago e circondario, ⇑, ⊘, 𝑨ℴ, 🖽 – 🛗, ⇥ cam, ▤ ☍ ⇔ 🅿 – 🏧 15/300. ㏂ ① ⓿ 𝚅𝙸𝚂𝙰. ☆ rist　　　　AX t
**Oasis** : **Rist** 85 ed alla carta 76/117 – **109 cam** ⊡ ⋆216/340 ⋆⋆360/556, 8 suites – ½ P sup. 70.
♦ Camere eleganti o più sobrie ripartite tra due strutture collegate tra loro. Terrazza-solarium sul lago con piscina di acqua salina. Bella vista del bacino lacustre dalla vetrata o dalla terrazza del ristorante. Cucina classica e variata.

🏨 **Parco Paradiso,** via Carona 27, ✉ 6902 Lugano-Paradiso, 𝒫 0919 931 111, *info@parco-paradiso.com, Fax 0919 931 011*, ≤ lago, monti e città, ⇑, 𝑖ℴ, ⊜s, ⊿, ☞ – 🛗, ⇥ cam, ⇔ 🅿 – 🏧 40. ㏂ ① ⓿ 𝚅𝙸𝚂𝙰. ☆ rist　　　　　　AX f
**La Favola** : **Rist** alla carta 62/95 – **17 cam** ⊡ ⋆190/320 ⋆⋆290/420, 48 suites – ½ P sup. 50.
♦ Struttura moderna, nella parte alta della città con grandi camere, quasi tutte rivolte verso il lago e con balconi. Bel giardino d'inverno e pasti esotici al Tsukimi Tei. Al "La Favola" sala da pranzo e terrazza panoramica per una cucina moderna.

🏨 **De la Paix,** via Cattori 18, 𝒫 0919 606 060, *booking@delapaix.ch, Fax 0919 606 066*, ⇑, ⊿ – 🛗, ⇥ cam, ▤ ☍ ⅋ cam, 🅿 – 🏧 15/500. ㏂ ① ⓿ 𝚅𝙸𝚂𝙰. ☆　　　　　　　　　　　　　　　　　　　　　　　　　　　　AX s
**Rist** (grill/pizzeria) alla carta 50/100 – **131 cam** ⊡ ⋆225/245 ⋆⋆290/310 – ½ P sup. 50.
♦ Ubicato sull'arteria che conduce verso l'autostrada, propone camere di diverse tipologie e spazi comuni ben distribuiti. Ideale per l'attività congressuale. Il ristorante propone una cucina ispirata alla tradizione gastronomica italiana.

🏨 **Bellevue au Lac,** riva A. Caccia 10, ✉ 6902 Lugano-Paradiso, 𝒫 0919 943 333, *info@hotelbellevue.ch, Fax 0919 941 273*, ≤, ⇑, ⊿ – 🛗 ⇥, ▤ rist, 🅿 – 🏧 15/80. ㏂ ⓿ 𝚅𝙸𝚂𝙰 . ☆ rist　　　　　　　　　　　　　　　　　AX e
*chiuso dal 3 gennaio al 15 marzo* – **Le Gourmet** *(chiuso dal 3 gennaio al 1º aprile)*
**Rist** alla carta 40/106 – **67 cam** ⊡ ⋆175/285 ⋆⋆305/385 – ½ P sup. 50.
♦ Caratteristico albergo che si affaccia direttamente sulle rive del lago di Lugano. Camere rinnovate, alcune con bella vista. Interni confortevoli di discreta eleganza. Ristorante con veranda, cucina elaborata con perizia e fantasia.

🏨 **Lugano Dante** senza rist, piazza Cioccaro 5, 𝒫 0919 105 700, *info@hotel-luganodante.com, Fax 0919 105 777* – 🛗 ⇥ ▤ ☍ ⇔ – 🏧 15/180. ㏂ ① ⓿ 𝚅𝙸𝚂𝙰. ☆　　　　　　　　　　　　　　　　　　　　　　　　　　　　Y a
**80 cam** ⊡ ⋆180/250 ⋆⋆260/330, 3 suites.
♦ Edificio di fine Ottocento situato nel centro città e riportato al suo antico splendore. Ampie camere tutte rinnovate e climatizzate, arredate con mobilio di qualità.

🏨 **Holiday Inn,** via Geretta 15, ✉ 6902 Lugano-Paradiso, 𝒫 0919 863 838, *holidayinn.lugano@alliancealberghi.com, Fax 0919 863 839*, ⇑, ⊜s, ⊿, 🖾 – 🛗, ⇥ cam, ▤ ⅋ cam, ⇔ – 🏧 40. ㏂ ① ⓿ 𝚅𝙸𝚂𝙰. ☆ rist　　　　　　　　　AX v
**Nelson** : **Rist** (22) 38 (mezzogiorno) ed alla carta 50/95 – **92 cam** ⊡ ⋆170/220 ⋆⋆240/320.
♦ Ristrutturato di recente, offre camere dal mobilio moderno e funzionale. Approfittatte della vista che si gode dalla piscina su terrazza panoramica. Il bar caffé propone una ristorazione basata su una cucina d'impronta tradizionale.

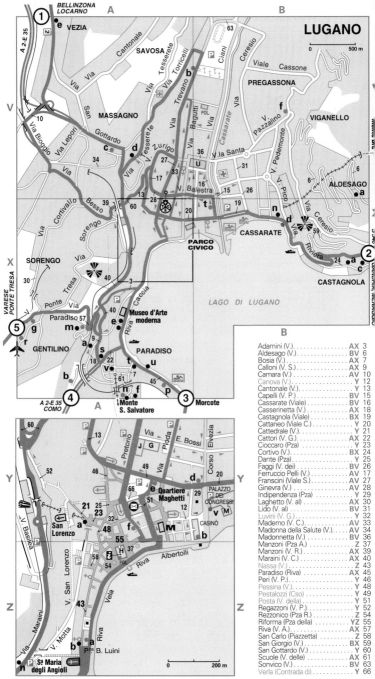

LUGANO

0    500 m

BELLINZONA
LOCARNO

VEZIA
SAVOSA
PREGASSONA
VIGANELLO
MASSAGNO
ALDESAGO
CASSARATE
CASTAGNOLA
SORENGO
PARCO CIVICO
LAGO DI LUGANO
Museo d'Arte moderna
PARADISO
GENTILINO
Monte S. Salvatore
Morcote
A 2-E 35 COMO
VARESE PONTE TRESA

San Lorenzo
Quartiere Maghetti
PALAZZO DEI CONGRESSI
CASINÒ
St° Maria degli Angioli
B. Luini

0    200 m

296

🏨 **Du Lac,** riva Paradiso 3, ⊠ 6902 Lugano-Paradiso, ℘ 0919 864 747, dulac@dul
ac.ch, Fax 0919 864 748, ≤ lago e monti, 🍽, 🛥, ⬛, 🍃, 🖵 – 🛗 🖐, 🍽 rist, 🅿
– 🔏 20. 🆎 ① 🐗 VISA. 🦅 AX u
chiuso gennaio – **L'Arazzo :** Rist (23) ed alla carta 56/103 – **53 cam** ⊆ ✸140/220
✸✸266/380 – ½ P sup. 50.
◆ Costruzione cubica, confortevole, di fronte al Ceresio. Dispone di una terrazza sul
lago con piscina. Bellissima vista sul golfo e sui monti circostanti. Ristorante moderno
con sala da pranzo da cui si domina il lago. Cucina d'ispirazione mediterranea.

🏨 **Delfino,** via Casserinetta 6, ⊠ 6902 Lugano-Paradiso, ℘ 0919 859 999, info@
delfinolugano.ch, Fax 0919 859 900, 🍽, 🍃, 🗔 – 🛗 🖐, 🍽 rist, 🕿 🕬 – 🔏 25.
🆎 ① 🐗 VISA. 🦅 rist AX a
chiuso gennaio - febbraio – **Rist** 30 (mezzogiorno)/55 ed alla carta 48/76 – **50 cam**
⊆ ✸150/190 ✸✸230/250 – ½ P sup. 30.
◆ Albergo familiare, un po' decentrato, è stato totalmente rinnovato. Le splendide
zone comuni si aprono sulla terrazza solarium con piscina. Nuova impostazione per
il ristorante che propone una cucina della tradizione.

🏨 **Parkhotel Villa Nizza** 🍃, via Guidino 14, ⊠ 6902 Lugano-Paradiso,
℘ 0919 941 771, hotelnizza@swissonline.ch, Fax 0919 941 773, ≤ lago e monti, 🗔,
🍃 – 🛗 🅿. 🆎 ① 🐗 VISA. 🦅 rist AX f
16 marzo - fine ottobre – **Rist** (solo snack a mezzogiorno) 46 ed alla carta 41/78
– **21 cam** ⊆ ✸145/170 ✸✸190/270, 4 suites – ½ P sup. 35.
◆ In posizione collinare, tranquilla, domina il golfo di Lugano. Ottima vista sui dintorni.
Belle camere accoglienti e tutte diverse. Al ristorante troverete anche piatti preparati
con prodotti biologici di produzione propria ; Merlot della casa.

🏨 **International au Lac,** via Nassa 68, ℘ 0919 227 541, info@hotel-internation
al.ch, Fax 0919 227 544, 🍽, 🗔, 🍃 🕬 – 🛗 🔏 50. 🆎 ① 🐗 VISA. 🦅 rist
aprile - 23 ottobre – **Rist** (20) 42 ed alla carta 39/74 – **79 cam** ⊆ ✸110/185
✸✸190/298 – ½ P sup. 32. Z b
◆ Accanto alla chiesetta di Santa Maria degli Angeli sorge questo complesso dotato
di terrazza con piscina. Camere di stile tradizionale, tranquille e confortevoli. Sala da
pranzo con un arredamento classico per una proposta culinaria di carattere mediterraneo.

🏨 **Albatro,** via Clemente Maraini 8, ℘ 0919 210 921, info@albatro.ch,
Fax 0919 210 927, 🍽, 🗔, 🍃 – 🛗 🖐 🍽 🕿 🕬. 🆎 ① 🐗 VISA. 🦅 rist Z n
**Rist** (chiuso a mezzogiorno) 30 ed alla carta 38/67 – **40 cam** ⊆ ✸135/185
✸✸180/240 – ½ P sup. 35.
◆ Costruzione moderna, munita di giardino con piscina, meta di molti uomini d'affari
grazie alla sua posizione centrale. Camere funzionali e ben insonorizzate. Ristorante
di taglio contemporaneo, sobrio. Propone una carta locale con accenti italiani.

XXX **Rist. Principe Leopoldo** - Villa Principe Leopoldo e Residence, via Montalbano 5,
℘ 0919 858 855, info@leopoldohotel.com, Fax 0919 858 825, ≤ lago e dintorni,
🍽 – 🅿. 🆎 ① 🐗 VISA. 🦅 AX m
**Rist** 118/135 (sera) ed alla carta 92/154 🍃.
◆ In estate, all'interno sontuoso della sala dell'Hotel "Principe Leopoldo", preferite
la terrazza. Cucina ricca e creativa, con influenze sia italiane che francesi.

XXX **Al Portone,** viale Cassarate 3, ℘ 0919 235 511, Fax 0919 716 505 – 🆎 ① 🐗
VISA. 🦅 BX t
chiuso dal 1º al 9 gennaio, dal 23 luglio al 7 agosto, domenica e lunedì – **Rist** (coperti
limitati - prenotare) 58 (mezzogiorno)/150 ed alla carta 84/156.
◆ Uno degli ultimi locali tradizionali, dall'interno rustico-elegante. Cucina contem-
poranea, connubio tra gli ingredienti scelti con cura e la passione dello chef.

XXX **Arté** - Grand Hotel Villa Castagnola, piazza Emilio Bossi 7, ⊠ 6906 Lugano-
Cassarate, ℘ 0919 734 800, info@villa-castagnola.com, Fax 0919 732 550, ≤ – 🍽.
🆎 ① 🐗 VISA. 🦅 BX d
chiuso dal 2 al 21 gennaio, dal 1º al 19 agosto, domenica e lunedì – **Rist** 55
(mezzogiorno)/98 ed alla carta 75/114.
◆ Locale elegante e moderno, arredato secondo i toni del grigio e nero, affacciato
direttamente sul lago. La cucina esplora con fantasia e competenza il regno della
creatività.

XX **Al Faro,** riva Paradiso 36, ⊠ 6902 Lugano-Paradiso, ℘ 0919 945 141, info@bo
rdognaweb.com, Fax 0919 930 094 - 🖐 🍽 🅿. 🆎 ① 🐗 🐗. 🦅 AX p
chiuso lunedì – **Rist** - specialità di mare - 48 (mezzogiorno) ed alla carta 60/124.
◆ Ai piedi del San Salvatore, locale dal tono elegante ed in stile marinaro, propone una
cucina di carattere mediterraneo basata soprattutto su specialità di pesce di mare.

XX **La Perla del Lago,** via Stauffacher 1, 🖋 0919 737 272, info@casinolugano.ch, Fax 0919 737 273, 🍴 – 🔲. 🔣 ⓪ 🐵 VISA. 🛇                                       Y  b
chiuso sabato e domenica a mezzogiorno – **Rist** (24) 33 (mezzogiorno)/76 ed alla carta 59/111.
   ◆ La completa ristrutturazione dell'edificio del Casinò ha incluso anche l'area del ristorante che oggi si presenta elegantemente rinnovato. Magnifica terrazza panoramica.

XX **Orologio,** via Nizzola 2, 🖋 0919 232 338, info@ristorante-orologio.ch, Fax 0919 231 210 – 🔲. 🔣 ⓪ 🐵 VISA                                            Y  e
chiuso agosto, sabato dal giugno al luglio e domenica – **Rist** (28) 45 (mezzogiorno)/75 ed alla carta 63/106.
   ◆ Storico ristorante di Lugano sapientemente rinnovato, presenta un ingresso bar che anticipa la sala con arredi eleganti dalle tonalità chiare e graziosi lampadari in seta.

XX **Scala,** via Nassa 29, 🖋 0919 220 958, ristorantescala@ticino.com, Fax 0919 237 542, 🍴 – 🌭 🔲 ⇔ 20. 🔣 🐵 VISA. 🛇                               Z  a
chiuso dal 1° al 10 gennaio e domenica – **Rist** (29) 40 (mezzogiorno) ed alla carta 58/120.
   ◆ Locale ben situato, vicino al lago, dall'ambiente signorile i cui tavoli sono piuttosto ravvicinati. Cucina tradizionale che segue il ritmo delle stagioni.

XX **Cyrano,** corso Pestalozzi 27, 🖋 0919 222 182, info@bistrotcyrano.ch, Fax 0919 222 282, 🍴 – 🔣 ⓪ 🐵 VISA                                         Y  d
chiuso dal 23 giugno al 10 luglio, sabato, domenica e giorni festivi – **Rist** (24) ed alla carta 42/77.
   ◆ Ristorante moderno, luminoso. La cucina, regionale ed italiana, è basata sulle offerte stagionali ed è ricercata. Un pizzico di creatività accompagna tutti i piatti !

XX **Tinello del Parco Ciani (Mövenpick),** piazza Indipendenza 4, 🖋 0919 238 656, restaurant.parcociani@moevenpick.com, Fax 0919 235 974, 🍴 – 🔲 ⇔ 90. 🔣 ⓪ 🐵 VISA                                                            Y  v
chiuso luglio ed agosto – **Rist** (19.50) ed alla carta 40/98.
   ◆ Ubicazione particolarmente gradevole all'entrata del Parco Civico nel quale, in estate, potete usufruire del servizio all'aperto. Al "Tinello" servizio più curato.

X **Osteria Ticinese da Raffaele,** via Pazzalino 19, ✉ 6962 Viganello, 🖋 0919 716 614, 🍴 – 🔣 🐵 VISA                                                BV  f
chiuso sabato a mezzogiorno e domenica – **Rist** - specialità alla griglia - (prenotare) (16) ed alla carta 41/82.
   ◆ Locale dall'ambiente caratteristico a conduzione familiare. Proposte originali con largo uso della griglia e dei prodotti del mercato. In estate servizio anche esterno.

X **Grotto Grillo,** via Ronchetto 6, 🖋 0919 701 818, grottogrillo@bluewin.ch, Fax 0919 701 816, 🍴 – 🔲 🔣 ⓪ 🐵 VISA. 🛇                                 AV  b
chiuso dal 24 dicembre al 16 gennaio, dal 20 giugno al 3 luglio, sabato a mezzogiorno e domenica – **Rist** (coperti limitati - prenotare) (18) ed alla carta 44/83.
   ◆ Nella zona dello Stadio, un grotto di lunga tradizione risalente a fine '800. Ambiente caldo con tocchi eleganti e proposte adatte alle aspettative dei palati più diversi.

X **Locanda del Boschetto,** Cassarina, via Boschetto 8, 🖋 0919 942 493, ninuzzo@ticino.com, Fax 0919 944 495, 🍴 – 🌭 🄿 🔣 ⓪ 🐵 VISA            AX  b
chiuso dal 15 al 29 agosto e lunedì – **Rist** - specialità alla griglia - (prenotare la sera) alla carta 32/99.
   ◆ Caseggiato rustico a due passi dal centro. Nella bella stagione servizio esterno in luogo ombreggiato : ideale per gustare grigliate di pesce in un ambiente tradizionale.

X **Bottegone del vino,** via Magatti 3, 🖋 0919 227 689, Fax 0919 227 691 – 🔲. 🔣 ⓪ 🐵 VISA                                                               Y  f
**Rist** (chiuso domenica e giorni festivi) (32) ed alla carta 67/95 🌦.
   ◆ Grandi tavole apparecchiate vi faranno apprezzare la trascinante atmosfera conviviale. Piatti, formaggi e salumi con più di 100 etichette di vini, serviti anche a bicchiere.

X **Osteria Calprino,** via Carona 28, ✉ 6902 Lugano-Paradiso, 🖋 0919 941 480, calprino@ticino.com – 🌭 🐵 VISA                                            AX  n
chiuso dal 1° al 16 agosto e mercoledì – **Rist** (coperti limitati - prenotare) (20) ed alla carta 59/76.
   ◆ L'indirizzo da avere ! Ideale per gustare i tipici prodotti ticinesi primi fra tutti la polenta cotta sul fuoco del camino, nonché i vini locali. La prenotazione è d'obbligo.

**a Vezia** *Nord : 3,5 km* AV *– alt. 368 –* ⊠ *6943 Vezia :*

🏨 **Motel Vezia,** via San Gottardo 32, ℰ 0919 663 631, *motel@motel.ch*, Fax *0919 667 022*, 🏊, 🛩 – ⇔ cam, 🍽 rist, 🐾 👌 cam, ⇔ 🅿. 🆎 🕦 🆚 **VISA**
AV e
*Albergo : chiuso dal 17 dicembre al 31 gennaio – Rist (1º marzo - 14 novembre) (chiuso a mezzogiorno) (21) 28 ed alla carta 28/59 – ⊃ 12 – **50 cam** ✦129/139 ✦✦169/189 – ½ P sup. 35.*

◆ La tappa ideale per chi è di passaggio ! Le camere sono confortevoli ed alcune sono provviste del proprio garage. Giardino con piscina. L'ambiente semplice caratterizza il ristorante del Motel Vezia, con un giardino d'inverno integrato. Aperto la sera.

**a Lugano-Castagnola** *Est : 3 km* BX *– alt. 325 –* ⊠ *6976 Castagnola :*

🏨🏨 **Carlton Villa Moritz** 🦢, via Cortivo 9, ℰ 0919 713 812, *hotel@carlton-villa-moritz.ch*, Fax *0919 713 814*, ≤, �ூ, 🏊, 🛩 – 🛗 ⇔ 🚗. 🆎 🕦 **VISA** 🕸
BX a
*2 aprile - 21 ottobre – Rist (23) 32 (mezzogiorno)/38 ed alla carta 40/61 – **47 cam** ⊃ ✦105/125 ✦✦190/220 – ½ P sup. 32.*

◆ Due edifici separati dalla terrazza con piscina sorgono in una verdeggiante zona residenziale. Camere disparate ; preferite quelle rinnovate. Ambiente classico nella sala da pranzo ; servizio estivo nel giardino fiorito. Offerta culinaria tradizionale.

**ad Aldesago** *Est : 6 km* BV *verso Brè – alt. 570 –* ⊠ *6974 Aldesago :*

🏨🏨 **Colibrì**, via Bassone 7, ℰ 0919 714 242, *hotel.colibri@swissonline.ch*, Fax *0919 719 016*, ≤ lago e città di Lugano con dintorni, �ூ, 🏊, 🛩 – 🛗, ⇔ rist, 🐾 🅿 – 🔏 30. 🆎 🕦 🆚 **VISA** 🕸 rist
BV a
*chiuso dal 3 gennaio al 28 febbraio – Rist (24) 42 ed alla carta 35/89 – **30 cam** ⊃ ✦100/190 ✦✦150/260 – ½ P sup. 35.*

◆ Città e lago in un solo colpo d'occhio dalla piscina, dalle terrazze panoramiche e dalle camere ampie e luminose di questo albergo sul monte Brè. Ottima anche la vista che si gode dalla sala da pranzo e dalla terrazza del ristorante. Carta tradizionale.

**a Sorengo** *Ovest : 3 km* AX *– alt. 350 –* ⊠ *6924 Sorengo :*

🏵 **Santabbondio** (Dalsass), via Fomelino 10, ℰ 0919 932 388, *santabbondio@blu ewin.ch*, Fax *0919 943 237*, �ூ – 🅿. 🆎 🕦 🆚 **VISA**. 🕸
AX g
*chiuso dal 2 al 15 gennaio, domenica e lunedì – Rist (prenotare) 58 (mezzogiorno)/168 ed alla carta 102/157 🕸 – **Bistrò** : Rist alla carta 54/98.*
**Spec.** I tortelli allo stinco di vitello agri-nature al tartufo estivo. Il medaglione di branzino selvatico al vapore profumato agli agrumi con olandese all'olio di oliva extra vergine. La lombatina di capriolo estivo con crosta di funghi trombette su passato di piselli (estate). **Vini** Merlot del Ticino, Ligornetto

◆ Ambiente elegante in cui gustare una raffinata cucina mediterranea a cui non manca un tocco di creatività. In estate il servizio si svolge sulla simpatica terrazza all'ombra. Al Bistrò le ricette della cucina italiana.

**a Massagno** *Nord-Ovest : 2 km* AV *– alt. 349 –* ⊠ *6900 Massagno :*

🏨🏨🏨 **Villa Sassa** 🦢, via Tesserete 10, ℰ 0919 114 111, *info@villasassa.ch*, Fax *0919 220 545*, ≤, �ூ, 🕦, 🛁, 🚇, 🏊, 🏊, 🛩 – 🛗, ⇔ cam, 🍽 cam, 🐾 ⇔ 🅿 – 🔏 80. 🆎 🕦 🆚 **VISA**. 🕸 rist
AV d
**Ai Giardini di Sassa** : Rist (36) 48 (mezzogiorno)/92 ed alla carta 62/112 – **17 cam** ⊃ ✦190/250 ✦✦310/390, 16 suites.

◆ La terrazza con giardino fiorito e vista lago è solo una delle attrattive di questa bella struttura dotata anche di una valida zona wellness. Camere di taglio moderno. In una struttura adiacente all'hotel il ristorante propone un menù moderno.

🍴 **Grotto della Salute**, via dei Sindacatori 4, ℰ 0919 660 476, �ூ – 🅿. 🆎 🕦 🆚 **VISA**
AV c
*chiuso dal 23 dicembre al 25 gennaio, dal 4 al 21 agosto, sabato e domenica – Rist (prenotare) 24 ed alla carta 42/71.*

◆ Caratteristico grotto ombreggiato da platani quasi centenari ove gustare una buona cucina stagionale con ricette legate al territorio. Prezzi interessanti.

Dietro questo simbolo rosso 🦢 ... un hotel tranquillo, per svegliarsi al canto degli uccelli.

**LUGNORRE** *1789 Fribourg (FR)* 552 G-H7 – *alt. 515.*
*Bern 37 – Neuchâtel 20 – Biel 35 – Fribourg 28 – Murten 12.*

XX **Auberge des Clefs,** 4 r. de Chenaux, ℰ 0266 733 106, *werner_raetz@bluew in.ch*, 🌣 – 🅿, 🖭 ⓪ ⓸ 𝘝𝘐𝘚𝘈
*fermé 2 sem. mars - avril, 2 sem. oct. - nov., merc. et jeudi* – **Rest** (1ᵉʳ étage) (nombre de couverts limité - prévenir) (menu unique) 69 (midi)/98 – *Bistro* : Rest à la carte 56/100.
◆ Dans un village perché au-dessus du vignoble, auberge de bonne réputation locale, où l'on fait des repas au goût du jour, valorisant les produits de saison. Bistrot servant des plats traditionnels connotés "terroir". Restaurant d'été à l'ombre des parasols.

---

**LULLY** *Genève* 552 A12 – *rattaché à Genève.*

---

**LÜSCHERZ** *2576 Bern (BE)* 551 H6 – *517 Ew. – Höhe 446.*
*Bern 41 – Neuchâtel 22 – Biel 16 – La Chaux-de-Fonds 42 – Murten 20.*

XX **3 Fische,** Hauptstr. 29, ℰ 0323 381 221, *3.fische@bluewin.ch*, Fax 0323 381 203, ⓢ 🌣 – 🅿, 🖭 ⓪ ⓸ 𝘝𝘐𝘚𝘈
*geschl. 3. - 27. Jan., Anfang Sept. 2 Wochen, Mittwoch und Donnerstag* – **Rest** (am Abend Tischbestellung ratsam) (16.50) 60/78 und à la carte 55/117.
◆ In der ehemaligen Klostertaverne a. d. 16. Jh. serviert man in gemütlichem rustikalem Ambiente traditionelle Küche mit vielen Fischgerichten. Gaststube und Säli.

XX **Zum Goldenen Sternen,** Hauptstr. 33, ℰ 0323 381 223, Fax 0323 382 402, ⓢ 🌣 – 🅿 𝘝𝘐𝘚𝘈
*geschl. 5. - 28. Feb., Montag und Dienstag* – **Rest** (18) 64/82 und à la carte 44/94.
◆ Das schöne Berner Haus beherbergt eine rustikale Stube sowie einen à la carte-Bereich mit einer stark auf Fisch ausgerichteten traditionellen Karte.

---

**LUTERBACH** *4542 Solothurn (SO)* 551 K6 – *3 107 Ew. – Höhe 433.*
*Bern 38 – Basel 67 – Biel/Bienne 25 – Langenthal 22.*

🏨 **Park Forum Wylihof** ⑩, Wylihof 43 (beim Golf ⑱), ℰ 0326 813 434, *parkf orum@wylihof.ch*, Fax 0326 813 435, 🄰 – ⇔ Zim, ⌨ 🅿 – 🔬 15/100. 🖭 ⓪ ⓸ 𝘝𝘐𝘚𝘈, ⑩
*geschl. 17. Dez. - 3. Jan.* – **Rest** (nur ½ Pens. für Hotelgäste) – **16 Zim** ⌲ ✦190 ✦✦225 – ½ P Zuschl. 39.
◆ Die geschmackvoll renovierte Villa mit Gästehaus liegt neben dem Golfplatz, inmitten einer schönen Parkanlage - ein Seminar- und Tagungshotel mit hellen, modernen Zimmern.

---

**LUTRY** *1095 Vaud (VD)* 552 E10 – *8 251 h. – alt. 402.*
*Bern 97 – Lausanne 4 – Montreux 19 – Genève 71 – Yverdon-les-Bains 41.*

🏨 **Le Rivage,** rue du Rivage, ℰ 0217 967 272, *info@hotelrivagelutry.ch*, Fax 0217 967 200, ≤, 🌣 – 🛗, 🔲 ch, ⌨ – 🔬 15/80. 🖭 ⓪ ⓸ 𝘝𝘐𝘚𝘈
**Rest** *(fermé 16 janv. au 13 fév. ; dim. soir et mardi sauf mai à sept.)* (18.50) 27 (midi)/50 et à la carte 45/85 – **33 ch** ⌲ ✦135/170 ✦✦210/240 – ½ P suppl. 30.
◆ Bâtisse ancienne dont la jolie terrasse borde le lac. Chambres souvent tournées vers le port et quelquefois pourvues d'un balcon. Restaurant doté d'une belle cheminée en bois sculpté utilisée en hiver ; repas sous les platanes en été. Carte actuelle.

XX **Auberge de Lavaux,** à La Conversion, 97 rte du Landar, ℰ 0217 912 909, ⓢ Fax 0217 916 809, 🌣 – 🅿 ⓪ ⓸ 𝘝𝘐𝘚𝘈
*fermé 26 déc. au 9 janv., 22 au 29 mai, 2 au 23 oct., dim. et lundi* – **Rest** 59 (midi)/145 et à la carte 68/129 – *Le Bistrot* : Rest (19) 65 et à la carte 62/108.
◆ Auberge de tradition où une végétation luxuriante envahit tant la salle à manger-véranda que la vaste terrasse très courtisée aux beaux jours. Carte actuelle. Bistrot évoquant une petite galerie de peinture avec ses toiles d'artistes locaux. Repas classique.

# LUZERN (LUCERNE)

*6000* 🅚 *Luzern (LU)* 🄵🄵🄵 *07 – 57 271 Ew. – Höhe 439*

*Bern 111* ⑤ *– Aarau 47* ⑤ *– Altdorf 40* ③ *– Interlaken 68* ③ *– Zürich 56* ⑤

🄱 *Tourist Information Luzern, Zentralstr. 5,* 𝄞 *0412 271 717, tourist.information
@luzern.org, Fax 0412 271 718 DZ.*

🌐 *Burgerstr. 22,* 𝄞 *0412 296 929, Fax 0412 296 930 CZ.*

## Lokale Veranstaltungen
*23.02 – 01.03 : Fasnacht.
25.04 – 30.04 : Goldene Rose, Festival für internationale Unterhaltungsprogramme.
11.08 – 17.09 : Internationale Musikfestwochen (Klassik).*

🄵 *Rastenmoos in Neuenkirch,* ✉ *6206,* 𝄞 *0414 670 426, Fax 0414 670 428, Nord-
West : 10 km per* ② *bis Emmen-Nord, dann Richtung Basel-Sursee, beim Bahnhof Rothenburg auf die Hasenmoosstrasse.*

🄵 *am Dietschiberg,* ✉ *6006 (April-Okt.)* 𝄞 *0414 209 787, Fax 0414 208 248, Nord-Ost :
4 km über Dietschbergstrasse BX ;*

🄵 *Sempachersee in Hildisrieden,* ✉ *6024 (März-Nov.)* 𝄞 *0414 627 171,
Fax 0414 627 172. Autobahn Richtung Basel, Ausfahrt Sempach : 18 km.*

**Sehenswert** : *Lage*★★★ *– Altstadt und Seeufer*★★ *: Altes Rathaus*★*, Weinmarkt*★ *CZ,
Jesuitenkirche St. Franz Xaver : Innenraum*★ *CZ, Kapellbrücke*★ *DZ, Hofkirche*★ *DY :
Innenraum*★ *– Uferstrassen DY : Ausblicke*★★ *vom Schweizerhofquai und Nationalquai
DY – Dietschiberg*★★ *(mit Standseilbahn) BX – Panorama*★ *DY – Museggmauer :
Aussicht*★ *CDY – Gütsch*★ *AX – Sammlung Rosengart*★★ *– Kultur und
Kongresszentum*★★.

**Museum** : *Verkehrshaus der Schweiz*★★★ *über* ②.

**Ausflugsziele** : *Pilatus*★★★ *: 15 km über* ③ *und Zahnradbahn – Rigi*★★★ *: 24 km über*
② *und Zahnradbahn.*

**Schiffahrten** : *Informationen bei der Schiffahrtsgesellschaft, Werftestr. 5,*
𝄞 *0413 676 767.*

Die Kappellbrücke

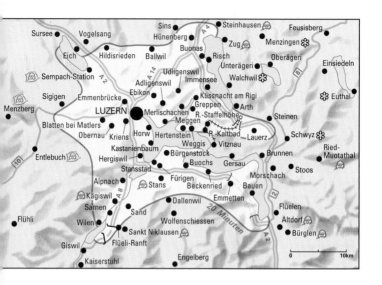

🏛 **Palace,** Haldenstr. 10, ✉ 6002, ☎ 0414 161 616, info@palace-luzern.ch, Fax 0414 161 000, ≤, ☎s – |🛗 ▤ 📞 🚗 – 🛗 15/200. 🄰🄴 ① 🆎 **VISA**
BX v
Rest (siehe auch Rest. **Jasper**) – 🍽 40 – **130 Zim** 🛉200/590 🛉🛉300/690, 6 Suiten.
♦ Das langgezogene Hotel am Seeufer überzeugt mit komfortablen, zeitgemässen Zimmern, teils in Pastelltönen, teils in kräftigen Farben gehalten - zur Seeseite mit schöner Sicht.

🏛 **Grand Hotel National,** Haldenstr. 4, ✉ 6006, ☎ 0414 190 909, info@nation al-luzern.ch, Fax 0414 190 910, ≤ Vierwaldstättersee und Berge, 🍴, ☎s, 🔲 – |🛗, 🙌 Zim, ▤ Zim, 📞 🅿 – 🛗 15/210. 🄰🄴 ① 🆎 **VISA**
BX a
**Trianon** (geschl. Montag) **Rest** (23) 85 (abends) und à la carte 58/119 – **Thai Lotus** ☎ 0414 108 038 - thailändische Küche (geschl. Dienstag) **Rest** (18.50) 32 (mittags)/75 und à la carte 57/100 – **Padrino** ☎ 0414 104 150 - italienische Küche - (geschl. Sonntag von Mitte Okt. - Ende März) **Rest** (34) und à la carte 57/93 – 🍽 35 – **41 Zim** 🛉295/465 🛉🛉380/645.
♦ Ende des 19. Jh. erbaut, wurde das klassische Grand Hotel von dem berühmten Hotelier Cäsar Ritz geleitet, für Gaumenfreuden sorgte August Escoffier - Namen, die verpflichten. Klassische Küche im Trianon. Marmorsäulen und Ölgemälde prägen das Padrino.

🏛 **Schweizerhof,** Schweizerhofquai 3, ✉ 6004, ☎ 0414 100 410, info@schweiz erhof-luzern.ch, Fax 0414 102 971, ≤, 🍴 – |🛗, ▤ Zim, 📞 🚗 – 🛗 15/500. 🄰🄴 ① 🆎 **VISA**
DY s
Rest (24) 45 (mittags)/118 und à la carte 50/128 – 🍽 30 – **101 Zim** 🛉260/410 🛉🛉380/550, 6 Suiten – ½ P Zuschl. 95.
♦ Das imposante Gebäude - nur durch eine Strasse vom See getrennt - bietet dem Gast Zimmer, die mit elegantem Holzmobiliar modern und komfortabel eingerichtet sind. Im Restaurant serviert man französische Küche und Fischgerichte. Einfachere Karte im Pavillon.

🏛 **Montana** �‍, Adligenswilerstr. 22, ✉ 6002, ☎ 0414 190 000, info@hotel-mon tana.ch, Fax 0414 190 001, ≤ Vierwaldstättersee und Berge – |🛗 🙌 📞 🛗 Zim, 🅿 – 🛗 15/50. 🄰🄴 ① 🆎 **VISA**
BX d
Rest (siehe auch Rest. **Scala**) – **62 Zim** 🍽 🛉210/380 🛉🛉280/440.
♦ Mit viel Platz, Ruhe und modernem, farbenfrohem Art déco-Stil überzeugen die Gästezimmer dieses geschmackvoll eingerichteten Hauses. Zugang zum See mit Standseilbahn.

303

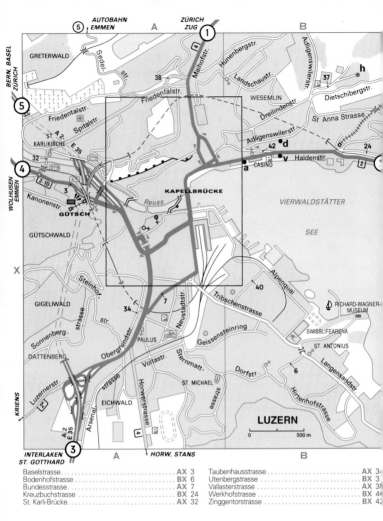

🏨 **The Hotel,** Sempacherstr. 14, ✉ 6002, 𝄞 0412 268 686, *info@ the-hotel.ch*, Fax 0412 268 690 – 🛗 🖵 video 📞 🚗, 🝙 ① ⓜ🛇 *VISA*   DZ
**Rest** (siehe auch Rest. *Bam Bou*) – ☐ 25 – **25 Zim** 🛉350/410 🛉🛉350/410.
◆ Das moderne Design des Hotels trägt die Handschrift von Jean Nouvel. Die Gäs-tezimmer sind verschiedenen Filmen gewidmet - erotische Filmszene ziert die Deck-der Räume.

🏨 **Wilden Mann** 🍴, Bahnhofstr. 30, ✉ 6003, 𝄞 0412 101 666, *mail@ wilden-m ann.ch*, Fax 0412 101 629, 🌫 – 🛗 🔆 📞 – 🛁 15/45. 🝙 ① ⓜ🛇 *VISA*   CZ n
**Rest** (23) 45 (mittags)/107 und à la carte 47/105 ⅋ – **50 Zim** ☐ 🛉105/26 🛉🛉265/380 – ½ P Zuschl. 52.
◆ Die Zimmer des ruhig gelegenen, aus 7 Altstadthäusern zusammengesetzte Hotels aus dem 16. Jh. sind unterschiedlich im Zuschnitt und mit Stilmöbel geschmackvoll eingerichtet. Gehoben-rustikales à la carte-Restaurant - ergänzt durc eine einfachere Gaststube.

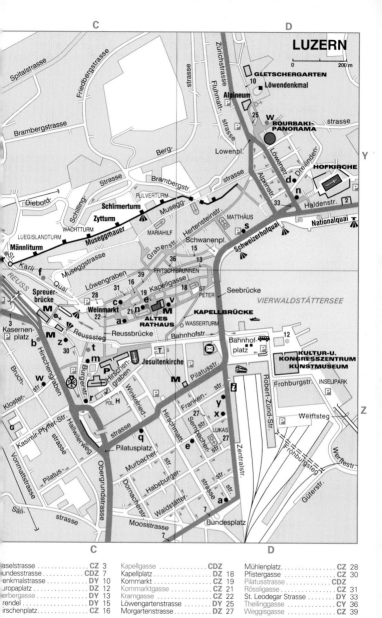

# LUZERN

0          200 m

GLETSCHERGARTEN
Löwendenkmal
Alpineum
BOURBAKI-PANORAMA
HOFKIRCHE
Nationalquai
Schweizerhofquai
Drei linden
Haldenstr.
Lowenpl.
MATTHÄUS
Schwanenpl.
Seebrücke
VIERWALDSTÄTTERSEE
KAPELLBRÜCKE
WASSERTURM
Bahnhofstr.
Bahnhofplatz
KULTUR-U. KONGRESSZENTRUM
KUNSTMUSEUM
Frohburgstr.    INSELIPARK
Werftsteg
Werftestr.
Güterstr.
Bundesplatz
Pilatusplatz
Jesuitenkirche
ALTES RATHAUS
Weinmarkt
Löwengraben
Kapellgasse
Kapellplatz
Spreuerbrücke
Reussbrücke
Reusssteg
Kasernenplatz
Männliturm
Museggmauer
Zytturm
Schirmerturm
PULVERTURM
WACHTTURM
LUEGISLANDTURM
Schilling
Diebold
Bramergstr.
Musegg-
Hertensteinstr.
MARIAHILF
Grab en str.
FRITSCHIBRUNNEN
Museggstrasse
St. Karli
Karli
Qual
REUSS
Hirschengraben
Burgerstr.
Hirschengraben
Winkelried-
Hirschmatt
Sempacher
LUKAS
Zentralstr.
Robert-Zünd-Str.
Frohburgstr.
Fröhburgsteg
Spitalstrasse
Friedbergstrasse
Brambergstrasse
Berg-
Strasse
Flumatt-strasse
Zürichstrasse
Löwenstr.
Alpenstr.
St. Leodegar Strasse
Theilinggasse
Weggisgasse
Kloster-
Kasimir-Pfyffer-Str.
Hallwilerweg
Pilatus
Vonmattstrasse
Säli-
strasse
Obergrundstrasse
Murbacher
Domacherstr.
Habsburger-
Waldstätter-
Moosstrasse
Franken-
Pilatusstr.

Hôtels et restaurants bougent chaque année.
Chaque année, changez de guide Michelin !

🏨 **Des Balances** 🕭, Weinmarkt, ⊠ 6004, ☎ 0414 182 828, *info@balances.ch*
Fax 0414 182 838, ≤, 🍴 – 🛗, ⇆ Zim, 📞 – 🔬 15/45. 🖭 ◑ ⚙ 𝘝𝘐𝘚𝘈 a
**Rest** (24) 79 (abends) und à la carte 51/107 – **54 Zim** ⬩ ✝210/340 ✝✝280/360
3 Suiten.
◆ Ruhig zwischen Fussgängerzone und Reuss liegt dieses Hotel mit der im Stil von
Hans Holbein bemalten Fassade. Hier beziehen Sie gut ausgestattete Zimmer mit
schöner Aussicht. Restaurant mit zeitgemässer Küche.

🏨 **Continental-Park,** Murbacherstr. 4, ⊠ 6002, ☎ 0412 289 050, *hotel@conti-*
🕭 *ental.ch*, Fax 0412 289 059, 🍴 – 🛗, ⇆ Zim, 📺 📞 🕭 ⇆ – 🔬 15/120. 🖭 ◑
⚙ 𝘝𝘐𝘚𝘈　　　　　　　　　　　　　　　　　　　　　　　　　　　DZ ⟩
**Rest** - italienische Küche - (15) und à la carte 43/96 – **92 Zim** ⬩ ✝150/250
✝✝270/380 – ½ P Zuschl. 35.
◆ Am Zentrumsrand neben einem kleinen Park gelegen, bietet dieses moderne Stadt-
hotel mit hellem Buchenholzmobiliar gut ausgestattete Zimmer von angenehmer
Grösse. Sie speisen im Bellini oder im gehobeneren, ebenfalls modern eingerichteten
Locanda Ticinese.

🏨 **Astoria,** Pilatusstr. 29, ⊠ 6003, ☎ 0412 268 888, *info@astoria-luzern.ch*
Fax 0412 104 262, 🍴 – 🛗 🕭 Rest. 🖭 ◑ ⚙ 𝘝𝘐𝘚𝘈　　　　　　　CZ c
**Rest** (siehe auch Rest. **Thai Garden**) – **La Cucina** - italienische Küche - *(geschl. Sams-*
*tagmittag und Sonntagmittag)* **Rest** (20) 64 (abends) und à la carte 63/91 – **Latino**
**Rest** (Tischbestellung ratsam) (25) 69 und à la carte 53/94 – **196 Zim** ⬩ ✝150/250
✝✝200/340 – ½ P Zuschl. 20.
◆ Die Gästezimmer in diesem Hotel sind mit Parkettfussboden ausgestattet und
modern mit hellem, funktionellem Mobiliar eingerichtet. Latino : lebhaftes Lokal mit
originellem Ambiente. Eine schöne antike Holzdecke ziert das La Cucina.

🏨 **Cascada,** Bundesplatz 18, ⊠ 6003, ☎ 0412 268 088, *info@cascada.ch*
🕭 Fax 0412 268 000 – 🛗, ⇆ Zim, 📞 🕭 📞 – 🔬 15/80. 🖭 ◑ ⚙ 𝘝𝘐𝘚𝘈　　　DZ a
**Bolero** - spanische Küche - *(geschl. Samstag und Sonntag jeweils mittags)* **Rest** (19)
65 und à la carte 46/88 – **63 Zim** ⬩ ✝165/220 ✝✝245/290 – ½ P Zuschl. 45
◆ Dieses moderne Geschäftshotel bietet nicht nur dem beruflich Reisenden Zimmer,
die funktionell und praktisch eingerichtet sind und zeitgemässen Komfort bieten. Im
Bolero : neuzeitliches Ambiente in warmen Farben.

🏨 **Krone** 🕭 garni, Weinmarkt 12, ⊠ 6004, ☎ 0414 194 400, *info@krone-luzern.ch*
Fax 0414 194 490 – 🛗 ⇆ 📞. 🖭 ◑ ⚙ 𝘝𝘐𝘚𝘈　　　　　　　　　　CZ e
**25 Zim** ⬩ ✝140/210 ✝✝210/300.
◆ Hinter der schön bemalten Fassade dieses beim Weinmarkt gelegen Hauses erwarten Sie moderne, farblich unterschiedlich gestaltete Zimmer mit hellem Holzmobiliar.

🏨 **Magic Hotel** 🕭 garni, Brandgässli 1, am Kornmarkt, ⊠ 6004, ☎ 0414 194 400,
*info@krone-luzern.ch*, Fax 0414 194 490 – 🛗 📞. 🖭 ◑ ⚙ 𝘝𝘐𝘚𝘈　　　CZ e
⬩ 15 – **13 Zim** ✝140/190 ✝✝210/300.
◆ Der Name lässt schon etwas Besonderes vermuten : versteckt liegendes Altstadthaus mit modern und geschmackvoll nach Themen gestalteten Zimmern - einige mit
Whirlpool.

🏨 **Hofgarten,** Stadthofstr. 14, ⊠ 6006, ☎ 0414 108 888, *hotel@hofgarten.ch*
Fax 0414 108 333, 🍴 – 🛗 🕭 ⇆. 🖭 ◑ ⚙ 𝘝𝘐𝘚𝘈　　　　　　　DY e
**Rest** - vegetarische Küche - (21) und à la carte 41/77 – **19 Zim** ⬩ ✝170/19
✝✝295.
◆ In dem Riegelhaus a. d. 13. Jh. verbindet sich Altes mit Neuem : Die Zimmer sind
modern und stilvoll eingerichtet, teils mit Messingbetten oder mit zeitgemässem
Holzmobiliar. Im Erdgeschoss des Hauses befindet sich das bistroartige Restaurant
- mit Hofgarten.

🏨 **Baslertor** garni, Pfistergasse 17, ⊠ 6003, ☎ 0412 492 222, *info@baslertor.ch*
Fax 0412 492 233, 🍋 – 🛗 📠. 🖭 𝘝𝘐𝘚𝘈　　　　　　　　　　　CZ z
⬩ 15 – **30 Zim** ✝100/175 ✝✝125/200.
◆ In diesem Altstadthaus mit kleinem Pool - nahe der Reuss gelegen - findet der Gast
Zimmer individueller Grösse und Ausstattung, teils mit Deckenventilator.

🏨 **Waldstätterhof,** Zentralstr. 4, ⊠ 6003, ☎ 0412 271 271, *info@hotel-waldstaet-*
🕭 *terhof.ch*, Fax 0412 271 272, 🍴 – 🛗, ⇆ Zim, 🕭 📞 – 🔬 15/40. 🖭 ⚙ 𝘝𝘐𝘚𝘈 DZ
**Rest** (alkoholfrei) (18) und à la carte 31/64 – **80 Zim** ⬩ ✝120/170 ✝✝170/26
– ½ P Zuschl. 32.
◆ Die Zimmer des Hauses sind individuell eingerichtet : teils mit modernem Holzmobiliar, teils auch mit dunklem Ahorn, Stilmobiliar oder bunt als Designerzimmer.
Zeitgemässes Restaurant mit einer Auswahl an vegetarischen Gerichten. Nur alko-
holfreie Getränke.

🏠 **Rebstock,** St. Leodegarstr. 3, ⊠ 6006, ℰ 0414 103 581, *rebstock@hereweare .ch*, *Fax 0414 103 917*, ⇔ – ‖ ✆ ⇔ – 🔏 15. 🖭 ⓪ ⓪ 𝘝𝘐𝘚𝘈       DY n
**Rest** (20) und à la carte 44/94 – **30 Zim** ⊇ ✚160/195 ✚✚260/340.
   ◆ Kein Zimmer gleicht dem anderen in diesem renovierten Riegelhaus aus dem 12. Jh. Alle sind stilvoll eingerichtet, mal modern mit Messingbett, mal rustikal mit Bauernmöbeln. Sie haben die Wahl : Beizli, rustikale Hofstube oder wintergartenartige Hofecke.

🏠 **Zum Weissen Kreuz** ⋘, Furrengasse 19, ⊠ 6004, ℰ 0414 188 220, *info@ hotel-wkreuz.ch*, *Fax 0414 188 230* – ‖, ⇔ Zim, ✆. 🖭 ⓪ ⓪ 𝘝𝘐𝘚𝘈. ⋘      CZ v
**Rest** - italienische Küche - à la carte 41/77 – ⊇ 11 – **22 Zim** ✚120/140 ✚✚150/205 – ½ P Zuschl. 30.
   ◆ In dem ruhig zwischen Reuss und Fussgängerzone gelegenen Altstadthaus werden Gäste in Zimmern, die mit massivem Eichenholzmobiliar ausgestattet sind, untergebracht. Im Restaurant offeriert man Holzofenpizza, Pasta und weitere typisch südländische Gerichte.

🏠 **Drei Könige** garni, Bruchstr. 35, ⊠ 6003, ℰ 0412 480 480, *hotel@ drei-koenig e.ch*, *Fax 0412 480 490* – ‖ ✆. 🖭 ⓪ ⓪ 𝘝𝘐𝘚𝘈       CZ w
**67 Zim** ⊇ ✚120/160 ✚✚190/280.
   ◆ Dieses schöne Haus, Anfang des vorigen Jahrhunderts erbaut, bietet Gästezimmer, die mit funktionellem grauem Mobiliar ausgestattet sind und über eine Sitzecke verfügen.

☖ **Goldener Stern,** Burgerstr. 35, ⊠ 6003, ℰ 0412 275 060, *hotel@ goldener-s tern.ch*, *Fax 0412 275 061* – ‖ ✆ 🖭 ⓪ ⓪ 𝘝𝘐𝘚𝘈       CZ r
**Rest** (21) und à la carte 37/86 – **13 Zim** ⊇ ✚85/120 ✚✚110/150 – ½ P Zuschl. 28.
   ◆ Das gut erhaltene Haus aus dem 16. Jh. wird familiär geführt. Die Zimmer, unterschiedlich in Zuschnitt und Einrichtung, stellen eine praktische Übernachtungsmöglichkeit dar. In der ersten Etage befindet sich ein einfaches Restaurant, im Parterre die Gaststube.

XXX **Scala** - *Hotel Montana*, Adligenswilerstr. 22, ⊠ 6002, ℰ 0414 190 000, *info@ h otel-montana.ch*, *Fax 0414 190 001*, ≤ Vierwaldstättersee und Berge, ⇔ – ⅁ Rest, 🅿 🖭 ⓪ ⓪ 𝘝𝘐𝘚𝘈       BX d
**Rest** 42 (mittags)/82 und à la carte 60/115.
   ◆ Von der Promenade aus gelangen Sie mit der Standseilbahn zu diesem eleganten Restaurant. Fantastisch : der Ausblick auf den Vierwaldstättersee und die Berge.

XXX **Jasper** - *Hotel Palace*, Haldenstr. 10, ⊠ 6002, ℰ 0414 161 616, *info@ palace-lu zern.ch*, *Fax 0414 161 000* – ⇔. 🖭 ⓪ ⓪ 𝘝𝘐𝘚𝘈       BX v
**Rest** (38) 75 (abends) und à la carte 70/144 ⌖.
   ◆ Mit seinem modernen Stil bildet das Restaurant einen interessanten Kontrast zum klassischen Rahmen des Hotels. Serviert wird eine euro-asiatische Küche.

XXX **Old Swiss House,** Löwenplatz 4, ⊠ 6004, ℰ 0414 106 171, *info@ oldswissho use.ch*, *Fax 0414 101 738*, ⇔ – ⟳ 30/45. 🖭 ⓪ ⓪ 𝘝𝘐𝘚𝘈       DY w
*geschl. Feb. 3 Wochen und Montag* – **Rest** 45 (mittags)/79 und à la carte 58/138 ⌖.
   ◆ In dem schönen Riegelhaus befindet sich eine gemütliche Gaststube mit rustikalem Dekor und Butzenscheiben. Im Säli steht ein alter Kachelofen von 1636. Klassische Karte.

XX **Thai Garden** - *Hotel Astoria*, Pilatusstr. 29, ⊠ 6003, ℰ 0412 106 161, *info@ a storia-luzern.ch*, *Fax 0412 104 262* – 🍽. 🖭 ⓪ ⓪ 𝘝𝘐𝘚𝘈       CZ q
**Rest** - thailändische Küche - *(geschl. Samstagmittag und Sonntagmittag)* (Tischbestellung ratsam) (20) 33 (mittags)/100 und à la carte 67/96.
   ◆ Typisches Dekor, Götterstatuen und ein kleiner, von exotischen Pflanzen umrahmter Teich verleihen diesem Restaurant fernöstliches Flair.

XX **La Ratatouille,** St. Karli-Quai 9, ⊠ 6004, ℰ 0414 107 156 – 🍽 ⅁ Rest. 🖭 ⓪ ⓪ 𝘝𝘐𝘚𝘈       CZ f
*geschl. 24. Dez. - 3. Jan., 23. Juli - 15. Aug., Montag, Sonn.- und Feiertage* – **Rest** (Tischbestellung ratsam) à la carte 57/95.
   ◆ In einem kleinen, hellen, frisch gestalteten und grosszügig bestuhlten Lokal kann der Gast täglich wechselnde Menüs von einer Schiefertafel wählen.

X **Brasserie Bodu,** Kornmarkt 5, ⊠ 6004, ℰ 0414 100 177, *Fax 0414 104 135*, ⇔ – 🖭 ⓪ ⓪ 𝘝𝘐𝘚𝘈       CZ e
**Rest** (19) und à la carte 39/89.
   ◆ Das Haus zum Raben beherbergt drei Stuben : zwei sind im Bistro-Brasserie-Stil, eine mit altem Holz rustikal gestaltet. Mit schöner Terrasse am Ufer der Reuss.

✗ **Bam Bou** - *Hotel The Hotel*, Sempacherstr. 14, ⊠ 6002, ℘ 0412 268 686, *info*
*@the-hotel.ch, Fax 0412 268 690* – ▤ ⟨⟩. 〄 ⓞ ⓜⓞ 〈〈VISA〉〉 DZ €
**Rest** - euro-asiatische Küche - *(geschl. Samstagmittag und Sonntagmittag)* (24) 10⁵
und à la carte 74/109.
◆ Im Souterrain hat man ein architektonisch interessant gestaltetes Restaurant mit
raffiniert angeordneten Spiegeln eingerichtet. Das Ambiente : modern mit asiati-
schem Touch.

✗ **Taube,** Burgerstr. 3, ⊠ 6003, ℘ 0412 100 747, *wirtshaus@taube-luzern.ch*
⟨⟩ *Fax 0412 109 747,* ✿ – 〄 ⓞ ⓜⓞ 〈〈VISA〉〉 CZ
**Rest** *(geschl. Montag - ausser Mai - Dez. - und Sonntag)* (18) und à la carte
44/78.
◆ Das alte Haus beherbergt vier gemütliche kleine Stüblis - teils mit Gewölbe, teil
mit niedriger Holzdecke. Serviert wird eine regionale Küche. Terrasse an der
Reuss.

✗ **Reussbad,** Brüggligasse 19, ⊠ 6004, ℘ 0412 405 423, *info@reussbad.ch*
*Fax 0412 405 420,* ✿ – ✿ 50. 〄 ⓞ ⓜⓞ 〈〈VISA〉〉 CY
*geschl. 1. - 5. Jan. und Montag* – **Rest** (25) 97 und à la carte 62/122.
◆ Das alte Gasthaus mit recht schlichter Einrichtung liegt an einem Turm/Tor
der Stadtmauer. Nette Terrasse mit Schatten spendenden Kastanien direkt am
Fluss.

✗ **Galliker,** Schützenstr. 1, am Kasernenplatz, ⊠ 6003, ℘ 0412 401 002, ✿ – 
⟨⟩ ✿ 30. 〄 ⓞ ⓜⓞ 〈〈VISA〉〉 CZ 
*geschl. 16. Juli - 15. Aug., Sonntag und Montag* – **Rest** (Tischbestellung ratsam) (18)
und à la carte 43/91.
◆ Beim Betreten dieses Wirtshauses aus dem 17. Jh. fühlt man sich gut 50 Jahre
zurückversetzt. Dekor und Gerichte wie aus Mutters Kochtopf unterstreichen diesen
Eindruck.

**Nord-Ost :** *4 km Richtung Dietschiberg :*

✗ **Schlössli Utenberg,** Utenberg 643, ⊠ 6006, ℘ 0414 200 022, *restaurant@*
*schloessli-utenberg.ch, Fax 0414 200 024,* ≤ Luzern und Vierwaldstättersee, ✿
ℙ ✿ 50. ⓜⓞ 〈〈VISA〉〉 BX 
*geschl. 20. Feb. - 5. März, Montag und Dienstag (ausser Ostern und Pfingsten)* – **Res**
(29) 35 (mittags)/109 und à la carte 63/94.
◆ Das spätbarocke Landgut aus dem 18. Jh. liegt in einem schönen Park mit Sich
auf See und Berge - alte chinesische Gemälde zieren das Restaurant. Zeitgemässe
Küche.

**Ost** *über ② : 4 km Richtung Meggen :*

🏨🏨 **Hermitage** ⟨⟩, Seeburgstr. 72, ⊠ 6006, ℘ 0413 758 161, *info@hermitage-l*
*zern.ch, Fax 0413 758 182,* ≤ Vierwaldstättersee, Pilatus und Luzern, ✿, ♨, ≘ₛ
♨ₛ, ✿, ✾, 〽, ☒ – 〚, ✂ Zim, video ☎ & ℙ – ⟨⟩ 15/70. 〄 ⓞ ⓜⓞ
〈〈VISA〉〉
**Baccara :** **Rest** (29) 44/82 und à la carte 53/105 – **50 Zim** ⊂⊃ ✦210/30
✦✦270/390 – ½ P Zuschl. 50.
◆ Das ruhig am See gelegene Hotel verfügt im Annex über moderne, im Haupt
haus über neuzeitliche Zimmer, die mit hellem Mobiliar oder Rattanmöbeln kom
fortabel eingerichtet sind. Zum Baccara gehört eine Seeterrasse mit herrliche
Aussicht.

🏨🏨 **Seeburg,** Seeburgstr. 61, ⊠ 6006, ℘ 0413 755 555, *mail@hotelseeburg.ch*
*Fax 0413 755 550,* ≤ Vierwaldstättersee, Pilatus und Berge, ✿, ♨ₛ, ✿, ☒ – 〚
☎ & Rest, ℙ – ⟨⟩ 15/400. 〄 ⓞ ⓜⓞ 〈〈VISA〉〉
**Alexander** *(nur Abendessen ausser Sonn- und Feiertage)* **Rest** 87 und 
la carte 78/125 ✣ – **58 Zim** ⊂⊃ ✦150/220 ✦✦230/360 – ½ P Zusch
35.
◆ Ein Hallenbereich in ganz klarem Design empfängt Sie in diesem Hotel. Lu
xuriös sind die Zimmer in der durch eine moderne Konstruktion angeschlossene
Villa. Alexander : neuzeitliches Restaurant mit grosser Glasfront und toller Aus
sicht.

🏨 **Bellevue au Lac** garni, Seeburgstr. 79, ℘ 0413 712 727, *info@bellevue-luzer*
*.ch, Fax 0413 712 728,* ≤ – 〚 ✂ ☎ ℙ 〄 ⓞ ⓜⓞ 〈〈VISA〉〉
**19 Zim** ⊂⊃ ✦105/140 ✦✦165/195 – ½ P Zuschl. 50.
◆ Eine praktische und recht preisgünstige kleine Übernachtungsadresse mit hell möb
lierten, modern und funktionell ausgestatteten Zimmern.

in **Kastanienbaum** *Süd-Ost : 4 km über Langensandstrasse - BX – Höhe 435 –* ⊠ *6047 Kastanienbaum :*

🏨 **Seehotel Kastanienbaum** ⅌, St. Niklausenstr. 105, 𝒫 0413 400 340, *seehotel@kastanienbaum.ch, Fax 0413 401 015,* ⋚ Vierwaldstättersee, 🍴, Ⓜ, ⅃, 🐾, 🌿, ⬇ – ▤ 🚿 ☎ ⅙ Rest, 🅿 – 🏋 15/40. 🖭 🕕 ⅏ 𝘝𝘐𝘚𝘈. 🌿 Rest
*geschl. 22. Dez. - 7. Jan.* – **Chrüztrichter :** Rest 35 (mittags)/120 und à la carte 66/150 – **Hechtstube :** Rest (28) 35 (mittags) und à la carte 49/93 – **42 Zim** ⊡ ⚡155/270 ⚡⚡210/360 – ½ P Zuschl. 65.
◆ Das Hotel liegt ruhig in der Horwer Bucht. Die meisten Zimmer - geräumig und komfortabel mit Rattan möbliert - bieten einen schönen Blick über den Vierwaldstättersee. Im eleganten Gourmetrestaurant Chrüztrichter serviert man zeitgemässe Küche.

in **Horw** *Süd : 3 km – Höhe 442 –* ⊠ *6048 Horw :*

🏨 **Seehotel Sternen** ⅌, Winkelstr. 46, 𝒫 0413 482 482, *info@seehotel-sterne n.ch, Fax 0413 482 483,* ⋚ Vierwaldstättersee, 🍴, Ⓜ, 🌿, ⬇ – ▤ ⅙ Rest, 🅿 – 🏋 15/80. 🖭 🕕 ⅏ 𝘝𝘐𝘚𝘈
*geschl. 13. Feb. - 5. März* – **Venus** *(geschl. Montag von Sept. - April)* Rest (19.50) 58/68 und à la carte 51/120 – **25 Zim** ⊡ ⚡150/215 ⚡⚡215/310.
◆ Ruhig direkt am Ufer gelegen, bietet das Hotel einen wundervollen Ausblick über den Vierwaldstättersee. Die Gästezimmer sind neuzeitlich und funktionell ausgestattet. Eine Terrasse ergänzt das Restaurant Venus.

🍴 **Schwendelberg,** *Süd-West : 5 km Richtung Schwendelberg,* 𝒫 0413 403 540, *ming@schwendelberg.ch, Fax 0413 407 540,* ⋚ Vierwaldstättersee und Berge, 🍴 – ⅙ Rest, 🅿 ⇔ 20/70. ⅏ 𝘝𝘐𝘚𝘈
*geschl. 6. Feb. - 2. März, Mittwoch von Okt. - Ostern und Dienstag* – Rest (18.50) 56 und à la carte 38/100.
◆ Vor allem von der schönen Sonnenterrasse des Chalets am Pilatushang geniesst man den grandiosen Ausblick. Urchig-gemütlich präsentiert sich die Stube dieses Ausflugslokals.

in **Kriens** *Süd : 4 km – Höhe 492 –* ⊠ *6010 Kriens :*

🏨 **Ibis** garni, Industriestr. 13, 𝒫 0413 494 949, *h2982@accor.com, Fax 0413 494 900* – ▤ ☎ ⅙ 🚬 – 🏋 15/50. 🖭 🕕 ⅏ 𝘝𝘐𝘚𝘈
⊡ 14 – **69 Zim** ⚡99 ⚡⚡119.
◆ Das Hotel befindet sich im Industriegebiet, in einem Gebäudekomplex mit Kinos und Geschäften. Die Zimmer sind mit bunten Möbeln im Ibis-Stil eingerichtet.

in **Obernau** *Süd-West über Kriens : 6 km – Höhe 530 –* ⊠ *6012 Obernau :*

🍴🍴 **Obernau,** Obernauerstr. 89, 𝒫 0413 204 393, *obernau.thomas@gmx.ch,* 🍴 – 🅿. 🖭 ⅏ 𝘝𝘐𝘚𝘈
**Nagelschmitte :** Rest (38) 56/115 und à la carte 60/104 🏷 – **Gaststube :** Rest (18.50) 42 (mittags) und à la carte 50/95.
◆ Dem durch Holztäfer und Holzdecke gediegen-bürgerlich wirkenden Restaurant geben blau bezogene Stühle einen modernen Touch. Serviert wird eine zeitgemässe Küche. Schlichte, rustikale Gaststube.

in **Emmenbrücke** *Nord-West : 6 km – Höhe 438 –* ⊠ *6020 Emmenbrücke :*

🍴🍴 **Gerliswil,** Gerliswilstr. 60, 𝒫 0412 608 484, *restaurant.gerliswil@bluewin.ch, Fax 0412 608 485,* 🍴 – ⇔ 12/20. 🖭 🕕 ⅏ 𝘝𝘐𝘚𝘈. 🌿
*geschl. 14. - 24. April, 29. Juli - 15. Aug., Montag, Sonn- und Feiertage* – **Rest** (23) 49 (mittags)/89 und à la carte 70/106 🏷.
◆ Ein gepflegtes, gut geführtes Restaurant an der Hauptstrasse, in dem man Ihnen zeitgemässe, aus soliden Produkten zubereitete Speisen serviert.

**auf der Autobahn A2** *Nord-West : 10 km –* ⊠ *6023 Rothenburg :*

🏨 **Express by Holiday Inn** garni, Raststätte Luzern-Neuenkirch A2, 𝒫 0412 882 828, *info@holidayinn.ch, Fax 0412 882 929* – ▤ 🚿, ☎ ⅙ 🅿. 🏋 15/40. 🖭 🕕 ⅏ 𝘝𝘐𝘚𝘈
**60 Zim** ⊡ ⚡135/160 ⚡⚡135/160.
◆ Die verkehrsgünstige Lage unmittelbar an der Autobahn macht dieses Hotel mit seinen hellen, modernen Zimmern vor allem für Autofahrer auf der Durchreise interessant.

**LYSS** 3250 Bern (BE) 🔢 I6 – 10 780 Ew. – Höhe 444.

🚂 Bern/Moossee in Münchenbuchsee, ⊠ 3053, ℘ 0318 685 050, Fax 0318 685 049, Süd-Ost : 17 km per ① 6 nach Münchenbuchsee-Schönbühl.
Bern 22 – Biel 10 – Burgdorf 32 – Neuchâtel 40 – Solothurn 26.

🏨 **Weisses Kreuz,** Marktplatz 15, ℘ 0323 870 740, info@kreuz-lyss.ch, Fax 0323 870 749, 🛋 – 🛗, 💱 Zim, 🍴 🔥 🚗 🅿 – 🔏 15/150. 🝿 🛈 🝾🝿 VISA
**Rest** (17.50) 49 und à la carte 54/86 – **32 Zim** ⊒ ✦88/135 ✦✦150/200 – ½ P Zuschl. 35.
◆ A. d. 18. Jh. stammt die schöne Fassade dieses Hotels. Die Zimmer sind in ihrer modernen, funktionellen Art besonders auf Geschäftsleute ausgelegt - auch einfachere Zimmer. Das Restaurant Kreuzstube ist mit viel Holz hübsch gestaltet. Traditionelle Küche.

🍴🍴 **Post,** Bahnhofstr. 17, ℘ 0323 879 955, restaurant.post@besonet.ch, 🛋 – ✦ ⊟ 🅿 🝿 🝾🝿 VISA
geschl. Weihnachten und Juli - Aug. 3 Wochen – **Le Gourmet** (geschl. Sonntag in Juli - Aug.) **Rest** 45 (mittags)/79 und à la carte 45/100 – **Lotos** - chinesische Küche - (geschl. Juli, Samstagmittag und Sonntag) **Rest** (17.50) 45/59 und à la carte 40/87 – **La Terrasse** (geschl. Sonntag in Juli - Aug.) **Rest** (16) und à la carte 36/83.
◆ Einer der gastronomischen Bereiche der Post ist das Le Gourmet. In angenehm gediegenem Ambiente serviert man internationale Küche. Modern und doch typisch chinesisch im Dekor : das Lotos. Als Wintergarten angelegt : La Terrasse mit traditionellem Angebot.

🍴 **Schwanen,** Hauptstr. 17, ℘ 0323 841 218, info@schwanenlyss.ch Fax 0323 847 489, 🛋 – 🅿 🝿 🛈 🝾🝿 VISA
geschl. 31. Juli - 15. Aug., Sonntag und Montag – **Rest** (17.50) 57 (mittags)/89 und à la carte 45/95.
◆ Ein modernes Restaurant mit einem etwas schlichteren, freundlich gestalteter Bistro-Bereich. Serviert werden sorgfältig zubereitete zeitgemässe Gerichte.

**in Hardern** Nord-Ost : 1,5 km Richtung Büren a.d. Aare – Höhe 496 – ⊠ 3250 Lyss :

🍴 **Mosimanns Hardern Pintli,** Hardern 23, ℘ 0323 867 323, Fax 0323 867 322 🛋 – 🅿 🛈 🝾🝿 VISA
geschl. 14. Feb. - 1. März, 10. Sept. - 4. Okt., Dienstag und Mittwoch – **Rest** (Tischbestellung ratsam) (16) und à la carte 39/81.
◆ Ein rustikales, hell und frisch wirkendes Restaurant mit grosser Gartenterrasse. Die Karte bietet traditionelle und regionale Gerichte. Mit Kinderspielplatz und Streichelzoo.

**in Suberg** Süd-Ost : 3 km Richtung Bern – Höhe 470 – ⊠ 3262 Suberg :

🍴🍴 **Pelzmanns goldener Krug,** Bernstr. 61, ℘ 0323 891 330, info@goldener-krug.ch, Fax 0323 891 315, 🛋 – 🔥 Rest, 🅿 ⇆ 40. 🛈 🝾🝿 VISA
**Rest** (geschl. Sonntag und Montag) 44 (mittags)/105 und à la carte 50/105 – **Gaststube : Rest** (16) und à la carte 31/64.
◆ Ganz in Holz gehalten ist das Innere dieses schönen alten Riegelhauses - ein rustikales und gemütliches Restaurant mit internationaler Karte. Spezialität : Hummergerichte. Ländliche Gaststube mit traditionellem Angebot.

**MADISWIL** 4934 Bern (BE) 🔢 L6 – 2 040 Ew. – Höhe 534.
Bern 47 – Luzern 70 – Olten 26 – Solothurn 31.

🍴🍴 **Bären** mit Zim, Kirchgässli 1, ℘ 0629 577 010, gasthof@baeren-madiswil.ch Fax 0629 577 012, 🛋, 🌳 – ✦ Zim, 🅿 🝿 🝾🝿 VISA
**Rest** (geschl. Sonntagabend und Montag) (21) 48/98 und à la carte 52/90 – **11 Zim** ⊒ ✦105/110 ✦✦170/180 – ½ P Zuschl. 40.
◆ In dem typischen Berner Landgasthof mit Velogarten erwarten den Gast verschiedene gemütliche Stuben und in frischen Farben und neuzeitlichem Stil gehaltene Zimmer.

---

**Wie entscheidet man sich zwischen zwei gleichwertigen Adressen?**
**In jeder Kategorie sind die Häuser nach unseren Vorlieben geordnet,**
**die besten Adressen stehen an erster Stelle.**

**MAIENFELD** 7304 Graubünden (GR) 553 V7 – 2 288 Ew. – Höhe 504.

🛈 Tourismus Bündner Herrschaft, Am Platz, ℘ 0813 025 858, Fax 0813 004 021.
Bern 228 – Chur 25 – Davos 57 – Vaduz 16.

🏠 **Swiss Heidi Hotel** garni, Werkhofstr. 1, ℘ 0813 038 888, info@swissheidihot
el.ch, Fax 0813 038 899 – 🛗 ⇄ 📞 ♿ 📵 – 🏥 15/100. 🆎 VISA
**67 Zim** � ♦105 ♦♦170.
◆ Verkehrsgünstig liegt das moderne Hotel nur ca. 200 m von der Autobahnausfahrt
entfernt. Bistro mit Snack-Angebot und nette rustikale Bar. Seminarräume im verglasten Rundbau.

XX **Schloss Brandis,** ℘ 0813 022 423, info@schlossbrandis.ch, Fax 0813 026 221,
🍴 – 📵 AE ⓪ 🆎 VISA
geschl. 10. Juli - 2. Aug. – **Rittersaal :** Rest 80 und à la carte 54/116 – **Turmre-
staurant :** Rest à la carte 43/93.
◆ Im Turm des Schloss Brandis befindet sich der derb-ländlich gestaltete Rittersaal
mit Holzbalken und Steinmauern. Romantischer Schlossgarten. Das einfachere Turm-
restaurant dient in erster Linie zum gemütlichen Höck.

**in Jenins** Süd-West : 2 km – Höhe 633 – ✉ 7307 Jenins :

🏠 **Zur Bündte** ⌖, Jeninserstr. 6, ℘ 0813 021 223, hotelzurbuendte@bluewin.ch,
Fax 0813 026 485, 🍴 – 📵 AE ⓪ 🆎 VISA
geschl. 3. Jan. - 18. Feb. und Montag - Dienstag von Nov. - März – Rest à la carte
40/98 – **8 Zim** � ♦60/90 ♦♦140/150 – ½ P Zuschl.
◆ Inmitten der Weinberge der Bündner Herrschaft findet der Gast in eher kleinen,
rustikal eingerichteten Zimmern mit einfachem Komfort eine nette Unterkunft. Bei
schönem Wetter ergänzt eine grosse Sommerterrasse das traditionell eingerichtete
Restaurant.

**MALANS** 7208 Graubünden (GR) 553 V7 – 1 988 Ew. – Höhe 536.
Bern 232 – Chur 21 – Bad Ragaz 9 – Davos 54.

X **Krone** mit Zim, Kronengasse 1, ℘ 0813 221 455, info@krone-malans.ch,
🐌 Fax 0813 223 643 – 🛗 📵 ⇄ 80. 🆎 VISA. ⌖ Rest
geschl. 19. Dez. - 6. Jan., 3. Juli - 4. Aug., Mittwoch und Donnerstag – **Rest** (19.50)
und à la carte 42/91 – **11 Zim** � ♦85 ♦♦150.
◆ Der Gasthof, vermutlich aus dem 17. Jh., wartet neben der Gaststube mit zwei
gemütlich-rustikalen Stuben auf, die mit schönem Täfer versehen sind. Traditionelle
Küche.

**MALOJA** 7516 Graubünden (GR) 553 W11 – Höhe 1 815 – Wintersport : 1 800/2 150 m
⛷2 🎿.
Sehenswert : Turm Belvedere : Ausblick★.

🛈 Kur- und Verkehrsverein, casa giacometti, ℘ 0818 243 188, info@maloja.ch,
Fax 0818 243 637.
Bern 334 – Sankt Moritz 17 – Chur 84 – Davos 83 – Sondrio 95.

🏠 **Schweizerhaus,** ℘ 0818 382 828, hallo@maloja-schweizerhaus.ch,
Fax 0818 382 829, ≤, 🍴, 🈂 – ⇄ 📵 AE ⓪ 🆎 VISA
17. Dez. - 17. April und 11. Juni - 21. Okt. – **Rest** (33) 49/58 und à la carte 58/100
🍴 – **29 Zim** � ♦105/195 ♦♦190/310 – ½ P Zuschl. 39.
◆ Ein Teil der Zimmer dieses schönen Holzhauses aus dem 19. Jh. sind mit Kirsch-
baummöbeln zeitgemäss eingerichtet, andere mit hellem Naturholz - alle von guter
Grösse. Rustikale, mit Holz getäferte Gaststuben.

**MAMMERN** 8265 Thurgau (TG) 551 S3 – 584 Ew. – Höhe 412.
Bern 182 – Zürich 62 – Frauenfeld 17 – Konstanz 25 – Stein am Rhein 5 – Winterthur 33.

XX **Adler** (Gästehaus : 🏠), Hauptstr. 4, ℘ 0527 412 929, info@adler-mammern.ch,
🐌 Fax 0527 412 635, ≤, 🍴 – 📵 📵 AE – 🏥 15. 🆎 ⓪ 🆎 VISA
geschl. 9. Jan. - 3. Feb., Montag von Sept. - April und Dienstag – **Rest** (19.50) und
à la carte 41/92 🍴 – **6 Zim** � ♦85 ♦♦130 – ½ P Zuschl. 35.
◆ In netten rustikalen Stuben wie auch im modernen Wintergarten serviert man
regionale Gerichte, die aus hiesigen Produkten sorgfältig zubereitet werden.

ⅩⅩ  **Schiff** ﺠ (Gästehaus : 🏠 ), Seestr. 3, ✆ 0527 412 444, Fax 0527 414 868, 斎,
🕭 – **P**. **MC** **VISA**
geschl. 23. Dez. - 6. Feb., 2. - 16. Okt. und Montag – Rest à la carte 45/109 – **7 Zim**
☞ **✝**130 **✝✝**190.
♦ In der gemütlichen Stube mit Holztäfelung aus dem 18. Jh. empfiehlt man eigene
Zuchtgüggeli und frisch gefangene Bodenseefische. Ruhige und moderne Zimmer
warten im Gästehaus.

---

**MANNENBACH** 8268 Thurgau (TG) 🔢🔢 S3 – Höhe 400.
Bern 190 – Sankt Gallen 49 – Frauenfeld 24 – Konstanz 14 – Steckborn 6 – Winterthur 41.

🏠  **Seehotel Schiff** ﺠ, Seestr. 4, ✆ 0716 634 141, info@seehotel-schiff.ch,
🕭 Fax 0716 634 150, ≤ Bodensee, 斎, 🕭, 🚗 – 🛗 ✆ 👤 Rest, **P** – 🔺 15/60. 🖭
**MC** **VISA**
geschl. Jan. 3 Wochen – Rest (17.50) 52 und à la carte 47/100 🞮 – **18 Zim**
☞ **✝**120/130 **✝✝**185/220 – ½ P Zuschl. 35.
♦ Ruhig und abseits der Strasse am Seeufer gelegen, bietet das Haus einen schönen
Blick über den Untersee. Die Gäste werden in Zimmern mit modernem Mobiliar unter-
gebracht. Helles Restaurant mit schöner Seeterrasse.

---

**MANNO** 6928 Ticino (TI) 🔢🔢 R13 – 1 041 ab. – alt. 344.
Bern 247 – Lugano 6 – Bellinzona 23 – Locarno 47.

Ⅹ  **Grotto dell'Ortiga,** Strada Regina 35, ✆ 0916 051 613, caramazz@yahoo.it,
Fax 0916 053 704, 斎 – 🛇
chiuso dal 18 dicembre al 30 gennaio, domenica e lunedì – Rist (chiuso mezzogiorno,
alla carta 35/58.
♦ Caseggiato rustico con servizio estivo sotto un fresco pergolato. Apprezzate la
buona cucina con piatti della tradizione "povera" italiana di varie regioni a prezzi
simpatici !

---

**Les MARÉCOTTES** Valais 🔢🔢 G12 – rattaché à Martigny.

---

Une nuit douillette sans se ruiner ? Repérez les Bib Hôtels 📖.

---

**MARLY** Fribourg 🔢🔢 H8 – rattaché à Fribourg.

---

**MARTIGNY** 1920 Valais (VS) 🔢🔢 G12 – 13 956 h. – alt. 467.
Voir : Fondation Pierre Gianadda★★ Z – Verrière★ de l'Hôtel de Ville Y – Tour de la
Bâtiaz : vue★ Y.
Environs : Pont du Gueuroz★★ par ④ : 5 km.
**Manifestations locales**
01.08 - 06.08 : Festival international du Folklore d'Octodure
01.10 : Combat de reines à l'amphithéâtre romain (reporté au 08.10 en cas de pluie,
🛈 Office du Tourisme, 9 pl. Centrale, ✆ 0277 212 220, info@martignytourism.ch
Fax 0277 212 224 Y.
🅑 9 Place Centrale, ✆ 0277 212 220, Fax 0277 212 224 Y.
Bern 127 ① – Aosta 69 ③ – Chamonix-Mont-Blanc 42 ③ – Montreux 43 ①
Sion 30 ①

Plans pages suivantes

🏠  **Du Parc** ﺠ, par ①, 20 av. des Prés-Beudin, ✆ 0277 201 313, info@hoteldup
rc.ch, Fax 0277 201 314, 斎, 🛋, ⛱, 🚗 – 🛗 ✆ ch, video ✆ 👤 **P** – 🔺 15/200
🖭 ⓪ **MC** **VISA**
Rest (fermé dim. midi) (20) 25 (midi)/85 et à la carte 46/76 – **108 ch** ☞ **✝**120/16
**✝✝**230 – ½ P suppl. 28.
♦ Architecture de caractère réussissant l'alliance du béton, du verre et de l'acier
Chambres modernes et multiples salles de réunions appréciées par la clientèle
d'affaires. Restaurant contemporain se doublant d'un vaste espace modulable pou
les banquets.

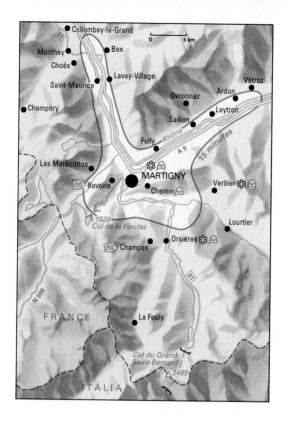

---

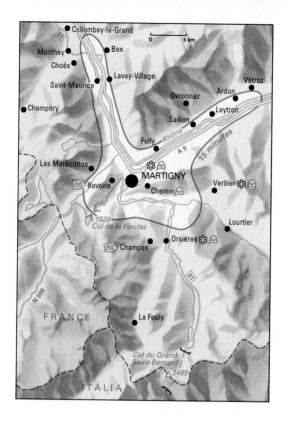 **Le Forum,** 74 av. du Grand Saint-Bernard, ℰ 0277 221 841, *info@le-gourmet.ch,*
*Fax 0277 227 925,* 😤 – 🛗 ▤ 🅿 – 🔬 15. 🆎 🕥 𝘝𝘐𝘚𝘈          Z a
**Rest** (voir aussi rest. **Le Gourmet** ci-après) – **Brasserie l'Olivier** *(fermé dim.)* Rest
(23) 49 (midi)/65 et à la carte 60/102 – **29 ch** � ✦98/140 ✦✦168/198 –
½ P suppl. 35.
  ♦ Cet établissement voisin de la jolie placette du Bourg et de la pittoresque
rue du même nom abrite des chambres sans reproche ainsi que deux tables
estimées des gastronomes. Brasserie concoctant d'appétissants menus à prix
sages.

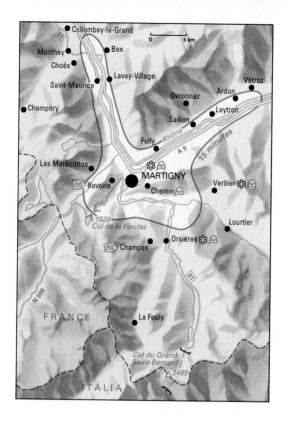 **La Porte d'Octodure,** par ③ : 2 km, route du Grand-Saint-Bernard,
✉ 1921 Martigny-Croix, ℰ 0277 227 121, *contact@porte-octodure.ch,*
*Fax 0277 222 173,* 😤, 🛁, 😩 – 🛗 ▤ 🚹 ch, 🅿 – 🔬 15/150. 🆎 🕥
🕥 𝘝𝘐𝘚𝘈
**Rest** (17) et à la carte 43/92 – **55 ch** ⊒ ✦115 ✦✦180 – ½ P suppl. 25.
  ♦ Hôtel dont les trois pavillons circulaires imbriqués surveillent la voie historique du
col du Grand-Saint-Bernard. Bar exotique, espaces de réunions, fitness et sauna. Salle
à manger conviviale avec terrasse. Exotisme au Jungle Bar.

 **Du Vieux Stand,** 41 av. du Grand-Saint-Bernard, ℰ 0277 221 506, *info@ vieux*
*stand.ch, Fax 0277 229 506,* 😤, 😩 – 🛗 🅿 🕥 🕥 𝘝𝘐𝘚𝘈, ⏣ rest          Z b
*fermé 20 déc. au 11 janv. et merc. de mi-oct. à fin mai* – **Rest** (17.50) et à la carte
41/79 – **32 ch** ⊒ ✦69/76 ✦✦108 – ½ P suppl. 22.
  ♦ Pas loin du centre-ville ni de la fondation P. Gianadda, établissement familial où vous
serez hébergés dans des chambres simples mais bien tenues. Deux espaces de restauration, dont une lumineuse salle à manger-véranda.

# MARTIGNY

Alpes (R. des) . . . . . . . . . Y 3
Bâtiaz (R. de la) . . . . . . . . Y 4
Centrale (Pl.) . . . . . . . . . . Y 6
Collège (R. du) . . . . . . . . . Y 7
Fully (Av. de) . . . . . . . . . . Y 9
Grand St-Bernard (Av. du) Y
Hôpital (R. de l') . . . . . . . . Y 10
Maladière (R. de la) . . . . . Y 12
Manoir (R. du) . . . . . . . . . Y 13
Midi (Pl. du) . . . . . . . . . . . Y 15
Neuvilles (Av. des) . . . . . . Y 16
Nord (R. du) . . . . . . . . . . . Y 18
Petits Epineys (R. des) . . Y 19
Plaisance (Pl. de) . . . . . . . Y 21
Plaisance (R. de) . . . . . . . Y 22
Poste (R. de la) . . . . . . . . Y 24
Pré Borvey (R. de) . . . . . . Z 25
Rome (Pl. de) . . . . . . . . . . Y 27
St-Théodule (R.) . . . . . . . . Z 28
Surfrête (R. de) . . . . . . . . Z 30

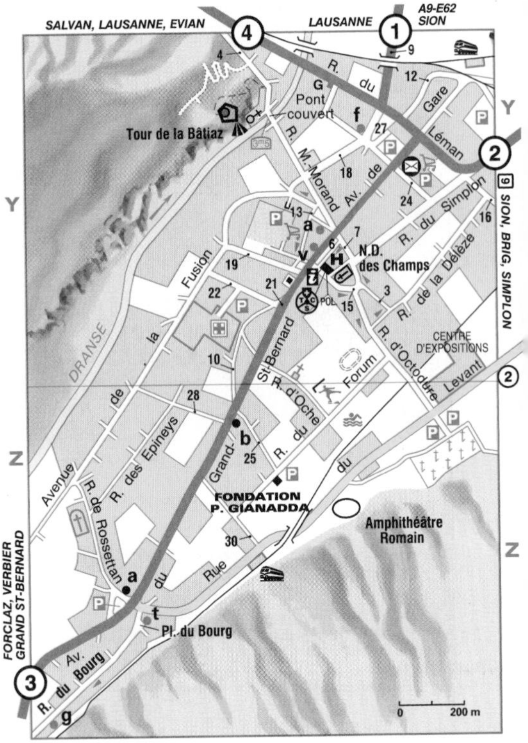


**Transalpin,** par ③ : 2 km, 9 rte du Grand-Saint-Bernard, ✉ 1921 Martigny-Croix
✆ 0277 221 668, *letransalpin@bluewin.ch, Fax 0277 220 668,* – rest, P.
AE ⓓ MC VISA
*fermé 21 déc. au 6 janv.* – **Rest** - cuisine italienne - (16) 22 (midi) et à la carte 37/7
– **16 ch** ☕ ★60/70 ★★100/110 – ½ P suppl. 22.
◆ Point de chute idéal pour les touristes souhaitant faire étape au pied du Grand Saint-Bernard, sur l'illustre voie transalpine. Table italienne se complétant d'u restaurant d'été.

**Le Gourmet** (Vallotton) *- **Hôtel Le Forum**,* 74 av. du Grand St. Bernard
✆ 0277 221 841, *info@le-gourmet.ch, Fax 0277 227 925* – P. AE MC VISA Z
**Rest** *(fermé dim. et lundi)* 82 (midi)/188 et à la carte 113/147.
**Spéc.** Foie gras poêlé à la rhubarbe et aux pistaches (printemps). Brochett de homard, langoustine et crevettes, nage à la citronelle thaï. Suprême de pigeon neau, navets confits et pommes de terre soufflées. **Vins** Petite Arvine, Cornalin
◆ Accueil et service avenants, fine cuisine au goût du jour, beaux menus régulière ment recomposés, jolis accords mets-vins : l'enseigne n'est assurément pas usurpée

**Kwong Ming,** rue du Nord / place de Rome, ✆ 0277 224 515, *Fax 0277 223 99*
– 25. AE ⓓ MC VISA Y
**Rest** (1er étage) - cuisine chinoise - *(fermé Noël)* (18) 45 (midi)/93 et à la cart 48/110.
◆ Très honorable restaurant chinois établi au premier étage d'une galerie marchand Saveurs dépaysantes, décor intérieur de circonstance et fond musical approprié

**Les Trois Couronnes,** 8 pl. du Bourg, ✆ 0277 232 114, *ad3c@bluewin.c*
*Fax 0277 232 156,* – P. AE MC VISA Z
*fermé 19 fév. au 5 mars, 6 au 20 août, dim. et lundi* – **Rest** (16) 42 et à la carte 44/69.
◆ Sur une placette agrémentée d'une fontaine, belle demeure historique de 16 où l'on vient faire des repas traditionnels dans un cadre rustique-contemporain. B sympathique.

✂ **Au Chapiteau Romain**, 51 r. du Bourg, 𝒫 0277 220 057, Fax 0277 220 057,
🛬 😤 – 😤 ⚙ 20. 🝙 ⓞ ⓜⓔ 𝘝𝘐𝘚𝘈
Z g
fermé 30 juil. au 21 août et dim. – **Rest** (15) et à la carte 56/77.
* Table traditionnelle dont le nom se réfère aux vestiges romains découverts dans
ses vieux murs. Petite fantaisie : l'une de ses salles, à l'étage, imite un wagon-
restaurant !

✂ **Le Loup Blanc**, 12 pl. Centrale, 𝒫 0277 235 252, lestouristes@bluewin.ch,
🛬 Fax 0277 235 252, 😤 – 🅿 🝙 ⓞ ⓜⓔ 𝘝𝘐𝘚𝘈
Y v
**Rest** (18) et à la carte 38/68.
* Petite adresse connue "comme le loup blanc" pour son ambiance "trendy", son
décor résolument contemporain, sa cuisine italo-traditionnelle et ses vins mûris dans
la "Botte".

✂ **La vache qui vole**, 2 pl. Centrale, 𝒫 0277 223 833, info@lavachequivole.ch, 😤
– 🝙 ⓞ 𝘝𝘐𝘚𝘈
Y a
**Rest** (1er étage) à la carte 41/91 🍴.
* Bar à vins et dégustation de tapas au rez-de-chaussée et brasserie à l'étage. Carte
actuelle à connotations valaisannes et italiennes ; cave riche de 650 références.

**route du Col de la Forclaz** par ③ : 3 km :

✂✂ **Sur-le-Scex "Le Virage"**, route de la Forclaz, ✉ 1921 Martigny-Combe,
🛬 𝒫 0277 221 153, info@surlescex.ch, Fax 0277 233 510, ≤ Martigny et vallée du
Rhône – 🅿 ⓜⓔ 𝘝𝘐𝘚𝘈
fermé 6 au 25 janv., 6 au 25 juin, mardi soir en hiver et merc. – **Rest** (19) 53 et
à la carte 43/74.
* Il serait dommage de manquer ce virage : vous seriez privés de la vue imprenable
sur Martigny et la vallée du Rhône dont jouissent les deux salles du restaurant !

**à Ravoire** par ③ rte du Col de la Forclaz : 10 km – alt. 1172 – ✉ 1928 Ravoire :

🏨 **Le Ravoire** 🍃, 𝒫 0277 222 302, hotelravoire@freesurf.ch, Fax 0277 232 160,
🏠 ≤ Vallée du Rhône et montagnes, 😤 – 🅿 🝙 ⓞ ⓜⓔ 𝘝𝘐𝘚𝘈
🛬 mai à mi-oct. – **Rest** (15) 39 et à la carte 42/67 – **25 ch** ☲ ✝80/100 ✝✝135/150
– ½ P suppl. 30.
* Air pur et tranquillité caractérisent cet établissement offrant aussi un panorama
magnifique. Chambres modernes meublées en bois clair. Salles à manger boisées complétées d'une terrasse d'été tournée vers la vallée du Rhône et les montagnes.

**aux Marécottes** par ④ et rte de Salvan : 10 km – alt. 1032 – Sports d'hiver :
1 110/2 200 m ✦ 1 ✦ 5 – ✉ 1923 Les Marécottes :
🅸 Office de Tourisme Salvan-Les Marécottes, Place de la Télécabine,
𝒫 0277 613 101, info@salvan.ch, Fax 0277 613 103

🏨 **Aux Mille Étoiles** 🍃, 𝒫 0277 611 666, info@mille-etoiles.ch, Fax 0277 611 600,
🛬 ≤, 😤, 🝙, ☎, 😤 – 🖬, ✦ rest, 🅿 – 🝙 25. ⓞ ⓜⓔ 𝘝𝘐𝘚𝘈. ✾ rest
23 déc. au 16 avril et 21 mai au 28 oct. –**Rest** (fermé le midi du lundi au jeudi hors saison)
(19) 57 et à la carte 43/76 – **25 ch** ☲ ✝131/174 ✝✝184/274 – ½ P suppl. 28.
* Une ambiance "cent pour cent montagne" flotte dans ce chalet propice au cocoo-
ning. Chambres lambrissées où l'on dort comme un bûche. Piscine creusée dans la
roche. Intime salle de restaurant à touches campagnardes. L'été, repas sous les "mille
étoiles".

**à Chemin** par ③ et rte du col des planches : 5 km – alt. 774 – ✉ 1927 Chemin :

✂✂ **Le Belvédère**, 𝒫 0277 231 400, Fax 0277 231 403, ≤ vallée du Rhône – 🅿 ✿
🏠 40. 🝙 ⓞ ⓜⓔ 𝘝𝘐𝘚𝘈
fermé 17 déc. au 10 janv., 2 au 26 juil., dim. soir, lundi et mardi – **Rest** (16) 51/68
et à la carte 44/84.
* Une petite route escarpée donne accès à cet établissement procurant une superbe
échappée plongeante sur la vallée du Rhône. Cuisine soignée et bonne sélection de
vins.

**MASSAGNO** Ticino 🔢🔢🔢 R13 – vedere Lugano.

> Première distinction : l'étoile ✿. Elle couronne les tables pour lesquelles
> on ferait des kilomètres !

**MATRAN** *1753 Fribourg (FR)* 552 H8 – *1 304 h. – alt. 610.*
*Bern 38 – Fribourg 6 – Biel 55 – Lausanne 64 – Montreux 53.*

XX ∞ **Auberge du Tilleul** avec ch, 12 rte de l'Eglise, ☎ 0264 021 745, *Fax 0264 022 864,* ⛱ – ⊘ ch, 🅿 ⇔ 15/120. MC VISA. ✈
*fermé 26 fév. au 15 mars, 30 juil. au 16 août, mardi soir et merc.* – **Rest** (16) 50 (midi)/68 et à la carte 39/75 – **5 ch** ☕ ✝70 ✝✝130.
◆ Imposante auberge jouxtant l'église. Terrasse ombragée et salle à manger rustique où l'on sert des mets traditionnels. Vaste salle de banquet. Chambres insonorisées.

**MATZENDORF** *4713 Solothurn (SO)* 551 K5 – *1 282 Ew. – Höhe 501.*
*Bern 58 – Basel 53 – Olten 25 – Solothurn 27.*

XX ∞ **Sternen** mit Zim, Dorfstr. 41, ☎ 0623 941 674, *info@sternen-matzendorf.ch, Fax 0623 941 821,* ⛱ – 🅿 ⇔ 55 – 🎯 15/80. AE ⊙ MC VISA
*geschl. 17. Juli - 2. Aug.* – **Rest** *(geschl. Dienstag und Mittwoch)* (15.50) 56 (mittags)/80 und à la carte 37/89 – **3 Zim** ☕ ✝70 ✝✝120.
◆ Das Gourmet dieses Landgasthofs ist gediegen eingerichtet und bietet dem Gast Speisen von einer klassischen Karte an - in der einfachen Gaststube ein kleines Angebot.

**MEGGEN** *6045 Luzern (LU)* 551 O7 – *5 887 Ew. – Höhe 472.*
*Bern 118 – Luzern 7 – Cham 19 – Olten 60 – Schwyz 30.*

🏠 ∞ **Balm,** Balmstr. 3, ☎ 0413 771 135, *info@balm.ch, Fax 0413 772 383,* ≤, ⛱, ⛱ – 🚗 🅿 – 🎯 20. AE ⊙ MC VISA
**Rest** *(geschl. Jan., Montag und Dienstag)* (18.50) 49/89 und à la carte 50/108 ✈ – **20 Zim** ☕ ✝90/150 ✝✝140/240.
◆ Nicht weit von Luzern entfernt findet man dieses nahe dem See gelegene Hotel, das seine Gäste in verschiedenfarbenen modernen oder rustikalen älteren Zimmern beherbergt. Eine einfache Gaststube ergänzt den grossen, gediegenen Speisesaal.

**MEILEN** *8706 Zürich (ZH)* 551 Q5 – *11 522 Ew. – Höhe 420.*
*Bern 141 – Zürich 16 – Luzern 72 – Sankt Gallen 75.*

X **Zur Burg,** Nord-Ost : 2 km Richtung Burg, ☎ 0449 230 371, *info@burg-meilen.ch Fax 0449 236 744,* ⛱ – 🅿. AE ⊙ MC VISA
**Rest** (35) 49 (mittags)/75 und à la carte 59/105.
◆ Das Zürcher Riegelhaus aus dem 16. Jh. liegt oberhalb des Sees. In 3 kleinen gemütlichen Stuben mit Täfer und modernen Bildern bietet man traditionelle Küche.

X **Thai Orchid,** Seestr. 665, ☎ 0447 932 929, *thaiorchid@hispeed.ch Fax 0447 933 676,* ⛱ – AE ⊙ MC VISA
*geschl. 25. Dez. - 9. Jan., 24. Juli - 13. Aug., Samstagmittag, Sonntagmittag und Montag* – **Rest** - thailändische Küche - 25 (mittags) und à la carte 44/96.
◆ In dem an der Seestrasse gelegenen, hellen kleinen Lokal mit Terrasse serviert man in gepflegtem Ambiente exotische Spezialitäten aus Thailand.

**in Obermeilen** *Richtung Rapperswil – Höhe 413 – ✉ 8706 Meilen :*

🏠 **Hirschen am See,** Seestr. 856, ☎ 0449 250 500, *reservation@hirschen-meilen.ch, Fax 0449 250 501,* ≤ Zürichsee, ⛱ – . AE ⊙ MC VISA
***Bacino*** *(geschl. Feb. 2 Wochen und Samstagmittag von Okt. - März)* **Rest** (30) 6[…] (abends) und à la carte 59/94 – ***Taverne :*** **Rest** (24) und à la carte 42/78 – **16 Zim** ☕ ✝110/185 ✝✝200/250.
◆ Die modernen, mit hellem Mobiliar wohnlich eingerichteten Gästezimmer liegen zum grössten Teil Richtung See und verfügen über ein gutes Platzangebot. Bacino : neuzeitlich-elegantes Restaurant mit überdachter Seeterrasse. Gemütliche Taverne.

**MEIRINGEN** *3860 Bern (BE)* 551 N9 – *4 668 Ew. – Höhe 595 – Wintersport : 602/2 433 m* ⛷7 ⛷10 ⛷.
**Sehenswert :** *Lage★.*
**Ausflugsziel :** *Aareschlucht★★ Süd-Ost : 2,5 km – Rosenlauital★★ Süd-West Planplatten★★ mit Luftseilbahn dann Gondelbahn – Rosenlaui : Gletscherschlucht★ Süd-West : 10 km – Reichenbachfälle★ Süd : 1 km und Standseilbahn.*
ℹ *alpenregion.ch, Tourismusbüro Alpenregion Brienz-Meiringen-Hasliberg, Bahnhofstr. 22,* ☎ *0339 725 050,* info@alpenregion.ch, *Fax 0339 725 055.*
*Bern 86 – Andermatt 64 – Brienz 15 – Interlaken 29 – Luzern 49.*

**Victoria,** Bahnhofplatz 9, ℰ 0339 721 040, info@victoria-meiringen.ch, Fax 0339 721 045, 🍽 🕭, Rest, 🅿 AE ⓪ ⓿ VISA
geschl. 17. April - 7. Mai – Rest (geschl. Dienstag - Mittwoch von Nov. - 20. Dez.) (20) 68 und à la carte 49/90 – **18 Zim** ⌖ ✶110/150 ✶✶160/240 – ½ P Zuschl. 38.
♦ Das Hotel am Bahnhof bietet moderne, mit Mahagoniparkett und neuzeitlicher Technik ausgestattete Zimmer. Skulpturen und Bilder zieren das Haus. Helles A-la-carte-Restaurant mit internationaler Küche und Cafe mit Terrasse.

**Zum Alpbach,** Kirchgasse 17, ℰ 0339 711 831, info@alpbach.ch, Fax 0339 714 478, 🍽, 🕭 – 🛉, ☆ Zim, 🅿 ⓿ VISA. 🛠 Zim
geschl. 24. Okt. - 30. Nov. – Rest (17) 40 und à la carte 47/86 – **33 Zim** ⌖ ✶95/130 ✶✶180/260 – ½ P Zuschl. 35.
♦ Liebevoll führt Familie Gerber ihr Hotel im Herzen von Meiringen. Acht neu eingerichtete, gemütlich-rustikale Zimmer, die restlichen hell und praktisch, aber einfacher. Helles, ländliches Restaurant mit netter Atmosphäre.

---

**MEISTERSCHWANDEN** 5616 Aargau (AG) 👥👥👥 O5 – 2073 Ew. – Höhe 505.
Bern 109 – Aarau 28 – Luzern 32 – Wohlen 10 – Zürich 37.

**Seerose,** Süd : 1,5 km Richtung Aesch, ℰ 0566 766 868, hotel@seerose.ch, Fax 0566 766 888, ≤ Hallwilersee, 🍽, 🔟 – 🛉, ☆ Zim, 🍽 🕭 🅿 – 🔺 15/150. AE ⓪ ⓿ VISA – Rest (30) 44 (mittags)/90 und à la carte 51/90 🕭 – **Samui-Thai** - thailändische Küche - (geschl. Sonntag) (nur Abendessen) Rest 87 und à la carte 60/99 – **60 Zim** ⌖ ✶155/195 ✶✶260/310.
♦ Das Hotel am Seeufer besticht durch geräumige, moderne Zimmer mit geschmackvoller Designer-Einrichtung. Toller Ausblick auf den Hallwilersee. Teil des Restaurants : der schöne begehbare Weinkeller. Originell und trendig : das Spezialitätenrestaurant Samui-Thai.

---

**MELIDE** 6815 Ticino (TI) 👥👥👥 R14 – 1 492 ab. – alt. 274.
Vedere : Svizzera in miniatura★.
Bern 278 – Lugano 7 – Bellinzona 35 – Como 24 – Locarno 47.

**Del Lago,** Lungolago G. Motta 9, ℰ 0916 497 041, welcome@hotel-dellago.ch, Fax 0916 498 915, ≤ lago e monti, 🍽, 🖼, 🔟 – 🛉 📞 AE ⓪ ⓿ VISA. 🛠
Seafood Restaurant : Rist (27) 39 (mezzogiorno)/75 ed alla carta 55/107 – **15 cam** ⌖ ✶110/290 ✶✶170/330.
♦ Lungo la passeggiata, godete del panorama sul Ceresio dalla bella terrazza. Camere rinnovate, molto eleganti, dal design moderno con colori vivaci. Ristorante in stile Art Déco che offre una cucina "fusion", proposta anche sulla terrazza in riva al lago.

**Seehotel Riviera,** Lungolago Motta 7, ℰ 0916 497 912, riviera@smile.ch, Fax 0916 496 761, ≤ lago e monti, 🍽, 🔟, 🖼, 🔟 – 🛉. AE ⓪ ⓿ VISA. 🛠 rist
aprile - fine ottobre – Rist 34 (sera) ed alla carta 33/82 – **27 cam** ⌖ ✶95/130 ✶✶170/250 – ½ P sup. 25.
♦ Grazie alla posizione, godete di una vista imperdibile su lago e monti. Camere diverse per dimensioni ma non per livello di confort. La vetrata aperta sul lago rende luminosa la sala da pranzo, totalmente rinnovata di recente.

---

**MELS** 8887 Sankt Gallen (SG) 👥👥👥 U7 – 7 788 Ew. – Höhe 487.
Bern 218 – Sankt Gallen 74 – Chur 34 – Davos 69 – Vaduz 21.

**Schlüssel** (Kalberer), Oberdorfstr. 5, ℰ 0817 231 238, schluessel.mels@bluewin .ch, Fax 0817 237 133, 🍽 – 🅿 AE ⓪ ⓿ VISA
geschl. 20. Feb. - 13. März, 17. Juli - 7. Aug., Sonntag und Montag – Nidbergstube (1. Etage) Rest 62 (mittags)/139 und à la carte 69/141 🕭 – **Bistro :** Rest (19) 62 und à la carte 40/100.
Spez. "Melser Töpfchen". Entenleber mit Essigzwetschgen. Geschmorte Kalbsbacke an Rotweinsauce mit Kartoffel - Rosmarinpüree. Weine Fläscher, Melser
♦ Die Nidbergstube ist ein schönes Restaurant im Biedermeierstil. Umgeben von gemütlicher Atmosphäre serviert man Ihnen feine Kreationen einer klassischen Küche. Eine schlichtere Alternative zur Nidbergstube stellt das Bistro dar.

**Waldheim,** West : 4 km über Weisstannenstrasse, ℰ 0817 231 256, Fax 0817 232 533, ≤ Alvierkette, 🍽 – 🅿 VISA
geschl. 2. - 24. Jan., 5. - 26. Juli, Montag und Dienstag – Rest 75 und à la carte 47/88.
♦ Das Restaurant ist bekannt für seine Wildspezialitäten aus heimischer Jagd. Eine Gaststube und die Terrasse mit Sicht auf die Alvierkette ergänzen das Restaurant.

**in Heiligkreuz** *Nord : 2 km – Höhe 487 –* ⊠ *8888 Heiligkreuz :*

XX **Stiva Antica,** über Kantonsstrasse : 2 km Richtung Walenstadt, ℰ 0817 233 766, *stivaantica@bluewin.ch,* 🛱 – **P**, 🕮 ⓪ 🐠 *VISA*. ⅋
**Rest** *(geschl. Mittwoch und Donnerstag)* (24) 36 (mittags)/75 und à la carte 44/84.
♦ Restaurant mit Ambiente : Das schöne, alte Bauernhaus wurde im regionalen Patri-
zierstil renoviert. In mehreren kleinen rustikalen Stuben bittet man seine Gäste zu
Tisch.

---

**MENDRISIO** *6850 Ticino (TI)* 🔠🔠🔠 *R14 – 5 965 ab. – alt. 355.*

**Manifestazioni locali**
*13.04 - 14.04 : Processioni storiche*
*22.09 - 24.09 : Sagra dell'Uva.*

🖪 *Ente Turistico del Mendrisiotto, via Angelo Maspoli 15,* ℰ *0916 465 761,*
*info@mendrisiototourism.ch, Fax 0916 463 348.*
*Bern 295 – Lugano 24 – Bellagio 40 – Bellinzona 48 – Como 14 – Varese 20.*

🏠 **Stazione,** piazza della Stazione, ℰ 0916 462 244, *Fax 0916 468 227,* 🛱 – 🛗. 🕮
⓪ 🐠 *VISA*. ⅋
**Rist** *(chiuso domenica sera)* (25) 38/65 ed alla carta 67/100 – **20 cam** 🖙 ✦110/120
✦✦148/160 – ½ P sup. 30.
♦ Hotel ospitato da un edificio in stile contemporaneo, ubicato proprio di fronte
alla stazione ferroviaria. Parzialmente ristrutturato di recente, offre un buon confort. Frequentato ristorante diviso in due ambienti da una parete mobile. Design
moderno.

🏠 **Morgana,** via C. Maderno 12, ℰ 0916 462 355, *morganahotel@swissonline.ch,*
*Fax 0916 464 264,* 🛱, 🔄 – **P**, 🕮 ⓪ 🐠 *VISA*. ⅋
*chiuso natale* – **Rist** - specialità fondues - 38 ed alla carta 42/62 – **16 cam** 🖙
✦105/115 ✦✦155/175.
♦ Non molto lontano dall'uscita dell'autostrada, piccola struttura familiare rinfres-
cata di recente. Le camere, omogenee, presentano tutte le comodità. Ampia
scelta di fondue o piatti tradizionali al ristorante, da gustare nelle due rustiche
sale.

X **Ateneo del Vino,** via Pontico Virunio 1, ℰ 0916 300 636, *Fax 0916 300 638 –*
😂 ✦✦ ♿ rist. 🕮 ⓪ 🐠 *VISA*. ⅋
*chiuso dal 1º al 10 gennaio, dal 23 luglio al 16 agosto, lunedì a mezzogiorno, domenica
ed i giorni festivi* – **Rist** (16) ed alla carta 44/80 ♦.
♦ Ubicato nel bel centro storico della cittadina, un ristorante wine-bar dove è possibile
gustare alcuni piatti del giorno da abbinare ai vini dell'enoteca.

X **Grotto Bundi,** via alle Cantine 24, ℰ 0916 467 089, *info@grottobundi.com,*
*Fax 0916 469 089,* ≤, 🛱 – 🕮 🐠 *VISA*
*chiuso dal 23 dicembre al 16 gennaio, dal 24 luglio al 7 agosto e lunedì* – **Rist** (22)
ed alla carta 34/59.
♦ Grotto tradizionale con tre luminose salette al primo piano e un caratteristico
camino utilizzato per la cottura della polenta. Servizio estivo all'aperto.

**sulla strada per il Monte Generoso** *Nord : 13 km :*

X **Grotto Baldovana,** ⊠ *6872 Salorino,* ℰ 0916 462 528, *info@baldovana.ch*
*Fax 0916 460 852,* ≤ Vallata, 🛱 – ⅋
*chiuso dal 15 dicembre al 15 marzo e martedì* – Rist alla carta 29/46.
♦ Buona cucina genuina da apprezzare nell'ambiente casalingo di questo caseggiato
rustico con servizio estivo in terrazza-giardino che offre una bella vista sulla vallata

---

**MENZBERG** *6125 Luzern (LU)* 🔠🔠🔠 *M7 – Höhe 1 016.*
*Bern 78 – Luzern 36 – Brienz 90 – Olten 46 – Thun 86.*

🏠 **Menzberg** ⅋, ℰ 0414 931 816, *info@hotel-menzberg.ch, Fax 0414 931 441*
≤ Mittelland und Jura, 🛱 – 🛗 **P** – 🔒 25. 🕮 🐠 *VISA*
*geschl. 13. Feb. - 3. März, 3. - 21. Juli und Montag* – **Rest** (18) 38 (mittags)/80 und
à la carte 42/98 – **23 Zim** 🖙 ✦110/120 ✦✦170/185 – ½ P Zuschl. 45.
♦ Das Kurhaus aus dem Jahre 1834 liegt ruhig in den Bergen und bietet einen schönen
Ausblick auf das Luzerner Hinterland. Unterschiedlich eingerichtete Zimmer stehen
bereit. Schlicht gestaltetes Restaurant und einfache Gaststube mit Aussichtsterrasse.

**MENZINGEN** 6313 Zug (ZG) 551 Q6 - 4 440 Ew. - Höhe 807.
Bern 140 - Luzern 36 - Zürich 28 - Einsiedeln 34 - Rapperswil 32 - Schwyz 28 - Zug 6.

XX **Löwen** (Frau Döscher), Holzhäusernstr. 2, ✆ 0417 551 115, *info@loewen-menzi*
*ngen.ch*, Fax 0417 551 429 - AE MC VISA
geschl. 16. Juli - 7. Aug. Sonntag und Montag - **Rest** (Tischbestellung ratsam) (38) 58 (mittags)/125 und à la carte 59/133.
**Spez.** Lammrücken vom Muotathal. Hummer-Wochen (Juni). Frische Kirschensuppe mit Joghurteis (Juli)
♦ In der 1. Etage des Gasthofs aus dem 16. Jh. befindet sich das rustikale Lokal mit gemütlicher Atmosphäre - historische Portraits und gemalte Naturbilder zieren die Wände.

---

**MERIDE** 6866 Ticino (TI) 553 R14 - 327 ab. - alt. 582.
Bern 310 - Lugano 27 - Bellinzona 55 - Varese 18.

X **Antico Grotto Fossati,** ✆ 0916 465 606, Fax 0916 465 606, 😤 - P. AE MC
VISA. 🍽
chiuso dal 23 dicembre al 18 gennaio e dal 1º al 7 novembre - **Rist** (chiuso martedì da novembre ad aprile e lunedì) 32/42 ed alla carta 30/60 ⌀.
♦ Una bella mangiata "alla ticinese" nella verde cornice attorno al caseggiato rustico con servizio estivo sulla terrazza alberata. Dopo pranzo rilassatevi giocando a bocce.

---

**MERLIGEN** 3658 Bern (BE) 551 K9 - Höhe 568.
Bern 40 - Interlaken 11 - Brienz 31 - Spiez 24 - Thun 13.

🏨 **Beatus** ⚓, ✆ 0332 528 181, *info@beatus.ch*, Fax 0332 513 676, ≤ Thunersee und Berge, 😤, 🏖, ₤ₛ, ⇌, 🏊 (Solbad), 🏊, 🐎, 🐾, 🧖, - 🛗, 🔄 Zim, 🍴 🚗, Rest, P - 🔥 15/20. AE ① MC VISA. 🍽 Rest
**Bel Air** : **Rest** 74 und à la carte 56/115 - **Orangerie** : **Rest** à la carte 51/99 - **71 Zim** ⚌ ✦185/415 ✦✦330/610, 4 Suiten - ½ P Zuschl. 45.
♦ Eine der schönsten Adressen der Region ! Die ruhige Lage am See, komfortable und geschmackvoll eingerichtete Zimmer sowie ein ansprechender Wellnessbereich überzeugen. Hell, modern und elegant - so präsentiert sich das Bel Air. Orangerie mit Piano-Bar.

---

**MERLISCHACHEN** 6402 Schwyz (SZ) 551 O7 - Höhe 436.
Bern 120 - Luzern 10 - Aarau 59 - Schwyz 26 - Zug 23.

🏨 **Schloss Hotel** ⚓, Luzernerstr. 204, ✆ 0418 545 454, *info@schloss-hotel.ch*, Fax 0418 545 466, ≤, ⇌, 🏊, 🐎, 🌳 - 🛗 🍴 P - 🔥 15/50. AE ① MC VISA
**Rest** (siehe auch Rest. **Swiss Chalet**) - 63 **Zim** ⚌ ✦144/198 ✦✦178/278.
♦ Das Hotel besteht aus drei Gebäuden und einem angenehmen Garten am See. Die Zimmer sind mit Eichenholzmobiliar gut eingerichtet und strahlen eine rustikale Atmosphäre aus.

XX **Swiss Chalet** - Schloss Hotel, ✆ 0418 545 454, *info@schloss-hotel.ch*, Fax 0418 545 466, 😤 - 🍽 P. AE ① MC VISA
**Rest** (29) 44 (mittags)/86 und à la carte 59/121.
♦ Ein schönes Bauernhaus aus dem 17. Jh. beherbergt dieses Restaurant : Verschiedene behagliche Stuben mit rustikaler Einrichtung erwarten die Gäste..

---

**MEYRIEZ** Freiburg 552 H7 - siehe Murten.

---

**MEYRIN** Genève 552 A11 - rattaché à Genève.

---

**MÉZIÈRES** 1083 Vaud (VD) 552 F9 - 965 h. - alt. 740.
Bern 82 - Fribourg 48 - Lausanne 19 - Montreux 30 - Yverdon-les-Bains 32.

XX **Du Jorat,** Grand'Rue, ✆ 0219 031 128, Fax 0219 033 914, 😤 - ① MC VISA
fermé 24 déc. au 6 janv., Pâques, 2 au 18 juil., dim. et lundi - **Rest** (17) 40 (midi)/88 et à la carte 62/103.
♦ Sur la traversée du village, petit repaire gourmand occupant une typique maison du pays. Goûteuse cuisine classique, plat du jour à bon prix et intéressants menus.

**MIÉCOURT** *2946 Jura (JU)* 🔢🔢🔢 *H-I4 – 450 h. – alt. 485.*
*Bern 101 – Delémont 31 – Basel 48 – Belfort 36 – Porrentruy 8 – Sainte-Ursanne 14.*

🏠 **La Cigogne,** 33 r. Principale, ☎ 0324 622 424, Fax 0324 622 462, 🌿 – 📶 ✆ 🅿
– 🔺 25. 🆎 🌐 *VISA*. ✂ ch
**Rest** *(fermé 18 au 30 déc. et lundi soir)* (19) 24 (midi)/48 et à la carte 34/66 – **13 ch**
☑ ★90 ★★150 – ½ P suppl. 28.
♦ Une collection de peintures et d'objets d'art égaye ce petit hôtel familial posté
en retrait de la route principale. Chambres de style actuel et nouvelle terrasse. Salle
de restaurant sobre et moderne ; cuisine traditionnelle.

**MINUSIO** *Ticino* 🔢🔢🔢 *R12 – vedere Locarno.*

**MIRALAGO** *Grigioni* 🔢🔢🔢 *Y12 – vedere Le Prese.*

**MISERY** *1721 Fribourg (FR)* 🔢🔢🔢 *H8 – 1 247 h. – alt. 584.*
*Bern 46 – Fribourg 10 – Neuchâtel 38 – Lausanne 65.*

🍴🍴 **Misery,** ☎ 0264 751 152, Fax 0264 751 152, 🌿 – 🅿 🆎 🌐 *VISA*
*fermé 24 déc. au 10 janv., 22 août au 6 sept., lundi et mardi* – **Rest** (18) 89 et à
la carte 46/91.
♦ Restaurant dont la grande salle à manger a fait peau neuve, et cela saute aux yeux !
Tableaux modernes et couleurs claires produisent une ambiance décontractée.

**MOLLIS** *8753 Glarus (GL)* 🔢🔢🔢 *S7 – 2 972 Ew. – Höhe 450.*
*Bern 187 – Sankt Gallen 63 – Chur 68 – Glarus 7 – Vaduz 54.*

🍴🍴 **Zum Löwen** mit Zim, Bahnhofstr. 2, ☎ 0556 121 333, h.schenkel@bluewin.ch,
Fax 0556 121 552, 🌿 – 🅿 ⇌ 60. 🆎 ➊ 🌐 *VISA*
*geschl. Ende Juli 2 Wochen, Anfang Aug. 1 Woche, Sonntagabend und Montag* – **Rest**
(18.50) 48 (mittags)/95 und à la carte 59/106 – **5 Zim** ☑ ★78/100 ★★126.
♦ Neben einer rustikalen, heimeligen Gaststube befindet sich in diesem Riegelhaus
auch ein mit Biedermeiermöbeln eingerichtetes A-la-carte-Restaurant. Zeitgemässe
Gerichte.

**MONRUZ** *Neuchâtel* 🔢🔢 *G7 – rattaché à Neuchâtel.*

**MONTANA** *Valais* 🔢🔢 *J11 – voir Crans-Montana.*

**MONT-CROSIN** *Berne* 🔢🔢🔢 *H6 – rattaché à Saint-Imier.*

**MONTEZILLON** *Neuchâtel (NE)* 🔢🔢🔢 *F7 – alt. 761 – ✉ 2037 Montmollin.*
*Bern 59 – Neuchâtel 11 – La Chaux-de-Fonds 32 – Yverdon-les-Bains 50.*

🏠🏠 **L'Aubier** ⬙, 5 Murailles, ☎ 0327 322 211, accueil@aubier.ch, Fax 0327 322 200,
< lac et les alpes, 🌿, 🌱 – 📶 ✳ 🅿 – 🔺 15/60. 🆎 🌐 *VISA*
*fermé 2 au 16 janv.* – **Rest** *(fermé dim. soir et lundi de janv. à mars)* (17) et à la
carte 41/76 – **25 ch** ☑ ★125/140 ★★160/200 – ½ P suppl. 36.
♦ Invitation au ressourcement dans cette ancienne ferme entretenant une atmosphère très "nature". Chambres amples et sobres. Panorama sur le lac et les Alpes.
Repas composés à partir de produits "bio". Plat du jour à prix musclé.

**MONTHEY** *1870 Valais (VS)* 🔢🔢 *F11 – 13 986 h. – alt. 420.*
🛈 Office du Tourisme, 3 pl. Centrale, ☎ 0244 757 963, monthey.tourisme@blu-
email.ch, Fax 0244 757 949.
🎯 3 pl. Centrale, ☎ 0244 757 959, Fax 0244 757 949.
*Bern 112 – Martigny 24 – Evian-les-Bains 38 – Gstaad 55 – Montreux 23 – Sion 49.*

🍴 **Café du Théâtre,** 6 r. du Théâtre, ☎ 0244 717 970, Fax 0244 717 970, 🌿 –
🅿 ⇌ 100 🌐 *VISA*
*fermé 25 déc. au 3 janv., 30 juil. au 21 août, dim. et lundi* – **Rest** (18) 48 (midi) et
à la carte 64/94.
♦ Idéal pour un repas d'avant ou d'après spectacle, ce bistrot agrégé à un théâtre
propose, dans un cadre contemporain dépouillé, une soigneuse cuisine actuelle selon
le marché.

**à Choëx** *Sud-Est : 4 km – alt. 615 –* ⊠ *1871 Choëx :*

⊗ **Café Berra,** 1 pl. de l'École, ℰ 0244 710 530, *contact@cafeberra.ch*, ⊗ Fax 0244 710 534, ≼, 🏤 – **P**, ① **◍** *VISA*
*fermé 8 au 26 janv., 27 août au 28 sept., lundi et mardi –* **Rest** (19) 53 (midi) et à la carte 58/104.
◆ Restaurant sympathique aménagé dans un chalet en bois de 1890. Carte saisonnière au goût du jour et suggestions faites oralement, selon le marché. Terrasse à l'arrière.

**à Collombey-le-Grand** *Nord-Est : 3,5 km par rte d'Aigle – alt. 391 –* ⊠ *1868 Collombey-le-Grand :*

⊗ **Les Îles,** rue de l'Épinette, ℰ 0244 727 050, Fax 0244 727 256, 🏤 – **P** ✦ 15.
⊗ **Æ** ① **◍** *VISA*
*fermé 22 fév. au 5 mars, 31 juil. au 16 août, dim. soir, mardi soir et merc. –* **Rest** (18) 26/85 et à la carte 46/95.
◆ Accueillante table agencée à la mode d'aujourd'hui et s'ouvrant sur une plaisante terrasse. Vins et assiettes, traditionnelles, sont présentés avec un soin particulier.

---

**Le MONT-PÈLERIN** *1801 Vaud (VD)* 552 *F10 – alt. 806.*
*Voir : vue* ★★ *– Bern 83 – Montreux 18 – Fribourg 54 – Lausanne 23 – Vevey 11.*

🏨 **Le Mirador Kempinski** ⊗, ℰ 0219 251 111, *reservation@mirador.ch*, Fax 0219 251 112, ≼ lac et montagnes, 🏤, **ⅉ**, ≘s, ⊐, ⊠, 🌳, ✵ – ⧢, ✸ ch, 🗐 ch, video 🕻 ⇔ **P** – 🖾 15/70. **Æ** ① **◍** *VISA*
**Rest** (voir aussi rest. **Le Trianon** ci-après) – **Le Patio** (brasserie) **Rest** 58 et à la carte 62/91 – ⊇ 35 – **67 ch** ✷280/690 ✷✷380/790, 7 suites – ½ P suppl. 75.
◆ Un séjour de rêve vous attend dans cet hôtel à la vue magnifique sur le Léman et les Alpes. Chambres "nickel", centre de bien-être et nombreuses distractions au programme. Brasserie-véranda complétée d'une agréable terrasse près de la piscine.

⊗ **Le Trianon** *- Hôtel Le Mirador Kempinski,* ℰ 0219 251 111, *restauration@mirador.ch,* Fax 0219 251 112, ≼ lac et montagnes, 🏤 – ▤. **Æ** ① **◍** *VISA.* ✵
⊗ *fermé lundi et mardi –* **Rest** 55 (midi)/150 et à la carte 94/154 ₰.
**Spéc.** Carpaccio tiède de homard à la citronelle. Mille-feuille de pigeon de Bresse et foie gras de canard sauce madère. Mousse glacée à la "Fée verte" et chocolat blanc, croustillant à la pistache et sorbet fraise. **Vins** Chexbres, Morges
◆ Restaurant gastronomique de l'hôtel Mirador. Deux niveaux offrent un panorama idyllique. Le soir, la magie s'installe avec les rives illuminées et l'ambiance du piano-bar.

⊗ **Hostellerie chez Chibrac** ⊗ avec ch, 1 ch. du Gort, ℰ 0219 226 161, *hostellerie@chezchibrac.ch,* Fax 0219 229 388, 🏤, 🌳 – ⧢ **P** ✦ 25. **Æ** ① **◍** *VISA*
*fermé 22 déc. au 22 janv. –* **Rest** (dim. soir et lundi) (17) 48/120 et à la carte 56/105 – **9 ch** ⊇ ✷115/155 ✷✷140/185 – ½ P suppl. 14.
◆ À l'entrée du village, ancienne ferme convertie en table champêtre. Mets classiques, spécialités vaudoises et desserts cent pour cent "maison". Chambres rafraîchies en 2004.

⊗ **Au Chalet,** ℰ 0219 222 761, Fax 0219 222 769, ≼, 🏤 – 🏤 **Æ** ① **◍** *VISA*
⊗ **Rest** *(fermé lundi)* (18) et à la carte 38/79.
◆ Ce chalet rustique guettant l'arrivée du funiculaire abrite un sympathique restaurant de spécialités suisses. Belle vue sur le lac et la montagne en terrasse.

---

**MONTREUX** *1820 Vaud (VD)* 552 *F10 – 22 569 h. – alt. 406.*
*Voir : Site* ★★ *– Terrasse de l'église paroissiale : vue* ★★ *d'ensemble DZ.*
*Environs : Rochers de Naye* ★★★ *par train à crémaillère - BV – Château de Chillon* ★★ *: site* ★★ *et vue* ★★ *du donjon BX – Les Pléiades* ★★ *Nord : AV – Col de Sonloup : vue* ★ *Est : 9 km BV.*

🏌₁₈ à Aigle, ⊠ 1860, ℰ 0244 664 616, Fax 0244 666 047, par ① : 12 km 🏌 Les Coullaux à Chessel, ⊠ 1846, ℰ 0244 812 246, Fax 0244 816 646, par ① et route d'Evian : 13 km.

**Manifestations locales**
*30.06 - 15.07 : Montreux Jazz Festival*
*24.11 - 23.12 : Marché de Noël.*

🄳 Montreux-Vevey Tourisme, 5 r. du Théâtre, ℰ 0219 628 484, info@mvtourism.ch, Fax 0219 688 486 CZ.

*Bern 90* ③ *– Genève 91* ③ *– Lausanne 23* ③ *– Martigny 43* ①

Plans pages suivantes

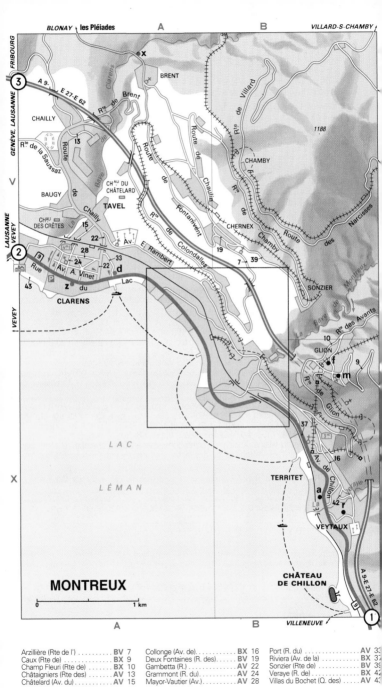

MONTREUX

0       1 km

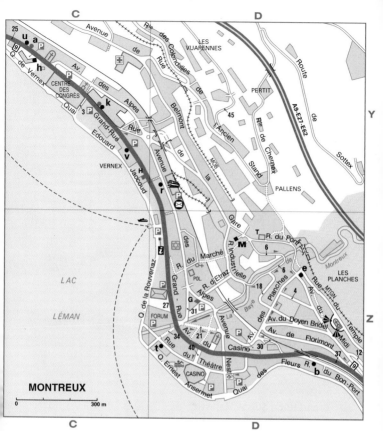

MONTREUX

0 — 300 m

**Raffles Le Montreux Palace,** 100 Grand-Rue, ℰ 0219 621 212, emailus.mo
ntreux@raffles.com, Fax 0219 621 717, ≤, 斎, ⊘, 𝟂, 奈, ℥, ℝ, ⟊ – 🛗 ⥃
▤ ✆ & rest, ⇐ 🄿 – 🏛 15/550. 🄰🄴 🄾 🐵 𝑽𝑰𝑺𝑨. ※ rest                    CY k
**Rest** (voir aussi rest. **Le Jaan**) – **La Brasserie du Palace** ℰ 0219 621 300 **Rest**
52 (midi) et à la carte 62/111 – 😳 35 – **216 ch** ★380 ★★510/780, 19 suites –
½ P suppl. 65.
♦ Palace de 1906 faisant face au lac. Salons d'époque, chambres sélectes, superbe
"wellness center" et nombreuses distractions au programme. Brasserie cossue
entretenant l'atmosphère typique d'un établissement de l'aube du 20e s.

**Royal Plaza,** 97 Grand-Rue, ℰ 0219 625 050, info@royalplaza.ch,
Fax 0219 625 151, ≤ lac, 斎, 𝟂, 奈, ℝ, ⊞ – 🛗 ⥃ ▤ & rest, 🄿 – 🏛 15/150.
🄰🄴 🄾 🐵 𝑽𝑰𝑺𝑨                                                            CY h
**La Croisette** (fermé dim. midi) **Rest** (24) 45/105 et à la carte 63/107 – **Café du
Lac** (fermé janv. et lundi - mardi sauf en juil. - août) **Rest** (17) et à la carte 41/62
– 😳 25 – **141 ch** ★255/400 ★★305/635, 6 suites – ½ P suppl. 90.
♦ Hôtel établi au bord du Léman, juste à côté du centre des Congrès. Communs
soignés, chambres tout confort, beau panorama lacustre, terrasses exquises et ponton d'amarrage. Préparations au goût du jour à la Croisette. Ambiance décontractée
au Café du Lac.

323

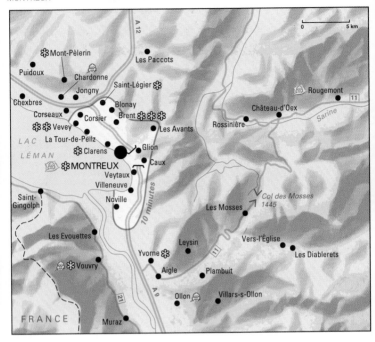

🏨 **Grand Hôtel Suisse Majestic,** 45 av. des Alpes, ℰ 0219 663 333, hotel@su isse-majestic.ch, Fax 0219 663 300, ≤, ⇔ – |≑|, ⇔ ch, ▤ ch, ℰ – ⚿ 15/130. ⬚
① ⚈ VISA
DY r
**Rest** (21) 45 (midi) et à la carte 48/91 – ⌄ 19 – **137 ch** ☆200/250 ☆☆280/330
– ½ P suppl. 45.
♦ Ce palace de 1870 s'élevant entre la gare et le lac vous accueille par un superbe hall
Art déco. Vastes chambres et deux suites dotées de jacuzzi. Salle à manger feutrée,
brasserie rénovée et grande terrasse d'été côté lac.

🏨 **Eden Palace au Lac,** 11 r. du Théâtre, ℰ 0219 660 800, eden@montreux.ch,
⇔ Fax 0219 660 900, ≤, ⇔, ⊜s, ⇆ – |≑|, ⇔ ch, ▤ ℰ ℙ – ⚿ 15/120. ⬚ ① ⚈
VISA
DZ t
fermé 20 déc. au 10 janv. – **La Terrasse** (fermé 20 déc. au 1er fév.) **Rest** (18) 40
(midi)/49 et à la carte 47/87 – **101 ch** ⌄ ☆160/350 ☆☆190/480 –
½ P suppl. 49.
♦ Face au lac, palace de style victorien où F. Mercury, chanteur du groupe Queen,
avait ses habitudes. Chambres "king size". Bonnes installations pour se distraire et
se réunir. Table traditionnelle dans la rotonde. Agréable repas en plein air à la belle
saison.

🏨 **Golf - Hôtel René Capt,** 35 r. de Bon Port, ℰ 0219 662 525, golf-hotel@mo
⇔ ntreux.ch, Fax 0219 630 352, ≤, ⇔, ⇆ – |≑| ℰ ℙ – ⚿ 15/60. ⬚ ① ⚈ VISA.
⌘ rest
DZ b
25 janv. au 22 déc. – **Rest** (18) 45 (midi)/49 et à la carte 44/91 – **75 ch** ⌄ ☆190/260
☆☆280/360 – ½ P suppl. 45.
♦ Imposante architecture "Belle Époque" alanguie près du lac, à deux pas de la gare.
Chambres récemment rénovées et souvent dotées d'un balcon. Jardin invitant au
repos. Une véranda du début du 20e s. tient lieu de salle de restaurant. Repas au goût
du jour.

**Eurotel Riviera,** 81 Grand-Rue, ☏ 0219 662 222, *eurotelriviera@ euriv.ch,* Fax *0219 662 220,* ⩽ lac, �╱, ⬇ – 🕴 ☏ 🚗 – 🏛 15/140. 🆎 ⓞ ⓜⓞ
**VISA**
CY v
**Rest** (19.50) et à la carte 44/85 – **152 ch** ⊑ ♦170/240 ♦♦250/340 – ½ P suppl.
48.
◆ Immeuble-tour dont toutes les chambres profitent d'une échappée imprenable sur le lac et ses berges. Un ponton d'amarrage privé vous permettra même d'accoster devant l'hôtel. Restaurant traditionnel offrant une belle vue panoramique.

**Bristol,** à Territet, 63 av. de Chillon, ☏ 0219 626 060, *bristol@ bristol-montreux* *.ch, Fax 0219 626 070,* ⩽ lac et montagnes, �╱, **Fб**, ⬜ – 🕴 ⬥ 🚗 – 🏛 15/40.
🆎 ⓞ ⓜⓞ **VISA**
BX a
**Le Pavois : Rest** (17) 59 et à la carte 41/86 – **18 ch** ⊑ ♦175/260 ♦♦220/360
– ½ P suppl. 45.
◆ Établissement dont la particularité est de cumuler les fonctions d'hôtel et de clinique. Chambres modernes bien équipées ; jolie vue sur le lac et la montagne. Restaurant classique s'ouvrant sur une belle terrasse panoramique.

**Villa Toscane** sans rest, 2 r. du Lac, ☏ 0219 668 888, *villatoscane@ montreux.ch,* Fax *0219 668 800,* ⇆ – 🕴 ⇆ ▤ video ☏ & ▣ – 🏛 25. 🆎 ⓞ ⓜⓞ
**VISA**
CY u
fermé 23 déc. au 2 janv. – **46 ch** ⊑ ♦140/230 ♦♦200/310.
◆ Charmante villa Art nouveau de 1909, ornée ici et là de vitraux d'époque, témoins du brillant passé de la station. Chambres personnalisées. Évitez celles donnant sur la route.

**Masson,** 5 r. Bonivard, ✉ 1820 Veytaux, ☏ 0219 660 044, *hotelmasson@ bluewin.ch,* Fax *0219 660 036,* ⇆, 🍴 – ▣. 🆎 ⓞ ⓜⓞ **VISA** .
🍽 rest
BX r
2 avril à oct. – **Rest** (fermé le midi) (menu seul.) 39 – **31 ch** ⊑ ♦120/170
♦♦160/250 – ½ P suppl. 30.
◆ Le doyen de l'hôtellerie locale (1829). Bon nombre d'aristocrates russes, mais aussi Jules Michelet et Victor Hugo ont séjourné ici. Intérieur typiquement suisse. Table au charme "rétro". Cuisine familiale goûtée des pensionnaires à l'heure du dîner.

**Auberge des Planches,** 2 r. du Temple, ☏ 0219 634 973, *bmelchor@ bluewi* *n.ch, Fax 0219 632 311* – 🕴 ☏. ⓜⓞ **VISA**. 🍽 ch
DZ e
fermé janv. – **Don Chico** - cuisine mexicaine - (fermé dim. et le midi) **Rest** à la carte
45/93 – **36 ch** ⊑ ♦85/110 ♦♦150/160.
◆ Cet établissement perché sur les hauteurs du vieux Montreux met à votre disposition des chambres actuelles parsemées de touches décoratives "chicanos". Périple culinaire à travers le Mexique, dans une jolie salle voûtée recréant une atmosphère "hacienda".

**Le Jaan** - *Raffles Le Montreux Palace*, 100 Grand-Rue, ☏ 0219 621 212, *emailus* *.montreux@ raffles.com, Fax 0219 621 717,* ⩽, �╱ – ▤ ⬅ ▣ 🆎 ⓞ ⓜⓞ **VISA**.
🍽
CY k
**Rest** (fermé le midi, 1er au 23 janv., 30 juil. au 21 août, dim. et lundi) 135/195 et
à la carte 104/190.
**Spéc.** La perche de "Henri Daniel Champier" en deux façons (juin - juil.). Le cuissot de porcelet des "Detwiller" braisé six heures, fond de braisage au curcuma rond. Cuchaule aux zestes d'agrumes façon pain perdu. **Vins** Dézaley, Villette
◆ Fine cuisine au goût du jour à savourer dans l'opulente véranda "1900" du Montreux Palace. Carte aux accents exotiques, mais soucieuse d'honorer les produits régionaux.

**L'Ermitage** (Krebs) 🍴 avec ch, à Clarens, 75 r. du Lac, ✉ 1815 Clarens,
☏ 0219 644 411, *ermitage.krebs@ bluewin.ch, Fax 0219 647 002,* ⩽ lac, 🌣, 🍴,
⬇ – ☏ ▣. 🆎 ⓞ ⓜⓞ **VISA**
AV z
fermé 23 déc. au 25 janv. – **Rest** (fermé dim. et lundi de sept. à mai) (36) 68
(midi)/180 et à la carte 138/190 – **7 ch** ⊑ ♦180/260 ♦♦280/300.
**Spéc.** Tomate farcie de grenouilles à la crème de thym (été). Omble chevalier ou féra (selon arrivage) aux échalotes et citron confit. Soufflé chaud au petit séré maigre à la rhubarbe (printemps). **Vins** Villette, Epesses
◆ Grande maison de bouche embellie d'un jardin bordant le lac, au coeur de Clarens où Rousseau situe l'action de la Nouvelle Héloûse. Délicieux repas bien dans l'air du temps.

XX **L'Etoile de Mer,** 114, Grande Rue, ℘ 0219 630 777, Fax 0215 347 305 – 🖃 🐠
**VISA**                                                                                                CY a
*fermé dim. soir, mardi midi et lundi* – **Rest** 48 (midi)/90 et à la carte 54/98 🕭.
♦ Dans une galerie marchande, table littorale à l'ambiance feutrée façon
"lounge". La salle, tendue de tissus aux motifs pisciformes, ménage quelques coins
salons.

XX **Maï Thaï,** à Clarens, 40 r. du Lac, ⊠ 1815 Clarens, ℘ 0219 642 536, *info@ mai*
*thai.com, Fax 0219 648 123,* 🌧 – 🝙 ⓪ 🐠 **VISA**                                            AV
*fermé Noël, Nouvel An et lundi sauf juillet et août* – **Rest** - cuisine thaïlandaise - (22)
35 (midi)/85 et à la carte 52/109.
♦ Restaurant thaïlandais dont les deux salles au décor de circonstance sont reliées
par une passerelle en bois exotique veillant sur un jardinet. Belle vue lacustre en
terrasse.

**aux Avants** *Nord : 8 km – alt. 970 –* ⊠ *1833 Les Avants :*

🕎 **De Sonloup** 🝜, au Col de Sonloup : 2,5 km, ℘ 0219 643 431, *hotel.sonloup@*
🚞 *bluewin.ch, Fax 0219 643 480,* ≤, 🌧 – 🝙 🅿 – 🝙 25. 🐠 **VISA**
*fermé 27 nov. au 7 avril, merc. en basse saison et dim. soir* – **Rest** (18) 24 (midi)/60
et à la carte 41/75 – **19 ch** ⊊ ✦80/100 ✦✦130/180 – ½ P suppl. 40.
♦ Un vrai havre de paix que cette charmante gentihommière perchée tel un nid
d'aigle sur les hauteurs des Avants. Chambres de style montagnard. Accès en voiture
ou train MOB. Salle à manger classiquement aménagée et terrasse-belvédère ombragée.

X **Auberge de la Cergniaulaz,** par Col de Sonloup et rte d'Orgevaux : 3,5 km,
℘ 0219 644 276, Fax 0219 646 483, 🌧 – 🅿. 🐠 **VISA**
*fermé janv. à mars, lundi et mardi* – **Rest** (prévenir) à la carte 50/97.
♦ Ce restaurant, isolé en montagne, comporte deux petites salles chaleureuse-
ment habillées de boiseries et de photos du Tibet. Ardoise de suggestions. Terrasse
en pleine nature.

**à Glion** *Nord-Est : 5 km – BX – alt. 688 –* ⊠ *1823 Glion :*

🏰 **Victoria** 🝜, 17 rte de Caux, ℘ 0219 628 282, *info@ victoria-glion.ch,*
*Fax 0219 628 292,* ≤ lac Léman et Montreux, 🌧, 🝙, 🝙, 🝙, 🝙 – 🝙 📞 🅿 🝙 40
– 🝙 15/80. 🝙 ⓪ 🐠 **VISA**. 🝙 rest                                                          BX m
**Rest** (42) 75 et à la carte 68/122 – **55 ch** ⊊ ✦150/250 ✦✦250/370, 4 suites –
½ P suppl. 75.
♦ L'hôtel, entouré d'un superbe parc ombragé et fleuri, domine le Léman et Montreux. Raffinement des chambres, beau mobilier, charme et intimité du lieu. Cuisine
classique française servie dans une salle agencée avec goût, ou sur l'invitante terrasse d'été.

🏠 **Alpes Vaudoises,** 15 r. du Bugnon, ℘ 0219 632 076, *reception@ hotel-alps.ch,*
*Fax 0219 635 694,* ≤, 🌧 – 🝙 – 🝙 25. 🝙 ⓪ 🐠 **VISA**                                      BX f
**Rest** à la carte 40/64 – **Kashmir** - cuisine indienne - **Rest** 36/70 et à la carte 37/57
– **48 ch** ⊊ ✦60/100 ✦✦120/190 – ½ P suppl. 35.
♦ Cet hôtel surplombant Montreux est desservi par la route, mais y monter en train
à crémaillère fera plus "couleur locale" ! Chambres fonctionnelles. Saveurs du sous-
continent indien au Kashmir. Restaurant de style classique doté d'une terrasse face
aux Alpes.

**à Caux** *Est : 9 km - BX – alt. 1054 –* ⊠ *1824 Caux :*

XX **Hostellerie de Caux** 🝜 avec ch, 31 rte des Monts, ℘ 0219 612 591, *info@*
🚞 *hostellerie-caux.com, Fax 0219 612 592,* ≤, 🌧, 🝙 – 📞 🝙 40. 🝙 🐠 **VISA**. 🝙 ch
*fermé 2 oct. au 2 nov., 25 nov. au 26 déc., merc. et jeudi* – **Rest** (16) et à la carte
42/79 – **6 ch** ⊊ ✦80/100 ✦✦160/170.
♦ Accueillant chalet pelotonné sur les hauts de Caux. Cuisine valorisant les produits du terroir, chambres mignonnes, reposant jardin et joli paysage de montagne.

X **Buffet de la Gare** avec ch, 2 r. du Panorama, ℘ 0219 631 630, *fay@ bluewin.ch,*
🚞 *Fax 0219 631 640,* ≤, 🌧 – 🝙 ch, 🅿. 🝙 🐠 **VISA**
*fermé 1er nov. au 30 déc., lundi et mardi* – **Rest** (16) et à la carte 44/89 – **5 ch** ⊊
✦80 ✦✦120.
♦ Ambiance "brasserie parisienne rétro" à cette adresse familiale disposant aussi
de chambres sans reproche. Carte traditionnelle. Mention spéciale pour les desserts
"maison".

**à Brent** *Nord-Ouest : 7 km - AV – alt. 569 – ✉ 1817 Brent :*

XXX **Le Pont de Brent** (Rabaey), 4 rte de Blonay, ☎ 0219 645 230, *rabaey@bluew* ✿✿✿ *in.ch*, Fax 0219 645 530 – 🖃 **🅿 🄰🄴 🄼🄾 𝘝𝘐𝘚𝘈** AV **x**
*fermé 24 déc. au 9 janv., 16 juil. au 3 août, dim. et lundi* – **Rest** 90 (midi)/250 et
à la carte 133/225.
**Spéc.** Tourte de grenouilles à la farine de châtaignes. Carré de porcelet rôti au miel,
jus aux épices. Crumble à la rhubarbe et aux fraises. **Vins** Chardonne, Villeneuve
◆ Avenante maison régionale dont l'élégant décor intérieur met en scène une somp-
tueuse cuisine personnalisée, foisonnante de saveurs exquises. Un enchantement du
palais !

---

**MONT-SOLEIL** *Berne 𝟓𝟓𝟏 G6 – rattaché à Saint-Imier.*

---

**MONT-SUR-LAUSANNE** *Vaud 𝟓𝟓𝟐 E9 – rattaché à Lausanne.*

---

**MORAT** *Fribourg 𝟓𝟓𝟐 H7 – voir à Murten.*

---

**MORBIO INFERIORE** *6834 Ticino (TI) 𝟓𝟓𝟑 S14 – 4 120 ab. – alt. 360.*
*Bern 306 – Lugano 26 – Bellagio 47 – Bellinzona 54 – Como 20 – Varese 26.*

XX **Locanda del Ghitello,** Parco della Breggia, Sud : 1,5 km, uscita Chiasso Nord,
dietro il supermercato, ☎ 0916 822 061, Fax 0916 822 941, 🖼 – **🅿 🄰🄴 🄼🄾 𝘝𝘐𝘚𝘈**.
✿
*chiuso 2 settimane febbraio - marzo, 3 settimane agosto, mercoledì sera, sabato a
mezzogiorno e domenica* – **Rist** (coperti limitati - prenotare) (20) 42
(mezzogiorno)/78 ed alla carta 66/106 ◈.
◆ Un vecchio mulino restaurato con gusto, situato in fondo ad una valle d'accesso
al Parco della Breggia. Sotto il gazebo o nelle salette interne, una cucina sempre
delicata.

---

La guida vive con voi: parlateci delle vostre esperienze.
Comunicateci le vostre scoperte più piacevoli e le vostre delusioni.
Buone o cattive sorprese? Scriveteci!

---

**MORCOTE** *6922 Ticino (TI) 𝟓𝟓𝟑 R14 – 678 ab. – alt. 280.*
*Vedere : Località★★ – Santuario di Santa Maria del Sasso ; affreschi★.*
*Dintorni : Strada per Lugano : ≼★★.*
*Bern 282 – Lugano 11 – Bellinzona 39 – Como 28 – Varese 34.*

🏠 **Carina Carlton,** via Cantonale, ☎ 0919 961 131, *info@carina-morcote.ch*,
🍴 Fax 0919 961 929, ≼ lago, 🖼, ⅃, 🌳 – **🄰🄴 🄾 🄼🄾 𝘝𝘐𝘚𝘈**
*metà marzo - metà ottobre* – **Rist** (18.50) 30 ed alla carta 55/114 – **19 cam** ⚏
†135/165 ††220/260, 3 suites – ½ P sup. 46.
◆ Elegante albergo, ben situato sul Ceresio ; dalla terrazza si gode di una bella vista.
Camere signorili e arredate con mobili di buona fattura. Sala da pranzo molto accogliente e terrazza sul lago, per apprezzare una cucina classica.

**a Vico** *Nord-Est : 4 km - alt. 432 – ✉ 6921 Vico-Morcote :*

🏠 **Swiss Diamond Hotel,** via Cantonale, ☎ 0917 350 000, *info@swissdiamondh*
*otel.com*, Fax 0917 350 099, ≼ lago, 🖼, 🍴, ⨼₆, 🕿, ⅃, ⅃, 🌳, 🔽 – 🛗, 🤸 cam,
🖃 ⌶ ♿ 🅿 – 🤸 15/150. **🄰🄴 🄾 🄼🄾 𝘝𝘐𝘚𝘈**. 🤸 rist
**Panorama** (chiuso da aprile a settembre, lunedì e domenica) **Rist** 95 (sera) ed alla
carta 78/140 – **Al Lago : Rist** 58 (mezzogiorno)/68 ed alla carta 70/128 – **74 cam**
⚏ †230/410 ††315/550, 6 suites – ½ P sup. 65.
◆ Hotel rinnovato, modernità e qualità degli arredi conferiscono un tono generale
di signorilità ed eleganza. Camere e spazi comuni ampi e confortevoli. Il ristorante
all'ultimo piano gode di una vista notevole. A bordo piscina il ristorante "Del Lago".

MORCOTE

⚸ **Alpe Vicania,** sulla strada per Carona : 3 km, ℘ 0919 802 414, arbostora@ blu
ewin.ch, Fax 0919 961 370, 斧 – ⭥. ℄ ⑩ 🆅🆂🅰
chiuso dal 12 dicembre al 17 marzo, martedì da novembre a giugno e lunedì – **Rist**
58 ed alla carta 49/80.
♦ Il percorso per arrivare a questo ristorante immerso nel verde di un'ampia tenuta
agricola è impegnativo, ma lo sforzo è ampiamente ricompensato da atmosfera e
cucina.

⚸ **La Sorgente,** ℘ 0919 962 301, ristorante@ lasorgente.ch, Fax 0919 961 865, ≤,
斧 – ⑩ 🆅🆂🅰
chiuso febbraio, novembre, lunedì e martedì (salvo la sera da luglio ad agosto) – **Rist**
36/65 ed alla carta 42/81.
♦ Bel localino rustico, con una piccola sala ospitale a cui si aggiunge un grande spazio
estivo all'aperto. Cucina leggera e gustosa di tipo mediterraneo.

---

**MORGES** 1110 Vaud (VD) 🔢🔢 D10 – 13 824 h. – alt. 380.

Voir : Quai : vue★ sur le lac Z.

Musée : Alexis-Forel★★ Z M.

**Manifestations locales**

avril - mi-mai : Fleur du Léman : Fête de la Tulipe

09.06 - 18.06 : Morges-sous-Rire, festival international d'humour.

🅱 Morges Région Tourisme, rue du Château, ℘ 0218 013 233, info@ morges-
tourisme.ch, Fax 0218 013 130 Z.

Bern 117 ① – Lausanne 11 ① – Genève 49 ② – Pontarlier 68 ① – Yverdon-les-
Bains 37 ①

## MORGES

🄱🄷 **La Fleur du Lac,** 70 r. de Lausanne par ①, ℘ 0218 115 811, info@ fleur-du-lac.ch,
Fax 0218 115 888, ≤ lac, 斧, 🍴, – 🛏 📞 🄿 – 🔬 30. ℄ ⑩ ⑩ 🆅🆂🅰
**Rest** 58/120 et à la carte 75/129 – **Le Café des Amis : Rest** (20) 39/52 et à la
carte 45/73 – 🍽 26 – **30 ch** ✦148/188 ✦✦278/368 – ½ P suppl. 79.
♦ Chambres avec terrasse ou balcon offrant (à deux exceptions près) une
superbe vue lacustre. Jardin soigné et piano bar. Confortable restaurant au cadre
rustique boisé agrandi d'une terrasse panoramique. Café où il fait bon se retrou-
ver entre amis.

**Mont-Blanc au Lac,** 1 quai du Mont-Blanc, ✆ 0218 048 787, *info@hotel-mont-blanc.ch, Fax 0218 015 122,* lac, – , ch, – 15/120. AE VISA. rest Z a
***Les Guérites*** (1er étage) **Rest** 42 (midi)/98 et à la carte 47/92 – ***Le Pavois*** **: Rest** (17.50) 25 (midi)/64 et à la carte 43/85 – **45 ch** 160/180 220/260 – ½ P suppl. 35.
◆ Architecture du 19e s. abritant de grandes chambres de bon gabarit, toutes tournées vers le lac. Carte assez conséquente et confortables installations classiques aux Guérites. Repas dans une ambiance décontractée au Pavois.

**La Couronne** sans rest, 88 Grand-Rue, ✆ 0218 014 040, *info@couronne-morges.ch, Fax 0218 021 297* – – 50. AE VISA Z b
*fermé 19 déc. au 16 janv.* – **33 ch** 145/195 185/240.
◆ Hôtel oeuvrant de longue date dans le centre piétonnier, près d'un beau musée d'objets précieux. Chambres réparties sur trois étages d'une bâtisse qui remonterait au 17e s.

**Le Petit Manoir,** 8 av. Paderewski, ✆ 0218 024 235, *Fax 0218 012 508,* – 10. AE VISA Z d
*fermé 26 déc. au 8 janv., 23 juil. au 17 août, dim. et lundi* – **Rest** 54/96 et à la carte 63/93.
◆ Ancienne maison de notable (17e s.) agrémentée d'un jardin à la française. Salle à manger de style Louis XV où un choix de préparations de saison entend combler votre faim.

**Hôtels et restaurants bougent chaque année.**
**Chaque année, changez de guide Michelin !**

**MÖRIGEN** *Bern (BE)* 551 *I6 – 742 Ew. – Höhe 481 – ✉ 2572 Sutz.*
*Bern 29 – Neuchâtel 28 – Biel 8 – Solothurn 32.*

**Seeblick,** Hauptstr. 2, ✆ 0323 970 707, *info@seeblick.net, Fax 0323 970 708,* Bielersee, – , Zim, Rest, – 15/40. AE VISA
*geschl. 19. Feb. - 6. März, 24. Sept. - 9. Okt. und Montag* – **Rest** (16.50) 56 und à la carte 47/79 – **13 Zim** 125 170.
◆ Freundliche Farbtöne bestimmen die Atmosphäre in den modern eingerichteten Zimmern dieses am Bielersee gelegenen, neuzeitlichen Hotelbaus. Auch auf der Seeterrasse kann man die traditionelle Küche mit Schwerpunkt auf frischen Fischgerichten geniessen.

**MORLON** *Fribourg* 552 *G9 – rattaché à Bulle.*

**MORSCHACH** *6443 Schwyz (SZ)* 551 *Q7 – 872 Ew. – Höhe 645.*
*Bern 155 – Luzern 41 – Altdorf 15 – Brunnen 4 – Schwyz 9.*

**Swiss Holiday Park** , ✆ 0418 255 050, *info@shp.ch, Fax 0418 255 005,* , – Zim, – 15/120. AE VISA
***Silk Road No. 88*** - asiatische Küche - *(nur Abendessen) (geschl. Dienstag und Mittwoch)* **Rest** 43 und à la carte 48/82 – ***Schwyzer Stube*** *(nur Abendessen) (geschl. Sonntag und Montag)* **Rest** à la carte 34/74 – **74 Zim** 170/190 280, 8 Suiten – ½ P Zuschl. 39.
◆ Vor allem die Lage im grössten Freizeit- und Wellnesspark der Schweiz macht dieses Haus interessant. Sie wohnen in grosszügigen und modernen Zimmern. Fernöstlich gibt sich das Silk Road No 88. In der traditionellen Schwyzer Stube stehen Fondues im Vordergrund.

**Les MOSSES** *1862 Vaud (VD)* 552 *G10 – alt. 1 435 – Sports d'hiver : 1 450/1 880 m 13* .

**Manifestation locale**
*04.03 - 05.03 : Courses internationales de chiens de traîneaux.*

*Office du Tourisme Les Mosses - La Lécherette, Les Fougères, ✆ 0244 911 466, info@lesmosses.ch, Fax 0244 911 024.*

*Bern 132 – Montreux 44 – Aigle 30 – Genève 136 – Lausanne 72 – Martigny 56 – Spiez 73.*

**Le Relais Alpin,** au col des Mosses, ☎ 0244 910 500, *hotel.relaisalpin@bluewin.ch, Fax 0244 910 501,* ←, 斋 – 🛗 📞 🅿 – 🏛 100. AE MC VISA
*21 déc. au 22 mars et 2 mai au 14 oct.* – **Rest** (16) 26 (midi) et à la carte 38/82 – **47 ch** ☕ 🚹72/87 🚹🚹124/134 – ½ P suppl. 23.
◆ Sur la traversée de la station, chalet dont la façade s'anime de balcons en bois ouvragé. Chambres amples et agrestes, plus récentes aux deuxième et troisième étages. Une carte étoffée de spécialités régionales et italiennes est présentée à l'heure des repas.

## MOUTIER *2740 Berne (BE)* 551 *I5 – 7 896 h. – alt. 529.*

*Jura bernois Tourisme, 9 av. de la Gare,* ☎ *0324 945 343,* moutier@*jurabernois.ch, Fax 0324 936 156.*

*Bern 79 – Delémont 16 – Biel 38 – Solothurn 48.*

**à Roches** *Nord : 3 km par route de Delémont – 235 h. – alt. 498 – ✉ 2762 Roches :*

**Auberge du Cheval Blanc,** 15 r. principale, ☎ 0324 931 180, *Fax 0324 936 227,* 斋 – 🅿 ⇔ 30/40. AE ⓓ MC VISA
*fermé 24 au 28 déc., 24 juil. au 15 août, dim. soir, lundi soir et mardi* – **Rest** (17) 27/72.
◆ Aucun choix à la carte ne vous sera soumis à cette enseigne, mais un menu recomposé chaque jour, tant il est vrai que derrière ses fourneaux, le chef fuit la routine !

**à Perrefitte** *Ouest : 2,5 km – alt. 578 – ✉ 2742 Perrefitte :*

**de l'Etoile,** ☎ 0324 931 017, *fabien.merillat@restaurant-etoile.ch, Fax 0324 931 075,* 斋 – ♿ rest, 🅿. AE ⓓ MC VISA
*fermé 23 déc. au 4 janv., 23 juil. au 9 août et dim.* – **Rest** (17) 33/72 et à la carte 43/83.
◆ Sympathique restaurant familial misant sur une carte actuelle renouvelée au fil des saisons. Un repas-buffet est souvent organisé le dernier dimanche du mois (réserver).

## MÜHLEDORF *4583 Solothurn (SO)* 551 *J6 – 346 Ew. – Höhe 570.*

*Bern 29 – Biel 23 – Burgdorf 24 – Olten 47 – Solothurn 15.*

**Kreuz** 🐎 mit Zim, Hauptstr. 5, ☎ 0326 611 023, *mail@kreuz-muehledorf.ch, Fax 0326 611 130,* 斋, 🏊, 🌳 – 🅿 ⇔ 40/100 – 🏛 15/190. AE ⓓ MC VISA
*geschl. 6. - 20. Feb. und 2. - 16. Okt.* – **Rest** (16.50) 58 und à la carte 39/83 – **6 Zim** ☕ 🚹105/120 🚹🚹160/175.
◆ Neben einer rustikalen Gaststube und weiteren gemütlichen Räumlichkeiten stehen in diesem ruhig gelegenen Gasthof auch einige Zimmer zum Übernachten bereit.

## MÜLLHEIM-WIGOLTINGEN *8554 Thurgau (TG)* 551 *S3 – Höhe 412.*

*Bern 179 – Sankt Gallen 42 – Frauenfeld 15 – Konstanz 16 – Winterthur 30.*

**Wartegg,** Müllheimerstr. 3, beim Bahnhof, ☎ 0527 700 808, *info@landgasthof-wartegg.ch, Fax 0527 631 725,* 斋 – 🅿 ⇔ 100. ⓓ MC VISA
*geschl. Ende Jan. 2 Wochen, Dienstag und Mittwoch* – **Rest** (18.50) 45 (mittags)/85 und à la carte 44/116.
◆ Hinter dem kleinen Gaststubenbereich schliesst sich das elegante A-la-carte-Restaurant an. In dem mit Biedermeiermöbeln eingerichteten Raum reicht man eine klassische Karte.

## MÜNCHENBUCHSEE *3053 Bern (BE)* 551 *J7 – 9 311 Ew. – Höhe 557.*

*Bern 9 – Biel 26 – Burgdorf 20 – Neuchâtel 52 – Solothurn 34.*

**Moospinte,** Richtung Wiggiswil : 1 km, ☎ 0318 690 113, *chrueteroski@moospinte.ch, Fax 0318 695 413,* 斋 – 🅿 ⇔ 45/100. AE ⓓ MC VISA
*geschl. 5. - 27. Feb., Sonntag und Montag* – **Rest** (Tischbestellung ratsam) 56 (mittags)/155 und à la carte 78/145 – ***Gaststube :*** **Rest** (22) und à la carte 51/91.
◆ In dem schönen Berner Landgasthof verwöhnt Sie der für seine saisonale und marktfrische Küche bekannte "Chrüter Oski" mit ausgesuchten regionalen Spezialitäten. Gut und preisgünstig speist man in der Gaststube mit hübscher Gartenterrasse.

☆ **Häberli's Schützenhaus,** Oberdorfstr. 10, ℰ 0318 688 988, info@haeberlis.
🍴 com, Fax 0318 688 989, 🌣 – 🔥 Rest, **P** ⇔ 45/100. 🆔 ⓪ 🐠 ꭏꭏ
geschl. Weihnachten - **Le Gourmet :** Rest 75/115 und à la carte 56/99 🍴 –
**La Brasserie :** Rest (15.50) 19 (mittags)/42 und à la carte 35/95.
   ◆ Das leicht elegante Le Gourmet offeriert Menüs mit internationalen Speisen. Bei
gutem Wetter sitzt man auch nett auf der Terrasse. Französischen Charme ver-
breitet La Brasserie mit schönem Jugendstil-Dekor. Im Untergeschoss : ein moderner
Weinkeller.

---

**MÜNCHWILEN** 9542 Thurgau (TG) 🗺 S4 – 591 Ew. – Höhe 518.
   Bern 174 – Sankt Gallen 35 – Frauenfeld 13 – Wil 4 – Zürich 55.

🏨 **Münchwilen** garni, Schmiedstr. 5, ℰ 0719 693 131, info@hotel-muenchwilen.ch,
🍴 Fax 0719 693 132, 🛏 – 🔋 ⤧ ☎ 🔥 ⇔ – 🔬 40. 🆔 ⓪ 🐠 ꭏꭏ
**55 Zim** ☞ ✦135 ✦✦185.
   ◆ In dem Neubau werden die Gäste in modernen Zimmern untergebracht, die mit
solidem Kirschholzmobiliar ausgestattet und in warmen Farben gehalten sind.

---

**MÜNSINGEN** 3110 Bern (BE) 🗺 J8 – 10 518 Ew. – Höhe 531.
   Bern 17 – Fribourg 51 – Langnau im Emmental 33 – Thun 15.

🏨 **Löwen,** Bernstr. 28, ℰ 0317 243 111, info@loewen.ch, Fax 0317 243 110, 🌣 –
🍴 ⇔ **P** – 🔬 15/40. 🆔 ⓪ 🐠 ꭏꭏ
**Rest** (17) 47 (mittags)/75 und à la carte 47/92 – **18 Zim** ☞ ✦105/120 ✦✦165/190
– ½ P Zuschl. 20.
   ◆ Die Zimmer im Haupthaus sind mit dunklem Holz eingerichtet - massive Dachbalken
schaffen Atmosphäre. In einer renovierten Scheune stehen weitere funktionelle Zimmer bereit. Von rustikal bis elegant spannt sich die Gestaltung der Restaurantbereiche.

---

**MUNTELIER** Freiburg 🗺 H7 – siehe Murten.

---

**La MURAZ** Valais 🗺 F11 – rattaché à Sion.

---

**MURI** 5630 Aargau (AG) 🗺 O5 – 6 070 Ew. – Höhe 458.
   Bern 111 – Aarau 33 – Luzern 32 – Zürich 29.

🏨 **Adler,** Marktstr. 5, ℰ 0566 755 454, info@adler-muri.ch, Fax 0566 755 400, 🌣
🍴 – 🔋 ☎ ⇔. 🆔 ⓪ 🐠 ꭏꭏ
**Rest** (17.50) und à la carte 43/91 – **17 Zim** ☞ ✦95 ✦✦160 – ½ P Zuschl. 25.
   ◆ Die Zimmer des Hauses sind modern, mit weissem Bett und grossem Schrank
zweckmässig ausgestattet und verfügen über ein gutes Platzangebot. Ein modernes
Bistro und ein A-la-carte-Bereich bilden die Restauration.

🏨 **Ochsen,** Seetalstr. 16, ℰ 0566 641 183, hotel@ochsen-muri.ch,
🍴 Fax 0566 645 615, 🌣 – 🔋 **P** – 🔬 15/30. 🆔 ⓪ 🐠 ꭏꭏ
**Rest** (geschl. 23. Juli - 1. Aug., Sonntagabend und Montag) (18.50) 49 (mittags)/82
und à la carte 54/94 – **11 Zim** ☞ ✦95 ✦✦170 – ½ P Zuschl. 25.
   ◆ Die meisten Zimmer des im Dorfzentrum gelegenen Gasthauses sind mit hellgrauem
Mobiliar solide eingerichtet. Die älteren Gästezimmer fallen kleiner und einfacher aus.
An die rustikale Gaststube schliesst sich das kleine, gemütliche A-la-carte-Stübli an.

---

**MURI BEI BERN** Bern 🗺 J7 – siehe Bern.

---

**MÜRREN** 3825 Bern (BE) 🗺 L10 – 427 Ew. – Höhe 1639 – ✈ – Wintersport :
   1 650/2 970 m ⛷2 ✦8.
   Sehenswert : Lage★★.
   Ausflugsziel : Schilthorn★★★ West mit Luftseilbahn – Sefinenfall★ Süd.
   🛈 Tourist Information, ℰ 0338 568 686, Fax 0338 568 696.
   Bern 74 – Interlaken 17 – Grindelwald 21 – Spiez 33.
   mit Standseilbahn ab Lauterbrunnen erreichbar

**Eiger**, 0338 565 454, *info@hoteleiger.com, Fax 0338 565 456,* Eiger, Mönch und Jungfrau, – Zim – 15. AE VISA. Rest
*16. Dez. - 2. April und 4. Juni - 17. Sept.* – **Rest** 54 (abends) und à la carte 46/95 – **40 Zim** 170/250 260/440, 9 Suiten – ½ P Zuschl. 45.
◆ Die Lage gegenüber dem Bahnhof in dem autofreien Ort - Eiger, Mönch und Jungfrau im Blick - sowie die wohnlichen Zimmer sind Annehmlichkeiten dieses sympathischen Hotels. Im rustikalen Restaurant und auf der Sonnenterrasse wird für das leibliche Wohl gesorgt.

**Bellevue**, 0338 551 401, *bellevue-crystal@bluewin.ch, Fax 0338 551 490,* Berge, – Zim. AE VISA
*geschl. 17. April - 18. Juni und 22. Okt. - 17. Dez.* – **Rest** à la carte 41/93 – **16 Zim** 105/155 170/230 – ½ P Zuschl. 35.
◆ Das Hotel liegt recht zentral im Ort - ganz in der Nähe : eine Skiabfahrt und die Standseilbahn ins Skigebiet. Sie beziehen freundliche Zimmer mit hellem Naturholzmobiliar. Teil des Restaurants ist das nette rustikale Jäger Stübli.

**Alpenruh**, 0338 568 800, *alpenruh@schilthorn.ch, Fax 0338 568 888,* Eiger und Jungfrau, – Zim. AE VISA. Rest
**Rest** *(geschl. Nov.)* (16) 24 (mittags) und à la carte 41/96 – **26 Zim** 95/140 160/260 – ½ P Zuschl. 40.
◆ Wenige Schritte von der Luftseilbahnstation entfernt liegt das Chalet, in dem Zimmer mit hellem Holzmobiliar und schönem Blick auf Eiger und Junfrau zum Einzug bereitstehen. Frisch wirkendes, rustikales Restaurant mit Aussichtsterrasse.

**Edelweiss**, 0338 565 600, *edelweiss@muerren.ch, Fax 0338 565 609,* Eiger, Mönch und Jungfrau, – Zim. VISA. Rest
*19. Dez. - 16. April und 25. Mai - 7. Okt.* – **Rest** (21) und à la carte 43/78 – **24 Zim** 95/140 170/260 – ½ P Zuschl. 30.
◆ Die ruhige Lage am Rande des Mürrener Plateaus, der Blick auf Eiger, Mönch und Jungfrau sowie mit Arve oder Furnierholz möblierte Zimmer sprechen für diese Adresse.

**Jungfrau**, im Gruebi, 0338 566 464, *mail@hoteljungfrau.ch, Fax 0338 566 465,* – Zim, Zim – , 25. AE VISA. Rest
*20. Dez. - 14. April und 2. Juni - 30. Sept.* – **Rest** *(im Sommer nur Abendessen)* 75 (abends) und à la carte 49/72 – **30 Zim** 95/175 190/290 – ½ P Zuschl. 39.
◆ Das ruhig gelegene Haus mit dem eigentümlichen Türmchen beherbergt seine Gäste in Zimmern, die mit hellem Furnierholzmobiliar praktisch eingerichtet sind. Im Restaurant Gruebi wie auch auf der Terrasse serviert man eine traditionelle Küche.

Wir bemühen uns bei unseren Preisangaben um grösstmögliche Genauigkeit, aber alles ist Änderungen unterworfen! Lassen Sie sich daher bei Ihrer Reservierung den derzeit gültigen Preis mitteilen.

**MURSCHETG** *Graubünden* 553 T8 – *siehe Laax.*

**MURTEN** (MORAT) *3280 Freiburg (FR)* 552 H7 – *5 651 Ew. – Höhe 448.*

Sehenswert : *Altstadt★★ – Stadtmauer★.*

**Lokale Veranstaltungen**
*04.03 - 06.03 : Fasnacht*
*22.06 : Solennität (zur Erinnerung an die Schlacht bei Murten im Jahre 1476).*

*Murten Tourismus, Franz. Kirchgasse 6,* 0266 705 112, info@*murtentourismus.ch, Fax 0266 704 983* Y.

*Bern 31 – Neuchâtel 28 – Biel 34 – Fribourg 16.*

# MURTEN

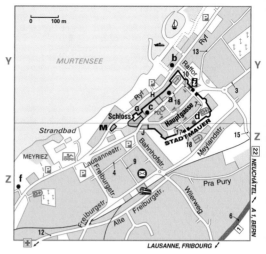

LAUSANNE, FRIBOURG

🏠 **Weisses Kreuz,** Rathausgasse 31, ℰ 0266 702 641, info@ weisses-kreuz.ch, Fax 0266 702 866, ≤, 🍴 – 📞 – 🛗 15/100. 🖭 ⓪ 🐼 𝘝𝘐𝘚𝘈          Y a
Hotel : geschl. 5. Dez. - 29. Jan. – **Rest** (1. Etage) (geschl. Okt. - 27. April und Sonntagabend) 66 und à la carte 52/89 – **27 Zim** ⚏ ♥110/180 ♥♥180/280.
* Die zwei miteinander verbundenen Altstadthäuser bieten dem Gast unterschiedlich eingerichtete Zimmer - von modern bis stilvoll, teils auch in italienischem Design. Neben zwei klassischen Speisesälen im 1. Stock bietet sich auch eine schöne Panoramaterrasse an.

🏠 **Schiff,** Ryf 53, ℰ 0266 702 701, info@ hotel-schiff.ch, Fax 0266 703 531, ≤, 🍴 – 🛗 15/35. 🖭 ⓪ 🐼 𝘝𝘐𝘚𝘈          Y b
geschl. 2. - 29. Jan. – **Lord Nelson** (geschl. Mittwoch und Donnerstag ausser April - Sept.) **Rest** 48/108 und à la carte 53/98 – **15 Zim** ⚏ ♥85/135 ♥♥190/280 – ½ P Zuschl. 48.
* Am Hafen, unterhalb der Altstadt gelegen, bietet dieses Haus eine schöne Sicht sowie teils einfachere, praktische, teils klassische, mit Stilmöbeln eingerichtete Zimmer. Das Lord Nelson erinnert an einen alten, gediegenen englischen Club. Terrasse in Ufernähe.

🏠 **Murtenhof,** Rathausgasse 3, ℰ 0266 729 030, info@ murtenhof.ch, Fax 0266 729 039, ≤, 🍴 – 📞 🛗 Zim, ⇔ – 🛗 25. 🖭 ⓪ 🐼 𝘝𝘐𝘚𝘈          Y c
**Rest** (geschl. 1. Dez. - 13. Feb. und Montag) (19) 77 und à la carte 42/87 – **21 Zim** ⚏ ♥100/140 ♥♥140/190 – ½ P Zuschl. 35.
* Das Patrizierhaus a. d. J. 1428 liegt neben dem Schloss dieses malerischen Ortes. Ausser wohnlichen Zimmern hat man auch 2 sehr schöne Juniorsuiten eingerichtet. Zum See hin liegt das moderne Wintergarten-Restaurant - im Sommer mit Panoramaterrasse.

🍴 **Ringmauer,** Deutsche Kirchgasse 2, ℰ 0266 701 101, Fax 0266 722 083, 🍴 – 🐼 𝘝𝘐𝘚𝘈          Y d
geschl. 24. - 27 Dez., 16. April - 3. Mai, 1. - 22. Nov., Sonntag (ausser mittags von Mai - Aug.) und Montag – **Rest** (17.50) 72 und à la carte 56/110.
* In einem Altstadthaus in einer ruhigen Seitenstrasse liegt das hell und frisch wirkende rustikale Restaurant, in dem man Ihnen klassische französische Speisen serviert.

**in Muntelier** Nord-Ost : 1 km – Höhe 438 – ⊠ 3286 Muntelier :

🏠 **SeePark** garni, Muntelierstr. 25, ℰ 0266 726 666, office@ hotel-seepark.ch, Fax 0266 726 677 – 🛗 ⇔ 📞 🛗 ⇔ 🅿 – 🛗 15/120. 🖭 ⓪ 🐼 𝘝𝘐𝘚𝘈
geschl. 23. Dez. - 8. Jan. – **34 Zim** ⚏ ♥139/180 ♥♥198/298.
* Direkt an der Sprachgrenze liegt dieser moderne Bau aus Granit und Glas. Nicht nur Geschäftsreisende schätzen die frisch wirkenden, geräumigen Gästezimmer.

🏠 **Bad Muntelier** 🦢, 𝄞 0266 708 810, *info@hotel-bad-muntelier.ch*, Fax 0266 708 811, ≤, 🏠, 🛋, 🛗 – **P** – 🏛 15/40. **AE ① ◎ VISA**
*geschl. 15. Dez. - 1. Feb.* – **Rest** *(geschl. Montag ausser Juli - Aug.)* 38 (mittags)/67 und à la carte 50/94 – **22 Zim** ⌑ ✦120/170 ✦✦190/260 – ½ P Zuschl. 45.
• Neben der ruhigen Lage am See zählen die in einem Anbau untergebrachten, einheitlich gestalteten und geräumigen Zimmer zu den Annehmlichkeiten des Hotels. Zur Restauration gehören gepflegte A-la-carte-Räume, ein einfaches Bistro und eine Seeterrasse.

**in Meyriez** *Süd-West : 1 km – Höhe 445* – ✉ *3280 Murten :*

🏰 **Vieux Manoir au Lac** 🦢, 18 r. de Lausanne, 𝄞 0266 786 161, *welcome@vieuxmanoir.ch*, Fax 0266 786 162, ≤ See, 🏠, 🛥, 🛋, 🏩, 🛗 – 🛗 📞 👥 Rest, **P** – 🏛 30. **AE ① ◎ VISA**. ❀ Rest
*geschl. 27. Dez. - 16. Feb.* – **Rest** 65 (mittags)/159 und à la carte 95/157 – **31 Zim** ⌑ ✦275/375 ✦✦390/535, 3 Suiten.
• Dieses anmutige, elegante Landhaus liegt etwas ausserhalb in einem schönen Park am See. Geschmackvoll eingerichtete Zimmer überzeugen mit angenehmem Wohnkomfort. Das helle, gediegene Restaurant wie auch die Terrasse bieten eine wunderschöne Sicht.

---

**MURZELEN** *3034 Bern (BE)* 551 I7 – *Höhe 623.*
*Bern 13 – Biel 29 – Fribourg 39 – Solothurn 52.*

🍴 **Sternen,** Murzelenstr. 50, 𝄞 0318 290 257, Fax 0318 293 816, 🏠 – ❀ **P** 
⊗ 👥 20/40. **AE ① ◎ VISA**
*geschl. 5. - 27. Juli, Mittwoch und Donnerstag* – **Rest** (16) 42/59 und à la carte 34/100.
• Der traditionsreiche und bodenständige Berner Landgasthof mit gemütlich-rustikalem Ambiente lädt Sie zu gutbürgerlichen Mahlzeiten ein.

---

**MÜSTAIR** *7537 Graubünden (GR)* 553 AA10 – *840 Ew. – Höhe 1248 – Wintersport :* 🎿.
**Sehenswert :** *Wandmalereien★★ in der Klosterkirche St. Johann★.*
**Lokale Veranstaltung**
*01.03 : "chalandamarz" alter Frühlingsbrauch und Kinderfest.*
*Bern 352 – Scuol 59 – Chur 128 – Landeck 81 – Merano 65 – Sankt Moritz 72.*

🍴 **Chasa Chalavaina,** plaz grond 24, 𝄞 0818 585 468 – **P**
⊗ **Rest** (18) 25 (mittags)/44 und à la carte 28/50 – **15 Zim** ⌑ ✦85/95 ✦✦144/196
– ½ P Zuschl. 38.
• Diese aus dem 12. Jh. stammende kleine Herberge besticht durch ihre gemütliche Atmosphäre. Gäste wohnen in teils mit antikem Mobiliar bestückten Zimmern. Über eine Treppe - und durch eine niedrige Tür - gelangt man in das urchige Lokal.

🍴 **Münsterhof,** Hauptstr. 40, 𝄞 0818 585 541, *info@muensterhof.ch*, ⊗ Fax 0818 585 058, 🏠 – ⇔ **P** **VISA**
*geschl. 7. Jan. - 7. Feb., Mittwoch und Sonntagabend im Winter* – **Rest** (19.50) 29 (mittags) und à la carte 36/66 – **16 Zim** ⌑ ✦75/95 ✦✦140 – ½ P Zuschl. 26.
• Das 1887 gebaute Haus liegt im Kern des malerischen Ortes. Hier beziehen Sie nette Zimmer, die mit antikem Arvenholzmobiliar und schön getäferten Wänden ausgestattet sind. Speisesaal für Hotelgäste und Gaststube mit einfacher Karte.

---

**MUTSCHNENGIA** *Graubünden* 553 R9 – *siehe Curaglia.*

---

**MUTTENZ** *Basel-Landschaft* 551 K4 – *siehe Basel.*

---

**NÄNIKON** *8606 Zürich (ZH)* 551 Q5 – *Höhe 457.*
*Bern 141 – Zürich 16 – Rapperswil 23 – Sankt Gallen 67 – Winterthur 25.*

🍴 **Zum Löwen,** Zürichstr. 47, 𝄞 0449 423 355, *loewen.naenikon@bluewin.ch*, Fax 0449 423 356, 🏠 – **P** 👥 10. **AE ① ◎ VISA**. ❀
*geschl. Weihnachten, Neujahr, 8. - 21. Mai, 18. - 30. Sept., Samstagmittag, Sonntag und Montag* – **Rest** (32) 54 (mittags)/125 und à la carte 76/114.
• Das Riegelhaus beherbergt eine gemütliche Stube mit niedriger Decke, blanken Tischen und gutem Couvert. Freundlicher Service und gute europäische Weinkarte

**NATERS** *Wallis (VS)* 552 M11 – *rattaché à Brig.*

---

**NEBIKON** *6244 Luzern (LU)* 551 M6 – *2 160 Ew. – Höhe 487.*
*Bern 78 – Aarau 32 – Baden 53 – Luzern 37 – Olten 22.*

XX **Adler** (Tuor), Vorstatt 4, ☎ 0627 562 122, *gasthof.adler@bluewin.ch,*
Fax 0627 563 280, 🏠 – ⇥ 🅿 ⇄ 20/80. 🆎 ⓞ 🅜🅒 *VISA*
*geschl. 20. Feb. - 7. März, 24. Juli - 15. Aug., Montag und Dienstag –* Rest 45
(mittags)/78 und à la carte 72/117 ⌂ – **Beizli : Rest** (16.50) 39 und à la carte 38/97.
**Spez.** Seeforelle oder Saibling aus dem Neuenburgersee. Altishofer Kalbscarrée am
Stück gebraten. Regionales Wild (Herbst). **Weine** Dagmerseller
♦ In zwei edlen Stuben, dem Säli und dem Stübli, erzeugt ein schönes Täfer eine
gemütliche Atmosphäre. Zeitgemässes Angebot aus sehr guten Produkten. Einfacher
ist das Beizli mit einer interessanten Auswahl an traditionellen Speisen.

---

**NEFTENBACH** *8413 Zürich (ZH)* 551 Q4 – *Höhe 415.*
*Bern 147 – Zürich 27 – Baden 47 – Konstanz 49 – Schaffhausen 25 – Winterthur 7.*

☆ **Löwen,** Zürichstr. 37, ☎ 0523 151 044, *herter@swissonline.ch,* Fax 0523 151 045,
🏠 – ⇥ Rest, 📞 🅿. 🅜🅒 *VISA*
*geschl. Feb. 2 Wochen –* **Rest** *(geschl. Sonntag und Montag)* (18) und à la carte 35/69
– **12** Zim �P ✦90 ✦✦140.
♦ Das Haus mit Fachwerk hat neuzeitlich ausgestattete und mit hellem zweckmässigem Furnierholzmobiliar eingerichtete Gästezimmer, die über eine moderne Technik
verfügen. Die gemütliche Gaststube oder das Stübli stehen für Sie bereit.

---

**NENNIGKOFEN** *Solothurn* 551 J6 – *siehe Solothurn.*

---

**NETSTAL** *8754 Glarus (GL)* 551 S7 – *2 879 Ew. – Höhe 458.*
*Bern 161 – Sankt Gallen 67 – Chur 66 – Schwyz 47 – Zürich 63.*

XX **Schwert** mit Zim, Landstr. 13a, ☎ 0556 407 766, *schwert.netstal@bluewin.ch,*
Fax 0556 409 010, 🏠 – 🛗, ⇥ Zim, 🅿 ⇄ 20/120 – 🄐 15/80. 🅜🅒 *VISA*
*geschl. 12. - 19. Feb., Juli - Aug. 3 Wochen, Sonntag und Montag –* **Wiggis Stube :**
**Rest** 56 (mittags)/84 und à la carte 63/112 – **Glarner Stübli : Rest** (22) und à la
carte 50/103 – **9 Zim** ⊏⊐ ✦85 ✦✦140 – ½ P Zuschl. 35.
♦ Die Wiggis Stube ist das gehobene A-la-carte-Restaurant. In modern-rustikalem
Rahmen hat der Gast die Wahl zwischen klassischen und zeitgemässen Gerichten. Im
Glarner Stübli - mit Biedermeier-Einrichtung - gibt es regionale Gerichte.

La tour de Diesse et la fontaine du Banneret

# NEUCHÂTEL (NEUENBURG)

*2000* Ⓒ *Neuchâtel (NE)* 552 *G7 – 31 465 h. – alt. 440*

*Bern 49* ① *– Biel 35* ② *– La Chaux-de-Fonds 25* ③ *– Pontarlier 59* ③ *– Yverdon-les-Bains 40* ②*.*

**🗓** *Tourisme neuchâtelois, Hôtel des Postes* 📞 *0328 896 890, info@ne.ch, Fax 0328 896 296* **CZ***.*

**✺** *1 r. Pourtalès / av. 1er Mars,* 📞 *0327 298 181, Fax 0327 298 182* **CZ***.*

**◉** *12 r. du Bassin,* 📞 *0327 258 122, Fax 0327 247 886* **BZ***.*

**Manifestations locales**
*08.08 – 12.08 : Buskers Festival, musiciens de rue (international)*
*22.09 – 24.09 : Fête des vendanges, grand cortège et corso fleuri.*

**🛩** *à Saint-Blaise,* ✉ *2072 (avril-mi nov.)* 📞 *0327 535 550, Fax 0327 532 940, par* ① *: 9 km.*

**Voir :** *Quai Osterwald : vues*★★ **BZ** *– Ville ancienne*★ **BZ** *– Collégiale*★ **BZ***.*

**Musées :** *Art et Histoire*★★ *: automates*★★ *; collection Strübin*★ **CZ** *– Ethnographie*★ **AZ** *– Laténium*★★*.*

**Excursions :** *croisières sur le lac. Renseignements : Société de Navigation sur les lacs de Neuchâtel et Morat, Port de Neuchâtel,* 📞 *0327 299 600, Fax 0327 299 601.*

**Beau-Rivage,** 1 Esplanade du Mont-Blanc, ☏ 0327 231 515, *info@beau-rivage-hotel.ch, Fax 0327 231 616,* ≤ lac, 斧 – 園, ⇝ ch, ▦ ✆ ᕯ rest, ᕈ – 益 15/110.
🕮 ⓞ ⓜⓢ 𝘝𝘐𝘚𝘈                                                                                      BZ b
**Rest** (38) 49 (midi)/95 et à la carte 66/111 – ☲ 24 – **65 ch** ✝210/350 ✝✝255/470.
◆ Hôtel de standing établi sur les rives du lac, juste en face de l'esplanade du Mont-Blanc. Belles chambres et suites classiques offrant tout le confort moderne. Salle à manger pimpante et cossue, restaurant d'été et registre culinaire au goût du jour.

**Beaulac,** 2 Esplanade Léopold-Robert, ☏ 0327 231 111, *hotel@beaulac.ch, Fax 0327 256 035,* ≤ lac, 斧, ⇌ₛ, 🛗 – 園, ⇝ ch, ▦ ch, ✆ ᕻ ᕮ – 益 15/300.
🕮 ⓞ ⓜⓢ 𝘝𝘐𝘚𝘈                                                                                      CZ u
**Rest** (18) 35 (midi)/45 et à la carte 62/98 – ☲ 18 – **86 ch** ✝195/240 ✝✝250/320
– ½ P suppl. 35.
◆ Hôtel privilégié par son emplacement au bord du lac de Neuchâtel, devant le port des yachts. Spacieuses chambres bien équipées ; suites et junior suites. Restaurant où une carte classique se donne pour mission de combler votre appétit. Terrasse panoramique.

# NEUCHÂTEL

🏠 **La Maison du Prussien,** Sud-Ouest : par rue de Saint-Nicolas *AZ*, **11 r. des Tunnels**, ℰ 0327 305 454, *info@hotel-prussien.ch*, Fax 0327 302 143, 🍴 – video 🅿 – 🛃 15. AE ① ⦿ VISA

*fermé 23 déc. au 11 janv., 16 juil. au 8 août et dim.* – **Rest** *(fermé sam. midi)* (22) 49 (midi)/118 et à la carte 90/130 – **10 ch** 🖙 ✦130/170 ✦✦200/300 – ½ P suppl. 48.

• Hébergement paisible et romantique à dénicher dans le site sauvage des gorges du Vauseyon. Belles chambres personnalisées, aux accents rustiques préservés. Salle à manger sous verrière donnant sur une grande terrasse ombragée. Repas dans le tempo actuel.

🏠 **Alpes et Lac,** 2 pl. de la Gare, ℰ 0327 231 919, *hotel@alpesetlac.ch*, Fax 0327 231 920, ≤ ville et lac, 🍴 – ⧉ 📞 🅿 – 🛃 45. AE ① ⦿ VISA
                                                                                    CY  r
**Rest** *(fermé 24 déc. au 3 janv., sam. d'oct. à mai et dim.)* (19.50) 42 et à la carte 47/68 – **30 ch** 🖙 ✦130/150 ✦✦185/210 – ½ P suppl. 35.

• Façade de 1872, installations modernes, fringantes chambres actuelles orientées côté lac ou côté gare et formule buffets au petit-déjeuner. Salle à manger de notre temps et restaurant d'été procurant une jolie vue sur les toits de la ville et les flots.

339

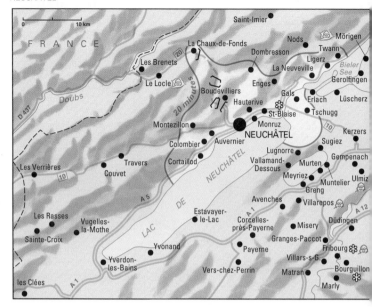

🏠 **Des Arts** sans rest, 3 r. Pourtalès, ℰ 0327 276 161, info@hotel-des-arts.ch,
Fax 0327 276 162 – 📱 ✦ ℰ – ☒ 20. ◭ ◐ ◍ 𝘝𝘐𝘚𝘈　　　　　CZ d
fermé 24 déc. au 9 janv. – **40 ch** � ✝136 ✝✝176, 8 suites.
　◆ Établissement moderne disposant de chambres, de suites et d'appartements
agencés dans l'esprit contemporain, à l'image des parties communes de
l'hôtel.

🏠 **De l'Ecluse** sans rest, 24 r. de l'Ecluse, ℰ 0327 299 310, info@hoteldelecluse.ch,
Fax 0327 299 320, 🌣 – 📱 ✦ ℰ – ☒ 📱 ◭ ◐ ◍ 𝘝𝘐𝘚𝘈　　　　　BZ f
fermé 24 déc. au 9 janv. – **18 ch** ☐ ✝125/135 ✝✝165/180.
　◆ Cinq étages de chambres paisibles et accueillantes, complétées d'un coin cuisine.
Celles orientées au Sud ont vue sur le château et l'habitat typique du quartier de
l'Écluse.

XXX **Hôtel DuPeyrou**, 1 av. du Peyrou, ℰ 0327 251 183, info@dupeyrou.ch,
Fax 0327 240 628, 🌣, ☂ – 📱 ☒ 8/70. ◭ ◐ ◍ 𝘝𝘐𝘚𝘈, ✦　　CYZ n
fermé 19 fév. au 6 mars, 23 juil. au 6 août, dim. et lundi – **Rest** (22) 42 (midi)/130
et à la carte 67/119.
　◆ Ce petit palais du 18ᵉ s. et son joli jardin d'agrément appartinrent au financier Du
Peyrou, ami de J.-J. Rousseau. Cuisine au goût du jour relevée d'une pincée de fantaisie.

X **Le Banneret**, 1 r. Fleury, ℰ 0327 252 861, Fax 0327 252 922, 🌣 – ☒ 30. ◭
⊜ ◐ ◍ 𝘝𝘐𝘚𝘈　　　　　BZ a
fermé 24 déc. au 9 janv., 14 au 18 avril, 22 au 25 sept., dim., lundi et fériés – **Rest**
(1ᵉʳ étage) - cuisine italienne - (18) 49/65 et à la carte 52/86.
　◆ Maison de ville du 17ᵉ s. remarquable par sa façade en bois bien préservée.
Savoureuse cuisine italienne servie dans une salle embellie de tableaux d'art
naïf.

X **La Maison des Halles**, 4 r. du Trésor, ℰ 0327 243 141, maison-des-halles@bl
⊜ luewin.ch, Fax 0327 213 084, 🌣 – ☒ 10/140. ◭ ◍ 𝘝𝘐𝘚𝘈　　　BZ e
fermé 3 sem. en janv. – **Rest** (18) 44/63 et à la carte 36/90.
　◆ Maison de bouche établie au cœur du Vieux Neuchâtel, dans un édifice de style
Renaissance cantonné de tourelles. Plats traditionnels sous les poutres du Café des
Halles.

**à Monruz** *par* ① : *2 km –* ✉ *2008 Monruz :*

 **Palafitte**, 2 rte des Gouttes-d'Or, ✆ 0327 230 202, *reservation@palafitte.ch*, Fax 0327 230 203, 斎, 🔬, ⬜ – ⬚ ch, 🔳 ⚑ & rest, 🅿 – 🔏 15/30. 🆎 ⓞ ⓥⓞ 𝐕𝐈𝐒𝐀
*Le Colvert :* Rest (25) 48 (midi)/120 et à la carte 85/123 – ⚏ 30 – **40 ch** ✦385/490 ✦✦385/490.
♦ Ensemble hôtelier original et moderne, arrimé aux rives du lac de Neuchâtel. Belles chambres avec terrasse privée aménagées dans une ribambelle de pavillons sur pilotis. Repas au goût du jour dans une salle design ou sur la terrasse au ras de l'eau.

**à Hauterive** *par* ① : *5 km – alt. 490 –* ✉ *2068 Hauterive :*

🏠 **Les Vieux Toits** ♨ sans rest, 20 r. Croix-d'Or, ✆ 0327 534 242, *hotel@vieux-toits.ch*, Fax 0327 532 452 – 🅿. 🆎 ⓞ ⓥⓞ 𝐕𝐈𝐒𝐀
*fermé 15 déc. au 15 janv. –* **10 ch** ⚏ ✦114/145 ✦✦165/187.
♦ Un sympathique accueil familial vous est réservé dans cette maison de village où vous habiterez de grandes chambres meublées avec soin et parfois mansardées.

XX **Auberge d'Hauterive,** 9 r. Croix-d'Or, ✆ 0327 531 798, *auberge-hauterive@bluewin.ch*, Fax 0327 530 277, 斎 – 🅿. 🆎 ⓞ ⓥⓞ 𝐕𝐈𝐒𝐀
*fermé janv. 3 sem., dim. et lundi –* Rest (18) 52 (midi) et à la carte 76/120.
♦ Refuge gourmand mettant à profit un édifice du 17ᵉ s. dont la façade s'anime de volets peints. Café champêtre, salle à manger où crépite un feu à l'âtre et jolie terrasse.

**à Saint-Blaise** *par* ① : *5 km – alt. 464 –* ✉ *2072 Saint-Blaise :*

XXX **Au Boccalino** (Frôté), 11 av. Bachelin, ✆ 0327 533 680, Fax 0327 531 323 – 🔳
✿ 🅿 ⇔ 8. 🆎 ⓞ ⓥⓞ 𝐕𝐈𝐒𝐀
*fermé 24 déc. au 9 janv., 11 juil. au 14 août, dim. et lundi –* Rest (nombre de couverts limité - prévenir) 68 (midi)/120 et à la carte 64/122 🌿.
**Spéc.** Tartare de féra du lac au basilic. Filet de veau du pays poché à la menthe et à la vanille. Fines tranches de filet de boeuf grillées, sauce piquante. **Vins** La Neuveville, St. Blaise
♦ Devanture avant-gardiste pour ce restaurant chic au décor intérieur résolument contemporain. Fine cuisine bien en phase avec l'époque et cave au diapason. Un régal !

**à Auvernier** *par* ② : *5 km – alt. 492 –* ✉ *2012 Auvernier :*

XX **Du Poisson,** 1 Epancheurs, ✆ 0327 316 231, Fax 0327 304 190, 斎 – ⇔ 30. 🆎
ⓞ ⓥⓞ 𝐕𝐈𝐒𝐀
Rest (1ᵉʳ étage) *(fermé 2 sem. en juil. - août) (fermé le soir)* 46/65 et à la carte 55/93 – **Brasserie :** Rest (16) et à la carte 45/92.
♦ Ce restaurant servant des préparations classiques est établi au centre d'une région viticole réputée, pas loin du lac de Neuchâtel. Spécialité de poissons lacustres. Une petite carte traditionnelle est présentée à la Brasserie.

Nous essayons d'être le plus exact possible dans les prix que nous indiquons. Mais tout bouge ! Lors de votre réservation, pensez à vous faire préciser le prix du moment.

---

**NEUENBURG** *Neuenburg* 𝟓𝟓𝟐 G7 *– siehe Neuchâtel.*

**NEUHAUSEN AM RHEINFALL** *Schaffhausen* 𝟓𝟓𝟏 Q3 *– siehe Schaffhausen.*

**NEUHEIM** *6345 Zug (ZG)* 𝟓𝟓𝟏 P6 *– 1999 Ew. – Höhe 666.*
*Bern 141 – Zürich 25 – Aarau 70 – Luzern 39 – Zug 9.*

XX **Falken,** Hinterburgstr. 1, ✆ 0417 560 540, *rest.falken@tiscalinet.ch*, Fax 0417 560 541, 斎 – 🅿 ⇔ 15. ⓥⓞ 𝐕𝐈𝐒𝐀
*geschl. 31. Juli - 12. Aug., Montag und Dienstag –* Rest (28) 44 (mittags)/95 und à la carte 65/115.
♦ Modern und trendig gibt sich dieses von den jungen Besitzern motiviert geführte Restaurant. Serviert wird eine mediterran geprägte frische Küche.

**NEUNKIRCH** 8213 Schaffhausen (SH) ⑤⑤⑪ P3 – 1754 Ew. – Höhe 431.
Bern 152 – Zürich 54 – Baden 46 – Schaffhausen 13.

🍴 **Gemeindehaus,** Vordergasse 26, ℰ 0526 815 959, info@restaurant-gemeinde
🚗 haus.ch, Fax 0526 815 007 – ⇔ 10/80. ஊ Ⓞ ⓂⓈ 𝘝𝘐𝘚𝘈
geschl. 10. Juli – 12. Aug., Samstagmittag, Sonntagmittag, Montag und Dienstag –
**Rest** (1. Etage) (17.50) 66 und à la carte 36/83.
♦ A. d. J. 1568 stammt das historische Gemeindehaus, in dem man eine traditionelle
Küche mit zeitgemässen Einflüssen serviert. Im alten Treppenhaus : eine gemütliche
Lounge.

**La NEUVEVILLE** 2520 Berne (BE) ⑤⑤⑪ H6 – 3253 h. – alt. 434.
🛈 Jura bernois Tourisme, 4 r. du Marché, ℰ 0327 514 949, laneuveville@juraber
nois.ch, Fax 0327 512 870.
Bern 45 – Neuchâtel 16 – Biel 17 – La Chaux-de-Fonds 41.

🏨 **Hostellerie J.-J. Rousseau,** 1 promenade J.-J. Rousseau, ℰ 0327 523 652, inf
🚗 o@jjrousseau.ch, Fax 0327 515 623, ≤ lac et île St-Pierre, 😊, 🐾, ⬇ – 🛗 ♿ 🅿
– 🏄 15/50. ஊ Ⓞ ⓂⓈ 𝘝𝘐𝘚𝘈
fermé 22 déc. au 8 janv. – **Rest** (fermé 12 déc. au 31 janv., dim soir et lundi en hiver)
(18) 35 (midi)/128 et à la carte 47/112 – **23 ch** ⌑ ♦130/220 ♦♦200/300.
♦ Hostellerie alanguie au bord du lac de Bienne, devant l'île St-Pierre, si joliment
évoquée par Rousseau dans les Rêveries. Chambres sans reproche. Plusieurs salles
à manger, dont une sous verrière, et terrasses panoramiques où l'on ripaille à la belle
saison.

**NIEDERERNEN** Wallis ⑤⑤② N11 – siehe Fiesch.

**NIEDERMUHLERN** 3087 Bern (BE) ⑤⑤⑪ J8 – 513 Ew. – Höhe 845.
Bern 15 – Fribourg 36 – Langnau im Emmental 43 – Thun 26.

🍴🍴 **Bachmühle,** Nord-West : 1 km Richtung Oberscherli, ℰ 0318 191 702, restau
🚗 rant@bachmuehle.ch, Fax 0318 197 824, 😊 – 🅿 ஊ Ⓞ ⓂⓈ 𝘝𝘐𝘚𝘈
geschl. 1. - 18. Jan., 23. Juli - 16. Aug., Montag, Dienstag und mittags ausser Samstag
und Sonntag – **Rest** 88/125 und à la carte 60/112.
♦ In dem schönen Fachwerkhaus, einer ehemaligen Mühle, können Sie zwischen dem
eleganten Restaurant und der rustikalen Burestube wählen. Gute zeitgemässe Küche

**NIEDERRÜTI** Zürich ⑤⑤⑪ P-Q4 – siehe Winkel.

**NIEDERUZWIL** 9244 Sankt Gallen (SG) ⑤⑤⑪ T4 – Höhe 514.
Bern 198 – Sankt Gallen 23 – Bregenz 62 – Konstanz 43 – Winterthur 47.

🍴🍴 **Ochsen** mit Zim, Bahnhofstr. 126, ℰ 0719 517 255, hotel.ochsen@tiscalinet.ch
🚗 Fax 0719 518 173, 😊 – 🅿 ஊ ⓄⓂⓈ 𝘝𝘐𝘚𝘈
**Bel Etage** (1. Etage) **Rest** (25) 60 (mittags)/95 und à la carte 47/99 🐝 – **Therese
Rest** (18.50) und à la carte 43/98 – **9 Zim** ⌑ ♦60/90 ♦♦100/130.
♦ Das gehobene A-la-carte-Restaurant Bel Etage im Obergeschoss hat eine lange
Fensterfront und ist grosszügig bestuhlt. Das Speiseangebot ist breitgefächert und
klassisch. Im Erdgeschoss das Therese mit Terrasse.

**NODS** 2518 Berne (BE) ⑤⑤⑪ H6 – 670 h. – alt. 892.
Bern 53 – Neuchâtel 20 – Biel 19 – La Chaux-de-Fonds 36.

🏠 **Cheval-Blanc,** 80 rte de Diesse, ℰ 0327 512 251, info@cheval-blanc.ch
🚗 Fax 0327 515 755, 😊 – 🅿 ⓂⓈ 𝘝𝘐𝘚𝘈
**Rest** (fermé merc. et jeudi) (18.50) 33 (midi) et à la carte 39/79 – **13 ch** ⌑ ♦90
♦♦140 – ½ P suppl. 30.
♦ En quête d'un toit pour passer la nuit ? Galopez alors vers ce petit hôtel de style
régional bâti au centre de Nods. Chambres de mise simple, mais bien commodes pour
l'étape. À table, choix de plats traditionnels que vous accompagnerez de petits vins
locaux.

---

 **Bei schönem Wetter isst man gern im Freien! Wählen Sie eine Terrasse aus:** 😊

**Le NOIRMONT** 2340 Jura (JU) 🮲🮲🮲 G5 – 1550 h. – alt. 969.
*Bern 77 – Delémont 42 – Biel 42 – La Chaux-de-Fonds 20 – Montbéliard 66.*

🏠 **Du Soleil**, 18 r. de la Rauracie, ℰ 0329 531 111, info@lesoleilaunoirmont.ch,
🕭 Fax 0329 531 162, 🛱 – 📶 🅿 🖭 ⑩ 🖭 **VISA**
*fermé 19 déc. au 4 janv. et 6 mars au 6 avril* – **Rest** *(fermé mardi)* (17.50) 45/56
et à la carte 40/88 – **16 ch** ⛱ ★60/100 ★★130/170 – ½ P suppl. 30.
♦ Sur la traversée de la bourgade, pimpante façade dissimulant des chambres fonctionnelles de diverses tailles et une précieuse collection de pendules. Salle à manger où trône une meule à grains et salon "Napoléon". Champignons des bois à gogo en saison.

🕸🕸🕸 **Georges Wenger** avec ch, 2 r. de la Gare, ℰ 0329 576 633, georges-
ॐॐ wenger@swissonline.ch, Fax 0329 576 634, 🛱, 🌳 – 🍽 rest, 🅿 🖭 ⑩ 🖭
**VISA**
*fermé 23 déc. au 23 janv.* – **Rest** *(fermé mardi de mai à oct. et lundi)* 75 (midi)/190
et à la carte 126/172 ⌘ – **5 ch** ⛱ ★150/280 ★★290/400 – ½ P suppl. 75.
**Spéc.** Morilles farcies à la crème et asperges (printemps). Carré d'agneau en botte de foin (été). "Saint-Martin" - cochonailles (hiver). **Vins** Soyhières, Auvernier
♦ Élégant restaurant dont le raffinement du décor n'a d'égal que celui de la cuisine, talentueusement personnalisée. Pour l'étape, chambres spacieuses aménagées avec goût.

> Les bonnes adresses à petit prix ? Suivez les Bibs : Bib Gourmand rouge ◉
> pour les tables, et Bib Hôtel bleu 🏠 pour les chambres.

---

**NOVAZZANO** 6883 Ticino (TI) 🮲🮲🮲 R14 – 2401 ab. – alt. 346.
*Bern 298 – Lugano 24 – Bellinzona 51 – Como 11 – Varese 20.*

🕸🕸 **Locanda degli Eventi**, via Mulini 31, ℰ 0916 830 013, locandadeglieventi@fr
ॐ eesurf.ch, Fax 0916 830 013, 🛱 – 🕭 rist, 🅿 🖭 ⑩ 🖭 **VISA**. 🕸
*chiuso dal 26 dicembre al 5 gennaio, dal 23 luglio al 17 agosto, sabato a mezzogiorno, domenica sera e lunedì* – **Rist** (15.50) 30 (mezzogiorno)/59 ed alla carta 64/96.
♦ Locale periferico, una grande villa circondata dal verde, con ampio dehors estivo, ambiente caldo e luminoso e una cucina incentrata sulle ricette tradizionali.

---

**NOVILLE** 1845 Vaud (VD) 🮲🮲🮲 F11 – 633 h. – alt. 374.
*Bern 96 – Montreux 8 – Aigle 12 – Lausanne 37 – Sion 63.*

🕸 **L'Etoile**, ℰ 0219 601 058, etoile_noville@hotmail.com, Fax 0219 604 338, 🛱 –
ॐ 🅿 🖭 **VISA**
*fermé 1er au 22 fév., 28 juin au 12 juil., dim. soir de nov. à mars, lundi et mardi* –
**Rest** (16) 52/82 et à la carte 57/96.
♦ Établissement familial voisin d'une ferme. Cuisine classique française. Deux paisibles terrasses estivales vous accueillent lorsque le soleil est de la partie.

---

**NYON** 1260 Vaud (VD) 🮲🮲🮲 B10 – 16 592 h. – alt. 406.
**Voir :** Promenade des vieilles murailles★ A.
**Environs :** Château de Prangins★★.
🏌 *Domaine Impérial à Gland,* ⊠ 1196 (fév. - déc.) ℰ 0229 990 600,
Fax 0229 990 606, par ① : 4 km,.
**Manifestations locales**
24.04 - 30.04 : Visions du Réel, Festival international du cinéma documentaire
18.07 - 23.07 : Paléo, Festival international de rock et folk.
09.08 - 19.08 : FAR, Festival des arts vivants.
🛈 Nyon Région Tourisme, 8 av. Viollier, ℰ 0223 656 600, info@nrt.ch,
Fax 0223 656 606 A.
*Bern 144 ③ – Genève 25 ② – Lausanne 40 ① – Lons-le-Saunier 91 ③ – Thonon-
les-Bains 60 ②*

Plan page suivante

# NYON

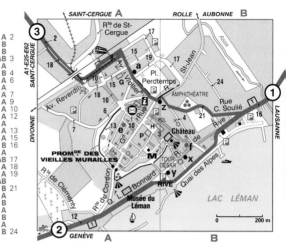

---

🏨🏨 **Beau-Rivage,** 49 r. de Rive, ℰ 0223 654 141, hotelbeaurivagenyon@bluewin.ch
Fax 0223 654 165, ≤, 🔲, – ⧧, 🔳 ch, 🅿 – 🔬 15/80. 🄰🄴 ⓸ ⓶ 🆅🆂🅰    B 〉
**La Véranda :** Rest (30) 50 (midi)/112 et à la carte 66/116 – **45 ch** ⇄ ✦180/240
✦✦260/320, 5 suites – ½ P suppl. 50.
    ◆ Hôtel ancien implanté au bord du lac et presque à portée de mousquet du château
Bonnes chambres classiquement agencées. Restaurant-véranda avec le lac Léman et
le Mont-Blanc pour toile de fond. Carte élaborée.

🏨 **Real,** 1 pl. de Savoie, ℰ 0223 658 585, mail@hotelrealnyon.ch, Fax 0223 658 586
⓺   ≤, 🕿 – ⧧ 🗐. 🄰🄴 ⓶ 🆅🆂🅰    B 〉
Hôtel fermé 15 déc. au 15 janv. – **Grand Café** ℰ 0223 658 595 (fermé 24 déc. au
3 janv.) **Rest** (18) 35 et à la carte 58/100 – **30 ch** ⇄ ✦200/260 ✦✦260/340 –
½ P suppl. 40.
    ◆ Enseigne à la gloire du fameux club de foot madrilène, qui s'entraîne chaque année
à Nyon. Chambres de style contemporain, profitant souvent d'une vue lacustre
Grand Café "trendy" servant une appétissante cuisine méditerranéenne et de nom
breux vins au verre.

🏨 **Ambassador** sans rest, 26 r. St-Jean, ℰ 0229 944 848, hotelambassador@blue
win.ch, Fax 0229 944 860 – ⧧ ↔ – 🔬 20. 🄰🄴 ⓸ ⓶ 🆅🆂🅰. 🛇    AB 〉
**20 ch** ⇄ ✦180/220 ✦✦200/260.
    ◆ À mi-chemin entre la gare et le lac, petit hôtel dont la sémillante façade d'un rose
soutenu s'anime de volets blancs. Chambres et junior suites personnalisées.

🏨 **Des Alpes,** 1 av. Viollier, ℰ 0223 614 931, desalpes@bestwestern.ch
⓺   Fax 0223 623 563 – ⧧ 🗐 ⍋ & ch –, 🔬 15/70. 🄰🄴 ⓸ ⓶ 🆅🆂🅰    A a
**Rest** (fermé dim.) (18) et à la carte 40/89 – **53 ch** ⇄ ✦150/160 ✦✦180/200 –
½ P suppl. 32.
    ◆ Cet hôtel bâti en 1905 et régulièrement rénové fournit un hébergement valable
dans les parages de la gare. La promenade des Vieilles Murailles est également toute
proche. À table, répertoire culinaire traditionnel.

✗ **Café du Marché,** 3 r. du Marché, ℰ 0223 623 500, Fax 0223 623 500, 🕿 – 🄰🄴
⓶ 🆅🆂🅰    A e
**Rest** - cuisine italienne - (fermé dim.) (20) 42 (midi)/98 et à la carte 84/118.
    ◆ Mamma mia, la cucina italiana ! Elle vaut le déplacement, dans ce restaurant du
centre décoré de tableaux représentant des paysages vaudois.

✗ **Le Maître Jaques,** Rue de Rive, ℰ 0223 612 834, contact@maitrejaques.com
⓺   Fax 0223 618 637, 🕿 – 🄰🄴 🆅🆂🅰    B 〈
fermé Noël, 18 au 27 fév., dim. soir et lundi – **Rest** (19) et à la carte 48/111.
    ◆ Cet accueillant restaurant familial borde une rue piétonne agrémentée d'une char
mante fontaine. Des artistes locaux y exposent régulièrement leurs peintures. Repas
classique.

NYON

**à Duillier** Nord : 3 km par rte d'Aubonne – alt. 469 – ✉ 1266 Duillier :

🏠 **Auberge de l'Etoile,** 13 r. du Château, ☎ 0223 612 812, g.rossetti@bluewin.ch, Fax 0223 622 353, 🍽 – |🛗| ✆ 📷 🅿 🆎 ⓪ ⓪ 𝑽𝑰𝑺𝑨
fermé 24 déc. au 10 janv. – **Rest** (fermé sam. midi et dim. soir d'oct. à mai) (19) 29 (midi)/96 et à la carte 44/95 – **17 ch** ☷ ✝100 ✝✝140/150 – ½ P suppl. 35.
♦ Maison régionale, voisine du château, gérant l'exploitation viticole attenante. Chambres lambrissées de diverses tailles. Restaurant jouant sur toutes les notes : plats classiques, saisonniers, charbonnades... Belle terrasse dominant le vignoble.

**à Prangins** par ① : 2 km – alt. 417 – ✉ 1197 Prangins :

🏨 **La Barcarolle** ﹩, route de Promenthoux, ☎ 0223 657 878, barcarolle@bluew in.ch, Fax 0223 657 800, ≤, 🍽, 🛋, 🏊, 🕭 – |🛗|, ✦ ch, 🖾 ✆ & ch, 🅿 – 🔏 15/120. 🆎 ⓪ ⓪ 𝑽𝑰𝑺𝑨
**Rest** (21) 41 (midi)/90 et à la carte 63/116 – **36 ch** ☷ ✝220/280 ✝✝290/390, 3 suites – ½ P suppl. 50.
♦ Sur les rives du lac, établissement tranquille disposant de chambres agréables à vivre. Salon de détente, bar "cosy", parc boisé et même ponton d'amarrage pour votre yacht ! Salles à manger plaisamment agencées. Cuisine au goût du jour.

---

**OBERÄGERI** 6315 Zug (ZG) 👿 Q6 – 4 708 Ew. – Höhe 737.
Bern 151 – Luzern 40 – Rapperswil 33 – Schwyz 17 – Zug 12.

🍴🍴 **Gulm,** Gulmstr. 62, ☎ 0417 501 248, gasthof@gulm.ch, Fax 0417 504 299, ≤ Ägerisee, 🍽 – 🅿 ✪ 20. 🆎 ⓪ ⓪ 𝑽𝑰𝑺𝑨
geschl. 4. - 24. Feb., 7. - 22. Okt, Montag und Dienstag – **Rest** - italienische Küche - (24) 39 (mittags)/99 und à la carte 65/113.
♦ Das Restaurant in wunderbarer Aussichtslage verfügt neben Stübli und Wintergarten auch über eine angenehme Panoramaterrasse. Serviert wird italienische Küche auf hohem Niveau.

🍴🍴 **Hirschen,** Morgartenstr. 1, ☎ 0417 501 619, hirschen.oberaegeri@bluewin.ch, Fax 0417 508 619, 🍽 – 🅿 ✪ 20. 🆎 ⓪ ⓪ 𝑽𝑰𝑺𝑨. ✼
geschl. 16. Juli - 7. Aug., Sonntagabend und Montag – **Rest** (20) 47 (mittags)/105 und à la carte 54/105.
♦ Unweit der Kirche liegt diese Adresse, die ihre Besucher im hellen, modern gestalteten Restaurant sowie auf der Terrasse mit zeitgemässer Schweizer Küche empfängt.

---

**OBERBALM** 3096 Bern (BE) 👿 J8 – 859 Ew. – Höhe 804.
Bern 11 – Fribourg 28 – Langnau im Emmental 44 – Thun 32.

🍴 **Bären,** Oberbalmstr. 219, ☎ 0318 490 160, ingrid.marggi@bluewin.ch, 🍽 – ✦ 🅿 🆎 ⓪ ⓪ 𝑽𝑰𝑺𝑨
**Rest** (geschl. Dienstagabend und Mittwoch) (16) 35/65 und à la carte 37/82.
♦ Das hübsche Fachwerkhaus empfängt seine Gäste mit einem nett gestalteten Restaurant und einem gemütlichen Stübli, die um den zentralen Kamin angelegt sind.

---

**OBERBIPP** 4538 Bern (BE) 👿 K5 – 1445 Ew. – Höhe 490.
Bern 44 – Basel 56 – Langenthal 13 – Solothurn 15.

🏠 **Eintracht,** Oltenstr. 1, ☎ 0326 361 276, hoteleintracht@bluewin.ch, Fax 0326 361 279, 🍽 – & Rest, 🅿 🆎 ⓪ ⓪ 𝑽𝑰𝑺𝑨
geschl. 23. Dez. - 3. Jan., 22. Juli - 7. Aug. Samstag und Sonntag – **Rest** (16.50) und à la carte 35/96 – **9 Zim** ☷ ✝95 ✝✝140.
♦ Die Zimmer dieses am Ortsrand an der Kantonsstrasse gelegenen Hauses sind zeitgemäss und funktionell eingerichtet. Ideal für Passanten und Geschäftsleute. Für spezielle Anlässe ergänzt das gediegene la différence das Hauptrestaurant - mit traditioneller Karte.

---

**OBERBOTTIGEN** Bern 👿 I7 – siehe Bern.

**OBERENTFELDEN** 5036 Aargau (AG) 551 M5 – 6 824 Ew. – Höhe 415.
*Bern 77 – Aarau 5 – Baden 31 – Basel 64 – Luzern 45 – Solothurn 49.*

**Aarau West** garni, Muhenstr. 58, beim Golfplatz, ℰ 0627 370 101, hotel@ aara u-west.ch, Fax 0627 370 100 – 🛗 ❄ ✆ 🕭 🚗 🅿 – 🔬 25. 🖭 ⓪ ⓶ 𝐕𝐈𝐒𝐀
geschl. 24. Dez. - 3. Jan. – **70 Zim** 🖙 ✦110/135 ✦✦150/230.
♦ Vor allem für Durchreisende und Geschäftsleute ist das unweit der Autobahnausfahrt und des Golfplatzes gelegene Hotel geeignet. Die Zimmer : hell, modern und funktionell.

---

**OBERERLINSBACH** 5016 Solothurn (SO) 551 M4 – 691 Ew. – Höhe 430.
*Bern 81 – Aarau 5 – Basel 48 – Luzern 54 – Zürich 51.*

**Hirschen** mit Zim, Hauptstr. 125, ℰ 0628 573 333, mailbox@ hirschen-erlinsbac h.ch, Fax 0628 573 300, 🍴, 🌳 – 🛗, ❄ Zim, ⅙ Rest, 🅿 🔄 60 – 🔬 15/35. 🖭
⓪ ⓶ 𝐕𝐈𝐒𝐀
geschl. Weihnachten – **Rest** (21) 57 (mittags)/130 und à la carte 62/115 🍴 – **16 Zim** 🖙 ✦130 ✦✦220.
♦ Ein traditioneller Landgasthof mit vielfältigem Angebot : klassisch-elegante Stuben, legeres Bistro, schöne Gartenterrasse und ein attraktiver begehbarer Weinkeller.

---

**OBERGESTELN** 3981 Wallis (VS) 552 O10 – 247 Ew. – Höhe 1 353.
Ausflugsziel : *Nufenenpass*★★ Süd-Ost : 15 km.
⛳ Source du Rhône (Mai - Okt.) ℰ 0279 734 400, Fax 0279 734 401.
🔹 Obergoms Tourismus, 3999 Oberwald, ℰ 0279 733 232, info@ obergoms.ch, Fax 0279 733 233.
*Bern 129 – Andermatt 52 – Brig 38 – Interlaken 72 – Sion 91.*

**St. Hubertus** ⑤, ℰ 0279 732 828, info@ hotel-hubertus.ch, Fax 0279 732 869, ≤, 🍴, 🎣, 🌐s, 🔲, 🌳, 🎾 – 🛗 ⅙ 🚗 🅿 – 🔬 60. ⓶ 𝐕𝐈𝐒𝐀. 🎾 Rest
geschl. 19. März - 24. Mai und 15. Okt. - 24. Nov. – **Rest** 55 und à la carte 52/90
– **23 Zim** 🖙 ✦95/150 ✦✦180/240, 5 Suiten – ½ P Zuschl. 35.
♦ Das Hotel liegt ruhig ausserhalb des Dorfes und ist Teil einer Überbauung. Die Zimmer sind eher nüchtern, mit hellem, zweckmässigem Mobiliar funktionell ausgestattet. Hinter der Rezeption liegen die Gaststube und der helle Wintergarten.

**Grimsel**, ℰ 0279 731 156, info@ hotelgrimsel.ch, Fax 0279 731 750, 🍴 – 🅿. 🖭
⓪ ⓶ 𝐕𝐈𝐒𝐀
geschl. April - 13. Mai und 29. Okt. - 25. Nov. – **Rest** (20) 32 und à la carte 32/69
– **12 Zim** 🖙 ✦50/65 ✦✦100/140 – ½ P Zuschl. 27.
♦ Das kleine Chalet liegt am Eingang des Dörfchens, das seinen ganz eigenen Baustil hat. Ein Teil der Zimmer ist etwas älter, etliche sind in hellem Holz modern eingerichtet. Eine schattige Terrasse ergänzt Gaststube und Restaurant.

---

**OBERHOFEN** Bern 551 K9 – siehe Thun.

---

**OBERMEILEN** Zürich 551 Q5-6 – siehe Meilen.

---

**OBERNAU** Luzern 551 O7 – siehe Luzern.

---

**OBERRIET** 9463 Sankt Gallen (SG) 551 V5 – 7 602 Ew. – Höhe 421.
*Bern 248 – Sankt Gallen 46 – Bregenz 33 – Feldkirch 12 – Konstanz 71.*

**Frohsinn,** Staatsstr. 96, ℰ 0717 611 185, Fax 0717 611 114, 🍴 – 🅿. ⓶ 𝐕𝐈𝐒𝐀
geschl. 17. Juli - 14. Aug., Sonntag und Montag – **Rest** (18.50) 38 (mittags) und à la carte 44/94.
♦ In dem Gasthof mit dem bürgerlich-rustikalen Restaurant bietet man den Gästen eine Auswahl an Gerichten einer klassischen französischen Küche.

---

Die Gedecke ✗ und die Sterne ⑤ dürfen nicht verwechselt werden!
Die Gedecke stehen für eine Komfortkategorie, die Sterne zeichnen
Häuser aus, die in jeder dieser Kategorien die beste Küche bieten.

**OBERSAXEN-MEIERHOF** 7134 *Graubünden (GR)* 553 S9 – 830 Ew. – Höhe 1302 –
 *Wintersport : 1 201/2 310 m* ⛷ 18 ⛷.
 🛈 *Verkehrsverein,* ℰ 0819 332 222, info@ obersaxen.ch, *Fax 0819 331 110.*
 *Bern 241 – Chur 46 – Andermatt 69.*

**Central,** in Meierhof, ℰ 0819 331 323, *info@ central-obersaxen.ch,*
*Fax 0819 331 022,* ≤, 斎 – 🛗 📻, ⓶⓪ *VISA,* ⊗
*18. Dez. - 17. April und 21. Mai - 2. Nov. –* **Rest** (18.50) und à la carte 42/92 – **26 Zim**
☲ ✚70/108 ✚✚140/196 – ½ P Zuschl. 28.
♦ Das Hotel befindet sich neben der Dorfkirche. Die Zimmer sind mit Arvenholz eingerichtet, bieten einfachen Komfort und verfügen über eine kleine Sitzecke. Eine
schöne Holzdecke schmückt das neo-rustikale Restaurant.

---

> **Rot steht für unsere besonderen Empfehlungen!**

---

**OBERSCHAN** 9479 *Sankt Gallen (SG)* 551 V7 – Höhe 676.
 *Bern 225 – Sankt Gallen 59 – Bad Ragaz 17 – Buchs 14 – Feldkirch 28 – Rapperswil 70.*

𝕏 **Mühle,** Grossbünt 2, ℰ 0817 831 904, birchmeier@ restaurantmuehle.ch,
*Fax 0817 831 314,* 斎 – 📻, ⒶⒺ ⓶⓪ *VISA*
*geschl. Feb. 1 Woche, 25. Juli - 9. Aug., Dienstag und Mittwoch –* **Rest** 52 und à la
carte 42/86.
♦ Das Haus besteht aus einer 500-jährigen Maismühle und einem Anbau, in dem sich
die rustikale Gaststube befindet. Das gehobene Stübli liegt im Museum. Traditionelle
Küche.

---

**OBERSTAMMHEIM** 8477 *Zürich (ZH)* 551 R3 – 1 Ew. – Höhe 448.
 *Bern 168 – Zürich 48 – Frauenfeld 14 – Konstanz 40 – Stein am Rhein 10 –
 Winterthur 25.*

𝕏𝕏 **Zum Hirschen,** Steigstr. 2, ℰ 0527 451 124, info@ hirschenstammheim.ch,
*Fax 0527 402 812,* 斎 – ✚ Zim, 📻 ✦ 40. ⒶⒺ ⓪ ⓶⓪ *VISA*
*geschl. 16. Jan. - 7. Feb., 7. - 22. Aug., Montag (ausser Feiertage) und Dienstag –* **Rest**
(19) 80 und à la carte 60/96 – **3 Zim** ☲ ✚80 ✚✚120 – ½ P Zuschl. 75.
♦ In den verschiedenen Stuben dieses schönen Riegelhauses a. d. 17. Jh. serviert man
zeitgemässe Gerichte mit vielen Produkten aus der Region. Einfache Zimmer mit
Charme.

---

**OBERWALD** 3999 *Wallis (VS)* 552 P10 – 292 Ew. – Höhe 1370 – Wintersport :
 *1 380/2 080 m* ⛷ 6 ⛷.
 **Ausflugsziel :** *Gletsch*★★ *Nord : 6 km – Grimselpass*★★ *Nord : 11,5 km – Rhone-
 gletscher*★★ : *Eisgrotte*★ *Nord : 13 km.*
 🚙 *Oberwald - Realp, Information,* ℰ 0279 277 676.
 🛈 *Obergoms Tourismus,* ℰ 0279 733 232, info@ obergoms.ch, *Fax 0279 733 233.*
 *Bern 127 – Andermatt 50 – Brig 40 – Interlaken 70 – Sion 93.*

🏨 **Ahorni** ⊗, ℰ 0279 732 010, info@ ahorni.ch, *Fax 0279 732 032,* 斎 – 🛗,
✚ Zim, ⏦ Rest, 📻, ⓶⓪ *VISA,* ⊗ Rest
*geschl. Mitte März - 1. Juni –* **Da Medici :** Rest à la carte 33/86 ⊛ – **17 Zim**
☲ ✚95/125 ✚✚140/200 – ½ P Zuschl. 35.
♦ Etwas versteckt liegt das Haus ruhig am Waldrand. Man verfügt über hell-moderne
Gästezimmer, die funktionell ausgestattet sind. Alle Doppelzimmer mit Balkon. Im Da
Medici serviert man zeitgemässe Speisen. Schöne hauseigene Encoteca.

---

**OBERWIL** 4104 *Basel (BL)* 551 K4 – 9 730 Ew. – Höhe 297.
 *Bern 99 – Basel 6 – Liestal 21 – Delémont 36 – Belfort 81.*

𝕏𝕏 **Viva,** Hauptstr. 41, ℰ 0614 015 680, viva.oberwil@ bluewin.ch, *Fax 0614 015 681,*
斎 – ⏦ Rest, 📻, ⒶⒺ ⓪ ⓶⓪ *VISA*
*geschl. 26. Feb. - 20. März, 1. - 16. Okt., Sonntag und Montag –* **Rest** (32) 85/108
und à la carte 68/123.
♦ Sehr gelungen : trendiges Design rund um eine mittig angelegte kleine Lounge mit
wärmendem Kamin, moderne, mediterran geprägte Küche und angenehme Gartenterrasse.

**OENSINGEN** 4702 Solothurn (SO) 🔢 L5 – 4412 Ew. – Höhe 462.

Bern 51 – Basel 50 – Aarau 28 – Luzern 64 – Solothurn 20.

🏠 **Lindemann,** Hauptstr. 67, 𝒫 0623 962 988, info@lindemann.ch,
😋 Fax 0623 963 043, 🏡 – 📶, 🍴 Zim, 👤 Rest, 🅿 – 🅰 15/70. ⓪ ⓶ 𝘝𝘐𝘚𝘈
geschl. 24. Juli - 6. Aug. – **Rest** (19.50) 40/120 und à la carte 43/110 – **23 Zim**
☐ ✦110 ✦✦160/170 – ½ P Zuschl. 28.

♦ Die Zimmer des Landgasthofs sind überwiegend mit hellem, funktionellem Mobiliar
eingerichtet und bieten ausreichend Platz. Auch etwas ältere Zimmer sind vorhanden.
Sichtbalken und derbes Holzmobiliar sorgen im Restaurant für eine rustikale Atmosphäre.

Dieser Führer lebt von Ihren Anregungen, die uns stets willkommen sind.
Egal ob Sie uns eine besonders angenehme Überraschung oder eine
Enttäuschung mitteilen wollen – schreiben Sie uns!

---

**OERLIKON** Zürich 🔢 P5 – siehe Zürich.

---

**OLIVONE** 6718 Ticino (TI) 🔢 R10 – 851 ab. – alt. 893.

Dintorni : Chiesa del Negrentino★ a Prugiasco : affreschi★★ Sud : 8 km e 30 min a
piedi – Strada★ del passo del Lucomagno ovest.
Bern 248 – Andermatt 65 – Bellinzona 46 – Chur 103.

🏠 **Arcobaleno,** 𝒫 0918 721 362, info@albergo-arcobaleno.ch, Fax 0918 722 744,
😋 🏡, 🌿, ♨ – 📶, 🍴 rist, 🅿 🅰 ⓪ ⓶ 𝘝𝘐𝘚𝘈
chiuso dal 15 al 30 aprile, dal 20 settembre al 10 ottobre e martedì – **Rist** (Pizzeria)
(16) ed alla carta 35/72 – **20 cam** ☐ ✦85 ✦✦140 – ½ P sup. 25.

♦ Albergo totalmente ristrutturato, situato ai piedi del Lucomagno. Offre camere
molto carine con arredo pratico. Godetevi anche la sauna ed il solarium. Accogliente
sala da pranzo per il servizio di pizzeria.

🏠 **Olivone e Posta,** 𝒫 0918 721 366, Fax 0918 721 687, ≤, 🏡 – 🅿 – 🅰 30. ⓶
😋 𝘝𝘐𝘚𝘈. 🍴 rist
chiuso 2 settimane a novembre, lunedì e martedì da novembre a maggio – **Rist**
(18) 28 (mezzogiorno) ed alla carta 34/76 – **25 cam** ☐ ✦85 ✦✦140 – ½ P sup.
25.

♦ Fate una sosta prima di affrontare il passo del Lucomagno. Piccole ma funzionali camere arredate con mobilio in legno chiaro. Dalla zona ricevimento si
accede al bar e, di lì, al ristorante in stile rustico. Propone una carta semplice e
tradizionale.

---

**OLLON** 1867 Vaud (VD) 🔢 G11 – 6 180 h. – alt. 468.

Bern 105 – Montreux 21 – Évian-les-Bains 42 – Gstaad 48 – Lausanne 46 – Martigny 27 – Thonon-les-Bains 51.

🍴🍴 **Hôtel de Ville** avec ch, place de l'Hôtel-de-Ville, 𝒫 0244 991 922,
😋 Fax 0244 992 354, 🏡 – 📶 – 🅰 20. 🅰 ⓶ 𝘝𝘐𝘚𝘈. 🍴 ch
fermé 20 déc. au 12 janv., merc. sauf mi-juil. à mi-août et mardi – **Rest** (18) 48/50
et à la carte 43/79 – **7 ch** ☐ ✦70 ✦✦120.

♦ Au centre du bourg, près du clocher, grosse maison de pays où il fait bon poser
sa besace le temps d'un savoureux repas traditionnel ou d'une nuit de repos. Accueil
gentil.

---

**OLTEN** 4600 Solothurn (SO) 🔢 M5 – 16 524 Ew. – Höhe 396.

Ausflugsziel : Panorama★ beim Säli-Schlössli Süd-Ost : 5 km über ②.

📇 Heidental in Stüsslingen, ✉ 4655 (März - Nov.) 𝒫 0622 858 090,
Fax 0622 858 091, Nord-Ost : 11 km über Winznau-Lostorf-Stüsslingen.

🅱 Info Olten, Klosterplatz 21, 𝒫 0622 123 084, info@oltentourismus.ch,
Fax 0622 127 018 Z.

⊛ Dornacherstr. 10, 𝒫 0622 073 636, Fax 0622 073 637 Z.

Bern 65 ② – Aarau 13 ① – Basel 46 ③ – Luzern 53 ② – Solothurn 34 ③

# OLTEN

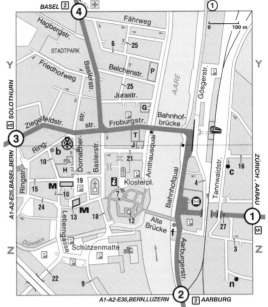

🏨 **Arte,** Riggenbachstr. 10, ℰ 0622 866 800, *info@konferenzhotel.ch*,
Fax 0622 866 810, 😊, 🎽 – 📶, ✤ Zim, ℰ ♿ 🚗 🅿 – 🔬 15/120. 🆎 ① 🐵 𝐕𝐈𝐒𝐀.
✤ Zim                                                                                    Z n
**Rest** (17.50) und à la carte 42/93 – **79 Zim** ☲ ♦128/220 ♦♦178/280.
• Das Kongresshotel liegt in günstiger Entfernung zum Bahnhof. Die Gäste übernachten in Zimmern von guter Grösse, die mit modernem Mobiliar funktionell eingerichtet sind. Offenes Restaurant mit neuzeitlichem Dekor.

🏨 **amaris** garni, Tannwaldstr. 34, ℰ 0622 875 656, *info@hotelamaris.ch*,
Fax 0622 875 657 – 📶 ✤ ♿ 🅿 – 🔬 15/20. 🆎 ① 🐵 𝐕𝐈𝐒𝐀          Z c
☲ 12 – **37 Zim** ♦90/120 ♦♦140.
• Hell, modern und funktionell eingerichtete Zimmer erwarten Sie in dem direkt am Bahnhof gelegenen Hotel - ruhiger sind die Zimmer in rückwärtigen Teil. Komfortable Suiten.

🍴🍴 **Traube** (Sgier), in Trimbach, über ④, Baslerstr. 211, ✉ 4632 Trimbach,
ℰ 0622 933 050, *postmasters@traubetrimbach.ch*, Fax 0622 930 150 – 🔲 🅿 🆎
① 🐵 𝐕𝐈𝐒𝐀
geschl. 5. - 13. Feb., 16. Juli - 11. Aug., Sonntag und Montag – **Rest** 54 (mittags)/126
und à la carte 65/135 🍷.
**Spez.** Brezelknödel mit Ochsenschwanz auf Steinpilzen und Engelberger Kümmelessenz. Französische Königstaube mit Trüffeljus. Karamelisiertes Apfel-Feuillete mit Tahiti-Vanilleglace
• In dem hübschen, angenehm hellen Restaurant erwartet Sie ein modernes, klares und leicht elegant wirkendes Ambiente. Zeitgemässe Küche und gute Weinauswahl.

🍴🍴 **Zum Goldenen Ochsen,** Ringstr. 23, ℰ 0622 121 935, *info@ochsen-olten.ch*,
Fax 0622 122 384, 😊 – ✤ 🔄 25. 🆎 ① 🐵 𝐕𝐈𝐒𝐀                Z b
geschl. 30. Juli - 14. Aug., Sonntag und Montag – **Rest** (nur Menu) (20) 39 (mittags)/90.
• Der unterteilte Gastraum - teils als freundliches Bistro, teils als luftiger Wintergarten gestaltet - wird durch eine mit Wein bewachsene, lauschige Gartenlaube ergänzt.

🍴🍴 **Walliserkanne,** Aarburgerstr. 6, ℰ 0622 964 476, Fax 0622 964 472, 😊 – 🔄
70. 🆎 ① 🐵 𝐕𝐈𝐒𝐀                                                      Z f
geschl. 1. - 16. Okt., Samstagmittag, Sonntagabend und Montag – **Rest** (18.50) 49
(mittags)/120 und à la carte 48/97.
• Im rustikalen Restaurant neben der alten Holzbrücke kann der Gast in ländlichem Ambiente speisen. Auf der Terrasse an der Aare findet man weitere nette Sitzplätze.

**Felsenburg,** über ①, Aarauerstr. 157, ✆ 0622 962 277, *Fax 0622 961 376,* - 100. AE ⓓ MC VISA
*geschl. 16. Juli - 17. Aug., Dienstag und Mittwoch* - **Rest** (18) und à la carte 46/108.
◆ Über die Aussentreppe und die grosse Terrasse betritt man das gemütliche familiär geführte Restaurant. Klassische und italienische Küche sowie Wein aus Frankreich und Italien.

**ORBE** *1350 Vaud (VD)* 552 D8 - *5 069 h. - alt. 483.*
*Office du Tourisme Orbe et environs, 2 r. de la Poste,* ✆ *0244 415 266, tourisme@orbe.ch.*
*Bern 93 - Lausanne 29 - Pontarlier 40 - Yverdon-les-Bains 14.*

**Des Mosaïques** sans rest, Mont-Choisi, Nord : 1 km, ✆ 0244 416 261, *info@hotel-des-mosaiques.ch, Fax 0244 411 514* - 15/40. AE ⓓ MC VISA.
*fermé 20 déc. au 7 janv.* - **37 ch** 110 175.
◆ Le dieu Mercure monte la garde à l'entrée de cet hôtel situé aux avant-postes d'Orbe. Les mosaïques éponymes, d'époque romaines, ne sont pas bien loin et méritent la visite.

**Guignard,** 17 Grand-Rue, ✆ 0244 428 120, *traiteur@guignard-desserts.ch, Fax 0244 428 127* - AE ⓓ MC VISA
*fermé 3 sem. juil. - août, lundi et mardi* - **Rest** (1er étage) *(ouvert le midi seul. sauf vend. et sam. ouvert midi et soir)* (21) 54 (midi)/112 et à la carte 61/105.
◆ Repaire gourmand à débusquer au-dessus d'une aguichante pâtisserie-salon de thé. Salle de restaurant agrémentée d'une verrière. Repas classique soigné. Délicieux desserts.

**à Agiez** *Ouest : 2,5 km - alt. 520 - ✉ 1352 Agiez :*

**Le Normand** avec ch, ✆ 0244 411 545, *lenormand@bluewin.ch, Fax 0244 417 587,* - rest, 15. AE ⓓ MC VISA
*fermé 30 janv. - 7 fév., 5 au 13 sept., dim. soir, lundi et 1er mardi de chaque mois* - **Rest** (16.50) 36 (midi)/68 et à la carte 39/84 - 10 - **5 ch** 60 100 - ½ P suppl. 30.
◆ Une atmosphère sympathique flotte dans cette auberge familiale dont le restaurant campagnard se divise en deux parties. Carte traditionnelle et régionale.

**Ce symbole en rouge ?**
**La tranquilité même, juste le chant des oiseaux au petit matin...**

**ORIGLIO** *6945 Ticino (TI)* 553 R13 - *1 174 ab. - alt. 453.*
*Bern 267 - Lugano 9 - Bellinzona 24 - Como 39 - Locarno 36.*

**a Carnago** *Est : 1 km - ✉ 6945 Origlio :*

**Origlio Country Club,** via Cantonale, ✆ 0919 454 646, *info@hoteloriglio.ch, Fax 0919 451 031,* - cam, rist, - 15/100. AE ⓓ MC VISA. rist
**Rist** (19) 35 (mezzogiorno)/72 ed alla carta 42/82 - **58 cam** 178/205 276/330 - ½ P sup. 48.
◆ Costruzione ben inserita nel contesto naturale della zona con una struttura a terrazze. Confort di livello omogeneo in ogni settore, camere ampie e luminose. La terrazza sul giardino e la graziosa sala da pranzo per una sorprendente carta di stampo francese.

**Locanda del Cigno** con cam, ✆ 0919 309 790, *Fax 0919 309 792,* - 10. AE ⓓ MC VISA
*chiuso dal 16 al 23 gennaio* - **Rist** *(chiuso dal 16 al 30 gennaio, dal 16 al 28 agosto e lunedì)* 33 (mezzogiorno)/79 ed alla carta 64/97 - **13 cam** 94/128 156/196.
◆ Una casa del secolo scorso, di colore rosso acceso, totalmente ristrutturata. A disposizione diverse salette al primo piano e un bel dehors con pergolato per i mesi estivi.

**ORMALINGEN** *4466 Basel-Landschaft (BL)* 551 *M4 – 1835 Ew. – Höhe 425.*
*Bern 83 – Aarau 24 – Baden 42 – Basel 31 – Liestal 13 – Solothurn 52.*

XX **Farnsburg** ⟶ *mit Zim, Nord : 3 km, Farnsburgerstr. 194, ℘ 0619 859 030, lan*
*dgasthof@farnsburg.ch, Fax 0619 859 031,* ⟶ *–* 🅿 *⇆ 15/35.* ✀
*geschl. 22. Dez. - 5. Jan., 20. Juli - 4. Aug., Sonntagabend, Montag und Dienstag –*
**Rest** *(nur Abendessen ausser Sonntag)* 99 *und à la carte 55/103* ⟶ **– Landhaus :**
**Rest** (25) *und à la carte 45/99 –* **4 Zim** ⟶ ✦80/90 ✦✦150.
• Der Landgasthof mit Bio-Bauernhof liegt absolut ruhig ausserhalb des Ortes. Rustikale Stuben, ein legendärer Weinkeller sowie ein wintergartenähnlicher Pavillon erwarten Sie.

**ORSELINA** *Ticino* 553 *Q12 – vedere Locarno.*

**ORSIÈRES** *1937 Valais (VS)* 552 *H13 – 2 756 h. – alt. 902.*
🛈 *Au Pays du Saint-Bernard, route de la Gare, ℘ 0277 833 248, info@pays-du-saint-bernard.ch, Fax 0277 833 274.*
*Bern 145 – Martigny 18 – Aosta 51 – Montreux 61 – Sion 48.*

🏠 **Terminus,** *place de la Gare, ℘ 0277 832 040, terminus@dransnet.ch,*
⟶ *Fax 0277 833 808,* ⟶ *– 🕭, ch,* ⟶ 🅿 🆗 *VISA.* ✀ *rest*
*fermé 20 avril au 16 mai, 27 oct. au 7 nov. et mardi hors saison –* **Rest**
(17) 27 *(midi)/54 et à la carte 43/68 –* **30 ch** ⟶ ✦65/75 ✦✦100/120 –
½ P suppl. 28.
• Établissement familial côtoyant la gare d'un paisible petit bourg situé au "terminus" de la ligne du St-Bernard-Express qui vient de Martigny. Chambres proprettes. Restaurant où l'on mange convenablement dans une ambiance décontractée.

XX **Les Alpes** *(Joris), ℘ 0277 831 101, les.alpes@dransnet.ch, Fax 0277 833 878 –*
❀ 🆎 ① 🆗 *VISA*
*fermé 14 au 28 déc., 15 juin au 15 juil., lundi soir, mardi et merc. –* **Rest** 110/160
**– Rest.** *(voir aussi* **Brasserie** *ci-après).*
**Spéc.** Boudin noir façon Joris aux pommes confites. Pavé de cerf, jus de bourgeon de sapin chartreuse de coing (automne). Filet de selle de chevreuil, poire safranée (automne). **Vins** Arvine, Syrah
• Cet ancien relais de diligences (1750) posté sur la place principale d'Orsières constitue un excellent point de repère dans le paysage gastronomique des Alpes valaisannes.

X **Brasserie** - **Rest. Les Alpes,** *℘ 0277 831 101, les.alpes@dransnet.ch,*
⟶ *Fax 0277 833 878,* ⟶ *–* 🆎 ① 🆗 *VISA*
*fermé 14 au 28 déc., 15 juin au 15 juil., lundi soir, mardi et merc. –* **Rest** (20) 65
*et à la carte 50/91.*
• Gourmets en quête d'une alternative à "haute" cuisine des Alpes, attablez-vous donc en confiance dans la brasserie attenante. L'addition n'y atteint pas les mêmes sommets !

**ORVIN** *2534 Berne (BE)* 551 *I6 – 1 182 h. – alt. 668.*
*Bern 40 – Delémont 58 – Biel 9 – La Chaux-de-Fonds 49 – Neuchâtel 38 – Solothurn 28.*

X **Cheval Blanc,** *1 rte de Frinvillier, ℘ 0323 581 282, chevalblanccorvin@bluewin.ch,*
⟶ *Fax 0323 581 182,* ⟶ *– 🕭, rest,* 🅿 *⇆ 20.* 🆗 *VISA*
*fermé 17 juil. - 13 août, dim. sauf le midi en hiver et lundi –* **Rest** (17) 65 (soir) et
*à la carte 46/97.*
• Petite auberge de bonne réputation locale implantée à l'entrée du village. Salle à manger de mise simple. Engageante carte de préparations traditionnelles et actualisées.

**aux Prés-d'Orvin** *Nord-Ouest : 4 km – alt. 1 033 –* ⊠ *2534 Les Prés-d'Orvin :*

X **Le Grillon,** *℘ 0323 220 062,* ⟶ *– 🅿*
⟶ *fermé 3 juil. au 4 août, lundi et mardi –* **Rest** (prévenir) (19.50) 48 (midi)/98 et à
*la carte 43/79.*
• Restaurant de campagne au décor intérieur sans tape-à-l'oeil. Mets traditionnels, alléchantes fondues et mention spéciale pour le menu gastronomique : une très bonne affaire !

**OSTERFINGEN** 8218 Schaffhausen (SH) 551 P3 – 364 Ew. – Höhe 440.
  *Bern 147 – Zürich 50 – Baden 59 – Schaffhausen 20.*

  X **Bad Osterfingen,** Zollstrasse, Süd : 1 km, ℘ 0526 812 121, Fax 0526 814 301
  斎 – 回 ↔ 40/100
  *geschl. 22. Jan. - 17. Feb., 16. - 30. Juli, Montag und Dienstag* – **Rest** à la carte
  46/91 魚.
  ◆ Das Weingut aus dem 15. Jh. bietet den Gästen ausser dem schönen Gartenrestaurant unter alten Kastanien Stuben mit Steinmauern, Sichtbalken und Täfer. Traditionelles Angebot.

---

**OSTERMUNDIGEN** Bern 551 J7 – *siehe Bern.*

---

**OTTENBACH** 8913 Zürich (ZH) 551 P5 – 2 218 Ew. – Höhe 421.
  *Bern 126 – Zürich 24 – Aarau 8 – Luzern 35 – Schwyz 45.*

  XX **Reussbrücke,** Muristr. 32, ℘ 0447 601 161, info@reussbruecke.com
  Fax 0447 601 250, ≤, 斎 – 回 歴 ⑩ ⑳ 燰
  **Pavillon :** Rest (32) 50 (mittags)/110 und à la carte 66/129 – **Bistro :** Rest (16)
  45 (mittags) und à la carte 46/99.
  ◆ Das hell und neuzeitlich gestaltete Pavillon befindet sich in einem Wintergarten mit
  Blick auf den Fluss. Das Bistro ist eine neo-rustikale Gaststube. Gute, traditionelle
  Küche.

>  Le rouge est la couleur de la distinction ; nos valeurs sûres !

---

**OTTIKON BEI KEMPTTHAL** 8307 Zürich (ZH) 551 Q4 – Höhe 578.
  *Bern 144 – Zürich 23 – Frauenfeld 28 – Schaffhausen 38 – Winterthur 10.*

  XX **Zur Traube,** Kyburgstr. 17, ℘ 0523 451 258, Fax 0523 451 413, 斎 – 回 歴 ⑳
  燰 ⅝
  *geschl. Jan. und Mai jeweils 1 Woche, Aug. 2 Wochen, Sonn- und Feiertage abends
  und Montag* – **Rest** 50 (mittags)/98 und à la carte 61/103.
  ◆ In der gemütlichen Stube des Bauernhauses aus dem 19. Jh. herrscht dank schöner
  Holzdecke, Täfer und Sichtbalken eine charmant-rustikale Atmosphäre.

---

**OUCHY** Vaud 552 E10 – *rattaché à Lausanne.*

---

**OVRONNAZ** 1911 Valais (VS) 552 H12 – *alt. 1 350 – Sports d'hiver : 1 400/2 500 m*
  ⅙6 ⅍.
  🛈 *Office du Tourisme, ℘ 0273 064 293, info@ovronnaz.ch, Fax 0273 068 141.*
  *Bern 149 – Martigny 26 – Montreux 65 – Sion 26.*

  🏨 **L'Ardève** ⑤, à Mayens-de-Chamoson, Est : 2 km, ℘ 0273 052 525, ardeve@
  ⑳ media.ch, Fax 0273 052 526, ≤ vallée, 斎, ☞ – ⅸ, ↔ ch, 回 – 🔥 15/35. 歴 ⑩
  ⑳ 燰
  *fermé 20 nov. au 8 déc.* – **Rest** *(fermé lundi et mardi hors saison)* 52/79 et à la carte
  63/97 – **Brasserie :** Rest (16) et à la carte 40/91 – **15 ch** ☲ ✦95/125 ✦✦170/200
  – ½ P suppl. 35.
  ◆ Chalet contemporain dont la terrasse et les balcons procurent une vue magnifique
  sur la vallée et les Alpes valaisannes. Ambiance montagnarde ; quiétude assurée.
  Table traditionnelle au solide mobilier en bois. Recettes du Valais et de Savoie à la
  Brasserie.

---

**LES PACCOTS** 1619 Fribourg (FR) 552 G10 – *alt. 1 065 – Sports d'hiver : 1 061/1 487 m*
  ⅙10.

  🏨 **Ermitage,** 11 rte des Dailles, ℘ 0219 483 838, info@hotel-ermitage.ch
  ⑳ Fax 0219 483 800, ≤, 斎 – ⅸ ⅙ rest, 回 – 🔥 15/50. 歴 ⑳ 燰 ⅝ rest
  *fermé Noël, dim. soir, mardi soir et fériés le soir* – **Rest** (16.50) 45 et à la carte 43/88
  – ☲ 15 – **21 ch** ✦75/110 ✦✦115/150 – ½ P suppl. 25.
  ◆ Ce grand chalet abritant quatre catégories de chambres convenablement agencées
  est implanté au centre de la station, pas très loin des remontées mécaniques. Repas
  sagement traditionnel au restaurant.

**PAYERNE** *1530 Vaud (VD)* 552 *G8 – 7510 h. – alt. 452.*

Voir : *Intérieur*★★ *de l'Église abbatiale*★.

🏌 *&* 0266 624 220, *Fax 0266 624 221.*

**Manifestation locale**

*03.03 - 06.03 : Brandons, fête populaire.*

🛈 *Office du Tourisme, 10 place du Marché, &* 0266 606 161, *tourisme.payer ne@mcnet.ch, Fax 0266 607 126.*

*Bern 53 – Neuchâtel 50 – Biel 56 – Fribourg 23 – Lausanne 47 – Yverdon-les-Bains 28.*

**à Vers-chez-Perrin** *Sud : 2,5 km par rte Fribourg/Romont – alt. 530 –* ✉ *1551 Vers-chez-Perrin :*

XX **Auberge de Vers-chez-Perrin** avec ch, *&* 0266 605 846, *Fax 0266 605 866,*
🟰 ☆ – 🍴 rest, 🅿 ⬤ **VISA**
**Rest** *(fermé 30 juil. au 16 août, 24 déc. au 3 janv., dim. soir et lundi soir)* (17.50) 45 (midi)/95 et à la carte 45/89 – **7 ch** 🖙 ★100 ★★130 – ½ P suppl. 30.
♦ Auberge d'esprit rural où vous trouverez le gîte et, moins accessoirement, le couvert. Menus au goût du jour énoncés de vive voix. Petites chambres bien tenues.

---

**PENEY Dessus et Dessous** *Genève* 552 *A11 – rattaché à Satigny.*

---

**PENEY-LE-JORAT** *1059 Vaud (VD)* 552 *E9 – 290 h. – alt. 845.*

*Bern 81 – Lausanne 17 – Montreux 43 – Pontarlier 66 – Yverdon-les-Bains 26.*

X **Auberge du Cheval Blanc,** *&* 0219 033 008, *Fax 0219 033 468 –* 🅿 ⚫ ⬤
⬤ **VISA**
*fermé 19 au 22 déc., 13 au 28 fév., 31 juil. au 22 août, lundi et mardi –* **Rest** (18) 56/94 et à la carte 40/99 🌿.
♦ Établissement villageois composé d'un café servant de la petite restauration et d'une accueillante salle à manger. Carte traditionnelle. Choix de vins d'ici et d'ailleurs.

---

**PENTHAZ** *1303 Vaud (VD)* 552 *D9 – 1302 h. – alt. 488.*

*Bern 95 – Lausanne 11 – Cossonay 5 – Yverdon-les-Bains 26.*

X **La Treille,** 13 ch. de la Treille, *&* 0218 627 120, *restaurant@treille.ch,*
⬤ *Fax 0218 627 121,* ☆ – 🍴 🅿 ⚫ ⬤ ⬤ **VISA**
*fermé 24 déc. au 9 janv., dim. soir et lundi –* **Rest** - cuisine italienne - 48 (midi)/105 et à la carte 79/101 🌿 – **Café :** Rest (17) et à la carte 38/75.
♦ Table à retenir pour parfaire ses connaissances en cuisine italienne : toutes les régions de la péninsule sont mises à l'honneur dans les divers menus proposés.

---

**PERREFITTE** *Berne* 551 *I5 – rattaché à Moutier.*

---

**PÉRY-REUCHENETTE** *2603 Berne (BE)* 551 *I6 – 1321 h. – alt. 646.*

*Bern 47 – Delémont 45 – Biel 12 – Solothurn 28.*

XX **La Truite** avec ch, 3 rte de Reuchenette, *&* 0324 851 410, *Fax 0324 851 421,* ☆
⬤ – 🅿 ⇄ 60. ⚫ ⬤ ⬤ **VISA**
*fermé 2 au 10 janv., 16 juil. au 8 août, dim. soir et lundi –* **Rest** (15) et à la carte 33/81 – **12 ch** 🖙 ★78 ★★114.
♦ Ce restaurant classiquement agencé s'est fait une place au soleil dans le paysage culinaire de Péry-Reuchenette. Table traditionnelle de bon aloi. Chambres personnalisées.

---

Ce guide vit avec vous : vos découvertes nous intéressent.
Faites-nous part de vos satisfactions comme de vos déceptions.
Coup de colère ou coup de cœur : écrivez-nous !

**PESEUX** Neuchâtel 552 G7 – *rattaché à Neuchâtel.*

**PETIT-LANCY** Genève 552 A-B11 – *rattaché à Genève.*

**PFÄFFIKON** 8808 Schwyz (SZ) 551 R6 – Höhe 412.

🏌 Nuolen in Wangen, ⊠ 8855 (März - Nov.) 𝒫 0554 505 760, Fax 0554 505 761
Ost : 14 km Richtung Lachen-Nuolen.
Bern 117 – Zürich 36 – Rapperswil 5 – Schwyz 30.

🏨 **Seedamm Plaza,** Seedammstr. 3, 𝒫 0554 171 717, info@seedamm-plaza.ch
Fax 0554 171 718, 佘, 👍, 🚓 – 🛗, 🛏 Zim, 🍽 Zim, 📞 🛁 Zim, 🚗 🅿 – 🛗 15/230
🏧 ① 🐵 🗺. 🍴 Rest
**Nippon Sun** - japanische Küche - *(geschl. 9. Juli - 6. Aug., Samstag, Sonn- und Fe*
*ertage jeweils mittags)* Rest 34 (mittags)/54 und à la carte 52/83 – **Plätzli : Res**
(17.50) 35 (mittags) und à la carte 47/84 – 🖵 24 – **142 Zim** ★155/190 ★★230/270
♦ Am Fusse des Seedammes finden Sie ein gutes Konferenzhotel, dessen modern
und funktionelle Ausstattung dem Geschäftsreisenden in allen Belangen gerech
wird. Ein topmodernes Umfeld asiatischen Stils erwartet Sie im Nippon Sun.

🏨 **Schiff,** Unterdorfstr. 21, 𝒫 0554 161 718, info@schiff-pfaeffikon.ch
Fax 0554 161 719, ≤, 佘, 🛗, 🛏 Zim, 🛁 🅿 🏧 ① 🐵 🗺
**Rest** (18.50) und à la carte 48/96 – **29 Zim** 🖵 ★98/128 ★★195 – ½ P Zuschl. 38
♦ Eine nette Adresse : Die Zimmer im Haupthaus sind hell und freundlich mit Natur
holzmobiliar eingerichtet, die neuen sind moderner, mit Parkett, einige auch im japa
nischen Stil. Das Restaurant verfügt über eine schöne Gartenterrasse zum See hin

**LE PICHOUX** Berne (BE) 551 I5 – alt. 728 – ⊠ 2716 Sornetan.
Bern 67 – Delémont 19 – Biel 32 – Solothurn 48.

🍴🍴 **La Couronne** avec ch, 𝒫 0324 849 128, Fax 0324 849 128, 佘, 🌳 – 🅿 🐵 🗺
🍴
*fermé 19 déc. au 20 janv., mardi soir et merc.* – **Rest** (nombre de couverts limit
- prévenir) 67/100 et à la carte 60/140 – **5 ch** 🖵 ★90/110 ★★130/160.
♦ Bois et pierres apparentes président au décor rustique du restaurant, perché a
point culminant de la pittoresque route du Pichoux. Petites chambres simples mai
soignées.

**PIODINA** Ticino 553 Q13 – *vedere Brissago.*

**PIOTTA** 6776 Ticino TI 553 Q10 – alt. 1.
Bern 202 – Andermatt 34 – Bellinzona 53 – Brig 80.

🏨 **Motel Gottardo Sud** senza rist, Cioss Mezz 4, 𝒫 0918 736 060, info@gotta
do-sud.ch, Fax 0918 736 066, 🌳 – 🛗 🛏 📞 🛁 🅿 – 🛗 30. 🏧 ① 🐵 🗺
🖵 18 – **60 cam** ★66/80 ★★88/110.
♦ In ottima posizione, lungo la strada del Gottardo e a breve distanza dall'uscit
autostradale, pratico hotel con camere moderne a prezzi molto concorrenziali.

**PLAGNE** 2536 Berne (BE) 551 I6 – 376 h. – alt. 869.
Bern 43 – Delémont 52 – Biel 8 – Solothurn 24.

🍴 **Au Vieux Grenier,** 𝒫 0323 581 530, au.vieux.grenier@bluewin.ch, 佘 – 🛗
⇆ 50. 🐵 🗺. 🍴
*fermé 24 déc. au 3 janv., 15 au 21 mai, 11 au 24 sept., lundi et mardi* – **Rest** (15
et à la carte 32/76.
♦ Ce chalet surplombant le village distille une cordiale ambiance familiale. Vous dégus
terez, dans un cadre agreste, des plats alliant la tradition au savoir-faire local.

**La PLAINE** 1283 Genève (GE) 552 A11 – alt. 356.
Bern 167 – Genève 15 – Bellegarde-sur-Valserine 24 – Divonne-les-Bains 28.

🍴 **Les Platanes,** 92 rte de la Plaine, 𝒫 0227 541 960, 佘 – 🐵 🗺
*fermé 24 déc. au 2 janv., 14 au 24 avril, 25 août au 5 sept., dim. et lundi* – **Res**
(nombre de couverts limité - prévenir)(menu seul.) (16) 50.
♦ Petit restaurant au sobre décor de bistrot, situé à proximité de la frontière
Goûteuse cuisine traditionnelle préparée selon le marché. Terrasse d'été à l'ombr
des platanes.

**PLAMBUIT** *Vaud* 552 *G11 – rattaché à Villars-sur-Ollon.*

**PLANS-MAYENS** *Valais* 552 *I-J11 – rattaché à Crans-Montana.*

**PLAUN DA LEJ** *Graubünden* 553 *W11 – siehe Sils Maria.*

**PLEUJOUSE** *2953 Jura (JU)* 551 *I4 – 87 h. – alt. 585.*
*Bern 108 – Delémont 21 – Basel 43 – Biel 67 – Porrentruy 12.*

ㄒㄒ **Château de Pleujouse,** 18 le Château, ✆ 0324 621 080, *le.chateau@bluewin*
*.ch*, Fax 0324 621 084, ㅊ – **P.** ♨ **VISA**
*fermé 24 au 27 déc., 2 au 25 janv., 10 au 19 avril, 26 juin au 5 juil., 9 au 18 oct.,*
*lundi et mardi –* **Rest** (15) 32/85 et à la carte 64/85.
• Table au goût du jour aménagée dans un château fort du 10ᵉ s. perché sur un
éperon rocheux. Restaurant d'été dans la cour intérieure, à l'ombre de la tour et du
marronnier.

**POHLERN BEI THUN** *3638 Bern (BE)* 551 *J9 – Höhe 710.*
*Bern 38 – Interlaken 34 – Fribourg 74 – Thun 11.*

ㄒㄒ **Landgasthof Rohrmoos,** ✆ 0333 562 434, *restaurant@gastgeberbeyeler.ch*,
ㅊ – **P.** ♨ 10/40. **AE ① ♨ VISA**
**Rest** *(geschl. Montag und Dienstag)* (nur Abendessen ausser Sonntag) 65 und à la
carte 58/90.
• Ein schönes, abgelegenes Säumerhaus von 1775 ist die Heimat der fünf typischen
Gaststuben, die originalgetreu gestaltet wurden. Kleine, traditionell-regionale Spei-
senauswahl.

> Sie suchen ein reizvolles Hotel für einen sehr angenehmen Aufenthalt?
> Reservieren Sie in einem Hotel mit rotem Häuschen: 🏠 ... 🏠🏠🏠🏠 .

**Le PONT** *Vaud* 552 *C9 – voir à Joux (Vallée de).*

**PONT-LA-VILLE** *1649 Fribourg (FR)* 552 *H9 – 486 h. – alt. 774.*
*Bern 52 – Fribourg 20 – Montreux 51 – Thun 82 – Yverdon 56.*

🏨 **Du Golf de la Gruyère** ♨, 1 rte du Château, ✆ 0264 149 400, *info@hotel*
*golfgruyere.ch*, Fax 0264 149 420, ≤ lac de la Gruyère et massif du Moléson, ㅊ,
⊜s, ▦ – ♨ **P.** – ▨ 15/35. **AE ① ♨ VISA**
*fermé 5 déc. au 1ᵉʳ mars –* **Rest** *(fermé dim. soir)* (28) 46 (midi)/112 et à la carte
65/100 – ☲ 15 – **12 Zim** ★160/220 ★★220/250.
• Ce confortable "golf-hôtel" tapis dans une touffe de verdure domine le lac de
la Gruyère. Chambres romantiques garnies de meubles de divers styles. Vue
lacustre enchanteresse. Élégante table servant de la cuisine classique française
actualisée.

**PONTE BROLLA** *Ticino (TI)* 553 *O12 – alt. 258 – ✉ 6652 Tegna.*
*Bern 271 – Locarno 5 – Bellinzona 25 – Lugano 45 – Verbania 42.*

ㄒㄒ **Da Enzo,** ✆ 0917 961 475, Fax 0917 961 392, ㅊ – **P. AE ① ♨ VISA**
*chiuso dal 10 gennaio al 1° marzo, giovedì a mezzogiorno e mercoledì –* **Rist**
(prenotare) 56 (mezzogiorno)/85 ed alla carta 78/109 ♨.
• Casa ticinese in sasso con una bella terrazza : accomodatevi ai tipici tavoli in
granito coperti in parte da volte, in parte da alberi. Cucina attuale ed enoteca in
cantina.

ㄒ **Centovalli** con cam, ✆ 0917 961 444, *info@centovalli.com*, Fax 0917 963 159,
ㅊ – ✸ **P. ♨ VISA**. ♨
*chiuso dal fine dicembre al 1° marzo –* **Rist** *(chiuso lunedì e martedì)* alla carta 44/79
– **10 cam** ☲ ★104/155 ★★139/190.
• Due sale da pranzo rustico-moderne, una adibita anche a giardino d'inverno, vi
danno il benvenuto per apprezzare una scelta piccola ma stuzzicante di proposte
ticinesi.

355

**PONTE CAPRIASCA** 6946 Ticino (TI) 🔢🔢 R13 – 1509 ab. – alt. 453.

Bern 280 – Lugano 9 – Bellinzona 25 – Locarno 38.

※ **Del Cenacolo,** via alla Chiesa, ℘ 0919 451 476, 😊 – ⬆️. 🖭 ⓪ 🕅 𝐕𝐈𝐒𝐀
♨ chiuso dal 29 novembre al 2 marzo, dal 19 giugno al 6 luglio, martedì e mercoledì
– **Rist** (17) ed alla carta 43/87.
♦ Accanto alla chiesa di S. Ambrogio, caratteristico ristorante ricavato da un edificio
di origini trecentesche, composto da due raccolte salette e un piccolo spazio esterno.

---

**PONTRESINA** 7504 Graubünden (GR) 🔢🔢 X10 – 1807 Ew. – Höhe 1774 – Wintersport :
1 805/2 453 m ⬩3 ⬩.

Sehenswert : Lage★★.

Ausflugsziel : Belvedere di Chünetta★★★ Süd-Ost : 5 km – Diavolezza★★★ Süd-Ost
10 km und Luftseilbahn – Muottas Muragl★★ Nord : 3 km und Standseilbahn – Piz
Lagalb★★ Süd-Ost : 11 km und Luftseilbahn.

🏌 Engadin Golf Samedan ✉ 7503 (Ende Mai - Mitte Okt.) ℘ 0818 510 466,
Fax 0818 510 467, Nord : 6 km 🏌 Engadin Golf Zuoz-Madulain (Ende Mai - Mitte
Okt.) ℘ 0818 513 580, Fax 0818 513 589, Nord : 18 km.

**Lokale Veranstaltung**
01.03 : "chalandamarz" alter Frühlingsbrauch und Kinderfest.

🅱 Kur- und Verkehrsverein, Kongresszentrum Rondo, ℘ 0818 388 300, info@pon
tresina.com, Fax 0818 388 310.

Bern 336 – Sankt Moritz 7 – Chur 78 – Davos 66 – Merano 136.

🏨 **Grand Hotel Kronenhof** ⬧, via maistra, ℘ 0818 303 030, info@kronenho
.com, Fax 0818 303 031, ≼ Berge, 🖭s, 🔲, 🔲, 🌊, ※ – 🔊 ➿ ➾ 🖭 – 🖾 15/60
🖭 ⓪ 🕅 𝐕𝐈𝐒𝐀. ※ Rest
23. Dez. - 1. April und 24. Juni - Anfang Sept. – **Kronenstübli** : Rest (30) 40
(mittags)/151 und à la carte 66/134 – **77 Zim** ☑ ✦205/385 ✦✦330/640, 7 Suiten
– ½ P Zuschl. 35.
♦ Das Grand Hotel neubarocker Prägung sticht jedem Besucher sofort ins Auge.
Neben eleganten Salons mit schöner Deckenmalerei wartet man mit modern ein
gerichteten Zimmern auf. Im Restaurant Kronenstübli gibt es zwei Stuben mit ange
nehmem Ambiente.

🏨 **Walther,** via maistra, ℘ 0818 393 636, info@hotelwalther.ch, Fax 0818 393 637
≼, 😊, ⓪, 🛁, 🖭s, 🔲, 🌊, ※ – 🔊 ❤ ➾ 🖭, 🖭 ⓪ 🕅 𝐕𝐈𝐒𝐀, ※
17. Dez. - 16. April und 10. Juni - 30. Sept. – **Stüva Bella** : Rest 90 (abends) und
à la carte 64/123 – **71 Zim** ☑ ✦145/305 ✦✦320/570 – ½ P Zuschl. 55.
♦ Mit einem grosszügigen, eleganten Empfangsbereich stimmt das imposante
Gebäude die Gäste auf geschmackvoll gestaltete, komfortable Zimmer ein. Neuzeit
licher Freizeitbereich. Die schöne Stüva Bella wird mit klassischer Gediegenheit ihrem
Namen vollauf gerecht.

🏨 **Saratz,** via maistra, ℘ 0818 394 000, info@saratz.ch, Fax 0818 394 040, ≼, 😊
🛁, 🖭s, 🔲, 🔲, 🌊, ※, 🐾 – 🔊 ⬩ Zim, 🐾 🖭 🖪 – 🖾 30. ⓪ 🕅 𝐕𝐈𝐒𝐀
geschl. 17. April - 9. Juni – **Rest** (nur Abendessen) 99 und à la carte 60/104 –
**Pitschna Scena** : Rest (22) und à la carte 40/75 – **92 Zim** ☑ ✦224/382
✦✦330/480 – ½ P Zuschl. 62.
♦ Ein wirklich besonderes Haus mit wechselnden Kunstausstellungen. Die Designer
zimmer sind modernst gestaltet, die im Altbau verspühen eigenen Charme, teils mit
Parkett. Holzfussboden und hohe Decken geben dem Speisesaal einen klassischen
Anstrich.

🏨 **Allegra** garni, via maistra 81, ℘ 0818 389 900, info@allegrahotel.ch
Fax 0818 389 999, – 🔊 😊 ❤ ⬩ 🖭, 🖭 🕅 𝐕𝐈𝐒𝐀, ※
geschl. 22. April - 2. Juni und 15. Okt. - 1. Dez. – **52 Zim** ☑ ✦160/265 ✦✦230/320
♦ Zimmer mit unverbauter Aussicht, die nach fernöstlichen Feng Shui Grundsätzen
eingerichtet sind, machen das Haus attraktiv. Open-end-Frühstück für Langschläfer

🏨 **Schweizerhof,** via maistra, ℘ 0818 393 434, hotel@schweizerhofpontresina.ch
Fax 0818 393 435, 😊, 🖭s, 🌊 – 🔊 ➾ – 🖾 25. 🖭 ⓪ 🕅 𝐕𝐈𝐒𝐀
geschl. 17. April - 15. Juni und 20. Okt - 30. Nov. – **Rest** (35) 47 und à la carte 48/91
– **69 Zim** ☑ ✦140/215 ✦✦240/400 – ½ P Zuschl. 45.
♦ Das Gebäude liegt im Ortszentrum an der Hauptstrasse. Die Zimmer sind bei guter
Grösse unterschiedlich ausgestattet, die Mehrzahl modern, meist auch mit Balkon.
Speisesaal mit neuem Wintergarten und Terrasse sowie rustikales à la carte
Restaurant.

🏠 **Rosatsch und Residence,** via maistra 71, ☎ 0818 389 800, *hotelrosatschpo ntresina@bluewin.ch*, Fax 0818 427 778, ⚅, ↳, ⬱, ⬚, 🛋 – ⫯ ⬲ – 🏔 30. ⚞
ⓞ ⬤ 𝘝𝘐𝘚𝘈
*3. Dez. - 22. April und 13. Juni - 15. Okt.* – **Bündnerstube :** Rest (18.50) 25 und à
la carte 38/84 – **81 Zim** ⬚ ⫯116/187 ⫯⫯172/314, 8 Suiten – ½ P Zuschl. 30.
♦ Die Zimmer des Haupthauses sind modern und hell mit Arvenholz gestaltet, im
durch Garten und Wellnessbereich getrennten Annexe sind sie älter, jedoch sehr
gross und wohnlich. Regionale Spezialitäten gibt es in der Bündnerstube.

🏠 **Müller,** via maistra 100, ☎ 0818 393 000, *info@hotel-mueller.ch*,
ⓢ Fax 0818 393 030, ⫯, ⬱, ⬲ – ⫯ ⚞ ⓞ ⬤ 𝘝𝘐𝘚𝘈
*geschl. 25. April - 10. Juni* – Rest (siehe auch Rest. **Stüva**) - **Restaurant :** Rest (19) und à
la carte 42/87 – **15 Zim** ⬚ ⫯120/170 ⫯⫯200/290, 3 Suiten – ½ P Zuschl. 45.
♦ Das traditionsreiche, im ortsüblichen Stil gebaut Haus liegt im Zentrum und verfügt
über moderne, wohnliche Zimmer mit gutem Platzangebot. Im trendig gestalteten
Restaurant bietet man italienische Küche.

🏠 **Sporthotel,** via maistra, ☎ 0818 389 400, *info@sporthotel.ch*,
Fax 0818 389 401, ⫯, ⬱, ⬲ – ⫯ ⚃ Ⓟ – 🏔 15/80. ⚞ ⓞ ⬤ 𝘝𝘐𝘚𝘈
*Hotel : geschl. Mitte April - Anfang Juni und Mitte Okt. - Anfang Dez.* – **Sport-Stübli**
*(geschl. 1 Woche Mai und Samstag - Sonntag in Zwischensaison)* Rest (21) 40 (abends)
und à la carte 40/93 – **85 Zim** ⬚ ⫯110/173 ⫯⫯210/328 – ½ P Zuschl. 32.
♦ Die Zimmer dieses Hotels sind hell und wohnlich mit Arvenholz-Mobiliar eingerichtet.
Auf dem Dach befindet sich ein Saunabereich mit Terrasse. Sportstübli und Gar-
tenrestaurant mit traditioneller Karte.

🏠 **Steinbock,** ☎ 0818 393 626, *info@steinbock-pontresina.ch*, Fax 0818 393 627,
⫯, – ⚃ Ⓟ ⚞ ⓞ ⬤ 𝘝𝘐𝘚𝘈. ⫰ Rest
**Colani Stübli** *(geschl. Mittwoch und Donnerstag im Nov.)* Rest (29) 52 (abends) und
à la carte 47/93 – **29 Zim** ⬚ ⫯115/180 ⫯⫯185/350 – ½ P Zuschl. 35.
♦ In dieser ehemaligen Umspannstation für Postkutschenpferde wohnt man in rustikalen Arvenholzzimmern. Die Nutzung der Infrastruktur des Hotels Walther ist inbegriffen. Hell, frisch und typisch für die Region wirken die Gasträume des Colani Stübli.

🏠 **Albris,** via maistra, ☎ 0818 388 040, *hotel@albris.ch*, Fax 0818 388 050, ⫯, ⚅,
↳, ⬱, ⬲ – ⫯, ⚞ Rest, Ⓟ Ⓟ ⚞ ⓞ ⬤ 𝘝𝘐𝘚𝘈. ⫰ Rest
*4. Dez. - 17. April und 10. Juni - 21. Okt.* – **Kochendörfer :** Rest à la carte 43/114
– **33 Zim** ⬚ ⫯125/150 ⫯⫯210/300 – ½ P Zuschl. 35.
♦ Am Ende des Ortes liegt dieses familiär geführte Haus, das seinen Gästen einheitliche, mit hellem Arvenholz wohnlich gestaltete Zimmer von ausreichender Grösse
bietet. Im Kochendörfer ist man stolz auf die eigene Konditorei und die angebotenen
Fischgerichte.

🏠 **Post,** via maistra 74, ☎ 0818 389 300, *info@hotelpost-pontresina.ch*,
ⓢ Fax 0818 389 301, ⫯, ⫯, ⬱ – ⬲. ⚞ ⓞ ⬤ 𝘝𝘐𝘚𝘈. ⫰ Rest
*geschl. 17. April - 8. Juni* – Rest *(geschl. Sonntag und Montag im Nov.)* (19) und à
la carte 33/81 – **37 Zim** ⬚ ⫯90/130 ⫯⫯180/250 – ½ P Zuschl. 35.
♦ Man hat die Wahl zwischen einfachen Zimmern mit dunkler Einrichtung, komfor-
tableren mit Massivholz oder rustikalen mit Arvenholz. Die Räume mit Südbalkon haben schöne Sicht. Restaurant mit traditioneller Küche.

🏠 **Bernina,** via maistra, ☎ 0818 388 686, *info@hotelbernina.ch*, Fax 0818 388 687,
⫯, ⫯, ⬱, ⬲ – ⫯ ⬲. ⚞ ⓞ ⬤ 𝘝𝘐𝘚𝘈. ⫰ Rest
*11. Dez. - 17. April und 10. Juni - 14. Okt.* – Rest (21) 46 (abends) und à la carte 40/80
– **41 Zim** ⬚ ⫯95/165 ⫯⫯190/280 – ½ P Zuschl. 30.
♦ An der Hauptstrasse liegt dieses Hotel, dessen Zimmer teilweise oder komplett
renoviert wurden und mit rustikalen Einrichtungselementen ausstaffiert sind. Einfache Gaststube und helles, rustikales Stübli.

🏠 **Chesa Mulin** garni, via mulin, ☎ 0818 388 200, *info@chesa-mulin.ch*,
Fax 0818 388 230, ⫯, ⬲, ⬱ – ⫯ ⬅ ⬲. ⓞ ⬤ 𝘝𝘐𝘚𝘈. ⫰
*10. Dez. - 22. April und 2. Juni - 21. Okt* – **30 Zim** ⬚ ⫯109/145 ⫯⫯188/260.
♦ Mit netter Atmosphäre und wohnlichen, in hellem Holz möblierten Zimmern ist
dieses Haus dem ländlichen Charakter der Gegend angepasst. In der Nähe : Loipen,
Bus und Skilift.

🍴 **Stüva** - *Hotel Müller,* via Maistra 100, ☎ 0818 393 000, *info@hotel-mueller.ch*,
Fax 0818 393 030 – ⬅. ⚞ ⓞ ⬤ 𝘝𝘐𝘚𝘈. ⫰
*geschl. 25. April - 10. Juni, Montag und Dienstag* – Rest 104 (abends) und à la carte
42/122.
♦ Sehr schön hat man dieses Restaurant im rustikalen Engadiner Stil eingerichtet. An
gut eingedeckten Tischen serviert man eine schmackhafte klassisch ausgelegte Küche.

**Süd-Ost :** *5 km Richtung Berninapass :*

🏠 **Morteratsch** ⊗, 𝄐 0818 426 313, mail@morteratsch.ch, Fax 0818 427 258, ≤,
🍴 – **P**, 𝗔𝗘 **M⊘** *VISA*
4. Dez. - 16. April und 3. Juni - 21. Okt. – **Rest** (24) 41 und à la carte 47/96 – **15 Zim**
☷ **✦**125/200 **✦✦**175/230 – ½ P Zuschl. 37.
♦ Das Haus liegt einsam am Ende des Tales unterhalb des zurückweichenden gleichnamigen Gletschers. Von den einfach eingerichteten Zimmern geniesst man die Sicht
auf die Berge. Im Restaurant kann man die vorbeifahrenden Züge des Bernina Express
beobachten.

---

**PORRENTRUY** *2900 Jura (JU)* 𝟝𝟝𝟙 *H4 – 6 634 h. – alt. 423.*

🏌 *La Largue à Mooslargue (France),* ✉ *F-68580 (mars - nov.,*
𝄐 *(0033) 389 07 67 67, Fax (0033) 389 25 62 83, Nord-Est : 21 km.*

**🛈** *Jura Tourisme, 5 Grand-Rue,* 𝄐 *0324 665 959, porrentruy@juratourisme.ch,*
*Fax 0324 665 043.*

*Bern 96 – Delémont 28 – Basel 50 – Belfort 37 – La Chaux-de-Fonds 64 – Solo-*
*thurn 77.*

🍴🍴 **Bellevue** avec ch, 46 rte de Belfort, 𝄐 0324 665 544, bellevue-porrentruy@blu
ewin.ch, Fax 0324 667 191, 🍴 – **P** – 𝗔 30. 𝗔𝗘 **①** **M⊘** *VISA*
fermé 24 déc. au 1ᵉʳ janv. – **Rest** 48 (midi)/110 et à la carte 63/105 – *Brasserie* .
**Rest** (19.50) et à la carte 32/78 – **10 ch** ☷ **✦**98 **✦✦**165 – ½ P suppl. 25.
♦ Salle de restaurant claire et apaisante, chambres modernes coquettement personnalisées, terrasse, jardin, aire de jeux pour les petits et vinothèque pour les
grands. Brasserie servant des préparations simples.

---

**PORTO RONCO** *6613 Ticino (TI)* 𝟝𝟝𝟛 *Q12 – alt. 205.*
*Bern 279 – Locarno 7 – Bellinzona 30 – Lugano 51.*

🍴 **San Martino** con cam, via Cantonale 47, 𝄐 0917 919 196, info@san-martino.ch
Fax 0917 919 335, ≤ Lago Maggiore, 🍴 **⊘**. **M⊘** *VISA*. 🍴 rist
chiuso dal 4 al 25 gennaio e dal 8 al 22 novembre – **Rist** (chiuso giovedì e mezzogiorno
e mercoledì) 80 ed alla carta 52/96 – **5 cam** ☷ **✦**110/155 **✦✦**140/185 – ½ P sup
45.
♦ Di fronte all'isola di Brissago, si gode di una vista incantevole dalla veranda-terrazza
di questo curato ristorantino ricco di fascino. Direttamente a bordo lago.

---

**POSCHIAVO** *7742 Grigioni (GR)* 𝟝𝟝𝟛 *Y11 – 3 622 ab. – alt. 1 014.*
*Dintorni : Alp Grüm*★★★ *Nord : 18 km e treno.*

**Manifestazione locale**
*25.05 - 28.05 : UNCOOL Internationales Jazz Festival.*

**🛈** *Ente Turistico Valposchiavo, Casa Torre,* 𝄐 *0818 440 571, info@valposchiavo.ch*
*Fax 0818 441 027.*

*Bern 369 – Sankt Moritz 40 – Chur 111 – Davos 99 – Merano 143 – Sondrio 40*

🏠 **Suisse,** via da Mez, 𝄐 0818 440 788, hotel@suisse-poschiavo.ch
Fax 0818 441 967, 🍴 – ┦│ **P** – 𝗔 15/80. 𝗔𝗘 **①** **M⊘** *VISA*. 🍴 rist
chiuso dal 29 ottobre al 16 dicembre – **Rist** alla carta 43/75 – **29 cam** ☷ **✦**82/133
**✦✦**130/208 – ½ P sup. 30.
♦ In centro al paese, stabile dall'interno molto accogliente grazie all'impiego del legno
Camere funzionali e fresche ; alcune rinnovate. Due salette e la sala per banchett
vi accolgono per assaporare una cucina particolarmente curata a prezzi interessant

---

**PRAGG-JENAZ** *7231 Graubünden (GR)* 𝟝𝟝𝟛 *W8 – Höhe 719.*
*Bern 241 – Chur 31 – Bad Ragaz 22 – Davos 30.*

🍴🍴 **Sommerfeld** mit Zim, Hauptstr. 264 (beim Bahnhof), 𝄐 0813 321 312, info@
ommerfeld.ch, Fax 0813 322 606, 🍴 – **P** – 𝗔 20. **①** **M⊘** *VISA*
**Rest** (geschl. Dienstag und Mittwoch) (16.50) 54 (mittags)/114 und à la carte 43/10-
⊗ – **19 Zim** ☷ **✦**77/83 **✦✦**124/136 – ½ P Zuschl. 25.
♦ In diesem Landgasthof wird in ländlich-rustikalem Rahmen Regionales zeitgemäs
und fantasievoll zubereitet. Grosser begehbarer Weinkeller. Einfache Gästezimme

**PRANGINS** Vaud 552 C10 – rattaché à Nyon.

---

**PRATTELN** 4133 Basel-Landschaft (BL) 551 L4 – 14 910 Ew. – Höhe 290.
Bern 89 – Basel 11 – Baden 57 – Lörrach 19 – Olten 37.

 ✗ **Höfli**, Schauenburgerstr. 1, ℰ 0618 213 240, rest@hoefli.ch, Fax 0618 213 248,
🌧 – ⇄ 35
geschl. 6. - 20. März, 23. Juli - 14. Aug., Sonntag und Montag – **Rest** (25) 45
(mittags)/90 und à la carte 64/105.
♦ Das nicht nur äusserlich, sondern auch mit seiner gemütlich-rustikalen Inneneinrichtung ansprechende Haus empfängt die Gäste mit zeitgemässer Karte in zwei
kleinen Stuben.

---

**Le PRESE** 7746 Grigioni (GR) 553 Y12 – alt. 965.
Bern 373 – Sankt Moritz 44 – Chur 115 – Davos 103 – Merano 147 – Sondrio 36.

 🏨 **Le Prese**, ℰ 0818 440 333, info@hotelleprese.com, Fax 0818 440 835, ≤, 🌧,
🏊, ✵, 🐾, 🛗 – 🕼 🅿. 🆎 ① 🆚 🎫. ✵ rist
metà maggio - metà ottobre – **Rist** 65 (sera) ed alla carta 48/107 – **28 cam** 🖙
⭑135/185 ⭑⭑241/335 – ½ P sup. 45.
♦ D'estate godetevi il parco ombreggiato ai bordi del lago, in un'atmosfera
distesa che si prolunga nei saloni su, su fino alle ospitali camere. Scegliete tra la
graziosa sala da pranzo o la riva del lago per delle proposte culinarie
classiche.

**a Miralago** sud-est : 3 km – alt. 965 – ✉ 7743 Miralago :

 🏠 **Miralago**, ℰ 0818 392 000, info@miralago.ch, Fax 0818 392 001, 🌧 – video. 🆖
🆚
chiuso dal 4 gennaio al 31 marzo e dal 30 ottobre al 1º dicembre – **Rist** (chiuso lunedì
e martedì dal aprile a maggio) (25) 35 ed alla carta 43/80 – **9 cam** 🖙 ⭑80/140
⭑⭑130/220 – ½ P sup. 35.
♦ In posizione gradevolissima, sorge questa costruzione restaurata in uno stile attuale. Graziose camere tutte personalizzate. Alla calda atmosfera della sala in legno,
preferite in estate il fresco sasso del grottino a volte.

---

**Les PRÉS-D'ORVIN** Berne 551 H6 – rattaché à Orvin.

---

**PRÉVERENGES** 1028 Vaud (VD) 552 D10 – 4 056 h. – alt. 411.
Bern 119 – Lausanne 9 – Genève 51 – Montreux 32 – Pontarlier 70.

 ✗✗ **La Plage** 🦢 avec ch, 5 av. de la Plage, ℰ 0218 030 793, info@hotel-laplage.ch,
😊 Fax 0218 012 535, ≤, 🌧, 🌧, 🛗, – 🖐 ch, ✵ 🅿. 🆎 ① 🆚 🆚. ✵
fermé 24 déc. au 16 janv., 19 au 27 fév. ; dim. soir et lundi du 4 sept. au 1ᵉʳ mai
– **Rest** (17) 59 (midi)/98 et à la carte 82/129 📷 – **8 ch** 🖙 ⭑130/145 ⭑⭑175/195
– ½ P suppl. 35.
♦ Sur la promenade du lac, établissement composé d'un café, d'une salle de restaurant bourgeoise et d'une terrasse. Recettes au goût du jour. Chambres fraîches et
nettes.

---

**PROSITO** 6526 Ticino (TI) 553 R-S12 – alt. 271.
Bern 196 – Locarno 32 – Andermatt 69 – Bellinzona 13 – Brig 119.

 ✗ **La Cachette**, ℰ 0918 631 123, lacachette@bluewin.ch, Fax 0918 633 182, 🌧
– ✵ ⇄ 8/15. 🆎 ① 🆖 🆚
chiuso agosto – **Rist** (chiuso a mezzogiorno) (prenotare) alla carta 53/99.
♦ Nel cuore del paese, bel caseggiato rustico dall'interno stile bistrot, signorile, ove
assaporare una cucina tradizionale ma rielaborata in chiave moderna. Ottima
cantina.

---

Cerchiamo costantemente di indicarvi i prezzi più aggiornati...
ma tuto cambia così in fretta! Al momento della prenotazione,
non dimenticate di chiedere conferma delle tariffe.

**PUIDOUX** *1070 Vaud (VD)* 552 *F10 – 2 324 h. – alt. 667.*

[18] *Lavaux (mars - déc.)* ☎ *0219 461 414, Fax 0219 463 626, Nord : 1 km au Lac de Bret.*

*Bern 91 – Montreux 18 – Fribourg 61 – Lausanne 14 – Yverdon-les-Bains 48.*

**à Puidoux-Gare** *Sud-Ouest –* ✉ *1070 Puidoux-Gare :*

🏨 **Signal de Chexbres** ⊗, *chemin du Signal, 1 km par route zone industrielle,* ☎ *0219 460 500, info@hotelsignal.ch,* < *lac,* 🏤, **Æ**, **⇔s**, 🔲, ⚒, ☝ – 🛗 ☏ **P** – 🔬 *15/50.* **Æ ① ⬤ VISA** *15 mars - fin nov. –* **Rest** *(23) 49/82 et à la carte 72/94 –* **70 ch** ☲ ✱*105/250* ✱✱*190/320 P suppl. 40.*

♦ *Confortable hôtel dominant le Léman et le vignoble de Lavaux. Chambres quiètes et spacieuses, installations de remise en forme, parc centenaire et vue superbe. Salle à manger panoramique, au même titre que la grande terrasse d'été. Carte classique française.*

**PULLY** *Vaud* 552 *E10 – voir à Lausanne.*

**La PUNT-CHAMUES-CH.** *7522 Graubünden (GR)* 553 *X10 – 683 Ew. – Höhe 1 697.*

*Bern 315 – Sankt Moritz 14 – Chur 66 – Davos 53 – Scuol 48.*

🏠 **Chesa Plaz** ⊗ *garni,* ☎ *0818 512 100, info@chesa-plaz.ch, Fax 0818 512 113,* **⇔s**, 🏤 – ⥣ ⇔ **P** ⬤. ⚒ *10. Dez. - 23. April und 3. Juni - 22. Okt. –* **13 Zim** ☲ ✱*90/140* ✱✱*160/260.*

♦ *Das schöne Engadiner Bauernhaus liegt ruhig an einem Bach. Neben zeitgemässen Zimmern prägen Kreuzgewölbe, Sichtbalken und historische Türen den Charakter des Hauses.*

🏠 **Albula,** *Albulastrasse,* ☎ *0818 541 284, info@hotel-albula.ch, Fax 0818 543 555,* 🏤 – ⇔ **P** *geschl. Ende März - Ende Mai und Mitte Okt. - Anfang Dez. –* **Rest** *à la carte 40/82 –* **13 Zim** ☲ ✱*85/160* ✱✱*160/220 – ½ P Zuschl. 30.*

♦ *Dies ist ein persönlich geführtes und gut unterhaltenes kleines Hotel im regionstypischen Baustil. Die Zimmer hat man mit hellem Holzmobiliar zeitgemäss eingerichtet. Der ländliche Stil macht das Restaurant gemütlich.*

XXX ⊗⊗ **Chesa Pirani** *(Bumann), Hauptstrasse,* ☎ *0818 542 515, bumann@chesapirani.ch, Fax 0818 542 557 –* ⥣ **P.** **Æ ⬤ VISA** *geschl. 17. April - 2. Juni, 15. Okt. - 6. Dez. und Sonntag - Montag (ausser Hochsaison) –* **Rest** *(Tischbestellung ratsam) 88 (mittags)/208 und à la carte 76/152* 🍷. **Spez.** *Menu mit Schweizer Safran aus Mund im Wallis (Sommer). Safranspaghetti mit Hummer "Façon du Patron" (mittags). Wild as heimischer Jagd (Herbst)*

♦ *In dem elegant-rustikal eingerichteten Patrizierhaus a. d. 18. Jh. überzeugt eine regionale Küche, die mit internationalen Einflüssen modern interpretiert wird.*

**RAFZ** *8197 Zürich (ZH)* 551 *P3 – 3 323 Ew. – Höhe 424.*

*Bern 155 – Zürich 35 – Baden 54 – Konstanz 71 – Schaffhausen 17.*

XX **Zum Goldenen Kreuz** *mit Zim, Landstr. 15,* ☎ *0448 690 424, info@kreuz-rafz.ch, Fax 0448 690 423,* 🏤 – **P** ⇔ *30/150 –* 🔬 *15/80.* **Æ ⬤ VISA** *geschl. 3. - 8. Jan. –* **Rest** *(28) 50 (mittags) und à la carte 46/101 –* **8 Zim** ☲ ✱*105/115* ✱✱*160/170 – ½ P Zuschl. 35.*

♦ *In dem wunderschönen Riegelhaus aus dem 17. Jh. bewirtet man seine Gäste in verschiedenen gemütlichen Stuben. Bei traditionellen Gerichten geniesst man das Ambiente.*

**RAPPERSWIL** *8640 Sankt Gallen (SG)* 551 *R6 – 7 198 Ew. – Höhe 409.*

[9] *Nuolen in Wangen,* ✉ *8855 (März - Nov.)* ☎ *0554 505 760, Fax 0554 505 761, Süd-Ost : 18 km Richtung Pfäffikon-Lachen-Nuolen.*

**Lokale Veranstaltung**
*30.06 - 02.07 : Blues'n Jazz Festival.*

🛈 *Verkehrsverein Rapperswil-Jona, Fischmarktplatz 1,* ☎ *0552 205 757, information@rapperswil.ch, Fax 0552 205 750.*

⊛ *Seestr. 6,* ☎ *0552 218 888, Fax 0552 218 889.*

*Bern 164 – Zürich 39 – Sankt Gallen 59 – Schwyz 34 – Winterthur 40.*

**Schwanen,** Seequai 1, ✆ 0552 208 500, *reservation@schwanen.ch, Fax 0552 107 777,* ← Zürichsee, 🍽 – |≡| ✆ 🚗 – 🏛 15/150. AE ⓓ ⓜⓒ VISA
***Le Jardin*** *(geschl. 9. Jan. - 9. Feb.)* **Rest** (28) 47 (mittags)/128 und à la carte 65/129 – ***Piano Bar*** *(im Winter nur Abendessen)* **Rest** 85/95 (abends) und à la carte 52/118 – ☕ 25 – **25 Zim** ✝185/215 ✝✝280/320.
◆ Das Hotel liegt in der schönen Häuserzeile an der Seepromenade. In Zimmern mit moderner Designer-Einrichtung geniesst man die wunderbare Aussicht. Sehr elegant wirkt das Le Jardin. In der Piano Bar Livemusik am Abend.

**Hirschen** garni, Fischmarktplatz 7, ✆ 0552 206 180, *sleep@hirschen-rapperswil.ch, Fax 0552 206 181* – |≡| ⇋ ✆. AE ⓓ ⓜⓒ VISA
*geschl. 24. Dez. - 2. Jan.* – **14 Zim** ☕ ✝125/155 ✝✝175/205.
◆ Das kleine Hotel, nahe Fischmarktplatz und See gelegen, bietet moderne, individuell und mit Geschmack eingerichtete Zimmer. Alles andere als ein nüchternes Geschäftshotel !

**Speer,** Untere Bahnhofstr. 5, ✆ 0552 208 900, *info@hotel-speer.ch, Fax 0552 208 989,* 🍽, 🏋, ≘s – |≡|, ⇋ Zim, ✆. AE ⓓ ⓜⓒ VISA
***Back + Brau Classic :*** **Rest** (17.50) und à la carte 41/61 – **56 Zim** ☕ ✝146/165 ✝✝192/210 – ½ P Zuschl. 28.
◆ Gegenüber dem Bahnhof bietet dieses Hotel mit weisser Fassade und Südbalkonen Reisenden ein praktisches Zuhause auf Zeit. Entspannend : der Fitness- und Wellness-Club Auravita. Imposante Braukessel dienen im Back + Brau Classic der Dekoration.

**Jakob,** Hauptplatz 11, ✆ 0552 200 050, *info@jakob-hotel.ch, Fax 0552 200 055,* 🍽 – |≡|, ⇋ Zim, ✆ – 🏛 20. AE ⓓ ⓜⓒ VISA
**Rest** *(geschl. Jan. und Montag)* (Snack-Karte) à la carte 38/70 – **20 Zim** ☕ ✝105/130 ✝✝170 – ½ P Zuschl. 25.
◆ Nicht weit unterhalb des Schlosses befindet sich dieses Haus. Die Zimmer bieten einfachen, zweckmässigen Komfort und sind mit grauen Möbeln eingerichtet. Das moderne Restaurant im Bistrostil hat eine Terrasse zum autofreien Hauptplatz.

**Villa Aurum,** alte Jonastr. 23, ✆ 0552 207 282, *info@villaaurum.ch, Fax 0552 207 289,* 🍽 – P ⇔ 50. AE ⓓ ⓜⓒ VISA
*geschl. 26. Feb. - 5. März, 23. Juli - 10. Aug., Sonntag und Montag* – **Rest** (Tischbestellung ratsam) 57/90 und à la carte 67/101.
◆ In der komplett umgebauten Herrschaftsvilla serviert man in vier hellen, modern eingerichteten Räumen und auf der ruhigen Gartenterrasse zeitgemässe Küche.

**Schloss Restaurant,** Lindenhügel, im Schloss Rapperswil, ✆ 0552 101 828, *schloss-restaurant@bluewin.ch, Fax 0552 109 049,* 🍽 – ⇔ 12/70. AE ⓓ ⓜⓒ VISA. ✗
*geschl. 6. Feb. - 2. März, Sonntagabend und Montag* – **Rest** (24) 85/96 und à la carte 66/107.
◆ Die Kombination von Tradition mit Design macht den Charme des modern gestylten Restaurants in den meterdicken Mauern des Schlosses a. d. 13. Jh. aus. Schöne Innenhofterrasse.

**Thai Orchid,** Engelplatz 4, ✆ 0552 109 191, *thaiorchid@hispeed.ch, Fax 0552 100 221,* 🍽 – AE ⓓ ⓜⓒ VISA
*geschl. 25. Dez. - 9. Jan., 24. Juli - 13. Aug., Samstag - Sonntag jeweils mittags und Montag* – **Rest** 18.50 (Mittagsbuffet) und à la carte 44/96.
◆ Gerichte der thailändischen Küche serviert man den Gästen in dem kleinen Restaurant in der Altstadt. Baststühle und folkloristische Elemente prägen die Einrichtung.

**in Kempraten** *Nord : 1 km Richtung Rüti – Höhe 412 – ✉ 8640 Kempraten :*

**Weinhalde** 🍷 mit Zim, Rebhalde 9, ✆ 0552 106 633, *info@weinhalde.ch, Fax 0552 111 772,* ←, 🍽 – |≡| P. AE ⓓ ⓜⓒ VISA
*geschl. 22. Jan. - 5. Feb.* – **Rest** (16.50) 44 (mittags)/80 und à la carte 43/114 – **12 Zim** ☕ ✝95/125 ✝✝190/220.
◆ Ob in einem der verschiedenen Gasträume oder auf der Terrasse, eine Karte mit zeitgemässen Gerichten liegt auf. Ruhige, modern ausgestattete Zimmer erwarten den Gast.

**Krone** mit Zim, Rütistr. 6, ✆ 0552 205 200, *info@gasthaus-krone.ch, Fax 0552 205 209,* 🍽 – ⇋ Zim, ♿ Rest, P ⇔ 30/200 – 🏛 15/100. AE ⓓ ⓜⓒ VISA
**Rest** *(geschl. Sonntag)* (19.50) 65 und à la carte 55/94 – **5 Zim** ☕ ✝95 ✝✝160.
◆ Mit gelben Pastelltönen wurde das unweit des Stadtzentrums gelegene Restaurant ansprechend gestaltet. Serviert wird Traditionelles. Nette Gästezimmer mit Parkettböden.

**in Jona** Ost : 1 km – Höhe 433 – ⊠ 8645 Jona :

XX **Frohberg** 🦢 mit Zim, Richtung Rüti, Frohbergstr. 65, 𝄡 0552 107 227, info@ frohberg.ch, Fax 0552 105 315, ≤ Rapperswil und Zürichsee, 🛋 – 🅿 AE ① 🐾 VISA geschl. 27. Dez. - 17. Jan. – **Rest** (geschl. Dienstag) (29) 45 (mittags)/85 und à la carte 54/106 – **10 Zim** ⊑ 💲115/135 💲💲190.
♦ Etwas ausserhalb auf einer Anhöhe liegend, bietet das Frohberg eine schöne Sicht auf Rapperswil und das Umland, vor allem von der Terrasse, aber auch vom Wintergarten aus.

**Les RASSES** Vaud ⑤⑤② O8 – rattaché à Sainte-Croix.

**RAVOIRE** Valais ⑤⑤② G12 – rattaché à Martigny.

**REALP** 6491 Uri (UR) ⑤⑤① P10 – Höhe 1538.
🚂 Realp - Oberwald, Information, 𝄡 0279 277 676.
Bern 183 – Altdorf 44 – Andermatt 10 – Bellinzona 94 – Interlaken 84.

**RECKINGEN** 3998 Wallis (VS) ⑤⑤② N10 – 405 Ew. – Höhe 1315.
🗓 Reckingen-Gluringen Tourismus, Bahnhofgebäude, 𝄡 0279 733 344, Fax 0279 733 345.
Bern 137 – Andermatt 61 – Brig 30 – Interlaken 81 – Sion 82.

🏠 **Blinnenhorn,** 𝄡 0279 742 560, blinnenhorn@rhone.ch, Fax 0279 742 565, ≤
🍽 🛋 – 🛗, ⇆ Zim, 🅿 🐾 VISA, 🍴 Rest
geschl. 20. März - 15. Mai und 5. - 24. Dez. – **Rest** (18) und à la carte 31/71 – **17 Zim** ⊑ 💲75/90 💲💲130/154 – ½ P Zuschl. 30.
♦ Hinter der regionstypischen Holzfassade mit Südbalkonen befinden sich helle, renovierte Zimmer, die mit rustikalen Massivholzmöbeln wohnlich eingerichtet sind. Im Stil einer einfachen Gaststube zeigt sich das Restaurant des Hauses.

**REGENSDORF** 8105 Zürich (ZH) ⑤⑤① P4 – 14 117 Ew. – Höhe 443.
Bern 121 – Zürich 11 – Baden 19 – Luzern 63 – Schaffhausen 56 – Winterthur 34

🏨 **Mövenpick,** Zentrum, 𝄡 0448 715 111, hotel.regensdorf@moevenpick.com
🍽 Fax 0448 715 011, 🛋 – 🛗, ⇆ Zim, 🖥 ♿ & Zim, ⇆ 🅿 – 🔬 15/800. AE ① 🐾
VISA
**Rest** (17.50) und à la carte 43/101 – ⊑ 23 – **150 Zim** 💲165/260 💲💲 165/280.
♦ Der grosse Gebäudekomplex im Stadtzentrum bietet meist renovierte und modern eingerichtete Zimmer mit guter technischer Ausstattung. Zugang zum Migros Fitness-Park. Neuzeitlich eingerichtetes Hauptrestaurant.

🏨 **Trend,** Eichwatt 19, 𝄡 0448 708 888, info@trend-hotel.ch, Fax 0448 708 899
🛋 – 🛗, video ♿ & Zim, ⇆ – 🔬 15/80. AE ① 🐾 VISA
**Luba Hati :** Rest (20) und à la carte 48/106 – ⊑ 26 – **61 Zim** 💲140/200 💲💲160/260, 4 Suiten.
♦ Das Hotel ist in einem neuzeitlichen Geschäftshaus untergebracht. Modern in unterschiedlichen Farben ausgestattete, mit soliden Einbaumöbeln bestückte Zimmer stehen bereit. Elegant wirkt das Luba Hati.

🏠 **Hirschen,** Watterstr. 9, 𝄡 0448 432 222, hirschen@smile.ch, Fax 0448 432 233
🛋 – 🛗 & Zim, ⇆ 🅿 – 🔬 30. AE 🐾 VISA
geschl. 27. Dez. - 2. Jan. – **Rest** (geschl. Samstagmittag) (19) 42 (mittags)/80 und à la carte 45/94 – **30 Zim** ⊑ 💲129/149 💲💲180/192.
♦ Im kürzlich komplett renovierten Gasthof wohnt man in modernen Zimmern unterschiedlicher Grösse, die mit hellen, gebleichten Holzmöbeln zweckmässig eingerichtet sind. Gemütliche, lebendige Gaststube und rustikales, geschmackvoll dekoriertes Restaurant.

Das Symbol in Rot 🦢 weist auf besonders ruhige Häuser hin – hier ist nur der Gesang der Vögel am frühen Morgen zu hören…

**REHETOBEL** 9038 Appenzell Ausserrhoden (AR) 550 V5 – 1730 Ew. – Höhe 958.
Bern 224 – Sankt Gallen 19 – Appenzell 27 – Bregenz 28 – Konstanz 51.

XXX **Zum Gupf** (Klose) ≫ mit Zim, auf dem Bergrücken, Nord-Ost : 2 km,
✿ ℰ 0718 771 110, info@gupf.ch, Fax 0718 771 510, ※ Appenzellerland, Berge und
Bodensee, 佘, 常 – ⇐ Zim, 🅿 AE MO VISA
geschl. Feb., 28. Aug. - 12. Sept., Montag und Dienstag – Rest (Tischbestellung rat-
sam) (29) 99/130 und à la carte 58/126 ℬ – **5 Zim** ⊆ ✦180 ✦✦240.
**Spez.** Gebratene Entenstopfleber auf Apfel-Kürbisgratin. Spanferkel knusprig im
Ofen gebraten. Rücken vom Maibock auf Apfel-Selleriegemüse mit Schupfnudeln.
**Weine** Buechberger
♦ Traumhaft gelegen, bietet dieses wunderschöne Appenzellerhaus mit eigener Vieh-
wirtschaft und modernem Weinkeller eine ausgezeichnete klassische Küche.

**REICHENAU-TAMINS** Graubünden 553 U8 – siehe Tamins.

**REICHENBACH** 3713 Bern (BE) 551 K9 – 3356 Ew. – Höhe 706.
Bern 47 – Interlaken 26 – Gstaad 58 – Kandersteg 19.

X **Bären** mit Zim, Dorfplatz, ℰ 0336 761 251, baeren.reichenbach@bluewin.ch,
🍴 Fax 0336 762 744, 常 – 🅿 MO VISA
geschl. 2. - 26. Juli, Montag und Dienstag – Rest (19) 69 und à la carte 44/107 –
**3 Zim** ⊆ ✦90 ✦✦160 – ½ P Zuschl. 60.
♦ Die schönen Stuben des alten Berner Hauses aus dem 16. Jh. sind behaglich-ländlich
eingerichtet. Hier geniesst man traditionelle, sorgfältig zubereitete Mahlzeiten.

**REIDEN** 6260 Luzern (LU) 551 M5 – 4010 Ew. – Höhe 458.
Bern 75 – Aarau 24 – Baden 46 – Luzern 38 – Olten 17.

X **Lerchenhof**, Mehlsecken, Wiggermatte 2, ℰ 0627 581 222, lerchenhof@bluew
🍴 in.ch, Fax 0627 581 583, 常 – 🅿 ⇔ 15/20. AE VISA
geschl. 20. - 28. Feb., 17. Juli - 8. Aug., Montag und Dienstag – Rest (19.50) und à
la carte 37/82.
♦ Nicht weit von der Autobahnausfahrt, am Kanal gelegen, bekommt der Gast in den
verschiedenen traditionell dekorierten Räumen Speisen einer bürgerlichen Auswahl
angeboten.

**in Wikon** Nord : 3 km – Höhe 463 – ⌧ 4806 Wikon :

XX **Bahnhöfli,** Bahnhofstr. 44, ℰ 0627 510 313, rest_bahnhoefli@bluewin.ch,
🍴 Fax 0627 513 345, 常 – 🅿 AE MO VISA
geschl. 26. Feb. - 6. März, 30. Sept. - 9. Okt., Sonntag und Montag – Rest (18) 48/105
und à la carte 60/99.
♦ Im Ortsteil Brittnau, gegenüber dem Bahnhof liegt dieses Restaurant in dem man
Ihnen Tagesempfehlungen sowie mehrere Menus einer traditionellen Küche serviert.

**RHEINAU** 8462 Zürich (ZH) 551 Q3 – 1338 Ew. – Höhe 372.
Bern 152 – Zürich 43 – Baden 63 – Schaffhausen 13 – Winterthur 25.

X **Hirschen,** Sandackerstr. 1, ℰ 0523 191 262, daniel_bucher@freesurf.ch,
Fax 0523 194 185, 常 – 🅿 AE MO VISA
geschl. 26. Feb. - 12. März, 1. - 22. Okt., Montag und Dienstag – Rest - Fischspezialitäten - (28) 46 (mittags)/72 und à la carte 52/100.
♦ Direkt an der Zollschranke am Rhein passiert man diesen traditionsreichen Gasthof,
bevor man die Schweiz verlässt oder ins Land einreist. Fischgerichte.

**RHEINFELDEN** 4310 Aargau (AG) 551 L4 – 10732 Ew. – Höhe 285 – Kurort.
🛈 Tourismus Rheinfelden, Rindergasse 1, ℰ 0618 330 525, Fax 0618 330 529.
Bern 93 – Basel 21 – Aarau 37 – Baden 46.

🏨 **Park-Hotel am Rhein** ≫, Roberstenstr. 31, ℰ 0618 366 633, park-hotel@ku
rzentrum.ch, Fax 0618 366 634, ≤, 常, 🏊 – 🛗, ⇐ Zim, 🦽 & Zim, 🅿 – 🔬 15/30.
AE ① MO VISA ⅏ Rest
**Bellerive** : Rest 43 (mittags) und à la carte 55/104 – **Park-Café** : Rest (20) und
à la carte 36/74 – **45 Zim** ⊆ ✦170/265 ✦✦305/340 – ½ P Zuschl. 40.
♦ Die Einrichtungen des mit dem Hotel verbundenen Kurzentrums stehen teils gratis
zur Verfügung. Auch die unterschiedlich möblierten Zimmer tragen zur Erholung des
Gastes bei. Im Restaurant Bellerive geniesst man beim Essen den Blick in den herrlichen Park.

🏨 **Schützen,** Bahnhofstr. 19, ✆ 0618 362 525, *willkommen@hotelschuetzen.ch*,
Fax 0618 362 536, 🍴 🖼 (Solbad), 🌳 – 📶, ⁂ Zim, 📞 🅿 – 🏛 15/60. 🅰🅴 🆔 🆚🅾
**VISA**
*Farfallina :* Rest (20) und à la carte 39/81 – **34 Zim** ⌐ ♦130 ♦♦175 – ½ P Zuschl. 36.
♦ Das klassische Gebäude der Jahrhundertwende bietet seinen Gästen neben funktionell ausgestatteten Zimmern unter anderem auch ein kleines öffentliches Kellertheater. Das Farfallina wurde hell und modern gestaltet, mit grossen Fenstern zum Garten hin.

🏨 **Schiff am Rhein,** Marktgasse 58, ✆ 0618 362 222, *info@hotelschiff.ch*,
Fax 0618 362 200, ≤, 🍴 – 📶, ⁂ Zim, 📞 ♿ Rest –, 🏛 15/45. 🅰🅴 🆔 🆚🅾 **VISA**
**Rest** (18.50) und à la carte 45/94 – **46 Zim** ⌐ ♦145 ♦♦195 – ½ P Zuschl. 42.
♦ Direkt an Rhein und Zoll gelegenes Hotel, das Ihnen modern ausgestattete Gästezimmer bietet - teils auch mit Aussicht auf den Fluss. In verschiedene Bereiche gegliedertes Restaurant.

✕✕ **Schlossgarten,** Feldschlösschenstr. 32, auf dem Brauerei Feldschlösschenareal, ✆ 0618 369 010, *info@restaurant-schlossgarten.ch*, Fax 0618 369 019, ≤, 🍴
🌳 – 🅿, 🅰🅴 **VISA**
geschl. 24. Dez. - 9. Jan., Samstagmittag und Sonntag – **Rest** 81 und à la carte 65/131.
♦ Vor den Toren der traditionsreichen Feldschlösschenbrauerei finden Sie dieses Restaurant mit elegantem Wintergarten-Pavillon, hübschem Garten und schöner Aussicht.

---

**RICKEN** 8726 *Sankt Gallen (SG)* 🗺🗺 S6 – Höhe 792.
Bern 173 – *Sankt Gallen* 42 – *Glarus* 32 – *Rapperswil* 19.

✕ **Zum Schweizerhaus** mit Zim, Wattwilerstr. 2, ✆ 0552 841 022, *schweizerhau*
🍴 *s-ricken@bluewin.ch*, Fax 0552 845 131, 🍴 – 🅿, 🅰🅴 🆚🅾 **VISA**
geschl. 27. Jan. - 6. Feb., 7. - 23. Juli, Sonntagabend und Montag – **Rest** (15) 5C
(abends) und à la carte 39/88 – **3 Zim** ⌐ ♦65 ♦♦120.
♦ Der traditionelle Gasthof mit Schindelfassade, an der Ortsdurchfahrt gelegen, empfängt nicht nur Stammgäste. In hellen, renovierten Räumen serviert man bürgerliche Kost.

---

**RIED-MUOTATHAL** 6436 *Schwyz (SZ)* 🗺🗺 Q7 – Höhe 567.
Bern 159 – *Luzern* 45 – *Altdorf* 28 – *Einsiedeln* 35 – *Glarus* 77 – *Schwyz* 9.

✕ **Adler,** Hauptstrasse, ✆ 0418 301 137, *jann-adler@bluewin.ch*, Fax 0418 302 71͠
🍴 – 🅿 ⇄ 25. 🅰🅴 🆔 🆚🅾 **VISA**
geschl. 19. - 31. Dez., 10. Juli - 12. Aug., Sonntag und Montag – **Rest** (17.50) 45 un͠
à la carte 40/92.
♦ Das ländliche Gasthaus liegt in einem kleinen, romantischen Tal. Dem hungrigen Gast
serviert man einfache, mit Sorgfalt zubereitete Gerichte, auch für den kleinen Geldbeutel.

---

**RIEDERALP** 3987 *Wallis (VS)* 🗺🗺 M11 – Höhe 1 930 – 🎿 – Wintersport : 1 950/2 335 m͠
🎿 3 ✗6.
Sehenswert : *Lage*★.
Ausflugsziel : *Aletschgletscher*★★★ Nord-Ost mit Sessellift – *Moosfluh*★★ Nord-Os͠
mit Gondelbahn.
🏌 (Juni - Okt.) ✆ 0279 272 932, Fax 0279 272 923.
🛈 *Riederalp Mörel Tourismus,* ✆ 0279 286 050, info@riederalp.ch͠
Fax 0279 286 051.
Bern 164 – *Brig* 11 – *Andermatt* 88 – *Sion* 63.
mit Luftseilbahn ab Mörel erreichbar

🏨 **Art Furrer Resort** ♨, ✆ 0279 284 488, *artfurrer@artfurrer.ch*͠
Fax 0279 284 499, ≤ Berge, 🍴, 🍴, 🖼 – 📶, 🅰🅴 🆔 🆚🅾 **VISA**. ♨
10. Dez. - 31. März und 18. Juni - 30. Sept. – **Rest** (geschl. Montag im Sommer) (nu͠
Abendessen) 55 und à la carte 44/86 – **44 Zim** ⌐ ♦80/150 ♦♦170/380
½ P Zuschl. 35.
♦ Die Zimmer des Art Furrer Hotels sind funktionell eingerichtet, die im Valaisia falle
grösser und komfortabler aus, meist mit Südbalkon. Schöne Lage oberhalb des Golf
platzes. Sehr rustikal präsentiert sich das Restaurant.

**Walliser Spycher** ⌂, 𝒞 0279 272 223, *mail@walliser-spycher.ch*, Fax 0279 273 149, ≤ Berge und Rhonetal, 🍴, ⬛s, 🚫, 🚭 – 🛗 . 🆎 VISA
17. Dez. - 22. April und 11. Juni - 21. Okt. – **Rest** (18) 38/68 und à la carte 36/105 – **16 Zim** ⬜ ✦85/210 ✦✦150/320 – ½ P Zuschl. 35.
• Die Aussicht kann man wohl nur als traumhaft bezeichnen. Aber auch die absolute Stille und die absolute mit soliden Nussholzmöbeln eingerichteten Zimmer sind grosse Pluspunkte. Die rustikale Gaststube und das gehobene Restaurant bieten ein nettes Ambiente.

**Alpenrose Resort,** 𝒞 0279 284 545, *alpenrose@artfurrer.ch*, Fax 0279 284 555, ≤ Berge und Tal, 🍴, ⬛s – 🛗 🚫. 🆎 ⓞ 🆖 VISA. 🚭
10. Dez. - 21. April und 2. Juli - 21. Okt. – **Walliser Kanne** (geschl. Dienstag im Sommer) (nur Abendessen) **Rest** 48 und à la carte 49/94 – **Pizzeria** - italienische Küche - (geschl. Dienstag im Sommer) **Rest** à la carte 36/79 – **Röstikeller** (21. Dez. - 21. April) (nur Abendessen) **Rest** à la carte 36/77 – **26 Zim** ⬜ ✦85/140 ✦✦160/280, 14 Suiten – ½ P Zuschl. 30.
• Neben den unterschiedlich eingerichteten Zimmern im Haupthaus bietet man geschmackvolle neue Suiten im Gästehaus an. Grosse Restauration mit unterschiedlichen Angeboten. Das gehobene Restaurant Walliser Kanne überzeugt mit gemütlicher, rustikaler Stimmung.

**Edelweiss,** 𝒞 0279 273 737, *info@edelweiss-riederalp.ch*, Fax 0279 273 739, ≤, 🍴, ⬛s – 🛗 🚭 Zim
11. Dez. - 22. April und 4. Juni - 21. Okt. – **Da Vinci** (geschl. Montag in Sommer - Nebensaison) **Rest** (19.50) 45/68 und à la carte 45/68 – **10 Zim** ⬜ ✦90/190 ✦✦180/300, 4 Suiten – ½ P Zuschl. 35.
• Der Chaletbau im ortsüblichen Stil liegt neben dem Kinderskilift. Die geräumigen Zimmer sind mit hellen Massivholzmöbeln rustikal und wohnlich eingerichtet. Südbalkone. Im modern gestalteten Da Vinci serviert man Ihnen eine zeitgemässe Küche.

---

**RIEDHOLZ** 4533 Solothurn (SO) 🗺 K5 – 1514 Ew. – Höhe 474.
*Bern 38 - Basel 66 - Langenthal 22 - Olten 31 - Solothurn 6.*

✗ **Zur Post,** Baselstr. 23, 𝒞 0326 222 710, *info@restaurantzurpost.ch*, Fax 0326 215 076, 🍴 – 🅿 ⇄ 25/60
geschl. 1. - 15. Feb., 19. Juli - 9. Aug., Donnerstagmittag und Mittwoch – **Rest** (16) und à la carte 36/78.
• In der seit mehr als 150 Jahren in Familienbesitz befindlichen Post geniesst man preiswerte, sorgfältig zubereitete zeitgemässe Gerichte in ungezwungenem Ambiente.

**in Attisholz** Süd-Ost : 1 km – Höhe 452 – ✉ 4533 Riedholz :

❀❀ **Attisholz,** Attisholzstr. 3, 𝒞 0326 230 606, *info@attisholz.ch*, Fax 0326 230 607, 🍴 – 🅿. 🆎 ⓞ 🆖 VISA
geschl. Weihnachten, 17. Juli - 7. Aug., Montag und Dienstag – **Rest** 65 (mittags)/108 und à la carte 79/122 – **Gaststube :** Rest (19) und à la carte 45/90.
• Hinter der hübschen Fassade dieses ehemaligen Bades a. d. 18. Jh. erwarten Sie ein aufmerksamer Service und ein elegantes Ambiente - mit idyllischer Gartenterrasse. Die gepflegte Gaststube stellt eine nette Alternative zum Gourmetrestaurant dar.

---

 Bei schönem Wetter isst man gern im Freien! Wählen Sie eine Terrasse aus: 🍴

---

**RIEHEN** Basel-Stadt 🗺 K3 – siehe Basel.

---

**RIGI KALTBAD** 6356 Luzern (LU) 🗺 P7 – Höhe 1438 – 🚠.
Ausflugsziel : Rigi-Kulm★★★ – Felsenweg★★.
**Lokale Veranstaltung**
02.07 : Ring- Schwing- und Aelplerfest (Verschiebsdatum 09.07).
🛈 Tourist Information, 𝒞 0413 971 128, *info.riggi@wvrt.ch*, Fax 0413 971 982.
*Bern 142 - Luzern 22 - Cham 20 - Schwyz 31.*
mit Zahnradbahn ab Vitznau oder mit Luftseilbahn ab Weggis erreichbar

**Bergsonne** , ✆ 0413 998 010, *Fax 0413 998 020*, ≤ Vierwaldstättersee und Bergpanorama, , – |. MC VISA
*17. Dez. - 19. März und 30. April - 1. Nov.* – **Rest** *(geschl. Dienstag im Sommer)* 68/125 und à la carte 67/133 – **15 Zim** ★90/110 ★★200/230 – ½ P Zuschl. 55.
◆ Dieses sehr hoch gelegene Haus verwöhnt Sie mit absoluter Ruhe. Die einfachen, aber gemütlichen Zimmer sind zum Teil mit dem Holz aus alten Berghütten eingerichtet. Die Küche geniesst man am besten an einem der gemütlichen Fensterplätze.

**in Rigi Staffelhöhe** *mit Zahnradbahn ab Vitznau erreichbar – Höhe 1 552 – ✉ 6356 Rigi Kaltbad :*

**Edelweiss** , ✆ 0413 998 800, *edelweiss-rigi@bluewin.ch*, *Fax 0413 971 136*, ≤ Vierwaldstättersee und Alpen, , , – Zim, Rest – , 15/80. AE MC VISA . Rest
*geschl. April* – **Rest** *(geschl. Montag)* (24) 36 (mittags)/60 und à la carte 53/100 – **25 Zim** ★85/135 ★★170/260 – ½ P Zuschl. 45.
◆ Kein Lärm stört die traumhafte Stille, nichts versperrt die wunderbare Sicht ins Tal oder auf die Berge. Dies sind nur zwei Gründe in diesem abgelegenen Hotel zu logieren. Sie speisen im rustikalen Restaurant oder auf der Terrasse.

**RIKEN** *4853 Aargau (AG)* 551 L5 – *Höhe 441.*
*Bern 55 – Aarau 26 – Burgdorf 38 – Luzern 54 – Olten 13 – Solothurn 31.*

**Rössli,** Gass 1, ✆ 0629 261 421, *roessli@boowald.ch*, *Fax 0629 264 367*, – P. MC VISA – *geschl. 30. Jan. - 5. Feb., 10. - 24. Juli, Okt. 1 Woche, Sonntagabend und Montag* – **Rest** (17.50) 49 (mittags)/107 und à la carte 46/99.
◆ In dem Bauernhaus mit Backsteinfassade kann der Geniesser in der gemütlichen Arvenstube aus einem regionalen Angebot wählen. Im Beizli serviert man eine traditionelle Küche.

**LA RIPPE** *1278 Vaud (VD)* 552 B10 – *971 h. – alt. 530.*
*Bern 143 – Genève 22 – Lausanne 47 – Lons-le-Saunier 89 – Thonon-les-Bains 55.*

**Auberge de l'Etoile** avec ch, Rue des 4 Fontaines, ✆ 0223 671 202, *auberge-etoile@msn.com*, *Fax 0223 671 221*, – MC VISA
*fermé 1 sem. en fév. - mars, 2 sem. en juil., sam. midi sauf juin à sept. et lundi* – **Rest** (17) 59 et à la carte 55/98 – 10 – **4 ch** ★55/85 ★★95.
◆ Ancienne et attachante auberge communale où vous goûterez une cuisine traditionnelle dans un cadre lumineux fraîchement rénové. Chambres sobres également remises à neuf.

**RISCH** *6343 Zug (ZG)* 551 P6 – *7 218 Ew. – Höhe 417.*
*Bern 131 – Luzern 20 – Zug 14 – Zürich 40.*

**Waldheim,** Rischerstr. 27, ✆ 0417 997 070, *waldheim@waldheim.ch*, *Fax 0417 997 079*, ≤ Zugersee, , , , – | Rest, P – 15/50. AE MC VISA
*geschl. 23. - 29. Dez.* – **Rest** *(geschl. auch 11. Feb. - 6. März und 2. - 20. Okt.)* 63/109 und à la carte 59/109 – ***Bistro*** *(geschl. auch 11. Feb. - 6. März und 2. - 20. Okt.)* **Rest** (27) und à la carte 42/97 – **33 Zim** ★115/175 ★★220/270 – ½ P Zuschl. 65.
◆ Neben wohnlichen Zimmern im Haupthaus, bietet man im neueren Anbau geräumige, komfortabler ausgestattete Räume in Kirschholz, teils mit Balkon/Terrasse zum See. Elegantes Restaurant mit schöner Gartenterrasse. Modernes Bistro mit Holztäfelung und Kachelofen.

**ROCHES** *Berne* 551 J5 – *alt. 498 – rattaché à Moutier.*

**RODI-FIESSO** *6772 Ticino (TI)* 552 Q10 – *alt. 942.*
*Bern 210 – Andermatt 38 – Bellinzona 49 – Brig 85.*

**Dazio Grande** con cam, ✆ 0918 746 066, *daziogrande@ticino.com*, *Fax 0918 746 061*, – | rist, P 20/80 – 15/80. AE MC VISA
*chiuso dal 18 dicembre al 28 febbraio, lunedì da settembre a giugno e martedì da novembre ad aprile* – **Rist** (16) ed alla carta 44/82 – **5 cam** ★70/85 ★★110/125 – ½ P sup. 20.
◆ Bell'edificio del XVI sec., era un'antica dogana. Totalmente rinnovato, ha mantenuto diversi affreschi e boiserie d'origine nelle sale da pranzo. Oggi include anche un museo

**ROGGENBURG** 2814 Basel-Landschaft (BL) 551 I4 – 254 Ew. – Höhe 558.
 Bern 101 – Delémont 16 – Basel 39 – Biel 60 – Porrentruy 25.

🏠 **Haus Neumühle - Moulin Neuf** ≫, 81 rte Internationale, ℘ 0324 311 350, info@neumuehle.ch, Fax 0324 312 050, ☆, ☞ – ⅍ Zim, ℗
geschl. 3. Jan. - 15. Feb., Dienstag und Mittwoch – **Rest** à la carte 42/74 – **10 Zim** ☑ ✦77/92 ✦✦134/164 – ½ P Zuschl. 45.
 ◆ Ein wahres Bijou ist diese alte Mühle a. d. J. 1693 - umgeben von Bäumen, Wiesen und Gewässern. Die Zimmer im Nebenhaus alle mit eigenem Zugang. Stall für Gastpferde. Im ländlich gehaltenen Restaurant serviert man Tagesempfehlungen.

---

**ROGGWIL** Bern 551 L5 – siehe Langenthal.

---

**ROLLE** 1180 Vaud (VD) 552 C10 – 4 131 h. – alt. 402.
 🏌 Signal de Bougy à Bougy-Villars, ✉ 1172 (mars - nov.) ℘ 0218 215 950, Fax 0218 215 965, Nord : 6 km route du Signal de Bougy.
 🅱 Office du Tourisme, 1bis Grand-Rue, ℘ 0218 251 535, tourisme@rolle.ch, Fax 0218 251 131.
 Bern 132 – Lausanne 28 – Champagnole 76 – Genève 35.

**à Bursins** Ouest : 4,5 km – alt. 473 – ✉ 1183 Bursins :

XXX **Auberge du Soleil,** ℘ 0218 241 344, Fax 0218 241 844, ≼, ☆ – 🛗 rest, ℗ ⇔ 30. ⓜ VISA ⅍
 fermé 24 déc. au 12 janv., 14 au 20 avril, 23 juil. au 16 août, dim. et lundi – **Rest** 108/130 et à la carte 74/146 – **Le Café** : **Rest** (21) 54/68 et à la carte 60/105.
 ◆ Sur la traversée du village, estimable restaurant familial dont la salle à manger rénovée est tournée vers le lac. Répertoire culinaire dans le tempo actuel. Plat du jour et préparations sans complication au Café. Repas en terrasse quand perce le soleil d'été.

---

**ROMAINMÔTIER** 1323 Vaud (VD) 552 D8 – 413 h. – alt. 673.
 Voir : Église★.
 Environs : Dent de Vaulion★★★ Est : 22 km.
 Bern 100 – Lausanne 33 – Champagnole 69 – Pontarlier 43 – Yverdon-les-Bains 22.

🏠 **Au Lieutenant Baillival** sans rest, rue du Bourg, ℘ 0244 531 458, alb@tele 2.ch, Fax 0244 531 830, ☞ – ⅍ ℗ – 🛗 10
 **6 ch** ☑ ✦80/100 ✦✦140/160.
 ◆ Demeure de caractère (17ᵉ s.) où vous serez hébergés dans de chaleureuses chambres préservant leur cachet ancien. Jardin de repos bercé par le chant de la rivière.

🏠 **Saint-Romain,** place du Bourg, ℘ 0244 531 120, Fax 0244 531 838, ☆ – 🛗 50.
 ⓐⓔ ⓞ ⓜ VISA
 fermé merc.-jeudi d'oct. à avril et dim. soir à jeudi en fév. – **Rest** (17.50) 65 et à la carte 47/82 – **9 ch** ☑ ✦75/110 ✦✦168/180 – ½ P suppl. 36.
 ◆ Au centre du village, maison du 15ᵉ s. dont l'enseigne se réfère au saint fondateur de l'abbaye locale, dix siècles plus tôt. Chambres-bonbonnières à touches champêtres. Salle à manger rustique ; cuisine traditionnelle.

---

**ROMANEL-SUR-LAUSANNE** 1032 Vaud (VD) 552 E9 – 3 022 h. – alt. 591.
 Bern 95 – Lausanne 7 – Genève 68 – Montreux 38 – Yverdon-les-Bains 26.

🏠 **A la Chotte,** 19 ch. du Village, ℘ 0216 461 012, info@lachotte.ch, Fax 0216 485 474, ☆ – ✆ ℗ ⓐⓔ ⓞ ⓜ VISA
 fermé 1ᵉʳ au 15 août – **Rest** (fermé sam. midi et dim.) (17) 54 (soir) et à la carte 49/78 – **13 ch** ☑ ✦110/125 ✦✦145/175.
 ◆ Un bourg tranquille situé à 10 min de Lausanne sert de cadre à ce petit hôtel mettant à profit une ancienne ferme (1804) typiquement vaudoise. Amples chambres néo-rustiques. Restaurant traditionnel au décor intérieur d'esprit campagnard.

XX **Auberge de la Charrue** avec ch, 1 rte d'Echallens, ✆ 0216 437 060,
Fax 0216 437 061, 🌭 – 🕭 rest, 🅿 ✿ 35. 🖭 🐵 VISA
*fermé 23 déc. au 3 janv. et dim. soir* – **Rest** 69/89 et à la carte 69/95 – *Café :* Rest
(19.50) et à la carte 43/73 – **4 ch** ☲ ✝90 ✝✝140.
 ♦ Auberge communale voisinant avec une petite gare ferroviaire. Prestation culinaire
traditionnelle, assortie au décor du restaurant. Grandes chambres contemporaines à
l'étage. Café partageant sa carte avec la salle à manger. Salles de réunions et terrasse.

---

**ROMANEL-SUR-MORGES** 1122 Vaud (VD) 552 D9 – 418 h. – alt. 454.
Bern 121 – Lausanne 17 – Morges 6 – Nyon 35.

XX **Auberge de la Treille,** 2 rte de Cossonay, ✆ 0218 699 119, Fax 0218 698 338,
🌭 – 🅿 🖭 🕭 🐵 VISA
*fermé 9 au 19 avril, 4 sept. au 4 oct., lundi et mardi* – **Rest** (16) 52 (midi)/90 et à
la carte 49/98.
 ♦ Auberge établie sur la traversée de la localité. Salle de restaurant classiquement
agencée et terrasse estivale ombragée par la "treille" éponyme. Cuisine française.

---

**ROMANSHORN** 8590 Thurgau (TG) 551 U4 – 8 913 Ew. – Höhe 399.
🏌 in Erlen, ✉ 8586 (April - Nov.) ✆ 0716 482 930, Fax 0716 482 940, West :
12 km Richtung Frauenfeld.
🅩 Tourist Information, im Bahnhof, ✆ 0714 633 232, touristik @ romanshorn.ch,
Fax 0714 611 980.
Bern 211 – Sankt Gallen 20 – Bregenz 38 – Frauenfeld 42 – Konstanz 21.

🏨 **Park-Hotel Inseli** 🦢, Inselistr. 6, ✆ 0714 668 888, info @ inseli.ch,
Fax 0714 668 877, ≼, 🌭, ᒪ̄ѕ, 🖙 – 🕭, ᵡ Zim, ✆ 🅿 – 🔬 15/50. 🖭 🕭 🐵 VISA.
🦩
geschl. Dez. – *Rôtisserie :* Rest 42 (mittags)/58 und à la carte 49/90 – *Panorama :*
**Rest** (26) 35 und à la carte 53/68 – **38 Zim** ☲ ✝120/180 ✝✝190/260 – ½ P Zuschl. 48.
 ♦ In schöner Lage, nicht weit von See und Schloss entfernt, bezieht der Gast eines
der ruhigen Zimmer mit Aussicht - mit dunklem Mobiliar schlicht und praktisch ausgestattet. Leicht gehoben : die Rôtisserie. Das Panorama bietet einen Blick auf See
und Park.

🏨 **Schloss** 🦢, Schlossbergstr. 26, ✆ 0714 667 800, info @ hotelschloss.ch,
Fax 0714 667 801, ≼, 🌭 – 🕭, ᵡ Zim, 🅿 – 🔬 40. 🖭 🐵 VISA
geschl. Weihnachten – **Rest** (18) 55 und à la carte 37/83 – **20 Zim** ☲ ✝120/160
✝✝200/240 – ½ P Zuschl. 35.
 ♦ Nahe dem See gelegenes Hotel mit solide möblierten, neuzeitlich-funktionellen Zimmern. Die Ausbildung von Hotelfachschülern gehört hier zum Konzept. Das Ambiente
im Restaurant : teils schlicht-rustikal, teils klassisch-gediegen.

---

**ROMONT** 1680 Fribourg (FR) 552 G9 – 3 810 h. – alt. 764.
Voir : Site★ – Choeur★ de la Collégiale N.-D.-de-l'Assomption.
**Manifestation locale**
14.04 : Procession des Pleureuses.
🅩 Office du Tourisme, 112 r. du Château, ✆ 0266 523 152, office.tourisme @ ro
mont.ch, Fax 0266 524 777.
Bern 56 – Fribourg 26 – Lausanne 37 – Montreux 39 – Yverdon-les-Bains 45.

🏨 **St-Georges,** 31 Grand-Rue, ✆ 0266 524 410, hotel-stgeorges @ bluewin.ch,
Fax 0266 521 394, 🌭 – 🕭 rest. 🖭 🐵 VISA
**Rest** (fermé 24 déc. au 3 janv. et dim.) (14) 40 et à la carte 35/65 – ☲ 10 – **9 ch**
✝70/85 ✝✝120/140.
 ♦ Cette auberge traditionnelle officiant au coeur de Romont renferme une dizaine
de chambres personnalisées où vous passerez des nuits sans histoire. Ambiance fami-
liale. Une carte exempte de complication comblera votre appétit au restaurant.
Terrasse à l'avant.

🏨 **Du Lion d'Or,** 38 Grand-Rue, ✆ 0266 522 296, Fax 0266 521 840, 🌭 – 🖭 🕭
🐵 VISA
**Rest** (16) 68 et à la carte 54/100 – **18 ch** ☲ ✝80 ✝✝130 – ½ P suppl. 20.
 ♦ Au centre de Romont, maison ancienne où vous séjournerez dans des chambres
ayant retrouvé l'éclat du neuf. Ambiance familiale. Sobre salle à manger vêtue de
lambris, petite terrasse avant et terrasse arrière grande ouverte sur les prés. Repas
traditionnel.

**RONCO** *Ticino* 553 Q13 – *vedere Gerra Gambarogno.*

---

**RONCO SOPRA ASCONA** *6622 Ticino (TI)* 553 Q12 – *650 ab. – alt. 355.*
Vedere : *Posizione pittoresca*★★.
Dintorni : *Circuito di Ronco*★★ : ≤★★ *sul lago Maggiore dalla strada di Losone, verso Locarno.*
🛈 *Ente Turistico Lago Maggiore,* ☏ *0917 910 091,* buongiorno@maggiore.ch, *Fax 0917 851 941.*
*Bern 274 –* Locarno *9 – Bellinzona 29 – Lugano 48 – Stresa 49.*

🏨 **La Rocca** ⌂, Sud : 1 km, via Ronco 61, ⊠ 6613 Porto Ronco, ☏ 0917 851 144, hotel@la-rocca.ch, Fax 0917 914 064, ≤ Lago Maggiore e isole di Brissago, 斎, ♨, 🔳, ♒, 🖼 – 🛗 🗲🗲, 🍽 cam, 📞 P. AE ⓜ ⓦ VISA. 🏕
*aprile - mezzo ottobre* – **Rist** 58 (sera) ed alla carta 56/96 – **21 cam** ☲ 🛏195/220 🛏🛏320/390 – ½ P sup. 30.
♦ Grazie alla posizione favorevole si gode di una vista così bella che vi sembrerà di toccar con mano le magnifiche isole di Brissago. Camere moderne. La terrazza-giardino panoramica vi permetterà di apprezzare una cucina classica, così come la splendida veduta.

🏨 **Ronco,** piazza della Madonna 1, ☏ 0917 915 265, info@hotel-ronco.ch, Fax 0917 910 640, ≤ Lago Maggiore, 斎, 🔳, 🌳 – . AE ⓞ ⓦ VISA. 🏕 cam
*chiuso da dicembre al 10 marzo* – **Rist** 58 ed alla carta 49/82 – **20 cam** ☲ 🛏100/180 🛏🛏240 – ½ P sup. 36.
♦ Provvisto di una bella terrazza panoramica con piscina da cui approfittare della splendida vista. Camere uniformi, funzionali ; "côté" lago, hanno tutte un balconcino. Per il ristorante, uno stile rustico che associa cucina tradizionale e mediterranea.

🍽🍽 **Della Posta** ⌂, con cam, via Ciseri 9, ☏ 0917 918 470, lupi@cybernet.ch, Fax 0917 914 533, ≤ Lago Maggiore, 斎 – 🗲 cam. AE ⓦ VISA
*chiuso dal 10 novembre al 22 dicembre e dal 9 gennaio al 3 febbraio* – **Rist** *(chiuso lunedì)* (24) ed alla carta 56/86 – **4 cam** ☲ 🛏130/150 🛏🛏160/230.
♦ Ristorante composto da una sala interna completamente rinnovata e da una terrazza con vista favolosa sul lago. Cucina mediterranea con predilezione per piatti a base di pesce.

---

**RORBAS** *8427 Zürich (ZH)* 551 Q4 – *2 223 Ew. – Höhe 380.*
*Bern 152 –* Zürich *31 – Baden 50 – Schaffhausen 30 – Winterthur 13.*

🍽🍽 **Adler,** Postgasse 19, ☏ 0448 650 112, info@adler-rorbas.ch, Fax 0448 760 216, 斎 – P. ⇔ 15/100. AE ⓦ VISA
**Rest** *(geschl. Dienstag und Mittwoch)* 22 und à la carte 60/106.
♦ In dem gediegen-rustikalen Restaurant mit altem Fachwerk ist der ursprüngliche Charakter dieses schönen Zürcher Riegelhauses a. d. J. 1406 erhalten geblieben.

---

**RORSCHACH** *9400 Sankt Gallen (SG)* 551 V4 – *8 780 Ew. – Höhe 399.*
🛈 *Tourist Information, Hauptstr. 63,* ☏ *0718 417 034,* info@tourist-rorschach.ch, *Fax 0718 417 036.*
*Bern 221 –* Sankt Gallen *12 – Bregenz 25 – Konstanz 33.*

🏨 **Parkhotel Waldau,** Seebleichestrasse, Ost : 1 km Richtung Rheineck, ☏ 0718 587 070, info@parkhotel-waldau.ch, Fax 0718 587 071, ≤, 斎, ♨, ≦s 🔳 *(Solbad),* 🏊, 🐾 – 🛗 📞 P – 🕿 15/60. AE ⓦ VISA
**Rest** (16.50) 27 und à la carte 37/98 – **40 Zim** ☲ 🛏130/145 🛏🛏205 – ½ P Zuschl. 35.
♦ Dieses stattliche Gebäude liegt in einem Park und bietet Zimmer unterschiedlicher Grösse, die mit rustikalem Stilmobiliar klassisch eingerichtet sind. Das Restaurant ist im Stil einer Rôtisserie dekoriert und verfügt über eine Gartenterrasse.

🏨 **Mozart,** Hauptstr. 82, ☏ 0718 444 747, info@mozart-rorschach.ch, Fax 0718 444 748, 斎 – 🛗, 🗲 Zim, P – 🕿 15/30. AE ⓞ ⓦ VISA
**Rest** (18.50) und à la carte 42/66 – **35 Zim** ☲ 🛏110/150 🛏🛏165/205 – ½ P Zuschl. 30.
♦ Die Einrichtung der Zimmer dieses zentral gelegenen Hotels soll an die Zeit des grossen Musikers erinnern. Weisse Schleiflackstilmöbel mit dunkelroten Polstern dominieren. Das Jugendstilcafé glänzt mit Snacks und vor allem mit seiner Confiserie.

**in Rorschacherberg** *Süd : 3 km Richtung Lindau und Spital – Höhe 470 – ⊠ 9404 Rorschacherberg :*

🏠 **Rebstock,** Thalerstr. 57, ℘ 0718 552 455, *info@rebstock.ch*, Fax 0718 557 320, ≤ Bodensee, 😒, 🌮 – 🛗 ₺, Rest, ⟺ 🅿 – 🍴 25. 🐱 𝘝𝘐𝘚𝘈
*geschl. 24. Dez. - 9. Jan.* – **Rest** *(geschl. 24. Dez. - 16. Jan., Sonntag und Montagmittag)* (17.50) und à la carte 34/76 – **25 Zim** ⊆ ✱85/110 ✱✱170/185 – ½ P Zuschl. 30.
♦ Dieses alteingesessene Ferienhotel hat eine besonders schöne Lage oberhalb des Bodensees zu bieten. Sie schlafen in geräumigen, hell und rustikal eingerichteten Zimmern. Ein moderner Wintergarten ergänzt das neo-rustikale Restaurant.

🏠 **Schloss Wartegg** 🦫, von Blarer-Weg, ℘ 0718 586 262, *schloss@wartegg.ch*, Fax 0718 586 260, ≤, 😒, ⟺s, 🌮, 🐾 – 🛗, ⤢ Zim, ₺ 🅿 – 🍴 15/25. 🐱 𝘝𝘐𝘚𝘈
*geschl. 2. - 16. Jan.* – **Rest** (23) 62 (abends) und à la carte 46/83 – **25 Zim** ⊆ ✱110/140 ✱✱170/225.
♦ Im schönen Park mit Rosengarten gelegen, bietet dieses imposante, komplett renovierte Schloss aus dem 16. Jh. einfache, mit Naturhölzern modern ausgestattete Zimmer. Schlichte klare Linien im Restaurant mit vor allem vegetarischem Angebot und Bio-Produkten.

---

**RORSCHACHERBERG** *Sankt Gallen* 🗺️ V4 – *siehe Rorschach.*

---

**ROSSINIÈRE** *1658 Vaud (VD)* 🗺️ G10 – *498 h. – alt. 922.*
*Bern 82 – Montreux 60 – Bulle 24 – Gstaad 18 – Lausanne 71 – Thun 68.*

🏠 **Elite** 🦫, ℘ 0269 245 212, Fax 0269 245 234, ≤, 😒 – 🅿 🐱 𝘝𝘐𝘚𝘈
*fermé nov. et mardi* – **Rest** (16.50) et à la carte environ 40 – **10 ch** ⊆ ✱65 ✱✱130 – ½ P suppl. 25.
♦ Chalet vaudois établi sur les hauts du village. Chambres basiques mais chaleureuses. Six, orientées plein Sud, s'agrémentent d'un balcon. Salle à manger rustique où l'on fait des repas traditionnels sans fioriture. Service en continu de midi jusqu'au soir.

---

**ROSSRÜTI** *Sankt Gallen* 🗺️ S-T4 – *siehe Wil.*

---

**ROTHENBURG** *Luzern* 🗺️ O6 – *siehe Luzern.*

---

**ROTHRIST** *4852 Aargau (AG)* 🗺️ M5 – *6 993 Ew. – Höhe 407.*
*Bern 66 – Aarau 20 – Basel 54 – Luzern 49.*

🏠 **Ibis,** Helblingstr. 9, ℘ 0627 940 666, *h1057@accor.com*, Fax 0627 942 320, 😒 – 🛗, ⤢ Zim, ✲ ₺ Zim, 🅿 – 🍴 15/80. 🆎 ⓞ 🐱 𝘝𝘐𝘚𝘈
**Rest** (16) und à la carte 30/64 – ⊆ 14 – **64 Zim** ✱102 ✱✱102.
♦ Die Zimmer dieses Hotels, das nicht weit von der Autobahnausfahrt an der Hauptstrasse liegt, werden laufend renoviert und bieten zeitgemässen, einfachen Standardkomfort.

---

**ROUGEMONT** *1659 Vaud (VD)* 🗺️ H10 – *929 h. – alt. 992 – Sports d'hiver : 991/2 156 m* ⛷2 ⛷2 ⛷.
**Manifestation locale**
*02.06 - 05.06 : Festival de musique ancienne "La Folia".*
🅱 *Office du Tourisme, Bâtiment Communal, ℘ 0269 251 166, info@rougemont.ch, Fax 0269 251 167.*
*Bern 95 – Montreux 57 – Bulle 35 – Gstaad 8 – Lausanne 82 – Thun 59.*

🏠 **Hôtel de Commune,** au Village, ℘ 0269 258 142, Fax 0269 258 658 – 🛗. 🆎 🐱 𝘝𝘐𝘚𝘈
*fermé 5 au 26 avril, 3 sem. en oct. et merc. (sauf en fév.)* – **Rest** (17) et à la carte 40/90 – **11 ch** ⊆ ✱80/110 ✱✱150/180 – ½ P suppl. 30.
♦ Vénérable chalet (1833) rénové établi dans la rue principale de Rougemont. Bon hébergement au confort moderne dans un cadre montagnard sobrement rustique. Café-restaurant où flotte une atmosphère villageoise. Cuisine traditionnelle suisse.

🏠 **Valrose,** place de la Gare, 𝄐 0269 258 146, *info@ valrose.ch, Fax 0269 258 854,*
🛏 📶, 🍴 – 🚗, AE ◑ ◐ VISA
fermé 18 avril au 4 mai, 30 oct. au 5 déc. et mardi – **Rest** (16) 24 (midi)/80 et à
la carte 33/84 – **15 ch** ⊂ ⚹78/95 ⚹⚹140/155 – ½ P suppl. 20.
♦ Ce petit hôtel familial occupe un chalet au voisinage de la gare de Rougemont.
Adresse fiable mais aménagements intérieurs un rien mûrissants. À table, vaste choix
de plats bourgeois et régionaux. Spécialités fromagères au carnotzet. Terrasse abritée.

---

## RÜMLANG 8153 Zürich (ZH) 551 P4 – 5355 Ew. – Höhe 430.
*Bern 129 – Zürich 14 – Baden 27 – Schaffhausen 49 – Winterthur 27.*

🏠 **Park Inn Zurich Airport** garni, Flughofstr. 75, 𝄐 0448 288 686, *info.zurich@*
🛏 *rezidorparkinn.com, Fax 0448 288 687,* ⌚ – 🛗 ⇌ ▦ 📶 🍴 & 🚗 P, AE ◑ ◐ VISA
⊂ 19 – **208 Zim** ⚹169 ⚹⚹169.
♦ Ideal für Geschäftsleute ! Modernes Design in frischen Farben, ''Easy-Check-in/-
out'', sehr gute Technik und Shuttle-Service zum Flughafen überzeugen. Snacks in
der Lounge.

---

## RÜSCHLIKON 8803 Zürich (ZH) 551 P5 – 4891 Ew. – Höhe 433.
*Bern 133 – Zürich 8 – Wädenswil 20 – Zug 24.*

🏨 **Belvoir** 🐾, Säumerstr. 37, 𝄐 0447 046 464, *info@ belvoirhotel.ch,*
🛏 *Fax 0447 046 465,* ≤ Zürichsee, 📶 – 🛗, ⇌ Rest, ▦ Rest, 🍴 🚗 P – 🏛 15/140.
AE ◑ ◐ VISA
geschl. 23. Dez. - 1. Jan. – **Bellavista** : **Rest** (18.50) 69 und à la carte 45/97 – **26 Zim**
⊂ ⚹225 ⚹⚹260.
♦ In dem Geschäftshotel mit grossen, gut ausgestatteten Zimmern geniessen Sie
Ruhe, modernen Komfort und einen schönen Blick auf den Zürichsee. Säumergrill mit
Panoramafenstern und Rüschlikerstube bilden das Restaurant Bellavista.

---

## RÜTI 8630 Zürich (ZH) 551 R6 – 10942 Ew. – Höhe 482.
⛳ *in Bubikon,* ✉ *8608,* 𝄐 *0552 532 353, Fax 0552 532 354, West : 4 km Richtung
Hombrechtikon.*
*Bern 162 – Zürich 32 – Rapperswil 5 – Uster 17 – Winterthur 34.*

🏠 **Laufenbach,** Gmeindrütistr. 1b, 𝄐 0552 510 100, *hot.laufenbach@ bluewin.ch,*
🛏 *Fax 0552 510 150,* 📶, 🍴, ▦, – 🛗 P – 🏛 15/40. AE ◑ ◐ VISA
**Rest** *(geschl. 11. - 20. Feb., 15. Juli - 7. Aug. und Montagmittag)* (15.50) 36 (mittags)
und à la carte 35/77 – **88 Zim** ⊂ ⚹103 ⚹⚹173.
♦ Drei Gebäude - aus verschiedenen Bauetappen stammend - bieten helle, zweck-
mässig ausgestattete Zimmer, teils mit kleinen, recht angenehmen Terrassen oder
Balkon. Im vorderen Haus befindet sich das einfache Restaurant mit leicht rustikaler
Einrichtung.

---

## SAANEN Bern 551 H10 – siehe Gstaad.

---

## SAANENMÖSER Bern 551 I10 – siehe Gstaad.

---

## SAAS ALMAGELL 3905 Wallis (VS) 552 L13 – 413 Ew. – Höhe 1672 – Wintersport :
*1672/2400 m ⬩2 ⬩4 ⬩.*
🛈 *Saastal Tourismus, Dorfplatz,* 𝄐 *0279 586 644, info@ saas-almagell.ch.*
*Bern 202 – Brig 35 – Sierre 55 – Sion 71 – Zermatt 41.*

🏨 **Pirmin Zurbriggen,** 𝄐 0279 572 301, *pirmin.zurbriggen@ rhone.ch,*
🛏 *Fax 0279 573 313,* 📶, 🍴, 🛁, 🔲 – ⇌ Zim, P, AE ◐ VISA, 🐾 Rest
geschl. 26. April - 10. Juni und 2. Nov. - 17. Dez. – **Rest** (nur ½ Pens. für Hotelgäste)
– **23 Zim** ⊂ ⚹110/150 ⚹⚹185/230 – ½ P Zuschl. 35.
♦ Zu Gast beim Olympiasieger ! Sein Hotel liegt direkt im Ort und doch recht ruhig.
Angenehme Farben und rustikale Möbel machen die Zimmer gemütlich. Schöner Well-
nessbereich ! Den Mittelpunkt des behaglichen Restaurants bildet eine Kutsche mit
Buffettaufbau.

🏠 **Sport** ॐ, 𝒞 0279 572 070, info@hotelsport.ch, Fax 0279 573 370, ≤, 🍴 – |‰|, ⇆ Zim, 🅿, 🆎 🅜🅒 *VISA*
*21. Dez. - 19. April und 21. Juni - 9. Okt.* – **Rest** (nur ½ Pens. für Hotelgäste) – **19 Zim** ⌷ ♦72/82 ♦♦124/154 – ½ P Zuschl. 20.
◆ In dem regionstypischen Chalet mit schöner Aussicht übernachtet man in frisch wirkenden Zimmern, die mit Kiefernholzmöbeln eingerichtet sind - einige mit Laminatböden.

Die erste Auszeichnung, der Stern ⸙. Er wird an Häuser vergeben,
für die man gerne einen kilometerweiten Umweg in Kauf nimmt!

---

**SAAS FEE** *3906 Wallis (VS)* 🯵🯵🯲 *L12 – 1592 Ew. – Höhe 1798 –* ⛷ *– Wintersport:*
*1 800/3 600 m* ✂7 ✂14 *Metro Alpin 1* 🎿.
Sehenswert : *Höhenlage*★★★ – *Mittelallalin*★★★ – *Längfluh*★★★ – *Egginerjoch*★★ – *Hannig*★.
Ausflugsziel : *Plattjen*★★ *mit Luftseilbahn.*
**Lokale Veranstaltung**
*04.08 - 18.08 : Musica Romântica, klassische Festwochen.*
🛈 *Saas-Fee Tourismus,* 𝒞 *0279 581 858,* to@saas-fee.ch, *Fax 0279 581 860* Υ.
*Bern 201 – Brig 34 – Sierre 54 – Sion 70 – Zermatt 40.*

Stadtpläne siehe gegenüberliegende Seiten

🏨 **Ferienart Resort & SPA,** 𝒞 0279 581 900, info@ferienart.ch, Fax 0279 581 905, 🍴, ⑳, ₲, ⊜, 🔲 – |‰|, ⇆ Zim, ⛵ ⅋ Zim – , 🏛 250. 🆎 🅞 🅜🅒 *VISA*.
⅋ Rest                                                                                                                  Z a
*geschl. Mai –* **Vernissage** *(24. Dez. - 21. April und 17. Juni - 24. Sept.) (nur Abendessen)* **Rest** *56 und à la carte 48/82* ⅋ *–* **Le Mandarin** *- asiatische Küche - (24. Dez. - 21. April und 17. Juni - 24. Sept. ; geschl. Montag im Sommer und Dienstag) (nur Abendessen)* **Rest** *45/84 und à la carte 47/83 –* **Del Ponte** *- italienische Küche - (geschl. 22. April - 9. Juni und Dienstag ausser Wintersaison)* **Rest** *(18) und à la carte 41/80 –* **83 Zim** ⌷ ♦183/343 ♦♦356/746 – ½ P Zuschl. 20.
◆ Ein imposantes Hotel im Chaletstil mit einem grossen Wellness-Bereich und wohnlichen Gästezimmern : im Stammhaus aufgefrischt-rustikal, elegant-komfortabel im Neubau. Das Restaurant Vernissage zeigt sich in schickem Design. Fernöstlich : Le Mandarin.

🏨 **Schweizerhof** ॐ, 𝒞 0279 587 575, info@schweizerhof-saasfee.ch, Fax 0279 575 110, ≤, 🍴, ⑳, ⅋⅋ (nur im Winter), ₲, ⊜, 🔲 – |‰|, ⇆ Zim, ⛵ – 🏛 15/160. 🆎 🅞 🅜🅒 *VISA*. ⅋ Rest                                                    Z z
*geschl. 25. April - 15. Juni –* **Hofsaal** *Rest (nur Menu) 45/85 –* **41 Zim** ⌷ ♦130/400 ♦♦220/490 – ½ P Zuschl. 20.
◆ Der Schweizerhof ist ein Gebäude im ortsüblichen Chaletstil. Grosse, helle, modern und komfortabel ausgestattete Zimmer sowie ein Wellnessbereich erwarten den Gast. Elegant und stilvoll wirkt der Hofsaal.

🏨 **Beau-Site,** 𝒞 0279 581 560, info@beausite.org, Fax 0279 581 565, ≤, 🍴, ⑳, ⊜, 🔲 – |‰|. 🅞 🅜🅒 *VISA* . ⅋ Rest                                         Y b
*Hotel : Mitte Dez. - 21. April und 11. Juni - 29. Sept. –* **La Ferme** *(geschl. Mai)* **Rest** *27 (mittags)/69 und à la carte 50/95 –* **Fee Chäller** *- Walliser Spezialitäten - (geschl. 22. April - 15. Dez. und Montag) (nur Abendessen)* **Rest** *à la carte 44/86 –* **29 Zim** *(im Winter nur ½ Pens.)* ⌷ ♦130/230 ♦♦210/480, 3 Suiten – ½ P Zuschl. 45.
◆ Im traditionsreichen Hotel aus dem 19. Jh. finden Sie sowohl in den behaglich eingerichteten Zimmern wie auch im Speisesaal schöne handgeschnitzte Saaser Möbel. Das rustikale La Ferme strahlt wohlige Wärme aus. Urchig und echt wallserisch : der Fee Chäller.

🏨 **Metropol,** 𝒞 0279 571 001, metropol-saas-fee@bluewin.ch, Fax 0279 572 085, ≤, 🍴, ⊜, 🔲 – |‰|, ⇆ Zim, ⛵ – 🏛 25. 🆎 🅞 🅜🅒 ⅋ Rest                      Z c
*geschl. 23. April - 11. Juni und 23. Sept. - 30. Okt. –* **Rest** *45 (abends) und à la carte 49/97 –* **51 Zim** ⌷ ♦127/242 ♦♦244/424 – ½ P Zuschl. 20.
◆ Im Herzen des Wintersportortes gelegen, bietet dieses Haus neuzeitlich und funktionell ausgestattete Zimmer, die geschäftlich wie auch privat Reisende schätzen. In angenehmen gelben Pastelltönen gehaltenes modernes Restaurant.

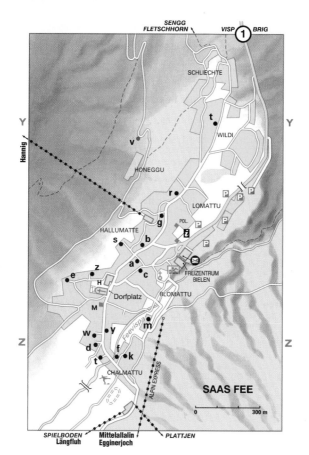

SENGG
FLETSCHHORN  VISP ① BRIG

SCHLIECHTE

t

WILDI

v

HONEGGU

r

LOMATTU  P P

g  POL  P

HALLUMATTE  b

s  a  c  FREIZENTRUM BIELEN

e  z  BLOMATTU

H

M  Dorfplatz

w  y  m

d  f  k

t

CHALMATTU

SAAS FEE

0        300 m

SPIELBODEN  Mittelallalin  PLATTJEN
Längfluh  Egginerjoch

---

🏨 **Allalin,** ℘ 0279 571 815, *hotel.allalin@saas-fee.ch*, Fax 0279 573 115, ≤, 🏕, ⇔,
🍴 – ⧉ ✆ ﭏ ① ⅏ *VISA*                                                    Y r
**Walliserkanne** *(geschl. Ende April - Anfang Juni und Mitte Okt. - Anfang Dez.)* **Rest**
(26) 50 (abends)/80 und à la carte 49/91 – **27 Zim** ⊐ ✝103/195 ✝✝206/358 –
½ P Zuschl. 26.
• Eine helle, modern gestaltete Halle empfängt Sie in diesem zentral gelegenen
Hotel. Die Zimmer und Appartements verfügen über solide Massivholzmöbel und
Ledercouch. Schöne handgeschnitzte Saaser Möbel und Balken zieren die Walliserkanne.

🏨 **Chalet Cairn** ⌂, ℘ 0279 571 550, *info@au-chalet-cairn.ch*, Fax 0279 573 380,
≤, 🍴 – ⧉, ⇆ Zim. ﭏ ① ⅏ *VISA*. ⌘                                      Z e
*geschl. 22. April - 10. Juni und 30. Sept. - 25. Nov.* – **Rest** (nur ½ Pens. für Hotelgäste)
– **16 Zim** ⊐ ✝85/110 ✝✝180/250 – ½ P Zuschl. 30.
• Im schönen, sehr ruhig gelegenen, familiär geführten Chalet wird bei gemütlich-
rustikaler Inneneinrichtung Behaglichkeit und das Wohlbefinden des Gastes gross
geschrieben.

🏨 **Berghof** garni, ℘ 0279 572 484, *hotel.berghof@saas-fee.ch*, Fax 0279 574 672,
≤, ⁂ (nur im Winter), ⇔ – ⧉ ⇆ – ⍙ 60. ⅏ *VISA*                        Z w
*geschl. 1. - 30. Mai* – **30 Zim** ⊐ ✝80/155 ✝✝160/270.
• Das moderne, im Chaletstil gebaute Hotel bietet Ihnen helle, neuzeitlich ausgestattete Zimmer. Im Keller befindet sich die rustikale Bar Holzwurm mit Live-Musik.

373

**Saaserhof,** ✆ 0279 589 898, *info@saaserhof.ch*, Fax 0279 589 899, ≤, ☎s – ⧗
♨ AE ⓞ ⓜⓔ VISA . ⛷ Rest                                                                   Z d
*geschl. Mai - 20. Juni –* **Rest** *(nur Abendessen)* 37/49 und à la carte 56/104 – **48 Zim**
⚏ ✦100/220 ✦✦180/450 – ½ P Zuschl. 35.
♦ Das Haus mit Sicht auf die Berge beherbergt seine Gäste teils in hellen modernen,
teils in etwas älteren, rustikaler und dunkler eingerichteten Räumen. Mit viel Holz hat
man das Restaurant regionstypisch gestaltet.

**Alpin,** ✆ 0279 571 577, *info@hotel-alpin.ch*, Fax 0279 573 419, ≤, ₭, ☎s – ⧗
– ♨ 20. ⓜⓔ VISA . ⛷
*geschl. Mai - Juni –* **Rest** *(nur ½ Pens. für Hotelgäste)* – **32 Zim** ⚏ ✦105/185
✦✦190/270 – ½ P Zuschl. 25.                                                              Z m
♦ Das in zwei Bauetappen komplett renovierte Hotel neben der Luftseilbahn bietet in
zeitgemäss ausgestatteten Zimmern, oft auch mit Sitzecke ausgestattet, ausreichend Platz.

**Mistral,** ✆ 0279 589 210, *info@hotel-mistral.ch*, Fax 0279 589 211, ≤, 🍴 – AE
ⓞ ⓜⓔ VISA . ⛷ Zim
*geschl. 5. Mai - 16. Juni –* **Rest** à la carte 45/80 – **13 Zim** ⚏ ✦100/125 ✦✦190/286
– ½ P Zuschl. 25.                                                                        Z f
♦ In dem am Dorfende oberhalb eines Baches gelegenen kleinen Ferienhotel findet
der Gast wohnliche, solide möblierte Zimmer mit schöner Aussicht - teils mit Spru-
delwanne. Helles, neuzeitliches Restaurant.

**Bristol,** ✆ 0279 581 212, *bristol@saas-fee.ch*, Fax 0279 581 213, ≤, 🍴, 🌳 –
⧗ ♨ AE ⓞ ⓜⓔ VISA
*geschl. 1. Mai - 1. Juli –* **Rest** (24) 48 (mittags) und à la carte 47/84 – **19 Zim** ⚏
✦85/128 ✦✦170/256 – ½ P Zuschl. 25.                                                      Z t
♦ Ein modernes Hotel mit funktionell ausgestatteten, hell möblierten Gästezimmern
- die meisten verfügen über Balkone mit Sicht auf die umliegende Bergwelt. Gaststube und neuzeitlicher Speisesaal mit Blick auf die Piste.

**Ambiente** 🍴, ✆ 0279 589 111, *hotel.ambiente@saas-fee.ch*,
Fax 0279 589 120, ☎s, 🌳 – ⧗ AE ⓜⓔ VISA . ⛷ Rest                                        Z k
*17. Dez. - 1. Mai und 24. Juni - 21. Sept. –* **Rest** *(nur ½ Pens. für Hotelgäste)* – **24 Zim**
⚏ ✦102/140 ✦✦184/280 – ½ P Zuschl. 25.
♦ Helles Mobiliar und Stoffe in kräftigen Farben sowie teils mit Jacuzzi-Wannen ausgestattete Badezimmer prägen die modernen Zimmer dieses Hauses.

**Artemis** garni, ✆ 0279 573 201, *info@artemis-saasfee.ch*, Fax 0279 576 000, ≤
– ⧗ – ♨ 30. AE ⓜⓔ VISA . ⛷                                                              Y g
*geschl. 23. April - 23. Juni –* **26 Zim** ⚏ ✦85/130 ✦✦130/220.
♦ Die mit Eschenholz wohnlich und funktionell eingerichteten Zimmer dieses an der
Dorfstrasse gelegenen Hotels verfügen über Balkone, Sitzecke und moderne Bäder.

**Imseng** garni, ✆ 0279 581 258, *info@hotel-imseng.ch*, Fax 0279 581 255, ≤ – ⧗ .
ⓜⓔ VISA
*geschl. 21. Nov. - 5. Dez. –* **12 Zim** ⚏ ✦82/123 ✦✦144/219.                           Z y
♦ Im ortstypischen Stil gebaut, liegt dieses zeitgemäss eingerichtete kleine Hotel im Zentrum und bietet Sicht auf die umliegenden Berge. Eigene Bäckerei/Konditorei mit Café.

**Etoile** 🍴, ✆ 0279 581 550, *info@hotel-etoile.ch*, Fax 0279 581 555, ≤, 🍴, ☎s,
🌳 – ⧗ AE ⓞ ⓜⓔ VISA . ⛷ Rest                                                             Y t
*19. Dez. - 21. April und 25. Juni - 6. Okt. –* **Rest** *(nur ½ Pens. für Hotelgäste)* – **22 Zim**
⚏ ✦85/120 ✦✦160/240 – ½ P Zuschl. 23.
♦ Recht ruhig liegt dieses im regionstypischen Stil erbaute Haus am Ortsrand. Ein
reichhaltiges Animationsprogramm kennzeichnet das Erlebnishotel.

**Carpe Diem** 🍴, ✆ 0279 571 333, *info@hotelcarpediem.ch*, Fax 0279 571 437,
≤, 🌳 – ⧗ 🔑 Zim. AE ⓞ ⓜⓔ VISA . ⛷ Rest                                                   Y s
*geschl. Mai - 15. Juni –* **Rest** *(nur ½ Pens. für Hotelgäste)* – **18 Zim** ⚏ ✦95/110
✦✦160/220 – ½ P Zuschl. 25.
♦ Das im regionstypischen Stil erbaute Hotel berherbergt seine Gäste in gepflegten
Zimmern verschiedener Kategorien. Ein schönes Bergpanorama umgibt Sie.

❊❊❊
❀
**Waldhotel Fletschhorn** (Neff) 🍴 mit Zim, über Wanderweg Richtung
Sengg (30 Min.), ✆ 0279 572 131, *info@fletschhorn.ch*, Fax 0279 572 187, ≤ Berge
und Saas-Tal, 🍴, 🌳 – 🔑 Zim, ♨ AE ⓞ ⓜⓔ VISA
*18. Dez. - 22. April und 16. Juni - 21. Okt. –* **Rest** (mittags auch kleine Karte) 155/195
und à la carte 110/160 ✦ – **13 Zim** ⚏ ✦200 ✦✦300 – ½ P Zuschl. 95.
**Spez.** Tartare d'omble en quenelles sur carpaccio de poulpe en mosaïque. Fine poularde en croûte de sel et cerpolet. Sablée aux fruits rouges, glace au poivre citronnée
d'Inde. **Weine** Heida, Petite Arvine
♦ Das Restaurant auf der Waldlichtung hoch über dem Saaser Tal offeriert eine ausgezeichnete klassisch-französische Küche. Wechselnde Ausstellungen moderner Kunst.

XX **Hohnegg** ♨ mit Zim, von der Kirche aus über Wanderweg (20 Min.), ☎ 0279 572 268, welcome@hohnegg.ch, Fax 0279 571 249, ≤ Berge, 🏛, ₤₅, ➡, ➡ – ⇔ Zim, ☎, 🖭 ⓦ 𝗩𝗜𝗦𝗔                                                   Y v
**Rest** (15. Dez. - 23. April, 16. Juni - 22. Okt. ; geschl. Montagmittag) (mittags auch kleine Karte) (25) 32 (mittags)/125 und à la carte 53/101 – **8 Zim** ➡ ✦95/140 ✦✦190/280 – ½ P Zuschl. 59.
♦ Klare Linien, warme Farben und eine angenehme Beleuchtung bestimmen das Ambiente des Restaurants und Gourmetstüblis. Wohnlich-rustikal eingerichtete Gästezimmer.

---

**SAAS GRUND** 3910 Wallis (VS) 𝟻𝟻𝟸 L12 – 1188 Ew. – Höhe 1562 – Wintersport: 1 559/3 200 m ≰ 2 ≴5 ≴.
Sehenswert : Mattmark★★.
Ausflugsziel : Hohsaas★★★ mit Luftseilbahn.
🚩 Saastal Tourismus, Dorfplatz, ☎ 0279 586 666, info@saas-grund.ch, Fax 0279 586 667.
Bern 198 – Brig 31 – Sierre 51 – Sion 67 – Zermatt 37.

🏨 **Touring** ♨, ☎ 0279 572 127, info@wellnesshotel-touring.ch, Fax 0279 571 519, ≤, ₤₅, ➡, 🖳 – 🛗, ⇔ Rest, 🅿. ⓦ 𝗩𝗜𝗦𝗔, 🞇 Zim
21. Dez. - 24. April und 14. Juni - 23. Sept. – **Rest** (nur im Sommer ½ Pens. für Hotelgäste) – **13 Zim** ➡ ✦75/82 ✦✦130/154 – ½ P Zuschl. 24.
♦ Eine geeignete Übernachtungsadresse auf dem Weg nach Saas Fee. Das Haus verfügt über zeitgemäss möblierte, recht ruhige Gästezimmer mit schöner Aussicht.

---

**SAGOGN** Graubünden 𝟻𝟻𝟹 T8 – siehe Laax.

---

**SAIGNELÉGIER** 2350 Jura (JU) 𝟻𝟻𝟷 G5 – 2079 h. – alt. 982 – Sports d'hiver : ≴.
**Manifestations locales**
28.01 - 29.01 : Courses internationales de chiens de traîneaux et Fête du chien
12.08 - 13.08 : Marché concours national de chevaux, courses campagnardes, cortège folklorique.
🚩 Jura Tourisme, 6 place du 23 Juin, ☎ 0324 204 770, saignelegier@juratourisme.ch, Fax 0324 204 780.
Bern 72 – Delémont 36 – Biel 37 – La Chaux-de-Fonds 26 – Montbéliard 60.

🏨 **De la Gare et du Parc,** 4 r. de la Gruère, ☎ 0329 511 121, mail@hotelgareparc.ch, Fax 0329 511 232, 🏛, ➡ – 🅿 – 🛆 40. 🖭 ⓦ 𝗩𝗜𝗦𝗔
fermé 6 mars au 24 avril – **Rest** (fermé jeudi sauf mai à oct. et merc.) (14) 70/115 et à la carte 35/114 – **17 ch** ➡ ✦100/140 ✦✦140/180, 4 suites – ½ P suppl. 35.
♦ Deux maisons bourgeoises avoisinant le chemin de fer composent cet établissement agrémenté d'un petit parc. Chambres fonctionnelles et suites. Restaurant confortablement installé, servant un choix de préparations classiques françaises.

**à l'Est** 11 km par le Bémont, Montfaucon et Pré Petitjean :

X **Des Voyageurs,** Le Bois-Derrière, ✉ 2875 Montfaucon, ☎ 0329 551 171, freddorest@freesurf.ch, Fax 0329 551 422, 🏛 – 🅿. 🖭 ⓞ ⓦ 𝗩𝗜𝗦𝗔
fermé 30 janv. au 1er mars, 6 au 14 nov., lundi (sauf août à oct.) et mardi – **Rest** (19) 27/70 et à la carte 32/80.
♦ Ancienne ferme à débusquer dans un hameau bucolique des Franches-Montagnes. Accueil et service affables, ambiance rustique et cuisine régionale à base de produits "bio".

---

**SAILLON** 1913 Valais (VS) 𝟻𝟻𝟸 H12 – 1584 h. – alt. 522 – Stat. thermale.
Voir : Ancien donjon : point de vue★.
Bern 143 – Martigny 13 – Montreux 59 – Sion 20.

🏨 **Bains de Saillon** ♨, au centre thermal, ☎ 0277 431 112, hoteldesbains@surfeu.ch, Fax 0277 443 292, ≤, 🏛, 🞉, ₤₅, ➡, ⬡ 🖳 (thermales), ➡, ⊹ – 🛗 ☎ ₺, ch, 🅿 – 🛆 15/110. 🖭 ⓞ ⓦ 𝗩𝗜𝗦𝗔
**Le Mistral :** Rest (17) 49/69 et à la carte 46/72 – **70 ch** ➡ ✦145/205 ✦✦255/300 – ½ P suppl. 45.
♦ L'hôtellerie n'est qu'une des diverses activités de ce complexe gérant aussi un centre thermal, des boutiques et la location d'appartements. Chambres amples et modernes. À table, cuisine au goût du jour suivant le rythme des saisons.

**SAINT-BLAISE** Neuchâtel 552 G7 – rattaché à Neuchâtel.

**SAINTE-CROIX** 1450 Vaud (VD) 552 D8 – 4 155 h. – alt. 1 066.
Voir : Les Rasses★ : site★★.
Environs : Le Chasseron★★★ Nord-Ouest : 8,5 km – Mont de Baulmes★★ Sud : 4,5 km –
L'Auberson : Collection★ de pièces à musique anciennes au musée Baud, Ouest : 4 km.
🛈 Balcon du Jura Vaudois Tourisme, Hotel de Ville, 10 rue Neuve, ☎ 0244 554 142,
ot @ sainte-croix.ch, Fax 0244 554 115.
Bern 98 – Neuchâtel 50 – Lausanne 54 – Pontarlier 21 – Yverdon-les-Bains 20.

🏠 **France,** 25 r. Centrale, ☎ 0244 543 821, info@ hotel-defrance.ch,
⬛ Fax 0244 543 842, 🍽 – 🛗, ✷ ch, ☎ 🅿 – 🔺 15/40. ⓪ ⓪ 💳. 🍽 rest
**Rest** 55/98 et à la carte 52/61 – **Café :** Rest (16.50) 35/48 et à la carte 36/80
– **28 ch** ☑ ✚85 ✚✚130/150 – ½ P suppl. 33.
◆ Dans un village surnommé le "balcon vaudois", bâtisse régionale dont la façade bleu
clair abritait déjà une pension de famille en 1912. Chambres mansardées au dernier
étage. Salle à manger actuelle où l'on présente une carte de préparations traditionnelles.

**aux Rasses** Nord-Est : 3 km – alt. 1 183 – ✉ 1452 Les Rasses :

🏠 **Grand Hôtel** 🍃, ☎ 0244 541 961, info@ grandhotelrasses.ch,
Fax 0244 541 942, ◁ Alpes, 🍽, 🐟, 🈂, 🔳, 🌳, 🍽 – 🛗 🅿 – 🔺 15/70. ⚇ ⓪
💳. 🍽 rest
fermé 4 au 18 déc. et 10 au 23 avril – **Rest** (23) 39/76 et à la carte 39/90 – **40 ch**
☑ ✚90/150 ✚✚140/215 – ½ P suppl. 35.
◆ Hôtel imposant fondé en 1898. Chambres aux accents baroques espagnols ou plus
modernes. Panorama grandiose sur la chaîne des Alpes. Nombreuses distractions au
programme. Ample salle de restaurant conservant quelques réminiscences "Belle
Époque".

**SAINT-GALL** St. Gallen 551 U5 – voir à Sankt Gallen.

**SAINT-GINGOLPH** 1898 Valais (VS) 552 F10 – 691 h. – alt. 390.
Bern 107 – Montreux 20 – Aigle 19 – Évian-les-Bains 18 – Martigny 44 – Sion 69.

🏠 **Le Rivage** 🍃, Quai Isaac de Rivaz, ☎ 0244 827 030, info@ rivage.ch,
⬛ Fax 0244 827 031, ◁, 🍽 – 🅿. ⚇ ⓪ ⓪ 💳. 🍽
hôtel : fermé 15 déc. au 1er mars – **Rest** (fermé 18 déc. au 8 fév. et lundi du 15 sept.
au 15 avril) (18.50) 47/55 et à la carte 39/70 – **14 ch** ☑ ✚90/100 ✚✚130/150
– ½ P suppl. 40.
◆ Sur la rive du Léman, à quelques ricochets de la frontière française, petit établissement où vous passerez des nuits sans remous dans des chambres bien tenues.
Une grande terrasse d'été avec vue sur l'eau devance le restaurant. Spécialité de
poissons du lac.

🍴 **Villa Eugénie,** bord du lac, Est : 2 km, ☎ 0244 812 176, contact@ villa-eugenie.ch,
Fax 0244 812 285, ◁ lac, 🍽, 🔳 – 🅿. ⚇ ⓪ 💳
fermé 2 janv. au 10 fév., dim. soir et lundi sauf juin - sept. – **Rest** 68 et à la carte
61/109.
◆ Un bel aquarium égaye l'intérieur de ce restaurant dont la plupart des tables offre
une vue magnifique sur le lac, au même titre que l'invitante terrasse estivale.

**SAINT - IMIER** 2610 Berne (BE) 551 G6 – 4 590 h. – alt. 793.
Environs : Chasseral★★★ Sud-Est : 13 km.
🛈 Jura Bernois Tourisme, 2 pl. de la Gare, ☎ 0329 423 942, saintimier @ juraber
nois.ch, Fax 0329 423 943.
Bern 64 – Delémont 50 – Neuchâtel 28 – Biel 29 – La Chaux-de-Fonds 16 – Mont-
béliard 78.

🍴 **L'Erguël** avec ch, 11 r. Dr. Schwab, ☎ 0329 412 264, mobrecht @ worldcom.ch,
⬛ Fax 0329 412 264, 🍽 – ✷ ch, ☎ 🅿 ✷ 20/70. ⓪ 💳
fermé Noël, 15 juil. au 7 août – **Rest** (fermé aussi 2 au 8 janv. et dim.) (14.50) 45
(midi)/85 et à la carte 49/84 – **7 ch** ☑ ✚70/90 ✚✚130/150 – ½ P suppl. 20.
◆ Ce petit hôtel établi au centre d'un bourg horloger constitue un point de chute
simple mais valable pour séjourner à proximité du Chasseral (point culminant du Jura
du Nord). Restaurant classiquement agencé.

**au Mont-Soleil** *Nord : 4,5 km – alt. 1 173 – ⊠ 2610 Mont-Soleil :*

**Auberge de la Crèmerie** ⑤, ℰ 0329 412 369, *info@hotel-cremerie.ch*, Fax 0329 412 369, ≤, ㊐, – 🅿. 🖭 🐠 𝘝𝘐𝘚𝘈
*fermé 2 sem. en avril et 2 sem. en juil. –* **Rest** *(fermé lundi, mardi, merc. et jeudi)* (25) et à la carte 35/78 – ☷ 15 – **5 ch** ✝90 ✝✝160.
◆ Cordiale petite auberge pour un séjour au grand calme. Hébergement tout à fait décent dans des chambres basiques ou dans l'un des studios équipés également disponibles. Restaurant servant des préparations traditionnelles.

**au Mont-Crosin** *Nord-Est : 5 km – alt. 1 180 – ⊠ 2610 Mont-Crosin :*

**Auberge Vert-Bois** ⑤ avec ch, ℰ 0329 441 455, *vert-bois@bluewin.ch*, Fax 0329 441 970, ≤, ㊐, – ☎ 🅿 – 🔬 20. 🖭 ① 🐠 𝘝𝘐𝘚𝘈
*fermé 9 janv. au 2 fév. ; Rest : fermé mardi de nov. à mars, dim. soir et lundi –*
**Veranda : Rest** 65 et à la carte 58/88 – **Brasserie : Rest** (16) et à la carte 38/78
– **5 ch** ☷ ✝100 ✝✝150 – ½ P suppl. 40.
◆ Chalet moderne isolé dans la nature, au départ d'un sentier-découverte menant à un site d'éoliennes. On y trouve le gîte et, moins accessoirement, le couvert. Repas classique dans le grand jardin d'hiver. Brasserie présentant une carte traditionnelle.

**à Villeret** *Est : 2 km – alt. 763 – ⊠ 2613 Villeret :*

**L'Eléphant,** 9 r. Principale, ℰ 0329 417 241, Fax 0329 417 248 – 🍴 🅿. 🐠 𝘝𝘐𝘚𝘈
*fermé 15 juil. au 15 août, mardi et mercredi –* **Rest** *- cuisine thaïlandaise -* (16) 57/67 et à la carte 49/88.
◆ Honorable cuisine thaïlandaise à goûter dans une apaisante salle de restaurant vêtue de bois blond et décorée d'artisanat "made in Bangkok". Service en sari.

---

**SAINT- LÉGIER** *Vaud 𝟻𝟻𝟸 F10 – rattaché à Vevey.*

---

**SAINT-LÉONARD** *Valais 𝟻𝟻𝟸 I11 – rattaché à Sion.*

---

**SAINT- LUC** *3961 Valais (VS) 𝟻𝟻𝟸 J12 – 345 h. – alt. 1 650 – Sports d'hiver : 1 650/3 025 m ⟨ 1 ⟩ 7.*
Voir : *Vue★★.*
🛈 *Office du Tourisme, route principale, ℰ 0274 751 412, saint-luc@sierre-anniviers.ch, Fax 0274 752 237.*
*Bern 188 – Sion 35 – Brig 52 – Martigny 65 – Montreux 104.*

**Bella Tola** ⑤, rue Principale, ℰ 0274 751 444, *info@bellatola.ch*, Fax 0274 752 998, ≤, ㊐, ☎, 🔲, 🦶 – 🛗, 🔄 ch, 🅿. 🐠 𝘝𝘐𝘚𝘈
*17 déc. au 22 avril et 18 juin au 21 oct. –* **Rest** (18) 25 (midi)/89 et à la carte 57/96
🍷 – **32 ch** ☷ ✝100/200 ✝✝200/380 – ½ P suppl. 40.
◆ Ce charmant hôtel cultive le goût Belle Époque de ses origines, en s'autorisant toutefois quelques petits anachronismes, comme ces voltaires meublant le salon d'accueil. Restaurant traditionnel au décor d'esprit montagnard. Beau choix de crus valaisans.

**Favre** ⑤, place de l'Eglise, ℰ 0274 751 128, *pensionfavre@bluewin.ch*, Fax 0274 752 901, ≤, ㊐ – 🅿. 🐠 𝘝𝘐𝘚𝘈. 🛇 rest
*fermé 14 avril au 1ᵉʳ juin et 16 oct. au 1ᵉʳ déc. –* **Rest** (17) 45 et à la carte 46/86
– **15 ch** ☷ ✝100/114 ✝✝160/188 – ½ P suppl. 35.
◆ Petit hôtel familial où l'essence de pin est à l'honneur, tant dans les chambres que dans les parties communes. Vue plaisante sur le val d'Anniviers ; belle terrasse-solarium. Restaurant au cadre montagnard ; cuisine mi-traditionnelle mi-régionale.

> Ne confondez pas les couverts ✗ et les étoiles ✿ ! Les couverts définissent une catégorie de standing, l'étoile couronne les meilleures tables, dans chacune de ces catégories.

**SAINT-MAURICE** *1890 Valais (VS)* 🔲🔲🔲 *X10 – 3 676 h. – alt. 422.*

*Voir : Trésor*★★ *de l'abbaye – Clocher*★ *de l'Église abbatiale – Grotte aux Fées : vue*★ *de la terrasse du restaurant – Site*★*.*

🅱 *St Maurice Tourisme, 1 av. des Terreaux, ℰ 0244 854 040, tourisme @ st-maurice.ch, Fax 0244 854 080.*

*Bern 112 – Martigny 16 – Montreux 28 – Sion 42.*

🏠 **La Dent-du-Midi,** 1 av. Simplon, *ℰ 0244 851 209, dentdumidi @ torrente.ch,*
☜ *Fax 0244 851 908,* 🍽 – 🔽 – 🔬 60. 🖭 🅾 🕦 🆚🆂🅰
**Rest** (14) 34/44 et à la carte 36/72 – **17 ch** ☜ ★85 ★★140 – ½ P suppl. 20.

♦ Adresse familiale sympathique située en centre-ville, aux abords d'un parc. Les chambres proposées ne sont pas très grandes, mais accueillantes. Salle à manger au décor bourgeois et terrasse d'été ombragée. Choix de recettes traditionnelles.

🍴🍴 **Lafarge,** place de la Gare, *ℰ 0244 851 360, lafarge @ bluewin.ch,*
☜ *Fax 0244 851 911,* 🍽 – 🏃 🅿 🖭 🅾 🕦 🆚🆂🅰
*fermé 24 déc. au 7 janv., Pâques, Pentecôte, lundi soir et dim. – **Rest** (19) 55/100 et à la carte 62/93.*

♦ Cette table inspirant confiance met à profit l'ex-hôtel de la gare. Salle de restaurant bien installée, cuisine dans l'air du temps et carte recomposée au fil des saisons. Repas traditionnel à la brasserie.

🍴 **Casabaud,** Les Cases, Sud : 1 km, *ℰ 0244 851 185, info @ casabaud.ch,*
☜ *Fax 0244 851 195,* 🍽 – 🅿 🖭 🅾 🕦 🆚🆂🅰
*fermé 30 juil. au 20 août, mardi soir et merc. – **Rest** (17.50) 36 (midi)/70 et à la carte 46/73.*

♦ Dans un proche hameau, architecture moderne abritant un "restaurant-galerie". Salle à manger d'esprit actuel où l'on vient faire des repas traditionnels.

> Petit déjeuner compris ? La tasse ☜ suit directement le nombre de chambres.

---

**SAINT-SULPICE** *1025 Vaud (VD)* 🔲🔲🔲 *D10 – 2 911 h. – alt. 397.*

*Voir : Église*★ *et son site*★*.*

*Bern 123 – Lausanne 7 – Genève 54 – Pontarlier 73 – Yverdon-les-Bains 43.*

🍴🍴🍴 **Hostellerie du Débarcadère** 🦢 *avec ch, 7 ch. du Crêt, ℰ 0216 943 333, deb arcadere @ swissonline.ch, Fax 0216 915 079,* ≼, 🍽, 🌳, 🔽 – 🍽 🅿 ✜ 25 – 🔬 15.
🖭 🅾 🕦 🆚🆂🅰
*fermé 22 déc. au 12 janv., dim. (sauf mai à sept) et sam. midi – **Rest** (29) 54 (midi)/138 et à la carte 77/130 – ☜ 24 – **15 ch** ★170/320 ★★207/360 – ½ P suppl. 90.*

♦ Villa 1930 embellie d'un jardin d'hiver tourné vers le lac : un cadre propice à un bon moment de table. Chambres et junior-suites personnalisées par du mobilier de style.

---

**SAINT- URSANNE** *2882 Jura (JU)* 🔲🔲🔲 *H4 – 729 h. – alt. 440.*

🅱 *Jura Tourisme, Place Roger Schaffter, ℰ 0324 613 716, stursanne @ juratourisme.ch, Fax 0324 613 726.*

*Bern 106 – Delémont 18 – Basel 60 – Biel 64 – Porrentruy 14.*

♟ **Du Boeuf** 🦢, 60 r. du 23 juin, *ℰ 0324 613 149, hotel.boeuf @ bluewin.ch,*
☜ *Fax 0324 613 892,* 🍽 – 🖭 🅾 🕦 🆚🆂🅰
*fermé 19 déc. au 30 janv. et lundi – **Rest** (18) et à la carte 32/82 – **12 ch** ☜ ★90 ★★150 – ½ P suppl. 28.*

♦ Cette maisonnette de 1709 blottie au centre d'un vieux bourg fortifié renferme une douzaine de chambres sobres et simples. Cuisine régionale servie dans une petite salle au charme agreste ; à la belle saison, on dresse également quelques tables sous le porche.

---

**SALGESCH** (SALQUENEN) *Wallis* 🔲🔲🔲 *J10 – siehe Sierre.*

---

**SALORINO** *Ticino* 🔲🔲🔲 *R-S14 – vedere Mendrisio.*

**SAMEDAN** 7503 Graubünden (GR) 🔢🔢🔢 X10 – 2775 Ew. – Höhe 1709 – Wintersport : 1750/2453 m ❄️1 ❄️4 ❄️.

Sehenswert : Lage★.

🏌️ Engadin Golf Samedan (Ende Mai - Mitte Okt.) ℘ 0818510 466, Fax 0818510 467.

🚂 Samedan - Thusis, Information ℘ 0812885 511.

🛈 Samedan Tourismus, plazzet 21, ℘ 0818510 060, info@samedan.ch, Fax 0818510 061.

Bern 336 – *Sankt Moritz 7* – Chur 74 – Davos 61.

🏨 **Bernina,** plazzet 20, ℘ 0818 521 212, hotel-bernina@bluewin.ch, Fax 0818 523 606, ≤, 🍴, ⇔s, ℀, 🔔 – 📶, ↔️ Zim, 🅿️. ◼️ ⓞ ⓜ⊘ 𝘝𝘐𝘚𝘈

Hotel : Mitte Dez. - Mitte April und Anfang Juni - Mitte Okt. – **Rest** - italienische Küche - (geschl. Mai und Nov.) 42/50 (abends) und à la carte 48/100 – **56 Zim** ⊑ ✦118/217 ✦✦216/296 – ½ P Zuschl. 50.

♦ Das schöne klassische Gebäude beherbergt seine Gäste in rustikalen, etwas einfacheren Arvenholzzimmern oder in mit hellem Massivholz komfortabler ausgestatteten Räumen. Gediegener Speisesaal für Pensionsgäste und elegantes A-la-carte-Restaurant.

🏨 **Quadratscha,** voa quadratscha 2, ℘ 0818 511 515, info@quadratscha.ch, Fax 0818 511 516, ≤, ⇔s, 🔲, 🐎, ℀ – 📶 ⇔ 🅿️. ◼️ ⓞ ⓜ⊘ 𝘝𝘐𝘚𝘈. ℀ Rest

16. Dez. - 22. April und 4. Juni - 13. Okt. – **Rest** 55 (abends) und à la carte 55/82 – **25 Zim** ⊑ ✦110/248 ✦✦200/310 – ½ P Zuschl. 39.

♦ Im Quadratscha tragen neben wohnlichen, funktionellen Zimmern mit Balkon - alle nach Süden gelegen - auch Freizeiteinrichtungen zu einem erholsamen Aufenthalt bei.

🏠 **Donatz,** plazzet 15, ℘ 0818 524 666, info@hoteldonatz.ch, Fax 0818 525 451 – 📶 ⇔ ◼️ ⓜ⊘ 𝘝𝘐𝘚𝘈

geschl. 17. April - 5. Juni – **La Padella** (geschl. Dienstagmittag und Montag) **Rest** (23) und à la carte 52/119 ♨ – **25 Zim** ⊑ ✦88/115 ✦✦165/220.

♦ Man findet den soliden Familienbetrieb im verkehrsberuhigten Dorfzentrum. Die Zimmer sind mit hellen Naturholzmöbeln in rustikalem Stil eingerichtet. Der Name des Restaurants La Padella ist Programm : Aus der Bratpfanne kommen die meisten der gebotenen Speisen.

---

**SAMNAUN** 7563 Graubünden (GR) 🔢🔢🔢 AA8 – 792 Ew. – Höhe 1846 – Wintersport : 1840/2864 m ❄️2 ❄️15 ❄️.

🛈 Samnaun-Tourismus, Dorfstr. 4, ℘ 0818685 858, info@samnaun.ch, Fax 0818685 652.

Bern 385 – *Scuol 38* – Chur 142 – Landeck 52 – Sankt Anton am Arlberg 80.

🏨 **Chasa Montana,** Dorfstr. 30, ℘ 0818 619 000, info@hotelchasamontana.ch, Fax 0818 619 002, ≤, 🍴, ℗, 🏋️, ⇔s, 🔲, 🐎 – 📶 ↔️ ৬ ⇔ 🅿️ – 🔬 40. ◼️ ⓞ ⓜ⊘ 𝘝𝘐𝘚𝘈. ℀ Rest

geschl. 22. Okt. - 24. Nov. – **Rest** (20) 25 (mittags)/75 und à la carte 47/93 ♨ – **44 Zim** ⊑ ✦126/315 ✦✦186/550, 8 Suiten – ½ P Zuschl. 50.

♦ Das schöne stattliche Hotel überzeugt mit modern und wohnlich eingerichteten Zimmern und einem angenehmen Wellnessbereich mit Hallenbad im römischen Stil. Rustikales Restaurant mit zeitgemässem Angebot und Holzofen für Pizza.

🏨 **Post,** ℘ 0818 619 200, posthotel@hangl.ch, Fax 0818 619 293, ≤, 🍴, 🏋️, ⇔s – 📶, ↔️ Rest, ⇔ 🅿️. ◼️ ⓞ ⓜ⊘ 𝘝𝘐𝘚𝘈. ℀ Rest

**Rest** (Mai, Juni und Nov. nur Mittagessen) (20) 25 (mittags)/45 und à la carte 33/72 – **52 Zim** ⊑ ✦78/200 ✦✦125/380 – ½ P Zuschl. 30.

♦ Das im regionalen Stil erbaute familiengeführte Hotel verfügt über solide möblierte, funktionelle Zimmer und den gepflegten Freizeitbereich Stella Aqua. Restaurant mit rustikalem Ambiente und traditioneller Küche.

🏠 **Waldpark** ⬙ garni, ℘ 0818 618 310, info@waldpark.ch, Fax 0818 618 311, ≤, ⇔s, 🐎 – 📶 🅿️. ◼️ ⓞ ⓜ⊘ 𝘝𝘐𝘚𝘈

geschl. Mai - Nov. – **20 Zim** ⊑ ✦115/150 ✦✦150/212.

♦ Im etwas erhöht am Ortsrand liegenden Haus findet man Ruhe und eine schöne Aussicht. Auch die wohnlichen, modern mit rustikalem Fichtenholz möblierten Zimmer empfehlen sich.

🏠 **Des Alpes,** Dorfstr. 39, ☎ 0818 685 273, info@hotel-desalpes-samnaun.ch,
🍴 Fax 0818 685 338, ≤, 😋, ☎ – 🛗 🅿 🕮 𝗩𝗜𝗦𝗔, 🍴 Rest
geschl. Anfang Mai - Mitte Juni und Ende Okt. - Ende Nov. – **Rest** (18) 22 (mittags)/60
und à la carte 45/82 – **19 Zim** 🛏 †54/160 ††128/324 – ½ P Zuschl. 10.
♦ Das gut unterhaltene kleine Hotel mit der regionstypischen Fassade beherbergt
solide möblierte, wohnliche Gästezimmer. Zum Relaxen : der Freizeitbereich mit Sau-
nalandschaft. Helles Holz schafft ein behagliches Ambiente im Restaurant.

**in Samnaun-Ravaisch** Nord-Ost : 1,5 km – Höhe 1 800 – ✉ 7563 Samnaun :

🏨 **Homann,** ☎ 0818 685 130, homann@bluewin.ch, Fax 0818 685 625, ≤, 😋, ☎
– 🛗, 😋 Zim, 🅿 ⇄ 80
Hotel : 2. Dez. - 30. April und 2. Juli - 9. Okt. – **Rest** (7. Dez. - 19. April und 2. Juli
- 9. Okt.) 58 (abends) und à la carte 65/101 – **30 Zim** 🛏 †80/146 ††104/272 –
½ P Zuschl. 25.
♦ Im Ortsteil Ravaisch liegt dieses Hotel, das seine Gäste in verschieden grossen, teils
mit dunklen Eichenmöbeln, teils mit Arvenholz eingerichteten Zimmern beherbergt.
Angenehmer Speisesaal und Restaurant mit sorgfältig zubereiteten traditionellen
Gerichten.

🏠 **Astoria,** Talstr. 66, ☎ 0818 618 242, homann@bluewin.ch, Fax 0818 618 241, ≤,
😋 – 🛗 Zim, 🍴 🅿
geschl. 2. Mai - 2. Juni und 2. - 31. Okt – **Rest** (25) 29 und à la carte 35/65 – **9 Zim**
🛏 †80/120 ††104/320 – ½ P Zuschl. 25.
♦ Das kleine, im regionstypischen Stil erbaute Hotel überzeugt mit modern und wohnlich eingerichteten Zimmern. Helles Naturholzmobiliar schafft ein freundliches Ambiente. Gemütliches Restaurant mit rustikalem Charme.

**in Samnaun-Laret** Nord-Ost : 3,5 km – Höhe 1 747 – ✉ 7562 Samnaun-Compatsch :

🏠 **Laret** 😋, Laretstr. 9, ☎ 0818 685 129, info@laret.ch, Fax 0818 685 259, ≤, 😋,
☎ – 🛗 😋 🕮 ⓪ 🕮 𝗩𝗜𝗦𝗔, 🍴 Rest
geschl. 1. Mai - 10. Juli und 9. Okt. - 8. Dez. – **Rest** à la carte 36/64 – **10 Zim** 🛏
†81/152 ††134/243 – ½ P Zuschl. 20.
♦ Im Hotel, ausserhalb von Samnaun am Hang gelegen, geniesst man die Ruhe und
die Sicht. Einfache, mit hellen Möbeln rustikal eingerichtete Zimmer. In verschieden
eingerichteten Räumen oder auf der sonnigen Terrasse serviert man traditionelle
Gerichte.

---

**SAN BERNARDINO** 6565 Grigioni (GR) 🔢🔢 T10 – alt. 1 607 – Sport invernali :
1 600/2 525 m ✦ 1 ✦ 7 ✦.
🇮 San Bernardino Vacanze, ☎ 0918 321 214, info@sanbernardino.ch,
Fax 0918 321 155.
Bern 286 – Sankt Moritz 107 – Bellinzona 48 – Chur 70.

🏠 **Brocco e Posta,** ☎ 0918 321 105, brocco-e-posta@bluewin.ch,
Fax 0918 321 342, 😋, ☎, 🔲, 😋 – 🛗 🅿 🕮 ⓪ 🕮 𝗩𝗜𝗦𝗔, 🍴 rist
20 dicembre - 16 aprile e 4 giugno - 15 ottobre – **Rist** (20) 32 (mezzogiorno)/45
ed alla carta 44/90 – **37 cam** 🛏 †75/92 ††150/160 – ½ P sup. 35.
♦ Ubicato in centro, questo stabile d'inizio Novecento offre delle funzionali camere
di gusto classico nell'arredamento e dal confort adeguato. Il ristorante presenta una
carta semplice e un ambiente rustico. In estate è accessibile anche la terrazza esterna.

---

**SAND** Obwalden 🔢🔢 O8 – siehe Kerns.

---

**SANGERNBODEN** 1738 Bern (BE) 🔢🔢 I9 – Höhe 1 005.
Bern 50 – Fribourg 24 – Interlaken 67 – Thun 41.

🍴 **Hirschen,** ☎ 0264 191 158, hirschen.sangernboden@bluewin.ch,
🍴 Fax 0264 193 958, 😋 – 🅿 ⇄ 25/120. 🕮 ⓪ 🕮 𝗩𝗜𝗦𝗔, 🍴
geschl. 30 Jan. - 8. März, Montag und Dienstag – **Rest** (17) 48/88 und à la carte 52/86.
♦ Hat man die kurvenreiche Strecke über den "Gurniggel" noch vor sich oder
gerade hinter sich, empfiehlt sich zur Essenszeit die traditionelle Küche des Hirschen.

# SANKT GALLEN (SAINT-GALL)

*9000* **K** *Sankt Gallen (SG)* **551** *U5 – 70 628 Ew. – Höhe 668*

*Bern 209 ④ – Bregenz 36 ① – Konstanz 40 ① – Winterthur 59 ④.*

**∎** *St. Gallen-Bodensee Tourismus, Bahnhofplatz 1a, ℰ 0712 273 737, info@st. gallen-bodensee.ch, Fax 0712 273 767* B.

**⊕** *Poststr. 18, ℰ 0712 271 960, Fax 0712 222 882* B.

**⊛** *Sonnenstr. 6, ℰ 0712 446 324, Fax 0712 445 254* C.

**Lokale Veranstaltung**
23.06 – 02.07 : St. Galler Festspiele

**🏌** *in Niederbüren,* ⊠ *9246 (März-Nov.) ℰ 0714 221 856, Fax 0714 221 825, West : 24 km.*

**🏌** *in Waldkirch,* ⊠ *9205, ℰ 0714 346 767, Fax 0714 346 768, über Ausgang Gossau, Richtung Bischofszell : 20 km.*

**Sehenswert** : *Stiftsbibliothek*★★★ C – *Kathedrale*★★ BC : *Chor*★★★ – *Altstadt*★★ : *Spisergasse*★ C, *Gallusstrasse : Haus "Zum Greif"*★ BC, *Schmiedgasse : Haus "Zum Pelikan"*★ BC.

**Museen** : *Textilmuseum* B : *Sammlung Iklé und Jacoby*★★ – *Historisches Museum*★ C.

**Ausflugsziele** : *Dreilinden*★ A – *Tierpark Peter und Paul : Aussicht*★ *auf Sankt Gallen, Nord über Tannenstrasse 3 km* A.

Die Kathedrale

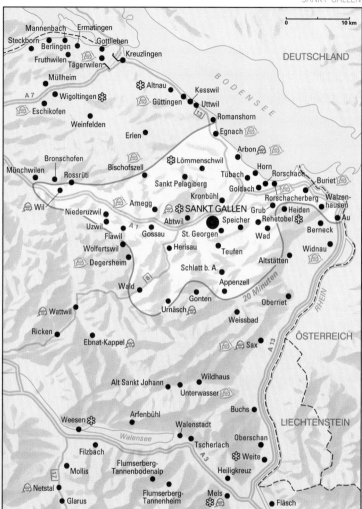

**Einstein,** Berneggstr. 2, ℘ 0712 275 555, *hotel@einstein.ch, Fax 0712 275 577*, 🍴 – ⃞, ↔ Zim, ☎ ⟐ 🅿 – 🔥 15/50. 🆎 ⓞ ⓜ 🆅🆂🅰. ⚘ Rest      B a
**Rest** (22) 31 (mittags) und à la carte 46/90 – **113 Zim** ☲ ⭢200/275 ⭢⭢295/380 – ½ P Zuschl. 42.
 ◆ Das stattliche Gebäude, nicht weit vom Klosterviertel gelegen, beherbergt seine Gäste in sehr gepflegten Zimmern mit solider Einrichtung und gutem Platzangebot. Rustikal-gediegenes Restaurant mit Dachschräge und Sichtbalken.

**Radisson SAS,** St. Jakobstr. 55, ℘ 0712 421 212, *info.stgallen@radissonsas.com, Fax 0712 421 200,* 🍴, 🛁, 🞶 – ⃞, ↔ Zim, 🖥 ☎ ⚐ ⟐ – 🔥 15/80. 🆎 ⓞ ⓜ 🆅🆂🅰      A b
**Voyage** - euro-asiatische Küche - **Rest** (24) 33 (mittags)/95 und à la carte 48/103 – ☲ 25 – **123 Zim** ⭢210/350 ⭢⭢210/350.
 ◆ Das Hotel überzeugt mit sehr modern eingerichteten und technisch gut ausgestatteten, komfortablen Zimmern. Auch ein Spielkasino befindet sich im Haus. Trendig : das Voyage mit euro-asiatischer Küche.

# SANKT GALLEN

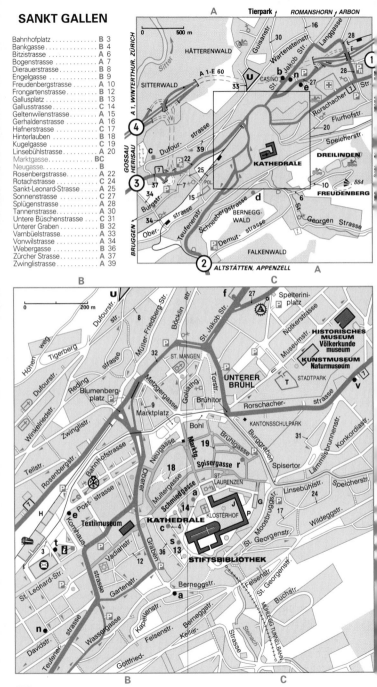

🏛 **Walhalla,** Bahnhofplatz, 📞 0712 282 800, info@hotelwalhalla.ch, Fax 0712 282 890 – 🛗, ⇔ Zim, 📞 🔥 Zim – 🔒 15/40. 📰 ⊙
🝙 VISA
B e
**Rest** (25) und à la carte 44/91 – **56 Zim** ☕ 🍴100/220 🍴🍴180/260 – ½ P Zuschl. 25.
✦ Zentral, wenige Schritte vom Bahnhof entfernt, kann man in funktionellen, teils mit hellem Mobiliar sehr modern eingerichteten Zimmern von ausreichender Grösse übernachten. Typisch bürgerliches A-la-carte-Restaurant.

🏛 **Ekkehard,** Rorschacherstr. 50, 📞 0712 240 444, info@ekkehard.ch,
🚲 Fax 0712 240 474, ☕ – 🛗, ⇔ Zim, 🔥 Rest – , 🔒 15/290. 📰 ⊙
🝙 VISA
C v
Hotel : geschl. 23. - 30. Dez. und 22. Juli - 6. Aug. – **Schalander** - österreichische Küche - (geschl. 23. - 30. Dez., 8. Juli - 6. Aug., Sonn- und Feiertage) **Rest** (19.50) 25 (mittags)/70 und à la carte 45/95 – **Beizli** (geschl. 23. - 30. Dez., 8. Juli - 6. Aug., Sonn- und Feiertage) **Rest** (17) 19.50 (mittags) und à la carte 36/90 – **29 Zim** ☕ 🍴160/175 🍴🍴225 – ½ P Zuschl. 40.
✦ Von dem Geschäftshotel am Rande des Zentrums hat man es nicht weit zum Stadttheater und zum Historischen Museum. Helle, durchdacht eingerichtete Zimmer erwarten den Gast. Im kleinen, gemütlichen Schalander wird auch Kulinarisches aus dem Lande Mozarts geboten.

🏛 **Metropol,** Bahnhofplatz 3, 📞 0712 283 232, info@hotel-metropol.ch, Fax 0712 283 200, ☕ – 🛗, ⇔ Zim, 📞 📰 ⊙ 🝙 VISA
B t
**O Premier** (geschl. 23. - 31. Dez., 23. Juli - 6. Aug., Sonn- und Feiertage) **Rest** 23 (mittags)/88 und à la carte 48/84 – **31 Zim** ☕ 🍴155/165 🍴🍴225 – ½ P Zuschl. 25.
✦ Mit seiner funktionellen und zeitgemässen Zimmerausstattung ist dieses Hotel in Altstadtnähe vor allem für Geschäftsreisende interessant. Zeitgemässe Küche bietet das O Premier.

🏛 **Gallo** garni, St. Jakobstr. 62, 📞 0712 427 171, info@hotel-gallo.ch, Fax 0712 427 161 – 🛗. 📰 ⊙ 🝙 VISA
A n
**25 Zim** ☕ 🍴160/180 🍴🍴220/240.
✦ Das ehemalige, zu einem Hotel umgebaute Wohnhaus beherbergt seine Gäste in zeitgemässen, in Grösse und Farbe unterschiedlich eingerichteten Zimmern.

🏠 **Jägerhof,** Brühlbleichestr. 11, 📞 0712 455 022, info@jaegerhof.ch, Fax 0712 452 612 – 🛗 📞 📰 ⊙ 🝙 VISA
geschl. 23. Dez. - 2. Jan., Ostern und Pfingsten – **Rest** (siehe auch Rest. **Jägerhof**) – **19 Zim** ☕ 🍴165/195 🍴🍴220/250.
✦ Etwas versteckt liegt dieses kleine Hotel am Zentrumsrand. Die Zimmer wurden kürzlich renoviert, sie sind individuell ausgestattet und wirken hell und frisch.

🏠 **City Weissenstein** garni, Davidstr. 22, 📞 0712 280 628, info@cityweissenstei n.ch, Fax 0712 280 630 – 🛗 📞 🅿. 📰 ⊙ 🝙 VISA ⊱ Rest
B n
geschl. 24. Dez. - 1. Jan., Ostern und Pfingsten – **23 Zim** ☕ 🍴140/150 🍴🍴200/220, 3 Suiten.
✦ Mit seinen modern und funktionell ausgestatteten Zimmern ist dieses nahe dem Zentrum gelegene Hotel vor allem auf Geschäftsleute und Durchreisende zugeschnitten.

XX **Am Gallusplatz,** Gallusstr. 24, 📞 0712 233 330, gallusplatz@bluewin.ch, Fax 0712 234 987, ☕ – ⟐ 30. 📰 ⊙ 🝙 VISA
B s
geschl. 24. Juli - 6. Aug., 12. - 18. Okt., Samstagmittag und Montag – **Rest** (24) 60/85 und à la carte 37/103 ⏠.
✦ Ein altes Kreuzgewölbe ziert den Hauptteil dieses traditionellen familiengeführten Restaurants - ein ehemaliges Nebengebäude des Klosters. Serviert wird eine klassische Küche.

XX **Rest. Jägerhof** - Hotel Jägerhof, Brühlbleichestr. 11, 📞 0712 455 022, info@j
✿ aegerhof.ch, Fax 0712 452 612, ☕. 📰 ⊙ 🝙 VISA
A e
geschl. 23. Dez. - 2. Jan., 13. Juli - 12. Aug., Samstagmittag, Sonn- und Feiertage – **Rest** (25) 62 (mittags)/195 ⏠.
**Spez.** Roh Mariniertes vom Bodenseefisch. Lammrücken aus dem Appenzellerland. Café-gâteau.
✦ In neuzeitlichem, hellem Ambiente nehmen Sie an gut eingedeckten Tischen auf Korbstühlen Platz. Aus Bio-Produkten bereitet man ein modernes Angebot. Kleinere Karte am Mittag.

XX **Rötisserie Schoren,** Dufourstr. 150, ✆ 0712 770 851, schoren.ba@bluewin.ch
Fax 0712 775 860, 🛱 – 🅿 🆎 🕦 **VISA**                                                    A   C
geschl. Feb. 2 Wochen, 22. Juli - 6. Aug., Samstag und Sonntag – **Rest** 58 (mittags)
und à la carte 60/118.
• Restaurant mit hell und frisch wirkendem klassischem Bereich, freundlichem Wintergarten und seitlich gelegener kleiner Terrasse. Modernes Angebot auf klassischer
Basis.

XX **Neubad,** Bankgasse 6, ✆ 0712 228 683, burri-lutz@dplanet.ch
🕭 Fax 0712 228 068, 🛱 – 🆎 🕦 🕦 **VISA**                                              B   C
**Rest** (1. Etage) (geschl. Samstag und Sonntag) (Tischbestellung ratsam) 78/105 und
à la carte 67/108 – **WeinBistro** (geschl. Samstag und Sonntag) **Rest** (18) 32 (mit
tags) und à la carte 43/89.
• Besondere Beachtung verdient in der rustikal-gediegenen Stube des alten Gasthauses die schräge gotische Holzdecke. Mündliche Empfehlungen ergänzen das
moderne Angebot.

X **netts schützengarten,** St. Jakobstr. 35, ✆ 0712 426 677, netts@schuetzen-
garten.ch, Fax 0712 426 678, 🛱 – 🔳 🔥 Rest, 🅿 🛱 90. 🆎 🕦 🕦 **VISA**                 C
**Rest** (geschl. Sonntag) (Tischbestellung ratsam) (19.50) 56 (mittags)/98 und à la
carte 45/94.
• In dem Restaurant hinter der verglasten Fassade gibt es einen einfacheren Gaststubenbereich und die elegant-gediegene Braustube. Biergarten unter Kastanien und
Platanen.

X **Engelis,** Brühlgasse 30, ✆ 0712 233 332, engelis@bluewin.ch, Fax 0712 233 350
🛱 – 🅿 🆎 🕦 🕦 **VISA**                                                               C
**Rest** (geschl. Sonntag) (Tischbestellung ratsam) 88 und à la carte 47/103.
• Im versteckt liegenden, für die Stadt fast als typisch zu bezeichnenden, gutbe-
suchten Restaurant im modernen Bistrostil wird auf zwei Etagen eine trendige Karte
gereicht.

X **Zur alten Post,** Gallusstr. 4, ✆ 0712 226 601, a-post@bluemail.ch
Fax 0712 226 694, 🛱 – ⇔ 25. 🆎 🕦 🕦 **VISA**                                          C  à
geschl. 1. - 8. Jan., 1. - 14. Aug., Sonntag und Montag – **Rest** (1. Etage) (mittags nur
kleine Karte) 45 (mittags)/78 und à la carte 48/94.
• Typisch für ein Sankt Galler Altstadtrestaurant : man speist hier im 1. Stock in
gemütlich-rustikalem Umfeld. Serviert werden regionale und internationale
Gerichte.

**in Kronbühl** über Langstrasse : 3 km Nord-Ost – Höhe 614 – ✉ 9302 Kronbühl :

XX **SƎGREⱢO,** Ziegeleistr. 12, ✆ 0712 901 111, info@segreto.ch, Fax 0712 901 117
🛱 – 🔳 🔥 Rest, 🅿 ⇔ 30. 🆎 🕦 🕦 **VISA**
geschl. 23. Dez. - 6. Jan., Samstagmittag, Sonntagabend und Montag – **Rest** - ita-
lienische Küche - (26) 48 (mittags)/90 und à la carte 69/103.
• Hoch über der Stadt liegt dieses interessante Natursteinhaus - ein elegantes
Restaurant in modernem mediterranem Stil mit kreativer italienischer Küche. Schöne
Gartenterrasse.

**in Sankt Georgen** Süd : 2,5 km – ✉ 9000 Sankt Gallen :

X **Falkenburg,** Falkenburgstr. 25, ✆ 0712 225 581, falkenburgsg@bluewin.ch
🕭 Fax 0712 209 281, ≤ Sankt Gallen, 🛱 – 🅿 🆎 🕦 **VISA**                              A  e
geschl. 4. - 20. Feb., Anfang Nov. 2 Wochen, Dienstag und Mittwoch von Okt. - Mär.
– **Rest** (19.80) und à la carte 36/78.
• Die Lage oberhalb der Stadt auf einem Bergkamm macht dieses Restaurant aus.
Ein moderner Wintergarten und eine Terrasse bieten einen unverbaubaren Blick auf
Sankt Gallen.

---

**SANKT GEORGEN** Sankt Gallen 🄑🄑🄑 U5 – siehe Sankt Gallen.

---

Wie entscheidet man sich zwischen zwei gleichwertigen Adressen?
In jeder Kategorie sind die Häuser nach unseren Vorlieben geordnet,
die besten Adressen stehen an erster Stelle.

**SANKT MORITZ** 7500 Graubünden (GR) 🗺️ X10 – 5 000 Ew. – Höhe 1 775 – Wintersport : 1 775/3 057 m ✕5 ✕17 ✗ – Kurort.

Sehenswert : Lage★★★.

Museen : *Engadiner Museum*★ X **M¹** – *Segantini Museum : Werden, Sein, Vergehen*★ X **M²** – **Ausflugsziel** : *Piz Nair*★★ – *Julier-* (über ②) und *Albulastrasse*★ (über ①) : *Bergüner Stein*★ ; *Samedan*★ ; *Celerina/Schlarigna*★.

 *Engadin Golf Samedan*, ⊠ 7503 (Ende Mai - Mitte Okt.) ☎ 0818 510 466, Fax 0818 510 467, Nord-Ost : 5 km  *Engadin Golf Zuoz-Madulain* (Ende Mai - Mitte Okt.) ☎ 0818 513 580, Fax 0818 513 589, Nord-Ost : 18 km.

**Lokale Veranstaltungen**
*26.01 - 29.01 : Cartier Polo World Cup on Snow*
*30.01 - 04.02 : Gourmet Festival.*
*05.02, 12.02 und 19.02 : "White Turf" internationale Pferderennen.*
*01.03 : "chalandamarz" alter Frühlingsbrauch und Kinderfest.*

🛈 *Kur- und Verkehrsverein, via maistra 12,* ☎ 0818 373 333, information@stmo ritz.ch, Fax 0818 373 377 Z.

*Bern 329 – Chur 88 – Davos 71 – Scuol 63.*

🏨🏨🏨 **Kulm** ⬂, via veglia 18, ☎ 0818 368 000, info@kulmhotel-stmoritz.ch, Fax 0818 368 001, ≤ St. Moritz, See und Berge, 🏡, ⏱, 🅵₉, ♨, 🈴, 🏊, 🎾, ⚿, 🍸 – 📲 – 🛗, 🖤 Zim, ⅙ Zim, ✦✦ ⟺ 🅿 – 🔔 15/300. 🆎 ⓪ ⓬ 𝑽𝑰𝑺𝑨. ✕ Rest      Z b
*Anfang Dez. - Anfang April und Ende Juni - Mitte Sept.* – **Rôtisserie des Chevaliers** (geöffnet im Winter) (nur Abendessen) **Rest** à la carte 80/167 – **The Pizzeria** - italienische Küche - (geschl. Montag in Nebensaison) **Rest** à la carte 60/123 – **Chesa al Parc** (geöffnet Anfang Dez. - Anfang April und Anfang Juni - Ende Sept.) **Rest** à la carte 55/104 – **180 Zim** ⊑ ✦235/670 ✦✦425/1050, 4 Suiten – ½ P Zuschl. 25.
♦ In einem schönen Park einer Golflandschaft liegend, bietet dieses exklusive Haus alles, was der anspruchsvolle Gast von einem Luxushotel erwartet. Grosser Wellnessbereich. Klassisches A-la-carte-Angebot in der elegant-rustikalen Rôtisserie des Chevaliers.

🏨🏨🏨 **Badrutt's Palace Hotel,** via serlas 27, ☎ 0818 371 000, reservations@badru ttspalace.com, Fax 0818 372 999, ≤ See und Berge, 🏡, ⏱, 🅵₆, 🈴, 🏊, 🏊, 🎾, ⚿ – 📲 ✦✦ ⅙ Zim, ✦✦ ⟺ 🅿 – 🔔 15/200. 🆎 ⓪ ⓬ 𝑽𝑰𝑺𝑨. ✕ Rest    Z a
*6. Dez. - 3. April und 23. Juni - 16 Sept.* – **Nobu** (nur im Winter) (nur Abendessen) **Rest** 175 und à la carte 91/210 🌸 – **Trattoria** (nur im Winter) (nur Abendessen) **Rest** à la carte 76/152 – **165 Zim** ⊑ ✦210/860 ✦✦345/2010, 23 Suiten – ½ P Zuschl. 130.
♦ 1896 eröffnet, gilt dieses Haus schon lange als Wahrzeichen der Engadiner Luxushotellerie. Gästezimmer von "Standard" bis "Grand Deluxe" sowie komfortabelste Suiten. Nobu mit sehr modernem, farbenfrohem Interieur.

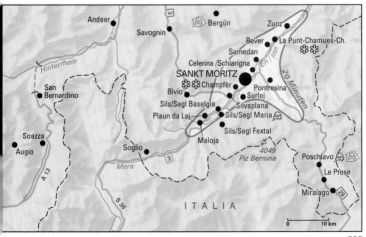

# SANKT MORITZ

**Suvretta House** ◊, Süd West : 2 km über via somplaz Y, via chassellas 1, ℰ 0818 363 636, info@suvrettahouse.ch, Fax 0818 363 737, ≤ Tal und Berge, ☎, ⅃₆, ≘s, ⬚, ✎, ⚘ – ⧈, ☰ Rest, ✆ ⚶ ⇔ ᖆ – ⚠ 15/140. ᴀᴇ ⓞ ⓜⓒ ⱽⁱˢᴬ
❄ Rest
10. Dez. - 2. April und 24. Juni - 10. Sept. – **Rest** *(nur Abendessen)* à la carte 66/105 – **189 Zim** *(nur ½ Pens.)* ★245/430 ★★620/1480.
♦ In einer schönen Park- und Berglandschaft liegt das schlossähnliche Hotel, das mit seiner luxuriösen, stilvollen Ausstattung und einer wunderbaren Aussicht überzeugt. Kinderrestaurant für die Kleinen, die Eltern wählen zwischen Speisesaal und Clubrestaurant.

**Kempinski Grand Hôtel des Bains,** 27 via mezdi, 𝒫 0818 383 838, reserv
ations.grandhoteldesbains@kempinski.com, Fax 0818 383 000, ≤, ⚱, Ⳇ₆, ⇔s, ⬚,
⌘, ⌘, ⌘ – ⌘, ⇆ Zim, ⌘ ⌘ ⌘ ⇔ P – ⌘ 15/120. ⌘ ⓘ ⓜ VISA.
⌘ Rest
Y j
geschl. Mai und Nov. – **Cà d'Oro** (nur Abendessen) **Rest** 155 und à la carte 99/140
⌘ – **Les Saisons** (nur Abendessen) **Rest** 85 und à la carte 87/129 – **167 Zim**
⌘ ✦230/500 ✦✦295/1280, 17 Suiten – ½ P Zuschl. 80.
✦ Mit Luxus und Exklusivität überzeugt das imposante Grandhotel auch den
anspruchsvollsten Gast. Modern-elegante Räume und erstklassiger Service lassen
keine Wünsche offen. Nobel : hohe, stuckverzierte Decken, Kristall-Lüster und angenehme Farbgebung im Cà d'Oro.

**Carlton** ⌘, via Johannes Badrutt 11, 𝒫 0818 367 000, info@carlton-stmoritz.ch,
Fax 0818 367 001, ≤ St. Moritz, See und Berge, ⌘, ⚱, Ⳇ₆, ⇔s, ⬚ – ⌘ ⌘ ⌘
⌘ 15/120. ⌘ ⓘ ⓜ VISA. ⌘ Rest
X c
geschl. ab April wegen Umbau – **Tschinè Rest** (mittags kleine Karte) 95 und à la carte
61/111 – **101 Zim** ⌘ ✦230/420 ✦✦360/890, 4 Suiten – ½ P Zuschl. 25.
✦ Leicht erhöht gelegen, bietet dieses imposante Haus eine herrliche Sicht auf
die Umgebung. Zimmer und Suiten von stilvoll bis modern garantieren komfortables Wohnen. Ländliche Eleganz bestimmt das Ambiente im Restaurtant
Tschinè.

**Monopol,** via maistra 17, 𝒫 0818 370 404, office@monopol.ch,
Fax 0818 370 405, ≤ St. Moritz und Berge, ⌘, ⚱, Ⳇ₆, ⇔s – ⌘ ⌘. ⌘ ⓘ ⓜ VISA.
⌘ Rest
Z f
8. Mai – 1. April und 28. Mai – 9. Okt. – **Grischuna** - italienische Küche - (geschl.
Sonntag und Montagmittag im Sommer) **Rest** (Tischbestellung ratsam) (24) 112
(abends) und à la carte 79/144 – **66 Zim** ⌘ ✦160/290 ✦✦310/590 –
½ P Zuschl. 40.
✦ Modern eingerichtete Zimmer mit elegantem Holzmobiliar. Beeindruckender Blick
auf St. Moritz und die Berge vom ansprechenden Wellnessbereich auf dem Hoteldach.
Grischuna : modernes, hell und angenehm rustikal gestaltetes Restaurant.

**Schweizerhof,** via dal bagn 54, 𝒫 0818 370 707, reservation@schweizerhofst
moritz.ch, Fax 0818 370 700, ≤, ⌘, ⇔s – ⌘ ⇆ Zim, ⌘ ⌘ Zim, ⇔ P – ⌘ 15/30.
⌘ ⓘ ⓜ VISA
Z d
**Acla :** Rest (18) und à la carte 57/106 – **83 Zim** ⌘ ✦175/330 ✦✦270/610 –
½ P Zuschl. 40.
✦ Die Zimmer dieses neuzeitlich eingerichteten Hauses unterscheiden sich leicht in
Grösse und Einrichtung, sind aber durchweg funktionell und zeitgemäss ausgestattet.
Das Angebot des zur Strasse hin gelegenen Acla ist traditionell.

**Crystal,** via traunter plazzas 1, 𝒫 0818 362 626, stay@crystalhotel.ch,
Fax 0818 362 627, Ⳇ₆, ⇔s – ⌘, ⇆ Zim, ⌘ – ⌘ 15/50. ⌘ ⓘ ⓜ VISA.
⌘ Rest
Z g
17. Dez. - 1. April und 2. Juni - 1. Okt. – **Grissini** - italienische Küche - **Rest** 95 und
à la carte 64/110 – **71 Zim** ⌘ ✦170/330 ✦✦270/540 – ½ P Zuschl. 55.
✦ In diesem Haus übernachtet der Gast in mit hellen Arvenholzmöbeln modern
und wohnlich eingerichteten Zimmern, die ausreichend Platz bieten. Grissini mit
interessantem, modern-italienischem Speiseangebot.

**Steffani,** 𝒫 0818 369 696, info@steffani.ch, Fax 0818 369 717, ⌘, ⇔s, ⬚, ⌘
– ⌘ ⌘ ⇔ P – ⌘ 15/200. ⌘ ⓘ ⓜ VISA. ⌘ Rest
Z e
**Le Lapin Bleu :** Rest (26) 56 (abends) und à la carte 54/106 – **Le Mandarin** - chi-
nesische Küche - (geschl. 22. April - 23. Juni, 25. Sept. - 28. Nov. und Montag im
Sommer) **Rest** (nur Abendessen) à la carte 43/94 – **64 Zim** ⌘ ✦160/300
✦✦280/600 – ½ P Zuschl. 40.
✦ In zentraler Lage an der Hauptstrasse befindet sich dieses gut unterhaltene Haus,
das über zeitgemäss ausgestattete Gästezimmer verfügt. Le Lapin Bleu mit rustikaler
Einrichtung und einer breiten Auswahl an gutbürgerlichen Speisen.

**La Margna,** via serlas 5, 𝒫 0818 366 600, info@lamargna.ch, Fax 0818 366 601,
≤, ⌘, ⇔s, ⌘ – ⌘ ⌘ – ⌘ 15/40. ⌘ ⓘ ⓜ VISA. ⌘ Rest
X u
17. Dez. - 2. April und 25. Mai - 30. Sept. – **Rest** 45/75 (abends) und à la carte 51/107
– **Stüvetta :** Rest (18) und à la carte 38/72 – **62 Zim** ⌘ ✦155/225 ✦✦270/410
– ½ P Zuschl. 40.
✦ Eine schöne Halle mit Kreuzgewölbe, Original-Kronleuchtern und Schmiedeeisen-
Kamin empfängt Sie in diesem Hotel. Die Zimmer : mit Naturholzmöbeln wohnlich-
rustikal gestaltet. Gepflegter, klassischer Speisesaal. Urig : das Stüvetta mit regionaler
Küche.

**Waldhaus am See** ⚓, via dim lej 6, ℰ 0818 366 000, *waldhaus.am.see@bl ewin.ch*, Fax *0818 366 060*, ≤ St. Moritz, See und Berge, **≋s** – |≩| video ⟵ **P. A** **① ⓶ VISA**. ⚒ Rest
X
**Rest** à la carte 58/110 – **51 Zim** ⊂ ✦90/240 ✦✦180/480 – ½ P Zuschl. 10
♦ Ausser der ruhigen Lage am See und der wohl schönsten Sicht auf den mon dänen Wintersportort findet man hier wohnliche, im regionalen Stil eingerichtete Arvenholzzimmer. Restaurant mit begehbarem Humidor und riesiger Auswahl an Whiskys.

**Nolda und Noldapark,** via crasta 3 / via g. segantini 32, ℰ 0818 330 575, *in o@nolda.ch*, Fax *0818 338 751*, ≤, **Ⓕ₆**, **≋s**, **Ⓠ** – |≩| ⟵ **P. A ① ⓶ VISA**
⚒ Rest
Y
*16. Dez. - 17. April und 20. Juni - Mitte Okt.* – **Rest** 40 (abends) und à la carte zirka 40 – **55 Zim** ⊂ ✦100/280 ✦✦160/420 – ½ P Zuschl. 40.
♦ Das Noldapark überzeugt mit Wellnesseinrichtungen und Suiten ; im Nolda, ca. 5 Gehminuten entfernt, sind der Empfang und die etwas einfacheren Standardzimmer untergebracht. Das renovierte A-la-carte-Restaurant liegt im Nolda.

**Arte,** via tinus 7, ℰ 0818 375 858, *info@hotel-arte.ch*, Fax *0818 375 859* – |≩| **A ① ⓶ VISA**. ⚒
Z m
*geschl. 18. April - 17. Juni und Nov.* – **Rest** (Pizzeria) *(geschl. Montag vom 15. Ju - 31. Okt.)(nur Abendessen)* à la carte 28/65 – **9 Zim** ⊂ ✦110/180 ✦✦180/340
♦ Hinter seiner freundlichen Fassade beherbergt dieses moderne Haus ein inte ressantes kleines Hotel. Jedes Zimmer hat man einem Thema gewidmet - z. B Wüste, Türkei, Australien. Das Restaurant ist eine einfache Pizza-Stube mit klei nem Angebot.

**Languard** ⚓ garni, via veglia 14, ℰ 0818 333 137, *languard@bluewin.ch* Fax *0818 334 546*, ≤ St. Moritz und Berge – |≩| **✆ P. A ① ⓶ VISA**
Z
*3. Dez. - 22. April und 3. Juni - 21. Okt.* – **22 Zim** ⊂ ✦85/220 ✦✦180/390.
♦ Das kleine Familienhotel liegt ruhig im oberen Ortsteil. Aus verschieden einge richteten Zimmern bietet sich dem Gast eine sehr schöne Sicht auf St. Moritz und die Berge.

**Corvatsch,** via tegiatscha 1, ℰ 0818 375 757, *info@hotel-corvatsch.ch* Fax *0818 375 758*, ☂ – |≩| **✆ & Zim, ⟵ P ⟳ 60. A ① ⓶ VISA**
⚒ Rest
Y
*2. Dez. - 23. April und 3. Juni - 22. Okt.* – **Rest** (28) 49 (abends) und à la carte 40/90 – **27 Zim** ⊂ ✦125/170 ✦✦190/250 – ½ P Zuschl. 39.
♦ Vom älteren Gebäude hat man es nicht weit zum "Lej da San Murezzan". Ein fache und gemütlich mit rustikalem Massivholz eingerichtete Zimmer empfanger den Erholungsuchenden. Restaurant mit typischer Stube und Terrasse auf den Trottoir.

**Meierei** ⚓ mit Zim, Nord-Ost : über Seepromenade und Spazierweg (Zufahrt mit dem Auto für Hotelgäste gestattet), via dim lej 52, ℰ 0818 332 060, *info@hote l-meierei.ch*, Fax *0818 338 838*, ≤ Berge, ☂, **≋s**, ☀ – video **P ⟳ 40. A ① ⓶** **VISA**
*17. Dez. - 1. April und 23. Juni - 30. Sept.* – **Rest** *(geschl. Montag)* (18) 40 (abends und à la carte 44/97 – **14 Zim** ⊂ ✦120/175 ✦✦170/330 – ½ P Zuschl. 40.
♦ In den schönen, modernen Zimmern oder im Restaurant mit Terrasse geniesst man in traumhafter Berglandschaft die absolute Ruhe und die wunderbare Sicht auf die Berge.

**Chesa Chantarella** ⚓ mit Zim, via Salastrains 10, Nord-West : 2 km, im Winte Strasse bis 16 Uhr geschlossen, aber mit Corvatsch-Standseilbahn und 10 min. Fuss weg erreichbar, ℰ 0818 333 355, *info@chesa-chantarella.ch*, Fax *0818 338 546* ≤ Berge, ☂ – |≩| ⚒ Zim, ⟵ **P ⟳ 20. A ⓶ VISA**. ⚒ Rest
*Dez. - April und Juli - Sept.* – **Rest** *(mittags nur einfaches Angebot)* à la carte 57/152 – **13 Zim** ⊂ ✦160/220 ✦✦390/510 – ½ P Zuschl. 35.
♦ Am Abend ist das modern-rustikale Ambiente dieses mitten im Skigebiet gelegener Restaurants besonders angenehm. Für die Nacht stehen neuzeitliche, praktische Zim mer bereit.

**Chasellas,** Süd-West : 2,5 km über via somplaz Y, via suvretta 22 ℰ 0818 333 854, Fax *0818 344 300*, ≤, ☂ – **A ① ⓶ VISA**
*10. Dez. - 21. April und 24. Juni - 30. Sept.* – **Rest** *(mittags nur kleine Karte)* (Tisch bestellung ratsam) 110 (abends) und à la carte 57/124.
♦ Während sich hier mittags die Skifahrer auf der Terrasse einfach verpfle gen, herrscht am Abend gemütliches Ambiente beim Verzehr von gutbürgerlicher Gerichten.

**auf der Corviglia** *mit Standseilbahn erreichbar :*

XX **Mathis Food Affairs,** Höhe 2 488, ☎ 0818 336 355, info@mathisfood.ch, Fax 0818 338 581, ≤ Berge und Tal, ☆ – AE MO VISA
*Ende Nov. - Ende April und Mitte Juni - Mitte Okt.* – **Rest** *(nur Mittagessen)* (im Sommer nur Self-Service) – **La Marmite :** Rest à la carte 71/168 – **Brasserie :** Rest à la carte 42/98.
♦ Eine weithin bekannte Adresse mitten im Skigebiet, wo sich die Reichen und Schönen bei Kaviar und Champagner im eleganten La Marmite treffen. Einfacher geht es in der lebendigen Brasserie zu.

**in Champfèr** *Süd-West : 3 km – Höhe 1 820 –* ⊠ *7512 Champfèr :*

🏨 **Chesa Guardalej,** ☎ 0818 366 300, info@chesa-guardalej.ch, Fax 0818 366 301, ≤, ☆, ◎, ♨, ≘s, ☒, ☞ – |ᴥ|, ⧖ Zim, ℅ ⇔ P – 🏕 15/80. AE ① MO VISA, ⧏ Rest
*geschl. 3. April. - 25. Juni und 10. Okt. - 3. Dez.* – **Jenatsch** *(nur Abendessen)* **Rest** 65 und à la carte 72/101 – **Stüva dal Postigliun :** Rest (16) und à la carte 50/103 – **91 Zim** ⥮ ✦145/375 ✦✦290/680, 4 Suiten – ½ P Zuschl. 55.
♦ Mehrere Häuser im Engadiner Stil - unterirdisch miteinander verbunden - bilden diese ansprechende Adresse. Helle, wohnliche Zimmer und geschmackvolle Suiten. Ländlich-elegant : das Jenatsch mit internationalem Angebot. Stüva dal Postigliun in rustikalem Stil.

XXX **Jöhri's Talvo,** via gunels 15, ☎ 0818 334 455, info@talvo.ch, Fax 0818 330 569,
🕸🕸 ☆ – P, AE ① MO VISA, ⧏
*7. Dez. - 1. April und 28. Juni - 23. sept.* – **Rest** *(geschl. im Winter Montag und Dienstagmittag ausser Hochsaison ; im Sommer Montag und Dienstag)* 98 (mittags im Sommer)/238 und à la carte 128/212 ☕.
**Spez.** La salade de homard tiède au vieux balsamique. Poisson entier rôti au four. Canard de Challans en croûte de sel
♦ In diesem sehr schönen, mit Geschmack renovierten Bündnerhaus aus dem 17. Jh. kann sich der Gast ganztägig mit einer ausgezeichneten kreativen Küche verwöhnen lassen.

---

**SANKT NIKLAUSEN** *6066 Obwalden (OW)* 🔢🔢 *O8 – Höhe 839.*
*Bern 107 – Luzern 24 – Altdorf 48 – Cham 46 – Engelberg 34 – Sarnen 6 – Stans 12.*

XX **Alpenblick,** Melchtalerstrasse, ☎ 0416 601 591, rest_alpenblick@bluewin.ch, Fax 0416 621 649, ≤ Bergpanorama, ☆ – P ⇔ 50. MO VISA
*geschl. 24. - 31. Dez., Feb. 1 Woche, Juli - Aug. 3 Wochen, Montag und Dienstag* – **Rest** *(Tischbestellung ratsam)* 45/85 und à la carte 36/90.
♦ Wählen Sie zwischen der kleinen gediegenen Stube und dem hellen, einfacheren Tagesrestaurant. Spezialitätenwochen und an der Saison ausgerichtete Küche.

---

**SANKT PELAGIBERG** *9225 Thurgau (TG)* 🔢🔢 *U4 – Höhe 570.*
*Bern 197 – Sankt Gallen 12 – Bregenz 45 – Frauenfeld 43 – Konstanz 32 – Winterthur 52.*

XX **Sankt Pelagius,** St. Pelagiberg 17, hinter der Kirche, ☎ 0714 331 434, wirtschaft-st.pelagius@bluewin.ch, Fax 0714 331 440 – ▤ P. AE MO VISA
*geschl. 8. - 22. Feb., 5. - 19. Juli, Sonntagabend, Montag und Dienstag* – **Rest** *(Tischbestellung erforderlich)* 48 (mittags)/120 und à la carte 62/119 ☕.
♦ Äusserlich unscheinbar überrascht das Haus mit elegantem und geschmackvollem Interieur. Aufmerksamer Service und aufwendig bereitete Speisefolgen erwarten den Geniesser.

---

**SANTA MARIA I. M.** *7536 Graubünden (GR)* 🔢🔢🔢 *AA10 – 389 Ew. – Höhe 1 388.*
🛈 *Tourismus Sta. Maria,* ☎ *0818 585 727, Fax 0818 503 930.*
*Bern 348 – Scuol 63 – Chur 138 – Davos 73 – Merano 69 – Sankt Moritz 69.*

🏨 **Schweizerhof,** ☎ 0818 585 124, info@schweizerhof-gr.ch, Fax 0818 585 009, ≤, ☆, ☞ – |ᴥ|, ⧖ Rest, P. AE ① MO VISA
*22. Jan. - 11. Nov.* – **Rest** 40 (abends) und à la carte 40/67 – **27 Zim** ⥮ ✦65/200 ✦✦130/250 – ½ P Zuschl. 30.
♦ Das klassische, 1903 eröffnete Hotel mit zwei schönen Salons und beeindruckender Aussicht beherbergt die Gäste in einfach eingerichteten Zimmern von unterschiedlicher Grösse. Restaurantbereich mit Speisesaal, zwei rustikalen Stuben und einer Terrasse.

**Alpina,** ℘ 0818 585 117, *alpina@santamaria.ch*, Fax 0818 585 697, 🏡 – 📶 🚗 **P.** 🚗 **VISA**
geschl. 1. Nov. - 20. Dez. – **Rest** (18.50) 28 (mittags) und à la carte 35/57 – **18 Zim** ⊆ ✦60/95 ✦✦130/190 – ½ P Zuschl. 25.
♦ In diesem ehemaligen Patrizierhaus an der Ortsdurchfahrt übernachtet der Gast in ausreichend geräumigen, mit soliden Naturholzmöbeln ausgestatteten Zimmern. Ländliche Gaststube und mit Arvenholz getäfeltes Restaurant.

**Piz Umbrail** (Wanninger) mit Zim, via maistra 41, ℘ 0818 585 505, *info@pizum brail.ch*, Fax 0818 586 150 – ✦ Zim, ⇔ 20. **AE** 🚗 **VISA.** ✿ Rest
geschl. 20. März - 12. April, Mitte Nov. - 20. Dez., Montagmittag im Sommer und in Winter Sonntag bis Mittwoch – **Rest** (Tischbestellung ratsam) 130 und à la carte 66/118 – **3 Zim** ⊆ ✦115 ✦✦200 – ½ P Zuschl. 75.
**Spez.** Medaillon vom Steinbutt an Trüffel - Beurre blanc. Crêpinette vom Rehrücker an Rotweinsirupjus. Rosa gebratenes Lammcarré an Bärlauchjus
♦ Eine alte Pferdestation aus dem 17. Jahrhundert : Sowohl die Cuschina Naira mit offenem Kamin als auch die zeitgemässe Küche verdienen Ihre besondere Beachtung.

---

**SÄRISWIL** 3044 Bern (BE) 🔢🔢 I7 – Höhe 640.
Bern 15 – Biel 27 – Fribourg 40 – Neuchâtel 47.

**Zum Rössli,** Staatsstr. 125, ℘ 0318 293 373, *kaufmann@roessli-saeriswil.ch*, Fax 0318 293 873, ≤, 🏡 – ✦ **P.** ⇔ 15/60. **AE** 🅾 🚗 **VISA**
geschl. 15. - 28. Feb., 9. - 30. Juli, Dienstag von Okt. - Juni, Sonntag von Juli - Sept und Montag – **Rest** (19.50) 35 (mittags)/81 und à la carte 40/93.
♦ Das Berner Bauernhaus a. d. 19. Jh. beherbergt gemütliche, rustikale Stuben und einen modernen Wintergarten mit schöner Aussicht. Internationale, teils regionale Küche.

**Rot steht für unsere besonderen Empfehlungen!**

---

**SARNEN** 6060 🔠 Obwalden (OW) 🔢🔢 N8 – 9 342 Ew. – Höhe 473.
🅱 Sarnen Tourismus, Hofstr. 2, ℘ 0416 665 040, *info@sarnen-tourism.ch*, Fax 0416 665 045.
🅱 Hofstr. 2, ℘ 0416 620 991, Fax 0416 665 045.
Bern 106 – Luzern 20 – Altdorf 44 – Brienz 34.

**Krone,** Brünigstr. 130, ℘ 0416 660 909, *info@krone-sarnen.ch*, Fax 0416 660 910, 🏡 – 📶, ✦ Zim, ☎ ♿ **P.** – ⚒ 15/200. **AE** 🅾 🚗 **VISA.** ✿ Rest
**Kronenstube** : **Rest** 46 und à la carte 46/90 – **Batzenhof** : **Rest** (18.50) und à la carte 40/78 – **59 Zim** ⊆ ✦100/130 ✦✦210 – ½ P Zuschl. 35.
♦ Das Hotel liegt an der Hauptstrasse im Ortszentrum. Durch eine helle, moderne Halle gelangen Sie in solide, funktionell gestaltete Zimmer, teils mit Balkon. Gediegenrustikale Kronenstube mit kleinem Angebot. Batzenhof in ländlichen Stil. Traditionelle Küche.

**Zum Landenberg,** Jordanstr. 1, ℘ 0416 601 212, *gasthaus-zum-landenberg@ bluewin.ch*, Fax 0416 601 256, 🏡 – **AE** 🅾 🚗 **VISA.** ✿
geschl. 26. Feb. - 19. März, Samstagmittag und Sonntag – **Rest** (19.50) 45 (mittags)/95 und à la carte 48/97 🍷.
♦ In diesem hellen, freundlichen Restaurant mit Vinothek und moderner Einrichtung finden Sie sicher den jeweils passenden Tropfen zu den angebotenen mediterraner Speisen.

**in Kägiswil** Nord : 3,5 km – Höhe 484 – ✉ 6056 Kägiswil :

**Adler,** Brünigstr. 7, ℘ 0416 667 755, *adler.kaegiswil@bluewin.ch*, Fax 0416 667 756, 🏡 – **P. AE** 🅾 🚗 **VISA**
geschl. 21. Feb. - 1. März, 18. Juli - 2. Aug., Dienstagabend und Mittwoch – **Stübli** **Rest** (30) 54 (mittags)/85 und à la carte 52/87 – **Gaststube** : **Rest** (18) und à la carte 39/78.
♦ Im hinteren Teil des Restaurants, dem kleinen gehobenen Stübli wählt man aus einem traditionellen Speisenangebot. Auch die einfachere Gaststube bietet traditionelle, sorgfältig bereitete Speisen.

**in Wilen** *Süd-West : 3 km – Höhe 506 – ✉ 6062 Wilen :*

**Wilerbad** ⛭, ✆ 0416 627 070, *info@wilerbad.ch, Fax 0416 627 080,* ≤ Sarnersee und Berge, 斎, Lδ, ≘s, ⛱ – 肖 ✆ ♿ Rest, P – 🔔 15/100. AE ⓓ Ⓜ VISA

***Taptim Thai*** - thailändische Küche - **Rest** (19) 33 (mittags)/68 und à la carte 45/79 – ***Vivaldi :*** **Rest** (19) 33 (mittags)/49 und à la carte 45/85 – **57 Zim** ☐ ♀140/175 ♀♀240/310 – ½ P Zuschl. 38.

◆ Das moderne Geschäftshotel liegt sehr ruhig oberhalb des Sees. Die Zimmer mit funktioneller Einrichtung bestechen so besonders durch die Aussicht. Taptim Thai mit thailändischer Küche. Vivaldi mit Terrasse, die einen schönen Blick auf See und Berge gewährt.

**Waldheim au Lac** ⛭, ✆ 0416 601 383, *info@waldheim.com, Fax 0416 602 383,* ≤, 斎, ≘s, ⛱, ⛱, ⛵, ⚓ – ⛔ Zim, ✆ ♿ Rest, P – 🔔 15/60. AE ⓓ Ⓜ VISA

*geschl. 20. Dez. - 15. Jan., 18. Feb. - 5. März –* **Acquarello** *(geschl. Montag und Dienstag von Nov. - Ostern)* **Rest** 63 (abends) und à la carte 53/102 – **32 Zim** ☐ ♀124/132 ♀♀182/202 – ½ P Zuschl. 33.

◆ Durch den hauseigenen Park gelangen Sie zu diesem Hotel. Die Zimmer : neuzeitlich, einige auch etwas älter und schlicht-rustikal. Im Sommer ist die Liegewiese am See beliebt. Das Restaurant bietet gute zeitgemässe Küche. Sehr schön ist die Terrasse zum See hin.

---

## SATIGNY *1242 Genève (GE)* 552 A11 – *2 509 h. – alt. 485.*

*Bern 170 – Genève 11 – Bellegarde-sur-Valserine 33 – Divonne-les-Bains 23 – Oyonnax 63.*

**à Peney-Dessus** *Sud : 3 km par route de Dardagny et voie privée – ✉ 1242 Satigny :*

**Domaine de Châteauvieux** (Chevrier) ⛭ avec ch, 16 ch. de Châteauvieux, ✆ 0227 531 511, *info@chateauvieux.ch, Fax 0227 531 924,* ≤, 斎 – ▤ ch, ✆ P ⇔ 15. AE ⓓ Ⓜ VISA

*fermé 24 déc. au 9 janv. et 30 juil. au 15 août –* **Rest** *(fermé dim. et lundi)* 88 (midi)/240 et à la carte 178/238 ✻ – **12 ch** ☐ ♀215/235 ♀♀265/405.

**Spéc.** Porcelet laineux d'Aire-la-Ville. Menu gibier à plume (oct. - déc.). Menu truffe noire (janv. - mars). **Vins** Satigny

◆ Cette ancienne ferme promue hostellerie oeuvre au coeur du vignoble. Cuisine exquise, crus prestigieux et tout l'agrément que l'on peut attendre d'une grande maison de bouche.

**à Peney-Dessous** *Sud : 3 km – ✉ 1242 Satigny :*

**Le Café de Peney,** 130 rte d'Aire-la-Ville, ✆ 0227 531 755, *peney@chateauvieux.ch, Fax 0227 531 760,* 斎 – AE ⓓ Ⓜ VISA

*fermé 24 déc. au 2 janv. –* **Rest** (prévenir) (24) 58 et à la carte 63/107.

◆ Plaisante ambiance de bistrot cossu, jardin d'hiver, cave rabelaisienne, joli restaurant d'été sous tonnelle et ponton d'amarrage. Au total : un bon petit repaire gourmand.

---

## SAULCY *2873 Jura (JU)* 551 H5 – *271 h. – alt. 910.*

*Bern 75 – Delémont 21 – Basel 67 – Biel 40 – La Chaux-de-Fonds 42.*

**Bellevue,** ✆ 0324 334 532, *Fax 0324 334 693,* ≤, 斎 – P – 🔔 15. AE Ⓜ VISA

*fermé fév., mardi et merc. sauf mi-juin à août –* **Rest** (14) et à la carte 31/74 – **11 ch** ☐ ♀70 ♀♀120/150 – ½ P suppl. 30.

◆ Belle bâtisse ancienne (1905) de style régional tournée vers la vallée et les monts du Jura. Chambres diversement agencées ; celle portant le numéro 25 est la plus charmante. Restaurant au décor rustique et à l'ambiance familiale. Cuisine traditionnelle.

---

## SAVOGNIN *7460 Graubünden (GR)* 553 V10 – *944 Ew. – Höhe 1 210 – Wintersport : 1 210/2 713 m* ⛷2 ⛷13 ⛷.

**Lokale Veranstaltungen**

*01.03 : "chalandamarz" alter Frühlingsbrauch und Kinderfest*

*18.03 - 19.03 : Nationales Alpguggenmusiktreffen mit Umzug.*

ℹ *Savognin Tourismus im Surses, stradung,* ✆ *0816 591 616,* ferien@savognin.ch, *Fax 0816 591 617.*

*Bern 290 – Sankt Moritz 39 – Chur 49 – Davos 40.*

🏛 **Romana,** veia davos tga clo 2, ℰ 0816 841 544, *info@hotel-romana.ch*
Fax 0816 843 707, ☕ – 🅿 ⓜⓞ 𝘷𝘪𝘴𝘢
*geschl. 14. April - 15. Mai, 31. Okt. - 25. Nov. und Dienstag in Zwischensaison –* **Rest**
à la carte 48/89 – **15 Zim** ⊆ ✝65/118 ✝✝130/206 – ½ P Zuschl. 35.
♦ In diesem familiär geführten Haus im unteren Dorfteil übernachtet man in mit hellen Holzmöbeln etwas verschieden eingerichteten Zimmern mit Standardkomfort Vielfältige Gastronomie : einfache Gaststube, gemütlich-rustikale Pizzeria und gehobenes Restaurant.

ⅩⅩ **Bela Riva** mit Zim, veia grava 1, ℰ 0816 842 425, *info@bela-riva.ch*,
⊝ Fax 0816 843 505, ☕ – ❤ 🅿 ⒶⒺ ⓞⓓ ⓜⓞ 𝘷𝘪𝘴𝘢
**Rest** *(geschl. 18. April - 13. Mai, 6. Nov. - 7. Dez. und Montag - Dienstag in der der Zwischensaison)* (16.50) und à la carte 37/81 – **13 Zim** ⊆ ✝70/125 ✝✝120/230 – ½ P Zuschl. 35.
♦ In neo-rustikalem Ambiente offeriert man den Gästen aufwändig angerichtete Speisen einer traditionellen Küche. Mit Naturholzmobiliar in ländlichem Stil ausgestattete Zimmer.

---

**SAX** 9468 Sankt Gallen (SG) 🮱🮱🮱 V6 – Höhe 484.
Bern 243 – Sankt Gallen 60 – Altstätten 25 – Bad Ragaz 33 – Rapperswil 92.

ⅩⅩ **Schlössli** mit Zim, Hauptstr. 80, ℰ 0817 504 090, *info@schloesslisax.ch*
🏯 Fax 0817 504 091, ≤ Rheintal und Berge, ☕ – 🅿 ⇔ 15/100 – 🔏 60. ⒶⒺ ⓜⓞ 𝘷𝘪𝘴𝘢
*geschl. 30. Jan. - 28. Feb., Montag und Dienstag –* **Rest** 40/94 und à la carte 68/115
– **Bier Stübli :** Rest (18) und à la carte 44/95 – **9 Zim** ⊆ ✝120 ✝✝160.
♦ Schönes Restaurant in einem Herrschaftshaus von 1551 : das Grotto mit Kreuzgewölbe und das Freiherrenstübli mit getäferten Wänden, beide in schlichter Modernität gestylt. Die einfachere Version : das Bier Stübli. Zeitgemässe Zimmer mit funktioneller Einrichtung.

# SCHAFFHAUSEN (SCHAFFHOUSE)

*8200* **K** *Schaffhausen (SH)* **551** *Q3 – 33 818 Ew. – Höhe 404*

*Bern 158* ④ *– Zürich 50* ④ *– Baden 69* ④ *– Basel 99* ④ *– Konstanz 56* ②
*– Tuttlingen 53* ①*.*

**🛈** *Schaffhausen Tourismus, Herrenacker 15,* 📞 *0526 324 020, info@schaffhausentou
rismus.ch, Fax 0526 324 030 A.*

**✪** *Vordergasse 32,* 📞 *0526 300 000, Fax 0526 300 009 B.*

**✪** *Durachweg 22,* 📞 *0526 256 181, Fax 0526 330 534 A.*

**🛬₁₈** *Rheinblick in Lottstetten-Nack (Deutschland),* ✉ *D-79807 (Feb.-Nov.)*
📞 *(0049) 77 45 92 960, Fax (0049) 77 45 92 96 13, über* ④ *dann Lottstetten,
Nack : 19 km.*

**🛬₂₇** *Obere Alp in Stühlingen (Deutschland),* ✉ *D-79780 (März-Nov.)* 📞 *(0049)
77 03 92 030, Fax (0049) 77 03 92 03 18, über* ① *: 20 km.*

**Sehenswert** : *Altstadt*★ *: Aussichtspunkt*★*, Vordergasse*★ B.

**Museum** : *Museum zu Allerheiligen*★ B **M¹** *– Hallen für neue Kunst* B **M²**.

**Ausflugziel** : *Rheinfall*★★ *über* ③ *oder* ④*.*

Schloss Munot am Rheinufer

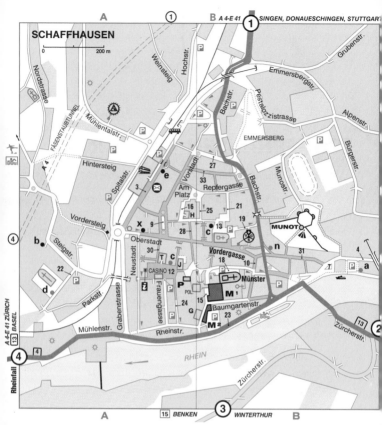

SCHAFFHAUSEN

**Bahnhof** garni, Bahnhofstr. 46, ℰ 0526 303 535, mail@hotelbahnhof.ch, Fax 0526 303 536 – 📶 ⇔ 📞 ⟷ – 🔬 15/60. 🖭 ⓸ ⓶ 𝗩𝗜𝗦𝗔. ⌖  A e geschl. 23. Dez. - 8. Jan. – **52 Zim** ⥮ ✴155/195 ✴✴240/290.
♦ Gegenüber dem Bahnhof gelegenes Hotel, das über unterschiedlich möblierte, zeitgemäss ausgestattete Gästezimmer sowie Tagungsräume verfügt.

**Promenade,** Fäsenstaubstr. 43, ℰ 0526 307 777, info@promenade-schaffhausen.ch, Fax 0526 307 778, 🌲, ⥱, 🚗 – 📶, ⥱ Zim, 🄿 – 🔬 15/30. 🖭 ⓸ ⓶ 𝗩𝗜𝗦𝗔 geschl. 22. Dez. - 5. Jan. – **Rest** 35 und à la carte 36/92 – **39 Zim** ⥮ ✴130/175 ✴✴195/250 – ½ P Zuschl. 27.  A b
♦ Das Hotel liegt ausserhalb des Zentrums relativ ruhig in einer Wohngegend. Die mit hellen Furnierholzmöbeln zweckmässig eingerichteten Zimmer haben meist eine kleine Sitzecke. Kleines, bürgerlich dekoriertes Restaurant.

**Zunfthaus zum Rüden** garni, Oberstadt 20, ℰ 0526 323 636, info@rueden.ch, Fax 0526 323 637 – 📶 ⇔ 📞 – 🔬 15/40. 🖭 ⓸ ⓶ 𝗩𝗜𝗦𝗔  A x geschl. 24. Dez. - 3. Jan. – **30 Zim** ⥮ ✴150/180 ✴✴250, 17 Suiten.
♦ In diesem Zunfthaus aus dem 18. Jh. mit schöner Fassade wurde sehr grosser Wert auf die Harmonie von historischer Bausubstanz und modernstem Wohnkomfort gelegt.

🏠 **Kronenhof,** Kirchhofplatz 7, ℰ 0526 357 575, *info@kronenhof.ch,*
*Fax 0526 357 565,* 🐃 – 📞, 🌿 Zim, 🔌 🐧 Rest –, 🦿 15/60. 🖭 ⓪ 🐠 *VISA* B c
*geschl. 24. Dez - 4. Jan. – Rest (17) 20 (mittags) und à la carte 41/89 – 37 Zim* �
✝130/140 ✝✝190/235, 3 Suiten – ½ P Zuschl. 35.
◆ Seit 1414 wird das neben der Kirche, am Rande der Fussgängerzone gelegene Hotel
als Gasthof betrieben. Neuzeitliche und funktionelle Zimmer. Neben einer traditionellen Gaststube bietet man ein separates Bistro mit vegetarischen Gerichten aus
Sri Lanka.

𝕏𝕏𝕏 **Rheinhotel Fischerzunft** (Jaeger) mit Zim, Rheinquai 8, ℰ 0526 320 505, *inf*
🌸 *o@fischerzunft.ch, Fax 0526 320 513,* ≤, 🐃 – 🖭 ⓪ 🐠 *VISA* B a
Rest *(geschl. Montag und Dienstag vom 9. Jan. - 28. März)* 95/195 und à la carte
93/185 ℘ – **Rest.** (siehe auch ***VinOpium***) – **10 Zim** ⊃ ✝190/240 ✝✝280/330.
**Spez.** Bento Box mit vier asiatischen Köstlichkeiten. Grosser Fischteller mit Zander,
Sankt Petersfisch und Seeteufel auf verschiedene Arten zubereitet. Bretonischer
Steinbutt in der Salzkruste auf zwei Arten serviert. **Weine** Truttiker, Hallauer
◆ Ein Meister des "Yin und Yang", einer sehr aufwändigen euro-asiatischen Küche,
steht am Herd dieses eleganten Hauses. Nach diesem Genuss empfehlen sich kom-
fortable Zimmer.

𝕏𝕏 **Theaterrestaurant,** Herrenacker 23, ℰ 0526 250 558, *Fax 0526 250 594,* 🐃
🌸 – 🅿 🔄 20. 🖭 ⓪ 🐠 *VISA* A c
*geschl. 24. - 30. Dez., 15. Juli - 7. Aug., Sonntag und Montag* – **Rest** (1. Etage) à la
carte 59/101 – ***Bistro :*** Rest (18.50) und à la carte 41/69.
◆ Was liegt näher, als sich vor einem Besuch des daneben liegenden Theaters im
modernen, gleichnamigen Restaurant ein sorgfältig zubereitetes, klasssiches Gericht
zu gönnen? Im Bistro wird eine kleine Karte mit traditionellen Gerichten gereicht.

𝕏𝕏 **Gerberstube,** Bachstr. 8, ℰ 0526 252 155, *info@gerberstube.ch,*
*Fax 0526 243 193,* 🐃 – 🖭 ⓪ 🐠 *VISA* B n
*geschl. 24. - 30. Dez., 29. Jan. - 6. Feb., 23. Juli - 12. Aug., Sonntag und Montag* –
**Rest** (38) 57 (mittags)/76 und à la carte 65/129.
◆ Neben gutbürgerlichen Speisen serviert man in diesem kleinen, sehr familiär geführ-
ten Restaurant auch Spezialitäten aus Italien, dem Heimatland der Besitzerfamilie.

𝕏𝕏 **Schaffhauserhof,** Promenadenstr. 21, ℰ 0526 255 800, *schaffhauserhof@sc*
🌸 *haffhausen.ch, Fax 0526 255 830,* 🐃 – 🔄 40. 🖭 ⓪ 🐠 *VISA* A d
**Rest** *(geschl. Montag und Dienstag)* (18.50) 36 (mittags)/98 und à la carte 45/94.
◆ Diese solide Adresse finden Sie am Rande des Zentrums in recht ruhiger Lage. Das
klassisch eingerichtete Restaurant wird ergänzt durch eine Terrasse vor dem Haus.

𝕏 **VinOpium** - *Rheinhotel Fischerzunft*, Rheinquai 8, ℰ 0526 320 505, *info@fische*
🌸 *rzunft.ch, Fax 0526 320 513,* 🐃 – 🖭 ⓪ 🐠 *VISA* B a
*geschl. Montag und Dienstag vom 9. Jan. - 28. März* – Rest à la carte 46/76 ℘.
◆ Die Restauranträume des VinOpium sind in eine Vinothek-Lounge und einen Bis-
trobereich unterteilt. Man serviert hier zeitgemässe Gerichte zu moderaten Preisen.

𝕏 **Sommerlust,** Rheinhaldenstr. 8, ℰ 0526 300 060, *info@sommerlust.ch,* 🐃, 🌼
– 🐧 Rest, 🅿 🔄 10. 🖭 ⓪ 🐠 *VISA*
*geschl. 30. Jan. - 24. Feb.* – **Rest** (21) 45 (mittags) und à la carte 55/92.
◆ Man nennt sich nicht nur Kulturgaststätte, sondern man wird mit Konzerten und
Kunstausstellungen seinem Namen auch gerecht. Serviert wird eine zeitgemässe
Küche.

**n Herblingen** *über* ① *: 3 km –* ✉ *8207 Schaffhausen :*

🏠 **Hohberg,** Schweizersbildstr. 20, ℰ 0526 434 249, *hotel.hohberg@bluewin.ch,*
🌸 *Fax 0526 431 400,* 🐃 – 🌿 Zim, 🅿 🖭 ⓪ 🐠 *VISA*
**Rest** (18) und à la carte 39/87 – **25 Zim** ⊃ ✝95/135 ✝✝180/190.
◆ Will man etwas ausserhalb der Stadt übernachten, empfiehlt sich das Hotel Hohberg
mit seinen verschieden eingerichteten, jedoch durchweg modernen Zimmern. Beim
Essen blickt man in die nur durch eine Glasscheibe abgetrennte Reithalle.

**n Neuhausen am Rheinfall** *über* ④ *: 2 km – Höhe 397 –* ✉ *8212 Neuhausen am
Rheinfall :*

𝕏 **Schlössli Wörth,** am Rheinfall, ℰ 0526 722 421, *info@schloessliwoerth.ch,*
🌸 *Fax 0526 722 430,* ≤ Rheinfall – 🔳 🅿 🖭 ⓪ 🐠 *VISA*
*geschl. 30. Jan. - 15. Feb. und Mittwoch von Okt. - März* – **Rest** 49 (mittags)/72 und
à la carte 55/91.
◆ Einen wahren Logenplatz hat der Gast in diesem Restaurant direkt gegenüber dem
grössten Wasserfall Europas. Zur Panoramasicht bietet man zeitgemässe Gerichte.

**SCHALCHEN** Zürich 551 R5 – siehe Wila.

**SCHANGNAU** 6197 Bern (BE) 551 L8 – 953 Ew. – Höhe 933.
Bern 55 – Langnau im E. 26 – Luzern 63 – Thun 20.

**in Kemmeriboden-Bad** Süd-Ost : 8 km – Höhe 979 – ⊠ 6197 Schangnau :

🏨 **Kemmeriboden-Bad** ⤢, 𝒫 0344 937 777, hotel@kemmeriboden.ch
Fax 0344 937 770, ≤, 🚿, 🛏 – ⧉ ⤢ 📞 🕭 Zim, 🅿 – 🔬 40. 𝔸𝔼 ⓪ 𝕄𝕆 𝕍𝕀𝕊𝔸. ⤢ Res
geschl. 5. - 26. Dez. – **Rest** (geschl. Montag von Nov. - April und Sonntagabend) (25
50 (abends) und à la carte 42/97 – **31 Zim** ⊇ ✦101/112 ✦✦184/200 – ½ P Zusch
45.
◆ Der schöne Landgasthof von 1892 liegt eingebettet in eine idyllische Alpenlandschaft am Ende des Tales. Die Zimmer sind frisch renoviert und bieten zeitgemässe
Komfort. Einfache Wirtschaft sowie zwei mit hellem Holz rustikal und gemütlich
gestaltete Stuben.

**SCHEUNENBERG** Bern (BE) 551 I-J6 – Höhe 487 – ⊠ 3251 Wengi b. Büren.
Bern 21 – Biel 14 – Burgdorf 28 – Neuchâtel 42 – Solothurn 26.

※※ **Sonne,** Scheunenberg 70, 𝒫 0323 891 545, sonne-scheunenberg@bluewin.ch
⊛ Fax 0323 891 536, 🚿 – 🅿, 𝔸𝔼 ⓪ 𝕄𝕆 𝕍𝕀𝕊𝔸
geschl. 23. Jan. - 12. Feb., 18. - 28. Sept., Montag und Dienstag – **Rest** 5
(mittags)/129 und à la carte 85/142 – **Bistro :** Rest à la carte 43/98.
◆ Schon die Lage in dem kleinen Weiler und die typische Fassade des alten Berne
Bauernhauses stimmen auf den Genuss zeitgemässer Gerichte in den angenehme
Stuben ein.

**SCHLARIGNA** Graubünden 553 X10 – siehe Celerina.

**SCHLATT B. APPENZELL** Appenzell Innerrhoden 551 R4 – siehe Appenzell.

**SCHMERIKON** 8716 Sankt Gallen (SG) 551 S6 – 3 200 Ew. – Höhe 408.
Bern 177 – Zürich 45 – Frauenfeld 54 – Glarus 27 – Sankt Gallen 51.

🏨 **Strandhotel** ⤢, Allmeindstrasse, 𝒫 0552 825 600, info@strand-hotel.ch
⊛ Fax 0552 824 571, ≤, 🚿 – 🅿, 𝔸𝔼 𝕄𝕆 𝕍𝕀𝕊𝔸
**Rest** - italienische Küche - (geschl. 15. Jan. - 20. Feb. und Donnerstag ausser Mai b
Sept.) à la carte 42/89 – **12 Zim** ⊇ ✦120 ✦✦160.
◆ Mit schöner Aussicht : Im direkt am See ruhig gelegenen Hotel übernachtet de
Gast in Zimmern und Appartements, die geschmackvoll im mediterranen Stil ein
gerichtet wurden. Modernes Restaurant in warmen Farben und grosse Terrasse.

**SCHNAUS** Graubünden 553 T9 – siehe Ilanz.

**SCHNEISINGEN** 5425 Aargau (AG) 551 O-P4 – 1 234 Ew. – Höhe 485.
Bern 127 – Aarau 47 – Baden 10 – Schaffhausen 61 – Zürich 32.

※ **Alpenrösli,** in Mittelschneisingen, Dorfstr. 26, 𝒫 0562 411 901, alpenrösli@his
⊛ eed.ch, Fax 0562 411 914, 🚿 – 🅿, ⓪ 𝕄𝕆 𝕍𝕀𝕊𝔸
**Rest** (geschl. Montag und Dienstag) (19.50) 74 und à la carte 49/96.
◆ Im Alpenrösli, im Ortsteil Mittelschneisingen gelegen, kann der Gast in verschie
denen, ländlich dekorierten Räumen Gerichte aus einer bürgerlichen Karte wähle

**SCHÖNBÜHL** 3322 Bern (BE) 551 J7 – Höhe 526.
⊛ Bahnhofstr. 5, 𝒫 0318 526 802, Fax 0318 526 868.
Bern 12 – Biel 30 – Burgdorf 12 – Neuchâtel 50 – Solothurn 26.

※※ **Schönbühl** mit Zim, Alte Bernstr. 11, 𝒫 0318 596 969, info@gasthof-schoenb
⊛ ehl.ch, Fax 0318 596 905, 🚿, 🛏 – ⧉ ⤢ 🅿 ⇄ 4/150 – 🔬 15/80. ⓪ 𝕄𝕆 𝕍𝕀𝕊
geschl. 24. - 28. Dez. und Mittwoch – **Rest** (17.50) und à la carte 44/96 – **12 Zim**
⊇ ✦94/109 ✦✦159/179 – ½ P Zuschl. 28.
◆ Im Zentrum des Ortes finden Sie diesen traditionellen Berner Landgasthof a. d. 19
Jh. - behagliche Stuben laden hier zum Verweilen ein. Einfach gehaltene Zimmer.

**SCHÖNENWERD** 5012 Solothurn (SO) 551 M5 – 4624 Ew. – Höhe 379.

Museum : Schuhmuseum★★.

*Bern 74 – Aarau 5 – Baden 31 – Basel 55 – Luzern 52 – Solothurn 43 – Zürich 43.*

🏨 **Storchen,** Oltnerstr. 16, ℰ 0628 584 747, info@hotelstorchen.ch,
Fax 0628 584 700, ⇔ – ♦, ✦✦ Zim, 🍴 Rest, ℰ 🅿 – 🔏 15/200. 🆎 ⓞ ⓜⓞ 𝑉𝐼𝑆𝐴
geschl. 24. Dez. - 3. Jan. – **à la cARTe :** Rest 45 (mittags) und à la carte 49/92 –
**Giardino :** Rest (17) und à la carte 48/80 – **27 Zim** ⊃ ✦125/145 ✦✦195/225.
♦ In dem soliden Geschäftshotel an der Hauptstrasse stehen funktionale Gästezimmer bereit, meist mit gutem Platzangebot. Fragen Sie nach den Zimmern im hinteren Bereich. Modern : das à la cARTe. Im Giardino bietet man italienische und bürgerliche Speisen.

**SCHÖNRIED** Bern 551 I10 – siehe Gstaad.

**SCHÖTZ** 6247 Luzern (LU) 551 M6 – 3218 Ew. – Höhe 508.
*Bern 81 – Aarau 35 – Luzern 40 – Olten 25.*

🍴 **Pinte,** Schmiedgasse 13, ℰ 0419 801 333, pinte@pinte-schoetz.ch,
Fax 0419 805 333 – 🅿. 🆎 ⓞ ⓜⓞ 𝑉𝐼𝑆𝐴. ✦
geschl. 20. Feb. - 7. März und 31. Juli - 15. Aug., Montag und Dienstag – **Rest** (18)
51/116 und à la carte 52/100.
♦ Im Ortszentrum gelegenes Restaurant mit gepflegter, in traditionellem Stil gehaltener Einrichtung. Im Eingangsbereich steht eine Schiefertafel mit einigen Empfehlungen.

**SCHÜPFEN** 3054 Bern (BE) 551 I7 – 3181 Ew. – Höhe 519.
*Bern 15 – Biel 19 – Burgdorf 25 – Neuchâtel 48 – Solothurn 37.*

🏠 **Bahnhof,** Bernstr. 7, ℰ 0318 791 108, h.fritsch@bluewin.ch, Fax 0318 720 135,
⇔ – 🅿 – 🔏 15. 🆎 ⓜⓞ 𝑉𝐼𝑆𝐴
geschl. Jan. und Juni jeweils 3 Wochen – **Rest** (geschl. Donnerstag) (16) und à la carte
33/85 – **10 Zim** ⊃ ✦85/95 ✦✦130/140 – ½ P Zuschl. 25.
♦ Wie der Name schon vermuten lässt, kann man gegenüber dem kleinen Bahnhof
in modernen, mit hellen Furnierholzmöbeln zweckmässig eingerichteten Zimmern
übernachten. Einfache, rustikale Gaststube und gehobenerer Restaurantteil.

**SCHWARZENBURG** 3150 Bern (BE) 551 I8 – Höhe 792.

**Lokale Veranstaltung**
*31.12 : Altjahrsesel, alter Brauch.*

🛈 Verkehrsbüro, Dorfplatz 22, ℰ 0317 311 391, info@schwarzenburgerland.ch,
Fax 0317 313 211.
*Bern 19 – Fribourg 17 – Thun 31.*

🏠 **Sonne,** Dorfplatz 3, ℰ 0317 312 121, info@sonne-schwarzenburg.ch,
Fax 0317 311 651, ⇔ – ♦, ✦✦ Zim, 🅿 – 🔏 15. 🆎 ⓞ ⓜⓞ 𝑉𝐼𝑆𝐴
**Rest** (geschl. Sonntag) (18) 63 und à la carte 41/88 – **19 Zim** ⊃ ✦90 ✦✦150 –
½ P Zuschl. 30.
♦ Im Herzen des Schwarzenburgerlandes ist dieses Hotel ein günstiger Ausgangspunkt, um die Umgebung zu erkunden. Die hellen Zimmer sind zweckmässig ausgestattet. Für die Mahlzeiten : ein rustikales Restaurant sowie die gepflegte Son-
nenstube mit alter Weinpresse.

**SCHWEFELBERG BAD** Bern (BE) 551 J9 – Höhe 1398 – ✉ 1738 Sangernboden.
*Bern 61 – Interlaken 58 – Fribourg 35 – Thun 31.*

🏨 **Romantik Hotel Schwefelberg-Bad** ⟩, ℰ 0264 198 888, info@schwefe
lbergbad.ch, Fax 0264 198 844, ≤, ⇔, ⇔s, ⛲, ✦, ✦, ♠ – ♦, ✦✦ Zim, ℰ 🅿 🆎
ⓜⓞ 𝑉𝐼𝑆𝐴
geschl. 17. April - 8. Mai und Ende Okt. - 27. Dez. – **Rest** (16.50) 46 und à la carte
36/93 – **36 Zim** ⊃ ✦145/290 ✦✦290/370 – ½ P Zuschl. 20.
♦ Schon im 16. Jh. wurden die romantisch in einer schönen Alpenlandschaft gelegenen Schwefelquellen genutzt. Das Hotel bietet sehr ruhige Zimmer mit gutem
Komfort. Idyllische Speiseterrasse und rustikales Restaurant.

**SCHWYZ** 6430 K Schwyz (SZ) 551 Q7 – 13 620 Ew. – Höhe 501.

Sehenswert : Bundesbriefarchiv★ A – Kanzel★ der Pfarrkirche St. Martin B.

Ausflugsziel : Rigi-Scheidegg★★ über ② : 12 km und Luftseilbahn – Strasse zun Ibergeregg-Pass★ : Ibergeregg : Aussicht★ Ost über Rickenbachstrasse Ost 11,5 km – Höllochgrotte★ Süd-Ost über Grundstrasse : 16 km.

🖪 infoSchwyz-Tourismusbüro, Bahnhofstr. 4, ☎ 0418 101 991, infoschwy: @ wbs.ch, Fax 0418 115 529 A.

☖ Bahnhofstr. 3, ☎ 0418 174 646, Fax 0418 174 601 A.

Bern 154 ② – Luzern 37 ② – Altdorf 19 ① – Einsiedeln 27 ③ – Glarus 68 ③

### SCHWYZ

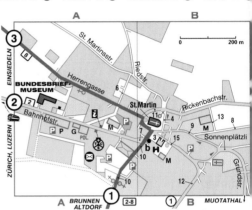

🏨 **Wysses Rössli,** Hauptplatz 3, ☎ 0418 111 922, info@ roessli-schwyz.ch Fax 0418 111 046, 🏤 – 🛗, 🛄 Zim, 🕿 🕭 Zim, 🚗 – 🔬 15/30. AE ① ③ VISA B geschl. 22. Dez. - 7. Jan. – **Turmstube :** Rest 38 (mittags)/70 und à la carte 46/9 – **Wirtschaft :** Rest (19) 28 (mittags) und à la carte 40/81 – **27 Zim** 🖙 ✶130/15 ✶✶200/260 – ½ P Zuschl. 30.

♦ Das unter Denkmalschutz stehende Gasthaus liegt neben dem schönen Rathau am Dorfplatz. Die Zimmer bieten viel Platz und ausreichenden Wohnkomfort. Turms tube mit Täfer a. d. 17. Jh. und klassischem Angebot. Einfacher, aber lebendig geht in der Wirtschaft zu.

**Nord-West** Richtung Einsiedeln über ③ : 5,5 km – ✉ 6422 Steinen :

XXX **Adelboden** (Wiget), Schlagstrasse, ☎ 0418 321 242, franz.wiget@ bluewin.ch Fax 0418 321 942, ≼, 🏤 – P ⇌ 10. AE ① ③ VISA geschl. 19. Feb. - 9. März, 16. Juli - 3. Aug., Sonntag und Montag – Rest 5 (mittags)/145 und à la carte 98/141.

**Spez.** Grillierte Sankt Jakobsmuscheln mit "Gummelistunggis" und Périgord Trüffelr Das Beste vom Muotathaler Milchkalb. Pfirsichsoufflé (Sommer)

♦ Folgt man der Kantonsstrasse nach Pfäffikon, ist das alte Bauernhaus mit de schönen, heimeligen Stuben kaum zu verfehlen. Besondere Beachtung verdient di zeitgemässe Küche.

**SCUOL** (SCHULS) 7550 Graubünden (GR) 553 Z9 – 2 134 Ew. – Höhe 1 244 – Wintersport 1 250/2 783 m ⟨≰ 2 ≰ 12 ⟨≰ – Kurort.

Sehenswert : Lage★ – Ausflugsziel : Strasse nach Ardez★ West – Kreuzberg★ Ansicht★★ von Schloss Tarasp über ② : 6 km.

🔓 in Vulpera, ✉ 7552 (Mitte Mai - Anfang Okt.) ☎ 0818 649 688 Fax 0818 649 689.

**Lokale Veranstaltung**

01.03 : "chalandamarz" alter Frühlingsbrauch und Kinderfest.

🖪 Scuol Information, stradun, ☎ 0818 612 222, info@ scuol.ch, Fax 0818 612 223 A Bern 330 ② – Chur 106 ② – Davos 49 ① – Landeck 614 ① – Merano 105 ② Sankt Moritz 62 ②

Stadtplan siehe gegenüberliegende Seite

400

# SCUOL

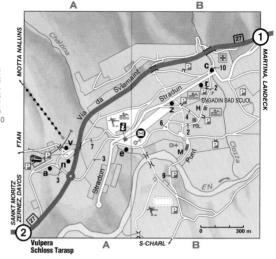

🏨 **Belvedere,** stradun 330, ☏ 0818 610 606, info@belvedere-scuol.ch, Fax 0818 610 600, ⩤, 🏡, ⩳s, 🛀, ⊸ – 🛗, ⩥ Zim, ☏ 🄿 – 🛗 15/20. ⓞ ⓜⓔ 𝒱𝐼𝒮𝒜. ⩥ Rest
B z
geschl. 17. April - 19. Mai – **Rest** (22) 59/85 (abends) und à la carte 50/106 – **63 Zim** 🍽 🛏145/265 🛏🛏290/480 – ½ P Zuschl. 25.
✦ Hinter einer ansprechenden historischen Fassade verbergen sich eine einladende Halle und freundliche, helle Zimmer in modernem Design. Hübsch sind auch die Turm-zimmer. Restaurant in rustikal-elegantem Stil.

🏨 **Altana,** via staziun 496, ☏ 0818 611 111, hotel@altana.ch, Fax 0818 611 112, ⩤, 🏡, ⊸ – 🛗 ዄ ⇔ 🄿 🄰🄴 ⓞ ⓜⓔ 𝒱𝐼𝒮𝒜
A a
17. Dez. - 1. April und 4. Juni - 21. Okt. – **Rest** (15.50) 52 (abends) und à la carte 44/96 – **24 Zim** 🍽 🛏130/175 🛏🛏198/310 – ½ P Zuschl. 30.
✦ Unterhalb des Bahnhofs gelegen, offeriert dieses Hotel seinen Gästen Zimmer ver-schiedener Grösse, mit massiven Erlenholzmöbeln und moderner Ausstattung. Das Restaurant präsentiert sich in hellen, frischen Farben.

🏨 **Bellaval,** Ftanerstrasse, ☏ 0818 641 481, info@bellaval-scuol.ch, Fax 0818 640 010, ⩤, 🏡, ⊸ – 🛗, ⩥ Rest, 🄿 ⓜⓔ 𝒱𝐼𝒮𝒜. ⩥ Rest
A v
12. Dez. - 22. April und 2. Juni - Mitte Okt. – **Rest** (19) (26) (mittags)/49 und à la carte 43/88 – **21 Zim** 🍽 🛏119/154 🛏🛏198/298 – ½ P Zuschl. 30.
✦ Das Hotel mit der hübschen Natursteinfassade liegt direkt neben der Bergbahn. Gäste beherbergt man in hellen, mit solidem Holzmobiliar wohnlich gestalteten Zim-mern. Rustikal eingerichtetes Restaurant.

🏨 **Traube,** ☏ 0818 610 700, hotel@traube.ch, Fax 0818 610 777, 🏡, ⩳s – ⩥ Zim, 🄰🄴 ⓞ ⓜⓔ 𝒱𝐼𝒮𝒜
B c
16. Dez. - 22. April und 12. Juni - 28. Okt. – **Rest** (geschl. Dienstagmittag und Mitt-wochmittag) (mittags nur kleine Karte) (19) 42/64 (abends) und à la carte 50/93 – **19 Zim** 🛏180/120 🛏🛏180/250 – ½ P Zuschl. 40.
✦ Dem im Dorfkern gelegenen Haus sieht man heute seinen Ursprung als Mühle kaum mehr an. Die Einrichtung der Zimmer ist solide, neuzeitlich-rustikal im Stil. Restaurant mit ländlichem Rahmen und eleganterer Speisesaal für Pensions-gäste.

🏨 **Chasa Belvair,** stradun, ☏ 0818 612 500, info@belvair.ch, Fax 0818 612 550, ⩤, 🏡 – 🛗 ☏ ዄ Zim, 🄿 ⩥ Rest
B r
geschl. 1. - 15. Dez. – **Rest** (19) 58 (abends) und à la carte 30/85 – **33 Zim** 🍽 🛏139/175 🛏🛏238/310 – ½ P Zuschl. 20.
✦ Mitten im Ort übernachtet der Urlaubsgast in Zimmern, die mit hellen Holzmöbeln modern eingerichtet sind und über einen Balkon und eine kleine Sitzecke verfügen. Bürgerliches Restaurant mit Terrasse.

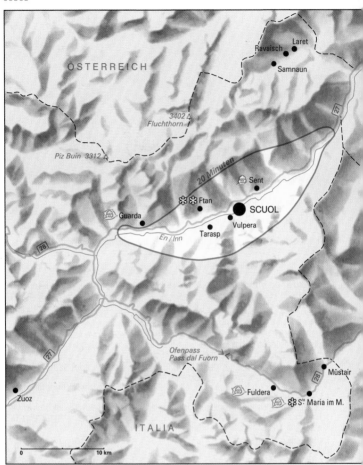

🏠 **Filli,** chantröven 107, ☎ 0818 649 927, *hotel.filli@bluewin.ch, Fax 0818 641 33*
🕪 ≤, 🏯, 🍴 – ✦ Zim. ⬤ *VISA*. 🍽 Rest                                                          A
17. Dez. - 17. April und 25. Mai - 22. Okt. – **Rest** *(geschl. Dienstag)* (17) 2
(mittags)/57 und à la carte 46/87 – **21 Zim** ☲ **♦**96/125 **♦♦**176/240 – ½
Zuschl. 25.
   ♦ Auffällig ist die schöne, farbenfroh bemalte Fassade dieses Hotels. D
mit hellem Holzmobiliar eingerichteten Zimmer bieten dem Erholungsuchende
Standardkomfort. Von der Speiseterrasse hat man eine schöne Sicht auf d
Umgebung.

🏠 **Panorama,** ☎ 0818 641 071, *panorama.scuol@bluewin.ch, Fax 0818 649 935,*
🏯, 🍴 – [P]. ⬤ *VISA*                                                                              A
*geschl. Mai, Nov. und Montag* – **Rest** (nur Abendessen für Hotelgäste) – **14 Zim** ☲
**♦**90 **♦♦**154/170.
   ♦ Die Zimmer dieses kleinen Familienhotels, unterhalb des Bahnhofs gelegen, sind m
rustikalem Mobiliar eingerichtet. Wärmende Sonnenstrahlen geniesst man auf de
Südbalkonen.

**in Sent** *über ① : 3,5 km – Höhe 1 440 – ⊠ 7554 Sent :*

🏠 **Rezia** 🌊, plaz 154, ℰ 0818 641 292, info@rezia.ch, Fax 0818 649 398, 🍴 – ⇥⇤
🅿 🗺 VISA
*16. Dez. - 17. April und 3. Juni - 23. Okt. –* **Rest** *(geschl. Mittwoch) (24) 38 und à la*
carte 33/73 – **17 Zim** ⊇ ✝75/85 ✝✝150/170 – ½ P Zuschl. 30.
♦ In dem kleinen, verschlafen liegenden Engadiner Bergdorf Sent erholt sich der
Urlaubsgast in den einfachen, unterschiedlich ausgestatteten Zimmern des Rezia. Im
Restaurant serviert man eine sorgfältig zubereitete traditionelle Küche.

**in Vulpera** *über ② : 3 km – Höhe 1 268 – ⊠ 7552 Vulpera :*

🏨 **Villa Post** 🌊, ℰ 0818 641 112, info@villa-post.ch, Fax 0818 649 585, ≤, 🍴,
🅐 – 🖥 📞 👤 ⇨ 🅿 – 🅰 100. 🅰🅴 🗺 VISA
*20. Dez. - 8. April und 2. Juni - 15. Okt. –* **Rest** *64 (abends) und à la carte 58/87 –*
**26 Zim** ⊇ ✝125/155 ✝✝240/280 – ½ P Zuschl. 30.
♦ Die Landvilla mit modernem Anbau liegt am hübschen, gepflegten Kurpark. Man
verfügt über wohnliche Zimmer mit Arven- oder Fichtenholzmobiliar. Kleines Hotelmuseum im Keller. Schöner Jugendstil-Arvensaal und klassisch-rustikales Restaurant.

🏨 **Villa Maria,** ℰ 0818 641 138, info@villamaria.ch, Fax 0818 649 161, ≤, 🍴, 🌲
– 🅿, 🅰🅴 🅾 🗺 VISA, 🚫 Rest
*23. Dez. - 16. April und 21. Mai - 28. Okt. –* **Rest** *(28) 39/104 und à la carte 61/111*
– **15 Zim** ⊇ ✝130 ✝✝220/270 – ½ P Zuschl. 35.
♦ An der Strasse von Vulpera nach Tarasp findet man dieses abgelegene Haus. In
Zimmern, die mit hellem Naturholz möbliert sind, erholt sich der Gast von seinem
Tagesprogramm. Restaurant im Untergeschoss, Käsespezialitäten gibt es nebenan im
Fonduestübli.

🏨 **Villa Engiadina** 🌊, ℰ 0818 612 244, hotel@villa-engiadina.ch,
Fax 0818 612 266, ≤ Scuol und Berge, 🍴, 🌲 – ⇥⇤ Rest, 🅿, 🅾 🗺 VISA, 🚫 Zim
*23. Dez. - 2. April und 19. Mai - 15. Okt. –* **Rest** *(geschl. Montag) (28) und à la carte*
43/78 – **19 Zim** ⊇ ✝90/180 ✝✝180/300 – ½ P Zuschl. 40.
♦ Vor allem in verschneiter Winterlandschaft macht diese renovierte Jugendstilvilla
aus dem Jahre 1902 mit sehr individuell eingerichteten Zimmern einen märchen-
haften Eindruck. Idyllische Speiseterrasse und einfaches Restaurant.

**in Tarasp** *über ② : 6 km – Höhe 1 414 – Wintersport : 1 450/1 550 m 🚡2 🎿 – ⊠ 7553*
*Tarasp.*

Sehenswert : *Schloss Tarasp*★.

🅱 *Tarasp-Vulpera Turissem,* ℰ 0818 612 052, tarasp-vulpera@engadin.com
Fax 0818 612 051

🏨 **Schlosshotel Chastè** 🌊, sparsels, ℰ 0818 613 060, chaste@schlosshoteltar
asp.ch, Fax 0818 613 061, ≤ Schloss von Tarasp und Berge, 🍴, 🍸, 🌲 – ⇥⇤ Zim,
⇨ 🅿, 🅰🅴 🅾 🗺 VISA, 🚫 Rest
*21. Dez. - Anfang April und Ende Mai - Mitte Okt. –* **Rest** *(geschl. Montag und Dienstag)*
65/110 (abends) und à la carte 61/127 🐾 – **16 Zim** ⊇ ✝105/170 ✝✝210/320,
3 Suiten – ½ P Zuschl. 75.
♦ Dieses Engadiner Haus wurde zu einem wahren Schmuckstück ausgebaut. Die
traumhafte Lage, die wunderbare Sicht und die sehr behaglichen Zimmer lohnen den
Besuch. Mit heimischem Arvenholz rustikal und sehr schön eingerichtete Gaststube.

**EDRUN** *7188 Graubünden (GR)* 🔲🔲🔲 *Q9 – Höhe 1 441 – Wintersport : 1 450/1 900 m 🚡5*
🎿.

🏃 *(Mai - Okt.) ℰ 0819 492 324, Fax 0819 492 326, Richtung Andermatt : 6 km.*
🚗 *Sedrun - Andermatt, Information ℰ 0819 204 711.*

🅱 *Sedrun Disentis Tourismus, via alpsu 62, ℰ 0819 204 030, info@disentis-*
*sedrun.ch, Fax 0819 204 039.*

*Bern 190 – Andermatt 18 – Altdorf 42 – Bellinzona 102 – Chur 71.*

🏨 **Soliva,** via alpsu 83, ℰ 0819 491 114, hotelsoliva@surselva.ch, Fax 0819 492 100,
≤, 🍴, 🍸 – 🖥 🅿 🅰🅴 🅾 🗺 VISA
**Rest** *(17.50) und à la carte 34/81 –* **18 Zim** ⊇ ✝80/90 ✝✝160/180 – ½ P Zuschl.
25.
♦ Dieses schöne, im regionalen Stil renovierte Bündnerhaus liegt im Dorfzentrum. Der
Urlaubsgast schläft in Zimmern, die mit hellem Weichholzmobiliar wohnlich einge-
richtet sind. Rustikale Gaststuben.

🏨 **Oberalp,** via alpsu 48, ☎ 0819 491 155, info@hotel-oberalp.ch
☜ Fax 0819 491 994, ≤, 🍽, ☎s, 🏊, 🌤 – 🛗 📞 🅿️ 🆎 ⓪ ⓪ VISA
5. Dez. - 23. April und 20. Mai - 22. Okt. – **Rest** (geschl. Montag ausser Mitte Jur
- Mitte Okt.) (17.50) und à la carte 41/92 – **31 Zim** ⇌ ✦65/108 ✦✦110/196 -
½ P Zuschl. 30.
◆ Nach sportlicher Betätigung im Kletterraum oder im grossen Garten mit Schwimm
bad erholt sich der Gast in den zweckmässig ausgestatteten Zimmern. Einfache Gast
stube und gehobene, mit hellem Holz eingerichtete Stiva Tujetschina.

🏨 **La Cruna,** via alpsu 65, ☎ 0819 204 040, info@hotelcruna.ch, Fax 0819 204 045
☞ 🍽, 🌤 – 🛗, ✦→ Zim, 🍴 – 🏊 15/50. 🆎 ⓪ ⓪ VISA
geschl. 25. März - 12. April und 29. Okt. - 1. Dez. – **Rest** (Mittwoch in der Zwischer
saison) (18.50) 65 und à la carte 44/80 – **27 Zim** ⇌ ✦75/125 ✦✦150/230 -
½ P Zuschl. 35.
◆ Schon die Fassade der Krone macht einen vielversprechenden Eindruck. Man ver
fügt über teils geschmackvoll renovierte Zimmer, teils über ältere, recht einfache
Gutes regionales Angebot im angenehmen Ambiente der Tavetscher-Gaststube vor
1796.

---

**SEEBACH** Zürich 551 P4 – siehe Zürich.

---

**SEEDORF** 3267 Bern (BE) 551 I7 – Höhe 565.
Bern 22 – Biel 17 – Fribourg 38 – Neuchâtel 40 – Solothurn 34.

**in Baggwil** Süd-Ost : 0,5 km – Höhe 605 – ✉ 3267 Seedorf :

🍴 **Curtovino,** Bernstr. 104, ☎ 0323 925 532, info@curtovino.ch, 🌤 – 🅿️ ⓪ ⓪
☜ VISA
geschl. 1. - 21. Jan., Samstagmittag, Sonntag und Montag – **Rest** (16.50) 65 und
la carte 48/97 🌤.
◆ In sympathischem, modernem Ambiente serviert man zeitgemässe Küche und de
passenden Tropfen aus einem gut bestückten Weinkeller. Im Sommer Spezialität
vom Texas-Grill.

---

**SEENGEN** 5707 Aargau (AG) 551 N5 – 2476 Ew. – Höhe 479.
Bern 104 – Aarau 23 – Baden 27 – Luzern 36 – Zürich 47.

🏨 **Hallwyl,** Boniswilerstr. 17, ☎ 0627 771 114, info@hallwylseengen.cr
Fax 0627 771 598, 🌤 – 🅿️ ⓪ ⓪ VISA
**Rest** (20) 70 und à la carte 33/89 – **8 Zim** ⇌ ✦95/110 ✦✦160 – ½ P Zuschl. 3!
◆ Dieser kleine Landgasthof offeriert dem Durchreisenden einfache, aber gepflegt
Zimmer, die mit hellen Furnierholzmöbeln ausgestattet sind und ausreichend Plat
bieten. Traditionelles Restaurant mit Terrasse.

---

**SEMENTINA** 6514 Ticino (TI) 553 S12 – 2792 ab. – alt. 225.
Bern 253 – Locarno 23 – Bellinzona 3 – Lugano 7.

🏨 **Fattoria L'Amorosa** 🐾, via Moyar, Sud-Ovest : 2,5 km direzione Gudc
☜ ☎ 0918 402 950, info@amorosa.ch, Fax 0918 402 951, ≤, 🌤 – 🅿️ 🆎 ⓪ ⓪ VIS
**Rist** (19) 39 (mezzogiorno)/65 🌤 – **10 cam** ⇌ ✦150 ✦✦240.
◆ Agriturismo realizzato di recente, ma dall'aspetto antico. Circondato dai vigneti
affiancato da due rustici, è dotato di camere molto curate e arredate con mobil
d'epoca. Piccolo ristorante con terrazza panoramica e vini di produzione propria

---

**SEMPACH STATION** 6203 Luzern (LU) 551 N6 – Höhe 514.
Sehenswert : Aussicht★ bei der Dorfkirche in Kirchbühl.
Bern 101 – Luzern 11 – Olten 43 – Sursee 11.

🍴🍴 **Sempacherhof** mit Zim, Bahnhofstr. 13, ☎ 0414 697 010, sempacherhof@b
ewin.ch, Fax 0414 697 019, 🌤 – 📞 🅿️ ⇄ 12. 🆎 ⓪ ⓪ VISA, 🍴 Rest
☜ geschl. 23. Feb. - 1. März, 22. Juli - 7. Aug., Samstagmittag und Sonntag – **Rest** (1
45 (mittags)/98 und à la carte 47/101 – **5 Zim** ⇌ ✦98 ✦✦145.
◆ Gegenüber dem Bahnhof wird im gediegenen Restaurant eine klassische Kart
auch mit regionalen Spezialitäten, aufgelegt. Schlaf findet man in modern eing
richteten Zimmern.

**SENT** *Graubünden* 553 AA8 – *siehe Scuol.*

---

**LE SENTIER** *Vaud* 552 B-C9 – *voir à Joux (Vallée de).*

---

**SEON** *5703 Aargau (AG)* 551 N5 – *4650 Ew. – Höhe 446.*
*Bern 90 – Aarau 14 – Baden 22 – Luzern 41 – Zürich 43.*

X **Bänziger,** Seetalstr. 43, ✆ 0627 751 139, baenziger.seon@bluewin.ch,
Fax 0627 751 139, ☆ – **P.** ◑● **VISA**
*geschl. Mai und Sept. jeweils 2 Wochen, Montag und Dienstag –* **Rest** *(nur Abendessen)* 85 und à la carte 55/100.
• Hinter einer recht unscheinbaren Fassade erwartet Sie ein dezent dekoriertes Restaurant mit gepflegtem Couvert und einem marktfrischen zeitgemässen Angebot.

---

**SERPIANO** *6867 Ticino (TI)* 553 R14 – *alt. 655.*
*Bern 312 – Lugano 25 – Bellinzona 53 – Varese 14.*

🏨 **Serpiano** ⟡, ✆ 0919 862 000, info@serpiano.ch, Fax 0919 862 020, ≤ lago e
dintorni, ☆, ⦿, ⟺, ☐, 🐾, ♨ – ⧗ & **P.** ◑● **VISA**. ✄ rist
*18 marzo - fine novembre –* **Rist** (24) 55 ed alla carta 40/89 – **103 cam**
⊆ ✦100/135 ✦✦200/230 – ½ P sup. 35.
• Situazione molto tranquilla, ai bordi di una foresta di querce e di castagni. Dal bel giardino fiorito e dalla terrazza panoramica avete un'ottima vista sul lago e i dintorni. Ristorante nel verde con servizio estivo sulla spettacolare terrazza sul lago.

---

**SERTIG DÖRFLI** *Graubünden* 553 X9 – *siehe Davos.*

---

**SÉZEGNIN** *Genève (GE)* 552 A12 – *alt. 420 –* ⊠ *1285 Athénaz.*
*Bern 178 – Genève 15 – Gex 30 – St-Julien-en-Genevois 18.*

X **Au Renfort,** 19 rte Creux du Loup, ✆ 0227 561 236, info@renfort.ch,
⊜ Fax 0227 561 236, ☆ – **P.** ▦ ◑● **VISA**
*fermé 5 au 25 fév., dim. soir, mardi midi et lundi –* **Rest** (18) 56 et à la carte 57/98.
• Un village typique sert de cadre à cette maison bien connue pour sa spécialité de viandes et poissons servis sur des ardoises chaudes. Terrasse d'été agréablement ombragée.

---

**SIERRE** *3960 Valais (VS)* 552 J11 – *13 917 h. – alt. 534.*
Voir : Site★ – Intérieur★ de l'Hôtel de Ville.
🏌 à Granges, ⊠ 3977 (fév. - déc.) ✆ 0274 584 958, Fax 0274 584 758 🏌 Leuk à
Susten, ⊠ 3952 (mars - nov.) ✆ 0274 736 161, Fax 0274 736 163, Est : 12 km.
🅱 Office du Tourisme, place de la Gare, ✆ 0274 558 535, sierre@sierre-anniviers.ch,
Fax 0274 558 635.
*Bern 168 – Sion 15 – Brig 38.*

🏨 **Le Terminus,** 1 r. du Bourg, ✆ 0274 551 351, info@hotel-terminus.ch,
Fax 0274 564 491, ☆ – ⧗ ✄ ▤ ℂ & ⟺ – ⚿ 35. ▦ ◑● **VISA**
*fermé 22 déc. au 11 janv. et 2 sem. en avril - mai –* **Rest** (voir aussi rest. **Didier de Courten** ci-après) – **L'Atelier Gourmand** (fermé dim. et lundi) **Rest** (22) 46 (midi)/68 et à la carte 61/101 – **19 ch** ⊆ ✦120/190 ✦✦190/215.
• Cet hôtel oeuvrant dans une rue commerçante proche de la gare retrouvait l'éclat du neuf en 2005. Spacieuses chambres d'un style contemporain de bon goût. Carte actuelle, décor intérieur chaleureux et dépouillé et bar à vins original à l'Atelier Gourmand.

🏨 **Atlantic,** 38 rte de Sion, ✆ 0274 552 535, hatlantic@netplus.ch,
⊜ Fax 0274 561 694, ☆, ☐, 🐾 – ⧗, ✄ ch, **P.** – ⚿ 15. ▦ ◑ ◑● **VISA**
**Rest** (18) 40/68 et à la carte 41/73 – **37 ch** ⊆ ✦95/120 ✦✦150/195 – ½ P suppl.
35.
• Aux avant-postes d'un bourg valaisan où séjourna l'écrivain autrichien Rainer Maria Rilke, hôtel-tour étageant ses chambres fonctionnelles sur sept niveaux. Salle de restaurant au décor traditionnel assorti au type de cuisine proposé.

XXX **Didier de Courten** - *Hôtel Le Terminus*, 1 r. du Bourg, ℰ 0274 551 351, *info*
@ *hotel-terminus.ch, Fax 0274 564 491* – ⇥ ▤, 延 ✉ *VISA*
*fermé 22 déc. au 11 janv., 2 sem. en avril - mai, dim. et lundi* – **Rest** 90 (midi)/185
et à la carte 138/170 ⍟.
**Spéc.** Un croustillant de risotto carnaroli et cuisses de grenouilles aux chanterelles
et cêpes (automne). Un rouget barbet sur une brandade de crevettes grises à
l'émulsion de petits pois à la bergamote (printemps). Une fantaisie aux fraises et aux
abricots, crème glacée au thé citron (été). **Vins** Petite Arvine, Cornalin
♦ Ce restaurant entièrement rénové offre les plaisirs d'un repas résolument créatif
et d'un beau choix de vins du Valais dans un cadre contemporain alliant élégance et
sobriété.

**à Veyras** *Nord : 3 km par route de Montana – alt. 660 –* ⊠ *3968 Veyras :*

XX **Noble Contrée,** route de Montana, ℰ 0274 556 774, Fax 0274 556 774, 斎 –
☜ ℙ ⇔ 15. 延 ✉ *VISA*
**Rest** *(fermé mardi soir et merc.)* (16.50) et à la carte 41/87.
♦ Un café où l'on sert le plat du jour donne accès à cette salle à manger au cadre
actuel dotée de larges tables bien espacées. Service au guéridon. Grande terrasse
d'été.

**à Venthône** *Nord : 5 km par Veyras et route de Montana – alt. 805 –* ⊠ *3973 Venthône*

XX **Le Château de Venthône,** ℰ 0274 555 443, *resto.chateauventhone@ netp*
*us.ch, Fax 0274 555 443* – 延 ① ✉ *VISA*
*fermé mi-juil. à mi-août, merc. soir, dim. (sauf le midi de mi-sept. à mi-juin) et lund*
– **Rest** 55 (midi)/75 et à la carte 72/107.
♦ Table au goût du jour retranchée dans l'ancienne demeure fortifiée des seigneurs
de Venthône : un bel exemple d'architecture militaire romane. Décor intérieur tout
en bois.

**in Salgesch** (Salquenen) *Ost : 4 km – Höhe 576 –* ⊠ *3970 Salgesch :*

🏠 **Rhône,** Bahnhofstr. 80, ℰ 0274 551 838, *hotelrhone@ bluewin.ch*
☜ *Fax 0274 551 259* – 🛗 ℙ ⇔ 110. 延
**Rest** *(geschl. Jan. und Montag von Nov. - Mai)* (19) 25 (mittags) und à la carte 39/78
– **24 Zim** ⊇ ✦85/90 ✦✦130/140 – ½ P Zuschl. 25.
♦ Praktisch ausgestattete Gästezimmer stehen in diesem Haus zum Einzug bereit
In den Fluren erzeugt eine Sammlung landwirtschaftlicher Accessoires eine ländliche
Atmosphäre. In rustikalem Ambiente serviert man Ihnen Speisen einer traditionellen
Küche.

**SIGIGEN** *6019 Luzern (LU)* 🟦🟦🟦 *N7 – Höhe 760.*
Bern 82 – *Luzern 18 – Olten 51 – Wolhusen 11.*

XXX **Pony,** ℰ 0414 953 330, *info@ pony-sigigen.ch, Fax 0414 951 337,* 斎 – ℙ 延 ①
☜ ✉ *VISA*
*geschl. in Feb. und Aug. jeweils 2 Wochen, Montag und Dienstag –* **Pavillon :** Res
(25) 55 (mittags)/75 und à la carte 59/120 ⍟ – **Gaststube :** Rest (17.50) 30 un
à la carte 41/79.
♦ Diese etwas abgelegene Adresse empfiehlt sich mit seinem hellen, leicht elegan
wirkenden Restaurant Pavillon, in dem man eine klassische Karte reicht. Eine ein
fachere Alternative ist die Gaststube.

**SIGRISWIL** *3655 Bern (BE)* 🟦🟦🟦 *K9 – 4374 Ew. – Höhe 800.*
🛈 *Gunten-Sigriswil Tourismus,* ℰ 0332 511 235, *sigriswil@ thunersee.ch*
*Fax 0332 510 910.*
Bern 41 – *Interlaken 19 – Brienz 39 – Spiez 22 – Thun 11.*

🏨 **Solbadhotel** ⋟, Sellmatte, ℰ 0332 522 525, *info@ solbadhotel-sigriswil.ch*
*Fax 0332 522 500,* ≼, 斎, ⍟, 🛁, ⇌ 🔳 (Solbad) – 🛗, ⇥ Zim, ℰ ⅙ Rest, ⟵
ℙ ℙ – 🔏 15/120. 延 ① ✉ *VISA.* ⅍ Rest
*geschl. 5. - 12. Jan. –* **Rest** (20) 30 (mittags)/60 und à la carte 44/85 – **55 Zim**
⊇ ✦145/155 ✦✦250/280, 3 Suiten – ½ P Zuschl. 40.
♦ Neben Touristen empfängt man hier auch gerne Seminarteilnehmer. Die ruhig gele
genen Zimmer bieten mit ihrer hellen, zweckmässigen Einrichtung Standardkomfor
Elegantes, mit grossen Fenstern angenehm hell wirkendes Restaurant.

**SIHLBRUGG** 6340 Zug (ZG) 551 P6 – Höhe 538.

Bern 144 – Zürich 20 – Cham 14 – Einsiedeln 31 – Rapperswil 28.

XX **Krone** mit Zim, Sihlbrugg 4, ⊠ 8816 Hirzel (ZH), ✆ 0447 298 333, mail@krone-sihlbrugg.ch, Fax 0447 298 332, 佘 – **P**, **AE** **①** **◑** **VISA**
geschl. 20. Feb. - 2. März, 17. Juli - 8. Aug., Montag und Dienstag – **Rest** 50 (mittags)/135 und à la carte 71/130 – ☑ 20 – **5 Zim** ✦80/125 ✦✦100/135.
♦ Der rustkale Landgasthof a. d. 18. Jh. wird mittlerweile in der 13. Generation geführt. In zwei getäferten, angenehmen Stuben serviert man ein modernes und kreatives Angebot.

---

**SILS MARIA** (SEGL MARIA) 7514 Graubünden (GR) 553 W11 – Höhe 1815 – Wintersport : 1 800/3 303 m ⌁1 ⌁5 ⌁.

**Lokale Veranstaltungen**
Anfang Februar : Schlittenhunderennen
01.03 : "chaландamarz" alter Frühlingsbrauch und Kinderfest.

🛈 Verkehrsverein, chesa cumünela, ✆ 0818 385 050, info@sils.ch, Fax 0818 385 059.

Bern 328 – Sankt Moritz 11 – Chur 86 – Sondrio 89.

🏛 **Waldhaus** ⌁, ✆ 0818 385 100, mail@waldhaus-sils.ch, Fax 0818 385 198, ⌁ Berge, 佘, 🖙, ⌁s, 🖙, ⌁, ⌁, ⌁ – ⌁ ⌁ ⌁ **P** – ⌁ 15/60. **AE** **①** **◑** **VISA**. ⌁ Rest
16. Dez. - 22. April und 9. Juni - 21. Okt. – **Rest** (24) 47 (mittags)/98 à la carte 59/110 ⌁ – **140 Zim** ☑ ✦146/540 ✦✦376/720, 10 Suiten – ½ P Zuschl. 50.
♦ Das klassische Hotel aus dem Jahre 1908 liegt ruhig in einem Park. Die Zimmer werden laufend renoviert, sind teils elegant, teils rustikal und durchweg stilvoll möbliert. Gemütlich-rustikales, mit viel Holz verkleidetes Restaurant.

🏛 **Post**, ✆ 0818 384 444, mail@hotelpostsils.ch, Fax 0818 384 400, 佘, 🖙, ⌁s, 🖙
⌁ – ⌁, ⌁ Zim, ⌁, **◑** **VISA**. ⌁ Zim
11. Dez. - 17. April und 16. Juni - 22. Okt. – **Rest** (19) 57 (abends) und à la carte 53/84 – **38 Zim** ☑ ✦117/221 ✦✦176/442, 4 Suiten – ½ P Zuschl. 30.
♦ Die Post befindet sich im Zentrum des Ortes. In modernen, gemütlich mit massiven Arvenholzmöbeln eingerichteten Zimmern geniesst der Gast seinen Aufenthalt im Engadin. Das Restaurant wirkt sehr frisch und neuzeitlich.

🏛 **Edelweiss**,, ✆ 0818 384 242, info@hotel-edelweiss.ch, Fax 0818 384 343, 佘, ⌁s – ⌁, ⌁ Zim, ⌁ ⌁ **P** – ⌁ 15. **AE** **◑** **VISA**. ⌁ Rest
17. Dez. - 1. April und 17. Juni - 14. Okt. – **Rest** 56 (abends) und à la carte 42/96 – **71 Zim** ☑ ✦140/210 ✦✦200/440 – ½ P Zuschl. 20.
♦ Teil dieses Hotels ist ein stattliches Gebäude von 1876. Hier wie auch im Annexe stehen helle, mit rustikalen Arvenholzmöbeln eingerichtete Zimmer bereit. Das Restaurant : gemütliches Arvenholzstübli und schöner klassischer Speisesaal.

🏛 **Maria**, ✆ 0818 326 100, info@hotel-maria.ch, Fax 0818 326 101, ⌁ – ⌁ ⌁ **P**. ⌁ Zim
11. Dez. - 24. April und 9. Juni - Anfang Nov. – **Stüva Marmoré : Rest** (26) 32 (mittags)/49 und à la carte 46/79 – **44 Zim** (nur ½ Pens.) ✦110/120 ✦✦170/240 – ½ P Zuschl. 35.
♦ Ein Hotel mit einer gemütlichen und ungezwungenen Atmosphäre, das Erholung-suchenden mit viel Holz wohnlich gestaltete Gästezimmer bietet. Das Stüva Marmoré zeigt sich im urigen Bündner Stil.

🏛 **Privata**, ✆ 0818 326 200, info@pensiunprivata.ch, Fax 0818 326 201 – ⌁ Zim, ⌁. **AE** **①** **◑** **VISA**. ⌁
11. Dez. - 22. April und 4. Juni - 14. Okt. – **Rest** (nur ½ Pens. für Hotelgäste) – **26 Zim** ☑ ✦130/160 ✦✦220/280 – ½ P Zuschl. 20.
♦ Die Familienpension ist in einem für die Region typischen Haus untergebracht. Die Gäste schlafen in einladenden, mit hellem Holzmobiliar rustikal eingerichteten Zimmern.

XX **Alpenrose**, ✆ 0818 338 008, Fax 0818 334 542, 佘 – ⌁. **AE** **◑** **VISA**
geschl. 17. April - 28. Juni, Sonntagabend und Montag – **La Tavola : Rest** 99 und à la carte 67/104 – **Stüvetta : Rest** (29) 38 (mittags) und à la carte 51/93.
♦ Elegant wirkt das in modern-rustikalem Stil gehaltene Restaurant La Tavola. Geboten wird eine zeitgemäss ausgelegte Küche. Hell und freundlich, mit viel Holz ausgestattet : das Stüvetta mit traditionellem Angebot.

**in Sils Baselgia** (Segl Baselgia) *Nord-West : 1 km – Höhe 1 802 –* ⊠ *7515 Sils Baselgia*

🏨🏨 **Margna** ⍌, ℰ 0818 384 747, info@margna.ch, Fax 0818 384 748, ⩽, 🌤, ⩦s,
🌳, 🎾, 🛁 – 🛎 📞 ⟵ 🅿 🆖 📆. 🍽 Rest
*17. Dez. - 9. April und 17. Juni - 15. Okt. – **Grill :** Rest* à la carte 50/113 🖼 – **Stüva**
Rest (30) und à la carte 47/99 – **62 Zim** ⌇ ✝170/270 ✝✝300/550, 6 Suiten –
½ P Zuschl. 35.
♦ Das Anfang des 19. Jh. erbaute Patrizierhaus beherbergt seine Gäste in gemüt-
lichen, meist im Engadinerstil eingerichteten Zimmern, oft mit schönem Blick auf die
Umgebung. Gediegene Atmosphäre im Grill. Gemütlich-rustikale Stüva.

🏨 **Chesa Randolina** ⍌, ℰ 0818 385 454, hotel@randolina.ch, Fax 0818 385 400
⩽ Berge, 🌤, ⩦s, 🌳 – 🅿 🆖 📆. 🍽 Rest
*18. Dez. - 16. April und 10. Juni - 14. Okt. –* Rest (nur ½ Pens. für Hotelgäste) – **38 Zim**
⌇ ✝110/230 ✝✝240/300, 8 Suiten – ½ P Zuschl. 20.
♦ Nach und nach ist aus einer Scheune und Fuhrhalterei dieses gut geführte Hotel
entstanden. Die wohnlich eingerichteten Zimmer bieten einen sehr schönen Blick auf
die Berge.

🏨 **Chesa Grischa,** ℰ 0818 265 116, info@hotelgrischasils.ch, Fax 0818 265 049, ⩽
🏖, ⩦s, 🌤, 🌳 – 🅿 🆖 📆. 🍽 Rest
*18. Dez. - 1. April und 14. Mai - 21. Okt. –* Rest (nur für Hotelgäste) 35 (mittags)/45
– **26 Zim** ⌇ ✝104/150 ✝✝194/308 – ½ P Zuschl. 10.
♦ Direkt am Silsee liegt dieser gut unterhaltene Familienbetrieb mit ländlichem Charakter. Für die Gäste stehen solide möblierte Zimmer und ein netter Aufenthaltsraum
bereit.

**in Sils-Fextal** *Süd : 2 km, über Wanderweg in 30 Min. erreichbar, oder Hotelbus – Höhe 1 92*
*–* ⊠ *7514 Sils Maria :*

🏨 **Chesa Pool** ⍌, ℰ 0818 385 900, chesapool@spin.ch, Fax 0818 385 901
⩽ Berge, 🌤, 🌳 – 🖙 Zim. 🍽 Rest
*19. Dez. - 16. April und 4. Juni - 14. Okt. –* Rest (abends nur Menu) (abends Tischbestellung erforderlich) 46 (abends) und à la carte 31/58 – **24 Zim** *(nur ½ Pens)*
✝110/140 ✝✝200/280 – ½ P Zuschl. 20.
♦ Ein Bauernhaus a. d. J. 1585 sowie zwei kleinere Gebäude bilden diese nach ökologischen Richtlinien geführte Adresse. Reizvoll : die idyllische Lage im Fextal. Von der
modern-rustikalen Restaurant aus haben Sie eine wunderschöne Sicht auf die Berge.

**in Fex-Crasta** *Süd : 2 km, über Wanderweg in 30 Min. erreichbar, oder Hotelbus –*
*Höhe 1 960 –* ⊠ *7514 Sils Maria :*

🏨 **Sonne** ⍌, ℰ 0818 265 373, info@hotel-sonne-fex.ch, Fax 0818 265 963
⩽ Berge, 🌤, ⩦s, 🌳 – 📞 🆎 ① 🆖 📆
*19. Dez. - 19. April und 16. Juni - 14. Okt. –* Rest (18) und à la carte 54/97 – **17 Zim**
⌇ ✝105/125 ✝✝210/240 – ½ P Zuschl. 60.
♦ Selbstverständlich bringt der Hotelbus Sie und Ihr Gepäck zu diesem ruhig und
idyllisch im Fextal gelegenen Hotel mit sehr schöner Aussicht und gepflegten Zimmern. Traditionelle Mahlzeiten in rustikalem Rahmen.

**in Plaun da Lej** *Süd-West : 5 km – Höhe 1 802 –* ⊠ *7517 Plaun da Lej :*

🍴 **Murtaröl,** an der Strasse nach Maloja, ℰ 0818 265 350, rest.murtaroel@blue-
win.ch, Fax 0818 265 959, ⩽, 🌤 – 🅿 🆎 ① 🆖 📆
*geschl. Dienstag in Zwischensaison und Montag –* Rest - Fischspezialitäten - (Tischbestellung ratsam) 45 und à la carte 52/123.
♦ Überwiegend Fischspezialitäten finden Sie auf der Karte dieses familiengeführten
Restaurants. Die Gäste werden in der Stube oder im Wintergarten bewirtet.

**SILS BASELGIA** (SEGL BASELGIA) *Graubünden* 🮲🮳🮲 W11 *– siehe Sils Maria.*

**SILS-FEXTAL** *Graubünden* 🮲🮳🮲 W11 *– siehe Sils Maria.*

Wir bemühen uns bei unseren Preisangaben um grösstmögliche Genauigkeit,
aber alles ist Änderungen unterworfen! Lassen Sie sich daher bei Ihrer
Reservierung den derzeit gültigen Preis mitteilen.

**SILVAPLANA** *7513 Graubünden (GR)* 553 W11 – *917 Ew. – Höhe 1 816 – Wintersport : 1 870/3 303 m* 2 6 .

**Ausflugsziel** : *Piz Corvatsch★★★ Ost : 2 km und Luftseilbahn – Silvaplaner und Silser See★★ Süd.*

**Lokale Veranstaltungen**

*21.01 : Schlitteda da Silvaplana, alter Brauch*

*01.03 : "chalandamarz", alter Frühlingsbrauch und Kinderfest.*

*Kur- und Verkehrsverein, via dal farrer 2, ✆ 0818 386 000,* info@silvaplana.ch, *Fax 0818 386 009.*

*Bern 323 – Sankt Moritz 6 – Chur 82 – Sondrio 85.*

**Albana,** via vers mulins, ✆ 0818 289 292, *info@albana-silvaplana.ch, Fax 0818 288 181,* , – – 25. AE VISA. Rest

*geschl. 23. April - 16. Juni und 15. Okt. - 24. Nov.* – ***Le Gourmet :*** **Rest** 99 und à la carte 81/129 – ***Spunta Grischun :*** **Rest** à la carte 53/98 – **35 Zim** ★145/288 ★★240/350.

◆ Neben der Kirche liegt dieses neuzeitliche Hotel mit Giebelfassade. Gäste schätzen das wohnlich-moderne Ambiente der Zimmer. Sehr komfortabel : die Suiten mit offenem Kamin. Le Gourmet mit schöner Terrasse. Spunta Grischun mit heller, rustikaler Einrichtung.

**Julier Palace,** via maistra, ✆ 0818 289 644, *hotel@julierpalace.com, Fax 0818 343 003,* – AE VISA

**Rest** (20) und à la carte 38/96 – **37 Zim** ★95/145 ★★140/320 – ½ P Zuschl. 30.

◆ Hat man den gleichnamigen Pass glücklich überwunden, fällt sofort dieses Haus ins Auge. Oft jüngere Gäste beziehen gepflegte und praktisch gestaltete Zimmer. Wählen Sie das Menu in der gemütlichen Stube oder ein trendiges Angebot im Restaurant.

**St. Moritz - Chesa Silva** garni, via munterots, ✆ 0818 386 100, *info@chesa silva.ch, Fax 0818 386 199,* – . AE VISA

*21. Dez. - 19. April und 21. Juni - 14. Okt.* – **12 Zim** ★90/125 ★★110/160.

◆ Die Zimmer des Hotels sind in zwei Gebäuden untergebracht. Der Feriengast übernachtet in mit hellen Arvenholzmöbeln eingerichteten Räumen, die viel Platz bieten.

**in Surlej** *Süd : 1 km – Höhe 1 877 – ✉ 7513 Silvaplana :*

**Bellavista** , ✆ 0818 386 050, *info@bellavista.ch, Fax 0818 288 988,* ≤ See und Berge, , – , Zim, VISA

*Ende Nov. - Ende April und Mitte Juni - Mitte Okt.* – **Rest** 42 (abends) und à la carte 47/111 – **25 Zim** ★95/135 ★★210/350 – ½ P Zuschl. 20.

◆ Geräumige, geschmackvoll und rustikal mit Massivholzmöbeln aus der eigenen Schreinerei eingerichtete Gästezimmer erwarten Sie in dem Hotel am Ortsrand. In gemütlichen Stuben bietet man traditionelle Küche mit viel Wild aus der eigenen Jagd.

**Die Gedecke ✗ und die Sterne ✿ dürfen nicht verwechselt werden! Die Gedecke stehen für eine Komfortkategorie, die Sterne zeichnen Häuser aus, die in jeder dieser Kategorien die beste Küche bieten.**

**SINS** *5643 Aargau (AG)* 551 O6 – *3 306 Ew. – Höhe 406.*

*Bern 125 – Luzern 22 – Zürich 38 – Aarau 42 – Baden 44.*

**Löwen,** Luzernerstr. 22, ✆ 0417 871 132, *info@landgasthof-loewen.info, Fax 0417 871 751,* – Rest, – 15/100. AE VISA

*geschl. 17. Juli - 6. Aug.* – **Rest** *(geschl. Mittwochabend und Donnerstag)* (16) 39 (abends) und à la carte 39/89 – **13 Zim** ★80 ★★120.

◆ Praktische, frisch wirkende Zimmer stehen im Stammhaus zur Verfügung, einige einfachere, aber saubere Zimmer erreicht man über einen Aussenzugang im 1. Stock. Traditionelles Restaurant und schlichte Gaststube.

**SION** (SITTEN) 1950 🇨 Valais (VS) 552 I12 – 27 018 h. – alt. 491.

Voir : Site★★ – Valère★ : Stalles★★ de l'église N.-D.-de-Valère★ ; Musée cantonal d'Histoire★ Y M⁵ – Clocher★ et triptyque★ de la cathédrale N.-D.-du-Glarier Y – Porte★ et salle du Conseil bourgeoisial★ de l'Hôtel de Ville Y H – Grande salle★ de la maison Supersaxo Y B – Majorie : vue★ Y M¹.

Environs : Barrage de la Grande Dixence★★★ Sud-Est : 24 km – Route du Sanetsch★★ par ② – Route de Derborence★ par ② – Route de Tseuzier★ Nord par rte de Crans-Montana – Anzère★ par ① : 15 km.

🏌 ℰ 0272 037 900, Fax 0272 037 901.

**Manifestation locale**

14.05 : Finale cantonale des combats de reines à Aproz.

🛈 Sion Tourisme, place de la Planta, ℰ 0273 277 727, info@siontourism.ch, Fax 0273 277 728 Z.

❽ 3 r. des Cèdres, ℰ 0273 292 828, Fax 0273 292 829 Z.

❹ 33 r. du Scex, ℰ 0273 221 115, Fax 0273 223 321 Z.

Bern 153 ② – Brig 53 ① – Aosta 99 ② – Lausanne 93 ② – Martigny 30 ②

🏨 **Europa,** par ②, 19 r. de l'Envol, ℰ 0273 222 423, hoteleuropa@freesurf.ch, Fax 0273 222 535, 🍽 – 🛗, ⇔ ch, 🍴 rest, ✆ 🕭 ch, 🅿 – 🔺 15/100. 🆎 ⓪ 🐼 VISA

*Grissini* (fermé dim.) **Rest** (16) et à la carte 41/75 – **55 ch** 🖙 ✝160/180 ✝✝240, 10 suites.

◆ Cet hôtel de conception moderne occupe un immeuble récent situé dans un quartier résidentiel proche de l'aéroport. Un point de chute idéal pour compenser l'éventuel "jetlag" ! Cuisine italienne au restaurant Le Grissini.

🏨 **Rhône,** 10 r. du Scex, ℰ 0273 228 291, durhonesion@bestwestern.ch, Fax 0273 231 188 – 🛗, ⇔ ch, – 🔺 15/70. 🆎 ⓪ 🐼 VISA. ℅ rest      Z a
**Rest** (17.50) 30 et à la carte 36/79 – **45 ch** 🖙 ✝114/124 ✝✝160/179 – ½ P suppl. 30.

◆ En centre-ville, hébergement recommandable pour accueillir le marchand de sable dans de bonnes conditions ! Réception à l'étage. Sage politique tarifaire. Cuisine traditionnelle, chaleureux cadre rustique et ambiance animée au restaurant.

🏨 **Ibis,** Sud-Est : par rue de la Dixence - Z, 21 av. Grand-Champsec, ℰ 0272 057 100, h0960@accor.com, Fax 0272 057 171, 🍽 – 🛗, ⇔ ch, ♿ ch, 🅿 – 🔺 15/80. 🆎 ⓪ 🐼 VISA
**Rest** (16) 26 et à la carte environ 38 – 🖙 14 – **71 ch** ✝92 ✝✝92.

◆ Établissement de chaîne implanté aux portes de Sion. Toutes identiques, dotées d'un mobilier de série, les chambres offrent le confort fonctionnel propre à l'enseigne Ibis. Restauration traditionnelle au goût de Monsieur Tout-le-Monde.

XXX **Le Jardin Gourmand,** 22 av. de la Gare, ℰ 0273 232 310, Fax 0273 232 321
🍽 – 🍴. 🆎 ⓪ 🐼 VISA                                                                Z
*fermé 1ᵉʳ au 25 août, dim. soir et lundi* – **Rest** (20) 55 (midi)/98 et à la carte 66/104

◆ Table classique située dans le centre de Sion. Deux espaces de restauration : une véranda contemporaine fleurie et une salle de style Louis XVI. Bon choix de vins.

XX **Supersaxo,** 1 passage Supersaxo, ℰ 0273 238 550, Fax 0273 238 580, 🍽 –   Y
⇔ 20. 🆎 ⓪ 🐼 VISA
*fermé juil. - août 3 sem., dim. et lundi* – **Rest** (18) 50 (midi)/92 et à la carte 69/90

◆ Dans la vieille ville, à l'étage d'une maison de caractère, salle contemporaine offrant les plaisirs d'une cuisine au goût du jour. "Terrasse-galerie" tournée vers la cour.

XX **Enclos de Valère,** 18 r. des Châteaux, ℰ 0273 233 230, restaurant@enclos-
evalere.ch, Fax 0273 233 203, 🍽 – 🆎 ⓪ 🐼 VISA                                   Y
*fermé 24 déc. au 6 fév., dim. (sauf le midi de mai à sept.) et lundi* – **Rest** (19) 4.
(midi)/92 et à la carte 45/90.

◆ Cette maison de bouche blottie à l'ombre du château s'agrémente de l'une de plus belles terrasses de la ville. Bon à savoir : l'adresse n'est accessible qu'à pied

XX **Brasserie de la Planta,** 33 av. de la Gare, ℰ 0273 227 192, bistrogolf@net
lus.ch, Fax 0273 227 193, 🍽 – 🆎 ⓪ 🐼 VISA                                       Z
*fermé 23 déc. au 12 janv., 2 au 15 août, lundi soir et dim.* – **Rest** (18) 42 (midi)/9
et à la carte 41/88.

◆ Près de la place de la Planta, établissement se composant d'un restaurant traditionnel et d'un café où l'on vient faire des repas plus simples. Terrasse urbain protégée.

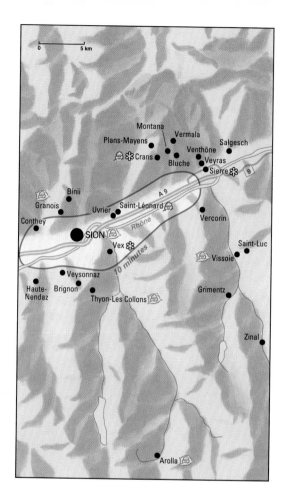

✕ **Cheval Blanc,** 23 Grand-Pont, ✆ 0273 221 867, *alain.grosjean@netplus.ch*,
⬡ Fax 0273 234 344, 🍽 – 🔲. 🅐🅔 ⓘ 🆖 *VISA*
*fermé 24 déc. au 2 janv., 9 au 23 avril, 24 sept. au 8 oct., dim. et lundi –* **Table d'hôte :**
**Rest** (16) 25 (midi)/45 et à la carte 40/105.
♦ Derrière la façade vitrée du restaurant, vous pourrez observer à loisir les mouvements de foule du centre commercial. À l'étage, visitez le salon du tartare et de l'entrecôte. Table d'hôte soucieuse de valoriser les produits valaisans.

**Uvrier** *par ① : 5 km – alt. 498 –* ⊠ *1958 Uvrier :*

🏨 **Des Vignes,** 9 r. du Pont, ✆ 0272 031 671, *hotel@desvignes.ch*,
Fax 0272 033 727, ≤, 🍽, ☎s, 🔲, 🐎, ✕ – 📶, 🔆 ch, 🕭 ch, 🅿 – 🔬 15/50. 🅐🅔
ⓘ 🆖 *VISA*. 🐾
*fermé 24 déc. au 15 janv. –* **Au Cep de Vigne** ✆ 0272 035 300 *(fermé dim. soir et lundi)* **Rest** (20) 60/90 et à la carte 55/95 – **39 ch** 🍽 ✝135/180 ✝✝240/250,
4 suites – ½ P suppl. 45.
♦ Entre route et vignoble, établissement dont les chambres offrent un très bon niveau de confort. Vaste hall réchauffé par une grande cheminée et entouré d'un jardin de repos. Sémillante salle à manger aux accents méditerranéens. Cuisine traditionnelle.

**à Saint-Léonard** par ① : 6 km – alt. 505 – ⌧ 1958 Saint-Léonard :

✗ **Buffet de la Gare,** 35 av. de la Gare, ℘ 0272 034 343, Fax 0272 034 449, 🛬
– 🅿 🆎 ① ⓦ⓪ *VISA*

*fermé Noël, 1ᵉʳ au 10 janv., 23 juil. au 15 août, lundi et mardi* – Rest (18) 48/84
et à la carte 50/95.

• Sympathique affaire tenue par la même famille depuis 1915 et repérable à sa
façade régionale rouge-orange que devance une terrasse. Repas soigné dans un joli
décor bistrotier.

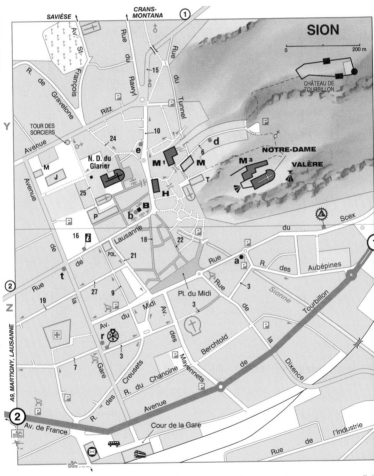

**Route d'Evolène -** Z - Sud-Est : 6,5 km :

XX **L'Argilly** (Guerlavais), route du Val d'Hérens, ⊠ 1981 Vex, ℰ 0272 072 717, *inf
ξ3 o@argilly.ch, Fax 0272 072 717,* ⩽ Sion et vallée du Rhône, 佘 – **P**, **AE** **①** **⓪** **VISA**
*fermé 2 sem. en mai, 1 sem. en sept., mardi soir, dim. soir et lundi* – **Rest** (prévenir)
58/135 et à la carte 89/134.
**Spéc.** Turbot de Bretagne rôti sur l'arrête, béarnaise de homard. Nage de morilles
fraîches farcies et foie gras de canard chaud (printemps). Pigeonneau de Racan au
jambon "Patta Negra", pommes croustillantes aux abats. **Vins** Fully
♦ Vue unique sur Sion et la vallée du Rhône depuis cette bonne table perchée tel un nid
d'aigle. Salle feutrée, véranda panoramique et restaurant d'été. Cuisine actuelle.

**à Conthey** *par* ② *: 3 km – alt. 500 –* ⊠ *1964 Conthey :*

🏠 **Pas-de-Cheville,** 21 rte de la Morge, ℰ 0273 465 151, *hotel@pasdecheville.ch,*
⊜ *Fax 0273 464 387,* ⩽, 佘 – video **P**, **AE** **①** **⓪** **VISA**
**Rest** (18) 70 et à la carte 38/90 – **21 ch** ⊇ ✝85 ✝✝120 – ½ P suppl. 28.
♦ Ressource hôtelière établie au bord d'une route passante traversant le vignoble.
Chambres toutes semblables, fonctionnellement agencées. Plusieurs salles de restau-
rant. Repas traditionnel d'un côté ; choix de pizzas de l'autre.

**à La Muraz** *Nord-Ouest par route de Savièse : 2 km – alt. 657 –* ⊠ *1950 Sion :*

XX **Relais du Mont d'Orge,** ℰ 0273 953 346, *info@ricou.ch, Fax 0273 954 168,*
⩽, 佘 – **P**, **AE** **①** **⓪** **VISA**
*fermé 2 au 9 janv., 26 juin au 3 juil., dim. (sauf le midi de sept. à juin) et lundi* – **Rest**
(30) 58/125 et à la carte 85/120 ♨.
♦ Au-dessus du lac, restaurant-véranda où vous vous sentirez entre de bonnes mains.
Toiles du peintre suisse A. Chavaz en salle. Cuisine actuelle et bon choix de vins du Valais.

**à Granois** *Nord-Ouest par route de Savièse : 7 km – alt. 860 –* ⊠ *1965 Savièse :*

🏠 **Château de la Soie** sans rest, vae Plàn na, ℰ 0273 966 000, *chateaulasoie@
bluewin.ch, Fax 0273 966 001* – 失, **P**, **AE** **⓪** **VISA**
*mars - oct.* – **13 ch** ⊇ ✝89 ✝✝129.
♦ Construction récente située au centre d'un village viticole, sur un coteau de
Savièse. Sommeils réparateurs dans de calmes chambres d'une tenue méticuleuse.

**à Binii** *Nord par route Savièse : 9 km – alt. 978 –* ⊠ *1965 Savièse :*

X **Le Chalet,** route de Binii, ℰ 0273 951 217, Fax 0273 954 029, ⩽ Sion et mon-
⊜ tagnes, 佘 ⇄ 70. **VISA**
**Rest** *(fermé mardi et merc.)* (17) 42/64 et à la carte 44/94.
♦ Un panorama enchanteur se dévoile depuis la terrasse de ce restaurant familial
surplombant Sion. Salle à manger d'esprit montagnard. Jardin-terrasse où s'attabler
en été.

---

**SITTEN** *Wallis* 552 I12 – *siehe Sion.*

---

**SOAZZA** *6562 Grigioni (GR)* 553 T11 – *380 ab. – alt. 623.*
*Bern 279 – Sankt Moritz 125 – Bellinzona 32 – Chur 88 – San Bernardino 13.*

🏠 **Romantik Hotel Al Cacciatore** 🔄, Piazzetta, ℰ 0918 311 820, *cacciatore@ro
mantikhotels.com, Fax 0918 311 979,* 佘, ♨ – **P** – 🔏 15. **AE** **①** **⓪** **VISA**. 🍴 rist
*chiuso dal 23 gennaio al 26 febbraio* – **Rist** *(chiuso lunedì da ottobre a marzo e
martedì)* 35 (mezzogiorno)/100 ed alla carta 51/95 – **16 cam** ⊇ ✝135/145
✝✝250/270 – ½ P sup. 45.
♦ Tre graziosi rustici totalmente rinnovati in un tranquillo villaggio tipico. Camere
personalizzate, arredate con molto gusto. Ateliers e corsi d'arte. Luogo ideale per
una sosta, il ristorante propone un'affidabile cucina mediterranea.

---

**SOGLIO** *7610 Grigioni (GR)* 553 V11 – *200 ab. – alt. 1095.*
*Bern 343 – Sankt Moritz 38 – Chiavenna 16 – Chur 104.*

🏠 **Palazzo Salis** 🔄, ℰ 0818 221 208, *palazzosalis@bluewin.ch, Fax 0818 221 600,*
佘, 🌳 – **AE** **⓪** **VISA**
*16 aprile - 31 ottobre* – **Rist** alla carta 48/105 – **16 cam** ⊇ ✝95/180 ✝✝270 –
½ P sup. 45.
♦ Dimora nobiliare del XVII sec. : vi ha soggiornato Rilke. Camere originali, alcune con
letto a baldacchino e grazioso giardino di gran bellezza. Ristorante dall'atmosfera
intima grazie al soffitto con stucchi e lunette ed al caminetto. Cucina tradizionale.

**SOLEURE** *Solothurn* 551 J6 – *voir à Solothurn.*

**SOLOTHURN** (SOLEURE) *4500* K *Solothurn (SO)* 551 J6 – *15 196 Ew. – Höhe 432.*

**Sehenswert** : *Altstadt*★ Y – *St. Ursenkathedrale*★ Y – *Schiff*★ *der Jesuitenkirche* Y.

**Museum** : *Kunstmuseum : Madonna in den Erdbeeren*★ ; *Solothurner Madonna*★ Y.

**Ausflugsziel** : *Weissenstein*★★★ *über* ⑤ : *10 km.*

*Wylihof in Luterbach,* ✉ *4542,* ✆ *0326 822 828, Fax 0326 826 517*

*Limpachtal in Aetingen,* ✉ *4587,* ✆ *0326 611 743, Fax 0326 611 756, Süd-West : 15 km Richtung Bätterkinden.*

**Lokale Veranstaltung**

*16.01 - 22.01 : Solothurner Filmtage.*

*Region Solothurn Tourismus, Hauptgasse 69,* ✆ *0326 264 646,* info@solothurn-city.ch, *Fax 0326 264 647* Z.

*Westbahnhofstr. 12,* ✆ *0326 259 060, Fax 0326 259 061* Y.

*Bern 37* ② – *Basel 69* ② – *Biel 22* ⑤ – *Luzern 80* ② – *Olten 34* ②

Stadtplan siehe gegenüberliegende Seite

**Krone,** Hauptgasse 64, ✆ 0326 264 444, *info@diekrone.ch, Fax 0326 264 445,* – Zim, – 15/200. AE VISA Y a

***Die Ambassadorstube* : Rest** 50/95 und à la carte 53/92 – ***Stadtrestaurant* : Rest** (20) 50 und à la carte 41/83 – **42 Zim** ★173/193 ★★226/266 – ½ P Zuschl. 45.

◆ Durchschreitet man das Baslertor, sind es nur wenige Schritte zu dem traditionellen Haus a. d. 18. Jh. Die Zimmer präsentieren sich im Stil Louis XV oder im Biedermeier. Elegant gibt sich die Ambassadorstube. Terrasse mit schöner Aussicht.

**Tour Rouge** ***(Roter Turm)*,** Hauptgasse 42, ✆ 0326 229 621, *info@roterturm.ch, Fax 0326 229 865,* – Zim, – 15/50. AE VISA Y c

*geschl. Weihnachten* – ***La Tourelle*** (5. Etage) *(geschl. Samstagmittag und Sonntagabend im Winter)* **Rest** (34) 43 (mittags)/79 und à la carte 58/88 – ***Turmstube* : Rest** (18) 30 (mittags) und à la carte 35/72 – **36 Zim** ★120/160 ★★200/230 – ½ P Zuschl. 35.

◆ Mitten in der Altstadt, direkt in der Fussgängerzone liegt dieses aus vier Häusern bestehende, engagiert geführte Hotel. La Tourelle im 5. Stock verfügt über eine Dachterrasse mit herrlichem Ausblick.

**Astoria,** Wengistr. 13, ✆ 0326 227 571, *info@astoria-solothurn.ch, Fax 0326 236 857,* – Zim, Rest, P. AE VISA Y b

**Rest** (15) 24 (mittags)/40 und à la carte 34/79 – **40 Zim** ★115/125 ★★145/185 – ½ P Zuschl. 23.

◆ Dieses typische Stadthotel, am Rande der Altstadt und nahe dem Bahnhof gelegen, bietet seinen Besuchern funktionell und zeitgemäss eingerichtete Zimmer. Das Restaurant mit Wintergarten befindet sich im 6. Stock.

**Zum Alten Stephan** (Zaugg), Friedhofplatz 10, ✆ 0326 221 109, *mail@alterstephan.ch, Fax 0326 237 060,* – AE VISA Y f

*geschl. Weihnachten, Neujahr, 14. - 20. April, 1. - 7. Aug., Samstagmittag, Sonntag und Montag* – ***Zaugg's Zunftstube*** (1. Etage) **Rest** (Tischbestellung ratsam) 66 (mittags)/155 **Rest.** (siehe auch Stadtbeiz).

**Spez.** Sautierte Entenstopfleber auf Rhabarber und Ingwerjus (Frühling). Rindsfilet Rossini mit Mascarponerisotto und Portweinjus. Crème brûlée mit Erdbeersorbet, Pistazieneis und Passionsfruchtespuma

◆ Im ersten Stock des Stadthauses aus dem 11. Jh. wird dem Feinschmecker in der hellen, modern eingerichteten Zunftstube eine zeitgemässe Küche auf hohem Niveau serviert.

**Baseltor** mit Zim, Hauptgasse 79, ✆ 0326 223 422, *post@baseltor.ch, Fax 0326 221 879,* – Zim, 50. AE VISA Y e

*geschl. Sonntagmittag und Feiertage* – **Rest** à la carte 34/82 – **9 Zim** ★90/11 ★★155/175.

◆ Das Altstadthaus liegt, wie der Name schon vermuten lässt, unterhalb des Baslertors. Auf zwei Etagen kann der Gast französische und italienische Küche genießen.

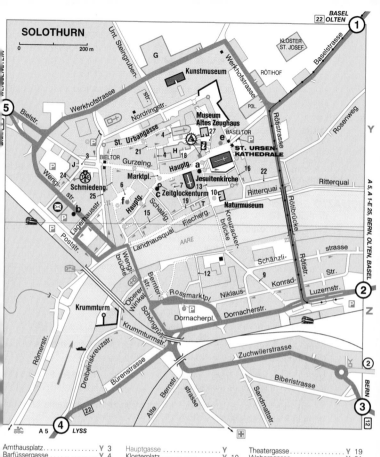

**SOLOTHURN**

0 — 200 m

BASEL 22 OLTEN (1)

KLOSTER ST. JOSEF

Unt. Steingruben

Werkhofstrasse

RÖTIHOF

Baselstrasse

Rosenweg

Y

Kunstmuseum

G

Werkhofstrasse

Nördringstr.

POL.

Röststrasse

(5) Bielstr.

St. Urbangasse

BIELTOR

Gurzelng.

Museum Altes Zeughaus

BASELTOR

A 5, A 1-E 25, BERN, OLTEN, BASEL

Ritterquai

ST. URSEN-KATHEDRALE

J

Wengi- str.

Schmiedeng.

Marktpl.

Hauptpl.

**a**

Jesuitenkirche

Ritterquai

Lagerhausstr.

**b**

**f**

Hauptg.

Schaalg.

**C** Zeitglockenturm

Naturmuseum

Rötibrücke

Rötistr.

strasse

Postst.

Wengi- brücke

Fischerg.

Kreuzacker-brücke

Landhausquai

AARE

Schänzli-

Str.

A 5, A 1-E 25, BERN, OLTEN, BASEL

Z

Oberer Winkel

Bernst. str.

Rossmarktpl.

Niklaus-

Schänzli-

9

Konrad-

Luzernstr.

(2)

Krummturm

Schönggrün

Dornacherpl.

Dornacherstr.

Z

Römerstr.

Dreibeinskreuzstr.

Krummturmstr.

Bürenstrasse

Zuchwilerstrasse

(2)

Alte Bernstr. strasse

Biberistrasse

Sandmattstr.

BERN

(3)

A 5 (4) LYSS

22

12

| | | | | | | | |
|---|---|---|---|---|---|---|---|
| Amthausplatz | Y 3 | Hauptgasse | Y | Theatergasse | Y 19 |
| Barfüssergasse | Y 4 | Klosterplatz | Y 10 | Weberngasse | Y 21 |
| Friedhofplatz | Y 6 | Kreuzackerstrasse | Z 12 | Werkstrasse | Y 22 |
| Goldgasse | Y 7 | Kronengasse | Y 13 | Westbahnhof |
| Gurzelngasse | Y | Löwengasse | Y 15 | Strasse | Y 24 |
| Hauptbahnhof | | Nictumgässlein | Y 16 | Westringstrasse | Y 25 |
| Strasse | Z 9 | Rathausplatz | Y 18 | Zeughausplatz | Y 27 |

Ⓧ **Stadtbeiz - Rest. Zum Alten Stephan**, Friedhofplatz 10, ℰ 0326 221 109, *mail@alterstephan.ch*, Fax 0326 237 060, 🌦 – Ⓐ ⓿ ⑯ **VISA**
geschl. Weihnachten, Neujahr, 14. - 20. April, 1. - 7. Aug., Sonntag und Montag – Rest (16) 30 (mittags)/52 und à la carte 41/100.
♦ In der rustikalen Stadtbeiz des Restaurants Zum Alten Stephan werden preisgünstigere, aber nicht weniger sorgfältig zubereitete Mahlzeiten angeboten.

**in Zuchwil** Süd-Ost : 2,5 km über Zuchwilerstrasse – Höhe 435 – ✉ 4528 Zuchwil :

🏨 **Martinshof**, Hauptstr. 81, ℰ 0326 862 626, *info@martinshof.ch*, Fax 0326 862 600, 🌦 – 🛗, 🍴 Rest, 🅿 Ⓐ ⓿ ⑯ **VISA**
**Thai Garden** - thailändische Küche - (geschl. Sonntag, Montag und Dienstag) (nur Abendessen) **Rest** 73 und à la carte 59/88 – **La Cucina** - italienische Küche - (geschl. Sonntag) **Rest** (18.50) 31 (mittags) und à la carte 41/70 – **Cucaracha** - mexikanische Küche - (geschl. Sonntag) (nur Abendessen) **Rest** à la carte 37/68 – **24 Zim** ⚏ ✦92/115 ✦✦155/165 – ½ P Zuschl. 20.
♦ Nicht weit von Solothurn finden Reisende dieses Hotel, hinter dessen unscheinbarer Fassade praktische, mit hellem Mobiliar eingerichtete Zimmer bereitstehen. Voller faszinierender Exotik : der Thai Garden. Lebendig mittelamerikanisch geht es im Cucaracha zu.

415

**in Nennigkofen** *Süd-West : über ④ : 4 km – Höhe 458 –* ✉ *4574 Nennigkofen :*

🍴🍴 **Rössli,** Bürenstr. 77, ☏ 0326 228 280, *roesslinennigkofen@bluewin.ch,*
🛏 Fax 0326 228 475, 🍽 – 🅿 ⇔ 60. 🆑 ⓪ 🟦 🆅🆂🅰
*geschl. 24. Dez. - 2. Jan. und Sonntag –* **Rest** (16.50) 52 (mittags)/100 und à la carte
52/119 🔖.
♦ Das typische Dorfgasthaus bittet mit gutbürgerlichen Speisen zu Tisch. Dazu wählt
man einen feinen Tropfen aus dem gut sortierten Weinkeller.

**in Langendorf** *Nord-West über ⑤ : 2 km – Höhe 470 –* ✉ *4513 Langendorf :*

🍴 **Chutz,** Weissensteinstr. 26, ☏ 0326 223 471, Fax 0326 225 851, 🍽 – 🅿 🆑 ⓪
🛏 🟦 🆅🆂🅰
*geschl. 26. - 30. Dez., Anfang Feb. 1 Woche, 17. Juli - 1. Aug., Montag und Dienstag
–* **Rest** (18.50) 42/77 und à la carte 42/93.
♦ In dem typischen Solothurner Gasthaus offeriert man Ihnen in einer gemütlich-
rustikalen Stube sowie in dem gehobeneren Stübli Speisen einer traditionellen Küche.

---

**SOMAZZO** *6872 Ticino (TI)* 🄵🄵🄶 *R14 – alt. 567.*
*Bern 307 – Lugano 27 – Bellinzona 55 – Como 21 – Varese 27.*

🍴 **Eremo S. Nicolao,** Nord-Ovest : 1,3 km, vicolo S. Nicolao 7, ☏ 0916 464 050,
🛏 Fax 0916 464 050, ≼ Mendrisio e dintorni, 🍽 – 🆑 ⓪ 🟦 🆅🆂🅰
*chiuso dal 16 gennaio al 13 marzo, martedì (da ottobre a marzo) e lunedì –* **Rist** 35
ed alla carta 25/49.
♦ Sotto quest'antico eremo con chiesetta annessa, si estende il Mendrisiotto a per-
dita d'occhio, visibile soprattutto dalla bella terrazza all'aperto. Ottima cucina tipica.

---

**SONCEBOZ** *2605 Berne (BE)* 🄵🄵🄸 *H6 – 1670 h. – alt. 653.*
*Bern 49 – Delémont 40 – Biel 14 – La Chaux-de-Fonds 31.*

🍴🍴 **Du Cerf** (Soldati) avec ch, 4 r. du Collège, ☏ 0324 883 322, Fax 0324 883 321 –
❀ 🍹, 🍽 rest, 🅰 🅿 ⇔ 100. ⓪ 🟦 🆅🆂🅰
*fermé 24 déc. au 4 janv. et 9 juil. au 9 août –* **Rest** *(fermé jeudi midi, vend. midi,
dim. soir et lundi) (menu unique) (prévenir)* 65 (midi)/165 🔖 – **Rest.** *(voir aussi **Brasserie** ci-après)* – **10 ch** ⇄ ✦95/100 ✦✦160 – ½ P suppl. 10.
**Spéc.** Chartreuse d'asperges - morilles à l'ail sauvage et fricassée de grenouilles
(printemps). Ballotine de lapereau au basilic (été). Saint-Jacques farcie au caviar
osciètre. **Vins** La Neuveville, Cressier
♦ Cette maison de pays daterait de 1707. Intérieur chaleureux agrémenté de boiseries et d'une belle cheminée. Fine cuisine où dépouillement rime avec fraîcheur et
authenticité.

🍴 **Brasserie** - *Rest. Du Cerf*, 4 r. du Collège, ☏ 0324 883 322, Fax 0324 883 321, 🍽
🛏 – 🅰 🍹 rest, 🅿 ⓪ 🟦 🆅🆂🅰
*fermé 24 déc. au 4 janv., 9 juil. au 9 août, mardi soir et mercredi –* **Rest** (15.50) et
à la carte 34/87.
♦ Brasserie traditionnelle offrant une savoureuse alternative à la formule gastronomique du Cerf. Appétissante carte plutôt bien fournie. Accueil et service gentils.

🍴 **Pierre-Pertuis,** 10 rte de Pierre-Pertuis, ☏ 0324 891 022 – 🅿 🟦
🛏 *fermé 21 déc. au 6 janv., 24 au 29 mai, 10 juil. au 25 août, merc. et jeudi –* **Rest**
(16) et à la carte 33/92.
♦ Cette affaire familiale établie à l'entrée de Sonceboz vous mitonne un choix de
plats traditionnels de bon aloi. Les cuisses de grenouilles sont un classique de la maison.

---

**SORENGO** *Ticino* 🄵🄵🄶 *R13 – vedere Lugano.*

---

**SOYHIÈRES** *Jura* 🄵🄵🄸 *J4 – rattaché à Delémont.*

---

> Passée en rouge, la mention « Rest » repère l'établissement auquel
> est attribué notre distinction, 🌸 (étoile) ou 🔖 (Bib Gourmand).

**SPEICHER** *9042 Appenzell Ausserrhoden (AR)* 551 U6 – *4 012 Ew. – Höhe 924.*
*Bern 218 – Sankt Gallen 5 – Altstätten 14 – Bregenz 34.*

🏨 **Appenzellerhof,** Trogenerstr. 6, ☎ 0713 441 321, info@ appenzellerhof.ch,
Fax 0713 441 038, ☞ – ❄ Zim, ☎ 🄿 🄰🄴 ① 🄾🄾 𝑽𝑰𝑺𝑨
**Rest** (25) 39/90 und à la carte 49/99 – **19 Zim** ☑ ✦105/145 ✦✦185/210 –
½ P Zuschl. 35.
♦ Im Appenzellerhaus mit seiner blumengeschmückten Holzfassade wird der Gast in
einfacheren, hell möblierten oder in moderneren, rustikaler eingerichteten Zimmern
beherbergt. Im gemütlichen Restaurant verwöhnt man den Gast mit konsequenter
Bio-Küche.

**SPIEZ** *3700 Bern (BE)* 551 K9 – *12 187 Ew. – Höhe 628.*
*Sehenswert : Schloss : Rundblick★★ vom Turm – Lage★.*
*Ausflugsziel : Fahrt auf den Niesen★★★ Süd : 7 km und Standseilbahn –
Stockhorn★★★ West : 12 km und Luftseilbahn.*
**Lokale Veranstaltung**
*24.05 - 27.05 : Film- und Videofestival.*
🅱 *Spiez Tourismus, Bahnhof,* ☎ *0336 559 000,* spiez@ thunersee.ch,
*Fax 0336 559 009.*
*Bern 41 – Interlaken 18 – Bulle 70 – Kandersteg 28.*

🏰 **Belvédère** ⌚, Schachenstr. 39, ☎ 0336 556 666, info@ belvedere-spiez.ch,
Fax 0336 546 633, ≤ Spiezer Bucht und See, ☞, 🄵🅂, ☎, 🄰🅂, 🄰 – 🄸, ❄ Zim,
☎ 🚗 🄿 – 🄰 15/50. 🄰🄴 ① 🄾🄾 𝑽𝑰𝑺𝑨. ❄ Rest
geschl. Februar – **Rest** (geschl. Montag von Nov. - März) 58 (mittags)/112 und à la
carte 58/119 ☞ – **32 Zim** ☑ ✦140/225 ✦✦260/400 – ½ P Zuschl. 50.
♦ In dem ruhig, schön im Park über dem See gelegenen Hotel wohnt der Gast in
komfortablen, zeitgemäss ausgestatteten Zimmern. Neu ist der kleine Freizeitbereich. Eleganter Speisesaal und idyllische Terrasse mit schönem Blick auf den Thuner
See.

**in Faulensee** *Süd-Ost : 2 km – Höhe 603 – ✉ 3705 Faulensee :*

🏨 **Seerose,** Interlakenstr. 87, ☎ 0336 541 025, info@ seerose-faulensee.ch,
Fax 0336 541 023, ≤ Thunersee, ☞, 🄹 – 🄿 🄰🄴 ① 🄾🄾 𝑽𝑰𝑺𝑨
geschl. Jan. und Montag (ausser Mai - Sept.) – **Rest** 22 (mittags)/58 und à la carte
39/98 – **10 Zim** ☑ ✦100/173 ✦✦170/230 – ½ P Zuschl. 40.
♦ In einem kleinen Berner Oberländer Dorf gelegen, offeriert das Hotel seinen Gästen helle, modern eingerichtete Zimmer mit gutem Platzangebot. Die Juniorsuiten haben Terrassen. Restaurant mit sehr schöner Sicht auf den See und die Berge.

**SPORZ** *Graubünden* 553 V9 – *siehe Lenzerheide.*

**SPREITENBACH** *8957 Aargau (AG)* 551 O4 – *8 827 Ew. – Höhe 424.*
*Bern 119 – Aarau 40 – Baden 5 – Dietikon 6 – Luzern 64 – Zürich 20.*

🏨 **Arte,** Wigartestr. 10, ☎ 0564 184 242, arte@ zuerich-hotels.ch,
🚗 Fax 0564 184 343, ☞ – ❄ Zim, ৬ 🚗 – 🄰 15/70. 🄰🄴 ① 🄾🄾 𝑽𝑰𝑺𝑨
**Rest** (geschl. Samstagmittag) (18.50) 30 (mittags) und à la carte 40/78 – **66 Zim**
☑ ✦88/130 ✦✦105/160.
♦ In dem modernen Zweckbau übernachtet der Durchreisende in Zimmern, die mit
zweckmässigen, hellen Einbaumöbeln zeitgemäss und funktionell eingerichtet sind.
Farbenfroh dekoriertes Restaurant.

**STÄFA** *8712 Zürich (ZH)* 551 Q6 – *11 271 Ew. – Höhe 414.*
*Bern 148 – Zürich 23 – Einsiedeln 28 – Luzern 73 – Rapperswil 9.*

🍴 **Hurter's Seehus,** Seestr. 4, ☎ 0449 262 303, bhurter@ hurtersseehus.ch,
Fax 0449 267 306, ≤ Zürichsee, ☞, 🄹 – 🄿 🄰🄴 ① 🄾🄾 𝑽𝑰𝑺𝑨
geschl. 15. - 20. Feb., 8. - 22. Okt., Sonntag (ausser Mai-Sept.) und Montag – **Rest**
(32) 56 (mittags)/125 und à la carte 83/153.
♦ Eine traumhafte Lage am Zürichseeufer, ein elegant eingerichtetes Restaurant,
eine einmalige Seeterrasse und nicht zuletzt eine kreative Küche oder einfach :
Hurter's Seehus.

✗ **Zur Alten Krone,** Goethestr. 12, ☏ 0449 264 010, *altekrone@msn.com,*
⊕ Fax 0449 266 231, ☞ – 🅰🅴 🐵 🚈 *VISA*
*geschl. Sonntag und Montag* – **Rest** (16) 44 (mittags) und à la carte 49/84.
♦ In dem alten Zürcher Riegelhaus soll Goethe einst Stammgast gewesen sein. Heute
serviert man in verschiedenen Räumlichkeiten eine zeitgemässe Küche.

**in Kehlhof** *Süd-Ost : 1 km Richtung Rapperswil* – ✉ *8712 Stäfa :*

✗✗ **Im Kehlhof,** Seestr. 191, ☏ 0449 261 155, Fax 0449 268 049, ☞ – 🅿 ⇔ 30. 🅰🅴
🐵 *VISA* – *geschl. 1. - 15. April, 31. Aug. - 14. Sept., Dienstag und Mittwoch* – **Rest**
120 und à la carte 59/121.
♦ Im Ortsteil Kehlhof an der Seestrasse gelegen, wird in diesem klassisch dekorierten Restaurant oder auf der Terrasse eine klassische Speiseauswahl angeboten.

> Dieser Führer lebt von Ihren Anregungen, die uns stets willkommen sind.
> Egal ob Sie uns eine besonders angenehme Überraschung oder eine
> Enttäuschung mitteilen wollen – schreiben Sie uns!

---

**STALDEN** *Bern* 🗺 *K8 – siehe Konolfingen.*

---

**STANS** *6370* 🅺 *Nidwalden (NW)* 🗺 *O7 – 7 319 Ew. – Höhe 451.*

Sehenswert : *Glockenturm*★ *der Kirche.*
Ausflugsziel : *Stanserhorn*★★ *Süd mit Standseil- und Luftseilbahn – Strasse nach
Seelisberg*★ *Ost.*
🛈 *Tourismus Stans, Bahnhofplatz 4,* ☏ *0416 108 833, Fax 0416 108 866.*
⊛ *Bahnhofstr. 2,* ☏ *0416 183 530, Fax 0416 183 536.*
*Bern 125 – Luzern 12 – Altdorf 30 – Cham 36 – Engelberg 20.*

🏠 **Engel,** Dorfplatz 1, ☏ 0416 191 010, *info@engelstans.ch,* Fax 0416 191 011, ☞
⊕ – 📶 ✆ ⅗ 🅿 – 🍴 15/100. 🅰🅴 🅾 🐵 *VISA*
**Rest** (16) 28 (mittags) und à la carte 38/93 – **18 Zim** ☟ ✦80 ✦✦140 – ½ P Zuschl.
25.
♦ Kombination von Alt und Neu : Klare Linien, schlichte Formen, starke Farben
und pfiffige Details prägen die modernen Zimmer des traditionsreichen Gasthofs
im Dorfzentrum. Gehobenes Sääli und schlicht-modernes Tagesrestaurant.

🏠 **Motel Stans-Süd** garni, an der A2, Ausfahrt Stans-Süd, Rieden 4,
☏ 0416 180 777, *info@motelstans.ch,* Fax 0416 180 778 – 📶 ⊜ 🅿 🅰🅴 🅾 🐵
*VISA*
**38 Zim** ☟ ✦78/84 ✦✦125/132.
♦ Dem Durchreisenden bietet sich direkt an der gleichnamigen Autobahnausfahrt
eine Übernachtungsmöglichkeit in schlicht dekorierten, zweckmässig ausgestatteten
Zimmern.

✗✗ **Zur Linde** mit Zim, Dorfplatz 7, ☏ 0416 190 930, *info@hotel-linde.ch,*
⊕ Fax 0416 190 948, ☞ – 📶 🅿 🅰🅴 🅾 🐵 *VISA* ✳
**Stanserstube** (1. Etage) *(geschl. 24. Dez. - 9. Jan., 26. Feb. - 6. März, Juli - Aug.,
Sonntag und Montag)* **Rest** 55/110 und à la carte 58/109 – **Feldschlösschen**
*(geschl. 24. Dez. - 9. Jan., 26. Feb. - 6.März, Sonntag und Montag)* Rest (18.50) und
à la carte 36/81 – **9 Zim** ☟ ✦90/105 ✦✦160/180.
♦ Die Stanserstube im 1. Stock des geschmackvoll restaurierten Hauses aus dem
Jahre 1714 glänzt mit einer schönen Holzkassettendecke. Im Parterre befindet sich
das Feldschlösschen. Hier werden einfachere, sorgfältig zubereitete Mahlzeiten serviert.

✗ **Zur Rosenburg,** alter Postplatz 3, im Höfli, ☏ 0416 102 461, *info@rosenburg*
⊕ *-stans.ch,* Fax 0416 109 356, ☞ – ⇔ 10/20. 🅰🅴 🐵 *VISA*
*geschl. 24. Feb. - 5. März, 31. Juli - 13. Aug., Montag und Dienstag* – **Rest** (19) 68
und à la carte 47/90.
♦ Das schöne Herrschaftshaus aus dem Mittelalter mit bewegter Geschichte hat
angenehm rustikale Stuben, in denen der Besucher zeitgemäss bereitete Gerichte
geniessen kann.

**STANSSTAD** 6362 Nidwalden (NW) 🔢🔢🔢 O7 – 4 466 Ew. – Höhe 438.

🏌️ in Bürgenstock, ☒ 6363 (Mai - Okt.) ✆ 0416 122 434.

Bern 123 – Luzern 9 – Altdorf 32 – Sarnen 14 – Stans 4.

🏨🏨 **Winkelried,** Dorfplatz 5, am Hafen, ✆ 0416 182 323, hotel@winkelried.ch,
Fax 0416 182 333, ≤ Pilatus und Vierwaldstättersee, 🍴, ≦s, 🔲 – 🛗 💆 🕭 Rest,
🚗 – 🔬 15/40. ⚞ ⓞ ⓪ 🆅🆅🆅
geschl. 24. Dez. - 3. Jan. – **Seeblick** : Rest 48 (mittags)/74 und à la carte 53/99
– **Winkelriedstübli** : Rest (18.50) und à la carte 40/88 – **29 Zim** ☲ ✸130/160
✸✸200/260 – ½ P Zuschl. 38.
◆ Am kleinen Hafen des Ortes liegt das Geschäftshotel. In komfortabel ausgestatteten Zimmern geniesst man die schöne Sicht auf den See und den Pilatus. Seeblick mit klassisch-eleganter Einrichtung. Rustikaler geht's im Winkelriedstübli zu. Grosse Seeterrasse.

**in Fürigen** Nord-Ost : 3,5 km Richtung Bürgenstock – ☒ 6363 Obbürgen :

🏨🏨 **Fürigen** 🐾, ✆ 0416 186 969, info@hotel-fuerigen.ch, Fax 0416 186 900,
≤ Bergpanorama und Vierwaldstättersee, 🍴, 🍴 – 🛗 🄿 – 🔬 15/150. ⚞ ⓞ ⓪
🆅🆅🆅
**La Brasserie** : Rest (29) 69 und à la carte 45/106 – **82 Zim** ☲ ✸149/200 ✸✸290
– ½ P Zuschl. 50.
◆ Dieses imposante Gebäude, schön oberhalb des Sees gelegen, bietet von seinen renovierten, mit hellem Mobiliar eingerichteten Zimmern eine wunderbare Sicht auf die Umgebung. La Brasserie zeigt sich modern-elegant mit schöner Panoramaterrasse.

---

**STECKBORN** 8266 Thurgau (TG) 🔢🔢🔢 S3 – 3 219 Ew. – Höhe 404.

🅸 Verkehrsverein, Bächlistr. 9, ✆ 0527 611 055.

Bern 185 – Sankt Gallen 65 – Frauenfeld 18 – Konstanz 19 – Radolfzell 31 – Schaffhausen 31.

🏨🏨 **Feldbach** 🐾, Am Jachthafen, ✆ 0527 622 121, info@hotel-feldbach.ch,
Fax 0527 622 191, ≤ Bodensee, 🍴, ≦s, 🍴 – 🛗, ⇆ Zim, 🕭 Zim, 🄿 – 🔬 15/40.
⓪ 🆅🆅🆅
geschl. 18. Dez. - 20. Jan. – **Rest** (23) und à la carte 50/96 – **36 Zim** ☲ ✸170/190
✸✸210/240.
◆ Die sehr schöne Bodenseesicht können Sie vom Grossteil der Zimmer aus geniessen. Diese sind ruhig gelegen, farbenfroh gestaltet und nach neuesten Gesichtspunkten ausgestattet. Modernes Restaurant in einem Kloster aus dem 13. Jh. Schön gelegene Seeterrasse.

🏨 **Frohsinn,** Seestr. 62, ✆ 0527 611 161, info@frohsinn-steckborn.ch,
Fax 0527 612 821, ≤ Bodensee, 🍴, 🔲 – 🄿. ⚞ ⓞ ⓪ 🆅🆅🆅
geschl. 20. Jan. - 17. Feb., Donnerstag (ausser im Sommer) und Mittwoch – **Rest** à
la carte 42/76 – **10 Zim** ☲ ✸90/105 ✸✸135/170.
◆ In dem netten kleinen Riegelhaus, zwischen See und Durchgangsstrasse gelegen, findet der Erholungsuchende praktische Zimmer mit moderner Einrichtung. Vom Restaurant und der Terrasse aus hat man einen schönen Blick auf den See.

---

**STEFFISBURG** Bern 🔢🔢🔢 K8 – siehe Thun.

---

**STEIN AM RHEIN** 8260 Schaffhausen (SH) 🔢🔢🔢 R3 – 3 008 Ew. – Höhe 413.

Sehenswert : Altstadt★★ : Museum★ im ehemaligen Benediktinerkloster St. Georgen.

Ausflugsziel : Burg Hohenklingen★ Nord : 2,5 km.

Bern 177 – Zürich 58 – Baden 77 – Frauenfeld 16 – Schaffhausen 22 – Singen 18.

🏨🏨 **Chlosterhof,** Oehningerstr. 2, ✆ 0527 424 242, mail@chlosterhof.ch,
Fax 0527 411 337, ≤, 🍴, 🍴, ≦s, 🔲 – 🛗 💆 🕭 Rest, 🚗 – 🔬 15/100. ⚞ ⓞ
⓪ 🆅🆅🆅
geschl. 20. Dez. - 10. Jan. – **Rest** (25) 54 (mittags)/118 und à la carte 57/110 – **42 Zim**
☲ ✸220/250 ✸✸270/310, 29 Suiten – ½ P Zuschl. 52.
◆ Keine Sorge, in Kutten gehüllte Mönche wandeln hier nicht durch die Flure. Grosse, mit Eichenmöbeln komfortabel gestaltete Räume erwarten Sie in dem Haus am Rhein. Das Restaurant unterteilt sich in einen eleganteren und einen einfacher gestalteten Teil.

🏠🏠 **Rheinfels,** Rhygasse 8,   𝒫   0527 412 144,   *rheinfels@bluewin.ch*,
Fax 0527 412 522, ≤ Rhein, ☆ – 📶 – 🏃 15/60. 🆎 ⓪ 🆎 **VISA**
*geschl. 17. Dez. - 10. März und Mittwoch ausser Juli - Aug.* – **Rest** 68 und à la carte
44/91 – **17 Zim** ⌧ **✝**130 **✝✝**180 – ½ P Zuschl. 38.
♦ Im historischen "Gredhaus" (Wasserzoll und Lagerhaus), 1493 erstmals erwähnt,
schläft der Gast in geräumigen, mit dunklen, soliden Fichtenholzmöbeln eingerichteten Zimmern. Bürgerlich-rustikale Stuben und Rheinterrasse.

🏠 **Adler,** Rathausplatz 2,   𝒫   0527 426 161,   *hotel-adler@bluewin.ch*,
Fax 0527 414 440, ☆ – 📶, ✹ Zim, 🍽 Rest, 🔥 Zim. 🆎 ⓪ 🆎 **VISA**
*geschl. 28. Jan. - 14. Feb.* – **Rest** *(geschl. Montag)* (25) 85 und à la carte 42/106 –
**14 Zim** ⌧ **✝**120 **✝✝**170/190 – ½ P Zuschl. 40.
♦ Inmitten der malerischen Kleinstadt mit seinen wunderschönen Hausfassaden liegt
das Hotel Adler. Beherbergt wird der Gast in hellen, zeitgemäss ausgestatteten Zimmern. Traditionelle Mahlzeiten in typischem Ambiente.

🍴🍴 **Sonne,** Rathausplatz 13,   𝒫   0527 412 128,   *info@sonne-steinamrhein.ch*,
Fax 0527 415 086 – 🆎 ⓪ 🆎 **VISA**
*geschl. 20. Dez. - 4. Jan., Feb. - März 2 Wochen, Dienstag und Mittwoch* – **Rest**
(1. Etage) 80 und à la carte 65/112.
♦ Allein schon das Betrachten des in einer schönen bemalten Altstadtzeile liegenden
Hauses a. d. 15. Jh. lohnt den Besuch - die hochstehende klassische Küche allerdings
auch.

---

> Gute und preiswerte Häuser kennzeichnet der Bib: der rote „Bib Gourmand" 🍴
> bei der Küche, der blaue „Bib Hotel" 🏠 bei den Zimmern.

---

**STEINEN** 6422 Schwyz (SZ) 🗺🗺🗺 P7 – 2 719 Ew. – Höhe 467.
     Bern 155 – Luzern 38 – Altdorf 22 – Brunnen 10 – Schwyz 5.

🍴🍴 **Rössli,** Dorfplatz 1,   𝒫   0418 321 320, Fax 0418 321 313 – 🆎 🆎 **VISA**
*geschl. 1. - 9. März, 5. Juli - 8. Aug., Montag und Dienstag* – **Rest** *(Tischbestellung
ratsam)* (19.50) 45 (mittags)/99 und à la carte 51/132.
♦ Im schönen Innerschweizer Holzhaus wird seit über 150 Jahren - nun in der 5.
Generation - gewirtet. In der traditionellen Stube reicht man klassische, gutbürgerliche Speisen.

---

**STEINHAUSEN** 6312 Zug (ZG) 🗺🗺🗺 P6 – 8 765 Ew. – Höhe 424.
     Bern 134 – Zürich 32 – Luzern 22 – Aarau 53 – Zug 7.

🍴🍴 **Zur Linde** mit Zim, Bahnhofstr. 28,   𝒫   0417 488 118, *info@gasthaus-linde.ch*,
Fax 0417 488 119, ☆ – 📶, ✹ Zim, ✹ 🅿 – 🏃 15/50. 🆎 🆎 **VISA**
**Carpe Diem** *(geschl. 14. - 23. April, 7. - 22. Okt. und Sonntag)* **Rest**
(19.50) 56 (mittags)/70 und à la carte 41/89 – **13 Zim** ⌧ **✝**140 **✝✝**190 –
½ P Zuschl. 30.
♦ Freundliche, warme Farben verleihen dem Carpe Diem einen leicht mediterranen
Touch. Daneben bietet man noch ein gemütliches Beizli sowie moderne, wohnliche
Zimmer.

---

**STOOS** 6433 Schwyz (SZ) 🗺🗺🗺 Q7 – Höhe 1 256.
     Bern 154 – Luzern 40 – Altdorf 17 – Brunnen 6 – Schwyz 5.
        mit der Luftseilbahn ab Morschach oder Standseilbahn
        ab Schlattli, jeweils 10 Min., erreichbar

🏠 **Stoos** ≫, Ringstr. 10,   𝒫   0418 174 444, *info@hotel-stoos.ch*, Fax 0418 174 445,
≤ Berge, ☆, 🌡, 🖐, 🔲, 🌳, 🍴 – 📶, ✹ Zim, 🍽 Rest, ✹ – 🏃 15/60. 🆎 ⓪
🆎 **VISA**
**Rest** (16.50) 40 (abends) und à la carte 37/95 – **74 Zim** ⌧ **✝**140/160 **✝✝**240/320
– ½ P Zuschl. 29.
♦ Das Hotel befindet sich auf der autofreien Sonnenterrasse über dem Nebel und
dem Vierwaldstättersee. In absoluter Ruhe schläft der Gast in schon älteren, einfachen Zimmern. Schlicht dekoriertes Restaurant und Speiseterrasse mit Blick auf die
umliegenden Berge.

**STUDEN** 2557 Bern (BE) 551 I6 – 2451 Ew. – Höhe 440.

*Bern 30 – Aarberg 10 – Biel 7 – Neuchâtel 40 – Murten 30 – Solothurn 24.*

**Florida** garni, Aareweg 25, ℰ 0323 742 828, info@florida.ch, Fax 0323 742 829, 〔s, ⟳ – ⓓ 📞 ₺ 🅿 – 🅰 15/60. 🅜🅞 💳
**56 Zim** ⌷ ✦120/135 ✦✦180/220 – ½ P Zuschl. 25.
♦ Etwas ausserhalb, neben einer kleinen Freizeitanlage findet man dieses fast neue Hotel. Helle, modern ausgestattete Zimmer bieten dem Geschäftsmann das Erforderliche.

---

**STÜSSLINGEN** 4655 Solothurn (SO) 551 M4-5 – 956 Ew. – Höhe 465.

🏊 Heidental (März - Nov.) ℰ 0622 858 090, Fax 0622 858 091.
*Bern 76 – Aarau 7 – Olten 11 – Solothurn 45.*

**Jura,** Hauptstr. 48, ℰ 0622 981 155, mail@restaurantjura.ch, Fax 0622 982 006, 🍴 – 🅿 ⟳ 120. 🅰🅴 ⓞ 🅜🅞 💳
**Rest** *(geschl. Montag und Dienstag)* (15.50) 70 und à la carte 43/80.
♦ Sowohl klassische als auch moderne Gerichte findet der einkehrende Gast auf der Speisekarte des traditionellen, hinter der Gaststube liegenden à la carte-Restaurants.

---

**SUBERG** Bern 551 I6 – siehe Lyss.

---

**SUGIEZ** 1786 Fribourg (FR) 552 H7 – alt. 434.

*Bern 32 – Neuchâtel 24 – Biel 27 – Fribourg 25 – Murten 8.*

**De l'Ours** avec ch, 5 rte de l'Ancien Pont, ℰ 0266 739 393, info@hotel-ours.ch, Fax 0266 739 399, 🍴, 🌊, 🌳 – 🅓 📞 ₺ 🅿 – 🅰 15/40. 🅰🅴 🅜🅞 💳
fermé 30 janv. au 21 fév. et 30 oct. au 21 nov. – **Rest** *(fermé lundi et mardi)* (16) 26 (midi)/78 et à la carte 50/92 ⊛ – ⌷ 15 – **8 ch** ✦110 ✦✦195 – ½ P suppl. 42.
♦ Lac, vignes et canal environnent cette vénérable auberge (1678). Salle à manger contemporaine, cuisine du marché, sobres chambres bien installées et jolie piscine intérieure.

---

**SUGNENS** 1043 Vaud (VD) 552 E9 – 228 h. – alt. 648.

*Bern 83 – Lausanne 20 – Montreux 46 – Moudon 12 – Yverdon-les-Bains 18.*

**Auberge de Sugnens** (Sidi-Ali), ℰ 0218 814 575, Fax 0218 814 535, 🍴 – ⟳ 16. 🅰🅴 🅜🅞 💳
fermé 6 au 16 janv., 28 août au 11 sept., dim. soir et lundi – **Rest** (20) (au café) 54 (midi)/113 et à la carte 65/122.
**Spéc.** Menu Couscous (le 1er merc. du mois, le soir). Sauté de caille sur lit de chouchouca et son oeuf (printemps). Filet de Sandre aux poireaux et pommes de terre (été). **Vins** Dézaley, Saint-Saphorin
♦ Au coeur d'un tout petit village, ferme vaudoise ayant troqué fourches, cruches et bottes de foin contre fourneaux, marmites et spatules. Bonne table gastronomique et bistrot.

---

Comment choisir entre deux adresses équivalentes ?
Dans chaque catégorie, les établissements sont classés
par ordre de préférence : nos coups de cœur d'abord.

---

**SUHR** 5034 Aargau (AG) 551 N4 – 7929 Ew. – Höhe 397.

*Bern 82 – Aarau 4 – Baden 31 – Basel 60 – Luzern 43 – Solothurn 51.*

**Zum Kreuz,** Obere Dorfstr. 1, ℰ 0628 559 020, info@gasthof-zum-kreuz.ch, Fax 0628 559 040, 🍴 – ₺ Rest, 🅿 – 🅰 15/25. 🅰🅴 ⓞ 🅜🅞 💳
**Rest** (1. Etage) *(geschl. Montag)* (15.50) und à la carte 44/95 – **17 Zim** ⌷ ✦118/145 ✦✦178/220 – ½ P Zuschl. 35.
♦ Im unter Denkmalschutz stehenden, geschmackvoll renovierten Gasthaus a. d. 17. Jh. schläft man in gemütlichen, mit dunklen Massivholzmöbeln rustikal eingerichteten Zimmern. Über der Gaststube werden die Gäste in schönen, angenehm gestalteten Stuben bewirtet.

**SULLENS** *1036 Vaud (VD)* 552 D9 – *820 h. - alt. 600.*
  *Bern 112 - Lausanne 13 - Cossonay 19 - Yverdon-les-Bains 25.*

&#9816; **Auberge Communale**, &#9742; 0217 311 197, Fax 0217 313 265 – **P.** **&#9400;** **VISA**
  *fermé 11 au 20 fév., 22 juil. au 14 août, dim., lundi et fériés* – **Rest** (25) et à la carte 39/85.
  &#10022; La carte de ce restaurant à l'ambiance familiale honore volontiers le terroir local. Salle à manger aux tables bien espacées. Café jouant les vases communicants. Bon accueil.

**SUMISWALD** *3454 Bern (BE)* 551 L7 – *5 224 Ew. - Höhe 700.*
  *Bern 40 - Burgdorf 17 - Luzern 57 - Olten 46 - Thun 48.*

&#127976; **Bären,** Marktgasse 1, &#9742; 0344 311 022, hotel@baeren-sumiswald.ch,
  Fax 0344 312 324, &#128513; – &#9812; &#9855; Zim, **P.** – &#9906; 15/80. **AE** **&#9422;** **&#9400;** **VISA**
  *geschl. 16. Jan. - 3. Feb., 24. Juli - 7. Aug. und Montag* – **Rest** (15) und à la carte 38/81 – **18** Zim &#8794; &#10033;90 &#10033;&#10033;150/160 – ½ P Zuschl. 35.
  &#10022; Hinter der schönen Holzfassade des Emmentaler Gasthofs, ehemals eine Schenke aus dem 14. Jh., verbergen sich mit Massivholzmobiliar rustikal und modern eingerichtete Zimmer.

&#9816;&#9816; **Zum Kreuz,** Marktgasse 9, &#9742; 0344 311 526, kreuz@kreuz-sumiswald.ch,
  Fax 0344 313 227, &#128513; – &#9855; Rest, **P.** &#9906; 25/35. **AE** **&#9422;** **&#9400;** **VISA**
  *geschl. 6. - 20. Feb., 9. - 23. Juli, Dienstagabend und Mittwoch* – **Rest** (15.50) 38 (mittags)/65 und à la carte 44/81.
  &#10022; Einst eine Umspannstelle für Postkutschenpferde, beherbergt das Haus a. d. J. 1664 heute zwei kleine, gemütliche Stuben und eine einfache Gaststube mit traditionellem Angebot.

**in Lüderenalp** *Süd-Ost : 10 km über Wasen* – &#9993; *3457 Wasen im Emmental :*

&#127976; **Lüderenalp** &#128056;, &#9742; 0344 371 676, hotel@luederenalp.ch, Fax 0344 371 980,
  &#8804; Berner Alpen und Jurakette, &#128513;, &#128726;, &#128167; – &#9812; &#9855; &#9855; Rest, **P.** – &#9906; 25. **AE** **&#9400;** **VISA**
  &#128168; Rest
  *geschl. 4. - 10. Dez., 9. - 23. Jan., Montag und Dienstag von Mitte Nov. - Mitte März* – **Rest** (24) und à la carte 38/89 – **19** Zim &#8794; &#10033;125/145 &#10033;&#10033;180/210 – ½ P Zuschl. 40.
  &#10022; Einsam und abgeschieden liegt dieses Ausflugs- und Ferienhotel erhöht über dem Emmental mit aussergewöhnlicher Panoramasicht auf die Berner Alpen und die Jurakette. Einfaches Restaurant und grosse Speiseterrasse.

> Der Hinweis „Rest" in Rot kennzeichnet das Restaurant mit Auszeichnung, &#9752; (Stern) oder &#9098; (Bib Gourmand)

**SURLEJ** *Graubünden* 553 X11 – *siehe Silvaplana.*

**SURSEE** *6210 Luzern (LU)* 551 N6 – *8 099 Ew. - Höhe 504.*
  **Sehenswert :** *Rathaus*&#9733; *- Wallfahrtskirche Mariazell : Aussicht*&#9733;.
  *Bern 90 - Luzern 23 - Aarau 26 - Baden 48 - Olten 32.*

&#127976; **Bellevue am See** &#128056;, Bellevueweg 7, &#9742; 0419 258 110, info@bellevue-sursee .ch, Fax 0419 258 111, &#8804;, &#128513; – &#9812;, &#129345; Zim, &#9742; **P.** – &#9906; 15/50. **AE** **&#9422;** **&#9400;** **VISA**
  *geschl. 24. - 27. Dez.* – **Rest** *(geschl. 20. Feb. - 12. März, Sonntagabend und Montag)* (19.50) 50 (mittags)/85 und à la carte 56/122 &#9906; – **19 Zim** &#8794; &#10033;130/150 &#10033;&#10033;230 – ½ P Zuschl. 50.
  &#10022; Die schlossähnliche, komplett renovierte Villa gefällt durch ihre ruhige Lage nicht weit vom See, die hübsche Aussicht und die individuelle, moderne Zimmerausstattung. Man speist im Barbereich, im Wintergarten oder im eleganteren Hauptrestaurant.

**SUSCH** *7542 Graubünden (GR)* 553 Y9 – *220 Ew. - Höhe 1 435.*
  &#128652; *Susch-Sagliains - Klosters-Selfranga, Information* &#9742; *0812 883 737.*
  *Bern 257 - Davos 26 - Sankt Moritz 40 - Scuol 18.*

**SUSTEN-LEUK** *3952 Wallis (VS)* 552 *K11 – Höhe 627.*
  Leuk *(März - Nov.)* 𝒫 *0274 736 161, Fax 0274 736 163.*
  *Bern 178 – Brig 29 – Leukerbad 14.*

**Relais Bayard,** Kantonsstrasse, Ost : 1 km Richtung Brig, 𝒫 0274 749 696, *mai l@relaisbayard.ch, Fax 0274 749 699,* ⇆, *Ⅰ₆,* ≘s – |≡| ✇ & Rest, 🄿 – ⚿ 15/70. ㏂ ㏄ 🆅🆂🅰
  **Rest** (17.50) 30 (mittags) und à la carte 45/91 – **31 Zim** ⊇ ✦110/112 ✦✦170/180 – ½ P Zuschl. 25.
  ♦ Der Landgasthof liegt an der Strasse nach Brig und am Golfplatz. Zweckmässige Zimmer mit zeitgemässer Ausstattung. Besonders für Familien geeignete Duplex-Suiten. Restaurant mit Pizzeria und gehobenem A-la-carte-Bereich.

**SUTZ-LATTRIGEN** *2572 Bern (BE)* 551 *I6 – 1130 Ew. – Höhe 450.*
  *Bern 38 – Biel 6 – Neuchâtel 33 – Solothurn 27.*

**Anker,** Hauptstr. 4, 𝒫 0323 971 164, *anker.sutz@bluewin.ch, Fax 0323 971 174,* ⇆ – 🄿 🆅🆂🅰
  *geschl. 27. Feb. - 12. März, 25. Sept. - 15. Okt., Montag und Dienstag* – **Rest** (16) 51 und à la carte 38/79.
  ♦ Ob im gemütlich-rustikalen Restaurant oder auf der schönen Gartenterrasse : Es erwartet Sie eine Karte mit preiswerten, sorgfältig zubereiteten traditionellen Gerichten.

**TÄGERWILEN** *Thurgau* 551 *T3 – siehe Kreuzlingen.*

**TAMINS** *7015 Graubünden (GR)* 553 *U8 – 1183 Ew. – Höhe 640.*
  *Bern 248 – Chur 11 – Andermatt 78 – Davos 59 – Vaduz 49.*

**in Reichenau** – *Höhe 604* – ✉ *7015 Tamins :*

**Adler,** Reichenauerstr. 58, 𝒫 0816 411 044, *info@adlerreichenau.ch, Fax 0816 412 496,* ⇆, ⊒, ✖, ♨ – |≡| ✇ 🄿 – ⚿ 15/60. ㏂ ㏄ 🆅🆂🅰.
  ✖ Rest
  *geschl. 3. Jan. - 2. März* – **Gourmet Stübli** *(geschl. Sonntagabend und Montag)* **Rest** 52/125 und à la carte 77/104 – **Gaststube** *(geschl. Sonntagabend und Montag)* **Rest** (24) 33 und à la carte 46/78 – **14 Zim** ⊇ ✦115 ✦✦190.
  ♦ Das einstige Zollhaus a. d. 16. Jh. beherbergt heute ein kleines Hotel mit schlichten und funktionellen, aber dennoch charmanten Zimmern. Eigener landwirtschaftlicher Betrieb. Eine Gewölbedecke trägt zum ansprechenden Ambiente des kleinen Gourmet Stübli bei.

**TARASP** *Graubünden* 553 *Z9 – siehe Scuol.*

Wie entscheidet man sich zwischen zwei gleichwertigen Adressen?
In jeder Kategorie sind die Häuser nach unseren Vorlieben geordnet,
die besten Adressen stehen an erster Stelle.

**TÄSCH** *3929 Wallis (VS)* 552 *K13 – 837 Ew. – Höhe 1438.*
  Matterhorn *(Juni - Okt.)* 𝒫 0279 677 000, Fax 0279 677 002, *Nord : 2 km Richtung Randa.*
  *Bern 204 – Brig 38 – Sierre 57 – Sion 74 – Zermatt 6.*

**Täscherhof,** Bahnhofstrasse, 𝒫 0279 666 262, *info@taescherhof.ch, Fax 0279 666 200,* ≤, ⇆, *Ⅰ₆,* ≘s, ⇆ – 🄿 ✖ 🄿 ㏂ ① ㏄ 🆅🆂🅰
  *geschl. Nov.* – **Rest** (18) 28 und à la carte 33/88 – **35 Zim** ⊇ ✦94/118 ✦✦ 140/180.
  ♦ Den kleinen Ort Täsch kennt der Tourist meist nur als Umsteigestation auf dem Weg nach Zermatt. Hier liegt das einfache Hotel mit wohnlichen, rustikal eingerichteten Zimmern. Ländlich dekoriertes Restaurant.

**TAVERNE** 6807 Ticino (TI) 553 R13 – 2 762 ab. – alt. 364.

*Bern 265 – Lugano 8 – Bellinzona 21 – Locarno 33 – Varese 35.*

XXX **Motto del Gallo** (De La Iglesia) con cam, 𝓟 0919 452 871, mottodelgallo@ blu ewin.ch, Fax 0919 452 723, � – ✦ 𝐏 ⇔ 20. 🆎 ⓞ ⓥⓞ 𝒱𝒾𝒮𝒜
chiuso lunedì a mezzogiorno e domenica – Rist (coperti limitati - prenotare) 48 (mezzogiorno)/139 ed alla carta 102/129 ⌀, 4 suites ⌱ 118/235.
**Spec.** Sformato di baccalà con carciofi in crosta di ceci, finocchietto selvatico e gamberi rosa. Casoncelli di maialino da latte al rosmarino e scorza di limone con lamelle di polenta. Luciperca del Ceresio avvolto in pancetta croccante, passatina di fagioli zolfini e bauletto di verzetta. **Vini** Merlot di Sopraceneri
♦ Per apprezzare una valida cucina tra le accoglienti salette di un'affascinante casa del XVI sec. ricavata da una fortezza. Sarete accolti in un ambiente rustico e di classe.

---

**TEGNA** 6652 Ticino (TI) 553 Q12 – 782 ab. – alt. 258.

*Bern 231 – Locarno 5 – Andermatt 104 – Bellinzona 24 – Lugano 43.*

🏠 **Barbaté** senza rist, 𝓟 0917 961 430, info@garnibarbate.ch, Fax 0917 962 530, �἖ – 𝐏 🆎 ⓞ ⓥⓞ 𝒱𝒾𝒮𝒜
chiuso gennaio e febbraio – **10 cam** ⌱ ✦80/112 ✦✦140/160.
♦ Un simpatico indirizzo questo garni piccolo e familiare, ubicato in zona tranquilla. Al pian terreno, il giardino fa da cornice alle camere del lato sud, da consigliare.

---

**TESSERETE** 6950 Ticino (TI) 553 R13 – 1 398 ab. – alt. 517.

🚹 Lugano Turismo, piazza Stazione, 𝓟 0919 431 888, tesserete@lugano-tourism.ch, Fax 0919 434 212.
*Bern 271 – Lugano 12 – Bellinzona 27 – Locarno 39 – Varese 39.*

X **Stazione** con cam, 𝓟 0919 431 502, besomi.stazione@ticino.com, Fax 0919 435 569, �἖ – 𝐏 🆎 ⓥⓞ 𝒱𝒾𝒮𝒜. ✗ rist
chiuso dal 22 dicembre al 25 gennaio, dal 19 giugno al 2 luglio e mercoledì – **Rist** (25) ed alla carta 44/82 – **8 cam** ⌱ ✦85/100 ✦✦130/140.
♦ Scegliete tra la saletta interna più raccolta oppure, nelle giornate di sole, godetevi il fresco sulla terrazza esterna. Estro italiano in cucina e disponibilità di camere.

X **Storni**, via Canonica, 𝓟 0919 434 015, Fax 0919 434 015, 🌀 – 𝐏 ⇔ 10/15. 🆎 ⓥⓞ 𝒱𝒾𝒮𝒜
chiuso dal 30 dicembre al 7 gennaio, dal 17 luglio al 14 agosto e domenica – **Rist** - cucina italiana - (16.50) 60 (sera) ed a la carta 43/75.
♦ Nel piccolo centro storico del paese, sorge questa vecchia osteria la cui proposta culinaria è d'ispirazione italiana. Sala di taglio tradizionale con arredo rustico.

---

**TEUFEN** 9053 Appenzell Ausserrhoden (AR) 551 U5 – 5 534 Ew. – Höhe 837.

🚹 Info Teufen, Ebni 1, im Bahnhof, 𝓟 0713 333 873, webmaster@teufenar.info, Fax 0713 333 809.
*Bern 217 – Sankt Gallen 8 – Bregenz 44 – Buchs 44 – Herisau 17 – Konstanz 48.*

🏠 **Zur Linde,** Bühlerstr. 87, 𝓟 0713 350 737, info@hotelzurlinde.ch, Fax 0713 350 738, 🌀, 🌾 – ⧉, ✦ Zim, 🕮 & Rest, 𝐏 ⇔ 20 – 🅰 15/100. 🆎 ⓥⓞ 𝒱𝒾𝒮𝒜. ✗ Zim
geschl. 10. - 30. Juli – **Rest** (geschl. Mittwoch) (19.90) 60 und a la carte 42/92 – **14 Zim** ⌱ ✦100/126 ✦✦178/212 – ½ P Zuschl. 32.
♦ Die imposante 400-jährige Linde zwischen dem Haus und der Bahnlinie stand Pate bei der Namensgebung. Der Durchreisende übernachtet hier in hellen, zeitgemässen Zimmern. Gaststube mit blanken Holztischen und gehobenes bürgerliches Restaurant.

X **Waldegg,** Richtung Speicher und Waldeggstrasse : 3 km, 𝓟 0713 331 230, info @waldegg-teufen.ch, Fax 0713 334 661, ≤ Alpstein und Säntis, 🌀 – & Rest, 𝐏 🆎 ⓞ ⓥⓞ 𝒱𝒾𝒮𝒜
**Rest** (geschl. 30. Jan. - 17. März und Donnerstag) (Tischbestellung ratsam) (19.50) 39/61 und a la carte 45/78 – **Schnuggebock** : Rest a la carte 43/67.
♦ Im Ausflugsrestaurant - auf einem Hügelkamm gelegen - mit seiner grossen Panoramaterrasse eröffnet sich dem Gast eine beeindruckende Sicht auf den Alpstein und den Säntis. Appenzeller Erlebnisgastronomie im Schnuggebock : Bauernhofatmosphäre von 1930.

**TGANTIENI** *Graubünden* 🔢🔢🔢 *V9 – siehe Lenzerheide.*

---

**THALWIL** *8800 Zürich (ZH)* 🔢🔢🔢 *P5 – 15 996 Ew. – Höhe 435.*
*Bern 134 – Zürich 12 – Luzern 47 – Schwyz 55.*

**Sedartis**, Bahnhofstr. 16, ☎ 0433 883 300, *info@sedartis.ch*, Fax 0433 883 301,
🏠 – 🛗, ❄ Zim, 🍽 ♿ 🚗 – 🔼 15/60. 🆎 ⓞ 🐽 *VISA*
**Rest** - euro-asiatische Küche - (18.50) und à la carte 48/94 – ☐ 20 – **39 Zim** ✦220
✦✦220.
◆ Direkt am Bahnhof liegt dieses auf den Geschäftsmann ausgerichtete Hotel mit
seinen top-modern und funktionell ausgestatteten, gut isolierten Zimmern. Trendig
gibt sich das Restaurant.

---

> Wir bemühen uns bei unseren Preisangaben um grösstmögliche Genauigkeit,
> aber alles ist Änderungen unterworfen! Lassen Sie sich daher bei Ihrer
> Reservierung den derzeit gültigen Preis mitteilen.

---

**THAYNGEN** *8240 Schaffhausen (SH)* 🔢🔢🔢 *Q2 – 3 922 Ew. – Höhe 440.*
*Bern 162 – Zürich 56 – Baden 58 – Schaffhausen 9.*

**in Hüttenleben** *Nord-West : 1,5 km*

XX **Hüttenleben** mit Zim, Drachenbrunnenweg 5, ☎ 0526 450 010, *info@huetten
leben.ch*, Fax 0526 450 013, 🌿 – **P.** 🐽 *VISA*
*geschl. 29. Jan. - 7. Feb., 10. - 20. Juli, 1. - 12. Okt., Montag und Dienstag* – **Rest** à
la carte 52/89 – **Pasteria Calimero** - italienische Küche - **Rest** à la carte 45/88 –
**4 Zim** ☐ ✦85 ✦✦156.
◆ Im abgelegenen kleinen Weiler, nur ein paar Schritte von der Deutschen Grenze
entfernt, kann der Gast im Wintergarten Gerichte von einer traditionellen Karte
bestellen. Rustikales Ambiente in der Pasteria Calimero.

---

**THÔNEX** *Genève* 🔢🔢🔢 *B11 – rattaché à Genève.*

---

**THÖRIGEN** *3367 Bern (BE)* 🔢🔢🔢 *L6 – 981 Ew. – Höhe 488.*
*Bern 41 – Aarau 44 – Basel 71 – Luzern 72 – Solothurn 17.*

XXX **Löwen** (Gygax), Langenthalstr. 1, ☎ 0629 612 107, *nikgygax@bluewin.ch*,
Fax 0629 611 672, 🌿 – **P.** 🆎 ⓞ 🐽 *VISA*
*geschl. Sonntag und Montag* – **Rest** (Tischbestellung ratsam) 65 (mittags)/200 und
à la carte 108/155 – **Rest.** (siehe auch **Nik's Wystube**).
**Spez.** Nudeleintopf mit Spargeln und Rindsfilet (Frühling). Hausgemachter Hackbra-
ten mit Kartoffelstock. Rehrückenfilet aus der Sommerjagd
◆ Hinter der hübschen Fassade mit Fachwerk und Holzfensterläden kredenzt man
dem Geniesser in fast familiärer Atmosphäre aufwändige Speisen einer kreativen
klassischen Küche.

X **Nik's Wystube** - *Löwen*, Langenthalstr. 1, ☎ 0629 612 107, *nikgygax@bluewin
.ch*, Fax 0629 611 672, 🌿 – **P.** 🆎 ⓞ 🐽 *VISA*
*geschl. Sonntag und Montag* – **Rest** (18.50) 68/80 und à la carte 47/103.
◆ Wenn Sie zum Speisen ein ungezwungenes Umfeld bevorzugen, dann wird es
Ihnen in dieser hellen, rustikalen Gaststube mit traditioneller Küche bestimmt
gefallen.

---

**THÖRISHAUS** *3174 Bern (BE)* 🔢🔢🔢 *I7 – Höhe 580.*
*Bern 12 – Biel 52 – Fribourg 23 – Neuchâtel 50 – Thun 44.*

X **Wirtschaft zum Hähli**, Freiburgstr. 850, ☎ 0318 890 707, *haehli@bluewin.ch*,
Fax 0318 890 750, 🌿 – ❄ **P.** ⓞ 🐽 *VISA*
*geschl. 6. - 12. März, 17. Sept. - 8. Okt., Samstag und Sonntag* – **Rest** (Tischbestellung
ratsam) (17) und à la carte 35/80.
◆ In der Gaststube und dem Restaurant mit Wintergarten sowie auf einer
schönen Terrasse unter alten Kastanien bewirtet man Sie mit traditionellen
Speisen.

**THUN** 3600 Bern (BE) 🗺️🗺️🗺️ K8 – 39854 Ew. – Höhe 560.

Sehenswert : Blick★★ vom Kirchenvorplatz Z – Seeufer : Jakobshübeli★★ Z – Park vom Schloss Schadau : Aussicht★★ BY – Altstadt : Obere Hauptgasse★ Z 28 – Rathausplatz★ Z 30 – Schloss Museum★ ; Blick von den Ecktürmen Z.

🏌️ Thunersee, ✆ 0333 347 070, Fax 0333 347 075, Ost : 2 km Richtung Allmendingen 🏌️ Aaretal in Kiesen, 🖂 3629, ✆ 0317 820 000, Nord : 12 km Richtung Bern.

🛈 Thun Tourismus-Organisation, Bahnhof, ✆ 0332 259 000, thun@thunersee.ch, Fax 0332 259 009 Z.

🏵️ Aarestr. 14, ✆ 0332 257 676, Fax 0332 257 675 Z.

Bern 30① – Interlaken 29④ – Gstaad 58④ – Langnau im Emmental 32① – Spiez 11③

Stadtplan siehe nächste Seite

🏨 **Seepark**, Seestr. 47, 🖂 3602, ✆ 0332 261 212, info@seepark.ch, Fax 0332 261 510, 🍴, 🛁, ⭐ – 🛗, 🚭 Zim, 🚗 – 🔬 15/350. 🅰️🅴 ⑩ 🆖 𝘝𝘐𝘚𝘈 geschl. 22. Dez. - 3. Jan. – **Rest** (21) 35 (mittags) und à la carte 44/97 – **89 Zim** 🍴 ★170/265 ★★190/320 – ½ P Zuschl. 53.                                    BY s
♦ Dieses grosse, moderne Seminarhotel ist vom Thunersee nur durch einen schmalen Uferweg getrennt. Den Gast erwarten gut ausgestattete Zimmer mit zeitgemässem Komfort. Restaurant mit Sommerterrasse.

🏨 **Freienhof**, Freienhofgasse 3, ✆ 0332 275 050, reception@freienhof.ch, Fax 0332 275 055, 🍴, 🚗 – 🛗, 🚭 Zim, 🍷 🔬 Rest – 🔬 15/110. 🅰️🅴 ⑩ 🆖 𝘝𝘐𝘚𝘈 **Rest** (15) 19.50 (mittags) und à la carte 37/90 – **65 Zim** 🍴 ★135/235 ★★255/305 – ½ P Zuschl. 40.
♦ Ein Hotel mit langer Tradition, das ganz den Bedürfnissen der heutigen Zeit angepasst ist : Ein Teil der Zimmer ist sehr modern und funktionell gestaltet. Gepflegter Garten. Restauration mit Bar und Terrasse an der Aare.                         Z b

🏨 **Krone**, Rathausplatz 2, ✆ 0332 278 888, info@krone-thun.ch, Fax 0332 278 890, 🍴 – 🛗 🍷 – 🔬 15/35. 🅰️🅴 ⑩ 🆖 𝘝𝘐𝘚𝘈                                          Z c
**Wong Kun-chinesische Küche** – **Rest** (15) 20 (mittags) und à la carte 39/74 – **Brasserie : Rest** (15) 20 (mittags) und à la carte 41/82 – **27 Zim** 🍴 ★150/170 ★★225/260 – ½ P Zuschl. 38.
♦ Das hübsche alte Stadthaus mit Türmchen liegt direkt im historischen Zentrum von Thun, in der Fussgängerzone. Hier stehen modern ausgestattete Zimmer für Sie bereit. Fernöstliches Ambiente und chinesische Küche im Wong Kun.

🏨 **Alpha**, Eisenbahnstr. 1, ✆ 0333 347 347, welcome@alpha-thun.ch, Fax 0333 347 348, 🍴, 🚭 – 🛗, 🚭 Zim, 🔬 Rest – 🔬 15/40. 🆖 𝘝𝘐𝘚𝘈        BY e
**Rest** (15) 48/58 und à la carte 46/81 – **34 Zim** 🍴 ★120/150 ★★170/190 – ½ P Zuschl. 30.
♦ Etwas ausserhalb des Zentrums liegt dieses Hotel. Zweckmässig und zeitgemäss sind die Zimmer grossteils mit dunklem Eichemobiliar eingerichtet. Restaurant mit traditionellem Speiseangebot.

🍽️🍽️ **Arts Schloss Schadau**, Seestr. 45, ✆ 0332 222 500, info@schloss-schadau.ch, Fax 0332 221 580, ≤ Thunersee, 🍴, 🔬 – 🔬 12/50. 🅰️🅴 ⑩ 🆖 𝘝𝘐𝘚𝘈        BY a
geschl. Feb., Dienstag von Nov. - April und Montag – **Rest** 49 (mittags)/107 und à la carte 70/117.
♦ Das Schloss a. d. 19. Jh., traumhaft in einem Park am See gelegen, besticht durch die mit Stukkaturen und sehenswerten Holzmalereien verzierten Räume und die schöne Terrasse.

🍽️ **Dampfschiff**, Hofstettenstr. 20, ✆ 0332 214 949, kontakt@dampfschiff-thun.ch, 🍴 – 🅰️🅴 ⑩ 🆖 𝘝𝘐𝘚𝘈                                                  Z d
geschl. Dienstag (ausser Mai - Sept.) und Montag – **Rest** (18.50) 49 (mittags)/80 und à la carte 43/97.
♦ Dank sorgfältiger und detailgetreuer Renovierung präsentiert sich das 1805 erbaute Haus in seinem ursprünglichen Stil. Sehr gemütlich : die zwei kleinen Biedermeierstuben.

**in Steffisburg** Nord-West : 2 km – AX – Höhe 563 – 🖂 3613 Steffisburg-Station :

🍽️🍽️ **Panorama**, Hartlisbergstr. 39, auf dem Hartlisberg, ✆ 0334 374 344, restaurant@panorama-hartlisberg.ch, Fax 0334 376 098, ≤ Thun und Berge, 🍴 – 🅿️ ⑩ 🆖 𝘝𝘐𝘚𝘈 geschl. 2. - 25. Jan., Montag und Dienstag – **Cayenne : Rest** 55 (mittags)/108 und à la carte 68/116 – **Bistro : Rest** (19) und à la carte 41/80.
♦ Elegant und grosszügig präsentiert sich das Cayenne mit zeitgemässer Küche. Insbesondere von der Terrasse aus hat man einen herrlichen Ausblick auf Thun und die Berge. Günstige, einfache Gerichte im Bistro.

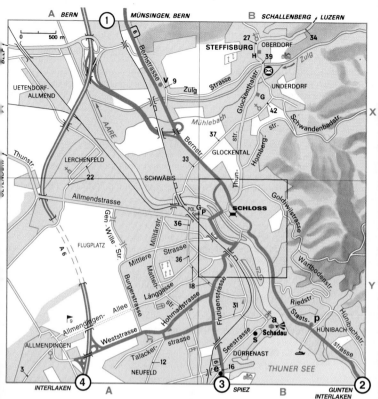

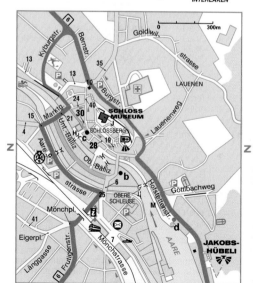

427

XX Zim **Schützen** mit Zim, Alte Bernstr. 153, *0334 373 162*, landgasthof-
schuetzen@swissonline.ch, Fax 0334 376 962, 15/40. AE ① ⓜ VISA.
Zim
geschl. 1. - 8. Jan., Samstagmittag, Sonn und Feiertage – **Rest** (19.80) 48 (mittags)/70
und à la carte 45/102 – **12 Zim** ☐ ★82 ★★144.                          AX v
♦ Der Schützen ist ein für die Region typischer Dorfgasthof. In der Wirtschaft und
den zwei rustikalen Stuben werden gutbürgerliche Gerichte serviert. Einfache, saubere Zimmer.

**in Hünibach** Süd-Ost : 2,5 km - BY – Höhe 572 – ✉ 3626 Hünibach :

**Chartreuse,** Staatsstr. 142, *0332 433 382*, mail@chartreuse.ch,
Fax 0332 433 359, – Zim, P ⓜ VISA                                     BY p
**Rest** (geschl. Sonntag in Dez. - März) (17.50) 35 (mittags) und à la carte 44/86 –
**14 Zim** ☐ ★85/100 ★★150/180 – ½ P Zuschl. 35.
♦ Der an der Hauptstrasse gelegene Landgasthof hält sehr saubere und gepflegte
Zimmer mit funktionellem weissem Furnierholzmobiliar für Sie bereit. Viel Holz, far-
bige Muranoleuchten und indischer Schiefer prägen das Restaurant mit Sommer-
terrasse.

**in Hilterfingen** Süd-Ost : 3 km – Höhe 563 – ✉ 3652 Hilterfingen :

**Schönbühl** , Dorfstr. 47, *0332 432 383*, info@schoenbuehl.ch,
Fax 0332 434 047, ≤ See und Berge, – , Zim, P AE ⓜ VISA
geschl. 2. - 31. Jan. – **Rest** (geschl. Dienstag ausser Mai - Okt. und Montag)
(18) und à la carte 50/90 – **11 Zim** ☐ ★105/130 ★★170/220 – ½ P
Zuschl. 40.
♦ Modern und komfortabel präsentieren sich die Zimmer dieses schön über dem See
gelegenen Hotels in ansprechendem Schweizer Holzbaustil. Restaurant mit Panoramafenster und einladender Gartenterrasse.

**in Oberhofen** Süd-Ost : 3 km – Höhe 563 – ✉ 3653 Oberhofen :

**Parkhotel** , Friedbühlweg 36, *0332 449 191*, info@parkhoteloberhofen.ch,
Fax 0332 449 192, ≤ Thunersee und Berge, , – , Zim, P –
15/110. ⓜ VISA
**Rest** (geschl. Montag von Okt. - März) (15) 39 (mittags)/78 und à la carte 54/103
– **40 Zim** ☐ ★100/180 ★★200/290 – ½ P Zuschl. 40.
♦ Der Hotelbau aus der Jahrhundertwende bietet durch seine erhöhte, ruhige Lage
vor allem von den Balkonen der zum See hin gelegenen Zimmer eine schöne Aussicht.
Schmuckes Restaurant in modernem Design mit interessanten zeitgemässen Gerichten.

**Stella del Lago,** Schoren 45, *0332 431 840*, info@stelladell
ago.ch, Fax 0332 431 830, ≤, , – Zim, & Rest, P AE ① ⓜ VISA.
Zim
**Rest** - italienische Küche - (16.50) und à la carte 44/89 – **17 Zim** ☐ ★130/165
★★235/265.
♦ Zwischen See und Uferstrasse findet man hier wohnliche und komfortable
Unterkünfte mit eleganter Note. Besonders schön sind die Zimmer mit grosser
Terrasse zum Wasser hin. Restaurant mit italienischer Küche und grosser Uferter-
rasse.

---

**THUSIS** 7430 Graubünden (GR) 553 U9 – 2605 Ew. – Höhe 697.
Ausflugsziel : Zillis Holzdecke★★ der Kirche Süd : 8 km – Via Mala★★ Süd : 4 km.
Thusis - Samedan, Information *0812 885 511.*
🛈 Verkehrsverein, Neudorfstr. 70, *0816 511 134*, vvthusis@spin.ch,
Fax 0816 512 563.
Bern 269 – Chur 28 – Bellinzona 89 – Davos 47 – Sankt Moritz 64.

**Weiss Kreuz,** Neudorfstr. 50, *0816 500 850*, info@weisskreuz.ch,
Fax 0816 500 855, – , Zim, P – 15/100. ⓜ VISA
geschl. Weihnachten und Nov. – **Rest** (20) und à la carte 52/95 – **35 Zim** ☐ ★85/95
★★140/160 – ½ P Zuschl. 30.
♦ Das Haus mit der auffälligen zinnoberroten Fassade liegt im Zentrum. Die renovierten Gästezimmer sind hell, modern und praktisch ausgestattet. Traditionelles
Restaurant und moderner Dachwintergarten mit schöner Aussicht. Gewölbebar mit
begehbarem Weinkeller.

**THYON-LES COLLONS** *1988 Valais (VS)* 552 I12 – *alt.* 2 187 – *Sports d'hiver :* 1 800/2 450 m ≰ 11.

**aux Collons** – *alt.* 1802 – ✉ *1988 Thyon-Les Collons.*
**🛈** *Thyon-Région,* ✆ 0272 812 727, info@ thyon-region.ch, *Fax* 0272 812 783
*Bern 169 – Sion 16 – Brig 67 – Martigny 46.*

**La Cambuse** ⤠, ✆ 0272 811 883, info@lacambuse.ch, *Fax* 0272 813 222, ≤ *Val d'Hérens,* ☞ – **P** – ♨ 40. **AE** **◍** **VISA**
*10 déc. au 22 avril et 24 juin au 14 oct.* – **Rest** *(fermé jeudi en été)* (18) 30 (midi)/55 et à la carte 39/81 – **10 ch** ⊇ ✦85/150 ✦✦140/180 – ½ P suppl. 30.
♦ Ce chalet dominant le val d'Hérens jouit d'une vue et d'une situation magnifiques au pied des pistes. Les chambres, douillettes, sont revêtues de boiseries. Une carte traditionnelle est présentée au restaurant. Espace fondues séparé.

---

**LA TOUR-DE-PEILZ** *Vaud* 552 F10 – *rattaché à Vevey.*

---

**La TOUR-DE-TRÊME** *Fribourg* 552 G9 – *rattaché à Bulle.*

---

**TRAVERS** *2105 Neuchâtel (NE)* 552 E7 – *1212 h.* – *alt.* 748.
*Bern 71 – Neuchâtel 22 – La Chaux-de-Fonds 31 – Pontarlier 31 – Yverdon-les-Bains 41.*

**Crêt de l'Anneau** *avec ch, Est :* 1 km route de Neuchâtel, ✆ 0328 631 178, *hotelcret@ valtra.ch, Fax* 0328 634 038, ☞, ✵ – **P**. **AE** **◍** **VISA** ✵ ch
*fermé 23 déc. au 15 janv., dim. soir et lundi* – **Rest** (16.50) 23/45 et à la carte 42/82
– ⊇ 10 – **6 ch** ✦55/90 ✦✦100 – ½ P suppl. 25.
♦ Sur un axe fréquenté, affaire familiale toujours prête à rendre service aux voyageurs que la faim tenaille ou que la route a fatigué. Salle de restaurant, café et chambres.

---

**TRIMBACH** *Solothurn* 551 M5 – *siehe Olten.*

---

**TROINEX** *Genève* 552 B12 – *rattaché à Genève.*

---

**TRUN** *7166 Graubünden (GR)* 553 S9 – *1357 Ew.* – *Höhe 852.*
*Bern 217 – Andermatt 36 – Altdorf 70 – Bellinzona 91 – Chur 53.*

**Tödi,** *via* prinzipala 106, ✆ 0819 431 121, info@ hotel-casa-toedi.ch, *Fax* 0819 431 828, ☞, ☞ – ☞ Zim, ☜ **P**. **AE** **◍** **VISA** ✵ Rest
*geschl.* 24. April - 7. Mai und 22. Okt. - 12. Nov. – **Rest** (1. Etage) (21) 48/77 und à la carte 50/93 – **18 Zim** ⊇ ✦80 ✦✦130/145 – ½ P Zuschl. 43.
♦ Mit dem Bau dieses auffallenden Gebäudes wurde schon 1530 begonnen. Das Patrizierhaus in seiner heutigen Form gibt es seit 300 Jahren. Einfache, rustikal möblierte Zimmer. Gut zu empfehlen ist das rustikale Restaurant im 1. Stock.

---

**TSCHERLACH** *8881 Sankt Gallen (SG)* 551 U6 – *Höhe 449.*
*Bern 204 – Sankt Gallen 74 – Bad Ragaz 18 – Buchs 31 – Rapperswil 48 – Vaduz 28.*

**Zum Landhaus,** Dorfstr. 2, ✆ 0817 351 317, *Fax* 0817 351 317, ☞ – **P** ⇔ 60.
**AE** **◍** **◍** **VISA**
*geschl.* 1. - 22. Okt., Montag und Dienstag – **Rest** (18) und à la carte 60/103.
♦ Hinter der schönen Pergola befindet sich der Eingang zum netten kleinen Restaurant im ersten Stock. In ländlich-rustikalem Ambiente serviert man internationale Gerichte.

---

**TSCHUGG** *3233 Bern (BE)* 552 H7 – *440 Ew.* – *Höhe 470.*
*Bern 38 – Neuchâtel 16 – Biel 23 – La Chaux-de-Fonds 36 – Murten 17.*

**Rebstock,** Unterdorf 60, ✆ 0323 381 161, rebstock.tschugg@ bluewin.ch,
*Fax* 0323 381 373, ☞ ⇔ 30. **AE** **◍** **◍** **VISA**
*geschl.* 16. Jan. - 3. Feb. und Montag - Dienstag ausser Juli - Sept. – **Rest** 54 (mittags)/104 und à la carte 62/114 ♨.
♦ Die geschmackvolle Inneneinrichtung des ehemaligen Weinguts erinnert etwas an die Provence. Interessant : die Gemäldeausstellungen. Zeitgemässes Speiseangebot.

**TÜBACH** 9327 Sankt Gallen (SG) 🔲🔲 V4 – 1117 Ew. – Höhe 418.
  Bern 213 – Sankt Gallen 11 – Bregenz 33 – Konstanz 34.

  ※  **Löwen,** Kirchstr. 9, ✆ 0718 412 042, info@wirtschaft-loewen.ch,
  🍴  Fax 0718 412 047, 🍽 – 🅿 🐾
  geschl. 28. Jan. - 8. Feb., 10. Juli - 3. Aug., Dienstag und Mittwoch – **Rest** (18.50) 69
  und à la carte 43/92.
  ♦ Ein einfaches, solide geführtes Gasthaus in dörflicher Umgebung. An eine schlichte
  Gaststube schliesst sich der sehr gepflegte, ländlich-rustikale A-la-carte-Bereich an.

**TWANN** 2513 Bern (BE) 🔲🔲 H6 – 868 Ew. – Höhe 434.
  Bern 44 – Neuchâtel 26 – Biel 10 – La Chaux-de-Fonds 51 – Solothurn 31.

  🏠  **Bären,** Moos 36, ✆ 0323 152 012, info@baeren-twann.ch, Fax 0323 152 292,
  🍴  🍽, 🌳 – 📶, ↤ Zim, ⓺ 🅿 – 🔺 15/120. 🐾 VISA
  geschl. 30. Jan. - 22. Feb. und Montag - Dienstag (ausser April - Sept.) – **Rest** (16.50)
  42/68 und à la carte 40/96 – **13 Zim** ☲ ✦95/135 ✦✦150/220 – ½ P Zuschl. 42.
  ♦ Der Bären liegt in einem kleinen, zwischen Weinbergen und dem See eingebetteten
  Dorf. Die renovierten Zimmer bieten mit ihrer funktionellen Einrichtung modernen
  Komfort. Grosse, klassisch dekorierte Restauration mit vorgelagerter Terrasse. Viele
  Fischgerichte.

  🏠  **Fontana,** Moos 10, ✆ 0323 150 303, mail@hotelfontana.ch, Fax 0323 150 313,
  🍴  ≤, 🍽, 🌳 – 📶, ↤ Zim, 🅿 – 🔺 15/20. 🅰🅴 ⓞ 🐾 VISA
  geschl. 2. - 10. März, Mitte Nov. - Anfang Dez. und Donnerstag - Freitag (ausser April
  - Okt.) – **Olivar :** Rest (19.50) 50 und à la carte 54/99 – **14 Zim** ☲ ✦115/125
  ✦✦180/220 – ½ P Zuschl. 35.
  ♦ In diesem Gebäude im regionalen Stil serviert man in den unterschiedlichen Gast-
  räumen gutbürgerliche Gerichte. Im Gästehaus stehen neuzeitlich eingerichtete Zimmer bereit.

  ※※  **Zur Ilge,** Kleintwann 8, ✆ 0323 151 136, ilgetwann@bluewin.ch,
  Fax 0323 157 019, 🍽 – 🅿 🅰🅴 ⓞ 🐾
  geschl. 20. - 26. Feb., Montag und Dienstag – **Rest** 30/75 und à la carte 51/111.
  ♦ Im Restaurant wie auch auf der kleinen Terrasse dieses alten Steinhauses im Dorfzentrum wird eine euro-asiatische Küche geboten.

**UDLIGENSWIL** 6044 Luzern (LU) 🔲🔲 O6 – 1932 Ew. – Höhe 625.
  Bern 121 – Luzern 10 – Aarau 57 – Schwyz 29 – Zürich 51.

  ※※  **Frohsinn,** Dorfstr. 13, ✆ 0413 711 316, Fax 0413 710 616, 🍽 – 🅿 🅰🅴 ⓞ
  🍴  🐾 VISA
  geschl. 26. Juli - 9. Aug. und Mittwoch – **Rest** (17.50) 59/70 und à la carte 47/102.
  ♦ Das am Dorfrand gelegene Holzhaus mit Anbau betritt man durch die rustikale
  Gaststube. Dahinter befindet sich der traditionelle Speisesaal mit einem klassischen
  Angebot.

**UETIKON AM SEE** 8707 Zürich (ZH) 🔲🔲 Q5 – 5185 Ew. – Höhe 414.
  Bern 143 – Zürich 18 – Rapperswil 11.

  🏠🏠  **Alpenblick,** Nord-Ost : 3 km Richtung Uster, Bergstr. 322, ✆ 0449 204 722, inf
  o@landhotelalpenblick.com, Fax 0449 206 254, ≤ Zürichsee und Berge, 🍽, 🌳 –
  📶 🅿 🐾 VISA
  geschl. 23. Dez. - 7. Feb. – **Rest** (geschl. Montag und Dienstag) (25) 40 (mittags) und
  à la carte 48/106 – **12 Zim** ☲ ✦110/130 ✦✦210/240.
  ♦ Dieser Landgasthof liegt hoch über dem See am Berghang. Die ruhigen, mit hellen
  Massivholzmöbeln eingerichteten Zimmer bieten genügend Platz und zeitgemässen
  Komfort. Rustikales Restaurant und Terrasse mit wunderbarer Sicht auf den Zürichsee und die Berge.

  ※※  **Wirtschaft zum Wiesengrund** (Hussong), Kleindorfstr. 61, ✆ 0449 206 360,
  ✿✿  hussong@wiesengrund.ch, Fax 0449 211 709, 🍽 – 🅿 🅰🅴 ⓞ 🐾 VISA 🍴
  geschl. 24. - 28. Dez., 5. - 20. Feb., 23. Juli - 14. Aug., Sonntag und Montag – **Rest**
  (Tischbestellung ratsam) 72 (mittags)/195 und à la carte 106/168.
  **Spez.** Amuse-Bouche Menu. Praliné von Langustine. Sisteron Lammrücken am Stück
  gebraten mit Oliven und jungen Zwiebeln. **Weine** Meilener
  ♦ Das unscheinbare Haus lässt kaum vermuten, welche klassisch-französischen Raf-
  finessen in dem modernen Restaurant oder auf der schönen kleinen Gartenterrasse
  serviert werden.

**UETLIBERG** Zürich 551 P5 – siehe Zürich.

---

**ULMIZ** 3214 Freiburg (FR) 552 H7 – 352 Ew. – Höhe 500.
  Bern 27 – Neuchâtel 31 – Biel 35 – Fribourg 20 – Murten 9.

XX  **Zum Jäger,** Dorfstr. 22, ℰ 0317 510 272, Fax 0317 510 999 – **P.** **©©** **VISA**
🕭  geschl. 20. Juli - 18. Aug., Mittwoch und Donnerstag – **Rest** (15.50) 32 (mittags)/68
  und à la carte 35/84.
  ◆ Sorgfältig zubereitete bürgerliche Gerichte zu moderaten Preisen werden in diesem typischen, im Dorfkern gelegenen Landgasthof dem kundigen Geniesser aufgetischt.

X  **Zum Bauernhof,** Dorfstr. 70, ℰ 0317 511 009, restaurant@bauernhof-ulmiz.ch,
🕭  Fax 0317 512 338, 🌳 – 🍴 **P.** ⇌ 25/50. **AE** **①** **©©** **VISA**
  **Rest** (geschl. Feb., Montag und Dienstag ausser abends von Juli - Aug.) (16) 40
  (mittags)/94 und à la carte 55/113 – **Longchong** - chinesische Küche – (geschl. 22.
  Juni - 22. Juli, Mittwoch, Donnerstag, Freitagmittag und Sonntagmittag) **Rest** (16)
  42/54 und à la carte 46/86 .
  ◆ In den verschiedenen alten Stuben des Bauernhofes aus dem 18. Jh. oder auf der
  angenehmen Terrasse im Hof serviert man Speisen von einer traditionellen Karte.
  Im schönen alten Stöckli befindet sich eine Bar mit offener Küche und das chinesische
  Restaurant.

---

**ULRICHEN** 3988 Wallis (VS) 552 O10 – 231 Ew. – Höhe 1 347.
  Bern 133 – Andermatt 31 – Brig 37 – Interlaken 78 – Sion 90.

🏠  **Astoria,** Furkastrasse, ℰ 0279 731 235, hotelastoria@bluewin.ch,
  Fax 0279 733 484, 🌳 – **P.** **AE** **①** **©©** **VISA**
  16. Dez. - 29. März und 21. Mai - 31. Okt. – **Rest** (21) 31 und à la carte 33/77 – **20 Zim**
  ⊆ ✦80/85 ✦✦130/150 – ½ P Zuschl. 31.
  ◆ In dem familiär geführten kleinen Hotel erwarten Sie helle, neuzeitliche Gästezimmer, teils mit Balkon. Die Zimmer in der Dependance bieten Dorfblick. Gaststube
  mit traditionellem Angebot.

---

**UNTERÄGERI** 6314 Zug (ZG) 551 Q6 – 6 966 Ew. – Höhe 725.
  Bern 150 – Luzern 45 – Einsiedeln 31 – Rapperswil 38 – Schwyz 22 – Zug 10.

🏨  **SeminarHotel am Ägerisee,** Seestr. 10, ℰ 0417 546 161, sha@seminarhot
🕭  elaegerisee.ch, Fax 0417 546 171, ≤, 🌳, 🍴 – 🛗, 🍴 Zim, 🦽, Rest, ⟻ **P.** –
  🛡 15/100. **AE** **①** **©©** **VISA**
  **Rest** (18.50) und à la carte 46/92 – **69 Zim** ⊆ ✦180 ✦✦250.
  ◆ Nur durch einen Park vom Seeufer getrennt ist dieses in den letzten Jahren renovierte Geschäftshotel. Sie wohnen in modern ausgestatteten Gästezimmern. Beizli
  und gehobenes A-la-carte-Restaurant.

---

**UNTERBÄCH** 3944 Wallis (VS) 552 L11 – 458 Ew. – Höhe 1 228 – Wintersport:
  1 220/2 500 m ✦5.
  🛈 Unterbäch Tourismus, Dorfplatz, ℰ 0279 345 656, info@unterbaech.ch,
  Fax 0279 345 657.
  Bern 186 – Brig 20 – Sierre 38 – Sion 53 – Zermatt 39.

🏨  **Alpenhof** 🦢, ℰ 0279 358 844, info@myalpenhof.ch, Fax 0279 358 840, ≤, 🌳,
🕭  🛁, 🍴, 🔲 – 🛗 ⟻ **P.** – 🛡 15/35. **AE** **①** **©©** **VISA**. 🎿 Rest
  23. Dez. - 16. April und 21. Mai - 24. Okt. – **Rest** (25) 35 (mittags)/58 und à la carte
  41/99 – **39 Zim** ⊆ ✦85/180 ✦✦130/240 – ½ P Zuschl. 35.
  ◆ Das traditionelle Haus liegt im Zentrum des kleinen Ortes. Man bietet zeitgemässe
  Zimmer, Studios und Appartements - alle mit Balkon. Zur Strasse hin liegt die einfache
  Gaststube, im hinteren Hausteil der bürgerliche Speisesaal.

🏠  **Walliserhof,** ℰ 0279 342 828, hotel-walliserhof@oberwallis.ch,
🕭  Fax 0279 342 829, ≤, 🌳 – 🛗 **P.** **©©** **VISA**
  geschl. 22. April - 18. Mai und 2. Nov. - 20. Dez. – **Rest** (geschl. Dienstag in der Zwischensaison) (19.50) 34 und à la carte 32/85 – **15 Zim** ⊆ ✦70/78 ✦✦120/136 –
  ½ P Zuschl. 32.
  ◆ Im Walliserhof schläft der Gast in schon älteren, einfachen, aber gepflegten Zimmern, die vom Balkon aus eine schöne Aussicht auf die Umgebung bieten. Mit Tisch-
  minigolfanlage. Rustikales Restaurant.

431

**UNTERSIGGENTHAL** 5417 Aargau (AG) 551 O4 – 6 194 Ew. – Höhe 379.
*Bern 109 – Aarau 28 – Baden 8 – Schaffhausen 55.*

XXX **Bieri's Chämihütte,** Rooststr. 15, 1 km Richtung Koblenz, ℰ 0562 981 035, *bie ri@chaemihuette.ch*, Fax 0562 881 008, ≤, ☆ – **P** ⇔ 40. **AE ① MO VISA**
*geschl. 21. Feb. - 8. März und Dienstag* – **Rest** (19.50) 76/98 und à la carte 58/124.
• Ausserhalb, fast im Grünen gelegen, wartet das Restaurant mit einer schönen Terrasse. In gediegenem Ambiente serviert man an gut eingedeckten Tischen klassische Gerichte.

> Das Symbol in Rot 🐦 weist auf besonders ruhige Häuser hin –
> hier ist nur der Gesang der Vögel am frühen Morgen zu hören...

---

**UNTERVAZ** 7201 Graubünden (GR) 553 V8 – 2 089 Ew. – Höhe 537.
*Bern 238 – Chur 13 – Bad Ragaz 19 – Davos 51.*

🏠 **Sportcenter Fünf-Dörfer,** Nahe der Autobahnausfahrt Zizers-Untervaz,
ℰ 0813 226 900, *hotel@5doerfer.ch*, Fax 0813 226 903, ☆, ⊆s, ✗ – |📱| ❤ **P**
– ♨ 15/40. **AE ① MO VISA**
*geschl. Weihnachten* – **Rest** (17.50) und à la carte 33/71 – **34 Zim** ☲ ✦91 ✦✦139
– ½ P Zuschl. 27.
• Der Durchreisende findet hier, nicht weit von der Autobahnausfahrt, eine praktische Übernachtungsmöglichkeit in gepflegten, zeitgemäss eingerichteten Zimmern. Einfaches Restaurant.

---

**UNTERWASSER** 9657 Sankt Gallen (SG) 551 U6 – Höhe 910 – Wintersport : 910/2 262 m
⚡2 ⚡4 ⚡.
🛈 *Tourist-Info,* ℰ 0719 991 923, *unterwasser@toggenburg.org*, Fax 0719 992 085.
*Bern 212 – Sankt Gallen 51 – Altstätten 40 – Buchs 20 – Rapperswil 48.*

🏠 **Iltios** 🐦, Süd : 2 km, in Schwendi, ℰ 0719 993 969, *iltios@smile.ch*,
Fax 0719 993 794, ≤ Säntis und Berge, ☆, ☞ – **P. MO VISA**. ✗ Rest
*geschl. 18. April - 14. Mai und 1. Nov. - 1. Dez.* – **Rest** (nur ½ Pens. für Hotelgäste)
– **20 Zim** ☲ ✦75/85 ✦✦140/150 – ½ P Zuschl. 25.
• Neben der Talabfahrt gelegen, bietet dieser Gasthof seinen Gästen renovierte Zimmer mit rustikaler Einrichtung und sehr schöner Sicht auf die umliegenden Berge.

---

**URNÄSCH** 9107 Appenzell Ausserrhoden (AR) 551 U5 – 2 321 Ew. – Höhe 826.
*Bern 213 – Sankt Gallen 20 – Altstätten 26 – Herisau 10 – Rapperswil 53.*

XX **Sonne,** Schwägalpstr. 60, ℰ 0713 641 105, *sonne.diesterbeck@bluewin.ch*,
Fax 0713 642 241 – ⭾ **P** ⇔ 80. **① MO VISA**. ✗
*geschl. Jan. und Juli jeweils 2 Wochen, Montag und Dienstag* – **Rest** (16.50) 98 und
à la carte 44/106.
• Die frühere Backstube des schönen Appenzellerhauses a. d. 17. Jh. strahlt mit ihren Antiquitäten Wärme und Behaglichkeit aus. Rustikale Bauernstube. Traditionelle Küche.

XX **Urnäscher Kreuz,** Unterdorfstr. 16, ℰ 0713 641 020, *info@urnaescher-kreuz* *.ch*, Fax 0713 642 292, ☆ – **P** ⇔ 100. **AE MO VISA**
*geschl. 13. - 26. Feb., 3. - 23. Juli, Montag und Dienstag* – **Rest** (15) 42 (mittags)/88
und à la carte 48/88.
• Die zwei rustikalen Stuben dieses typischen Appenzeller Hauses bieten eine traditionelle frische Küche. Bei schönem Wetter sehr nett : die Gartenterrasse am Bach.

---

**URSENBACH** 4937 Bern (BE) 551 L6 – 907 Ew. – Höhe 588.
*Bern 43 – Burgdorf 20 – Langnau im Emmental 29 – Olten 33 – Luzern 51.*

XX **Hirsernbad,** in Hirsern, Süd : 1 km Richtung Oeschenbach, ℰ 0629 653 256, *hir sernbad@hirsernbad.ch*, Fax 0629 650 306, ☆ – **P** ⇔ 10/35. **AE ① MO VISA**
**Rest** *(geschl. Mittwoch)* (19.50) 56 (mittags)/112 und à la carte 44/105.
• Nach einem Apéro im Gewölbekeller dieses hübschen Landgasthofs laden behaglichrustikale Stuben zum Verweilen ein. Traditionelle Karte mit Schwerpunkt Fisch.

*Live in Italian*

Nei migliori ristoranti di Los Angeles, Melbourne, Cape Town e naturalmente Positano.

**USTER** 8610 Zürich (ZH) 551 Q5 – 28 483 Ew. – Höhe 464.

🇮🇸 in Hittnau, ⌂ 8335 (April - Okt.) ℰ 0449 502 442, Fax 0449 510 166, Ost : 10 km.
*Bern 145 – Zürich 25 – Rapperswil 22 – Winterthur 27.*

🏛 **Ochsen,** Zentralstr. 23, ℰ 0433 991 818, mailbox@ochsen-uster.ch,
⬤ Fax 0433 991 819, ♨ – 🅿, AE ① ⓴ VISA
*geschl. 24. Dez. - 8. Jan. und 14. - 17. April* – **Rest** *(geschl. auch 24. Juli - 13. Aug. und Montag)* (19.50) und à la carte 44/85 – **25 Zim** ⌂ ✝120/135 ✝✝174 – ½ P Zuschl. 30.
♦ Das Haus liegt im Dorfzentrum unterhalb von Schloss und Kirche. Die Zimmer unterscheiden sich kaum und sind mit weissen Furnierholzmöbeln zweckmässig eingerichtet. Neuzeitliches Restaurant mit gutbürgerlichem Angebot.

---

**UTTWIL** 8592 Thurgau (TG) 551 U4 – 1 474 Ew. – Höhe 406.
*Bern 208 – Sankt Gallen 23 – Bregenz 41 – Frauenfeld 42 – Konstanz 18.*

XX **Frohsinn,** Romanshornerstr. 3, ℰ 0714 634 484, frohsinn-uttwil@bluewin.ch,
⬤ Fax 0714 634 481 – 🅿, AE ① ⓴ VISA
**Rest** - Fischspezialitäten - *(geschl. Dienstag und Mittwoch)* (19.80) und à la carte 46/96.
♦ Hinter der auffällig hübschen Fassade dieses alten Riegelhauses a. d. 18. Jh. verbirgt sich ein schönes, rustikales Restaurant - serviert werden Fischgerichte.

---

**UTZENSTORF** 3427 Bern (BE) 551 J-K6 – 3 659 Ew. – Höhe 474.
Sehenswert : Schloss Landshut★.
*Bern 26 – Biel 35 – Burgdorf 12 – Olten 47 – Solothurn 13.*

XX **Bären,** Hauptstr. 18, ℰ 0326 654 422, info@baeren-utzenstorf.ch,
🏠 Fax 0326 652 969, ♨ – 🅿 ⇔ 15/100. AE ① ⓴ VISA
*geschl. 16. Jan. - 4. Feb., 18. Sept. - 5. Okt., Montag und Dienstag* – **Rest** (23) 95 und à la carte 55/104.
♦ Erstmals erwähnt wurde dieser schöne typische Berner Gasthof bereits 1261. In angenehmem Ambiente bewirtet man Sie mit sorgfältig zubereiteten traditionellen Speisen.

X **Zum Schloss Landshut,** Landshutstr. 27, ℰ 0326 654 044, info@restaurant-
⬤ landshut.ch, Fax 0326 651 156, ♨ – 🅿 ⇔ 25/30. AE ① ⓴ VISA
*geschl. Feb., Montag und Dienstag* – **Rest** (15.50) 40 (mittags)/82 und à la carte 43/86.
♦ Das typische Berner Gasthaus beherbergt ein ländlich-bürgerliches Restaurant mit traditioneller Karte. Gartenterrasse mit einem grossen Schatten spendenden Ahornbaum.

---

**UVRIER** Valais 552 I11 – rattaché à Sion.

---

**UZWIL** 9240 Sankt Gallen (SG) 551 T4 – 11 997 Ew. – Höhe 564.
*Bern 187 – Sankt Gallen 21 – Konstanz 34 – Weesen 52 – Zürich 68.*

🏨 **Uzwil,** Bahnhofstr. 67, ℰ 0719 557 070, info@hotel-uzwil.ch, Fax 0719 557 071,
⬤ ♨ – 🛗, 🖥 Zim, ✆ 🅿 – 🔬 40. AE ① ⓴ VISA. ✦
*geschl. 24. Dez. - 2. Jan.* – **Rest** *(geschl. 24. Dez. - 2. Jan. und 17. Juli - 8. Aug.)* (18.50) 45 und à la carte 44/85 – **33 Zim** ⌂ ✝150 ✝✝240 – ½ P Zuschl. 35.
♦ Im Dorfzentrum : Ein gepflegtes Business- und Seminarhotel mit zeitgemässer technischer Ausstattung, funktionellen Zimmern und kleinem Tagungscenter. Rustikales Restaurant mit modernen Akzenten. Mehrere kleine Stuben eignen sich besonders für Geschäftsessen.

---

**VACALLO** 6833 Ticino (TI) 553 S14 – 2 854 ab. – alt. 375.
*Bern 299 – Lugano 27 – Bellinzona 55 – Como 9.*

XXX **Conca Bella** con cam, via Concabella 2, ℰ 0916 975 040, concabella@bluewin.ch,
❀ Fax 0916 837 429, ♨ – ✆ ⬤ ⇔ 35 – 🔬 30. AE ① ⓴ VISA. ✦
*chiuso dal 27 dicembre al 5 gennaio e dal 30 luglio al 22 agosto* – **Rist** *(chiuso domenica e lunedì)* (coperti limitati - prenotare) (38) 52 (mezzogiorno)/135 ed alla carta 94/150 🍽 – **17 cam** ⌂ ✝95/145 ✝✝160/210 – ½ P sup. 42.
**Spec.** La piramide di tonno rosa su insalatina di asparagi bianchi di Cantello (primavera). I cavatelli ai fagioli Borlotti con funghi porcini (autunno). L'anatra La Bourine caramellata al miele di castagno e pepe nero. **Vini** Bianco del Ticino, Ligornetto
♦ Alla cucina mediterranea rivisitata, a cui si è aggiunto un tocco di creatività, viene associata una buona selezione di vini. Ambiente rinnovato, sala luminosa con vetrate.

**VALBELLA** *Graubünden* 553 V9 – *siehe Lenzerheide.*

---

**VALLAMAND-DESSOUS** *1586 Vaud (VD)* 552 G7 – *339 h. – alt. 438.*
*Bern 40 – Neuchâtel 24 – Biel 41 – Lausanne 65 – Yverdon-les-Bains 38.*

✗ **Du Lac,** ☎ 0266 771 315, mail@restaurantdulac.ch, Fax 0266 773 415, 斎 – **P**
⊜ **☯** **VISA**
*fermé 3 sem. en fév., mardi soir et merc.* – **Rest** (18) 40 (midi)/65 et à la carte 41/89
◆ Réservez votre table en terrasse ou sous la véranda pour apercevoir le lac, qu
alimente bon nombre de recettes figurant à la carte, dont le fameux silure, ou "pois
son-chat" !

---

**VALS** *7132 Graubünden (GR)* 553 T10 – *1 000 Ew. – Höhe 1 248 – Kurort.*
🛈 *Visit Vals, Poststrasse,* ☎ 0819 207 070, Fax 0819 207 077.
*Bern 250 – Chur 55 – Andermatt 78 – Davos 106.*

🏨 **Rovanada** ⤸, ☎ 0819 351 303, info@rovanada.ch, Fax 0819 351 735, ≤, 斎
⊜ 🛋, ◲ – ⇆ Zim, **P**, **AE** **①** **☯** **VISA**
*geschl. 17. April - 2. Juni* – **Rest** - italienische Küche - (16.50) und à la carte 41/79
– **28 Zim** ⊇ ✦80/120 ✦✦170/198 – ½ P Zuschl. 37.
◆ Nachdem man sich in den Valser Thermen vom Alltagsstress erholt hat, wohn
man hier in hellen, zeitgemässen Zimmern - die meisten mit Balkon und schöne
Aussicht. Neben Traditionellem, wird im Diavolo Gegrilltes und im La Cucina Italie
nisches serviert.

---

**VANDOEUVRES** *Genève* 552 B11 – *rattaché à Genève.*

---

**VAULION** *1325 Vaud (VD)* 552 C-D8 – *437 h. – alt. 939.*
*Bern 101 – Lausanne 40 – La Chaux-de-Fonds 83 – Pontarlier 33 – Yverdon-les
Bains 29.*

✗ **La Bréguettaz** ⤸ avec ch, Sud-Ouest par rte Le Peret et rte Secondaire : 4 km
☎ 0218 432 960, info@breguettaz.ch, Fax 0218 432 898, ≤, 斎 – **P** ⇆ 80 –
🔏 50. **AE** **①** **☯** **VISA**
*fermé 17 déc. au 1er fév., lundi et mardi* – **Rest** 32/58 et à la carte 42/84 – **3 ch**
⊇ ✦50 ✦✦90.
◆ Repas traditionnel à composantes du terroir, servi dans le cadre rustique d'une
grosse ferme perpétuant ses activités agricoles. Jolie vue agreste ; chambres fonc
tionnelles.

---

**VENDLINCOURT** *2943 Jura (JU)* 551 H4 – *554 h. – alt. 448.*
*Bern 101 – Delémont 33 – Basel 48 – Belfort 38 – Biel 66.*

✗ **Le Lion d'Or** avec ch, 58 rte de Bonfol, ☎ 0324 744 702, helg.patrick@bluewin.ch
⊜ Fax 0324 744 703, 斎, 큟 – **P**, **AE** **①** **☯** **VISA**
*fermé 2 au 17 janv.* – **Rest** (fermé lundi) (17) 38 (midi)/80 et à la carte 43/84
**8 ch** ⊇ ✦50/60 ✦✦110/120 – ½ P suppl. 25.
◆ Avenante salle à manger disposée en "L" et dotée d'atours campagnards : un cadr
approprié à la dégustation des mets traditionnels et français. Chambres simples.

---

**VENTHÔNE** *3973 Valais* 552 J11 – *rattaché à Sierre.*

---

**VERBIER** *1936 Valais (VS)* 552 H12 – *2 163 h. – alt. 1 406 – Sports d'hiver : 1 526/3 330 r
✦ 10 ✦ 28 ✦.*
**Voir :** *Site*★★ – *Mont Gelé*★★ *par téléphérique* – *Mont Fort*★★★ BZ.
🛆 *(juin - nov.)* ☎ 0277 715 314, Fax 0277 716 093 - BY.
**Manifestations locales**
*08.07 - 09.07 : Rencontre d'orgues de barbarie*
*21.07 - 06.08 : Verbier Festival et Academy (concerts classiques).*
🛈 *Verbier/Bagnes Tourisme, pl. Centrale,* ☎ 0277 753 888, info@verbier.ch
*Fax 0277 753 889 BZ.*
*Bern 146 ① – Martigny 19 ① – Lausanne 88 ① – Sion 49 ①*

**Rosalp,** 15 r. de Médran, ☎ 0277 716 323, *rosalp@verbier.ch*, *Fax 0277 711 059,*
≤, *ℐᵃ*, ≦s – |⬚| ✆ ⬚ 🅿 🆎 ⓪ ⓪⓪ *VISA*                                                    BZ **s**
*8 déc. au 23 avril et 7 juil. au 24 sept.* – **Rest** (voir aussi rest. **Roland Pierroz** ci-après)
– **La Pinte** *(fermé 17 avril au 7 déc.)* **Rest** à la carte 52/107 – **18 ch** ⬚ ✝265/400
✝✝355/520, 3 suites – ½ P suppl. 75.

♦ Près de plusieurs remontées mécaniques, agréable hôtel formé de deux chalets
communicants. Belles chambres et suites tout confort. Espaces de remise en forme.
Repas dans une ambiance décontractée à La Pinte.

 **Le Chalet d'Adrien** ⌂, chemin des Creux, ☎ 0277 716 200, *info@chalet-ad*
*rien.com, Fax 0277 716 224,* ≤ Verbier et montagnes, 🏠, *ℐᵃ*, ≦s – |⬚| ✆ 🅿 🆎
⓪⓪ *VISA*                                                                            AY **c**
*11 déc. au 16 avril et mi-juil. à mi-sept.* – **L'Appartement** *(fermé en été) (dîner seul.)*
**Rest** (menu seul.) 100/250 – **Le Grenier :** **Rest** à la carte environ 100 – ⬚ 40 –
**19 ch** ✝650/750 ✝✝650/750, 6 suites – ½ P suppl. 85.

♦ Vaste chalet dominant Verbier. Chambres, junior suites et suites arrangées avec
goût. Vue splendide et divertissements pour toute la famille. Ambiance "comme chez
soi" et cuisine actuelle à l'Appartement. Plats valaisans et atmosphère "alpage" au
Grenier.

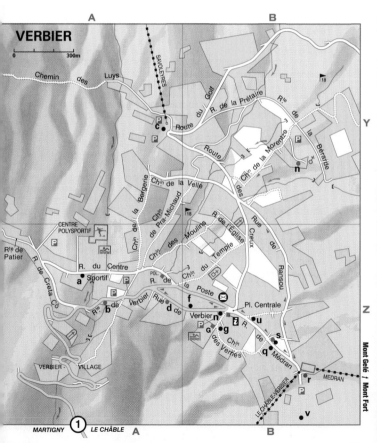

**Montpelier** ⛷, 37 r. du Centre Sportif, ✆ 0277 716 131, *hotel-montpelier@verbier.ch, Fax 0277 714 689,* <, 🏡, ≘s, 🏊 – 🛗 ⇔ 🅿 – 🏠 40. AE ⓓ MC VISA
*11 déc. au 15 avril et 25 juin au 23 sept.* – **Rest** *(fermé le midi sauf 24 déc. au 7 janv.)* 85/150 (soir) et à la carte 95/124 🍇 – **40 ch** ☕ 🚹150/270 🚹🚹270/470, 6 suites – ½ P suppl. 30. AZ a
◆ Cet imposant chalet voisin d'un centre multisports fournit un hébergement très valable pour qui souhaite conjuguer tranquillité, détente et ressourcement. Fringante salle de restaurant montagnarde. Carte au goût du jour et beau choix de vins valaisans.

**Verbier Lodge** ⛷ sans rest, chemin de Plénadzeu, ✆ 0277 716 666, *info@verbierlodge.ch, Fax 0277 716 656,* <, 🏋, ≘s – ⇔ 📞 🅿. AE MC VISA BZ v
*1er déc. au 30 avril et 15 juil. au 21 août* – **9 ch** ☕ 🚹320/400 🚹🚹320/400, 3 suites
◆ À l'orée de la forêt, chalet bâti en rondins et agrémenté d'une grande terrasse avec patinoire et jacuzzi. Chambres chaleureuses et salon où crépite un feu de bois.

**Les 4 Vallées** ⛷ sans rest, 20 r. de Médran, ✆ 0277 753 344, *les4vallees@verbier.ch, Fax 0277 753 345,* <, ≘s – 🛗 ⇔ 🅿. AE ⓓ MC VISA. ✗ BZ c
*9 déc. au 22 avril et 9 juil. au 27 août* – **20 ch** ☕ 🚹170/460 🚹🚹270/460.
◆ Chalet posté sur les hauteurs de la station, à proximité de deux télécabines. Salon panoramique et amples chambres bien tenues, dont trois familiales, avec mezzanine.

**Rhodania,** rue de Verbier, ✆ 0277 716 121, *rhodania@kingsverbier.ch, Fax 0277 715 254* – 🛗 🅿. AE ⓓ MC VISA BZ f
*16 nov. au 16 avril et 15 juil. au 20 août* – **Rest** à la carte 44/77 – **44 ch** ☕ 🚹75/245 🚹🚹110/450 – ½ P suppl. 35.
◆ Maison de type chalet élevée au centre de Verbier. Chambres toutes identiques, habillées de lambris. Quelques-unes offrent l'agrément d'un balcon. Discothèque au sous-sol. Table traditionnelle au décor montagnard rustique.

**La Rotonde** sans rest, 2 ch. de la Barmète, ✆ 0277 716 525, *rotonde@verbier.ch, Fax 0277 713 331* – 🛗 📞 ⇔ 🅿. AE MC VISA. ✗ rest BZ u
*1er déc. au 30 avril et 1er juil. au 31 août* – **26 ch** ☕ 🚹90/170 🚹🚹180/300.
◆ Au coeur du village, engageant chalet renfermant des chambres de tailles et d'aménagements divers, où domine souvent le bois. Feu de bûches au salon quand le froid sévit.

**Le Mazot** ⛷, 44 ch. des Vernes, ✆ 0277 753 550, *mazot@verbier.ch Fax 0277 753 555,* ≘s – 🛗 video 🅿. AE ⓓ MC VISA ✗ BZ g
*2 déc. au 30 avril* – **Rest** *(fermé le midi)* (résidents seul.) 54 – **25 ch** ☕ 🚹185/290 🚹🚹280/410 – ½ P suppl. 25.
◆ Établissement dont l'enseigne se réfère à un type de construction rurale naguère utilisé comme remise d'une habitation principale. Paisibles chambres néo-rustiques. Au restaurant, cuisine traditionnelle et formule plat du jour.

**Ermitage** sans rest, place Centrale, ✆ 0277 716 477, *hotel.ermitage@verbier.ch, Fax 0277 715 264,* < – 🛗 🅿. AE ⓓ MC VISA. ✗ BZ n
*fermé mai, juin et oct.* – **25 ch** ☕ 🚹110/160 🚹🚹190/270.
◆ Ce petit hôtel-chalet "on-ne-peut-plus-central" met à votre disposition des chambres sans luxe mais bien pratiques pour l'étape de Verbier. Plus de calme sur l'arrière.

XXX ✿ **Roland Pierroz** - *Hôtel Rosalp*, 15 r. de Médran, ✆ 0277 716 323, *rosalp@verbier.ch, Fax 0277 711 059,* 🏡 – 🅿. AE ⓓ MC VISA BZ s
*8 déc. au 23 avril et 7 juil. au 24 sept.* – **Rest** *(fermé mardi midi et lundi hors saison)* (prévenir) 190/220 et à la carte 148/217 🍇.
**Spéc.** Le coeur de foie gras à la rhubarbe et amarena (hiver). La langoustine grillée tagliolini maison aux oeufs (hiver). Le cochon de lait sur embeurrée de choux Marcelin (hiver). **Vins** Chamoson
◆ L'un des "must" de la station lorsqu'il s'agit de passer à table. Décor intérieur soigné répertoire culinaire dans le tempo actuel et cave de grand seigneur.

XX **Le Hameau,** au Hameau, rue de la Bérarde, ✆ 0277 714 580, *hotel-montpelier@verbier.ch, Fax 0277 714 424,* <, 🏡 – AE ⓓ MC VISA BY r
*11 déc. au 17 juin et 9 juil. au 1er sept. ; fermé dim. soir et lundi hors saison* – **Rest** 25 et à la carte 52/100 – ***Le Caveau*** - cuisine fromagère - *(11 déc. au 17 avril) (dîner seul.)* **Rest** à la carte environ 45 .
◆ Ample restaurant très "couleur locale", s'étageant sur plusieurs niveaux. Cuisine régionale selon le marché. Objets paysans en salles. Jolie vue sur la vallée. Ambiance "carnotzet" et beau choix de fondues et raclettes au Caveau.

XX **La Grange,** rue de Verbier, ☏ 0277 716 431, *lagrangeverbier@bluewin.ch*,
🍴 Fax 0277 711 557, ☞ – 🅿, 🆎 💳 *VISA*. ✖ AZ **d**
*fermé juin et merc. hors saison* – **Rest** 54 (midi)/120 et à la carte 78/126 ☞ –
**Brasserie :** **Rest** (17) 25 (midi)/54 et à la carte 54/105.
♦ Salle à manger rustique montagnarde mettant à profit d'anciens matériaux glanés
ici et là. Carte de préparations classiques et importante sélection vineuse valaisanne.
Grillades au feu de bois et cuisine fromagère à la Brasserie.

X **Au Vieux Valais** avec ch, 12 rte de Verbier, ☏ 0277 753 520, *info@vieux-vala*
*is.ch*, Fax 0277 753 535, ≤ vallée et montagnes, ☞ – 🍽 rest, 🅿, 🆎 ⓪ 💳 *VISA*.
✖ ch AZ **b**
*16 nov. au 30 avril et 5 juil. au 14 sept.* – **Rest** - spécialités valaisannes - (22) 40 et
à la carte 51/85 – **10 ch** ⓪ ✦120/230 ✦✦200/320 – ½ P suppl. 40.
♦ Restaurant classiquement aménagé, devancé par un café au cadre rustique. Enseigne révélatrice du type de cuisine que l'on y sert. Belle vue sur la vallée. Chambres
proprettes.

X **L'Écurie,** route de Verbier, ☏ 0277 712 760, Fax 0277 715 264, ☞ – 🆎 ⓪ 💳
🍴 *VISA* BZ **n**
*fermé mi-juin à mi-juil., fin sept. à fin oct., mardi soir (en été aussi le midi) et merc. hors*
*saison* – **Rest** (19) et à la carte 47/99.
♦ Au coeur de la station, petite adresse où l'on vient faire des repas traditionnels
aux accents régionaux dans une chaleureuse salle à manger néo-rustique.

X **Au Vieux Verbier,** gare de Médran, ☏ 0277 711 668, *vieux.verbier@verbier.ch*,
Fax 0277 717 888, ☞ – 🆎 ⓪ 💳 *VISA* BZ **r**
*fermé mai au 5 juil., sept. et lundi sauf en hiver* – **Rest** (22) et à la carte 58/103.
♦ Un "spot" prisé des amateurs de glisse : voisinage du téléphérique, terrasse bien
exposée et repas traditionnel à l'ancrage régional dans une ambiance "cimes enneigées".

X **Le Sonalon,** par route du Golf, 110 r. de la Marlène, ☏ 0277 717 271,
🍴 Fax 0277 717 371, ≤ massif des Combins, ☞ – 🅿, 💳 *VISA*
*fermé 12 juin au 6 juil., 6 nov. au 7 déc. et lundi - mardi de mai à juin et sept. à oct.*
– **Rest** à la carte 44/83.
♦ Ce chalet perché au-dessus de Verbier constitue un refuge tout indiqué pour
conjuguer altitude et plaisirs de la table. Bonne cuisine du marché. Terrasse-belvédère
abritée.

X **Chez Dany,** au Clambin, par r. Ransou et chemin de Clambin : 1,6 km (accès piétonnier en hiver), ☏ 0277 712 524, Fax 0277 712 610, ≤ massif alpin du Grand
Combin aux Dents du Midi, ☞ – ⓪ 💳 *VISA*
*16 déc. au 16 avril, juillet au 19 sept. et jeudi à dim. de mi-oct. au 15 déc.* – **Rest**
(prévenir) à la carte 36/85.
♦ Mets traditionnels et spécialités valaisannes à goûter dans un cadre approprié avec,
pour toile de fond, le massif montagneux s'étalant du Grand-Combin aux dents du
Midi.

Grand luxe ou sans prétention ? Les X et les 🏠 notent le con

**VERCORIN** 3967 *Valais (VS)* 🗺 J11 – *alt. 1 341* – *Sports d'hiver : 1 322/2 398 m* ✦ 2 ✦9
✦.
**Manifestation locale**
*15.07 - 16.07 : Festival international du cerf volant.*
🛈 *Vercorin Tourisme,* ☏ 0274 555 855, *vercorin@sierre-anniviers.ch*,
Fax 0274 558 720.
*Bern 178 – Sion 25 – Brig 54 – Martigny 55 – Sierre 16.*

🏠 **Victoria** ✦, 1 pl. Centrale, ☏ 0274 554 055, *info@victoria-vercorin.ch*,
🍴 Fax 0274 554 057, ≤, ☞, ✦ – ✦ ch, 🅿, 🆎 ⓪ 💳 *VISA*
*24 déc. au 16 avril et 11 juin au 8 oct.* – **Rest** *(fermé le midi en hiver)* (19) 38 (midi)/69
et à la carte 49/81 – **16 ch** ⓪ ✦102/118 ✦✦174/204 – ½ P suppl. 36.
♦ Ce grand chalet installé de longue date au centre du village vous héberge dans
de calmes chambres avec vue sur les alpes valaisannes et bernoises. Restaurant aux
tables bien espacées. Carnotzet servant des spécialités fromagères dans une cave
d'un autre âge.

**VERDASIO** *6655 Ticino (TI)* 🄳🄵🄳 *P12 – alt. 702.*
*Bern 204 – Locarno 16 – Bellinzona 39 – Domodossola 36 – Lugano 60.*

※ **Al Pentolino,** ℰ 0917 808 100, 🍴 – ⓂⓄ 𝘝𝘐𝘚𝘈
*chiuso dal 2 gennaio al 16 marzo, lunedì e martedì –* **Rist** (coperti limitati - prenotare)
69/89 🖎.
♦ Abbandonata l'auto nel parcheggio all'inzio del pittoresco villaggio, si prosegue a
piedi per arrivare a questo scrigno di sapori locali. Cinque tavoli e molta intimità.

---

**VERMALA** *Valais* 🄵🄵🄶 *J11 – rattaché à Crans-Montana.*

---

**Les VERRIERES** *2126 Neuchâtel (NE)* 🄵🄵🄶 *D7 – 714 h. – alt. 931.*
*Bern 95 – Neuchâtel 43 – La Chaux-de-Fonds 42 – Pontarlier 12 – Yverdon-les-Bains 39.*

🏡 **Les Cernets** 🦌, Les Cernets, Nord-Ouest : 3,5 km, ℰ 0328 661 265, *hotel-les-*
🐌 *-cernets@freesurf.ch, Fax 0328 661 320,* ≤, 🍴 – 🄿 🄰🄴 ⓞ ⓂⓄ 𝘝𝘐𝘚𝘈
*fermé 18 avril au 2 mai, 7 au 21 nov., lundi soir et mardi hors saison –* **Rest** (15)
30 et à la carte 31/66 – **5 ch** ☄ ✶75 ✶✶120 – ½ P suppl. 20.
♦ Petite auberge postée, selon la saison, au pied des pistes de ski de fond ou des
sentiers de randonnées. Chambres proprettes. Un ancien "pro" de la glisse oeuvre
aux fourneaux et les trophées récompensant ses exploits égayent la salle. Recettes
fromagères.

---

**VERS-CHEZ-LES-BLANC** *Vaud (VD)* 🄵🄵🄶 *E9 – ✉ 1000 Lausanne 26.*
*Bern 89 – Lausanne 10 – Montreux 34.*

🏨 **Hostellerie Les Chevreuils** 🦌, 80 rte du Jorat, ℰ 0217 850 101, *mail@c*
*evreuils.ch, Fax 0217 850 102,* ≤, 🍴, 🌳 – 📞 🄿 🄰🄴 ⓞ ⓂⓄ 𝘝𝘐𝘚𝘈
*fermé 19 déc. au 8 janv. –* **Rest** *(fermé sam. midi, dim. soir et lundi)* (29) 49/115
et à la carte 55/119 – **30 ch** ☄ ✶158/178 ✶✶230/260 – ½ P suppl. 46.
♦ À distance respectable de Lausanne hôtel paisible créé à partir d'une maison de
caractère dont la jolie façade est rythmée de volets bleus. Restaurant occupant un
pavillon traité en verrière, au milieu d'un jardin arboré. Terrasse ombragée.

---

Comment choisir entre deux adresses équivalentes ?
Dans chaque catégorie, les établissements sont classés
par ordre de préférence : nos coups de cœur d'abord.

---

**VERS-CHEZ-PERRIN** *Vaud* 🄵🄵🄶 *G8 – rattaché à Payerne.*

---

**VERS-L'EGLISE** *Vaud* 🄵🄵🄶 *H11 – rattaché aux Diablerets.*

---

**VÉTROZ** *Valais* 🄵🄵🄶 *H12 – rattaché à Ardon.*

---

**VEVEY** *1800 Vaud (VD)* 🄵🄵🄶 *F10 – 15 799 h. – alt. 386.*
**Voir** : *Site*✶✶ *– Église St-Martin : vue*✶ *B.*
**Musée** : *Musée suisse de l'Appareil photographique*✶.
**Environs** : *Le Mont-Pèlerin* ✶✶ *par rte de Châtel-Saint-Denis A.*
🏌 *Lavaux à Puidoux,* ✉ *1070 (mars - déc.)* ℰ *0219 461 414, Fax 0219 463 626*
*Nord-Ouest : 13 km par route de la Corniche-Chexbres-Lac de Bret.*
**Manifestation locale**
*08.07 - 02.09 :  Les marchés folkloriques.*
*Bern 85 ② – Montreux 7 ③ – Lausanne 16 ① – Yverdon-les-Bains 53 ①*

438

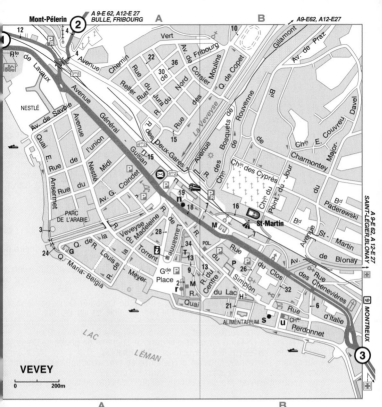

**VEVEY**

```
0        200m
```

**Trois Couronnes,** 49 r. d'Italie, ☎ 0219 233 200, info@hoteltroiscouronnes.ch, Fax 0219 233 399, ≤, 佘, ⑳, ƒ♦, ≘s, ⊠ – ⧦ ℂ 🅿 . – ⚖ 15/100. 🅰🅴 ⓞ ⓒⓔ 𝘝𝘐𝘚𝘈
**Louis XV : Rest** (35) 55 (midi)/120 et à la carte 70/122 – ⯑ 31 – **47 ch** ✦295/370 ✦✦380/480, 6 suites – ½ P suppl. 65.                                      B s

♦ Palace de 1842 où sont descendues de nombreuses têtes couronnées. Superbe hall-salon à colonnades, chambres soigneusement agencées et luxueux wellness. Élégante table au décor d'époque complétée d'une belle terrasse face au lac. Appétissante carte classique.

**Astra Hotel,** 4 pl. de la Gare, ☎ 0219 250 404, info@astra-hotel.ch, Fax 0219 250 400, 佘, ƒ♦, ≘s – ⧦, ⥱ ch, ▤ ℂ ⅊ ⛽ – ⚖ 15/150. 🅰🅴 ⓞ
ⓒⓔ 𝘝𝘐𝘚𝘈                                                                          A n
**Rest** (18.50) 33 (midi)/56 et à la carte 44/98 – **95 ch** ⯑ ✦230/320 ✦✦280/410 – ½ P suppl. 45.

♦ Architecture moderne jouxtant la gare : un emplacement de choix pour l'usager du rail. Espaces communs développés, bonnes chambres et installations conférencières complètes. Restaurant servant de la cuisine traditionnelle.

XXX **Denis Martin,** 2 r. du Château, ☏ 0219 211 210, chateau2@bluewin.ch
✿✿ Fax 0219 214 552, 🍴 – ❌ ✿ 15. 🖭 ⓪ 🚗 **VISA**　　　　　　　　B L
fermé 23 déc. au 10 janv., dim. et lundi – **Rest** (40) 88 (midi)/245 et à la carte
163/191.
**Spéc.** La mousseline de pommes de terre et poudre de boudin. Le bar de ligne à l'huile
de persil et paille aux citrons. Le poulet au Kafir et crème glacée à l'estragon. **Vins**
Ollon, Epesses
♦ Restaurant établi au rez-de-chaussée de l'ancien siège de la confrérie vigneronne.
Salles voûtées et belle terrasse d'été dans le jardin. Cuisine aussi originale
qu'innovante.

XX **Du Raisin,** 3 pl. du Marché, ☏ 0219 211 028, Fax 0219 224 303, 🍴 – 🖭 🚗
🞈 **VISA**. ✄　　　　　　　　　　　　　　　　　　　　　　　　　　　A
**Rest** (1er étage) (fermé dim. et lundi) 50/102 et à la carte 73/107 – **Brasserie**
**Rest** (18) et à la carte 46/98.
♦ Table au cadre contemporain située à deux pas de la Grande Place. Carte recom-
posée de saison en saison. Brasserie servant des plats traditionnels. Terrasse estivale
prise d'assaut dès que perce le soleil.

**à Saint-Légier** Est : 5 km – alt. 553 – ✉ 1806 Saint-Légier :

XX **Le Petit,** 74 rte des Deux Villages, ☏ 0219 431 185, Fax 0219 431 117, 🍴 – 🚗
**VISA**
fermé 24 déc. au 9 janv., 4 sem. en juil. - août, dim. et lundi – **Rest** (nombre de
couverts limité - prévenir) 48 (midi)/108 et à la carte 80/98.
♦ Chaleureuse "petite" table jouant tranquillement dans la cour des grands, à débusquer sur la traversée du village, derrière un écran végétal. Savoureuse cuisine du
marché.

XX **Auberge de la Veveyse** (Ribette), 212 rte de Châtel-St-Denis par Blonay
✿ 6,5 km, ☏ 0219 436 760, Fax 0219 436 761, 🍴 – 🄿 🖭 ⓪ 🚗 **VISA**
fermé 24 déc. au 18 janv., 2 sem. en juil. - août, lundi et mardi – **Rest** (menu seul.
56 (midi)/114 – **Brasserie : Rest** (17.50) 45 (midi) et à la carte 46/90.
**Spéc.** Terrine de foie gras naturelle à la mangue. Suprême de poulet de Bresse au
pain d'épices. Tartelette fine aux pommes. **Vins** Chablais
♦ Au-dessus de Blonay, auberge accueillante et sympathique vous conviant à
découvrir ses menus créatifs sous les poutres d'une salle à manger décorée de
toiles contemporaines. Brasserie et terrasse où l'on goûte de la cuisine bistrotière
soignée.

X **Auberge Communale** avec ch, 78 rte des Deux-Villages, ☏ 0219 431 177, aub
🞈 ergestle@bluewin.ch, Fax 0219 431 890, 🍴 – ✿ 80. 🖭 🚗 **VISA**
fermé 26 déc. au 9 janv., dim. soir d'oct. à mars et lundi – **Rest** (17) 52/69 et à la
carte 46/83 – ☗ 14 – **6 ch** 🛏82/102 🛏🛏154 – ½ P suppl. 30.
♦ Affaire familiale dont le répertoire culinaire oscille entre tradition et goût du jour
avec une inclination pour les préparations de homard. Chambres pratiques pour
l'étape.

**à Blonay** Est : 6 km – alt. 620 – ✉ 1807 Blonay :

🏠 **Bahyse,** 11 rte du Village, ☏ 0219 431 322, bahyse@bluewin.ch
🞈 Fax 0219 434 810, 🍴, 🌳 – 🕿 🄿 🖭 ⓪ 🚗 **VISA**
fermé 17 déc. au 9 janv. – **Rest** (18) et à la carte 42/100 – **13 ch** ☗ 🛏143
🛏🛏181/201 – ½ P suppl. 35.
♦ Un jardin de repos agrémente cette grande bâtisse typiquement helvétique où
vous trouverez le gîte et le couvert. Ambiance familiale. Chambres peu à peu remises
à neuf. Salle des repas du type taverne ; carte traditionnelle recomposée au fil des
saisons.

**à La Tour-de-Peilz** par ② : 2 km – alt. 390 – ✉ 1814 La Tour-de-Peilz :

🏨 **Hostellerie Bon Rivage,** 18 rte de St-Maurice, ☏ 0219 770 707, bonrivage@
🞈 bluewin.ch, Fax 0219 770 799, ≤, 🍴, 🌳 – 📱 🕿 🕭 🄿 – 🔺 15/50. 🖭 ⓪
🚗 **VISA**
**L'Olivier** (fermé 18 déc. au 17 janv., dim. soir et lundi en basse saison) **Rest** 36
(midi)/44 et à la carte 62/96 – **50 ch** ☗ 🛏140/170 🛏🛏200/240.
♦ Cet hôtel établi depuis le 19e s. dans une localité lacustre, près du port des yachts
a profité d'une rénovation intégrale. Chambres majoritairement tournées vers l'eau.
À table, cuisine provençale où entrent quelques produits du potager. Terrasse
agréable.

**Corseaux** *Nord-Ouest : 3 km – alt. 441 –* ⊠ *1802 Corseaux :*

🏠 **Hôtellerie de Châtonneyre,** 8 r. du Village, ℰ 0219 214 781, *chatonn*
⮐ *eyre@chatonneyre.ch,* Fax *.0219 216 280,* ≤, 🍴 – ⬧ **P** – 🏋 15/200. ⓿
**ⓜⓔ** **VISA**
*fermé 20 déc. au 19 janv.* – **Rest** *(fermé merc.)* (18) 38 (midi)/69 et à la carte 39/73
– **12 ch** ⊆ ✦115/125 ✦✦185/195 – ½ P suppl. 35.
◆ Une localité vigneronne sert de cadre à cette auberge communale où vous
serez hébergés dans des chambres avenantes. Accueil familial gentil. Cuisine classique
française au restaurant et formule plat du jour au café.

🍴🍴 **La Terrasse,** 5 ch. du Basset, ℰ 0219 213 188, Fax 0219 220 507, 🍴 – 🄰🄴 ⓿
⮐
*fermé samedi midi de mai à oct., dim. et lundi* – **Rest** (menu seul.) (nombre de couverts limité - prévenir) (19) 33 (midi)/105.
◆ Table mignonne à dénicher dans une ruelle pentue menant au coeur de Corseaux.
Artiste à ses heures, la patronne expose ses oeuvres en salle.

**Corsier** *Nord : 3 km – alt. 424 –* ⊠ *1804 Corsier-sur-Vevey :*

🍴 **Le Châtelard,** 1 sentier des Crosets, ℰ 0219 211 958, Fax 0219 212 068, 🍴 –
⮐ **ⓜⓔ** **VISA**
*fermé 24 déc. au 2 janv., 23 juil. au 15 août, sam. et dim.* – **Rest** (18) et à la carte
41/78.
◆ Peut-être marcherez-vous sur les pas de Charlie Chaplin, qui vécut à Corsier, en
vous attablant dans cette maison en pierre. Salle rustique ménageant une vue sur
le jardin.

**Jongny** *par ② et route de Châtel-St-Denis : 6 km –* ⊠ *1805 Jongny :*

🍴 **Les 3 Suisses,** 42 rte de Châtel, ℰ 0219 211 396, Fax 0219 211 396, ≤, 🍴 –
⮐ 🄰🄴 ⓿ **ⓜⓔ** **VISA**
*fermé 18 au 28 fév., 21 au 29 août, lundi et mardi* – **Rest** (18) 48 et à la carte 41/86.
◆ Affaire familiale à "cataloguer" dans la catégorie des tables animées par le souci
de bien faire, et ce, à prix justes. Bistrot, salle à manger et terrasse dominant le
lac.

**Chardonne** *par ② : 5 km – alt. 592 –* ⊠ *1803 Chardonne :*

🍴🍴 **A la Montagne,** 21 r. du Village, ℰ 0219 212 930, ≤, 🍴 – **P**. 🄰🄴 ⓿ **ⓜⓔ** **VISA**
⮐ *fermé 24 déc. au 16 janv., 28 août au 11 sept., dim. et lundi* – **Rest** (prévenir) (18)
54/78 et à la carte 52/99.
◆ Petit café-restaurant où l'on se sent directement entre de bonnes mains. Accueil
très aimable, cuisine constante et soignée et additions sages. Terrasse panoramique.

---

**VEYRAS** *Valais* 🄴🄴🄴 *J11 – rattaché à Sierre.*

---

**VEYRIER** *Genève* 🄴🄴🄴 *B12 – rattaché à Genève.*

---

**VEYSONNAZ** *1993 Valais (VS)* 🄴🄴🄴 *I12 – 501 h. – alt. 1 240 – Sports d'hiver : 1 400/2 700 m*
✦2 ✦9 ☃.
**Manifestation locale**
*24.06 : Inalpe, montée à l'alpage et combats de reines.*
🄱 *Veysonnaz Tourisme,* ℰ *0272 071 053,* tourism@veysonnaz.ch,
Fax 0272 071 409.
*Bern 166 – Sion 13 – Martigny 43 – Montreux 82.*

🏠🏠 **Chalet Royal** ⑤, à la station, ℰ 0272 085 644, *info@chaletroyal.com,*
Fax 0272 085 600, ≤ vallée du Rhône et montagnes, 🍴, 🚌 – ⬧, 🔀 ch, 🕭 ⚹ ch,
⮐ **P** – 🏋 30. 🄰🄴 ⓿ **ⓜⓔ** **VISA**, ✹
*16 déc. au 21 avril et 1er juin au 14 oct.* – **Rest** 50 (midi)/80 et à la carte 54/96
– **60 ch** ⊆ ✦99/139 ✦✦154/234 – ½ P suppl. 38.
◆ Près de l'entrée de la télécabine, hôtel-chalet contemporain dont les meilleures chambres, côté vallée, procurent une vue magnifique sur le Rhône et les montagnes. Salle à manger et restaurant d'été où vous serez aux premières loges pour
admirer le paysage.

**à Brignon** *Est : 4 km – alt. 850 – ✉ 1994 Baar :*

XX **Du Château de Brignon,** route de Nendaz, ✆ 0272 882 109, *info@chatea debrignon.ch, Fax 0272 882 119,* – P. AE MC VISA.
*fermé 26 juin au 14 juil., dim. soir, lundi et mardi* – **Rest** (29) 59 (midi)/136 et à la carte 93/131.
◆ Jolie maison régionale datant du début du 20e s. Les boiseries patinées et meuble anciens donnent beaucoup de cachet aux salles à manger. Cuisine d'aujourd'hui.

---

**VEYTAUX** *Vaud* 552 F-G10 – *voir à Montreux.*

---

**VEZIA** *Ticino* 553 R13 – *vedere Lugano.*

---

**VICO-MORCOTE** *Ticino* 553 R14 – *vedere Morcote.*

---

**VIÈGE** *Valais* 552 L11 – *voir à Visp.*

---

**VILLAREPOS** *1583 Fribourg (FR)* 552 H7.
*Bern 39 – Neuchâtel 33 – Estavayer-le-Lac 23 – Fribourg 15.*

XX **De la Croix-Blanche** avec ch, ✆ 0266 753 075, *info@croixblanche.ch Fax 0266 755 030,* – P 50. MC VISA
*fermé 3 sem. début janv., 2 sem. fin oct., Rest : mardi et merc.* – **Rest** 52 (midi)/9 et à la carte 75/108 – ***Café :*** **Rest** (18) et à la carte 52/79 – **7 ch** 100 175
◆ Corpulente auberge traditionnelle à dénicher dans un petit village situé entre Mora et Avenches. Table classique soignée et bonnes chambres où vous dormirez comme une souche. Repas traditionnel au café ; choix entre deux plats du jour.

---

**VILLARS-SUR-GLÂNE** *Fribourg* 552 H7 – *rattaché à Fribourg.*

---

**VILLARS-SUR-OLLON** *1884 Vaud (VD)* 552 G11 – *alt. 1 253 – Sports d'hiver 1 300/2 120 m 1 13.*
**Voir :** *Site★.*
**Environs :** *Les Chaux★ Sud-Est : 8 km – Refuge de Solalex★ Sud-Est : 9 km – Pon de Nant★ Sud : 22 km.*
18 *(mi mai - oct.) ✆ 0244 954 214, Fax 0244 954 218, par route du Col de la Croix 8 km.*
**Manifestation locale**
*30.06 - 02.07 : Rendez-vous folklorique.*
*Villars Tourisme, rue Centrale, ✆ 0244 953 232,* information@villars.ch *Fax 0244 952 794.*
*Bern 115 – Montreux 31 – Lausanne 56 – Martigny 37 – Sion 63.*

**Grand Hôtel du Parc** , ✆ 0244 962 828, *info@parcvillars.ch Fax 0244 953 363,* – P – 15/50. AE MC VISA rest
*24 déc. au 17 avril et 25 juin au 7 oct.* – ***Le Mazarin :*** **Rest** (32) 47 (midi)/80 e à la carte 63/124 – ***La Taverne*** - fondue et raclette - *(24 déc. au 17 avril, 1er ju au 31 août ; fermé lundi en basse saison et dim.) (dîner seul.)* **Rest** 52 et à la cart 52/104 – **50 ch** 225/325 400/650, 5 suites – ½ P suppl. 60.
◆ Dans un superbe parc, établissement de standing abritant des chambres et suite d'une élégante sobriété. Nombreuses distractions "nature" au programme. Repas a goût du jour dans un cadre bourgeois au Mazarin. Taverne mettant à l'honneu fondues et raclettes.

**Le Bristol,** rue Centrale, ✆ 0244 963 636, *info@bristol-villars.ch Fax 0244 963 637,* – P – 15/60. AE MC VISA. rest
*fermé 22 oct. au 8 déc.* – ***L'Arc en Ciel :*** **Rest** à la carte 54/90 – ***Le Chalet :*** **Rest** (19) et la carte 46/87 – **110 ch** 120/230 170/320, 6 suites – ½ P suppl. 45.
◆ Grand chalet offrant une belle vue sur la chaîne des Alpes. Pour profiter au maximum du paysage, réservez une chambre côté vallée. Repas traditionnel dan l'élégante salle panoramique de L'Arc en Ciel. Fondues, raclettes et atmosphère rustique au Chalet.

**La Renardière** ⚜, route des Layeux, ☎ 0244 952 592, *info@larenardiere.ch*, *Fax 0244 953 915*, ≤, 🍴, 🌳 – 📶 📫 **P.** 🖭 ⑩ ⑩ **VISA**. 🍸 *mi-déc. à mi-avril et mi-juin à mi-nov.* – **Rest** (35) 59 et à la carte 64/113 – **20 ch** ☑ ✹160/280 ✹✹220/380, 3 suites – ½ P suppl. 52.
♦ Hôtel familial composé de trois grands chalets typiques rénovés. Jolies chambres et suites dont les décors s'accordent pleinement au style architectural de l'ensemble. Salle de restaurant boisée où l'on vient goûter une cuisine classique-actuelle bien tournée.

**Du Golf,** rue Centrale, ☎ 0244 963 838, *info@hotel-golf.ch, Fax 0244 953 978*, ≤, 🍴, ≡s, 🌳, 🍽 – 📶 🥂 & ch, 🚗 **P.** – 🏛 40. 🖭 ⑩ ⑩ **VISA**. 🍸 rest
**Rest** *(fermé 17 avril au 24 mai et 31 oct. au 22 déc.)* (20) 31 (midi)/55 et à la carte 41/99 – **Au Feu de Bois** *(fermé 23 déc. au 16 avril et dim. - lundi sauf en haute saison) (dîner seul.)* **Rest** à la carte 41/99 – **Au Coin du Feu** - fondue et raclette - *(fermé 23 déc. au 16 avril et dim. - lundi sauf en haute saison) (dîner seul.)* **Rest** à la carte 40/88 – **69 ch** ☑ ✹95/180 ✹✹210/370 – ½ P suppl. 40.
♦ Hôtel familial officiant au centre de la localité. Chambres de belle ampleur meublées en pin massif, salon panoramique à l'ambiance montagnarde et jardin en terrasses. Grillades à gogo Au Feu de Bois. L'hiver, généreuse cuisine fromagère Au Coin du Feu.

**Alpe Fleurie,** rue Centrale, ☎ 0244 953 464, *info@alpe-fleurie. com, Fax 0244 963 077*, ≤, 🍴 – 📶, 🥂 rest, 🖂 🚗 **P.** 🖭 ⑩ ⑩ **VISA**
*fermé 17 avril au 12 juil.* – **Rest** *(fermé mardi soir et merc. sauf haute saison)* (19.50) 30 (midi)/58 et à la carte 40/89 – **22 ch** ☑ ✹85/220 ✹✹190/250 – ½ P suppl. 45.
♦ Offre d'hébergement très variée et emplacement commode au cœur de la station pour ce grand chalet rénové et tenu par la même famille depuis 1946. Prestation culinaire traditionnelle incluant des plats vaudois et des fondues bourguignonne ou chinoise.

**Ecureuil,** rue Centrale, ☎ 0244 963 737, *ecureuil@bluewin.ch, Fax 0244 963 722*, 🍴, 🌳 – 📶 **P.** 🖭 **VISA**
*18 déc. au 17 avril et 26 mai au 14 oct.* – **Rest** *(fermé mardi)* (21) et à la carte 42/90 – **27 ch** ☑ ✹74/150 ✹✹134/280 – ½ P suppl. 29.
♦ Les membres d'une même famille se relaient depuis plus de 50 ans derrière le comptoir de réception de cet hôtel proche de la gare. Chambres réparties dans deux gros chalets. Table traditionnelle avec grillades et spécialités fromagères régionales.

**Mon Repos,** à Arveyes, Sud : 1 km, ☎ 0244 952 304, *1884monrepos@bluewin.ch, Fax 0244 953 245*, ≤, 🍴 – 📶 **P.** 🖭 🖭 **VISA**
*fermé 2 sem. fin mai et fin nov., lundi et merc. sauf le soir en saison* – **Rest** (nombre de couverts limité - prévenir) (19) 39 (midi)/79 et à la carte 60/116.
♦ Chalet centenaire montant la garde aux portes de Villars. Sa salle à manger rustique procure une belle échappée sur les Alpes, au même titre que sa terrasse. Carte traditionnelle.

**à Plambuit** *Nord : 6 km par route des Ecovets – alt. 798 – ⊠ 1867 Ollon :*

**Plambuit,** ☎ 0244 993 344, *restaurant@plambuit.com*, ≤, 🍴 – **P.**
*fermé 8 janv. au 10 fév., mardi sauf le soir de mai à oct., dim. soir et lundi sauf fériés* – **Rest** (nombre de couverts limité - prévenir) (20) et à la carte 57/92.
♦ Ambiance alpine dans ce petit chalet dont les baies vitrées éclairent généreusement une chaleureuse salle à manger où domine le bois. Repas classique. Terrasse panoramique.

**au lieu dit Alpes des Chaux :** *Sud-Est : 10 km – ⊠ 1882 Gryon :*

**Refuge de Frience,** ☎ 0244 981 426, *Fax 0244 982 010*, ≤ Alpes, 🍴 – **P.** 🖭 ⑩ ⑩ **VISA**
*18 déc. au 23 avril et 28 mai au 19 nov.* – **Rest** *(fermé mardi hors saison)* (17) 32 et à la carte 45/92.
♦ Refuge montagnard où l'on fait des repas simples mais goûteux dans un authentique décor alpin : poutres en mélèze, cloches et cheminées où crépitent de bonnes flambées.

443

**VILLENEUVE** *1844 Vaud (VD)* 552 F10 – *4 017 h. – alt. 375.*
*Bern 97 – Montreux 3 – Aigle 12 – Lausanne 37 – Sion 64.*

🏠 **Au Soleil,** 20 Grand'Rue, ☎ 0219 604 206 (Rest : 0219 602 122), *hotel-soleil@b luewin.ch, Fax 0219 604 208 –* ✆. ⓂⓄ 𝖵𝖨𝖲𝖠
Hôtel : *fermé 24 déc. au 10 janv. –* **Rest** *(fermé dim. et lundi)* 35 (midi)/75 et à la carte 54/92 – **11 ch** 😊 ✦85/95 ✦✦135/145 – ½ P suppl. 28.
◆ Établissement oeuvrant dans la rue principale d'une bourgade vaudoise toute pro-che de Montreux. Chambres simples mais bien tenues. Restaurant misant sur un choix de préparations classiques.

Rouge = Agréable. Repérez les symboles ✗ et 🏠 passés en rouge.

---

**VILLERET** *Berne* 551 G6 – *rattaché à Saint-Imier.*

---

**VILLETTE** *Vaud (VD)* 552 E10 – *570 h. – alt. 387 –* ✉ *1096 Cully.*
*Bern 94 – Lausanne 7 – Montreux 17 – Yverdon-les-Bains 44.*

✗ **Le Villette,** 199 rte de Lausanne, ☎ 0217 992 183, *levillette@ bluewin.ch Fax 0217 992 182,* ≤, 😊 – ⒶⒺ ⓂⓄ 𝖵𝖨𝖲𝖠
*fermé 22 déc. au 18 janv., dim. (sauf le midi d'oct. à juin) et lundi –* **Rest** 55/90 et à la carte 65/107.
◆ Sur la route de Lausanne, restaurant servant des repas traditionnels dans une lumineuse salle ou sur la terrasse ménageant, toutes deux, une échappée lacustre

---

**VIRA-GAMBAROGNO** *6574 Ticino (TI)* 553 R12 – *665 ab. – alt. 204.*
🛈 *Gambarogno Turismo, via Cantonale,* ☎ *0917 951 866, info@ gambarognotu rismo.ch, Fax 0917 953 340.*
*Bern 262 – Locarno 13 – Bellinzona 18 – Lugano 36.*

🏨 **Viralago,** via Cantonale, ☎ 0917 859 200, *info@ viralago.ch, Fax 0917 859 201,* ≤ lago e monti, 😊, ♨, ⇋, ☐, 🐾, 🌳 – 🛗 🚗 ℙ – 🅰 20. ⒶⒺ ① ⓂⓄ 𝖵𝖨𝖲𝖠
*albergo : chiuso da dicembre al 10 marzo –* **Rist** *(chiuso febbraio)* 30 ed alla carta 41/83 – **45 cam** 😊 ✦95/172 ✦✦165/250 – ½ P sup. 30.
◆ Le terrazze digradanti sul lago permettono di apprezzare il paesaggio visibile anche dalle ampie camere in parte già rinnovate, in parte in corso di rinnovo. Il ristorante consiste in tre piccole sale di stile rustico e in un'ampia terrazza all'esterno.

🏨 **Bellavista** 😊, Sud : 1 km, ☎ 0917 951 115, *hotelbellavista@ bluewin.ch Fax 0917 952 518,* ≤ lago e monti, 😊, ☐, 🌳, ♨ – 🛗, 🖩 rist, ✆ ℙ – 🅰 40. ⒶⒺ ① ⓂⓄ 𝖵𝖨𝖲𝖠. ✷ rist
*19 marzo - 4 novembre –* **Rist** 42 (sera) ed alla carta 42/78 – **63 cam** 😊 ✦120/155 ✦✦212/254 – ½ P sup. 30.
◆ Piccoli edifici sparsi in un bel parco dominante il lago. Accanto alla costruzione principale sorge la bella terrazza-giardino con piscina. Proprio una...''Bellavista''.. anche dalla sala da pranzo dell'omonimo albergo !

✗ **Rodolfo,** via Cantonale, ☎ 0917 951 582, *wratti@ bluewin.ch, Fax 0917 952 772* 😊 – ✦✦ ⇆ 15/25. ⒶⒺ ① ⓂⓄ 𝖵𝖨𝖲𝖠. ✷
*chiuso fino febbraio, dal 25 giugno al 10 luglio, domenica sera (salvo in estate) e lunedì –* **Rist** (18) ed alla carta 52/87.
◆ L'entrata vi porta nella pergola coperta dalle volte delle arcate. All'interno, salette rustiche con camino vi accolgono per gustare le proposte del territorio.

---

**VISP** (VIÈGE) *3930 Wallis (VS)* 552 L11 – *6 463 Ew. – Höhe 651.*
🛈 *Visp Tourismus, La Poste-Platz 4* ☎ *0279 483 333, info@ visp.ch Fax 0279 483 335.*
*Bern 176 – Brig 9 – Saas Fee 25 – Sierre 29 – Sion 44.*

🏠 **Visperhof** garni, Bahnhofstr. 2, ☎ 0279 483 800, *info@ visperhof.ch Fax 0279 483 801 –* 🛗 ✦✦ ✆ ℙ ℝ ⒶⒺ ① ⓂⓄ 𝖵𝖨𝖲𝖠. ✷
**40 Zim** 😊 ✦95/125 ✦✦160/190.
◆ Das komplett renovierte Hotel liegt gegenüber dem Bahnhof. Die Zimmer sind modern, bieten genügend Platz und sind mit hellen Holzmöbeln praktisch einge-richtet.

**n Visperterminen** *Süd-Ost : 8,5 km – Höhe 1 340 –* ⊠ *3932 Visperterminen :*

🏠 **Rothorn** ♨, ℰ 0279 463 023, info@hotel-rothorn.ch, Fax 0279 467 648, ≤, 🏤
– ♿ Rest, **P**. **AE** **MO** **VISA**. ✻ Rest
*geschl. Mai und Nov. - 10. Dez.* – **Rest** (16) et à la carte 36/76 – **20 Zim** ⚏ ♦75/85
♦♦130/150 – ½ P Zuschl. 20.
♦ Neben der Sesselbahnstation, hoch über dem Rhonetal, schläft der Gast in ruhigen, frisch wirkenden Zimmern, die z. T. kürzlich renoviert wurden. Rustikales Ambiente und Weissweinspezialitäten aus Visperterminen im Restaurant.

**VISPERTERMINEN** *Wallis* 552 *L11 – siehe Visp.*

**VISSOIE** *3961 Valais (VS)* 552 *J12 – 469 h. – alt. 1 204.*

🛈 *Office du Tourisme, place de la Tour,* ℰ *0274 751 338,* vissoie@sierre-anniviers.ch, *Fax 0274 754 354.*

*Bern 183 – Sion 30 – Brig 47 – Martigny 60 – Montreux 99.*

🏨 **Anniviers** *sans rest,* ℰ 0274 752 929, info@anniviers.com, *Fax 0274 754 003,*
♨, ⚏ – ♿ **P**. **MO** **VISA**
*fermé 29 mai au 6 juil. et 13 nov. au 20 déc.* – **20 ch** ⚏ ♦85/125 ♦♦144/170.
♦ Hôtel aménagé dans un immeuble-chalet dont la grande devanture à balcons se colorie de géraniums durant toute la belle saison. Chambres sans reproche.

XX **Manoir de la Poste** *avec ch,* ℰ 0274 751 220, info@anniviers.com,
*Fax 0274 754 003,* 🏤 – **P**. **MO** **VISA**.
*fermé 29 mai au 6 juil. et 13 nov. au 20 déc.* – **Rest** (19) 35/65 et à la carte 47/93
– **8 ch** ⚏ ♦49/115 ♦♦134/170 – ½ P suppl. 35.
♦ Ce typique chalet en bois sombre fleurit copieusement sa façade en été. Salle à manger agrémentée de peintures murales. Préparations traditionnelles. Chambres chaleureuses.

**VITZNAU** *6354 Luzern (LU)* 551 *P7 – 1 080 Ew. – Höhe 435.*

*Ausflugsziel :* Rigi-Kulm★★★ mit Zahnradbahn.

🛈 *Tourist Information, Seestrasse,* ℰ *0413 980 035,* info.vitznau@wvrt.ch, *Fax 0413 980 033.*

*Bern 147 – Luzern 27 – Cham 25 – Schwyz 18.*

🏨 **Park Hotel Vitznau** ♨, Seestrasse, ℰ 0413 996 060, info@phv.ch,
*Fax 0413 996 070,* ≤ Vierwaldstättersee, 🏤, 🌐, ♨, ⚏, 🡖, 🡗, 🐾, 🏊, ✻,
🅿, 🗐 – ⧖, ✻ Zim, 🗏 Rest, ♿ ♿ Zim, 🚗 **P** – 🔏 15/100. **AE** ⑩ **MO** **VISA**
*Mitte April - Okt.* – **Quatre-Cantons :** Rest (39) 59 (mittags)/159 und à la
carte 77/155 – **96 Zim** ⚏ ♦380/650 ♦♦530/750, 7 Suiten –
½ P Zuschl. 50.
♦ Einem Schloss ähnelnd, liegt das Hotel eingebettet in eine schöne Gartenanlage am Seeufer. Die stilvollen Zimmer versprechen komfortables Wohnen. Restaurant mit langer Fensterfront und angenehme Seeterrasse mit wunderschöner Aussicht.

🏨 **Arabella Sheraton Vitznauerhof,** Seestrasse, ℰ 0413 997 777, vitznauerh
of@arabellasheraton.com, *Fax 0413 997 666,* ≤ Vierwaldstättersee, 🏤, ♨, ⚏,
🗏, 🐾, ✻, ✻, ♿, 🗐 – ⧖, ✻ Zim, video ♿ Zim, **P** – 🔏 15/200. **AE** ⑩ **MO**
**VISA**. ✻ Rest
*27. Feb. - 26. Nov.* – **Grand Siècle :** Rest 76 (abends) und à la carte 61/118 – ⚏ 32
– **86 Zim** ♦180/295 ♦♦275/410, 4 Suiten.
♦ Das auffällige Gebäude mit seiner gepflegten Jugendstilfassade zeichnet sich neben seiner traumhaften Lage am See durch helle, moderne Zimmer aus. Alle Südzimmer mit Balkon ! Sichern Sie sich Ihren Fensterplatz im langgezogenen Restaurant oder im Wintergarten !

Rot = angenehm. Richten Sie sich nach den Symbolen XX und 🏠 in Rot.

**VOGELSANG** *Luzern* 551 *N6 – siehe Eich.*

**VOLKETSWIL** 8604 Zürich (ZH) 551 Q5 – 14 296 Ew. – Höhe 475.

🏵 Service-Center, Geissbüelstr. 24/26, ℘ 0442 868 686, Fax 0442 868 687.
Bern 141 – Zürich 19 – Pfäffikon 33 – Rapperswil 29 – Sankt Gallen 62 – Winterthur 23.

XX **Alte Post,** Brugglenstr. 1, ℘ 0434 449 292, altepost-volketswil@bluewin.ch, Fax 0434 449 393, 🍽 – P AE ① M0 VISA
geschl. 31. Dez. - 17. Jan., 25. Juli - 14. Aug., Sonntag und Montag – Rest (32) 4
(mittags)/89 und à la carte 69/132.
♦ Ein schönes Riegelhaus beherbergt dieses Restaurant mit hübschen Gaststuben in denen man an gut eingedeckten Tischen klassische Speisen serviert.

---

**VOUVRY** 1896 Valais (VS) 552 F11 – 3 007 h. – alt. 381.
Bern 100 – Montreux 13 – Aigle 11 – Évian-les-Bains 26 – Monthey 12 – Sion 60

XXX **Auberge de Vouvry** (Braendle) avec ch, 2 av. du Valais, ℘ 0244 811 221, in
o@aubergedevouvry.ch, Fax 0244 811 754, 🍽 – 🖐 ch, ⇔ P AE M0 VISA
fermé 1er au 12 janv., dim. soir et lundi – Rest (fermé dim. soir, merc. soir en basse
saison et lundi) 55 (midi)/185 et à la carte 100/178 – Rest. (voir aussi Le Bistro
ci-après) – 15 ch ⇄ ✦75/95 ✦✦120/150 – ½ P suppl. 50.
Spéc. Sauté de brochet du Léman aux épices et feuille de coriandre (sauf hiver
Chasse du pays (automne). Chaud-froid d'abricot rôti au thym et sa glace crémeuse
Vins Monthey, Vouvry
♦ Au centre du village, ancienne maison communale où les fines fourchettes d
secteur ont leur rond de serviette. Un point de repère dans le paysage gastrono
mique valaisan.

X **Le Bistrot** - Auberge de Vouvry, 2 av. du Valais, ℘ 0244 811 221, info@ auber
edevouvry.ch, Fax 0244 811 754, 🍽 – P AE M0 VISA
fermé 1er au 12 janv., dim. soir, merc. soir en basse saison et lundi – Rest (18) 5
et à la carte 34/90.
♦ Une belle démonstration de cuisine traditionnelle vous attend à cette enseign
partageant ses murs avec l'Auberge de Vouvry. On ripaille aussi à l'extérieur au
beaux jours.

---

**VUFFLENS-LE-CHÂTEAU** 1134 Vaud (VD) 552 D10 – 636 h. – alt. 471.
🚠 Signal de Bougy à Bougy-Villars, ✉ 1172 (mars - nov.) ℘ 0218 215 950
Fax 0218 215 965, Sud-Ouest : 12 km par Aubonne et route du Signal de Boug
Bern 119 – Lausanne 13 – Morges 2.

XXXX **L'Ermitage** (Ravet) ⊛ avec ch, 26 rte du Village, ℘ 0218 046 868, ermitage@
ravet.ch, Fax 0218 022 240, 🌭 – 🖐 rest, ✆ P ⇄ 10/15. AE M0 VISA
fermé 24 déc. au 17 janv., 6 au 22 août, 8 au 17 oct., dim. et lundi – Rest 6
(midi)/225 et à la carte 183/243 ⊛ – 9 ch ⇄ ✦380/400 ✦✦400/420.
Spéc. Dinette des quatre foies gras. Homard breton et ses amusettes. Jarret de vea
rôti longuement à la broche. Vins Morges sur lie, Féchy
♦ Repas-plaisir en perspective dans cette jolie demeure entourée d'un jardin ave
pièce d'eau. Chambres exquises, et tout l'agrément requis d'une grande maison d
bouche.

---

Les bonnes adresses à petit prix ? Suivez les Bibs : Bib Gourmand rouge ⊕
pour les tables, et Bib Hôtel bleu ⊕ pour les chambres.

---

**VUGELLES-LA-MOTHE** 1431 Vaud (VD) 552 E8 – alt. 524.
Bern 86 – Neuchâtel 38 – La Chaux-de-Fonds 56 – Pontarlier 34 – Yverdon-le.
Bains 9.

X **Café de la Croix Fédérale,** ℘ 0244 363 110, locma@ bluewin.ch
Fax 0244 363 112 – P ⇔ 100 – 🔬 60. AE ① M0 VISA
fermé 28 fév. au 16 mars, 24 juil. au 17 août, mardi et merc. – Rest (17) et à
carte 62/80.
♦ Table traditionnelle à l'enseigne cent pour cent helvétique, où officie pourtant u
jeune couple de restaurateurs français. Spécialités de poissons et de gibiers, en sa
son.

**VUIPPENS** 1641 Fribourg (FR) 552 G9 – alt. 709.

Bern 56 – Fribourg 21 – Bulle 6 – Montreux 38 – Yverdon-les-Bains 60.

X **Maison de Ville,** route principale, ℰ 0269 151 592, famille.piccand@lyoba.ch,
⊗ Fax 0269 153 092, 🌫 – P ⇔ 20/40. AE ① ⑩ VISA
fermé 21 fév. au 1er mars, 18 juil. au 2 août, mardi et merc. – **Rest** (16) 42/80 et
à la carte 45/93.
• Assez "couleur locale", le style de la façade contraste avec l'intérieur, nette-
ment plus actuel. Entrecôtes, tournedos et truites s'y déclinent à toutes les
sauces.

**VUISTERNENS-EN-OGOZ** 1696 Fribourg (FR) 552 G9 – 740 h. – alt. 801.

Bern 51 – Fribourg 19 – Montreux 43 – Murten 34 – Thun 81.

X **Hostellerie des Chevaliers d'Ogoz** avec ch, ℰ 0264 111 105,
⊗ Fax 0264 114 505, 🌫 – 🛗 P ⇔ 120. AE ⑩ VISA
fermé Noël, 24 juil. au 13 août, dim. soir et lundi – **Rest** (16) 42 (midi)/86 et à la
carte 40/90 – **5 ch** ⊏ ♦70 ♦♦130 – ½ P suppl. 28.
• Dans un virage proche de l'église, maison corpulente entretenant une ambiance
familiale. Du café, où la clientèle locale a ses habitudes, on accède à la salle à manger.

**VULPERA** Graubünden 553 Z9 – siehe Scuol.

**WABERN** Bern 551 J7 – siehe Bern.

**WÄDENSWIL** 8820 Zürich (ZH) 551 Q6 – 19 256 Ew. – Höhe 408.

Bern 149 – Zürich 24 – Aarau 71 – Baden 48 – Luzern 50 – Schwyz 34.

🏨 **Du Lac,** Seestr. 100, ℰ 0447 800 031, dulac.waedenswil@bluewin.ch,
⊗ Fax 0447 800 570, ≤ – 🛗, ⇜ Zim, AE ① ⑩ VISA
**Rest** (17) und à la carte 41/87 – **31 Zim** ⊏ ♦115/140 ♦♦155/195 –
½ P Zuschl. 40.
• Der Lage zwischen der Seestrasse und der Bahnlinie hat man mit gut isolierten
Fenstern Rechnung getragen. Die geräumigen Zimmer sind hell und modern ein-
gerichtet. An der Bar vorbei gelangt man zum einfachen Restaurant mit Winter-
garten.

🏠 **Engel,** Engelstr. 2, ℰ 0447 800 011, office@engel-waedenswil.ch,
⊗ Fax 0447 800 012, ≤, 🌫 – ₺, Rest, P – 🛗 15/25. AE ① ⑩ VISA
**Rest** (1. Etage) (geschl. 26. Dez. - 8. Jan.) (17.50) 31 (abends) und à la carte 39/88
– **10 Zim** ⊏ ♦115 ♦♦160.
• In dem kleinen Hotel beim Bahnhof - nur durch die Bahnlinie vom See getrennt
- findet man praktische Zimmer mit zeitgemässer Einrichtung. Schlicht-modernes
Restaurant mit grossen Fenstern zum See.

XX **Eichmühle,** Richtung Einsiedeln : 3 km, Neugutstr. 933, ℰ 0447 803 444, eder
@eichmuehle.ch, Fax 0447 804 864, 🌫 – P. AE ① ⑩ VISA
geschl. 12. - 26. Feb., 8. - 22. Okt., Sonntag (ausser mittags von Sept. - Mitte Juli)
und Montag – **Rest** 59 (mittags)/158 und à la carte 73/146 ⅏.
• In einem Bauernhöft auf einer Hügelkuppe befindet sich dieses angenehme
Restaurant - verschiedene kleine Stuben und eine schöne Gartenterrasse.

**WALCHWIL** 6318 Zug (ZG) 551 P6 – 3 200 Ew. – Höhe 449.

Bern 147 – Luzern 27 – Aarau 67 – Einsiedeln 34 – Schwyz 18 – Zug 9 – Zürich 38.

XXX **Sternen** (Weder), Dorfstr. 1, ℰ 0417 590 444, info@sternen-walchwil.ch,
❀ Fax 0417 590 440, ≤, 🌫 – P ⇔ 20. AE ① ⑩ VISA
geschl. 9. - 26. Jan., 28. Aug. - 14. Sept., Montag und Dienstag – **Rest** 65 (mittags)/160
und à la carte 91/163 ⅏.
**Spez.** Ochsenschwanz-Rarioli mit Trüffeln. Challens-Ente ganz gebraten, Portojus und
Saisongemüse. Französisches Schokoladenküchlein mit Kardamomglace. **Weine**
Walchwiler
• In den elegant eingerichteten Räumen dieses schönen, renovierten Holzhauses a.
d. J. 1830 geniesst man klassische Kreationen. Sehr nett sitzt man auch auf der
Seeterrasse !

X **Zugersee,** Artherstr. 6, ℘ 0417 581 777, zugersee@bluewin.ch,
Fax 0417 590 770, ≤ Zugersee, 🏠 – 🅿. 🆎 ⑩ ⓜⓢ 𝘝𝘐𝘚𝘈
geschl. 29. Jan. - 26. Feb., Dienstag von Nov. - Feb. und Montag – **Rest** (22) 39
(mittags)/75 und à la carte 49/102.
   ◆ Vom direkt am Seeufer gelegenen, modern eingerichteten Restaurant aus bietet
sich dem Gast beim Speisen eine sehr schöne Sicht auf den Zugersee.

**WALD** 9044 Appenzell Ausserrhoden (AR) 🅶🅱🅶 S5 – 943 Ew. – Höhe 962.
   Bern 221 – Sankt Gallen 12 – Altstätten 13 – Herisau 22.

XX **Harmonie,** Dorf 43, ℘ 0718 771 173, harmonie.wald@bluewin.ch,
Fax 0718 772 773, 🏠 – 🅿. ⑩ ⓜⓢ 𝘝𝘐𝘚𝘈
**Rest** (geschl. Montag und Dienstag) (22) 58 und à la carte 45/82.
   ◆ Typisches Appenzellerhaus im Dorfkern. In der schönen, im regionalen Stil eingerich
teten Stube a. d. 18. Jh. bestellt man in gemütlichem Ambiente traditionelle Gerichte.

**WALDEGG** Bern 🅶🅱🅶 L9 – siehe Beatenberg.

**WALDENBURG** 4437 Basel-Landschaft (BL) 🅶🅱🅶 L5 – 1 345 Ew. – Höhe 518.
   Bern 67 – Basel 34 – Liestal 14 – Luzern 72 – Olten 18.

XX **Zum Schlüssel,** Hauptstr. 58, ℘ 0619 618 131, schluessel-waldenburg@bluew
n.ch, Fax 0619 618 131, 🏠 – ⬩ 40. ⑩ ⓜⓢ 𝘝𝘐𝘚𝘈
geschl. 9. - 23. Jan. und Sonntag – **Rest** (16.50) 52 (mittags)/85 und à la carte 61/104
   ◆ Im schönen Gasthaus aus dem 15. Jh. hat der Gast die Wahl zwischen einem etwa
schlichteren ländlichen Bereich und einer gediegeneren, gemütlich-rustikalen Stube

**WALENSTADT** 8880 Sankt Gallen (SG) 🅶🅱🅶 U6 – 4 626 Ew. – Höhe 426.
   Sehenswert : Walensee★★.
   🖪 Tourist Information, Seestr. 60, ℘ 0817 352 222, info@tourismus
walenstadt.ch, Fax 0817 352 222.
   Bern 205 – Sankt Gallen 84 – Bad Ragaz 24 – Buchs 34 – Herisau 72 – Rapperswil 47.

🏠 **Seehof,** Seestr. 104, ℘ 0817 351 245, seehof.walenstadt@bluewin.ch
Fax 0817 351 179, ≤, 🏠 – ⬩ ⬩ 🅿 – 🔬 15/60. 🆎 ⑩ ⓜⓢ 𝘝𝘐𝘚𝘈
geschl. 2. - 27. Jan. – **Rest** à la carte 41/104 – **24 Zim** ⬩ ✦75/100 ✦✦130/15
– ½ P Zuschl. 25.
   ◆ Die Zimmer des nicht weit vom See gelegenen Hotels sind mit dunklen Holzmöbeln
im Stil der 70er Jahre eingerichtet, von den meisten hat man eine schöne Seesicht
Restaurant mit traditionellem Angebot.

**WALLISELLEN** 8304 Zürich 🅶🅱🅶 Q4 – siehe Zürich.

**WALTENSBURG/VUORZ** 7158 Graubünden (GR) 🅶🅱🅶 S9 – 399 Ew. – Höhe 1 000.
   Bern 228 – Chur 44 – Bad Ragaz 64.

🏠 **Ucliva** ⬩, ℘ 0819 412 242, info@ucliva.ch, Fax 0819 411 740, ≤ Berge, 🏠, ⬩s
⬩ – ⬩ Zim, 🅿 – 🔬 50. ⑩ⓜⓢ
21. Dez. - 17. April und 25. Mai - 28 Okt. – **Rest** (19) 42 (abends) und à la carte 43/7
– **22 Zim** ⬩ ✦125/171 ✦✦186/280 – ½ P Zuschl. 33.
   ◆ Etwas ausserhalb und ruhig gelegen, bietet sich von dem nach ökologische
Gesichtspunkten geführten Hotel eine sehr schöne Sicht auf die Berge. Einfache
rustikale Zimmer. Helles, rustikal eingerichtetes Restaurant mit traditioneller Küch

**WALZENHAUSEN** 9428 Appenzell Ausserrhoden (AR) 🅶🅱🅶 V-W4 – 2 092 Ew. – Höhe 67.
   Bern 234 – Sankt Gallen 25 – Altstätten 17 – Bregenz 19 – Herisau 36 – Lustenau 1.

🏠 **Walzenhausen,** Dorf 45, ℘ 0718 862 121, info@hotel-walzenhausen.ch
Fax 0718 881 084, ≤ Bodensee, 🏠, 🔬, ⬩s, ⬩, 🔬 – ⬩ ⬩ Zim, ⬩ Zim, 🅿
🔬 15/80. 🆎 ⑩ ⓜⓢ 𝘝𝘐𝘚𝘈
**Rest** (18) 48 (abends) und à la carte 59/83 – **72 Zim** ⬩ ✦150/200 ✦✦220/28
– ½ P Zuschl. 30.
   ◆ Neben dem traditionellen Kurbetrieb empfiehlt sich dieses Haus auch für Seminar
oder den Urlaubsgast. Die unterschiedlich eingerichteten Zimmer bieten zeitgemäs
sen Komfort. Eine schöne Sicht auf den Bodensee geniesst man vom langgezogene
Restaurant aus.

**WANGEN AN DER AARE** 3380 Bern (BE) 551 K5 – 1912 Ew. – Höhe 423.
*Bern 42 – Aarau 38 – Basel 60 – Luzern 71 – Solothurn 11.*

🏛 **Al Ponte**, Wangenstr. 55, an der Autobahnausfahrt, ℰ 0326 365 454, *info@al*
🕸 *ponte.ch*, Fax 0326 365 455, 🌁 – 🗐 ✦ 🕻 ⇔ 🄿 – ♨ 15/120. ◭ ⓞ ⓒ ⓥⓘⓢⓐ
**Rest** (17,50) und à la carte 40/83 – **54 Zim** � ✦130 ✦✦170.
◆ Nicht an der schönen historischen Holzbrücke, sondern an der neuen Brücke
nicht weit von der Autobahnausfahrt findet man dieses Hotel mit funktionell eingerichteten Zimmern. Einfache, rustikale Wirtschaft und etwas gehobeneres
Stübli.

**WATTWIL** 9630 Sankt Gallen (SG) 551 S5 – 8238 Ew. – Höhe 614.
*Bern 189 – Sankt Gallen 35 – Bad Ragaz 68 – Rapperswil 24.*

🏛 **Löwen**, Ebnaterstr. 55, ℰ 0719 885 133, *info@loewenwattwil.ch*,
🕸 Fax 0719 885 107, ☎ – 🗐 ♿ Rest, 🄿 ◭ ⓒⓞ ⓥⓘⓢⓐ. ✂ Zim
*geschl. 27. Dez. – 1. Jan – **Rest** (geschl. Sonntagabend)* (15.50) und à la carte 30/84
– **39 Zim** ⊠ ✦90/100 ✦✦135 – ½ P Zuschl. 26.
◆ Neben den älteren, mit dunklem Eichenholzfurnier möblierten Zimmern findet
man auch helle, kürzlich renovierte Räume. Die Ausstattung ist gepflegt und zweckmässig. Die leicht gediegene Rôtisserie und die Gaststube bilden den Restaurantbereich.

XX **Krone**, Ebnaterstr. 136, ℰ 0719 881 344, *info@kronewattwil.ch*,
🍸 Fax 0719 886 744, 🌁 – 🄿 ⓒⓞ ⓥⓘⓢⓐ
*geschl. Jan. – Feb. 1 Woche, Juli 2 Wochen, Montag und Dienstag* – **Rest** 65/115 und
à la carte 57/123 – **Bistro** : **Rest** (18.50) und à la carte 35/80.
◆ Im angenehm hellen und modern gestalteten Restaurant serviert man dem Gast
in elegantem Rahmen eine schmackhafte und zeitgemässe Küche. Etwas einfacher
präsentiert sich das rustikal-moderne Bistro. Daran angrenzend : die gemütliche
Lounge.

Frühstück inklusive? Die Tasse ⊠ steht gleich hinter der Zimmeranzahl.

**WEESEN** 8872 Sankt Gallen (SG) 551 T6 – 1399 Ew. – Höhe 424.
*Bern 186 – Sankt Gallen 60 – Bad Ragaz 43 – Glarus 15 – Rapperswil 28.*

🏨 **Parkhotel Schwert**, Hauptstr. 23, ℰ 0556 161 474, *info@parkhotelschwert*
🕸 *.ch*, Fax 0556 161 853, ≼, 🌁 – 🗐 🕻 ◭ ⓞ ⓒⓞ ⓥⓘⓢⓐ
**Rest** (geschl. 15. Jan. – 4. Feb.) (18.50) und à la carte 33/73 – **35 Zim** ⊠ ✦105/115
✦✦170/240 – ½ P Zuschl. 25.
◆ Im vielleicht ältesten Hotel der Schweiz aus dem 15. Jh. wurden originale Mau-
erwerke und Holzbalken aus dem Mittelalter geschmackvoll in ein modernes Interieur
integriert. Gediegen wirkt das à la carte-Restaurant mit schöner Terrasse.

XX **Fischerstube** (Frese), Marktgasse 9, ℰ 0556 161 608, *weesenfischerstube@bl*
🍲 *uewin.ch*, Fax 0556 161 239 – 🄿 ⇗ 40. ◭ ⓞ ⓒⓞ ⓥⓘⓢⓐ
*geschl. Januar 2 Wochen und Dienstag* – **Rest** (1. Etage) - Fischspezialitäten - (30) und
à la carte 64/139.
**Spez.** Mariniertes Albeli (kleine Felchen) mit Sauerrahm, Aepfeln und Zwiebeln.
Schweizer Fischsuppe, Rouilles und Toast. Fritto Misto (diverse gebackene
Fische)
◆ Traditionell ist der Rahmen dieses alteingesessenen Restaurants mit seinen gemüt-
lichen Stuben. Auf der Karte finden Sie regionaltypische Fischgerichte auf hohem
Niveau.

**WEGGIS** 6353 Luzern (LU) 551 P7 – 3.987 Ew. – Höhe 435.
*Ausflugsziel :* Rigi-Kulm★★★ mit Luftseilbahn und ab Rigi-Kaltbad mit Zahnradbahn.
**Lokale Veranstaltung**
*01.07 - 02.07 :* Rosenfest.
🛈 *Tourist Information*, Seestr. 5, ℰ 0413 901 155, *info.weggis@wvrt.ch*,
Fax 0413 910 091.
*Bern 142 – Luzern 21 – Cham 19 – Schwyz 30.*

**Park Hotel Weggis** ⟨S⟩, Hertensteinstr. 34, ☎ 0413 920 505, *info@phw.ch*
*Fax 0413 920 528*, ⟨ Vierwaldstättersee, 🏠, ②, 🛁, ⟨s⟩, ⟨A⟩s, 🎿, 🔥, 🔟 – 🛗
▤ Rest, video 🅿 ⟨♣ 🅿 – 🛁 15/120. 🄐 ⓪ ⓶ 𝘝𝘐𝘚𝘈. ⟨Rest
**Annex** *(geschl. Dienstag) (nur Abendessen ausser Sonntags)* Rest 115 und à la carte
82/136 – **Sparks** : Rest 85 (abends) und à la carte 61/108 – ☐ 32 – **39 Zim**
✦255/335 ✦✦410/570, 4 Suiten – ½ P Zuschl. 78.
• Der klassische Hotelbau aus der Jahrhundertwende wurde in den letzten Jahren
sehr aufwändig und geschmackvoll renoviert. Designereinrichtung, wechselnd
Bilderausstellungen. Ein Gefühl von Luxus umgibt Sie im Annex. Elegant wirkt da
Sparks.

**Beau Rivage,** Gotthardstr. 6, ☎ 0413 927 900, *info@beaurivage-weggis.ch*
*Fax 0413 901 981*, ⟨ Vierwaldstättersee, 🏠, ⟨s⟩, 🛁, ⟨A⟩s, 🎿, 🔟 – 🛗 🅿. 🄐 ⓪
⓶ 𝘝𝘐𝘚𝘈
*April - Okt.* – **Rest** 50 und à la carte 60/116 – **41 Zim** ☐ ✦130/175 ✦✦220/42
– ½ P Zuschl. 50.
• Eine wunderbare Seesicht, ein gepflegter Garten mit Pool, gediegene, unter
schiedlich eingerichtete Zimmer : nur ein paar der Attribute, die dieses klassisch
Hotel auszeichnen. Das gepflegte Restaurant ist mit Stilmöbeln eingerichtet. Schön
die Gartenterrasse.

**Albana** ⟨S⟩, Luzernerstr. 26, ☎ 0413 902 141, *albanaweggis@access.ch*
*Fax 0413 902 959*, ⟨ Vierwaldstättersee, ⟨s⟩, ⟨A⟩s, 🔥, 🔟 – 🛗 🅿 🅿 – 🛁 15/50
🄐 ⓪ ⓶ 𝘝𝘐𝘚𝘈. ⟨Rest
*geschl. 15. Nov. - 12. April* – **Panorama** : Rest 48 (mittags)/120 und à la carte
61/111 – **57 Zim** ☐ ✦150/250 ✦✦280/360 – ½ P Zuschl. 58.
• Etwas erhöht und ruhig in einem kleinen Park gelegenes Hotel. Die Zimmer sin
mit lachsfarbenen Holzmöbeln komfortabel und zeitgemäss ausgestattet. Sehens
werter Spiegelsaal. Einen traumhaften Blick über den Vierwaldstättersee hat ma
vom Restaurant aus.

**Alexander** ⟨S⟩, Hertensteinstr. 42, ☎ 0413 922 222, *info@alexander-gerbi.ch*
*Fax 0413 922 223*, ⟨ Vierwaldstättersee, 🏠, ②, 🛁, ⟨s⟩, 🛁, 🛁, ⟨A⟩s, 🎿, 🔟
🛗 🅿 🅿 – 🛁 15/50. 🄐 ⓪ ⓶ 𝘝𝘐𝘚𝘈. ⟨Rest
*geschl. 15. - 26. Dez.* – **Rest** 35 (mittags)/61 und à la carte 46/90 – **46 Zim**
☐ ✦125/185 ✦✦240/310 – ½ P Zuschl. 48.
• Die Südlage der unterschiedlich eingerichteten Zimmer mit Balkon und traumhafte
Aussicht garantiert - schönes Wetter vorrausgesetzt - uneingeschränkten Sonner
genuss. Hinter der grossen, modernen Hotelhalle befindet sich der klassische Spe
sesaal.

**Gerbi,** Hertensteinstr. 48, ☎ 0413 922 224, *gerbi@alexander-gerbi.ch*
*Fax 0413 922 225*, ⟨ Vierwaldstättersee, 🏠, ②, 🛁, ⟨s⟩, 🛁, 🛁, ⟨A⟩s, 🎿, 🔟
🛗, ⟨♣ Rest, ♿ Zim, ⟨⟩ 🅿 – 🛁 20. 🄐 ⓪ ⓶ 𝘝𝘐𝘚𝘈. ⟨Rest
**Rest** (21) 68 und à la carte 56/106 – **20 Zim** ☐ ✦175/195 ✦✦270/310, 4 Suite
– ½ P Zuschl. 48.
• Dieses für Ferien und Geschäftsreise geeignete Hotel liegt nah beim Seeufer. D
Zimmer wirken hell, sind mit Eschenmobiliar eingerichtet und bieten eine schör
Aussicht. Elegant-rustikale Ausstattung prägt das Restaurant.

**Central am See,** Seestr. 25, ☎ 0413 920 909, *info@central-am-see.ch*
*Fax 0413 920 900*, ⟨ Vierwaldstättersee, 🏠, 🛁, ⟨A⟩s, 🎿, 🔟 – 🛗 ♿ Zim. 🄐 ⓿
𝘝𝘐𝘚𝘈. ⟨Rest
*Feb. - Okt.* – **Rest** (24) 34 (mittags) und à la carte 42/97 – **32 Zim** ☐ ✦125/14
✦✦180/260 – ½ P Zuschl. 40.
• Direkt an der Promenade am Ortsende gelegen, bietet dieses Haus dem Gast frisc
wirkende, modern eingerichtete Zimmer von guter Grösse mit sehr schönem Blic
auf den See. Zum Speisen stehen der moderne Wintergarten und die rustikale Stut
bereit.

**Friedheim** ⟨S⟩, Friedheimweg 31, ☎ 0413 901 181, *info@hotel-friedheim.ch*
*Fax 0413 902 740*, ⟨ Vierwaldstättersee, 🏠, 🎿 – 🅿. 🄐 ⓪ ⓶ 𝘝𝘐𝘚.
⟨Rest
*14. April - Anfang Okt.* – **Rest** à la carte 35/85 – **21 Zim** ☐ ✦75/110 ✦✦174/23
– ½ P Zuschl. 37.
• Das alte Bauernhaus aus dem 17. Jh. liegt, umgeben von Wiesen, schö
oberhalb des Dorfes. Man verfügt über teils kleine, modern eingerichtet
Zimmer. In der einfachen, aber gemütlichen Stube werden traditionelle Gerichte se
viert.

X **Bühlegg,** Gotthardstr. 30, ☎ 0413 902 123, *buehlegg@mitti.ch*, *Fax 0413 902 182*, ⩽ Vierwaldstättersee, 🍴 – **P**, **AE** **①** **⓪⑧** **VISA**
*geschl. Feb. 2 Wochen, Dienstag (ausser Mai - Sept.) und Mittwoch* – **Rest** 46 (mittags)/145 und à la carte 72/132.
♦ Das sehr angenehme Haus liegt etwas ausserhalb, mit schöner Terrasse am See. In zwei Stuben mit heimeligem Ambiente geniesst man eine sorgfältig zubereitete zeitgemässe Küche.

X **Renggli's Seerestaurant,** Seestr. 21, ☎ 0413 900 170, *Fax 0413 900 270*, ⩽ Vierwaldstättersee, 🍴 – **AE** **①** **⓪⑧** **VISA**
*geschl. 10. Nov. - 10. Dez., Dienstag von Okt. - April und Mittwoch* – **Rest** 58 (mittags)/95 und à la carte 52/106.
♦ Im modern dekorierten Restaurant oder auf der schön am Seeufer gelegenen Speiseterrasse geniessen Sie beim Essen die traumhafte Aussicht auf die Umgebung.

X
⇔ **The Grape,** Seestr. 60, ☎ 0413 920 707, *info@phw.ch, Fax 0413 920 528*, 🍴 – **AE** **①** **⓪⑧** **VISA** 🍴
*geschl. 23. Dez. - 12. Jan. und Mittwoch* – **Rest** (18.50) 59 und à la carte 48/85.
♦ 200 Meter vom Park Hotel entfernt finden Sie das Restaurant : trendiger Designerstil verbindet sich hier mit California Cuisine. Originell gestylter WC-Bereich !

n **Hertenstein** *Süd-West : 3 km – Höhe 435 –* ⌷ *6353 Hertenstein :*

🏨 **Hertenstein Resort** ⟋⟍, Hertensteinstr. 156, ☎ 0413 901 444, *info@hotelhe rtenstein.ch, Fax 0413 902 766*, ⩽ Vierwaldstättersee, 🍴, **⩘s**, 🔲, 🔥, 🌿, ⬡ –
🛗, 🔄 Zim, 🍴 **P** – 🔨 15/100. **AE** **①** **⓪⑧** **VISA**
**Karls Stube** *(geschl. Montag und Dienstag von Nov. - April)* **Rest** 70 und à la carte 42/94 – **Seegartengrill** *(geöffnet von Mai - Sept.)* **Rest** à la carte 37/69 – **62 Zim** ⊡ ✳105/195 ✳✳200/300 – ½ P Zuschl. 54.
♦ Die Lage am See sowie neuzeitlich möblierte und funktionell ausgestattete Zimmer machen dieses gepflegte Hotel aus - die Villa dient als Annexe. Leicht elegant wirkt das Restaurant Karls Stube. Bei schönem Wetter hat der Seegartengrill geöffnet.

---

EINFELDEN *8570 Thurgau (TG)* 🔢🔢🔢 *T4 – 9 408 Ew. – Höhe 429.*
*Bern 186 – Sankt Gallen 35 – Arbon 26 – Frauenfeld 19 – Konstanz 20.*

🏨 **Thurgauerhof** garni, Thomas-Bornhauser-Str. 10, ☎ 0716 263 333, *info@thur gauerhof.com, Fax 0716 263 434* – 🛗 🔄 🍴 ⟍ – 🔨 15/450. **AE** **①** **⓪⑧** **VISA**
**71 Zim** ⊡ ✳95/125 ✳✳160/190.
♦ Das Hotel mit Kongresszentrum liegt im Ortskern. Die Zimmer sind meist modern, wirken hell und frisch, bieten ausreichend Platz und eine komplette technische Ausstattung.

🏨
⇔ **Zur Eisenbahn,** Bahnhofstr. 2, ☎ 0716 221 060, *info@gasthof-eisenbahn.ch, Fax 0716 227 986*, 🍴 – 🔄 Zim, **P**, **AE** **①** **⓪⑧** **VISA** 🍴 Zim
*geschl. 28. Jan. - 6. Feb., Sonntagabend und Montag* – **Rest** (16.50) 35 (mittags)/59 und à la carte 47/79 – **8 Zim** ⊡ ✳85 ✳✳160 – ½ P Zuschl. 30.
♦ Wie der Name bereits vermuten lässt, liegt das Riegelhaus bei den Bahngleisen - ein kleines Hotel mit hellen, neuzeitlichen Gästezimmern. Gepflegte Restauration mit saisonaler Küche und ansprechenden Spezialitätenwochen.

XX
⇔ **Zum Löwen,** Rathausstr. 8, ☎ 0716 225 422, *thomas_bodenmann@gmx.ch*, *Fax 0716 221 398*, 🍴 – 🔄 Rest, ⟷ 15. **AE** **①** **⓪⑧** **VISA**
*geschl. 20. Juli - 15. Aug., Mittwoch und Donnerstag* – **Rest** (18) 48/89 und à la carte 49/90.
♦ Im Zentrum des Ortes findet man das schöne alte Riegelhaus aus dem 15. Jh. - bestehend aus der rustikalen Gaststube und dem leicht eleganten Ratsherrenstübli.

X **Gambrinus,** Marktstr. 2, ☎ 0716 221 140, *info@gambrinus-weinfelden.ch*, *Fax 0716 221 339*, 🍴 – **AE** **①** **⓪⑧** **VISA**
*geschl. 10. - 15. April, 10. - 29. Juli, 9. - 14. Okt., Sonntag und Montag* – **Rest** - italienische Küche - (33) 82 (abends) und à la carte 51/110.
♦ Das Alter dieses kleinen historischen Gasthauses wird auf über 400 Jahre geschätzt. Seine Gäste bittet man in gemütlichen, rustikal gestalteten Stuben zu Tisch.

**WEININGEN** 8104 Zürich (ZH) 📖📖 P4 – 3 685 Ew. – Höhe 413.
*Bern 117 – Zürich 13 – Aarau 39 – Luzern 60 – Schaffhausen 63.*

XX **Winzerhaus,** Nord : 1 km, Haslernstr. 28, 𝒫 0447 504 066, *mail@winzerhaus.ch*
Fax 0447 504 095, ≼ Limmattal, 🏠 – 🅿, 🆎 ⓪ ⓶ *VISA*
*geschl. 24. Dez. - 4. Jan. und Dienstag – Rest à la carte 52/106.*
♦ Inmitten von Weinbergen liegt dieses hübsche Haus erhöht über dem Limmatta
Eine besondere Attraktion ist die grosse Terrasse mit herrlichem Blick über die Land
schaft.

---

**WEISSBAD** Appenzell Innerrhoden 📖📖 U5 – siehe Appenzell.

---

**WEISSENBURG** 3764 Bern (BE) 📖📖 J9 – Höhe 782.
*Bern 52 – Interlaken 21 – Fribourg 85 – Spiez 17 – Thun 22.*

🏯 **Alte Post,** Simmentalstrasse, 𝒫 0337 831 515, *gasthofaltepost@hotmail.com*
⊜ Fax 0337 831 578, 🏠 – 🅿, 🆎 ⓪ ⓶ *VISA*
*geschl. 10. - Ende April, 30. Okt. - 6. Dez., Mittwoch und Donnerstag ausser Juli - Mitt
Aug. – Rest (17) 39 (mittags) und à la carte 39/79 – 10 Zim ⇆ †70/80 ††140/16
– ½ P Zuschl. 27.*
♦ Neben der Holzbrücke über die Simme kann man in diesem typischen Berner Land
gasthof übernachten. Nicht ohne Charme sind die sehr einfachen, fast historische
Zimmer. Rustikale Gaststuben mit bürgerlichem Speisenangebot.

---

**WEITE** 9476 Sankt Gallen (SG) 📖📖 U6 – Höhe 469.
*Bern 227 – Sankt Gallen 63 – Bad Ragaz 16 – Buchs 11 – Feldkirch 24 – Rapperswil 6*

XX **Heuwiese** (Real), Nord-Ost : 1,5 Km, 𝒫 0817 831 055, *info@restaurantheuwie
⊛ e.com, Fax 0817 833 186, 🏠 – 🅿 – 🔬 15/60. 🆎 ⓪ ⓶ *VISA*
*geschl. Okt. 2 Wochen, Sonntag und Montag – Rest (Tischbestellung ratsam) à l
carte 62/128 ⌂.*
**Spez.** Schottischer Lachs vom Barbequeofen. Aromatische Currygerichte. Ganz
Ente am Spiess gebraten. **Weine** Sarganser, Malanser
♦ Abgelegene, nicht alltägliche Adresse im Grünen. In ungezwungenem, lockere
Ambiente empfiehlt Ihnen der Patron immer wieder neu erdachte Kreationen. Schö
Innenhofterrasse.

---

**WENGEN** 3823 Bern (BE) 📖📖 L9 – Höhe 1 275 – 🎿 – Wintersport : 1 274/2 320 m ✦
✦6 ✦.
**Sehenswert** : *Lage★★★.*
**Ausflugsziel** : *Jungfraujoch★★★ mit Bahn – Trümmelbachfälle★★★ – Klei
Scheidegg★★ Süd-Ost mit Bahn.*
**Lokale Veranstaltung**
*13.01 - 15.01 : Internationale Lauberhornrennen.*
🅱 *Tourist Information,* 𝒫 0338 551 414, *info@wengen.ch, Fax 0338 553 060.*
*Bern 69 – Interlaken 12 – Grindelwald 16 – Luzern 78.*

mit Zahnradbahn ab Lauterbrunnen erreichbar

🏰 **Regina** ⚲, 𝒫 0338 565 858, *regina@wengen.com, Fax 0338 565 85*
≼ Jungfrau und Berge, 🎱, ⓢ, 🌳 – 🛗 video ☎ – 🔬 15/60. 🆎 ⓪ ⓶ *VI
🍽 Rest
*geschl. 23. April - 20. Mai und 1. Nov. - 5. Dez. – Rest (siehe auch Rest. **Chez Meyer**
– 90 Zim ⇆ †145/310 ††260/430 – ½ P Zuschl. 30.*
♦ Unübersehbar thront das Haus über dem Ort. In gediegenen, mit massiven Hol
möbeln eingerichteten Zimmern geniesst man die Ruhe und eine unverbaute, trau
hafte Aussicht.

🏰 **Beausite Park Hotel** ⚲, 𝒫 0338 565 161, *hotel@parkwengen.c*
Fax 0338 553 010, ≼ Jungfrau und Berge, 🏠, ⓜ, ⓢ, 🔲, 🌳 – 🛗, 🍽 Rest, ☎
⓪ ⓶ *VISA*. 🍽 Rest
*15. Dez. - 23. April und 24. Mai - 24. Sept. – Rest 60 (abends) und à la carte 58/1
– 40 Zim ⇆ †135/255 ††250/440, 3 Suiten – ½ P Zuschl. 25.*
♦ Neben der sehr ruhigen Lage etwas ausserhalb am Waldrand schätzen die Gäs
dieses Ferienhotels die modernen Zimmer in warmen Farbtönen sowie den We
nessbereich. Klassisches Ambiente und zeitlose Eleganz prägen die unterschiedlich
Restaurantbereiche.

🏨 **Caprice,** ☎ 0338 560 606, hotel@caprice-wengen.ch, Fax 0338 560 607, ≤ Jungfrau-Massiv, 🍴, ⇌s – 📶, 💱 Zim, 📞, AE ① ⑩ VISA
17. Dez. - 17. April und 20. Mai - 1. Okt. – **Rest** (mittags nur kleine Karte) 69/89 und à la carte 85/123 – **20 Zim** ⊃ ✶150/410 ✶✶250/530, 3 Suiten – ½ P Zuschl. 40.
♦ Hinter der holzverkleideten Fassade des im Chalet-Stil erbauten Domizils erwartet den Gast ein geschmackvolles Interieur mit Zimmern im Landhausstil. Im Restaurant oder auf der Panorama-Terrasse wählt man aus einem international ausgerichteten Speiseangebot.

🏨 **Wengener Hof** 🐾, ☎ 0338 566 969, hotel@wengenerhof.ch, Fax 0338 566 970, ≤ Jungfrau, Berge und Tal, 🍴, ⇌s, 🐎 – 📶, AE ① ⑩ VISA 🍽 Rest
18. Dez. - 30. März und 29. Mai - Ende Sept. – **Rest** (nur ½ Pens. für Hotelgäste) – **40 Zim** ⊃ ✶99/163 ✶✶198/326 – ½ P Zuschl. 30.
♦ Die ruhige Lage mit bezaubernder Aussicht, der gepflegte Panoramagarten und nicht zuletzt die Gestaltung der Räume mit hellen, freundlichen Farben sprechen für dieses Hotel.

🏨 **Silberhorn,** ☎ 0338 565 131, hotel@silberhorn.ch, Fax 0338 565 132, ≤ Berge, 🍴, ⇌s, 🐎 – 📶, 💱 Zim, – 🛁 15. AE ① ⑩ VISA 🍽 Rest
15. Dez. - 10. April und 15. Mai - 7. Okt. – **Rest** (16.50) und à la carte 41/86 – **58 Zim** ⊃ ✶124/188 ✶✶208/350, 12 Suiten – ½ P Zuschl. 30.
♦ In dem unmittelbar am Bahnhof gelegenen Hotel werden Gäste in praktisch eingerichteten Zimmern mit freundlicher Ausstrahlung beherbergt. Grosser, zweckmässiger Speisesaal. Terrasse mit wunderbarem Ausblick.

🏨 **Alpenrose** 🐾, ☎ 0338 553 216, info@alpenrose.ch, Fax 0338 551 518, ≤ Jungfrau-Massiv und Berge, 🐎 – 📶, 💱 Zim, AE ⑩ VISA 🍽 Rest
Mitte Dez. - Mitte April und Mitte Mai - Ende Sept. – **Rest** (nur Abendessen) (nur ½ Pens. für Hotelgäste) 40 – **48 Zim** ⊃ ✶91/160 ✶✶202/350 – ½ P Zuschl. 25.
♦ Unterhalb des Dorfzentrums trifft man hier auf ein ruhig gelegenes Hotel, das vor allem von den Balkonen aus eine unvergessliche Aussicht bietet. Gemütliche, rustikale Zimmer.

🏨 **Berghaus** 🐾, ☎ 0338 552 151, berghaus@wengen.com, Fax 0338 553 820, ≤ Jungfrau, 🍴 – 📶 AE ① ⑩ VISA
17. Dez. - 1. April und 3. Juni - 24. Sept. – **Rest** - Fischspezialitäten - 49 (abends) und à la carte 43/86 – **19 Zim** ⊃ ✶86/149 ✶✶172/298 – ½ P Zuschl. 25.
♦ Hier legt man grossen Wert auf persönliche Gästebetreuung. Neben der ruhigen, sonnigen Lage mit schöner Aussicht sprechen auch die gepflegten Zimmer für das Haus. Trotz der Höhenlage haben Fischgerichte ihren festen Platz auf der Speisekarte.

XXX **Chez Meyer's** - Hotel Regina, ☎ 0338 565 858, regina@wengen.com, Fax 0338 565 850, 🍴 – AE ① ⑩ VISA 🍽
geschl. 16. April - 15. Juni und 15. Okt. - 15. Dez. – **Rest** 90 und à la carte 88/151.
♦ Hinter der schönen Fassade des Hotels Regina empfängt den Gast ein stilvoll eingerichtetes Restaurant mit gepflegtem Dekor und ansprechend eingedeckten Tischen.

XX **Bären** 🐾 mit Zim, ☎ 0338 551 419, info@baeren-wengen.ch, Fax 0338 551 525, ≤ Jungfrau-Massiv, 🍴 – VISA
16. Dez. - 1. April und 20. Mai - 7. Okt. – **Rest** (geschl. Sonntag im Sommer) (15.50) 46/59 (abends) und à la carte 43/80 – **14 Zim** ⊃ ✶70/120 ✶✶140/210 – ½ P Zuschl. 20.
♦ In diesem familiär geführten, ruhig im unteren Dorfteil gelegenen Haus wird man im modern gestalteten Restaurant oder auf der Panormaterrasse mit regionalen Speisen bewirtet.

🏠 **Wengernalp** mit Zug ab Interlaken, Lauterbrunnen oder Wengen erreichbar – Höhe 1874 – ✉ 3823 Wengen :

🏨 **Jungfrau** 🐾, ☎ 0338 551 622, Fax 0338 553 069, ≤ Jungfrau-Massiv, 🍴, ⇌s – 🍽
21. Dez. - Ende März – **Rest** (abends nur ½ Pens. für Hotelgäste) à la carte 41/81 – **25 Zim** (nur ½ Pens.) ✶250/270 ✶✶420/480.
♦ Ein aussergewöhnliches Hotel in herrlicher Lage : Die mit ausgesuchtem Mobiliar geschmackvoll eingerichteten Zimmer bieten gehobenen Komfort vor atemberaubender Bergkulisse.

**WENGERNALP** *Bern 551 L-M10 – siehe Wengen.*

**WERNETSHAUSEN** *8342 Zürich (ZH) 551 R5 – Höhe 730.*
*Bern 120 – Zürich 29 – Rapperswil 18 – Uster 24 – Winterthur 43.*

XX **Hohes Schlössli,** Bachtelstr. 63, ☎ 0449 381 313, *info@hohes-schloessli.ch,*
*Fax 0449 381 310,* – P. AE ⓓ MC VISA
*geschl. Ende Februar 2 Wochen, Juli - Aug. 2 Wochen, Sonntag und Montag* – **Rest** 23 (mittags)/96 und à la carte 47/100.
◆ An der Strasse nach Hasenstrich findet man dieses rustikal mit Sichtbalken dekorierte Restaurant. Sehr schöne Sicht auf das Unterland bietet sich von der Terrasse

**WETTINGEN** *5430 Aargau (AG) 551 O4 – 18 176 Ew. – Höhe 388.*
*Lägern in Otelfingen, ✉ 8112, ☎ 0448 466 818, Fax 0448 445 333, Ost : 5 km*
*Verkehrsverein, Seminarstr. 54, ☎ 0564 262 211,* schmidtravel@bluewin.ch
*Fax 0564 271 647.*
*Bern 110 – Aarau 31 – Baden 3 – Schaffhausen 67 – Zürich 22.*

XX **Sternen,** Klosterstr. 9, ☎ 0564 271 461, *gasthof.sternen@freesurf.ch*
*Fax 0564 271 462,* – P 20/50. AE ⓓ MC VISA
*geschl. Weihnachten und Samstagmittag* – ***Spörristube :*** **Rest** 53 (mittags) und à la carte 58/106 – ***Kloster-Taverne :*** **Rest** (19) 65 und à la carte 47/93.
◆ Die rustikal eingerichtete Spörristube ist mit Ausstellungsstücken des bekannten gleichnamigen Schweizer Künstlers dekoriert. Der Gast wählt aus einem zeitgemässen Angebot. Die Kloster-Taverne befindet sich im ehemaligen Weiberhaus aus dem 13. Jh.

**WETZIKON** *8620 Zürich (ZH) 551 R5 – 18 786 Ew. – Höhe 532.*
*Bahnhofstr. 184, ☎ 0449 311 313, Fax 0449 311 310.*
*Bern 147 – Zürich 29 – Rapperswil 15 – Schwyz 51.*

**Drei Linden,** Bahnhofstr. 73, ☎ 0434 773 090, *info@dreilinden.ch*
*Fax 0434 773 099,* – Zim, Zim, P – 15/200. AE ⓓ MC VISA
**Rest** *(geschl. 23. Juli - 13. Aug.)* (18) und à la carte 37/80 – **24 Zim** ✝95/100 ✝✝150/180 – ½ P Zuschl. 24.
◆ Designermöbel und Le Corbusier-Farben bestimmen die Einrichtung der im Bauhausstil der 20er Jahre gehaltenen Zimmer. Vielfältiges kulturelles Angebot.

XXX **Il Casale** (Colaianni), Lentholdstr. 5, ☎ 0434 775 737, *info@il-casale.ch*
*Fax 0434 775 738,* – AE ⓓ MC VISA
*geschl. 12. - 28. Feb., 23. Juli - 7. Aug., Sonntag und Montag* – **Rest** 59 (mittags)/145 und à la carte 92/129 – ***Bistro :*** **Rest** à la carte 39/61.
**Spez.** Gefüllter Artischockenboden mit mariniertem Gemüse und Parmesan. Ravioli lone mit Ricotta und frischem Eigelb an Trüffelbutter. Karamelisierte Brust vom Ormalinger Jungschwein auf weisser Bohnencreme. **Weine** Meilener, Erlenbacher
◆ Restaurant in einem schön restaurierten Sandsteinklinkergebäude mit grünen Fensterläden. Im Inneren überrascht minimalistisches Design in Schwarz und Weiss. Klare Linien und schlichte Modernität auch im Bistro. Aus der Küche kommt Südländisches.

**Auch Hotels und Restaurants können sich ändern.**
**Kaufen Sie deshalb jedes Jahr den neuen Michelin-Führer!**

**WIDEN** *8967 Aargau (AG) 551 O5 – 3 569 Ew. – Höhe 548.*
*Bern 114 – Aarau 35 – Baden 15 – Dietikon 14 – Wohlen 12 – Zürich 18.*

XX **Zum Stutz,** Bremgartenstr. 64, ☎ 0566 331 314, *Fax 0566 337 285,* –
P. AE MC VISA.
**Rest** *(geschl. Montag und Dienstag ausser Dez.)* (20) 80 und à la carte 41/81.
◆ Im überwiegend von Frauen frequentierten, modern dekorierten Restaurant und dem davor liegenden Café liegt der Schwerpunkt auf ideenreich zubereiteter vegetarischer Küche.

**WIDNAU** 9443 Sankt Gallen (SG) 🔲🔲🔲 W5 – 7639 Ew. – Höhe 406.
*Bern 242 – Sankt Gallen 36 – Altstätten 11 – Bregenz 21 – Dornbirn 16 – Feldkirch 24.*

🏨 **Forum** garni, Bahnhofstr. 24, ☎ 0717 228 866, info@hotel-forum.ch,
Fax 0717 228 867, **🛏** – 🛗 ↞ 🅿 🖭 ⓪ 🕮 **VISA**
*geschl. 24. Dez. - 3. Jan.* – **37** Zim ⊇ ✝120 ✝✝190.
◆ Neben diversen Geschäften ist in dem Gebäude ein modernes Businesshotel untergebracht. Die Zimmer wirken hell und frisch, sind sehr gepflegt und bieten genügend Platz.

🏨 **Metropol,** Bahnhofstr. 26, ☎ 0717 263 030, hotel@metropol-widnau.ch,
Fax 0717 263 000, ⇆ – 🛗 ↞ Zim, 🚗 👌 Rest, 🅿 🖭 ⓪ 🕮 **VISA**
**Bel Etage** *(geschl. Sonntag und Montag)* Rest 35/85 und à la carte 48/90 – **27** Zim
⊇ ✝85 ✝✝140 – ½ P Zuschl. 25.
◆ Hier erwarten Sie ausreichend grosse, mit hellem Mobiliar praktisch eingerichtete Zimmer. Interessant für Geschäftsreisende : alle Zimmer mit Fax- und Internetanschluss. Dachrestaurant Bel Etage mit Panoramafenstern und Terrasse.

**WIESENDANGEN** 8542 Zürich (ZH) 🔲🔲🔲 R4 – 4121 Ew. – Höhe 470.
*Bern 153 – Zürich 36 – Baden 55 – Konstanz 37 – Schaffhausen 32.*

🍴 **Löwen,** Dorfstr. 49, ☎ 0523 371 127, info@loewen-wiesendangen.ch,
Fax 0523 371 583, ⇆ – 🅿 ⇔ 25. 🖭 ⓪ 🕮 **VISA**
*geschl. 17. Juli - 8. Aug. und Montag* – **Rest** (19) und à la carte 43/89.
◆ Der traditionsreiche Landgasthof beherbergt ein bürgerliches Restaurant, eine rustikale Stube und einen Gewölbekeller, in dem man auf Vorbestellung Käsefondues serviert.

**WIGOLTINGEN** 8556 Thurgau (TG) 🔲🔲🔲 S3 – 2039 Ew. – Höhe 435.
*Bern 182 – Sankt Gallen 48 – Frauenfeld 15 – Konstanz 18 – Winterthur 33.*

🍴 **Taverne zum Schäfli** (Kuchler) mit Zim, Oberdorfstr. 8, ☎ 0527 631 172,
Fax 0527 633 781, ⇆ – 🅿 🖭 🕮 **VISA** ⊁
*geschl. 1. - 23. Jan., 23. Juli - 14. Aug., Sonntag und Montag* – **Rest** (Tischbestellung ratsam) (nur Menu) 75 (mittags)/180 ☞ – **3** Zim ⊇ ✝150 ✝✝240.
**Spez.** Weisser Spargel aus Schrobenhausen (Frühling). Fische vom Bodensee je nach Fang (Seeforelle, Saibling, Zander). Gerichte vom Simmentaler Weidekalb (Frühling - Sommer). **Weine** Ottenberger, Bottshausener
◆ In den gemütlichen, im Biedermeierstil eingerichteten Stuben des schönen alten Riegelhauses aus dem 17. Jh. serviert man eine ausgezeichnete zeitgemässe Küche.

**WIKON** Luzern 🔲🔲🔲 M5 – siehe Reiden.

**WIL** 9500 Sankt Gallen (SG) 🔲🔲🔲 S4 – 16443 Ew. – Höhe 571.
Sehenswert : Aussicht★ vom Vorplatz der Stadtkirche.
**Lokale Veranstaltung**
*26.08 - 27.08 :* "Bärefescht", grosses Stadtfest in der Altstadt.
🛈 *Tourist Info, Bahnhofplatz 6, ☎ 0719 137 000, touristinfo@stadtwil.ch,
Fax 0719 137 009.*
*Bern 184 – Sankt Gallen 29 – Glarus 57 – Konstanz 31 – Winterthur 34.*

🏨 **Schwanen,** Obere Bahnhofstr. 21, ☎ 0719 130 510, info@hotel-schwanen.ch,
Fax 0719 130 515, ⇆ – 🛗 ↞ Zim, 🚗 🐾 🅿 – 🕍 60. ⓪ 🕮 **VISA**. ⊁
**Schwanenstube** (1. Etage) *(geschl. 25. Juli - 14. Aug., Samstagmittag und Sonntag)*
Rest (28) 40 (mittags)/95 und à la carte 52/113 – **Bistro : Rest** (16) und à la carte
40/80 – **24** Zim ⊇ ✝100/145 ✝✝180/210.
◆ Der Schwanen befindet sich zentral an einer Kreuzung. Die mit soliden Eichenholzmöbeln eingerichteten Zimmer liegen jedoch relativ ruhig nach hinten zur Fussgängerzone. Im ersten Stock befindet sich die elegante Schwanenstube. Einfacher : das Bistro.

🍴 **Rössli** mit Zim, Toggenburgerstr. 59, ☎ 0719 139 750, info@roessli-wil.ch,
Fax 0719 139 751, ⇆ – 🅿 ⇔ 15. 🖭 ⓪ 🕮 **VISA**
*geschl. 21. - 30. Jan., 23. Juli - 7. Aug., Sonntag und Montag* – **Rest** (1. Etage) (22)
52 (mittags)/105 und à la carte 60/119 – **6** Zim ⊇ ✝98 ✝✝145.
◆ Dieses typische Gasthaus beherbergt ein rustikales, hell und freundlich gestaltetes Restaurant sowie schlicht-modern und praktisch eingerichtete, günstige Zimmer.

⋈⋈ **Hof zu Wil,** Marktgasse 88, ☎ 0719 138 700, *info@hofzuwil.ch,*
Fax 0719 138 701, 🏠 – 🛏 40/100. **AE ⓪ ⓶ⓢ VISA** 𝕤.
geschl. 23. Juli - 6. Aug. – Rest (18.50) 45/86 und à la carte 43/95 🏡.
✦ In dem ehemaligen Abteigebäude aus dem 14. Jh. gehen alte Mauern und moderne
Einrichtung eine harmonische Verbindung ein. Historische Säle und Ausstellungs-
räume.

**in Bronschhofen** Nord : 1,5 km – Höhe 563 – ✉ 9552 Bronschhofen :

⋈⋈ **Burghalde** mit Zim, Hauptstr. 24, ☎ 0719 115 108, *info@restaurant-burghalde*
.ch, Fax 0719 115 176, 🏠 – ⛽ **P. ⓶ⓢ VISA**
geschl. im Frühling 2 Wochen, Samstagmittag, Sonntag und Montagmittag – **Rest**
55 (mittags)/128 und à la carte 77/126 – **7 Zim** ⛁ ✦140 ✦✦200.
✦ Sowohl das schöne Restaurant als auch die angenehmen Zimmer des in einem
gepflegten Garten gelegenen Fachwerkhauses sind geschmackvoll im Biedermeierstil
eingerichtet.

**in Rossrüti** Nord-Ost : 1 km – Höhe 610 – ✉ 9512 Rossrüti :

⋈⋈ **Waldrose,** 2 km Richtung Braunau, Boxloo, ☎ 0719 111 851, *waldrose@bluew*
n.ch, Fax 0719 116 898, ≤ Fürstenland und Berge, 🏠 – **P. AE ⓪ ⓶ⓢ VISA**
geschl. 27. März - 7. April, 1. - 13. Okt. und Mittwoch - Donnerstag ausser Juli - Aug.
– **Rest** 44 (mittags)/85 und à la carte 57/110 🏡.
✦ Auf einer Anhöhe in freier Natur liegt dieses kleine Restaurant mit schönem Blick
auf Fürstenland und Berge. Sie speisen in zwei rustikalen Stuben oder auf der Terrasse.

**WILA** 8492 Zürich (ZH) 👁👁 R5 – 1839 Ew. – Höhe 569.
Bern 154 – Zürich 37 – Frauenfeld 25 – Rapperswil 27 – Winterthur 17.

**in Schalchen** Süd-West : 2,5 km – Höhe 670 – ✉ 8492 Wila :

⋈ **Chrüz,** Dorfstr. 14, ☎ 0523 851 293, *chruez@bluewin.ch*, 🏠 – **P. ⓶ⓢ VISA**
geschl. 23. Feb. - 16. März, 31. Aug. - 15. Sept., Dienstag und Mittwoch – **Rest** 3
(mittags) und à la carte 49/93.
✦ In ländlicher Umgebung liegt dieser sympathische kleine Familienbetrieb mit seinen
zwei gemütlich-rustikalen Stuben und einem netten Gärtli.

**WILDEGG** 5103 Aargau (AG) 👁👁 N4 – 3 407 Ew. – Höhe 354.
Sehenswert : Schloss★.
Bern 92 – Aarau 11 – Baden 15 – Luzern 56 – Zürich 35.

🏨 **Aarehof,** Bahnhofstr. 5, ☎ 0628 932 323, *empfang@aarehof.ch*
Fax 0628 931 504, 🏠, ◻ – 🛗, ⇄ Zim, ✆ **P** – 🔏 15/60. **AE ⓪ ⓶ⓢ VISA**
**Rest** (20) 46 (mittags)/90 und à la carte 52/87 – **58 Zim** ⛁ ✦120/140 ✦✦180
✦ Das gegenüber dem Bahnhof gelegene Hotel bietet seinen Gästen Zimmer ver-
schiedenen Alters und Einrichtung ; sie sind gepflegt und zeitgemäss ausgestattet.
Farbenfroh präsentiert sich des moderne Hauptrestaurant mit trendiger Bar.

**WILDERSWIL** Bern 👁👁 L9 – siehe Interlaken.

**WILDHAUS** 9658 Sankt Gallen (SG) 👁👁 U6 – 1258 Ew. – Höhe 1 098 – Wintersport
1 050/2 076 m ✰ 1 ✰ 7 ✰.
Sehenswert : Lage★.
🛈 Tourist-Info, Hauptstrasse, ☎ 0719 992 727, *wildhaus@toggenburg.or*
Fax 0719 992 929.
Bern 218 – Sankt Gallen 60 – Altstätten 35 – Bad Ragaz 40 – Rapperswil 53.

🏨 **Stump's Alpenrose** 🐾, beim Schwendisee, Süd : 2,5 km, ☎ 0719 985 252, *i*
*o@stumps-alpenrose.ch*, Fax 0719 985 253, ≤ Säntis und Churfirsten, 🏠, ⎰, ⥥
🌊 – ⇄ Zim, ✆ ⅙ ⛽ **P** – 🔏 15/80. **AE ⓪ ⓶ⓢ VISA.** ⅘ Rest
**Rest** (23) 40 (mittags)/48 und à la carte 41/97 – **50 Zim** ⛁ ✦154 ✦✦270
½ P Zuschl. 44.
✦ Oberhalb des Ortes, in ruhiger Aussichtslage, bietet dieses Haus seinen Gästen
mit hellen Naturholzmöbeln zeitgemäss eingerichtete Zimmer und einen Wohlfühl-
bereich. Gaststube und neo-rustikales Restaurant.

🏛 **Sonne,** ☎ 0719 992 333, sonne@beutler-hotels.ch, Fax 0719 992 357, 🏠, �>, 🖾 – ⇔ Zim, 📞 📮 – 🅰 40. 🆎 ⑩ 🆚
geschl. Mitte Nov. - Mitte Dez. – **Rest** (23) 40 (abends) und à la carte 36/79 – **24 Zim** ☑ ♦90/120 ♦♦150/210 – ½ P Zuschl. 30.
♦ In diesem zentral gelegenen Haus schläft der Urlaubsgast oder der Durchreisende in älteren, mit rustikalen Holzmöbeln ausgestatteten Zimmern ; die nach Süden sind geräumiger. Zum gastronomischen Bereich gehören das à la carte-Restaurant und die Häxä-Stubä.

---

**WILEN** Obwalden 551 N8 – siehe Sarnen.

---

**WINKEL** 8185 Zürich (ZH) 551 Q4 – Höhe 450.
Bern 134 – Zürich 25 – Baden 30 – Winterthur 16.

**in Niederrüti** Süd : 1 km – Höhe 443 – ⊠ 8185 Winkel :

XX **Wiesental,** Zürichstr. 25, ☎ 0448 601 500, info@wiesental.ch, Fax 0448 621 802, 🏠 – 📮. 🆎 ⑩ 🆚
geschl. 24. Dez. - 4. Jan., Samstag und Sonntag – **Arte** - italienische Küche - **Rest** 49 (mittags) und à la carte 55/135 – **Gaststube : Rest** (24) und à la carte 47/113.
♦ Im mit Sichtsteinmauern, Fachwerk und modernen Bildern gestalteten Restaurant Arte geniesst der Gast neuzeitlich zubereitete piemontesische Spezialitäten. In der Gaststube des komplett renovierten Riegelhauses serviert man traditionelle Kost.

---

**WINTERTHUR** 8400 Zürich (ZH) 551 Q4 – 88 013 Ew. – Höhe 439.
Sehenswert : Sammlung Oskar Reinhart "Am Römerholz"★★ Nord, über Halden-strasse B.
Museum : Kunstmuseum★ B M² – Villa Flora★★ Süd, über Tösstalstrasse B.
🏌 Winterberg, ⊠ 8312 (April - Nov.) ☎ 0523 451 181, Fax 0523 451 219, Süd : 12 km 🏌 Schloss Goldenberg in Dorf, ⊠ 8458 (März - Dez.) ☎ 0523 052 333, Fax 0523 052 344, Nord-West : 13 km Richtung Flaach.
**Lokale Veranstaltung**
30.06 - 02.07 : Albanifest, Stadtfest.
🛈 Winterthur Tourismus, im Hauptbahnhof, ☎ 0522 676 700, tourismus@win.ch, Fax 0522 676 858 A.
⊕ Wartstr. 50, ☎ 0522 240 404, Fax 0522 240 400 A.
Bern 148 ④ – Zürich 28 ④ – Baden 47 ④ – Konstanz 47 ① – Schaffhausen 27 ①

Stadtplan siehe nächste Seite

🏨 **Park Hotel,** Stadthausstr. 4, ☎ 0522 650 265, info@gartenhotel.ch, Fax 0522 650 275, 🏠, �𝕗₆, �>, – 📱, ⇔ Zim, 🍴 📞 ⅏ Zim, 🚗 📮 – 🅰 15/90.
🆎 ⑩ 🆚 🆚
B r
**Bloom : Rest** à la carte zirka 65 – **73 Zim** ☑ ♦200/230 ♦♦310/360.
♦ Dieses Haus bietet Zimmer mit gutem Platzangebot, die mit modernen Möbeln komfortabel eingerichtet und auch technisch auf dem neuesten Stand sind. Restaurant Bloom mit zeitgemässer Küche.

🏨 **Banana City,** Schaffhauserstr. 8, ☎ 0522 681 616, info@bananacity.ch, 🚗 Fax 0522 681 600 – 📱, ⇔ Zim, ⅏ 🚗 📮 – 🅰 15/150. 🆎 ⑩ 🆚
🆚 🗸
A b
**Rest** (18) und à la carte 38/77 – **101 Zim** ☑ ♦150/175 ♦♦205/235.
♦ Den ungewöhnlichen Namen verdankt man der langen, gebogenen Form des Glas-fassadenhauses. Moderne, funktionell ausgestattete Zimmer mit gutem Platzange-bot erwarten den Gast.

🏨 **Wartmann,** Rudolfstr. 15, ☎ 0522 600 707, wartmann@wartmann.ch, 🚗 Fax 0522 133 097, 🏠 – 📱 ⇔, 🍴 Rest, 📞 ⅏ Zim - , 🅰 15/90. 🆎 ⑩ 🆚
🆚
A s
**Gleis 11 : Rest** (19.80) 77 (abends) und à la carte 38/78 – **72 Zim** ☑ ♦130/160 ♦♦190/220.
♦ In dem zentral gegenüber dem Bahnhof gelegenen Hotel übernachtet der Gast in leicht unterschiedlichen, hellen Zimmern, die mit Einbaumobiliar zweckmässig ein-gerichtet sind. In schickem Design zeigt sich das Restaurant Gleis 11.

457

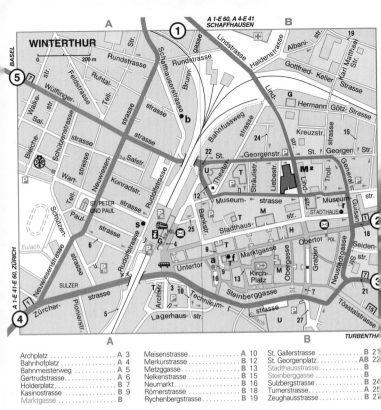

**Krone,** Marktgasse 49, ✉ 8401, ☎ 0522 081 818, *info@kronewinterthur.ch*
*Fax 0522 081 820*, ☎ – 🛗, ⇆ Zim, – ▲ 40. 🆎 ⓪ ⓶ 𝗩𝗜𝗦𝗔          B
*geschl. Weihnachten und Neujahr –* **Rest** *(geschl. Sonntag)* (22) und à la carte 45/75
**– 37 Zim** 🖙 ✚145/157 ✚✚220/242.
♦ Das unter Denkmalschutz stehende Altstadthaus liegt in der Fussgängerzone nahe
der Kirche. Durch schmale verwinkelte Flure erreicht man die funktionell ausgestatteten Zimmer. Bistro mit Lichthof und modernes Restaurant.

**Ibis,** Brühlbergstr. 7 (über ④), ☎ 0522 645 700, *H3561@accor-hotels.com*
*Fax 0522 645 711*, ☎ – 🛗, ⇆ Zim, ▤ 🕻 🕭 🅿 – ▲ 20. 🆎 ⓪ ⓶ 𝗩𝗜𝗦𝗔
**Rest** *(geschl. Sonntagmittag)* (16) und à la carte 31/64 – 🖙 14 – **88 Zim** ✚109
♦ Modern, funktionell und sachlich eingerichtete Zimmer - recht schlicht und preisgünstig -erwarten Sie in diesem Ibis-Hotel nicht weit vom Zentrum.

**Concordia,** Feldstr. 2 A, ☎ 0522 133 832, *Fax 0522 133 830*, ☎ – 🅿. 🆎 ⓶
𝗩𝗜𝗦𝗔. ⅏
*geschl. 24. Dez. - 5. Jan., 13. - 17. April, 31. Juli - 14. Aug., Samstagmittag, Sonntagmittag und Montag –* **Rest** (23) 89 und à la carte 51/104.
♦ In einem gepflegten, durch farbig gestrichene Wände bestimmten Ambiente reicht
man dem Gast eine überwiegend italienisch geprägte Karte. Nette Terrasse.

**Trübli,** Bosshardengässchen 2, ☎ 0522 125 536, *truebli@bluewin.ch*
*Fax 0522 125 525*, ☎ – 🆎 ⓶ 𝗩𝗜𝗦𝗔          B
*geschl. 1. - 9. Jan., 14. April - 1. Mai, Sonntag, Montag und Feiertage –* **Rest** (19.50)
44 (mittags)/82 und à la carte 55/91.
♦ Am Rande der Altstadt befindet sich diese helle, rustikal eingerichtete, gemütliche
Stube, in der man aus einem gutbürgerlichen Speisenangebot auswählt.

**in Wülflingen** *über ⑤ : 2,5 km –* ✉ *8408 Winterthur :*

XXX **Schloss Wülflingen,** Wülflingerstr. 214, ☎ 0522 221 867, *aberli@ swissonline
.ch*, Fax 0522 220 371, 🍴 – 🅿 ⁇ ⁇ ⁇ 𝘝𝘐𝘚𝘈
*geschl. 16. Juli - 8. Aug., Montag und Dienstag –* **Rest** (24) 55 (mittags)/130 und à
la carte 68/130.
♦ Das schöne historische Gebäude aus dem 17. Jh. begeistert den Besucher mit
stilvoll bemalten, aufwändig getäferten Stuben und bemerkenswerten alten
Kachelöfen.

XX **Taggenberg,** über Strassenverkehrsamt Nord : 1,5 km, Taggenbergstr. 79,
☎ 0522 220 522, *info@ taggenberg.ch*, Fax 0522 220 524, ≤, 🍴 – 🐾 Zim, 🅿 ⁇
⁇ ⁇ 𝘝𝘐𝘚𝘈
*geschl. 7. - 13. Aug., 9. - 22. Okt., Sonntag und Montag –* **Rest** (abends Tischbestellung
ratsam) (34) 58 (mittags)/119 und à la carte 79/126.
♦ Die Restaurant Taggenberg liegt auf dem gleichnamigen Weingut. Neben dem
angenehm dekorierten Gastraum bietet man eine schöne Panoramaterrasse und zeitgemässe Küche.

---

**WOHLEN BEI BERN** *3033 Bern (BE)* ⁇⁇⁇ I7 *– 9 050 Ew. – Höhe 549.*
*Bern 10 – Biel 32 – Burgdorf 31 – Solothurn 43.*

XX **Kreuz,** Hauptstr. 7, ☎ 0318 291 100, *info@kreuzwohlen.ch*, Fax 0318 291 902,
🍴 – 🐾 Rest, 🅿 ⟷ 20/35. ⁇ ⁇ ⁇ 𝘝𝘐𝘚𝘈
*geschl. 20. - 28. Feb., 3. Juli - 1. Aug., Montag und Dienstag –* **Rest** (16) und à la carte
41/87.
♦ Hier wurde im 18. Jh. möglicherweise die Berner Platte, ein Schweizer National-
gericht, kreiert. Heute verzehrt man in diversen rustikalen Stuben gutbürgerliche
Gerichte.

---

**WOLFENSCHIESSEN** *6386 Nidwalden (NW)* ⁇⁇⁇ O8 *– 1 983 Ew. – Höhe 514.*
*Bern 131 – Luzern 21 – Altdorf 37 – Engelberg 14 – Stans 7.*

🏠 **Ochsen,** 1,5 km Richtung Engelberg, Dörfli 4, ☎ 0416 297 373, *info@ kleinhotel.ch*,
Fax 0416 297 370, ≤, 🍴 – 🐾 Zim, 📺 🅿 ⁇
**Rest** (geschl. Montag) (17) 23 (mittags) und à la carte 44/77 – **10 Zim** ⌷ ✳65/70
✳✳110/120 – ½ P Zuschl. 22.
♦ Etwas ausserhalb des Ortes liegt dieses preisgünstige kleine Hotel. Die Gästezimmer
sind mit unterschiedlichem Mobiliar hell und freundlich eingerichtet. Einfache rustikale Gaststube und neuzeitliches A-la-carte-Restaurant.

---

**WOLFERTSWIL** *9116 Sankt Gallen (SG)* ⁇⁇⁇ T5 *– Höhe 769.*
*Bern 195 – Sankt Gallen 24 – Konstanz 50 – Winterthur 50.*

XX **Löwen,** Unterdorfstr. 7, ☎ 0713 936 616, *gasthaus-loewen@ bluemail.ch*,
Fax 0713 936 617, 🍴 – 🐾 🅿 ⁇ ⁇ ⁇ 𝘝𝘐𝘚𝘈. 🐾
*geschl. 24. Dez. - 2. Jan., 4.-17. April, 1.-13. Aug., Sonntag und Montag –* **Rest** 57
(mittags)/108 und à la carte 50/101.
♦ Das kleine Gasthaus direkt neben der Kirche bietet in seinem schönen Jugend-
stilsaal ein Gourmetmenu, in der einfachen Stube zeitgemässe A-la-carte-
Gerichte.

---

**WOLFGANG** *Graubünden* ⁇⁇⁇ X8 *– siehe Davos.*

---

**WOLLERAU** *8832 Schwyz (SZ)* ⁇⁇⁇ Q6 *– 5 879 Ew. – Höhe 504.*
*Bern 152 – Zürich 29 – Glarus 40 – Rapperswil 9 – Schwyz 28.*

XX **Chrueg** mit Zim, Bellevueweg 3, ☎ 0447 876 363, *chrueg@ chrueg.ch*,
Fax 0447 876 364, ≤ Zürichsee, 🍴 – 📺 ⁇ 🅿 ⁇ ⁇ 𝘝𝘐𝘚𝘈 ⁇
*geschl. 22. Dez. - 6. Jan und 12. - 28. Feb. –* **Rest** (geschl. Sonntag und
Montag) (31) 56 (mittags)/105 und à la carte 59/129 – **6 Zim** ⌷ ✳155
✳✳230.
♦ Hier ist die Handschrift der bekannten Architektin Pia Schmid kaum zu über-
sehen. Bei traumhafter Aussicht geniesst man in modernem Ambiente eine kreative Küche.

**WORB** 3076 Bern (BE) 551 J7 – 11 105 Ew. – Höhe 585.
*Bern 11 – Burgdorf 20 – Langnau im Emmental 20 – Thun 28.*

🏛 **Zum Löwen,** Enggisteinstr. 3, ☎ 0318 392 303, *office@loewen-worb.ch,*
Fax 0318 395 877, 佘 – 朱 Rest, ▣ – 🛦 15/30. ᴀᴇ ⓸ ⓶⓿ ᴠɪꜱᴀ
**Rest** *(geschl. 31. Juli - 6. Aug., Samstag und Sonntag)* (18) 55 und à la carte 39/76
– **12** Zim ☲ ✝110/120 ✝✝175.
♦ Der schöne, typische Berner Landgasthof aus dem 15. Jh. beherbergt seine Gäste
in rustikal eingerichteten Zimmern von guter Grösse. Interessant : das Korkenzie-
hermuseum. Restaurant mit traditioneller Karte.

> 🧑‍🍳 Eine gute Küche zu einem günstigen Preis kennzeichnet der „Bib Gourmand" 🏵

**WORBEN** 3252 Bern (BE) 552 I6 – 1961 Ew. – Höhe 442.
*Bern 28 – Aarberg 8 – Biel 6 – Murten 28 – Solothurn 29.*

🏨 **Worbenbad,** Hauptstr. 77, ☎ 0323 846 767, *info@worbenbad.ch,*
Fax 0323 847 906, 佘, ₤₆, ⩘, 🖾 – 🛗, 朱 Zim, ☏ ▣ – 🛦 15/150. ᴀᴇ ⓸ ⓶⓿
ᴠɪꜱᴀ
**Le Grill** *(geschl. Sonntagabend)* **Rest** (27) 42 (mittags)/85 und à la carte 50/85 –
**Sardi's** *(geschl. Sonntagabend)* **Rest** (17) 42 (mittags) und à la carte 39/77 – ☲ 20
– **29 Zim** ✝95/130 ✝✝130/175.
♦ Neben zeitgemäss eingerichteten Gästezimmern zählen ein grosses Hallenbad
sowie Sauna, Dampfbad und Solarien zu den Annehmlichkeiten dieses Hotels. Das
Restaurant Le Grill bietet internationale Gerichte. Im Sardi's serviert man eine mediterrane Küche.

**WÜLFLINGEN** Zürich 551 Q4 – *siehe Winterthur.*

**WÜRENLOS** 5436 Aargau (AG) 551 O4 – 4852 Ew. – Höhe 420.
*Bern 110 – Aarau 31 – Baden 8 – Luzern 59 – Zürich 17.*

XX **Rössli,** Landstr. 77, ☎ 0564 241 360, *info@roessli-wuerenlos.ch,*
Fax 0564 243 850, 佘 – 朱 ▣ ⇦ 70. ᴀᴇ ⓸ ⓶⓿ ᴠɪꜱᴀ
**Rest** *(geschl. Sonntag und Montag)* 38 (mittags) und à la carte 58/128.
♦ Das schöne alte Riegelhaus war ursprünglich eine Umspannstation für Postkut-
schenpferde. Schon in fünfter Generation bewirtet man hier Gäste in diversen rus-
tikalen Stuben.

**YVERDON-LES-BAINS** 1400 Vaud (VD) 552 E8 – 23 614 h. – alt. 435 – Stat. thermale.
**Environs** : *Château de Grandson*★★ : *site*★★ *par* ① : 3,5 km.

🏌18 à Vuissens, ⊠ 1486, ☎ 0244 333 300, Fax 0244 333 304, Sud-Est : 17 km par
route de Moudon.
**Manifestation locale**
*Juillet - Août : Fest'Yv'Etés, divers concerts tous les jeudi soir (rock, blues...) et samedi
matin (jazz, choeurs...).*
🛈 Office du Tourisme et du Thermalisme, 1 av. de la Gare ☎ 0244 236 101, *info*
*@ yverdon-les-bains.ch,* Fax 0244 261 122 AY.
🏵 3 r. du Collège, ☎ 0244 240 424, Fax 0244 240 423 AY.
*Bern 79* ② – *Neuchâtel 40* ① – *La Chaux-de-Fonds 65* ① – *Lausanne 32* ③ – *Pontarlier 48* ③

*Plan page suivante*

🏨 **Grand Hôtel des Bains** 🦢, 22 av. des Bains, ⊠ 1401, ☎ 0244 246 464, *ré-
ervation@grandhotelyverdon.ch,* Fax 0244 246 465, 佘, ⩘, 🖾, ♨, 🏤 – 🛗
☏ ♿ ▣ – 🛦 15/100. ᴀᴇ ⓸ ⓶⓿ ᴠɪꜱᴀ ⬥ rest
BZ
**Le Pavillon** : **Rest** 48/115 et à la carte 61/113 – **Brasserie Belle Epoque** : **Rest**
(24) 38/54 et à la carte 51/113 – **121 ch** ☲ ✝200/280 ✝✝280/480
½ P suppl. 54.
♦ Une oasis de calme et de détente que cet hôtel entouré d'un parc. Chambres
dotées d'équipements modernes et orientées côté jardin ou piscines. Accès direct
au centre thermal. Cuisine classique française à goûter dans l'ambiance feutrée et
cossue du Pavillon.

# YVERDON-LES-BAINS

LAC DE NEUCHÂTEL

461

**La Prairie**, 9 av. des Bains, ☏ 0244 251 919, hotel.laprairie@bluewin.ch, Fax 0244 250 079, 霜, ※, ♨ – 園, ⇆ ch, ☎ & rest, 🅿 – 🔏 15/120. 🅰🎩 ⓞ ⓜⓢ 𝘝𝘐𝘚𝘈
BZ b
**Rest. Français** (fermé dim. soir) **Rest** 92 et à la carte 61/97 – **Le Café : Rest** (23) 37 (midi) et à la carte 45/79 – **36 ch** 🖵 ★175 ★★255 – ½ P suppl. 44.
◆ Complexe hôtelier agrémenté d'un parc verdoyant. Chambres de bon confort diversement agencées, court de tennis, minigolf et aire de jeux. Une carte vouée à l'Hexagone est logiquement présentée au Restaurant Français. Repas traditionnels à prix sages au Café.

**L'Ecusson Vaudois**, 29 r. de la Plaine, ☏ 0244 254 015, info@ecussonvaudois .ch, Fax 0244 254 485, 霜 – ⇆ rest, ☎ 🅰🎩 ⓞ 𝘝𝘐𝘚𝘈
AZ e
fermé 26 déc. au 10 janv. – **Rest** (1er étage) (fermé dim.) (16.50) 38 (midi)/62 et à la carte 40/78 – **9 ch** 🖵 ★100 ★★150 – ½ P suppl. 28.
◆ Vous trouverez le gîte et le couvert dans cette maison de caractère située à proximité du centre piétonnier. Chambres sommairement équipées mais bien tenues. Table maniant un registre culinaire d'orientation traditionnelle.

**YVONAND** 1462 Vaud (VD) 🔢🔢 F8 – 2 133 h. – alt. 434.
Bern 70 – Neuchâtel 48 – Lausanne 41 – Yverdon-les-Bains 9.

**Gare**, 11 r. du Temple, ☏ 0244 302 404, info@hotel-de-la-gare.ch, Fax 0244 302 406, 霜 – 🅿 – 🔏 40. 🅰🎩 𝘝𝘐𝘚𝘈
**Rest** (fermé 8 au 29 janv. et mardi) (15) 46 et à la carte 45/72 – **14 ch** 🖵 ★85/95 ★★120/130 – ½ P suppl. 24.
◆ Au coeur du village, établissement familial où vous serez hébergés dans de sobres petites chambres très convenables pour l'étape. Salle de restaurant au décor bourgeois. Recettes de saison.

**YVORNE** 1853 Vaud (VD) 🔢🔢 G11 – 1 036 h. – alt. 395.
Bern 101 – Montreux 14 – Aigle 2 – Lausanne 39 – Martigny 29.

**La Roseraie** (Rod), Nord : 2 km par route cantonale, ☏ 0244 662 589, info@r oseraie.ch, Fax 0244 665 628 – 🅿. 🅰🎩 ⓞ ⓜⓢ 𝘝𝘐𝘚𝘈
fermé 23 déc. au 6 janv., 24 juil. au 8 août, dim. et lundi – **Rest** 75 (midi)/150 et à la carte 90/120 – **La Pinte : Rest** 45 et à la carte 63/95.
**Spéc.** Filets de rouget barbet grillés aux artichauts. Côtes d'agneau rôties au thym et pommes boulangères. Compositions en douceur aux framboises et fruits rouges.
**Vins** Yvorne
◆ Accueil avenant, intime salle à manger semée de pointes de raffinement, appétissante cuisine au goût du jour et service non somnolent : un bon moment de table en perspective ! Plats traditionnels à prix doux et ambiance bistrot à La Pinte.

**Le Torrent**, place du Torrent, ☏ 0244 668 990, Fax 0244 668 991, 霜 – 🅿. 🅰🎩 ⓞ ⓜⓢ 𝘝𝘐𝘚𝘈
fermé 1er au 15 janv., 1 sem. en août et mardi – **Rest** (18) 52/65 et à la carte 54/92.
◆ Grande maison de montagne bâtie au milieu d'un village vigneron, face à la caserne des pompiers. Cuisine bien de notre temps et livre de cave n'omettant aucun vin du cru.

**ZÄZIWIL** Bern 🔢🔢 K7 – siehe Grosshöchstetten.

**ZEIHEN** 5079 Aargau (AG) 🔢🔢 N4 – 841 Ew. – Höhe 433.
Bern 95 – Aarau 15 – Baden 23 – Basel 44 – Schaffhausen 67.

**in Oberzeihen** Süd-West : 1 km – ✉ 5079 Zeihen :

**Ochsen**, Weizacher 2, ☏ 0628 761 135, info@ochsen-oberzeihen.ch
Fax 0628 763 245, 霜 – 🅿
geschl. 5. Juni - 11. Juli – **Rest** - Grillspezialitäten - (geschl. mittags ausser Samstag Sonn- und Feiertage, Montag und Dienstag) à la carte 55/94.
◆ Ein kleines Bijou auf dem Lande ist dieser sehr gemütliche, versteckt liegende Gasthof. Die Hausspezialität : ganze Bratenstücke, von Patron auf dem Holzkohlengrill zubereitet.

**ZELL** *6144 Luzern (LU)* 🗺️🗺️🗺️ *M6 – 1985 Ew. – Höhe 588.*

*Bern 55 – Langnau im Emmental 38 – Luzern 35 – Olten 35.*

XX  **Lindengarten,** St. Urbanstr. 4, 🖉 *0419 882 255, info@lindengarten-zell.ch,*
    *Fax 0419 881 124,* 🍽️ *–* **P.** **①** **⚫⚪** **VISA**
    *geschl. 13. - 27. Feb., 30. Juli - 18. Aug., Sonntag und Montag –* **Arcade** *: Rest 63*
    *und à la carte 61/107 –* **Cantina Arcade** *- italienische Küche - Rest (17) 42*
    *(mittags)/56 und à la carte 46/76 .*
    ♦ In dem hellen, angenehm dekorierten Restaurant Arcade werden modern zuberei-
    tete, täglich wechselnde Spezialitäten auf einer Schiefertafel angeboten. Für die italie-
    nischen Momente lockt die Cantina Arcade mit ihrer sorgfältig zubereiteten Küche.

---

**ZERMATT** *3920 Wallis (VS)* 🗺️🗺️🗺️ *K13 – 5356 Ew. – Höhe 1610 –* 🚠 *– Wintersport :*
*1 620/3 820 m* 🚡 *16* 🚡 *16* 🎿*.*

**Sehenswert :** *Lage★★★.*

**Ausflugsziel :** *Gornergrat★★★ Süd-Ost mit Zahnradbahn BZ – Stockhorn★★★ mit*
*Luftseilbahn vom Gornergrat – Klein Matterhorn★★★ Süd-West mit Luftseilbahn AZ*
*– Theodulgletscher★★ Süd mit Luftseilbahn – Unter Rothorn★★ Ost mit Standseil-*
*bahn BY – Schwarzsee★ Süd-West mit Luftseilbahn AZ.*

🏌️ *Matterhorn (Juni - Okt.)* 🖉 *0279 677 000, Fax 0279 677 002, Nord : Zug*
*13 Minuten, dann Richtung Randa : 2 km.*

**Lokale Veranstaltung**
*15.08 : Folklore-Festival mit grossem Folkloreumzug.*

🏢 *Zermatt Tourismus, Bahnhofplatz 5,* 🖉 *0279 668 100, zermatt@wallis.ch,*
*Fax 0279 668 101 AY.*

*Bern 204 – Brig 38 – Sierre 57 – Sion 72.*

                              mit dem Zug ab Täsch erreichbar

🏨 **Grand Hotel Zermatterhof,** Bahnhofstr. 55, 🖉 *0279 666 600, info@zerma*
    *tterhof.ch, Fax 0279 666 699,* ←, 🍽️, 🌡️, **Fφ,** ⓼, 🏊, 🌿 *–* 🛗, ➡ Rest, 🐾 *–*
    🏋️ *15/180.* **AE** **①** **⚫⚪** **VISA** 🐾 Rest                          AZ w
    *geschl. 1. Mai - 10. Juni und 2. Okt. - 1. Dez. –* **Lusi** *: Rest (25) 54 (abends) und à*
    *la carte 66/95 –* **Prato Borni** *(nur Abendessen)* **Rest** *95 und à la carte 76/146 –*
    **71 Zim** 🍽️ 🛏️*200/360* 🛏️🛏️*390/790, 13 Suiten – ½ P Zuschl. 60.*
    ♦ Das schöne traditionsreiche Grand Hotel überzeugt als erstes Haus am Platz auch
    anspruchsvolle Gäste. Komfortable Zimmer und luxuriöse Suiten garantieren Erho-
    lung. Mit Casino. Klassisch-elegant : das Prato Borni.

🏨 **Mont Cervin Palace,** Bahnhofstr. 31, 🖉 *0279 668 888, montcervinpalace@ze*
    *rmatt.ch, Fax 0279 668 899,* ←, 🍽️, 🌡️, **Fφ,** ⓼, 🏊, 🏊, 🌿 *–* 🛗 ➡ 🐾 ♿ Zim *–*
    *,* 🏋️ *15/300.* **AE** **①** **⚫⚪** **VISA** 🐾 Rest                         AY b
    *3. Dez. - 17. April und 15. Juni - 24. Sept. –* **Rest** *(nur Abendessen) 84 und à la carte*
    *61/123 –* **Grill Le Cervin** *(geschl. Dienstagmittag in Zwischensaison und Montag)*
    **Rest** *(28) 40 (mittags)/72 und à la carte 61/116 –* **103 Zim** 🍽️ 🛏️*225/390*
    🛏️🛏️*570/830, 30 Suiten – ½ P Zuschl. 70.*
    ♦ Dieses Haus vereint Schweizer Hoteltradition mit neuzeitlichem Komfort. Die Zim-
    mer : von Standard bis zur modern-rustikalen Luxussuite. Sehr schöner grosszügiger
    Spa-Bereich. Gediegenes Ambiente im Speisesaal. Grill Le Cervin in elegantem Stil.

🏨 **Riffelalp Resort** 🌲, auf der Riffelalp, mit Gornergratbahn und Riffelalpbähnli (20
    Min.) erreichbar, Höhe 2 222, 🖉 *0279 660 550, reservation@riffelalp.com,*
    *Fax 0279 660 550,* ← Matterhorn und Berge, 🍽️, 🌡️, **Fφ,** ⓼, 🏊, 🏊, 🎾, 🏐, ⛷ *–* 🛗,
    🐾 Rest, 🐾 🎿 *–* 🏋️ *15/80.* **AE** **①** **⚫⚪** **VISA** 🐾 Rest
    *15. Dez. - 18. April und 1. Okt. –* **Alexandre** *: Rest 82 und à la carte 49/120*
    *–* **70 Zim** 🍽️ 🛏️*200/480* 🛏️🛏️*360/860 – ½ P Zuschl. 40.*
    ♦ Das Interieur dieses Berghotels verwöhnt seine Gäste mit elegant-rustikalem Kom-
    fort. Ein weiteres Plus : die ruhige Lage inmitten eines Ski- und Wandergebietes.
    Schöne holzverzierte Decken und Wände sowie geschmackvolles Mobiliar prägen das
    Alexandre.

🏨 **Alpenhof** 🌲, Matterstr. 43, 🖉 *0279 665 555, info@alpenhofhotel.com,*
    *Fax 0279 665 556,* ←, 🌡️, ⓼, 🏊 *–* 🛗 **AE** **①** **⚫⚪** **VISA** 🐾 Rest         BY m
    *26. Nov. - 29. Mai und 18. Juni - 23. Sept. –* **Rest** *(siehe auch Rest.* **Alpenhof -**
    **Le Gourmet***) –* **53 Zim** 🍽️ 🛏️*149/247* 🛏️🛏️*298/494, 8 Suiten – ½ P Zuschl. 35.*
    ♦ Das schöne Chalet bietet ausser dem grosszügigen Wellnessbereich sehr
    geschmackvolle Zimmer. Angenehme, helle Farben geben Wärme - wohlige Behag-
    lichkeit ist garantiert.

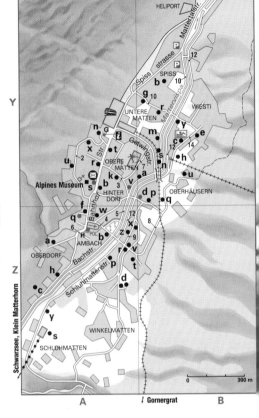

## ZERMATT

  **Alex,** Bodmenstr. 12, ℰ 0279 667 070, *info@hotelalexzermatt.com,* Fax 0279 667 090, ≤, 斎, ⓦ, ⅙, 龠, 氬, 斎, ※ – ⅙ – 益 15/60. ᴀᴇ ⑯ ⓥɪsᴀ ※ Rest AY n
*Ende Nov. - 30. April und 6. Juni - 15. Okt* – **Rest** 40 (mittags) und à la carte 68/124 – **75 Zim** ⌂ ✝160/420 ✝✝260/600, 8 Suiten – ½ P Zuschl. 30.
• Durch eine schöne Garten-Terrassenanlage erreicht man dieses traditionelle Haus, in dem persönliche Betreuung und schönes, individuelles Wohnen gross geschrieben werden. Sie speisen in rustikal-gemütlichem Ambiente - im Sommer auch im lichten Wintergarten.

  **Monte Rosa,** Bahnhofstr. 80, ℰ 0279 660 333, *monterosa@zermatt.ch,* Fax 0279 660 330 – ⅙ ℰ. ᴀᴇ ⑯ ⓦ ⓥɪsᴀ ※ Rest AZ
*17. Dez. - 16. April und 19. Juni - 30. Sept.* – **Rest** *(nur Abendessen)* 70 und à la carte 52/108 – **43 Zim** ⌂ ✝150/280 ✝✝255/390, 4 Suiten – ½ P Zuschl. 55.
• 1832 erbaut, stellt dieses Haus ein typisches Berghotel mit dem Flair alter Zeiten dar. Sie finden hier komfortabel und mit Geschmack eingerichtete Zimmer vor. Stilvoll-klassisches Restaurant.

  **Mirabeau** ⑤, Unteremattenstr. 12, ℰ 0279 662 660, *info@hotel-mirabeau.ch,* Fax 0279 662 665, ≤, ⓦ, 龠, 氬, 斎 – ⅙ ❄ ℰ. ᴀᴇ ⑯ ⓦ ⓥɪsᴀ. ※ BY g
*geschl. 23. April - 2. Juni und 24. Sept. - 28. Okt.* – **Rest** *(siehe auch Rest.* **Le Corbeau d'Or)** – **62 Zim** ⌂ ✝110/210 ✝✝230/570 – ½ P Zuschl. 35.
• Ein Gästehaus mit top-modernen Zimmern, Wellnessbereich und Wine-Lounge ergänzt gelungen das Haupthaus. Überall im Annexe hat man Naturmaterialien aus der Region verwendet.

🏨 **Berghof** 🦢, Winkelmattenweg 18, 𝒫 0279 675 400, *info@berghof-zermatt.ch*, Fax 0279 675 452, ≤, 🍴, 🕭, ⊜s, 🔲, 🖙 – 📳, 🖙 Zim, 🕻, 🝾 🔟 🔘 🝾 *VISA*. 🍽 Rest
AZ s
*geschl. 3. Mai - 25. Juni und 25. Okt. - 3. Nov. –* Rest 89 und à la carte 62/113 – **28 Zim** ☲ ★140/220 ★★280/410 – ½ P Zuschl. 30.
♦ Nur wenige Schritte von der Talstation der Matterhorn-Bahnen entfernt liegt dieses Hotel, dessen nette, frisch wirkende Zimmer mit hellem Naturholz möbliert sind. Wintergarten, Terrasse zum Garten und ein helles, rustikales Stübli bilden die Restauration.

🏨 **Albana Real** 🦢, Schluhmattstr. 19, 𝒫 0279 666 161, *info@hotelalbanareal.com*, Fax 0279 666 162, 🕭, 🖐, ⊜s, 🔲 – 📳, 🖙 Zim, 🔟 🔘 🝾 *VISA*
🍽 Rest
AZ p
**Fuji of Zermatt** - japanische Küche - Teppanyaki (Sushi) - *(nur Abendessen)* Rest 50/95 und à la carte 37/100 – **Rua Thai** - thailändische Küche - *(geschl. Mitte Okt. - Ende Nov.) (nur Abendessen)* Rest 49/89 und à la carte 41/88 – **37 Zim** ☲ ★145/210 ★★240/450, 6 Suiten – ½ P Zuschl. 45.
♦ In dem ruhig gelegenen Hotel bezieht der Gast ein Zimmer, das mit solidem Nussbaumholz wohnlich im Stil der Jahrhundertwende eingerichtet ist. Moderner Wellnessbereich. Im Fuji of Zermatt bereitet man vor Ihren Augen Spezialitäten aus Japan.

🏨 **La Ginabelle** 🦢, Vispastr. 52, 𝒫 0279 665 000, *info@la.ginabelle.ch*, Fax 0279 665 010, ≤, ⊜s, 🖙 – 📳, 🖙 Zim, 🏌, 🔟 🝾 *VISA*. 🍽
BY y
*geschl. 22. April - 19. Mai und 16. Okt. - 2. Dez. –* Rest *(nur Abendessen)* 38/95 und à la carte 44/90 – **40 Zim** ☲ ★150/210 ★★240/520 – ½ P Zuschl. 40.
♦ Schon die schöne Äussere des Chalets lädt zum Verweilen ein. Innen gefallen die eleganten öffentlichen Bereiche sowie die geschmackvollen Zimmer. Leicht vornehm wirkendes Restaurant mit zeitgemässer Küche.

🏨 **Schweizerhof**, Bahnhofstr. 5, 𝒫 0279 660 000, *schweizerhof@zermatt.ch*, Fax 0279 660 066, ⊜s, 🔲, 🖙 – 📳 🕻 – 🝾 15/40. 🔟 🔘 🝾 *VISA*
🍽 Rest
AY t
*geschl. 18. April - 20. Mai und 1. Okt. - Mitte Dez. –* **Da Mario** - italienische Küche - *(nur Abendessen)* Rest à la carte 59/109 – **Prato Borni** - Käse Spezialitäten - *(geschl. 18. April - 17. Dez.) (nur Abendessen)* Rest 49 und à la carte 39/83 – **Schwyzer Stübli** *(geschl. Sonntagmittag)* Rest (24) 49 und à la carte 43/84 – **86 Zim** ☲ ★170/305 ★★310/580, 22 Suiten – ½ P Zuschl. 55.
♦ Zentral an der Bahnhofstrasse gelegen, bietet das Haus mit hellen, massiven Piniholzmöbeln eingerichtete Zimmer, die sich hauptsächlich in Grösse und Lage unterscheiden. Gehoben präsentiert sich das Restaurant Da Mario. Rustikal-gemütlich : Das Prato Borni.

🏨 **National**, Matterstr. 39, 𝒫 0279 669 966, *national@active.ch*, Fax 0279 675 907, ≤ Matterhorn, 🕭, 🖐, ⊜s, 🔲, 🖙 – 📳, 🖙 Zim, 🔘 🝾 *VISA*
🍽
BY s
*geschl. 22. April - 1. Juni und 10. Okt. - 4. Dez. –* Rest *(nur Abendessen)* 57 und à la carte 49/97 – **50 Zim** ☲ ★155/258 ★★254/416, 4 Suiten – ½ P Zuschl. 40.
♦ Hinter der Balkonfassade dieses zentral gelegenen Hotels erwarten den Gast zeitgemäss ausgestattete Zimmer mit Blick auf das Matterhorn und ein schöner Wellnessbereich. Viel Holz macht das Restaurant gemütlich.

🏨 **Sonne** 🦢, 𝒫 0279 662 066, *sonne.zermatt@reconline.ch*, Fax 0279 662 065, ≤, 🕭, ⊜s, 🔲, 🖙 – 📳, 🖙 Zim, 🔟 🔘 🝾 *VISA* 🍽 Rest
AZ a
Rest *(nur ½ Pens. für Hotelgäste)* – **39 Zim** ☲ ★125/210 ★★250/420, 4 Suiten – ½ P Zuschl. 35.
♦ Etwas oberhalb des Ortes liegt dieses gepflegte Hotel mit regionstypischer Balkonfassade. Die meisten Zimmer sind mit Nussbaummobiliar gediegen-elegant eingerichtet.

🏨 **Nicoletta**, Hofmattstr. 12, 𝒫 0279 660 777, *nicoletta@zermatt.ch*, Fax 0279 660 788, ≤, 🕭, 🏌 (nur im Winter), 🖐, ⊜s, 🔲, 🖙 – 📳 🕻, 🔟 🔘 🝾 *VISA* 🍽 Rest
AY k
*16. Dez. - 23. April, 9. Juni - 30. Sept. –* Rest 70 und à la carte 47/91 – **59 Zim** ☲ ★230/320 ★★335/510, 3 Suiten – ½ P Zuschl. 50.
♦ Über funktionell ausgestattete Gästezimmer verfügt dieses komfortable Hotel. Im Winter können Sie vom Balkon aus dem Treiben auf dem Eisplatz zuschauen. Im vierten Stock des Hauses befindet sich das modern-elegante A-la-carte-Restaurant.

**Schönegg** ⓢ, ✆ 0279 663 434, *info@schonegg.ch, Fax 0279 663 435,* ≤ Zermatt und Matterhorn, 🍴, ≘s – |♦| AE ◑ MC VISA ✗ Rest BY u
*Hotel : geschl. 23. April - 2. Juni und 1. Okt. - 30. Nov.* – ***Gourmetstübli*** *(geschl. 9. April - 30. Juni, 17. Sept. - 19. Dez. und Mittwoch)* **Rest** 75 (abends) und à la carte 67/122 – **37 Zim** ☐ ✶155/315 ✶✶250/530 – ½ P Zuschl. 55.
♦ Leicht erhöht und ruhig gelegen, besticht das Haus mit einer tollen Sicht. Ein Aufzug bringt Sie von der Talstation durch den Berg hindurch direkt zur Hotelrezeption. Von dem rustikal gestalteten Gourmetstübli aus hat man einen traumhaften Blick.

**Julen,** Riedstr. 2, ✆ 0279 667 600, *info@julen.ch, Fax 0279 667 676,* ≤, 🍴, ⊛, Fö, ≘s, ▭ – |♦| ✆. ◑ MC VISA AZ r
**Rest** (18) und à la carte 42/86 – ***Schäferstübli*** - Grill- und Käsespezialitäten - *(nur Abendessen)* **Rest** à la carte 41/86 – **27 Zim** ☐ ✶124/209 ✶✶248/490, 5 Suiten – ½ P Zuschl. 25.
♦ Sehr geschmackvolle, mit hellen Fichtenholzmöbeln rustikal eingerichtete Zimmer und ein moderner Wellnessbereich ermöglichen dem Urlaubsgast einen angenehmen Aufenthalt. In dem gemütlichen Restaurant umsorgt Sie ein in schöner Tracht gekleidetes Service-Team.

**Parkhotel Beau-Site** ⓢ, Brunnmattgasse 9, ✆ 0279 666 868, *info@parkhotel-beausite.ch, Fax 0279 666 869,* ≤, 🍴, ⊛, ≘s, ▭, 🌳 – |♦| ✆. AE ◑ MC VISA ✗ Rest BY p
*geschl. 30. April - 24. Mai und 15. Okt. - 26. Nov.* – **Rest** *(nur Abendessen)* 37/46 und à la carte 44/80 – **63 Zim** ☐ ✶144/204 ✶✶208/398, 4 Suiten – ½ P Zuschl. 36.
♦ Ruhig und leicht erhöht liegt dieses typische Ferienhotel - ganz in der Nähe : Zentrum und Bergbahn. Besonders einladend präsentieren sich die Turmsuiten. Das gemütliche Walliserstübli und der Grill-Abend prägen die Gastronomie des Hotels.

**Coeur des Alpes** ⓢ garni, Oberdorfstr. 134, ✆ 0279 664 080, *info@coeurdesalpes.ch, Fax 0279 664 081,* ≤ Matterhorn, ⊛, Fö, ≘s, ▭ – |♦| ⇔ ✆. MC VISA. ✗ AZ c
*geschl. 1. Mai - 16. Juni* – **14 Zim** ☐ ✶160/220 ✶✶200/300.
♦ Schöne, von dem bekannten Zermatter Künstler Heinz Julen in modernem Stil gestaltete Räume, ein Wellness-Center und eine herrliche Aussicht sprechen für dieses Haus.

**Alpen Resort Hotel,** Spissstr. 52, ✆ 0279 663 000, *info@alpenresort.com, Fax 0279 663 055,* ≤, ⊛, Fö, ≘s, ▭, 🌳, ✗ – |♦|, ⇔ Zim, – 🏔 20. AE ◑ MC VISA ✗ BY b
**Rest** *(nur Abendessen)* 48 und à la carte 52/80 – **54 Zim** ☐ ✶152/260 ✶✶199/340 – ½ P Zuschl. 35.
♦ Das Hotel mit zwei Annex-Gebäuden beherbergt geräumige, unterschiedlich möblierte, meist aber mit dunklem Landhausmobiliar ausgestattete Zimmer, überwiegend mit Balkon. In drei Räume unterteiltes, klassisch-rustikales Restaurant.

**Allalin** garni, Kirchstr. 40, ✆ 0279 668 266, *info@hotel-allalin.ch, Fax 0279 668 265,* ≤, 🌳 – |♦| ⇔ AE MC VISA AZ b
*geschl. 24. April - 2. Juni und 2. Okt. - 24. Nov.* – **30 Zim** ☐ ✶100/172 ✶✶230/298.
♦ Auffallend in diesem Haus sind die schönen handgeschnitzten Türstöcke und, in manchen Zimmern, die Kassettendecken. Freundlicher Frühstücksraum mit hellem Parkett.

**Albatros** ⓢ garni, Steinmattstr. 93, ✆ 0279 668 060, *reception@hotel-albatros.ch, Fax 0279 668 066,* ≤, ≘s – |♦| AE MC VISA. ✗ AZ d
*3. Dez. - 22. April und 2. Juli. - 7. Okt.* – **20 Zim** ☐ ✶90/180 ✶✶200/320.
♦ Ein hübsches, gut unterhaltenes Hotel, dessen Zimmer mit modernem, wohnlichem Ambiente überzeugen - helles Holzmobiliar und italienische Stoffe wirken sehr ansprechend.

**Butterfly** ⓢ, Bodmenstr. 21, ✆ 0279 664 166, *butterfly.zermatt@reconline.ch Fax 0279 664 165,* ≤, ≘s – |♦|, ⇔ Zim, ♿ Zim. AE ◑ MC VISA ✗ Rest AY x
*17. Dez. - 21. April und 24. Mai - 21. Okt.* – **Rest** *(nur Abendessen)* (nur für Hotelgäste à la carte 39/94 – **61 Zim** ☐ ✶110/170 ✶✶230/340 – ½ P Zuschl. 35.
♦ Etwas versteckt und ruhig liegt dieses Hotel oberhalb des Bahnhofs. Der Gast wohnt in Zimmern, die im modernen, rustikalen Stil eingerichtet wurden. Traditioneller Speisesaal für Hausgäste und kleiner, geschmackvoll gestalteter A-la-carte-Bereich.

**Antares** 🦅, Schluhmattstr. 101, ☎ 0279 673 664, antares@zermatt.ch, Fax 0279 675 236, ≤, 🍴, ⓢ, 🚗 – 🛗, ☞ Zim, 🕿, ⓞ ⓜ ⓥⓘⓢⓐ
⍩ Rest
AZ y
*Hotel : geschl. 20. Mai - 10. Juni und 10. Okt. - 11. Nov. – Rest (geschl. 22. April - 25. Juni und 15. Sept. - 20. Dez.)* 46 (abends) und à la carte 50/100 – **36 Zim** ⍩ ✦128/260 ✦✦246/460 – ½ P Zuschl. 30.
♦ Das am Ortsrand gelegene Hotel bietet dem Erholungsuchenden Ruhe und Aussicht auf die Berge. Nicht nur die vielen Stammgäste schätzen die familiäre Atmosphäre. Zwei Bars - English-Bar und Sky-Club - ergänzen das Restaurant. Klassische Küche.

**Daniela** garni, Steinmatte 39, ☎ 0279 667 700, hotel.daniela@zermatt.ch, Fax 0279 667 777, ⓢ, ☞ – 🛗 ₷, ⓞ ⓜ ⓥⓘⓢⓐ
AZ x
**23 Zim** ⍩ ✦67/169 ✦✦192/328.
♦ Stoffe in freundlichen Farben unterstreichen das wohnliche Ambiente der Zimmer. Der Wellnessbereich des Schwesterhotels Julen kann gratis mitbenutzt werden.

**Europe** 🦅, Riedstr. 18, ☎ 0279 662 700, info@europe-zermatt.ch, Fax 0279 662 705, ≤ Matterhorn, 🍴, ⓢ, ☞ – 🛗 ⓜ ⓥⓘⓢⓐ ⍩
AZ t
*geschl. Mai – Rest (nur Abendessen für Hotelgäste)* 48 – **23 Zim** ⍩ ✦75/130 ✦✦180/300 – ½ P Zuschl. 35.
♦ Von der Hälfte der ruhigen, wohnlich eingerichteten Gästezimmer bietet sich eine sehr schöne Sicht auf das Wahrzeichen Zermatts. Gratis : der Wellnessbereich des Hotel Julen.

**Chesa Valese** garni, Steinmattstr. 30, ☎ 0279 668 080, info@chesa-valese.ch, Fax 0279 668 085, ⓢ, ☞ – 🛗 ☞ 🕿, ⒜Ⓔ ⓜ ⓥⓘⓢⓐ, ⍩
AZ z
**23 Zim** ⍩ ✦105/150 ✦✦200/300.
♦ Diese Adresse besticht durch ihre gemütlich-rustikale Einrichtung : eine liebevoll gestaltete Hotelhalle und moderne, mit hellem Holz möblierte Zimmer laden zum Verweilen ein.

**Metropol,** Matterstr. 9, ☎ 0279 663 566, metropol.zermatt@reconline.ch, Fax 0279 663 565, ≤, ⓥ, ₷, ⓢ, 🚪, ☞ – 🛗, ☞ Zim, 🕿, ⒜Ⓔ ⓞ ⓜ ⓥⓘⓢⓐ
⍩
BY a
*geschl. Mai und Nov. – Rest (nur ½ Pens. für Hotelgäste) –* **20 Zim** ⍩ ✦140/318 ✦✦230/398 – ½ P Zuschl. 46.
♦ Die Zimmer des Hauses bieten eine solide Ausstattung und verfügen teilweise über Balkon. Eine grosszügige Wellnessanlage sorgt ebenfalls für Erholung.

**Tschugge** 🦅, Bodmenstr. 60, ☎ 0279 664 020, info@hotel-tschugge.ch, Fax 0279 664 025, ≤, ⓢ – 🛗, ☞ Zim, ⒜Ⓔ ⓞ ⓜ ⓥⓘⓢⓐ. ⍩
AY u
**Felsenrestaurant** *(geschl. Ende April - Anfang Juli, Mitte Okt. - Mitte Dez.)(nur Abendessen)* **Rest** à la carte 52/91 – **30 Zim** ⍩ ✦115/190 ✦✦230/380 – ½ P Zuschl. 30.
♦ Durch eine grosszügige Halle mit Polstersitzgruppen betreten Sie Ihr Domizil. Neben komfortablen Gästezimmern bietet man auch einfache ältere Räume. Neuer Freizeitbereich. Wände aus naturbelassenem Fels gaben dem Restaurant seinen Namen.

**Christiania,** Wiestystr. 7, ☎ 0279 668 000, info@christiania-zermatt.com, Fax 0279 668 010, ≤, 🍴, ₷, ⓢ, 🚪, ☞, ⍩ – 🛗 🕿, ⒜Ⓔ ⓞ ⓜ ⓥⓘⓢⓐ ⍩ Rest
BY c
*geschl. 24. April - 21. Mai und 16. Okt. - 20. Nov. – Rest (im Sommer nur Abendessen) (geschl. 24. April - 5. Juni und 9. Okt. - 18. Dez.)* 64 (abends) und à la carte 49/96 – **72 Zim** ⍩ ✦100/180 ✦✦230/400 – ½ P Zuschl. 45.
♦ Urlauber schätzen dieses Hotel vor allem wegen des grossen Hallenbades mit Liegewiese und des hauseigenen Minigolfplatzes. Sie wohnen in zeitgemäss gestalteten Zimmern. Sie speisen im grossen Hotelrestaurant oder auf der Sonnenterrasse.

**Eden** garni, Riedstr. 5, ☎ 0279 672 655, info@hotel-eden.ch, Fax 0279 676 240, ⓥ, ₷, ⓢ, 🚪, ☞ – 🛗 🕿, ⓜ ⓥⓘⓢⓐ ⍩
AZ v
*geschl. 2. Mai - 15. Juni und 2. Okt. - 23. Nov. –* **30 Zim** ⍩ ✦120/195 ✦✦195/374.
♦ Neuzeitlich ausgestattete Zimmer, ein gepflegter Wellnessbereich mit Zugang zum Garten und ein Open-End-Frühstücksbuffet sprechen für das im Chalet-Stil gebaute Hotel.

**Bella Vista** 🦅 garni, Riedweg 15, ☎ 0279 662 810, bellavista.zermatt@reconline.ch, Fax 0279 662 815, ≤ Zermatt und Matterhorn – 🛗 ☞, ⒜Ⓔ ⓜ ⓥⓘⓢⓐ BY q
*16. Dez. - 30. April und 1. Juni - 21. Okt. –* **21 Zim** ⍩ ✦85/145 ✦✦160/250.
♦ Die freundliche, familiäre Betreuung durch Fam. Götzenberger, nette, sehr unterschiedliche Zimmer und ein exzellentes Frühstück mit Selbstgebackenem zeichnen dieses Hotel aus.

**Welschen** ♨ garni, Wiestistr. 44, ☏ 0279 675 422, *welschen.zermatt@ reconli ne.ch, Fax 0279 675 423*, ≤, ⌂ – 🅰️ ① 🆎 VISA
BY **h**
*17. Dez. - April und 21. Juni - 21. Sept.* – **16 Zim** ⌁ ✦84/104 ✦✦160/220.
♦ In der ruhig, nicht weit von der Talstation des Sunnegga-Express gelegenen sympathischen Familienpension beherbergt man seine Gäste in wohnlichen, kürzlich renovierten Räumen.

**Style Hotel Biner** ♨, Untere Mattenstr. 50, ☏ 0279 665 666, *info@ hotel-bi ner-zermatt.ch, Fax 0279 665 667*, ≤, ⌂, ⇔, 🔲, ⌂ – 🔌, ⇔ Zim, – 🅰 15/30.
🅰🅴 ① 🆎 VISA 🎖 Rest
BY **r**
**Rest** *(geschl. April - 1. Juni und 9. Okt. - 24. Nov.) (nur Abendessen)* 38 und à la carte 44/68 – **44 Zim** ⌁ ✦145/215 ✦✦230/370 – ½ P Zuschl. 38.
♦ Das etwas versteckt im unteren Dorfteil liegende Hotel beherbergt Sie in soliden, gepflegten Zimmern. Ruhe und eine schöne Aussicht zählen zu den Annehmlichkeiten. Im Restaurant hat man sich auf Vollwertküche und vegetarische Gerichte spezialisiert.

**Silvana** ♨, in Furri, mit Gondelbahn erreichbar, Höhe 1 864, ☏ 0279 662 800, *silvana@ zermatt.ch, Fax 0279 662 805*, ≤, ⌂, ⇔, 🔲, ⌂ – 🔌 🅰🅴 ① 🆎 VISA
*10. Dez. - 1. Mai und 15. Juni - 30. Sept.* – **Gitz-Gädi Rest** (im Winter abends Tischbestellung erforderlich) à la carte 31/79 – **21 Zim** ⌁ ✦100/160 ✦✦200/300 – ½ P Zuschl. 30.
♦ Von der Zwischenstation der Gondelbahn aus sind es nur wenige Schritte zu diesem Haus. Ruhe und Abgeschiedenheit geniesst man in Zimmern mit einfachem Komfort. Nach einem netten Besuch im Gitz-Gädi wagen Sie mit Schlitten und Fackel die Abfahrt nach Zermatt.

**Alpenblick** ♨, Oberdorfstr. 106, ☏ 0279 662 600, *alpenblick.zermatt@ reconl ine.ch, Fax 0279 662 605*, ≤, ⌂, 🛁, ⇔ – 🔌 🅰🅴 ① 🆎 VISA 🎖 Rest   AZ **h**
*geschl. Okt. - 20. Dez.* – **Rest** *(geschl. auch 22. April - 18. Juni)* (18) 25/75 und à la carte 46/102 – **31 Zim** ⌁ ✦115/175 ✦✦230/380 – ½ P Zuschl. 35.
♦ In geräumigen Zimmern - entweder rustikal mit Arvenholz oder etwas zweckmässiger mit Lärchenholzmöbeln eingerichtet, meist mit Sitzecke - findet der Gast Ruhe. Bürgerlich gestaltetes Restaurant mit Gartenterrasse.

**Pollux,** Bahnhofstr. 28, ☏ 0279 664 000, *pollux.zermatt@ reconline.ch, Fax 0279 664 001*, ⌂, ⇔ – 🔌 ☏ – 🅰 15/40. 🅰🅴 ① 🆎 VISA
🎖 Zim
AY **r**
**Rest** (22) 37 (mittags)/52 und à la carte 52/93 – **35 Zim** ⌁ ✦119/162 ✦✦228/334 – ½ P Zuschl. 52.
♦ Das zentral gelegene Hotel mit eigenem Dancing und rustikal ausgestatteten Zimmern ist ein geeigneter Ausgangspunkt, um am geschäftigen Nachtleben teilzunehmen. Von der Terrasse des Restaurants aus beobachten Sie das lebendige Treiben im Ort.

**Holiday** ♨, Gryfelblatte 4, ☏ 0279 671 203, *info@ hotelholiday.ch, Fax 0279 675 014*, ≤ – 🔌 🅰🅴 ① 🆎 VISA
BY **e**
*geschl. 17. April - 17. Mai und 13. Okt. - 20. Dez.* – **Rest** *(nur Abendessen)* 45/98 und à la carte 55/93 – **35 Zim** ⌁ ✦106/200 ✦✦170/320 – ½ P Zuschl. 35.
♦ Nach einem ereignisreichen Tag auf den Skipisten des Rothorngebietes kann man direkt vor dem Haus seine Bretter abschnallen und müde ins gemachte Bett fallen. In rustikalem Ambiente wird Ihnen eine klassische französische Küche serviert.

**Riffelberg** ♨, in Riffelberg, mit Zahnradbahn Gornergrat (25 min.) erreichbar, Höhe 2 582, ☏ 0279 666 500, *riffelberg@ zermatt.ch, Fax 0279 666 505*, ≤ Bergpanorama und Matterhorn, ⌂, ⇔ – ☏. 🅰🅴 ① 🆎 VISA
🎖 Rest
*16. Dez. - Ende April und Mitte Juni - Anfang Okt.* – **Rest** (26) und à la carte 45/81 – **29 Zim** ⌁ ✦145/250 ✦✦280/380 – ½ P Zuschl. 40.
♦ In der Abgeschiedenheit der Walliser Bergwelt geniesst man die Ruhe und den traumhaften Panoramablick auf die Umgebung. Die Zimmer sind verschieden in Grösse und Einrichtung.

**Jägerhof** ♨, Steinmattstr. 85, ☏ 0279 663 800, *jaegerhof@ zermatt.ch, Fax 0279 663 808*, ≤, 🛁, ⌂ – 🔌 🅰🅴 🆎 VISA 🎖 Rest   AZ **d**
**Rest** *(nur Abendessen)* 32 und à la carte 39/74 – **48 Zim** ⌁ ✦84/109 ✦✦168/218 – ½ P Zuschl. 32.
♦ Die Zimmer dieses ruhig gelegenen Hauses sind durchweg rustikal eingerichtet - unterschiedlich in Grösse und Möblierung ; die meisten bieten eine schöne Aussicht. Gemütliches Restaurant mit bürgerlicher Küche.

🏠 **Cheminée,** Matterstr. 29, ℘ 0279 662 944, *hotel.cheminee@ spectraweb.ch*, Fax 0279 662 955, ≤, 斎, ╦ – ✳ Rest, ﬞﬞ ﬞﬞ VISA ✻ Zim        BY n
27. Nov. - 22. April und 16. Juni - 30. Sept. – **Rest** *(im Sommer nur Abendessen)* à la carte 40/82 – **16 Zim** ⊇ ✳80/135 ✳✳160/250 – ½ P Zuschl. 30.
♦ Direkt neben der durch den Ort fliessenden Mattervispa liegt dieses Hotel, das über helle, frisch wirkende Zimmer mit Sitzecke verfügt. Einfach und rustikal gestaltet zeigt sich das Restaurant - Wintergarten für Nichtraucher.

XXX **Le Corbeau d'Or** - *Hotel Mirabeau*, Unteremattenstr. 12, ℘ 0279 662 660, *info@hotel-mirabeau.ch*, Fax 0279 662 665 – ﬞﬞ ﬞﬞ ﬞﬞ VISA ✻        BY g
geschl. 23. April und 24. Sept. - 28. Okt. – **Rest** *(geschl. Sonntag im Sommer und Montag)* *(nur Abendessen)* (Tischbestellung ratsam) 85 (abends)/125 und à la carte 74/148.
♦ Hussenstühle, gut eingedeckte Tische und eine schöne Holzdecke verleihen dem Restaurant des Hotel Mirabeau einen eleganten Touch. Zeitgemässes Speisenangebot.

XXX **Alpenhof** - **Le Gourmet** - *Hotel Alpenhof*, Matterstr. 43, ℘ 0279 665 555, *info@alpenhofhotel.com*, Fax 0279 665 556 – ﬞﬞ ﬞﬞ ﬞﬞ VISA        BY m
3. Dez. - 21. April, 2. Juli - 15. Sept. und Mittwoch – **Rest** *(nur Abendessen)* (Tischbestellung ratsam) 94/142 und à la carte 84/138.
♦ Die schmackhaften kreativen Speisen, die in diesem hellen, elegant wirkenden kleinen Restaurant serviert werden, zeugen vom Können der weissen Brigade.

XX **Mood's,** Bahnhofstr. 84, ℘ 0279 678 484, *moods@ zermatt.com*, Fax 0279 674 114, 斎 – ✳ ✪ 20. ﬞﬞ ﬞﬞ VISA ✻        AZ q
20. Nov. - 23. April und 16. Juli - Mitte Okt. – **Rest** *(geschl. Dienstag im Sommer)* *(im Winter nur Abendessen)* (im Winter Tischbestellung erforderlich) à la carte 66/103.
♦ Der rosa Elefant weist Ihnen den Weg zu diesem Lokal, das auf drei Ebenen mit Restaurant und verschiedenen Bars aufwartet. Die Einrichtung wurde von Heinz Julen entworfen.

XX **Méditerranée,** zum Steg 3, ℘ 0279 674 525, *info@ mediterranee-zermatt.ch*, Fax 0279 674 535, 斎 – ✪ 18. ﬞﬞ ﬞﬞ VISA        BY d
geschl. 18. April - 6. Juni, Nov. - 5. Dez. und Montag im Winter – **Rest** *(Vor- und Nachsaison nur Abendessen)* 68 (abends) und à la carte 55/97 ⊗.
♦ Ein trendiges Restaurant mit Vinothek, in dem man in modernem Ambiente eine variantenreich präsentierte, leichte mediterrane Küche und gute Weine bietet.

XX **Le Mazot,** Hofmattstr. 23, ℘ 0279 660 606, *le.mazot@ reconline.ch*, Fax 0279 660 607 – ﬞﬞ ﬞﬞ VISA        AY v
geschl. 23. April - 18. Juni, 15. Okt. - 23. Nov. und Montag – **Rest** - Grill- und Lammspezialitäten - *(nur Abendessen)* (Tischbestellung ratsam) à la carte 53/105.
♦ Ein ortstypisches Grillrestaurant ist das Le Mazot. Inmitten seiner Gäste bereitet der Patron über glühenden Holzkohlen unter anderem seine bekannten Lammspezialitäten zu.

X **Myoko,** Bahnhofstrasse, ℘ 0279 668 739, *seilerhaus@ bluewin.ch*, Fax 0279 668 758 – ﬞﬞ ﬞﬞ ﬞﬞ VISA        AY s
Mitte Dez. - 22. April und Mitte Juni - Mitte Sept. – **Rest** - japanische Küche - *(nur Abendessen)* 52 und à la carte 44/97.
♦ Schlicht-modern hat man dieses Restaurant gestaltet. An der Sushibar oder an blanken Tischen bietet man Typisches aus Fernost. Durch eine Glasscheibe blicken Sie in die Küche.

X **Zum See,** mit Gondelbahn bis Furri und Spazierweg (15 Min.) erreichbar, oder über Schwarzseepromenade (40 Min.), ℘ 0279 672 045, *info@ zumsee.ch*, Fax 0279 671 873, 斎 – ﬞﬞ ﬞﬞ VISA
16. Dez. - 23. April und 20. Juni - 5. Okt. – **Rest** *(nur Mittagessen)* (Tischbestellung ratsam) à la carte 38/90.
♦ Nach einem schönen Spaziergang erreicht man dieses in einem Berg-Weiler gelegene, gemütliche Bergrestaurant mit romantischer Terrasse. Einfache, aber gute Küche.

X **Findlerhof,** in Findeln, mit Sunnegga Express und Spazierweg (25 Min.) erreichbar, Höhe 2 020, ℘ 0279 672 588, *info@ findlerhof.ch*, Fax 0279 672 853, ≤ Matterhorn, 斎 – ﬞﬞ VISA
1. Dez. - 23. April und 15. Juni - 8. Okt. – **Rest** *(nur Mittagessen)* (im Winter Tischbestellung ratsam) (25) und à la carte 51/103.
♦ Das schöne Bergrestaurant ist eine beliebte gastronomische Adresse. Von der Terrasse aus hat man eine einmalige Sicht auf das Matterhorn. Im Winter gut per Ski zu erreichen.

⁂ **Ried,** über Spazierweg Richtung Ried (30 Min.), ℘ 0279 674 284, ried@zermatt.ch,
≤ Matterhorn und Zermatt, 🍴
*geschl. 24. April - 25. Juni und 22. Okt. - 20. Dez.* – **Rest** *(nur Mittagessen)* à la carte
32/70.
♦ Ganz in Holz zeigt sich der hübsche, urige Gastraum, berghüttentypisch das Angebot. Die geschützte Südterrasse bietet einen fantastischen Blick auf Zermatt und das
Matterhorn.

---

**ZINAL** 3961 Valais (VS) 552 J12 – alt. 1 671 – Sports d'hiver : 1 675/2 895 m ≰ 1 ≰ 8 ⏂.
**Manifestation locale**
*28.01 - 29.01 : Concentration internationale de parapentes (Mauler Cup).*
🛈 *Office du Tourisme,* ℘ 0274 751 370, zinal@sierre-anniviers.ch,
*Fax 0274 752 977.*
*Bern 195 – Sion 42 – Brig 60 – Sierre 27.*

🏨 **Europe,** ℘ 0274 754 404, info@europezinal.ch, Fax 0274 754 414, ≤, 🍴, ⅙,
⬆ – ⅗, 🍴 rest, ☎ 🅿 – 🚿 15/30. 🆀 ⓪ ⓪ 🆅🆂🅰. ⅗ rest
*16 déc. au 23 avril et 2 juin au 18 oct.* – **Rest** (20) 36/60 et à la carte 36/79 – **34 ch**
⊇ ⋆86/134 ⋆⋆154/236 – ½ P suppl. 25.
♦ Construction récente de type chalet surveillant la place principale. Chambres de
bon calibre et duplex familiaux. Équipements modernes. Proximité des remontées
mécaniques. Bar-pizzeria et restaurant où l'on vient faire des repas plus
élaborés.

---

**ZOFINGEN** 4800 Aargau (AG) 551 M5 – 8 522 Ew. – Höhe 432.
🛈 *Verkehrsbüro, Stadthaus, Kirchplatz 26,* ℘ 0627 457 172, verkehrsbuero@zo-
fingen.ch, Fax 0627 457 174.
*Bern 70 – Aarau 19 – Luzern 43 – Olten 12 – Solothurn 39.*

⁂ **Schmiedstube,** Schmiedgasse 4, ℘ 0627 511 058, info@schmiedstube.ch,
Fax 0627 511 860, 🍴 – 🆀 ⓪ ⓪ 🆅🆂🅰
**Rest** *(geschl. Samstagabend und Sonntag)* (17.50) und à la carte 51/99.
♦ Mit Sichtbalken und schöner Holzdecke dekorierte, gediegene Stube im 1. Stock
eines Altstadthauses a. d. 15. Jh. Klassische Speisekarte. Einfacherer Bereich im Par-
terre.

---

Die Gedecke ⁂ und die Sterne ❀ dürfen nicht verwechselt werden!
Die Gedecke stehen für eine Komfortkategorie, die Sterne zeichnen
Häuser aus, die in jeder dieser Kategorien die beste Küche bieten.

---

**ZOLLIKON** Zürich 551 Q5 – siehe Zürich.

---

**ZUCHWIL** Solothurn 551 K6 – siehe Solothurn.

---

**ZUG** 6300 🄺 Zug (ZG) 551 P6 – 23 370 Ew. – Höhe 425.
**Sehenswert** : *Zuger See★★ – Die Quais★ : Ausblicke★ – Altstadt★ Z.*
**Ausflugsziel** : *Zugerberg★ über ②: 7,5 km – Ehemalige Zisterzienserabtei Kappel★*
*Glasgemälde★ über ①.*
🛫 in Schönenberg, ✉ 8824 (April - Nov.) ℘ 0447 889 040, Fax 0447 889 045,
über ① Nord-Ost : 14 km
🛫 (Lochzahl 33) Ennetsee in Holzhäusern, ✉ 6343 Rotkreuz, ℘ 0417 997 010,
Fax 0417 997 015.
**Lokale Veranstaltung**
*24.06 : Seefest.*
🛈 *Zug Tourismus, Reisezentrum, Bahnhofplatz,* ℘ 0417 236 800, tourism@zug.ch,
Fax 0417 236 810 Y.
🏵 *Baarerstr. 21-Erlenhof,* ℘ 0417 294 747, Fax 0417 294 748 Y.
*Bern 139 ④ – Luzern 28 ④ – Zürich 31 ① – Aarau 58 ④ – Schwyz 27 ③*

## ZUG

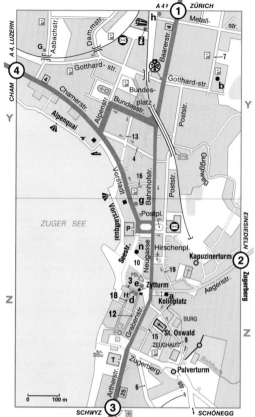

---

🏨🏨🏨 **Parkhotel Zug,** Industriestr. 14, ☎ 0417 274 848, phz@parkhotel.ch, Fax 0417 274 849, 🍸, 𝄈, ⇌, 🔲 – 🛗, 😘 Zim, 🍽 Rest, 📞 ⅙ 🚗 – ⚐ 15/120. 🅰🅴 ⓞ 🆎 𝗩𝗜𝗦𝗔 ⚡ Rest Y b
**A Point :** Rest 26 (mittags) und à la carte 51/112 – **104 Zim** ⊇ ✝336 ✝✝396, 6 Suiten.

♦ Das gehobene Geschäftshotel bietet modern eingerichtete Räume mit guter Ausstattung, die Zimmer in der Residenz sind geräumiger, teils mit kleinem Wintergartenanbau. Schachbrett-Boden, Säulen und Lederbänke verleihen dem A Point leichtes Brasserie-Ambiente.

🏨🏨 **City Hotel Ochsen,** Kolinplatz 11, ☎ 0417 293 232, info@ochsen-zug.ch, Fax 0417 293 222, 🍸 – 🛗, 😘 Zim, 🅰🅴 ⓞ 🆎 𝗩𝗜𝗦𝗔 Z a
**Au Premier :** Rest 49 (mittags)/54 und à la carte 48/101 🐾 – **48 Zim** ⊇ ✝165/280 ✝✝255/280 – ½ P Zuschl. 49.

♦ Zentral am Kolinplatz liegt dieses ansprechende alte Stadthaus, in dem schon Goethe übernachtet haben soll. Die Zimmer sind bei ausreichendem Komfort funktionell gestaltet. Im Au Premier speisen Sie in rustikal-gediegenem Ambiente unter einer alten Holzdecke.

🏨🏨 **Löwen** garni, Landsgemeindeplatz 1, ☎ 0417 252 222, info@loewen-zug.ch, Fax 0417 252 200, ⩽ Zugersee – 🛗 😘 🍽 📞 ⅙, 🅰🅴 ⓞ 🆎 𝗩𝗜𝗦𝗔 ⚡ Z n geschl. 23. Dez. - 3. Jan. – **48 Zim** ⊇ ✝175/210 ✝✝265.

♦ Die angenehme Lage nicht weit vom Ufer, der sehr schöne Blick auf den Zugersee sowie modern eingerichtete Gästezimmer sprechen für dieses kürzlich renovierte Hotel.

**🏨 Zugertor,** Baarerstr. 97 über ①, ℰ 0417 293 838, *info@zugertor.ch*, Fax 0417 113 203, 斎 – 📵, ↔ Zim, 🗏 Zim, 📞 🅿 ℵ ⓞ ⓜⓞ 🆅🆂🅰
Hotel : geschl. 25. Dez. - 2. Jan. – ***Zeno's Spezialitäten Restaurant***
ℰ 0417 200 919 *(geschl. 23. Juli - 8. Aug. und Samstag)* Rest (18.50) 68 und à la
carte 41/83 – **35 Zim** ☲ ✦155/175 ✦✦195/215.
◆ Die funktionellen Zimmer dieses am Zentrumsrand gelegenen, solide geführten Stadthotels sind im Altbau mit mahagonifarbenen Holzmöbeln eingerichtet, im Neubau mit hellem Holz. Zeno's Spezialitäten Restaurant ist hell und neuzeitlich gestaltet.

**🏨 Guggital** 🔊, über Zugerbergstrasse Z, Zugerbergstr. 46, ℰ 0417 112 821, *guggital@starnet.ch*, Fax 0417 101 443, ≤ Zug, See und Berge, 斎 – 📵 ↔ 📞 🅿 – 🔏 15/40. ℵ ⓞ ⓜⓞ 🆅🆂🅰
geschl. 22. Dez. - 2. Jan. – **Rest** (18) 35 (mittags)/58 und à la carte 42/99 – **32 Zim**
☲ ✦115/160 ✦✦195/220 – ½ P Zuschl. 35.
◆ Dieses erhöht gelegene Hotel bietet seinen Gästen ruhige, moderne Zimmer, die teils mit verschiedenfarbenen soliden Möbeln eingerichtet sind. Vom bürgerlichen Restaurant und der schattigen Terrasse hat man eine schöne Panoramasicht über den Zugersee.

**XXX Rathauskeller,** Ober-Altstadt 1, ℰ 0417 110 058, *contact@rathauskeller.ch*, Fax 0417 121 888, 斎 – ℵ ⓞ ⓜⓞ 🆅🆂🅰 Z d
geschl. 25. Dez. - 9. Jan., 9. - 24. April, 6. - 20. Aug., Sonntag und Montag – **Zunftstube** (1. Etage) Rest (Tischbestellung ratsam) 68 (mittags)/135 und à la carte 93/156 🍴 – **Bistro :** Rest (28) und à la carte 49/107.
◆ Schnitzereien, Versace-Porzellan und moderne schwarze Lederstühle machen das elegant-klassische Interieur der Zunftstube im 1. Stock dieses schönen Altstadthauses aus. Leger : das Bistrot mit modernen Einrichtungselementen und abwechslungsreicher Dekoration.

**XX Aklin,** Kolinplatz 10, ℰ 0417 111 866, *info@restaurantaklin.ch*, Fax 0417 110 750, 斎 – ℵ ⓞ ⓜⓞ 🆅🆂🅰 Z e
geschl. Juli, Samstagmittag, Sonn- und Feiertage – **Rest** (25) 95/112 und à la carte 52/129.
◆ In dem schönen Altstadthaus a. d. J. 1787 bilden moderner Bistrostil einerseits und ein geschmackvolles historisches Ambiente andererseits ein sehenswertes Interieur.

**XX Zum Kaiser Franz im Rössl,** Vorstadt 8, ℰ 0417 109 636, *info@kaiser-franz.ch*, Fax 0417 109 737, 斎 – ℵ ⓞ ⓜⓞ 🆅🆂🅰 Z g
geschl. 23. - 31. Juli, Samstagmittag und Sonntag – **Rest** - österreichische Küche - (Tischbestellung ratsam) (31) 89 und à la carte 52/105.
◆ Dezente Farben, Hussenstühle, Säulen sowie Bilder und Wandmalereien verleihen dem Restaurant klassisches Flair. Küche mit österreichischem Schwerpunkt.

**XX Glashof,** Baarerstr. 41, ℰ 0417 101 248, *glashof@tiscalinet.ch*, Fax 0417 106 248, 斎 – 🗏 ⇄ 4/24. ℵ ⓞ ⓜⓞ 🆅🆂🅰 Y h
geschl. 23. Dez. - 3. Jan. – **Rest** *(geschl. Samstag, Sonn- und Feiertage)* (24) 59 (mittags) und à la carte 44/99.
◆ Dieses gut geführte Haus ist Restaurant und Bistro-Bar zugleich. Eine Deckenkonstruktion aus Metall, rote Ledersessel und Gemälde prägen das Ambiente. Schweizer Küche.

Die erste Auszeichnung, der Stern ✿. Er wird an Häuser vergeben,
für die man gerne einen kilometerweiten Umweg in Kauf nimmt!

---

**ZUMIKON** 8126 Zürich (ZH) 🗺 Q5 – 4613 Ew. – Höhe 659.
Bern 140 – Zürich 10 – Rapperswil 24 – Winterthur 35.

**X Triangel,** Ebmatingerstr. 3, ℰ 0449 180 454, *info@triangel.ch*, Fax 0449 190 755, 斎 – 🅿 ℵ ⓞ ⓜⓞ 🆅🆂🅰
geschl. 24. Dez. - 2. Jan., Samstagmittag und Sonntag – **Rest** - italienische Küche - (26) 43 (mittags)/98 und à la carte 54/113.
◆ Im trendig dekorierten, einfachen Restaurant oder in der im Stil Louis XIII eingerichteten Stube serviert man dem Gast Gerichte aus dem sonnigen Italien.

**ZUOZ** *7524 Graubünden (GR)* 🔢🔢 X10 – *1258 Ew.* – *Höhe 1695* – *Wintersport:* *1 716/2 460 m* 🚡4 🎿.

Sehenswert : *Lage*★★ – *Hauptplatz*★★ – *Engadiner Häuser*★.

🏌️₁₈ *Engadin Golf Zuoz-Madulain (Ende Mai - Mitte Okt.)* 🖊 *0818 513 580, Fax 0818 513 589.*

**Lokale Veranstaltung**
*01.03 : "chalandamarz", alter Frühlingsbrauch und Kinderfest.*

🛈 *Tourismus-Info, via maistra,* 🖊 *0848 986 946,* zuoz@topengadin.ch, *Fax 0818 543 334.*

*Bern 329* – *Sankt Moritz 17* – *Scuol 46* – *Chur 69* – *Davos 50* – *Merano 120.*

---

🏨 **Castell** 🦢, Nord : 1 km, 🖊 0818 515 253, info@hotelcastell.ch, *Fax 0818 515 254,* ≤ *Inntal und Berge,* 🍽, ℔, 🛋, 🛏 – 🛗 ⇄ 📞 🏃 🚲 🅿 – 🔏 35. 🆑 ⓞ ⓜⓞ 𝘃𝘪𝘴𝘢. 🍴 Rest
*Anf. Dez. - 2. April und 9. Juni - 15. Okt.* – **Rest** à la carte 61/97 – **66 Zim** ⌓ 🛏140/224 🛏🛏200/380 – ½ P Zuschl. 50.
♦ Gelungen vereint dieses Hotel Traditionelles und modernstes Design. Interessante Lichteffekte im puristisch gestylten Hamam. Markant : die Lage über dem Tal. Zeitgemässe Küche aus aller Welt im klassischen Speisesaal unter einer beeindruckenden Stuckdecke.

🏨 **Belvair,** 🖊 0818 542 023, info@hotel-belvair.ch, Fax 0818 542 055, 🍽, 🛋, 🛏 – 🛗 ⇄ ⇄ 🅿 🆑 ⓜⓞ 𝘃𝘪𝘴𝘢. 🍴 Rest
*18. Dez. - 31. März und 15. Juni - 15. Okt.* – **Rest** (nur im Winter ½ Pens. für Hotelgäste) – **12 Zim** ⌓ 🛏90/135 🛏🛏170/250 – ½ P Zuschl. 40.
♦ Die Zimmer des Hotels Belvair sind mit italienischen Möbeln geschmackvoll und wohnlich eingerichtet und bieten bei angenehmer Grösse neuzeitlichen Wohnkomfort. Gepflegtes Restaurant mit traditioneller Küche.

🏠 **Klarer,** Hauptstrasse, 🖊 0818 513 434, info@klarerconda.ch, Fax 0818 513 400 – 🛗, ⇄ Rest, 👍 Zim. 🆑 ⓞ ⓜⓞ 𝘃𝘪𝘴𝘢
*geschl. Mai und Montag in der Zwischensaison* – **Rest** (20) 46 (mittags)/68 und à la carte 38/100 – **19 Zim** ⌓ 🛏90/150 🛏🛏140/235 – ½ P Zuschl. 40.
♦ In dem typischen Engadiner Haus wohnt man in gepflegten, mit solidem Holzmobiliar und zeitgemässer Technik ausgestatteten Zimmern von ausreichender Grösse. In ländlich-rustikalem Umfeld speist man unter schönen massiven Steingewölben.

🍴 **Dorta,** 🖊 0818 542 040, info@dorta.ch, Fax 0818 540 040, 🍽 – ⇄ 🅿 🆑 ⓞ ⓜⓞ 𝘃𝘪𝘴𝘢
*2. Dez. - 22. April, 9. Juni - 21. Okt. ; geschl. Dienstag (ausser abends in Hochsaison) und Montag* – **Rest** (in Nebensaison nur Abendessen) 47 und à la carte 42/96.
♦ "Das originellste Lokal im Tal" hat man in einem der ältesten Bauernhäuser des Engadins eingerichtet - sein ursprünglicher uriger Scheunen-Charakter ist erhalten geblieben.

G. Thouvenin/SCOPE

Zürich mit Fraumünsterkirche und St. Peter Kirche

# ZÜRICH

8000 **K** Zürich (ZH) **551** P5 – 342 853 Ew. – Höhe 409

Bern 125 ⑦ – Aarau 47 ⑦ – Baden 24 ⑦ – Chur 122 ⑤ – Winterthur 28 ②.

**🛈** Zürich Tourismus, im Hauptbahnhof, 📞 0442 154 000, info@zuerich.com, Fax 0442 154 099 **EY**.

**⊗** Uraniastr. 14, 📞 0442 173 070, Fax 0442 173 061 **EY**.

**Ⓐ** Forchstr. 95 📞 0443 877 500, Fax 0443 877 509 **DX**.

✈ Unique Zürich airport, 📞 0438 162 211.

## Fluggesellschaften
*Swiss International Air Lines Ltd.*, 📞 0848 852 000.
*Air France Europastr. 31, 8152 Glattbrugg*, 📞 0444 391 818.
*Alitalia Neugutstr. 66, 8600 Dübendorf*, 📞 0848 486 486, Fax 0448 244 510.
*Austrian Airlines, Laudaair & Tyrolean Airways Gutenbergstr. 10*, 📞 0442 868 088, Fax 0442 868 098.
*British Airways Löwenstr. 29*, 📞 0848 845 845, Fax 0848 845 849.
*Lufthansa Gutenbergstr. 10*, 📞 0900 900 922, Fax 0442 867 205.

## Lokale Veranstaltungen
*24.04 : "Sechseläuten" Frühlingsfest.*
*09.09-11.09 : Knabenschiessen, Schützenfest für Jugendliche.*

**🏌** Dolder (Ende März–Ende Sept.) 📞 0442 615 045, Fax 0442 615 302 **BU** ;

**🏌** Unterengstringen, ✉ 8103 (Mitte Jan.-Mitte Dez.) 📞 0447 485 740, Fax 0447 485 741, Nord-West : 18 km über ④ Ausfahrt Weiningen, Richtung Geroldswil, Fahrweid und Überlandstrasse ;

**🏌** Winterthur, ✉ 8312 (April-Nov.) 📞 0523 451 181, Fax 0523 451 219, über ① Effretikon-Lindau : 20 km ;

**🏌** in Zumikon, ✉ 8126 (April-Okt.) 📞 0432 881 088, Fax 0432 881 078, Süd-Ost : 9 km ;

**🏌** in Hittnau, ✉ 8335 (April-Okt.) 📞 0449 502 442, Fax 0449 510 166, Ost : 33 km ;

**🏌** in Breitenloo, ✉ 8309 Oberwil bei Nürensdorf (April-Okt.) 📞 0448 364 080, Fax 0448 371 085, Nord : 22 km über ①.

**Sehenswert** : *Die Quais*★★ : *Ausblicke*★ **FZ** – *Mythenquai : Ausblicke*★ **CX** – *Kunsthaus*★★ **FZ** – *Stiftung Sammlung E. G. Bührle*★★ **BU M³** – *Fraumünster : Kreuzgang*★, *Fenster*★ **EZ** – *Felix-und-Regulakirche*★ **AT E** – *Zoo Zürich*★ **BT** – *Grossmünster*★ **FZ** – *Altstadt*★★.

**Museen** : *Schweizerisches Landesmuseum*★★★ **EY** – *Museum Rietberg*★★ **CX M²**.

**Ausflugsziele** : *Uetliberg*★★ *mit Bahn* **AU** – *Albisstrasse*★ *über* ⑥ – *Ehem. Kloster Kappel*★ *Süd-West : 22 km über* ⑥ – *Eglisau : Lage*★ *Nord : 27 km über* ①.

**Schiffahrten** : *Informationen bei der Zürichsee-Schiffahrtsgesellschaft – Mythenquai 333*, 📞 0444 871 333, Fax 0444 871 320.

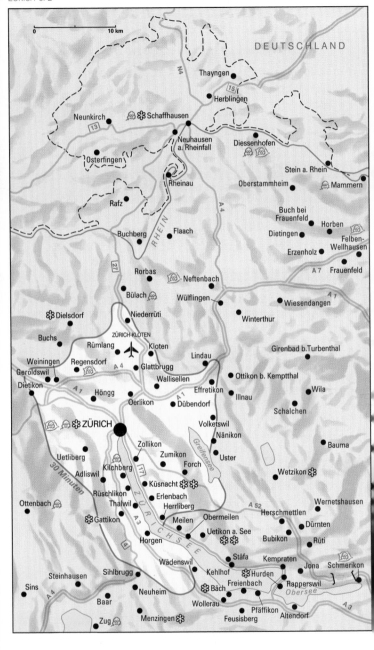

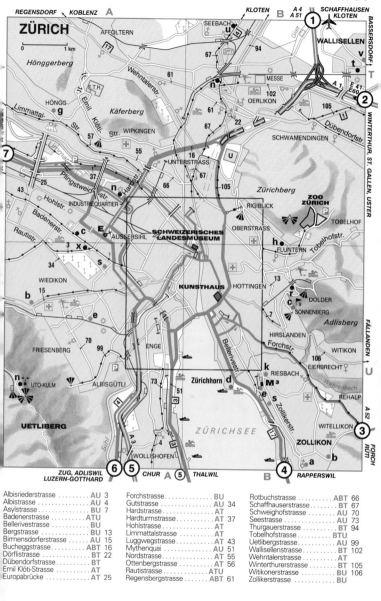

Die Gedecke ✕ und die Sterne ✿ dürfen nicht verwechselt werden!
Die Gedecke stehen für eine Komfortkategorie, die Sterne zeichnen
Häuser aus, die in jeder dieser Kategorien die beste Küche bieten.

477

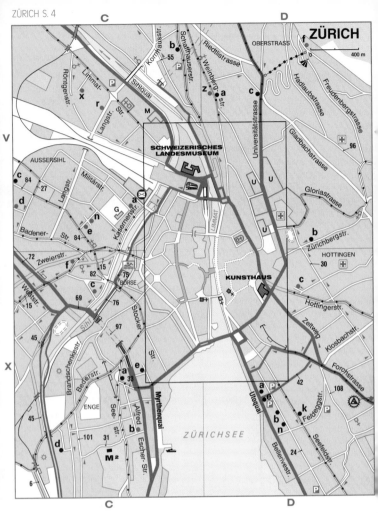

ZÜRICH

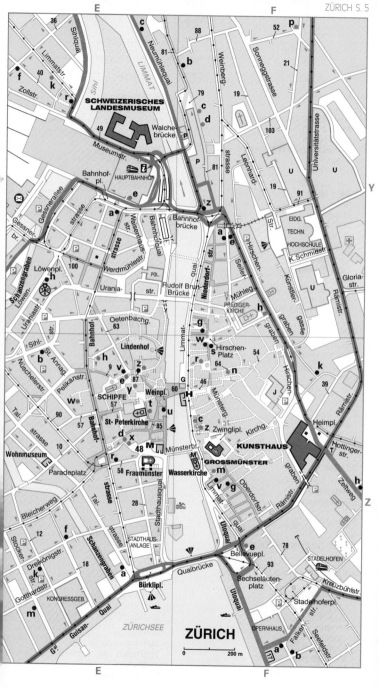

ZÜRICH

0          200 m

# Liste alphabétique des hôtels et restaurants
## Alphabetisches Hotel- und Restaurantverzeichnis
## Elenco alfabetico degli alberghi e ristoranti
## Alphabetical list of hotels and restaurants

## Rechtes Ufer der Limmat (Universität, Kunsthaus)

🏨 **Zürich Marriott,** Neumühlequai 42, ✉ 8001, ✆ 0443 607 070, *marriott.zuric h@marriotthotels.com*, Fax 0443 607 777, ≤, 𝐋𝓈, ⇌s, ◻ – ⧈, ⇌ Zim, ◼ ⛝ & Zim, ⟷ – ▲ 15/250. 🆎 ⓿ ⓿ *VISA*. ⛝ Rest S. 5 EY c
*White Elephant* - thailändische Küche - *(geschl. Samstagmittag und Sonntagmittag)* **Rest** 38 (mittags)/75 und à la carte 54/105 – *La Brasserie :* Rest (19.50) und à la carte 45/97 – ⚌ 34 – **252 Zim** ✦295/405 ✦✦305/450, 9 Suiten.
♦ Das Hochhaus mit eigener Tiefgarage liegt direkt am Fluss. Die Zimmer unterscheiden sich in Grösse und Ausstattung, sind neuzeitlich-komfortabel eingerichtet. Modern, in klaren Linien zeigt sich das White Elephant. Die Brasserie ist schlicht gehalten.

🏨 **Eden au Lac,** Utoquai 45, ✉ 8008, ✆ 0442 662 525, *info@edenau lac.ch*, Fax 0442 662 500, ≤, ⇌s – ⧈ ◼ ⛝ 𝐏 – ▲ 20. 🆎 ⓿ ⓿ *VISA*
⛝ Rest S. 4 DX a
**Rest** (36) 59 (mittags)/120 und à la carte 71/140 – **45 Zim** ⚌ ✦420/490 ✦✦640/710, 5 Suiten.
♦ Das neubarocke Hotel gilt als Kulturdenkmal, das das Bild der Seefront seit 1909 entscheidend geprägt hat. Im Inneren finden Sie alles, was Sie von einem Luxushotel erwarten. Das Restaurant bietet eine zeitgemässe Küche.

🏨 **Steigenberger Bellerive au Lac,** Utoquai 47, ✉ 8008, ✆ 0442 544 000, *bel lerive@steigenberger.ch*, Fax 0442 544 001, ≤, 𝐋𝓈, ⇌s – ⧈, ⇌ Zim, ◼ ⛝ & Zim, ⟷ 𝐏 – ▲ 15/25. 🆎 ⓿ *VISA* S. 4 DX e
**Rest** (27) 53 (mittags) und à la carte 54/127 – **51 Zim** ⚌ ✦310/450 ✦✦430/490 – ½ P Zuschl. 53.
♦ Das Haus mit der modern-eleganten Einrichtung im Stil der 20er Jahre liegt am Ufer. Die Zimmer sind in Gestaltung, Technik und Komfort absolut auf dem Stand der Zeit. Das kleine, elegante Restaurant ist mit soliden Polsterstühlen klassisch eingerichtet.

🏨 **Sofitel,** Stampfenbachstr. 60, ✉ 8006, ✆ 0443 606 060, *h1196@accor.com*, Fax 0443 606 061, ⛲ – ⧈, ⇌ Zim, ◼ ⛝ & ⟷ – ▲ 15/40. 🆎 ⓿ ⓿ *VISA*
*Bel Etage :* Rest (22) 32 (mittags) /68 und à la carte 54/102 – ⚌ 32 – **149 Zim** ✦220/450 ✦✦260/450, 4 Suiten. S. 5 FY b
♦ Von dem ganz in Stil eines eleganten Schweizer Chalets gehaltenen Empfangsbereich bis in die schallisolierten Zimmer prägen Holz und warme Farben das Interieur des Hauses. Ein breit gefächertes Angebot offeriert das Bel Etage.

🏨 **Dolder Waldhaus,** ⛛, Kurhausstr. 20, ✉ 8032, ✆ 0442 691 000, *reservation s@dolderwaldhaus.ch*, Fax 0442 691 001, ≤ Zürich und See, ⛲, 𝐠, ⇌s, ◻, ⛝ – ⧈, ⇌ Zim, ◼ Rest, ⛝ ⟷ 𝐏 – ▲ 15/30. 🆎 ⓿ ⓿ *VISA* S. 3 BU r
**Rest** (25) und à la carte 55/106 – ⚌ 20 – **70 Zim** ✦240/310 ✦✦370/460.
♦ Das ruhig gelegene Haus verfügt über neuzeitlich ausgestattete Zimmer mit Balkon und Blick auf Stadt und See. Für Familien und längere Aufenthalte : die modernen Appartements. Restaurant mit bürgerlich-gediegenem Ambiente und netter Terrasse.

🏨 **Central Plaza,** Central 1, ✉ 8001, ✆ 0442 565 656, *info@central.ch*, Fax 0442 565 657, ⛲, 𝐋𝓈 – ⧈, ⇌ Zim, ◼ Zim, ⛝ ⟷ – ▲ 30. 🆎 ⓿ ⓿ *VISA* S. 5 FY z
*King's Cave* - Grillspezialitäten - *(geschl. Samstagmittag und Sonntagmittag)* **Rest** à la carte 42/92 – ⚌ 18 – **97 Zim** ✦360/385 ✦✦360/385, 5 Suiten.
♦ Das Haus liegt gegenüber dem Bahnhof, direkt am Limmatufer. Die einheitlich gestalteten Zimmer werden den Ansprüchen des Gastes an modernen Wohnkomfort gerecht. Im Kellergewölbe befindet sich das Grillrestaurant King's Cave.

🏨 **Florhof,** Florhofgasse 4, ✉ 8001, ✆ 0442 502 626, *info@florhof.ch*, Fax 0442 502 627, ⛲ – ⧈, ⇌ Zim, ◼ Zim, 🆎 ⓿ ⓿ *VISA* S. 5 FZ k
**Rest** *(geschl. 24. Dez. - 8. Jan., 14. - 30. April, 8. - 15. Okt., Montag (ausser abends im Sommer), Samstagmittag, Sonn- und Feiertage)* (32) 44 (mittags)/88 und à la carte 81/118 – **35 Zim** ⚌ ✦245/290 ✦✦360/380.
♦ Eine geschmackvolle Einrichtung kennzeichnet die Zimmer dieses schönen Patrizierhauses aus dem 16. Jh. Liebe zum Detail und gute Technik überzeugen auf ganzer Linie. Ein edles Gedeck erwartet Sie im eleganten Restaurant.

🏨 **Seefeld** garni, Seefeldstr. 63, ✉ 8008, ✆ 0443 874 141, *info@hotel-seefeld.ch*, Fax 0443 874 151, 𝐋𝓈 – ⧈ ⇌ ⛝ & 𝐏 – ▲ 10. 🆎 ⓿ ⓿ *VISA* S. 4 DX k
**64 Zim** ⚌ ✦200/300 ✦✦310/410.
♦ Ein moderner Stil, ruhige Farben und eine funktionelle Ausstattung machen die Zimmer dieses im trendigen Seefeldquartier nahe dem Zentrum gelegenen Hotels aus.

🏨 **Krone Unterstrass,** Schaffhauserstr. 1, ⊠ 8006, 𝒫 0443 605 656, *info@ho
tel-krone.ch*, Fax 0443 605 600 – |≱|, ⅙≈ Zim, 🗏 Zim, ⓦ 🖭 – 🔏 15/75. 🎟 ⓞ ⓒⓞ
𝘝𝘐𝘚𝘈 ⅙≈ Rest                                                        S. 4 CV **b**
**Rest** (26) und à la carte 48/97 – ☷ 18 – **57 Zim** ♥170/195 ♥♥230/250 –
½ P Zuschl. 30.
   ♦ Die Zimmer des Hauses, das leicht oberhalb des Zentrums liegt, wurden kürzlich
renoviert, sind geschmackvoll und modern gestaltet und bieten zeitgemässen Komfort. Ein offener Kamin ziert eines der Hotelrestaurants.

🏨 **Rigihof,** Universitätstr. 101, ⊠ 8006, 𝒫 0443 601 200, *info@hotel-rigihof.ch*,
⊜ Fax 0443 601 207, 🍽 – |≱|, ⅙≈ Zim, ⓦ 🕭 Zim, 🖭 – 🔏 20. 🎟 ⓞ ⓒⓞ
𝘝𝘐𝘚𝘈                                                               S. 4 DV **c**
**Bauhaus :** Rest (19.50) 42 und à la carte 47/84 – **66 Zim** ☷ ♥190/250
♥♥215/360.
   ♦ Im Bauhausstil konzipiertes Hotel : Jedes der hellen, modernen Zimmer ist einer
anderen mit Zürich verbundenen Persönlichkeit künstlerisch gewidmet und trägt
ihren Namen. Klare Linien und Farben herrschen im Restaurant Bauhaus vor.

🏨 **Zürichberg** 🦳, Orellistr. 21, ⊠ 8044, 𝒫 0442 683 535, *info@zuerichberg.ch*,
Fax 0442 683 545, ≤ Zürich, See und Berge, 🍽 – |≱|, ⅙≈ Zim, ⓦ 🕭 Zim, 🚗 –
🔏 15/80. 🎟 ⓞ ⓒⓞ 𝘝𝘐𝘚𝘈                                            S. 3 BTU **h**
**Rest** (alkoholfrei) (21) und à la carte 47/108 – **66 Zim** ☷ ♥195/215 ♥♥270/450.
   ♦ Das ehemalige Kurhaus a. d. J. 1900 und ein mit Holz verkleideter Neubau in Ellipsen-
Form bilden dieses Hotel - einige der Zimmer sind recht luxuriös. Skulpturenaus-
stellung. Eine Panoramaterrasse ergänzt das Restaurant.

🏨 **Ambassador,** Falkenstr. 6, ⊠ 8008, 𝒫 0442 589 898, *mail@ambassadorhotel*
*.ch*, Fax 0442 589 800 – |≱|, ⅙≈ Zim, 🎟 ⓞ ⓒⓞ 𝘝𝘐𝘚𝘈     S. 5 FZ **a**
**Rest** (24) 59 (abends) und à la carte 51/116 – ☷ 24 – **45 Zim** ♥245/335
♥♥350/470.
   ♦ Am Rande des Zentrums in unmittelbarer Nähe des Opernhauses gelegener, statt-
licher Hotelbau. Zimmer und Suiten sind zeitgemäss eingerichtet und mit guter Technik versehen. Fantastische Wandmalereien mit Opernszenen schmücken das Restaurant.

🏨 **Wellenberg** garni, Niederdorfstr. 10, ⊠ 8001, 𝒫 0438 884 444, *reservation@*
*hotel-wellenberg.ch*, Fax 0438 884 445 – |≱| ⅙≈ ⓦ. 🎟 ⓞ ⓒⓞ 𝘝𝘐𝘚𝘈   S. 5 FZ **s**
**45 Zim** ☷ ♥295/350 ♥♥380/420.
   ♦ Mitten in der Altstadt gelegenes Haus, das über moderne Zimmer, teils im Art
déco-Stil, verfügt. Es erwartet sie ein eleganter Frühstücksraum mit Terrasse unter
einer Laube.

🏨 **Claridge Hotel Tiefenau,** Steinwiesstr. 8, ⊠ 8032, 𝒫 0442 678 787, *info@*
*claridge.ch*, Fax 0442 512 476, 🍽 – |≱|, ⅙≈ Zim, ⓦ 🖭. 🎟 ⓞ ⓒⓞ
𝘝𝘐𝘚𝘈                                                               S. 5 FZ **h**
geschl. 23. Dez. - 1. Jan. - **Orson's** (geschl. Sonntag) Rest (23) und à la carte 52/98
– **31 Zim** ☷ ♥205/320 ♥♥320/420.
   ♦ Nahe dem Zentrum gelegenes Haus aus dem Jahre 1835. Die unterschiedlich kon-
zipierten Zimmer sind teilweise mit Louis XV-Möbeln hübsch ausgestattet. Im Orson's
serviert man eine moderne, asiatisch beeinflusste Küche.

🏨 **Opera** garni, Dufourstr. 5, ⊠ 8008, 𝒫 0442 589 999, *mail@operahotel.ch*,
Fax 0442 589 900 – |≱| ⅙≈ 🗏 ⓦ. 🎟 ⓞ ⓒⓞ 𝘝𝘐𝘚𝘈         S. 5 FZ **b**
☷ 24 – **62 Zim** ☷ ♥225/335 ♥♥320/410.
   ♦ Das direkt gegenüber gelegene Opernhaus hat diesem Geschäftshotel seinen
Namen gegeben. Gepflegte Zimmer mit zeitgemässem Komfort stehen zum Einzug
bereit.

🏨 **Adler,** Rosengasse 10, am Hirschenplatz, ⊠ 8001, 𝒫 0442 669 696, *info@hote*
⊜ *l-adler.ch*, Fax 0442 669 669, 🍽 – |≱|, ⅙≈ Zim, ⓦ. 🎟 ⓞ ⓒⓞ 𝘝𝘐𝘚𝘈   S. 5 FZ **w**
**Swiss Chuchi** (geschl. Weihnachten) Rest (17) und à la carte 42/90 – **52 Zim**
☷ ♥170/270 ♥♥220/270 – ½ P Zuschl. 30.
   ♦ Die Zimmer mit hellem, funktionellem Holzmobiliar und moderner Technik sind mit
Wandbildern von Zürcher Altstadtansichten des Malers Heinz Blum geschmückt. Ein
rustikales Umfeld erwartet Sie im zur Strasse liegenden Swiss-Chuchi.

🏨 **Helmhaus** garni, Schifflände 30, ⊠ 8001, 𝒫 0442 669 595, *hotel@helmhaus.ch*,
Fax 0442 669 566 – |≱| ⅙≈ ⓦ. 🎟 ⓞ ⓒⓞ 𝘝𝘐𝘚𝘈 ⅙≈     S. 5 FZ **v**
**24 Zim** ☷ ♥175/280 ♥♥240/342.
   ♦ Das im Herzen der Stadt gelegene Haus bietet Zimmer, die meist mit weissem
Einbaumobiliar funktionell und frisch eingerichtet sind. Frühstücksraum in der ersten
Etage.

🏨 **Du Théâtre** garni, Seilergraben 69, ✉ 8001, 𝒫 0442 672 670, *info@hotel-du
-theatre.ch, Fax 0442 672 671* – 🛗 �️ ✪. 🆎 ⓪ ⓜⓞ 𝘝𝘐𝘚𝘈    S. 5   FY   e
⌧ 15 – **50 Zim** ✦160/220 ✦✦240/260.
   ♦ Nur wenige Gehminuten vom Bahnhof entfernt gelegenes Hotel, das über
moderne, technisch gut ausgestattete Gästezimmer verfügt.

🏨 **Rössli** garni, Rössligasse 7, ✉ 8001, 𝒫 0442 567 050, *reception@hotelroessli.ch,
Fax 0442 567 051* – 🛗 video ✪. 🆎 ⓪ ⓜⓞ 𝘝𝘐𝘚𝘈    S. 5   FZ   g
**22 Zim** ⌧ ✦200/230 ✦✦280.
   ♦ In dem Altstadthaus erwarten Sie eine moderne Reception und eine Bar mit
Snackangebot sowie zeitgemässe Zimmer mit hellem Holzmobiliar. 2 Suiten mit Blick
über die Stadt.

🏨 **Seegarten,** Seegartenstr. 14, ✉ 8008, 𝒫 0443 883 737, *contact@hotel-seeg
arten.ch, Fax 0443 833 738,* 🌤 – 🛗 ✪. 🆎 ⓪ ⓜⓞ 𝘝𝘐𝘚𝘈    S. 4   DX   b
**Latino** - italienische Küche - *(geschl. Samstagmittag und Sonntagmittag)* **Rest** (32)
und à la carte 49/91 ☕ – **28 Zim** ⌧ ✦179/229 ✦✦269/329.
   ♦ Eine südländische Atmosphäre begleitet den Gast vom pflanzengeschmückten Eingang bis in die Zimmer, die mit Parkettböden und Rattan- oder Naturholzmöbeln
eingerichtet sind. Terrakottaboden und Dekor lassen das Restaurant mediterran wirken.

🏨 **Rex,** Weinbergstr. 92, ✉ 8006, 𝒫 0443 602 525, *rex@zuerich-hotels.ch,
Fax 0443 602 552,* 🌤 – 🛗, ✥ Zim, ✪ 🅿. 🆎 ⓪ ⓜⓞ 𝘝𝘐𝘚𝘈    S. 4   DV   a
**Blauer Apfel** *(geschl. Samstag und Sonntag) (nur Mittagessen)* **Rest** (nur Menü)
(19.50) 35 – **38 Zim** ⌧ ✦111/175 ✦✦135/280.
   ♦ In dem Hotel am Rande des Stadtzentrums erwarten Sie mit farbigem, recht
schlichtem neuzeitlichem Mobiliar funktionell eingerichtete Zimmer - z. T. grosszügig
geschnitten. Das Restaurant Blauer Apfel ist ein freundlich gestaltetes Lokal.

🏨 **Lady's First** garni, Mainaustr. 24, ✉ 8008, 𝒫 0443 808 010, *info@ladysfirst.ch,
Fax 0443 808 020,* 🌤, 🗣, 🌿 – 🛗 ᴞ. 🆎 ⓪ ⓜⓞ 𝘝𝘐𝘚𝘈    S. 4   DX   n
geschl. 24. Dez. - 2. Jan. – **28 Zim** ⌧ ✦195/250 ✦✦290/330.
   ♦ Die oberen Etagen sowie der Wellnessbereich mit grosser Dachterrasse sind Frauen
vorbehalten. Man übernachtet in schlicht gestalteten Zimmern mit modernen Einbaumöbeln.

🏨 **Hirschen** garni, Niederdorfstr. 13, ✉ 8001, 𝒫 0432 683 333, *info@hirschen-z
uerich.ch, Fax 0432 683 334* – 🛗 ✪. ⓜⓞ 𝘝𝘐𝘚𝘈    S. 5   FY   g
☕ – **27 Zim** ⌧ ✦135/150 ✦✦175/200.
   ♦ Ein 300 Jahre altes Gasthaus mit funktionell und zeitgemäss gestalteten Zimmern
und einer Weinstube im historischen Gewölbekeller a. d. 16. Jh.

🏨 **Plattenhof,** Plattenstr. 26, ✉ 8032, 𝒫 0442 511 910, *hotel@plattenhof.ch,
Fax 0442 511 911* – 🛗, ✥ Zim, ✪ ᴞ, – 🅰 20. 🆎 ⓜⓞ 𝘝𝘐𝘚𝘈    S. 4   DV   b
**Sento** - italienische Küche - *(geschl. 24. Dez. - 8. Jan.,* Samstagmittag und
Sonntag)* **Rest** (26) 75 (abends) und à la carte 61/96 – **37 Zim** ⌧ ✦185/255
✦✦225/295.
   ♦ Das in einem Wohnquartier am Zentrumsrand gelegene Hotel gefällt vor allem mit
seinen modernen Designer-Zimmern. Die älteren Zimmer einfacher und günstiger.
Trendig gibt sich das Sento mit piemontesischer Frisch-Küche.

🏨 **Rütli** garni, Zähringerstr. 43, ✉ 8001, 𝒫 0442 545 800, *info@rutli.ch,
Fax 0442 545 801,* ≼ – 🛗 ✥ ✪ ᴞ. 🆎 ⓪ ⓜⓞ 𝘝𝘐𝘚𝘈    S. 5   FY   a
geschl. 22. Dez. - 3. Jan – **62 Zim** ⌧ ✦170/195 ✦✦260/290.
   ♦ Nahe dem Bahnhof gelegenes Hotel mit einem hübschen Empfangsbereich,
schlicht-modern eingerichteten Gästezimmern und einem guten Frühstücksbuf-
fet.

XXX **Rigiblick** (Eppisser) 🍴 mit Zim, Germaniastr. 99, ✉ 8006, 𝒫 0432 551 570, *epp
isser@restaurantrigiblick.ch, Fax 0432 551 580,* ≼ Zürich, 🌤, 🌿 – 🛗 video ✪ ᴞ.
🆎 ⓪ ⓜⓞ 𝘝𝘐𝘚𝘈    S. 6   DV   f
geschl. Sonntag und Montag – **Spice** (Tischbestellung erforderlich) **Rest** 54
(mittags)/140 und à la carte 98/125 ☕ – **Bistro Quadrino :** **Rest** (20) und à la carte
48/83 – **7 Zim** ⌧ ✦380/750 ✦✦380/750.
**Spez.** Wrap von Hummer mit gebratenem Scampo, Tomatenemulsion mit Sam-
bal verfeinert. Tom Ka Gai Nage mit Jakobsmuscheln unter der roten
Currykruste. Bengalisch gewürztes Lammrückenfilet auf Süsskartoffeln mit "Spicy
Joghurtsauce"
   ♦ Geradliniges, schlicht-elegantes Design sowie eine tolle Aussicht bestimmen das
Restaurant Spice. Die Küche überzeugt mit Euro-asiatischem. Top-moderne Appar-
tementstudios. Trendiges Bistro mit Ess-Bar, Lounge und begehbarer Weinvitrine.

XXX **Sonnenberg,** Hitziweg 15, ✉ 8032, ℰ 0442 669 797, *restaurant@ sonnenber g-zh.ch*, Fax *0442 669 798*, ≤ Zürich und See, ☂ – ▤ ♿ Rest, 🅿 🆎 ⓞ
🆚 🆚
S. 3 BU c
**Rest** - Kalbs- und Rindsspezialitäten - (Tischbestellung erforderlich) (36) und à la carte 76/141.
♦ Hoch gelegen im Gebäude der FIFA mit grandiosem Ausblick auf Stadt, See und Berge. Im halbmondförmigen Panoramarestaurant wird eine klassische französische Küche serviert.

XX **Stapferstube,** Culmannstr. 45, ✉ 8006, ℰ 0443 613 748, *restaurant@ stapfe rstube.ch*, Fax *0443 640 060*, ☂ – ✦ ⇩ 15. 🆎 🆚 🆚
S. 5 FY p
*geschl. 23. Juli - 14. Aug., Sonntag und Montag* – **Rest** (27) und à la carte 63/113.
♦ Auch unter neuer Leitung bietet diese traditionsreiche Adresse Klassiker wie Siedfleisch und das legendäre Kalbssteak - aber auch zeitgemässe, mediterran geprägte Küche.

XX **Wirtschaft Flühgass,** Zollikerstr. 214, ✉ 8008, ℰ 0443 811 215, *info@ flue hgass.ch*, Fax *0444 227 532* – 🅿 ⇩ 20. 🆎 🆚 🆚
S. 3 BU s
*geschl. 24. Dez. - 2. Jan., 14. Juli - 13. Aug., Samstag (ausser abends von Nov. - Dez.) und Sonntag* – **Rest** (Tischbestellung ratsam) (21) 65/135 und à la carte 57/119.
♦ Die ehemalige Weinschenke aus dem 16. Jh. beherbergt ein gemütliches Restaurant, in dem eine klassische französische Küche geboten wird.

XX **Haus zum Rüden,** Limmatquai 42 (1. Etage), ✉ 8001, ℰ 0442 619 566, *info @ hauszumrueden.ch*, Fax *0442 611 804* – ▐ ▤ ⇩ 30/150. 🆎 ⓞ 🆚
🆚
S. 5 FZ c
*geschl. Weihnachten, Samstag und Sonntag* – **Rest** (35) 58 (mittags)/138 und à la carte 71/140.
♦ Das Restaurant im Zunfthaus aus dem 13. Jh. überrascht mit seiner Holzflachtonnendecke. In historisch-gediegener Atmosphäre wählt man von einer klassischen Karte.

XX **Riesbächli,** Zollikerstr. 157, ✉ 8008, ℰ 0444 222 324, Fax *0444 222 941* –
♿ Rest. 🆎 ⓞ 🆚 🆚
S. 3 BU k
*geschl. 25. Dez. - 2. Jan., 22. Juli - 13. Aug., Samstag (ausser abends von Nov. - März) und Sonntag* – **Rest** (30) 110 und à la carte 65/143 ☂.
♦ Die traditionelle Gastwirtschaft mit bemerkenswertem Weinkeller vereinigt unter ihrem Dach drei optisch getrennte Stuben. Zu guten Weinen geniesst man klassische Küche.

XX **Zunfthaus zur Zimmerleuten,** Limmatquai 40, ✉ 8001, ℰ 0442 505 363,
🍴 *zimmerleuten@ kramergastro.ch*, Fax *0442 505 364*, ☂ – ▐ ▤ ⇩ 25/120. 🆎 ⓞ
🆚 🆚
S. 5 FZ z
*geschl. Weihnachten, Neujahr und 24. Juli - 8. Aug.* – **Restaurant** (1. Etage) **Rest** (24) 37 (mittags) und à la carte 59/114 – **Küferstube** : Rest (17) 58/76 und à la carte 36/82.
♦ Im ersten Stock des Zunfthauses aus dem Jahre 1708 befindet sich das Restaurant. Geschnitzte Holzbalken geben dem Raum sein stimmungsvolles Ambiente. Nette Terrasse. Alte Fässer und dunkles Holz prägen die Einrichtung der Küferstube.

XX **Wolfbach,** Wolfbachstr. 35, ✉ 8032, ℰ 0442 525 180, *info@ ristorante-wolfb ach.ch*, Fax *0442 525 312*, ☂ – ♿ 🆎 🆚 🆚
S. 4 DX c
*geschl. 12. - 19.Feb., 30.Juli - 6.Aug., 8. - 15. Okt., Samstagmittag und Sonntag* – **Rest** (28) 75 (abends) und à la carte 68/120.
♦ Ein hell und freundlich gestaltetes Restaurant mit rustikalem Charakter, in dem Sie zeitgemäss zubereitete mediterrane Gerichte erwarten.

XX **Casa Ferlin,** Stampfenbachstr. 38, ✉ 8006, ℰ 0443 623 509, *casaferlin@ blue win.ch*, Fax *0443 623 534* – ▤. 🆎 ⓞ 🆚 🆚
S. 5 FY c
*geschl. Mitte Juli - Mitte Aug., Samstag und Sonntag* – **Rest** - italienische Küche - (Tischbestellung ratsam) (52) 52 (mittags)/105 und à la carte 61/127.
♦ Dieses klassisch gehaltene Restaurant mit offenem Kamin und rustikalem Mobiliar - seit 1907 in Familienbesitz - ist das zweitälteste italienische Restaurant der Stadt.

XX **Lake Side,** Bellerivestr. 170, ✉ 8008, ℰ 0443 858 600, *info@ lake-side.ch*, Fax *0443 858 601*, ≤ Zürichsee, ☂ – ▤ ⇩ 600. 🆎 ⓞ 🆚 🆚. ✿
S. 3 BU d
**Rest** à la carte 60/119.
♦ Im Seepark Zürichhorn liegt dieses moderne Restaurant mit zeitgemässer Küche und Sushi-Bar. Im Sommer lockt die grosse Terrasse am Seeufer.

XX
🍴 **Vorderer Sternen,** Theaterstr. 22, ✉ 8001, ☎ 0442 514 949, *info@ vordere r-sternen.ch*, Fax 0442 529 063, ⛲ – ✖, 🍴 Ⓐ Ⓞ ⓐ ⓪ **Ⓥ̲Ⓘ̲Ⓢ̲Ⓐ̲** S. 5 FZ e
Rest (1. Etage) (27) und à la carte 51/106 ⌘.
• Im Parterre befindet sich ein einfaches Café, darüber das Restaurant mit heimeligem Charakter und dunklem Holz. Man bietet eine traditionelle Karte.

XX
**Mesa,** Weinbergstr. 75, ✉ 8006, ☎ 0433 217 575, *info@ mesa-restaurant.ch*, Fax 0433 217 571 – 🍴 Rest. S. 4 DV z
geschl. 1. - 9. Jan., 23. Juli - 7. Aug., Samstagmittag, Sonntag und Montag – **Rest** 55 (mittags)/125 und à la carte 70/149.
• Parkettfussboden und weisse Wände unterstreichen die elegante Note in diesem modernen Restaurant. Serviert wird eine zeitgemässe Küche.

XX
😊 **Blue Monkey Cocostin,** Stüssihofstatt 3, ✉ 8001, ☎ 0442 617 618, *koenig stuhl@ bluewin.ch*, Fax 0442 627 123, ⛲ – ⇔ 20. Ⓐ Ⓞ ⓐ ⓪ **Ⓥ̲Ⓘ̲Ⓢ̲Ⓐ̲** S. 5 FZ r
geschl. Samstagmittag und Sonntagmittag – **Rest** (1. Etage) - thailändische Küche - (18) 60 (abends) und à la carte 53/96.
• Im Zunfthaus zur Schneidern hat man auf zwei Etagen ein modernes Thai-Restaurant eingerichtet. Das Parterre im Bistrostil mit Bar, der erste Stock gut eingedeckt.

X
**Oepfelchammer,** Rindermarkt 12, ✉ 8001, ☎ 0442 512 336, Fax 0442 627 533, ⛲ – ⇔ 30. Ⓐ Ⓞ ⓐ ⓪ **Ⓥ̲Ⓘ̲Ⓢ̲Ⓐ̲** S. 5 FZ n
geschl. 24. Jan. und 17. Juli - 12. Aug., Montag, Sonn- und Feiertage – **Rest** (1. Etage) (25) und à la carte 53/93.
• Der Dichter Gottfried Keller war Stammgast der original Weinstube im Gasthaus aus dem 14. Jh. Auch im Restaurant gutbürgerliche Küche mit regionalen Spezialitäten.

X
🍴 **Rosaly's,** Freieckgasse 7, ✉ 8001, ☎ 0442 614 430, *info@ rosalys.ch*, Fax 0442 614 413, ⛲ – Ⓐ Ⓞ ⓐ ⓪ **Ⓥ̲Ⓘ̲Ⓢ̲Ⓐ̲** S. 5 FZ e
Rest (geschl. Samstagmittag und Sonntagmittag) (24) und à la carte 44/83.
• Das Ambiente in diesem modernen, schlicht möblierten Restaurant ist locker und es werden interessante internationale Gerichte auf gehobener traditioneller Basis zubereitet.

X
**Frieden,** Stampfenbachstr. 32, ✉ 8006, ☎ 0442 531 810, Fax 0442 531 812, ⛲ – Ⓐ Ⓞ ⓐ ⓪ **Ⓥ̲Ⓘ̲Ⓢ̲Ⓐ̲**. ✻ S. 5 FY d
geschl. 23. Dez. - 3. Jan, 2. - 18. April, 1. - 15. Okt., Samstag und Sonntag – **Rest** (26) und à la carte 55/104.
• Das in einem Stadthaus untergebrachte Restaurant zeigt sich in bistroartigem Stil - schlichtes Holzmobiliar und Parkettboden prägen die Einrichtung. Freundlicher Service.

X
**Blaue Ente,** Seefeldstr. 223, Mühle Tiefenbrunnen, ✉ 8008, ☎ 0443 886 840, *info@ blaue-ente.ch*, Fax 0444 227 741, ⛲ – ⇔ 25. Ⓐ Ⓞ ⓐ ⓪ **Ⓥ̲Ⓘ̲Ⓢ̲Ⓐ̲** S. 3 BU e
geschl. 1. - 9. Aug. – **Rest** (Tischbestellung ratsam) (29) und à la carte 55/119 ⌘.
• Das trendige Restaurant mit viel Glas, Röhren und gigantischem Räderwerk liegt in der ehemaligen Mühle Tiefenbrunnen. Heitere Atmosphäre, das Angebot moderngutbürgerlich.

X
**Ban Song Thai,** Kirchgasse 6, ✉ 8001, ☎ 0442 523 331, *bansong@ bluewin.ch*, Fax 0442 523 315 – Ⓐ ⓐ ⓪ **Ⓥ̲Ⓘ̲Ⓢ̲Ⓐ̲** S. 5 FZ m
geschl. 24. Dez. - 3. Jan., 17. Juli - 7. Aug., Samstagmittag und Sonntag – **Rest** - thailändische Küche - (Tischbestellung ratsam) (29) 59 und à la carte 47/99.
• Ganz in der Nähe von Kunsthaus und Grossmünster befindet sich dieses Restaurant. Der Name des Hauses sagt es bereits : Die Küche lädt Sie ein auf eine Reise nach Thailand.

X
**Rechberg,** Chorgasse 20, ✉ 8001, ☎ 0442 511 760, *rrb@ freesurf.ch*, Fax 0442 524 828, ⛲ – Ⓐ Ⓞ ⓐ ⓪ **Ⓥ̲Ⓘ̲Ⓢ̲Ⓐ̲** S. 5 FY h
geschl. Weihnachten, Neujahr, 25. Juli - 9. Aug., Samstagmittag und Sonntagmittag – **Rest** (Tischbestellung ratsam) 42 (mittags)/95 und à la carte 56/104.
• Schlicht präsentiert sich dieses beliebte Zürcher Altstadtrestaurant. Aufgetischt werden variantenreiche, oft ungewöhnlich zusammengestellte Gerichte aus aller Welt.

**Linkes Ufer der Limmat (Hauptbahnhof, Geschäftszentrum) :**

**Baur au Lac,** Talstr. 1, ⊠ 8001, ℰ 0442 205 020, info@bauraulac.ch, Fax 0442 205 044, 🍴, ▮⚮, ⚘ – ▯, ▤ Zim, ✆ ⅙ Zim, ⇔ – ▲ 15/60. ⅍ ⓪
🐵 VISA ⅍ Rest S. 5 EZ a
**Le Pavillon / Le Français :** Rest 90 (mittags)/140 und à la carte 80/173 – **Rive Gauche** (geschl. Juli - Aug. 3 Wochen und Sonntag) Rest (neues Konzept geplant) – ⚌ 38 – **107 Zim** ⚹490 ⚹⚹740, 17 Suiten.
♦ Nobel wirkt dieses imposante Hotel a. d. 19. Jh. : Es besticht durch eine grosszügige Halle, luxuriöse Zimmer und eine schöne Gartenanlage. Die klassische Küche serviert man im Sommer im Pavillon, im Winter im Français.

**Park Hyatt,** Beethovenstr. 21, ⊠ 8002, ℰ 0438 831 234, zurich.park@hyatt ntl.com, Fax 0438 831 235, 🍴, ▮⚮, ⚌s – ▯, ⅍ Zim, ▤ video ✆ ⅙ ⇔ – ▲ 15/280. ⅍ ⓪ 🐵 VISA S. 6 EZ k
**Parkhuus** (geschl. Samstagmittag und Sonntagabend) Rest 57 (mittags) und à la carte 56/128 – ⚌ 38 – **138 Zim** ⚹410/990 ⚹⚹560/1140, 4 Suiten.
♦ Hinter einer modernen Glasfassade überzeugen geschmackvolle, luxuriöse Zimmer mit neuester Technik sowie professioneller Service. The Lounge bietet Snacks. Onyx Bar. Elegant : das Parkhuus mit raumhohen Fenstern und schönem verglasten Weinkeller auf 2 Etagen.

**Savoy Baur en Ville,** am Paradeplatz, ⊠ 8001, ℰ 0442 152 525, welcome@ savoy-zuerich.ch, Fax 0442 152 500 – ▯ ▤ ✆ ⅙ – ▲ 15/70. ⅍ ⓪ 🐵
VISA ⅍ S. 5 EZ r
**Baur** (1. Etage) Rest (42) 64 (mittags) und à la carte 70/150 – **Orsini** (am Münsterhof) - italienische Küche - **Rest** (Tischbestellung ratsam) (39) 62 (mittags)/98 und à la carte 76/153 – **104 Zim** ⚌ ⚹420/470 ⚹⚹650/720, 8 Suiten.
♦ Das im Herzen der Stadt gelegene Hotel bietet mit seiner grosszügigen Architektur des 19. Jh. einen stilvollen Rahmen. Service und modern-elegantes Interieur überzeugen. Klassisch-elegant : das Baur in der 1. Etage. Die italienische Alternative : das Orsini.

**Widder,** Rennweg 7, ⊠ 8001, ℰ 0442 242 526, home@widderhotel.ch, Fax 0442 242 424, 🍴, ▮⚮ – ▯, ⅍ Rest, ▤ ✆ ⇔ – ▲ 15/120. ⅍ ⓪ 🐵 VISA ⅍ Rest S. 5 EZ v
Rest (41) 88 (abends) und à la carte 75/135 – **42 Zim** ⚌ ⚹430/505 ⚹⚹665/810, 7 Suiten.
♦ In dem Hotel, bestehend aus 10 renovierten, historischen Altstadthäusern, geniessen Sie ein erlesenes Interieur und hohen Komfort kombiniert mit zeitgenössischen Bauelementen. Als Orte voller Charme und Charakter präsentieren sich die beiden Restaurants.

**Schweizerhof,** Bahnhofplatz 7, ⊠ 8001, ℰ 0442 188 888, info@hotelschwe zerhof.com, Fax 0442 188 181 – ▯, ⅍ Zim, ▤ ✆ – ▲ 15/40. ⅍ ⓪ 🐵 VISA ⅍ Rest S. 5 EY a
**La Soupière** (1. Etage) (geschl. Samstag ausser abends von Okt. - Juni und Sonntag, Rest (36) 75 (mittags)/104 und à la carte 87/133 – **115 Zim** ⚌ ⚹315/495 ⚹⚹490/700.
♦ Im Herzen der Stadt, direkt gegenüber dem Hauptbahnhof, liegt diese traditionsreiche Residenz. Hinter einer imposanten Fassade überzeugen moderne Eleganz und Wohnkomfort. Das Restaurant La Soupière präsentiert sich klassischgediegen.

**Alden Hotel Splügenschloss** (Suitenhotel), Splügenstr. 2, ⊠ 8002 ℰ 0442 899 999, welcome@alden.ch, Fax 0442 899 998, 🍴 – ▯, ⅍ Zim, ▤ ✆ ⅙ Rest, ▯ – ▲ 20. ⅍ ⓪ 🐵 VISA S. 4 CX e
**Gourmet** (geschl. Samstag und Sonntag) Rest 68 (mittags) und à la carte 83/150 – **Bar / Bistro :** Rest à la carte 56/102 – **10 Zim** ⚌ ⚹700/1100 ⚹⚹700/1100, 12 Suiten.
♦ Hinter der prächtigen Fassade des a. d. J. 1895 stammenden Gebäudes verbergen sich modernste Suiten mit eleganter Designer-Einrichtung. Zeitgemässe Küche serviert man im geschmackvoll-gediegenen Gourmet.

**Ascot,** Tessinerplatz 9, ⊠ 8002, ℰ 0442 081 414, info@ascot.ch Fax 0442 081 420, 🍴 – ▯, ⅍ Zim, ▤ ✆ ⇔ – ▲ 15/30. ⅍ ⓪ 🐵 VISA S.4 CX a
**Lawrence** (geschl. Samstag und Sonntag) Rest 62 (mittags) und à la carte 65/118 – **74 Zim** ⚌ ⚹395/490 ⚹⚹490/590.S. 4 S. 4 CX a
♦ Das Haus mit stilvoller Einrichtung bietet komfortable Zimmer, die entweder in dunklem Mahagoni oder in heller gekalkter Eiche gestaltet sind. Das Lawrence ist im Tudorstil gehalten.

ᐍᐍᐍ **Zum Storchen,** Am Weinplatz 2, ⊠ 8001, ℘ 0442 272 727, info@storchen.ch, Fax 0442 272 700, ≤, ⌖ – ⓘ, ⌖ Zim, ▤ Zim, – ᐕ 15/20. ᴀᴇ ⓥ🅂🄰
🎇 Rest                                                                                          S. 5  EZ  u
*Rôtisserie* (1. Etage) **Rest** 68 und à la carte 67/110 – **73 Zim** ⌖ ⭑340/460
⭑⭑530/730.
♦ Das traditionelle Hotel - eines der ältesten der Stadt - liegt direkt an der Limmat. Geschmackvolle Stoffe von Jouy schmücken die eleganten und komfortablen Zimmer. Eine schöne Terrasse am Fluss ergänzt das Restaurant und bietet einen Blick auf die Altstadt.

ᐍᐍᐍ **ArabellaSheraton Neues Schloss,** Stockerstr. 17, ⊠ 8002, ℘ 0442 869 400, neuesschloss@arabellasheraton.com, Fax 0442 869 445 – ⓘ, ⌖ Zim, ▤ ✆ ⇔ – ᐕ 20. ᴀᴇ ⓞ ⓥ🅂🄰                                    S. 5  EZ  m
*Le Jardin* (geschl. Samstag, Sonntag und Feiertage jeweils mittags) **Rest** (33) 57 (mittags) und à la carte 59/102 – ⌖ 30 – **60 Zim** ⭑305/425 ⭑⭑345/475.
♦ Unweit vom See gelegen, ist das Haus optimaler Ausgangspunkt für Ihre Unternehmungen. Die frisch renovierten Zimmer sind mit elegantem Holzmobiliar modern eingerichtet. Das Restaurant im Parterre ist mit vielen Pflanzen dekoriert.

ᐍᐍᐍ **Inter-Continental Zurich,** Badenerstr. 420, ⊠ 8040, ℘ 0444 044 444, zurich@interconti.com, Fax 0444 044 440, ⌖, ⽊, ⊜, ▢ – ⓘ, ⌖ Zim, ▤ ✆ & Zim, ⇔ – ᐕ 15/300. ᴀᴇ ⓞ ⓥ🅂🄰                        S. 3  AT  c
*Relais des Arts :* **Rest** (30) 45 (mittags) und à la carte 57/93 – ⌖ 32 – **364 Zim** ⭑300/370 ⭑⭑300/370.
♦ Zu den Annehmlichkeiten dieses Hotels zählt neben komfortablen Zimmern - neuzeitlich und funktionell ausgestattet - auch die gute Anbindung an Flughafen und Autobahn. Im Relais des Arts bittet man Sie in leicht elegantem Umfeld zu Tisch.

ᐍᐍᐍ **Glärnischhof,** Claridenstr. 30, ⊠ 8002, ℘ 0442 862 222, info@hotelglaernischhof.ch, Fax 0442 862 286 – ⓘ, ⌖ Zim, ▤ ✆ � – ᐕ 25. ᴀᴇ ⓞ ⓥ🅂🄰                                                       S. 5  EZ  f
*Le Poisson* - Fischspezialitäten - (geschl. Samstag und Sonntag) **Rest** 59 (mittags)/95 und à la carte 72/115 – *Vivace* - italienische Küche - **Rest** (23) und à la carte 41/95 – **62 Zim** ⌖ ⭑340/370 ⭑⭑440/490.
♦ Das Stadthaus am Rande des Zentrums verfügt über Zimmer, die in hellen frischen Farben gehalten und mit edlem Holzmobiliar funktionell eingerichtet sind. Wie der Name schon sagt : Im Le Poisson speist man Fisch. Im Vivace erfreut man Sie mit cucina italiana.

ᐂᐂ **Glockenhof,** Sihlstr. 31, ⊠ 8001, ℘ 0442 259 191, info@glockenhof.ch, Fax 0442 259 292, ⌖ – ⓘ, ⌖ Zim, ▤ Rest, ✆ & Zim, ⯊ – ᐕ 15/40. ᴀᴇ ⓞ ⓥ🅂🄰                                                        S. 5  EZ  b
**Rest** (22) 45 (mittags) und à la carte 45/98 – **95 Zim** ⌖ ⭑270/340 ⭑⭑380/470.
♦ Die zentrale Lage ist nur einer der Vorzüge dieses gut geführten Hotels. Neben Zimmern in klassischem Stil bietet man auch geschmackvoll-moderne Designer-Zimmer. Traditionelles Restaurant Glogge-Stube mit angenehm ruhiger Terrasse. Bistro Glogge-Egge.

ᐂᐂ **Engimatt,** Engimattstr. 14, ⊠ 8002, ℘ 0442 841 616, info@engimatt.ch, ⇔ Fax 0442 012 516, ⌖, 🎇 – ⓘ, ▤ Zim, ✆ & Zim, ⇔ ⯊ – ᐕ 15/25. ᴀᴇ ⓞ ⓥ🅂🄰                                                        S. 4  CX  d
**Rest** (19) 43 (mittags)/75 und à la carte 45/90 – **74 Zim** ⌖ ⭑230/340 ⭑⭑295/390 – ½ P Zuschl. 42.
♦ Das Hotel liegt nahe dem Zentrum und dennoch im Grünen. Die Zimmer sind solide und zeitgemäss ausgestattet, teils mit geschmackvoller, rustikal-eleganter Einrichtung. Das Restaurant Orangerie ist ein moderner Glas- und Stahlbau im Stil eines Wintergartens.

ᐂᐂ **Mercure Hotel Stoller,** Badenerstr. 357, ⊠ 8003, ℘ 0444 054 747, h5488@accor.com, Fax 0444 054 848, ⌖ – ⓘ ⌖ – ᐕ 15/25. ᴀᴇ ⓞ ⓥ🅂🄰
🎇 Rest                                                                                          S. 3  AU  x
*Ratatouille :* **Rest** (22) und à la carte 41/101 – ⌖ 17 – **78 Zim** ⭑185/199 ⭑⭑185/199 – ½ P Zuschl. 30.
♦ An der Peripherie der Innenstadt nahe einer Tramstation gelegen. Einheitliche Zimmer mit grauen Furniermöbeln. Nach hinten ruhigere Räume mit Balkon. Das Ratatouille, im Sommer mit Strassencafe, ist in zwei Stuben mit dunklem Holzmobiliar aufgeteilt.

🏨 **Greulich,** Herman Greulich-Str. 56, ✉ 8004, ☎ 0432 434 243, *mail@greulich.ch*, Fax 0432 434 200, 🌤 – 🍴 Zim, ♿ ⚱ 🅿 – 🔒 20. 🆎 ⑩ 🐵 𝘝𝘐𝘚𝘈 S. 5 CV c
**Rest** *(geschl. Sonntagmittag)* (35) 78 und à la carte 73/111 – ⚏ 20 – **18 Zim** ⚊195 ⚊⚊275.

♦ Gartenzimmer sowie Juniorsuiten in einem Innenhof mit Birkenhain überzeugen mit ihrer Ausstattung in puristisch-modernem Design. Parkettfussboden, warme Farben und klare Linien bestimmen das Ambiente im Restaurant. Interessante spanisch inspirierte Küche.

🏨 **Novotel Zürich City-West,** Schiffbaustr. 13, ✉ 8005, ☎ 0442 762 222, *H2731 @accor.com*, Fax 0442 762 323, 🌤, 🛁, 🖥 – 🍴, 🌤 Zim, ♿ Zim, �car
🔒 15/120. 🆎 ⑩ 🐵 𝘝𝘐𝘚𝘈 S. 3 AT n
**Rest** à la carte 40/101 – **142 Zim** ⚏ ⚊224/230 ⚊⚊249/255.

♦ Das vollständig schwarz verglaste Hotel bietet identische mit weiss furniertem Einbaumobiliar ausgestattete, moderne Zimmer mit ausreichendem Platzangebot.

🏨 **Kindli,** Pfalzgasse 1, ✉ 8001, ☎ 0438 887 676, *reservations@kindli.ch*, Fax 0438 887 677, 🌤 – 🍴 ♿ 🆎 ⑩ 🐵 𝘝𝘐𝘚𝘈. 🌤 Zim S. 5 EZ z
**Zum Kindli** *(geschl. Sonn- und Feiertage)* **Rest** (29) und à la carte 51/96 – **20 Zim** ⚏ ⚊260/340 ⚊⚊360/420.

♦ In dem traditionsreichen Zürcher Stadthaus mit Einrichtung im englischen Landstil bestimmt Laura Ashley-Design die individuellen Zimmer. Familiäre Atmosphäre. Dezent-elegantes Restaurant mit zeitgemässem Angebot.

🏨 **Walhalla** garni, Limmatstr. 5, ✉ 8005, ☎ 0444 465 400, *walhalla-hotel@bluew in.ch*, Fax 0444 465 454 – 🍴 🌤 ♿ – 🔒 15/20. 🆎 ⑩ 🐵 𝘝𝘐𝘚𝘈 S. 5 EY r
⚏ 15 – **48 Zim** ⚊140/170 ⚊⚊190/220.

♦ Verkehrstechnisch günstige Lage hinter dem Bahnhof an einer Tramstation. Die Zimmer mit gemalten Götterszenen sind in dunklem Holz möbliert.

🏨 **Montana,** Konradstr. 39, ✉ 8005, ☎ 0433 666 000, *reservation@hotelmontar. a.ch*, Fax 0433 666 010 – 🍴, 🌤 Zim, 🅿 🆎 ⑩ 🐵 𝘝𝘐𝘚𝘈 S. 5 EY f
Hotel : geschl. 16. Jan. - Mitte März – **Bistro Le Lyonnais** *(geschl. Sonn- und Feiertage)* **Rest** 25 (mittags)/45 und à la carte 46/86 – **74 Zim** ⚏ ⚊155/190 ⚊⚊200/250 – ½ P Zuschl. 25.

♦ Hinter dem Bahnhof liegt dieses vor allem auf Durchreisende ausgelegte Hotel. Mit dem verglasten Lift im gedeckten Lichthof gelangen Sie in praktisch ausgestattete Zimmer. Bistro Le Lyonnais mit separatem Eingang und typischer Einrichtung.

🏨 **City,** Löwenstr. 34, ✉ 8001, ☎ 044 171 717, *hotelcity@bluewin.ch*, Fax 044 171 818 – 🍴, ▤ Rest, ♿ – 🔒 20. 🆎 ⑩ 🐵 𝘝𝘐𝘚𝘈 S. 5 EY h
**Rest** *(geschl. Samstag, Sonn- und Feiertage)* (19.50) und à la carte 40/80 – **72 Zim** ⚏ ⚊145/190 ⚊⚊230/260.

♦ Das Haus im Zentrum hat Zimmer unterschiedlichen Zuschnitts, die mit solidem Mobiliar ausgestattet und in diversen hellen Farben gehalten sind. Hofzimmer klimatisiert.

🏨 **Ibis,** Schiffbaustr. 11, ✉ 8005, ☎ 0442 762 100, *h2942@accor. com*, Fax 0442 762 101, 🌤 – 🍴, 🌤 Zim, ♿ Zim, 🚗. 🆎 ⑩ 🐵 𝘝𝘐𝘚𝘈 S. 3 AT n
**Rest** *(geschl. Samstagmittag und Sonntagmittag)* (16) und à la carte 35/64 – ⚏ 14 – **155 Zim** ⚊⚊124/134 ⚊⚊124/134.

♦ An Stelle der alten Schiffbauhallen steht hier heute ein Hotel, das in seinen funktionell eingerichteten Zimmern zu fairen Preisen alles Notwenige bietet.

XX **Casa Piccoli "Il Gattopardo",** Rotwandstr. 48, ✉ 8004, ☎ 0434 434 848, Fax 0432 438 551 – 🌤 ▤. 🆎 ⑩ 🐵 𝘝𝘐𝘚𝘈. 🌤 S. 4 CV e
geschl. 18. Juli - 14. Aug., Samstagmittag und Sonntag – **Rest** - italienische Küche - (30) 45 (mittags)/95 und à la carte 60/119.

♦ Hier bietet man eine klassische italienische Küche auf hohem Niveau, serviert in einem eleganten Ambiente. Mit begehbarem Weinkeller (für Gruppen).

XX **Kaiser's Reblaube,** Glockengasse 7, ✉ 8001, ☎ 0442 212 120, *rest.reblaube @bluewin.ch*, Fax 0442 212 155, 🌤 – 🆎 ⑩ 🐵 𝘝𝘐𝘚𝘈. 🌤 S. 5 EZ y
geschl. 17. Juli - 10. Aug., Montagabend (ausser Okt. - März), Samstagmittag und Sonntag – **Rest** (Tischbestellung ratsam) (39) 58 (mittags)/134 und à la carte 74/110.

♦ In einem historischen Altstadthaus in einem Gewirr von Gassen liegt im 1 Stock das gemütliche Goethe-Stübli. Lebendige Weinstube mit Garten. Zeitgemässe Küche.

XX **Lindenhofkeller,** Pfalzgasse 4, ⊠ 8001, ☎ 0442 117 071, info@lindenhofkel
ler.ch, Fax 0442 123 337, 🍴 – 🖭 ➊ ➋ 𝘝𝘐𝘚𝘈 S. 5 EZ z
geschl. 24. Jan., 5. - 25. Juni, 11. - 17. Sept., Samstag (ausser Ende Nov. -
Dez.), Sonn- und Feiertage – **Rest** (42) 69 (mittags)/105 und à la carte 65/134 🏛.
♦ Beim Eingang die Wein-Lounge, dann der Abstieg in das geschmackvolle Gewöl-
berestaurant, wo Sie in gemütlichem Ambiente eine zeitgemässe Karte erwartet.

XX **Veltlinerkeller,** Schlüsselgasse 8, ⊠ 8001, ☎ 0442 254 040, info@veltlinerke
ller.ch, Fax 0442 254 045 – 🖭 ➊ ➋ 𝘝𝘐𝘚𝘈 S. 5 EZ t
geschl. 24. Dez. - 3. Jan., 16. Juli - 13. Aug., Samstag (ausser abends in Nov. - Dez.)
und Sonntag – **Rest** (Tischbestellung ratsam) 70/118 und à la carte 68/118.
♦ Über eine Steintreppe erreicht man die gemütliche Stube. Hier und im Raum darüber, mit geschnitzter Arvendecke, wird eine klassisch-französisch ausgerichtete
Karte gereicht.

XX **Il Tartufo,** Lavaterstr. 87, ⊠ 8002, ☎ 0442 011 613, il_tartufo@hotmail.com,
Fax 0442 011 649, 🍴 – 🍽. 🖭 ➊ ➋ 𝘝𝘐𝘚𝘈 S. 4 CX b
geschl. Weihnachten, Neujahr und Samstagmittag – **Rest** - italienische Küche - 30
und à la carte 53/96.
♦ In diesem hell und freundlich wirkenden Restaurant serviert man in typischem
gediegenem Ambiente klassische italienische Gerichte.

XX **Au Premier,** im Hauptbahnhof, ⊠ 8001, ☎ 0442 171 555, info@candriancate
ring.ch, Fax 0442 171 500 – 🍴 🍽 ⇔ 20/100. 🖭 ➊ ➋ 𝘝𝘐𝘚𝘈 🦐 S. 5 EY e
**Rest** (geschl. Samstag und Sonntag) 55 (mittags) und à la carte 58/98.
♦ Das "Restaurant mit Anschluss" liegt im 1. Stock des Hauptbahnhofs - ergänzt
durch eine Bistro-Bar und eine Kunst-Galerie. Mitte Juli bis Mitte August nur Schwe-
denbuffet.

XX **Il Giglio,** Weberstr. 14, ⊠ 8004, ☎ 0442 428 597, Fax 0442 910 183 –
𝘝𝘐𝘚𝘈 S. 4 CX c
geschl. 1. - 8. Jan., 22. Juli - 7. Aug., Samstag (ausser abends von Sept. - Mai), Sonn-
und Feiertage – **Rest** - italienische Küche - (31) 49 (mittags)/92 und à la carte
64/110.
♦ Das kleine, weiss eingedeckte Lokal, dessen Wände moderne Kunst ziert, liegt ein
Stück von der Innenstadt entfernt. Die Speiseauswahl ist italienisch.

XX **Carlton,** Bahnhofstr. 41, ⊠ 8001, ☎ 0442 271 919, info@carlton.ch,
Fax 0442 271 927, 🍴 – ⇔ 30/60. 🖭 ➊ ➋ 𝘝𝘐𝘚𝘈 S. 5 EZ w
**Rest** (geschl. Sonn- und Feiertage) (34) 43 (mittags)/99 und à la carte 55/108 🏛.
♦ Ein elegant im Art déco-Stil gehaltenes, grosszügig angelegtes Restaurant mit
zeitgemässem Angebot und schönem begehbarem Weinkeller. Teestube am Nach-
mittag.

XX **Zunfthaus zur Waag,** Münsterhof 8, ⊠ 8001, ☎ 0442 169 966, zunfthaus-
zur-waag@bluewin.ch, Fax 0442 169 967, 🍴 – ⇔ 50/60. 🖭 ➊ ➋ 𝘝𝘐𝘚𝘈
**Rest** (1. Etage) (39) 64 (abends) und à la carte 58/115. S. 5 EZ x
♦ Im 1. Stock des Zunfthauses der Leinenweber und Hutmacher befindet sich ein
gut eingedecktes Restaurant im Biedermeierstil. Auf der Karte ein zeitgemässes
Angebot.

XX **Accademia,** Rotwandstr. 62, ⊠ 8004, ☎ 0442 414 202, Fax 0442 414 207 – 🖭
➊ ➋ 𝘝𝘐𝘚𝘈. 🦐 S. 4 CV n
**Rest** - italienische Küche - (geschl. Samstag – ausser abends von Okt. - März – und
Sonntag) à la carte 63/135.
♦ In zwei Räume unterteiltes Restaurant mit klassischem Dekor. Neben dem italie-
nischen Angebot und den dazu gehörenden Weinen bietet man Grilladen. Abends
Garagenplätze.

XX **Sala of Tokyo,** Limmatstr. 29, ⊠ 8005, ☎ 0442 715 290, sala@active.ch,
Fax 0442 717 807, 🍴 – 🖭 ➊ ➋ 𝘝𝘐𝘚𝘈 S. 5 EY k
geschl. 24. Dez. - 9. Jan., 14. - 17. April, 16. Juli - 7. Aug., Samstagmittag, Sonntag
und Montag – **Rest** - japanische Küche - 68/120 und à la carte 48/122.
♦ Der Gastraum in Holz ist in Sushi-Bar und Restaurant unterteilt, der hintere modern
gestaltete Teil mit Yakitorigrills möbliert. Die Küche zaubert ein Lächeln auf Ihre Lip-
pen.

XX **Casa Aurelio,** Langstr. 209, ⊠ 8005, ☎ 0442 727 744, Fax 0442 727 724, 🍴
– 🍴. 🖭 ➋ 𝘝𝘐𝘚𝘈. 🦐 S. 4 CV r
geschl. 24. Dez. - 8. Jan., 31. Juli - 20. Aug. und Sonntag – **Rest** - spanische Küche -
(26) 50 (mittags) und à la carte 58/115.
♦ Fresken zieren die Wände der optisch getrennten Räume, die an alte spanische
Villen erinnern. Hier serviert man dem Gast Speisen der iberischen Küche.

XX **Lasalle,** Schiffbaustr. 4, ⊠ 8005, ℘ 0442 587 071, *info@lasalle-restaurant.ch,*
*Fax 0442 597 071,* 🎇 – 🍽. 🜂 ⓞ ⓦⓢ ⓥⓘⓢⓐ                                S. 3 AT n
**Rest** *(geschl. Sonntagabend ausser Sept. - Juni, Samstagmittag und Sonntagmittag)*
à la carte 46/104 🥢.
 • Stahlträger und Fabrikhallen-Fenster unterstreichen die "Loft"-Architektur des
Restaurants. Passend dazu : die moderne, sachliche Einrichtung.

XX **Sale e Pepe,** Sieberstr. 18, in Wiedikon, ⊠ 8055, ℘ 0444 630 736,
*Fax 0444 630 701,* 🎇 – 🜂 ⓞ ⓦⓢ ⓥⓘⓢⓐ                                S. 3 AU e
*geschl. 30. Juli - 20. Aug., Samstagmittag und Sonntag* – **Rest** - italienische Küche -
(29) und à la carte 49/91.
 • Am Stadtrand, versteckt in einer neuen Überbauung gelegen, bietet Ihnen
dieses Restaurant in modernem Ambiente Speisen einer südländisch geprägten
Küche.

X **BÜ'S,** Kuttelgasse 15, ⊠ 8001, ℘ 0442 119 411, *Fax 0442 119 410,* 🎇 – 🜂 ⓞ
ⓦⓢ ⓥⓘⓢⓐ                                                                  S. 5 EZ h
*geschl. 14. - 28. April, 9. - 22. Okt., Samstag und Sonntag* – **Rest** (Tischbestellung
ratsam) (36) 64 (mittags)/94 und à la carte 62/102 🥢.
 • In dem gemütlichen Restaurant nur ein paar Schritte von der berühmten Bahn-
hofsstrasse bietet man mediterran geprägte Gerichte sowie Traditionelles. Excellentes Weinangebote.

X **Josef,** Gasometerstr. 24, ⊠ 8005, ℘ 0442 716 595, *welcome@josef.ch,*
🐾 *Fax 0444 405 564* – 🜂 ⓞ ⓦⓢ ⓥⓘⓢⓐ                                S. 4 CV x
*geschl. Weihnachten, Neujahr, Samstagmittag, Sonntag und Montagmittag* – **Rest**
(25) 59 und à la carte 56/64.
 • Ungezwungene Atmosphäre, sympathischer Service und eine zeitgemäss ausgelegte Küche sprechen für dieses neuzeitliche Restaurant.

X **Caduff's Wine Loft,** Kanzleistr. 126, ⊠ 8004, ℘ 0442 402 255, *caduff@win*
*eloft.ch, Fax 0442 402 256* – 🜂 ⓞ ⓦⓢ ⓥⓘⓢⓐ                        S. 4 CV d
*geschl. 24. Dez. - 3. Jan., Samstagmittag und Sonntag* – **Rest** (Tischbestellung ratsam)
52 (mittags)/115 und à la carte 50/122 🥢.
 • Im ehemaligen Blumengrosshandel serviert man Häppchen an der langen Bar oder
Geschmackvolles aus ausgesuchten Produkten - dazu ein edler Tropfen aus dem
legendären Keller.

X **Heugümper,** Waaggasse 4, ⊠ 8001, ℘ 0442 111 660, *info@restaurantheugu*
*emper.ch, Fax 0442 111 661* – 🍽 🗘 35. 🜂 ⓞ ⓦⓢ ⓥⓘⓢⓐ              S. 5 EZ d
*geschl. 31. Dez. - 8. Jan., 15. Juli - 13. Aug., Samstag (ausser abends von Okt. - Dez.),
Sonn- und Feiertage* – **Rest** (38) und à la carte 74/130.
 • Dieses in der Altstadt nahe dem Fraumünster gelegene Haus teilt sich in ein schickes
Bistro und ein elegantes Restaurant. In der Küche bereitet man zeitgemässe Gerichte.

X **Zentraleck,** Zentralstr. 161, ⊠ 8003, ℘ 0444 610 800, *restaurant@zentralec*
🐾 *k.ch, Fax 0444 610 801* – 🜂 ⓞ ⓦⓢ ⓥⓘⓢⓐ                        S. 3 AU s
*geschl. 1. - 8. Jan., 23. Juli - 6. Aug., Samstag und Sonntag* – **Rest** (18.50) 78 und
à la carte 61/101.
 • Helle Wände und Holzfussboden tragen hier zu einem neuzeitlichen und angenehm
schlichten Ambiente bei - Töpfchen mit Küchenkräutern zieren die Tische. Zeitgemässe Küche.

X **Ciro,** Militärstr. 16, ⊠ 8004, ℘ 0442 417 841, *ciro@swissonline.ch,*
*Fax 0442 911 424,* 🎇 – 🜂 ⓞ ⓦⓢ ⓥⓘⓢⓐ                            S. 4 CV a
**Rest** - italienische Küche - *(geschl. Sonntag)* à la carte 48/78.
 • In den freundlichen Räumlichkeiten dieses nahe dem Bahnhof gelegenen Restau-
rants serviert man seinen Gästen italienische Speisen und Weine.

X **Sunset Thai,** Birmensdorferstr. 488, ⊠ 8055, ℘ 0444 636 570, *sunset-thai@*
🐾 *sunset-thai.ch, Fax 0444 636 570,* 🎇 – 🅿. 🜂 ⓞ ⓦⓢ ⓥⓘⓢⓐ          S. 3 AU b
**Rest** - thailändische Küche - (17.50) und à la carte 57/86.
 • Am Stadtrand, nicht weit vom Triemli Tram-Bahnhof entfernt, liegt dieses helle
und leicht gediegen eingerichtete kleine Restaurant mit Hussenstühlen und grossen
Fenstern.

X **Emilio,** Zweierstr. 9, ⊠ 8004, ℘ 0442 418 321 – 🍽 🅿. 🜂 ⓞ ⓦⓢ ⓥⓘⓢⓐ   S. 4 CX f
*geschl. 14. April, 23. Juli - 6. Aug., 24. - 26. Dez.* – **Rest** - spanische Küche - à la carte
53/120.
 • Sie möchten in Zürich eine Paella nach Originalrezept essen? In dem kleinen Familienbetrieb finden Sie auf der Karte natürlich aber auch andere spanische Hausspe-
zialitäten.

**in Zürich-Oerlikon** *Nord - BT – Höhe 442 – ⊠ 8050 Zürich-Oerlikon :*

**🏛** **Swissôtel Zürich,** Schulstr. 44, am Marktplatz, ✆ 0443 173 111, *reservations. zurich@swissotel.com, Fax 0443 124 468,* ≤, 🌁, *Ⅰб,* ⇌, 🖂 – 🖉, 🔟 Zim, 🕿 🕭 Zim, 🅿 – 🔬 15/400.                                                    S. 3 BT **n**
**Dialog :** Rest 55 (mittags) und à la carte 65/102 – **Szenario :** Rest (23) und à la carte 46/104 – 🖙 28 – **334 Zim** ★180/430 ★★180/430, 10 Suiten.
♦ Das Hochhaus liegt im Zentrum am Marktplatz. Die Zimmer sind mit hellen, zeitlosen Holzmöbeln ausgestattet. Hallenbad in der 32. Etage mit Blick über die ganze Stadt. Offener, zweigeteilter Gastronomiebereich : einfacherer Speiseraum und gehobeneres Restaurant.

**in Zürich-Seebach** *Nord - BT – Höhe 442 – ⊠ 8052 Zürich-Seebach :*

**🏛** **Landhus,** Katzenbachstr. 10, ✆ 0443 083 400, *info@landhus-zuerich.ch,* ⊝⊝ *Fax 0443 083 451,* 🌁 – 🖉 🕿 🅿 – 🔬 15/300. 🆎 ⓞ ⓠ 𝘝𝘐𝘚𝘈       S. 3 BT **u**
**Rest** (16.50) und à la carte 44/82 – **28 Zim** 🖙 ★120/150 ★★150 – ½ P Zuschl. 35.
♦ Das Haus liegt am Stadtrand und ist über die Schaffhauserstrasse zu erreichen. Die durchschnittlich grossen Zimmer sind mit modernen Holzmöbeln in dunklen Tönen eingerichtet. Farbenfrohes, trendiges Restaurant mit bürgerlichen Speisen.

**in Höngg** *Nord-West : 5 km – ⊠ 8049 Zürich-Höngg :*

**XX** **WEIN & DEIN,** Regensdorferstr. 22, ✆ 0433 115 633, *info@weinunddein.ch, Fax 0433 115 634,* 🌁 – 🕿 🕭 Rest, ✿ 40/100. 🆎 ⓠ 𝘝𝘐𝘚𝘈       S. 3 AT **g**
*geschl. 24. Dez. - 2. Jan., 23. Juli - 21. Aug., Montag, Samstagmittag, Sonn- und Feiertage –* **Rest** (29) 48 (mittags)/96 und à la carte 60/134 ℬ.
♦ Der Name ist Programm : Eine schöne Weinhandlung mit eigener Kellerei wurde hier durch ein modernes Restaurant in der ehemaligen Futterscheune ergänzt.

**in Glattbrugg** *Nord : 8 km über ① – Höhe 432 – ⊠ 8152 Glattbrugg :*

**🏛** **Renaissance Zürich Hotel,** Talackerstr. 1, ✆ 0448 745 000, *renaissance.zuri ch@renaissancehotels.com, Fax 0448 745 001, Ⅰб,* ⇌, 🔟 – 🖉 🕿 🖂 🕿 🕭 Zim, 🚗 – 🔬 15/300. 🆎 ⓞ ⓠ 𝘝𝘐𝘚𝘈 ℋ Rest
**Asian Place** - asiatische Küche - *(geschl. 23. Dez. - 2. Jan., 17. Juli - 20. Aug., Samstagmittag und Sonntagmittag)* Rest à la carte 54/120 – **Brasserie :** Rest à la carte 48/97 – 🖙 30 – **196 Zim** ★255/295 ★★255/385, 8 Suiten.
♦ Im Gebäudekomplex mit grossem öffentlichem Freizeitbereich im Untergeschoss liegen Zimmer, die fast alle mit dunklem, gediegenem Mobiliar ausgestattet sind. Die Brasserie befindet sich im hinteren Teil der Hotelhalle mit Speisen aus einem zeitgemässen Angebot.

**🏛** **Hilton,** Hohenbühlstr. 10, ✆ 0448 285 050, *zurich@hilton.ch, Fax 0448 285 151, Ⅰб,* ⇌ – 🖉, 🕿 Zim, 🖂 🕿 🅿 – 🔬 15/280. 🆎 ⓞ ⓠ 𝘝𝘐𝘚𝘈
**Market Place :** Rest 59 und à la carte 58/112 – 🖙 35 – **310 Zim** ★199/404 ★★199/404, 13 Suiten.
♦ Das Haus in Flugplatznähe bietet frisch renovierte Zimmer, die mit hellem Ahornfurniermobiliar ausgestattet sind. Auf zwei Etagen sind neue Executive-Rooms entstanden. Market Place mit offener Showküche.

**🏛** **Mövenpick,** Walter Mittelholzerstr. 8, ✆ 0448 088 888, *hotel.zurich.airport@m* ⊝⊝ *oevenpick.ch, Fax 0448 088 877, Ⅰб* – 🖉, 🕿 Zim, 🖂 🕿 🕭 Zim, 🅿 – 🔬 15/220. 🆎 ⓞ ⓠ 𝘝𝘐𝘚𝘈
**Appenzeller Stube** *(geschl. Samstagmittag)* Rest 45 (mittags)/85 und à la carte 54/121 – **Mövenpick Rest. :** Rest (18.50) und à la carte 36/107 – **Dim Sum** - chinesische Küche - *(geschl. Sonntag)* Rest à la carte 42/112 – 🖙 29 – **333 Zim** ★199/495 ★★199/495.
♦ Das Hotel liegt in unmittelbarer Nähe der Autobahnausfahrt. Alle Zimmer sind geschmackvoll gestaltet, ein Teil sogar mit Hometrainern ausgestattet. Appenzeller Stube mit typisch schweizerischer Atmosphäre. Internationales im Mövenpick Restaurant.

**🏛** **Novotel Zürich Airport Messe,** Talackerstr. 21, ✆ 0448 299 000, *h0884-fb* ⊝⊝ *@accor.com, Fax 0448 299 999,* 🌁, *Ⅰб,* ⇌ – 🖉, 🖂 Zim, 🕭 Zim, 🚗 🅿 – 🔬 15/150. 🆎 ⓞ ⓠ 𝘝𝘐𝘚𝘈 ℋ Rest
**Rest** (16.50) und à la carte 42/90 – 🖙 25 – **255 Zim** ★205 ★★205.
♦ Am Rand des Zentrums, einige Minuten von der neuen Messe entfernt, bietet das Haus gute Parkmöglichkeiten und funktionelle Zimmer, die mit weissen Holzmöbeln gestaltet sind.

🏨 **NH Zurich Airport,** Schaffhauserstr. 101, ℘ 0448 085 000, nhzurichairport@
nh-hotels.com, Fax 0448 085 100, 🕻, ⬛ – 📱, ⇔ Zim, ▤ 🕻 ᕦ Zim, ⬅ –
🛗 15/45. 🝙 ⓞ ⓪⑥ 𝘝𝘐𝘚𝘈. ⅏ Rest
**Rest** (geschl. Samstagmittag und Sonntagmittag) (15) 30 (mittags)/60 und à la carte
57/86 – ⬚ 26 – **140 Zim** †200/340 ††200/340.
♦ Die Zimmer des Airport-Hotels sind mit ihrer modernen und funktionellen Ausstattung vor allem für Geschäftsreisende eine geeignete Unterkunft. Airport-
Shuttle-Service.

XX **Vivendi,** Europastr. 2, ℘ 0432 113 242, info@restaurant-vivendi.ch,
Fax 0432 113 241, 🌳 – ▤ 🅿 ⇔ 20. 🝙 ⓞ ⓪⑥ 𝘝𝘐𝘚𝘈
geschl. 24. Dez. - 2. Jan., Samstag, Sonn- und Feiertage – **Rest** (26) 49 und à la carte
52/100.
♦ Ein modernes, in klaren Linien und dezenten Tönen gehaltenes Restaurant, in dem
man eine traditionell ausgelegte Küche mit zeitgemässen Akzenten serviert.

**in Kloten** Nord : 12 km über ① – Höhe 447 – ⬠ 8302 Kloten :

🏨 **Allegra,** Hamelirainstr. 3, ℘ 0448 044 444, reservation@hotel-allegra.ch,
Fax 0448 044 141, 🌳 – ▤ ⇔ 🕻 ᕦ Zim, 🅿 – 🛗 15/30. 🝙 ⓞ ⓪⑥ 𝘝𝘐𝘚𝘈. ⅏ Rest
**Rest** à la carte 36/80 – **132 Zim** ⬚ †185 ††230.
♦ Das neue Geschäftshotel bietet grosse, gut schallisolierte Zimmer mit funktio-
nellem farbenfrohem Einbaumobiliar. Das Haus hat eine gratis Bus-Service von und
zum Flughafen. Modernes Restaurant mit Salatbüffet und Schweizer Kost.

🏨 **Fly away,** Marktgasse 19, ℘ 0448 044 455, reservation@hotel-flyaway.ch,
Fax 0448 044 450, 🌳 – ▤, ⇔ Zim, ▤ Zim, 🕻 ᕦ Zim, ⬅ 🅿 🝙 ⓞ ⓪⑥ 𝘝𝘐𝘚𝘈
Hotel : geschl. 23. Dez. - 3. Jan. — **Mercato** - italienische Küche – **Rest** (19.80) und
à la carte 33/81 – ⬚ 15 – **42 Zim** †120/155 ††176/202.
♦ Nahe beim Bahnhof gelegenes Hotel mit Zimmern von guter Grösse, ähnlich in
Gestaltung und Zuschnitt, die mit einer zeitlosen funktionellen Möblierung ausge-
stattet sind. Restaurant Mercato im mediterranen Stil mit moderner Einrichtung und
Holzmobiliar.

X **Rias,** Gerbegasse 6, ℘ 0448 142 652, info@rias.ch, Fax 0448 135 504, 🌳 – 🝙
⓪⑥ 𝘝𝘐𝘚𝘈
**Rest** (geschl. Samstagabend und Sonntag) (23) und à la carte 44/99.
♦ Dieses modern gestaltete Restaurant liegt etwas versteckt in einer kleinen Strasse.
In Bar und A-la-carte-Bereich aufgeteiltes Lokal mit traditionell-bürgerlicher Karte.

**in Wallisellen** Nord-Ost : 10 km – Höhe 431 – ⬠ 8304 Wallisellen :

🏨 **Belair,** Alte Winterthurerstr. 16, ℘ 0448 395 555, info@belair-hotel.ch,
Fax 0448 395 565, 🌳 – ▤ 🕻 🅿 – 🛗 40. 🝙 ⓞ ⓪⑥ 𝘝𝘐𝘚𝘈          S. 3 BT t
**La Cantinella : Rest** (23) und à la carte 45/88 – **47 Zim** ⬚ †180/240 ††200/260
– ½ P Zuschl. 30.
♦ Das Haus liegt an der Hauptstrasse und hat eigene Parkplätze. Die funktionellen
Zimmer sind mit edlem zweckmässigen Möbeln und Einbauschränken ausgestattet.
Ein elegantes modernes Design prägt La Cantinella.

XX **Zum Doktorhaus,** Alte Winterthurerstr. 31, ℘ 0448 305 822, info@doktorha
us.ch, Fax 0448 301 903, 🌳 – ⇔ 30/70. 🝙 ⓞ ⓪⑥ 𝘝𝘐𝘚𝘈          S. 3 BT v
**Rest** (geschl. Weihnachten und Neujahr) (35) 57/98 und à la carte 57/113.
♦ Der alte Landgasthof hat verschiedene Gasträume mit wechselnden Bilderaus-
stellungen. In den Stuben wie im Garten werden Speisen von einer internationalen
Karte angeboten.

**in Zollikon** Süd-Ost : 4 km über ④ – Höhe 415 – ⬠ 8702 Zollikon :

XX **Wirtschaft zur Höhe,** Höhestr. 73, ℘ 0443 915 959, scherrershohi@bluewin
.ch, Fax 0443 920 002, 🌳 – 🅿 ⇔ 70. 🝙 ⓞ ⓪⑥ 𝘝𝘐𝘚𝘈          S. 3 BU b
geschl. 11. - 22. Sept. und Montag – **Rest** (44) 58 (mittags)/115 und à la carte 72/136.
♦ Das Lokal im ehemaligen Bauernhaus aus dem 17. Jh. mit schöner Terrasse erreicht
man über einige Stufen. In der gediegenen Stube werden klassische Gerichte angeboten.

XX **Rössli,** Alte Landstr. 86, ℘ 0443 912 727, roesslizollikon@swissonline.ch,
Fax 0443 912 803 – 🝙 ⓞ ⓪⑥ 𝘝𝘐𝘚𝘈          S. 3 BU a
geschl. 18. - 27. Feb., 25. Juli - 14. Aug., Samstagmittag, Sonntag in Juli - Aug. und
Montag – **Rest** (38) 57 (mittags)/69 und à la carte 49/94.
♦ Im 1. Stock des Zürcher Riegelbaus a. d. 16. Jh. liegt das in mehrere Räume geteilte
Restaurant. Zum See hin ein kleiner Wintergarten. Gutbürgerliche und internationale
Karte.

**auf dem Uetliberg** *ab Zürich Hauptbahnhof mit der SZU-Bahn erreichbar* - AU – *Höhe 871 – ⊠ 8143 Uetliberg :*

🏠 **Uto Kulm** 🐾, ☎ 0444 576 666, utokulm@uetliberg.ch, Fax 0444 576 699,
≼ Zürich, See und Bergpanorama, 🍴 – 🛗 📞 – 🏛 15/50. 🆎 ⓪ ⓿ 𝘝𝘐𝘚𝘈
**Rest** 79 und à la carte 43/86 🐾 – **55 Zim** � ✦180/330 ✦✦280/430.        S.3 AU n
♦ Auf dem Zürcher Hausberg - in absoluter Ruhe - liegt dieses modern gestaltete
Hotel. Das Besondere : die Skyline-Suite mit runder Badewanne und Blick auf Stadt
und See. Helles, unterteilbares Ausflugsrestaurant mit Speiseterrasse. Das Angebot
ist bürgerlich.

---

**ZURZACH** *5330 Aargau (AG)* 🯵🯵🯱 *O3 – 3 859 Ew. – Höhe 339 – Kurort.*

**Lokale Veranstaltung**
*24.08 - 25.08 : Drehorgelfestival mit Floh- und Antiquitätenmarkt.*

🛈 *Bad Zurzach Tourismus, Quellenstr. 1,* ☎ *0562 492 400, info@badzurzach.ch,*
*Fax 0562 494 222.*

*Bern 124 – Aarau 44 – Baden 29 – Freiburg i. Breisgau 86 – Schaffhausen 45.*

🏨 **Kurhotel** 🐾, Quellenstr. 31, ☎ 0562 652 222, info@kurhotel-zurzach.ch,
Fax 0562 652 200, 🍴 – 🛗, ⇚ Zim, 🔥 Rest, ⟸ 🅿 – 🏛 15/40. 🆎 ⓪ ⓿ 𝘝𝘐𝘚𝘈.
🞉 Rest
**Rest** (22) 46 und à la carte 42/85 – **69 Zim** ⊃ ✦140/180 ✦✦220/270 – ½ P Zuschl.
30.
♦ Das im Grünen liegende Kurhotel hat einen direkten Zugang zum Thermalbad mit
grossem Freizeitbereich. Die Zimmer sind mit hellem, einfachem Einbaumobliliar aus-
gestattet. Speisesaal und Gartenterrasse.

🏨 **Turmhotel mit Turmpavillon,** Quellenstr. 30, ☎ 0562 652 440, info@turm
hotel.ch, Fax 0562 652 444, ≼ – 🛗, ⇚ Zim, 🔥 Zim, ⟸ 🅿 🆎 ⓪ ⓿ 𝘝𝘐𝘚𝘈
*geschl. Juli 2 Wochen* – **Rest** 36 (mittags)/69 und à la carte 53/97 – **112 Zim**
⊃ ✦102/130 ✦✦184/210 – ½ P Zuschl. 35.
♦ Das Hotel ist im ehemaligen Wasserturm des Ortes mit modernem Anbau untergebracht. Für Gäste des Hauses besteht ein direkter Zugang zum Thermalbad mit
Freizeitbereich. Panoramarestaurant in der 16. Etage des Wasserturms mit schönem
Ausblick.

---

**ZWEISIMMEN** *3770 Bern (BE)* 🯵🯵🯱 *I10 – 2 984 Ew. – Höhe 942 – Wintersport :
948/2 063 m ⤓2 ⥥3 ⥌.*

🛈 *Zweisimmen Tourismus, Thunstr. 8,* ☎ *0337 221 133, tourismus@zweisim
men.ch, Fax 0337 222 585.*

*Bern 71 – Interlaken 53 – Gstaad 17.*

🏔 **Sonnegg** 🐾, Moosmattenstr. 21, ☎ 0337 222 333, sonnegg@spectraweb.ch,
Fax 0337 222 354, ≼, 🍴, 🌳 – 📞 🅿 🆎 ⓪ ⓿ 𝘝𝘐𝘚𝘈
*geschl. 23. Okt. - 9. Dez. und Montag* – **Rest** (25) und à la carte 36/87 – **10 Zim**
⊃ ✦110/160 ✦✦170/200 – ½ P Zuschl. 28.
♦ Ruhiges Haus mit Blick auf Zweisimmen und die Berge. Die renovierten Zimmer sind
in hellem Massivholz möbliert, die älteren in Eiche. Im vorderen der beiden neo-
rustikalen Speiseräume ist ein Holzkohlegrill, an dem ab und zu Grilladen bereitet
werden.

Schloss Vaduz
494

# FÜRSTENTUM LIECHTENSTEIN

551 V6+7 W6+7, 553 V6+7 W6+7, 729 M4.

*Die Hauptstadt des Fürstentums Liechtenstein, das eine Fläche von 160 km² und eine Einwohnerzahl von 34 500 hat, ist VADUZ. Die Amtssprache ist Deutsch, darüberhinaus wird auch ein alemannischer Dialekt gesprochen. Landeswährung sind Schweizer Franken.*
*La principauté de Liechtenstein d'une superficie de 160 km², compte 34 500 habitants. La langue officielle est l'allemand, mais on y parle également un dialecte alémanique. Les prix sont établis en francs suisses.*
*Il principato del Liechtenstein ha una superficie di 160 km² e conta 34 500 abitanti. Capitale é VADUZ. La lingua ufficiale é il tedesco, ma vi si parla anche un dialetto alemanno. I prezzi sono stabiliti in franchi svizzeri.*
*The principality of Liechtenstein, covering an area of 61,8 square miles, has 34 500 inhabitants. VADUZ is its capital. The official language is German, but a Germanic dialect is also spoken. Prices are in Swiss francs.*

🛈 *Liechtenstein Tourismus, Städtle 37, ✉ FL-9490 Vaduz, ☎ (00423) 239 63 00, info@tourismus.li, Fax (00423) 239 63 01.*
*ACFL Automobil Club des Fürstentums Liechtenstein, Rätikonstr. 31, FL-9490 Vaduz, ☎ (00423) 237 67 67.*
*AMTC Auto-Motorrad-Touring-Club Fürstentum Liechtenstein, Landstr. 27, FL-9494 Schaan, ☎ (00423) 232 31 43.*

**Lokale Veranstaltungen**
*In Vaduz : 10.07 – 30.07 : Film Fest, Open Air.*
*15.08 : Staatsfeiertag mit Volksfest und Feuerwerk.*

*Wintersportplätze – Stations de sports d'hiver*
*Stationi di sport invernali – Winter sports stations*

*MALBUN 1 602/2 000 m 7 ⚡*

*STEG 1 300 m 🎿*

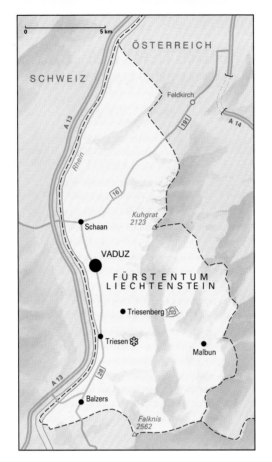

**Balzers** 9496 (FL) 551 V7 553 V7 – 4 200 Ew. – Höhe 474.
*Bern 226 – Vaduz 8 – Chur 35 – Feldkirch 22 – Zürich 101.*

🏠 **Hofbalzers** garni, Höfle 2, ℰ (00423) 388 14 00, info@hotel-hofbalzers
Fax (00423) 388 14 55, ♨ – ⛁ P, AE ① ⑩ⓢ VISA
geschl. 22. Dez. - 6 Jan. – **26 Zim** ☞ ✝120/135 ✝✝175/190.
♦ Dieser zentral gelegene Gasthof beherbergt modern ausgestattete, recht ko
fortable Zimmer, die in funktionellem Stil möbliert sind.

🍴 **Leonardo,** Höfle 2, ℰ (00423) 384 14 33, info@leonardo-balzers
Fax (00423) 384 34 33, ☂ – AE ① ⑩ⓢ VISA
geschl. 19. Feb. - 5. März, Aug. - Sept. 3 Wochen, Montag und Dienstag – **Rest** - it
lienische Küche - (mittags nur kleine Karte) 99 und à la carte 58/109 🏠.
♦ Ein schönes modernes Restaurant, teils Enoteca mit sehr guten italienischen W
nen, teils mit Reproduktionen da Vincis dekoriert. Angenehme schattige Terrass

**Malbun** (FL) 551 V-W7 553 V-W7 – Höhe 1 606 – Wintersport : 1 602/2 000 m ⚡7
☒ 9497 Triesenberg.
*Bern 248 – Vaduz 15 – Chur 57 – Feldkirch 29 – Zürich 123.*

🏠 **Gorfion - Malbun,** ℰ (00423) 264 18 83, gorfion@s-hotels.com, Fax (00423) 2
18 32, ≤, ☂, ☇s, ☒ – ⛁, ⇆ Zim, ☆☆ P – 🔒 15/80. AE ① ⑩ⓢ VISA. ⚲ Re
18. Dez. - 17. April und 21. Mai - 15. Okt. – **Rest** (48)/65 (abends) und à la carte 41/1
– **60 Zim** ☞ ✝100/160 ✝✝160/280, 4 Suiten – ½ P Zuschl. 35.
♦ Zentral im kleinen Wintersportort liegt das besonders für Familien mit Kindern gee
nete Hotel, dessen Zimmer mit hellem Weichholz möbliert sind. Kleiner Beauty-Bereic

496

**chaan** *9494 (FL)* 🄴🄰🄸 V6 🄴🄴🄸 V6 – 5 300 Ew. – Höhe 452.
*Bern 237 – Vaduz 4 – Chur 47 – Feldkirch 11 – Zürich 112.*

🏠 **Sylva,** Saxgasse 6, ℰ (00423) 232 39 42, Fax (00423) 232 82 47, 佘, 🕿 – 🄿 🕮
🗺 **VISA**
   **Rest** *(geschl. Samstag)* à la carte 55/101 – **9 Zim** 🖙 ✝114/135 ✝✝166/188.
   ◆ Etwas oberhalb der Ortsdurchfahrt findet man diesen kleinen Familienbetrieb.
   Die Räume sind mit weissen Holzmöbeln im klassischen Stil gestaltet - teils mit
   Balkonen. Im Sommer ergänzt eine hinter dem Haus liegende Gartenterrasse das
   Restaurant.

🏠 **Linde,** Feldkircherstr. 1, ℰ (00423) 232 17 04, mail@hotel-linde.li, Fax (00423) 232
🗺 09 29, 佘 – 🕿 🄿 🄰🄴 🕮 **VISA**
   geschl. 20. Dez. - 10. Jan. – **Rest** *(geschl. Sonntag)* (16) 38 und à la carte 27/72 –
   **23 Zim** 🖙 ✝75/95 ✝✝130/145.
   ◆ Leicht zu finden ist dieses Haus an einer Kreuzung im Ortszentrum. Die Zimmer
   wirken hell und frisch und sind zeitgemäss ausgestattet - recht ruhig : die nach hinten
   gelegenen. Schlichtes Restaurant mit grosser Kaffeebar.

🏠 **Dux** 🗻, Duxweg 31, ℰ (00423) 232 17 27, Fax (00423) 232 48 78, ≤, 佘, 🖈 –
🗺 ✦✦ Zim, 🄿 🕮 **VISA**
   geschl. 1. - 15. März und 1. - 20. Sept. – **Rest** *(geschl. Dienstagabend von Nov. -
   April und Mittwoch)* (18.50) und à la carte 31/74 – **10 Zim** 🖙 ✝72/91
   ✝✝114/140.
   ◆ Nicht weit vom Waldrand liegt dieses kleine Haus ruhig in einem Wohngebiet. Die
   Zimmer sind solide eingerichtet und bieten z. T. eine gute Aussicht. Im Hotelrestau-
   rant verarbeitet man Produkte aus biologischem Anbau.

**riesen** *9495 (FL)* 🄴🄰🄸 V7 🄴🄴🄸 V7 – 4 200 Ew. – Höhe 466.
*Bern 230 – Vaduz 4 – Chur 39 – Feldkirch 18 – Zürich 105.*

🏨 **Schatzmann,** Landstr. 80, ℰ (00423) 399 12 12, info@hotel.schatzmann.li,
🕸 Fax (00423) 399 12 10, 佘 – 🕿 🕭 ⚘ Zim, ⇆ 🄿 🄰🄴 🄾 🕮 **VISA**
   geschl. 24. Dez. - 7. Jan. – **Rest** *(geschl. 24. Dez. - 7. Jan., Juli - Aug. 3 Wochen,
   Samstagmittag, Sonntag und Montag)* 59 (mittags)/135 und à la carte 70/157 🗦
   – **29 Zim** 🖙 ✝160 ✝✝195 – ½ P Zuschl.
   **Spez.** Warmer Salat mit Gemüse-Potpourri und gebratenen Scampi an Vinaigrette.
   Variation von Fischen und Krustentieren in 3 Gängen serviert. Geschmorte Kalbsbacke
   in Bordeaux mit Wasabimousseline
   ◆ Neben einfacheren, rustikalen Zimmer im Stammhaus verfügt diese Adresse über
   einen modernen Anbau, der mit gutem, zeitgemässem Wohnkomfort und viel Platz
   überzeugt. Das Restaurant mit Wintergarten besticht durch eine unkomplizierte,
   schmackhafte Küche.

🏨 **Meierhof,** Meierhofstr. 15, ℰ (00423) 399 00 11, info@meierhof.li,
   Fax (00423) 399 00 88, ≤, 佘, 🖟, 🕿, 🔲, 🖈 – 🕿 🕭 ⇆ 🄿 – 🔬 15/40. 🄰🄴 🄾
   🕮 **VISA**. ⚘ Zim
   **Rest** *(geschl. 31. Dez. - 8. Jan., 22. Juli - 13. Aug., Freitag und Samstag)* 24/33 und
   à la carte 39/83 – **40 Zim** 🖙 ✝136/140 ✝✝190/210, 3 Suiten.
   ◆ An der Strasse nach Triesenberg findet man dieses aus drei Gebäuden
   bestehende Hotel. Die meisten der zeitgemäss augestatteten Zimmer haben Balkon
   oder Terrasse. Das Restaurant teilt sich in einen modernen und einen rustikalen
   Bereich.

🏨 **Schlosswald** garni, Meierhofstrasse, ℰ (00423) 392 24 88, schlosswald@hotels.li,
   Fax (00423) 392 24 36, ≤, 🔲, 🖈 – 🕿 ✦✦ ⚘ ⇆ 🄿 🄰🄴 🄾 🕮 **VISA**
   **33 Zim** 🖙 ✝125/160 ✝✝175/220.
   ◆ Oberhalb des schön gelegenen, hauseigenen Freibades liegt dieses 1990 gebaute
   Hotel, dessen praktisch eingerichtete Zimmer neuzeitlichen Wohnkomfort bieten.

**riesenberg** *9497 (FL)* 🄴🄰🄸 V6 🄴🄴🄸 V6 – Höhe 884.
*Bern 239 – Vaduz 6 – Chur 48 – Feldkirch 20 – Zürich 114.*

🏨 **Kulm,** ℰ (00423) 237 79 79, info@hotelkulm.li, Fax (00423) 237 79 78,
🏔 ≤ Bergpanorama und Rheintal, 佘 – 🕿 ⚘ Rest –, 🔬 15/600. 🄰🄴 🄾 🕮 **VISA**
🗺 geschl. 15. Jan. - 15. Feb. – **Rest** (16.50) 45 (mittags)/72 und à la carte 56/102 –
   **20 Zim** 🖙 ✝85/110 ✝✝127/167 – ½ P Zuschl. 44.
   ◆ Die mit hellem Weichholz möblierten Zimmer bieten einfachen Komfort - fragen
   Sie nach einem der talseitigen - hier hat man eine schöne Sicht auf Berge und Rheintal.
   Die Veranda wird im Sommer komplett geöffnet und dient als Terrasse - phantas-
   tische Aussicht.

497

**Vaduz** *9490 (FL)* 551 V6 553 V6 – *5 100 Ew. – Höhe 460.*

*Sehenswert : Liechtensteinische Staatliche Kunstsammlung : Sammlung de Regierenden Fürsten★.*

🛈 *Siehe auch Titelseite Liechtenstein.*

*Bern 233 – Chur 43 – Feldkirch 15 – Sankt Anton am Arlberg 76 Zürich 108.*

🏨🏨 **Park-Hotel Sonnenhof** ⟨🦆⟩, Mareestr. 29, ℰ (00423) 239 02 02, *real@sonn nhof.li*, Fax (00423) 239 02 03, ≤, 🍴, �, 🔲, 🚿, 🧾 – 🛗 📞 🅿 – 🔬 15. 🝏 🄌 🕤 🚇 VISA. ⟨𝄐 Rest
*geschl. 17. Dez. - 16. Jan.* – **Rest** *(geschl. Samstagmittag und Sonntag)* (Tischbe stellung erforderlich) 59 (mittags)/145 und à la carte 92/142 ⸙ – **29 Zim** 🛏 ★270/300 ★★420 – ½ P Zuschl. 75.
♦ Neben der schönen, sehr ruhigen Aussichtslage in einem gepflegten Park über zeugen in diesem traditionellen Haus elegant und geschmackvoll eingerichtet Räume. Gediegene Tischkultur erwartet den Gast im Hotelrestaurant - nette Som merterrasse.

🏨 **Residence,** Städtle 23, ℰ (00423) 239 87 87, *welcome@residence.li* Fax (00423) 239 87 89, 🍴 – 🛗 📞 🕭 🚗 – 🔬 15/30. 🝏 🄌 🕤 VISA ⟨𝄐 Zim
**Rest** *(geschl. 24. Dez. und Samstag)* (22) 48/85 und à la carte 37/91 – **29 Zir** 🛏 ★195/215 ★★260/280.
♦ Vom Empangsbereich bis in die technisch gut ausgestatteten Zimmer bestimme klare Linien und helle, warme Farben das moderne Design dieses Hotels in der Fus gängerzone. Trendig gibt sich das Restaurant - mit klassischer und thailändische Karte.

🏨 **Real,** Städtle 21, ℰ (00423) 232 22 22, *real@hotels.li*, Fax (00423) 232 08 91, 🍴 – 🛗 🝏 🄌 🕤 VISA
*geschl. Weihnachten* – **Au Premier** *(1. Etage) (geschl. Samstag - Sonntag)* **Rest** 13 und à la carte 72/142 ⸙ – **Vaduzerstube :** **Rest** 98 und à la carte 72/142 – **13 Zi** 🛏 ★185/205 ★★240/270.
♦ In der 1. Etage empfängt Sie, wie der Name schon vermuten lässt, das Au Premie mit gediegenem Rahmen und klassischer französischer Küche. In der Vaduzerstube rustikal-bürgerliche Atmosphäre. Terrasse zur Fussgängerzone.

🏨 **Löwen,** Herrengasse 35, ℰ (00423) 238 11 44, *info@hotel-loewen.li* Fax (00423) 238 11 45, 🍴 – 🅿 – 🔬 15/20. 🝏 🄌 🕤 VISA
*geschl. 8. Dez. - 8. Jan., Sonntagabend und Montagabend* – **Rest** (22) 6 (mittags)/110 und à la carte 55/106 – **8 Zim** 🛏 ★210/255 ★★265/335.
♦ Beim hauseigenen Weinberg liegt die einstige Umspannstation a. d. 14. Jh. Das Hau beherbergt ein rustikales Restaurant und stilvolle, teils mit Antiquitäten bestückt Zimmer.

🏨 **Mühle,** Landstr. 120, ℰ (00423) 232 41 41, *muehle@adon.li*, Fax (00423) 23 14 58, 🍴 – 🅿 – 🔬 90. 🝏 🄌 🕤 VISA
*geschl. 8. - 28. Juli* – **Rest** *(geschl. Montagabend und Dienstag)* (22) 30 und à la cart 32/88 – **7 Zim** 🛏 ★100 ★★150.
♦ Für Gäste stehen einheitlich mit dunklem Eichenholzmobiliar ausgestattete, te nicht sehr grosse, aber durchweg sehr gepflegte Zimmer zum Einzug bereit. Blickfar in dem rustikal gestalteten Restaurant ist ein mächtiges altes Mühlwerk.

🍴🍴 **Torkel,** Hintergasse 9, ℰ (00423) 232 44 10, *office@torkel.li*, Fax (00423) 23 44 05, ≤, 🍴 – 🅿 🝏 🕤 VISA
*geschl. 22. Dez. - 20. März und Sonntag* – **Rest** 59/98 und à la carte 52/126 ⸙
♦ Neben den modernen Bildern wechselnder Kunstausstellungen beeindruckt hier e gewaltiger Torkelbaum. Im Sommer sitzt es sich angenehm im Freien oberhalb d Rebberge.

# Principales stations de sports d'hiver

Wichtigste Wintersportplätze

Principali Stazioni di sport invernali

Main-Winter sports Stations

| | Page | Altitude mini/maxi | Nombre | En km | Curling |
|---|---|---|---|---|---|
| → | Page | Altitude mini/maxi | Number | in km | |
| → | Pagina | Altitudine mini/massi | Numero | in km | |
| → | Seite | Höhe mini/maxi | Anzahl | in km | |
| **Adelboden** (BE) | 91 | 1353 m./2400 m. | 21 | 23 | ⚬ |
| **Alt Sankt Johann** (SG) | 95 | 900 m./1730 m. | 4 | 35 | |
| **Andermatt** (UR) | 96 | 1444 m./3000 m. | 9 | 20 | ⚬ |
| **Arosa** (GR) | 101 | 1800 m./2653 m. | 16 | 26 | ⚬ |
| **Bettmeralp** (VS) (mit 🚠) | 142 | 1900 m./2643 m. | 13 | 4 | |
| **Bever** (GR) | 143 | 1714 m. | | 36 | |
| **Blatten bei Naters/ Belalp** (VS) | 147 | 1322 m./3100 m. | 11 | 3 | |
| **Breil/Brigels** (GR) | 149 | 1257 m./2418 m. | 7 | 25 | |
| **Celerina/Schlarigna** (GR) | 161 | 1730 m./3057 m. | 22 | 185 | ⚬ |
| **Champéry** (VS) | 162 | 1050 m./2300 m. | 5 | 10 | ⚬ |
| **Charmey** (FR) | 164 | 900 m./1630 m. | 7 | 25 | |
| **Château-d'Oex** (VD) | 164 | 985 m./1654 m. | 8 | 45 | ⚬ |
| **Crans-Montana** (VS) | 175 | 1500 m./3000 m. | 36 | 40 | ⚬ |
| **Davos** (GR) | 181 | 1560 m./2844 m. | 31 | 75 | ⚬ |
| **Les Diablerets** (VD) | 186 | 1200 m./3000 m. | 24 | 25 | ⚬ |
| **Disentis/Muster** (GR) | 189 | 1150 m./2850 m. | 10 | 25 | ⚬ |
| **Engelberg** (OW) | 193 | 1050 m./3028 m. | 28 | 37 | ⚬ |
| **Fiesch** (VS) | 198 | 1049 m./2926 m. | 9 | 12 | |
| **Flims** (GR) | 200 | 1100 m./3018 m. | 29 | 60 | ⚬ |
| **Flumserberg** (SG) | 203 | 1400 m./2222 m. | 17 | 19 | |
| **Grächen** (VS) | 237 | 1617 m./2868 m. | 13 | 7 | ⚬ |
| **Grimentz** (VS) | 239 | 1570 m./2900 m. | 12 | 30 | ⚬ |
| **Grindelwald** (BE) | 239 | 1034 m./2501 m. | 18 | 21 | ⚬ |
| **Gstaad** (BE) | 243 | 1000 m./1820 m. | 6 | | |

| Patinoire | Piscine couverte | Liaison avec | 🛈 : ✆ | |
|:---:|:---:|:---:|:---:|---:|
| Skating rink | Indoor pool | Reliable by 🛹🏒 | | |
| Pattinatoio | Picina copperta | Riggato de 🛹🏒 | | |
| Eisbahn | Hallenbad | Verbindung mit 🛹🏒 | | |
| ⛸ | | Lenk | 0336 738 080 | **Adelboden** (BE) |
| | | Unterwasser/Wildhaus | 0719 991 888 | **Alt Sankt Johann** (SG) |
| ⛸ | | | 0418 871 454 | **Andermatt** (UR) |
| ⛸ | | | 0813 787 020 | **Arosa** (GR) |
| ⛸ | ▨ | Fiescheralp/Riederalp | 0279 286 060 | (mit 🏒) **Bettmeralp** (VS) |
| ⛸ | | | 0818 524 945 | **Bever** (GR) |
| ⛸ | ▨ | | 0279 216 040 | **Blatten bei Naters/ Belalp** (VS) |
| ⛸ | ▨ | Waltensburg/Vuorz | 0819 411 331 | **Breil/Brigels** (GR) |
| ⛸ | | Top of Snow Corviglia : St. Moritz/Celerina | 0818 375 353 | **Celerina/Schlarigna** (GR) |
| ⛸ | ▨ | Les Portes du Soleil | 0244 792 020 | **Champéry** (VS) |
| ⛸ | ▨ | | 0269 275 580 | **Charmey** (FR) |
| ⛸ | | | 0269 242 525 | **Château-d'Oex** (VD) |
| ⛸ | ▨ | Aminona | 0274 850 404 | **Crans-Montana** (VS) |
| ⛸ | ▨ | Klosters | 0814 152 121 | **Davos** (GR) |
| ⛸ | ▨ | Villars-sur-Ollon/Gryon | 0244 923 358 | **Les Diablerets** (VD) |
| ⛸ | ▨ | | 0819 203 020 | **Disentis/Muster** (GR) |
| ⛸ | ▨ | | 0416 397 777 | **Engelberg** (OW) |
| | ▨ | Bettmeralp/Riederalp | 0279 706 070 | **Fiesch** (VS) |
| ⛸ | ▨ | die Alpenarena : Flims-Laax/Falera | 0819 209 200 | **Flims** (GR) |
| | ▨ | | 0817 201 818 | **Flumserberg** (SG) |
| ⛸ | | | 0279 556 060 | **Grächen** (VS) |
| ⛸ | ▨ | | 0274 751 493 | **Grimentz** (VS) |
| ⛸ | ▨ | Lauterbrunnen/ Mürren/Wengen | 0338 541 212 | **Grindelwald** (BE) |
| ⛸ | ▨ | | 0337 488 181 | **Gstaad** (BE) |

501

| | Page | Altitude mini/maxi | Nombre | En km | Curling |
|---|---|---|---|---|---|
| → | Page | Altitude mini/maxi | Number | in km | |
| → | Pagina | Altitudine mini/massi | Numero | in km | |
| → | Seite | Höhe mini/maxi | Anzahl | in km | |
| **Haute-Nendaz** (VS) | 248 | 1400 m./3330 m. | 19 | 18 | ⊜ |
| **Kandersteg** (BE) | 260 | 1250 m./1950 m. | 7 | 55 | ⊜ |
| **Klosters** (GR) | 263 | 1191 m./2844 m. | 17 | 35 | ⊜ |
| **Laax** (GR) | 266 | 1100 m./3018 m. | 29 | 60 | ⊜ |
| **Lenk** (BE) | 280 | 1068 m./2138 m. | 21 | 42 | ⊜ |
| **Lenzerheide/Lai** (GR) | 282 | 1470 m./2865 m. | 39 | 52 | ⊜ |
| **Leukerbad** (VS) | 283 | 1411 m./2700 m. | 15 | 25 | ⊜ |
| **Leysin** (VD) | 284 | 1300 m./2205 m. | 16 | 10 | ⊜ |
| **Malbun** (FL) | 496 | 1602 m./2000 m. | 7 | | |
| **Maloja** (GR) | 311 | 1800 m./2150 m. | 2 | 12 | |
| **Les Marécottes** (VS) | 315 | 1110 m./2200 m. | 6 | | |
| **Meiringen** (BE) | 316 | 602 m./2433 m. | 17 | 23 | |
| **Morgins** (VS) | - | 1350 m./2152 m. | 14 | 25 | |
| **Les Mosses** (VD) | 329 | 1450 m./1880 m. | 13 | 42 | |
| **Münster** (VS) | - | 1400m./1550 m. | 1 | 100 | |
| **Mürren** (mit Zahnradbahn) (BE) | 331 | 1650 m./2970 m. | 10 | | ⊜ |
| **Oberiberg** (SZ) | - | 1087 m./1856 m. | 10 | | |
| **Obersaxen Meierhof** (GR) | 347 | 1201 m./2310 m. | 18 | 26 | |
| **Ovronnaz** (VS) | 352 | 1400 m./2500 m. | 8 | 25 | |
| **Les Paccots** (FR) | 352 | 1061 m./1487 m. | 10 | | |
| **Pontresina** (GR) | 356 | 1805 m./2453 m. | 3 | 180 | ⊜ |
| **Riederalp** (VS) (mit 🎿) | 364 | 1950 m./2335 m. | 9 | | |
| **Rougemont** (VD) | 370 | 991 m./2156 m. | 4 | 7 | |
| **Saas-Fee** (VS) | 372 | 1800 m./3600 m. | 22 | 8 | ⊜ |
| **Saas-Grund** (VS) | 375 | 1559 m./3200 m. | 7 | 26 | ⊜ |
| **Saignelégier/Franches-Montagnes** (JU) | 375 | env. 1000 m. | | 100 | ⊜ |
| **Saint-Cergue** (VD) | - | 1044 m./1150 m. | 3 | 90 | |
| **Saint-Luc** (VS) | 377 | 1650 m./3025 m. | 8 | | |
| **Samedan** (GR) | 379 | 1750 m./2453 m. | 5 | 25 | ⊜ |
| **Samnaun** (GR) | 379 | 1840 m./2864 m. | 17 | 10 | ⊜ |
| **Sankt Moritz** (GR) | 387 | 1775 m./3057 m. | 22 | 185 | ⊜ |
| **Sankt Stephan** (BE) | - | 996 m./1989 m. | 3 | 69 | |

| Patinoire<br>Skating rink<br>Pattinatoio<br>Eisbahn | Piscine couverte<br>Indoor pool<br>Picina copperta<br>Hallenbad | Liaison avec<br>Reliable by ⚡🎿<br>Riggato de ⚡🎿<br>Verbindung mit ⚡🎿 | ℹ️ : 🖊️ | |
|---|---|---|---|---|
| ⛸ | | 4 Vallées : Thyon/<br>Veysonnaz/Nendaz/Verbier | 0272 895 589 | **Haute-Nendaz** (VS) |
| ⛸ | | | 0336 758 080 | **Kandersteg** (BE) |
| ⛸ | | Davos | 0814 102 020 | **Klosters** (GR) |
| ⛸ | 🏊 | die Alpenarena :<br>Flims-Laax-Falera | 0819 208 181 | **Laax** (GR) |
| ⛸ | 🏊 | Adelboden | 0337 363 535 | **Lenk** (BE) |
| ⛸ | 🏊 | Leuzerheide-Valbella-<br>Parpan-Churwalden | 0813 851 120 | **Lenzerheide/Lai** (GR) |
| ⛸ | 🏊 | | 0274 727 171 | **Leukerbad** (VS) |
| ⛸ | 🏊 | | 0244 942 240 | **Leysin** (VD) |
| ⛸ | | | 00423 263 65 77 | **Malbun** (FL) |
| ⛸ | | | 0818 243 188 | **Maloja** (GR) |
| | | | 0277 613 101 | **Les Marécottes** (VS) |
| ⛸ | 🏊 | Alpen Region :<br>Meiringen-Hasliberg | 0339 725 050 | **Meiringen** (BE) |
| ⛸ | | Les Portes du Soleil | 0244 772 361 | **Morgins** (VS) |
| ⛸ | | | 0244 911 466 | **Les Mosses** (VD) |
| | | | 0279 731 745 | **Münster** (VS) |
| ⛸ | 🏊 | Grindelwald/<br>Lauterbrunnen/Wengen | 0338 568 686 | **Mürren** (BE)<br>(mit Zahnradbahn) |
| | | Hoch-Ybrig | 0554 142 626 | **Oberiberg** (SZ) |
| | | Obersaxen/Lumnezia/<br>Mundaun | 0819 332 222 | **Obersaxen Meierhof** (GR) |
| | 🏊 | | 0273 064 293 | **Ovronnaz** (VS) |
| ⛸ | 🏊 | | 0219 488 456 | **Les Paccots** (FR) |
| ⛸ | 🏊 | | 0818 388 300 | **Pontresina** (GR) |
| | | Bettmeralp/Fiescheralp | 0279 286 050 | (mit 🎿) **Riederalp** (VS) |
| | | | 0269 251 166 | **Rougemont** (VD) |
| ⛸ | 🏊 | | 0279 581 858 | **Saas-Fee** (VS) |
| ⛸ | | | 0279 586 666 | **Saas-Grund** (VS) |
| ⛸ | 🏊 | Mont Crosin/<br>Mont Soleil | 0324 204 770 | **Saignelégier/Franches-<br>Montagnes** (JU) |
| ⛸ | | | 0223 601 314 | **Saint-Cergue** (VD) |
| ⛸ | | Chandolin | 0274 751 412 | **Saint-Luc** (VS) |
| ⛸ | | | 0818 510 060 | **Samedan** (GR) |
| ⛸ | 🏊 | Silvretta Arena :<br>Ischgl (A) | 0818 685 858 | **Samnaun** (GR) |
| ⛸ | 🏊 | Top of Snow Corviglia :<br>St. Moritz-Celerina | 0818 373 333 | **Sankt Moritz** (GR) |
| | | Zweisimmen/<br>Schönried/Saanenmöser | 0337 298 046 | **Sankt Stephan** (BE) |

| → | Page | Altitude mini/maxi | Nombre | En km | Curling |
|---|---|---|---|---|---|
| → | Page | Altitude mini/maxi | Number | in km | |
| → | Pagina | Altitude mini/maxi | Numero | in km | |
| → | Seite | Höhe mini/maxi | Anzahl | en km | |
| **Savognin** (GR) | 393 | 1200 m./2713 m. | 15 | 32 | ⇌ |
| **Schwarzsee** (FR) | - | 1046 m./1751 m. | 5 | | |
| **Scuol/Schuls** (GR) | 400 | 1250 m./2783 m. | 14 | 60 | ⇌ |
| **Sedrun** (GR) | 403 | 1450 m./1900 m. | 5 | 25 | |
| **Le Sentier** (VD) | 260 | 1004 m./1445 m. | 11 | 250 | |
| **Sils-Maria** (GR) | 407 | 1800 m./3303 m. | 6 | 180 | ⇌ |
| **Silvaplana** (GR) | 409 | 1870 m./3303 m. | 8 | 180 | ⇌ |
| **Sörenberg** (LU) | - | 1166 m./2350 m. | 19 | 30 | |
| *Splügen* (GR) | - | 1480 m./2215 m. | 8 | 40 | ⇌ |
| **Tarasp-Vulpera** (GR) | 403 | 1450 m./1550 m. | 2 | 60 | ⇌ |
| **Thyon - Les Collons** (VS) | 429 | 1800 m./2450 m. | 11 | | |
| **Ulrichen** (VS) | 431 | 1347 m. | | 100 | |
| **Unteriberg** (SZ) | - | \n925 m./1100 m. | 2 | 30 | |
| **Unterwasser** (SG) | 432 | 910 m./2262 m. | 6 | 35 | |
| **Val Müstair : Müstair-Tschierv** (GR) | 334 | 2000 m./2700 m. | 3 | 25 | |
| **Verbier** (VS) | 434 | 1526 m./3330 m. | 38 | 10 | ⇌ |
| **Veysonnaz** (VS) | 441 | 1400 m./2700 m. | 11 | 5 | |
| **Villars-sur-Ollon** (VD) | 442 | 1300 m./2120 m. | 14 | 44 | |
| **Wengen** (BE) (mit Zahnradbahn) | 452 | 1274 m./2320 m. | 7 | 8 | ⇌ |
| **Wildhaus** (SG) | 456 | 1050 m./2076 m. | 8 | 40 | ⇌ |
| **Zermatt** (VS) (mit Zahnradbahn) | 463 | 1620 m./3820 m. | 32 | 10 | ⇌ |
| **Zinal** (VS) | 470 | 1675 m./285 m. | 9 | 20 | |
| **Zuoz** (GR) | 473 | 1716 m./2460 m. | 4 | 180 | ⇌ |
| **Zweisimmen** (BE) | 493 | 948 m./2063 m. | 5 | 51 | |

| Patinoire / Page / Pattinatoio / Esbahn | Piscine couverte / Altitude mini/maxi / Picina copperta / Hallenbad | Liaison avec / Reliable by ⛷⛄ / Riggato de ⛷⛄ / Verbindung mit ⛷⛄ | 𝒊 : ✆ | |
|---|---|---|---|---|
| ⛸ | 🏊 | | 0816 591 616 | **Savognin** (GR) |
| ⛸ | | | 0264 121 313 | **Schwarzsee** (FR) |
| ⛸ | 🏊 | Ftan/Sent | 0818 612 222 | **Scuol/Schuls** (GR) |
| | 🏊 | | 0819 204 030 | **Sedrun** (GR) |
| ⛸ | 🏊 | Vallée de Joux | 0218 451 777 | **Le Sentier** (VD) |
| ⛸ | | Silvaplana-Surlej | 0818 385 050 | **Sils-Maria** (GR) |
| ⛸ | | Sils-Maria | 0818 386 000 | **Silvaplana** (GR) |
| | 🏊 | | 0414 881 185 | **Sörenberg** (LU) |
| ⛸ | | | 0816 509 030 | **Splügen** (GR) |
| ⛸ | 🏊 | | 0818 612 052 | **Tarasp-Vulpera** (GR) |
| | 🏊 | 4 Vallées : Thyon/Veysonnaz/Nendaz/Verbier | 0272 812 727 | **Thyon-les Collons** (VS) |
| | | | 0279 733 232 | **Ulrichen** (VS) |
| | 🏊 | | 0554 141 010 | **Unteriberg** (SZ) |
| | | Alt. St. Johann Wildhaus | 0719 991 923 | **Unterwasser** (SG) |
| ⛸ | | | 0818 585 858 | **Val Müstair : Müstair-Tschierv** (GR) |
| ⛸ | 🏊 | 4 Vallées : Thyon/Veysonnaz/Nendaz/Verbier | 0277 753 888 | **Verbier** (VS) |
| ⛸ | 🏊 | 4 Vallées : Thyon/Veysonnaz/Nendaz/Verbier | 0272 071 053 | **Veysonnaz** (VS) |
| ⛸ | 🏊 | Les Diablerets/Gryon | 0244 953 232 | **Villars-sur-Ollon** (VD) |
| ⛸ | 🏊 | Grindelwald/Lauterbrunnen/Mürren/ | 0338 551 414 | **Wengen** (BE) (mit Zahnradbahn) |
| ⛸ | | Alt. St. Johann/Unterwasser | 0719 992 727 | **Wildhaus** (SG) |
| ⛸ | | Cervinia (I)/Valtournenche (I) | 0279 668 100 | **Zermatt** (VS) (mit Zahnradbahn) |
| ⛸ | 🏊 | | 0274 751 370 | **Zinal** (VS) |
| ⛸ | | | 0848 986 946 | **Zuoz** (GR) |
| | | Sankt Stephan/Schönried/Saanenmöser | 0337 221 133 | **Zweisimmen** (BE) |

# Cartes des stations de sports d'hiver

- ●    Stations de sports d'hiver
- ◦–●●●–◦    Téléphérique
- ◦++++++◦    Funiculaire, voie à crémaillère
- 🚗    Transport des autos par voie ferrée

État des routes. Informations routières : ☎ 163

| 11-5 | Fermeture possible en période d'enneigement. *(Ex : Nov.-Mai)* |

# Karte der Wintersportorte

- ●    Wintersportort
- ◦–●●●–◦    Seilbahn
- ◦++++++◦    Standseilbahn, Zahnradbahn
- 🚗    Autotransport per Bahn

Strassenzustand Telefonische Auskunft: ☎ 163

| 11-5 | Ggf. Wintersperre. *(Beisp. : Nov.-Mai)* |

# Carte delle stazioni di sport invernali

- ●    Stazione di sport invernali
- ◦–●●●–◦    Funivia
- ◦++++++◦    Funicolare, ferrovia a cremagliera
- 🚗    Trasporto auto su treno

Informazioni sullo stato delle strade: ☎ 163

| 11-5 | Chiusura possibile in periodo d'innevamento. *(Esempio : Nov.-Maggio)* |

# Map of winter sports stations

- ●    Winter sports resort
- ◦–●●●–◦    Cablecar
- ◦++++++◦    Funicular, rack railway
- 🚗    Transportation of vehicles by rail

For the latest road conditions: ☎ 163

| 11-5 | Approximate period when roads are snowbound and possibly closed. *(Ex : Nov.-May)* |

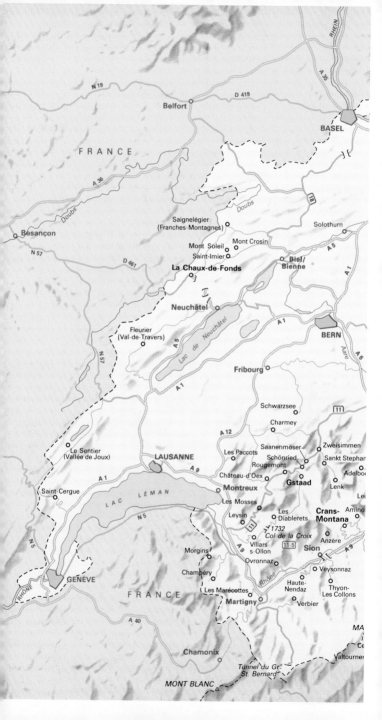

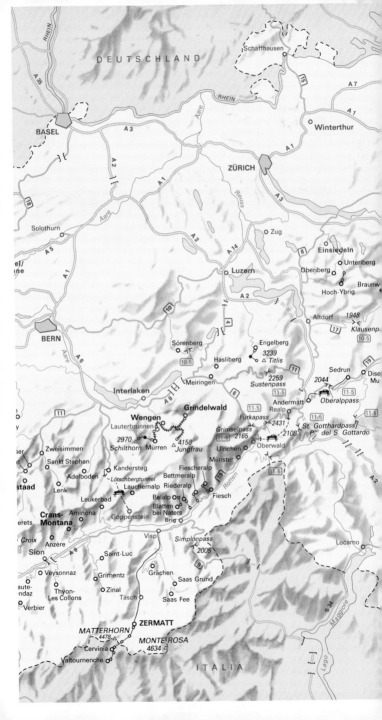

# Jours fériés en Suisse

| Date / Datum / Data | Jour férié / Feiertag / Giorno festivo | AI | AG | AR | BE | BL | BS | FR | GE | GL | GR | JU | LU | NE |
|---|---|---|---|---|---|---|---|---|---|---|---|---|---|---|
| 1 janv. / 1 Jan. / 1 gennaio | Nouvel An / Neujahrstag / Capodanno | ● | ● | ● | ● | ● | ● | ● | ● | ● | ● | ● | ● | ● |
| 2 janv. / 2 Jan. / 2 gennaio | Berchtoldstag | | ● | | ● | | | ● | | ● | | ● | ● | ● |
| 6 janv. / 6 Jan. / 6 gennaio | Epiphanie / Dreikönigstag / Epifania | | | | | | | | | | | | | |
| 1 mars / 1 März / 1 marzo | Instauration de la République | | | | | | | | | | | | | ● |
| 19 mars / 19 März / 19 marzo | Saint-Joseph / Josephstag / San Giuseppe | | | | | | | | | | | | ● | |
| 6 avril / 6 April / 6 aprile | Fahrtsfest | | | | | | | | | ● | | | | |
| 14 avril / 14 April / 14 aprile | Vendredi Saint / Karfreitag / Venerdì santo | ● | ● | ● | ● | ● | ● | ● | ● | ● | ● | ● | ● | ● |
| 17 avril / 17 April / 17 aprile | Lundi de Pâques / Ostermontag / Lunedì di Pasqua | ● | ● | ● | ● | ● | ● | ● | ● | ● | ● | ● | ● | ● |
| 1 mai / 1 Mai / 1 maggio | Fête du travail / Tag der Arbeit / Festa del lavoro | | | | | ● | ● | | | | | ● | | |
| 25 mai / 25 Mai / 25 maggio | Ascension / Auffahrt / Ascensione | ● | ● | ● | ● | ● | ● | ● | ● | ● | ● | ● | ● | ● |
| 5 juin / 5 Juni / 5 giugno | Lundi de Pentecôte / Pfingstmontag / Lunedì di Pentecoste | ● | ● | ● | ● | ● | ● | ● | ● | ● | ● | ● | ● | ● |
| 15 juin / 15 Juni / 15 giugno | Fête-Dieu / Fronleichnam / Corpus Domini | ● | ● | | | | | ● | | | | ● | ● | |
| 23 juin / 23 Juni / 23 giugno | Commémoration du Plébiscite jurassien | | | | | | | | | | | ● | | |
| 29 juin / 29 Juni / 29 giugno | Sts-Pierre-et-Paul / Peter und Paul / SS. Pietro e Paolo | | | | | | | | | | | | | |
| 1 août / 1 Aug. / 1 agosto | Fête nationale / Bundesfeier / Festa nazionale | ● | ● | ● | ● | ● | ● | ● | ● | ● | ● | ● | ● | ● |
| 15 août / 15 Aug. / 15 agosto | Assomption Maria / Himmelfahrt / Assunzione | ● | ● | | | | | ● | | | | ● | ● | |
| 7 sept. / 7 Sept. / 7 settembre | Jeûne genevois / Genfer Bettag / Digiuno ginevrino | | | | | | | | ● | | | | | |
| 18 sept. / 18 Sept. / 18 settembre | Lundi du Jeûne fédéral / Bettagsmontag / Lunedì del digiuno federale | | | | | | | | | | | | | ● |

# Feiertage in der Schweiz
## Giorni festivi in Svizzera

| NW | OW | SG | SH | SO | SZ | TG | TI | UR | VD | VS | ZG | ZH | Jour férié / Feiertag / Giorno festivo | Date / Datum / Data |
|----|----|----|----|----|----|----|----|----|----|----|----|----|---|---|
| • | • | • | • | • | • | • | • | • | • | • | • | • | Nouvel an / Neujahrstag / Capodanno | 1 janv. / 1 Jan. / 1 gennaio |
|  | • |  | • | • |  | • |  |  | • |  | • | • | Berchtoldstag | 2 janv. / 2 Jan. / 2 gennaio |
|  |  |  |  |  | • |  | • | • |  |  |  |  | Épiphanie / Dreikönigstag / Epifania | 6 janv. / 6 Jan. / 6 gennaio |
|  |  |  |  |  |  |  |  |  |  |  |  |  | Instauration de la république | 1 mars / 1 März / 1 marzo |
| • |  |  |  |  | • |  | • | • |  | • |  |  | Saint-Joseph / Josephstag / San Giuseppe | 19 mars / 19 März / 19 marzo |
|  |  |  |  |  |  |  |  |  |  |  |  |  | Fahrtsfest | 6 avril / 6 April / 6 aprile |
| • | • | • | • | • | • | • |  | • | • |  | • | • | Vendredi Saint / Karfreitag / Venerdì santo | 14 avril / 14 April / 14 aprile |
| • | • | • | • | • | • | • | • | • | • | • | • | • | Lundi de Pâques / Ostermontag / Lunedì di Pasqua | 17 avril / 17 April / 17 aprile |
|  |  | • |  |  |  | • | • |  |  |  |  | • | Fête du travail / Tag der Arbeit / Festa del lavoro | 1 mai / 1 Mai / 1 maggio |
| • | • | • | • | • | • | • | • | • | • | • | • | • | Ascension / Auffahrt / Ascensione | 25 mai / 25 Mai / 25 maggio |
| • | • | • | • | • | • | • | • | • |  | • | • | • | Lundi de Pentecôte / Pfingstmontag / Lunedì di Pentecoste | 5 juin / 5 Juni / 5 giugno |
| • | • |  |  | • | • |  | • | • |  | • | • |  | Fête-Dieu / Fronleichnam / Corpus Domini | 15 juin / 15 Juni / 15 giugno |
|  |  |  |  |  |  |  |  |  |  |  |  |  | Commémoration du Plébiscite jurassien | 23 juin / 23 Juni / 23 giugno |
|  |  |  |  |  |  |  | • |  |  |  |  |  | Sts-Pierre-et-Paul / Peter und Paul / SS. Pietro e Paolo | 29 juin / 29 Juni / 29 giugno |
| • | • | • | • | • | • | • | • | • | • | • | • | • | Fête nationale / Bundesfeier / Festa nazionale | 1 août / 1 Aug. / 1 agosto |
| • | • |  |  |  | • |  | • | • |  | • | • |  | Assomption Maria / Himmelfahrt / Assunzione | 15 août / 15 Aug. / 15 agosto |
|  |  |  |  |  |  |  |  |  |  |  |  |  | Jeûne genevois / Genfer Bettag / Digiuno ginevrino | 7 sept. / 7 Sept. / 7 settembre |
|  |  |  |  |  |  |  |  |  | • |  |  |  | Lundi du Jeûne fédéral / Bettagsmontag / Lunedì del digiuno federale | 18 sept. / 18 Sept. / 18 settembre |

| Date Datum Data | Jour férié Feiertag Giorno festivo | AI | AG | AR | BE | BL | BS | FR | GE | GL | GR | JU | JU | NE |
|---|---|---|---|---|---|---|---|---|---|---|---|---|---|---|
| 25 sept. 25 Sept. 25 settembre | Fête de St-Nicolas de Flüe/Bruderklausenfest/San Nicolao della Flüe | | | | | | | | | | | | | |
| 1 nov. 1 Nov. 1 novembre | Toussaint Allerheiligen Ognissanti | • | • | | | | | • | | • | | • | • | |
| 8 déc. 8 Dez. 8 dicembre | Immaculée Conception/ Maria Empfängnis/ Immacolata | • | • | | | | | • | | | | | • | |
| 25 déc. 25 Dez. 25 dicembre | Noël/ Weihnachtstag Natale | • | • | • | • | • | • | • | • | • | • | • | • | • |
| 26 déc. 26 Dez. 26 dicembre | Saint-Etienne Stephanstag Santo Stefano | | | | • | • | • | • | | • | • | | • | |
| 31 déc. 31 Dez. 31 dicembre | Restauration de la République | | | | | | | | • | | | | | |

| NW | OW | SG | SH | SO | SZ | TG | TI | UR | VD | VS | ZG | ZH | Jour férié Feiertag Giorno festivo | Date Datum Data |
|----|----|----|----|----|----|----|----|----|----|----|----|----|----|----|
|    | ●  |    |    |    |    |    |    |    |    |    |    |    | Fête de St-Nicolas de Flüe/Bruderklau-senfest/San Nicolao della Flüe | 25 sept. 25 Sept. 25 settembre |
| ●  | ●  | ●  |    | ●  | ●  |    | ●  | ●  |    | ●  | ●  |    | Toussaint Allerheiligen Ognissanti | 1 nov. 1 Nov. 1 novembre |
| ●  | ●  |    |    |    | ●  |    | ●  | ●  |    | ●  | ●  |    | Immaculée Conception/ Maria Empfängnis/ Immacolata | 8 déc. 8 Dez. 8 dicembre |
| ●  | ●  | ●  | ●  | ●  | ●  | ●  | ●  | ●  | ●  | ●  | ●  | ●  | Noël/ Weihnachtstag Natale | 25 déc. 25 Dez. 25 dicembre |
| ●  | ●  | ●  | ●  | ●  | ●  | ●  | ●  |    |    |    | ●  | ●  | Saint-Etienne Stephanstag Santo Stefano | 26 déc. 26 Dez. 26 dicembre |
|    |    |    |    |    |    |    |    |    |    |    |    |    | Restauration de la République | 31 déc. 31 Dez. 31 dicembre |

# Principales foires

## Wichtigste Messen
## Principali fiere
## Main fairs

## BASEL (BS)

### 17.02 – 26.02 – MUBA
→ Die Publikums- und Erlebnismesse.
→ La foire-événement grand public.

### 30.03 – 06.04 – BASELWORLD
→ Weltmesse für Uhren und Schmuck.
→ Foire mondiale de l'horlogerie et de la bijouterie.

### 16.05 – 19.05 – ORBIT-IEX
→ Fachmesse für Informatik, Kommunikation und Organisation.
→ Salon de l'informatique, de la communication et de l'organisation.

### 28.10 – 05.11
→ Basler Herbstwarenmesse und Basler Weinmesse.
→ Foire commerciale d'automne et foire aux vins de Bâle.

## BERN (BE)

### 28.04 – 07.05 – BEA
→ Ausstellung für Gewerbe, Landwirtschaft, Handel und Industrie.
→ Comptoir de Berne.

## GENÈVE (GE)

### 02.03 – 12.03
→ Salon international de l'automobile.
→ Internationaler Automobil- Salon.

### 05.04 – 09.04
→ Salon international des inventions, des techniques et produits nouveaux.
→ Internationale Messe für Erfindungen, neue Techniken und Produkte.

### 27.04 – 01.05
→ Salon international du livre et de la presse.
→ Internationale Messe für Buch und Presse.

### 27.04 – 01.05 – EUROP'ART
→ Foire internationale d'art ancien, moderne et actuel.
→ Internationale Messe für alte, moderne und aktuelle Kunst.

### 09.11 – 19.11 – FOIRE DE GENÈVE
→ Salon des arts ménagers.
→ Haus und Heim Ausstellung.

## LAUSANNE (VD)

### 11.03 – 19.03
→ Exposition Habitat et Jardin.
→ Haus und Garten Ausstellung.

### 15.09 – 24.09 – COMPTOIR SUISSE
→ Foire nationale.
→ Nationale Messe.

### 04.11 – 08.11 – GASTRONOMIA
→ Salon international de l'alimentation, de la restauration et de l'hôtellerie.
→ Internationale Fachmesse für Lebensmittel, Hotel und Gastgewerbe.

## LUZERN (LU)

### 28.04 - 07.05 – LUGA
→ Luzerner Landwirtschafts- und Gewerbeausstellung.
→ Exposition pour l'agriculture et l'artisanat de la Suisse centrale.

## ST-GALLEN (SG)

### 19.04 - 23.04 – OFFA
→ Ostschweizer Frühlings- und Freizeitmesse mit OFFA-Pferdemesse.
→ Foire du printemps et des loisirs de la Suisse orientale, avec exposition internationale de chevaux.

### 12.10 – 22.10 – OLMA
→ Schweizer Messe für Land- und Milchwirtschaft.
→ Foire suisse de l'agriculture et de l'industrie laitière.

### 24.11 – 26.11 – Schweizer Spielmesse
→ Internationale Spiel- und Spielwarenmesse.
→ Foire internationale du jeu et du jouet.

## ZÜRICH (ZH)

### 21.09 - 01.10 – ZÜSPA
→ Zürcher Herbstschau für Haushalt, Wohnen, Sport und Mode.
→ Salon d'automne zurichois des arts ménagers, du logement, du sport et de la mode.

### 02.11 - 16.11 – EXPOVINA
→ Zürcher Wein Ausstellung.
→ Salon du vin.

# Lexique

Lexikon (siehe S. 523)
Lessico (vedere p. 530)
Lexicon

| A | → | → | → |
|---|---|---|---|
| à louer | zu vermieten | a noleggio | for hire |
| addition | Rechnung | conto | bill, check |
| aéroport | Flughafen | aeroporto | airport |
| agence de voyage | Reisebüro | agenzia di viaggio | travel bureau |
| agencement | Einrichtung | installazione | installation |
| agneau | Lamm | agnello | lamb |
| ail | Knoblauch | aglio | garlic |
| amandes | Mandeln | mandorle | almonds |
| ancien, antique | ehemalig, antik | vecchio, antico | old, antique |
| août | August | agosto | August |
| art-déco | Jugendstil | art-déco, liberty | Art Deco |
| artichaut | Artischocke | carciofo | artichoke |
| asperges | Spargeln | asparagi | asparagus |
| auberge | Gasthaus | locanda | inn |
| aujourd'hui | heute | oggi | today |
| automne | Herbst | autunno | autumn |
| avion | Flugzeug | aereo | aeroplane |
| avril | April | aprile | April |

| B | → | → | → |
|---|---|---|---|
| bac | Fähre | traghetto | ferry |
| bagages | Gepäck | bagagli | luggage |
| bateau | Boot, Schiff | barca | ship |
| bateau à vapeur | Dampfer | batello a vapore | steamer |
| baudroie | Seeteufel | pescatrice | angler fish |
| beau | schön | bello | fine, lovely |
| bette | Mangold | bietola | chards |
| beurre | Butter | burro | butter |
| bien, bon | gut | bene, buono | good, well |
| bière | Bier | birra | beer |
| billet d'entrée | Eintrittskarte | biglietto d'ingresso | admission ticket |
| blanchisserie | Wäscherei | lavanderia | laundry |
| bœuf bouilli | Siedfleisch | bollito di manzo | boiled beef |
| bouillon | Fleischbrühe | brodo | clear soup |
| bouquetin | Steinbock | stambecco | ibex |
| bouteille | Flasche | bottiglia | bottle |
| brochet | Hecht | luccio | pike |

| C | → | → | → |
|---|---|---|---|
| **cabri, chevreau** | Zicklein, Gitzi | capretto | young goat |
| **café** | Kaffee | caffè | coffee |
| **café-restaurant** | Wirtschaft | ristorante-bar | café-restaurant |
| **caille** | Wachtel | quaglia | partridge |
| **caisse** | Kasse | cassa | cash desk |
| **campagne** | Land | campagna | country |
| **canard, caneton** | Ente, junge Ente | anatra | duck |
| **cannelle** | Zimt | cannella | cinnamon |
| **câpres** | Kapern | capperi | capers |
| **carvanal** | Fasnacht | carnevale | carnival |
| **carottes** | Karotten | carote | carrots |
| **carpe** | Karpfe | carpa | carp |
| **carte postale** | Postkarte | cartolina postale | postcard |
| **cascades, chutes** | Wasserfälle | cascate | waterfalls |
| **céleri** | Sellerie | sedano | celery |
| **cépage** | Rebsorte | ceppo | grape variety |
| **cèpes, bolets** | Steinpilze | boleto | ceps |
| **cerf** | Hirsch | cervo | stag (venison) |
| **cerises** | Kirschen | ciliegie | cherries |
| **cervelle de veau** | Kalbshirn | cervella di vitello | calf's brain |
| **chaînes** | Schneeketten | catene da neve | snow chain |
| **chambre** | Zimmer | camera | room |
| **chamois** | Gems | camoscio | chamois |
| **champignons** | Pilze | funghi | mushrooms |
| **change** | Geldwechsel | cambio | exchange |
| **charcuterie** | Aufschnitt | salumi | pork butcher's meat |
| **château** | Burg, Schloss | castello | castle |
| **chevreuil** | Reh | capriolo | roe deer (venison) |
| **chien** | Hund | cane | dog |
| **chou** | Kraut, Kohl | cavolo | cabbage |
| **chou de Bruxelles** | Rosenkohl | cavolini di Bruxelles | Brussel sprouts |
| **chou rouge** | Rotkraut | cavolo rosso | red cabbage |
| **chou-fleur** | Blumenkohl | cavolfiore | cauliflower |
| **choucroute** | Sauerkraut | crauti | sauerkraut |
| **circuit** | Rundfahrt | circuito | round tour |
| **citron** | Zitrone | limone | lemon |
| **clé** | Schlüssel | chiave | key |
| **col** | Pass | passo | pass |
| **collection** | Sammlung | collezione | collection |
| **combien ?** | wieviel ? | quanto ? | how much ? |
| **commissariat** | Polizeirevier | commissariato | police headquarters |
| **concombre** | Gurke | cetriolo | cucumber |
| **confiture** | Konfitüre | marmellata | jam |
| **coquille St-Jacques** | Jakobsmuschel | cappasanta | scallops |
| **corsé** | kräftig | robusto | full bodied |
| **côte de porc** | Schweinekotelett | braciola di maiale | pork chop |
| **côte de veau** | Kalbskotelett | costata di vitello | veal chop |
| **courge** | Kürbis | zucca | pumpkin |
| **courgettes** | zucchini | zucchine | courgette |
| **crème** | Rahm | panna | cream |
| **crêpes** | Pfannkuchen | crespella | pancakes |
| **crevaison** | Reifenpanne | foratura | puncture |
| **crevettes** | Krevetten | gamberetti | shrimps, prawns |
| **crudités** | Rohkost | verdure crude | raw vegetables |
| **crustacés** | Krustentiere | crostacei | crustaceans |

| **D** | → | → | → |
|---|---|---|---|
| débarcadère | Schiffanlegestelle | pontile di sbarco | landing-wharf |
| décembre | Dezember | dicembre | December |
| demain | morgen | domani | tomorrow |
| demander | fragen, bitten | domandare | to ask for |
| départ | Abfahrt | partenza | departure |
| dimanche | Sonntag | domenica | Sunday |
| docteur | Arzt | dottore | doctor |
| doux | mild | dolce | sweet, mild |

| **E** | → | → | → |
|---|---|---|---|
| eau gazeuse | mit Kohlensäure (Wasser) | acqua gasata | sparkling water |
| eau minérale | Mineralwasser | acqua minerale | mineral water |
| écrevisse | Flusskrebs | gambero | crayfish |
| église | Kirche | chiesa | church |
| émincé | Geschnetzeltes | a fettine | thin slice |
| en daube, en sauce | geschmort, mit Sauce | stracotto, in salsa | stewed, with sauce |
| en plein air | im Freien | all'aperto | outside |
| endive | Endivie | indivia | chicory |
| entrecôte | Zwischenrippenstück | costata | sirloin steak |
| enveloppes | Briefumschläge | buste | envelopes |
| épinards | Spinat | spinaci | spinach |
| escalope panée | paniertes Schnitzel | cotoletta alla milanese | escalope in breadcrumbs |
| escargots | Schnecken | lumache | snails |
| étage | Stock, Etage | piano | floor |
| été | Sommer | estate | summer |
| excursion | Ausflug | escursione | excursion |
| exposition | Ausstellung | esposizione, mostra | exhibition, show |

| **F** | → | → | → |
|---|---|---|---|
| faisan | Fasan | fagiano | pheasant |
| farci | gefüllt | farcito | stuffed |
| fenouil | Fenchel | finocchio | fennel |
| féra | Felchen | coregone | dace |
| ferme | Bauernhaus | fattoria | farm |
| fermé | geschlossen | chiuso | closed |
| fêtes, jours fériés | Feiertage | giorni festivi | bank holidays |
| feuilleté | Blätterteig | sfoglia | puff pastry |
| février | Februar | febbraio | February |
| filet de bœuf | Rinderfilet | filetto di bue | fillet of beef |
| filet de porc | Schweinefilet | filetto di maiale | fillet of pork |
| fleuve | Fluss | fiume | river |
| foie de veau | Kalbsleber | fegato di vitello | calf's liver |
| foire | Messe, Ausstellung | fiera | fair |
| forêt, bois | Wald | foresta, bosco | forest, wood |
| fraises | Erdbeeren | fragole | strawberries |
| framboises | Himbeeren | lamponi | raspberries |
| fresques | Fresken | affreschi | frescoes |
| frit | fritiert | fritto | fried |
| fromage | Käse | formaggio | cheese |

| fromage blanc | Quark | formaggio fresco | curd cheese |
| fruité | fruchtig | fruttato | fruity |
| fruits de mer | Meeresfrüchte | frutti di mare | seafood |
| fumé | geräuchert | affumicato | smoked |

| G | → | → | → |
| --- | --- | --- | --- |
| gare | Bahnhof | stazione | station |
| gâteau | Kuchen | dolce | cake |
| genièvre | Wacholder | coccola | juniper berry |
| gibier | Wild | selvaggina | game |
| gigue, cuissot | Keule | cosciotto | leg |
| gingembre | Ingwer | zenzero | ginger |
| girolles | Pfifferlinge, Eierschwämme | gallinacci (funghi) | chanterelles |
| glacier | Gletscher | ghiacciaio | glacier |
| grillé | gegrillt | alla griglia | grilled |
| grotte | Höhle | grotta | cave |

| H | → | → | → |
| --- | --- | --- | --- |
| habitants | Einwohner | abitanti | residents, inhabitants |
| hebdomadaire | wöchentlich | settimanale | weekly |
| hier | gestern | ieri | yesterday |
| hiver | Winter | inverno | winter |
| homard | Hummer | astice | lobster |
| hôpital | Krankenhaus | ospedale | hospital |
| hôtel de ville, mairie | Rathaus | municipio | town hall |
| huile d'olives | Olivenöl | olio d'oliva | olive oil |
| huîtres | Austern | ostriche | oysters |

| I – J | → | → | → |
| --- | --- | --- | --- |
| interdit | verboten | vietato | prohibited |
| jambon (cru, cuit) | Schinken (roh, gekocht) | prosciutto (crudo, cotto) | ham (raw, cokked) |
| janvier | Januar | gennaio | January |
| jardin, parc | Garten, Park | giardino, parco | garden, park |
| jeudi | Donnerstag | giovedì | Thursday |
| journal | Zeitung | giornale | newspaper |
| jours fériés | Feiertage | festivi | bank holidays |
| juillet | Juli | luglio | July |
| juin | Juni | giugno | June |
| jus de fruits | Fruchtsaft | succo di frutta | fruit juice |

| L | → | → | → |
| --- | --- | --- | --- |
| lac | See | lago | lake |
| lait | Milch | latte | milk |
| langouste | Languste | aragosta | spiny lobster |
| langoustines | Langustinen | scampi | Dublin bay prawns |
| langue | Zunge | lingua | tongue |
| lapin | Kaninchen | coniglio | rabbit |
| léger | leicht | leggero | light |
| légumes | Gemüse | legume | vegetable |
| lentilles | Linsen | lenticchie | lentils |
| lièvre | Hase | lepre | hare |
| lit | Bett | letto | bed |

| lit d'enfant | Kinderbett | lettino | child's bed |
| lotte | Seeteufel | pescatrice | monkfish |
| loup de mer | Seewolf, Wolfsbarsch | branzino | sea bass |
| lundi | Montag | lunedì | Monday |

| M | → | → | → |
| --- | --- | --- | --- |
| mai | Mai | maggio | May |
| maison | Haus | casa | house |
| maison corporative | Zunfthaus | sede corporativa | guild house |
| manoir | Herrensitz | maniero | manor house |
| mardi | Dienstag | martedì | Tuesday |
| mariné | mariniert | marinato | marinated |
| mars | März | marzo | March |
| mercredi | Mittwoch | mercoledì | Wednesday |
| miel | Honig | miele | honey |
| moelleux | weich, gehaltvoll | vellutato | mellow |
| monument | Denkmal | monumento | monument |
| morilles | Morcheln | spugnole (funghi) | morels |
| moules | Muscheln | cozze | mussels |
| moulin | Mühle | mulino | mill |
| moutarde | Senf | senape | mustard |

| N | → | → | → |
| --- | --- | --- | --- |
| navet | weisse Rübe | navone | turnip |
| neige | Schnee | neve | snow |
| Noël | Weihnachten | Natale | Christmas |
| noisettes, noix | Haselnüsse, Nüsse | nocciole, noci | hazelnuts, nuts |
| nombre de couverts limités | Tischbestellung ratsam | coperti limitati-prenotare | booking essential |
| nouilles | Nudeln | tagliatelle, fettuccine | noodles |
| novembre | November | novembre | November |

| O | → | → | → |
| --- | --- | --- | --- |
| octobre | Oktober | ottobre | October |
| œuf à la coque | weiches Ei | uovo à la coque | soft-boiled egg |
| office de tourisme | Verkehrsverein | informazioni turistiche | tourist information office |
| oignons | Zwiebeln | cipolle | onions |
| omble chevalier | Saibling | salmerino | char |
| ombragé | schattig | ombreggiato | shaded |
| oseille | Sauerampfer | acetosella | sorrel |

| P | → | → | → |
| --- | --- | --- | --- |
| pain | Brot | pane | bread |
| Pâques | Ostern | pasqua | Easter |
| pâtisseries | Feingebäck, Kuchen | pasticceria | pastries |
| payer | bezahlen | pagare | to pay |
| pêches | Pfirsiche | pesche | peaches |
| peintures, tableaux | Malereien, Gemälde | dipinti, quadri | paintings |
| perche | Egli | persico | perch |
| perdrix, perdreau | Rebhuhn | pernice | partridge |
| petit déjeuner | Frühstück | prima colazione | breakfast |
| petits pois | grüne Erbsen | piselli | green peas |
| piétons | Fussgänger | pedoni | pedestrians |

| | | | |
|---|---|---|---|
| **pigeon** | Taube | piccione | pigeon |
| **pinacothèque** | Gemäldegalerie | pinacoteca | picture gallery |
| **pintade** | Perlhuhn | faraona | guinea fowl |
| **piscine, -** | Schwimmbad | piscina, | swimming pool, |
| **couverte** | Hallen- | - coperta | in-door - |
| **plage** | Strand | spiaggia | beach |
| **pleurotes** | Austernpilze | gelone | oyster mushrooms |
| **pneu** | Reifen | pneumatico | tyre |
| **poireau** | Lauch | porro | leek |
| **poires** | Birnen | pere | pears |
| **pois gourmands** | Zuckerschoten | taccole | mange tout |
| **poisson** | Fisch | pesce | fish |
| **poivre** | Pfeffer | pepe | pepper |
| **police** | Polizei | polizia | police |
| **pommes** | Äpfel | mele | apples |
| **pommes de terre,** | Kartoffeln, | patate, | potatoes, |
| **- à l'eau** | Salz - | - bollite | boiled - |
| **pont** | Brücke | ponte | bridge |
| **ponton d'amarrage** | Bootsteg | pontile | jetty |
| **poulet** | Hähnchen | pollo | chicken |
| **pourboire** | Trinkgeld | mancia | tip |
| **poussin** | Kücken | pulcino | young chicken |
| **printemps** | Frühling | primavera | spring |
| **promenade** | Spaziergang | passeggiata | walk |
| **prunes** | Pflaumen | prugne | plums |

| **Q** | → | → | → |
|---|---|---|---|
| **quetsche** | Zwetschge | grossa susina | dark-red plum |
| **queue de bœuf** | Ochsenschwanz | coda di bue | oxtail |

| **R** | → | → | → |
|---|---|---|---|
| **raie** | Rochen | razza | skate |
| **raifort** | Meerrettich | rafano | horseradish |
| **raisin** | Traube | uva | grape |
| **régime** | Diät | dieta | diet |
| **remonte-pente** | Skilift | ski-lift | ski-lift |
| **renseignements** | Auskünfte | informazioni | information |
| **repas** | Mahlzeit | pasto | meal |
| **réservation** | Tischbestellung | prenotazione | booking |
| **résidents seulement** | nur Hotelgäste | solo per clienti alloggiati | residents only |
| **ris de veau** | Kalbsbries, Milken | animelle di vitello | sweetbread |
| **rive, bord** | Ufer | riva | shore, river bank |
| **rivière** | Fluss | fiume | river |
| **riz** | Reis | riso | rice |
| **roches, rochers** | Felsen | rocce | rocks |
| **rognons** | Nieren | rognone | kidneys |
| **rôti** | gebraten | arrosto | roasted |
| **rouget** | Rotbarbe | triglia | red mullet |
| **rue** | Strasse | strada | street |
| **rustique** | rustikal, ländlich | rustico | rustic |

| S | → | → | → |
|---|---|---|---|
| saignant | englisch gebraten | al sangue | rare |
| St-Pierre (poisson) | Sankt-Peters Fisch | sampietro (pesce) | John Dory (fish) |
| safran | Safran | zafferano | saffron |
| salle à manger | Speisesaal | sala da pranzo | dining-room |
| salle de bain | Badezimmer | stanza da bagno | bathroom |
| samedi | Samstag | sabato | Saturday |
| sandre | Zander | lucio perca | perch pike |
| sanglier | Wildschwein | cinghiale | wild boar |
| saucisse | Würstchen | salsiccia | sausage |
| saucisson | Trockenwurst | salame | sausage |
| sauge | Salbei | salvia | sage |
| saumon | Lachs | salmone | salmon |
| sculptures sur bois | Holzschnitzereien | sculture in legno | wood carvings |
| sec | trocken | secco | dry |
| sel | Salz | sale | salt |
| semaine | Woche | settimana | week |
| septembre | September | settembre | September |
| service compris | Bedienung inbegriffen | servizio incluso | service included |
| site, paysage | Landschaft | località, paesaggio | site, landscape |
| soir | Abend | sera | evening |
| sole | Seezunge | sogliola | sole |
| sucre | Zucker | zucchero | sugar |
| sur demande | auf Verlangen | a richiesta | on request |
| sureau | Holunder | sambuco | elderbarry |

| T | → | → | → |
|---|---|---|---|
| tarte | Torte | torta | tart |
| téléphérique | Luftseilbahn | funivia | cable car |
| télésiège | Sessellift | seggiovia | chair lift |
| thé | Tee | tè | tea |
| thon | Thunfisch | tonno | tuna |
| train | Zug | treno | train |
| train à crémaillère | Zahnradbahn | treno a cremagliera | rack railway |
| tripes | Kutteln | trippa | tripe |
| truffes | Trüffeln | tartufi | truffles |
| truite | Forelle | trota | trout |
| turbot | Steinbutt | rombo | turbot |

| V | → | → | → |
|---|---|---|---|
| vacances, congés | Ferien | vacanze | holidays |
| vallée | Tal | vallata | valley |
| vendredi | Freitag | venerdì | Friday |
| verre | Glas | bicchiere | glass |
| viande séchée | Trockenfleisch | carne secca | dried meats |
| vignes, vignoble | Reben, Weinberg | vite, vigneto | vines, vineyard |
| vin blanc sec | herber Weisswein | vino bianco secco | dry white wine |
| vin rouge, rosé | Rotwein, Rosé | vino rosso, rosato | red wine, rosé |
| vinaigre | Essig | aceto | vinegar |
| voiture | Wagen | machina | car |
| volaille | Geflügel | pollame | poultry |
| vue | Aussicht | vista | view |

# Lexikon

Lexique (voir page 516)
Lessico (vedere p. 530)
Lexicon

| A | → | → | → |
|---|---|---|---|
| Abend | soir | sera | evening |
| Abfahrt | départ | partenza | departure |
| Äpfel | pommes | mele | apples |
| April | avril | aprile | April |
| Artischocke | artichaut | carciofo | artichoke |
| Arzt | docteur | dottore | doctor |
| auf Verlangen | sur demande | a richiesta | on request |
| Aufschnitt | charcuterie | salumi | pork butcher's meat |
| August | août | agosto | August |
| Ausflug | excursion | escursione | excursion |
| Auskünfte | renseignements | informazioni | information |
| Aussicht | vue | vista | view |
| Ausstellung | exposition | esposizione, mostra | exhibition, show |
| Austern | huîtres | ostriche | oysters |
| Austernpilze | pleurotes | gelone | oyster mushrooms |
| Auto | voiture | Vettura | car |

| B | → | → | → |
|---|---|---|---|
| Badezimmer | salle de bain | stanza da bagno | bathroom |
| Bahnhof | gare | stazione | station |
| Bauernhaus | ferme | fattoria | farm |
| Bedienung inbegriffen | service compris | servizio incluso | service included |
| Bett | lit | letto | bed |
| bezahlen | payer | pagare | to pay |
| Bier | bière | birra | beer |
| Birnen | poires | pere | pears |
| Blätterteig | feuilletage | pasta sfoglia | puff pastry |
| Blumenkohl | chou-fleur | cavolfiore | cauliflower |
| Boot, Schiff | bateau | barca | ship |
| Bootsteg | ponton d'amarrage | pontile | jetty |
| Briefumschläge | enveloppes | buste | envelopes |
| Brot | pain | pane | bread |
| Brücke | pont | ponte | bridge |
| Burg, Schloss | château | castello | castle |
| Butter | beurre | burro | butter |

| C - D | → | → | → |
|---|---|---|---|
| Dampfer | bateau à vapeur | batello a vapore | steamer |
| Denkmal | monument | monumento | monument |

| Dezember | décembre | dicembre | December |
| Diät | régime | dieta | diet |
| Dienstag | mardi | martedì | Tuesday |
| Donnerstag | jeudi | giovedì | Thursday |

| E | → | → | → |
|---|---|---|---|
| Egli | perche | persico | perch |
| ehemalig, antik | ancien, antique | vecchio, antico | old, antique |
| Ei | œuf | uovo | egg |
| Einrichtung | agencement | installazione | installation |
| Eintrittskarte | billet d'entrée | biglietto d'ingresso | admission ticket |
| Einwohner | habitants | abitanti | residents, inhabitants |
| Endivie | endive | indivia | chicory |
| englisch gebraten | saignant | al sangue | rare |
| Ente, junge Ente | canard, caneton | anatra | duck |
| Erdbeeren | fraises | fragole | strawberries |
| Essig | vinaigre | aceto | vinegar |

| F | → | → | → |
|---|---|---|---|
| Fähre | bac | traghetto | ferry |
| Fasan | faisan | fagiano | pheasant |
| Fasnacht | carnaval | carnevale | carnival |
| Februar | février | febbraio | February |
| Feiertage | jours fériés | festivi | bank holidays |
| Feingebäck, Kuchen | pâtisseries | pasticceria | pastries |
| Felchen | féra | coregone | dace |
| Felsen | roches, rochers | rocce | rocks |
| Fenchel | fenouil | finocchio | fennel |
| Ferien | vacances, congés | vacanze | holidays |
| Fisch | poisson | pesce | fish |
| Flasche | bouteille | bottiglia | bottle |
| Fleischbrühe | bouillon | brodo | clear soup |
| Flughafen | aéroport | aeroporto | airport |
| Flugzeug | avion | aereo | aeroplane |
| Fluss | fleuve, rivière | fiume | river |
| Flusskrebs | écrevisse | gambero | crayfish |
| Forelle | truite | trota | trout |
| fragen, bitten | demander | domandare | to ask for |
| Freitag | vendredi | venerdì | Friday |
| Fresken | fresques | affreschi | frescoes |
| fruchtig | fruité | fruttato | fruity |
| Fruchtsaft | jus de fruits | succo di frutta | fruit juice |
| Frühling | printemps | primavera | spring |
| Frühstück | petit déjeuner | prima colazione | breakfast |
| Fussgänger | piétons | pedoni | pedestrians |

| G | → | → | → |
|---|---|---|---|
| Garten, Park | jardin, parc | giardino, parco | garden, park |
| Gasthaus | auberge | locanda | inn |
| gebacken | frit | fritto | fried |
| gebraten | rôti | arrosto | roasted |

| | | | |
|---|---|---|---|
| Geflügel | volaille | pollame | poultry |
| gefüllt | farci | farcito | stuffed |
| gegrillt | grillé | alla griglia | grilled |
| Geldwechsel | change | cambio | exchange |
| Gemäldegalerie | pinacothèque | pinacoteca | picture gallery |
| Gems | chamois | camoscio | chamois |
| Gemüse | légumes | legume | vegetables |
| Gepäck | bagages | bagagli | luggage |
| geräuchert | fumé | affumicato | smoked |
| geschlossen | fermé | chiuso | closed |
| geschmort, mit Sauce | en daube, en sauce | stracotto, in salsa | stewed, with sauce |
| Geschnetzeltes | émincé | a fettine | thin slice |
| gestern | hier | ieri | yesterday |
| Glas | verre | bicchiere | glass |
| Gletscher | glacier | ghiacciaio | glacier |
| grüne Erbsen | petits pois | piselli | green peas |
| Gurke | concombre | cetriolo | cucumber |
| gut | bien, bon | bene, buono | good, well |

| H | → | → | → |
|---|---|---|---|
| Hähnchen | poulet | pollo | chicken |
| Hartwurst | saucisson | salame | sausage |
| Hase | lièvre | lepre | hare |
| Haselnüsse, Nüsse | noisettes, noix | nocciole, noci | hazelnuts, nuts |
| Haus | maison | casa | house |
| Hecht | brochet | luccio | pike |
| Herbst | automne | autunno | autumn |
| Herrensitz | manoir | maniero | manor house |
| heute | aujourd'hui | oggi | today |
| Himbeeren | framboises | lamponi | raspberries |
| Hirsch | cerf | cervo | stag (venison) |
| Höhle | grotte | grotta | cave |
| Holunder | sureau | sambuco | elderbarry |
| Holzschnitzereien | sculptures sur bois | sculture in legno | wood carvings |
| Honig | miel | miele | honey |
| Hummer | homard | astice | lobster |
| Hund | chien | cane | dog |

| I - J | → | → | → |
|---|---|---|---|
| im Freien | en plein air | all'aperto | outside |
| Ingwer | gingembre | zenzero | ginger |
| Jakobsmuschel | coquille St-Jacques | cappasanto | scallops |
| Januar | janvier | gennaio | January |
| Jugendstil | art-déco | art-déco, liberty | Art Deco |
| Juli | juillet | luglio | July |
| Juni | juin | giugno | June |

| K | → | → | → |
|---|---|---|---|
| Kaffee | café | caffè | coffee |
| Kalbshirn | cervelle de veau | cervella di vitello | calf's brain |
| Kalbskotelett | côte de veau | costata di vitello | veal chop |
| Kalbsleber | foie de veau | fegato di vitello | calf's liver |
| Kalbsbries, Milken | ris de veau | animelle di vitello | sweetbread |

| Kaninchen | lapin | coniglio | rabbit |
|---|---|---|---|
| Kapern | câpres | capperi | capers |
| Karotten | carottes | carote | carrots |
| Karpfe | carpe | carpa | carp |
| Kartoffeln, Salz - | pommes de terre, - à l'eau | patate, bollite | potatoes, boiled |
| Käse | fromage | formaggio | cheese |
| Kasse | caisse | cassa | cash desk |
| Keule | gigue, cuissot | cosciotto | leg |
| Kinderbett | lit d'enfant | lettino | child's bed |
| Kirche | église | chiesa | church |
| Kirschen | cerises | ciliegie | cherries |
| Knoblauch | ail | aglio | garlic |
| Konfitüre | confiture | marmellata | jam |
| kräftig | corsé | robusto | full bodied |
| Krankenhaus | hôpital | ospedale | hospital |
| Kraut, Kohl | chou | cavolo | cabbage |
| Krevetten | crevettes | gamberetti | shrimps, prawns |
| Krustentiere | crustacés | crostacei | crustaceans |
| Kuchen | gâteau | dolce | cake |
| Kücken | poussin | pulcino | young chicken |
| Kürbis | courge | zucca | pumpkin |
| Kutteln | tripes | trippa | tripe |

| L | → | → | → |
|---|---|---|---|
| Lamm | agneau | agnello | lamb |
| Lachs | saumon | salmone | salmon |
| Land | campagne | campagna | country |
| Landschaft | site, paysage | località, paesaggio | site, landscape |
| Languste | langouste | aragosta | spiny lobster |
| Langustinen | langoustines | scampi | Dublin bay prawns |
| Lauch | poireau | porri | leek |
| leicht | léger | leggero | light |
| Linsen | lentilles | lenticchie | lentils |
| Luftseilbahn | téléphérique | funivia | cable car |

| M | → | → | → |
|---|---|---|---|
| Mahlzeit | repas | pasto | meal |
| Mai | mai | maggio | May |
| Malereien, Gemälde | peintures, tableaux | dipinti, quadri | paintings |
| Mandeln | amandes | mandorle | almonds |
| Mangold | bette | bietola | chards |
| mariniert | mariné | marinato | marinated |
| März | mars | marzo | March |
| Meeresfrüchte | fruits de mer | frutti di mare | seafood |
| Meerrettich | raifort | rafano | horseradish |
| Messe, Ausstellung | foire | fiera | fair |
| Milch | lait | latte | milk |
| mild | doux | dolce | sweet, mild |
| Mineralwasser | eau minérale | acqua minerale | mineral water |
| mit Kohlensäure (Wasser) | eau gazeuse | acqua gasata | sparkling water |
| Mittwoch | mercredi | mercoledì | Wednesday |
| Montag | lundi | lunedì | Monday |

| | | | |
|---|---|---|---|
| **Morcheln** | morilles | spugnole (funghi) | morels |
| **morgen** | demain | domani | tomorrow |
| **Mühle** | moulin | mulino | mill |
| **Muscheln** | moules | cozze | mussels |

| **N** | → | → | → |
|---|---|---|---|
| **Nieren** | rognons | rognone | kidneys |
| **November** | novembre | novembre | November |
| **nur für Hotelgäste** | résidents seulement | solo per clienti alloggiati | residents only |
| **Nudeln** | nouilles | fettucine | noodles |

| **O** | → | → | → |
|---|---|---|---|
| **Ochsenschwanz** | queue de bœuf | coda di bue | oxtail |
| **Oktober** | octobre | ottobre | October |
| **Olivenöl** | huile d'olives | olio d'oliva | olive oil |
| **Ostern** | Pâques | pasqua | Easter |

| **P** | → | → | → |
|---|---|---|---|
| **paniertes Schnitzel** | escalope panée | cotolet a alla milanese | escalope in breadcrumbs |
| **Pass** | col | passo | pass |
| **Perlhuhn** | pintade | faraona | guinea fowl |
| **Pfannkuchen** | crêpes | crespella | pancakes |
| **Pfeffer** | poivre | pepe | pepper |
| **Pfifferlinge, Eierschwämme** | girolles | gallinacci (funghi) | chanterelles |
| **Pfirsiche** | pêches | pesche | peaches |
| **Pflaumen** | prunes | prugne | plums |
| **Pilze** | champignons | funghi | mushrooms |
| **Polizei** | police | polizia | police |
| **Polizeirevier** | commissariat | commissariato | police headquarters |
| **Postkarte** | carte postale | cartolina postale | postcard |

| **Q** | → | → | → |
|---|---|---|---|
| **Quark** | fromage blanc | formaggio fresco | curd cheese |

| **R** | → | → | → |
|---|---|---|---|
| **Rahm** | crème | panna | cream |
| **Rathaus** | hôtel de ville, mairie | municipio | town hall |
| **Reben, Weinberg** | vignes, vignoble | vite, vigneto | vines, vineyard |
| **Rebhuhn** | perdrix, perdreau | pernice | partridge |
| **Rebsorte** | cépage | ceppo | grape variety |
| **Rechnung** | addition | conto | bill, check |
| **Reh** | chevreuil | capriolo | roe deer (venison) |
| **Reifen** | pneu | pneumatico | tyre |
| **Reifenpanne** | crevaison | foratura | puncture |
| **Reis** | riz | riso | rice |
| **Reisebüro** | agence de voyage | agenzia di viaggio | travel bureau |
| **Rinderfilet** | filet de bœuf | filetto di bue | fillet of beef |
| **Rochen** | raie | razza | skate |
| **Rohkost** | crudités | verdure crude | raw vegetables |
| **Rosenkohl** | chou de Bruxelles | cavolini di Bruxelles | Brussel sprouts |

527

| Rotbarbe | rouget | triglia | red mullet |
| Rotkraut | chou rouge | cavolo rosso | red cabbage |
| Rotwein, Rosé | vin rouge, rosé | vino rosso, rosato | red wine, rosé |
| Rundfahrt | circuit | circuito | round tour |
| rustikal, ländlich | rustique | rustico | rustic |

| S | → | → | → |
| --- | --- | --- | --- |
| **Safran** | safran | zafferano | saffron |
| **Saibling** | omble chevalier | salmerino | char |
| **Salbei** | sauge | salvia | sage |
| **Salz** | sel | sale | salt |
| **Sammlung** | collection | collezione | collection |
| **Samstag** | samedi | sabato | Saturday |
| **Sankt-Peters Fisch** | St-Pierre (poisson) | sampietro (pesce) | John Dory (fish) |
| **Sauerkraut** | choucroute | crauti | sauerkraut |
| **Sauerampfer** | oseille | acetosella | sorrel |
| **schattig** | ombragé | ombreggiato | shaded |
| **Schiffanlegestelle** | débarcadère | pontile di sbarco | landing-wharf |
| **Schinken** | jambon (cru, cuit) | prosciutto | ham (raw, cokked) |
| **(roh, gekocht)** | | (crudo, cotto) | |
| **Schlüssel** | clé | chiave | key |
| **Schnecken** | escargots | lumache | snails |
| **Schnee** | neige | neve | snow |
| **Schneeketten** | chaînes | catene da neve | snow chain |
| **schön** | beau | bello | fine, lovely |
| **Schweinefilet** | filet de porc | filetto di maiale | fillet of pork |
| **Schweinekotelett** | côte de porc | braciola di maiale | pork chop |
| **Schwimmbad,** | piscine, | piscina, | swimming pool, |
| **Hallen -** | - couverte | - coperta | in-door - |
| **See** | lac | lago | lake |
| **Seeteufel** | baudroie, lotte | pescatrice | angler fish, monkfish |
| **Seewolf, Wolfsbarsch** | loup de mer | branzino | sea bass |
| **Seezunge** | sole | sogliola | sole |
| **Seilbahn** | téléphérique | funivia | cable car |
| **Sellerie** | céleri | sedano | celery |
| **Senf** | moutarde | senape | mustard |
| **September** | septembre | settembre | Septembe |
| **Sessellift** | télésiège | seggiovia | chair lift |
| **Siedfleisch** | bœuf bouilli | bollito di manzo | boiled beef |
| **Skilift** | remonte-pente | ski-lift | ski-lift |
| **Sommer** | été | estate | summer |
| **Sonntag** | dimanche | domenica | Sunday |
| **Spargeln** | asperges | asparagi | asparagus |
| **Spaziergang** | promenade | passeggiata | walk |
| **Speisesaal** | salle à manger | sala da pranzo | dining-room |
| **Spinat** | épinards | spinaci | spinach |
| **Steinbock** | bouquetin | stambecco | ibex |
| **Steinbutt** | turbot | rombo | turbot |
| **Steinpilze** | cèpes, bolets | boleto | ceps |
| **Stock, Etage** | étage | piano | floor |
| **Strand** | plage | spiaggia | beach |
| **Strasse** | rue | strada | street |

| T | → | → | → |
| --- | --- | --- | --- |
| **Tal** | vallée | vallata | valley |
| **Taube** | pigeon, | piccione | pigeon |

| | | | |
|---|---|---|---|
| **Tee** | thé | tè | tea |
| **Thunfisch** | thon | tonno | tuna |
| **Tischbestellung** | réservation | prenotazione | booking |
| **Tischbestellung ratsam** | nombre de couverts limités | coperti limitati-prenotare | booking essential |
| **Torte** | tarte | torta | tart |
| **Traube** | raisin | uva | grape |
| **Trinkgeld** | pourboire | mancia | tip |
| **trocken** | sec | secco | dry |
| **trockener Weisswein** | vin blanc sec | vino bianco secco | dry white wine |
| **Trockenfleisch** | viande séchée | carne secca | dried meats |
| **Trüffeln** | truffes | tartufi | truffles |

| U - V | → | → | → |
|---|---|---|---|
| **Ufer** | rive, bord | riva | shore, river bank |
| **verboten** | interdit | vietato | prohibited |
| **Verkehrsverein** | office de tourisme | informazioni turistiche | tourist information office |

| W | → | → | → |
|---|---|---|---|
| **Wacholder** | genièvre | coccola | juniper berry |
| **Wachtel** | caille | quaglia | partridge |
| **Wald** | forêt, bois | foresta, bosco | forest, wood |
| **Wäscherei** | blanchisserie | lavanderia | laundry |
| **Wasserfälle** | cascades, chutes | cascate | waterfalls |
| **weich, gehaltvoll** | moelleux | vellutato | mellow |
| **weiches Ei** | œuf à la coque | uovo à la coque | soft-boiled egg |
| **Weihnachten** | Noël | Natale | Christmas |
| **weisse Rübe** | navet | navone | turnip |
| **wieviel ?** | combien ? | quanto ? | how much ? |
| **Wild** | gibier | selvaggina | game |
| **Wildschwein** | sanglier | cinghiale | wild boar |
| **Winter** | hiver | inverno | winter |
| **Wirtschaft** | café-restaurant | ristorante-bar | café-restaurant |
| **Woche** | semaine | settimana | week |
| **wöchentlich** | hebdomadaire | settimanale | weekly |
| **Würstchen** | saucisse | salsiccia | sausage |

| Z | → | → | → |
|---|---|---|---|
| **Zahnradbahn** | train à crémaillère | treno a cremagliera | rack railway |
| **Zander** | sandre | lucio perca | perch pike |
| **Zeitung** | journal | giornale | newspaper |
| **Zicklein, Gitzi** | chevreau, cabri | capretto | young goat |
| **Zimmer** | chambre | camera | room |
| **Zimt** | cannelle | cannella | cinnamon |
| **Zitrone** | citron | limone | lemon |
| **zu vermieten** | à louer | a noleggio | for hire |
| **Zucchini** | courgettes | zucchine | courgette |
| **Zucker** | sucre | zucchero | sugar |
| **Zuckerschoten** | pois gourmands | taccole | mange tout |
| **Zug** | train | treno | train |
| **Zunfthaus** | maison corporative | sede corporativa | guild house |
| **Zunge** | langue | lingua | tongue |
| **Zwetschge** | quetsche | grossa susina | dark-red plum |
| **Zwiebeln** | oignons | cipolle | onions |
| **Zwischenrip penstück** | entrecôte | costata | sirloin steak |

# Lessico

## Lexique (voir page 516)
## Lexikon (siehe S. 523)
## Lexicon

| A | → | → | → |
|---|---|---|---|
| **a fettine** | émincé | Geschnetzeltes | thin slice |
| **a noleggio** | à louer | zu vermieten | for hire |
| **a richiesta** | sur demande | auf Verlangen | on request |
| **abitanti** | habitants | Einwohner | residents, inhabitants |
| **aceto** | vinaigre | Essig | vinegar |
| **acetosella** | oseille | Sauerampfer | sorrel |
| **acqua gasata** | eau gazeuse | mit Kohlensäure (Wasser) | sparkling water |
| **acqua minerale** | eau minérale | Mineralwasser | mineral water |
| **aereo** | avion | Flugzeug | aeroplane |
| **aeroporto** | aéroport | Flughafen | airport |
| **affreschi** | fresques | Fresken | frescoes |
| **affumicato** | fumé | geräuchert | smoked |
| **agenzia di viaggio** | agence de voyage | Reisebüro | travel bureau |
| **aglio** | ail | Knoblauch | garlic |
| **agnello** | agneau | Lamm | lamb |
| **agosto** | août | August | August |
| **al sangue** | saignant | englisch gebraten | rare |
| **all'aperto** | en plein air | im Freien | outside |
| **alla griglia** | grillé | gegrillt | grilled |
| **anatra** | canard, caneton | Ente, junge Ente | duck |
| **animelle di vitello** | ris de veau | Kalbsbries, Milken | sweetbread |
| **aprile** | avril | April | April |
| **aragosta** | langouste | Languste | spiny lobster |
| **arrosto** | rôti | gebraten | roasted |
| **art-déco, liberty** | art-déco | Jugendstil | Art Deco |
| **asparagi** | asperges | Spargeln | asparagus |
| **astice** | homard | Hummer | lobster |
| **autunno** | automne | Herbst | autumn |

| B | → | → | → |
|---|---|---|---|
| **bagagli** | bagages | Gepäck | luggage |
| **barca** | bateau | Boot, Schiff | ship |
| **battello a vapore** | bateau à vapeur | Dampfer | steamer |
| **bello** | beau | schön | fine, lovely |
| **bene, buono** | bien, bon | gut | good, well |
| **bicchiere** | verre | Glas | glass |
| **bietola** | bette | Mangold | chards |
| **biglietto d'ingresso** | billet d'entrée | Eintrittskarte | admission ticket |
| **birra** | bière | Bier | beer |
| **boleti** | cèpes, bolets | Steinpilze | ceps |
| **bollito di manzo** | bœuf bouilli | Siedfleisch | boiled beef |

| | | | |
|---|---|---|---|
| **bottiglia** | bouteille | Flasche | bottle |
| **braciola di maiale** | côte de porc | Schweinekotelett | pork chop |
| **branzino** | loup de mer | Seewolf, Wolfsbarsch | sea bass |
| **brodo** | bouillon | Fleischbrühe | clear soup |
| **burro** | beurre | Butter | butter |
| **buste** | envenloppes | Briefumschläge | envelopes |

| **C** | → | → | → |
|---|---|---|---|
| **caffè** | café | Kaffee | coffee |
| **cambio** | change | Geldwechsel | exchange |
| **camera** | chambre | Zimmer | room |
| **camoscio** | chamois | Gems | chamois |
| **campagna** | campagne | Land | country |
| **cane** | chien | Hund | dog |
| **cannella** | cannelle | Zimt | cinnamon |
| **cappasanta** | coquille St-Jacques | Jakobsmuschel | scallops |
| **capperi** | câpres | Kapern | capers |
| **capretto** | cabri, chevreau | Zicklein, Gitzi | young goat |
| **capriolo** | chevreuil | Reh | roe deer (venison) |
| **carciofo** | artichaut | Artischocke | artichoke |
| **carne secca** | viande séchée | Trockenfleisch | dried meats |
| **carnevale** | carnaval | Fasnacht | carnival |
| **carote** | carottes | Karotten | carrots |
| **carpa** | carpe | Karpfe | carp |
| **cartolina postale** | carte postale | Postkarte | postcard |
| **casa** | maison | Haus | house |
| **cascate** | cascades, chutes | Wasserfälle | waterfalls |
| **cassa** | caisse | Kasse | cash desk |
| **castello** | château | Burg, Schloss | castle |
| **catene da neve** | chaînes | Schneeketten | snow chain |
| **cavolfiore** | chou-fleur | Blumenkohl | cauliflower |
| **cavolini di Bruxelles** | chou de Bruxelles | Rosenkohl | Brussel sprouts |
| **cavolo** | chou | Kraut, Kohl | cabbage |
| **cavolo rosso** | chou rouge | Rotkraut | red cabbage |
| **cervella di vitello** | cervelle de veau | Kalbshirn | calf's brain |
| **cervo** | cerf | Hirsch | stag (venison) |
| **cetriolo** | concombre | Gurke | cucumber |
| **chiave** | clé | Schlüssel | key |
| **chiesa** | église | Kirche | church |
| **chiuso** | fermé | geschlossen | closed |
| **ciliegie** | cerises | Kirschen | cherries |
| **cinghiale** | sanglier | Wildschwein | wild boar |
| **cipolle** | oignons | Zwiebeln | onions |
| **circuito** | circuit | Rundfahrt | round tour |
| **coda di bue** | queue de bœuf | Ochsenschwanz | oxtail |
| **collezione** | collection | Sammlung | collection |
| **commissariato** | commissariat | Polizeirevier | police headquarters |
| **coniglio** | lapin | Kaninchen | rabbit |
| **conto** | addition | Rechnung | bill, check |
| **coperti limitati-** | nombre de couverts | Tichbestellung | booking essential |
| **prenotare** | limités | ratsam | |
| **coregone** | féra | Felchen | dace |
| **costata** | entrecôte | Zwischenrip penstück | sirloin steak |
| **cosciotto** | gigue, cuissot | Keule | leg |
| **costata di vitello** | côte de veau | Kalbskotelett | veal chop |

531

| | | | |
|---|---|---|---|
| cotoletta alla milanese | escalope panée | paniertes Schnitzel | escalope in breadcrumbs |
| cozze | moules | Muscheln | mussels |
| crauti | choucroute | Sauerkraut | sauerkraut |
| cremagliera | train à crémaillère | Zahnradbahn | rack railway |
| crespella | crêpes | Pfannkuchen | pancakes |
| crostacei | crustacés | Krustentiere | crustaceans |

| D | → | → | → |
|---|---|---|---|
| dicembre | décembre | Dezember | December |
| dieta | régime | Diät | diet |
| dipinti, quadri | peintures, tableaux | Malereien, Gemälde | paintings |
| dolce | gâteau | Kuchen | cake |
| dolce | doux | mild | sweet, mild |
| domandare | demander | fragen, bitten | to ask for |
| domani | demain | morgen | tomorrow |
| domenica | dimanche | Sonntag | Sunday |
| dottore | docteur | Arzt | doctor |

| E | → | → | → |
|---|---|---|---|
| escursione | excursion | Ausflug | excursion |
| esposizione, mostra | exposition | Ausstellung | exhibition, show |
| estate | été | Sommer | summer |

| F | → | → | → |
|---|---|---|---|
| fagiano | faisan | Fasan | pheasant |
| faraona | pintade | Perlhuhn | guinea fowl |
| farcito | farci | gefüllt | stuffed |
| fattoria | ferme | Bauernhaus | farm |
| febbraio | février | Februar | February |
| fegato di vitello | foie de veau | Kalbsleber | calf's liver |
| festivi | jours fériés | Feiertage | bank holidays |
| fiera | foire | Messe, Ausstellung | fair |
| filetto di bue | filet de bœuf | Rinderfilet | fillet of beef |
| filetto di maiale | filet de porc | Schweinefilet | fillet of pork |
| finocchio | fenouil | Fenchel | fennel |
| fiume | fleuve, rivière | Fluss | river |
| foratura | crevaison | Reifenpanne | puncture |
| foresta, bosco | forêt, bois | Wald | forest, wood |
| formaggio | fromage | Käse | cheese |
| formaggio fresco | fromage blanc | Quark | curd cheese |
| fragole | fraises | Erdbeeren | strawberries |
| fritto | frit | fritiert | fried |
| fruttato | fruité | fruchtig | fruity |
| frutti di mare | fruits de mer | Meeresfrüchte | seafood |
| funghi | champignons | Pilze | mushrooms |
| funivia | téléphérique | Luftseilbahn | cable car |

| G | → | → | → |
|---|---|---|---|
| gallinacci (funghi) | girolles | Pfifferlinge, Eierschwämme | chanterelles |
| gamberetti | crevettes | Krevetten | shrimps, prawns |
| gambero | écrevisse | Flusskrebs | crayfish |

| gelone | pleurotes | Austernpilze | oyster mushrooms |
|---|---|---|---|
| gennaio | janvier | Januar | January |
| ghiacciaio | glacier | Gletscher | glacier |
| giardino, parco | jardin, parc | Garten, Park | garden, park |
| ginepro | genièvre | Wacholder | juniper berry |
| giornale | journal | Zeitung | newspaper |
| giorni festivi | fêtes, jours fériés | Feiertage | bank holidays |
| giovedì | jeudi | Donnerstag | Thursday |
| giugno | juin | Juni | June |
| grossa susina | quetsche | Zwetschge | dark-red plum |
| grotta | grotte | Höhle | cave |

| I | → | → | → |
|---|---|---|---|
| ieri | hier | gestern | yesterday |
| indivia | endive | Endivie | chicory |
| informazioni | renseignements | Auskünfte | information |
| informazioni turistiche | office de tourisme | Verkehrsverein | tourist information office |
| installazione | agencement | Einrichtung | installation |
| inverno | hiver | Winter | winter |

| L | → | → | → |
|---|---|---|---|
| lago | lac | See | lake |
| lamponi | framboises | Himbeeren | raspberries |
| latte | lait | Milch | milk |
| lavanderia | blanchisserie | Wäscherei | laundry |
| leggero | léger | leicht | light |
| legume | légumes | Gemüse | vegetable |
| lenticchia | lentilles | Linsen | lentils |
| lepre | lièvre | Hase | hare |
| lettino | lit d'enfant | Kinderbett | child's bed |
| letto | lit | Bett | bed |
| limone | citron | Zitrone | lemon |
| lingua | langue | Zunge | tongue |
| località, paesaggio | site, paysage | Landschaft | site, landscape |
| locanda | auberge | Gasthaus | inn |
| luccio | brochet | Hecht | pike |
| luccio perca | sandre | Zander | perch pike |
| luglio | juillet | Juli | July |
| lumache | escargots | Schnecken | snails |
| lunedì | lundi | Montag | Monday |

| M | → | → | → |
|---|---|---|---|
| maggio | mai | Mai | May |
| mancia | pourboire | Trinkgeld | tip |
| mandorle | amandes | Mandeln | almonds |
| maniero | manoir | Herrensitz | manor house |
| marinato | mariné | mariniert | marinated |
| marmellata | confiture | Konfitüre | jam |
| martedì | mardi | Dienstag | Tuesday |
| marzo | mars | März | March |
| mele | pommes | Äpfel | apples |
| mercoledì | mercredi | Mittwoch | Wednesday |
| miele | miel | Honig | honey |

533

| monumento | monument | Denkmal | monument |
|---|---|---|---|
| **morbido, cremoso** | moelleux | weich, gehaltvoll | mellow |
| **mulino** | moulin | Mühle | mill |
| **municipio** | hôtel de ville, mairie | Rathaus | town hall |

| **N** | → | → | → |
|---|---|---|---|
| **Natale** | Noël | Weihnachten | Christmas |
| **navone** | navet | weisse Rübe | turnip |
| **neve** | neige | Schnee | snow |
| **nocciole, noci** | noisettes, noix | Haselnüsse, Nüsse | hazelnuts, nuts |
| **novembre** | novembre | November | November |

| **O** | → | → | → |
|---|---|---|---|
| **oggi** | aujourd'hui | heute | today |
| **olio d'oliva** | huile d'olives | Olivenöl | olive oil |
| **ombreggiato** | ombragé | schattig | shaded |
| **ospedale** | hôpital | Krankenhaus | hospital |
| **ostriche** | huîtres | Austern | oysters |
| **ottobre** | octobre | Oktober | October |

| **P** | → | → | → |
|---|---|---|---|
| **pagare** | payer | bezahlen | to pay |
| **pane** | pain | Brot | bread |
| **panna** | crème | Rahm | cream |
| **partenza** | départ | Abfahrt | departure |
| **Pasqua** | Pâques | Ostern | Easter |
| **passeggiata** | promenade | Spaziergang | walk |
| **passo** | col | Pass | pass |
| **pasticceria** | pâtisseries | Feingebäck, Kuchen | pastries |
| **pasto** | repas | Mahlzeit | meal |
| **patate,** | pommes de terre | Kartoffeln, Salz - | potatoes, |
| **- bollite** | , - à l'eau | | boiled - |
| **pedoni** | piétons | Fussgänger | pedestrians |
| **pepe** | poivre | Pfeffer | pepper |
| **pere** | poires | Birnen | pears |
| **pernice** | perdrix, perdreau | Rebhuhn | partridge |
| **persico** | perche | Egli | perch |
| **pescatrice** | baudroie, lotte | Seeteufel | angler fish, monkfish |
| **pesce** | poisson | Fisch | fish |
| **pesche** | pêches | Pfirsiche | peaches |
| **piano** | étage | Stock, Etage | floor |
| **piccione** | pigeon, pigeonneau | Taube, junge Taube | pigeon |
| **pinacoteca** | pinacothèque | Gemäldegalerie | picture gallery |
| **piscina,** | piscine, | Schwimmbad, | swimming pool, |
| **- coperta** | - couverte | Hallen - | indoor - |
| **piselli** | petits pois | grüne Erbsen | green peas |
| **pneumatico** | pneu | Reifen | tyre |
| **polizia** | police | Polizei | police |
| **pollame** | volaille | Geflügel | poultry |
| **pollo** | poulet | Hähnchen | chicken |
| **ponte** | pont | Brücke | bridge |

| | | | |
|---|---|---|---|
| **pontile** | ponton d'amarrage | Bootssteg | jetty |
| **pontile di sbarco** | débarcadère | Schiffanlegestelle | landing-wharf |
| **porro** | poireau | Lauch | leek |
| **prenotazione** | réservation | Tischbestellung | booking |
| **prima colazione** | petit déjeuner | Frühstück | breakfast |
| **primavera** | printemps | Frühling | spring |
| **prosciutto** | jambon | Schinken | ham |
| **(crudo, cotto)** | (cru, cuit) | (roh, gekocht) | (raw, cokked) |
| **prugne** | prunes | Pflaumen | plums |
| **pulcino** | poussin | Kücken | chick |

| **Q - R** | → | → | → |
|---|---|---|---|
| **quaglia** | caille | Wachtel | partridge |
| **quanto ?** | combien ? | wieviel ? | how much ? |
| **rafano** | raifort | Meerrettich | horseradish |
| **razza** | raie | Rochen | skate |
| **riso** | riz | Reis | rice |
| **ristorante-bar** | café-restaurant | Wirtschaft | café-restaurant |
| **riva** | rive, bord | Ufer | shore, river bank |
| **robusto** | corsé | kräftig | full bodied |
| **rocce** | roches, rochers | Felsen | rocks |
| **rognone** | rognons | Nieren | kidneys |
| **rombo** | turbot | Steinbutt | turbot |
| **rustico** | rustique | rustikal, ländlich | rustic |

| **S** | → | → | → |
|---|---|---|---|
| **sabato** | samedi | Samstag | Saturday |
| **sala da pranzo** | salle à manger | Speisesaal | dining-room |
| **salame** | saucisson | Hartwurst | sausage |
| **sale** | sel | Salz | salt |
| **salmerino** | omble chevalier | Saibling | char |
| **salmone** | saumon | Lachs | salmon |
| **salsiccia** | saucisse | Würstchen | sausage |
| **salumi** | charcuterie | Aufschnitt | pork butcher's meat |
| **salvia** | sauge | Salbei | sage |
| **sambuco** | sureau | Holunder | elderbarry |
| **sampietro (pesce)** | St-Pierre (poisson) | Sankt-Peters Fisch | John Dory (fish) |
| **scampi** | langoustines | Langustinen | Dublin bay prawns |
| **sculture in legno** | sculptures sur bois | Holzschnitzereien | wood carvings |
| **secco** | sec | trocken | dry |
| **sedano** | céleri | Sellerie | celery |
| **sede corporativa** | maison corporative | Zunfthaus | guild house |
| **seggiovia** | télésiège | Sessellift | chair lift |
| **Selvaggina** | gibier | Wild | game |
| **senape** | moutarde | Senf | mustard |
| **sera** | soir | Abend | evening |
| **servizio incluso** | service compris | Bedienung inbegriffen | service included |
| **settembre** | septembre | September | September |
| **settimana** | semaine | Woche | week |
| **settimanale** | hebdomadaire | wöchentlich | weekly |
| **sfoglia** | feuilleté | Blätterteig | puff pastry |
| **ski-lift** | remonte-pente | Skilift | ski-lift |
| **sogliola** | sole | Seezunge | sole |

535

| solo per clienti alloggiati | résidents seulement | nur für Hotelgäste | residents only |
|---|---|---|---|
| spiaggia | plage | Strand | beach |
| spinaci | épinards | Spinat | spinach |
| spugnole (funghi) | morilles | Morcheln | morels |
| stambecco | bouquetin | Steinbock | ibex |
| stanza da bagno | salle de bain | Badezimmer | bathroom |
| stazione | gare | Bahnhof | station |
| stracotto, in salsa strada | en daube, en sauce rue | geschmort, mit Sauce Strasse | stewed, with sauce street |
| succo di frutta | jus de fruits | Fruchtsaft | fruit juice |

| T | → | → | → |
|---|---|---|---|
| taccole | pois gourmands | Zuckerschoten | mange tout |
| tartufi | truffes | Trüffeln | truffles |
| tè | thé | Tee | tea |
| tonno | thon | Thunfisch | tuna |
| torta | tarte | Torte | tart |
| traghetto | bac | Fähre | ferry |
| treno | train | Zug | train |
| triglia | rouget | Rotbarbe | red mullet |
| trippa | tripes | Kutteln | tripe |
| trota | truite | Forelle | trout |

| U | → | → | → |
|---|---|---|---|
| uovo à la coque | œuf à la coque | weiches Ei | soft-boiled egg |
| uva | raisin | Traube | grape |

| V | → | → | → |
|---|---|---|---|
| vacanze | vacances, congés | Ferien | holidays |
| vallata | vallée | Tal | valley |
| vecchio, antico | ancien, antique | ehemalig, antik | old, antique |
| venerdì | vendredi | Freitag | Friday |
| verdure crude | crudités | Rohkost | raw vegetables |
| vettura | voiture | Auto | car |
| vietato | interdit | verboten | prohibited |
| vino bianco secco | vin blanc sec | herber Weisswein | dry white wine |
| vino rosso, rosato | vin rouge, rosé | Rotwein, Rosé | red wine, rosé |
| vista | vue | Aussicht | view |
| vite, vigneto | vignes, vignoble | Reben, Weinberg | vines, vineyard |
| vitigno | cépage | Rebsorte | grape variety |

| Z | → | → | → |
|---|---|---|---|
| zafferano | safran | Safran | saffron |
| zenzero | gingembre | Ingwer | ginger |
| zucca | courge | Kürbis | pumpkin |
| zucchero | sucre | Zucker | sugar |
| zucchine | courgettes | zucchini | courgette |

# Distances

## QUELQUES PRÉCISIONS

Au texte de chaque localité vous trouverez la distance des villes environnantes et celle de Berne.

Les distances sont comptées à partir du centre-ville et par la route la plus pratique, c'est-à-dire celle qui offre les meilleures conditions de roulage, mais qui n'est pas nécessairement la plus courte.

# Entfernungen

## EINIGE ERKLÄRUNGEN

In jedem Ortstext finden Sie Entfernungen zu grösseren Städten in der Umgebung und nach Bern.

Die Entfernungen gelten ab Stadtmitte unter Berücksichtigung der günstigsten (nicht kürzesten) Strecke.

# Distanze

## QUALCHE CHIARIMENTO

Nel testo di ciascuna località troverete la distanza dalle città viciniori e da Berna.

Le distanze sono calcolate a partire dal centro delle città e seguendo la strada più pratica, ossia quella che offre le migliori condizioni di viaggio ma che non è necessariamente la più breve.

# Distances

## COMMENTARY

The text of each town includes its distance from its immediate neighbours and from Bern.

Distances are calculated from centres and along the best roads from a motoring point of view - not necessarily the shortest.

# Distances entre principales villes

## Entfernungen zwischen den größeren Städten

## Distanze tra le principali città

## Distances between major towns

| | Aarau | Baden | Basel | Bellinzona | Bern | Biel/Bienne | Brig | La-Chaux-de-Fonds | Chur | Davos | Delémont | Frauenfeld | Fribourg | Genève | Lausanne | Locarno | Lugano | Luzern | Martigny | Montreux | Morges | Neuchâtel | Nyon | Olten | St.Gallen | Schaffhausen | Schwyz | Sierre | Sion | Solothurn | Thun | Vevey | Winterthur | Yverdon-les-Bains | Zug |
|---|---|---|---|---|---|---|---|---|---|---|---|---|---|---|---|---|---|---|---|---|---|---|---|---|---|---|---|---|---|---|---|---|---|---|---|
| Baden | 27 | | | | | | | | | | | | | | | | | | | | | | | | | | | | | | | | | | |
| Basel | 54 | 68 | | | | | | | | | | | | | | | | | | | | | | | | | | | | | | | | | |
| Bellinzona | 190 | 191 | 237 | | | | | | | | | | | | | | | | | | | | | | | | | | | | | | | | |
| Bern | 84 | 108 | 98 | 216 | | | | | | | | | | | | | | | | | | | | | | | | | | | | | | | |
| Biel/Bienne | 76 | 100 | 91 | 245 | 44 | | | | | | | | | | | | | | | | | | | | | | | | | | | | | | |
| Brig | 200 | 209 | 246 | 132 | 209 | 247 | | | | | | | | | | | | | | | | | | | | | | | | | | | | | |
| La-Chaux-de-Fonds | 116 | 140 | 100 | 284 | 72 | 52 | 235 | | | | | | | | | | | | | | | | | | | | | | | | | | | | |
| Chur | 164 | 142 | 202 | 116 | 242 | 234 | 173 | 273 | | | | | | | | | | | | | | | | | | | | | | | | | | | |
| Davos | 193 | 170 | 230 | 136 | 270 | 263 | 230 | 302 | 59 | | | | | | | | | | | | | | | | | | | | | | | | | | |
| Delémont | 77 | 101 | 43 | 246 | 93 | 48 | 256 | 58 | 235 | 264 | | | | | | | | | | | | | | | | | | | | | | | | | |
| Frauenfeld | 88 | 65 | 125 | 231 | 165 | 158 | 242 | 196 | 149 | 178 | 158 | | | | | | | | | | | | | | | | | | | | | | | | |
| Fribourg | 114 | 138 | 129 | 282 | 36 | 74 | 177 | 63 | 272 | 301 | 120 | 195 | | | | | | | | | | | | | | | | | | | | | | | |
| Genève | 237 | 261 | 251 | 343 | 159 | 156 | 213 | 141 | 395 | 424 | 202 | 318 | 139 | | | | | | | | | | | | | | | | | | | | | | |
| Lausanne | 187 | 212 | 202 | 277 | 110 | 107 | 147 | 91 | 346 | 375 | 153 | 269 | 73 | 64 | | | | | | | | | | | | | | | | | | | | | |
| Locarno | 210 | 219 | 257 | 20 | 272 | 265 | 111 | 303 | 138 | 158 | 266 | 251 | 302 | 318 | 253 | | | | | | | | | | | | | | | | | | | | |
| Lugano | 217 | 226 | 264 | 30 | 279 | 272 | 159 | 310 | 145 | 165 | 272 | 258 | 309 | 372 | 382 | 46 | | | | | | | | | | | | | | | | | | | |
| Luzern | 51 | 75 | 98 | 141 | 113 | 106 | 152 | 144 | 143 | 172 | 106 | 106 | 143 | 266 | 216 | 165 | 168 | | | | | | | | | | | | | | | | | | |
| Martigny | 209 | 234 | 224 | 212 | 132 | 169 | 81 | 157 | 253 | 397 | 215 | 291 | 100 | 135 | 69 | 187 | 239 | 238 | | | | | | | | | | | | | | | | | |
| Montreux | 169 | 193 | 183 | 250 | 91 | 129 | 120 | 116 | 327 | 356 | 175 | 250 | 60 | 94 | 28 | 225 | 352 | 198 | 43 | | | | | | | | | | | | | | | | |
| Morges | 187 | 211 | 201 | 293 | 109 | 106 | 163 | 91 | 345 | 374 | 152 | 268 | 89 | 51 | 14 | 268 | 382 | 216 | 86 | 45 | | | | | | | | | | | | | | | |
| Neuchâtel | 108 | 132 | 123 | 277 | 52 | 33 | 217 | 20 | 266 | 295 | 79 | 189 | 44 | 124 | 75 | 300 | 304 | 137 | 140 | 100 | 74 | | | | | | | | | | | | | | |
| Nyon | 215 | 239 | 229 | 321 | 137 | 134 | 191 | 119 | 373 | 402 | 180 | 296 | 117 | 27 | 42 | 296 | 410 | 244 | 114 | 73 | 30 | 102 | | | | | | | | | | | | | |
| Olten | 14 | 50 | 50 | 194 | 70 | 62 | 205 | 101 | 184 | 213 | 63 | 107 | 99 | 223 | 173 | 218 | 221 | 55 | 195 | 155 | 173 | 95 | 203 | | | | | | | | | | | | |
| St.Gallen | 129 | 106 | 167 | 218 | 207 | 199 | 247 | 238 | 104 | 133 | 199 | 48 | 236 | 360 | 310 | 243 | 247 | 147 | 332 | 292 | 309 | 231 | 340 | 149 | | | | | | | | | | | |
| Schaffhausen | 94 | 71 | 96 | 237 | 171 | 164 | 248 | 202 | 155 | 184 | 128 | 40 | 201 | 324 | 274 | 261 | 264 | 112 | 297 | 256 | 274 | 196 | 304 | 113 | 81 | | | | | | | | | | |
| Schwyz | 76 | 79 | 136 | 122 | 151 | 144 | 132 | 182 | 116 | 145 | 144 | 100 | 181 | 304 | 254 | 145 | 149 | 46 | 212 | 236 | 254 | 176 | 284 | 93 | 108 | 107 | | | | | | | | | |
| Sierre | 250 | 274 | 265 | 169 | 173 | 210 | 39 | 197 | 210 | 268 | 256 | 331 | 141 | 175 | 110 | 144 | 197 | 189 | 45 | 83 | 125 | 181 | 155 | 236 | 372 | 338 | 169 | | | | | | | | |
| Sion | 235 | 259 | 250 | 185 | 158 | 195 | 55 | 182 | 226 | 284 | 241 | 316 | 126 | 160 | 95 | 160 | 242 | 204 | 29 | 67 | 110 | 166 | 140 | 221 | 357 | 323 | 185 | 18 | | | | | | | |
| Solothurn | 53 | 77 | 67 | 221 | 43 | 26 | 246 | 65 | 211 | 240 | 36 | 134 | 73 | 196 | 146 | 245 | 248 | 82 | 169 | 128 | 146 | 58 | 176 | 38 | 175 | 141 | 120 | 209 | 194 | | | | | | |
| Thun | 108 | 132 | 123 | 189 | 30 | 68 | 144 | 102 | 239 | 267 | 114 | 189 | 66 | 189 | 139 | 213 | 216 | 97 | 162 | 121 | 139 | 82 | 169 | 93 | 230 | 196 | 142 | 202 | 187 | 68 | | | | | |
| Vevey | 165 | 189 | 180 | 259 | 88 | 125 | 129 | 112 | 323 | 352 | 171 | 246 | 56 | 90 | 20 | 234 | 361 | 194 | 52 | 7 | 40 | 96 | 70 | 151 | 287 | 253 | 232 | 92 | 77 | 126 | 120 | | | | |
| Winterthur | 69 | 46 | 107 | 213 | 146 | 139 | 223 | 178 | 130 | 159 | 139 | 19 | 176 | 299 | 250 | 236 | 240 | 87 | 272 | 231 | 249 | 171 | 280 | 89 | 60 | 29 | 82 | 312 | 297 | 118 | 173 | 228 | | | |
| Yverdon-les-Bains | 155 | 179 | 169 | 323 | 77 | 71 | 182 | 55 | 313 | 342 | 117 | 236 | 52 | 88 | 39 | 347 | 350 | 184 | 104 | 64 | 38 | 39 | 68 | 140 | 277 | 242 | 221 | 144 | 130 | 115 | 109 | 60 | 217 | | |
| Zug | 56 | 59 | 121 | 145 | 136 | 129 | 155 | 167 | 118 | 147 | 129 | 80 | 166 | 289 | 239 | 168 | 172 | 31 | 262 | 221 | 239 | 161 | 269 | 78 | 122 | 87 | 27 | 192 | 208 | 107 | 127 | 217 | 62 | 207 | |
| Zürich | 48 | 25 | 86 | 187 | 126 | 118 | 197 | 157 | 120 | 148 | 118 | 45 | 155 | 279 | 229 | 211 | 214 | 61 | 251 | 211 | 228 | 150 | 259 | 68 | 86 | 52 | 56 | 291 | 276 | 97 | 152 | 207 | 27 | 196 | 36 |

*Genève - Winterthur*

**299 km**

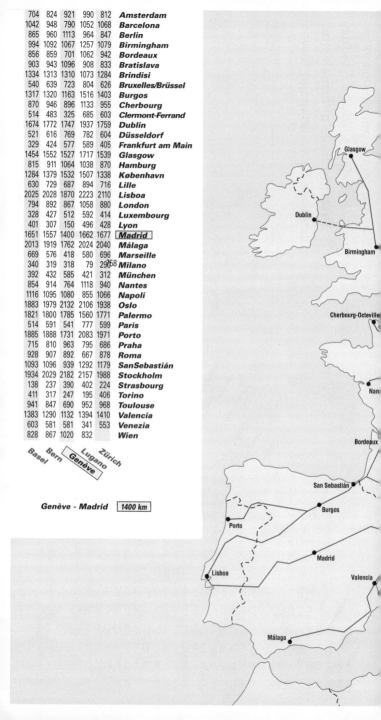

| Basel | Bern | Genève | Lugano | Zürich | |
|---|---|---|---|---|---|
| 704 | 824 | 921 | 990 | 812 | *Amsterdam* |
| 1042 | 948 | 790 | 1052 | 1068 | *Barcelona* |
| 865 | 960 | 1113 | 964 | 847 | *Berlin* |
| 994 | 1092 | 1067 | 1257 | 1079 | *Birmingham* |
| 856 | 859 | 701 | 1062 | 942 | *Bordeaux* |
| 903 | 943 | 1096 | 908 | 833 | *Bratislava* |
| 1334 | 1313 | 1310 | 1073 | 1284 | *Brindisi* |
| 540 | 639 | 723 | 804 | 626 | *Bruxelles/Brüssel* |
| 1317 | 1320 | 1163 | 1516 | 1403 | *Burgos* |
| 870 | 946 | 896 | 1133 | 955 | *Cherbourg* |
| 514 | 483 | 325 | 685 | 603 | *Clermont-Ferrand* |
| 1674 | 1772 | 1747 | 1937 | 1759 | *Dublin* |
| 521 | 616 | 769 | 782 | 604 | *Düsseldorf* |
| 329 | 424 | 577 | 589 | 405 | *Frankfurt am Main* |
| 1454 | 1552 | 1527 | 1717 | 1539 | *Glasgow* |
| 815 | 911 | 1064 | 1038 | 870 | *Hamburg* |
| 1284 | 1379 | 1532 | 1507 | 1338 | *København* |
| 630 | 729 | 687 | 894 | 716 | *Lille* |
| 2025 | 2028 | 1870 | 2223 | 2110 | *Lisboa* |
| 794 | 892 | 867 | 1058 | 880 | *London* |
| 328 | 427 | 512 | 592 | 414 | *Luxembourg* |
| 401 | 307 | 150 | 496 | 428 | *Lyon* |
| 1651 | 1557 | 1400 | 1662 | 1677 | *Madrid* |
| 2013 | 1919 | 1762 | 2024 | 2040 | *Málaga* |
| 669 | 576 | 418 | 580 | 696 | *Marseille* |
| 340 | 319 | 318 | 79 | 268 | *Milano* |
| 392 | 432 | 585 | 421 | 312 | *München* |
| 854 | 914 | 764 | 1118 | 940 | *Nantes* |
| 1116 | 1095 | 1080 | 855 | 1066 | *Napoli* |
| 1883 | 1979 | 2132 | 2106 | 1938 | *Oslo* |
| 1821 | 1800 | 1785 | 1560 | 1771 | *Palermo* |
| 514 | 591 | 541 | 777 | 599 | *Paris* |
| 1885 | 1888 | 1731 | 2083 | 1971 | *Porto* |
| 715 | 810 | 963 | 795 | 686 | *Praha* |
| 928 | 907 | 892 | 667 | 878 | *Roma* |
| 1093 | 1096 | 939 | 1292 | 1179 | *SanSebastián* |
| 1934 | 2029 | 2182 | 2157 | 1988 | *Stockholm* |
| 138 | 237 | 390 | 402 | 224 | *Strasbourg* |
| 411 | 317 | 247 | 195 | 406 | *Torino* |
| 941 | 847 | 690 | 952 | 968 | *Toulouse* |
| 1383 | 1290 | 1132 | 1394 | 1410 | *Valencia* |
| 603 | 581 | 581 | 341 | 553 | *Venezia* |
| 828 | 867 | 1020 | 832 | | *Wien* |

*Basel*   *Bern*   *Genève*   *Lugano*   *Zürich*

*Genève - Madrid*   **1400 km**

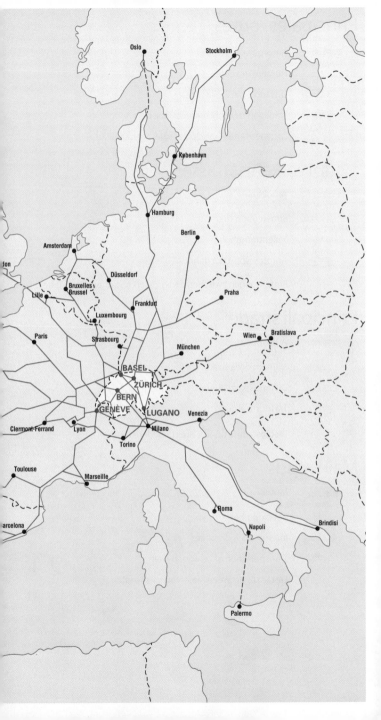

# Principales routes

| | |
|---|---|
| ═══ | Autoroute |
| 1 | Numéro de route |
| 20 | Distances partielles |
| 🚗 | Transport des véhicules par voie ferrrée |
| | Distances entre principales villes : voir tableau |

# Hauptverkehrsstrassen

| | |
|---|---|
| ═══ | Autobahn |
| 1 | Strassennummer |
| 20 | Teilentfernungen |
| 🚗 | Autotransport per Bahn |
| | Entfernungen zwischen den grösseren Städten: siehe Tabelle |

# Principali strade

| | |
|---|---|
| ═══ | Autostrada |
| 1 | Numero della strada |
| 20 | Distanze parziali |
| 🚗 | Trasporto auto su treno |
| | Distanze tra le principali città: vedere tabella |

# Main roads

| | |
|---|---|
| ═══ | Motorway |
| 1 | Road number |
| 20 | Intermediary distances |
| 🚗 | Transportation of vehicles by rail |
| | Distances between major towns: see table |

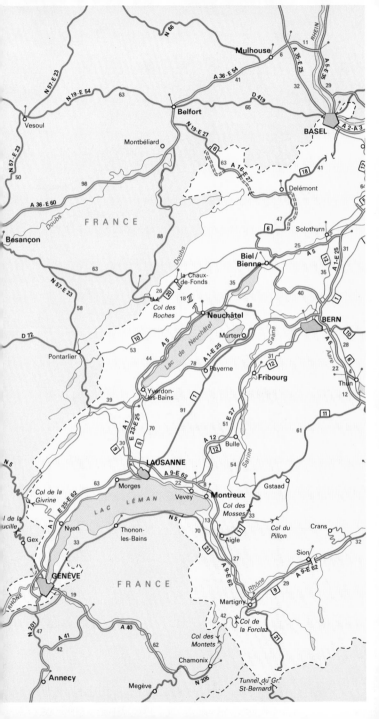

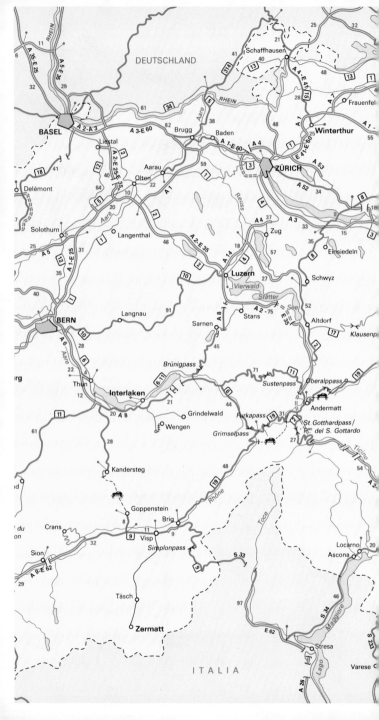

# Index des localités

## CLASSÉES PAR CANTON

Ces localités sont toutes repérées sur la carte Michelin par un souligné rouge. Voir les numéros de carte et de pli au texte de chaque localité. Les symboles ⊨ et ✗ indiquent que vous trouverez un hôtel ou un restaurant dans ces localités.

# Ortsverzeichnis

## NACH KANTONEN GEORDNET

Diese Orte sind auf den Michelin-Karten angegeben und rot unterstrichen. Nummer und Falte der entsprechenden Karte ersehen Sie aus dem jeweiligen Ortstext. Die Symbole ⊨ und ✗ zeigen an, dass es in diesen Orten ein Hotel oder ein Restaurant gibt.

# Indice delle località

## SUDDIVISE PER CANTONI

Queste località sono tutte sottolineate in rosso sulla carta Michelin. Il numero della carta e della piega è riportato nel testo di ciascuna località. I simboli ⊨ e ✗ indicano che troverete in questa località un albergo o un ristorante.

# List of localities

## BY «CANTONS»

On Michelin maps all localities in the Guide are underlined in red. The entry of each locality gives the map number and fold. The symbols ⊨ and ✗ indicate that you will find a hotel or a restaurant in these towns.

## Fribourg

*(Freiburg)* **FR**

## Jura

**JU**

## Luzern

*(Lucerne)* **LU**

## Neuchâtel

*(Neuenburg)* **NE**

## Unterwalden

**Nidwalden**
*(Nidwalden)* **NW**

## Liechtenstein

*(Fürstentum, Principauté)*
**FL**

# Indicatifs Téléphoniques Internationaux

Important : pour les communications internationales, le zéro (0) initial de l'indicatif interurbain n'est pas à composer (excepté pour les appels vers l'Italie).

# Prefissi Telefonici Internazionali

Importante : per comunicazioni internazionali, non bisogna comporre lo zero (0) iniziale dell'indicativo interurbano (escluse le chiamate per l'Italia).

| from \ to | A | B | CH | CZ | D | DK | E | FIN | F | GB | GR | FL |
|---|---|---|---|---|---|---|---|---|---|---|---|---|
| **A Austria** | – | 0032 | 0041 | 00420 | 0049 | 0045 | 0034 | 00358 | 0033 | 0044 | 0030 | 00423 |
| **B Belgium** | 0043 | – | 0041 | 00420 | 0049 | 0045 | 0034 | 00358 | 0033 | 0044 | 0030 | 00423 |
| **CH Switzerland** | 0043 | 0032 | – | 00420 | 0049 | 0045 | 0034 | 00358 | 0033 | 0044 | 0030 | 00423 |
| **CZ Czech Republic** | 0043 | 0032 | 0041 | – | 0049 | 0045 | 0034 | 00358 | 0033 | 0044 | 0030 | 00423 |
| **D Germany** | 0043 | 0032 | 0041 | 00420 | – | 0045 | 0034 | 00358 | 0033 | 0044 | 0030 | 00423 |
| **DK Denmark** | 0043 | 0032 | 0041 | 00420 | 0049 | – | 0034 | 00358 | 0033 | 0044 | 0030 | 00423 |
| **E Spain** | 0043 | 0032 | 0041 | 00420 | 0049 | 0045 | – | 00358 | 0033 | 0044 | 0030 | 00423 |
| **F France** | 0043 | 0032 | 0041 | 00420 | 0049 | 0045 | 0034 | 00358 | – | 0044 | 0030 | 00423 |
| **FIN Finland** | 99043 | 0032 | 99041 | 00420 | 0049 | 0045 | 0034 | – | 0033 | 0044 | 0030 | 990423 |
| **FL Liechtenstein** | 0043 | 0032 | 0041 | 00420 | 0049 | 0045 | 0034 | 00358 | 0033 | 0044 | 0030 | – |
| **GB United Kingdom** | 0043 | 0032 | 0041 | 00420 | 0049 | 0045 | 0034 | 00358 | 0033 | – | 0030 | 00423 |
| **GR Greece** | 0043 | 0032 | 0041 | 00420 | 0049 | 0045 | 0034 | 00358 | 0033 | 0044 | – | 00423 |
| **H Hungary** | 0043 | 0032 | 0041 | 00420 | 0049 | 0045 | 0034 | 00358 | 0033 | 0044 | 0030 | 00423 |
| **I Italy** | 0043 | 0032 | 0041 | 00420 | 0049 | 0045 | 0034 | 00358 | 0033 | 0044 | 0030 | 00423 |
| **IRL Ireland** | 0043 | 0032 | 0041 | 00420 | 0049 | 0045 | 0034 | 00358 | 0033 | 0044 | 0030 | 00423 |
| **J Japan** | 00143 | 00132 | 00141 | 001420 | 00149 | 00145 | 00134 | 001358 | 00133 | 00144 | 00130 | 011423 |
| **L Luxembourg** | 0043 | 0032 | 0041 | 00420 | 0049 | 0045 | 0034 | 00358 | 0033 | 0044 | 0030 | 00423 |
| **N Norway** | 0043 | 0032 | 0041 | 00420 | 0049 | 0045 | 0034 | 0358 | 0033 | 0044 | 0030 | 00423 |
| **NL Netherlands** | 0043 | 0032 | 0041 | 00420 | 0049 | 0045 | 0034 | 00358 | 0033 | 0044 | 0030 | 00423 |
| **P Portugal** | 0043 | 0032 | 0041 | 00420 | 0049 | 0045 | 0034 | 00358 | 0033 | 0044 | 0030 | 00423 |
| **PL Poland** | 0043 | 0032 | 0041 | 00420 | 0049 | 0045 | 0034 | 00358 | 0033 | 0044 | 0030 | 00423 |
| **S Sweden** | 00943 | 00932 | 00941 | 009420 | 00949 | 00945 | 00934 | 009358 | 00933 | 00944 | 00930 | 009423 |
| **USA** | 01143 | 01132 | 01141 | 011420 | 01149 | 01145 | 01134 | 011358 | 01133 | 01144 | 01130 | 011423 |

# Internationale Telefon-Vorwahlnummern

Wichtig : bei Auslandsgesprächen darf die Null (0) der Ortsnetzkennzahl nicht gewählt werden (ausser bei Gesprächen nach Italien).

# International Dialling Codes

Note : when making an internationall call, do not dial the first «0» of the city codes (except for calls to Italy).

| H | I | IRL | J | L | N | NL | P | PL | S | USA | |
|---|---|---|---|---|---|---|---|---|---|---|---|
| 0036 | 0039 | 00353 | 0081 | 00352 | 0047 | 0031 | 00351 | 0048 | 0046 | 001 | **Austria A** |
| 0036 | 0039 | 00353 | 0081 | 00352 | 0047 | 0031 | 00351 | 0048 | 0046 | 001 | **Belgium B** |
| 0036 | 0039 | 00353 | 0081 | 00352 | 0047 | 0031 | 00351 | 0048 | 0046 | 001 | **Switzerland CH** |
| 0036 | 0039 | 00353 | 0081 | 00352 | 0047 | 0031 | 00351 | 0048 | 0046 | 001 | **Czech CZ Republic** |
| 0036 | 0039 | 00353 | 0081 | 00352 | 0047 | 0031 | 00351 | 0048 | 0046 | 001 | **Germany D** |
| 0036 | 0039 | 00353 | 0081 | 00352 | 0047 | 0031 | 00351 | 0048 | 0046 | 001 | **Denmark DK** |
| 0036 | 0039 | 00353 | 0081 | 00352 | 0047 | 0031 | 00351 | 0048 | 0046 | 001 | **Spain E** |
| 0036 | 0039 | 00353 | 0081 | 00352 | 0047 | 0031 | 00351 | 0048 | 0046 | 001 | **France F** |
| 0036 | 0039 | 00353 | 0081 | 00352 | 0047 | 0031 | 00351 | 0048 | 0046 | 001 | **Finland FIN** |
| 0036 | 0039 | 00353 | 0081 | 00352 | 0047 | 0031 | 00351 | 0048 | 0046 | 001 | **Liechtenstein FL** |
| 0036 | 0039 | 00353 | 0081 | 00352 | 0047 | 0031 | 00351 | 0048 | 0046 | 001 | **United GB Kingdom** |
| 0036 | 0039 | 00353 | 0081 | 00352 | 0047 | 0031 | 00351 | 0048 | 0046 | 001 | **Greece GR** |
| – | 0039 | 00353 | 0081 | 00352 | 0047 | 0031 | 00351 | 0048 | 0046 | 001 | **Hungary H** |
| 0036 | – | 00353 | 0081 | 00352 | 0047 | 0031 | 00351 | 0048 | 0046 | 001 | **Italy I** |
| 0036 | 0039 | – | 0081 | 00352 | 0047 | 0031 | 00351 | 0048 | 0046 | 001 | **Ireland IRL** |
| 00136 | 0139 | 001353 | – | 011352 | 00147 | 00131 | 001351 | 00148 | 00146 | 0011 | **Japan J** |
| 0036 | 0039 | 00353 | 0081 | – | 0047 | 0031 | 00351 | 0048 | 0046 | 001 | **Luxembourg L** |
| 0036 | 0039 | 00353 | 0081 | 00352 | – | 0031 | 00351 | 0048 | 0046 | 001 | **Norway N** |
| 0036 | 0039 | 00353 | 0081 | 00352 | 0047 | – | 00351 | 0048 | 0046 | 001 | **Netherlands NL** |
| 0036 | 0039 | 00353 | 0081 | 00352 | 0047 | 0031 | – | 0048 | 0046 | 001 | **Portugal P** |
| 0036 | 0039 | 00353 | 0081 | 00352 | 0047 | 0031 | 00351 | – | 0046 | 001 | **Poland PL** |
| 00936 | 0939 | 009353 | 0981 | 009352 | 00947 | 00931 | 009351 | 00948 | – | 0091 | **Sweden S** |
| 01136 | 01139 | 011353 | 01181 | 011352 | 01147 | 01131 | 011351 | 01148 | 01146 | – | **USA** |